복 음 서
가로읽기

예수 고난을 중심으로

복 음 서
가로읽기
HORIZONTAL ANALYSIS
OF THE GOSPELS

- **초판 1쇄 인쇄** 2023년 9월 1일
- **초판 1쇄 발행** 2023년 9월 5일

- **지은이** 임광진
- **펴낸이** 조유선
- **펴낸곳** 누가출판사
- **등록번호** 제315-2013-000030호
- **등록일자** 2013. 5. 7.
- **주소** 서울특별시 공항대로 59다길 276 (염창동)
- **전화** 02-826-8802 **팩스** 02-6455-8805
- **이메일** sunvision1@hanmail.net

- **정가** 45,000원
- ISBN 979-11-85677-79-8 03230

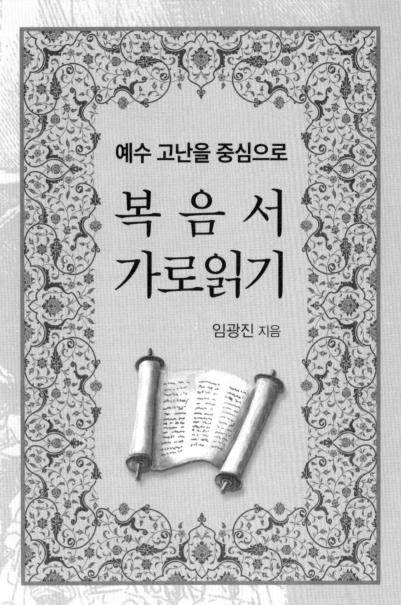

예수 고난을 중심으로

복 음 서
가로읽기

임광진 지음

HORIZONTAL ANALYSIS
OF THE GOSPELS

출판사

누가

아우구스티누스의 기도

나의 주 하나님이여
나의 기도를 들으시고
나의 원하는 바를 들어 주소서

당신의 성서를 명상함이
나의 순결한 기쁨이 되게 하소서
나로 하여금 그 성서를 잘못 이해하거나
다른 사람에게 잘못 해석하지 말게 하소서

오 주님
나에게 귀를 기울여 나를 긍휼히 여기소서
오 주님
나를 온전케 하시고
그 책에 비밀을 내게 계시하여 주시옵소서
당신의 책에서 무엇을 발견하던지
당신에게 고백하게 하시고
그것에 대해 당신께 찬양하게 하소서

내가 두드릴 때 당신의 오묘한 말씀의 비밀이
나에게 열리게 하소서 (고백록 11권 2장 축약)

당신의 말씀의 깊이는 얼마나 오묘한지요!
그래서 우리는
두려움과 떨림으로 들여다 봅니다 (고백록 12권 14장)

복음서 가로읽기를 통한 사중계시

1. 성서를 읽는 기쁨

"나에게는 내 주 그리스도 예수를 아는 지식이 무엇보다 중요합니다"(공동번역 빌3:8). 이것은 사도 바울의 고백이다. 그는 이어서 그리스도를 위해서 모든 것을 잃었고 그것들을 배설물로 여겼다고 한다. 가장 고귀하고 귀중한 그리스도를 아는 지식을 얻기 위해 우리는 무엇을 어떻게 해야 할까. 그것은 다름 아닌 복음서를 읽는 일이고 가로읽기로 새롭게 읽어 보는 일이라 하겠다.

중세시대까지 예수를 믿는 이들이라 하여도 성서를 읽어 본 신도들은 없다. 당시 라틴어 성서는 오직 사제들만이 읽을 수 있었다. 마틴 루터는 성서를 읽고 싶어서 사제가 되었다고 한다. 물론 사제들 중에는 문맹들도 있었다고는 하지만. 1382년 처음으로 불가타 라틴어 성서를 번역한 존 위클리프는 그 후 어떻게 되었는가? 1415년 콘스탄츠 공회는 성서의 영어번역을 이단으로 판결하고 그 저작을 불태우고 죽은 지 31년이나 지난 그의 무덤을 파헤쳐 뼈를 불에 태워 강에 뿌렸다.

왜 이런 일이 생겼을까. 1229년 툴루즈회의에서 교황 그레고리 9세는 이단을 막기 위하여라고 하며 성경의 읽기, 번역, 소유를 금하게 하였던 것이다. 그런데 BC 76년 하스몬 왕조의 유일한 여왕인 살로메 알렉산드리아는 유대 남자는 3세부터 히브리어를 읽게 하라고 했다. 여왕의 명령이 얼마나 잘 지켜졌는지는 모르나 많은 유대인들이 성서를 읽을 수 있었던 것 같다.

종교개혁자들이 오직 성서, 오직 믿음, 오직 은혜를 외친 결과 이제는 누구나 성서를 읽을 수 있게 되었다. 칼뱅은 1536년 그리스도교 강요를 통해 성서 지상주의를 주장하기도 하였다. 종교개혁 이후 성서읽기를 통한 그리스도와의 교제를 추구하는 경건주의 운동이 여러 곳에서 태동하게 된다. 일찍이 성 아우구스티누스는 성서읽기가 변화를 가져오지 않는다면 성서의 의미가 참으로 이해되었다고 볼 수 없다고 하였는데 드디어 성서를 읽은 이들에 의해 세상에 변화가 일어나기 시작한 것이다.

요한 아른트의 루터교 운동, 존 녹스의 스코틀랜드 장로교회, 1550년대 영국의 청교도 운동, 진젠도르프와 모라비안 형제단, 요한 웨슬레의 감리교 운동, 조지 윌리암스의 YMCA 운동들이라 하겠다.

성서를 읽게 된 당시 평신도들 역시 예수의 말씀대로, 성서의 가르침대로 살아가는 것을 삶의 목표로 하여 그 실천을 위해 최선을 다하였다. 이후로 성서읽기는 개신교의 중요한 전통의 하나가 되었다.

그리스도인에게 가장 위대한 이야기는 예수에 관한 이야기이고 예수에 관한 이야기는 네 개의 복음서에 기록되어 있다. 복음서를 읽음으로 예수를 믿게 되고 나의 주요 나의 하나님으로 고백하게 된다. 그도 그럴 것이 복음서를 읽는 동안 우리는 예수의 목소리를 담은 생생한 음성을 들을 수 있고 예수의 모습을 선명하게 그려 볼 수 있으며 무엇보다도 예수와 인격적으로 만날 수가 있는 것이다. 우리에게 이보다 더 큰 기쁨이 있을까.

한국 초창기 개신교는 복음주의, 경건주의, 성서주의라는 특징을 갖고 있었다. 잘 아시는 바와 같이 1884년 미국인 알렌이 의료선교사로 입국하기 전 이미 성서는 우리말로 번역되고 있었다. 1882년 만주에서 존 로스와 서북 청년들에 의해서 그리고 1883년 일본에서 이수정에 의해 신약 일부가 번역되었다. 1885년 언더우드와 아펜젤러가 입국할 때 들고 온 것은 이수정이 번역한 마가복음서라고 한다. 당시 이 땅에는 배서인들에 의해 복음서들이 전국에 보급되고 복음이 전파되고 있었다. 레이놀드는 1883년에서 86년까지 적어도 15,690부의 한글 성서가 국내에 유입되었다고 한다. 초창기 한국교회를 '성서의 교회'라고 부르는 이유는 처음부터 '성서 읽기'와 '성경대로 살기'라는 성서 제일주의적인 전통이 뿌리를 내리기 시작했기 때문이다.

2. 예수의 고난을 이해하려는 노력들

성서를 읽을 수 없을 때에는 교회 내에 성물, 스테인드글라스 또는 제단의 그림, 조각 등이 신도들에게 예수의 일생이나 지상사역을 이해하는 데에 도움을 주었다. 그러나 성서를 읽을 수 있게 된 시대 후 그림이나 음악, 문학 등에서 특별히 예수의 고난에 대해 좀 더 구체적이고 더욱 더 정교하게 아주 사소한 세부사항들까지도 소홀히 하지 않으려는 노력들이 나타났다. 십자가 처형 후에 예수의 시신을 수습한 아리마대 사람 요셉은 어떻게 사다리를 올라갔는지, 또한 십자가 아래에 있는 성가족의 모습이 어떠했는지 그 동작이나 표정에 주목하였다. 예를 들어 에케 호모는 수많은 미술가들이 주제로 채택하여 유화, 조각, 벽화 등을 남겼다. 그런데 모라비안 운동의 중심인물인 진젠도르프는 1719년 유럽 여행 중 뒤셀도르프의 화랑에서 도메니코 패티의 에케 호모를 보고 나서 그리스도를 위해 자신을 바치기로 서원하게 된다.

음악가들 역시 예수의 고난을 세세하게 표현한 작품들 예를 들어 마태의 수난곡, 요한의 수난곡에서부터 지저스 크라이스트 슈퍼스타에 이르기까지 수없이 많이 발표하였다. 작가들도 성서를 근거로 때로는 배경으로 하여 마지막 유혹, 쿼바디스, 벤허 등의 작품을 썼다. 이처럼 예수의 수난을 주제로 한 회화, 조각, 음악, 소설 작품 등은 지금까지도 우리에게 무한한 감동을 주고 있다.

우리도 성서를 읽는다. 그런데 우리는 왜 예수의 수난에 대해 무덤덤한 것일까. 왜 성서를 읽으면서 감동을 느끼지 못하는 것일까. 이제 성서의 내용을 다시 한번 살펴보고 구체적으로 상상하며 읽고 감동을 받도록 하려는 것이 이 책의 목적이다.

3. 네 개의 복음서를 통한 사중계시

사복음서는 예수에 대한 참되고 믿을만한 증언이고 사도전승의 사중계시이며 새 언약의 복음이다. 사복음서는 예수의 네 개의 초상이다. 초기 교부들이 네 개의 초상을 선택함으로 예수를 간절히 소망하는 이들에게 그들의 기도에 부응하는 예수의 모습, 자신만의 초상, 이미지를 가질 수 있게 되었다. 사복음서는 서로 다른 설명의 풍부함과 다양성을 위해서 예수의 신비와 그의 사명을 더 깊이 이해하도록 우리를 이끈다(마이클 버드 2014).

이레니우스_Irenaeus(130-200?)는 네 개의 기둥, 네 바람, 동서남북의 네 지역(겔 37:9), 계시록에 나오는 사자, 송아지, 사람, 독수리의 네 짐승(계 4:7), 그리고 가운데 앉아 계신 예수에 비유하였다. 오리게네스_Origenes(185-254?)는 복음서가 '모든 성서의 첫 열매'라고 하였고 고대 시리아 문서는 복음서가 '모든 성서의 인장'이라고 한다. 특별히 복음서가 마땅히 정경 내에서도 정경으로 간주되어야 하는 것은 신앙의 진원지가 바로 예수이기 때문이다.

레이몬드 브라운은 AD150년 이전에 어떤 한 교회에서 한 복음서 이상이 공식적으로 권위를 갖고 읽혀졌다는 분명한 예는 하나도 없다고 한다. 당시 많은 사람들은 마태복음을 선호하였다. 그러다가 한 복음서 이상을 받아들이는 것이 대교회의 관습이 되었는데 그 후 사복음서가 널리 인정을 받게 되었다고 한다.

초기 그리스도인들에게 네 개의 복음서를 받아들이는 것은 쉬운 일이 아니었을 것이다. 사실 네 복음서 간의 유사, 중첩, 차이, 누락, 상충 등에 대해 마니교 등 기독교의 대적자들은 이런 점들을 지적하며 야유하고 조롱하였던 것이다.

히에로니무스_Hieronymus(345-419)에 의하면 안디옥의 데오필루스_Theophilus of Antioch(~185 사망?)는 사복음서를 하나의 책으로 만들었다고 한다. 그리고 순교자 유스티누스의 제자인 타티아누스_Tatianus(120-173)는 네 개의 복음서를 하나의 일관성 있는 이야기로 정리하여 AD170년경 '네 개로부터'라는 의미를 가진 디아테사론_Diatessaron이라는 통합복음서를 만들었다. 그런데 이 책은 시리아권 동방교회에서 5세기까지 사용되었다고 한다.

에우세비우스_Eusebious(263-339)에 의하면 3세기 알렉산드리아의 암모니우스_Ammonius of Alexandria는 우리에게 디아테사론을 남겨 주었다고 하는데 이 책에는 마태복음의 단락 옆에 나머지 복음서 즉 마가, 누가, 요한복음의 동일한 페리코프를 배열하였다고 한다. 그러나 이 책이 다른 하나의 통합복음서인지 아니면 마태를 기준으로 한 대조표인지는 분명치 않다고 한다(마이클 버드 2014).

현대인들 역시 예수에 대한 네 가지 이야기를 받아들이기 쉽지 않은 모양이다. 1971년 체니 존스톤_Chenny Jonston이 사복음서를 하나로 묶은 '조화로운 예수의 생애'_The Life of Christ in Stereo라는 책을 썼는데 지금까지도 발간되고 있다. 이 책의 리뷰를 보면 사복음서의 차이 때문에 힘들었다는 분들이 이 책에 찬사를 보내고 있다.

사복음서가 정경이 되는 과정에서 사복음서 간에 유사, 중첩, 차이, 상충, 누락이 있다는 것을 몰랐던 것은 아니다. 오히려 예수를 바로 알기 위해서는 이 네 복음서가 모두 필요하다고 인식하였던 것이다. 사복음서를 예수의 네 개의 초상화라고 볼 수 있다. 하나의 복음서를 갖기 원하는 사람은 한 사람에게 하나의 초상화만 있어야 한다고 주장하는 것과 같다고 하겠다. 왜 각각 복음서을 써야 했는지를 감안한다면 한 사람에 대해 여러 초상화가 있다는 것이 결코 나쁠 리가 없을 것이다.

이레니우스는 네 개의 복음서가 우리에게 필요하다고 하였고 아우구스티누스는 단일 복음서를 거부하고 네 개의 복음서를 유지해야 한다고 주장하였으며 요한 크리소스토모스_Johan Chrysostomos(347-407?)

는 복음서의 차이가 오히려 복음서의 진실성을 증명한다고 하였다. 오리게네스는 "이제 복음서는 넷이다. 복음서 저자들이 오직 한 분에 대해 기록하였기 때문에 비록 네 저자에 의해 기록되었다 하더라도 복음서는 하나다"라고 하였다. 아우구스티누스 역시 요한복음서 주석에서 "사복음서 또는 더 좋은 표현으로서 하나의 복음에 대한 네 책"이라고 하였다.

사실 사복음서는 각 복음서 저자가 속해 있는 신앙공동체에서 기억하고 전해내려오고 강조하고 있는 예수의 말씀과 모습, 또는 각 공동체의 바람과 관심 그리고 문제 등을 배경으로 하여 기록된 것이다. 그래서 캘수스에 대한 반박문을 쓴 오리게네스 그리고 이교도들에게 수없이 많이 반박을 한 아우구스티누스 이외에도 칼뱅에 이르기까지 복음서를 조화시키고자하는 시도들이 계속되어 왔다. 에우세비우스는 '복음서에 대한 증명', '복음서의 문제점과 해결책' 등을 저술하였고 아우구스티누스는 서로 다르게 보이는 사항에 대해 복음서의 조화로운 일치를 입증하기 위하여 '사복음서의 일치'De consensu evangeliorum를 집필하였다. 이처럼 복음주의적인 조화는 예수에 대한 네 가지 사도적인 증거를 손상하지 않고서도 시도될 수 있었던 것이다.

우리가 사복음서를 공부하는 이유는 믿음의 주요 또 온전케 하는 예수를 바라보기(히 12:2) 위함이요 예수를 중심으로 살기 위함이요 나를 따르라고 하신 예수를 따르기 위함이라 하겠다.

4. 사복음서 가로읽기

공관복음서들과 요한복음서는 사뭇 다르다. 그리고 공관복음서들은 언 듯 보기에 비슷해 보인다. 복음서를 읽다 보면 비슷한 이야기나 말씀들이 반복되는 것을 알게 된다. 그래서 읽다 보면 무언가 다른 것 같으면서도 읽은 곳을 다시 읽는 느낌을 갖게 된다.

대체로 복음서를 신약의 순서대로 읽는다. 그리고 각 복음서를 처음부터 위에서 아래로 읽어 내려간다. 페닝톤은 이것을 수직적 읽기vertical reading이라고 하는데 우리는 이것을 세로 읽기라고 부를 것이다. 그런데 지금부터는 번거롭더라도 사복음서 내의 공통 기사의 평행본문을 찾아 즉 다른 복음서들과 횡적으로 비교해 가며 함께 읽어 보자는 것이다. 이것을 수평적 읽기horizontal reading, 우리말로 가로읽기라고 하겠다.

역사비평 학자인 바트 어만Bart Ehrman은 옥스퍼드 대학출판부의 대학교재인 '신약성서: 초기 그리스도교 문서의 역사적 입문'에서 성서의 일반적인 수직적 독서가 아닌 수평적 독서를 강조하였다. 페닝톤은 수평적 읽기가 분명 우리에게 유익하다고 하면서도 수직적 읽기의 중요함도 말하였다. 마크 스트라우스 역시 수평적 읽기에 대해 복음서 내의 어떤 페리코프를 대조해 읽으면 유익하다고 하면서 각 복음서의 주제와 신학을 더 분명히 알 수 있다고 한다.

안드레아 괴스텐버거Andreas Kostenberger는 '예수의 마지막 날들'이라는 책 출판기념 인터뷰(2014)에서 수직적 읽기와 수평적 읽기에 대한 질문에 이렇게 대답하고 있다.

'복음서를 수평과 수직으로 읽는 것은 서로 다르지만, 상호보완적이며 똑같이 타당한 방법이다. 복음서를 수평으로 읽는 것은 각 복음서가 다른 복음서와 어떻게 관련되는지 주목하고 동일한 사건과 진술들에 대해 상호보완적인 설명이자 증언들로 읽는 것이다. 어떤 복음서라도 모든 세부사항을 알려 주지는 않지만, 수평적 읽기는 전반적으로 모든 정보를 제공할 것이다. 그렇게 하면 특정한 사건에 대해 성서가 말하는 모든 것을 알게 될 수 있다.'

괴스텐버거는 이 책 앞에서도 수직적 읽기에 수평적 읽기를 보완하기를 거부하는 것은 복음서들이 같은 이야기를 하면서도 같은 방식으로 말하지 않는다는 엄연한 현실을 회피하는 것이나 다름없다고 한다(24쪽). 국내에서도 이런 점에 주목한 책(복음서 그 차이를 읽다, 장인식, 2017)이 출간되었다.

이제 사도 바울이 원하던 주 그리스도 예수를 아는 지식을 더 얻기 위해 예수의 고난에 대해 사복음서 가로읽기를 통해 공부해 보려 한다.

5. 이 책에 대하여

이 책은 전문 서적이 아닌 평신도를 위한 연구 교재로서 2015년에 준비하여 2016년 부터 상동교회의 성도들과 함께 공부한 것을 정리한 것이다. 이 책의 주제와 공부 방법은 사복음서 가로읽기를 통한 예수의 고난이다. 그래서 이 책에서는 예수의 수훈이나 비유, 설교 등은 물론 치유, 축귀, 기적 등에 우선적인 관심을 기울이지 않고 혹시 다루게 되는 경우도 예수 고난의 입장에서 살펴볼 것이다. 예수께서 어떻게 유대 지도자들과 갈등하게 되었고 무엇이 이슈였으며 예수께서 제기한 근본적인 문제는 무엇이었는지를 다루었다.

이 책은 전체 4부 12장 60절로 되어 있으며 그 중 예수의 고난을 직접적으로 다룬 것은 4개 부 중에 3개의 부에, 12개 장 중에 9개의 장에, 60절 중에 46개의 절이다.

제1부는 14개의 절로 예수의 탄생, 공생애의 시작, 처음 사역에 관한 것이다.

1장에서는 예수의 두 개의 족보, 동정녀 잉태, 요한과 예수의 탄생을 다루고 있다. 1절 두 개의 족보에서는 마태, 누가의 두 족보를 생명의 족보의 시각에서 설명하려 하였다.

2장에서는 세례 요한의 등장, 예수의 세례, 마태를 기준으로 본 예수의 시험, 제자들을 부르심, 그리고 예수의 가족으로 되어 있다. 7절 예수의 시험에서는 예수의 시험을 출애굽과 메시아의 전승으로 연결해 보았고 또한 다양한 시각과 입장 그리고 구속사적인 의미까지 살펴보았다.

3장에서는 처음 사역으로 공관복음에서는 하나님 나라의 선포와 귀신축출을 다루었고 요한복음에서는 가나의 혼인 잔치, 니고데모, 수가성 여자를 언급하였는데 요한복음의 이야기들은 당연히 병행구가 없는 기사이다.

제2부는 15개의 절로 갈등과 경고 및 수난예고에 관한 것이다.

4장은 공생애 기간 중 유대 지도자들과 가장 많이 부딪친 안식일 문제를 다루었는데 공관복음 공통사건 중에 유대인들이 문제삼지 않은 두 사건 즉 회당에서의 축귀와 베드로 장모의 치유는 제외하였다. 그리고 공관복음 공통사건으로서 안식일 밀밭 사건과 손 마른 사람을 고치신 사건을 취급하였고 누가에만 있는 두 개의 안식일사건과 요한복음에만 있는 두 개의 안식일사건을 언급하였다.

5장은 예수께서 유대 지도자들에게 한 '화'에 대해 마태와 누가에 나오는 '화 있을지라'를 합해서 9개의 화를 정리해 보았다. 이어서 제자들에게 한 당부로서 깨어 있으라, 준비하라, 인자의 오심을 언급하였다. 그런데 21절 인자의 오심은 범위를 좁혀서 다루었다. 예루살렘과 성전 멸망 예언 등에 관련 기사가 있기 때문이다.

6장은 수난예고로서 공관복음 공통인 세 차례의 예고와 요한복음에서 수난예고로 알려진 한 알의 밀알로 되어 있다. 여기서는 공관복음 공통 수난예고 세 가지를 다루면서도 또한 복음서에 있는 여러 수난예고도 다루었다. 25절 요한복음에서의 수난예고로는 한 알의 밀을 언급하였다.

7장은 예수께서 예루살렘 입성 시 일어난 일들로 입성, 성전정화, 유대 지도자들 비난, 예루살렘 멸망예언을 다루었다. 특별히 예루살렘 멸망과 관련하여 유대 전쟁 개괄, 예루살렘 멸망 이후의 유대인들, 유대인 형극의 길, 예루살렘 역사 일별 등을 연대기적으로 소개하였다.

제3부는 체포 전후 사건들과 심문 및 재판에 관한 것들이다.

8장은 체포 전 사건으로 산상에서의 변형, 공회의 모의, 예수와 향유, 가룟 유다의 배반, 마지막 만찬 그리고 요한복음에만 있는 발 씻기심, 나를 먹는 그 사람을 다루었다. 31절 공회의 모의는 자칫 지나치기 쉬운 유대 지도자들의 행태를 주목해 보면서 예수의 죽음은 공권력에 의한 것이라고 결론을 내렸다. 32절 예수와 향유에서는 마태, 마가, 요한복음과 달리 누가의 경우를 분리하여 다루었다. 34절 마지막 만찬과 35절 발을 씻기심을 순차대로 소개했다. 36절 나를 먹는 그 사람에서는 공관복음에서의 몸과 피와 요한복음의 살과 피를 비교하였다.

9장은 체포 직전 사건으로 베드로의 부인 예언, 겟세마네의 기도, 그리고 요한복음에만 있는 고별기도, 잡히심으로 되어 있다. 38절 공관복음의 겟세마네의 기도와 39절 요한복음에서의 고별기도 역시 순차대로 소개했다. 40절 잡히심에서는 사복음서의 특징과 세부 분석 그리고 예수와 검을 다루었다.

10장에서는 심문과 재판으로 먼저 유대인들이 행한 마태와 마가에서의 대제사장 집에서의 야간심문과 누가에서의 새벽에 있었던 심문, 그리고 요한복음에만 나오는 안나스의 집에서의 심문 등을 합한 세 번의 유대인의 심문을 다루었다. 베드로의 부인에 이어서 빌라도의 선 심문과 누가에만 있는 헤롯의 심문, 그리고 빌라도의 추가심문 등 세 번의 이방인의 심문과 언도를 취급하였다. 맨 뒤에는 가혹 행위가 있다.

제4부는 14개 절로 예수의 죽음과 부활에 관한 것이다.

11장 예수의 죽음에서는 골고다 도상, 십자가상에서의 오전과 오후, 장사, 예수의 고난 이해를 다루었다. 12장은 부활에 관한 것으로 사두개인의 부활에 대한 질문, 공관복음서에서 두 번 죽은 자를 살리신 일, 요한복음에서 나사로를 살리신 일을 다루었다. 그리고 빈 무덤과 무덤에 찾아간 여자들, 엠마오 도상의 두 사람, 제자들에게 나타나심, 도마에게 나타나심, 예수의 마지막 명령, 승천에 대해 언급하였다.

이 책의 각 절은 1. 본문비교, 2. 본문의 차이, 3. 본문이해, 4. 집중탐구, 5. 심층연구의 구조로 되어 있다. 그러나 요한복음을 다루는 절의 경우에는 1. 본문, 2. 본문의 내용이나 구조, 특징, 공관복음과의 대비 등으로 기사의 성격에 따라 다르게 되어 있다.

각 절을 공부할 때 중요한 것은 맨 왼쪽에 나오는 구분이다. 구분을 잘 보아야 본문의 비교와 차이를 쉽게 이해할 수 있다. 본문이해에서의 구분은 내용의 제목이나 소제목인 경우도 있다. 보다 분명하게 내용을 이해하도록 돕기 위해 붙여진 것들이다.

각 절의 집중탐구와 심층연구는 보다 깊이 있게 공부하려는 사람들을 위한 것으로 쉽게 찾아볼 수 있도록 하기 위해 차례에 각 절(   )안에 이를 표기하였다.

본문의 맞춤법과 띄어쓰기는 우리에게 익숙한 개역개정을 기준으로 하였음을 그리고 명칭, 지명 등 역시 개역개정을 기준으로 하였으나 메시야 만은 메시아로 표기하였음을 일러둔다. 부탁의 말씀은 본 서는 그 도표와 내용 등 전체적으로 저작권의 보호를 받고 있음으로 어떤 형태로 인용하더라도 어디서 인용하였음을 분명히 밝혀 주기를 바란다.

끝으로 상동교회의 서철 목사, 현재 담임목사인 이성조 목사, 그리고 김성준 목사, 지금은 뉴저지에서 목회하는 이용일 목사, 조진혁 전도사, 한성신 전도사, 평생 내 책 교정 담당인 집사람 등 여러분들의 노고의 덕분으로 이 책이 나오게 되었음을 밝힌다. 특별히 이 책이 세상에 나오도록 산파 역할을 해 준 누가출판사의 정종현 목사에게도 감사를 드린다.

2023년 봄 양천 서실에서

제2부_ 갈등과 경고 및 수난예고

제3부_ 체포 전후 사건들과 심문 및 재판

제4부_ 예수의 죽음과 부활

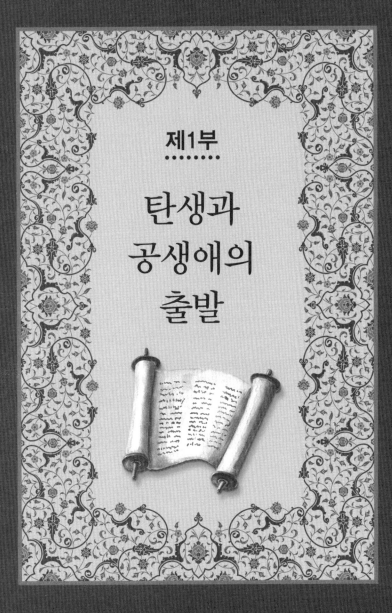

제1부
·······

탄생과
공생애의
출발

1장

✦

예수의
탄생

HORIZONTAL ANALYSIS
OF THE GOSPELS

제1절 ⊛ 두 개의 족보

1. 본문비교

구분	마태 (1:1-17)	누가 (3:23-38)
전기	1 아브라함과 다윗의 자손 예수 그리스도의 계보라	23상 예수께서 가르치심을 시작하실 때에 삼십 세쯤 되시니라
족보(가)	2-6상 아브라함이 이삭을 낳고 이삭은 야곱을 낳고 야곱은 유다와 그의 형제들을 낳고 유다는 다말에게서 베레스와 세라를 낳고 베레스는 헤스론을 낳고 헤스론은 람을 낳고 람은 아미나답을 낳고 아미나답은 나손을 낳고 나손은 살몬을 낳고 살몬은 라합에게서 보아스를 낳고 보아스는 룻에게서 오벳을 낳고 오벳은 이새를 낳고 이새는 다윗 왕을 낳으니라	23하-27 사람들이 아는 대로는 요셉의 아들이니 요셉의 위는 헬리요 그 위는 맛닷이요 그 위는 레위요 그 위는 멜기요 그 위는 얀나요 그 위는 요셉이요 그 위는 맛다디아요 그 위는 아모스요 그 위는 나훔이요 그 위는 에슬리요 그 위는 낙개요 그 위는 마앗이요 그 위는 맛다디아요 그 위는 서머인이요 그 위는 요섹이요 그 위는 요다요 그 위는 요아난이요 그 위는 레사요 그 위는 스룹바벨이요 그 위는 스알디엘이요 그 위는 네리요
족보(나)	6하-11 다윗은 우리야의 아내에게서 솔로몬을 낳고 솔로몬은 르호보암을 낳고 르호보암은 아비야를 낳고 아비야는 아사를 낳고 아사는 여호사밧을 낳고 여호사밧은 요람을 낳고 요람은 웃시야를 낳고 웃시야는 요담을 낳고 요담은 아하스를 낳고 아하스는 히스기야를 낳고 히스기야는 므낫세를 낳고 므낫세는 아몬을 낳고 아몬은 요시야를 낳고 바벨론으로 사로잡혀 갈 때에 요시야는 여고냐와 그의 형제들을 낳으니라	28-34상 그 위는 멜기요 그 위는 앗디요 그 위는 고삼이요 그 위는 엘마담이요 그 위는 에르요 그 위는 예수요 그 위는 엘리에서요 그 위는 요림이요 그 위는 맛닷이요 그 위는 레위요 그 위는 시므온이요 그 위는 유다요 그 위는 요셉이요 그 위는 요남이요 그 위는 엘리아김이요 그 위는 멜레아요 그 위는 멘나요 그 위는 맛다다요 그 위는 나단이요 그 위는 다윗이요 그 위는 이새요 그 위는 오벳이요 그 위는 보아스요 그 위는 살몬이요 그 위는 나손이요 그 위는 아미나답이요 그 위는 아니요 그 위는 헤스론이요 그 위는 베레스요 그 위는 유다요 그 위는 야곱이요 그 위는 이삭이요 그 위는 아브라함이요
족보(다)	12-16 바벨론으로 사로잡혀 간 후에 여고냐는 스알디엘을 낳고 스알디엘은 스룹바벨을 낳고 스룹바벨은 아비훗을 낳고 아비훗은 엘리아김을 낳고 엘리아김은 아소르를 낳고 아소르는 사독을 낳고 사독은 아킴을 낳고 아킴은 엘리웃을 낳고 엘리웃은 엘르아살을 낳고 엘르아살은 맛단을 낳고 맛단은 야곱을 낳고 야곱은 마리아의 남편 요셉을 낳았으니 마리아에게서 그리스도라 칭하는 예수가 나시니라	34하-38 그 위는 데라요 그 위는 나홀이요 그 위는 스룩이요 그 위는 르우요 그 위는 벨렉이요 그 위는 헤버요 그 위는 살라요 그 위는 가이난이요 그 위는 아박삿이요 그 위는 셈이요 그 위는 노아요 그 위는 레멕이요 그 위는 므두셀라요 그 위는 에녹이요 그 위는 야렛이요 그 위는 마할랄렐이요 그 위는 가이난이요 그 위는 에노스요 그 위는 셋이요 그 위는 아담이요 그 위는 하나님이시니라
후기	17 그런즉 모든 대 수가 아브라함부터 다윗까지 열네 대요 다윗부터 바벨론으로 사로잡혀 갈 때까지 열네 대요 바벨론으로 사로잡혀 간 후부터 그리스도까지 열네 대더라	

2. 본문의 차이

구분	마태	누가
족보의 내용	1. 일반족보의 형태인 하향식 2. 목적을 가진 인위적 배열로서 여자들도 포함시키다. 3. 아브라함의 소명, 다윗의 계승, 바벨론 유수, 메시아의 도래로 구분(14대씩)	1. 일반족보와 달리 상향식(일명 그리스식) 2. 에스라의 혈통을 소개하는 족보(에스라 7:1-5)와 유사한 형식이다.
	마리아의 남편 요셉의 족보	요셉의 아버지로 소개된 헬리는 마리아의 아버지인 제사장 헬리로 마리아의 족보로 보여 진다.
	1. 법정족보(유대인의 증명, 사생아 아님을 증명) 2. 유대인의 왕으로 오신 이의 족보 3. 다윗왕 혈통의 족보	1. 맨 위가 아담, 그 위는 하나님이다 2. 역사의 주권자는 하나님이다. 족보 역시 하나님이 주관하신다. 3. 창세기 아담의 계보에 하나님이 그들에게 복을 주셨다(창5:2)고 한다.
	1. '낳고 낳고'로 내려오다. 2. 남자가 남자를 낳았다는 말이 아니다. 낳았다의 게네센은 주로 법적인 혈통을 언급하는 단어이다. 3. 능동태로 반복되는 '낳다'라는 동사가 16절에서 예수의 탄생을 언급하면서 처음으로 수동태로 사용된다. 이것은 요셉이 예수를 낳은 것이 아니라 하나님이 예수를 낳았다는 의미이다. 성령의 역사를 통해 비정상적이기는 하지만 예수는 다윗의 자손인 요셉의 아들이되어 성령의 잉태를 사생아로 볼 수 있는 상황을 불식시키다.	1. 예수의 공생애 앞에 족보가 나온다. 예수의 자기소개서 같은 성격을 가지고 있다. 2. 족보를 예수 사역의 서두에 위치시킨 것은 누가는 예수 사역의 혜택이 누구에게나 미칠 수 있다는 것을 보여준다(24:46-47). 누가는 모든 민족이 예수를 통해 하나님과의 관계에 초대되었다는 것이다. 3. 내 사랑하는 아들이라는 하나님의 선포 후에 족보가 나오는데 그 맨 위는 하나님이다. 하나님의 아들이심을 확실히 하는 족보. 예수와 하나님과의 관계를 드러내기 위한 것이다.
	1. '다윗의 자손'은 그 자체가 이미 메시아 칭호라 하겠다. 2. '아브라함의 자손'은 선택된 민족, 하나님의 백성, 진정한 유대인이라는 것이다.	1. 누가에서 예수는 하나님의 역사를 완성하는 분이라는 인식이 있다. 2. 예수는 모든 인류를 위해 온 하나님의 아들이고 구세주이다.
	1. 네 여자의 이름이 있다. 그들은 패륜녀, 기생, 이방녀, 간통녀이다. 문제가 많은 여자들이지만 하나님의 메시아 계획에 참여한 이들이다. 2. 이들은 혈통을 잇게 하고 민족의 발전에 기여한 이들로 마리아의 배경이 된다 하겠다.	
족보의 구성 차이	1. 의도적으로 14대씩 맞추어진 족보이다. 그런데 족보에서 이름들을 생략하고 건너뛰는 일은 드문일이 아니다. 2. 예수의 탄생까지 이어지는 다윗왕가의 혈통을 알게 한다. 창 5:1의 '이것은 아담의 계보를 적은 책이라'를 본뜬 것으로 70인역의 대상1-3장을 참고한 것으로 보인다. 3. 아브라함에서 시작하여 14대, 솔로몬에서 14대, 바벨론 이후 14대라고 하다. 그러나 바벨론 이후 예수까지는 13대이다(여고냐가 반복되	1. 누가에는 예수에서 하나님까지 77대이다. 2. 마태와 누가를 비교해 보면 다윗에서 바빌론 유수에서 다윗까지만 같다. 마태는 다윗, 솔로몬으로 이어지는 왕의 계보를 따르고 누가는 다윗에서 나단으로 이어지는 계보를 따른다. 다윗과 나단이 언급되는 기사는 슥12:12에 나온다. 3. 바벨론 유수 이후 예수까지에서 스알디엘과 스룹바벨(마1:12, 눅3:27), 그리고 예수의 아버지 요셉 등 3명이 같다. 4. 아브라함에서 다윗까지는 대체로 일치하나 마

어 14대이다). 혹자는 여고냐의 아버지 여호와김의 누락으로 보고 있다. 그리고 다윗과 여고냐가 두 번 언급되어 있으나 그렇다고 두 번 셀 수는 없는 것이다.

4. 바벨론 이후 예수까지 14대로 볼 수도 있는데 그것은 요셉과 별개로 마리아를 족보에 넣어 계산하면 된다. 마리아는 네 여자와 마찬가지로 다섯 번째 여자로 볼 수 있기 때문이다.

5. 역대왕조도 그렇다. 열왕기 상하에서 다윗에서 시드기야까지 20명이 나온다(7대 누락). 또한, 사울 왕은 없고 악한 왕의 대명사인 므낫세(1:10)는 들어있다.

6. 마1:8-9과 대상3:10-12를 비교하면 요람에서 요담사이에 아하시야, 요아스, 아마샤, 아사랴가 빠져 있다(4대 누락). 이 왕들이 누락된 이유는 이들이 모두 저주를 받았기 때문으로 보기도 한다. 여고냐도 저주를 받았으나(렘22:28-30) 족보에 포함된 것은 역사적으로 중요한 시점이 바벨론으로 이거할 때 있었기 때문으로 보기도 한다. 여고냐의 다른 이름은 고니야이다.

7. 마1:11과 대상3:15-16을 비교하면 요시야 다음에 여호와김이 빠져 있다(1대 누락).

8. 마1:12과 대상3:16-19을 비교하면 여고냐의 아들 시드기야, 스알디엘의 아들 브다야가 빠져 있다(2대 누락).

9. 형제들에 대한 언급으로는 야곱이 유다와 그 형제들을 낳았다(1:2)라고 하는데 열두 지파의 상징적 중요성 때문이라 하겠다. 또한, 한 세대로 보아야 하는 형제에 대한 언급으로는 유다는 다말에게서 베레스와 세라를 낳았다(1:3)고 한다, 베레스와 세라가 쌍둥이이었기 때문이기도 하고 하나님이 형제가 나오는 순서를 바꾸었기 때문에 특별히 언급되었을 수 있다.

10. 또 다른 형제들에 대한 언급으로는 '요시야는 여고냐와 그의 형제들을 낳았다'(1:11)고 한다. 아삽이 아사(1:8)로 아모스가 아몬(1:10)으로 기록되어 있는 것은 번역과정의 표기 변화라 하겠다.

1:3과 눅3:33을 비교하면 마태에서는 헤스론은 람을 낳았다고 한다. 그러나 누가에서는 헤스론의 아래가 아니로 되어있다. 역대상2:9,10을 참고하면 마태의 람과 누가의 아니는 람의 변형으로 보여 진다.

5. 눅3:36의 가이난은 노아의 자손인데 창세기와 역대상에서 찾을 수 없다. 70인역을 의존하여 생긴 실수로 보여진다. 3:37에 또 가이난이 나온다.

6. 성경에 나오지 않는 인물들이 눅3:24-31에 42명 나온다.

7. :27의 스알디엘과 스룹바벨은 마태의 족보에 나오는 인물과 다른 사람으로 보아야 한다.

8. 다윗에서부터 요셉에 이르는 이름들은 솔로몬의 후손이 아니라 나단의 후손들이다.

3. 본문이해

구분	내용	비고
아브라함과 다윗의 자손 예수 그리스도	1. '아브라함과 다윗의 자손 예수 그리스도'라는 말이 마태복음의 전체 제목이라고 보는 이들이 있다. 또한, 원전에는 다윗이 먼저 나오는데 다윗의 자손 예수가 강조되어 있다고 하겠다. 마태의 족보는 예수가 약속된 구원자요 이스라엘을 이끌 왕으로서의 정통성을 말하고 있다. 예수는 당시 흔한 이름으로 '야웨는 구원이시다'라는 의미이다. 2. 아브라함은 열국의 아버지라는 의미이고 유대민족의 시조인 동시에 모든 인	창22:18 또 네 씨로 말미암아 천하 만민이 복을 받으리니 이는 네가 나의 말을 준행하였음이니라 하셨다 하나라

	류의 복의 근원이다. 창세기(22:18)에는 하나님께서 네 씨로 말미암아 천하 만민이 복을 받겠다고 하였다. 그는 자기 조상과 달리 유일신 하나님을 믿었다(여호수아24:2-3). 또한, 하나님을 전능하시고 영원하신 분(창17:1, 21:33)으로, 하늘과 땅의 주관자(창24:3)로, 세상의 심판자(창18:25)로 섬겼다. 그러나 그는 이방인으로서 유대인으로 개종한 사람이다. 성서에서의 이방인 선교의 당위성을 아브라함에게서 찾을 수 있다. 3. 아브라함은 유대교, 기독교, 이슬람교 등 유일신 종교들의 공통조상이고 믿음의 조상으로 그로 인해 전 인류가 축복을 받는다. 구약에서 노아와 아브라함의 기사는 모두 족보로 시작(창5:1-32, 11:10-32)한다. 4. 다윗은 다윗 왕조의 시조이고 유대민족의 영웅으로 민족의 표상이다. 이새(이스라)의 아들인 다윗은 사무엘이 예루살렘 왕궁으로 데려와 사울 왕의 후계자가 된다. 다윗의 자손이란 다윗의 혈통이라는 의미이기는 하나 유대인들이 대망하던 메시아의 원형으로써 예수 그리스도를 지칭하기도 한다. 5. 자손이란 손자 또는 훨씬 더 멀리 떨어진 후손을 가리키는 말이다. 다윗에게만 왕이라고 한다(1:6). 그리고 예수께서는 유대인의 왕(2:2)으로 나신다. 6. 안디옥에서 바울이 설교(행13:22-23)를 통해서 예수가 약속한 다윗의 후손임을 증거한다. 또한, 대제사장이 사도들을 체포하자 공회에서 베드로와 사도들이 예수가 구주라고 항변(행5:31)한다. 7. 누가에도 아브라함과 다윗의 자손에 대한 언급이 있다. 천사 가브리엘이 마리아에게 수태고지를 하면서 태어 날 아기에게 '하나님께서 그 조상 다윗의 왕위를 주시리니'(1:32)라고 하고 마리아는 찬가에서 '아브라함과 그 자손에게 영원히 하시리로다'(1:55)라고 한다.	• 이슬람교를 창시한 무함마드는 스스로 아브라함의 자손인 이스마엘의 후손이라고 한다. 아브라함을 아브라힘이라고 부르는 그들은 아브라함을 유일하게 계승한 종교가 이슬람교라고 한다.
그리스도	1. 히브리어로 마쉬아, 헬라어로 크리스토스로서 기름 부음을 받은 자라는 의미이다. 이 말은 종말 시에 구원을 가져올 왕에 대한 칭호이기도 하다. 2. 나중에는 단순히 메시아라고 불렀고 랍비들은 그때를 메시아의 날이라고 하였다. 3. 신약은 메시아를 예수를 가리키는 칭호로 보고 있다. 그러나 신약에서 메시아라는 단어는 요한복음1:41, 4:25에만 나온다. 유대인들은 메시아가 다윗 자손 가운데서 올 것으로 기대하였다(렘33:15, 겔37:24). 예수는 다윗의 자손으로 그리스도라고 마태의 족보는 말하고 있다.	렘33:15 그 날 그 때에 내가 다윗에게서 한 공의로운 가지가 나게 하리니 그가 이 땅에 정의와 공의를 실행할 것이라
계보	1. 계보를 새번역과 공동번역에서는 족보라고 하고 있다. 계보는 히브리어로 세페르인데, 책 두루마리를 가리키지만, 의미상으로는 족보(창5:1)를 지칭한다. 마태1:1의 계보는 문자적으로는 기원의 책, 또는 출생기록이라는 뜻이다. 다시 말해 예수 그리스도의 족보라는 말보다는 탄생에 대한 기원이라고 하겠으며 또한 계보는 한 사람의 조상에 대한 기록이라 하겠다. 2. 마태가 예수의 족보를 '그의 근원에 관한 책'(genesis)이라고 한 것은 예수의 족보는 새로운 시작으로 이제까지 없었던 창조임을 알린다는 의미를 명확히 하고 있는 것이다. 3. 족보는 생물학적으로 존재하였던 한 인간의 혈연 내지 혈통의 서열이라 하겠다. 다시 말해서 족보에 있는 그 사람은 실제로 태어나고 죽은 사람이다. 4. 족보는 그 개인이 속한 사회의 구조와 그 속에서의 신분이나 지위를 짐작하게 하며 나아가 한 개인의 정체성 확증의 역할을 한다. 5. 성서의 처음 계보는 창세기의 아담의 계보이다(창5:1-32). 6. 창세기에는 노아의 등장을 위한 아담의 계보(5:1-32), 아브라함의 등장을 위한 노아의 족보(창10:1-32), 야곱의 족보(35:22-29), 에서의 족보(36:1-43), 애굽으로 내려간 야곱의 후손(46:8-27) 등이 있다.	행13:22-23 폐하시고 다윗을 왕으로 세우시고 증언하여 이르시되 내가 이새의 아들 다윗을 만나니 내 마음에 맞는 사람이라 내 뜻을 다 이루리라 하시더니 하나님이 약속하신 대로 이 사람의 후손에서 이스라엘을 위하여 구주를 세우셨으니 곧 예수라

	7. 창세기 이외에 나오는 구약의 계보는 역대상 1-9장, 에스라 2:1-63, 8:1-20, 느헤미야 7:7-63, 열왕기 상하 등에 있다. 8. 예수의 족보로 예수의 생애가 시작된다. 마태와 누가에 있는 예수의 두 개의 족보는 구조나 내용도 다르고 목적이나 배치의 위치도 다르다. 신약성서가 예수의 계보로 시작함으로써 초심자에게는 성서가 무미건조하다는 느낌을 갖게 하지만 마태공동체에게 있어서는 중요한 것이었다. 9. 신약성서가 예수의 계보로 시작되는 것은 당연하다. 구약의 족보는 시대적 구분에 따른 것이기는 하지만 중심되는 인물의 역사성을 확인시켜 주기도 한다. 10. 예수 승천 이후 예수의 역사적 실존을 의심하는 가현설(docetism)이 있었고 최근까지도 그리스도 신화론이 제기되고 있다. 그런데 계보가 있으므로 예수는 역사적인 인물이라는 것과 기독교가 역사적 배경을 가진 종교임이 분명해진다. 11. 신약성서 맨 앞부분에 있는 예수의 계보는 예수를 믿는 믿음의 초석과 토대라 하겠다.	행5:31 이스라엘에게 회개함과 죄 사함을 주시려고 그를 오른손으로 높이사 임금과 구주로 삼으셨느니라 창5:1 이것은 아담의 계보를 적은 책이니라 하나님이 사람을 창조하실 때에 하나님의 모양대로 지으시되
마태의 족보 ① 열네 대, 열네 대, 열네 대	1. 믿음의 조상인 아브라함에서 시작된다. 믿음의 계보라 하겠다. 메시아 즉 그리스도인 예수의 족보이다. 2. 마태의 족보는 계보축약의 족보로서 예수의 조상을 역사적 사건을 중심으로 세 시기로 열네 대씩 나누어 소개한다. 14는 7의 배수이고 완전수이다. 14의 세 배수인 42에 맞춘 계보이다. 여기서 대는 세대 즉, genea로서 낳다의 gennao의 명사형이다. 여기서 계보를 요약 구분하기 위하여 사용되었다. 　(1) 믿음의 조상 아브라함으로부터 유대 민족이 성장하여 다윗왕국을 이루기까지 　(2) 정치적 발전 이후 오히려 민족의 분열과 패망을 당하기까지 　(3) 메시아 출현을 대망하는 기간으로 실제로 다윗의 자손이 이 세상에 오기까지의 구분이다. 3. 남성 중심의 혈통적 계보 역시 비정상적으로 되어있는데 레이먼드 브라운은 12부족 전체의 대표자들을 모두 포함시키기 위해 그렇게 된 것이라고 한다. 메시아는 12 부족 모두를 복원하는 분이라는 것이다. 4. 마태의 족보는 맏아들 중심이 아니다. 아브라함의 맏아들 이스마엘이 아니라 이삭이 나오고 또한 에서가 아닌 야곱이 등장한다. 예수께서는 야곱의 열두 아들 중 넷째 아들인 유다 즉 영원한 왕권을 약속받은 유다 지파(창48:8-12)의 자손이다. 5. 다윗의 David의 숫자의 값은 D(달렙)=4, V(바우)=6, D(달렙)=4개로서 세 개를 합치면 14이다. 다윗의 이름 역시 열네 번째에 기록되어 있다. 이처럼 게마트리아(gematria, 숫자상징주의)를 계보구성의 기본원리로 사용하였는데 유대인들이 일반적으로 사용하였던 것이다. 요한계시록13:18의 666은 네로황제의 히브리어 철자를 합한 것이다.	• 네 여인 모두 죄인이고 우리 역시 모두 죄인이다(롬3:9). • 지금의 시각으로는 비정상가정, 불우가정, 빈곤가정, 문제가정, 다문화가정이라 하겠다. • 루터는 예수께서 이방인들을 포용한다는 것을 보여주기 위해 네 명의 여자 이름이 들어있다고 보았다. 즉, 다말은 아람 여인, 라합은 가나안 여인, 룻은 모압 여인, 헷사람 우리야의 아내인 밧세바 (대상3:5에는 밧수아라고 함)
② 네 여자	1. 족보는 통상 부계혈통 중심의 기록이다. 여자의 이름이 들어있는 족보는 마태의 의도라 하겠다. 2. 다말, 라합, 룻, 우리야의 아내 등 네 명의 여자의 이름이 족보에 등장한다. 이들은 내세우기에 적절한 여자들은 아니지만, 이들을 통해서 마태는 그들이 중대하고도 특별한 역할을 하였음을 말하고 있다. - 다말은 유다의 아들 엘의 아내로서 남편에게서도 또한 시동생에게서도 후사가 없자 시아버지를 속여 동침한 후 쌍둥이를 낳았다(창38:12-30). 구약외경인 희년서와 유다의 유언에 따르면 아람 여인이라고 한다.	

	- 라합은 여호수아가 보낸 두 정탐꾼을 자기 집에 숨겨 보호하였다(수2:1). - 룻은 모압인으로 남편과 두 아들을 잃고 시어머니 나오미를 따라 베들레헴으로 돌아와 인척 보아스를 만나 오벳을 낳는다. 그리고 오벳은 이새를 낳고 이새는 다윗을 낳는다(룻4:21-22). - 우리아의 아내(마1:6)는 밧세바로 이방인 장수 우리아(삼하11:3)의 처이었다. 다윗은 우리아를 전장에서 죽게 하고 그 아내를 취해서 솔로몬을 낳는다. 살인죄와 간음죄를 지은 다윗은 신언자 나단에게 책망을 받고 회개한다. 3. 마리아의 이름이 다섯 번째로 등장한다. 여자의 이름이 족보에는 쓰지 않는 것이 보통이지만 창세기나 역대상에는 여자들이 나오기도 한다. 그러나 마태에서 앞에 네 여자의 이름을 언급한 이유는 마리아를 언급하기 위해서라고도 볼 수 있다. 마리아는 어떤 다른 여자들과도 다른 특별한 역할이 있기 때문이라 하겠다. 4. 마태의 족보에서 마리아는 남편이 요셉이고 그리스도라 칭하는 예수를 낳았다고 마리아를 두 번 반복하고 있다(1:16).	• 창36:26에서 유다는 며느리에게 '그는 나보다 옳다'(개역개정)라고 하는데 여기에서 옳도다는 '나보다 났구나'(공동)의 의미라 하겠다.
③ 하나님의 메시아 계획을 위한 계보	1. 하나님께서는 자신의 계획을 이루기 위해 어떻게 개입하는지 보여주기 위한 본보기가 네 여자라 하겠다. 2. BC1세기 다윗과 같은 메시아를 기대하던 바리새인들에게 이 여자들은 칭송의 대상이었다고 하는데 마태가 마리아의 이름을 족보에서 반복한 것은 하나님의 메시아 계획에 있어서 중요한 동정녀 잉태를 암시하기 위해서일 수 있다. 3. 구속사적인 맥락에서 신약성서 앞에 예수 그리스도의 계보가 제시되었다. 요셉과 관계없이 예수를 잉태함으로써 사생아로 비난받을 수 있는 상황에서 예수께서는 마리아의 성령 잉태로 다윗의 후손의 혈통이 된 것이다.	
누가의 족보 사람들이 아는 대로 ① 77대	1. 예수의 공생애 전에 족보를 언급한 것은 출6:14-26과 유사하다. 모세의 사명인 출6:13과 27 사이에 족보가 들어있다. 2. 사람들이 아는 대로(3:23): 요셉의 아들인 예수의 계보로 요셉의 위 조상들을 소개한다. 사람의 아들의 족보라 하겠다. 요셉의 실제 육친의 혈통을 열거한 것일 수 있다. 성서에서 확인되지 않은 인물 42명은 우리와 같은 사람들이다. 3. 맨 위의 조상은 아담이요 그 위는 하나님이다(3:38). 누가의 족보는 이스라엘의 계보적 혈통을 넘어서 모든 인류를 위한 길을 준비하기 위하여 아담에게로 또한 더 나아가 하나님에게로 올라간다. 4. 누가는 요셉을 헬리의 아들이라고 하면서 또한 요셉이 다윗의 혈통(1:27, 2:4)임을 강조하고 있다. 마리아의 아버지 헬리가 혈통을 이어받을 형제가 없어서 마리아가 요셉과 결혼할 때 헬리는 요셉을 자신의 아들이자 상속인으로 입양할 수 있는데 이런 경우 요셉은 두 혈통의 상속인이 된다고 한다. 5. 예수를 제외하고 모두 77대이다. 7의 배수 삼배수로 되어있다. 예수 족보의 완전성을 뜻한다. - 포로기 이후 시대　　 21명(3×7) - 왕족 시대　　　　　 21명(3×7) - 왕국 이전 시대　　　 14명(2×7) - 아브라함 이전　　　 21명(3×7): 하나님 포함 6. 누가의 족보에는 여인들과 형제들이 들어있다. 아브라함에서 예수까지 마태는 42명을, 누가는 56명의 이름을 열거한다.	• 게마트리아는 히브리어 알파벳 23자가 나타내는 숫자를 가지고 그 단어가 가진 뜻을 풀어 성서를 해석하고 설명하는 방법을 말한다. 첫째부터 열 번째까지는 1에서 10을, 다음 여덟 자는 20에서 90을, 나머지 네 자는 100에서 400까지를 나타낸다고 보았다.
② 그 위는 하나님이시니	1. 누가에서 하나님께서 내 사랑하는 아들(3:22)이라고 선언한 것을 뒷받침하기 위해 제시된 예수의 계보이다. 그리고 이어지는 마귀의 시험에서 마귀는 예수께 네가 하나님의 아들이냐(4:3,9)고 물으면서 시험을 한다. 마귀의	

구분	내용	비고
	시험을 이김으로 예수는 하나님의 아들로 인정을 받게 된다. 2. 누가에서 예수는 다윗의 자손이기는 하지만 하나님의 아들이라는 점에 주목하고 있다. 예수는 하나님께 순종하는 아들 즉 새 아담이다. 3. 천사 가브리엘은 수태고지를 할 때 예수를 '지극히 높으신 이의 아들'(1:32) '나실 바 거룩한 이는 하나님의 아들이라 일컬어지리라'고(1:35) 한다. 예수의 탄생 전부터 천사는 예수를 하나님의 아들이라고 선언한다. 4. 창세기의 족보는 하나님의 모양대로 지음을 받은 아담(5:1)에서 시작되지만, 누가의 족보는 하나님이 맨 위다. 즉 누가의 족보는 하나님과 예수를 연결하기 위한 것이다.	
③ 하나님의 약속 실현을 위한 족보	1. 예수 그리스도가 이 땅에 오신 것은 하나님의 인류구원 계획을 완성하기 위해서이다. 2. 하나님으로부터 시작되는 역사, 그 역사의 연속선상에서 예수를 통한 하나님의 구원을 말씀하기 위한 족보라고 하겠다. 3. 하나님께서 아브라함에게 천하 만민이 복을 받는다고 하였는데 예수 그리스도로 말미암아 구원이 이방인에게까지 확대되는 것이다. 4. 족보의 주권자는 하나님이고 이 족보의 완성자는 예수 그리스도이다. 5. 누가의 족보는 기록된 사람들 모두 하나님의 자손이라고 유추할 수 있게 한다(갈3:26). 예루살렘의 시므온은 예수의 정결 예식에서 아기 예수를 안고 찬송하기를 내 눈이 주의 구원을 보았다고 하고 예수를 이방을 비추는 빛(2:32)이라고 한다. 모든 민족은 예수로 말미암아 하나님과 연결이 되고 구원의 가능성이 열렸다는 것이다. 누가에서 부활하신 예수는 '죄 사함을 받게 하는 회개가 모든 족속에게 전파될 것'(24:47)이라고 한다.	갈3:26 너희가 다 믿음으로 말미암아 그리스도 예수 안에서 하나님의 아들이 되었으니

4. 심층연구

4.1 아브라함과 다윗의 자손 예수 그리스도

구분	내용	비고
예수를 다윗의 자손이라고 부르다	1. 다윗은 이스라엘에서 가장 위대한 왕이자 장차 오실 메시아의 모델이다. 마태의 족보는 예수가 약속된 구원자요 이스라엘을 이끌 왕으로서의 정통성을 부여하고 있다. 2. 다윗의 후손에 대해 나단 선지자는 다윗에게 네 몸에서 나올 후계자로 그의 나라와 왕위를 견고하게 하겠다(삼하7:12-13)고 한다. 다윗 혈통에서 나오는 메시아에 대해 이새의 줄기(사11:1), 이새의 뿌리(사11:10), 다윗의 한 의로운 가지(렘23:5), 그들 중의 왕(겔34:24), 그들의 왕(겔37:24), 그들의 왕 다윗(호3:5) 등으로 언급하고 있다. 3. 복음서 이전 예수를 다윗의 혈통이라고 한 것은 AD56년 경에 바울이 쓴 로마서(1:3)이다. 4. 복음서는 예수께서 성령으로 잉태되었다고 하면서 다윗의 후손이라는 점을 의식하여 족보까지 실었는데 이것은 초기 마태와 누가공동체의 관심을 반영한 것이라 하겠다. 그러나 마태는 다윗의 아들 솔로몬의 혈통을 말하지만 누가는 다윗의 또 다른 아들 나단을 따른다(삼하5:14). 5. 예수의 형제 유다의 손자가 도미티아누스 황제에게 끌려갔을 때 스스로 다윗의 후손이라고 하였다고 유세비우스의 교회사에 기록되어 있다. 6. 마태의 족보에 다윗의 이름이 다섯 차례 언급된다(1:1, 1:6에서 두 번, 1:17에서 두 번). 예수가 다윗의 계승자임을 보여주고 있다.	• 다윗 자손으로서의 메시아사상은 이사야 11장과 예레미야 23장 등을 근거로 하고 있다. 롬1:2-3 이 복음은 하나님이 선지자들을 통하여 그의 아들에 관하여 성경에 미리 약속하신 것이라 그의 아들에 관하여 말하면 육신으로는 다윗의 혈통에서 나셨고

	7. 마태, 마가, 누가를 보면 예수께서는 예수 주위에 있는 이들로부터 다윗의 자손 예수라는 부름을 받는다. 맹인 거지 바디메오가 나사렛 예수를 보고 다 윗의 자손 예수라고 두 번이나 반복해서 부른다(마20:29-31, 막10:46-48, 눅 18:35-39). 특별히 마태에는 가나안 여인(15:22)과 다른 맹인들(9:27)이 그 리고 성전정화 후 어린이들(21:15)이 다윗의 자손 예수라고 부른다.	
그리스도는 다윗의 자손인가? 마 22:41-46 막 12:35-37 눅 20:41-44	1. 예수께서 사람들에게 왜 서기관들이 그리스도를 다윗의 자손이라고 하느냐 고 먼저 질문한다. 당시 유대인들은 그리스도, 메시아가 다윗의 자손으로 온다 고 생각하였다. 예수께서는 다윗의 시(110:1) '여호와께서 내 주에게 말씀하시 기를 내가 네 원수들로 네 발판이 되게 하기까지 너는 내 오른쪽에 앉아 있으 라 하셨도다'를 인용한다. 이어서 다윗이 그리스도를 주라 하였은즉 어찌 그의 자손이 되겠느냐고 한다. 예수께서는 성서를 인용하여 그렇지 않다고 한다. 2. 서기관들은 그리스도가 다윗의 자손이라고 하지만 예수께서는 다윗이 성 령에 감동되어 노래하면서 그리스도를 '내 주'라고 불렀다는 것을 지적한다. 그러므로 내 주는 다윗의 자손이 아니라 그 이상의 분이라는 것이다. 예수는 시편을 인용하여 여호와도 그리스도도 모두 주라고 불렀다는 것이다. 그런데 무리들은 이 말씀을 듣고 마가는 즐겁게 들었다고 하고 마태는 감히 묻는 자 가 없었다고 한다. 3. 서기관들은 그리스도가 다윗의 자손이라는 사상을 가지고 있다. 또한, 백성 들은 메시아가 다윗보다 더 강력한 분이기를 기대하고 즐거워하였을 것이다. 4. 예수께서는 자신을 다윗의 자손으로 보는 사람들의 인식에 대해 굳이 적극 적으로 부정하지 않음으로써 소모적 논쟁을 피하였다(김기홍). 5. 1세기에 가장 널리 퍼져있던 메시아 대망은 다윗 반열의 메시아를 기다리 는 것이었다. 그러나 예수께서는 다윗의 후손이 의미하는 세속적 메시아와는 다른 차원에서의 메시아이었다. 6. 유대인들은 하나님이 인간 역사에 개입하기를 강력히 바랐는데 하나님을 대신한 기름 부음을 받은 자인 메시아가 오기를 고대하였다. 유대인들이 바 라던 메시아의 모습은 BC1세기에 기록된 솔로몬의 시편 17:21-25와 눅1:69-71에 잘 나타나 있다.	• 시110:1을 메시아 예언의 시로써 신약에 자주 언급된다. 눅20:42-43, 행2:34-35, 히1:13, 10:12-13 등
아브라함이 나기 전부터 내가 있느니라 (요 8:58)	1. 요한복음에서 유대인들이 예수께 네가 아브라함을 보았느냐고 질문한다. 예수께서는 너희 조상 아브라함은 나의 때 볼 것을 기뻐한다고 대답하자 유 대인들이 네가 오십도 되지 않았는데 아브라함을 보았느냐(8:56-57)고 하며 돌로 치려 한다. 2. 요한복음에는 예수의 족보가 없다. 그도 그럴 것이 세상이 그로 말미암 아 지은 바 되었기 때문이다. 그래서 당연히 아브라함보다 먼저 계시었던 것이다.	딛3:9 그러나 어리석 은 변론과 족보 이야기 와 분쟁과 율법에 대한 다툼은 피하라 이것은 무익한 것이요 헛된 것 이니라
족보 이야기를 피하라	1. 사도 바울은 디모데에게 족보에 몰두하지 말라(딤전1:4)고 하고 디도에게 는 족보 이야기를 피하라고 권면(딛3:9)하였다. 2. 사도 바울은 예수가 다윗의 후손이라는 점보다는 부활하신 예수에게 신앙 의 모든 전제를 두었다(롬1:4)고 하겠다.	

4.2 예수 족보의 의의

1. 예수의 족보는 출생증명서가 아니다. 예수의 계보는 인간의 생물학적 생산물에 대한 기록이 아니라 신의 섭리에 대한 논증이다.
2. 마태의 족보는 신구약의 징검다리이고 신약의 관문이다.
3. 족보는 유대 민족사의 축소판으로 하나님에 대한 믿음 위에 기독교가 있음을 웅변한다.

4. 족보는 기독교의 역사적 배경을 보여주는 동시에 역사적 사실성에 기초한 종교임을 보여주고 있다.

5. 족보 없이 예수의 기적, 보호, 수훈을 소개한다면 예수가 신화적 존재, 성인군자, 사상가 등으로 보일 수도 있다. 그리고 신약성서 역시 동화, 신화, 격언, 명언집이 되고 만다. 족보를 통해서 예수는 역사를 지배하고 섭리하는 하나님의 아들이심을 확인할 수 있다.

6. 예수의 족보는 예수가 유대인으로서의 권리를 가진 당당한 유대인이라는 것을 말하고 있다. 예수는 이 세상에 잠시 다녀간 영도 아니고 신도 아니고 더구나 사생아도 아니라는 것이다. 예수를 신화적, 가상적 인물로 인식하려는 가현설을 부정하고 있는 것이다.

5. 집중탐구: 생명의 족보

구분	내용	비고
죽음의 족보를 연 아담	1. 창세기에 처음 나오는 아담의 족보(5:1-5)에 나오는 이들은 모두 살고 죽었더라로 끝이 난다. 2. 사도 바울에 의하면 이 족보는 죄의 족보이고 사망의 족보(롬 5:12)인 것이다.	• 인간이 아무리 오래 살았다 하더라도 결국 죽는다.
죽음의 족보 중 예외인 에녹	1. 창세기에는 죄의 족보에는 들어있으나 죽지 않은 사람으로 에녹을 언급하고 있다. 마태의 족보에는 에녹이 없고 누가의 족보에는 들어있다. 2. 에녹은 처음으로 죽지 않고 승천한 사람이다. 사도 바울은 에녹이 승천한 것은 하나님을 기쁘시게 하였기 때문(히11:5)이라고 한다. 예수가 승천한 것을 간접적으로 설명하고 있다 하겠다.	창5:24 에녹이 하나님과 동행하더니 하나님이 그를 데려가시므로 세상에 있지 아니하였더라
죽음의 족보를 중단시킨 예수	1. 마태복음의 예수의 족보는 낳고 낳고가 전체적으로 나오는데 낳다 geonao는 '~의 아버지가 되다'라는 뜻이다. 2. 예수의 십자가로 말미암아 죽을 수밖에 없는 우리들은 죽음의 계보를 중단하게 되었다.	
영생을 줄 예수	1. 예수께서 우리에게 준 생명, 영생은 예수를 믿음으로 얻어지는 것이다. 요한복음은 '하나님이 세상을 이처럼 사랑하사 독생자를 주셨으니 이는 그를 믿는 자마다 멸망하지 않고 영생을 얻게 하려 하심이라'(3:16)고 한다. 또한 '내 아버지의 뜻은 아들을 보고 믿는 자마다 영생을 얻는 이것이니 마지막 날에 내가 이를 다시 살리리라 하시니라'(6:40)고 한다. 2. 예수께서 우리에게 영생을 약속하였는데 영생은 예수 그리스도로 말미암아 가능한 것이다. 요한복음은 '영생은 곧 유일하신 참 하나님과 그가 보내신 자 예수 그리스도를 아는 것이니이다'(17:3)고 하고 요한일서는 '그가 우리에게 약속하신 것은 이것이니 곧 영원한 생명이니라'(2:25)고 한다. 3. 사도 바울은 '이는 죄가 사망 안에서 왕 노릇 한 것 같이 은혜도 또한 의로 말미암아 왕 노릇 하여 우리 주 예수 그리스도로 말미암아 영생에 이르게 하려 함이라'(롬5:21)고 한다.	롬5:18 그런즉 한 범죄로 많은 사람이 정죄에 이른 것 같이 한 의로운 행위로 말미암아 많은 사람이 의롭다 하심을 받아 생명에 이르렀느니라
제2의 아담	1. 인류를 죄에 빠지게 한 아담과 달리 인류를 죄에서 구원하신 예수는 제2 아담이고 마지막 아담(고전15:45)이다. 2. 인류의 새 조상인 예수께서는 우리를 생명에 이르게 하였는데 이레니우스의 표현처럼 하나님의 형상과 그 형상 속에 있는 상태를 회복할 수 있게 되었다는 것이다. 3. 우리는 이제 족보가 아니라 생명책에 이름을 남겨야 한다.	고전15:22 아담 안에서 모든 사람이 죽은 것 같이 그리스도 안에서 모든 사람이 삶을 얻으리라
하늘에 이름이 기록되어야 한다	1. 우리의 이름은 족보가 아니라 하나님의 책에 남아야 한다. 출애굽기에는 '여호와께서 모세에게 이르시되 누구든지 내게 범죄하면 내가 내 책에서 그를 지워 버리리라'(출32:33)고 한다. 다시 말해서 범죄하지 아니하면 지워지지 않는다는 것이다.	

	2. 이사야도 예루살렘 안에 생존한 자 중 기록한 모든 사람은 거룩하다 칭함을 얻는다(사4:3)고 하다. 3. 이제는 하늘에 이름이 기록되도록 해야 한다. 누가에서 예수께서는 칠십인이 돌아와 하는 보고를 받고 '그러나 귀신들이 너희에게 항복하는 것으로 기뻐하지 말고 너희 이름이 하늘에 기록된 것으로 기뻐하라'(눅10:20)고 한다. 또한, 히브리서에는 '하늘에 기록된 장자들의 모임'에 대한 언급도 있다(히12:23).	눅10:20 그러나 귀신들이 너희에게 항복하는 것으로 기뻐하지 말고 너희 이름이 하늘에 기록된 것으로 기뻐하라 하시니라
생명책	1. 족보가 아닌 어린 양의 생명책에 기록되어야 한다. 2. 구원을 약속받은 하나님의 자녀, 영생을 얻은 신자들을 기록한 책이 생명책인데 생명책에 기록된 자들만이 새 예루살렘에 들어갈 수 있다. 3. 생명책은 하나님께서 친히 택한 백성의 이름을 기록한 책(출32:32, 시69:28)이고 예수 그리스도를 믿음으로 구원을 약속받은 하나님의 자녀들의 이름이 기록되어 있는 책(계13:8)이다. 4. 어린 양의 생명책에 이름이 기록된 자는 구원을 받지만, 기록되지 못한 자는 영원한 심판 형벌을 받게 된다(계20:12,15, 21:27). 5. 구약에서는 하나님의 기념책(말3:16)이라고 하고 신약에서는 생명책에 이름을 기록해야 한다고 하다. 말라기는 여호와를 경외하는 자와 그 이름을 존중히 여기는 자는 여호와의 기념책에 기록된다(말3:16)고 하였고 사도 바울은 자신의 동역자를 도우면 그 이름이 생명책에 있다(빌4:3)고 한다.	계3:5 이기는 자는 이와 같이 흰 옷을 입을 것이요 내가 그 이름을 생명책에서 결코 지우지 아니하고 그 이름을 내 아버지 앞과 그의 천사들 앞에서 시인하리라

제2절 ⊛ 동정녀 잉태

1. 본문비교

구분	마태 (1:18-25)	누가 (1:26-37)
부모	18-19상 예수 그리스도의 나심은 이러하니라 그의 어머니 마리아가 요셉과 약혼하고 동거하기 전에 성령으로 잉태된 것이 나타났더니 그의 남편 요셉은 의로운 사람이라	26-27 여섯째 달에 천사 가브리엘이 하나님의 보내심을 받아 갈릴리 나사렛이란 동네에 가서 다윗의 자손 요셉이라 하는 사람과 약혼한 처녀에게 이르니 그 처녀의 이름은 마리아라
요셉의 반응	19하 그를 드러내지 아니하고 가만히 끊고자 하여	
수태고지, 아들 이름 예수	20-21상 이 일을 생각할 때에 주의 사자가 현몽하여 이르되 다윗의 자손 요셉아 네 아내 마리아 데려오기를 무서워하지 말라 그에게 잉태된 자는 성령으로 된 것이라 아들을 낳으리니 이름을 예수라 하라	28-29 그에게 들어가 이르되 은혜를 받은 자여 평안할지어다 주께서 너와 함께 하시도다 하니 처녀가 그 말을 듣고 놀라 이런 인사가 어찌함인가 생각하매 :30-31 천사가 이르되 마리아여 무서워하지 말라 네가 하나님께 은혜를 입었느니라 보라 네가 잉태하여 아들을 낳으리니 그 이름을 예수라 하라
장차 할 일	21하 이는 그가 자기 백성을 그들의 죄에서 구원할 자이심이라 하니라	32-33 그가 큰 자가 되고 지극히 높으신 이의 아들이라 일컬어질 것이요 주 하나님께서 그 조상 다윗의 왕위를 그에게 주시리니 영원히 야곱의 집을 왕으로 다스리실 것이며 그 나라가 무궁하리라
예언의 성취	22 이 모든 일이 된 것은 주께서 선지자로 하신 말씀을 이루려 하심이니 이르시되	
마리아의 반응		34 마리아가 천사에게 말하되 나는 남자를 알지 못하니 어찌 이 일이 있으리이까
수태고지 반복	23상 보라 처녀가 잉태하여 아들을 낳을 것이요	35상 천사가 대답하여 이르되 성령이 네게 임하시고 지극히 높으신 이의 능력이 너를 덮으시리니
예수의 정체성	23하 그의 이름은 임마누엘이라 하리라 하셨으니 이를 번역한즉 하나님이 우리와 함께 계시다 함이라	35하 이러므로 나실 바 거룩한 이는 하나님의 아들이라 일컬어지리라
순종	24 요셉이 잠에서 깨어 일어나 주의 사자의 분부대로 행하여 그의 아내를 데려왔으나	36-37 보라 네 친족 엘리사벳도 늙어서 아들을 배었느니라 본래 임신하지 못한다고 알려진 이가 이미 여섯 달이 되었나니 대저 하나님의 모든 말씀은 능하지 못하심이 없느니라
해산	25 아들을 낳기까지 동침하지 아니하더니 낳으매 이름을 예수라 하니라	

2. 본문의 차이

구분	마태	누가
기사의 위치	1. 예수 그리스도의 계보(1:1-17)에 이어	1. 요한의 탄생예고(1:5-25)에 이어

	2. 본 기사의 뒤에는 동방박사의 경배(2:1-12)가 있다.	2. 본 기사의 뒤에는 마리아의 엘리사벳 방문(:39-56), 요한의 탄생(:57-80)에 이어 예수의 탄생과 목자들의 방문(2:1-20)이 있다.
서언	예수 그리스도의 나심은 이러하니라(:18)	
부모의 상황	어머니 마리아가 요셉과 동거하기 전에(:18)	1. 요한의 임신 후 여섯 달째(1:26) 2. 갈릴리 나사렛에서 3. 다윗 자손 요셉이라는 사람과 약혼한 처녀 마리아에게
	성령으로 잉태된 것이 나타나다(:18) 남편 요셉은 의로운 사람이라 그를 드러내지 아니하고 가만히 끊고자 하여(:19)	
주의 사자 가브리엘	주의 사자가 현몽하여(:20)	천사 가브리엘이 마리아에게 들어가 이르되(:26, 28)
인사	다윗의 자손 요셉아	1. 은혜를 받은 자여 평안할지어다. 주께서 너와 함께 하시도다(:28) 2. 처녀가 그 말을 듣고 놀라 이런 인사가 어찌함인가 생각하며(:29)
무서워 말라	네 아내 마리아 데려오기를 무서워하지 말라	마리아여 무서워하지 말라
성령 잉태	그에게 잉태된 자는 성령으로 된 것이라(:20)	네가 하나님께 은혜를 입었느니라(:30)
아기 이름 예수	아들을 낳으리니 이름을 예수라 하라	보라 네가 잉태하여 아들을 낳으리니 그 이름을 예수라 하라(:31)
구세주, 하나님의 아들, 메시아	이는 그가 자기 백성을 그들의 죄에서 구원할 자이심이라 하니라(:21)	1. 그가 큰 자가 되고 지극히 높으신 이의 아들이라 일컬어질 것이요 2. 주 하나님께서 그 조상 다윗의 왕위를 그에게 주시리니(:32) 3. 영원히 야곱의 집을 왕으로 다스릴 것이며 그 나라가 무궁하리라(:33)
마리아의 반응 가브리엘의 성령 잉태, 나실 이에 대한 설명		1. 나는 남자를 알지 못하니 어찌 이 일이 있으리이까(:34) 2. 성령이 네게 임하시고 지극히 높으신 이의 능력이 너를 덮으시리니 3. 나실 바 거룩한 이는 하나님의 아들이라 일컬어지리라(:35)
엘리사벳의 경우		보라 네 친족 엘리사벳도 늙어서 아들을 배었느니라 본래 임신하지 못한다고 알려진 이가 이미 여섯 달이 되었다(:36)
순종		대저 하나님의 모든 말씀은 능하지 못하심이 없느니라(:37)
예언의 성취 수태고지 반복	1. 이 모든 일을 주께서 선지자로 하신 말씀을 이루려 하심이니(:22) 2. 보라 처녀가 잉태하여 아들을 낳을 것이요	

예수의 정체성	1. 그의 이름을 임마누엘이라 하리라 2. 하나님이 우리와 함께 계시다 함이라	
순종하다	요셉이 잠에서 깨어 일어나 주의 사자의 분부대로 행하여 그 아내를 데려오다(:24)	마리아가 주의 여종이오니 말씀대로 내게 이루어지이다 하니 천사가 떠나가니라(:38)
예수를 낳다	1. 아들을 낳기까지 동침하지 아니하다 2. 낳으매 이름을 예수라 하니라(:25)	

3. 본문이해

구분	내용	비고
동정녀 잉태	1. 전통적으로 동정녀 탄생이라고 불러왔으나 동정녀 잉태가 더 적절하다. 잉태가 기적인 것이다. 게리 윌스는 일반적으로 쓰이는 동정녀 탄생은 유감스럽게도 마태, 누가가 말하는 동정녀 수태의 잘못된 표현이라고 한다. 2. 마태, 마가 모두 처녀가 잉태하였다고 한다. 마태는 '보라 처녀가 잉태하여 아들을 낳을 것이요. 그의 이름은 임마누엘이라 하리라'(마1:23)고 한다. 이것은 이사야7:14의 인용으로서 칠십인역에서는 파르테노스Parthenos 즉 처녀 동정녀를 의미한다. 그러나 히브리어 성경은 젊은 여자를 의미하는 알마alma로 되어있다. 마태가 칠십인역을 받아들인 것이 아니냐는 논쟁을 낳게 한다. 3. 마태가 인용한 이사야서 본문의 배경은 아하스왕 시대로서 이사야는 이스라엘을 흥왕하게 할 아들의 출생을 예언하면서 그의 이름을 임마누엘이라고 한다. 구약시대의 유대인들은 이것을 메시아와 관련지어 해석하지 않았다고 한다. 4. 칠십인역 성서가 원래의 의미를 변형시켰다고 보기 어렵다. 마태는 하나님께서 과거 다윗에게 놀라운 일들을 행하였고 예수께서 유대민족의 구원과 관련된 이런 모든 것들을 계승할 것이라고 말하고 있기 때문이다. 그런데 후대의 선지자 미가는 이사야의 예언을 이상적인 왕 즉 메시아로 보고 그가 베들레헴에서 나올 것을 예언한다(5:2). 5. 마태는 '이 모든 일이 된 것은 주께서 선지자로 하신 말씀을 이루려 하심'(1:22)이라고 보았다. 즉 예수의 탄생은 이사야와 미가의 예언이 성취된 것이라고 한다. 6. 처녀라는 단어는 마태에서는 이사야의 예언을 인용하면서 한 번 나온다. 그러나 누가에서는 마리아를 설명하는 말에서 세 번 나온다. '요셉이라는 사람과 약혼한 처녀'(1:27), '그 처녀의 이름은 마리아'(1:27), '처녀가 그 말을 듣고 놀라'(1:2) 등이다. 7. 누가에는 이사야 예언에 대한 직접적인 언급이 없지만, 마태보다 더 구체적으로 마리아가 처녀이었음을 분명히 하고 있다. 8. 마태는 '마리아가 요셉과 약혼하고 동거하기 전에 성령으로 잉태'(1:18)되었다고 하고 요셉이 아내 마리아를 데려왔으나 아들을 낳기까지 동침하지 아니하였다((1:25)고 한다. 10. 누가는 마리아의 동정녀 수태에 대해 사람들이 가질 수 있는 상식 수준의 의문에 대해 하나님의 은혜와 하나님의 능력이라고 말하고 있다. 11. 동정녀 잉태는 예수 탄생의 신비를 말하고 있는데 하나님의 아들인 예수가 인간이라는 생물학적 아버지와 관계없이 이 세상에 왔다는 것을 강조한다고 하겠다.	• 고대사회에서 위대한 사람들은 생물학적인 아버지가 없이 태어났다고 하는 경우가 있는데 이런 이야기들이 역사로서 기록되기도 한다. • 잉태gestation는 회임이나 포태, 수태 등과 같은 말로서 태아를 임신한 것을 의미한다. • 마태와 누가는 마가나 요한복음과 달리 예수의 출생에 관한 기사를 다루고 있으나 각각 다른 자료를 이용한 것으로 보인다.

성령 잉태	1. 마태와 누가 모두 예수께서 성령으로 잉태(마1:18,20, 눅1:35)되었다고 한다. 그러나 마태에서는 성령이, 누가에서는 하나님의 능력이 더 강조되고 있다. 마태에는 예수의 성령 잉태를 주의 사자가 요셉의 꿈에 현몽하여 말하기 전에 먼저 언급하였는데 그 이유는 요셉이 예수의 생물학적인 아버지가 아니라는 것을 강조하기 위해서라 하겠다. 2. 마태는 예수의 '어머니 마리아가 요셉과 약혼하고 동거하기 전에 성령으로 잉태'된 것이 '나타났다'고 한다(1:18). 그래서 '그의 남편 요셉'은 이 일을 생각하고 있던 중 주의 사자가 현몽한다. 3. 주의 사자는 요셉에게 '네 아내 데려오기를 무서워하지 말라 그에게 잉태된 자는 성령으로 된 것이라'고 하면서 '주께서 선지자로 하신 말씀을 이루려 하심이라'고 한 후에 이사야7:14를 언급하고 있다. 다시 말해 마리아가 임신한 것은 성령의 역사로 이사야의 예언이 구현된 것이라고 설명한다. 4. 누가에서는 천사가 마리아에게 동정녀 잉태를 설명하면서 '성령이 네게 임하시면'(1:35) 가능하다고 한다.	• 마가에는 수태고지와 예수 탄생의 기사가 없다. 그러나 예수 세례의 전후 기사에서 '성령'에 관한 언급이 1:8,10,12에 나온다. 마가 역시 예수의 생애 초기에 있어서 성령이 예수에게 큰 영향을 미쳤다고 말하고 있다.
하나님의 은혜, 하나님의 능력	1. 누가에서 마리아의 잉태는 하나님이 주관하시는 일이라고 말하고 있다. 그도 그럴 것이 천사 가브리엘은 마리아가 잉태하여 낳게 될 이는 '지극히 높으신 이의 아들이라 일컬어질 것이요'(1:32) 또한 '나실 바 거룩한 이는 하나님의 아들이라 일컬어지리라'(1:35)고 강조하고 있기 때문이다. 하나님의 아들이라 일컬음 받을 이의 일을 하나님께서 직접 주관하시는 것은 당연하다 하겠다. 2. 누가에는 은혜를 받는다는 표현이 강조되어 있다. 천사 가브리엘은 마리아에 대한 호칭으로 '은혜를 받은 자여'(1:28)라고 하고 마리아에게 '네게 하나님께 은혜를 입었다'(1:30)고 한다. 천사 가브리엘은 계속해서 '네가 아들을 낳으리니'(1:31)라고 한다. 즉, 은혜를 받았다는 것이 잉태하게 되었다는 것을 말하고 있다. 3. 마리아가 천사에게 남자 없이 잉태가 가능하냐 나는 남자를 알지 못한다고 하자 천사는 마리아에게 성령이 네게 임하시고 '지극히 높으신 이의 능력이 너를 덮음으로써', 즉 너를 감쌈으로써 가능하다고 대답한다. 4. 천사는 늙어서 임신하지 못한다고 알려진 마리아의 친족 엘리사벳이 아기 가진지 이미 여섯 달이 되었음을 언급하면서 하나님의 모든 말씀은 능하지 못하심이 없다고 다시 한번 하나님의 능력을 강조한다. 5. 마태, 누가에서 마리아의 수태 즉 예수의 잉태는 마리아 자신이 결정한 일이 아니다. 예수의 잉태나 수태의 방법은 성령의 역사로서 하나님이 주도한 것이다. 한마디로 예수의 탄생은 구원사역을 위해 하나님께서 우리의 역사에 직접 개입하였다는 증거라 하겠다.	• 이스마엘(창16:7-12)과 삼손(삿13:3-5)의 경우 수태고지를 여호와의 사자가 한다. • 이삭의 경우에는 하나님께서 직접 아브라함에게 수태고지를 두 번(창17:16, 18:10)이나 하고 이름을 이삭이라 하라고 한다. • 가브리엘은 유대교, 기독교, 이슬람교에 모두 등장하며 다니엘서에 두 번(8:16, 9:21) 나온다.
요셉의 꿈	1. 꿈은 계시의 통로이다. 마태에서 주의 사자는 요셉에게 현몽하여 마리아의 성령 수태를 고지한다. 동방박사들 역시 꿈에 헤롯에게 돌아가지 말라는 지시를 받는다(2:12). 주의 사자는 또다시 요셉에게 현몽하여 애굽으로 피신하라(2:13)고도 하고 이스라엘로 돌아가라(2:19)고도 한다. 2. 창세기에는 야곱의 열한 번째 아들 요셉이 애굽에 노예로 팔려갔으나 꿈을 통해 하나님의 계시를 받아 성공하는 이야기가 있고 이 밖에도 다니엘서 등에도 꿈을 통한 계시에 관한 기사들이 있다. 그런데 이 요셉과 마리아의 남편 요셉은 같은 이름이다. 3. 요셉은 주의 사자가 현몽하여 한 지시들을 꿈으로 여기지 않고 실제로 실행한 사람 즉 의인이라 하겠다.	• 하나님께서 처음으로 수태고지를 하였을 때에는 아브라함이 엎드려 웃고(창17:17), 두 번째 수태고지 때에는 사라가 속으로 웃는다(창18:12).

천사 가브리엘	1. 천사 가브리엘은 다니엘서에 나온다. 다니엘이 환상을 보고 그 뜻을 알고 자 할 때에 '사람 모양 같은 것이 나타나서' 설명을 하고(8:16) 다시 기도할 때에 나타나는데 '빨리 날아다니는 가브리엘'(9:21)이라고 한다. 2. 누가에서는 먼저 사가랴에게 나타나 세례 요한의 탄생을 예고하는데 처음에는 '주의 사자'(1:11)라고 하다가 다시 '천사'(1:18)라고 한다. 가브리엘은 사가랴에게 스스로 밝히기를 '나는 하나님 앞에 서 있는 가브리엘'(1:19)이라고 하며 '네 아내 엘리사벳이 아들을 낳아 주리니 그 이름을 요한이라 하라'(1:13)고 한다. 3. 누가에서 천사 가브리엘은 '하나님의 보내심을 받아 갈릴리 나사렛이라는 동네에 가서'(1:26) 요셉의 약혼녀인 마리아에게 하나님의 은혜를 입어 수태하게 된다는 것을 전하게 된다. 4. 가브리엘의 임무는 수태고지를 하는 일뿐 아니라 마리아에게 하나님의 은혜를 입은 일을 이해시키는 것이었고 태어날 아기가 장차 어떤 일을 하게 되는지를 알리는 일이었다.	• 마리아는 '은혜를 받은 자'라는 뜻으로 칭찬을 받을 만하거나 은혜를 베풀 수 있는 자를 의미한다. • 에녹서 27장에 의하면 가브리엘이 아담과 이브를 에덴동산에서 쫓아냈다고 한다.
사가랴	1. 사가랴는 아비야 반열의 제사장이고 그의 아내는 아론의 자손 엘리사벳으로 두 사람이 하나님 앞에 의인이니 주의 계명과 규례대로 흠이 없이 행하였다(눅1:5-6)고 한다, 그런데 엘리사벳이 잉태를 못해 그들에게 자식이 없고 나이가 많았다(눅1:7)고 한다. 2. 사가랴가 차례가 되어 성전에서 제사장의 직무를 다하고 있을 때 주의 사자가 나타나 무서워하지 말라고 하며 네 아내가 아들을 낳을 것이라고 한다, 또한, 천사는 요한이 장차 이스라엘을 위해 할 일에 대해서도 얘기하지만 내가 늙고 아내도 나이가 많다고 하다. 성경에서 부부가 나이 들었지만, 수태고지를 받은 경우는 아브라함과 아내 사라의 경우다. 3. 천사가 사가랴에게 내 말을 믿지 아니한다고 하며 말을 못하게 하는데 아들 이름을 요한이라고 서판에 쓰고 나서야 입이 열리고 혀가 풀렸다고 한다. 서판에 아이 이름을 쓰는 이야기는 이사야서에서도 나온다. 여호와께서 이사야에게 큰 서판을 가져오게 하여 글자를 쓰게 하는데 이것이 둘째 아들의 이름인 마헬살랄하스바스(사8:1,3)이었다. 4. 세례 요한의 탄생기사에는 믿음의 조상인 아브라함의 둘째 이삭의 탄생 이야기와 대예언자인 이사야의 둘째 아들의 탄생 이야기가 배경으로 되어 있다.	• 마헬살랄하스바스는 선지자 이사야의 둘째 아들들의 이름으로 '노략이 빠름', '급속한 약탈'이라는 뜻인데 이 이름에는 앗수르의 북이스라엘과 수리아 침략의 예언이 내포되어 있다고 한다.
요셉과 마리아	1. 마태에서는 주의 사자가 요셉에게 현몽하여 수태고지를 한다. 마태는 요셉의 이야기이다. 마태에서 요셉은 마리아의 남편이고 의로운 사람(1:19)이다. 2. 마태에서의 마리아의 호칭은 세 가지이다. 예수 그리스도의 나심에 대해서 언급하면서 마리아를 예수의 어머니(1:18)이고 요셉의 약혼녀(1:18)라고 하며 요셉이 그 아내를 데려왔다(1:24)고 즉 요셉의 아내라고 한다. 3. 누가에서는 천사 가브리엘이 마리아에게 직접 수태고지를 한다. 누가는 예수의 어머니 마리아의 이야기이다. 4. 누가에서 마리아는 나사렛이라는 동네에 사는 요셉의 '약혼한 처녀'(1:27)라고 하고 마리아는 스스로 자신을 '주의 여종'(1:38)이라고 부른다. 5. 마태와 누가는 모두 요셉을 '다윗의 자손 요셉'이라고 한다, 마태에서 주의 사자는 꿈속에서 요셉을 부를 때 '다윗의 자손 요셉아'(1:20)라고 하고 누가에서 마리아의 약혼자 요셉을 '다윗의 자손'(1:27)이라고 한다.	
요셉의 반응	1. 마태는 마리아가 요셉과 약혼하고 동거하기 전에 성령으로 잉태된 것이 나타났다고 한다. 그래서 그의 남편 요셉이 그를 드러내지 아니하고 가만히 끊	

	고자 하였다고 한다. 즉 마리아를 언급하지 않고 소문내지 않고 조용히 파혼하려 했던 것이다. 2. 마태에서 요셉은 주의 천사가 현몽하기 전에 약혼녀의 임신을 알았다는 것이고 그리고 '이 일을 생각할 때에 주의 사자가 현몽'(1:20)하였다는 것이다. 3. 요셉의 꿈에 나타난 주의 사자는 '네 아내 마리아 데려오기를 무서워하지 말라'고 하며 그 이유를 '잉태된 자가 성령으로 된 것이라'(1:20)고 한다. 요셉은 '잠에서 깨어 일어나 주의 사자의 분부대로 행하여 그 아내를 데려온다 (1:24). 요셉이 아내를 데려옴으로써 그들은 합법적인 부부가 되고 마리아의 임신이 다른 이들에게 특별한 일이 아닌 것으로 보이게 되었다. 임신한 약혼녀를 데려오는 일은 시급하고 중요한 일이었다. 4. 요셉은 의로운 사람이라(1:19)고 한다. 신명기에는 처녀에게 처녀의 표적이 없으면 돌로 쳐 죽이라고 하였고 또한 처녀인 여자가 남자와 약혼한 후에 어떤 남자와 동침하면 둘 다 돌로 쳐 죽이라(신22:20-24)고 하였다. 그런데 처녀의 표적이 있는지와 관계없이 잉태된 것이 나타났다(1:18)고 한다. 　요셉이 의로운 사람인 이유는 구약의 율법대로 행하지 아니한 착한 사람이기 때문이다. 즉, 성령의 잉태를 믿고 주의 사자의 분부대로 행하였기 때문이라 하겠다. 크게 보면 하나님의 인류 구원사역에 적극 협력하였다고 하겠다.	신22:20-21상 그 일이 참되어 그 처녀에게 처녀의 표적이 없거든 그 처녀를 그의 아버지 집 문에서 끌어내고 그 성읍 사람들이 그를 돌로 쳐 죽일지니
마리아의 반응	1. 누가의 수태고지에서 마리아가 다섯 번 언급된다. 그 처녀의 이름은 마리아라(1:27), 마리아여 무서워하지 말라(1:30), 마리아가 천사에게 말하되(1:34), 마리아가 이르되(1:38), 마리아가 일어나(1:39) 등이다. 2. 누가에서의 수태고지는 마리아가 아직 임신하기 전에 일로 보인다. 누가에서의 마리아는 천사 가브리엘이 등장하면서 하는 인사에 크게 놀란다(1:29). 천사는 '은혜를 받은 자여'(1:28), '네가 하나님께 은혜를 입었느니라'(1:30)라고 하는데 이 말 자체를 마리아는 알아들을 수가 없었던 것이다. 공동번역(1:29)은 '마리아는 몹시 당황하여 도대체 그 인사말이 무슨 뜻일까 하고 곰곰이 생각하였다'라고 한다. 3. 마리아는 천사가 구체적으로 네가 잉태하여 아들을 낳게 된다고 하면서 태어날 아기가 어떤 분인지를 설명하자 마리아는 잉태의 전제조건인 남자 자체에 대해 부인한다. 4. 가브리엘은 성령의 역사와 하나님의 능력을 언급한 후 '나실 바 거룩한 이는 하나님의 아들이라 일컬어지리라'(1:35)고 다시 한번 강조한다. 5. 천사는 임신하지 못한다고 알려진 네 친족 엘리사벳이지만 이미 아들을 밴지 여섯 달이 되었다고 하며 하나님은 능치 못하심이 없다고 하자 마리아는 비로소 자신을 주의 여종이라고 하며 말씀대로 내게 이루어지이다 라고 순종한다. 6. 누가에서 천사 가브리엘은 사가랴에게 자신의 임무에 대해 '좋은 소식을 전하여 네게 말하라고 보내심을 받았다'(1:19)고 하고 마리아에게 간 것 역시 '하나님의 보내심을 받았다'(1:26)고 한다. '하나님 앞에 서 있는 가브리엘'(1:19)은 '하나님의 보내심을 받아' '좋은 소식'을 전하였던 것이다.	
임마누엘	1. 임마누엘은 히브리어 임(우리), 마누(함께), 엘(하나님)의 세 단어가 결합한 단어로서 하나님이 우리와 함께 계신다(마1:23)는 의미이다. 　이사야는 아하스왕에게 왕이 원하건 원하지 아니하건 간에 하나님께서 징조를 보여 주실 터인데 처녀가 잉태하여 아들을 낳을 것이라 하고 그 이름을 임마누엘이라 하며 다시 한 번 임마누엘을 언급(7:14, 8:8)하는데 대의적으로 민족을 구원하신 하나님에 대한 신앙고백(윤웅진)이라 하겠다.	• 한신대의 교표 가운데 임마누엘이라고 쓰여 있다.

	2. 하나님이 우리와 함께 계시다는 직접적인 표현은 시46:7에 나와 있다. 하나님이 '나와 함께' 또는 '너와 함께' 그리고 '우리와 함께' 하실 것이라는 믿음은 창세기와 출애굽기, 여호수아 등의 곳곳에서 나타난다. 하나님은 사자를 하갈에게 보내 하나님께서 그의 아들과 함께 계시겠다(창21:20)고 하고 야곱에게도 내가 너와 함께 있겠다(창28:15,31:3)고 거듭 말씀한다. 또한 이삭과 함께 하시는(창26:28) 하나님께서는 모세와 반드시 함께 있겠다(출3:12, 수1:5)고 하고 여호수아에게도 네가 어디로 가든지 내가 너와 함께 하겠다(수1:9)고 하며 이사야에게도 두려워 말라 내가 너와 함께 하겠다(사41:10)고 한다. 3. 마태에는 부활하신 예수께서 갈릴리에서 제자들을 만나 '내가 세상 끝 날까지 너희와 항상 함께 있으리라'(28:20)고 한다. 임마누엘의 예수께서 다시 한번 임마누엘을 약속하신 것이다.	
주께서 너와 함께 하시도다	1. 누가에서는 천사 가브리엘이 요셉의 약혼녀인 마리아를 찾아가서 '주께서 너와 함께 하시도다'라고 인사하는데 이와 같은 인사가 구약의 여러 곳에 나온다. 2. 창세기에는 아브라함이 아비멜렉과 그 군대장과 비골에게로부터 '네가 무슨 일을 하든지 하나님이 너와 함께 계시도다'(창21:22)라고 한다. 사사기에는 기드온을 찾아온 여호와의 사자가 기드온에게 '여호와께서 너와 함께 하시도다'(삿6:12)라고 하고 룻기에는 보아스가 밭에서 베는 자들에게 '여호와께서 너와 함께 하시기를 원하노라'(룻2:4)고 인사한다. 3. 요한복음에는 보혜사 성령이 '너희와 함께 거하고 너희 속에 계시겠다'(14:17)고 하며 내가 너희를 고아와 같이 버려두지 아니하고 너희에게 오리라(14:18)고 한다. 4. 바울은 디모데에게 '주께서 네 심령과 함께 하시기를 바라노니 은혜가 너희에게 함께 있을지어다'(딤후4:22)라고 하고 또한 데살로니가후서에는 바울이 평강의 주께서 '너희 모든 사람과 함께 하시기를 원하노라'(3:16)는 축복을 한다.	**시23:4상** 사망의 음침한 골짜기로 다닐지라도 해를 두려워하지 않을 것은 주께서 나와 함께 하심이라
아기 이름 예수	1. 마태, 누가 공히 아기 이름을 예수라고 한다. 2. 마태에 예수라는 아기 이름이 두 번 언급되어 있다. 주의 사자가 요셉에게 현몽하여 아들을 낳으리니 이름을 예수라 하라(1:21)고 하고 요셉은 주의 사자의 분부대로 이름을 예수라고 하였다. 3. 누가에서는 천사 가브리엘이 마리아에게 '네가 잉태하여 아들을 낳으리니 그 이름을 예수라 하라'(1:31)고 한다. 4. 예수는 '하나님은 구원이시다'라는 의미로서 히브리어 이름은 예슈아, 요쉬아이고 셈어로는 여호수아라고 하며 예수는 그리스식 이름이다. 이사야는 '보라 하나님은 나의 구원이시라'(사12:2)고 하였다. 5. 마태에는 이사야의 예언을 인용하여 아기의 또 다른 이름으로 임마누엘을 언급하면서 그 뜻이 '하나님이 우리와 함께 계시다'(마1:23)라고 한다. 그리고 시편46:7에도 여호와가 우리와 함께 하신다고 노래하고 있다.	**시46:7** 만군의 여호와께서 우리와 함께 하시니 야곱의 하나님은 우리의 피난처시로다 (셀라)
예수의 정체성	1. 마태에서는 '이는 그가 자기 백성을 구원할 자이심이라'고 한다. 여기에서의 백성은 하나님의 백성으로서의 유대인을 가리키지만, 일반적으로 세상 또는 인류로 이해되고 있다. 마태는 예수의 탄생과 그가 할 일에 대해 구약 예언의 성취라고 본다. 2. 누가에서는 천사 가브리엘이 마리아에게 예수의 정체성에 대해 말한다. 　그가 큰 자가 되고 지극히 높으신 이의 아들이라 일컬어질 것이요	• 지극히 높으신 이는 누가 1:32, 35, 76 그리고 6:35와 사도행전 7:48에 나온다.

주 하나님께서 그 조상 다윗의 왕위를 그에게 주시리니 영원히 야곱의 집을 왕으로 다스릴 것이며 그 나라가 무궁하리라(1:32-33)

3. 누가에서 천사 가브리엘은 마리아에게 남자를 알지 못하지만, 임신할 수 있다고 하면서 다시 한번 낳게 될 아들에 대해 결론적으로 설명한다.

이러므로 나실 바 거룩한 이는 하나님의 아들이라 일컬어지리라(1:35)

4. 마태와 누가 모두 요셉을 다윗의 자손(마1:20,눅1:27)이라고 하지만 특별히 마태는 복음서를 시작하면서 아브라함과 다윗의 자손 예수 그리스도의 족보를 소개함으로써 또한 여러 사람들이 예수를 다윗의 자손이라고 부르는 것을 계속해서 전함으로써 예수가 다윗의 자손임을 강조하고 있다.

누가 역시 야곱과 다윗을 언급하면서 예수가 구약의 역사와 연결된 인물일 뿐 아니라 그의 사역 역시 무궁한 나라의 건설 즉 메시아 왕국의 건설이라고 한다.

5. 누가에서는 예수를 '지극히 높으신 이의 아들'이라고 하는데 하나님의 아들을 뜻하는 메시아적 칭호라 하겠다. 그런데 누가가 다시 한번 예수를 지칭할 때는 직접 '하나님의 아들'이라고 한다.

6. '지극히 높으신 이의 아들'이라는 표현은 예수와 로마를 대립시키는 기능을 한다. 당시 로마 황제들은 자신들을 신의 대리자 혹은 신의 아들로 칭하였다. 예수에 대해 이와 같이 칭한다는 것은 유대적 맥락의 종말론적 의미일 뿐 아니라 로마적 배경을 가진 정치적 의미를 내포하고 있다(김호경)고 한다.

• 예수의 탄생으로 신구약 중간기 또는 제2 성전시대가 끝난다.

신구약 중간기는 구약의 마지막 책인 말라기가 기록된 BC430년경부터 예수의 탄생 BC4년경으로 본다. 제2 성전시대는 스룹바벨이 두 번째 성전을 완성한 BC576년부터 로마에 의해 헤롯이 건립한 성전이 파괴된 AD70년으로 본다.

4. 심층연구

구분	내용	비고
동정녀 수태고지의 의의	1. 예수의 탄생을 위한 동정녀 수태 이야기는 예수의 생물학적 출생을 밝히려는 것이 아니라 예수의 기원은 생물학적 가능성 너머에 있다는 것을 말하고 있다. 2. 예수의 탄생은 성령의 인도로 하나님의 역사하심으로 일어난 일로서 인간의 생식 활동의 결과로 일어난 일이 아니라는 것이다. 3. 예수의 기원을 예수의 족보로 보고 예수의 탄생을 생물학적으로 해석하려는 위험성을 차단하기 위해 마태, 마가는 마리아의 수태 경위를 자세히 말하고 있다. 예수의 기원은 궁극적으로 신학적 질문의 대상이지 생물학적 질문의 대상이 아닌 것이다. 4. 마태에서의 수태고지는 예수의 신분을 하나님과 연결시키기 위하여 성령을 언급하고 있다. 마태에서의 예수는 하나님의 일을 위해, 백성을 죄에서 구원하기 위해 태어난 분이다. 5. 누가에서의 수태고지 역시 예수가 신적인 아들이라는 신분에 관한 것이다. 마태에서의 천사는 성령 잉태를 강조(1:18,20)하지만, 누가에서는 성령 잉태(1:35)보다는 하나님의 개입이 강조되고 있다. 누가에서의 천사는 마리아에게 하나님께 은혜를 입었다(1:30), 주 하나님께서 다윗의 왕위를 그에게 주시리니(1:32), 지극히 높으신 이(1:35)등의 표현과 함께 예수가 하나님의 아들이라고 직접 말한다(1:35). 6. 마태에서의 수태고지는 예수께서 성령으로서 잉태되었다는 것이고 누가에서의 수태고지는 하나님의 섭리에 의해 수태된 하나님의 아들이라는 것이다.	• 동정녀 잉태는 초대 교회 때부터 전승으로 전해져 오던 것이 보편적인 신앙이 되어 사도신경에 기록되게 된다. • 동정녀 잉태의 역사성은 19-20세기 학자들의 주요 논쟁거리로서 회의론자들은 인간 여성을 임신시킨 이방신들 이야기와 뒤섞인 혼합주의에서 나온 것이라고 하거나 사 7:14의 성취로 지어낸 이야기라고 한다.

메시아의 잉태 암시	1. 마태의 족보에서 야곱은 요셉을 낳는다. 그런데 같은 형식으로 보면 요셉이 예수를 낳아야 하는데 마리아가 그리스도라 하는 예수를 낳았다고 한다. 요셉이 예수의 생물학적 아버지가 아니라는 것이다. 2. 마리아가 낳은 예수는 보통 사람이 아닌 그리스도라 칭하는 예수이다. 그리스도 즉 메시아는 사람들의 상식을 뛰어넘는 방법으로 이 세상에 출현한 것이다. 3. 마태의 족보에 나오는 네 여자들은 다섯 번째 등장하는 마리아의 동정녀 잉태라는 하나님의 메시아 출현계획의 배경이 되었다고 하겠다.	
신화로서의 동정녀 탄생을 거부	1. 우리나라 고대 왕가의 시조 탄생에 관한 이야기로는 난생설화가 많다. 그들의 탄생을 신비화시키고 초월적 권위를 인정하기 위해서인데 그 알들의 기원은 하늘인 것이다. 2. 플루타크의 영웅 누마 이야기나 그리스 신화에 유사한 이야기가 있지만 그것은 다신교의 이교 신화로써 비교 자체가 되지 않는다. 3. 중근동 지역에도 유사한 이야기가 있다. 이집트의 이시스 신이 죽은 남편 오시리스와 교감하여 임신을 한다. 또한, 조로아스터교의 조로아스터는 마지막 때에 15세 처녀가 잉태하여 샤오산트라는 구세주가 올 것이라고 한다. 4. 1928년 우가리트(라스 샴라)에서 설형문자로 된 점토판 기록문 즉 토판문이 수천 점 발견되었다. 그런데 그 중에는 달의 여신 니칼에 대한 시가 있는데 '한 처녀가 아이를 낳을 것이다.' '보라 젊은 여자가 아들을 잉태한다'는 내용이 있다. 그러나 신약성서의 동정녀 탄생과는 전혀 연관되지 않는다. 5. 성서에서 첫 인간인 아담은 자신의 부모 없이 하나님에 의해 생겨난다. 하와 역시 아버지 어머니 없이 아담에 의해 생겨난다. 창세기를 믿고 있던 당시 유대인에게 아버지 없이 예수가 탄생한 것은 가능한 일이었다.	• 신라 시조 박혁거세, 석탈해, 김알지, 수로왕, 동명왕 등 • 우가리트문서에는 구약성서와 상징적 표현이나 문체등이 유사한 점이 있다고 한다. 여기에는 아브라함, 이삭, 야곱 등의 이름과 소돔, 고모라 등의 도시 이름도 나온다고 한다.
신앙의 시금석인 동정녀 탄생기사	1. 기독교의 중요한 교리이면서 가장 걸림돌이 되는 교리이다. 인간의 이성으로는 믿을 수 없기 때문이다. 그러나 교회는 처음부터 지금까지 이 교리를 강력하게 주장하여 왔다. 합리적인 타협과 중재가 들어와도 모두 거부하였다. 오늘날의 교회 역시 동정녀 탄생을 분명히 확실하게 믿고 있다. 2. 초대교회들에게는 행동하고 말씀하고 구원하는 하나님의 일이었기 때문에 의심이나 문제가 있을 수 없었다. 예수의 탄생이 신비하고 초월적인 사건인 것은 너무나 당연한 것이었다. 3. 동정녀 탄생을 받아들이느냐, 부정하느냐 하는 것은 신앙의 시금석이라 하겠다. 동정녀 탄생은 믿지 못하면서 예수의 말씀과 기적, 고난과 부활 등을 믿는다는 것은 어불성설이다. 믿고 싶은 것만 믿고 믿을 수 있는 것만 믿는 것이 기독교의 신앙이 아니다. 4. 성서의 권위를 인정하느냐 하는 것이 중요하다. 마태, 누가에 동정녀 잉태에 대해 그리고 예수의 장차 하실 일 등에 대해 자세히 설명되어 있기 때문이다.	

5. 집중연구

5.1 동정녀 수태고지의 이해

구분	내용	비고
가장 중요한 교리 동정녀 잉태	1. 동정녀 수태는 그리스도께서 세상에 오신 방법이다. 또한, 그리스도의 성육신이 이루어진 특별한 방법이다. 하나님의 아들이기에 가능한 방법이다. 그리스도의 신성과 성육신, 동정녀 탄생은 모두 결합되어 있다. 2. 동정녀에게 태어난 예수는 요셉과 생물학적으로 연관되어 있지 아니하다. 그러나 요셉의 아들로서 법적으로 혈통적 자격이 있다고 하겠다.	• 에밀 부르너는 동정녀 탄생기사를 성육신을 생물학적으로 설명하기 위한 시도라고 보았다.

	3. 성령으로 잉태하여 태어나지 아니하였다면 예수 역시 아담의 후손이고 죄인일 수밖에 없으며 우리를 구원할 수 없었을 것이다.	**고후5:21** 하나님이 죄를 알지도 못하신 이를 우리를 대신하여 죄로 삼으신 것은 우리로 하여금 그 안에서 하나님의 의가 되게 하려 하심이라
	4. 예수의 초자연적인 출생은 그가 그리스도이고 하나님의 아들이심을 말한다. 또한, 예수는 죄 없는 분이고 아담과 단절된 분이며 하나님과 직접적인 관계를 가진 분임을 증거하고 있다. 사도 바울은 예수가 죄와 무관(고후5:21)하다고 한다.	
	5. 동정녀에게서 탄생한 예수에 대하여 사도 바울은 악이 없고 더러움이 없다(히7:26)고 하였다. 또한, 살려주는 영, 신령한 사람, 하늘에서 나셨다고 한다(고전15:45-47).	
	6. 초자연적인 방법으로 오신 예수만이 초자연적인 방법으로 우리를 구원한다.	
마가, 요한에서의 동정녀 탄생의 암시	1. 마가 1:1에서 하나님의 아들 예수 그리스도라고 하고 6:3에서 예수를 마리아의 아들이라고 한다. 동정녀 탄생의 신앙이 있었을 것으로 짐작이 된다.	• 동정녀는 가톨릭 교회가 여자 성자나 복자에게 붙이는 칭호이다.
	2. 요한복음에서는 1:14 말씀이 육신이 되어 우리 가운데 거하였다고 한다. 아마도 동정녀 탄생의 믿음이 있었기에 말씀이 육신이 되었다고 한 것으로 보인다.	
사도신경이 되다 성령으로 잉태하사 동정녀 마리아에게서 나시고	1. 사도신경은 모든 기독교 교단들이 사용하는 신앙고백이다. 주기도문과는 달리 성경에는 없다. 그러나 마르틴 루터의 말씀처럼 '사도들의 가르침의 요약'이라고 하겠다.	• 바울은 교회와 신도가 정결한 처녀로서 남편인 그리스도에게 중매되었다고 비유한다. **공동번역 고후11:2하** 그것은 내가 순결한 처녀인 여러분을 오직 한 남편 그리스도에게 바치려고 정혼을 시켰기 때문입니다.
	2. 2세기 초반 당시 사도교부들에게 사도신경의 교리는 명백한 믿음이었다. 순교자 유스티누스는 유대인과 이교도들에게 동정녀 탄생교리를 충분히 옹호하였다. 안디옥의 이그나티우스는 예수가 실제로 육체를 가졌음을 부정하는 가현설 신봉자들과의 논쟁에서 예수의 탄생뿐 아니라 그 탄생이 동정녀 잉태임을 주장하였다.	
	3. 사도신경의 근간은 150년경 그리스도교 최초의 신앙고백으로 알려져 있는 로마 신조로서 세례문답 시 사용되었고 또한 북아프리카의 터툴리안 그리고 고울과 소아시아 지방의 이레니우스에 의해서도 사용되었다.	
	4. 사도신경은 325년 니케아 종교회의에서 거론된 이후 수차례 논의를 거친 후인 451년에 확정되었다. 그래서 일명 니케아 신조라고 한다.	
	5. 사도신경은 신앙공동체인 교회의 전통적이고 공식적이며 성서적인 신앙고백이라 하겠다. 사도신경의 고백 없이는 세례의 의미도 없는 것이다.	
기타	1. 이슬람 경전인 꾸란에서 예수를 선지자라고는 하면서 예수의 동정녀 탄생, 죄 없는 삶, 기적과 이적 심지어는 재림까지도 인정하며 예수는 아버지 없이 낳아지고 또한 죽지 않고 알라 곁으로 승천한 선지자라고 한다.	
	2. 꾸란에서 마리아는 수라, 예언자이다. 마리아는 여성 예언자 중의 하나로 이슬람식으로 마리아라는 이름은 하나님의 봉사자를 의미한다.	

5.2 하나님의 능력으로 수태한 이들

구분	성구
아브라함의 아내 사라의 여종 하갈 이스마엘의 어머니	창16:8-11 이르되 사래의 여종 하갈아 네가 어디서 왔으며 어디로 가느냐 그가 이르되 나는 내 여주인 사래를 피하여 도망하나이다 여호와의 사자가 그에게 이르되 네 여주인에게로 돌아가서 그 수하에 복종하라 여호와의 사자가 또 그에게 이르되 내가 네 씨를 크게 번성하여 그 수가 많아 셀 수 없게 하리라 여호와의 사자가 또 그에게 이르되 네가 임신하였은즉 아들을 낳으리니 그 이름을 이스마엘이라 하라 이는 여호와께서 네 고통을 들으셨음이니라

아브라함의 아내 사라 이삭의 어머니	**창17:15-19** 하나님이 또 아브라함에게 이르시되 네 아내 사래는 이름을 사래라 하지 말고 사라라 하라 내가 그에게 복을 주어 그가 네게 아들을 낳아 주게 하며 내가 그에게 복을 주어 그를 여러 민족의 어머니가 되게 하리니 민족의 여러 왕이 그에게서 나리라 아브라함이 엎드려 웃으며 마음속으로 이르되 백 세 된 사람이 어찌 자식을 낳을까 사라는 구십 세니 어찌 출산하리요 하고 아브라함이 이에 하나님께 아뢰되 이스마엘이나 하나님 앞에 살기를 원하나이다 하나님이 이르시되 아니라 네 아내 사라가 네게 아들을 낳으리니 너는 그 이름을 이삭이라 하라 내가 그와 내 언약을 세우리니 그의 후손에게 영원한 언약이 되리라
이삭의 아내 리브가 에서와 야곱의 어머니	**창25:20-21** 이삭은 사십 세에 리브가를 맞이하여 아내를 삼았으니 리브가는 밧단 아람의 아람 족속 중 브두엘의 딸이요 아람 족속 중 라반의 누이였더라 이삭이 그의 아내가 임신하지 못하므로 그를 위하여 여호와께 간구하매 여호와께서 그의 간구를 들으셨으므로 그의 아내 리브가가 임신하였더니
마노아의 아내 삼손의 어머니	**삿13:2-4** 소라 땅에 단 지파의 가족 중에 마노아라 이름하는 자가 있더라 그의 아내가 임신하지 못하므로 출산하지 못하더니 여호와의 사자가 그 여인에게 나타나서 그에게 이르시되 보라 네가 본래 임신하지 못하므로 출산하지 못하였으나 이제 임신하여 아들을 낳으리니 그러므로 너는 삼가 포도주와 독주를 마시지 말며 어떤 부정한 것도 먹지 말지니라
엘가나의 아내 한나 사무엘의 어머니	**삼상 1:10-11,20** 한나가 마음이 괴로워서 여호와께 기도하고 통곡하며 서원하여 이르되 만군의 여호와여 만일 주의 여종의 고통을 돌보시고 나를 기억하사 주의 여종을 잊지 아니하시고 주의 여종에게 아들을 주시면 내가 그의 평생에 그를 여호와께 드리고 삭도를 그의 머리에 대지 아니하겠나이다. 한나가 임신하고 때가 이르매 아들을 낳아 사무엘이라 이름하였으니 이는 내가 여호와께 그를 구하였다 함이더라.
이사야의 아내 여제사장 둘째 아들	**사8:1-3** 여호와께서 내게 이르시되 너는 큰 서판을 가지고 그 위에 통용 문자로 마헬살랄하스바스라 쓰라 내가 진실한 증인 제사장 우리야와 여베레기야의 아들 스가랴를 불러 증언하게 하리라 하시더니 내가 내 아내를 가까이 하매 그가 임신하여 아들을 낳은지라 여호와께서 내게 이르시되 그의 이름을 마헬살랄하스바스라 하라
이사야의 임마누엘 탄생 예언	**사7:13-14** 이사야가 이르되 다윗의 집이여 원하건대 들을지어다 너희가 사람을 괴롭히고서 그것을 작은 일로 여겨 또 나의 하나님을 괴롭히려 하느냐 그러므로 주께서 친히 징조를 너희에게 주실 것이라 보라 처녀가 잉태하여 아들을 낳을 것이요 그의 이름을 임마누엘이라 하리라
사가랴의 아내 엘리사벳 요한의 어머니	**눅1:5,7,13** 유대 왕 헤롯 때에 아비야 반열에 제사장 한 사람이 있었으니 이름은 사가랴요 그의 아내는 아론의 자손이니 이름은 엘리사벳이라 　엘리사벳이 잉태를 못하므로 그들에게 자식이 없고 두 사람의 나이가 많더라 　천사가 그에게 이르되 사가랴여 무서워하지 말라 너의 간구함이 들린지라 네 아내 엘리사벳이 네게 아들을 낳아 주리니 그 이름을 요한이라 하라

5.3 가톨릭의 마리아 관련 교의

구분	성구
성모 마리아	1. 예수의 어머니라는 의미로 성모 마리아, 동정녀 마리아, 복되신 동정 마리아라고 하고 교회의 어머니, 모든 기독교인의 어머니라고 가르친다. 2. 에베소 공의회(431년)에서 마리아는 하나님의 어머니 즉 데오토코스라고 선포된 교리이다. 3. 에베소는 아데미라는 여신을 숭배하던 곳이다(행18:23-24). 4. 교황 세르지오 1세(687-701)는 성모 마리아 축일을 전례력에 포함시켰다(교회헌장 제52항, 가톨릭 교리서 제499조).
평생 동정녀	1. 마리아는 동정의 몸으로 예수를 낳은 후 평생 동정으로 살았다는 믿음이다. 2. 마리아는 영원한 처녀 평생 동정녀라고 하는 교리로서 469년 라테란 공의회와 553년 제2차 콘스탄티노플 공의회에서 선포되었으며 1555년 재확인되어 공포되었다.

	3. 영원한 처녀설의 근거는 외경 야고보복음에 나오는 예수의 형제는 이복형제라는 믿음을 수용한 주장이다. 그러나 복음서에는 예수는 맏아들(눅2:7, 히1:6)이고 야고보, 요셉, 유다, 시몬 등의 형제와 누이들이 있었다(마13:55, 막6:3)고 한다.
무흠(무염) 시태	1. 원죄 없는 잉태 immaculatae conceptio라는 믿음이다. 2. 마리아 자신이 태어날 때 하나님의 보호로 죄 없이 태어났기 때문에 죄 없는 예수를 잉태하였다고 한다. 3. 토마스 아퀴나스(1225-1274)는 '마리아에게 불멸의 영혼이 주입된 후 그녀는 원죄에서 자유로운 존재로 은혜를 입을 수 있었고 또 은혜를 입었다'고 하다. 4. 1854년 교황 비오 9세에 의해 선포되었다. 5. 그러나 마리아가 원죄의 유전에서 벗어나려면 그 조상들도 무흠해야 하는데 그것은 성경의 가르침인 죄의 보편성 원칙에 저촉되는 것이다.
마리아 승천	1. 예수 그리스도가 죽은 성모 마리아의 육체와 영혼을 천국으로 데려갔다고 하는 믿음이다. 즉 죽는 순간에 승천하였다는 것이다(교회헌장 제59항, 가톨릭교회 교리서 제 966조). 2. 마리아는 보통 인간이기 때문에 스스로 승천할 수 없다. 그래서 몽소승천 또는 대모피승천이라고 한다. 3. 동방교회는 성모승천 대신 성모 안식을 말하고 있다. 여기서 안식이란 죽음을 뜻하는 잠듦이라는 말이다. 성모 마리아가 하늘로 승천하기 전에 죽음에서 육신이 부활했다고 하는 믿음이다. 4. 이 교의는 1950년 교황 비오 12세가 선언하였고 제2차 바티칸회의에서 공인되었다. 5. 8월15일은 가톨릭교회에서는 성모승천 대축일이고 동방교회에서는 성모 안식 축일이다.
마리아 중보자	1. 소위 마리아 구원 협력설이다. 2. 마리아는 아들과 함께 수난을 겪었으며 '온전히 독특한 방법으로 구세주의 활동에 협력하였다'(교회헌장 제60항)고 한다. 3. 교황 베네딕토 15세(1914-1922)가 중보자 교리를 선언하였다. 제2차 바티칸회의에서 공인되었다. 4. 하나님이 예수를 통해 제시한 구원의 길 밖에 다른 중보자가 있다는 교리이다.
마리아 공동 구속자	1. 마리아를 예수 그리스도와 같은 구세주로 선포해 달라는 청원 운동이다. 2. 미국의 신학자 마크 미라벨이 이 운동을 지지하고 있다. 3. 마리아 공동 구속자라는 칭호 사용이 2차 바티칸 공의회(1962-65)에서 거절되었다. 4. 마리아 공동 구속자 추대 운동은 성모 공경사상에 고양된 국제 마리아 협회가 주도하고 있다.
마리아의 나라 한국	1. 가톨릭은 한국을 마리아에게 바친 나라로 인식되어 있다. 2. 1831년 조선대목구를 처음으로 설정한 교황 그레고리 16세(1831-1846)는 한국을 마리아에게 바치면서 마리아가 수호신이라고 1846년에 선포했다.

제3절 ⊛ 요한과 예수의 탄생

1. 본문비교

구분	요한(누가1:5-25)	예수(누가1:26-38)	예수(마태1:18-25)
부모 가문	5-7 유대 왕 헤롯 때에 아비야 반열에 제사장 한 사람이 있었으니 이름은 사가랴요 그의 아내는 아론의 자손이니 이름은 엘리사벳이라 이 두 사람이 하나님 앞에 의인이니 주의 모든 계명과 규례대로 흠이 없이 행하더라 엘리사벳이 잉태를 못하므로 그들에게 자식이 없고 두 사람의 나이가 많더라	26-27 여섯째 달에 천사 가브리엘이 하나님의 보내심을 받아 갈릴리 나사렛이란 동네에 가서 다윗의 자손 요셉이라 하는 사람과 약혼한 처녀에게 이르니 그 처녀의 이름은 마리아라	18-19 예수 그리스도의 나심은 이러하니라 그의 어머니 마리아가 요셉과 약혼하고 동거하기 전에 성령으로 잉태된 것이 나타났더니 그의 남편 요셉은 의로운 사람이라 그를 드러내지 아니하고 가만히 끊고자 하여
수태고지	8-11 마침 사가랴가 그 반열의 차례대로 하나님 앞에서 제사장의 직무를 행할 새 제사장의 전례를 따라 제비를 뽑아 주의 성전에 들어가 분향하고 모든 백성은 그 분향하는 시간에 밖에서 기도하더니 주의 사자가 그에게 나타나 향단 우편에 선지라	28 그에게 들어가 이르되 은혜를 받은 자여 평안할지어다 주께서 너와 함께 하시도다 하니	20 이 일을 생각할 때에 주의 사자가 현몽하여 이르되 다윗의 자손 요셉아 네 아내 마리아 데려오기를 무서워하지 말라 그에게 잉태된 자는 성령으로 된 것이라
	12 사가랴가 보고 놀라며 무서워하니	:29 처녀가 그 말을 듣고 놀라 이런 인사가 어찌함인가 생각하매	
아들 이름	:13-14 천사가 그에게 이르되 사가랴여 무서워하지 말라 너의 간구함이 들린지라 네 아내 엘리사벳이 네게 아들을 낳아 주리니 그 이름을 요한이라 하라 너도 기뻐하고 즐거워할 것이요 많은 사람도 그의 태어남을 기뻐하리니	:30-31 천사가 이르되 마리아여 무서워하지 말라 네가 하나님께 은혜를 입었느니라 보라 네가 잉태하여 아들을 낳으리니 그 이름을 예수라 하라	:21상 아들을 낳으리니 이름을 예수라 하라
장차 하실 일	:15-17 이는 그가 주 앞에 큰 자가 되며 포도주나 독한 술을 마시지 아니하며 모태로부터 성령의 충만함을 받아 이스라엘 자손을 주 곧 그들의 하나님께로 많이 돌아오게 하겠음이라 그가 또 엘리야의 심령과 능력으로 주 앞에 먼저 와서 아버지의 마음을 자식에게, 거스르는 자를 의인의 슬기에 돌아오게 하고 주를 위하여 세운 백성을 준비하리라	:32-33 그가 큰 자가 되고 지극히 높으신 이의 아들이라 일컬어질 것이요 주 하나님께서 그 조상 다윗의 왕위를 그에게 주시리니 영원히 야곱의 집을 왕으로 다스리실 것이며 그 나라가 무궁하리라	:21하-22 이는 그가 자기 백성을 그들의 죄에서 구원할 자이심이라 하니라 이 모든 일이 된 것은 주께서 선지자로 하신 말씀을 이루려 하심이니 이르시되

질문, 수태고지 반복	:18-19 사가랴가 천사에게 이르되 내가 이것을 어떻게 알리요 내가 늙고 아내도 나이가 많으니이다 천사가 대답하여 이르되 나는 하나님 앞에 서 있는 가브리엘이라 이 좋은 소식을 전하여 네게 말하라고 보내심을 받았노라	:34-35 마리아가 천사에게 말하되 나는 남자를 알지 못하니 어찌 이 일이 있으리이까 천사가 대답하여 이르되 성령이 네게 임하시고 지극히 높으신 이의 능력이 너를 덮으시리니 이러므로 나실 바 거룩한 이는 하나님의 아들이라 일컬어지리라	:23 보라 처녀가 잉태하여 아들을 낳을 것이요 그의 이름은 임마누엘이라 하리라 하셨으니 이를 번역한즉 하나님이 우리와 함께 계시다 함이라
순종 여부	:20 보라 이 일이 되는 날까지 네가 말 못하는 자가 되어 능히 말을 못하리니 이는 네가 내 말을 믿지 아니함이거니와 때가 이르면 내 말이 이루어지리라 하더라 :21-23 백성들이 사가랴를 기다리며 그가 성전 안에서 지체함을 이상히 여기더라 그가 나와서 그들에게 말을 못하니 백성들이 그가 성전 안에서 환상을 본 줄 알았더라 그가 몸짓으로 뜻을 표시하며 그냥 말 못하는 대로 있더니 그 직무의 날이 다 되매 집으로 돌아가니라 :24-25 이 후에 그의 아내 엘리사벳이 잉태하고 다섯 달 동안 숨어 있으며 이르되 주께서 나를 돌보시는 날에 사람들 앞에서 내 부끄러움을 없게 하시려고 이렇게 행하심이라 하더라	:36-37 보라 네 친족 엘리사벳도 늙어서 아들을 배었느니라 본래 임신하지 못한다고 알려진 이가 이미 여섯 달이 되었나니 대저 하나님의 모든 말씀은 능하지 못하심이 없느니라 :38 마리아가 이르되 주의 여종이오니 말씀대로 내게 이루어지이다 하매 천사가 떠나가니라	:24-25 요셉이 잠에서 깨어 일어나 주의 사자의 분부대로 행하여 그의 아내를 데려왔으나 아들을 낳기까지 동침하지 아니하더니 낳으매 이름을 예수라 하니라

2. 본문의 차이

구분	요한	예수(누가)	예수(마태)
때	유대 왕 헤롯 때(1:5)	요한 임신 후 여섯째 달(1:26)	
부모 이름과 가문	아버지: 아비야 반열의 제사장 중 한 사람인 사가랴(1:5)	아버지: 갈릴리 나사렛에 사는 다윗의 자손 요셉(1:27)	아버지: 요셉, 다윗의 자손(:20), 의로운 사람(:19)
	어머니: 아론의 자손 엘리사벳(1:5)	어머니: 요셉과 약혼한 마리아(1:27)	어머니: 요셉과 약혼한 마리아(1:18)
	두 사람: 주의 모든 계명과 규례대로 흠이 없이 행하더라		
가정의 상황	엘리사벳이 잉태를 못하여 자식이 없고 두 사람이 나이가 많았다(1:7)		동거하기 전 마리아가 성령으로 잉태된 것이 나타나서 요셉은 드러내지 아니하고 가만히 끊고자 하다(1:18-19)

하나님의 개입 ·언제	사가랴가 주의 성전에서 분향하는데 주의 사자가 나타나다(1:9, 11)	천사 가브리엘이 하나님의 보내심을 받아 마리아에게 이르다(1:26-27)	요셉의 약혼녀 마리아가 성령으로 잉태하다
·반응	사가랴가 보고 놀라며 무서워하다(:12)	천사 가브리엘이 마리아에게 은혜를 받은 자여 평안할지어다 주께서 너와 함께 하시도다라고 하다(1:28)	요셉이 고민하고 있을 때에 주의 사자가 현몽하다(1:20)
·사자의 말씀	천사가 무서워 말라 너의 간구함이 들린지라(1:13)	마리아가 이런 인사가 어찌 함인가 생각하다(1:29)	네 아내 마리아 데려오기를 무서워 말라(1:20)
수태고지		마리아여 무서워 말라 네가 하나님께 은혜를 입었느니라(1:30)	그에게 잉태된 자는 성령으로 된 것이라(1:20)
장차 하실 일	·주 앞에 큰 자 ·포도주나 독한 술을 마시지 아니한다. ·모태로부터 성령 충만함을 받다 ·이스라엘 자손을 하나님께 많이 돌아오게 한다 엘리야의 심령과 능력으로 주를 위하여 준비한다	·큰 자가 되다 ·지극히 높으신 이의 아들이라 일컬어진다 ·하나님께서 다윗의 왕위를 그에게 주시어 왕으로 다스릴 것이다	·자기 백성을 그들의 죄에서 구원할 자(1:21)
질문, 수태고지 반복	·사가랴가 내가 늙고 아내가 나이가 많은 데 이것을 어떻게 믿느냐고 하다(1:18)	·마리아가 나는 남자를 모르는데 어찌 이 일이 있을 수 있느냐고 하다(1:34)	·주의 사자가 선지자의 말씀의 성취라고 하다(1:22)
	·천사가 자기 이름을 가브리엘이라 밝히면서 이 소식을 네게 전하기 위해 보내심을 받았다고 한다(1:19)	·천사는 성령이 네게 임하고 지극히 높으신 이의 능력으로 가능하다고 한다(1:35)	·이사야7:14에 처녀가 잉태하여 아들을 낳는다고 한 말씀을 언급하다(1:23)
		·천사는 거듭 나실 이는 거룩한 분이고 하나님의 아들이라 일컬어진다고 하다(1:35)	그의 이름은 임마누엘, 우리와 함께 계시다라고 한다(1:23)
순종 여부	·가브리엘이 사가랴에게 내 말을 믿지 아니한다고 하고 네가 말 못하는 자가 된다고 하다(1:20) ·엘리사벳이 잉태하고 다섯 달 동안 숨어 있었다(1:24)	·천사가 네 친족 엘리사벳도 임신한 지 여섯 달이 되었다고 하며 하나님의 말씀은 능하지 못하심이 없느니라(1:37)고 한다 ·주의 여종이오니 말씀대로 내게 이루어지이다(1:38)	·요셉이 잠에서 깨어나 주의 사자의 분부대로 행하여(1:24) 그의 아내를 데려왔으나 동침하지 아니하다(1:25) ·아들을 낳으니 이름을 예수라 하더라(1:25)

3. 본문이해

구분	내용	비고
사가랴와 마리아의 가문	1. 요한의 아버지 사가랴는 아비야 반열의 제사장이다. 아비야 반열은 24반열 중 여덟 번째로 여호와께서 자기 조상 아론에게 명하신 규례대로(대상24:19)직무를 수행한다.	대상24:1상 아론의 자손 계열은 이러하니라
	2. 요한의 어머니 엘리사벳 역시 아론의 자손 즉 제사장 가문(눅1:5)이기 때문에 마리아는 엘리사벳의 친족이니 아론의 자손이라고 하겠다	대상24:10하 여덟째는 아비야요
	3. 요한의 양친 모두 제사장 가문이다. 두 사람은 하나님 앞에 의인으로 주의 모든 계명과 규례대로 흠이 없이 행하였다고 한다. 모범적인 유대인이라는 것이다. 마태에서는 요셉이 의로운 사람(1:19)이라고 하였고 구약에서는 노아가 의로웠다고 한다(창7:1). 구약에서는 아브라함과 사라가 나이가 많았는데도 자식이 없었다.	
	4. 여기서 흠이 없이는 아멤프토이로서 책망받을 것이 없다는 의미이다.	
제사장의 전례, 임무	1. 헤롯 당시 제사장의 숫자가 많아 순서대로 하면 500년을 기다려야 한번 성전 봉사를 할 수 있었다고 한다. 그래서 제비를 뽑아서(눅1:9) 당첨이 되면 일주일간 성전에 들어갈 수 있었다. 제비를 뽑아서는 엘라케의 제2 단순과거 직설법 능동 3인칭 단수로서 분향할 제사장은 제비를 뽑아서 택정되었다는 것이다.	• 9절의 성전은 성소로서 분향단이 있는 성소와 지성소를 의미한다.
	2. 분향은 성소와 지성소를 나누는 휘장 앞에서 드려지기 때문에 일반 제사장들이 지성소에 가장 가까이 갈 수 있는 기회이다. 여기의 성소, 나오스는 지성소로서 성전 전체를 나타내는 히에몬과 구별된다. 그리고 분향은 하루에 조석으로 두 번 한다.	
	3. 제사장은 성전에 들어가 분향하고 기도하는 일을 하게 되는데 기도하는 시간에는 백성들은 성전 밖에서 기도한다(1:9-10). 그런데 그 때에 주의 사자인 천사가 사가랴에게 나타난다(1:11). 천사가 나타난다는 것은 대단한 일인 것이다. 사가랴는 보고 놀라며 무서워했다(1:12).	
수태고지의 내용과 특성 • 내용	1. 누가에서 천사 가브리엘은 요한의 출생에 대해서는 아버지인 사가랴에게 수태고지를 하지만, 그러나 예수의 출생에 대해서는 어머니인 마리아에게 한다.	삿13:13-14 여호와의 사자가 마노아에게 이르되 내가 여인에게 말한 것들을 그가 다 삼가서 포도나무의 소산을 먹지 말며 포도주와 독주를 마시지 말며 어떤 부정한 것도 먹지 말고 내가 그에게 명령한 것은 다 지킬 것이니라 하니라
	2. 누가에서의 수태고지에 있어서 요한의 경우에는 어머니인 엘리사벳의 역할이 없고 예수의 경우에는 요셉의 역할이 없다. 그러나 마태에서는 마리아의 역할이 없다.	
	3. 천사는 사가랴에게 너의 간구함이 들렸다고 하지만 사가랴는 천사의 말을 믿지 못하여 말을 못하게 된다(1:20). 그렇게 바라던 자식을 갖게 된다는 천사의 말에 반신반의하다가 벌어진 일이다. 예수의 어머니 마리아는 가브리엘의 말을 듣고 이상하게 생각한다. 마리아는 이런 인사가 어찌함인가 즉 이런 인사를 하는 이유가 무엇인지 생각(1:29)하였다는 것이다. 사가랴에게는 바라던 은혜이었고 마리아에게는 뜻밖의 일이고 당혹스러운 은혜이었다.	
	4. 구약의 사사기 13장에는 단지파 가족 중에 마노아라는 사람의 아내가 임신을 못하다가 여호와의 사자가 그의 부인에게 나타나 아들을 낳으리라는 수태고지를 한다. 이 이야기를 들은 마노아가 하나님께 기도하고 있을 때에 하나님과 사자가 다시 나타나서 부인에게 한 부탁 즉 포도주와 독주를 마시지 말고 부정한 것도 먹지 말게 하라고 하는데 이 아이의 이름은 삼손이었다. 이것은 나실인의 의무(민6:3)이고 삼손을 임신한 어머니에게뿐 아니라 삼손에게도 내린 명령(삿13:4 5)이기도 하다. 세례 요한의 수태고지와 비슷한 부분이 있다.	
	5. 사가랴에게 나타난 주의 사자(1:11) 역시 그가 주 앞에 큰 자가 되며 포도주나 독한 술을 마시지 아니한다(1:15)고 한다. 이것은 나실인으로서 세례 요	

	한을 부각시키고 있다. 나실인은 자기 몸을 구별하여 여호와께 자신을 드린(민6:2) 사람을 말한다. 6. 가브리엘은 사가랴에게 아들 이름이 요한이라고 하고 너도 기뻐하고 즐거워할 것이요 많은 사람도 그의 태어남을 기뻐한다고 하다. 이 기쁨에 대한 권고는 종말론적 기쁨을 함의하고 있다 하겠다. 가브리엘은 마리아에게 아들을 낳게 되는데 그 이름이 예수라고 한다. 7. 누가에서 마리아의 경우 가브리엘은 '성령이 네게 임하시고'와 '지극히 높으신 이의 능력이 너를 덮으리니' 등을 반복한다.	
•특성	1. 누가의 수태고지에서 가브리엘 천사는 예수에게는 '지극히 높으신 이의 아들'(1:32)이라고 하고 세례 요한의 아버지 사가랴는 찬가에서 아들을 '지극히 높으신 이의 선지자'(1:76)라 일컬음을 받는다고 한다. 2. 천사는 사가랴에게 '보라 이 일이 되는 날까지 네가 말 못하는 자가 되어 능히 말을 못하리니'(1:20)라고 한다. 다니엘서에는 다니엘이 기도하는데 가브리엘 천사가 나타난다. 그로 인해 다니엘은 벙어리처럼 된다(새번역 단10:15). 여기서 중요한 것은 가브리엘이 '영원한 의가 드러나며 환상과 예언이 응하며 또 지극히 거룩한 이가 기름 부음을 받으리라'(단9:24)고 한다. 그리고 하나님의 마지막 계획을 파노라마처럼 묘사하고 예순두 이레를 설명한다. 아마도 누가는 다니엘의 '기름 부음'을 '기름 부음을 받은 자' 즉 그리스도를 언급하는 것으로 이해했을 것이다(레이먼드 브라운346쪽). 3. 천사 가브리엘이 마리아에게 주께서 너와 함께 한다(1:28), 네가 하나님의 은혜를 입었다(1:30), 네가 아들을 낳을 것이다(1:31)라고 하나님이 주어인 예수 탄생을 단계적으로 선언한다. 여기서 잉태는 인간적인 생식에 의한 것이 아니라 그녀를 덮었던 '지극히 높으신 이의 능력(1:35) 즉 하나님의 창조적인 영(창1:2, 시104:30)에 의한 것이라고 하겠다. 4. 천사 가브리엘은 네가 낳을 아들은 큰 자가 되어 첫째로 지극히 높으신 이의 아들 즉 하나님의 아들이라 일컬어질 것이라고 한다. 둘째로는 다윗에게 한 예언적 약속(삼하7:9,13,14,16)을 상기시킴으로써 다윗적 메시아를 말하고 있다(1:32,33). 다시 말해 장차 태어날 예수는 하나님의 아들이고 또한 메시아 즉 그리스도라는 것이다. 5. 요한에 대한 수태고지에서 천사는 사가랴에게 말라기의 예언(4:5-6)처럼 엘리야의 역할을 할 것이라고 한다. 또한, 요한의 아버지 찬가에서 '종신토록 주의 앞에서'(1:75), '주 앞에 앞서 가서 그 길을 준비'(1:76)한다고 하였다.	새번역 단10:15 그가 내게 이런 말을 할 때에 나는 얼굴을 땅에 대고 벙어리처럼 엎드려 있었다
수태고지의 반응	1. 천사는 사가랴에게 아들 이름이 요한(하나님의 은혜를 입은 자)이라 하라고 하고 그의 태어남을 기뻐하리라(1:14)고 하지만 사가랴는 천사에게 이것을 어떻게 알겠느냐 나도 아내도 나이가 많다고 하며 믿을 수 없다고 한다. 마리아 역시 남자를 모르는데 어떻게 이런 일이 있을 수 있느냐고 한다. 천사는 사가랴에게 자신이 누구인지를 분명히 한다. 즉 자기는 하나님 앞에 서 있는 가브리엘이라고 한다. 사실 제사장이라고 하면 천사의 출현 자체만으로도 기뻐해야만 한다. 천사는 또한 자신의 사명이 좋은 소식을 전하라고 보내심을 받았다고 하면서 하나님의 보내심과 하나님의 주장하심을 말하지만 사가랴는 회의적이었다. 2. 마리아는 결국 '주의 여종이오니 말씀대로 내게 이루어지이다'(1:38)라고 한다. 또한, 마리아는 찬가에서 하나님을 찬양하고 나는 복이 있다고 하며 그 이유가 '능하신 이가 큰 일을 내게 행하셨기 때문'(1:49)이라고 한다. 이와 같은 마리아의 반응은 제자도의 모본이라고 하겠다. 3. 마태에서는 요셉에게 주의 천사가 현몽하여 일방적으로 설명하는데 요셉의 반응은 없다.	

순종 여부	1. 천사가 하나님의 말씀은 능하지 못함이 없다고 하자 마리아는 '주의 여종이오니 말씀대로 내게 이루어지이다'(1:38)라고 대답한다. 좋아 보이지 않는 은혜에 긍정적이고 적극적이었다. 2. 사가랴가 너무 놀라운 일이라서 선뜻 믿지 못할 수는 있다. 그러나 제사장으로서 하나님의 성소에 나타난 천사를 못 믿는다는 것은 있을 수 없는 일이라 하겠다. 사가랴는 참으로 기뻐해야 할 은혜에 대해 소극적이고 냉소적이었다. 3. 사가랴는 아들을 낳을 때까지 말 못하는 자가 된다(1:20). 엘리사벳은 잉태하고 다섯 달 동안 숨어 있는데 그것은 나이 든 여자의 임신이 사람들 앞에서 부끄러울 수 있었기 때문(1:24)이라 하겠다. 4. 마태에서 요셉은 잠에서 깨어나서 분부대로 행한다.	
공통되거나 상이한 내용	1. 주의 천사 가브리엘이 사가랴에게 나타난 것 같이 마리아에게도 나타난다(1:11,28). 사가랴도 놀라고 마리아도 놀란다(1:12,29). 천사는 두 사람에게 놀라지 말라고 하고 또한 아들을 낳으리라고 한다(1:13,30-31). 두 사람이 다 이런 일이 일어날 수 있겠냐고 생각한다(1:18,34). 천사는 그런 일이 가능하다고 설명한다(1:19,35). 2. 마태, 누가 공히 다윗의 후손으로서의 예수를 언급하지만 누가는 하나님의 아들임을 동시에 강조하고 있다. 3. 누가에서 요한은 '주 앞에 큰 자가 되며'(1:15)라고 하고 예수는 '그가 큰 자가 되고 지극히 높으신 이의 아들이라 일컬어질 것이요'(1:32)라고 한다.	유디트13:7-8 그리고 침상으로 다가가 그의 머리털을 잡고 '주 이스라엘의 하나님 오늘 저에게 힘을 주시옵소서' 하고 힘을 다하여 그의 목덜미를 내리쳐서 머리를 잘라내었다.
엘리사벳과 마리아의 찬가	1. 가브리엘 천사의 수태고지를 들은 마리아가 산골에 사는 사가랴의 집에 가서 엘리사벳에게 문안을 한다. 엘리사벳은 마리아의 문안을 받으면서 마리아를 축복하는 찬송을 한다. 이에 마리아가 찬가로 화답을 한다. 2. 엘리사벳의 마리아 축복 찬가는 사사기에 나오는 드보라가 여장부 야엘을 칭송하는 승전가(삿5:24-31)와 비슷하다. 마리아의 찬가는 사무엘의 탄생에 바치는 한나의 기도(삼상2:1-10) 또는 유디트가 적장 홀로페르네스를 해치고 한 외침(유디트13:11)과 비교된다. 3. 마리아의 찬송이 이전 찬송들과 너무 흡사해서 유대 시구의 새로운 활용으로 보기도 한다. 레이먼드 브라운은 이것이 필시 앞으로 나타날 메시아와 연관된 전례로서 사용된 유대인기독교도의 찬송가라고 주장한다. 4. 이어서 사가랴는 자기 아들의 탄생에 관한 찬가를 한다. 이 찬가는 '찬송하리로다 주 이스라엘의 하나님이여'(베네딕투스 도미노스 데우스 이스라엘 Praise be to the Lord, the God of Israel)로 시작하는 그 유명한 베네딕투스 찬가이다.	삼상2:1 한나가 기도하여 이르되 내 마음이 여호와로 말미암아 즐거워하며 내 뿔이 여호와로 말미암아 높아졌으며 내 입이 내 원수들를 향하여 크게 열렸으니 이는 내가 주의 구원으로 말미암아 기뻐함이니이다
누가복음의 특징인 찬양	1. 마리아는 '내 영혼이 주를 찬양'(1:46)이라고 한다. 2. 사가랴는 '구원의 뿔을 그 종 다윗의 집에 일으키신 것'(1:68-69)을 찬송한다. 3. 예수 탄생 시 홀연히 수많은 천군 천사가 하나님을 찬송(2:13)한다. 4. 목자들도 하나님께 영광을 돌리고 찬송(2:20)한다. 5. 공동번역으로 보면 누가에는 고침을 받은 이들이 하나님을 찬양한다. 중풍병자(5:25-26), 나인성 과부(7:12-15), 18년 동안 꼬부라져 있던 여자(13:15-16), 문둥병자 중 한 명(17:11-16), 보게 된 소경(18:43)도 찬양한다.	

4. 심층연구: 요한과 예수의 탄생 관련 찬가, 예언들

구분	성구(누가)	내용
엘리사벳의 찬가 (마리아에게 한 축복)	1:41-45 엘리사벳이 마리아가 문안함을 들으매 아이가 복중에서 뛰노는지라 엘리사벳이 성령의 충만함을 받아 큰 소리로 불러 이르되 여자 중에 네가 복이 있으며 네 태중의 아이도 복이 있도다 내 주의 어머니가 내게 나아오니 이 어찌 된 일인 가 보라 네 문안하는 소리가 내 귀에 들릴 때에 아이가 내 복중에서 기쁨으로 뛰놀았도다 주께서 하신 말씀이 반드시 이루어지리라고 믿은 그 여자에게 복이 있도다	• 예수를 처음 영접한 자는 엘리사벳과 뱃속에 있는 아기 요한이다. 아이는 복중에서 예수의 어머니가 될 마리아의 문안에 기쁨으로 뛰놀았다고 한다(1:41-44). 예수와 요한의 운명이 연결된다. • 엘리사벳은 성령 충만함을 받아 마리아를 축복한다(1:42). 이것은 예수 그리스도의 우선성을 말하고 있다. 엘리사벳은 내 주의 어머니라고 마리아를 부름으로 태중의 아이가 주임을 선언한다. 엘리사벳은 다시 한번 마리아를 축복(1:45)한다. 그 이유는 믿음 때문이다.
마리아 찬가	1:46-50 마리아가 이르되 내 영혼이 주를 찬양하며 내 마음이 하나님 내 구주를 기뻐하였음은 그의 여종의 비천함을 돌보셨음이라 보라 이제 후로는 만세에 나를 복이 있다 일컬으리로다 능하신 이가 큰 일을 내게 행하셨으니 그 이름이 거룩하시며 긍휼하심이 두려워하는 자에게 대대로 이르는도다	• 엘리사벳의 마리아 축복에 대한 화답이다. 이 찬가는 엘리사벳의 믿음과 대비되는 마리아의 믿음이 드러난다. 세 단락으로 되어 있다. • 첫째 단락: 마리아가 자신에게 일어난 일 즉 성령잉태에 대해 하나님께 찬양한다. 능하신 이가 큰 일을 내게 행하였다고 하나님의 개입을 고백하며 하나님의 거룩하심과 긍휼하심을 선언한다. 여기서 비천함이란 형편이 좋지 않다는 것이다.
	:51-53 그의 팔로 힘을 보이사 마음의 생각이 교만한 자들을 흩으셨고 권세 있는 자를 그 위에서 내리치셨으며 비천한 자를 높이셨고 주리는 자를 좋은 것으로 배불리셨으며 부자는 빈손으로 보내셨도다	• 둘째 단락: 하나님의 구원방식이란 하나님의 능력으로 교만한 자, 권세 있는 자, 비천한 자, 주리는 자, 부자들을 역전시킨다는 것이다. 이 일에 주재자는 능하신 이(1:49)인데 두려워하는 자(1:50)들은 교만한 자, 권세 있는 자, 부자들이다. 예수께서 마귀에게 시험을 받은 후 처음으로 회당에서 가르칠 때(눅4:15)에 낭독한 이사야(61:1-2)와 같은 내용이다.
	:54-55 그 종 이스라엘을 도우사 긍휼히 여기시고 기억하시되 우리 조상에게 말씀하신 것과 같이 아브라함과 그 자손에게 영원히 하시리로다 하나라	셋째 단락: 마리아에게서 일어난 구원사건이 모든 이들과 이스라엘에게 확장된다. 이스라엘을 긍휼히 여기는 하나님의 긍휼하심과 영원하심이 강조된다. 결국, 하나님의 구원의 연속성을 보여준다고 하겠다.
사가랴의 찬가	1:67-75 그 부친 사가랴가 성령의 충만함을 받아 예언하여 이르되 찬송하리로다 주 이스라엘의 하나님이여 그 백성을 돌보사 속량하시며 우리를 위하여 구원의 뿔을 그 종 다윗의 집에 일으키셨으니 이것은 주께서 예로부터 거룩한 선지자의 입으로 말씀하신 바와 같이 우리 원수에게서와 우리를 미워하는 모든 자의 손에서 구원하시는 일이라 우리 조상을 긍휼히 여기시며 그 거룩한 언약을 기억하셨으니 곧 우리 조상 아브라함에게 하신 맹세라 우리가 원수의 손에서 건지심을 받고 종신토록 주의 앞에서 성결과 의로 두려움이 없이 섬기게 하리라 하셨도다	• 입이 열린 사가랴가 예수 탄생을 전제로 하여 하나님을 찬양한다. 두 단락으로 나눌 수 있는데 첫 단락에서는 하나님이 찬양받는 이유를 종말론적으로 말한다. 두 번째 단락에서는 종말을 예비하는 요한의 사명을 기술한다. • 하나님을 찬양하는 이유는 이스라엘 백성을 돌보고 속량하는(1:68) 하나님의 구속사적 행위인 것이다. • 속량은 원수들(1:71,74)과 우리를 미워하는 자들로부터의 구원이고 해방이라 하겠다. • 다윗의 집에서 일으키신 일은 예수의 탄생을, 구원의 뿔은 하나님의 구원 능력을 의미한다.

	:76-79 이 아이여 네가 지극히 높으신 이의 선지자라 일컬음을 받고 주 앞에 앞서 가서 그 길을 준비하여 주의 백성에게 그 죄 사함으로 말미암는 구원을 알게 하리니 이는 우리 하나님의 긍휼로 인함이라 이로써 돋는 해가 위로부터 우리에게 임하여 어둠과 죽음의 그늘에 앉은 자에게 비치고 우리 발을 평강의 길로 인도하시리로다 하니라	• '지극히 높으신 이의 선지자'는 요한에게 부여한 유일한 칭호이다. 예수께서는 요한을 선지자보다 훌륭하다고 한다(눅7:26). • 그의 역할은 주의 길을 준비하는 것이라고 하였는데 말3:1에서 하나님을 가리키던 주가 여기서는 예수를 지칭하고 있다. 예수께서 세례 요한에 대해 직접 길을 준비하는 자(눅7:27)라고 한다. • 요한은 구원하는 자가 아니고 구원을 알게 하는 자(1:77)이다. • 돋는 해는 메시아적 칭호로 이사야(60:1-3)를 연상시킨다. 예수의 구원을 평강의 길이라고 요약한다. 삿5:31에는 주를 사랑하는 자들을 해가 힘있게 돋음 같게 하시옵소서라고 한다.
시므온의 예언	2:25-27 예루살렘에 시므온이라 하는 사람이 있으니 이 사람은 의롭고 경건하여 이스라엘의 위로를 기다리는 자라 성령이 그 위에 계시더라 그가 주의 그리스도를 보기 전에는 죽지 아니하리라 하는 성령의 지시를 받았더니 성령의 감동으로 성전에 들어가매 마침 부모가 율법의 관례대로 행하고자 하여 그 아기 예수를 데리고 오는지라	• 출산 후 40일(남자아이의 경우 7일+33일, 레 12:1-5)이 지나서 예루살렘 성전에서 정결 예식을 관례대로 행하고자 예수의 부모가 상경하다. 그러나 레위기에 의하면 산후 정결 예식은 부부가 아니라 여자에게만 해당한다. 레위기는 '그 여인이 어린 양을 바치기에 힘이 미치지 못하면 산비둘기 두 마리나 집비둘기 새끼 두 마리를 가져오라'(레 12:8)고 하는데 마리아도 그렇게 하였다. • 시므온은 의롭고 경건하여 성령이 그 위에 있고 성령의 지시를 받으며 성령의 감동으로 성전에 들어가게 된다. 마리아에게 임하였던 성령이 다시 언급된다. • 이스라엘의 위로를 기다리는 시므온의 소원은 개인적인 것이 아니라 공동체를 위한 것이라 하겠다. • 주의 그리스도는 다윗 왕조의 재건을 배경으로 하는 칭호로서 메시아에 대한 기대를 반영한다(시 18:8). • 시므온이 아기를 안은 까닭은 여기의 성전은 히에론으로 여자로서 갈 수 없는 곳이다. 여자들은 여자의 뜰을 넘어갈 수 없었다.
	:28-33 시므온이 아기를 안고 하나님을 찬송하여 이르되 주재여 이제는 말씀하신 대로 종을 평안히 놓아 주시는도다 내 눈이 주의 구원을 보았사오니 이는 만민 앞에 예비하신 것이요 이방을 비추는 빛이요 주의 백성 이스라엘의 영광이니이다 하니 그의 부모가 그에 대한 말들을 놀랍게 여기더라 :34-35 시므온이 그들에게 축복하고 그의 어머니 마리아에게 말하여 이르되 보라 이는 이스라엘 중 많은 사람을 패하거나 흥하게 하며 비방을 받는 표적이 되기 위하여 세움을 받았고 또 칼이 네 마음을 찌르듯 하리니 이는 여러 사람의 마음의 생각을 드러내려 함이니라 하더라	• 주재여는 그리스 세계에서 신을 부를 때 사용하는데 시므온이 자신을 종이라고 한 것의 대칭어이다. • 시므온은 하나님의 백성 중 신실한 남은 자로서 하나님의 약속이 이루어지기를 고대하고 있었다. • 종을 평안히 놓아달라는 것은 기다림이 끝나서 주의 오심을 보았으므로 편안하게 죽을 수 있다는 의미다. • 시므온은 제사장일 가능성이 있다. 그의 축복은 엘리가 사무엘의 부모에게 한 제사장의 축복(삼상 2:20)과 비슷하다. • 시므온은 마리아에게 그가 비방을 받을 표적이 될 것이라고 말한다. 비방의 표적인 예수는 수난을 받게 될 것이다.

| 안나의 예언 | 2:36-38 또 아셀 지파 바누엘의 딸 안나라 하는 선지자가 있어 나이가 매우 많았더라 그가 결혼한 후 일곱 해 동안 남편과 함께 살다가 과부가 되고 팔십사 세가 되었더라 이 사람이 성전을 떠나지 아니하고 주야로 금식하며 기도함으로 섬기더니 마침 이 때에 나아와서 하나님께 감사하고 예루살렘의 속량을 바라는 모든 사람에게 그에 대하여 말하니라 | • 시므온의 예언은 예수의 부모를 대상으로 한 것이다. 그러나 선지자 안나는 예루살렘의 속량을 바라는 모든 자들에게 예수를 선포하는 것이다.
• 안나는 유대교 경전을 준수하는 모범적인 여자이다.
• 예루살렘의 속량을 바라는 자는 25절에 이스라엘의 위로를 기다리는 자와 같다.
• 안나가 감사하였다고 하는데 여기에 사용된 감사는 칠십인역 시79:13에 나온다. 예루살렘 회복을 위한 기도의 결론이다.
• 안나의 예수에 대한 예언은 없다.
• 나이 84는 7의 12배수로 메시아 기다림이 완수되었음을 의미한다. |

5. 집중연구

5.1 탄생예고 중 예수와 요한의 사명

	구분	내용	비고
예수□마태	요셉의 꿈	마1:21 아들을 낳으리니 이름을 예수라 하라 이는 그가 자기 백성을 그들의 죄에서 구원할 자이심이라 하니라	• 예수라는 이름은 히브리어인 여호수아의 그리스식 이름이고 '하나님은 구원이시다'라는 의미이다. 예수는 '죄의 구원자'로 온 것이다.
	• 예수는 구원자, 임마누엘	마1:23 보라 처녀가 잉태하여 아들을 낳을 것이요 그의 이름은 임마누엘이라 하리라 하셨으니 이를 번역한즉 하나님이 우리와 함께 계시다 함이라	• 요셉의 꿈에서 예수와 다른 임마누엘이 나온다. 이사야7:14의 인용이다. 마태는 예수의 탄생을 구약의 성취라고 하였다. 임마누엘 즉 하나님의 함께하심은 마태의 중요한 주제이다. .
	• 동방박사: 유대인의 왕	마2:2 유대인의 왕으로 나신 이가 어디 계시냐 우리가 동방에서 그의 별을 보고 그에게 경배하러 왔노라 하니	• 유대인의 왕은 헤롯이다. 그런데 동방박사들은 직접 헤롯에게 물어보지 않고 예루살렘 사람들에게 묻는다. 마태는 진정한 유대인의 왕은 예수이며 그래서 동방박사들이 경배하러 왔다고 보고 있다.
예수□누가	천사 • 큰 자 • 지극히 높으신 이의 아들 • 다윗 왕위 계승자 • 하나님의 아들	눅1:32-33 그가 큰 자가 되고 지극히 높으신 이의 아들이라 일컬어질 것이요 주 하나님께서 그 조상 다윗의 왕위를 그에게 주시리니 영원히 야곱의 집을 왕으로 다스리실 것이며 그 나라가 무궁하리라 눅1:35하 이러므로 나실 바 거룩한 이는 하나님의 아들이라 일컬어지리라	지극히 높으신 이의 아들은 메시아적 칭호로써 1:35의 거룩한 이, 하나님의 아들과 같은 것이다. 또한, 지극히 높으신 이의 아들은 야곱의 가문을 잇는 다윗왕의 후손인 예수에게 준 칭호로서 하나님의 아들을 가리키는 구약적 표현이다. 예수의 메시아적 사명은 구약에서 언약 가문을 계승한 야곱과 이스라엘 민족의 영웅이고 메시아의 모형(삼하7:8-17)이 되는 다윗과 연결시킨다. 특별히 이 본문을 다윗 왕조가 영원하리라고 선지자 나단을 통해 한 예언과 다르지 않은 내용이다. 또한, 그 나라가 무궁하리라는 계시록에 '세상 나라가 우리 주와 그의 그리스도의 나라가 되어 그가 세세토록 왕 노릇하시리라'와 연결된다.

	사가랴 찬가 •구원자 •돋는 해	눅1:68-69 찬송하리로다 주 이스라엘의 하나님 이여 그 백성을 돌보사 속량하시며 우리를 위하여 구원의 뿔을 그 종 다윗의 집에 일으키셨으니 1:71 우리 원수에게서와 우리를 미워하는 모든 자의 손에서 구원하시는 일이라 1:78-79 이는 우리 하나님의 긍휼로 인함이라 이로써 돋는 해가 위로부터 우리에게 임하여 어둠과 죽음의 그늘에 앉은 자에게 비치고 우리 발을 평강의 길로 인도하시리로다 하니라	사가랴는 예수의 탄생으로 하나님의 거룩한 언약이 성취되었음을 찬양하고 있다(1:70). 다윗의 집에서 나신 예수는 이스라엘 백성을 구원(1:71,77)하고 건지신다(1:74). 사가랴는 세례 요한의 탄생을 찬양하기 전에 이처럼 예수의 오심에 대해 먼저 노래한다. 돋는 해 아나톨레는 메시아적 칭호로서 '빛이 떠올라 하나님 백성에게 비친다'는 이사야(60:1-3)를 상기시킨다. 예수를 지칭하는 돋는 해는 예수의 구원이 이스라엘을 넘어 확산될 것이라는 의미라 하겠다.
	천사 •구주 •그리스도	눅2:10-11 천사가 이르되 무서워하지 말라 보라 내가 온 백성에게 미칠 큰 기쁨의 좋은 소식을 너희에게 전하노라 오늘 다윗의 동네에 너희를 위하여 구주가 나셨으니 곧 그리스도 주시니라	동물과 관련된 직업을 가진 사람은 사회적으로 하층계급에 속한다. 그런데 천사는 목자들에게 예수 탄생을 알려준다. 여기서 구주는 소테르로서 여기서만 분명하게 예수를 지칭한다. 그리스도 주라는 호칭도 신약에서 유일하게 나오는 표현이다. 구주, 그리스도라는 호칭을 통해 예수의 존재를 극대화시킨다.
	시므온의 예언 •만민의 구주 •비방 당하는 표적	눅2:30-32 내 눈이 주의 구원을 보았사오니 이는 만민 앞에 예비하신 것이요 이방을 비추는 빛이요 주의 백성 이스라엘의 영광이니이다 하니 눅2:34-35 시므온이 그들에게 축복하고 그의 어머니 마리아에게 말하여 이르되 보라 이는 이스라엘 중 많은 사람을 패하거나 흥하게 하며 비방을 받는 표적이 되기 위하여 세움을 받았고 또 칼이 네 마음을 찌르듯 하리니 이는 여러 사람의 마음의 생각을 드러내려 함이니라 하더라	시므온은 예수의 사명을 드러낸다. 예수는 만민 앞에 예비하신 구주이다. 여기서 예비는 준비하고 있다는 것이 아니라 하나님이 세우셨다는 의미다. 예수의 구원은 만민 즉 이방과 이스라엘 모두에게 해당한다. 시므온의 찬양은 예수가 만민의 구원자라는 것이다. 예수와 대립하는 자들에게 예수는 구원의 표적이 아니라 비방당하는 표적이 된다. 예수의 수난을 예고하다. 시므온은 마리아에게 비난당하는 예수로 인해 마음이 칼에 찔리는 듯할 것이라고 하다.
세례 요한 ㅁ 누가	천사 •주 앞에 큰 자 •돌아오게 하는 자 •준비하는 자	눅1:15-17 이는 그가 주 앞에 큰 자가 되며 포도주나 독한 술을 마시지 아니하며 모태로부터 성령의 충만함을 받아 이스라엘 자손을 주 곧 그들의 하나님께로 많이 돌아오게 하겠음이라 그가 또 엘리야의 심령과 능력으로 주 앞에 먼저 와서 아버지의 마음을 자식에게, 거스르는 자를 의인의 슬기에 돌아오게 하고 주를 위하여 세운 백성을 준비하리라	요한은 나실인의 의무를 가진 자로 성령의 충만함으로 이스라엘 백성을 돌아오게 하는 자이다. 누가는 말라기의 예언을 인용한다(말4:5-6). 그는 엘리야의 심령과 능력으로 즉 종말론적 선지자로서 두 가지 일을 하게 된다. 하나는 앞에서 언급한 돌아오게 하는데 의인의 슬기에 돌아오게 하는 것이다. 다른 하나는 주 앞에 먼저 와서 주를 위해 세운 백성을 준비하는 것이다.
	사가랴 찬가 •구원을 알게 하는 자	눅1:76-78상 이 아이여 네가 지극히 높으신 이의 선지자라 일컬음을 받고 주 앞에 앞서 가서 그 길을 준비하여 주의 백성에게 그 죄 사함으로 말미암는 구원을 알게 하리니 이는 우리 하나님의 긍휼로 인함이라	요한의 호칭은 지극히 높으신 이의 선지자이다. 요한의 아버지 사가랴는 아들의 사명에 대해 천사 가브리엘의 말씀처럼 주 앞에 앞서가서 그 길을 준비하는 것이라고 한다. 그리고 구원을 하는 자가 아니고 구원을 알게 하는 것이다. 구원은 예수의 사역이다.

5.2 세례 요한과 엘리야

구분	내용	비고
엘리야의 영과 능력을 가진 자 (눅1:17): 천사 가브리엘	• 천사 가브리엘이 세례 요한의 아버지 사가랴에게 나타나서 요한은 엘리야의 영과 능력을 가지고 주 앞에 앞서가서 예비한다고 한다. 이것은 말라기의 예언의 성취라 하겠다. **말4:5-6** 보라 여호와의 크고 두려운 날이 이르기 전에 내가 선지자 엘리야를 너희에게 보내리니 그가 아버지의 마음을 자녀에게로 돌이키게 하고 자녀들의 마음을 그들의 아버지에게로 돌이키게 하리라 돌이키지 아니하면 두렵건대 내가 와서 저주로 그 땅을 칠까 하노라 하시니라	
길을 준비하는 자 (눅1:79): 아버지 사가랴	• 세례 요한의 아버지 사가랴는 입이 열리자 하나님을 찬양한다. 그는 아들 세례 요한의 사명에 대하여 주 앞에 앞서가서 그 길을 준비하는 것이라고 한다. 주의 길을 준비하는 자로서 역할에 대해서는 구약에 이미 예언되어 있다. **사40:3** 외치는 자의 소리여 이르되 너희는 광야에서 여호와의 길을 예비하라 사막에서 우리 하나님의 대로를 평탄하게 하라 **말3:1** 만군의 여호와가 이르노라 보라 내가 내 사자를 보내리니 그가 내 앞에서 길을 준비할 것이요 또 너희가 구하는 바 주가 갑자기 그의 성전에 임하시리니 곧 너희가 사모하는 바 언약의 사자가 임하실 것이라	마3:3 막1:9-10 눅8:1 요1:23,30 참조
네가 엘리야냐 (요1:21): 제사장과 레위인	• 제사장과 레위인들은 네가 누구냐고 세례 요한에게 묻는다. 요한은 자신은 그리스도가 아니라고 단호하게 말한다. 또한, 자신을 엘리야라고 생각하는 견해도 일축해 버렸다. 유대인들은 엘리야라는 인물이 다시 하늘에서 내려올 것이라고 기대하고 있었다. **요1:21** 또 묻되 그러면 누구냐 네가 엘리야냐 이르되 나는 아니라 또 묻되 네가 그 선지자냐 대답하되 아니라	
오리라 한 엘리야가 곧 이 사람이니라 (마11:14): 예수	• 세례 요한은 투옥을 당한 이후에도 예수에 대해 소식을 듣고 있었다. 그러다가 제자들을 예수에게 보내 '오실 그이가 당신이오니이까 우리가 다른 이를 기다리오리까'(마11:2-3)라고 질문한다. 예수께서 자신의 사역을 소개하자 그들이 돌아간 후에 세례 요한에 대하여 말씀한다. 결론적으로 예수께서는 세례 요한과 자신의 시대를 구분한다. 세례 요한은 예언자이다. 그런데 예언자는 선지자와 율법의 시대에 존재하게 된다. 세례 요한은 전 시대를 마무리 짓는 예언자이기에 더욱 위대하다. 오리라 한 엘리야라고 말씀한다(마11:14).	**마11:13-14** 모든 선지자와 율법이 예언한 것은 요한까지니 만일 너희가 즐겨 받을진대 오리라 한 엘리야가 곧 이 사람이니라
어찌하여 엘리야가 먼저 와야 하리이까 (마17:10, 막9:11): 제자들	• 변화산에서 내려온 제자들은 서기관의 말을 빌어 왜 엘리야가 먼저 와야 하는지에 대해 예수께 질문하자 모든 것을 회복시키기 위해서라고 대답한다. 그리고 서기관들은 엘리야가 마지막 때에 오는 것으로 알고 있으나 실제로는 이미 왔는데 사람들이 알지 못하고 함부로 대우하였다고 한다. 마태에서는 그제서야 제자들이 세례 요한인 줄을 깨달았다(마17:13)고 한다. 마태는 세례 요한과 엘리야를 동일시한다. 그러나 마가에는 그런 이야기가 없다. 예수께서 산상에서 변형된 기사는 마태, 마가, 누가에 있다. 그러나 산에서 내려와서 제자들이 엘리야에 대해 예수께 묻는 기사는 마태, 마가에만 나온다(마17:10-13, 막9:11-13).	
어떤 이는 예수가 엘리야라 하고 (막6:15, 눅9:8): 어떤 이	• 마가와 누가에는 사람들이 예수를 엘리야라고 하는 기사가 있다. **막6:15** 어떤 이는 그가 엘리야라 하고 또 어떤 이는 그가 선지자니 옛 선지자 중의 하나와 같다 하되 **눅9:8** 어떤 사람은 엘리야가 나타났다고도 하며 어떤 사람은 옛 선지자 한 사람이 다시 살아났다고도 함이라	

| 나를 누구라 하더냐
(마16:13,
막8:28,
눅9:19):
예수 | • 예수는 제자들이 사람들이 나를 누구라 하더냐고 묻는다. 예수는 자신의 정체성을 분명히 알게 하기 위해 질문을 한다. 사람들은 예수를 예언자로 보고 있다고 대답한다. 마태는 세례 요한, 엘리야, 예레미야, 선지자 중의 하나라고 한다. 마가와 누가는 세례 요한, 엘리야, 선지자 중의 하나라고 대답한다.
　공관복음서에서 처음 언급된 사람은 세례 요한이고 다음이 엘리야이다. | |

5.3 세례 요한에 대한 이해

1. 당시 시대에 큰 영향을 미치다.
• 예루살렘과 온 유다와 요단 강 사방에서 다 그에게 나아와 자기 죄를 자복하였다(막1:5).
• 바울이 에베소에서 아볼로를 만난다. 세례 요한이 죽은 지 오래되었는데도 알렉산드리아에서 난 아볼로라 하는 유대인이 에베소에 와서 자기는 요한의 세례만 알고 있다고 한다(행18:24-25).
• 에베소에서 어떤 제자들을 만나게 된다. 바울이 그들에게 성령에 대해서 얘기하니 듣지 못하였다고 한다. 그러면 너희가 무슨 세례를 받았느냐고 하니 요한의 세례라고 하다. 바울이 요한은 회개의 세례를 베풀었다고 하며 주 예수의 이름으로 세례를 주니 그들이 방언도 하고 예언도 하였다고 하면서 모두 열두 사람쯤 되었다고 한다(행19:1-7). 에베소에 요한의 열두 제자가 있었던 것이다. 요한의 제자가 많았고 따르는 이들이 널리 퍼져있었다.
• 세례 요한이 죽임을 당한 것은 그의 영향력이 너무 큰 것을 헤롯이 염려하였기 때문이다.
• 세례 요한은 오랫동안 존경받고 기억되던 인물이다.

2. 메시아가 아니지만, 메시아의 길을 준비하다.
• 메시아 소동의 주역이다.
• 예언자들의 메시아 도래 예언을 상기시키다.
• 나는 물로 세례를 베풀거니와 그는 성령으로, 성령과 불로 너희에게 세례를 베풀 것이다.
• 나보다 능력이 많으신 이가 내 뒤에 오신다. 그런데 나는 그의 신을 들기도, 신발끈을 풀기도 감당하기 어렵다고 메시아 오심을 대망하게 한다.
• 세례 요한의 능력에 대하여 세례 요한을 죽인 '헤롯이 예수의 소문을 듣고 그 신하들에게 이르되 이는 세례 요한이라 그가 죽은 자 가운데서 살아났으니 그러므로 이런 능력이 그 속에서 역사하는 도다'(마14:1-2)라고 하다. 마가 역시 '이는 세례 요한이 죽은 자 가운데서 살아났도다. 그러므로 이런 능력이 그 속에서 일어 나니라'(막6:14)고 한다. 세례 요한의 능력이 죽은 자 가운데서 살아나서 예수 속에서 역사하는 것으로 헤롯은 생각하였다.
• 세례 요한은 기독교의 탄생에 크게 기여하였다.

3. 기존 종교지도자를 비난하다.
• 세례 요한은 '많은 바리새인들과 사두개인들이 세례 베푸는 데로 오는 것을 보고'(마3:7), 그리고 세례 받으러 나아오는 무리에게(눅3:7) '독사의 자식들아'라고 비난한다. 예수 역시 그들을 뱀들아 독사의 새끼들아라고 크게 비난한다(마23:33).
• 마태(3:9)와 누가(3:8)에는 기성 권력자들을 계속해서 지탄한다. '속으로 아브라함이 우리 조상이라고 생각하지 말라 내가 너희에게 이르노니 하나님이 능히 이 돌들로도 아브라함의 자손이 되게 하시리라'고 한다.

4. 신약에서 중요한 인물로 다루고 있다.
• 마가에는 예수의 족보나 탄생 이야기 등이 없다. 그런데도 마가는 요한의 출현과 그의 사역을 소개함(막1:2-8)으로 예수의 공생애 이야기를 시작한다. 그리고 예수의 죽음과 유사한 세례 요한의 죽음(막6:14-29)을 상세히 기록하였다.
• 마태는 예수의 족보, 탄생, 동방박사의 경배, 애굽으로의 피신, 나사렛 정착의 기사가 끝난 다음 세례 요한의 천국선포와 사역이 소개(마3:1-12)된다. 마태 역시 세례 요한의 죽음(14:3-12)을 보도하고 있다.
• 마태, 누가에는 요한의 제자들이 예수께 찾아와 질문하고 예수께서 세례 요한을 높이 평가하는 말씀을 길게 다루고 있다(마11:2-19, 눅7:18-35).

- 누가복음은 세례 요한의 탄생예고, 마리아가 세례 요한의 어머니 엘리사벳을 방문하는 이야기, 사가랴의 찬가 등 세례 요한에 대해 가장 많은 기사를 싣고 있다. 그런데 누가에서는 세례 요한의 사역을 소개하고 곧바로 헤롯에 의해 투옥이 된다(3:19-20). 세례 요한의 죽음에 대해서는 요한복음과 마찬가지로 침묵하고 있다.

5.4 누가복음이 세례 요한을 비중 있게 다룬 이유

1. 누가는 예수의 수태고지 이전에 세례 요한의 수태고지를 먼저 다루고 있다. 이어서 마리아가 세례 요한의 어머니 엘리사벳을 방문하는데 엘리사벳은 성령 충만함을 받아 마리아를 축복하고 마리아는 자신의 믿음을 드러내는 찬가로 화답하게 된다. 마리아는 자신에게 일어난 일 즉 성령 잉태에 대한 하나님의 개입을 고백하고 하나님의 구원방식을 언급하며 구원사건이 모든 이들에게 확장된다고 찬양한다.

사가랴 역시 요한의 탄생 후 예수의 탄생을 전제로 이스라엘을 구원하는 하나님을 찬양하며 세례 요한의 역할에 대해 언급한다. 그리고 그 다음에 예수께서 베들레헴에서 탄생하였으며 목자들이 찬양하였다는 기사가 나온다.

2. 공관복음서는 세례 요한이 나실인이었음을 짐작하게 한다. 천사가 사가랴에게 그는 포도주나 독주를 마시지 아니한다(눅1:15-16)고 한다. 그러나 그의 옷차림은 엘리야를 연상하게 한다. 세례 요한의 또 다른 배경으로 당시 쿰란공동체를 말하기도 한다. 쿰란공동체는 BC130년 경 '의의 교사'라는 인물이 예루살렘의 신전제의에 반대하여 창설했는데 수도원 성격의 금욕적이고 엄격한 공동생활을 했다고 한다. 광야에서 자란(눅1:80) 세례 요한은 쿰란공동체처럼 하나님의 마지막 구원이 임박하였다는 종말론과 쿰란의 정결례와 유사한 세례를 강조하였다.

3. 누가만이 세례 요한과 예수의 탄생 관련 이야기가 있다. 그러나 마태에는 예수의 수태고지와 동방박사의 경배 이외에 애굽으로의 피난 이야기들이 있다. 그러면 누가는 왜 다른 복음서와 달리 이 이야기를 길게 다루었을까? 그 대답은 누가복음1:1-3의 서언에서 찾아볼 수 있을 것이다.
- 우리 중에: 누가의 서두에 '우리'라는 말이 있다. 2절에는 '처음부터 목격자와 말씀이 일꾼 된 자들이 전하여 준'이라고 하였는데 여기에서 전달 받은 이들은 '우리'(원문에 헤민)인데 여기서 우리는 누가공동체라고 하겠다. 누가복음은 누가공동체를 위해 쓰인 복음서이다.
- 붓을 든 사람이 많았다: 지금까지 사건의 목격자와 말씀의 증인들이 우리 중에서 이루어진 사건을 편집하려고 한 바 많았다는 말이다. 이 말은 누가 이전에 목격자와 증인들이 구전이나 전승으로 '전하여 준'(1:2) 것을 여러 사람들이 편집하였다는 것이고 누가 자신은 '처음부터' 사실의 목격자나 '말씀의 일꾼'은 아니라는 것이다. 이것은 예수에 관한 사실에 대하여 기억으로 구전으로 전해지다가 성문화과정을 거쳤다는 것을 말하기도 한다.
- 나도 차례대로 써 보내는 것이 좋은 줄 알았노니: 누가가 전작들에 대해 만족한 것 같지는 않았다. 그래서 '나도'(카모이) 쓰겠다고 한 것이리라. 그런데 '차례대로' 쓰겠다는 것이다.

누가는 '처음부터 목격자와 말씀의 일꾼 된 자들이 전하여 준'(1:2) 것이기는 하지만 '그 모든 일을 근원부터 자세히 미루어 살피'(1:3)겠다고 한다. 누가는 근원부터(아노덴) 엄밀히 조사하여 정확히 연구하겠다고 한다. 누가 자신이 예수의 활동과 사건의 목격자가 아니기 때문에 그동안의 과정을 자세히 알아야만 했을 것이다. 여기서 '그 모든 일'이란 중성 복수로서 예수를 중심으로 이루어진 모든 사건을 뜻한다.

4. 세례 요한의 수태고지와 탄생을 누가복음의 앞에 둔 것이 '처음부터 목격자와 말씀의 일꾼 된 자들이 전하여 준' 것인지 누가 자신이 '모든 일을 근원부터 자세히' 살피게 되다가 쓰게 된 것인지는 알 수가 없다.

그러나 근원부터라는 단어에서 근원적이 아닌 것 또는 정확하지 않은 것들 즉 떠돌아 다니던 모호한 구전 자료들을 배제하였다는 것을 알 수 있다. 그리고 '차례대로'라는 단어는 이야기의 순서대로라는 의미인데 그래서 마가나 마태보다 소급하여 세례 요한의 수태고지부터 다루었을 수도 있는 것이다. 그리고 누가공동체에서는 이 이야기의 순서대로 전승되어 왔을 수도 있을 것이다.

5. 누가는 '각하가 알고 있는 바를 더 확실하게 하려 함'(1:4)이라고 한다. 누가는 누가복음을 기록할 당시까지 산만하거나 단편적인 것들을 좀 더 분명하게 이해할 수 있게 하였다고 한다.

누가는 기독교의 기원과 구원에 관한 이야기로 복음서를 시작한다. 사가랴의 찬가는 이스라엘을 구원하시는 하나님의 역사(1:69,71)와 구원을 알게 하는 세례 요한의 임무(1:77)에 대해 말하고 있고 목자들에게 나타난 천사는 '구주가 나셨으니 곧 그리스도 주'라고 한다. 누가 공동체는 새로 믿는 이들에게 예수의 역사적 삶의 모습을 기억하고, 회상하고 가르치며 전승시키는 데에 이런 이야기들이 필요하였던 것 같다.

또한, 누가의 관심은 예수의 시대에 있다 하겠다. 누가는 '율법과 선지자는 요한의 때까지요'(눅16:16)라고 한다. 세례 요한의 수태고지, 사가랴의 찬가, 회개와 세례의 전파 등 세례 요한에 대해 어느 복음서보다 자세하게 소개하고 있는 누가에서 세례 요한의 죽음을 다루지 않는 이유를 짐작하게 한다.

5.5 누가복음에서의 세례 요한과 예수탄생의 구조

구분	세례 요한	예수
탄생예고	사가랴(1:5-25)	마리아(1:26-38)
마리아와 엘리사벳	엘리사벳의 마리아 축복 찬가(1:41-45)	마리아 찬가(1:46-55)
탄생	세례 요한(1:57-66)	예수(2:1-21)
찬송	사가랴의 예언(1:67-79	시몬의 찬송(2:25-35) 안나의 예언(2:36-38)

제4절 ✦ 동방박사와 목자들

1. 본문비교

구분	동방박사(마태 2:1-12)	목자들(누가 2:1-20)
시기	:1-2 헤롯 왕 때에 예수께서 유대 베들레헴에서 나시매 동방으로부터 박사들이 예루살렘에 이르러 말하되 유대인의 왕으로 나신 이가 어디 계시냐 우리가 동방에서 그의 별을 보고 그에게 경배하러 왔노라 하니	:1-3 그 때에 가이사 아구스도가 영을 내려 천하로 다 호적하라 하였으니 이 호적은 구레뇨가 수리아 총독이 되었을 때에 처음 한 것이라 모든 사람이 호적하러 각각 고향으로 돌아가매
장소	:3-4 헤롯 왕과 온 예루살렘이 듣고 소동한지라 왕이 모든 대제사장과 백성의 서기관들을 모아 그리스도가 어디서 나겠느냐 물으니 :5-6 이르되 유대 베들레헴이오니 이는 선지자로 이렇게 기록된 바 또 유대 땅 베들레헴아 너는 유대 고을 중에서 가장 작지 아니하도다 네게서 한 다스리는 자가 나와서 내 백성 이스라엘의 목자가 되리라 하였음이니이다	:4-5 요셉도 다윗의 집 족속이므로 갈릴리 나사렛 동네에서 유대를 향하여 베들레헴이라 하는 다윗의 동네로 그 약혼한 마리아와 함께 호적하러 올라가니 마리아가 이미 잉태하였더라 :6-7 거기 있을 그 때에 해산할 날이 차서 첫아들을 낳아 강보로 싸서 구유에 뉘었으니 이는 여관에 있을 곳이 없음이러라
예수 탄생 소식의 반응	:7-8 이에 헤롯이 가만히 박사들을 불러 별이 나타난 때를 자세히 묻고 베들레헴으로 보내며 이르되 가서 아기에 대하여 자세히 알아보고 찾거든 내게 고하여 나도 가서 그에게 경배하게 하라	:8-10 그 지역에 목자들이 밤에 밖에서 자기 양 떼를 지키더니 주의 사자가 곁에 서고 주의 영광이 그들을 두루 비추매 크게 무서워하는지라 천사가 이르되 무서워하지 말라 보라 내가 온 백성에게 미칠 큰 기쁨의 좋은 소식을 너희에게 전하노라
예수의 정체성		:11 오늘 다윗의 동네에 너희를 위하여 구주가 나셨으니 곧 그리스도 주시니라 :12-13 너희가 가서 강보에 싸여 구유에 뉘어 있는 아기를 보리니 이것이 너희에게 표적이니라 하더니 홀연히 수많은 천군이 그 천사들과 함께 하나님을 찬송하여 이르되 :14 지극히 높은 곳에서는 하나님께 영광이요 땅에서는 하나님이 기뻐하신 사람들 중에 평화로다 하니라
예수 있는 곳으로 향하다	:9-10 박사들이 왕의 말을 듣고 갈새 동방에서 보던 그 별이 문득 앞서 인도하여 가다가 아기 있는 곳 위에 머물러 서 있는지라 그들이 별을 보고 매우 크게 기뻐하고 기뻐하더라	:15-16 천사들이 떠나 하늘로 올라가니 목자가 서로 말하되 이제 베들레헴으로 가서 주께서 우리에게 알리신 바 이 이루어진 일을 보자 하고 빨리 가서 마리아와 요셉과 구유에 누인 아기를 찾아서
경배와 찬송	:11 집에 들어가 아기와 그의 어머니 마리아가 함께 있는 것을 보고 엎드려 아기께 경배하고 보배함을 열어 황금과 유향과 몰약을 예물로 드리니라	:17 보고 천사가 자기들에게 이 아기에 대하여 말한 것을 전하니 :18-19 듣는 자가 다 목자들이 그들에게 말한 것들을 놀랍게 여기되 마리아는 이 모든 말을 마음에 새기어 생각하니라 :20 목자들은 자기들에게 이르던 바와 같이 듣고 본 그 모든 것으로 인하여 하나님께 영광을 돌리고 찬송하며 돌아가니라

그 후	:12 그들은 꿈에 헤롯에게로 돌아가지 말라 지시하심을 받아 다른 길로 고국에 돌아가니라	

2. 본문의 차이

구분	동방박사(마태)	목자들(누가)
공통점	아기 예수 경배(2:11) 예수 탄생의 장소와 시기의 이야기이다.	아기 예수 찬송(2:20) 예수 탄생의 장소와 시기의 이야기이다.
누가	동방으로부터 온 박사들(2:1)-이방인들 별을 보고 오다(2:2).	그 지역 목자들(2:8)-밤에 밖에서 양떼를 지키던 이들 주의 사자 천사가 나타난다(2:9).
때	헤롯 왕 때(2:1)	가이사 아구스도가 영을 내려 구레뇨가 수리아 총독이 되었을 때에 호적을 하라 하여 모든 사람이 호적하러 각각 고향으로 돌아갈 때(2:1-3)
탄생 이야기	1. 마태는 처음(2:1)부터 예수께서 베들레헴에서 나셨다고 한다. 2. 동방박사들은 예루살렘에 도착하여 유대인의 왕으로 나신 이가 어디 있느냐고 하다. 그들은 예수께서 태어난 것을 이미 알고 있었고 그 계신 곳을 찾고 있었던 것이다. 그들의 목적은 경배였다(2:2).	1. 다윗의 족속인 요셉은 갈릴리 나사렛에서 유대를 향하여 약혼한 마리아와 함께 호적하러 가다. 2. 베들레헴이라 하는 다윗의 동네로 올라가(2:5) 거기 있을 때 해산할 날이 차다(2:6). 3. 첫 아들을 낳다. 강보로 싸다. 4.여관에 있을 곳이 없어서 구유에 뉘다.
계신 장소	1. 예루살렘이 소동을 하다(2:3). 2. 헤롯이 대제사장과 서기관을 불러모아 그리스도가 어디서 나겠느냐고 묻다(2:4). 동방박사들은 태어난 유대인의 왕을 찾고 있는데 헤롯은 그리스도가 어디서 나겠느냐고 묻는다. 헤롯은 나신 이가 그리스도인 줄 알고 있었다. 3. 대제사장과 서기관들은 선지자의 기록에 유대 땅 베들레헴이라고 대답한다(2:5-6). 4. 헤롯은 언제 태어났는지가 궁금하다. 그래서 별이 나타난 때를 자세히 묻는다. 그리고 베들레헴으로 보낸다. 기록에 있는 장소를 알려준 것이다. 5. 아기를 찾거든 내게 알려주어 그에게 경배하게 하라고 한다.	1. 그 지역 목자들이 밤에 밖에서 자기 양 떼를 지키다. 2. 너희는 강보에 싸여 구유에 누워있는 아기를 볼 것이다(2:12).
별과 천사의 인도	1. 메시아의 탄생은 우주적인 사건이라서 특별한 천문현상이 일어난다.	1. 주의 사자가 나타나고 주의 영광이 비치다(2:8-10).
	2. 동방에서 보던 그 별이 인도하다. 3. 박사들이 베들레헴으로 갈 때에 동방에서 보던 그 별이 문득 앞서 인도하다. 4. 아기 있는 곳 위에 머물러 서 있는지라 5. 그들이 이 별을 보고 매우 크게 기뻐하고 기뻐하다.	2. 다윗의 동네에 너희를 위해 구주가 나셨으니 곧 그리스도 주시니라(2:11). 3. 너희는 강보에 싸여 구유에 누워있는 아기를 볼 것이다(2:12). 4. 이것이 너희에게 표적이 되니라(2:12) 5. 천군 천사가 하나님께 찬송하다 '높은 곳에서는 하나님께 영광, 땅에서는 하나님이 기뻐하신 사람들 중에 평화로다'

경배와 찬송	1. 집에 들어가다. 아기가 어머니 마리아와 함께 있다(2:11). 2. 엎드려 경배하다. 황금, 유향, 몰약을 예물로 드리다(2:11).	1. 천사들이 하늘로 올라가니 목자들이 베들레헴으로 가다. 2. 주께서 우리에게 알리신 바 이 이루어질 일을 보자(2:15). 3. 빨리 가서 마리아, 요셉, 아기를 보고, 천사가 한 말을 전하다(2:17), 마리아는 이 말을 새겨듣다(2:18-19). 4. 목자들은 자기들이 듣고 본 모든 것으로 인하여 하나님께 영광을 돌리고 찬송하다(2:20).
돌아가다	1. 꿈에 지시를 받다. 헤롯에게 가지 말라고. 2. 다른 길로 고국에 돌아가다.	돌아가다.
탄생 후 이야기	1. 마태에서 예수 탄생 이야기는 모세를 연상시킨다. 헤롯이 그 아기를 죽이려 하고(2:13-14) 바로는 모세를 죽이려고 하며(출2:15) 2. 헤롯이 두 살 이하의 어린 사내아이를 죽이고(마2:16) 바로는 히브리 사내아이를 나일강에 던지게 하며(출1:22) 3. 헤롯이 죽고(마2:19) 애굽 왕이 죽으며(출2:23) 4. 주의 천사가 요셉에게 이스라엘로 돌아가라고 하고(마2:19~20) 주께서 미디안에서 모세에게 이집트로 돌아가라고 하며(출4:19) 5. 요셉이 아기와 그 어머니를 데리고 돌아가고(마2:21) 모세는 아내와 아이들을 데리고 애굽으로 돌아간다(4:20).	1. 누가의 예수 탄생 이야기에는 정결 의식에 관한 기사가 나오는데 여기서 시므온의 예언(2:25-35)과 안나의 예언(2:36-38)이 있었다. 2. 이어서 예수가 열두 살 때에 예루살렘 성전에서 머물렀다는 기사가 나온다.

3. 본문이해

구분	내용	비고
방문한 때	1. 목자들이 아기를 방문한 때와 동방박사들이 아기 예수를 방문한 시기가 다르다. 동방박사들과 목자들이 함께 있었다는 기록이 없다. 누가에서의 목자들은 아기가 강보에 싸여 구유에 누워 있을 때에 천사가 알려주어 찾아가게 된다. 그러나 마태에서의 동방박사들은 나신 이, 즉 이미 탄생하신 아기를 찾고 있었다. 여행준비 시간과 동방에서 예루살렘까지 이동한 시간 등을 고려해 볼 때 아기가 태어난 후 어느 정도 시간이 지난 후에 예루살렘에 도착하였을 것이다. 2. 마태는 먼저 유대 베들레헴에서 예수가 나셨다고 하고 동방박사 이야기를 한다. 또한, 마태는 동방박사가 마구간이 아닌 집(헬라어로 오이키아)에 들어갔다(2:11)고 한다.	요1:10하-11 세상이 그를 알지 못하였고 자기 땅에 오매 자기 백성이 영접하지 아니하였으나
헤롯 왕 때	1. 헤롯은 BC37에서 BC4까지 팔레스타인 지역을 통치하다가 BC4에 여리고에서 사망한다. 예수는 헤롯 대왕이 죽던 해인 BC4에 태어났을 것으로 추정된다. 2. 본문에서 헤롯은 동방박사들과 계속 대비된다. 헤롯과 동방박사 모두 예수에게 경배하려 한다. 3. 서방교회는 12월 25일, 동방교회는 1월 6일을 성탄절로 지키고 있다.	

구레뇨가 수리아 총독이 되었을 때	1. '구레뇨가 수리아 총독이 되었을 때'(눅2:2)라는 표현이 NIV에서는 ( )안에 들어있다.	• 구레뇨Quirinius: 관찰자라는 뜻의 이름이다. 로마의 명문가 출신으로 BC12년에 로마의 집정관이었다. 시리아에는 두 차례 파견된다. 처음에는 BC10년? 시리아 총독 바루스의 아래 지방장관Governor 이었고 두 번째는 AD6년 시리아 총독 Proconsul로 임명되었다.
	2. 누가는 복음서를 세계사적 차원에서 접근하고 있다. 그래서 로마 황제 아우구스투스를 가리키는 가이샤 아구스도를 언급하고 있다. 누가는 작은 마을 베들레헴을 그 역사적 중요성을 감안하여 다윗의 도시(KJV)라고 부른다. 그리고 예수 탄생의 배경으로 로마의 인구조사를 언급함으로써 예수와 로마제국과의 관계를 암묵적으로 드러내고 있다.	
	누가에는 예수 탄생에 대해 '너희를 위하여 구주가 나셨다'(2:11)는 천사의 선언은 황제의 선포를 모방하고 있다. 누가는 예수의 탄생이 이스라엘의 역사와 로마 황제와 관련이 있는 역사적 사건임을 말하고 싶어 한다.	
	3. 누가의 기록이 역사적 사실이 아니라고 주장하는 데에는 아우구스투스의 인구조사 칙령에 대한 로마 역사가들의 언급이 없고 인구조사를 위해 고향으로 가라고 했다는 증거가 없으며 만약 '호적을 하러 각각 고향으로 돌아'갔다(2:3)면 상당한 규모의 인구이동이 있었을 것이라는 것이다. 또한, 구레뇨가 총독이 된 것은 AD6년으로 이때는 예수께서 이미 십 세 정도가 되었을 것이기 때문이라고 한다.	
	4. 그럼에도 불구하고 누가의 기록이 정확하다는 주장이 있다. 구레뇨는 가이샤 아구스도가 영을 내려 천하로 다 호적하라 하였는데 그가 총독이 되었을 때 처음 하였다(눅2:1-2)고 한다. 여기서 처음은 prote로서 '전에'로도 번역할 수 있다고 한다. 가이샤 아구스도는 BC27-AD14 동안 집권했다. 본문에 있는 아우구스투스가 내린 호적조사는 BC4년으로 본다.	
	5. 1절에서 언급되어 있듯이 천하로 다 호적하라고 영을 내리는 것은 황제의 일관된 정책이다. 황제의 지시에 의해 헤롯은 BC4년 경 지방관들을 통해 하였다고 볼 수 있다.	
	6. 그런데 구레뇨는 두 번 수리아에 파견된다. 구레뇨는 BC10-4까지 수리아의 지방 장관이었다가 그가 수리아 총독(AD 6-9)이 된 것은 AD6년이다. 이때 유다는 수리아에 병합된다. 수리아의 지방 장관이었던 시절 구레뇨는 시리아와 유다에 BC6-4에 인구조사를 한다. 사도행전은 그때 갈릴리의 유다가 반란을 일으켰다고 하는데 이 때는 AD6년이고 구레뇨가 지방 장관이 아닌 총독이 되었을 때이다.	
	7. 이 주장에 의하면 구레뇨가 수리아 총독이 되었을 때 실시하였다는 호적은 '나중에' 수리아 총독이 되었던 당시 수리아의 지방 장관이었던 구레뇨가 처음 호적을 하게 한 것이라고 할 수 있다.	
	누가복음과 사도행전을 기록한 누가는 예수 탄생의 시기를 잘 알고 있었을 것이며 단지 기록을 자세하게 하지 않았을 뿐이라는 것이다.	
호적을 하다	1. 호적은 라틴어로 센서스라고 한다. 호적등록과 인구조사는 목적이 같다고 하겠다. 호적을 하라는 것은 조세나 징병 등의 목적이 있다. 센서스의 원뜻은 '세금 물리다'의 의미라고 한다.	대상21:1 사탄이 일어나 이스라엘을 대적하고 다윗을 충동하여 이스라엘을 계수하게 하니라
	2. 구약에서는 인구조사를 죄로 단정한다. 다윗 왕이 인구조사(삼하24:2, 대상21:1)를 실시하자 요압 장군이 이를 말린다. 그래도 왕은 인구조사를 하지만 흑사병이 퍼진다. 백성을 착취하기 위한 센서스가 될 가능성이 크기 때문에 죄가 되는 것이다.	
	3. 누가가 메시아의 탄생을 황제와 인구조사에 연결시킨 것은 누가공동체가 가지고 있던 전승일 수 있다.	

베들레헴 • 다윗의 동네	1. 일반적으로 호적을 하기 위해서 원적지를 찾아간다. 요셉의 원적지는 베들레헴이다. 2. 누가는 요셉과 마리아가 베들레헴에 간 이유는 요셉이 다윗의 족속(2:4)이고 베들레헴이 다윗의 동네(2:4)이기 때문이라 하겠다. 천사들이 목자들에게 다윗의 동네에 너희를 위하여 구주가 나셨다(2:11)고 하여 목자들은 베들레헴으로 간다(2:15). 베들레헴은 다윗의 동네로서 이미 모두 알려져 있던 것이었다. 3. 다윗 가문의 원적지인 베들레헴에서 예수께서 태어나셨다는 것은 예수가 다윗의 자손이라는 것을 더욱 분명히 하고 있다. 4. 마태에서 대제사장과 서기관은 선지자의 기록이 베들레헴이라고 헤롯에게 보고를 한다(2:5). 그런데 그 내용은 미가(5:2)의 인용이라 하겠다. 5. 미가는 네게서 한 다스리는 자가 나와 내 백성 이스라엘의 목자가 되리라(마2:6)는 예언을 하는데 여기서 내 백성 이스라엘이란 미래의 그리스도 신앙 공동체를 의미한다고 하겠다. 6. 누가에서 요셉은 다윗의 후손으로 베들레헴에 가야만 했으나 반겨줄 친척이 없어서인지 여관을 찾다가 못 찾고 만다. 마구간에서 예수를 낳을 수밖에 없어 그 곳의 구유(manger)에 뉘었다. '구유에 누인 아기'라는 말은 천사가 목자들에게(2:12) 그리고 목자들이 서로 말하는데(2:16)에서 두 번 나온다. 말구유에 누인 예수는 예수께서 왜 누구를 위해 이 땅에 오셨는지를 보여주는 상징이라 하겠다.	• 떡집, 빵집이라는 뜻의 베들레헴은 다윗이 성장하고 기름 부음을 받은 곳이고 예수가 탄생한 곳이다(삼상16:10-13, 마2:1,5-6 눅2:4,15). **미가5:2** 베들레헴 에브라다야 너는 유다 족속 중에 작을지라도 이스라엘을 다스릴 자가 네게서 내게로 나올 것이라 그의 근본은 상고에, 영원에 있느니라
• 베들레헴 사람 이새	1. 다윗 가문에서 메시아가 나온다고 구약은 예언하고 있다. 다윗이 이새의 혈통을 통해 나온 왕인 것처럼 메시아가 다윗의 자손으로 온다는 것이다. **사11:1** 이새의 줄기에서 한 싹이 나며 그 뿌리에서 한 가지가 나서 결실할 것이요 **사11:10** 그 날에 이새의 뿌리에서 한 싹이 나서 만민의 기치로 설 것이요 열방이 그에게로 돌아오리니 그가 거한 곳이 영화로우리라 2. 다윗의 아버지 이새는 베들레헴 사람이다. **삼상16:1하** 내가 너를 베들레헴 사람 이새에게로 보내리니 이는 내가 그의 아들 중에서 한 왕을 보았느니라 하시는지라 **삼상17:12상** 다윗은 유다 베들레헴 에브랏 사람 이새라 하는 사람의 아들이었는데	**렘33:15** 그 날 그 때에 내가 다윗에게서 한 공의로운 가지가 나게 하리니 그가 이 땅에 정의와 공의를 실행할 것이라
동방박사 ① 현자	1. 로마의 역사가 수에토니우스와 타키투스는 세상을 다스릴 이가 나오리라고 기대하였다고 한다. 2. 이사야는 '이방 나라들이 너의 빛을 보고 찾아오고 뭇 왕들이 떠오르는 너의 광명을 보고 너에게로 올 것'(새번역60:3)이라고 하였고 '많은 낙타들이 너의 땅을 덮을 것이며 금과 유향을 가지고 온다(새번역60:6)고 하였다. 3. 동방박사는 예수에게 경배하기 위하여 찾아온 이방인들을 대표한다. 동방박사는 마기(단수 마구스)라고 하는데 점성술사, 마술사를 말한다. 마기는 메대(메디아), 바사(페르시아), 갈대아에서 천문학을 연구하던 사제계급이다. 헤로도투스의 히스토리아에 나오는 마기는 메디아(성서의 메대)의 족속 중 한 계급이라고 한다. 4. 다니엘은 다리우스(성서의 다리오) 때 재상이 된다. 다리우스는 메디아의 마기인 가우마타를 물리치고 왕이 된다. 5. 마태에 나오는 동방박사는 페르시아에서 온 조로아스터교의 사제로서 점성술에 능한 자들로 추정된다. 페르시아에서 왔다면 거리는 1600km 정도다.	• 기뻐하며 경배하세를 작곡한 미국인 헨리 벤 다이크의 네 번째 동방박사라는 소설이 유명하다. • 마르코 폴로의 동방견문록에 동방박사에 대한 이야기가 있다.

	6. 동방박사의 수는 성경에 나와 있지 않으나 예물의 수가 세 가지이어서 세 명으로 보고 있다. 그러나 동방교회는 12명으로 보고 있다. 7. 영어 번역 중에 왕으로 번역되어 있어 과거 가톨릭에서는 삼왕으로 표현하기도 했다. 그래서 예수 공헌 축일도 삼왕 내조 첨례라고도 불렀다. 또한, 시72:10-11과 사60:3-6 등을 근거로 하여 왕으로 본 것이다. 8. 동방박사들의 귀국이후 기사는 성경에 없다. 그러나 설화나 전설들은 아주 많이 있다.	• 민수기에서 모압의 왕 발락을 선지자 발람을 보내는데 이 발람을 점성가(신23:4)로 보기도 한다.
② 별	1. 민수기에는 모압왕 발락이 선지자 발람에게 유대민족에게 저주를 내려 달라는 부탁을 하지만 발람은 하나님의 인도를 받아 저주 대신 예언으로 축복을 내린다(민22:5-7, 23:20-25). 이 때 발람은 예언하기를 '한 별이 야곱에게서 나오며' 한 통치 지팡이가 이스라엘에서 일어설 것이다(민24:17)라고 한다. 2. 마태는 별을 네 번 언급한다(2:2,7,9,10). 별이 나타났고 별이 나타난 때를 묻고 별이 인도하였으며 별이 머물러 서기도 하였다고 한다. 3. '그들이 별을 보고 매우 크게 기뻐하고 기뻐하더라'(2:10)라는 기사는 그들이 점성술사, 즉 천문학자들이었기 때문이었을 것이다. 4. 이 별의 정체에 대해 요한네스 키플러는 별의 폭발인 신성이거나 초신성이었을 수 있다고 하고 BC7년에 목성과 토성이 하나로 보였던 현상도 있다고 한다(1603). 중국의 천문학자들도 BC5 또는 4년에 신성을 보았다는 기록이 있었다고 한다. 최근에는 미국 천문학자 몬나의 목성과 달에 의한 천체현상이라는 주장이 있다. 5. 하나님은 신성, 초신성 등 초자연적인 천문현상을 통해 계시하는 분이다. 하나님은 예수의 탄생을 온 세상에 알리기 위해 우주적인 천문현상을 일으키시고 당대 최고의 해외지식인들을 불러들여 예수께 경배하게 하였다.	시72:10 다시스와 섬의 왕들이 조공을 바치며 스바와 시바 왕들이 예물을 드리리로다 사60:6 허다한 낙타, 미디안과 에바의 어린 낙타가 네 가운데에 가득할 것이며 스바 사람들은 다 금과 유향을 가지고 와서 여호와의 찬송을 전파할 것이며
③ 선물	1. 예물을 가져오는 이방인들에 관해 시편에 언급이 있기는 하지만 박사가 아니라 왕들로 되어있다. 마태에는 동방박사의 수가 몇 명인지 언급되어 있지 않으나 시편(72:10)에는 다시스(스페인), 스바(아라비아), 시바(에디오피아)의 왕들이라고 한다. 이 밖에 이사야(60:6)에는 스바 사람들이 금과 유향을 가지고 와서 여호와를 높이 찬양할 것이라는 기사도 있다. 2. 황금, 유향, 몰약은 고대부터 아라비아의 귀중한 생산품이다. 3. 몰약은 몰약나무 상처에서 나온 수액을 건조하여 만드는데 시신의 부패를 막는 방부제로 사용한다. 유향은 유향나무에서 나온 액체를 고체로 굳힌 것인데 방향제로 성전제사에 사용되었다. 4. 선물의 의미에 대해 황금은 왕으로 온 예수를, 유향은 대제사장으로 온 예수를, 몰약은 세상을 구원하시기 위하여 죽어야 하는 구세주로 온 예수를 위한 것들이라고 한다.	
구유	1. 요셉과 마리아는 여관에 있을 곳이 없어서 첫 아들을 낳아 구유에 누인다(눅2:6-7). 예수를 외아들이 아닌 첫 아들이라고 함으로서 그 후에도 마리아가 예수의 형제들을 출산했을 것으로 짐작하게 한다. 2. 여기서 여관은 사마리아인의 비유에 나오는 여관pandocheion을 말하는 것이 아니라 개인 집의 손님용 방이라고 할 수 있는 katalyma이다. 즉 요셉과 마리아는 손님용 방이 없어서 마구간에서 출산할 수밖에 없었던 것이다. 오래된 전승에 의하면 동물의 우리로 사용한 동굴이라고도 한다. 3. 들에 있던 목자들에게 나타난 주의 사자는 '너희가 강보에 싸여 구유에 뉘어있는 아기를 보게 될 것'(2:11-12)이라고 한다. 그런데 여기 구유는 유대인들이 키우지 않았던 말구유라기보다는 유대인들이 유용하게 사용하였던 나귀의 구유로 보인다.	• 로마의 4대 성당의 하나인 성모대성당에는 구유의 조각이라는 나무 조각이 있는데 예루살렘 출신인 교황 테오도르 1세(649-655)가 예루살렘 총 대주교인 성 소프로니우스로부터 기증받은 것이라고 한다.

	4. 강보(겔16:4)는 아기의 사지를 똑바로 해주려고 쓰는 천이라고 한다. 강보에 싸인 솔로몬의 이야기가 있다. 솔로몬의 지혜서7:4-5는 '나는 배내옷에 소중히 싸여 어머니의 보살핌을 받았다. 왕이라 해서 유별나게 인생을 시작하지는 않았다'고 한다.	• 솔로몬이라는 이름이 있는 책으로는 솔로몬의 지혜서, 솔로몬의 열쇠, 솔로몬의 시편, 솔로몬의 송가 등이 있다.
목자	1. 목자 중에서도 밤에 밖에서 일하는 목자들이다. 2. 주의 사자(눅2:9)인 천사는 '온 백성에게 미칠 큰 기쁨의 좋은 소식'(눅2:10)을 그들에게 전해준다. 3. 너희를 위해 구주가 나셨으니 곧 그리스도 주(2:11)라고 한다. 여기서 너희는 비천한 이들이라 하겠다. 마리아의 찬가 후반부에 있듯이 하나님께서는 비천한 자, 주리는 자(눅1:52-53)들에게 관심이 있다 하겠다. 4. 예수께서 말구유에 누워 계신 것도 가장 초라하고 열악한 환경에서 태어나서 그곳에서 삶을 시작하였다는 것을 의미한다.	

4. 심층연구: 동방박사와 목자들 이해

구분	내용	비고
왜 동방박사인가? ① 미래학자 마기	1. 동방박사들은 페르샤의 최고 신분 계급의 집단이고 천문학, 과학, 의학 등에 대해 당시 중근동 지방에서 가장 학식이 높은 집단이었으며 또한 별을 통해 세상을 보는 천문학자 이상의 예언자 집단이라고 하겠다. 한마디로 페르샤의 동방박사들은 신분이 높고 학식이 많은 천문학자이고 지혜자이며 예언자 집단인 동시에 지금의 미래학자들이었을 것이다. 2. 점성술사들은 별을 보고 천문에 관한 일뿐 아니라 국내적, 국제적 사건을 예측하려고 하였다. 특히 별이 위대한 인물의 탄생이나 죽음을 알린다고 생각하였다.	• 로마 역사가인 카시우스 디오(Cassius Dio)의 로마 역사 중 수에토니우스 네로 황제 열전에 의하면 AD66년 점성가 티라다테스와 그 외 여러 박사들이 네로를 황제로 경배하기 위해 방문하고 돌아갔다고 한다.
② 여호와를 아는 마기	1. 바벨론에 포로로 잡혀가서 바벨론과 페르샤의 네 명의 통치자 아래에서 공직자로 일하던 다니엘을 통해서 이들은 유일신 여호와 하나님을 알고 있었을 것이다. 2. 다니엘서에는 지극히 거룩한 이가 기름 부음을 받으리라(9:24)고 하였다. 아마도 그들은 다니엘을 통해 메시아인 거룩한 이의 출현을 알고 있었을 것이다.	
③ 메시아를 아는 마기	1. 지식에 호기심이 많았던 이들은 발람의 예언에 대해서도 알고 있었을 것이다. 발람은 모압 왕 발락에게 고용되어 세 차례에 걸쳐 이스라엘을 저주하려 하였으나 그때마다 하나님은 저주를 바꾸어 이스라엘을 축복하게 한다(민22-24장). 그런데 '여기에 한 별이 야곱에게서 나온다'는 기사(민24:17)가 있다. 2. 별에 대한 학식이 많았던 그들이 동방에서 별을 보고 경배하러 온 것은 당연한 것이다.	• 발람에 대해 필로나 요세푸스 그리고 랍비 문헌들은 그를 부정적으로 보고 있다고 한다.
동방박사 경배의 의미 ① 자기 백성이 영접하지 아니하다	1. 요한복음에는 예수께서 세상에 오신 것에 대해 세상이 그를 알지 못하였고 나아가 자기 땅에 오는 데에도 자기 백성이 영접하지 아니하였다고 한다(요1:10-11). 마태복음의 상황을 예상한 기사이다. 2. 수만 리 떨어진 곳에서 온 동방박사들이 예루살렘에 도착하여 유대인의 왕으로 나신 이가 어디 계시냐고 찾을 때까지 유대인들은 모르고 있었다. 그들이 그에게 경배하러 왔다고 하니까 온 예루살렘이 소동한 것이다. 3. 동방박사들로 인하여 예수의 탄생이 유대사회로부터 무시되고 주목받지 못한 점들이 드러나게 되었다.	민24:17상 내가 그를 보아도 이 때의 일이 아니며 내가 그를 바라보아도 가까운 일이 아니로다. 한 별이 야곱에게서 나오며

	4. 사1:3에는 하나님께서 이사야에게 '소는 그 임자를 알고 나귀는 그 주인의 구유를 알 건만은 이스라엘은 알지 못하고 나의 백성은 깨닫지 못하는 도다'라고 한탄한다. 예수의 오심도 모르고 예수가 누구인지도 모른다는 것이다. 이스라엘의 모습과 같다.	
② 이방인을 통한 메시아 탄생 소식	1. 헤롯 왕은 대제사장과 서기관들에게 어디서 태어났느냐고 하자 선지자들의 기록에 의하면 베들레헴이라고 대답한다. 2. 예수를 유대인의 왕으로 인정하고 예물을 드린 사람들은 메시아를 대망하던 유대인들이 아니었다. 동방박사들은 시기도 모르고 있다가 별을 보고 알게 된다. 유대인들은 동방박사들이 찾아온 후에야 태어날 장소를 확인한다. 이방인들이 메시아 탄생 소식을 가져온 것이다. 3. 헤롯은 박사들을 불러 별이 나타난 때를 자세히 묻는다. 그것은 예수가 언제 태어났는지를 알기 위해서였다. 또한 동방박사들이 꿈에 헤롯에게 돌아가지 말라는 지시를 받고 고국으로 돌아간 후에 헤롯은 두 살 아래 사내아이를 다 죽인다. 헤롯은 박사들에게 듣고 알아본 때를 기준으로 그렇게 하였을 것이다(마2:16). 4. 동방박사들로 인하여 예수의 대적자들이 분명해진다. 그들은 바로 헤롯, 대제사장, 백성의 서기관(2:3-4)들이었다.	새번역 사1:3 소도 제 임자를 알고 나귀도 주인이 저를 어떻게 먹여 키우는지 알건만은 이스라엘은 알지 못하고 나의 백성은 깨닫지 못하는구나
③ 이방을 비추는 빛	1. 이사야는 '너를 백성의 언약과 이방의 빛이 되게 할 것'(42:6)이라고 하고 또한 '내가 너를 뭇 민족의 빛으로 삼았다'(49:6)고 대언하고 있다. 2. 누가에는 예루살렘 성전에서 아기 예수를 본 시므온이라는 사람의 찬가가 나오는데 그는 아기 예수를 보고 '이방을 비추는 빛이요 주의 백성 이스라엘의 영광이니라'(2:32)고 한다. 3. 누가에 있는 사가랴의 찬가에는 예수를 돋는 해(1:78) 아나톨레 즉 떠오르는 태양이라고 한다. NIV는 rising sun이라고 한다. 4. 요한복음은 예수를 빛(1:4,7,8), 참 빛(1:9)이라고 하며 각 사람에게 비추는 빛이라고 한다.	
④ 세상에 전파될 복음의 상징인 동방박사	1. 동방박사는 모든 이방인과 민족들을 대표하여 유대인의 왕인 예수께 경배를 드렸다. 마태는 천국 복음이 모든 민족에게 증언되기 위하여 온 세상에 전파된다고 하였다(마24:14). 마태복음의 결론인 '너희는 가서 모든 민족을 제자로 삼아'(28:19)의 명분이 되는 것이다. 2. 동방박사는 복음이 온 세상에 전파될 것이라는 것을 미리 보여 준 상징이라 하겠다. 3. 사도 바울은 이미 복음이 온 땅에 퍼졌다(롬10:18)고 하였다.	롬10:18하 그 소리가 온 땅에 퍼졌고 그 말씀이 땅끝까지 이르렀도다 하였느니라
왜 베들레헴인가	1. 베들레헴의 구약시대 이름은 에브라다(룻4:11, 시132:6))이다. 야곱의 아내 라헬의 무덤이 있는 곳(창35:19)이다. 미가는 위대한 통치자 곧 하나님의 백성을 보살피고 이스라엘 민족에게 평화와 안전을 가져다줄 새 다윗이 베들레헴에서 나오리라고 예언(5:2)하고 있다. 2. 마태. 누가 모두 예수의 탄생지는 베들레헴이다. 그러나 마태는 요셉과 마리아가 그 지역에 살고 있었다고 하고 누가는 요셉과 마리아가 호적을 하러 오는 길에 베들레헴에서 예수를 낳았다고 한다. 베들레헴은 다윗 왕의 아버지 이새의 고향이고 다윗의 출생지(삼상16:4)이며 양치기를 하던 곳이고 사무엘에게서 기름 부음을 받은 곳이다.	

목자 찬양의 의미 ① 예수 탄생의 증인들	1. 예수께서 태어날 때에 처음으로 방문한 손님들이다. 마리아에게 낳은 예수를 본 유일한 증인들이다. 신약에 예수께서 육신으로 오신 것을 직접 보고 찬양한 이들은 이들 목자뿐이다. 2. 목자들이 예수 탄생을 미리 알고 있지는 못하였다. 이들은 주의 사자가 곁에 서고 주의 영광이 두루 비치매 크게 무서워하였다. 주의 사자인 천사가 이들을 안심시키면서 기쁨의 좋은 소식을 전해준다. 3. 천사는 다윗의 동네에서 구주 곧 그리스도 주가 태어났다고 하면서 강보에 싸여 구유에 누어있는 아기를 보게 되는데 이것이 표적(2:12)이라고 한다. 4. 목자들은 구유에 누인 아기를 찾아서(2:16) 천사가 자기들에게 이 아기에 대해 말한 것을 전한다(2:17). 그런데 듣는 자들이 놀랍게 여긴다(:18). 그들에게는 메시지 전달자로서의 사명도 있었다.	겔34:5 목자가 없으므로 그것들이 흩어지고 흩어져서 모든 들짐승의 밥이 되었도다. 목자 없는 양에 대해서는 왕상 22:17, 대하 18:16등 참조
② 목자이었던 다윗의 왕위를 물려받은 예수	1. 다윗은 목자이었다. 이새의 양 지키는 막내아들이었다(삼상16:11-13). 베들레헴은 다윗의 아버지 이새의 고향이며 다윗이 나고 성장한 곳이다. 2. 천사 가브리엘이 마리아에게 네가 잉태하여 아들을 낳는데 그는 하나님으로부터 그 조상 다윗의 왕위를 받게 될 분(눅1:32)이고 영원히 야곱의 집을 왕으로 다스릴 분(:33)이시라고 수태고지를 한다. 3. 목자 출신으로 왕이 되었던 다윗 왕의 계승자인 예수께서 다윗의 동네에서 태어날 때 천사가 그 지역 목자들을 맨 먼저 보낸 것은 전적으로 하나님의 계획이었다.	막6:34 예수께서 나오사 큰 무리를 보시고 그 목자 없는 양 같음으로 인하여 불쌍히 여기사 이에 여러 가지로 가르치시더라
③ 이스라엘의 목자 되는 예수	1. 구약에서는 이스라엘을 양으로, 하나님에게서 멀리 떠난 백성을 이스라엘의 잃어버린 양으로 비유하고 있다(겔34:6). 민수기에는 '여호와의 회중이 목자 없는 양'과 같이 되지 않게 하여 달라는 기사(민27:17)가 있다. 이스라엘에게는 목자가 꼭 있어야 했다. 양 떼를 지키는 목자들이 이스라엘의 목자이신 예수가 탄생하였을 때 맨 먼저 찾아오는 것은 당연하다 하겠다. 2. 예수 자신이 목자로서의 역할을 자각하고 있었다. 특별히 요한복음에서는 예수 자신이 선한 목자(10:11)라고 하고 또한 양의 문(10:7)이라고도 하면서 양들은 목자의 음성을 알고(10:4) 예수께서는 자기의 양의 이름을 각각 불러 인도하여낸다(10:3)고 하다. 3. 마태에서 예수께서는 제자들에게 이스라엘 집의 잃어버린 양에게로 가라(10:6)고 한다. 요한복음의 끝에는 베드로에게 세 번씩이나 내 양을 먹이라고 목자로서의 사명을 강조한다.	눅5:32 내가 의인을 부르러 온 것이 아니요 죄인을 불러 회개시키러 왔노라
④ 너희를 위하여 오신 구주	1. 양치는 목자들에게 천사가 나타나서 '너희를 위하여'(눅2:11)구주가 나셨다고 한다. 예수가 오신 이유는 양치는 목자들과 같이 힘없고 가난한 자들을 위해서라고 하겠다. 그래서 예수께서는 세리와 죄인의 친구(마11:19, 눅7:34)라는 비난을 받기도 하였다. 예수께서는 열악하고 형편없는 환경에서 태어나 구유에 누우심으로 세상에서 가장 낮은 자들을 위해 오셨다는 것을 말해 주고 있다. 2. 구약에서는 하나님을 구원자(사43:3, 45:15) 즉 구주라고 한다. 신약 공관복음서에는 누가에만 나온다. 마리아 찬가에서 하나님을 구원자(1:47)라고 하고 있고 천사들도 목자들에게 구주가 나셨다고 하는데 모두 같은 단어로 소테르이다. 이방인들은 자신의 신들을 구주라고 불렀다고 한다. 천사들은 '구주'라고 부르고 '그리스도 주'라고 함으로써 예수가 누구인지 분명하게 말해 주고 있다.	딤전1:15 미쁘다 모든 사람이 받을 만한 이 말이여 그리스도 예수께서 죄인을 구원하시려고 세상에 임하셨다 하였도다 죄인 중에 내가 괴수니라

	3. 천사는 너희를 위하여 오신 예수는 구주라고 한다. 구주이신 예수는 구주를 필요로 하는 자들을 위하여 온 것이다. 가장 구주를 필요로 하는 이는 바로 나 자신이고 또한 우리 모두일 것이다. 재산의 유무, 사회적 지위의 고하를 막론하고 예수께서는 우리 모두를 위해 오신 구주, 구원자, 구세주이다.	
하늘에는 영광, 땅에는 평화	1. 천사들은 예수의 탄생이 하늘과 땅 즉 우주적 사건이라고 말하고 있다. 지극히 높은 곳에서는 하나님께 영광이라고 한다. 땅에 대비되는 말로 하늘을 가리키는 것으로 이해할 수 있다. 지극히 높은 곳이 장소를 말하는 것이 아니고 하나님이 계신 곳을 지칭한다고 하겠다(마5:7, 11:10, 눅1:32,35). 또한, 요한복음은 영광을 받으실 아버지(15:8)에 대해, 공관복음은 천사들과 함께 아버지의 영광으로 다시 온다(마16:27, 막8:38, 눅9:26)고 예수께서 말씀한다. 예수의 생애는 하나님의 영광을 위한 것이라 하겠다. 2. 누가에서는 예수께서 예루살렘에 입성할 때에 '하늘에는 평화, 가장 높은 곳에는 영광(19:38)'이라고 한다. 그리고 '성을 보시고 우시며 너도 오늘 평화에 관한 일을 알았더라면 좋을 뻔하였다'고 한다. 가장 높은 곳 즉 하나님께서 계시는 곳에는 영광뿐이라 하겠다. 3. 천군 천사의 찬송에서 '땅에서는 평화'가 역시 장소를 가리키는 말이 아니고 세상 사람들에게는 평화라는 의미라 하겠다. 예루살렘 입성 시에는 하늘에는 평화라고 한다. 다시 말해 세상 사람들에게 평화는 세상적인 평화가 아니라 하늘의 평화인 것이다. 그래서 이 평화는 누구에게나 해당되는 것이 아니라 '하나님이 기뻐하신 사람들(눅2:14)의 평화'인 것이다.	**마5:9** 화평하게 하는 자는 복이 있나니 그들이 하나님의 아들이라 일컬음을 받을 것임이요

5. 집중탐구: 베들레헴과 나사렛

구분	내용	비고
예수 탄생 연도	1. 예수 탄생 연도는 서기 1년이 아니라고 교황 베네딕토 16세가 2012년에 공식 인정했다. 당시 연도법을 급하게 바꾸다가 나온 실수라고 한다. AD525년 당시 수도사인 디오니시우스 엑시구스의 계산 잘못이라고 인정했다. 엑시구스는 당시 예수 탄생 연대로 통용되던 AUC 즉 로마건국 754를 AD1년으로 삼았다. 그런데 역사적 고증 등을 토대로 AUC750에 예수가 탄생한 것으로 밝혀졌다. 현재는 대체로 AD1년이 아닌 BC4년으로 보고 있다. 2. 요2:20에 이 성전을 짓는데 46년이 걸렸다고 한다. 요세푸스에 의하면 헤롯은 즉위 18년 째 되는 BC20년 또는 19년에 성전 재건을 시작하였다고 한다. 그러므로 예수께서 이 말씀을 한 때는 AD27년경이라 하겠다. 그런데 누가는 예수께서 사역을 시작하였을 때가 삼십 세쯤(3:23)이라고 하는데 예수께서 BC4년에 태어났다고 하면 삼십 세는 AD27년이다. 3. 예수께서는 언제 사망하였을까? 요한복음에 유월절이 세 번 언급된 것으로 보아 예수의 사역 기간은 이년 반에서 삼년 반으로 볼 수 있다. 그러므로 십자가에 못 박힌 때는 AD30년으로 유월절이고 금요일이고 안식일 시작일이었을 것이다.	• 아르메니아 출신인 디오니시우스 엑시구스(470-544)는 526년 당시 교황 요하네스 1세로부터 부활절의 정확한 날짜를 확인하도록 지시를 받고 조사를 하였는데 그는 로마건국754년을 예수 탄생의 해로 보았다.
기독교와 점성술	1. 기독교는 점성술을 배격한다. 2. 구약은 온갖 점술, 마술, 복술, 역술 등을 매우 혐오한다. 특히 점성술에 대해 두려운 경고(신17:3-7, 암5:26, 사47:13-15, 렘10:2-5등)를 내린다. 3. 신약에도 마구스가 나온다. 행8:9에는 마술사 시몬이 나온다. 시몬은 마구스인데 사마리아 백성을 놀라게 한다. 시몬은 빌립에게 세례를 받았는데 그는 돈으로 성령을 받는 권능을 사려고 하다가 베드로에게 저주를 받는다(행8:18-20).	**신4:19** 또 그리하여 네가 하늘을 향하여 눈을 들어 해와 달과 별들, 하늘 위의 모든 천체 곧 너희의 하나님 여호와께서 천하 만민을 위하여 배정하신 것을 보고

	4. 구브로의 바보에는 서기오 바울이라는 이방인 총독이 있는데 이 사람은 사도들을 격려한다(행13:6-7). 바예수 즉 여호수아의 아들, 구원의 아들이라는 이름을 가진 마구스인 마술사 엘루마가 총독으로 하여금 사도들을 믿지 못하게 하려고 애를 썼다(:8). 그래서 바울의 저주를 받아 맹인이 된다(행13:11). 5. 바예수처럼 로마 관원의 법정에 속해 있던 마구스의 이야기를 요세푸스도 하고 있다. 그는 가이사랴 총독 펠릭스 법정에 아토오스라는 마구스가 있었다고 한다.	미혹하여 그것에 경배하며 섬기지 말라
베들레헴, 나사렛	1. 마태에는 누가와 달리 요셉과 마리아의 고향에 대한 언급이 없다. 마태에서 요셉과 마리아는 베들레헴에 살고 있었기에 거기서 예수를 낳은 것으로 보인다. 그리고 헤롯이 아기를 찾아 죽이려 하여 애굽으로 피하게 되고(2:13) 헤롯이 죽은 후 이스라엘로 돌아와서 나사렛이라는 동네에 가서 살게 되었다. 이는 선지자로 하신 말씀 '나사렛 사람이라 칭하리라 함'(2:23)을 이루려 함이었다고 마태는 설명한다. 그런데 이 인용문은 구약에 나타나지 않는다. 그래서 나사렛이라는 지명이 아닌 나사렛 사람이라는 표현에 주목하기도 한다.	히3:3 그는 모세보다 더욱 영광을 받을 만한 것이 마치 집 지은 자가 그 집보다 더욱 존귀함 같으니라
	2. 김창선은 공관복음서의 예수(2012, 비블리카 아카데미)에서 다음과 같이 주장한다. 마태는 나사렛 사람을 연상시키는 단어로서 나실인을 떠올리는데 나실인이란 삼손처럼 하나님께 봉헌된 자(삿13:5-7)를 뜻하고 신앙 때문에 박해를 받는 사람(암2:1-12)을 가리키기도 한다. 70인역은 나실인을 나지라이오스라고 하는데 마태는 나지라이오스를 나조라이오스 즉 '나사렛 사람'으로 해석한 것으로 보았다는 것이다.	공동번역 행24:5 우리가 알아본 결과 이 자는 몹쓸 전염병 같은 놈으로서 온 천하에 있는 유대인들을 선동하여 반란을 일으키려는 자이며 나사렛 도당의 괴수입니다
	3. 나조라이오스는 1세기의 세례자들을 부르는 말로서 준수자를 뜻한다. 초기 기독교인들은 세례자들과 구분되지 않았기 때문에 그리스도인들을 나조라이오스라고 조롱했다(행24:5).	
	4. 마태에서 예수는 베들레헴에서 태어나서 나사렛에서 자란다. 마태는 구약의 메시아 예언이 아닌데도 예수와 관련해서 구약을 인용하고 있다. 애굽으로부터 불렀다(2:15)는 호세아(11:1)의 인용이다. 라마의 통곡(2:18)은 예레미야의 인용(31:15)으로 에브라임 사람들이 바벨론으로 끌려간 것을 말하고 있다.	호11:1 이스라엘이 어렸을 때에 내가 사랑하여 내 아들을 애굽에서 불러냈거늘
	5. 누가에서의 요셉과 마리아는 갈릴리 나사렛에 거주한다. 가브리엘 천사도 나사렛으로 찾아온다. 다윗의 족속인 요셉은 호적을 하러 다윗의 동네에 간다. 그런데 여관에 있을 곳이 없어 마리아는 외양간에서 예수를 낳아 강보에 싸서 구유에 누인다. 누가에서 예수는 베들레헴에서 태어나서 나사렛에서 성장한다. 눅4:16에 '예수께서 자라나신 곳 나사렛'이라고 한다.	
	6. 마가는 처음부터 예수께서 갈릴리 나사렛으로부터 왔다(1:9)고 하고 나사렛 예수(1:24)라고 불림을 받기도 한다. 또한, 마가에서는 다윗의 자손 예수(10:47,48)라고 불리기도 한다.	
	8. 유대인들은 변방 사람이라는 의미로 갈릴리 사람이라고 지칭하였다. 또한, 순수혈통이 아닌 사람을 사마리아인이라고 하였다. 요한복음에는 유대인들이 예수를 '사마리아인이라 귀신이 들렸다'(8:48)고 비방한다.	
	9. 요한복음에서 나다나엘은 나사렛에서 무슨 선한 것이 날 수 있느냐(요1:45-46)고 한다. 또한, 바리세인들이 니고데모에게 '너도 갈릴리에서 왔느냐 찾아보라 갈릴리에서는 선지자가 나지 못하느니라'(7:52)고 말한다. 무리들은 성경에 그리스도는 다윗의 씨로 또 다윗이 살던 마을 베들레헴에서 나오리라(7:42)고 믿고 있었던 것이다. 요한복음에는 예수께서 베들레헴에서 탄생하였다는 기사가 없다.	

성탄절의 기원	1. 크리스마스는 크리스투스와 미사가 합쳐진 말이다. 2세기 후반 알렉산드리아의 클레멘스는 1월 6일이나 10일, 4월 19일이나 20일, 5월 20일, 11월 28일 등에 예수 그리스도의 탄생을 기념하였다고 한다.	
	2. 성탄절이 고대 로마의 동지절 또는 농경신으로 숭배하던 사투르날리아 Saturnus 축제(12월 17일에서 3-7일간) 또는 태양신 미트라탄생 축제일 (12월 25일) 등의 기독교적인 변형이라는 주장들이 있다(G.J, Laing).	
	3. 12월 25일 성탄절에 대한 가장 오랜 기록은 로마교회의 감독인 다마수스 1세의 친구이며 달력을 편집한 필로칼루스가 편찬한 연대기(354)에 나온다. 그는 예수 탄생일을 12월 25일로 표시하고 모든 순교자의 축일 앞에 두었다. 이 때 로마는 이 날을 일 년의 시작으로 삼았다.	
	4. 동방교회는 예수께서 돌아가신 날을 4월 6일로 보고 1월 6일을 주현절이자 성탄절로 지키고 있다. 성탄절은 어넴니시스(성찬식에서 나를 기념하라)와 프올렘시스(천국 잔치의 기대)라는 의미가 있다. 성탄절은 빛으로 오신 예수를 기억하고 기쁨으로 다시 오실 것을 기대하는 날이다.	

2장

공생애의
시작

HORIZONTAL ANALYSIS
OF THE GOSPELS

제5절 ✿ 세례 요한의 등장

1. 본문비교

구분	마태(3:1-12)	마가(1:2-8)	누가(3:1-17)	요한(1:6-8, 15-28)
그 때에	:1상 그 때에 세례 요한이 이르러		:1 디베료 황제가 통치한 지 열다섯 해 곧 본디오 빌라도가 유대의 총독으로, 헤롯이 갈릴리의 분봉 왕으로, 그 동생 빌립이 이두래와 드라고닛 지방의 분봉 왕으로, 루사니아가 아빌레네의 분봉 왕으로 :2 안나스와 가야바가 대제사장으로 있을 때에 하나님의 말씀이 빈 들에서 사가랴의 아들 요한에게 임한지라	:6 하나님께로부터 보내심을 받은 사람이 있으니 그의 이름은 요한이라
전파하사	:1하 유대광야에 전파하여 말하되 :2 회개하라 천국이 가까이 왔느니라 하셨으니		:3 요한이 요단 강 부근 각처에 와서 죄 사함을 받게 하는 회개의 세례를 전파하니	
이사야의 예언대로	:3상 그는 선지자 이사야를 통하여 말씀하신 자라 일렀으되	:2 선지자 이사야의 글에 보라 내가 내 사자를 네 앞에 보내노니 그가 네 길을 준비하리라	:4상 선지자 이사야의 책에 쓴 바	:7-8 그가 증언하러 왔으니 곧 빛에 대하여 증언하고 모든 사람이 자기로 말미암아 믿게 하려 함이라 그는 이 빛이 아니요 이 빛에 대하여 증언하러 온 자라
세례 요한의 사명: 준비, 증언	:3하 광야에 외치는 자의 소리가 있어 이르되 너희는 주의 길을 준비하라 그가 오실 길을 곧게 하라 하였느니라	:3 광야에 외치는 자의 소리가 있어 이르되 너희는 주의 길을 준비하라 그의 오실 길을 곧게 하라 기록된 것과 같이	:4하 광야에서 외치는 자의 소리가 있어 이르되 너희는 주의 길을 준비하라 그의 오실 길을 곧게 하라 :5-6 모든 골짜기가 메워지고 모든 산과 작은 산이 낮아지고 굽은 것이 곧아지고 험한 길이 평탄하여질 것이요 모든 육체가 하나님의 구원하심을 보리라 함과 같으니라	:15 요한이 그에 대하여 증언하여 외쳐 이르되 내가 전에 말하기를 내 뒤에 오시는 이가 나보다 앞선 것은 나보다 먼저 계심이라 한 것이 이 사람을 가리킴이라 하니라
세례 요한의 모습		:4 이 요한은 낙타털 옷을 입고 허리에 가죽 띠를 띠고 음식은 메뚜기와 석청이었더라	:4 세례 요한이 광야에 이르러 죄 사함을 받게 하는 회개의 세례를 전파하니	

죄를 자복하고 세례를 받다	:5-6 이 때에 예루살렘과 온 유대와 요단 강 사방에서 다 그에게 나아와 자기들의 죄를 자복하고 요단 강에서 그에게 세례를 받더니	:5-6 온 유대 지방과 예루살렘 사람이 다 나아가 자기 죄를 자복하고 요단 강에서 그에게 세례를 받더라 요한은 낙타털 옷을 입고 허리에 가죽 띠를 띠고 메뚜기와 석청을 먹더라		
요한의 메시지	:7 요한이 많은 바리새인들과 사두개인들이 세례 베푸는 데로 오는 것을 보고 이르되 독사의 자식들아 누가 너희를 가르쳐 임박한 진노를 피하라 하더냐 :8-9 그러므로 회개에 합당한 열매를 맺고 속으로 아브라함이 우리 조상이라고 생각하지 말라 내가 너희에게 이르노니 하나님이 능히 이 돌들로도 아브라함의 자손이 되게 하시리라 :10 이미 도끼가 나무 뿌리에 놓였으니 좋은 열매를 맺지 아니하는 나무마다 찍혀 불에 던져지리라		:7 요한이 세례 받으러 나아오는 무리에게 이르되 독사의 자식들아 누가 너희에게 일러 장차 올 진노를 피하라 하더냐 :8 그러므로 회개에 합당한 열매를 맺고 속으로 아브라함이 우리 조상이라 말하지 말라 내가 너희에게 이르노니 하나님이 능히 이 돌들로도 아브라함의 자손이 되게 하시리라 :9 이미 도끼가 나무 뿌리에 놓였으니 좋은 열매 맺지 아니하는 나무마다 찍혀 불에 던져지리라	:16-18 우리가 다 그의 충만한 데서 받으니 은혜 위에 은혜러라 율법은 모세로 말미암아 주어진 것이요 은혜와 진리는 예수 그리스도로 말미암아 온 것이라 본래 하나님을 본 사람이 없으되 아버지 품속에 있는 독생하신 하나님이 나타내셨느니라
무엇을 하리이까			10-11 무리가 물어 이르되 그러면 우리가 무엇을 하리이까 대답하여 이르되 옷 두 벌 있는 자는 옷 없는 자에게 나눠 줄 것이요 먹을 것이 있는 자도 그렇게 할 것이니라 하고 :12-13 세리들도 세례를 받고자 하여 와서 이르되 선생이여 우리는 무엇을 하리이까 하매 이르되 부과된 것 외에는 거두지 말라 하고 :14 군인들도 물어 이르되 우리는 무엇을 하리이까 하매 이르되 사람에게서 강탈하지 말며 거짓으로 고발하지 말	

			고 받는 급료를 족한 줄로 알라 하니라	
나는 그리스도가 아니라			:15 백성들이 바라고 기다리므로 모든 사람들이 요한을 혹 그리스도신가 심중에 생각하니	:19-25 유대인들이 예루살렘에서 제사장들과 레위인들을 요한에게 보내어 네가 누구냐 물을 때에 요한의 증언이 이러하니라 요한이 드러내어 말하고 숨기지 아니하니 드러내어 하는 말이 나는 그리스도가 아니라 한대 또 묻되 그러면 누구냐 네가 엘리야냐 이르되 나는 아니라 또 묻되 네가 그 선지자냐 대답하되 아니라 또 말하되 누구냐 우리를 보낸 이들에게 대답하게 하라 너는 네게 대하여 무엇이라 하느냐 이르되 나는 선지자 이사야의 말과 같이 주의 길을 곧게 하라고 광야에서 외치는 자의 소리로라 하니라 그들은 바리새인들이 보낸 자라 또 물어 이르되 네가 만일 그리스도도 아니요 엘리야도 아니요 그 선지자도 아닐진대 어찌하여 세례를 베푸느냐
그는 성령세례를 베푸시리라	:11상 나는 너희로 회개하게 하기 위하여 물로 세례를 베풀거니와 내 뒤에 오시는 이는 나보다 능력이 많으시니	:7상 그가 전파하여 이르되 나보다 능력 많으신 이가 내 뒤에 오시나니	:16상 요한이 모든 사람에게 대답하여 이르되 나는 물로 너희에게 세례를 베풀거니와 나보다 능력이 많으신 이가 오시나니	:26 요한이 대답하되 나는 물로 세례를 베풀거니와 너희 가운데 너희가 알지 못하는 한 사람이 섰으니
	:11중 나는 그의 신을 들기도 감당하지 못하겠노라	:7하 나는 굽혀 그의 신발끈을 풀기도 감당하지 못하겠노라	:16중 나는 그의 신발끈을 풀기도 감당하지 못하겠노라	:27 곧 내 뒤에 오시는 그이라 나는 그의 신발끈을 풀기도 감당하지 못하겠노라
	:11하 그는 성령과 불로 너희에게 세례를 베푸실 것이요	:8 나는 너희에게 물로 세례를 베풀었거니와 그는 너희에게 성령으로 세례를 베푸시리라	:16하 그는 성령과 불로 너희에게 세례를 베푸실 것이요	

최후 심판 예고	:12 손에 키를 들고 자기의 타작마당을 정하게 하사 알곡은 모아 곳간에 들이고 쭉정이는 꺼지지 않는 불에 태우시리라		:17 손에 키를 들고 자기의 타작마당을 정하게 하사 알곡은 모아 곳간에 들이고 쭉정이는 꺼지지 않는 불에 태우시리라	
후기			:18 또 그밖에 여러 가지로 권하여 백성에게 좋은 소식을 전하였으나 :19-20 분봉 왕 헤롯은 그의 동생의 아내 헤로디아의 일과 또 자기가 행한 모든 악한 일로 말미암아 요한에게 책망을 받고 그 위에 한 가지 악을 더하여 요한을 옥에 가두니라	:28 이 일은 요한이 세례 베풀던 곳 요단 강 건너편 베다니에서 일어난 일이니라

2. 본문의 차이

구분	마태	마가	누가	요한복음
장소	• 전파 - 유대 광야(:1) • 세례 -요단 강(:5-6)	• 전파 - 광야(:4) • 세례 - 요단 강(:5)	• 하나님의 말씀이 임하다 - 빈들(:2) • 전파 - 요단 강 부근 각처(:3)	• 세례 - 요단 강 • 제사장과 레위인, 바리새인들이 보낸 사람들과 대화한 곳: 베다니(:28)
하나님과 요한의 관계		내 사자: 하나님의 사자(1:2)	하나님의 말씀이 빈 들에서 사가랴의 아들 요한에게 임하다(:2)	하나님께로부터 보내심을 받다(:6)
선포(전파)	회개하라 천국이 가까이 왔느니라(:2)	회개의 세례를 전파하니(:4)	회개의 세례를 전파하니(:3)	
세례 요한의 임무	이사야 40:3 (외치는 자의 소리여 이르되 너희는 광야에서 여호와의 길을 예비하라 사막에서 우리 하나님의 대로를 평탄하게 하라)	이사야 40:3 (외치는 자의 소리여 이르되 너희는 광야에서 여호와의 길을 예비하라 사막에서 우리 하나님의 대로를 평탄하게 하라)	이사야 40:3, 4, 5 5절을 변형시키다. 여호와의 '영광이 나타나고 모든 육체가 그것을 함께 보리라'를 하나님의 구원하심을 보리라로 바꾸다	이사야 40:3 제사장과 레위인들이 보낸 사람들에게 자기에 대한 예언을 말하다(:23)
요한의 정체성	• 광야에서 외치는 자 • 주의 길을 예비하는 자(:3)	• 광야에서 외치는 자 • 주의 길을 준비하는 자(:3)	• 광야에서 외치는 자 • 주의 길을 준비하는 자(:4) • 그리스도인가 생각이 드는 자(:15)	• 증언하러 오다(:7) • 빛에 대하여 증언하러 온자(:8) • 주의 길을 곧게 하라 • 광야에서 외치는 자(:23)

				• 나는 그리스도가 아니다(1:20, 3:28) • 나는 엘리야가 아니다(:21) • 나는 그 선지자가 아니다(:21)
	메뚜기와 석청, 낙타털 옷과 가죽 띠(:4)	메뚜기와 석청, 낙타털 옷과 가죽 띠(:6)		
사역	예루살렘과 온 유다와 요단 강 사방에서 그에게 나아와 죄를 자복하고 요단 강에서 세례를 받았다(:5-6).	온 유대 지방과 예루살렘 사람이 다 나아가 죄를 자복하고 요단 강에서 세례를 받았다(:5).		
회개의 열매 촉구 등	• 많은 바리새인들과 사두개인들에게 • 독사의 자식들아 • 회개에 합당한 열매를 맺으라 • 선민의식만으로는 안 된다 • 도끼가 나무뿌리에 놓였다(:7-10)		• 세례를 받으러 나아오는 무리에게 • 독사의 자식들아 • 회개에 합당한 열매를 맺으라 • 선민의식만으로는 안 된다 • 도끼가 나무뿌리에 놓였다(:7-9)	
무엇을 하리이까			• 무리에게: 옷과 먹을 것을 나누라 • 세리에게: 부가된 것 외에 거두지 말라 • 군인에게: 강탈하지 말고 거짓 고발하지 말라 급료에 족하라	
예수에 대한 고백	• 내 뒤에 오시는 이(3:11) • 나보다 능력이 많으신 이(3:11) • 신을 들기도 감당할 수 없다(3:11)	• 내 뒤에 오시는 이(1:7) • 나보다 능력이 많으신 이(1:7) • 신발끈 풀기도 감당할 수 없다(1:7)	• 나보다 능력이 많으신 이(3:16) • 신발끈 풀기도 감당할수 없다(3:16)	• 내 뒤에 오시는 이(1:15,27,30) • 나보다 능력이 많으신 이(1:26) • 신발끈 풀기도 감당할 수 없다(1:27)
예수의 정체성	• 성령과 불로 세례를 준다(3:11) • 최후 심판자(3:12)	• 성령으로 세례를 준자(1:8)	• 성령과 불로 세례를 준다(3:16) • 최후 심판자(3:17)	:26 요한이 대답하되 나는 물로 세례를 베풀거니와 너희 가운데 너희가 알지 못하는 한 사람이 섰으니

3. 본문이해

구분	내용	비고
그 때에	1. 디베료 황제는 어머니가 옥타비아누스 황제의 부인이 된 후 황제의 양자로서 황제가 되었는데 AD14-37 재위하였다. 재위 15년째에 세례 요한이 등장하였다고 하니 AD29년으로 추정된다. 　유대를 다스리던 헤롯 대왕의 큰 아들 아켈라오스가 AD6에 폐위된 후에 유대는 로마가 직접 통치를 한다. 빌라도는 AD26-39에 총독으로 유대 지역을, 둘째 아들 헤롯 안디바는 BC4-AD29에 갈릴리와 베뢰아를, 안디바의 동생 빌립은 BC4-AD34에 이두매 등지를 다스렸다. 2. 안나스는 AD6-15에, 가야바는 AD18-36에 대제사장이었다. 세례 요한이 등장하던 시기는 가야바가 제사장이었다. AD6-41에 대제사장 임명권은 로마에 있었다. 3. 누가에서는 당시 전체 정치 상황과 유대의 종교적인 상황을 배경으로 하여 세례 요한과 예수가 등장한다.	• 세례 요한은 당시 유대 사회에 큰 영향을 주었다. 약400년 간 끊겼던 예언자의 음성을 유대인들은 다시 듣게 된 것이다.
빈 들, 광야	1. 누가의 빈 들, 에레모스는 외딴 곳, 광야의 의미이다. 당시 광야에는 쿰란의 에세네인들과 많은 은자들이 모여 엄격하고 금욕적이며 묵시적인 종교생활을 하고 있었다. 2. 마태는 유대 광야(3:1), 마가는 광야(1:4)라고 하였는데 유대 광야는 사해 서쪽 지역이다. 광야는 유대전통에서 상징성이 풍부한 곳이다. 광야는 약속의 땅을 찾아 헤메인 곳이고 하나님의 구원의 역사가 일어나는 곳이며 계시를 받을 수 있는 곳이고 고통과 슬픔이 있는 곳이다. 3. 세례 요한은 광야에서 외치는 자로 등장한다. 세례 요한이 성장한 곳, 세상에 나타나기 전까지 있었던 곳은 빈 들(눅1:80)이었다.	
하나님의 사자 세례 요한	1. 마가는 말라기(3:1)를 인용하여 세례 요한을 여호와가 보낸 사자(1:2)라고 한다. 세례 요한은 하나님이 보낸 일꾼(공동번역), 심부름꾼(새번역)인 것이다. 2. 마태, 마가는 유대 광야(마3:1, 막1:4)에서 사역을 시작하였다고 한다. 누가는 하나님의 말씀이 요한에게 임하였다(3:2)고 하는데 빈 들에서 준비를 하던 요한에게 하나님의 말씀이 임하여 요단 강 부근(눅3:3)에서 회개의 세례를 전파하게 되었다고 한다. 3. 요한복음의 기자는 세례 요한을 구약의 선지자들처럼 보내심을 받은 사람(1:6)이라고 한다. 요한복음에서 예수께서는 자신을 하나님이 보낸 자(6:29,38,39,57, 7:28, 8:29 등)라고 한다.	말3:1상 만군의 여호와가 이르노라 보라 내가 내 사자를 보내리니 그가 내 앞에서 길을 준비할 것이요
공관복음에서 세례 요한의 임무	1. 마태, 마가는 사40:3을, 누가는 사40:3-5를 인용하여 세례 요한의 임무를 설명한다. 광야에서 외치는 자의 소리가 있어 주의 길을 준비하고 그가 오실 길을 곧게 한다는 것이다(마3:3, 막1:3, 눅3:4-6). 이 말씀은 출23:20에도 나온다. 2. 쿰란공동체는 사40:3을 훈련 교본에 인용하였고 에센인들은 스스로 길을 예비하는 자들이라고 하였다. 3. 마가는 마태, 누가와 달리 '내가 내 사자를 네 앞에 보내노니 그가 네 길을 준비하리라'(1:2)고 하는데 이것은 사40:3과 말3:1을 합한 수정 인용구이다. 이사야는 바벨론 포로 생활 중에 출애굽기의 해방의 날이 올 것을 보았고 말라기는 하나님의 심판을 준비할 계약의 사자에 관한 예언을 한 것이다. 4. 누가에서의 요한의 임무는 천사가 수태고지를 할 때 사가랴에게 '주 앞에 먼저 와서 주를 위하여 세운 백성을 준비'(1:17)하는 것이라고 한다. 또한, 사가랴의 찬가에서 사가랴는 자기 아들이 '주 앞에 앞서 가서 그 길을 준비'(1:76)	출23:20 내가 사자를 네 앞서 보내어 길에서 너를 보호하여 너를 내가 예비한 곳에 이르게 하리니 • 말라기서에 주의 길을 예비하는 자는 엘리야를 가리키기 때문에 예수 당시 유대인들은 엘리야가 다시 오기를 기대하고 있었다.

	하는 것이라고 말하였다. 그런데 누가는 마태, 마가보다 길게 이사야를 인용한다. 눅3:5-6은 이사야40:4-5와 같은 내용이다. 누가는 세례 요한의 부르심과 구약 선지자의 부름을 일치시킨다(사38:4, 렘1:2).	
	5. 요한복음에서도 같은 내용의 말씀이지만 자기 스스로 하는 것이 다르다. 세례 요한은 자신을 그리스도도, 엘리야도, 그 선지자도 아니라고 한 후 공동복음서와 같은 이야기 즉 '나는 선지자 이사야의 말과 같이 주의 길을 곧게 하라고 광야에서 외치는 자의 소리'(요1:23, 사40:3)라고 한다.	
	6. 마태, 마가에서의 예수께서는 직접 세례 요한의 임무에 대해 '내가 내 사자를 네 앞에 보내노니 그가 네 길을 준비하리라 하신 것이 이 사람이니라(마11:10, 눅7:27)고 막1:2와 같은 말씀을 직접 한다.	
세례 요한의 모습	1. 누가는 세례 요한의 수태고지에서 엘리야의 심령과 능력(1:17)으로라고 하여 세례 요한과 엘리야의 영적 유대관계를 말하고 있다.	• 나실인의 나실은 성별한다는 뜻으로 하나님에게 헌신을 서약한 사람인데 구약의 사사 삼손이 있다.
	2. 또한 누가는 세례 요한이 성장 시기에도 빈 들에 있었다고 한다(1:80). 그리고 탄생예고에서는 포도주나 독한 술을 마시지 아니한다(1:15)고도 하였다.	
	3. 세례 요한이 포도주나 독한 술을 마시지 않는 것(마3:4,막1:6)은 나실인(레10:9, 삿13:14)을 연상시키는데 누가는 성령 충만한 삶을 말하고 있다. 그러나 누가에서의 예수께서는 '세례 요한이 와서 떡도 먹지 아니하며 포도주도 마시지 아니하매 너희들이 귀신들렸다'(눅7:33)고 했다고 한다.	**마26:28** 이것은 죄 사함을 얻게 하려고 많은 사람을 위하여 흘리는 바 나의 피 곧 언약의 피니라
	4. 누가와 요한복음은 요한의 복장과 식사에 대한 기사가 없다. 마태, 마가는 낙타털 옷을 입고 허리에 가죽 띠를 띠었다고 하는데 그 모습 역시 엘리야와 유사하다. 왕하1:8에 엘리야는 '털이 많고 허리에 가죽 띠를 띠었다'고 한다. 당시 금욕주의자들이 먹던 메뚜기와 석청은 지금도 베두인들이 소금에 절여 말려서 버터나 야생 꿀에 발라먹고 있는 소박한 음식이라고 한다.	
	5. 세례 요한은 금욕적이고 절제된 생활을 한 엘리야를 연상시키는 선지자이다. 그는 종말론적인 예언자의 모습으로 메시지를 선포하고 있다.	
세례 요한의 사역: 죄 사함의 세례	1. 요한의 세례 운동은 예수께서 선교 활동을 시작하기 전에 유대에서 일어난 가장 위대한 회개운동이었다. 그런데 마가, 누가는 사함을 받게 하는 회개의 세례라고 한다(막1:4,눅3:3).	• 회개의 원어 메타노이아의 히브리어는 테슈바로 심령의 완전한 변화, 의지의 새로운 방향, 삶의 목적 변경 등을 뜻하는 말이다. 이런 변화는 죄에서 180° 방향을 바꾸어 하나님에게로의 전환을 말한다. 그러나 실제로 이런 변화가 일어나고 또 유지 되는 것은 쉽지 않다.
	2. 누가는 세례 요한의 사명에 이사야40:3 즉 '모든 육체가 하나님의 영광을 함께 보리라'를 언급하였으나 '모든 육체가 하나님의 구원하심을 보리라'(3:6)로 바꾼다. 누가는 이방인조차 예수로 말미암아 '하나님의 구원하심'을 보게 하는 것이 세례 요한의 사명이라는 것이다.	
	또한, 사가랴의 찬가에서 그는 '주의 백성에게 그 죄 사함으로 말미암은 구원을 알게 하리니 이는 우리 하나님의 긍휼로 인함이라'(눅1:77-78)고 하였다. 죄 사함의 능력은 예수에게 속한 것이다. 죄 사함의 구원이 하나님의 긍휼과 연결된다고 하면 죄 사함이란 '죄 사함을 알게 하는 회개'라고 보아야 할 것이다. 세례 요한의 임무는 분명히 '구원을 알게 하는 것'이라고 한다.	
	3. 회개의 세례가 죄 사함을 받게 할 수는 없다. 행위로서의 세례가 죄를 깨끗게 할 수는 없다. 회개가 어떤 회개인가, 죄 사함으로 인한 구원을 아는 회개인가가 중요한 것이다. 하나님께서 참으로 진정한 회개를 하는 사람의 죄를 용서하시는 은혜를 베풀지 않겠느냐는 확신에서 나온 표현이다.	**갈1:4** 그리스도께서 하나님 곧 우리 아버지의 뜻을 따라 이 악한 세대에서 우리를 건지시려고 우리 죄를 대속하기 위하여 자기 몸을 주셨으니
	4. 마태에서 죄 사함은 회개로서가 아니라 예수의 피(26:28)로서 만이 가능하다고 한다. 즉 죄 사함을 통한 구원은 요한의 세례가 아니라 예수의 대속의 죽음으로 인함이라고 한다. 히브리서는 여기서의 회개, 세례, 죄 사함 등은 구원의 전단계라 하겠다. 피 흘림이 없은즉 사함이 없다(히9:22)고 한다. 그러나 마가는 세례 요한의 세례가 죄 사함의 세례라고 한다(막1:4). 베드로는 너희가 회개하여 예수 그리스도의 이름으로 죄 사함을 받으라(행2:38)고 한다.	

	5. 세례가 구약시대 정결 의식에 근거가 있기는 하다(레15장), 그리고 쿰란공동체나 에세네파의 정결 의식과 유사하기는 하다. 이들은 미크베mikevh라는 몸 담그는 못이나 통에서 정결하게 하였다. 이들에게 썻음이란 죄에서 돌이켜 하나님이 세우신 공동체의 참여를 의미한다. 그러나 요한의 세례는 정결 의식의 세례가 아니다. 단 1회만 행하는 세례이다. 역시 다르다 하겠다.	히9:22 율법을 따라 거의 모든 물건이 피로써 정결하게 되나니 피 흘림이 없은즉 사함이 없느니라
	6. 바울은 요한의 세례를 받은 아볼로에게 다시 주 예수의 이름으로 세례를 주었다(행19:1-6).	
	7. 요세푸스는 세례 요한의 세례를 영혼이 의로 말미암아 정결케 된 뒤에 몸이 깨끗해졌음을 드러내는 상징행위로 묘사하고 있다.	
회개, 세례	1. 마태에서 세례 요한과 예수는 회개하라 천국이 가까이 왔느니라고 하고(3:2, 4:17) 예수께서 제자를 파송할 때에도 천국이 가까이 왔다(10:7)고 하라고 한다. 세례 요한의 회개의 요구는 다가오는 종말론적 심판을 알고 대응하라는 것이다.	• 구약의 회개는 베옷을 입고 금식하며 때로는 재에 앉거나 재를 뿌려 뒤집어 쓰고 옷을 찢기도 하였다.
	2. 마태는 예루살렘과 온 유다와 요단 강 사방에서, 마가는 온 유대 지방과 예루살렘 사람이 다 그에게 나아와 자기들의 죄를 자복하고 요단 강에서 세례를 받았다고 한다. 역사가 요세푸스도 세례 요한의 활동을 기록하였다.	• 구약 시대에는 죄를 속하기 위해 속죄제, 속건제를 드려야 했다(출29:14, 레5:6-10). 다윗이 인구조사를 한 죄 때문에 번제와 화목제를 드린다(삼하24:25).
	3. 마태와 누가는 임박한 진노(마3:7)와 장차 올 진노(눅3:7)에 대하여 마태는 바리새인들과 사두개인들에게 말하고 누가는 세례를 받으러 오는 무리들에게 독사의 자식들이라는 말과 함께한다.	
	4. 세례 요한은 언약의 백성이라고 하는 유대인들에게 강력하게 회개를 촉구하였다. 구약의 선지자들처럼 회개를 요구하고 있다. 그의 영향력은 대단하였다. 당시 유대인들이 죄를 용서받기 위해서는 예루살렘 성전에 가서 희생 제사를 드려야 했는데 세례 요한에게 와서 죄를 자복하고 세례를 받았다는 것은 대단한 변화라고 하겠다. 구약의 전통에서 회개와 세례는 연관이 없는 것이다.	
회개에 합당한 열매를 얻으라 (마태, 누가)	1. 회개란 삶의 방식과 태도뿐 아니라 근본적인 삶에 대한 방향을 바꾸는 것이다. 그래서 진정한 회개는 영적으로 육적으로 변화가 있어야 하는 것이다. 세례 요한의 심판선포는 마태, 누가가 동일하다(마3:7-10, 눅3:7-9).	행26:20 먼저 다메섹과 예루살렘에 있는 사람과 유대 온 땅과 이방인에게까지 회개하고 하나님께로 돌아와서 회개에 합당한 일을 하라 전하므로
	2. 세례 요한은 먼저 유대인들의 선민의식을 질타한다. 마태는 아브라함이 우리 조상이라고 생각하지 말라 하나님께서는 이 돌들로도 아브라함의 자손이 되게 하실 수 있다고 하고 누가는 속으로 말하지 말라고 한다. 세례 요한은 혈통적으로 유대인이라고 해서 자동적으로 누구나 구원 받는 것이 아니라는 것이다. 아람어에 돌들과 아들이란 말은 발음이 거의 비슷하다고 한다.	
	3. 세례 요한이 독사의 자식들이라고 독설을 퍼붓는 대상에 대해 마태는 바리새인과 사두개인(3:7)이라고 하고 누가는 세례 받으러 나오는 무리(3:7)라고 한다.	
	4. 독사의 자식들아(마3:7, 눅3:7)는 독 있는 뱀들의 혈통을 이어받은 세대 혹은 후예로서 어둠의 자식들 또는 세상의 자녀들을 말하는데 세례 요한은 이들이 어떻게 장차 임할 진노 즉 임박한 심판을 피할 수 있겠냐고 한다. 요한은 진노의 날, 야웨의 날을 선포하는 예언자의 모습이다. 예수께서도 바리새인들에게 독사의 자식들아(마12:34)라고 하였다. 또한 '화 있을진저라고 서기관과 바리새인들을 저주(마23:13-26, 눅11:37-52)하다가 '뱀들아 독사의 새끼들아'라고도 한다.	
	5. 세례 요한은 참된 회개는 당연히 회개의 열매가 있어야 한다는 것이고 그것 없이는 구원받을 수 없다는 것이다. 세례 요한이 참된 회개와 회개의 열매를 요구하는 이유는 이미 도끼가 나무뿌리에 놓여 있어 좋은 열매를 맺지 아니하는 나무는 찍혀 불에 던져지기 때문이라고 한다. 여기서 불은 최후의 심판을 의미하다.	

우리가 무엇을 하리이까 (누가)	1. 누가복음만이 무리들, 세리들, 군인들은 회개에 합당한 열매를 맺기 위해 우리가 무엇을 하리이까라고 세례 요한에게 묻는다. 2. 무리의 질문에 대해서 세례 요한은 옷 두 벌이 있는 자는 없는 자에게 나누어 주고 먹을 것도 그렇게 하라고 대답한다(3:10-11). 여기서 언급된 옷 키톤은 필수품으로 맨몸 위에 입는 옷이다. 키톤은 두 벌이 있어야 빨아서 바꾸어 입을 수 있다. 키톤 두 벌이 있는 자는 부유한 자가 아니고 최소한의 옷만 가진 사람이다. 아마도 중산층 이하일 것이다. 세례 요한은 넉넉하지 못한 자라 하더라도 더 어려운 이들을 돌보라는 것이다. 가진 것에 50%를 주라는 것이 아니라 최소한의 것이라도 절반을 내어 주라는 것이다. 주는 것이라기보다는 그들의 어려움에 함께하라는 요청이다. 3. 세리의 질문에 대해서 세례 요한은 '부과된 것 이외에는 거두지 말라'고 대답한다(:12-13). 로마는 돈 걷는 이에게서 세금을 미리 받고 돈 걷는 이는 자신이 고용한 세리장을 통해서 자신들의 월급이나 이자 등을 포함한 금액을 납세자에게 세금으로 받아 낸다. 이와 같은 조세제도는 많은 문제들을 가질 수밖에 없다. 세례 요한이 '부과된 것 이외에는 거두지 말라'고 한 것은 세리들에게 현장에서 조세 정의를 실천하여 보라는 것이 아니라 역시 너희도 최소한의 것으로 살라는 요구이다. 4. 군인들의 질문에 대해서 세례 요한은 강탈하지 말고 거짓으로 고발하지 말고 받은 급료로 족한 줄 알라고 대답한다(:14). '거짓으로 고발하다'는 '사기치다'의 의미로 '강탈하다'와 동의어이다. 세례 요한은 군인들이 힘이 있다고 하여 사람들에게서 이런저런 형태로 착취하지 말라고 한다. 물리력을 가진 군인이 급여 이외에 수입을 얻기 위해서 쉽게 할 수 있는 일은 공갈, 사기이다. 그래서 세례 요한은 받는 급료에 만족하라고 요구한다.	• 키톤chiton: 헬라의 기본 복장으로 직사각형 천을 몸에 둘러 입는 튜닉의 일종이다(두산백과). 고대 서아시아 서안 이오니아 지방에서 피부에 직접 걸쳐 입는 의상으로 주로 삼베로 만든 것이 많다고 한다.
요한복음에서의 세례 요한 ① 증언자	1. 요한복음은 공관복음과 달리 세례 요한이라는 표현이 없다. 공관복음에서의 세례 요한은 전파 즉 선포자인 것이다. 그러나 요한복음에서는 증거자이다. 2. 요한복음은 요한에 대하여 먼저 그는 하나님께로부터 보냄을 받은 사람(1:6)이라고 전제를 한다. 구약의 예언자와도 같이 공적인 권위가 있다는 것이다. 마태에서 예수께서는 모든 선지자와 율법이 예언한 것은 요한까지(11:13)라고 하였다. 3. 하나님께로부터 보내심을 받은 요한은 빛에 대해 증언(1:7,8,15)하러 왔다고 하며 자기로 말미암아 모든 사람이 이 빛을 믿게 하려 한다는 것이다. 그러나 세례 요한은 자신은 이 빛이 아니고(1:7-8) 그의 사명은 빛에 대한 증언이고 그를 통해 믿게 하는 것이라고 처음부터 분명히 하고 있다. 4. 요한은 예수를 증거하는 전달자이고 증거자이며 세상의 구원은 예수로 말미암은 것이라고 한다(3:17). 5. 세례 요한은 요한복음에서 처음으로 예수가 하나님의 아들이심을 증언한다(1:34). 6. 요한복음 1장에서 요한은 거듭 그에 대하여 증언한다. '내가 전에 말하기를'이라고 하면서 (1) 처음에 증언하기를 '내 뒤에 오시는 이가 나보다 먼저 계심이라 한 것이 이 사람을 가리킴'(1:15)이라고 한다. (2) 두 번째는 '나는 선지자 이사야의 말과 같이 주의 길을 곧게 하라고 광야에서 외치는 자의 소리'(1:23)라고 한다. (3) 세 번째에는 '나는 그의 신발끈을 풀기도 감당하지 못하겠노라'(1:27)고 한다. (4) 네 번째(1:30)에는 처음 말씀을 다시 그대로 반복하고 있다.	• 만다야교 (mandaeism): 만다야교 또는 사바교(sabaanism)라고 불리는 유일신교이다. 신자는 만다야니라고 하는데 아람어로 만다는 지식을 의미한다. 이들은 구약의 몇 사람과 세례 요한을 숭배하며 중요한 경전에 하나인 만다얀에는 요한과 예수의 대화가 포함되어 있다고 한다. 이 종교는 AD1세기 유대인들이 팔레스타인에서 메소포타미아로 이주하면서 시작되었는데 침례를 중요시한다. • 16세기 카멜수도사들에 의해 성 요한의 기독교인 이라고 불러

② 메시지	1. 예수에 대한 증언으로써는 예수께로부터 은혜 위에 은혜를 받을 수 있다고 한다(1:16). 계속되는 은혜, 더욱 새로운 은혜가 가능하다는 것이다. 2. 그리고 예수로 말미암아 은혜와 진리가 주어진다고도 하였다(1:17). 이어서 하나님을 본 사람은 없으나 예수께서 독생하신 하나님으로 오셨다고도 증언하고 있다.	진 이들은 현재 이란, 시리아, 요르단 등에 거주하며 6~7만 명으로 추정된다.
성령세례, 물세례	1. 마태, 누가는 성령과 불로써라고 하고 마가는 성령세례라고 한다. 세례 요한이 스스로 자신의 세례는 물세례라고 하면서 예수의 세례와 다른 차원의 세례임을 말하고 있다. 그런데 요한복음에서는 요한의 물세례 이야기가 두 번(1:26,31)나오지만 예수의 세례와 직접 비교하지 아니한다. 그리고 나를 보내신 이가 물로 세례를 베풀라(1:33)고 하였다고 하고 또한 예수를 성령세례를 베푸는 이(1:33)라고 한다. 여기에서 물은 회개, 성령세례는 구원을 나타낸다. 2. 마태, 누가에서는 불과 성령의 세례에 대해서 언급하고 있다. 계속되는 기사에서 예수께서 장차 심판하실 것이라는 최후 심판을 예고하고 있다. 알곡은 거두어들이고 쭉정이는 불에 태워진다는 것이다(마3:12, 눅3:17). 여기서 예수는 심판자이고 또한 성령의 세례자라고 하겠다. 3. 마태, 누가의 성령과 불의 세례에 대해 혹자는 성령세례는 의인에게 불의 세례는 악인을 심판하는 것이라고 하지만 성령과 불의 세례가 별개의 세례로 보기는 어렵다. 이사야4:4에는 '심판의 영과 불의 영'(새번역)을 말하면서 이것이 예루살렘의 피를 말끔히 닦아주실 것이라고 한다. 4. 사도행전에는 부활하신 예수께서 제자들에게 비슷한 말씀을 한다. 사도행전에서 베드로 역시 주님이 했던 말씀을 상기시킨다(행11:16). 5. 성령세례, 물세례에 대한 말씀은 세례 요한의 말씀인 동시에 예수님의 말씀이기도 하다. 베드로는 주님의 말씀으로 기억하고 있다(행1:5). 6. 그렇지만, 성령세례를 불같은 혀(행2:3)로 표현하였던 초대교회에서는 불과 성령을 다른 표현의 같은 의미의 반복으로도 사용했을 수 있을 것이다. 7. 물세례는 깨끗하게 하는 정화의 의미로서, 불세례는 태워서 정결하게 하는 성화의 의미로, 성령세례는 하나님의 능력에 의한 구원의 세례라는 의미로 볼 수 있다. 8. 성령세례는 하나님의 종말에 그의 백성들에게 부어주기로 약속한 영으로 종말의 복을 상징한다(사32:15, 겔36:26-29). 사도행전에 사도들이 기적을 일으키는 것은 성령세례 때문이라고 할 수 있다.	행1:5 요한은 물로 세례를 베풀었으나 너희는 몇 날이 못 되어 성령으로 세례를 받으리라 하셨느니라 행11:16 내가 주의 말씀에 요한은 물로 세례를 베풀었으나 너희는 성령으로 세례를 받으리라 하신 것이 생각났노라 겔36:26 또 새 영을 너희 속에 두고 새 마음을 너희에게 주되 너희 육신에서 굳은 마음을 제거하고 부드러운 마음을 줄 것이며
세례 요한의 정체성 ① 요한의 세례는 어디로부터냐	1. 예수께서 성전에서 가르치실 때(마태는 거니실 때, 누가는 가르치며 복음을 전하실 때에) 유대 지도자들이 예수의 권위에 대해 문제를 제기한다. 네가 무슨 권위로 이런 일을 하느냐 또 누가 이 권위를 주었느냐고 한다. 예수께서는 내 물음에 먼저 답을 하면 나도 답을 하겠다고 한다. 그리고 예수께서 요한의 세례가 하늘로부터냐 사람으로부터냐고 묻는다. 그들이 알지 못한다고 대답하자 나도 너희에게 답을 하지 않겠다고 한다(마21:23-27, 막11:27-33, 눅20:1-8). 2. 그들은 요한의 세례가 하늘로부터라는 것을 인정하고 싶지 아니하였다. 예수께서 자신을 변호하시면서 동시에 요한의 세례에 의미를 더해 주었다.	• 이슬람교에서는 예언자 중의 하나로서 사가랴의 아들 요한이라고 한다. • 시리아 다마스쿠스의 우마이야 모스크 안에 세례 요한의 것이라고 주장하는 무덤이 있다.
② 헤롯: 예수는 세례 요한이다	1. 예수의 이름이 드러나게 되니까 헤롯은 세례 요한이 죽은 자 가운데서 살아난 것이라고 마태(14:2)와 마가는 기록하고 있다. 누가는 헤롯은 심히 당황하였는데 어떤 사람이 요한이 죽은 자 가운데서 살아났다(9:7)고 하여서이다. 2. 세례 요한이 살아났다(막6:16)고 확신한 이유는 예수 안에서 세례 요한의 능력이 역사하기 때문(마14:2,막6:14)이었다고 한다.	

③ 백성들, 종교지도자들: 요한은 그리스도인가	1. 누가에서는 세례 요한이 무리와 세리와 군인들에게 성령의 열매를 맺기 위해서 무엇을 해야 하느냐는 질문에 대답한다(눅3:10-14). 그러자 백성들은 마음속에 바라고 기다리던 그리스도인가 생각한다(눅3:15). 요한의 경건한 생활과 종말론적 메시지를 통해 백성들이 세례 요한을 그리스도인가라고 생각했을 수도 있었다. 2. 요한복음에서는 유대인들이 제사장과 레위인들을 보내 네가 누구냐고 묻는다. 그때 세례 요한은 자신을 그리스도, 엘리야도, 그 선지자도 아니라고 한다(1:19-21). 　요한복음에서는 다시 한번 세례 요한이 제자들 앞에서 자신은 그리스도가 아니라고 부인한다. 나는 그리스도가 아니요 나는 그리스도 앞에 보내진 사람(3:28)이라고 하면서 그것을 증언할 자는 너희라고 한다. 3. 쿰란파와 에세네파와 관련이 있고 침례를 중요시하는 만다야교는 세례 요한을 숭배하고 있다. 기독교와 관계가 없는 영지주의적 유일신교이다.	
세례 요한의 죽음	1. 마태(14:3-12)와 마가(6:17-29)는 세례 요한이 왜 어떻게 죽게 되었는지에 대해 자세히 이야기하고 있다. 누가는 세례 요한의 수태고지와 그의 사명 등에 대해서는 자세히 기록하였으나 세례 요한의 죽음에 관한 기사는 없다. 단지 헤롯이 말하기를 내가 요한의 목을 베었다(9:9)라고 한다. 예수께서 세례를 받는 기사 앞에 옥에 갇혔다(3:20)라고 하는데 그 이유는 헤롯이 자기가 행한 모든 악한 일로 말미암아 요한에게 책망을 받았기 때문이라고 한다(3:19). 2. 마태(14:1-12), 마가(6:17-29)에 의하면 세례 요한은 헤롯 안디바 즉 안티파스가 자기 동생인 헤롯 빌립의 아내인 헤로디아와 재혼함으로 레 18:16과 20:21에 따라 금지된 결혼을 하였다고 헤롯 안티파스를 비난하였다는 것이다. 3. 요세푸스에 의하면 헤롯 빌립의 아내라고 되어있는 헤로디아는 헤롯 대왕의 손녀로서 헤롯 안티파스의 조카이며 그녀의 첫 번째 남편 역시 헤롯이었다고 한다. 헤롯 안티파스는 조카 헤로디아와 재혼하기 위하여 사바티아인 아레타스 왕의 딸인 자신의 첫 번째 아내를 버린 것이다. 헤롯 빌립은 헤로디아가 아닌 헤로디아의 딸 살로메와 결혼했다고 한다. 4. 헤롯 대왕이 결혼을 여덟 번 하였기 때문에 가족관계가 정확히 드러나지 않았을 수도 있고 착각이 일어날 수 있었을 것이다. 5. 마태는 헤롯 안티파스가 요한을 죽이려 하였다(14:5)고 한다. 그러나 마가는 헤로디아가 요한을 원수로 여겨 죽이려 하다가 헤롯의 생일날 딸의 소원이라고 하여 죽였다고 한다(6:24). 그런데 헤롯은 '요한을 의롭고 거룩한 사람으로 알고 두려워하며 보호하'였다(6:20)고 한다. 6. 헤롯이 어떠한 동기나 목적을 가지고 세례 요한을 제거하려고 하였는지에 대해서는 짐작만 할 수 있을 것이다. 요세푸스에 의하면 헤롯은 요한이 사람들에게 행사하는 큰 영향이 봉기를 일으키게 하는 힘이자 동기로 바뀔 것을 두려워하였다고 한다. 7. 세례 요한은 베레아의 마케루스 요새에 투옥되고 거기서 죽임을 당했다고 한다.	• 마케루스요새: 헬라어로 검을 뜻하는 마카이라에서 유래된 마케루스는 사해 동쪽 산 언덕 꼭대기에 만들어진 천연요새로서 세례 요한이 투옥되고 참수된 곳으로 알려져 있다.
모든 백성은 그의 세례를 받았다	1. 마태, 마가는 온 유대와 예루살렘과 요단 강 사방에서 다 그에게 나와 자기들의 죄를 자복하고 요단 강에서 세례를 받았다고 한다. 2. 누가는 '요한의 선포를 들은 모든 백성은 물론 심지어는 세리들까지도 요한의 세례를 받고서 하나님을 의로우시다'고 하였다고 한다(새번역7:29). 3. 요한복음은 '애논에서 세례를 베푸니 거기 물이 많음이라 그러므로 사람들이 와서 세례를 받았다'(3:23)고 한다.	

| 마태, 누가에서
세례 요한 | 1. 선지자보다 나은 자(마11:9), 선지자보다 훌륭한 자
2. 이스라엘을 약속의 땅으로 인도하기 위해 하나님께서 보낸 사자(마11:10, 눅7:27, 출23:20)
3. 하나님의 구원사업에 대비하여 이스라엘을 준비시키기 위해 하나님이 보낸 엘리야(마11:14, 말3:1, 4:5)
4. 여자가 낳은 자 중에 세례 요한보다 큰 이가 없도다. 그러나 하나님 나라에서는 극히 작은 자라도 그보다 크니라(마11:11, 눅7:28). 즉 하나님 나라가 임하기 전에 태어난 자들 중에서 가장 큰 자라는 것이다.
5. 엘리야와 동일시하다(마11:14, 17:12-13, 막9:13). | |

4. 심층연구: 세례 요한과 예수의 관계

구분	내용	성구
예수의 처음 제자	• 예수의 최초의 제자 두 명은 요한의 제자이었다. 요한이 예수를 보고 하나님의 어린 양이라는 말을 듣고 예수를 따른 자. 두 제자 중의 하나가 안드레이다.	요1:37 두 제자가 그의 말을 듣고 예수를 따르거늘 요1:40-42 요한의 말을 듣고 예수를 따르는 두 사람 중의 하나는 시몬 베드로의 형제 안드레라 그가 먼저 자기의 형제 시몬을 찾아 말하되 우리가 메시아를 만났다 하고(메시아는 번역하면 그리스도라) 데리고 예수께로 오니 예수께서 보시고 이르시되 네가 요한의 아들 시몬이니 장차 게바라 하리라 하시니라(게바는 번역하면 베드로라)
회개하라 천국이 가까이 왔느니라	• 예수께서도 세례 요한과 똑같이 회개하라 천국이 가까이 왔다고 한다.	마3:1-2 그 때에 세례 요한이 이르러 유대 광야에서 전파하여 말하되 회개하라 천국이 가까이 왔느니라 하였으니 마4:17 이때부터 예수께서 비로소 전파하여 이르시되 회개하라 천국이 가까이 왔느니라 하시더라
요한의 증언: 그가 하나님의 아들이시다	• 요한복음은 처음부터 예수를 하나님의 아들이라고 하는데 그 증언자가 세례 요한이다.	요1:31-32 나도 그를 알지 못하였으나 내가 와서 물로 세례를 베푸는 것은 그를 이스라엘에 나타내려 함이라 하니라 요한이 또 증언하여 이르되 내가 보매 성령이 비둘기 같이 하늘로부터 내려와서 그의 위에 머물렀더라 :33 나도 그를 알지 못하였으나 나를 보내어 물로 세례를 베풀라 하신 그이가 나에게 말씀하시되 성령이 내려서 누구 위에든지 머무는 것을 보거든 그가 곧 성령으로 세례를 베푸는 이인 줄 알라 하셨기에 :34 내가 보고 그가 하나님의 아들이심을 증언하였노라 하니라
요한의 증언: 그는 흥하여야 하겠고 나는 쇠하여야 하리라	• 요3:22에는 유일하게 예수가 세례를 행하였다고 한다. 그러나 요4:2에서 제자들이 세례를 행하였다고 다시 설명한다. • 그는 흥하고 커져야 하고, 나는 쇠하고 작아져야 한다는 의미이다.	요3:22-23 그 후에 예수께서 제자들과 유대 땅으로 가서 거기 함께 유하시며 세례를 베푸시더라 요한도 살렘 가까운 애논에서 세례를 베푸니 거기 물이 많음이라 그러므로 사람들이 와서 세례를 받더라 :27-30 요한이 대답하여 이르되 만일 하늘에서 주신 바 아니면 사람이 아무 것도 받을 수 없느니라 내가 말한 바 나는 그리스도가 아니요 그의 앞에 보내심을 받은 자라고 한 것을 증언할 자는 너희니라 신부를 취하는 자는 신랑이나 서서 신랑의 음성을 듣는 친구가 크게 기뻐하나니 나는 이러한 기쁨으로 충만하였노라 그는 흥하여야 하겠고 나는 쇠하여야 하리라 하니라
오실 그 이가 당신이오니까	• 요한은 자신이 그리스도가 아니라고 하였다. 이 기사에서 요한 역시 메시아를 기다리고 있는 사람 중에 하나라고 한다.	마11:2-4 요한이 옥에서 그리스도께서 하신 일을 듣고 제자들을 보내어 예수께 여짜오되 오실 그이가 당신이오니까 우리가 다른 이를 기다리오리이까 예수께서 대답하여 이르시되 너희가 가서 듣고 보는 것을 요한에게 알리되

| | • 요한의 제자들은 예수께서 죽게 된 자를 고치고(눅7:1-10), 죽은 청년을 살린 일(7:11-17)등을 요한에게 보고한다.
• 예수께서는 많은 기적과 병 고침을 통해 메시아임을 증명하고 있다. | 눅7:18-22상 요한의 제자들이 이 모든 일을 그에게 알리니 요한이 그 제자 중 둘을 불러 주께 보내어 이르되 오실 그이가 당신이오니이까 우리가 다른 이를 기다리오리이까 하매 그들이 예수께 나아가 이르되 세례 요한이 우리를 보내어 당신께 여쭈어 보라고 하기를 오실 그이가 당신이오니이까 우리가 다른 이를 기다리오리이까 하더이다 하니 마침 그 때에 예수께서 질병과 고통과 및 악귀 들린 자를 많이 고치시며 또 많은 맹인을 보게 하신지라 예수께서 대답하여 이르시되 너희가 가서 보고 들은 것을 요한에게 알리되 |

5. 집중탐구

5.1 예수의 세례 요한에 대한 인식

구분	내용	성구
주의 길을 준비하다	마11:10 기록된 바 보라 내가 내 사자를 네 앞에 보내노니 그가 네 길을 네 앞에 준비하리라 하신 것이 이 사람에 대한 말씀이니라 (병행구 눅7:27)	• 마3:3이나 눅3:4-6을 인용하였다기보다는 막1:2과 말3:1을 인용한 말씀이다. • 요한복음에서는 세례 요한이 스스로 주의 길을 곧게 하는 자라고 한다 (1:23). 자기 인식인 것이다.
선지자 보다 나은 자	마11:9하 옳다 내가 너희에게 이르노니 선지자보다 더 나은 자니라(병행구 눅7:26)	예수께서 요한을 위대한 종말론적 선지자로 보다.
여자가 낳은 자 중에 가장 큰 자	마11:11 내가 진실로 너희에게 말하노니 여자가 낳은 자 중에 세례 요한보다 큰 이가 일어남이 없도다 그러나 천국에서는 극히 작은 자라도 그보다 크니라(병행구 눅7:28)	• 예수께서 세례 요한을 칭찬하다. 그러나 천국 또는 하나님의 나라 다시 말해 하나님 통치의 시대에 사는 사람과는 비교되지 않는다는 것이다. 세례 요한을 비하한 것이 아니라 새로운 시대에 대한 기대를 강조한 것이다.
엘리야	마11:13-14 모든 선지자와 율법이 예언한 것은 요한까지니 만일 너희가 즐겨 받을진대 오리라 한 엘리야가 곧 이 사람이니라 마17:13 그제서야 제자들이 예수께서 말씀하신 것이 세례 요한인 줄을 깨달으니라	• 마11:14에서 예수께서 요한을 엘리야라고 직접 말씀한다. • 예수께서 산에서 변형되신 일 이후 내려오면서 부활을 언급한다. 예수께서는 세례 요한이 세상에서 험한 대우를 받은 것처럼 예수께서도 고난 받을 것을 말씀한다. 제자들의 질문에 대해 엘리야가 와야 하는데 그가 하는 일이 먼저 와서 모든 일을 회복시키는 일이라고 말씀한다. • 마태에서 제자들이 그제서야 말씀한 것이 세례 요한 임을 깨닫는다. 그러나 마가에서는 제자들이 깨닫지 못하는 모습이다. • 누가에서는 요한의 탄생 예언 때 엘리야의 심령과 능력으로(1:17)라고 하였다.
빛의 증언자 (요한의 인식)	요1:7-8 그가 증언하러 왔으니 곧 빛에 대하여 증언하고 모든 사람이 자기로 말미암아 믿게 하려 함이라 그는 이 빛이 아니요 이 빛에 대하여 증언하러 온 자라	• 빛의 증언자라는 제목은 예수의 인식이라기보다 요한복음 저자의 인식이라 하겠다. • 1:7-8에만 증언이라는 단어가 3회 나온다. • 1:15에도 요한이 예수에 대해 증언한다. • 세례 요한의 제자가 세례를 베풀고 있는 이 즉 예수는 '선생님이 증언하던 이'(3:26)라고 한다.

		• 세례 요한은 자신이 '그의 앞에' 보내심을 받은 자라고 증언할 자는 '너희' 즉 자기 제자들뿐이라고 한다(3:28).
등불	요5:35 요한은 커서 비추이는 등불이라 너희가 한 때 그 빛에 즐거이 있기를 원하였거니와	예수께서 예수 자신에 대해서는 세례 요한이 증언하고 있다고 말씀한다(5:31-35).

5.2 세례 요한의 예수에 대한 인식

구분	내용	성구
내 뒤에 오시는 이	• 누가와 요한복음에만 내 뒤에 오시는 이라는 표현이 있다. 그러나 누가의 요한의 탄생 예언에 '주 앞에 먼저 와서'(1:17), '주 앞에 앞서가서'(1:76)라는 구절이 있다. 요한이 앞에 가기 때문에 예수는 뒤에 오는 분이 된다.	마3:11 내 뒤에 오시는 막1:7 내 뒤에 오시는 이가 요1:15 내 뒤에 오시는 이가 나보다 요1:27 곧 내 뒤에 오시는 그이라 요1:30상 내가 전에 말하기를 내 뒤에 오는 사람이 있는데
나보다 능력이 많으신 이		마3:11 나보다 능력이 많으시니 막1:7 나보다 능력이 많으신 이가 눅3:16 나보다 능력이 많으신 이가
신발끈 풀기도 감당하지 못하겠노라	• 신발끈을 푸는 일은 종의 일이다. 다시 말해 나는 그의 종의 직분도 감당하지 못하겠다는 최고 겸양의 표현이다.	마3:11 그의 신을 들기도 감당하지 못하겠노라 막1:7 나는 굽혀 그의 신발끈을 풀기도 감당하지 못하겠노라 눅3:16 나는 그의 신발끈을 풀기도 감당하지 못하겠노라 요1:27 나는 그의 신발끈을 풀기도 감당하지 못하겠노라
성령세례를 베푸시는 이	• 결정적으로 예수의 세례와 요한의 세례가 대비된다. • 요한복음에서는 직접 비교하지 아니한다. 성령이 내려서 머무는 분이 성령 세례를 베푸는 이인 줄 알게 된다(1:34)고 한다. • 사도행전에는 이 말씀을 예수께서 하셨다(행1:5)고 하고 베드로가 이것을 기억한다(11:16)고 하다.	마3:11 나는 너희로 회개하게 하기 위하여 물로 세례를 베풀거니와 내 뒤에 오시는 이는 나보다 능력이 많으시니 나는 그의 신을 들기도 감당하지 못하겠노라 그는 성령과 불로 너희에게 세례를 베푸실 것이요 막1:8 나는 너희에게 물로 세례를 베풀었거니와 그는 너희에게 성령으로 세례를 베푸시리라 눅3:16 요한이 모든 사람에게 대답하여 이르되 나는 물로 너희에게 세례를 베풀거니와 나보다 능력이 많으신 이가 오시나니 나는 그의 신발끈을 풀기도 감당하지 못하겠노라 그는 성령과 불로 너희에게 세례를 베푸실 것이요
나보다 앞서다	• 선재자 예수에 대한 요한의 고백이다.	요1:30 내가 전에 말하기를 내 뒤에 오는 사람이 있는데 나보다 앞선 것은 그가 나보다 먼저 계심이라한 것이 이 사람을 가리킴이라
그는 흥하여야 한다	• 그리스도로 인한 메시아의 왕국이 일어날 것을 확신하고 있다.	요3:30 그는 흥하여야 하겠고 나는 쇠하여야 하리라 하니라

하나님의 아들		요1:34 내가 보고 그가 하나님의 아들이심을 증언하였노라 하니라
최후 심판자	• 마태, 누가 공회 예수께서는 성령과 불로써 세례를 베풀 것이라고 말씀하고 예수께서는 또한 준엄한 심판도 내릴 것이라고 한다.	마3:12(눅3:17) 손에 키를 들고 자기의 타작마당을 정하게 하사 알곡은 모아 곳간에 들이고 쭉정이는 꺼지지 않는 불에 태우시리라
하나님의 어린 양	• 예수는 약속된 메시아로서 그의 백성의 죄를 대신해서 죽을 속죄양이라는 것이다.	요1:29 이튿날 요한이 예수께서 자기에게 나아오심을 보고 이르되 보라 세상 죄를 지고 가는 하나님의 어린 양이로다
자기 인식	• 세례 요한은 스스로 자신이 그리스도도 아니요, 엘리야도 아니요, 그 선지자도 아니라고 한다. • 요한은 거듭해서 그리스도가 아니라고 하면서 그의 앞에 보내심을 받았다고 한다.	요1:20 요한이 드러내어 말하고 숨기지 아니하니 드러내어 하는 말이 나는 그리스도가 아니라 한대 요1:21 또 묻되 그러면 누구냐 네가 엘리야냐 이르되 나는 아니라 또 묻되 네가 그 선지자냐 대답하되 아니라 요3:28 내가 말한바 나는 그리스도가 아니요 그의 앞에 보내심을 받은 자라고 한 것을 증언할 자는 너희니라 요1:23 이르되 나는 선지자 이사야의 말과 같이 주의 길을 곧게 하라고 광야에서 외치는 자의 소리로라 하니라

제6절 ✤ 예수의 세례

1. 본문비교

구분	마태(3:13-17)	마가(1:9-11)	누가(3:18-22)	요한(1:32-34)
세례를 받으려 하다	:13 이 때에 예수께서 갈릴리로부터 요단 강에 이르러 요한에게 세례를 받으려 하시니			
세례 요한의 상황	:14-15 요한이 말려 이르되 내가 당신에게서 세례를 받아야 할 터인데 당신이 내게로 오시나이까 예수께서 대답하여 이르시되 이제 허락하라 우리가 이와 같이 하여 모든 의를 이루는 것이 합당하니라 하시니 이에 요한이 허락하는지라		3:18 또 그밖에 여러 가지로 권하여 백성에게 좋은 소식을 전하였으나 :19-20 분봉 왕 헤롯은 그의 동생의 아내 헤로디아의 일과 또 자기가 행한 모든 악한 일로 말미암아 요한에게 책망을 받고 그 위에 한 가지 악을 더하여 요한을 옥에 가두니라	
세례를 받으시다	:16상 예수께서 세례를 받으시고	:9 그 때에 예수께서 갈릴리 나사렛으로부터 와서 요단 강에서 요한에게 세례를 받으시고	:21상 백성이 다 세례를 받을새 예수도 세례를 받으시고 기도하실 때에	
하늘이 열리고 성령이 내려오다	:16하 곧 물에서 올라오실새 하늘이 열리고 하나님의 성령이 비둘기 같이 내려 자기 위에 임하심을 보시더니	:10 곧 물에서 올라오실새 하늘이 갈라짐과 성령이 비둘기 같이 자기에게 내려오심을 보시더니	:21하-22상 하늘이 열리며 성령이 비둘기 같은 형체로 그의 위에 강림하시더니	:32 요한이 또 증언하여 이르되 내가 보매 성령이 비둘기 같이 하늘로부터 내려와서 그의 위에 머물렀더라
하늘의 소리 내 사랑하는 아들이다	:17 하늘로부터 소리가 있어 말씀하시되 이는 내 사랑하는 아들이요 내 기뻐하는 자라 하시니라	:11 하늘로부터 소리가 나기를 너는 내 사랑하는 아들이라 내가 너를 기뻐하노라 하시니라	:22하 하늘로부터 소리가 나기를 너는 내 사랑하는 아들이라 내가 너를 기뻐하노라 하시니라	:33-34 나도 그를 알지 못하였으나 나를 보내어 물로 세례를 베풀라 하신 그이가 나에게 말씀하시되 성령이 내려서 누구 위에든지 머무는 것을 보거든 그가 곧 성령으로 세례를 베푸는 이인 줄 알라 하셨기에 내가 보고 그가 하나님의 아들이심을 증언하였노라 하니라

2. 본문의 차이

구분	마태	마가	누가	요한복음
세례를 요구	마태에만 있다			
세례 받는 이유	모든 의를 이루는 것 (3:15)			
고향에서 오다	갈릴리에서 요단 강 (3:13)	갈릴리 나사렛에서 요단 강(1:9)		
세례를 받다	요한에게서(3:15)	요한에게서(1:9)		
하늘 열리다	요한에게서(3:15)	하늘이 갈라지다(1:10)	하늘이 열리다(3:21)	
비둘기 같은 성령	하나님의 성령이 비둘기 같이(3:16)	성령이 비둘기 같이 (1:10)	성령이 비둘기 같은 형체로(3:22)	성령이 비둘기 같이 하늘로 부터(1:32)
내려오다	자기 위에 임하심을 보시더니(3:!6)	자기에게 내려오심을 보시더니(1:10)	그의 위에 강림하시더니(3:22)	그의 위에 머물더라 (1:32)
하늘의 소리	하늘로부터 소리가 있어 말씀하시되(3:17)	하늘로부터 소리가 나기를(1:11)	하늘로부터 소리가 나기를(3:22)	물로 세례를 베풀라 하신 그이가 나에게 말씀하시되 성령이 내려서 누구 위에든지 머무는 것을 보거든 그가 곧 성령으로 세례를 베푸시는 이인 줄 알라(1:33)
내 사랑하는 아들	이는	너는	너는	그가
	내 사랑하는 아들이요	내 사랑하는 아들이라	내 사랑하는 아들이라	하나님의 아들이심을
	내 기뻐하는 자라	내가 너를 기뻐하노라	내가 너를 기뻐하노라)	증언 하노라

3. 본문이해

구분	내용	비고
이 때에, 그 때에	1. 마태에서의 이 때(3:13)는 세례 요한이 회개의 운동을 하던 때이다. 2. 마가는 그 때라고 하다. 특별한 시기를 지칭하지는 않고 있다.	
예수와 요한 ① 요한의 사양	1. 마태에만 있는 기사(3:14-15)이다. 마태는 예수께서 요한에게 세례를 받으려 하였다고 먼저 기록하다(3:13). 이어서 요한이 '예수께 내가 당신에게서 세례를 받아야 하는데 어떻게 당신이 내게로 오시나이까'라고 하자 예수께서 '이와 같이 하여 모든 의를 이루는 것이 합당하다'고 말씀한다. 공동번역은 '지금은 내가 하자는 대로 하여라 우리가 이렇게 해야 하나님께서 원하시는 모든 일이 이루어진다'고 하다. 2. 초대교회 교인들에게는 예수께서 요한에게 세례를 받았다는 사실이 이해하기 어려운 일이었다. 마태는 예수께서 왜 요한에게 세례를 받았는지를 설명하고 싶어 한다. 요한의 세례는 회개의 세례인데 예수께서 회개할 필요가 있었는가. 회개는 죄를 전제로 한 것이 아닌가라는 것이 초대교회 교인들의 의아심이었다. 3. 예수께서 요한에게 세례를 받음으로 자신을 회개해야 하는 이스라엘과 동일시 한 것으로 볼 수 있다.	• 사도행전에는 요한의 세례와 예수의 사역에 대한 베드로의 설교가 있다(10:37-38). • 비정경복음서: 외경과 위경 중에 영지주의 복음서가 12개 있고 유대계 복음서가 4개 있으며 유년 복음서도 6개가 있고 그밖에 유실되거나 단편만 전해진 복음서들도 다수

	4. 히브리인들의 복음서는 예수의 어머니와 형제들이 예수에게 요한의 세례를 받도록 권하지만, 예수께서는 '어찌 내가 죄를 지었는가 내가 그에게 세례를 받아야 한단 말인가'라고 한다.	있다. 히브리인들의 복음서는 유대계 복음서 중 하나다.
② 모든 의	1. 마태에서 예수께서는 요한에게 세례를 받는 이유가 모든 의를 이루기 위함이라고 한다. 또 '너희 의가 서기관과 바리새인보다 더 낫지 아니하면 결코 천국에 들어가지 못하리라'(5:20)고 한다. 수준이 높다고 알려진 그들의 의보다 더 나아야 한다는 것이다. 2. 여기서의 의는 의에 주리고 목마른 자의 의(5:6) 즉 이카이오쉬네로서 여호와의 법 노모스 nomos와 여호와의 공의(렘23:6) The Lord Our Righteousness를 말한다. 3. 예수께서 요한에게 세례를 받은 것은 모든 의를 이루기 위함이라고 한다. 모든 의는 하나님의 의와 그에 합당한 삶을 사는 사람들의 의를 포괄한다. 4. 사도 바울은 '예수 그리스도로 말미암아 의의 열매가 가득하여 하나님의 영광과 찬송이 되기를 원하노라'(빌1:11)고 한다.	롬10:4 그리스도는 모든 믿는 자에게 의를 이루기 위하여 율법의 마침이 되시니라
갈릴리 나사렛 사람 예수	1. 마가는 예수의 공생애에 관한 처음 기사에서 예수가 갈릴리 나사렛 출신임을 밝힌다(1:9). 마태는 갈릴리(3:13)로부터 요단 강에 왔다고 한다. 누가와 요한복음은 언급하고 있지 않다. 2. 마가는 예수가 잘 알려지지 않은 지역 출신이라는 것과 요단 강에서 요한에게 세례를 받았다고 밝히고 있다.	• 1884년 인쇄된 예수성교전서 맛대복음에는 세례를 '밥팀례', 주일을 '사밧일', 유월절을 '넘년절' 등으로 표기하고 있다.
예수의 세례 ① 누가와 요한복음의 기록	1. 마태, 마가는 예수께서 요단 강에서 요한에게 세례를 받았다고 한다. 그러나 누가에서는 세례자와 세례 장소에 대한 언급이 없이 백성이 다 세례를 받을 때 예수도 받았다고 기록하고 있다. 누가는 세례 요한과 예수의 세례를 직접적으로 연결시키지 않으려는 느낌을 준다. 2. 누가는 예수의 세례 앞에 요한이 옥에 갇혔다(3:20)는 기사를 실었다. 누가는 예수의 세례에 관해서 요한의 역할을 축소시키려고 하고 있다. 아마도 당시 누가공동체의 분위기를 반영한 기사라 하겠다. 3. 그러나 당시 세례 운동을 세례 요한이 전개하고 있었기 때문에 예수께서 요한에게서 세례를 받았을 것이다. 누가는 세례를 받은 후 예수께서 기도하였음을 강조하고 있다. 4. 요한복음은 세례 요한과 세례에 대한 직접적인 언급이 없이 세례 요한이 증언하기를 '내가 보매 성령이 비둘기 같이 하늘로부터 내려왔다'(1:32)고 한다.	• 예수의 세례에 대해 복음서 기자들의 관심이 각각 다르기 때문에 기록에 차이가 생겼을 것이다.
② 침례	1. 마태, 마가는 예수께서 물에서 올라오셨다고 기록하고 있다. 2. 마가는 더욱 구체적으로 '세례를 받으시고 곧 물에서 올라오셨다'고 함으로써 세례가 물에 몸을 완전히 담그는 것이었음을 간접적으로 설명하고 있다. 3. 누가는 세례를 받으시고 기도하였다고 한다.	• 세례를 희랍어로는 밥티스마라고 하는데 침수하다라는 동사에서 나온 말이다. • 동방교회와 침례교회는 지금도 침례의식을 거행한다.
세례의 현장 ① 하늘이 갈라지고: 전 우주적인 사건	1. 마태, 누가는 '하늘이 열리고', 마가는 '하늘이 갈라지고', 요한은 '하늘로부터'라고 표현하고 있다. 전 우주적인 사건이라는 것이다. 2. 마가의 '하늘이 갈라지고'는 원어가 '스키조'인데 예수께서 십자가에서 돌아가실 때 성전휘장이 둘로 '찢어졌다(막15:38)'고 한 표현과 같은 것이다. 하늘이 열리는 것은 묵시적인 표현으로서 하나님과 예수의 교통하심을 상징적으로 드러내 준다. 하나님과 예수가 직접 소통할 수 있게 된 것이다. 3. 요한복음에는 처음 제자 중의 하나인 나다나엘이 예수께서 자기를 아시는 것을 보고 놀라는데 예수께서는 이보다 더 큰 일을 보리라고 하며 '하늘이 열리고 하나님의 사자들이 오르내리는 것을 보리라'(1:51)고 한다.	요1:51 또 이르시되 진실로 진실로 너희에게 이르노니 하늘이 열리고 하나님의 사자들이 인자 위에 오르락 내리락 하는 것을 보리라 하시니라

	3. 구약에서 '하늘이 열리는' 것은 계시를 의미하는데 에스겔서는 '하늘이 열리며 하나님의 모습이 내게(1:1) 보였다'고 한다.		
② 성령이 비둘기같이: 성령의 임재	1. 마태는 '하나님의 성령이 비둘기 같이'라고 하고 마가, 누가는 '성령이 비둘기 같이'라고 하는데 성령의 임재는 하나님의 영의 강림(사11:2) 즉 메시아 직분과 관련 있는 것이다. 마태는 하나님의 성령임을 강조하고 있다. 2. 요한복음은 성령이 내려와서 그의 위에 머물더라고 세례 요한이 증언한다. 3. 마태, 마가에서의 예수께서는 자기 위에 내려오시는 성령을 보았다고 전한다. 그런데 누가는 그의 위에 강림하였다고 하여 제삼자인 예수의 성령세례의 중인의 말을 전하고 있음을 말하고 있다. 4.누가에서 예수께서는 성령이 내게 임하신 것은 내게 기름을 부으신(눅4:18) 것이라고 말씀하는데 이사야의 인용(사61:1)이다. 성령 곧 하나님의 영의 임재는 예수의 사역을 가능하게 하는 힘의 원천이라 하겠다 5. 예수께서 세례 받으실 때에는 성령이 비둘기 같았다고 하는데 사도행전에서는 성령이 불의 혀와 강한 바람(2:3-4)으로서의 모습이라고 한다. 6. 마태, 누가는 세례 요한이 나는 물로 세례를 베풀거니와 그는 성령과 불로 너희에게 세례(마3:11, 눅3:16)를 베푸실 것이라고 하다. 불과 성령이 밀접한 관계를 가진다. 7. 세례를 통해 성령을 체험한 예수는 성령에 이끌리어(마태), 성령이(마가), 성령 충만으로(누가) 광야에 가게 되고 거기서 마귀의 시험을 받게 된다..	• 구약에서 성령은 왕하2:9,15,16 대상 12:18 시51:11 사 63:10,11등에 나온다. • 구약에서의 성령은 성신, 거룩한 영, 주의 거룩하신 영 등으로도 표현하고 있다. **사61:1상** 주 여호와의 영이 내게 내리셨으니 이는 여호와께서 내게 기름을 부으사 가난한 자에게 아름다운 소식을 전하게 하려 하신이라	
③ 하늘로부터의 소리: 성령의 계시	1. 하늘이 열리고 갈라지며 하늘로부터의 소리가 난다. 하나님의 계시는 친히 불, 연기, 구름 속에서 나타나심으로 현현된다. 그리고 하나님은 환상, 꿈, 음성으로 직접 계시하기도 한다. 2. 지진 후에 또 불이 지나간 후에 세미한 소리가 있고 그 소리가 엘리야에게 임하므로(왕상19:12-13) 그는 하나님께 순종할 수 있었다. 하늘로부터의 소리는 예수에게 그리고 예수 주위의 사람들에게만 임하였던 세미한 소리였을 것이다. 3. 요한복음에는 예수의 세례 시 하늘로부터의 소리에 대한 언급이 없다. 그러나 예수께서 수난예고로서 한 알의 밀에 대해 제자들에게 말씀한 후 아버지께 기도할 때에 하늘에서 소리가 나는데 곁에 서서 들은 무리가 천둥이 울렸다거나 천사가 말했다고 한다(요12:28-29).	• 하나님의 계시에 대해서는 시18:10-16에 언급되어 있다. 바람, 장막, 구름, 우박, 숯불, 우렛소리, 번개, 음성 등이다.	
④내 사랑하는 아들이요 내가 너를 기뻐하노라: 하나님의 아들 됨	1. 마가, 누가 모두 같은 내용이다. 그러나 마가, 누가는 '너는'이라고 2인칭으로 예수를 지칭하고 마태는 '이는'이라고 3인칭으로 지칭하고 있다. 마가, 누가는 예수를 향한 하늘의 선언으로 예수와 하나님 사이에 일이다. 반면에 마태는 예수께서 세례 받던 현장에 있던 이들 그리고 세상을 향한 선언이라 하겠다. 예수께서 들었던 이 말씀은 시편2:7과 이사야 42:1이 합쳐진 것이다. 2. 하늘의 소리로서 '내 사랑하는 아들'이란 하나님의 아들이라는 말이다. 하나님의 아들이란 하나님을 대신하고 하나님을 대변하며 하나님으로부터 위임을 받은 자라는 것이다. 3. 여호와께서 아브라함에게 모리아 땅에 가서 아들을 번제로 드리라고 할 때(창22:2) '네 아들 네 사랑하는 독자 이삭'이라고 한다. 하나님이 내 사랑하는 아들이라고 부름으로써 독생자 예수 역시 자기 백성을 위한 희생제물이 될 것이라는 암시를 받게 된다. 4. 하나님의 아들은 하나님을 대신하는 존재라는 말로서 통치자에 대한 칭호이다. 특별히 로마 황제에게 붙이는 칭호이기도 하다. 막1:1은 '하나님의 아들 예수 그리스도의 복음의 시작'이라고 선언한다. 예수님은 하나님의 특별한 일을 수행할 그리스도인 동시에 하나님의 아들로서의 신적인 지위와 권위를 갖고 있	**시2:7** 내가 여호와의 명령을 전하노라 여호와께서 내게 이르시되 너는 내 아들이라 오늘 내가 너를 낳았도다	

다는 선언인 것이다.

5. '내가 너를 기뻐하노라'(마태, 마가). 또는 '내 기뻐하는 자'(누가)라는 표현 역시 하나님과의 적극적, 긍정적인 관계 속에서 예수의 정체성을 밝혀주는 말씀이라고 하겠다. 사42:1에는 '내 마음에 기뻐하는 자 곧 내가 택한 사람을 보라'고 한다. 예수의 세례의 의미는 하나님의 아들로서의 확인인 동시에 예수의 메시아 등극 선포라고도 할 수 있다.

6. 요한복음에서도 예수의 정체는 하나님의 아들이다. 그런데 요한복음에서는 하늘로부터의 소리로 정체가 밝혀지는 것이 아니고 증언자 요한에 의해 증언되는 것이다(요1:7,34). 요한이 말하기를 성령이 내려서 누구 위에든지 머무는 것을 보거든 그가 곧 성령으로 세례를 베푸시는 줄 알라(1:33)고 하였다는 것이다. 그런데 내가 보니 성령이 비둘기 같이 하늘로부터 내려와서 그의 위에 머물렀다(1:32)고 한다. 그래서 그가 하나님의 아들이라고 증언한다. 요한복음에서의 세례 요한은 세례 시에 나타났던 현상을 보고 예수를 하나님의 아들이라고 증언하고 있는 것이다.

| | | 사42:1 내가 붙드는 나의 종, 내 마음에 기뻐하는 자 곧 내가 택한 사람을 보라 내가 나의 영을 그에게 주었은즉 그가 이방에 정의를 베풀리라 |

4. 심층연구: 예수 세례의 이해

구분	내용	비고
예수의 세례 언급: 내가 받는 세례	1. 예수께서 세 번째 수난예고를 하고 난 후 마태, 마가는 세베대의 아들들에 관한 기사가 나온다. 마태는 어머니가 아들들을 데리고 예수께 왔다고 하고 마가는 세베대의 아들 야고보와 요한이 예수께 나아왔다고 한다. 그들의 요구는 하나는 주의 우편에, 하나는 주의 좌편에 앉게 하여 달라는 것이었다(마20:20-21, 막10:35-37). 그 때에 마태에서의 예수께서는 내가 마시려는 잔을 너희가 마실 수 있겠느냐고 하는데 마가에서의 예수는 내가 받는 세례를 너희가 받을 수 있느냐(마20:22, 막10:38-39)고 한다. 이 세례는 예수께서만이 겪어야 하는 고난을 말한다. 2. 누가에서도 예수께서는 앞으로 맞게 될 고난을 말씀하면서 나는 받을 세례가 있다(눅12:50)고 하는데 이 세례 역시 종말론적 고난인 것이다. 예수께서 세례를 받을 때 들렸던 하늘로부터 난 소리 즉 이사야42:1의 메시아 예언은 동시에 고난 받는 메시아(사53장) 즉 예수의 십자가 수난에 대한 예고라고 하겠다. 3. 마태, 마가의 마지막에는 세례의 명령이 있다. 마태에서의 예수께서는 '그러므로 너희는 가서 모든 족속으로 제자를 삼아 아버지와 아들과 성령의 이름으로 세례를 주라'(마28:19)고 한다. 마가에서는 '너희는 온 천하에 다니며 만민에게 복음을 전파하라 믿고 세례를 받는 사람은 구원을 얻을 것이요 믿지 않는 사람은 정죄를 받으리라'(막16:15-16)고 한다. 4. 슈바이처는 '역사적 예수 탐구'에서 예수께서 세례를 받을 때 자신이 하나님 나라를 가져올 메시아라고 믿게 되었다고 한다.	• 예수의 요단 강에서의 세례와 갈보리산에서의 세례는 복음적 성례전의 기원이 되고 있다. 눅12:50 나는 받을 세례가 있으니 그것이 이루어지기까지 나의 답답함이 어떠하겠느냐
예수 그리스도 이름의 세례	1. 초대교회는 기독교 공동체에 가입하는 상징으로 오순절 이후 세례의식을 가졌다. 베드로는 삼천 명에게 세례를 베풀었다고 한다(행2:41). 2. 세례는 복음을 받아들이고 예수를 믿을 때 받을 수 있는데(행2:38-41, 8:12, 16:14-15 등) 사도시대의 세례는 예수 그리스도의 이름으로 또는 주 예수의 이름으로 행하여졌다(행2:38, 10:48, 8:16, 19:5). 3. 베드로는 세례의식에서 물의 사용에 대한 의미를 분명히 하고 있다. 세례의 물은 구원의 표로서 몸에 더러움을 벗기는 것이 아니라 하나님을 향한 선한 양심의 간구라고 한다(벧전3:21).	행2:38 베드로가 이르되 너희가 회개하여 각각 예수 그리스도의 이름으로 세례를 받고 죄 사함을 받으라 그리하면 성령의 선물을 받으리니

요한복음에서의 예수의 세례	1. 사복음서 중에 요한복음만이 세례 요한이라는 말이 없다. 2. 요한은 예수의 세례에 대해 증언(1:32)한다. 세례를 직접 베푼 자라는 느낌을 주지 않는다. 3. 요한은 예수를 알지 못한다고 두 번 강조(1:31,33)한다. 4. 그러나 '내가 와서 물로 세례를 베푸는 것은 그를 이스라엘에 나타내려 함이라'(1:31)고 한다. 이것은 세례 운동을 통해 메시아를 이스라엘에게 알리려 했다는 의미라 하겠다. 5. 예수의 수세 모습에 대해 공동번역은 '과연 나는 그 광경을 보았다'고 하고 새번역은 '그런데 나는 그것을 보았습니다'라고 한다. 6. 요한의 제자들이 요한에게 가서 '요단 강 저편에서 선생님이 증언하시던 이가 세례를 베풀고 있다'고 보고한다. 선생님이 세례를 베푼 이라고 하지 않는다. 7. 요한복음 역시 누가처럼 예수의 수세에 대해 모호한 입장을 취하고 있다.	벧전3:21상 물은 예수 그리스도께서 부활하심으로 말미암아 이제 너희를 구원하는 표니 곧 세례라 이는 육체의 더러운 것을 제하여 버림이 아니요 하나님을 향한 선한 양심의 간구니라
바울의 세례관 •그리스도와 한 몸이 되다	1. 바울은 세례의식을 유대교의 할례의식보다 중요한 의식으로 보았다(골 2:11). 바울은 세례가 그리스도의 몸에 연합하는 지체가 되는 방편이라고 말하고 있다. 2. 성령으로 세례를 받게 된다면 인간들의 구분 즉 국적, 민족, 신분, 계급 등과 같은 장벽이 극복된다고 하다(고전12:12-13).	롬6:3-4 무릇 그리스도 예수와 합하여 세례를 받은 우리는 그의 죽으심과 합하여 세례를 받은 줄을 알지 못하느냐 그러므로 우리가 그의 죽으심과 합하여 세례를 받음으로 그와 함께 장사되었나니 이는 아버지의 영광으로 말미암아 그리스도를 죽은 자 가운데서 살리심과 같이 우리로 또한 새 생명 가운데서 행하게 하려 함이라
•그리스도를 옷 입다	1. 바울은 '누구든지 그리스도와 합하기 위하여 세례를 받는 자는 그리스도로 옷 입었느니라'(갈3:27)고 한다. 2. 또한 '다 믿음으로 말미암아 그리스도 예수 안에서 하나님의 아들'이 된다(갈3:26)고도 한다.	
•죄의 죽음과 새 생명	1. 바울은 세례의 중요성과 의의에 대해 그리스도와 함께 죽고 그와 함께 다시 살아나는 것으로 표현(롬6:1-5)하고 있다. 여기서의 죽음은 죄에 대한 죽음이고 함께 일어나는 것(골2:12)은 새로운 삶으로의 부활을 의미한다. 2. 결국, 세례는 '우리를 새 생명 가운데서 행하게 하려 함'(롬 6:4)인 것이라 하겠다.	
•바울과 세례	1. 고린도 교회 교인들 중에는 집례자의 이름으로 세례를 받았다고 그릇되게 생각하는 이들이 있었다. 그래서 바울은 그런 오해에 대해 설명하였다. 2. 바울은 그리스도께서 어찌 나뉘었느냐 바울이 너희를 위하여 십자가에 못 박혔으며 바울의 이름으로 너희가 세례를 받았느냐(고전1:13)고 하고 '이는 아무도 나의 이름으로 세례를 받았다 말하지 못하게 하려 함이라'(고전1:15)고 한다.	
예수와 세례 요한의 사역의 연속성	1. 마태는 '회개하라 천국이 가까이 왔느니라'고 한 세례 요한의 전파(3:1-2)를 예수께서도 하였다(4:17)고 하다. 마가는 '때가 찼고 하나님의 나라가 가까이 왔으니 회개하고 복음을 믿으라'(1:15)고 하다. 요한과 예수의 메시지가 같다. 2. 예수께서 전파를 시작한 것에 대해 마태(4:12)와 마가(1:14)는 요한이 잡혀간 후라고 하다. 그러나 요한복음에서는 사역 기간이 겹친다. 요한복음에는 세례 요한의 사역지가 '세례를 베풀던 요단 강 건너편 베다니'(1:28)와 '살렘 가까운 애논'(3:23)이라고 하다. 또한 예수께서 제자들과 유대 땅에서 세례를 베푸실 때(3:22), 요한도 애논에서 세례를 베풀었다고 하며 그 때에는 아직 요한이 옥에 갇히지 아니하였다(3:24)고 하다. 마태, 마가와 달리 요한복음은 다른 전승을 가지고 기록되었다고 보아야 할 것이다.	•예수는 자신과 요한이 대조적이라고 하는데(마11:19, 눅7:33-34), 그러나 두 사람 모두 이 세대로부터 배척을 당한다.

	3. 요한의 제자는 요한에게 요단 강 저 편에 있던 이 곧 선생님이 증언하시던 이가 세례를 베풀 때 사람이 다 그에게로 간다(3:26)고 보고를 한다. 예수의 세례가 더 인기가 있었던 것 같다.	• 세례 요한이 세례를 준 사람은 무리(눅3:7), 세리(눅3:12), 백성(눅3:21), 모든 백성과 세리(눅7:29), 예수(마3:16, 막1:9, 눅3:21) 등이다.
	4. 예수께서 제자를 삼고 세례를 베푸시는 것이 요한보다 많다고 바리새인이 들었다고 하는데 요한복음 기자는 예수께서 친히 세례를 베푸신 것이 아니요 제자들이 베푼 것(요4:1-2)이라고 한다.	
	5. 누가에서 세례 요한은 회개에 합당한 열매를 맺으라고 하면서 우리들에게 옷 두 벌 있는 자는 옷 없는 자에게 나누어 주라(눅3:11)고 한다. 마태에서의 예수께서는 산상수훈에서 '너를 고발하여 속옷을 가지고자 하는 자에게 겉옷까지도 가지게 하라'(마5:40)고 한다.	
	6. 마태, 누가에는 세례 요한이 최후 심판 예고로써 알곡은 모아 곳간에 들이고 쭉정이는 불에 태우리라(마3:12, 눅3:17)고 한다. 또한 마태는 하나님의 통치의 비유로서 가라지는 먼저 거두어 불사르게 단으로 묶고 곡식은 모아 곳간에 넣는다(마13:30)고 한다.	
사도들과 요한의 세례	1. 베드로와 바울 모두 요한의 세례가 복음의 시작과 관계가 밀접하다고 한다. 2. 베드로(행2:38, 10:48), 빌립(행8:12), 베드로와 요한(행8:16) 등 여러 사도들이 예수 그리스도의 이름으로 세례를 받으라 또는 베풀라고 강조한다. 그리고 사도들은 요한의 세례(행1:5, 19:3)의 성격에 대해 사역 초기부터 분명히 하였다.	행13:24 그가 오시기에 앞서 요한이 먼저 회개의 세례를 이스라엘 모든 백성에게 전파하니라
예수 세례의 의의	1. 예수의 세례는 메시아로서의 임직식이다. 메시아로서 공식 출발 선포식이다. 2. 예수께서 하늘로부터의 소리 bat kol(Divine Voice)를 듣게 된다. 너는 내 사랑하는 아들이라 내가 너를 기뻐하노라고 말씀하였다고 마가, 누가는 기록하고 있다. 3. 메시아 임직식이기에 성령이 임재하게 되고 하늘이 갈라짐으로 하나님과 소통할 수 있게 된 것이다. 4. 예수께서 세례 요한에게 모든 의를 이루기 위함이라고 한 것은 하나님의 인류구원의 역사를 위해서라고 이해할 수 있다.	• 장교 임관식과 비교해 보면 이해하기 쉽다. 임명자는 하나님이다. • 장교는 조국의 아들로서 조국의 부름에 응해야 하는 것이다.

5. 집중연구

5.1 세례와 세례 요한

구분	내용	비고
세례자 요한	1. 예수의 제자 요한과 구분하기 위해서 예수께 세례를 베푼 요한을 구별하여 세례 요한이라고 부른다. 마태에 7회, 마가에 5회, 누가에 3회 언급되어 있고 요한복음에는 세례 요한이라는 호칭이 없다. 2. 누가에서는 복음서 첫 부분을 세례 요한의 수태고지로 시작하고 있다. 그리고 요한의 탄생과 관련한 사가랴의 찬가도 있다. 요한을 비중 있게 다루고 있는 누가에서 세례 요한이라는 호칭이 세 번 나오기는 하지만 요한의 역할이 세례에 있다기보다는 '주 앞에 앞서가서 그 길을 준비하는 자'(눅1:76)라고 보고 있다고 하겠다. 누가에서는 예수께서 세례받은 장소와 세례자를 정확히 밝히고 있지 아니하다. 3. 요한복음에서도 요한은 증거자인 것이다. 요한복음 역시 예수께서 세례 요한에게 세례를 받았다는 구체적인 언급이 없다.	세례 요한이라는 호칭: 마태 7회 3:1, 11:11,12. 14:2,8, 16:14, 17:13 마가 5회 1:4, 6:14,24,25,8:28 누가 3회 7:20,33, 9:19
세례와 정결 의식	1. 구약시대에는 하나님과의 관계회복에 있어서 가장 우선시 되는 부정을 제거하기 위한 정결 의식이 있었다(레14:32). 이 의식은 부정의 종류에 따라 정결	

	례의 방법이 각각 다르다. 정결 의식이 정화라는 관점에서는 세례와 유사한 것처럼 보일 수는 있으나 근본적으로 세례와는 다르다 하겠다. 2. 구약시대에 세례가 있었다고 보기는 어렵다. 유대인들은 정결에 대한 특별한 제사나 절차 등과 함께 구약에 명시되어 있지 않은 것에 대한 규례들이 많이 만들어져 있었다. 희생제물에 의한 정결 의식은 계속되어 왔다. 구약에서 정결 의식의 하나로 물로 몸을 씻기도 하였다. 그러나 그것은 희생제사를 위한 것이었다.	
물로 죄를 씻는다는 생각	1. 구약시대에도 죄를 씻는다는 생각은 있었다. 시편 51편에 우슬초로 나의 죄를 씻어 달라고 하는 다윗의 시가 있다(시51:2,7). 또한 이사야에도 예루살렘이 회복될 때에 그 더러움이 씻겨질 것이라고 하였다(사4:4). 2. 엘리사가 아람왕의 군대 장관 나아만의 나병을 고치기 위해서 그에게 요단강에서 몸을 씻으라고 요구(왕하5:1-10)하는데 역시 물로 깨끗게 한다는 것이다. 3. 인간이 물로 정화될 수 있고 정결케 될 수 있다는 믿음은 특별한 것이라고 볼 수 없다. 힌두교는 갠지스강에서 세례를 받기도 하고 먹기도 하며 화장한 재를 뿌리기도 한다. 물로 죄를 씻을 수 있다는 믿음은 인간의 보편적인 종교심리라 하겠다.	사4:4 이는 주께서 심판하는 영과 소멸하는 영으로 시온의 딸들의 더러움을 씻기시며 예루살렘의 피를 그 중에서 청결하게 하실 때가 됨이라
유대교 개종의식 으로서의 세례	1. 유대교로 개종하는 개종자들에게 세례의식이 있었다고 하는데 이와 같은 전승은 후대의 것이라고 한다. AD70년 이전에 유대교 개종자들의 회심의 조건으로 세례를 받았다는 증거는 없다고 한다. 유대교 개종자들에게 요구되는 것은 첫째 할례, 둘째 세례, 셋째 희생 제사다. 유대교에 있어서 이교도로부터의 회심의 증거는 할례이다. 세례 또는 목욕의식은 희생제사에 참여하기 위한 준비단계인 것이다. 2. 요한의 세례는 윤리적이고 종말론적이었다. '그리스도와 함께 죽고 함께 산다'(롬6:8)는 기독교의 세례와는 근본적으로 다르다고 하겠다. 3. 사도 바울은 유대교의 할례에 대응하는 기독교의식으로서 세례를 강조하고 있다. 세례가 '육의 몸을 벗는 것이요, 그리스도의 할례'(골2:11)라고 한다.	골2:11 또 그 안에서 너희가 손으로 하지 아니한 할례를 받았으니 곧 육의 몸을 벗는 것이요 그리스도의 할례니라
세례의식에 대한 유대인들의 태도 ① 유대인에게 세례가 필요한가	1. 마태와 마가는 예루살렘과 온 유다의 요단 강 사방에서 다 세례 요한에게 나아와 자기들의 죄를 자복하고 요단 강에서 그에게서 세례를 받았다고 한다. (마3:5-6, 막1:5) 2. 마태에는 요한이 세례를 베푸는 데에 많은 바리새인과 사두개인들이 보러 왔다는 기사(마3:7)가 있다. 바리새인과 사두개인에게 세례를 주는 모습은 생경한 것이었을 수 있다. 그러나 메시아 시대에는 물로 죄를 깨끗하게 할 것이라는 예언이 스가랴(13:1)와 에스겔서(36:25)에 있다. 3. 유대인들이 하나님께 죄를 용서받는 방법은 무엇인가. 하나님으로부터 죄사함을 받기 위해서는 희생제물을 가지고 속죄제, 속건제(레5:15-19)를 드려야 한다. 바리새인과 사두개인들은 요한의 세례가 율법과 규례에 맞는 것인지 확인하기 위해 그 현장에 왔을지도 모른다. 4. 그들은 이미 하나님의 백성이었던 유대인들에게는 이런 의식이 필요 없다고 생각하였을 것이다. 그러나 죄 사함을 받게 하는 세례, 천국이 가까이 온 것을 대비하는 종말론적 회개의 세례, 자기 죄를 자복하고 받게 되는 세례에 대해 그들은 임박한 진노를 피하는 방법으로 생각하였을 수도 있다(마3:7, 눅3:7). 5. 그래서 세례 요한은 그들을 독사의 자식들아, 회개에 합당한 열매를 맺으라. 아브라함이 너희 조상이라고 생각하지 말라 하나님께서는 이 돌들도 아브라함의 자손이 되게 할 수 있다고 말한다. 회개 없이 유대인이라는 것만으로는 구원받을 수 없다는 것이다.	슥13:1 그 날에 죄와 더러움을 씻는 샘이 다윗의 족속과 예루살렘 주민을 위하여 열리리라 겔36:25 맑은 물을 너희에게 뿌려서 너희로 정결하게 하되 곧 너희 모든 더러운 것에서와 모든 우상 숭배에서 너희를 정결하게 할 것이며

	6. 쿰란공동체에는 회개하는 자들은 심판을 면할 수 있다는 믿음이 있었다. 그들은 매일매일 물로 씻어서 깨끗하려 하였다.	
② 무슨 자격으로 세례를 베푸느냐	1. 요한복음에는 유대인들이 제사장과 바리새인을 세례 요한에게 보내어 네가 누구냐고 묻는다. 다음에는 바리새인이 보낸 자가 묻기로 네가 그리스도도 아니요 엘리야도 아니요 그 선지자도 아닌데 어찌하여 세례를 베푸느냐(요1:25)고 묻는다. 2. 그들의 질문은 네가 누구이기에 무슨 자격으로 세례를 베푸느냐는 것이었다. 요한의 대답은 나는 물로 세례를 줄 뿐이라고 대답한다. 물로 세례를 주는 일은 그렇게 대단하지 않은 자기도 할 수 있다는 의미라 하겠다. 세례 요한은 질문에 대한 대답으로 자기 뒤에 오시는 이가 정말 대단한 분이라고 소개하고 있다. 3. 유대 지도자들은 예수께서 예루살렘에 입성한 후 성전에서 가르치실 때 역시 같은 질문을 한다. 무슨 권위로 이런 일을 하느냐 또 누가 이 권위를 주었느냐고 묻는다. 예수께서는 먼저 자기의 질문에 답변을 하면 나도 대답하겠다고 하고 요한의 세례가 하늘로부터냐 사람으로부터냐고 묻는다. 대제사장들과 백성의 장로들은 궁리 끝에 모른다고 대답한다. 요한의 세례는 사람들에게서 권위를 받아서가 아니라 하늘로부터 권위를 받아 세례를 베푼 것이기 때문(마21:23-27, 막11:27-33, 눅20:1-8)인 것이다.	• 예수께서는 자신에게 성령이 임하였다(눅4:16-21)고 선언하면서 사역을 시작한다.
세례 운동	1. BC200년경 당시 제사장들에 반발하여 요단 강 지역에서 여러 세례 운동이 일어났다. 쿰란공동체, 요세푸스의 스승인 바누스의 무리, 에비온파, 만다야교 등이 있었다. 이들은 바리새파와 같은 윤리적, 종말론적, 묵시적 특징을 가지고 있으나 정통 유대교로는 인정받지 못했다. 나중에는 페르시아적인 이념들과 영지주의의 영향으로 이단으로 간주하게 된다. 이들 중 에비온파는 세례를 용서의 성례전으로 시행하였고 세례의 효력을 가장 강하게 주장한 집단은 만다야교이었다. 2. 이란, 이라크의 일부 지역에서는 지금까지도 내려오고 있는 이 운동의 흔적을 찾을 수 있다고 한다. 17세기에 선교사들이 만다야교의 존재를 처음 확인하게 되는데 세례 요한의 영향이 상당히 컸음을 말해주고 있다고 하겠다. 3. 터툴리안, 오리겐, 히폴리투스 같은 신학자들의 저서에 세례 요한이 언급되고 있다. 그리고 히브리인들의 복음서, 야고보 원복음서, 그리고 현존하지 않는 에비온복음서에도 세례 요한이 등장한다고 한다.	• 만다야 교도의 중요 의례는 흐르는 맑은 물에 침례의식을 하는 것이다. 이들은 세례자 요한을 숭배하여 유럽에서는 성요한의 그리스도 교도로 알려지기도 하였으나 실제로 만다야교는 기독교와 아무런 유사점이 없다.

5.2 하나님의 아들로서의 예수

구분	내용	비고
세례를 통한 예수의 경험	1. 예수께서 세례를 받으실 때 마태, 누가는 하늘이 열렸다고 하고 마가는 하늘이 갈라졌다고 한다. 이것은 에스겔이 하나님의 모습을 볼 때 하늘이 열린 것(겔1:1)을 연상시킨다. 에스겔은 또한 여호와의 영광의 형상의 모습을 보고 엎드려 말씀하시는 이의 음성을 듣는다(겔1:28). 결국 예수께서 세례를 받는 모습이 에스겔이 소명을 받는 모습과 다르지 않다고 하겠다. 2. 예수께서 세례 받으실 때의 성령강림의 체험은 예수의 세례가 세례 요한의 세례와 구별되는 성령세례(마3:11, 요1:33)가 되게 한다.	겔1:1 서른째 해 넷째 달 초닷새에 내가 그발 강 가 사로잡힌 자 중에 있을 때에 하늘이 열리며 하나님의 모습이 내게 보이니
내가 너를 낳았다	1. 예수의 세례에서 가장 큰 사건은 예수께서 하나님의 아들로서 자기인식을 하였다는 것이라 하겠다. '너는 내 사랑하는 아들'이라는 본문은 시2:7로서 '너는 내 아들이라 오늘 내가 너를 낳았다'에서 온 것으로 예수께서 하나님의 아들이 되었다는 것이다.	

<table>
<tr><td></td><td>2. 이 시편 말씀은 초기 그리스도교 공동체에게는 중요한 것으로서 사도 바울은 안디옥의 유대인 회당에서 설교할 때 예수에 대한 구약의 증거로서 언급(행13:23)하였고 히브리서 기자는 예수 그리스도가 대제사장이라고 말하면서 역시 이 시편을 인용(히6:5)하였다.

3. 이어지는 '내가 너를 기뻐하노라'는 사42:1로서 하늘로부터 나는 소리인데 하나님의 아들이라는 예수의 신분을 야웨의 고난 받는 종의 역할에 연결시키고 있고 특별히 아버지에 대한 순종과 관련시키고 있다.

4. 예수께서는 성령의 강림과 임재를 통해 하나님과의 관계를 아버지와 아들의 관계로 인식하는 특별한 자각을 하게 된다.</td><td>겔1:28 그 사방 광채의 모양은 비오는 날 구름에 있는 무지개 같으니 이는 여호와의 영광의 형상의 모양이라 내가 보고 엎드려 말씀하시는 이의 음성을 들으니라</td></tr>
<tr><td>구약에서의 하나님의 아들</td><td>1. 구약에서 하나님과 이스라엘의 관계를 부자 관계로 본 경우들이 있다. 출애굽기에는 여호와께서 바로에게 이스라엘은 내 장자(4:22-23)라고 하고 호세아서에는 이스라엘을 내 아들(호11:1)이라고 한다. 창세기에 언급된 하나님의 아들들(창6:2)은 아담의 아들, 셋의 후손들을 말한다(창5:3-7).

2. 욥기나 다니엘서 등에서는 천사를 가리켜 하나님의 아들들(욥1:6, 2:1, 38:7, 단3:25)이라고 하고 이스라엘의 왕들을 하나님의 아들이라고도 말한다. 시편에 '그가 내게 부르기를 나의 아버지시요 나의 하나님'(89:26)이라고 하고 솔로몬의 탄생을 앞둔 나단의 예언을 통해 하나님은 '나는 그의 아버지가 되고 그는 나의 아들'(삼하7:14)이 된다고 하다.

3. 이스라엘 백성은 일찍이 하나님을 아버지로 알고 있었다. 신명기는 너희는 여호와의 자녀(14:1)이고 여호와는 너희를 지으신 이(32:6)라고 한다. 이사야는 주는 우리 아버지시라(사63:16, 64:8)고 거듭 강조하고 말라기는 '우리는 한 아버지를 가지지 아니하였느냐'(말2:10)고 한다.

4. 예수 당시에도 유대인들은 하나님은 우리의 왕이시요 하늘 아버지라고 불렀다. 그러나 예수의 하나님의 아들이라는 인식은 유대인의 선민의식에 나온 집단적 부자의식과는 근본적으로 다르다 하겠다.

5. 이스라엘의 종교사적 배경과 구약의 내용을 감안하면 하나님의 아들이 새삼스러울 것도 없다. 그러나 예수처럼 하나님과 자신과의 관계를 아버지와 아들로 인식하고 실존적 차원에서 하나님과 일체 되는 자각과 거듭남을 한 사람은 없었다.</td><td>신14:1 너희는 너희 하나님 여호와의 자녀이니 죽은 자를 위하여 몸을 베지 말며 눈썹 사이 이마위 털을 밀지 말라

사63:16 주는 우리 아버지시라 아브라함은 우리를 모르고 이스라엘은 우리를 인정하지 아니할 지라도 여호와 주는 우리의 아버지시라 옛날부터 주의 이름을 우리 구속자라 하셨거늘</td></tr>
<tr><td>신약에서의 하나님의 아들</td><td>1. 예수와 하나님과의 관계를 명확히 하는 하나님의 아들, 아들 등의 호칭은 신약에 124회 이상 등장한다. 신약에서 하나님의 아들은 임무에 대한 위임, 순종, 닮음, 축복, 선물 등을 포함하는 다양한 의미를 지니고 있다고 하겠다.

2. 마가복음은 시작을 하나님의 아들 예수 그리스도에 관한 복음이라고 하여 하나님의 아들이라는 호칭을 사용함으로써 이 호칭이 차지하는 중요성을 암시하고 있다. 하나님의 아들이라는 기독론적 칭호는 마가에서 특히 중요하다. 이 칭호는 이야기 전체의 구조를 이루고 있으며 동시에 마가복음을 관통하는 기독론적 핵심 질문인 '그가 누구인가'에 대한 답변도 되기 때문이다.

3. 마태, 누가는 예수께서 성령으로 잉태되었다고 하는데 누가에서는 그가 '지극히 높으신 이의 아들'(1:32) 즉 하나님의 아들이라고 밝힌다. 또한, 예루살렘 성전에 있던 예수는 '내가 내 아버지의 집'에 있었다고 한다(2:49).

4. 공관복음에서 예수께서는 세례 받을 때와 산상에서 변화할 때 하늘로부터 '내 사랑하는 아들이요 내 기뻐하는 자'라는 음성을 듣는다.

5. 마태와 누가에서 예수께서는 세례를 받은 후 하나님의 아들로서 마귀의 시험을 받게 되고 예수께서는 하나님께만 복종하는 하나님의 아들로서 당당히 이 시험을 이긴다.</td><td>사64:8 그러나 여호와여 이제 주는 우리 아버지이시니이다 우리는 진흙이요 우리는 다 주의 손으로 지으신 것이요</td></tr>
</table>

	6. 공관복음서의 공통기사인 거라사(마태 가다라)의 귀신 들린 자는 예수를 하나님의 아들(마8:29), 지극히 높으신 하나님의 아들(막5:7, 눅8:28)이라고 한다.
	7. 마태, 마가, 요한복음의 공통기사인 바다 위를 걸어오는 예수에 대한 기사에서 마태만이 '배에 있는 사람들이 예수께 절하며 이르되 진실로 하나님의 아들이로소이다'(마14:33)라고 한다.
	8. 가이사랴 빌립보에서 예수께서 제자들에게 두 번째로 너희는 나를 누구라 하느냐고 묻는데 베드로가 '주는 그리스도시요 살아 계신 하나님의 아들'(마16:16)이라고 한다.
	9. 예수를 심문하면서 대제사장은 예수에게 '네가 찬송 받을 자의 아들'(막14:61), '하나님의 아들 그리스도'(마26:63)냐고 묻는다. 그런데 마가에서의 예수께서는 '내가 그'(14:62)라고 대답한다.
	10. 십자가에 달려 있는 예수를 조롱하는 기사에서 마태는 '그가 하나님의 아들이라 하였으니 하나님이 원하시면 그를 구원할 것이라'(27:43)고 하고 누가는 그리스도이면 자신을 구원하라(23:35)고 한다.
	11. 요한복음은 하나님의 아들에 대해 29회 언급하고 109회 정도 하나님을 '아버지'라고 부르고 있으며 예수께서 하나님을 친 아버지라고 하여 유대인들이 그를 죽이려 한다(5:18). 요한복음은 끝에 '오직 이것을 기록함은 너희로 예수께서 하나님의 아들 그리스도이심을 믿게 하려 함'(20:31)이라고 밝히고 있다.
아빠 아버지	1. 겟세마네 동산에서 예수께서 기도하실 때에 마태는 내 아버지(26:39)라고 하고 누가는 아버지(22:42)라고 하며 마가만이 아빠 아버지(14:36)라고 한다. 아빠 아버지라는 표현은 예수께서 기도할 때 늘 하던 표현으로서 하나님과 자신과의 관계가 일반적으로 표현되고 있는 부자 관계를 넘어서는 친밀한 관계인 동시에 아버지의 사명을 수행하는 특별한 관계를 갖고 있는 아들임을 나타내는 호칭이라 하겠다.
	2. 요한복음에서는 예수와 하나님과의 친밀한 관계에 대해 '아버지 품 속에 있는 독생하신 하나님'(1:14,18, 3:16)이라고 표현하고 있다. 요한복음에서는 '그 아버지'와 '그 아들'을 지속적으로 사용한다. 제자들은 하나님을 '아버지'라고 부르지 않는다. 요한복음에서의 하나님과 예수의 관계는 사랑으로 특징지어진다. 아버지는 아들을 사랑하고(요3:35, 5:20, 10:17, 17:23) 아들은 아버지를 사랑한다(요14:31)는 것이다.
	3. 사도 바울은 그리스도인들이 기도할 때에 하나님을 부르는 호칭으로 헬라어 파테르와 함께 아빠를 사용한다는 점을 갈라디아서(4:6)와 로마서(8:15)에서 언급하고 있다. 바울은 여기에서 아빠 아버지라고 부르는 것은 그 아버지의 자녀 됨과 유업을 예수와 함께 공유한다는 것을 뜻한다고 보았다.
	4. 하나님을 부르는 호칭으로 대단히 예외적인 이 말이 초기 그리스도교 공동체들이 있는 곳에서는 어디서나 사용된 데에는 이 말이 갖는 강력한 영향력 때문이라 하겠다.
	5. 지금도 기도할 때에 아빠 아버지라고 부르는 것은 하나님에 대한 친밀감의 표시로도 의미가 있겠으나 하나님과의 단절된 관계에서 회복되어 하나님께 직접 호소할 수 있게 되었음을 시사하는 것이라고도 하겠다.
우리로 하나님의 자녀되게 하신 예수	1. 하나님의 아들 예수께서는 우리의 아버지도 하나님이라고 말씀한다. 마태에서 예수께서는 '너희 아버지는 하나님이시니 곧 하늘에 계신 이'(23:9)라고 한다. 산상수훈에서는 '이같이 한즉 하늘에 계신 너희 아버지의 아들'이 된다(5:45)고 하고 이어서 하늘에 계신 너희 아버지(6:1), 너의 아버지(6:4), 네 아버지(6:6)에 대해 언급하고 있다.

2. 예수께서 기도를 가르치실 때에도 '하늘에 계신 우리 아버지'라고 부르게 하고(마6:9) 누가 역시 너희 하늘 아버지(11:13)를 말하고 있다. 예수께서는 자신의 형제, 자매, 어머니는 '누구든지 하늘에 계신 내 아버지의 뜻대로 하는 자'(마12:50)라고 한다.

3. 요한복음은 분명하게 '영접하는 자 그 이름을 믿는 자들에게는 하나님의 자녀가 되는 권세를 주었다'(1:12)고 한다. 요한일서에는 '보라 아버지께서 어떠한 사랑을 우리에게 베푸사 하나님의 자녀라 일컬음을 받게 하셨는가' '사랑하는 자들아 지금은 하나님의 자녀라'(3:1-2)고 한다.

4. 예수께서는 세례를 계기로 하나님의 아들이라는 자각과 확신을 갖게 되었다. 갈라디아서는 그리스도와 합하기 위하여 세례를 받은 자는 그리스도 예수 안에서 하나님의 아들이 된다(3:26-27)고 한다. 우리 역시 세례를 통해 하나님의 아들이라는 정체성을 갖게 된다는 것이다.

5. 초기 그리스도인들은 예수만이 참 하나님의 아들이라고 생각하고 예수를 통해서만 하나님의 양자가 된다고 여기기도 하였다(롬8:15, 엡1:5).

요한복음에서 예수께서는 너희가 '내가 명하는 대로 행하면 곧 나의 친구라'(15:14)고 하고 너희는 종이 아니라고 한다.

제7절 ❀ 예수의 시험

1. 본문비교

구분	마태(4:1-11)	마가(1:12-13)	누가(4:1-13)
성령의 역사	:1 그 때에 예수께서 성령에게 이끌리어 마귀에게 시험을 받으러 광야로 가사	:12 성령이 곧 예수를 광야로 몰아내신지라	:1상 예수께서 성령의 충만함을 입어 요단 강에서 돌아오사
주리시다	:2 사십 일을 밤낮으로 금식하신 후에 주리신지라	:13상 광야에서 사십 일을 계시면서 사탄에게 시험을 받으시며 들짐승과 함께 계시니	:1하-2 광야에서 사십 일 동안 성령에게 이끌리시며 마귀에게 시험을 받으시더라 이 모든 날에 아무 것도 잡수시지 아니하시니 날 수가 다하매 주리신지라
돌이 떡이 되게 하라	:3 시험하는 자가 예수께 나아와서 이르되 네가 만일 하나님의 아들이어든 명하여 이 돌들로 떡덩이가 되게 하라		:3 마귀가 이르되 네가 만일 하나님의 아들이어든 이 돌들에게 명하여 떡이 되게 하라
	:4 예수께서 대답하여 이르시되 기록되었으되 사람이 떡으로만 살 것이 아니요 하나님의 입으로부터 나오는 모든 말씀으로 살 것이라 하였느니라 하시니		:4 예수께서 대답하시되 기록된 바 사람이 떡으로만 살 것이 아니라 하였느니라
뛰어 내리라	:5 이에 마귀가 예수를 거룩한 성으로 데려다가 성전 꼭대기에 세우고 :6 이르되 네가 만일 하나님의 아들이어든 뛰어내리라 기록되었으되 그가 너를 위하여 그의 사자들을 명하시리니 그들이 손으로 너를 받들어 발이 돌에 부딪치지 않게 하리로다 하였느니라		:9상 또 이끌고 예루살렘으로 가서 성전 꼭대기에 세우고 :9하-11 이르되 네가 만일 하나님의 아들이어든 여기서 뛰어내리라 기록되었으되 하나님이 너를 위하여 그 사자들을 명하사 너를 지키게 하시리라 하였고 또한 그들이 손으로 너를 받들어 네 발이 돌에 부딪치지 않게 하시리라 하였느니라
	:7 예수께서 이르시되 또 기록되었으되 주 너의 하나님을 시험하지 말라 하였느니라 하시니		:12 예수께서 대답하여 이르시되 주 너의 하나님을 시험하지 말라 하였느니라
경배하라	:8 마귀가 또 그를 데리고 지극히 높은 산으로 가서 천하 만국과 그 영광을 보여 :9 이르되 만일 내게 엎드려 경배하면 이 모든 것을 네게 주리라 :10 이에 예수께서 말씀하시되 사탄아 물러가라 기록되었으되 주 너의 하나님께 경배하고 다만 그를 섬기라 하였느니라		:5 마귀가 또 예수를 이끌고 올라가서 순식간에 천하 만국을 보이며 :6-7 이르되 이 모든 권위와 그 영광을 내가 네게 주리라 이것은 내게 넘겨 준 것이므로 내가 원하는 자에게 주노라 그러므로 네가 만일 내게 절하면 다 네 것이 되리라 :8 예수께서 대답하여 이르시되 기록된 바 주 너의 하나님께 경배하고 다만 그를 섬기라 하였느니라
시행 후	:11 이에 마귀는 예수를 떠나고 천사들이 나아와서 수종드니라	:13하 천사들이 수종들더라	:13 마귀가 모든 시험을 다 한 후에 얼마 동안 떠나니라

2. 본문의 차이

구분	마태	마가	누가
본문의 위치	예수 세례를 받으심(3:13-17)	예수 세례를 받으심(1:9-11)	예수 세례를 받으심(3:21-22) 예수의 족보(3:23-38)
이어지는 주제	하나님의 아들 성령의 역사 (성령에게 이끌리어)	하나님의 아들 성령의 역사 (성령이 예수를 몰아내다)	하나님의 아들 성령의 역사 (성령의 충만함으로)
시험 기간	사십 일 밤낮	사십 일	사십 일 동안
금식	금식하신 후 주리신지라(4:2)		아무것도 잡수시지 아니하시니, 주리신지라(4:2)
누구에게	시험하는 자(4:3) 마귀(4:5,8,11), 사탄(4:10)	사탄(1:13)	마귀(4:3,5,13)
첫 번째 시험 마귀의 요구 예수의 대답	하나님의 아들이어든 돌들을 떡덩이가 되게 하라 • 사람이 떡으로만 살 것이 아니요 하나님의 입으로부터 나오는 모든 말씀으로 살 것이니라 • 신8:3을 길게 인용하여 대답		• 하나님의 아들이어든 이 돌들에게 명하여 떡이 되게 하라 • 사람이 떡으로만 살 것이 아니라 • 신8:3을 짧게 인용하여 대답
두 번째 시험 ·마귀의 요구 ·예수의 대답	• 예수를 거룩한 성, 성전 꼭대기에 세우고 • 하나님의 아들이어든 뛰어내리라 • 그의 사자들을 명하시리니 그들이 너를 받들어 돌에 부딪치지 않게 하리로다 • 시91:11-12 인용하여 요구 • 누가에서는 세 번째 시험 • 주 너의 하나님을 시험하지 말라 • 신6:16 인용 대답		• 예수를 이끌고 올라가서 순식간에 천하만국을 보이며 • 모든 권위와 그 영광을 내가 네게 주리라 이것은 내게 넘겨준 것이므로 내가 원하는 자에게 주노라 • 네가 만일 내게 절하면 다 네 것이 되리라 • 마태에서는 세 번째 시험 • 주 너의 하나님을 경배하고 다만 그를 섬기라 • 신6:13, 10:20 인용 대답
세 번째 시험 ·마귀의 요구	• 예수를 지극히 높은 산으로 데리고 가서 만국과 그 영광을 보이다 • 내게 엎드려 경배하면 이 모든 것을 네게 주리라 • 누가에서는 두 번째 시험 • 사탄아 물러가라 • 주 너의 하나님께 경배하고 다만 그를 섬기라 • 신6:13, 10:20 인용 대답		• 예수를 예루살렘 성전 꼭대기에 세우고 • 하나님의 아들이어든 뛰어내리라 • 그의 사자들을 명하사 너를 지키게 하시리라 그들이 너를 받들어 돌에 부딪히지 않게 하시리라 • 시91:11-12 인용하여 요구 • 마태에서는 두 번째 시험 • 주 너의 하나님을 시험하지 말라 • 신6:16 인용 대답

그 후 • 마귀 • 천사	• 마귀는 예수를 떠나다 • 천사들이 나아와서 수종드니라(4:11)	• 천사들이 수종 들더라(1:13)	• 마귀가 모든 시험을 다한 후에 얼마동 안 떠나니라(4:13)
다음 본문	공적 사역의 시작(4:12-17)	공적 사역의 시 작(1:14-15)	공적 사역의 시작(4:14-15)

3. 본문이해

구분	내용	비고
예수 시험의 의의	1. 예수께서 세례를 통해 메시아 선포식을 거행하고 하나님의 아들로서 선언 된 후에 시험을 받는다. 시험은 예수가 진정으로 하나님의 아들인가라는 것 이고 그리고 예수는 하나님에게 순종하는가라는 것이다. 2. 마태, 마가는 예수께서 성령으로 말미암아 이끌리거나 내몰리어서 시험을 받지만 누가는 성령으로 채워져서 시험을 받았다고 한다. 마태, 마가는 성령 의 주도성을 강조하고 있다. 3. 세례를 받을 때 임하였던 성령의 역사로 예수께서 시험 받으실 광야로 간다. 4. 최초의 인간 아담은 시험을 이겨내지 못한다. 하나님의 아들인 이스라 엘(출4:22)도 광야에서의 시험에 실패하였다(시95:10). 마지막 아담(고전 15:45)인 예수께서는 시험을 극복하였으며 이로 인해 타락한 인류의 전체 행 로에 새로운 출애굽을 시작하게 되었다(게리 윌스). 5. 예수께서 시험을 이기심으로 마귀가 물러가고(마태, 누가) 천사의 수종을 받게 된다(마태, 마가). 공관복음에서의 예수께서는 시험 이후에 공적 사역을 시작한다.	• 예수께서 시험받을 때 마귀는 돌들로 떡 덩이가 되게 하라고 하 고, 예수께서는 우리 에게 일용할 양식을 주시옵소서라고 기도 (마6:11, 눅11:3)하라 고 한다. 여기서 떡이 나 양식은 모두 헬라어 로 artos이다. 중국어 나 일어 성경 모두 같 은 단어를 다르게 번역 한 것은 식생활에서 빵 의 개념이 다르기 때문 이다.
하나님의 아들이어든	1. 구약에서 하나님의 아들이란 천사 혹은 신적인 존재(창6:2, 욥38:7) 그리고 때 로는 이스라엘 백성(호11:1)이나 기름 부음 받은 왕 등에 해당한다. 2. 셈어 관용법에 따르면 '하나님과 같은' 또는 '하나님과 특별한 관계를 가진' 등 의 의미라고 한다. 3. 하나님의 아들이란 말은 소수의 묵시적 문서(에녹서105:2, 에스드라서) 등에 서 메시아를 가리키는 말로 사용되었고 초기 기독교인들 역시 일찍부터 예수를 지칭하는 호칭(롬1:4)으로 사용하였다. 4. 마가는 하나님의 아들이라는 호칭으로 복음서를 시작하였고 요한복음은 독 생자인 예수에 대해 먼저 언급하고 있다.	제6절 예수의 세례, 하 나님의 아들 참조
시험받은 순서	1. 마태, 누가는 예수께서 세 번 시험을 받았다고 한다. 그런데 마태와 누가는 두 번째와 세 번째 시험의 순서가 다르다. 마태는 (1)광야, (2)성전 꼭대기, (3) 높은 산의 순서이고 누가는 (1)광야, (2)높은 산, (3)예루살렘 성전 꼭대기의 순 서이나 내용은 같은 것이다. 2. 누가에서의 첫 장면은 세례 요한의 아버지인 제사장 사가랴가 성전에서 분 향하는 모습이고 마지막 장면은 부활하신 예수께서 제자들에게 이 성 예루살 렘에 머물라(24:49)고 명하여 제자들은 예루살렘에 돌아가 늘 성전에서 하나 님을 찬송하였다(24:52-53)는 것이다. 3. 누가에는 예루살렘에 대한 언급이 많이 있다. 예루살렘을 중시하였던 누 가는 예수의 세 번째 시험의 장소가 마태에서처럼 거룩한 성의 성전 꼭대기 가 아니라 구체적으로 예루살렘 성전 꼭대기(4:9)라고 하는데 바로 그 곳에서 의 시험에 이김으로써 예수 수난의 극적인 승리를 예상하게 한다고 하겠다.	• 누가에서는 (1) 돌떡 시험, (2) 경배 하라 시험, (3)뛰어 내 리라는 시험의 순서는 시편 106편의 순서인 (1) 만나(106:14), (2) 금송아지 숭배(:19-20), (3) 광야에서 하나님 시 험(:32-33)에 따라 배 열한 것으로 보인다.

돌로 떡이 되게 하라는 시험 ① 메시아 예언 확인	1. 마태, 누가는 예수께서 사십 일 간 금식하고 아무것도 들지 아니하여 주리 시었다고 한다(마4:2, 눅4:1-2). 주린 상태에 있는 예수에게 돌들로 떡이 되게 하라고 마귀는 요구한다. 2. 예수가 하나님의 아들이라면 맨 먼저 해야 할 일은 사람들의 배를 채워주 는 일이 우선이라는 전제가 깔려 있는 시험이라 하겠다. 3. 배고픔의 문제를 해결하라는 마귀의 요구는 광야에서 만나의 기적을 재현 하라는 것이다. 유대인들은 오실 메시아에 대해 조상들이 광야에서 만나를 먹었던 것과 같은 표적을 보이리라는 기대를 하고 있었다(요6:31). 4. 누가의 마리아의 찬가에는 예수께서 '주리는 자를 좋은 것으로 배불릴 것'(1:53)이라고 한다. 그리고 실제로 예수께서는 오병이어 기적과 칠병이 어의 기적으로 사람들을 먹이었다. 또한, 세례 요한은 하나님께서는 이 돌 들로도 능히 아브라함의 자손이 되게 한다(마3:9, 눅3:8)고 하였다. 여기서 예수께서는 돌이 떡이 되게 하라는 요구의 배경이 되는 근본문제를 지적하 고 있는 것이다.	• 예수께서도 돌과 떡 의 대조를 언급한 적이 있다. '너희 중에 누가 아들이 떡을 달라 하는 데 돌을 주며'(마7:9)라 고 한다.
② 먹거리 문제 와 하나님	1. 인간의 가장 기본적 니드인 먹거리 문제를 해결하라는 것이 마귀의 요구인 것이다. 광야에서 이스라엘 백성은 먹거리 문제에서 실패하였다. 그들은 음 식 문제 때문에 하나님에게 불평하였으며 하나님을 시험하였고 하나님과 대 적하였으며 하나님을 믿지 아니하였다(시78:18-22). 2. 유대 백성들은 먹을 것이 없다고 불평하여 만나를 받아먹게 되었는데 그들 은 또 다시 만나밖에는 먹을 것이 없다고 불평한다(민11:5-6). 예수께서는 만 나를 먹이신 하나님의 뜻 즉 사람이 떡으로만 사는 것이 아니요 여호와의 말 씀으로 사는 것이라고 먹거리 문제의 본질에 대해 신명기 말씀(8:3)으로 대답 한다. 3. 예수께서는 이스라엘 백성의 실패는 하나님에 대한 믿음의 실패라고 보았 다. 예수께서는 하나님께서 우리를 돌보시는 것을 확신하고 마귀의 시험을 물리칠 수 있었다. 4. 마귀는 예수께 하나님의 아들로서의 능력을 요구하는 것처럼 하면서 실제 로는 하나님처럼 행하여 보라는 것이다. 은연중에 하나님과 하나님의 아들 로서의 구분을 무시한다. 하나님 아들로서의 지위나 특권을 이용해서 문제를 풀어보라는 마귀의 유혹을 예수께서는 물리친다. 5. 예수께서는 삶의 목적이 빵이 아니라는 것과 인간이 살아가는 힘의 원천이 하나님의 말씀임을 분명히 하고 있다.	민11:5-6 우리가 애굽 에 있을 때에는 값없이 생선과 오이와 참외와 부추와 파와 마늘들을 먹은 것이 생각나거늘 이제는 우리의 기력이 다하여 이 만나 외에는 보이는 것이 아무 것도 없도다 하니
뛰어내리라 시험 ① 메시아 예언 확인	1. 마태에는 두 번째, 누가에서는 세 번째 시험이다. 2. 마태에는 거룩한 성 성전 꼭대기에, 누가에는 예루살렘 성전 꼭대기에 예 수를 세우고 마귀는 네가 만일 하나님의 아들이어든 뛰어내리라고 한다. 마 카비 시대의 화폐에는 예루살렘 거룩한 성이라는 글이 있었다는 것으로 보아 마태의 '거룩한 성'은 누가의 '예루살렘 성'과 같은 것이다. 여기서도 하나님의 아들이라는 호칭은 하나님과 같이 행동하는 의미라 하겠다. 3. 마귀는 성경(시91:11-12)을 인용하여 요구한다. 시편에 있는 경건한 사람 을 보호해 주겠다는 말씀을 가지고 예수를 시험한다. 예수께서 뛰어 내려도 하나님의 사자들이 너를 지키겠고 손으로 너를 받들어 발이 돌에 부딪치지 않게 할 것이라고 한다. 4. 이 시험 역시 유대인들이 오실 왕 메시아에 대한 기대와 관련이 있다는 주 장이 있다. 왜냐하면, Pesigta Rabatti 162a에는 메시아가 자신이 성전 맨 위 에 서 있는 모습으로 나타낼 것이라는 유대인의 믿음을 분명히 밝히고 있기 때문이다(구글 인용). 또한 말라기(3:1)에는 너희가 구하는 바 주가 갑자기 그의 성전에 임한다고도 하였다.	• 마귀는 성경을 인용 하여 우리를 시험한다. • 마귀는 늘 안전을 보 장하는데 거기에 항상 조건이 따른다. 그러 나 하나님께서는 아무 조건 없이 우리를 보호 한다. 요5:19하 아무 것도 스 스로 할 수 없나니 아 버지께서 행하시는 그 것을 아들도 그와 같이 행하느니라

	5. 마귀는 유대인의 전승과 말라기 말씀을 배경으로 하여 네가 만일 하나님의 아들이어든 성전 꼭대기에서 뛰어내리라고 예수에게 요구하였을 것이다.	
② 안전보장의 거절	1. 마귀는 하나님께서 자기 백성들에게 한 약속을 지키는지 보자는 것이다. 하나님께서는 자기의 눈동자와 같이 독수리가 날개로 새끼를 보호함같이 이스라엘 백성을 지키겠다고 하였다(신32:10-11). 2. 마귀는 시편을 인용(91:11-12)하여 예수에게 뛰어내리라고 한다. 뛰어내려도 다치지 않는다는 것이다. 예수에게 성경을 믿지 아니하느냐는 것이다. 또한, 뛰어내림으로 갑자기 성전에 나타나는 주의 모습을 보이라는 것이다. 마귀는 예수에게 뛰어내리지 아니하면 성경을 믿지 아니하는 것이라고 겁박한다.	신32:10 여호와께서 그를 황무지에서, 짐승이 부르짖는 광야에서 만나시고 호위하시며 보호하시며 자기의 눈동자 같이 지키셨도다
③ 기적 행위의 이유	1. 뛰어내림으로 메시아임을 증명할 수 있는 예수이다. 그러나 사탄의 저의가 예수의 기적 행위를 통해 하나님을 시험하는 일이기 때문에 신명기 말씀(6:16)으로 거부한다. 예수께서는 하나님이 드러나고 하나님을 믿게 하기 위하여 기적을 행하는 분이지 하나님을 떠보기 위해 기적을 행하는 분이 아니다. 예수께서는 기적을 전제로 하나님에 대한 신뢰를 확인하려는 마귀의 요구에 대해 비판한다. 2. 고난과 죽음을 자초한 예수에게 뛰어내리는 것이 문제가 될 수는 없다. 그러나 그 행위가 하나님의 능력을 시험하는 것이 되어서는 안 된다는 것이다. 예수께서 신명기(6:16)를 인용하여 즉 너의 하나님을 시험하지 말라고 한다. 이 대답은 모세가 광야에서 마실 물을 달라고 다투는 백성들에게 너희가 어찌하여 여호와를 시험하느냐고 한 말이다(출17:2). 하나님께 기적을 먼저 요구하여도 안 되지만 기적만을 보고 하나님을 믿어서도 안 된다는 것이다. 기적의 주체 역시 하나님이다. 3. 기적에 관한 요구는 여호와를 시험하는 것으로 여호와가 우리 중에 계신가 안 계신가 하는 것(출17:7) 즉 하나님 존재 자체에 대한 의심이 원인인 것이다.	사49:8하 내가 장차 너를 보호하여 너를 백성의 언약으로 삼으며 나라를 일으켜 그들에게 그 황무하였던 땅을 기업으로 상속하게 하리라.
경배하라 시험 ① 메시아 예언 확인	1. 마태에는 세 번째, 누가에는 두 번째 시험이다. 2. 마태에서는 지극히 높은 산으로 데리고 갔다고 하고 누가에는 마귀가 예수를 이끌고 올라가서라고 한다. 마귀는 올라가서 만국과 그 영광을 보이고(마태) 또한 천하만국을 보인다(누가). 마귀는 이 모든 것을 네게 주겠다고 하고(마태) 또한 모든 권위와 영광을 네게 주겠다(누가)고 한다. 누가는 거듭하여 다 네 것이 되리라고 한다. 3. 마귀의 요구에 대해 마태는 '내게 엎드려 경배하면'이라고 하고 누가는 '내게 절하면'이라고 한다. 그런데 마태에서 예수께서는 태어났을 때 동방박사로부터 경배(2:8)를 받았고 공생애 기간에도 수없이 절을 받으며 부활 후에도 여자들에게서(28:9) 그리고 산에서 제자들로부터 경배(28:17)를 받은 분이다. 경배받기에 합당한 예수께서 누구에게 경배해야 하는가. 마귀는 하나님 노릇을 하려는 것이다. 4. 마태, 누가 모두 '하나님의 아들이어든'이라는 조건문이 없다. 5. 그러나 높은 산에 서 있는 모습은 시편(2:6)과 유사하다. 하나님이 세우신 왕인 다윗은 메시아왕국의 예표인데 지금 하나님께서 거룩한 산에 세웠다고 한다. 마귀는 이러한 하나님을 흉내 내는 것이다. 또한 시편(2:7)에는 예수께서 세례 받으실 때 들으신 '너는 내 아들이라'는 말씀도 있다. 직접적으로 이 표현을 인용하지 않았으나 마귀는 예수를 메시아 또는 하나님의 아들로 보고 높은 곳에 데려간 것이라 하겠다.	시2:5-8 그 때에 분을 발하며 진노하사 그들을 놀라게 하여 이르시기를 내가 나의 왕을 내 거룩한 산 시온에 세웠다 하시리로다 내가 여호와의 명령을 전하노라 여호와께서 내게 이르시되 너는 내 아들이라 오늘 내가 너를 낳았도다 내게 구하라 내가 이방 나라를 네 유업으로 주리니 네 소유가 땅 끝까지 이르리로다

② 하나님의 약속 모방	1. 시편은 '너는 내 아들이라 오늘 내가 너를 낳았도다'. '내게 구하라 내가 이방 나라를 네 유업으로 주리니 네 소유가 땅 끝까지 이르리로다'(2:7-8)라고 한다. 2. 마귀가 예수에게 천하만국과 모든 권위와 영광을 주겠다는 약속과 시편의 말씀이 비슷하다. 또한, 누가에서 마귀는 '이것은 내게 넘겨준 것이므로 내가 원하는 자에게 주노라(4:6)'고 말한다. 새번역은 '이것은 내게 넘어온 것이니'라고 한다. 즉 자기 것은 아니지만 넘겨받는 것으로 너에게 줄 수 있다는 것이다. 3. 마태에서의 예수께서는 부활 후 산에서 제자들에게 '나는 하늘과 땅의 모든 권세를 받았다'(28:18 새번역)고 한다. 예수께서는 하나님께로부터 직접 모든 권세를 받는 분이다. 마귀에게 경배하고 모든 권위와 영광을 받는 분이 아니다. 4. 예수께서는 신명기(6:13)를 인용하여 주 너의 하나님께 경배하고 다만 그를 섬기라고 대답한다. 이 대답 역시 이스라엘이 광야에서 금송아지를 만들어 숭배하였던 것(출32:1-8)을 배경으로 하고 있다. 5. 마귀는 땅에 대한 권세가 자기에게 있는 것처럼 허풍을 떤다. 마귀는 자신의 것이 아닌 것으로 자신을 경배하는 대가로 주겠다고 예수에게 제안하고 있는데 시2:8의 하나님처럼 행동한다. 6. 구약에서는 우상 숭배와 귀신 숭배를 동일시하고 있다(신32:17, 시106:37). 즉, 마귀를 경배하는 것은 우상 숭배와 같은 것이다. 그래서 예수께서는 이스라엘에게 우상 숭배를 금하라고 한 경고를 가지고 마귀의 제안을 물리친다. 누가에서는 사탄아 물러가라는 말이 없다. 마태에만 있다.	신6:13-14 네 하나님 여호와를 경외하며 그를 섬기며 그의 이름으로 맹세할 것이니라 너희는 다른 신들 곧 네 사면에 있는 백성의 신들을 따르지 말라
③ 종속의 선택	1. 마귀에게 경배하는 것은 세상의 권위가 하나님이 아닌 마귀에게 있음을 인정하는 것이다. 마귀는 하나님처럼 모든 것을 주겠다고 한다. 선택하는 순간에 갑과 을의 위치가 바뀐다. 선택은 그러므로 종속의 문제인 것이다. 　누가에서 마귀는 예수에게 정치적인 메시아에게 요구되는 천하만국의 모든 권위와 그 영광을 주겠다고 하며 절하라고 요구한다. 예수가 하나님의 아들이라는 것을 알고 있는 마귀로서 하나님의 아들로부터 경배를 받는다는 것은 마귀 권세의 절대성에 대한 인정이라고 하겠다. 2. 하나님은 선택의 대상이 아니다. 예수께서는 하나님의 절대성, 주도성 그리고 하나님 우선주의, 중심주의를 천명하고 있다.	
마가에서의 예수의 시험 ① 들짐승	1. 마가에서의 예수의 시험은 예수께서 어떤 시험을 받았는지 어떤 결과가 있었는지에 대해 언급하지 않고 있다. 예수께서 광야에서 사십 일 동안 사탄에게 시험을 받으며 들짐승들과 함께 있었는데 천사들이 수종들더라(1:12-13)는 것이다. 2. 광야에서 들짐승과 함께 있는 예수의 모습은 신명기에 나오는 하나님의 보호하심을 연상하게 하는데 '여호와께서 그를 황무지에서, 짐승이 부르짖는 광야에서 만나시고 호위하시며 보호하시며 자기의 눈동자같이 지키셨다'(신32:10)고 한다. 여호와의 전적인 보호하심의 모습이라 하겠다. 또한, 들짐승과 함께 있었다는 것은 이사야(11:6-8)가 말하는 다시 도래할 낙원의 평화와 관련이 있다 하겠다. 3. 마가에서 예수께서는 광야라는 척박한 현실, 사탄이라는 적대적 실체, 나아가 들짐승이라는 거친 환경에서도 하나님의 아들로서의 사명을 다 해낼 수 있음을 보임으로서 마귀의 시험을 이기었다고 하겠다.	시91:13 네가 사자와 독사를 밟으며 젊은 사자와 뱀을 발로 누르리로다 하나님이 이르시되 그가 나를 사랑한즉 내가 그를 건지리라 그가 내 이름을 안즉 내가 그를 높이리라. •납달리 유훈(8:4) 나의 자녀들아 너희가 선을 행하라 그러면 마귀는 너희에게서 떠나게 될 것이며 들짐승도 너희를 두려워할 것이요 주님은 너희를 사랑하실 것이다.
② 천사의 수종	1. 마태에서 마귀는 예수를 떠나고 천사들이 나아와서 수종(4:11)들었다고 한다. 구약에서 천사들은 하나님의 택한 종이 힘든 시기를 안전하게 통과하도록 보호하는 역할을 한다(출23:20, 32:34, 33:2 등). 2. 마가에서의 시험의 승리의 결과는 천사들이 예수를 수종드는 것이다.	

<table>
<tr>
<td></td>
<td>마가에서는 예수가 들짐승들과 함께 있었다고 하는데 시편을 배경으로 볼 때 결국 그들을 제압하고 천사들의 수종을 받았다는 느낌을 갖게 한다. 시편은 '네가 사자와 독사를 밟으며 발로 누른다'(91:13)고 한다. 마가에서 사탄의 시험이 무엇인지 분명하지는 않으나 결과적으로 예수께서 승리한다.

3. 누가는 마귀가 모든 시험을 다한 후에 마귀가 얼마 동안 떠나리라고 한다. 마귀가 잠시 떠나갔다는 것이다. 누가에는 천사의 수종 이야기가 없다. 그런데 누가의 요한과 예수의 탄생 이야기에는 천사 가브리엘이 큰 역할을 하고 예수께서 겟세마네에서 기도할 때에는 천사가 나타나 예수에게 힘을 더한다 (22:43).</td>
<td>• 모세묵시록과 아담과 이브의 삶이라는 구약외경에는 인간의 타락으로 인간과 짐승이 원수가 되지만 종말에는 낙원의 평화가 도래한다고 하였다.</td>
</tr>
<tr>
<td>③ 종말론적 세상의 구현</td>
<td>1. 이사야(11:6-9, 65:25)와 호세아(2:18)에는 사람과 짐승들이 함께 어우러져 살고 있는 모습을 보여 준다. 예수께서 들짐승들과 함께 있으며 천사들의 수종을 받는 모습이 연상된다.

2. 마가에서 예수의 시험은 종말론적 세상구현의 승리를 보여 주는 것으로 이해할 수 있다.</td>
<td></td>
</tr>
<tr>
<td>광야에서의 예수

• 금식</td>
<td>1. 마태에서 예수께서는 사십 주야를 금식하신 후 시험을 받는다. 마가에는 금식 이야기가 없다. 마태, 마가, 누가 모두 시험을 받은 기간이 사십 일 동안이라고 한다(마4:2). 모세는 광야에서 호렙 산으로 가서 사십 주야를 있으면서 떡도 먹지 아니하고 물도 마시지 아니하며 십계명을 판에 기록하였다고 한다(출34:28, 신9:9,18).

2. 마태, 누가는 예수께서 사십 일 동안 마귀에게 시험을 받았는데 아무것도 잡수시지 아니하며 주리셨다고 한다.

3. 마태는 예수 탄생기사에서 예수와 모세를 비교하고 있고 복음서 중에서 유일하게 제자들에게 금식(6:16)에 대하여 가르치고 있다.</td>
<td rowspan="4">렘2:6 그들이 우리를 애굽 땅에서 인도하여 내시고 광야 곧 사막과 구덩이 땅, 건조하고 사망의 그늘진 땅, 사람이 그 곳으로 다니지 아니하고 그 곳에 사람이 거주하지 아니하는 땅을 우리가 통과하게 하시던 여호와께서 어디 계시냐 하고 말하지 아니하였도다</td>
</tr>
<tr>
<td>• 높은 산</td>
<td>1. 마태에서의 경배하라는 마귀의 시험은 마귀가 예수를 데리고 지극히 높은 산으로 가서 그 때 천하만국과 영광을 보여준다.

2. 많은 고대종교는 '높은 산'에서 의식을 거행한다. 마태는 누가와 달리 높은 산에서 예수께서 세 번째 시험을 받았다고 한다. 마태는 산에서 가르치고 (5:1) 산에서 기도하며 (14:23) 산에 올라가서 환자들을 고쳐주고 (15:29-30) 부활 후에 산에서 제자들을 만난다(28:16-17).</td>
</tr>
<tr>
<td>• 광야</td>
<td>1. 마태, 마가, 누가 모두 예수께서 광야에서 시험을 받았다고 한다. 광야는 사람이 살지 않는 곳(렘2:6)이고 짐승이 부르짖는 곳(신32:10, 사13:21)이다. 여호와께서 유대 백성들이 사십 년 동안 광야의 길을 걷게 한 것은 너를 낮추며 너를 시험(신8:2)하기 위함이라고 한다.

2. 예수께서는 이스라엘 백성이 광야에서 시험을 받았듯이 광야에서 마귀의 시험을 받는다.</td>
</tr>
<tr>
<td>• 사십</td>
<td>1. 사십이라는 숫자는 사십 년(광야에서의), 사십 주야(노아의 홍수: 창7:4,12, 모세의 금식: 출34:28, 엘리야 호렙 산에 가다:왕상19:8, 예수의 금식: 마4:2, 눅4:1-2), 사십 세(모세의 나이: 행7:23,30,36), 사십 일(부활 후 예수: 행1:3) 등으로 사용한다.

2. 사십은 고난의 수, 인내의 수, 때가 이르기 위한 수이다.</td>
</tr>
<tr>
<td>예수의 시험은 내적 경험인가</td>
<td>1. 예수의 시험에 대해 이를 내적 경험이나 정신적 경험으로 보는 이들이 있다. 마귀가 예수를 이끌고 '순식간에' 천하만국을 보였다는 것이 그 근거라는 것이다. 그리고 광야에서 성전으로 이동한 마귀와 예수의 주위에는 천하만국을 볼 수 있는 그런 곳이 없다고 한다. 전체적으로 볼 때 예수의 주관적, 환상적 체험이라는 주장이다.</td>
<td></td>
</tr>
</table>

2. 종교개혁자 마틴 루터는 어느 날 마귀가 너무도 분명히 눈에 나타나 괴롭히는 바람에 쓰고 있던 잉크병을 집어 던져서 병이 깨지며 벽에 잉크가 묻었다고 한다. 이 땅에 새벽기도회의 역사를 일으킨 이용도 목사의 마귀체험도 잘 알려진 이야기이다. 3. 예수의 시험은 상상도 아니고 환상도 아니다. 예수께서 직접 몸으로 체험한 사실이다. 예수 세례를 통해 메시아로서 임직식을 가진 예수께서 메시아로서 그 능력에 대해 그리고 하나님과의 관계에 대해 나아가 유대 백성의 기대에 대해 당당히 사실 일간 시험을 받은 것이다. 4. 마귀의 시험은 우리의 신앙생활 가운데에 실제로 존재하고 있다. 그러나 우리는 그 형상조차 알아보지 못한다. 사도 바울은 마귀에 대적하기 위하여 하나님의 전신 갑주를 입으라(엡6:11)고 하였다.	• 예수의 시험은 장교로서 임관식을 거친 사람이 사관학교를 4년이나 다녔는데에도 다시 여러 가지 특별훈련을 받는 것과 같다.

4. 심층연구: 예수의 시험과 출애굽 그리고 메시아 전승

구분	내용	비고
마귀, 사탄	1. 마귀의 원어 디아블로스는 사탄 즉 사타나스와 같은 말이다. 디아블로스는 훼방하다, 비난하다는 뜻으로 고발자, 비방자의 의미다. 사타나스는 적대하다는 뜻으로 대적자, 원수라는 말이다. 2. 마귀는 귀신들의 파괴적인 활동의 궁극적인 원천으로서 악의 전체적 위계질서에서 우두머리에 해당된다(마12:24-26). 3. 마귀는 하나님에 반대해서 활동하는 존재이지만 궁극적으로 그의 힘 역시 하나님께 속해 있다(욥1:6). 4. 마귀는 누가에서 예수에게 모든 권위와 그 영광을 내가 네게 주는데 이것은 내게 넘겨준 것이므로 내가 원하는 자에게 준다(4:6)고 한다. 즉, 하늘과 땅의 모든 권세는 하나님의 것이지만 넘겨받은 것을 예수에게 내주겠다고 한다. 5. 이처럼 마귀는 거짓의 아비(요8:44)이고 세상의 신(고후4:4)이며 우리의 원수(마13:39), 대적(벧전5:8)이다.	• 랍비들은 사탄을 '예쩨르 하라'라고 한다. 사람 안에 있는 사악한 충동을 자극하여 죄를 짓도록 유혹하고 하나님 앞에서 그를 공격한다고 가르쳤다.
시험	1. 시험은 하나님의 주권적인 행위로 신앙의 연단을 위한 것이다. 하나님은 아브라함(창22:1), 욥(욥23:10), 자기 백성을 시험(벧전1:7, 4:12-13 등) 하였다. 2. 이와 달리 사탄 마귀는 인간을 죄악에 빠트리기 위해 유혹이나 술수 등의 시험을 한다. 사탄은 하나님의 아들 예수까지도 시험한다. 하나님의 아들에게 하나님의 아들이든가 하나님과 같은 능력을 보이라거나 기적을 행하라고 한다. 또한, 성경을 인용하여 언어의 술수를 부리거나 세상 모든 권위와 영광을 주겠다고 유혹하기도 하지만 실패하고 만다. 3. 사탄은 지금도 여전히 우리를 유혹하고 있고 우리에게 사술을 부린다. 마태는 마귀를 시험하는 자(4:3)라고 부른다.	벧전5:8 근신하라 깨어라 너희 대적 마귀가 우는 사자 같이 두루 다니며 삼킬 자를 찾나니 히2:18 그가 시험을 받아 고난을 당하셨은 즉 시험 받는 자들을 능히 도우실 수 있느니
출애굽을 배경으로 한 예수의 대답 • 돌떡	1. 돌로 떡이 되게 하라는 시험은 광야에서의 만나를 배경으로 하고 있다. 예수께서는 마귀에게 신명기(8:3) 말씀 즉 사람이 떡으로만 살 것이 아니요 하나님 말씀으로 산다고 대답한다. 2. 하나님께서 광야에서 이스라엘 백성들에게 만나를 공급해 주었으나 그들은 또다시 만나 이외에는 먹을거리가 없다고 불평을 한다. 먹거리 문제를 해결하기 위해 계속 먹거리를 공급한다고 하여도 인간은 영적으로 충만함을 느끼지 못하면 안 되는 존재이다. 예수께서는 떡의 문제와 영혼의 문제를 함께 보아야 한다는 것을 지적하고 있다.	신8:3 너를 낮추시며 너를 주리게 하시며 또 너도 알지 못하며 네 조상들도 알지 못하던 만나를 네게 먹이신 것은 사람이 떡으로만 사는 것이 아니요 여호와의 입에서 나오는 모든

• 뛰어내리라	1. 뛰어내리라는 시험 역시 광야에서의 물 고통을 배경으로 하고 있다. 예수께서는 신명기(6:16) 말씀 즉 주 너의 하나님을 시험하지 말라고 대답한다. 예수께서는 하나님을 신뢰하지 못하고 물이 갑자기 솟아나는 기적만을 바라는 이스라엘 백성이 되어서는 안 된다는 것이다. 물 때문에 백성들은 모세와 다툰다. 모세는 어찌하여 여호와를 시험하느냐고 하고 결국은 하나님의 지시에 따라 호렙 산 반석을 쳐서 물을 공급한다. 그리고 그 지역명을 맛사 또는 므리바라고 불렀는데 그 이유는 여호와께서 우리 중에 계신가 안 계신가 여호와를 시험하였기 때문이라고 한다(출17:7).	말씀으로 사는 줄을 네가 알게 하려 하심이니라 신6:16 너희가 맛사에서 시험한 것 같이 너희의 하나님 여호와를 시험하지 말고
	2. 시편(91:11-12)의 말씀 즉 경건자에 대한 포괄적인 보호를 근거로 뛰어내리라고 공격하는 마귀는 메시아의 사명을 위해 죽어야 하는 예수를 이해하지 못한다. 예수께서는 안전보장보다 사명이 우선이고 자신의 안전을 위해 여호와를 시험할 수 없다고 한다.	
• 절하라	1. 마귀에게 경배하라는 시험 역시 광야에서의 금송아지 숭배를 배경으로 하고 있다. 예수께서는 마귀에게 신명기(6:13) 말씀 즉 주 너의 하나님께 경배하고 다만 그를 섬기라고 대답한다. 금송아지에게 절하는 것과 마귀에게 절하는 것은 같은 것이기 때문에 예수께서는 모든 권위와 그 영광을 주겠다고 하는 마귀의 제안을 거절하면서 사탄아 물러가라(마4:10)고 한다.	신6:13 네 하나님 여호와를 경외하며 그를 섬기며 그의 이름으로 맹세할 것이니라
	2. 예수께서는 고난이 없는 영광을 거절한다. 그래서 첫 수난예고 직후 베드로가 항변하였을 때에도 역시 사탄아 물러가라(마16:21-23)고 하였다.	
메시아 전승을 기반으로 한 하나님의 아들의 능력에 관한 마귀의 요구 • 돌떡	1. 돌로 떡이 되게 하라는 요구는 유대인들의 메시아 기대 이유의 하나인 조상들이 먹던 만나를 먹을 수 있게 해 달라는 것이다. 만나란 이스라엘이 광야에 있을 때 질리도록 먹은 음식이다. 　이사야도 주리거나 목마르지 아니하는 세상(사49:10)을 말하고 있다. 요한복음에는 예수께서 오병이어의 표적을 행하자 무리들은 참으로 세상에 오실 그 선지자(6:14)라고 한다. 그뿐만이 아니다. 예수를 억지로 붙들어 임금으로 삼으려고 하여 할 수 없이 예수께서는 혼자 산으로 떠나갈 수 밖에 없었다(6:15). 그들이 다시 예수께 조상들이 광야에서 먹은 만나를 이야기하니 예수께서는 생명의 떡 이야기를 한다(6:33).	요6:15 그러므로 예수께서 그들이 와서 자기를 억지로 붙들어 임금으로 삼으려는 줄 아시고 다시 혼자 산으로 떠나 가시니라
	2. 마귀는 메시아 전승을 기반으로 하여 예수에게 하나님 아들이든 돌들로 떡이 되게 하라고 요구하였던 것이다. 예수께서는 떡만으로 살 수 있는 것이 아니요 하나님 말씀으로 살아야 한다고 대답한다.	
	3. 예수께서는 메시아 전승을 기반으로 하는 마귀의 요구를 거부하고 썩을 양식을 위해서가 아니라 영생하도록 하는 양식을 위해 일하라고 한다.	
• 뛰어내리라	1. 성전 꼭대기에서 뛰어내리라는 요구 역시 유대인들의 메시아 출현 기대를 실현하여 보이라는 것이다. 랍비 문서들에 의하면 유대인들은 메시아가 어느 날 성전 꼭대기에서 스스로 서 계실 것이라는 믿음을 갖고 있다고 한다. 마귀는 시편(91:11-12)을 인용하여 뛰어내리라고 한다. 하루아침에 혜성과 같이 나타나는 메시아처럼 해보라는 것이다. 말라기(3:1) 역시 너희가 기다리는 주는 갑자기 성전에 임한다고 하였다.	말3:1하 또 너희가 구하는 바 주가 갑자기 그의 성전에 임하시리니 곧 너희가 사모하는 바 언약의 사자가 임하실 것이라
	2. 유대인의 전승과 말라기를 배경으로 볼 때 마귀의 요구는 예수께서 메시아로서 갑자기 환상적으로 등장해 보라는 것일 수 있다. 예수께서는 기적처럼 나타나기를 거부하고 하나님 여호와를 시험하지 말라고 하면서 맛사(신6:16)를 언급한다.	
	3. 예수께서는 메시아 전승을 기반으로 하는 마귀의 요구를 거부하고 혜성처럼 나타나는 기적을 통해 자신을 믿게 할 수 없다고 한다.	

| • 절하라 | 1. 경배하라는 마귀의 요구는 메시아 전승과 관련이 없어 보인다. 그러나 마귀의 요구는 예수가 메시아로서 갖추어야 할 능력을 조건으로 한 흥정이었던 것이다. 마귀는 예수에게 높은 곳에 데려가서 아래를 보여 주면서 절만 하면 만국과 그 영광(마태)과 모든 권위(누가)를 너에게 주겠다고 한다. 유대인들은 모든 나라들을 정복하고 천하를 호령하실 이로써 메시아(학2:22)가 온다고 기대하였다.
2. 마태에는 마귀가 예수를 지극히 높은 산에 세웠다고 한다. 시편에서 하나님은 '나의 왕을 내 거룩한 산 시온에 세우겠다'고 하면서 '너는 내 아들이라 오늘 내가 너를 낳았다'고 하고 또한 '내게 구하라 네 소유가 땅 끝까지 이르리로다'라고 말씀한다(시2:7-8). 마귀는 완전히 하나님 흉내를 낸다. 하나님처럼 높은 산에 세우고 모든 것을 주겠다고 한다.
3. 마귀가 주겠다는 것들 즉 천하만국의 모든 권위와 그 영광은 정치적인 메시아로서 꼭 필요로 하는 것들이다. 그러나 예수께서는 정치적인 메시아로서의 자신을 부정한다. 그리고 본질적으로 마귀가 하나님 흉내를 내는 우상의 하나임을 지적한다. 우상 숭배를 요구하는 마귀에게 예수께서는 사탄아 물러가라고 한다. | 학2:22 여러 왕국들의 보좌를 엎을 것이요 여러 나라의 세력을 멸할 것이요 그 병거들과 그 탄 자를 엎드러뜨리리니 말과 그 탄 자가 각각 그의 동료의 칼에 엎드러지리라 |

5. 집중탐구

5.1 예수 시험의 다양한 시각

가. 하나님 나라의 성격이 드러나게 하는 시험

구분	돌떡 시험	뛰어내리라 시험	경배하라 시험
사회적 배경	로마 제국의 수탈로 대부분의 이스라엘 백성이 기아선상에 헤메이다.	다윗 시대의 영광을 회복시킬 메시아를 대망하다.	열방의 압제하에서 벗어난 유대 민족국가를 열망하다.
마귀의 요구	배고픔이라는 자신의 시급한 문제부터 해결하라. 아울러 광야에서 만나와 같은 먹거리를 제공하라.	갖고 있는 능력을 보여 달라. 기적을 행하여 순식간에 혜성과 같이 나타나라.	외세를 물리칠 수 있는 능력을 갖추어라. 마귀와 타협해서라도 민족을 독립시킬 수 있는 힘을 가져야 한다.
하나님 나라 시각	하나님 나라는 어떤 나라인가 우리는 먼저 그의 나라와 그의 의를 구해야 한다(마6:33).	하나님 나라는 어떻게 오는가 하나님 나라는 기적적인 방법으로 오지 않는다.	하나님 나라는 누가 주인인가? 하나님과 마귀가 함께 있을 수 없다.
성서적 이해	예수께서는 더욱 본질적으로 생존의 필요뿐 아니라 정신적 영적인 요구를 채위주시는 하나님의 말씀을 강조한다. 예수께서는 무엇을 먹을까 무엇을 마실까 염려하지 말라고 한다(마6:31). 바울은 '하나님의 나라는 먹는 것과 마시는 것이 아니요 오직 성령 안에 있는 평강과 희락이라'(롬14:17)고 한다.	구약시대의 메시아 왕국과 달리 하나님 나라가 조용히 임한다고 보았다. 예수께서는 '내가 만일 하나님의 손을 힘입어 귀신을 쫓아낸다면 하나님의 나라가 이미 너희에게 임하였느니라'(눅11:20 병행구 마12:28)고 한다. 메시아도 하나님 나라도 이미 도래하였다는 것이다.	예수께서는 하나님의 주권으로 귀신축출을 하고 성령으로 사탄의 왕국에 결정적 타격을 입힌다. 하나님 나라는 '뭇 나라를 심판하여 시체로 가득하게'(시110:6) 함으로 오는 것이 아니고 또한, 그런 능력을 필요로 하지도 않는다. 더욱이 그런 능력을 갖기 위해 사탄에게 절해서는 절대 안 되는 것이다.
예수의 대답	하나님 나라는 하나님의 말씀으로 인간의 모든 필요가 충족된다. 떡 문제의 본질을 알라고 한다.	하나님 나라는 하나님의 주권이 확립되는 곳이다. 하나님이 자신의 방법으로 역사하시도록 하나님을 시험하지 말라고 한다.	사탄 역시 하나님의 절대 주권 아래 있다. 사탄과 타협, 복종한다는 것은 하나님을 상대화시키는 죄를 짓는 것이다.

나. 하나님과 예수와의 관계 확인의 시험

구분	돌떡 시험	뛰어내리라 시험	경배하라 시험
마귀	• 하나님의 아들이니 하나님처럼 능력을 보여라. • 사십 일간 금식하여 배가 고플 터이니 먼저 그 문제부터 해결해보아라. • 마귀는 시급한 문제부터 해결하라고 하지만 예수께서는 전체적으로 근본적인 문제를 해결해야 한다고 하다.	• 하나님의 아들이니 시편의 말씀을 실제로 확인해보아라. • 성경에 있는 대로 그의 보호를 받을 수 있으니 뛰어내려 보라. • 마귀는 성경을 인용하지만, 의심을 근거로 하는 기적 행위를 유도함으로써 하나님 아버지와 그의 아들 예수 사이에 틈을 만들어서 벌리려고 한다.	• 하나님의 아들 여부와 관계없이 나를 경배하여라. • 나도 세상에 대한 권한이 있다. 천하만국의 모든 권위와 영광을 네게 주겠다. • 마귀는 세상 권력을 미끼로 하여 하나님의 아들인 예수로 하여금 아버지 하나님을 배반하게 한다.
예수	하나님의 말씀으로 산다 하나님에 대한 절대 순종	하나님을 시험하지 말라 하나님에 대한 절대 신뢰	하나님만 섬기라 하나님에 대한 경배

다. 유대 지도자들에 대한 시험

구분	돌 떡 시험	뛰어내리라 시험	경배하라 시험
유대 지도자	사두개인으로서의 요구	바리새인으로서의 요구	헤롯당으로서의 요구
마귀	• 권력과 부를 가진 사두개인들은 사제직을 독점하였고 내세를 믿지 아니하였다. 그들은 항상 자신들의 독점권과 부가 사라질 것을 대단히 염려하였다. • 마귀는 성전권력자들이고 물질주의자들인 사두개인을 대신하여 예수를 시험한다. 빵의 문제를 위해 어떻게 해결하려는지 궁금하였을 것이다. 예수가 추진하려는 경제적 개혁의 시도가 궁금하였을 것이다.	• 로마 정부에 대해 비판적이어서 대중들의 인기를 모았으며 근본주의자들인 바리새인들은 누구보다도 성서와 율법에 대해 잘 알고 있다고 자부하였다. • 마귀는 이스라엘 백성들의 메시아 열망과 이와 관련한 선지자들의 예언에 대해서 잘 알고 있는 바리새인들을 대신하여 성경을 인용하여 예수에게 기적을 일으키라고 요구하였던 것이다.	• 헤롯당은 로마와 헤롯 왕가를 지원한다. 헤롯당은 정치적으로 반대파인 바리새파와 협력하여 예수를 죽이려고 음모를 한다(막3:6, 12:12), 헤롯당은 자신들의 기득권에 도전하는 정치적 메시아로 예수를 보았다. • 마귀는 목적달성을 위해 수단과 방법을 가리지 않는 헤롯당을 대신하여 정치적 조건으로 예수에게 경배하도록 타협을 제안하였을 것이다. 실제로 헤롯은 예수를 보고자 하였다(눅9:9).
예수	• 예수께서는 성전정화에서 성전에서 장사하는 이들을 몰아내며 내 아버지의 집을 장사하는 집으로 만들지 말라고 한다. 또한, 강도의 소굴로 만들지 말라고도 한다.	• 예수께서는 바리새인들에게 악하고 음란한 세대가 표적을 구하나 선지자 요나의 표적밖에는 보일 표적이 없다(마12:39, 마16:1, 막8:11, 눅11:29)고 하다.	• 예수께서는 헤롯을 여우(눅13:32)라고 하는데 구약에서 여우는 포도원을 허무는 동물(아2:15)이다. 헤롯당은 자신들이 하나님의 포도원을 허무는 자라고 인식하시 못하고 있다.

5.2 예수 시험의 다양한 입장

가. 새로운 종교를 제시하는 시험

구분	돌떡 시험	뛰어내리라 시험	경배하라 시험
기존 종교	떡의 종교	기적의 종교	우상의 종교
현실	• 인류 최대 과제인 떡의 문제는 오늘날 실업의 문제라 하겠다.	• 원시종교나 하등종교에서는 기적이 중심이 된다.	• 나무, 돌, 물, 석물, 목각 등을 신의 형상으로 여기고 숭배한다.

	• 공산주의는 유물론과 무신론을 배경으로 떡 문제 해결을 시도하였으나 무위로 끝난다. • 떡 문제는 분배, 분배의 질, 차별, 양 등의 또 다른 문제를 수반하게 된다. • 떡 문제만으로도 세대 간, 지역 간, 계층 간, 소득 간, 집단 간 갈등이 유발될 수 있다.	• 미신이나 이단 집단에서는 지금도 기적이 중요하다. • 우리 모두 현실 타개나 문제 해결 등을 위해 늘 기적이 일어나기를 바란다. • 선한 목적이나 취지를 이유로 요행, 변수, 비정상적인 방법으로 좋은 결과가 올 것이라고 믿고 있다.	• 이스라엘 백성도 광야에서 금송아지를 제작한 후 우리를 애굽에서 인도하신 신(출32:4)이라고 한다. • 또한, 아세라 목상이나 일월성신을 숭배하고 바알을 섬기기도 하였다(왕하 17:15-18). • 맘몬, 재물의 신은 과거로부터 지금까지 없어진 적이 없는 영원한 우상이다.
교회	• 교회가 떡 문제 해결을 위해 기여할 수 있다. 그러나 인간 중심의 복지주의, 행복주의, 공리주의에 빠질 수 있다. • 떡 문제 이외에도 자녀 양육, 청소년 문제, 자살 문제, 약물 문제, 노인 문제 등 모든 문제에 교회가 나설 수는 없다. • 교회의 문제는 떡 문제와 사회 문제 등을 하나님보다 앞세우는 데에 있다.	• 예수도 기적을 행하였다. • 기적을 보고 하나님을 믿으려 해서는 안 된다. • 기적을 믿고 예수를 믿는 사람은 돈이나 명예를 보고 결혼하는 이와 같다. • 기적을 하나님께 요구하는 행위는 믿음의 순수성을 부정하는 행위이다. • 헤겔은 기적 신앙은 참 신앙이 아니라고 한다.	• 현대의 우상은 돈이고 물질이다. 황금만능주의, 배금주의, 물질주의 속에서 현대인들은 살아가고 있다. • 베이컨에 의하면, 모든 인간은 각자의 우상, 동굴의 우상을 가진다고 한다. 특별히 청소년에게는 연예인이 우상이다. • 우상들을 깨부수어 실상을 보게 하는 일을 해야 한다.
예수의 사역	사탄의 떡 제작요구 거부	사탄의 기적 행위요구 거부	사탄 숭배요구 거부
	• 예수께서 오병이어의 기적을 일으키시니 우리들이 억지로 예수를 붙들어 임금으로 삼으려 하다(요6:15). • 예수께서 나는 생명의 떡이니 나를 믿으라(:35)고 하자 제자 중 많은 이가 떠난다(:66). • 예수께서는 목숨을 위하여 무엇을 먹을까 무엇을 마실까 염려하지 말라고 하다(마6:25). • 너희는 먼저 그의 나라와 그의 의를 구하라(마6:33)고 하다.	• 기적을 행하지만 숨기다(막1:44, 마9:29-30). • 서기관과 바리새인이 표적 보여주기를 요구하다(마12:38, 16:1, 막8:11, 요2:18, 6:30). • 말고의 귀를 자른 베드로에게 예수께서 내가 능력이 없는 줄 아느냐(마26:53)고 하다. • 예수께서 고라산, 벳새다에서 권능을 행하였으나 회개하지 아니하므로 책망하다(마11:20-21). • 하나님에 대한 순전한 믿음만이 기독교의 본질이다.	• 우상 숭배를 피하라(고전10:14). • 하늘과 땅에서 보이는 것들과 보이지 않는 것들과 왕권이나 주권, 통치자나 권세들, 만물들 모두 하나님이 만든 것이다(골1:16). • 재물도 섬겨서는 안 된다(마6:24). • 탐심은 우상 숭배다(골3:5). • 탐하는 자는 우상 숭배자다(엡5:5). • 예수께서는 하나님과 재물(맘몬)을 겸하여 섬길 수 없다(마6:24)고 하였다.
현대교회의 요구	떡 문제보다 하나님 나라 복음에 힘쓰라.	하나님의 역사하심을 믿으라. 그 방법도 하나님이 정한다. 우리에게는 순전한 믿음이 중요하다.	현대의 각종 우상의 실상을 알게 한다. 하나님만을 섬기게 한다.
성격	하나님 말씀의 종교	하나님 주도의 종교	하나님 절대의 종교

나. 인간 욕구에 대한 시험

구분	돌떡 시험	뛰어내리라 시험	경배하라 시험
마귀	생존 욕구 해결	기적 행위 실시	정치적 욕구의 충족
예수	• 먹는 문제만의 해결을 거절 • 인간은 생존의 욕구뿐 아니라 소유의 욕구, 명예의 욕구 등을 가지고 있다. • 인간이 살아가기 위해서는 하나님의 말씀이 삶의 기준이 되어야 한다고 하다.	• 기적적인 행동을 거부 • 인간은 경제적, 사회적으로 위험을 무릅쓰는 행위를 할 때에 자기에게만은 기적이 일어나기를 기대한다. • 예수는 성서에 보장되어 있는 기적의 행위를 거절한다. • 기적 행위를 요구하는 이유가 하나님에 대한 의심을 근거로 하고 있기 때문이다.	• 정치적 욕구를 물리치다. • 인간은 남을 지배하고 모든 권위와 영광을 누리고 싶어 한다. • 타협의 산물로 거져 얻어지는 것들은 타협자에 대한 종속, 굴복의 대가인 것이다. • 인간의 의지로 사람들을 지배하려는 생각은 하나님이 역사의 주관자이고 섭리하는 분이심을 부정하는 것이다.
인간	진정한 삶의 목표 확인	문제 처리의 원칙 확인	진정한 힘의 원천 확인

다. 나 자신에 대한 시험

구분	돌떡 시험	뛰어내리라 시험	경배하라 시험
나	나와 물질	나와 하나님	나와 국가
나의 문제	• 물질 없이 살 수 없다. • 물질만을 위해서도 살 수 없다. • 물질의 문제가 영의 문제와 연결되어 있음을 깨달아야 한다. • 물질에 대한 예수의 가르침을 실천하자.	• 내 기도는 항상 하나님의 기적을 요구한다. • 하나님은 항상 내 편이라고 믿는다. • 내가 해야 할 일까지도 하나님이 해주시기를 바란다. • 기도와 함께 찬양과 감사가 많은 신앙생활을 하자.	• 천하만국 속에 내 나라가 있다. • 평화, 자유, 공의, 인권, 평등, 차별금지, 환경회복, 기회균등을 목표로 하는 나라다. • 내 나라는 하나님 나라를 구현하는 도중에 있는 나라다. • 하나님을 경배함으로 사람들 간의 관계가 형성된다.
내 생활	• 기독교적 경제생활	• 기독교 신앙생활	• 기독교적 사회생활
과제	영혼 구원의 과제.	하나님 중심 신앙의 과제	하나님 나라 구현의 과제

5.3 예수 시험의 구속사적 의미

구분	내용	비고
제2 아담이 되심	1. 하나님은 자신의 형상대로 아담을 만들었으나 선악과를 따 먹음으로써 하나님의 명령에 불순종하여 죽을 수밖에 없는 존재가 되었다(창3:19, 3:6, 8 등). 2. 아담은 순종치 않아 인류를 죄와 사망 아래 놓이게 하였으나 그리스도는 순종함으로써 많은 사람을 의롭게 하였다(롬5:15,19,고후5:21,히10:10-14, 벧전2:24 등). 3. 예수께서는 마귀의 시험에서 하나님께 순종함으로 그 시험을 이겼다. 그리고 가장 어려운 시험이었던 십자가에서 죽음으로써 승리하여 마지막 아담(고전15:45), 둘째 사람(고전15:47)이 되었다.	**롬5:19** 한 사람이 순종하지 아니함으로 많은 사람이 죄인 된 것 같이 한 사람이 순종하심으로 많은 사람이 의인이 되리라
낙원을 회복하다	1. 마리아는 '내 영혼이 주를 찬양'(1:46)이라고 한다. 2. 사가랴는 '구원의 뿔을 그 종 다윗의 집에 일으키신 것'(1:68-69)을 찬송한다. 3. 예수 탄생 시 홀연히 수많은 천군 천사가 하나님을 찬송(2:13)한다.	에덴은 페르시아의 헤덴에서 유래된 히브리어로 환희의 동산,

4. 목자들도 하나님께 영광을 돌리고 찬송(2:20)한다. 5. 공동번역으로 보면 누가에는 고침을 받은 이들이 하나님을 찬양한다. 중풍병자(5:25-26), 나인성 과부(7:12-15), 18년 동안 꼬부라져 펴지 못하던 여자(13:15-16), 문둥병자 중 한 명(17:11-16), 보게 된 소경(18:43)도 찬양한다.	태고의 동산이라는 의미라고 한다. 수메르어의 에디수(평지)에서 유래되었다는 설도 있다.

제8절 ❀ 제자들을 부르심

1. 본문비교

구분	마태(4:18-22)	마가(1:16-20)	누가(5:1-11)	요한(1:35-49)
시몬과 안드레의 등장	4:18 갈릴리 해변에 다니시다가 두 형제 곧 베드로라 하는 시몬과 그의 형제 안드레가 바다에 그물 던지는 것을 보시니 그들은 어부라	1:16 갈릴리 해변으로 지나가시다가 시몬과 그 형제 안드레가 바다에 그물 던지는 것을 보시니 그들은 어부라	5:1-3 무리가 몰려와서 하나님의 말씀을 들을 새 예수는 게네사렛 호숫가에 서서 호숫가에 배 두 척이 있는 것을 보시니 어부들은 배에서 나와서 그물을 씻는지라 예수께서 한 배에 오르시니 그 배는 시몬의 배라 육지에서 조금 떼기를 청하시고 앉으사 배에서 무리를 가르치시더니 :4-5 말씀을 마치시고 시몬에게 이르시되 깊은 데로 가서 그물을 내려 고기를 잡으라 시몬이 대답하여 이르되 선생님 우리들이 밤이 새도록 수고하였으되 잡은 것이 없지마는 말씀에 의지하여 내가 그물을 내리리이다 하고 :6-7 그렇게 하니 고기를 잡은 것이 심히 많아 그물이 찢어지는지라 이에 다른 배에 있는 동무들에게 손짓하여 와서 도와 달라 하니 그들이 와서 두 배에 채우매 잠기게 되었더라	1:35-36 또 이튿날 요한이 자기 제자 중 두 사람과 함께 섰다가 예수께서 거니심을 보고 말하되 보라 하나님의 어린 양이로다 :37-39 두 제자가 그의 말을 듣고 예수를 따르거늘 예수께서 돌이켜 그 따르는 것을 보시고 물어 이르시되 무엇을 구하느냐 이르되 랍비여 어디 계시오니이까 하니 (랍비는 번역하면 선생이라) 예수께서 이르시되 와서 보라 그러므로 그들이 가서 계신 데를 보고 그 날 함께 거하니 때가 열 시쯤 되었더라 :40-41 요한의 말을 듣고 예수를 따르는 두 사람 중의 하나는 시몬 베드로의 형제 안드레라 그가 먼저 자기의 형제 시몬을 찾아 말하되 우리가 메시아를 만났다 하고 (메시아는 번역하면 그리스도라)
베드로와 예수			:8 시몬 베드로가 이를 보고 예수의 무릎 아래에 엎드려 이르되 주여 나를 떠나소서 나는 죄인이로소이다 하니 :9 이는 자기 및 자기와 함께 있는 모든 사람이 고기 잡힌 것으로 말미암아 놀라고	:42 데리고 예수께로 오니 예수께서 보시고 이르시되 네가 요한의 아들 시몬이니 장차 게바라 하리라 하시니라 (게바는 번역하면 베드로라)

나를 따르라 • 베드로 형제	:19-20 말씀하시되 나를 따라오라 내가 너희를 사람을 낚는 어부가 되게 하리라 하시니 그들이 곧 그물을 버려두고 예수를 따르니라	:17-18 예수께서 이르시되 나를 따라오라 내가 너희로 사람을 낚는 어부가 되게 하리라 하시니 곧 그물을 버려두고 따르니라	:10 세베대의 아들로서 시몬의 동업자인 야고보와 요한도 놀랐음이라 예수께서 시몬에게 이르시되 무서워하지 말라 이제 후로는 네가 사람을 취하리라 하시니	
• 세베대의 아들들, 빌립	:21 거기서 더 가시다가 다른 두 형제 곧 세베대의 아들 야고보와 그의 형제 요한이 그의 아버지 세베대와 함께 배에서 그물 깁는 것을 보시고 부르시니	:19 조금 더 가시다가 세베대의 아들 야고보와 그 형제 요한을 보시니 그들도 배에 있어 그물을 깁는데		:43-44 이튿날 예수께서 갈릴리로 나가려 하시다가 빌립을 만나 이르시되 나를 따르라 하시니 빌립은 안드레와 베드로와 한 동네 벳새다 사람이라
• 예수를 따르다	:22 그들이 곧 배와 아버지를 버려두고 예수를 따르니라	:20 곧 부르시니 그 아버지 세베대를 품꾼들과 함께 배에 버려두고 예수를 따라가니라	:11 그들이 배들을 육지에 대고 모든 것을 버려두고 예수를 따르니라	
• 나다나엘의 등장				:45-46 빌립이 나다나엘을 찾아 이르되 모세가 율법에 기록하였고 여러 선지자가 기록한 그이를 우리가 만났으니 요셉의 아들 나사렛 예수니라 나다나엘이 이르되 나사렛에서 무슨 선한 것이 날 수 있느냐 빌립이 이르되 와서 보라 하니라 :47-49 예수께서 나다나엘이 자기에게 오는 것을 보시고 그를 가리켜 이르시되 보라 이는 참으로 이스라엘 사람이라 그 속에 간사한 것이 없도다 나다나엘이 이르되 어떻게 나를 아시나이까 예수께서 대답하여 이르시되 빌립이 너를 부르기 전에 네가 무화과나무 아래에 있을 때에 보았노라 나다나엘이 대답하되 랍비여 당신은 하나님의 아들이시요 당신은 이스라엘의 임금이로소이다

2. 본문의 차이

구분	마태	마가	누가	요한복음
부르신 장소	갈릴리(4:18)	갈릴리(1:16)	갈릴리호수를 말하는 게네사렛 호숫가(5:1)	요한이 세례를 베푼 베다니(1:28):요단 강 동편 갈릴리로 가는 길(1:43)
하시던 일	다니시다가	지나가시다가	무리에게 하나님의 말씀을 들려주다(5:1)	거니시다(1:35)
처음 만난 사람	시몬과 그의 형제 안드레	시몬과 그의 형제 안드레	배 두 척의 그물을 씻는 어부들(5:2)	요한과 그의 제자 두 사람(1:35)
일어난 일			시몬의 배에 오르다 배를 육지에서 조금 떼다 무리를 가르치다(5:3) 시몬에게 깊은 데로 가서 그물을 내려 고기를 잡으라(5:4) 하다 시몬이 밤새 헛수고했지만 말씀대로 하겠다(5:5)고 하다 고기가 많아 그물이 찢어져 동무배에 나누어 실으니 배가 잠기게 되다(5:6-7) 시몬 베드로가 엎드려 주여 떠나소서 나는 죄인이로소이다 라고 고백한다 시몬이 시몬 베드로(5:8)로 바뀌었다가 다시 시몬이 된다(5:10) 예수를 선생(5:5)이라고 부르다가 주여(5:8)로 바뀌다	요한이 예수를 하나님의 어린 양이라고 하다 예수께서 자기를 따르는 두 제자에게 무엇을 구하느냐고 하시다 두 제자는 랍비여 어디 계시오니까라고 묻는다 예수께서 와서 보라고 하고 계신 곳에 그날 함께 거하다(1:39) 두 사람 중 하나인 안드레가 형제인 시몬에게 메시아를 만났다고 하다(1:41) 안드레가 시몬을 예수에게로 데려가니 게바라고 하다(1:42)
시몬, 안드레, 빌립을 부르다	나를 따라오라 사람을 낚는 어부가 되게 하리라(4:19) 그물을 버려두고 따르다(4:20)	나를 따라오라 사람 낚는 어부가 되게 하리라(1:17) 그물을 버려두고 따르다(1:18)	시몬에게 무서워하지 말라 네가 사람을 취하리라(5:10)	빌립에게 나를 따르라(1:43) 빌립이 나다나엘에게 선지자들이 기록한 그이 나사렛 예수를 만났다고 하다 나다나엘은 나사렛에서 무슨 선한 것이 날 수 있느냐고 하다
세베대의 아들들과	아버지 세베대와 두 아들이 배에서	세베대의 아들 야고보와 요한이 그물을 깁다	세베대의 아들로서 시몬의 동업자인 야고보와	예수께서 나다나엘을 보고 참 이스라엘 사람이

그물을 깁다 그들을 부르다(4:21) 그들이 곧 배와 아버지를 버려두고 예수를 따르니라(4:22)	그들을 곧 부르다(1:19-20) 그 아버지 세베대를 품꾼들과 함께 배에 버려두고 예수를 따라가다(1:20)	요한도 고기가 많이 잡힌 것을 보고 놀라다(5:10) 베드로와 함께 있는 모든 사람들 중에서 시몬을 부르다(5:10) 그들이 배들을 육지에 대고 모든 것을 버려두고 예수를 따르니라(5:11)	라고 하다(1:47) 나다나엘이 예수께 어떻게 나를 아시느냐고 여쭙자 예수께서 무화과나무 아래 있을 때 보았다고 하다 나다나엘이 예수께 하나님의 아들이시요 이스라엘의 임금이라고 하다(1:49) 예수께서 나다나엘에게 앞으로 더 큰 일을 보리라고 하다(1:50)
부르심의 이해	시몬과 안드레는 해변에서 바다에 그물을 던지다 해변에서 그들을 부르니 그물을 버려두고 따른다 해변에서 그물을 깁던 세베대의 아들들을 부르니 배와 아버지를 버려두고 예수를 따르다	시몬과 안드레는 해변에서 바다에 그물을 던지다 해변에서 그들을 부르니 그물을 버려두고 따른다 해변에서 그물을 깁던 세베대의 아들들을 부르니 아버지와 품꾼들, 배를 버려두고 예수를 따라가다	배에서 그물을 내려 고기를 잡다 배에서 가르치고 고기를 많이 잡게 하다 그들은 배를 육지에 대고(5:11) 예수를 따른다 구체적으로 나를 따라오라는 말씀이 없다. 시몬에게 무서워하지 말라 이제 후로는 네가 사람을 취한다고 하다(5:10) 고기를 많이 잡게 하는 이야기는 누가에만 있다. 또한, 시몬이 예수께 나를 떠나소서 라는 이야기도 누가에만 있다 베드로는 예수의 기적을 보고 자기가 죄인이라고 고백한다	장소가 갈릴리가 아닌 갈릴리 가는 어느 곳(1:43)이다 요한복음에서 예수의 두 제자는 예수께서 부른 것이 아니라 예수를 찾아간 제자이다 요한복음에서 예수께서 부른 제자는 빌립뿐이다 요한복음에서는 처음 제자들이 모두 예수에 대한 고백을 한다. 안드레는 메시아, 빌립은 여러 선지자가 기록한 그이, 나다나엘은 하나님의 아들, 이스라엘의 임금이라고 한다

3. 본문이해

구분	내용	비고
처음 제자들: 갈릴리 사람들	1. 예수께서 제자들을 부르심으로 예수를 믿는 최초의 신앙공동체가 탄생하게 되었다. 마태, 마가, 누가는 처음 제자로 시몬과 그의 형제 안드레 그리고 세베대의 아들 야고보와 요한 등 네 명을 말하고 있다. 2. 요한복음은 요한의 제자이었던 두 사람, 그런데 한 사람은 안드레이고 다른 한 사람은 이름이 없다. 사도 요한으로 추측하기도 한다. 안드레는 자기 형제 시몬을 예수께 데려오고 예수께서는 빌립을 부른다. 빌립은 나다나엘에게 예수에 대해 얘기한다. 요한복음은 안드레, 시몬, 빌립, 나다나엘 등 네 명을 말하고 있다.	• 갈릴리는 호수 또는 바다로 불리운다. 게네사렛은 갈릴리의 다른 이름이다. 디베랴 호수도 마찬가지이다. 그런데 디베랴는 갈릴리 서쪽 연안에 건설된 도시로서 로마 황제 티

	3. 마태, 마가, 누가의 시몬, 안드레, 야고보, 요한은 갈릴리의 어부들이다. 그런데 요한복음은 빌립 역시 안드레, 베드로와 한 동네 벳새다 사람(1:44)이라고 하며 다시 한번 빌립은 갈릴리 벳새다 사람(12:21)이라고 한다. 4. 나다나엘(요1:45)은 갈릴리 가나(21:2)사람이다. 나다나엘은 공관복음서에 그 이름이 없다. 열두 제자 중 하나임은 틀림없으나 공관복음서의 바돌로매와 동일인으로 보여진다. 빌립과 바돌로매는 이름이 붙어 다닌다(마10:3, 막3:18, 눅6:14). 5. 마태, 마가, 누가, 요한에 나오는 처음 제자 여섯, 즉 시몬과 그 형제 안드레, 세베대의 두 아들 야고보와 요한, 빌립, 나다나엘은 모두 갈릴리 사람들이다. 6. 요한복음에는 부활하신 예수께서 디베랴 호수(요21:1-2)에 나타났을 때에 거기에 시몬 베드로, 디두모라 하는 도마, 갈릴리 가나사람인 나다나엘, 세베대의 두 아들들과 다른 제자 둘이 있었다고 한다. 일곱 명 중 네 명이 처음 제자인 것이다.	베리우스(AD14-37)의 이름을 따서 명명되었다. 게네사렛 호수가 게네사렛 도시의 앞의 호수를 말하듯이 디베랴 호수도 디베랴 도시의 앞 호수를 말한다.
제자들을 부르심 ① 마태, 마가	1. 제자라는 말은 학습자라는 의미와 함께 지지자를 가리키는 말로도 자주 사용되었다. 당시 선생들은 제자를 찾아 나서지는 아니하였고 제자들이 선생을 찾아다녔다. 2. 예수께서 제자들을 부르신 이유는 종말의 급박성 때문으로 이해해야 할 것이다. 마태, 마가는 예수께서 갈릴리 해변을 거닐다가 바다에 그물을 던지고 있는 시몬과 안드레에게 나를 따라오라 너희로 사람 낚는 어부가 되게 하겠다고 한다. 그들은 그물을 버려두고 따른다. 3. 마태, 마가는 예수께서 배에서 그물을 깁고 있는 세베대의 두 아들인 야고보와 요한을 부르는데 그들은 배와 아버지(마태, 마가) 그리고 품꾼(마가)까지 버려두고 예수를 따른다. 예수의 처음 네 제자는 절대 순종하여 예수를 따랐다. 4. 예수의 처음 제자들은 부르심을 받고 생업을 포기하고 즉시 예수를 따른다. 하나님 나라가 가까이 왔다는 말씀에 즉각적으로 순응한 것이다. 듣는 것도 중요하지만 곧바로 행동하는 것 역시 중요하다.	• 복음서에는 예수의 제자 이외에 바리새인의 제자들(마22:15-16), 세례 요한의 제자들(막2:18), 모세의 제자들(요9:28)이 나온다.
② 누가	1. 누가에서 예수는 처음부터 가르친다. 무리가 몰려와서 하나님의 말씀을 들었다고 한다. 그리고 호숫가에 있는 배 두 척에서 어부들이 그물을 씻는 것을 보고 예수께서 한 배에 오르는데 배를 육지에서 떨어지게 하고는 배 위에서 가르친다. 그런데 그 배는 시몬의 배였다. 2. 말씀을 마치고 시몬에게 깊은 데로 가서 그물을 내리라고 하니까 시몬이 밤새 헛고생했지만, 말씀에 의지하여 그리하겠다고 한다. 누가복음에 있는 이야기 즉 예수께서 고기를 많이 잡게 한 이야기가 요한복음에도 있다. 예수께서 부활하신 후 디베랴 호숫가에서 제자들을 만나실 때의 이야기이다 3. 그런데 고기가 너무 많이 잡혀서 그물이 찢어질 것 같아서 친구 배를 불러 나누어 실었는데도 배가 잠기게 되었다고 한다. 베드로는 즉시 엎드리어 예수께 주여라고 부르며 나를 떠나시라고 하면서 자기는 죄인이라고 한다. 여기서 고기 잡는 모티브는 선교 또는 말씀 사역에 대한 하나의 비유가 된다. 4. 자기의 경험보다도 예수의 말씀을 믿고 그물을 내린 시몬, 그 충성스러운 시몬이 예수가 어떤 분인지 알게 된 것이다. 예수는 자기와 같은 죄인과 같이 있어서는 안 되는 분이라고 생각하였던 것이다. 여기에서 시몬은 예수께 부름을 받기 전부터 솔직한 사람이었고 예수를 알아 본 사람이었으며 자신을 죄인이라고 인식한 사람이다. 누가는 이 장면에서 예수의 말씀으로 놀라운 결과가 생기는 완전히 새로운 세상이 온다는 것을 말하고 있다. 5. 세베대의 두 아들이고 시몬의 동업자인 야고보와 요한도 이 광경을 보고 놀라는데 그들은 배를 육지에 댄 후에 모든 것을 버려두고 예수를 따랐다고 한다.	• 예수께서 공생애 초기에 갈릴리 지역에서 사역을 하였기 때문에 예수의 제자들 중에 다수가 이 지역 출신이었다. 이들은 형제 또는 동업자들, 이웃이나 지인들이었다. • 마태, 마가는 제자가 열둘(마10:3, 막3:13)이라고 한다. 그런데 마태는 제자(10:1)이며 사도(10:2)인 열둘 이외에 다른 제자로서 아리마대 요셉(마27:57)을 언급하고 있다.

③ 요한복음	1. 요한복음에서 예수의 처음 제자는 세례 요한의 제자이었던 두 사람이다. 세례 요한이 예수를 하나님의 어린 양이라고 한 말을 듣고 예수를 따른다. 예수께서는 너희는 무엇을 찾고 있느냐고 물으니 어디에 묵고 계십니까라고 한다. 예수께서 와서 보라 하니 그들이 따라가서 그 날을 예수와 함께 지냈다 (새번역1:36-39). 2. 그런데 예수를 따라갔던 두 사람 가운데 하나는 시몬 베드로의 동생 안드레였다. 그가 먼저 예수를 만난 후 형제인 시몬을 데리고 예수께로 간다. 예수께서는 베드로를 보고 너는 요한의 아들 시몬이구나 앞으로 너를 게바라고 부르겠다고 한다. 3. 빌립은 예수께서 직접 부른 제자이다. 4. 나다나엘은 빌립에게서 예수에 대해 듣게 되는데 예수께서 먼저 그를 알아보았다. 예수께서는 빌립에게 '너를 부르기 전에 네가 무화과나무 아래에 있을 때에 보았다'고 한다. 그런데 여기에서 '무화과나무 아래'는 구약(미가4:4, 왕상4:25)의 표현으로 단순히 제 집에 있다는 속언으로도 쓰이지만, 메시아를 고대하는 이상적인 이스라엘인의 생활을 말하기도 한다.	• 누가는 열둘을 사도(6:13)라고 칭하고 그 밖에 다른 제자들(6:17)과 구분한다. 누가에는 예수께서 열두 제자들 이외에도 칠십인을 세워 파송한다. • 요한복음은 아리마데 요셉이 숨겨진 제자(19:38)라고 한다.
사람을 낚는 어부가 되리라	1. 마태, 마가는 예수께서 시몬과 안드레를 부를 때에 사람 낚는 어부가 되리라고 말씀한다. 처음 제자들이 모두 어부인 것을 감안하여 쉽게 이해하도록 한 말씀이리라. 세베대의 아들 야고보와 요한은 부르심에 그대로 예수를 따랐다고 한다. 사람을 낚는 어부라는 표현에 대해 원어 알리에이스 안트로폰은 사람들의 어부라는 말이라고 한다(호서대 이영진). 2. 누가에서 예수께서는 시몬에게 네가 사람을 취하리라고 한다. 사람을 낚는 어부에 대해서는 초대교회부터 선교 활동으로 이해되었다. 물고기를 건져 올리는 것을 사람들을 구원하는 행동으로 보았다. 3. 구약의 전승에서 사람을 건져 올리는 것은 구원보다는 심판의 맥락에서 사용된 은유이었다(암4:2). 구약시대에 사람을 낚는다는 것은 부정적 의미로써 심판을 말한다(렘16:16). 4. 그러므로 사람을 낚는 어부는 선교 활동과 함께 심판의 경고등을 의미하는 복합적, 다층적 은유라 하겠다. 5. 어부가 건져 올리는 것은 물고기이다. 초기 기독교에서는 물고기가 중요한 상징이었다. 예수 그리스도가 하나님의 아들이라는 헬라어의 머리글자를 모으면 익투스가 되는데 그것을 형상화하면 물고기가 된다. 로마시대 박해를 받던 기독교인들이 신자임을 알리는 상징으로 사용하였다. 즉 사람 낚는 어부는 물고기가 아닌 사람을 낚는 것 즉 사람의 영혼을 구원하는 것이 그의 임무라 하겠다. 6. 누가에서는 사람을 취하리라고 한다. 취하다는 조그레오라는 단어로 칠십인역에서는 살아있는 채로 잡는 것을 의미한다. 5:4에서 깊은 데로 가서 고기를 잡으라에서 잡으라는 아그라로써 포획하는 행위에 초점이 있다. 7. 그러나 취하다의 조그레오는 살려내는 행위가 그 중심이다. 베드로가 사람을 취하는 것은 사람을 살리기 위해서이다. 예수께서는 그에게 다시 살게 하는, 새로운 생명을 갖게 하는, 사람을 살리는 역할을 준 것이다.	• 누가는 제자라는 단어의 여성형(행9:36)을 일상적으로 사용하여 여신도들을 일반적으로 제자라고 불렀음을 보여 준다. 누가 8장에는 예수를 따르는 여자들의 이름이 나오는데 이들도 예수의 제자들이라 하겠다. • 예수의 제자 열둘은 제자인 동시에 사도이었고 하나님 나라 선포를 위한 동역자이었다. 열둘이라는 숫자는 구약의 열두 지파를 상징한다. 그래서 예수를 판 유다로 인하여 결원이 생겼을 때 맛디아를 제비뽑아 열둘을 유지했다.
나를 따르라 • 처음 제자	1. 예수께서는 처음 제자를 부르시며 '나를 따르라'고 말씀하는데 마태, 마가에서는 시몬과 안드레에게, 요한복음에서는 빌립에게 한다. 2. 마태에서는 시몬, 안드레, 야고보, 요한이 배와 아버지를 버려두고 마가에서는 아버지와 품꾼들, 그리고 배를 버려두고 예수를 따른다. 누가에서는 나를 따르라는 말씀이 없어도 시몬, 야고보, 요한이 모든 것을 버려두고(눅5:11) 예수를 따른다.	• 사도행전에서 누가는 믿는 자들의 무리(행4:32)와 제자들의 무리(행6:2)를 말한다.

	3. 요한복음에서는 빌립만이 예수의 부름을 받는다. 빌립은 안드레, 베드로와 함께 한동네 사람이다. 그는 성서에 대해 해박한 지식을 갖고 있으며 메시아를 대망하여 경건한 생활을 하는 자이었으나 안드레와 같이 직접 선생을 찾아다니지는 못하는 소극적인 사람이었을 것이다. 그래서 그를 예수께서 직접 부른 것이다.	• 제자가 선생을 따라가는 모습의 전형이 엘리사가 엘리야를 따라가는 장면(왕상19:20-21)이라 하겠다.
• 나중 제자	1. 마태, 누가에는 예수께서 자기를 따르는 자에게 나를 따르라고 한 이야기(마8:18-22, 눅9:57-62)가 또 있다. 마태에는 한 서기관이, 누가에서는 어떤 사람이 예수를 따르겠다고 하니 예수께서는 인자는 머리 둘 곳도 없다고 한다. 마태에는 제자 중 한 사람이, 누가에서는 또 다른 사람이 아버지 장사를 먼저 치르겠다고 하니까 예수께서 죽은 자들이 죽은 자를 장사하게 하라 하고 너는 나를 따르라(마태)고 하며 너는 가서 하나님 나라를 전파(눅9:60)하라고 한다. 　이어서 누가에서는 또 다른 사람이 가족과의 작별을 허락해 달라고 예수께 말씀드리니 손에 쟁기를 잡고 뒤를 돌아보는 자는 하나님 나라에 합당하지 아니하다고 한다. 예수께서 제자를 부르신 까닭은 하나님 나라의 임박성과 긴급성 때문이라 하겠다. 2. 마태(9:9), 마가(2:14), 누가(5:27)에는 예수께서 세관에 앉아 있는 자를 보고 나를 따르라고 하니 일어나 따랐다고 한다. 마태는 세관에 앉아있던 마태를 예수께서 보고 부르셨을 뿐 아니라 마태의 집에 앉아 음식을 잡수셨다고 한다. 마가는 알페오의 아들 레위가 앉아 있는 것을 보고 그를 불렀고 그의 집에 앉아 잡수셨다고 한다. 누가는 레위라 하는 세리가 세관에 앉아 있는 것을 보고 예수께서 부르는데 레위는 예수를 위해 자기 집에서 큰 잔치를 하였다고 한다. 레위에게 나를 따르라고 하니 모든 것을 버리고 일어나 따랐다고 한다(5:27). 3. 요한복음에는 부활하신 예수가 디베랴 호숫가에서 제자들에게 나타난다. 그 때 예수께서 베드로에게 네가 나를 사랑하느냐고 세 번 묻는데 베드로는 세 번 다 주님을 사랑한다고 대답한다. 그리고 예수께서는 베드로가 어떠한 죽음(21:19)을 당할 것을 알고 '나를 따르라'고 한다. 　베드로는 엉뚱하게도 예수께서 사랑하시는 그 제자가 어떻게 되겠느냐(요21:20-21)고 물으니 예수께서는 네게 무슨 상관이냐 너는 나를 따르라(요21:22)고 다시 말씀한다. 좌고우면하지 말고 나만 따르라고 거듭 말씀한 것이다. 여기에서 예수를 진정으로 사랑한다는 것은 예수를 부인했던 것을 참회하고 예수를 시인하는 동시에 예수의 양을 먹이는 일을 하는 것이라 하겠다. 4. 제자의 궁극의 임무는 하나님께 영광을 돌리는 것(요21:19)이고 예수의 뒤를 따르는 것이라 하겠다.	• 디트리히 본회퍼의 저서 나를 따르라에서 그는 값싼 은혜에 대해 회개 없는 설교, 공동체의 고백이 없는 세례, 죄의 고백이 없는 성찬, 개인의 참회가 없는 죄 사함이라고 한다. • 하나님 나라의 임박성에 대해서 예수께서는 제자들을 파송하며 이르신 말씀에 잘 나타나 있다. 마태에서는 천국이 가까이 왔다고 전파하라(10:7)고 하고 마가에서는 복음을 만국에 전파(13:10)하라 하며 누가에서는 하나님 나라를 전파(9:2)하라고 하다.
열둘을 세우다	1. 공관복음서에는 예수께서 열둘을 세웠다고 하고 제자 명단을 소개하고 있다(마10:1-4, 막3:13-19, 눅6:12-16). 2. 마태는 예수께서 그의 제자들을 불렀다고 한다. 그러나 마가는 예수께서 산에 오르사 자기가 원하는 자들을 부르시니 나왔다고 하며 이에 열둘을 세웠다고 반복(3:14,16)해서 말하고 있다. 출애굽기에는 모세가 산에 올라가서 열두 지파대로 열두 기둥을 세우는 이야기가 있다(출24:4). 마가에서의 예수께서는 모세를 연상하게 한다. 3. 누가에서의 예수께서는 산에 가서 밤이 새도록 하나님께 기도하고 밝은 후 그 제자들을 불러 그중에서 열둘을 택하여 사도라 칭하였다고 한다. 4. 마가에서의 예수께서 열두 제자를 세운 것을 반복하는 이유는 잃어버린 열두 지파의 복원에 대한 내세론적 예고라 하겠다. 마태에서 예수께서는 베드로에게 '나를 따르는 너희도 열두 보좌에 앉아 이스라엘 열두 지파를 심판하리	• 제자mathetes는 따르는 자를 의미하며 때로는 예수를 따르는 모든 이에게 사용되기도 한다(마27:57, 눅6:17, 요19:38). 사도 apostoloi는 특별한 메시지나 임무를 부여받고 보냄을 받은 심부름꾼을 말한다.

	리라'(19:28)고 한다. 누가에서는 마지막 만찬 후 제자들에게 '너희로 보좌에 앉아 열두 지파를 다스리게 하려 하느니라'(22:30)고 한다. 5. 가룟 유다가 자살한 후에 그를 대신하여 '항상 함께 다니던 사람 중에서' 맛디아(행1:22-26)를 세운다.	
사도라고 부르다	1. 마태에는 제자들의 명단 앞에 사도라고 한 번(10:2) 부른다. 2. 마가에서는 열두 제자들이 권능을 받고 파송되었다가 돌아와서 예수께 보고할 때에 그들을 사도(6:30)라고 한다. 3. 누가는 마태에서처럼 제자들 명단 앞에 사도라고 한다(6:13). 또한 마가에서처럼 파송 받았던 제자들이 돌아와 보고할 때에도 사도(9:10)라고 부르며 그 후에는 제자들이라고도 하고 사도들이라고도 한다. 4. 요한복음에서는 사도라는 말이 없다.	

4. 심층연구

4.1 예수와 제자들

구분	내용	비고
제자 시몬 베드로 • 마태: 첫째 제자	1. 마태, 마가에서는 처음 네 제자에 대해 비교적 공평하게 소개하고 있다. 예수께서는 시몬과 안드레를 부르신 후에 세베대의 두 아들 야고보와 요한을 부른다. 2. 마태는 처음부터 베드로라 하는 시몬(4:18)을 예수께서 처음 제자로 삼았다고 한다. 그러나 누가와 요한복음은 처음에 베드로의 이름이 바뀐다. 마태만이 예수께서 시몬에게 베드로라 하는 이름(16:18)을 주는 이야기가 따로 있다. 예수께서 처음으로 수난예고를 하기 전에 제자들에게 너희는 나를 누구라 하느냐(16:15)고 묻는다. 그때 시몬이 '주는 그리스도시여 살아 계신 하나님의 아들이시라'고 대답하자 '너는 베드로라 내가 이 반석 위에 내 교회를 세우리라'고 한다. 3. 베드로에 대해 마태는 제자 명단(10:2)에서 첫째라고 한다. 그러나 우리 성경에는 그 번역이 빠져있다. KJV는 '이제 이 열두 사도의 이름은 이러하니라 첫째 베드로라 하는 시몬과 그의 형제 안드레와'(10:2)라고 한다.	• 신약에서 베드로는 210회, 바울은 162회 언급되며 다른 사도들은 다 합쳐서 142회 언급된다. • 누가에서의 제자들은 그 길을 따르는 자들이다. 누가는 제자들과 함께 수난을 겪기 위해 예루살렘으로 가고 있는 제자들에게 초점을 맞추고 있다.
• 누가: 이름이 바뀌다	1 누가에서는 시몬이 제자 되는 과정을 중심으로 하여 시몬의 동업자인 세베대의 두 아들 야고보와 요한이 언급되어 있다. 누가에는 예수께서 처음 제자를 부를 때에 시몬의 형제 안드레에 대해서는 언급하지 않고 있다. 2. 누가에서 예수께서는 시몬의 배에 오르고 시몬에게 깊은 데로 가서 그물을 내리라고 한다. 고기가 많아 두 배에 채우고도 배가 잠기게 되었다. 시몬은 예수의 무릎 아래 엎드리는데 그때 그의 이름이 시몬 베드로로 바뀌게 된다(5:8). 누가에서 시몬 베드로라는 이름이 처음 등장한다. 예수께서는 무서워하지 말라고 하며 이제 후로는 네가 사람을 취하리라고 한다. 3. '이제 후로는'의 의미는 '이제 시몬이 베드로가 된 후로는'으로 이해할 수 있다. 이제 시몬은 그 이전의 시몬이 아니다. 시몬은 베드로의 역할을 하는 시몬 베드로가 된 것이다. 성서에서 베드로는 시몬, 시몬 베드로, 베드로, 바요나 시몬, 요한의 아들 시몬 등으로 불리우고 있다. 시몬은 히브리어 시메온의 헬라식 이름이다. 안드레도 헬라식 이름이다.	• 누가는 특별히 제자가 되기 위해서는 자신의 가족이나 자신의 목숨까지도 미워해야 하고 자기의 모든 소유를 버려야 한다(14:26-27,33). 또한 제자의 길은 구원을 위해 좁은 문으로 들어가는 것(13:24)이고 자기를 부인하고 날마다 제십자가를 지고 따르는 것(9:23)이어야 한다.
• 요한복음: 이름을 바꾸다	1. 요한복음에서 안드레는 세례 요한의 제자로서 예수를 따라갔던 두 명 중의 하나이다. 누가와는 다르게 소개하고 있다. 안드레는 예수가 계신 곳에 따라가서 함께 거하기도 한다(요1:38-39). 요한복음에서는 안드레가 형제 시몬을 예수께 데려가는데 그때 예수께서 시몬을 보고 장차 게바라고 한다(요1:42).	

	2. 예수께서 처음 본 시몬에게 새 이름을 주는데 '장차'라고 한다. 요한의 아들 시몬이 미래에 베드로가 된다는 것은 베드로로 변하고 베드로의 역할을 다하게 될 것이라는 의미라 하겠다.	
제자를 부른 그는 누구인가	1. 예수께서 처음 제자를 부를 때에 그들은 예수에 대해 자기 나름대로 이야기를 하고 있다. 마태, 마가에는 처음 제자들의 반응이 직접적으로 언급되어 있지 않다. 그러나 요한복음에는 처음 제자들의 이야기를 자세히 소개하고 있다.	
① 하나님의 어린 양	2. 요한이 예수를 '세상 죄를 지고 가는 하나님의 어린 양'(1:29), '하나님의 어린 양'(1:36)이라고 한다.	
② 메시아	1. 요한의 제자로서 예수를 따라간 두 제자 중에 하나인 안드레는 형제 시몬에게 메시아(1:41)를 만났다고 한다. 그리고 시몬을 데리고 예수에게로 간다. 2. 시몬과 베드로는 예수를 메시아로 알았다.	
③ 선지자	1. 빌립은 나다나엘에게 예수에 대하여 모세가 율법에 기록하였고 여러 선지자가 기록한 그분, 나사렛 예수를 만났다고 한다(1:45~46). 2 빌립은 이스라엘 백성이 오기를 고대하는 메시아를 말하고 있다.	
④ 하나님의 아들	나다나엘은 예수께 '랍비여 당신은 하나님의 아들이시요 당신은 이스라엘의 임금이로소이다'(1:49)라고 고백한다.	
제자도의 전범 ① 선생님, 주라 하다	1. 누가에서 시몬은 예수를 처음에 선생님이라고 하고 나중에 주라고 한다. 여기에서 선생님은 에피스타타로서 일상적인 칭호인데 누가에서 제자들이 예수를 부를 때 사용한다(8:24, 9:33, 17:13). 2. 다른 이들이 예수를 부를 때는 디다스칼로스라고 한다. 시몬이 예수를 주라고 부른 이유는 예수의 말씀으로 기적적인 일이 벌어졌기 때문이다. 누가에서의 시몬은 예수의 정체를 알고 나서 바로 주라고 부른다. 3. 예수를 경험하고 난 후에 호칭에 변화가 생겼다.	• 요한복음에서의 제자는 영생을 위해 예수에 대한 믿음을 고백한 사람들에게만 사용한다. 요한복음에서의 제자들의 첫 번째 표시는 베드로의 고백(6:68-69)처럼 영생의 말씀인 예수 안에 거하는 것이라 하겠다. 두 번째 표시는 서로 사랑하는 것(13:34-35)이고 세 번째 표시는 열매 맺는 삶(15:8)이라 하겠다. 열매 맺지 못하는 가지는 불에 던져지고 말 것이다(15:6).
② 말씀을 배우다	1. 누가에서 베드로가 예수의 제자가 되는 과정은 그 자체가 제자도의 좋은 본보기가 된다고 하겠다. 2. 누가에서 예수께서는 무리에게 하나님의 말씀을 전하고 시몬의 배 위에 오른 후에도 가르친다. 예수의 제자는 하나님의 말씀을 배우는 자들이다.	
③ 명령에 순종하다	1. 말씀을 마친 예수는 시몬에게 깊은 데로 가라고 하고 그물을 내리라고 한다. 가라 에파나가게로 단수 2인칭이라서 시몬에게 한 말씀이라 하겠다. 그러나 내려라 칼라사테는 복수 2인칭이므로 시몬과 함께 있는 자들을 포함해서 모두에게 내린 명령이라 하겠다. 또한 에파나가게 즉 가라는 돌아가라는 의미도 가지고 있다. 2. 밤새 수고들 했으나 잡은 것이 없는 시몬이다. 직업이 어부인 시몬에게 이래라저래라 하는 예수의 명령이 가소로울 수도 있었을 것이다. 그러나 누가에 있는 대로 그는 말씀에 의지하여 순종한다.	
④엎드리다	1. 시몬이 엎드린 이유는 예수가 누구인지를 알아보았기 때문이다. 그는 그물에 고기가 많이 잡힌 것을 보고 예수가 어떤 분인지 단번에 알아보았다. 예수의 말씀을 따른 결과 자신의 경험을 넘어서는 일이 일어난 것이다. 그래서 시몬은 예수께 주여라고 부르며 엎드린 것이다. 2. 물론 그 때에 시몬의 이름도 시몬 베드로로 바뀐다. 주님을 알아보고 경배를 드리는 것은 당연한 제자의 도리인 것이다.	
⑤ 죄인으로 고백하다	1. 예수를 주로 알아본 시몬은 자신을 죄인이라고 한다. 그는 자신을 죄인이라고 고백함으로써 예수께서 요구하는 회개에 부응한 것이다.	

	2. 누가에는 역시 세리가 자신을 죄인이로소이다(18:13)라고 고백하는 이야기도 전하고 있다. 죄인으로 자신을 고백하였다는 것은 예수를 죄의 용서자로 보았다는 것이다.
⑥예수를 따르다	• 제자는 당연히 스승을 따라야 한다. 공관복음서는 예수의 처음 제자들이 모든 것을 버리고 예수를 따랐다고 한다.

4.2 제자들의 태도

구분	내용
마태	(1) 예수께서 제자들에게 믿음이 작은 자들이라고 여러 번 지적(6:30, 8:26, 14:31, 16:8, 17:20)하다. (2) 제자들이 예수의 비유를 깨닫지 못하고(13:14) 비유에 대해 질문(13:10,36)하다. (3) 제자들이 예수의 가르침을 이해한다고 세 번(13:51, 16:12, 17:13) 언급하다. (4) 예수가 누구인지 모르다(14:15-17, 15:33). (5) 예수의 고난을 이해하지 못하다(16:22-23, 17:23). (6) 천국에서 누가 크냐고 예수께 묻다(18:1).
마가	(1) 제자들이 가르침을 이해하지도 못하고 깨닫지도 못한다(4:13, 7:18, 8:21). (2) 예수의 권위 있는 능력을 인식하지 못한다(4:38, 6:37,49, 8:4, 9:2). (3) 예수께서 제자들에게 믿음이 없다고 하다(4:40, 9:19). (4) 예수의 고난을 이해하지 못한다(8:32-33, 9:32) (5) 제자들이 누가 크냐며 쟁론하다(9:34). (6) 제자들을 알지 못하는 자들이라고 함으로서 반면교사가 되다.
누가	(1) 예수께서 제자들에게 믿음이 없다고 하다(8:25). (2) 제자들끼리 누가 크냐 다투다(9:46, 22:24). (3) 제자들은 예수의 고난을 이해하지 못한다(9:31,45, 18:34). (4) 예수께서 제자들을 비난한다(9:41). (5) 열두 제자 이외에 칠십인의 제자 이야기가 있다(10:1). (6) 믿음이 작은 자들(12:28)이라고 하다. (7) 제자들을 여섯 번이나 사도라고 부르다.

5. 집중연구

5.1 제자들의 반응

구분	내용	비고
버려두고 떠나다 ① 모든 것을 버리다	1. 공관복음서에서 예수의 처음 제자들은 예수를 따르기 위해 버리고 떠난다. 마태, 마가에서 시몬과 안드레는 예수의 부름을 받고 그물을 버려두고 떠난다. 생업을 포기하고 따랐다는 것이다. 세베대의 두 아들은 그물을 손질하다가 배와 아버지, 품꾼(마가)들을 버려두고 떠난 것이다. 즉 재산이나 사업뿐 아니라 가족관계도 개의치 않고 떠났다고 한다. 누가에서도 시몬과 시몬의 동업자이자 세베대의 두 아들 야고보와 요한도 배를 육지에 대고는 모든 것을 버려두고 떠났다고 한다. 이러한 이야기는 생업을 버리고 엘리야를 따르는 엘리사의 경우(마19:19-21)처럼 구약의 예언자 소명을 토대로 한 것이다. 먼저 상황묘사가 있고 이어서 말이나 행위로 일어나는 소명이 있고 마지막으로 따라가는 식이다.	• 마태, 마가에서는 배와 아버지를 버려두고 예수를 따랐다고 한다. 고대 사회에서 가족관계는 사회적 정체성을 형성하는 요인이다. 예수께서는 가족에 대해서도 새로운 시각으로 볼 것을 요구한다. 가족들이 예수를 찾을 때에

	2. 모든 것을 버린다는 것이 얼마나 어려운 일인가, 우리의 삶 자체는 인간관계에 의해서 더욱이 가족관계를 토대로 영위되고 있는데 그것을 포기한다는 것이다. 인간관계의 청산은 죽음과 같은 것이다. 더구나 우리는 삶에 필요한 물질을 마련하기 위해 일하고 있는데 일과 그동안 모아놓은 재물을 포기한다는 것이다. 이민을 가도 재물을 들고 가야 하는 것이 아닌가.	누가 내 어머니이며 동생들이냐(마12:50, 막3:35, 눅8:21)고 한다.
② 예수를 따르다	1. 예수를 따른다는 것은 관계나 소유에 내제되어 있는 기존의 가치를 포기한다는 것이다. 즉 우리가 그동안 따르고 있던 세상적인 기준이나 상식 등을 버리고 예수께서 제시하는 새로운 가치와 새롭게 중요하게 제시하는 하나님 나라의 진리를 따르겠다는 것이다. 2. 세상의 모든 것과 같이 가면서 예수를 따를 수는 없다. 기존의 태도나 관점, 관심 등 모든 것을 버려야만 예수를 따를 수 있는 것이다. 3. 누가에서의 예수께서는 다시 한번 나를 따르라(9:59)고 한다. 그때 아버지 장사를 허락해 달라고 하는 이에게 죽은 자의 장사는 죽은 이들에게 맡기라고 한다. 또한, 가족에게 작별인사를 하겠다는 이에게 쟁기를 손에 들고 뒤를 돌아보는 자는 하나님 나라에 합당하지 않다고 한다(눅9:59-62).	딤전1:15 미쁘다 모든 사람이 받을 만한 이 말이여 그리스도 예수께서 죄인을 구원하시려고 세상에 임하셨다 하였도다 죄인 중에 내가 괴수니라
주여 나를 떠나소서	1. 구약은 하나님의 부재를 가장 두려워하고 있다. 감히 주여 나를 떠나소서라는 말을 할 수 없다. 시편에는 하나님께서 나를 떠나지 말아 달라고 애원하는 시가 여러 편(시27:9, 38:1, 71:9 등)이 있다. 2. 누가에서 예수가 어떤 분인지 깨달은 시몬은 예수의 무릎 아래 엎드리어 예수를 주라 부르면서 '나를 떠나소서'라고 한다. 당신 같은 분이 나와 같은 죄인과 함께 하실 수는 없다는 뜻이다. 그러나 아무리 그렇다 하더라도 예수에게 나를 떠나라고 한 것은 아이러니라고밖에 볼 수 없다. 예수가 메시아인 줄 알았다고 한다면 '당신을 따르겠다'라고 먼저 말씀해야 했을 것이다. 누가에서 예수께서는 나를 따르라는 말씀을 하지 않는다. 3. 고기가 많이 잡힌 것으로 말미암아 시몬과 함께 있던 모든 사람이 놀란다. 그리고 세베대의 두 아들 야고보와 요한도 놀랐다고 누가는 기록하고 있다. 예수께서는 '무서워 말라'고 한다. 이 말씀은 주로 하나님의 현현을 경험한 사람들에게 하는 말이다. 예수께서는 시몬에게 네가 사람을 취하리라고 한다. 4. 시몬은 아직까지는 예수가 죄인의 친구(눅5:30, 마11:19)라는 것을 알지 못한다. 그러나 예수께서는 예수를 두려워하는 솔직한 심정에서 나온 발언과 죄인임을 자복하는 회개를 가납한다. 예수에게 나를 떠나라고 하였던 베드로는 이제 그 동무들과 함께 스스로 예수를 따르는 자가 되었다. 5. 예수에게 떠나기를 구하는 이야기가 누가에 또 있다. 예수께서 거라사에서 군대 귀신 들린 사람을 치유하여 구원받은 것(8:36)을 보고 '거라사인의 땅 근방 모든 백성이 크게 두려워하여 예수께 떠나기를 구한다.	시27:9 주의 얼굴을 내게서 숨기지 마시고 주의 종을 노하여 버리지 마소서 주는 나의 도움이 되셨나이다 나의 구원의 하나님이시여 나를 버리지 마시고 떠나지 마소서 시71:9 늙을 때에 나를 버리지 마시며 내 힘이 쇠약할 때에 나를 떠나지 마소서
나는 죄인이로소이다	1. 누가에서 시몬이 나는 죄인이로소이다 라고 하였을 때 시몬의 이름이 시몬 베드로로 바뀐다. 그는 아직까지도 예수가 죄를 사하는 분이라는 그의 정체를 잘 모르고 있었다. 2. 누가에는 죄를 지은 한 여자(7:37)에 관한 이야기가 나온다. 이 여인은 옥합을 가지고 와서 예수의 발에 향유를 붓는다. 예수께서는 이 여자에게 죄 사함(:48)을 받았다고 한다. 함께 앉아 있는 자들이 속으로 말하기를 이가 누구이기에 죄도 사하는가라고 한다(7:49). 3. 요한복음에는 음행한 여자를 예수께 끌고 와서 서기관과 바리새인들이 모세의 율법을 말하며 이 여자를 어떻게 해야 하느냐고 할 때 예수께서는 땅에 손가락으로 너희 중에 죄 없는 자가 먼저 돌로 치라(8:1-7)고 한다.	롬5:8 우리가 아직 죄인 되었을 때에 그리스도께서 우리를 위하여 죽으심으로 하나님께서 우리에 대한 자기의 사랑을 확증하셨느니라

4.기독교인이 되기 위해서는 먼저 자기가 죄인임을 고백해야 하는 것이다. 예수께서는 자기를 의롭다고 믿는 자에게 바리새인과 세리의 비유(눅18:9-14)를 들어 말씀한다. 이 비유에서 세리는 가슴을 치며 하나님이여 불쌍히 여기소서 나는 죄인이로소이다라고 한다.	

5.2 열 두 제자

마태10:2-4	마가3:16-19	누가6:13-16	사도행전1:13	비고
베드로라 하는 시몬 베드로의 형제 안드레 세베대의 아들 야고보 야고보의 형제 요한	시몬 베드로 세베대의 아들 야고보 야고보의 형제 요한 안드레	베드로라고 이름주신 시몬(6:14) 베드로의 형제 안드레 야고보 요한	베드로 요한 야고보 안드레	가군
빌립 바돌로메 도마 세리 마태	빌립 바돌로메 마태 도마	빌립 바돌로메 마태 도마	빌립 도마 바돌로메 마태	나군
알페오의 아들 야고보 다대오(르바오) 가나안인 시몬 가룟 유다, 예수를 판자	알페오의 아들 야고보 다대오 가나안인 시몬 가룟 유다, 예수를 판자	알페오의 아들 야고보 셀롯이라 하는 시몬 야고보의 아들 유다 예수를 파는 자가 될 가룟 유다	알페오의 아들 야고보 셀롯인 시몬 야고보의 아들 유다 (유다의 후임은 맛디아 행1:26)	다군

공관복음과 사도행전에 나타난 열두 제자들(성경기록순)

1. 열둘은 각각 네 명으로 이루어진 세 그룹으로 나뉘어 있다.

2. 각 그룹의 첫째 구성원은 이름이 같고 그 외에 이름의 순서는 네 명단 모두 다르다.

  첫 번째 그룹의 처음 구성원의 이름은 베드로이고 두 번째 그룹의 처음 구성원의 이름은 빌립이며 세 번째 그룹의 처음 구성원의 이름은 알페오의 아들 야고보이다. 이것은 열두 명의 제자가 작은 단위 세 개의 그룹으로 구성되어 있고 각 조직에는 각각의 리더가 있던 것을 암시한다.

  3. 첫 번째 그룹에는 두 집안의 형제들 즉 베드로와 그의 형제 안드레와 세베대의 두 아들인 야고보와 요한이 들어 있다. 이들은 중요한 일이 있을 때에 예수를 직접 수행한다. 베드로, 야고보, 요한은 야이로의 딸을 살릴 때(막5:37, 눅8:51), 그리고 변화산(마17:1, 막9:2, 눅9:28)에서 또 겟세마네 동산에서 기도할 때 예수의 지근 거리에 위치한다. 마가는 예수께서 감람산에서 종말에 대해 말씀하실 때에는 베드로, 안드레, 야고보와 요한이 있었다(13:3)고 한다.

  야고보의 형제 요한에 대해 초대 교부 이레니우스와 폴리크라테스는 이 사람이 요한복음에 나오는 사랑하는 제자라고 주장하였다. 그러나 아직까지도 사랑하는 제자가 누구냐에 대해서는 여러 주장이 제기되고 있다.

4. 빌립과 안드레는 헬라어 이름들이다. 요한복음에는 헬라인 몇이 예수를 뵙고자 하였을 때 이 두 사람이 예수께 여쭙는다(요12:20-22). 헬라인들이 헬라식 이름을 가진 제자에게 알현을 부탁한 것이다.

5. 바돌로메는 제자 이름 이외에는 언급되지 않고 있다. 그러나 요한복음에 나오는 나다나엘과 동일시되고 있다. 공관복음에서 빌립과 바돌로메의 이름이 함께 기록되어 있고 요한복음에서는 빌립과 나다나엘(1:45-46)의 긴밀한 관계가 암시되어 있다. 요한복음은 다시 한번 그가 예수의 제자임을 밝히고 있다(22:2). 바돌로메와 나다나엘이 동일시되지 않는다면 사복음서 안에 바돌로메에 대한 이야기는 전혀 없는 것이 된다.

6. 마태복음에는 예수께서 세리 마태를 제자로 부르는데(9:9) 마가, 누가는 그 이름이 레위(막2:14, 눅5:29)라고 한다. 아마도 두 개의 이름을 가지고 있었던 것 같다.

7. 야고보는 알페오의 아들 야고보라고 부르는데 세베대의 아들 야고보와 예수의 형제 야고보와 구분하기 위해서다. 야

고보의 어머니는 마리아로서 예수의 십자가 처형을 지켜보고(마27:56, 막15:40) 예수의 무덤에 찾아간 여자 중 하나이다 (마28:1, 막16:1-2, 눅24:10). 마가는 작은 야고보와 요셉의 어머니 마리아라고 하고 마태는 야고보와 요셉의 어머니 마리아라고 하며 누가는 야고보의 모친 마리아라고 한다. 알페오의 아들 야고보는 작은 야고보라고도 불렸다는 것과 형제가 요셉이고 어머니가 마리아라는 것을 알 수 있다.

8. 다대오는 마태, 마가에 나온다. 복음서 기자 누가는 누가복음(6:14-16)과 사도행전(1:13)에서 야고보의 아들 유다라고 기록하고 요한복음에서는 가룟인 아닌 유다(14:22)로 소개되어 있다. 제자 명단에서 다른 이름들이 일치하는 것으로 보아 다대오와 야고보의 아들 유다는 동일인으로 보인다. 아마도 다대오는 별명이나 지명일 수 있다. 다대오는 요한복음에서 예수께서 고별 강화를 할 때 예수와 대화하는 모습이 나온다(요14:22).

9. 셀롯이라 하는 시몬에 대해서 마태, 마가는 가나안인 시몬이라고 하는데 시몬 베드로와 구분하기 위하여 다르게 부르고 있다. 여기서 가나안인의 가나안은 열정, 열심을 뜻하는 아람어 케나나에 대한 헬라어의 음역으로 셀롯 즉 젤롯Zealot을 말한다. 이는 그가 열광적인 민족주의자였음을 암시하고 있다.

제9절 ✤ 예수의 가족

1. 본문비교

구분	마태(12:46-50)	마가(3:31-35)	누가(8:19-21)
예수를 부르니	12:46 예수께서 무리에게 말씀하실 때에 그의 어머니와 동생들이 예수께 말하려고 밖에 섰더니	3:31 그 때에 예수의 어머니와 동생들이 와서 밖에 서서 사람을 보내어 예수를 부르니	8:19 예수의 어머니와 그 동생들이 왔으나 무리로 인하여 가까이 하지 못하니
	:47 한 사람이 예수께 여짜오되 보소서 당신의 어머니와 동생들이 당신께 말하려고 밖에 서 있나이다 하니	:32 무리가 예수를 둘러 앉았다가 여짜오되 보소서 당신의 어머니와 동생들과 누이들이 밖에서 찾나이다	:20 어떤 이가 알리되 당신의 어머니와 동생들이 당신을 보려고 밖에 서 있나이다
내 어머니와 동생들을 보라	:48 말하던 사람에게 대답하여 이르시되 누가 내 어머니며 내 동생이냐 하시고	:33 대답하시되 누가 내 어머니이며 동생들이냐 하시고	:21상 예수께서 대답하여 이르시되
	:49 손을 내밀어 제자들을 가리켜 이르시되 나의 어머니와 나의 동생들을 보라	:34 둘러 앉은 자들을 보시며 이르시되 내 어머니와 내 동생들을 보라	:21중 내 어머니와 동생들은
하나님의 뜻대로 행하는 자	:50 누구든지 하늘에 계신 내 아버지의 뜻대로 하는 자가 내 형제요 자매요 어머니이니라 하시더라	:35 누구든지 하나님의 뜻대로 행하는 자가 내 형제요 자매요 어머니이니라	:21하 곧 하나님의 말씀을 듣고 행하는 이 사람들이라 하시니라

2. 본문의 차이

구분	마태	마가	누가
전 기사	• 예수께서 말 못하는 사람이 말하며 보게 하니 무리가 다윗의 자손이 아니냐고 하다(12:22-23) • 바리새인들은 귀신의 왕 바알세불을 힘입지 않고는 귀신을 쫓아내지 못한다고 하다(12:24)	• 예수의 친족들이 예수가 미쳤다고 붙들러 오다(3:21) • 예루살렘에서 내려 온 서기관들이 예수가 바알세불이 지폈다고 하며 귀신의 왕을 힘입어 귀신을 쫓아낸다 하다(3:22)	• 씨 뿌리는 자의 비유(8:1-15)와 • 등불은 등경 위에 두라고 하며 결실하기를 요구한다(8:16-18)
언제	• 무리에게 말씀하실 때(12:46)	• 예루살렘에서 내려 온 서기관들에게 비유로 말씀한 그 때(3:31) • 무리와 둘러 앉아 있다가(3:32)	• 각 동네 사람들이 나아와 이룬 큰 무리에게 비유로 말씀할 때(8:4)
찾아온 이들	당신의 어머니와 동생들이	당신의 어머니와 동생들과 누이들이	당신의 어머니와 동생들이
밖에 섰더니	예수께 말하려고 밖에 섰더니(12:46)	와서 밖에 서서 사람을 보내어 예수를 부르니(3:31)	무리로 인하여 가까이 하지 못하니(8:19)
전언자	한 사람이	무리가	어떤 이가
왜 밖에 서 있나	당신께 말하려고 밖에 서 있나이다(12:47)	밖에서 찾나이다(3:32)	당신을 보려고 밖에 서 있나이다(8:20)

예수		누가 내 어머니이며 내 동생들이냐	누가 내 어머니이며 동생들이냐	
		손을 내밀어 제자들을 가리켜	둘러 앉은 자들을 보시며	
		나의 어머니와 나의 동생들을 보라	내 어머니와 내 동생들을 보라	내 어머니와 내 동생들은
		누구든지 하늘에 계신 내 아버지의 뜻대로 행하는 자가 내 형제요 자매요 어머니이니라 하시니라	누구든지 하나님의 뜻대로 행하는 자가 내 형제요 자매요 어머니니라	곧 하나님의 말씀을 듣고 행하는 이 사람들이라
참고	대적하여 죽게 하리라	10:21 장차 형제가 형제를 아버지가 자식을 죽는 데에 내주며 자식들이 부모를 대적하여 죽게 하리라	13:12 형제가 형제를, 아버지가 자식을 죽는 데에 내주며 자식들이 부모를 대적하여 죽게 하리라	21:16 심지어 부모와 형제와 친척과 벗이 너희를 넘겨주어 너희 중에 몇을 죽이게 하겠고
	원수가 다 자기 식구니라	10:34 내가 세상에 화평을 주러 온 줄로 생각하지 말라 화평이 아니요 검을 주러 왔노라		12:51 내가 세상에 화평을 주러 온 줄로 아느냐 내가 너희에게 이르노니 아니라 도리어 분쟁하게 함이로라
		:35-36 내가 온 것은 사람이 그 아버지와, 딸이 어머니와, 며느리가 시어머니와 불화하게 하려 함이니 사람의 원수가 자기 집안 식구리라		:52-53 이 후부터 한 집에 다섯 사람이 있어 분쟁하되 셋이 둘과, 둘이 셋과 하리니 아버지가 아들과, 아들이 아버지와, 어머니가 딸과, 딸이 어머니와, 시어머니가 며느리와, 며느리가 시어머니와 분쟁하리라 하시니라
	가족을 더 사랑하는 자는 내 제자가 되지 못하리라	:37 아버지나 어머니를 나보다 더 사랑하는 자는 내게 합당하지 아니하고 아들이나 딸을 나보다 더 사랑하는 자도 내게 합당하지 아니하며		14:26 무릇 내게 오는 자가 자기 부모와 처자와 형제와 자매와 더욱이 자기 목숨까지 미워하지 아니하면 능히 내 제자가 되지 못하고
		:38 또 자기 십자가를 지고 나를 따르지 않는 자도 내게 합당하지 아니하리라		:27 누구든지 자기 십자가를 지고 나를 따르지 않는 자도 능히 내 제자가 되지 못하리라

3. 본문이해

구분	내용	비고
이야기의 배경 • 마태: 바리새인을 정죄하는 예수와 표적을 구하는 이들	1. 예수의 가족 이야기의 배경에 대해 마태, 마가, 누가는 비슷하면서도 다르게 말하고 있다. 2. 마태는 예수께서 바리새인들(12:24)에게 그리고 서기관과 바리새인들(12:38)에게 말씀한 후 예수의 가족이 왔다고 한다. 마태에서의 무리들이 귀신들려 눈 멀고 말 못하는 사람을 데리고 오니 예수께서 고쳐주어 '말 못하는 사람이 말하며 보게 되었'고 한다. 이에 무리가 다 놀라서 이는 다윗의 자손이 아니냐고 하였다는 것이다(12:22-23). 그러자 바리새인들이 귀신의 왕 바알세블을 힘입지 아니하고는 귀신을 쫓아내지 못한다고 한다.	• 1928년 발견된 우가리트문서에 언급된 신의 이름은 200개도 넘는다고 한다. 그 중 하나가 바알세블 즉 베엘제불인데 '큰 저택의 주인 즉 성전의 주인'이라는 뜻이라고 한다.

	3. 귀신이 쫓겨나가는 것을 본 무리들은 예수에게 메시아 칭호인 다윗의 자손이 아니냐고 한다. 무리는 예수의 이적에 놀라며 예수의 능력을 긍정적으로 평가한다. 그러나 바리새인들은 예수가 말 못하는 사람을 말하게 한 것은 바알세불의 힘을 빌려 귀신을 쫓아낸 것이라고 주장한다. 예수께서는 사탄이 사탄을 쫓아내는 것이 말이 되느냐고 하며 하나님의 역사를 사탄의 일이라고 말하는 것은 성령 모독(12:31)이고 성령 거역(12:32)이라고 한다. 　여기서 '바알세불'은 귀신들의 왕인 악마를 의미하며 사탄이라고도 불린다(마4:10, 12:26, 16:23). 일부 라틴어 사본과 시리아 사본에 바알세붑이라고 되어 있는데 바알세불과 연관이 있어 보이는 바알세붑은 블레셋의 신, 에그론의 신이다(왕하1:2). 4. 마태에서의 예수께서는 바리새인들에게 성령 모욕의 죄로 정죄 받는다(12:37)고 질책하고 또한 서기관과 바리새인들이 예수께 표적을 구하고 있을 때 예수의 가족은 밖에 서 있었다(12:46-47)고 한다.	• 마태, 누가의 예수 탄생 이야기에도 불구하고 예수의 정체성을 아는 가족들이 예수의 사명을 적극 지지하지 않은 지에 대해서 그 이유를 추론하기 어렵다.
• 마가: 귀신들렸다 함을 논박하다	1. 마가는 바로 앞에서 '집에 들어가시니 무리가 다시 모이므로 식사할 겨를도 없는지라 예수의 친족들이 듣고 그를 붙들러 나오니 이는 그가 미쳤다 함일러라'(3:20-21)고 한다. 여기서 친족 호이파르아우트는 문자적으로 '그의 곁에 있는 자들' 또는 '그와 함께 한 사람들'이지만 31절을 볼 때 그의 친구나 제자가 아니라 어머니와 동생들을 가리키는 말이라고 할 수 있다. 그들은 예수가 미쳤다, 정신 나갔다며 그를 찾아 다녔다. 2. 이어지는 마가의 기사에는 예루살렘에서 내려온 서기관들이 예수가 바알세불이 지폈다 즉 예수가 바알세불을 몸에 지니고 있다던가, 귀신의 왕 즉 귀신들의 두목을 힘입어 귀신을 쫓아낸다던가(3:22), 더러운 귀신이 들렸다 즉 더러운 영을 지니고 있다(3:30)고 비난한다. 그들은 예수께서 정상적인 방법이 아닌 사귀와 결탁하여 또는 사귀가 되어 귀신들을 쫓아낸다는 것이다. 3. 마가에서 예수의 어머니와 동생들은 예수께서 예루살렘에서 내려온 서기관들에게 비유로 말씀한 그때에 찾아왔다고 한다.	
• 누가: 비유의 비밀을 허락하다	1. 마태, 마가와 달리 씨 뿌리는 자의 비유(8:5-15)와 등불에 관한 교훈(8:16-18)에 이어 예수의 가족 이야기가 나온다. 2. 누가 8장은 예수의 동역자로서 열두 제자와 여러 여자들을 언급하면서 예수께서 하나님의 나라를 선포하고 그 복음을 전하였다(8:1)고 한다. 이어서 각 동네 사람들이 나아와 큰 무리를 이루니 예수께서 비유로 말씀한다. 씨 뿌리는 자의 비유를 말씀하니 제자들이 이 비유의 뜻을 묻는다. 예수께서는 하나님 나라의 비밀을 아는 것이 너희에게는 허락되었다(8:10)고 한다. 3. 누가에서의 예수께서는 하나님 나라에 관한한 제자나 동역자들이 혈연이나 혈육보다 중요하다는 의미에서 이런 말씀을 한 것으로 보인다.	
바깥에 있는 예수의 가족	1. 예수의 어머니와 동생들이 예수를 찾아온 때에 대해 마태는 우리에게 말씀하실 때(마12:46)라고 하고 마가는 예루살렘에서 내려온 서기관들에게 비유로 말씀한 그 때(막3:31)에 무리와 둘러 앉아 있다가라고 하며 누가는 무리에게 비유로 말씀할 때(8:4)라고 한다. 2. 마태, 마가에서는 예수의 어머니와 동생들이 밖에 있었다고 반복해서 말하는데 마태는 밖에 서 있다(12:46,47)고 하고 마가는 밖에서 사람을 보내어 예수를 부르고(3:31) 찾았다(3:32)고 하며 누가는 무리로 인하여 가까이하지 못하니(8:19) 밖에 서 있었다(8:20)고 한다. 3. 밖에 서 있는 예수의 가족은 마가의 표현처럼 저 바깥사람들(새번역4:11)이고 또한, 하나님 나라의 비밀이 수수께끼로 들리는 사람들이다. 마태, 마가, 누가는 예수의 가족이 예수의 무리 밖에 있었다고 강조하고 있다.	새번역 막4:11 예수께서 그들에게 말씀하셨다 너희에게는 하나님 나라의 비밀을 맡겨주셨다. 그러나 저 바깥 사람들에게는 모든 것이 수수께끼로 들린다

	4. 예수의 어머니와 동생들이 예수를 찾아온 이유에 대해 마태는 예수께 말하려고 라고 반복(12:46,47)하고 마가는 구체적인 이유 없이 찾으며 누가는 예수를 보러 왔다(8:20)고 한다. 5. 마가의 경우 예수의 어머니와 동생들이 예수를 찾아 온 이유가 분명하지 않다고 해서 예수의 친족들이 그가 미쳤다고 붙들려 하였다는 이야기와 연결시킬 필요는 없을 것이다. 이 두 이야기는 각각 독립적인 전승이기 때문이다. 　여기에서 예수의 어머니와 동생들이 예수를 왜 찾아와서 만나려 하였는지 그리고 무엇을 예수께 말하려 하였는지에 대해서는 언급하고 있지 않다.	
누가 내 어머니며 동생들이냐	1. 마태에는 한 사람이 예수에게 어머니와 동생들이 당신께 말하려고 밖에 서 있다고 하고 마가에서 무리는 어머니와 동생과 누이들이 밖에서 찾는다고 한다. 그런데 마태, 마가 모두 예수께서 누가 내 어머니이며 동생들이냐고 하였다는 것이다. 2. 누가에는 예수의 무리와 그 동생들이 왔으나 무리로 인하여 가까이 하지 못하자 어떤 이가 알려주기를 어머니와 동생들이 당신을 보려고 밖에 서 있다고 한다. 누가에서의 예수께서는 마태, 마가와 달리 누가 내 어머니며 동생들이냐는 말씀을 하지 않는다. 3. 마태, 마가에서의 예수께서는 즉시 대답을 한다. 마태는 '손을 내밀어 제자들을 가리켜 나의 어머니와 동생들을 보라'고 하고 마가는 '둘러 앉은 자들을 보시며 내 어머니와 동생들을 보라'고 한다. 마태는 제자들이 나의 어머니와 나의 동생들이라고 한다. 그러나 마가는 그 자리에 예수와 함께 앉아 있는 이들을 콕 집어내 어머니와 내 동생들이라고 한다. 제자들이 진정한 가족이라는 것이다. 　여기서 제자들이나 예수 주위에 둘러앉은 무리는 '저 바깥사람'(막4:11)이 아니다. 이들에게는 하나님 나라의 비밀을 맡겨주었다고 한다.	• 가톨릭은 히에로니무스부터 지금까지 예수의 형제자매를 부정함으로써 마리아의 영원한 처녀성을 지키려 하고 있다. 가톨릭은 마리아의 처녀성에 대한 주장은 생물학적인 의미로 제시한 것이 아니라고 하면서도 예수의 형제들을 그의 사촌이라고 주장한다.
하나님의 뜻대로 행하는 자	1. 마태에서는 누구든지 하늘에 계신 내 아버지의 뜻대로 하는 자가 내 형제요 자매요 어머니라고 하고 마가에서는 하나님의 뜻대로 행하는 자라고 하는데 이것은 당연히 하나님 나라에서의 가족관계는 혈연에 기초하지 않는다는 즉 하나님과의 관계가 우선이라는 것이다. 　마태에서의 '뜻대로 하는 자'와 마가에서의 '뜻대로 행하는 자'는 같은 헬라어의 다른 번역이다. 2. 누가는 하나님의 말씀을 듣고 행하는 이 사람들이 내 어머니와 내 동생들이라고 한다. 예수께서는 하나님 중심의 가족의 재구조화를 언급하고 있는 것이라 하겠다. 3. 마태의 하늘에 계신 내 아버지의 뜻이란 마가의 하나님의 뜻을 말한다. 하나님의 뜻이란 하나님께서 뜻하신 바 또는 하나님의 목적이나 계획들을 말하는데 하나님의 백성은 하나님의 뜻을 좇아 사는 사람들이다. 예수의 가족은 하나님의 뜻으로 이루어진 새로운 공동체라고도 하겠다. 4. 마태 산상수훈의 결론은 '주여 주여 하는 사마나 나 천국에 들어가는 것이 아니요 다만 하늘에 계신 내 아버지의 뜻대로 행하는 자라야 들어간다'(7:21-23)고 한다. 5. 누가 역시 평지설교의 결론으로서 '너희는 나를 불러 주여 주여 하면서도 어찌하여 내가 말하는 것을 행하지 아니하느냐'(6:46)라고 하며 '내게 나아와 내 말을 듣고 행하라'고 한다(6:47). 6. 마태에서는 내 아버지의 뜻대로 행하는 것을 말하고 있으나 누가에서는 하나님의 말씀을 행하는 것이라고 한다. 같은 말이다. 사람들이 하나님의 말씀을 직접 들을 수는 없으나 예수를 통해 들을 수 있다. 예수의 말을 듣고 행하는 것이 곧 하나님의 말씀을 행하는 이들(눅8:21)인 것이다.	살전4:3 하나님의 뜻은 이것이니 너희의 거룩함이라 곧 음란을 버리고 살전5:16-18 항상 기뻐하라 쉬지 말고 기도하라 범사에 감사하라 이는 그리스도 예수 안에서 너희를 향하신 하나님의 뜻이니라

		7. 예수께서는 '땅에 있는 자를 아버지라 하지 말라 너희의 아버지는 한 분이시니 곧 하늘에 계신 이시니라'(마23:9)고 한다.	
참 고	대적하여 죽게 하리라	1. 마태(10:21), 마가(13:12), 누가(21:16)의 공통기사이다. 마태는 누가 내 어머니이며 내 동생들이냐는 기사에 이어 계속된다. 2. 이 말씀은 다가 올 재난과 핍박과 배신과 혼란이 얼마나 극심한 것인지에 대한 경고로서 미가(7:6)의 인용이다. 마태, 마가는 형제끼리, 부모와 자식끼리도 대적하여 죽게 한다는 것이다. 가족들이 서로 궁지에 몰아넣는 타락하고 극악한 사회의 모습이라 하겠다. 여기에서 '죽는 데에 내어주며', '죽게 하리라'고 반복해서 말씀하는데 이것은 존속살인을 의미하지 않으며 회당이나 관가에 고발함으로써 고통과 죽음을 당하게 할 비정한 상황을 말하는 것이다. 3. 마가에는 종말 강화로서 한 말씀으로 가족마저 죽음으로 '내어주는' 절망적인 상황이기는 하지만 끝까지 견디는 자는 구원을 얻는다(막13:13)고 한다. 4. 누가 역시 종말 강화로서 '너희를 넘겨주어 너희 중에 몇을 죽이게 하겠다'(21:16)고 하지만 너희 머리털 하나도 상하지 아니하리니 인내하라(21:18-19)고 한다.	미7:6 아들이 아버지를 멸시하며 딸이 어머니를 대적하며 며느리가 시어머니를 대적하리니 사람의 원수가 곧 자기 집안사람이리로다 사66:16 여호와께서 불과 칼로 모든 혈육에게 심판을 베푸신즉 여호와께 죽임당할 자가 많으리니
	원수가 자기 식구니라	1. 마태(10:34-37), 누가(12:51-53)의 기사이다. 2. 마태는 '내가 세상에 화평을 주러 온 줄로 생각하지 말라 화평이 아니요 검을 주러 왔노라'고 한다. 누가는 '내가 세상에 화평을 주려고 온 줄로 아느냐 도리어 분쟁하게 함이라'고 한다. 마태가 칼을 주러 왔다고 한 말을 누가는 이 말을 분쟁이라고 한다. 유대 전통에서 칼은 하나님의 심판(사66:16)을 상징하기도 한다. 만약 예수께서 종말론적 심판이라는 의미에서 칼을 언급하였다면 제자들에게는 박해를 의미할 수도 있을 것이다. 3. 종말이 오기 전 가족끼리 서로 대적한다는 기사는 미가서(7:6)에 있는데 마태의 기사는 미가를 그대로 인용한 것이다. 여기에서 가족은 젊은 세대 즉 아들, 딸, 며느리가 기성세대 즉 아버지, 어머니, 시어머니와 대적한다. 그래서 사람의 원수가 곧 자기 집안 식구라고 한다. 여기에서 부모공경은 찾아볼 수 없을 것이다. 4. 누가에서 역시 종말론적 경고로서 한 말씀이고 분쟁의 시작은 집이라고 한다. 누가는 구체적으로 다섯 사람이라고 하고 셋이 둘과, 둘이 셋과 분쟁한다고 한다. 그리고 아버지와 아들이, 아들이 아버지와, 어머니와 딸이, 딸이 어머니와, 시어머니가 며느리와, 며느리가 시어머니와 분쟁할 것이라고 한다. 누가는 여기서 분쟁이 숫자로 나뉘어서 분쟁하기도 하고 또한 위에서 아래로 또는 아래에서 위로 일방적이지 않고 쌍방향적으로 분쟁이 일어난다고 한다. 누가는 가족 구성원들이 편을 갈라서 갈등하는 모습을 자세히 말하고 있다. 5. 그런데 여기에서의 갈등의 원인은 무엇인가 하나님의 뜻을 따르는 것과 인간의 뜻을 따르는 것에서 발생한 것이라 하겠다.	사49:8하 내가 장차 너를 보호하여 너를 백성의 언약으로 삼으며 나라를 일으켜 그들에게 그 황무하였던 땅을 기업으로 상속하게 하리라
	가족을 더 사랑하는 자	1. 계속해서 마태는 '아버지와 어머니를 나보다 더 사랑하는 자는 내게 합당하지 않고 아들이나 딸을 나보다 더 사랑하는 자도 내게 합당하지 아니하다'(10:37)라고 한다. 예수께서 가족제도를 부정하는 것이 아니라 가족을 예수보다 우선순위에 두어서는 안 된다는 것이다. 2. 누가에서도 예수께서는 '무릇 내게 오는 자가 자기 부모와 처자와 형제와 자매와 더욱이 자기 목숨까지 미워하지 아니하면 능히 내 제자가 되지 못한다'(14:26)고 한다. 여기서 미워하다는 돌아서다, 스스로 떠나다는 의미의 셈어적인 표현이다. 예수는 자기를 따르는 사람에게 부모, 처자, 형제, 자매 등 모든 가족관계를 포기하고 나아가 자기 목숨까지 버리라고 한다. 가족과 목숨은 자기가 마지막까지 소유할 수 있는 것인데 예수보다 더 사랑해서는 안 된다는 것이다. 예수께서는 예수를 우선적으로, 일차적으로 생각하라고 요구하고 있다.	

구분	내용	비고
	3. 마태, 누가는 부모나 아들, 딸을 더 사랑하는 자나 부모, 처자, 형제, 자매 그리고 자기 목숨까지도 미워하지 않는 자는 자기 십자가를 지고 나를 따르지 않는 자이며 내 제자가 될 수 없다고 한다.	

4. 심층연구: 예수의 참 가족

구분	내용	비고
부모를 공경하고 있는가	1. 예수가 가족해체주의자인가 왜 가족에 대한 전통적인 질서를 파괴하려는 것인가. 예수께서는 부모공경의 중요성을 알고 있었고 형식적이 아니라 실제적인 부모공경을 말씀하고 있다. 2. 예수의 제자들이 떡 먹을 때 손을 씻지 아니하였다고 바리새인과 서기관들이 예수에게 그들이 장로들의 전통을 범하였다고 한다(마15:20). 예수께서는 도리어 너희 전통으로 하나님의 계명을 범하느냐고 하면서 하나님께서 말씀하기를 네 부모를 공경하라, 아버지나 어머니를 비방하는 자는 반드시 죽임을 당하리라고 한다(마15:4). 3. 모세의 십계명의 다섯 번째 계명은 네 부모를 공경하라(출20:12, 신5:16)이다. 율법에는 자식이 자기 부모를 때리거나(출21:15) 자식이 부모를 저주하면(출21:17, 레20:9) 반드시 사형에 처하라고 하였다. 4. 예수께서는 너희 전통으로 이와 같은 하나님의 계명을 어겼다고 말씀하기 위해 고르반의 실례를 언급(마15:5-6)하고 있다. 고르반은 원래 예물을 의미한다. 유대인들은 부모에게 드려야 할 것을 하나님에게 드리면 부모에게는 드리지 않아도 된다고 하는데 그것은 너희 전통으로 하나님의 말씀을 폐(마15:6)한 것이라고 예수께서는 말씀한다. 5. 마가에서의 병행구(막7:11-12)를 공동번역으로 보자. '너희는 누구든지 아버지나 어머니에게 제가 해드려야 할 것을 하나님께 바쳤습니다라는 뜻으로 고르반이라고 한마디만 하면 된다고 하면서 자기 아버지나 어머니에게 아무 것도 해드리지 못하게 하고 있으며' 마가의 본문을 다시 새번역으로 보자 '그러나 너희는 말한다. 누구든지 아버지나 어머니에게 말하기를 내게서 받으실 것이 고르반(곧 하나님께 드리는 예물)이 되었습니다 하고 말만 하면 그만이라고 말한다. 그러면서 아버지나 어머니에게 그 이상 아무것도 해드리지 못하게 한다'. 6. 예수께서는 부모에 대한 실제적인 지원, 경제적인 지원까지도 말씀하고 있다. 디모데전서(5:4)에는 어버이에게 보답하는 것을 자녀 손자들이 배우게 해야 한다고 하였다. 잠언(28:24)에는 자기 부모의 것을 빼앗고도 그것이 죄가 아니라고 하는 사람은 살인자와 한패라고 하였다.	엡6:1-3 자녀들아 주 안에서 너희 부모에게 순종하라 이것이 옳으니라 네 아버지와 어머니를 공경하라 이것은 약속이 있는 첫 계명이니 이로써 네가 잘되고 땅에서 장수하리라 • 가족이란 대체로 혈연, 혼인, 입양, 친분 등으로 관계되어 일상의 생활을 공유하고 있는 사람들의 공동체나 그 구성원을 말한다. • 그리스도는 이집의 주인이시요 식사 때마다 보이지 않는 손님이시요 모든 대화에 말없이 듣는 이시라
예수의 선언 • 가족 이기주의 극복	1. 예수께서는 누가 내 어머니며 내 동생들이냐고 하며 혈통적 관계가 더이상 가족의 기준이 되지 않는다고 선언한다. 이제는 혈통이 아니라 하나님의 뜻을 행하는지의 여부가 기준이 된다는 것이다. 2. 예수께서는 사람이 중심이 되는 가정의 문제를 지적하고 있다. 한 가정의 중심이 아버지이거나 어머니이거나 한 사람이어서는 안 되고 또한 한 가정이 내 가족이 최고요 우선이라고 할 때 가족 이기주의에 빠지게 되고 만다는 것이다. 예수께서는 자기 가족을 먼저 생각하는 폐쇄적 혈연주의에 대해 경고하고 있다. 3. 인간사회는 학연, 지연, 혈연 등으로 정의와 공정과 평등이 훼손되기 쉽다. 그런데 혈연에 의한 가족이 강조되게 되면 마찬가지로 특정 그룹이나 파벌, 또는 특정 문화의 집단의식이 강화되게 마련이다.	• 선공후사: 사보다 공을 앞세운다는 뜻으로 공익이 우선해야 한다는 말이다. • 예수께서 누가 내 어머니며 동생들인가라는 말씀은 선공후사보다는 멸사봉공 滅私奉公, 대의멸친大義滅親과 같은 의미의 말씀이라 하겠다.

	가족주의는 결국 지역주의, 학연주의, 집단이기주의, 인종차별주의, 국수주의와 연결되어 있다는 것을 결코 간과해서는 안 된다. 예수께서는 가족에 대한 새로운 정의를 제시하는데 그 기준이 하나님의 뜻이라는 것이다. 다시 말해 사람들로 구성된 가족 안에 하나님이 있을 수 있겠느냐는 것이다.	
• 하나님 중심의 가정	1. 예수께서는 '땅에 있는 자를 아버지라 하지 말라 너희의 아버지는 한 분이시니 곧 하늘에 계신 이시라'(마23:9)고 말씀한다. 초대교회는 서로 형제자매라고 불렀다. 혈연이 아닌 믿음의 공동체로서의 가족을 강조하였다. 2. 스바냐 선지자는 '너의 하나님 여호와가 너의 가운데에 계시다'(3:17)고 한다. 하나님이 내 가운데에 있어야 나는 하나님의 뜻을 행할 수 있는 것이고 예수의 가족이 될 수 있는 것이다. 3. 사도행전에 모범적인 가정이 소개되어 있다. 군대의 백부장인 고넬료는 경건하여 온 집안과 더불어 하나님을 경외(행10:2)하고 유대인들에게 많은 자선을 베풀며 늘 기도하였다고 한다. 경건하고 온 식구와 함께 하나님을 경외하는 고넬료에게 어느 날 오후에 천사가 찾아온다. 천사는 네 기도와 자선 행위가 하나님께 상달되어 하나님께서 너를 기억하고 계신다는 말을 듣게 된다(행10:4).	• 계백장군이 나당연합군과 싸우러 나가기 전 자기의 처자를 죽이고 전장에 나간다. 계백장군이 처자를 사랑하지 않아서가 아닌 것이다. • 예수께서는 제자 중 한 사람이 주여 내가 먼저 가서 내 아버지를 장사하게 허락하옵소서라고 하자 죽은 자들이 죽은 자를 장사하게 하고 너는 나를 따르라(마8:22, 눅9:60)고 한다. 또 다른 사람이 예수께 주여 내가 주를 따르겠나이다마는 나로 먼저 내 가족과 작별하게 하소서라고 하니 예수께서는 손에 쟁기를 잡고 뒤를 돌아보는 자는 하나님 나라에 합당하지 않다(눅9:61-62)고 한다.
• 가족의 재구조화	1. 공생애를 시작한 예수는 요한복음에서 어머니를 여자라고 부른다. 하나님의 아들이라는 자각을 가진 예수께서는 어머니도 구원사역의 대상이라고 보았기 때문이다. 성직자가 되려는 분, 교회에서 성직을 맡은 분들에게는 자기 가족이 성도에 우선시 될 수가 없는 것이다. 2. 바울은 종 오네시모를 갇힌 중에서 나은 아들(몬11:10)이고 디모데를 자식(빌2:22)이라 하며 동역자의 어머니를 내 어머니(롬16:13)라고 한다. 3. 초기 기독교공동체도 지금과 마찬가지로 각 가정들이 모여 형성되었을 것이다. 그런데 그들이 박해를 앞두고 서로 살려고 하였다면 지금의 기독교는 존재하지 못했을 것이다. 핍박과 순교의 고통 속에서도 서로 격려하며 배신하지 않고 서로 사랑하라는 아버지의 뜻을 우선하였기 때문에 오히려 그것이 로마에 대적하는 가장 강력한 무기가 되었을 것이다. 4. 교황 프란체스코가 아프리카 마다가스카르에서 한 주일(2019.9.8.) 미사에서 예수의 첫 번째 요구는 가족관계에 관한 것이라고 한다. 교황은 '우리가 옳고 선하다고 생각하는 것에 대한 결정적인 기준이 가족이 되어 버릴 때 우리는 결국 특권과 배제의 문화로 이어지는 악습들을 정당화하거나 축성(사람이나 물건을 하나님께 바쳐 거룩하게 하는 행위)하거나 봉헌하기까지 합니다. 편파, 비호 그 연장선으로서 예수께서는 우리가 이것을 넘어서기를 요구하십니다'라고 강론하였다.	

5. 집중탐구: 예수의 가족들

구분	내용	비고
예수와 어머니 • 공관복음	1. 마태에서는 예수를 그 목수의 아들(마13:55)이라고 하고 마가에서는 마리아의 아들 목수(막6:3)라고 하며 누가에서는 예수를 마리아의 첫 아들(2:7)이라 하고 요셉의 아들(눅4:22)이라고 한다. 당시 목수의 아들은 목수이었다. 목수tekton은 나무나 돌이나 금속을 다루는 이를 일컬었다고 한다. 2. 요한복음에는 저 사람은 요셉의 아들 예수가 아닌가(6:42)라고 한다. 3. 요한복음에서의 예수의 어머니는 예수의 사역을 이해하고 있는 것으로 보인다. 가나의 혼인 잔치에서 예수에게 '저들에게 포도주가 없다'(2:3)고 하고 하인들에게는 '너희에게 무슨 말씀을 하시든지 그대로 하라'(2:5)고 한다. 예수의 어머니는 아들을 아들로 보지 않고 메시아적 권능을 가졌다고 믿었던 것이다.	• 예수의 이복동생들: AD150년경 쓰인 야고보원본복음서에 의하면 요셉은 나이가 많은 사람으로 하나님에게 선택되어 성모를 보살폈으며 예수의 형제들은 전처의 자식들이라고 한다. 이와 비슷한

• 요한복음	4. 개신교에서는 마리아를 '하나님의 어머니'로 신앙고백하지 않는다. 마리아는 십자가에서 고난을 받고 죽은 인간 예수의 어머니이기 때문이다 5. 예수가 독생자라는 것은 마리아가 낳은 하나인 아들이라는 말이 아니라 헬라어 모노게노스 유일하신 아들 하나님의 외아들이라는 것이다. 1. 요한복음에서의 예수께서는 가나의 혼인 잔치에서 어머니에게 '여자여'(2:3-4)라고 한다. 2. 예수의 십자가 곁에는 '그 어머니'(19:25)가 있었고 예수께서는 '자기의 어머니'와 사랑하시는 제자가 곁에 서 있는 것을 보고 '자기 어머니'에게 '여자여 보소서 아들이니이다'(19:26)라고 하며 그 제자에게 '보라 네 어머니'라고 한다(19:27). 3. 요한복음에는 예수의 어머니로서 마리아라는 이름이 나오지 않는다. 예수께서는 어머니를 여자라고 한다. 공적 사역을 시작한 예수에게 어머니는 생모이기보다는 복음서에 등장하는 여러 여자들처럼 구원사역을 필요로 하는 여자의 하나로 보았다고 하겠다.	이야기가 5세기경 쓰인 외경 '목수 요셉의 역사', 교부 에피파니우스의 저서 '약상자', 유세비우스의 교회사 등에 나온다.
예수와 형제들 • 공관복음 등	1. 누가에서의 예수 탄생 기사에는 예수가 첫아들(2:7) 즉 헬라어로 proto tokon, first born이라고 한다. 그래서 개신교는 예수의 형제들을 동생들로 보고 있다. 가톨릭 전통에서는 마리아의 처녀성이 중요하기 때문에 고대 교부들 중 오리게네스, 유세비우스, 에피파네스 등은 요셉의 전처소생 이복형제들이라고 하고 히에로니우스, 아우구스티누스 등은 사촌이라고 한다. 2. 마가에는 예수가 미쳤다고 하여 예수의 친족들이 그를 붙들러 나오는데 여기에서의 친족은 마리아와 예수의 동생들로 보인다. 　마태와 마가에는 그 형제와 누이들에 대해 말하고 있는데 그 형제들은 야고보, 요셉, 시몬, 유다라 하고 그 누이들은 다 우리와 함께 있지 아니하냐(마13:55-56, 막6:3)고 한다. 누이의 이름이 나와 있지 아니하기 때문에 예수의 가족은 요셉과 마리아, 남자 형제 다섯, 그리고 누이들을 두 명 이상으로 보면 모두 아홉 명 이상이었을 것이다. 3. 사도행전에는 베드로가 옥에서 나오게 될 일을 말하고 또 '주의 형제 야고보와 형제들에게 내 말을 전하라'(행12:17)고 한다. 베드로가 야고보에게 보고하라고 한다. 야고보는 예수의 동생이라는 신분 때문에 급속히 예루살렘교회의 지도적 위치에 오른 것으로 보인다. 또한 사도행전에는 바나바와 바울의 보고를 듣고 야고보가 대답(행15:13)하는 모습이 있고 바울이 예루살렘에서 야고보를 만나는 이야기(행21:18-19)가 있다. 그러나 바울은 주의 형제 야고보 이외에 다른 사도들은 보지 못했다(갈1:19)고 한다. 4. 사도 바울은 자신의 사도적 사명과 자격을 주장하면서 예수의 형제들이 사도로서 활동하고 있음을 말하고 있다(고전9:5). 야고보는 예수의 동생이라고 한다. 전승에 의하면 예수의 동생들은 부활 이전에는 예수를 믿지 아니하였다고 한다.	• 야고보: 주의 형제 야고보는 전승에 의하면 예루살렘의 첫 번째 감독이고 야고보서의 저자라고 하며 AD62 네로의 박해 때 총독 안나스에 의해 순교하였다고 한다. 사도 바울은 기둥 같은 야고보(갈2:9)라고 한다.
• 요한복음 등	1. 예수께서 가나의 혼인 잔치에서 물로 포도주로 변하게 하는 표적을 행한 후 제자들이 그를 믿었다(2:11)고 하나 잔칫집에 함께 있던 예수의 형제들(2:12)이 예수를 믿었다고 하는 기사는 없다. 2. 또한, 가나의 표적 이후 예수께서는 '그 어머니와 형제들과 제자들과 함께 가버나움으로 내려가셨다'(요2:12)는 기사가 있다. 3. 초막절이 가까워져 오자 예수의 형제들이 예수에게 당신이 행하는 일을 제자들도 보게 여기를 떠나 유대로 가라고 한다. 형제들은 예수에게 자신을 세상에 나타내라고 한다. 이렇게 말한 이유는 '그 형제들까지도 예수를 믿지 아니함'(7:5)이라고 한다. 요한복음은 예수의 형제들에 대한 기사가 부정적으로 소개되고 있다.	

4. 사도행전에는 예수께서 승천한 후 제자들이 예루살렘으로 돌아와서 다락방에서 기도하였다고 하는데 '예수의 어머니 마리아와 예수의 아우들과 더불어 오로지 기도에 힘썼다'(행1:14)고 한다.	• 공동번역은 예수의 형제라고 번역하였다.

3장

❧

처음사역

HORIZONTAL ANALYSIS
OF THE GOSPELS

제10절 ✲ 하나님 나라의 선포

1. 본문비교

구분	마태(4:12-17, 23-25)	마가(1:14-15, 38-39)	누가(4:14-20, 43-44)
시기, 장소	:12 예수께서 요한이 잡혔음을 들으시고 갈릴리로 물러가셨다가	:14상 요한이 잡힌 후 예수께서 갈릴리에 오셔서	:14 예수께서 성령의 능력으로 갈릴리에 돌아가시니 그 소문이 사방에 퍼졌고
	:13 나사렛을 떠나 스불론과 납달리 지경 해변에 있는 가버나움에 가서 사시니		:15 친히 그 여러 회당에서 가르치시매 뭇 사람에게 칭송을 받으시더라 :16 예수께서 그 자라나신 곳 나사렛에 이르사 안식일에 늘 하시던 대로 회당에 들어가사 성경을 읽으려고 서시매
이사야의 말씀	:14 이는 선지자 이사야를 통하여 하신 말씀을 이루려 하심이라 일렀으되		:17 선지자 이사야의 글을 드리거늘 책을 펴서 이렇게 기록된 데를 찾으시니 곧
	:15 스불론 땅과 납달리 땅과 요단 강 저편 해변 길과 이방의 갈릴리여 :16 흑암에 앉은 백성이 큰 빛을 보았고 사망의 땅과 그늘에 앉은 자들에게 빛이 비치었도다 하였느니라		:18 주의 성령이 내게 임하셨으니 이는 가난한 자에게 복음을 전하게 하시려고 내게 기름을 부으시고 나를 보내사 포로 된 자에게 자유를, 눈 먼 자에게 다시 보게 함을 전파하며 눌린 자를 자유롭게 하고
전파하시다	:17상 이 때부터 예수께서 비로소 전파하여 이르시되	:14하 하나님의 복음을 전파하여	:19 주의 은혜의 해를 전파하게 하려 하심이라 하였더라
	:17하 회개하라 천국이 가까이 왔느니라 하시더라	:15 이르시되 때가 찼고 하나님의 나라가 가까이 왔으니 회개하고 복음을 믿으라 하시더라	
			:20 책을 덮어 그 맡은 자에게 주시고 앉으시니 회당에 있는 자들이 다 주목하여 보더라
갈릴리에서 전도하다	:23 예수께서 온 갈릴리에 두루 다니사 그들의 회당에서 가르치시며 천국 복음을 전파하시며 백성 중의 모든 병과 모든 약한 것을 고치시니 :24 그의 소문이 온 수리아에 퍼진지라 사람들이 모든 앓는 자 곧 각종 병에 걸려서 고통 당하는 자, 귀신 들린 자, 간질하는 자, 중풍병자들을 데려오니 그들을 고치시더라 :25 갈릴리와 데가볼리와 예루살렘과 유대와 요단 강 건너편에서 수많은 무리가 따르니라	:38 이르시되 우리가 다른 가까운 마을들로 가자 거기서도 전도하리니 내가 이를 위하여 왔노라 하시고 :39 이에 온 갈릴리에 다니시며 그들의 여러 회당에서 전도하시고 또 귀신들을 내쫓으시더라	:43 예수께서 이르시되 내가 다른 동네들에서도 하나님의 나라 복음을 전하여야 하리니 나는 이 일을 위해 보내심을 받았노라 하시고 :44 갈릴리 여러 회당에서 전도하시더라

2. 본문의 차이

구분	마태	마가	누가
전 기사	시험받으심(4:1-11)	시험받으심(1:13)	시험받으심(4:1-13)
다음기사	제자들을 부르심(4:18-22) 갈릴리에서 선포하심(4:23-25) 산상수훈(5장)	제자들을 부르심(1:16-20) 귀신들을 쫓아내심(1:21-34) 갈릴리에서 선포하심(1:39)	갈릴리에서 선포하고 환영받지 못함(4:14-30) 귀신을 쫓아내심(4:31-41) 제자들을 부르심(5:1-11)
때	세례 요한이 잡혔음을 들으시고	요한이 잡힌 후	요한이 옥에 갇힌 후(3:20) 예수 세례를 받으시다
곳	갈릴리에 가셨다가 가버나움으로 가서 사시니	갈릴리에 오셔서	성령의 능력으로 갈릴리에 돌아가시니
이사야의 예언	• 선지자 이사야의 예언 성취 • 스불론과 납달리 땅은 멸시 당하던 지역(사9:1-2)		선지자 이사야의 글을 읽다 이사야 61:1-2의 인용 이사야 58:6을 더하다
선포	전파(4:17,23)	전파(1:4) 전도(1:38,39)	전파(4:19) 전도(4:44)
	회개하라 천국이 가까이 왔느니라(4:17) 천국 복음을 전파(4:23)	하나님의 복음(1:14) 하나님의 나라가 가까이 왔다 회개하고 복음을 믿으라	주의 은혜의 해(4:19) 하나님의 나라 복음(4:43)
	온 갈릴리의 그들의 회당 갈릴리와 데가볼리, 예루살렘과 유대와 요단 강 건너편	가까운 마을들(1:38) 온 갈릴리의 그들의 여러 회당(1:39)	다른 동네들(4:43) 갈릴리 여러 회당(4:44)
사역	• 가르치시며(4:23) • 모든 병과 모든 약한 것을 고치시다(4:23)	전도하시고(1:38,39) 귀신을 내쫓으시다(1:34,39)	• 가르치시고(4:15) • 복음을 전하시고(4:43) • 전도하시다(4:44)

3. 본문이해

구분	내용	비고
예수와 요한의 사역	1. 마태, 마가는 세례 요한이 잡힘과 예수의 공생애 시작의 연관성에 대해 언급하고 있다. 마태에서는 '요한이 잡혔음을 들으시고' 공생애를 시작한다. 예수께서 세례 요한의 사역이 중단되지 않고 계속되게 하려는 것으로 보일 수 있다. 2. 마가에서 예수께서는 요한이 '잡힌 후'에 사역을 시작함으로서 예수와 요한의 사역 내용과 시기가 다르다는 암시를 준다. 잡힌 후는 요한의 사역이 끝난 후라고 이해할 수 있다. 3. 마태, 마가에서 예수께서는 세례 요한과 같은 회개를 요구(마3:2, 4:17, 막1:4,15)하고 또한 세례 요한의 독설(마3:7)을 한다(마12:34, 23:33). 4. 예수께서 하나님 나라를 선포한다. 예수께서 행한 축귀와 치유의 기적들은 하나님 나라의 도래를 증명하기 위한 것이라 하겠다.	• 이방의 갈릴리(마카비상5:15): BC164년 마카비가 수리아인들을 갈릴리에서 내쫓다.

갈릴리	1. 예수의 지상 생애와 밀접한 관련이 있는 갈릴리는 갈릴리 호수를 끼고 있는 산지를 가리킨다. 예수 사역의 중심지이다. 이스라엘의 가나안 정복 후 납달리 지파에게 주어졌고(수20:7, 왕하15:29) 포로기 이후에는 사마리아 북쪽 전 지역을 의미한다. 이방지역과 인접하여 있고 이방인의 침략도 많았으며 이방인과의 혼혈도 많았고 방언을 사용하였다. 베드로의 말투가 갈릴리 방언(마26:73)이었을 것이다. 잡히신 예수를 쫓아 가야바의 집 뜰에 들어간 베드로에게 사람들이 너도 그 도당이라 네 말소리가 너를 표명한다고 하다. 2. 신약시대에는 이방의 갈릴리(마4:15, 사9:1)로 불리기도 하였는데 이방인들에게 둘러싸여 있다는 의미다. 이 지역은 예수께서 살고(마2:23), 제자들을 부르고 많은 이적을 베풀기도 한 곳이다(마4:23-24). 예수 당시 갈릴리가 천시되었는데 요한복음에는 그리스도가 어찌 갈릴리에서 나오겠느냐(7:42) 갈릴리에서 예언자가 나지 못한다(7:52)고 하다. 그러나 실제로는 갈릴리에서 드보라, 요나, 엘리사 등 몇몇 선지자들이 나왔다고 한다 3. 나사렛은 예수께서 성장한 곳(눅4:16)으로 갈릴리 지역의 아주 작은 마을이다. 복음서와 사도행전에 예수 그리스도를 나사렛 예수라고 자주 부르고 있다. 4 부활하신 예수께서는 이곳으로 고기 잡는 제자들을 찾아오기도(요21:1-7)하고 또한 마지막으로 제자들을 만나기도 하였다(마28:16). 5. 스불론과 납달리 역시 멸시받던 지역이다(마4:13,15)이다. 마태에는 예수께서 나사렛을 떠나 스불론으로 갔다고 하는데 스불론은 갈릴리 서쪽에 위치해 있다. 마태는 예수의 선포가 여러 이방지역까지 확산되고 있음을 말하려 하고 있다. 6. 갈릴리는 소외된 곳, 천대받는 지역이기에 여기에 살던 사람들은 메시아의 도래를 더욱 갈망하였다. 예수께서는 이곳에서 인류구원의 사역을 시작하였고 세상을 향한 전진기지로 삼았다. 7. 성령을 강조하는 누가는 마귀 시험 후 예수께서 성령의 능력으로 갈릴리로 갔다(4:14)고 한다.	• BC103년 하스모니아 왕조의 아리스토 볼루스가 다시 갈릴리를 정복하고 이방인들에게 강제로 할례를 하여 유대인으로 만들었다. • 다메섹에서 애굽으로 가는 길 해변에서 동으로 뻗은 길이 갈릴리를 지나간다. 당시 국제도로가 갈릴리를 지나가는 영향으로 새로운 사조를 접할 수 있었다.
이사야의 말씀으로 소개된 예수	1. 마태, 누가는 예수께서 하나님의 통치를 선포하기 전에 이사야의 말씀을 통해 예수가 어떤 분인지를 소개한다. 세례 요한이 등장할 때에도 마태, 마가, 누가는 이사야의 말씀(40:3)을 인용하여 광야에서 외치는 자, 주의 길을 예비하는 자라고 한다. 2. 마태는 예수의 사명을 소개(4:15-16)하기 위하여 사9:1-2를 원용한다. 예수께서는 이사야의 예언에 따라 멸시받는 지역의 백성들 즉 어둠에 있는 그들에게 큰 빛이 되어 비춘다는 것이다. 3. 마태, 누가는 이사야의 예언을 통해 빛으로 오신 메시아인 예수를 말하고 있는데 마태는 '큰 빛', 누가는 '돋는 해'라고 한다. 4. 누가에서의 예수께서는 스스로 이사야 예언의 완성자임을 밝힌다. 가난한 자, 포로 된 자, 눈 먼 자, 눌린 자에게 하나님의 구원을 천명한다. 누가에서의 예수의 선포(4:18)는 사61:1-2을 기본으로 하여 58:6을 더한 것이다. 사61:1-2에서는 가난한 자와 포로 된 자를 말하고 사58:6에서는 눈 먼 자와 눌린 자를 말한다. 5. 요한복음은 이사야의 인용 없이 곧바로 예수를 빛이라고 한다. 예수만이 참 빛 곧 세상에 와서 각 사람에게 비추는 빛(1:9)이지만 그러나 빛이 어둠에 비치되 어둠이 깨닫지 못하더라(1:5)고 한다. 7. 이사야는 장차 오실 메시아와 빛에 관하여 강조하고 있다. 그 날에 맹인의 눈이 보게 될 것(29:18)이고 그 때에 맹인의 눈이 밝아질 것(35:5)이며 눈 먼 자의 눈을 밝히겠다(42:7)고 한다.	사9:2 흑암에 행하던 백성이 큰 빛을 보고 사망의 그늘진 땅에 거주하던 자에게 빛이 비치도다 • 이사야서는 BC700년경에 기록된 책으로 메시아의 도래를 예언하고 있다. 40장에서 48장은 하나님의 위엄과 능력이 소망의 근거라고 하고, 49장에서 57장은 이스라엘을 회복시키는 메시아에 관하여 예언한다.

하나님 나라가 가까이 왔다	1. 마태는 천국이 가까이 왔다고 하고 마가는 하나님 나라가 가까이 왔다고 하며 누가는 주의 은혜의 해를 선포한다. 2. 여기서 '가까이'는 헬라어 엥기켄으로 '도착한, 근접한, 가까이 온'이라는 형용사 엥귀스에서 온 것인데 직설법 완료 3인칭 단수이다. 이 말에는 모호성이 있다고 한다. 또한, 헬라어 엥기켄의 히브리어는 '카라브'로서 '이미 왔지만 완전히 온 것은 아니다'라는 의미라고 한다. 3. '하나님 나라가 가까이 왔다는' 예수의 선포는 중심 메시지로서 하나님 나라의 현재적인 면과 미래적인 면을 말하고 있다. 예수께서 오심으로 하나님 나라가 온 것이고 예수께서 다시 오심으로 하나님 나라는 완성된다고 하겠다.	• 하늘나라는 랍비들이 말하는 '말쿠드 샤마임'을 직역한 것으로 거룩한 이름을 피하기 위하여 하늘이라고 한 것이다.
회개하라	1. 구약시대 회개의 개념은 돌이킴, 돌아섬으로써 하나님과의 관계 회복을 의미한다. 예수께서는 회개를 구원의 필수 조건으로 말씀하지만, 요한복음에는 회개에 대한 언급이 없다. 2. 마태, 마가에서 세례 요한의 회개의 요청은 예수에 의해 기독교의 전형적인 회개의 요청으로 확장된다. 세례 요한과 마찬가지로 예수께서도 회개를 죄악된 삶의 방식에서 완전히 돌이키는 것으로 이해하고 하나님의 심판이 공의롭다는 사실을 인정한다. 그러나 예수께서는 세례 요한과 달리 심판만을 선포하지 아니하고 그 심판의 한 복판에 하나님의 구원이 도래했음도 말하고 있다. 공관복음서에서의 회개란 예수께서 선포하고 예수 안에서 드러나기 시작한 하나님의 구원에 대한 인간의 응답이라 하겠다(김창선). 3. 회개하라는 명령에 있어서 예수와 세례 요한은 연속성을 가진다. 그러나 마가는 이어서 복음을 믿으라고 한다. 세례 요한이 그의 설교에서 회개의 목적을 심판(마3:7-10)이라고 했다면 예수의 회개의 목적은 복음이라고 이해할 수 있다. 4. 예수의 회개에 대한 새로운 입장은 기존의 회개에 대한 관념과는 다른 새로운 해석이요 새로운 선언이라 하겠다. 5. 예수의 제자들도 예수처럼 회개를 선포의 핵심으로 하고 있다(막6:12). 예수께서 죄인들을 부르는 목적은 회개하게 하기 위함인데(눅5:32) 우리들에게는 옛 생활을 버리는 새 생활의 선택과 새 가능성을 선택하고 기득권을 포기하라는 것으로 해석할 수 있다. 6. 누가복음의 끝에 예수께서 제자들에게 지상명령을 위임하실 때 죄 사함을 받게 하는 회개가 모든 족속에게 전파되는 일에 증인이 되라(24:47-48)고 한다.	• 구약시대의 회개는 욥42:9, 시 7:12, 겔 18:30 등을 참조 회개는 헬라어로 메타노이아(마음의 변화, 사고의 변화, 인격적 개변), 히브리어의 나아함(인간의 뉘우침), 그리고 히브리어 슈우브와 아람어 타브(회복하다, 돌아오다, 행동적 뉘우침)가 있다.
복음	1. 복음은 헬라어 유앙겔리온으로 신약에 75회 이상 나오는데 좋은 소식, Good News를 말한다. 헬라 시대에는 전쟁의 승전보를, 로마 시대에는 왕의 즉위나 탄생일 등 매우 기쁜 소식을 말한다. 지금도 로마 황제 아우구스투스의 생일을 알리는 '온 세상의 기쁜 소식'이라는 문장이 남아있다고 한다. 2. 공관복음서는 하나님께서 인간구원을 위해 예수 그리스도를 통해 주신 기쁨의 소식, 복된 소식을 말한다. 3. 이사야의 종말론적 비전은 좋은 소식의 선포라고 하겠다. 사40:9에는 '아름다운 소식'이 두 번 나오고 52:7에는 '좋은 소식'과 '복된 좋은 소식'으로, 61:1에서는 '아름다운 소식'을 말한다. 이사야는 하나님의 다스림의 회복의 기쁜 소식을 말하고 있다. 4. 복음은 여러 가지 수식어와 함께 사용된다. 하나님의 복음(롬1:1 살전2:2), 그리스도의 복음(빌1:27), 하나님의 은혜의 복음(행20:24), 구원의 복음(엡1:13), 그리스도의 영광의 복음(고후4:4), 평안의 복음(엡6:15) 등이다.	• 복음의 영어 단어는 Gospel인데 God와 Spell의 복합어로 헬라어 유앙겔리온을 의역한 것이라고 옥스퍼드 사전에 나온다

하나님의 나라와 하늘나라(천국)	1. 예수의 선포 주제가 마태에는 천국으로, 마가, 누가는 하나님의 나라로 표현되어 있다. 천국은 하늘나라로서 당시 하나님이라는 성호를 함부로 쓰기 어려워하였던 것을 감안한다면 하늘나라란 하나님의 나라와 같다고 하겠다. 하늘나라 즉 천국은 하나님의 우주적 지배를 의미하는 것이다. 2. 마태 산상수훈의 천국은 영토적 개념이 아니라, 하나님의 주권적 통치가 미치는 모든 영역을 가리킨다고 하겠다. 어느 곳 어떤 때라도 하나님이 그 권세와 능력으로 통치하고 있는 곳(사52:7)이라면, 그리고 하나님의 뜻이 실현되고 있는 곳이라면 그곳은 하늘나라일 것이다. 3. 바실레이아는 세상적인 왕국이 아니라 어떤 왕의 다스림이나 지배행위를 말한다. 그러므로 왕국보다는 왕권이 더 적합한 표현이라고 하겠다. 왕권은 왕국과 다스림이라는 두 개의 의미를 모두 포함할 수 있다. 4. 공관복음의 하나님의 나라는 요한복음에서 영생의 개념과 유사하다 5. 하나님의 나라는 시29:10하의 말씀처럼 '하나님께서 영원하도록 왕으로 다스리는 영역이나 통치하는' 상태를 말한다. 하나님의 통치는 로마 황제의 통치와 대칭되는 개념이다. 6. 동방교회 교부 오리겐은 예수 자신이 하나님 나라, 즉 Auto-Basileia라고 하였다.	고후4:4 그 중에 이 세상의 신이 믿지 아니하는 자들의 마음을 혼미하게 하여 그리스도의 영광의 복음의 광채가 비치지 못하게 함이니 그리스도는 하나님의 형상이니라
천국 복음 (마4:23), 하나님의 복음 (막1:14), 하나님의 나라 복음(눅4:43)	1. 마태는 천국 복음을, 마가는 하나님의 복음을, 누가는 하나님 나라의 복음을 이야기하고 있다. 요한복음에는 복음이 언급되어 있지 않다. 복음은 하나님의 구원과 승리의 소식을 가리킨다. 2. 마태에는 감람산에서 제자들이 예수께 세상 끝에 무슨 징조가 있느냐고 묻는 장면이 있다. 이 때 예수께서 '이 천국 복음이 모든 민족에게 증언되기 위하여 온 세상에 전파되리니 이제야 끝이 오리라'(마24:14)고 말씀한다. 3. 마가에서의 예수께서는 임박한 하나님 나라에 관한 하나님의 복음(1:14)을 선포한다. 마가에서의 하나님 나라는 예수의 등장과 함께 시작된다. 그리고 마가에 나오는 하나님 나라라는 단어는 오직 예수의 믿음 가운데 나온다. 예수께서는 하나님의 복음 선포를 자신의 가장 중요한 사명으로 알았다. 4. 마가에서는 '하나님의 복음'(1:14)을 전파하며 '때가 찼고 하나님 나라가 가까이 왔으니 회개하고 복음을 믿으라'(1:15)고 한다. 이때의 복음은 하나님의 복음인 동시에 하나님 나라의 복음을 말하고 있다. 그리고 마가에서의 하나님 나라의 조건은 회개하고 복음을 믿는 것이라 하겠다. 하나님의 복음이란 하나님이 준비한 궁극적인 종말론적 구원선물을 뜻한다(김창선). 5. 누가에서는 '하나님의 나라 복음'(4:43) 또는 '하나님 나라의 복음'(8:1, 16:16)이라고 표현되어 있다. 누가에서만이 하나님 나라와 복음 전파를 연결시키고 있다. 그런데 이것은 예수의 사명으로 그 선포하고 전하는 복음의 내용은 하나님의 나라라는 것이다(8:1). 6. 복음은 하나님이 자신의 백성을 통치하고 해방시킨다는 예언자의 전통에서 유래하였는데 사52:7에서 기쁜 소식과 하나님의 통치는 같은 의미이다. 7. 하나님의 복음에 대해서 사도 바울은 자신을 하나님의 복음을 위하여 택정받은 사도(롬1:1)라고 하면서 이 복음은 그리스도에 관한 것(:3-4)이라고 한다. 바울에게서 복음은 구원사건으로서 예수 그리스도의 죽음과 부활을 가리킨다.	겔7:7 이 땅 주민아 정한 재앙이 네게 임하도다 때가 이르렀고 날이 가까웠으니 요란한 날이요 산에서 즐거이 부르는 날이 아니로다 호10:12하 지금이 곧 여호와를 찾을 때니 마침내 여호와께서 오사 공의를 비처럼 너희에게 내리시리라
전파, 전도, 가르치심	1. 마태는 천국과 천국 복음을 전파하였다고 한다. 2. 마가는 하나님의 복음을 전파하고 전도하였다고 한다. 마가에서의 하나님의 복음은 하나님의 복음(롤린스) 또는 하나님께로부터 온 복음(스웨트)으로 이해할 수 있다.	• 사도들은 예수 그리스도를 전파 한다(행 2:14-41, 13:16-41).

3. 누가는 주의 은혜의 해(4:19)를 전파하고 또한 하나님의 나라 복음을 전하고 전도(4:43-44)하였다고 한다. 여기서 주의 은혜의 해의 선포는 희년(레25:10)의 선포이고 하나님의 나라 복음은 복음의 내용이 하나님의 나라라는 것이다. 4. 전파, 전도의 어원은 케뤼소kerusso로서 '선포하다', '전달자로서 선포하다'의 의미이다. kerygma(kerux-herald)와 같은 말인 케뤼세인 kryryssein은 왕의 사자가 왕에게서 가져온 전령을 선포하는 것이다. 복음서에서 예수의 중요한 사명에 하나는 바로 선포자의 역할이다. 5. 예수의 공생애에서 중요 활동은 선포와 가르치심, 그리고 병 고침 등이라고 할 수 있다. 마태, 마가, 누가는 모두 케리그마(선포)와 디다케(가르침)를 중요시 여기고 있다. 6. 마태에서의 예수께서는 전파(4:17)하신 후에 회당에서 가르치고 다시 천국복음을 전파하시며 모든 병과 모든 약한 것을 고쳤다(4:23-24)고 한다. 마가는 복음을 전파(1:14)하고 귀신을 내쫓았으며(1:23-28) 여러 마을과 회당에서 전도하였다(1:38-39)고 한다. 7. 누가는 회당에서 가르치는 일(4:15)을 먼저 한 후에 주의 은혜의 해를 전파하고(4:19), 복음을 전하며(4:43) 여러 회당에서 전도하였다(4:44)고 한다. 누가는 예수께서 뭇 사람들에게 칭송(4:15)을 받았다고 하는데 그때까지 예수의 반대자가 없었던 것 같다.	• 선포란 하나님의 구원에 대한 복음의 선포이고 선포하는 행위이며 선포의 내용을 말한다. • 디다케는 작자 미상의 AD100-150에 기록된 외경 문서를 가리키는데 원제목은 '12사도들을 통해 이방인에게 준 교훈'으로 줄여서 12사도의 교훈이라고도 한다.

4. 심층연구: 주의 은혜의 해의 선포

구분	내용	비고
때가 찼고 (막1:15)	1. 때가 찼다의 헬라어는 페플레로타이 호카이로스인데 하나님의 예정된 시간이 되어서 하나님 나라가 시작되었다는 근거로 제시된 말씀이다. 2. 구약에서는 오래전부터 '때'에 대한 사상이 있었다. 구약에서의 때는 심판의 때, 구원의 때, 공의의 때, 여호와의 때, 은혜의 때 등을 말하고 있다. 에스겔서에서 '때가 이르렀고(7:7)'와 다니엘서에서의 '마지막 때'(12:4,9)는 심판의 때를 말한다. 여호와의 때에 관해서는 여호와께서 일하실 때(시119:126), 여호와를 찾을 때니 마침내 여호와께서 오사 공의를 비처럼 너희에게 내리시리라(호10:12) 등의 언급이 있다. 3. '때가 찼다'는 종말론적 진술이다. '때'는 하나님께서 예정한 시간을 말한다. 또한, 때는 결정적인 사건의 시기나 시대적 전환점을 의미한다. 다시 말해 이 세상의 시간은 끝나고 새로운 역사가 지금 도래하고 있다는 것이다. 이 때가 가까이 왔다는 것은 하나님이 세상 구원을 위해 이제껏 역사 가운데 드러나지 않던 하나님의 통치가 급박하게 올 것이라는 것이다. 4. 하나님의 약속성취를 기다리는 시간은 하나님의 복된 소식에 의해서 끝이 나고 이제 하나님의 나라가 가까이 왔으니 모든 이스라엘은 회개해야 하고 하나님의 구원과 승리의 소식을 믿어야 하는 때가 온 것이다. 5. 때가 찼고 하나님의 나라가 가까이 왔다(막1:15)는 선언은 하나님 나라가 이미 역사 속에 들어와 있음을 말하고 있다. 하나님의 약속된 구원의 통치는 현재인 동시에 미래인 것이다. 6. '때가 찼고'는 예수 공생애의 첫 일성으로 예수의 전체 사역이 하나님 나라의 계시임을 말해주고 있다. '때가 찼고'에 대한 실천적 요청은 회개와 믿음인 것이다. 7. '때가 찼고 하나님 나라가 가까웠으니'라는 것은 하나님께서 역사의 현장에 와서 자신의 주권적 통치를 시작하게 되었다는 뜻으로 하나님 나라가 이미 현재적 실제가 되었다는 것이다.	요14:20 그 날에는 내가 아버지 안에, 너희가 내 안에, 내가 너희 안에 있는 것을 너희가 알리라 요16:23 그 날에는 너희가 아무 것도 내게 묻지 아니하리라 내가 진실로 진실로 너희에게 이르노니 너희가 무엇이든지 아버지께 구하는 것을 내 이름으로 주시리라

	8. 세례 요한의 투옥으로 예수께서는 새로운 언약의 시대를 열 결정적인 때를 맞이하게 된다. 이것은 예수의 복음이 세상에 널리 알려질 수 있는 최적의 때라고도 볼 수 있다. 로마가 당시의 세계를 정복함으로써 한 나라로 만들어졌고 대표적인 코이네 헬라어로 소통되었으며 해상육상교통기관이 발달하여 거리를 좁혔고 유대인 디아스포라가 그리스 로마의 주요 도시에 산재해 있던 때이다.	
주의 은혜의 해(눅4:19) • 이사야와 누가의 차이	1. 마가에는 가버나움 회당에서 가르친 것만 언급되어 있고 그 내용은 없다. 그리고 이어서 더러운 귀신 들린 자에게서 귀신을 쫓아낸다(1:21-28). 2. 누가에서의 예수의 처음 사역은 귀신축출이 아니고 회당에서 주의 은혜의 해를 선포한 것이었으나 고향에서조차 거부된다(4:14-30). 그리고 이어서 가버나움 회당에서 귀신을 축출한다. 3. 누가는 예수께서 기름 부음을 받은 자임을 말하기 위해 주의 은혜의 해 즉 희년을 선포한다. 이사야(61:2)는 여호와의 은혜의 해와 함께 우리 하나님의 보복의 날을 선포한다. 구약시대의 이스라엘은 여호와께서 시온을 긍휼히 여기시어 은혜를 베푸실 때가 있는데 그 정한 기한이 다가오고 있다고 생각하였다(시102:13). 4. 이사야서는 여호와의 은혜의 해(사61:2)를 언급하기 이전에 여호와의 은혜의 때(사49:8)에 대해서 말하고 있다. 여호와의 은혜의 때는 '구원의 날로서 너를 보호하고 너를 백성의 언약으로 삼으며 나라를 일으키고 땅을 기업으로 상속'하겠다는 것이다. 5. 여호와의 은혜의 해에 우리 하나님은 보복의 날을 선포하며 모든 슬픈 자를 위로하겠다고 한다. 결국, 하나님 보복의 날이 구원의 날이 되는 셈이다. 그러므로 주의 은혜의 해란 하나님이 종말의 때에 베푸시는 구원을 상징하는 은유적인 표현이라 하겠다. 6. 누가에서 주의 은혜의 해를 전파하는 이유는 가난한 자, 포로 된 자, 눈 먼 자, 눌린 자를 위함이다. 이사야는 가난한 자, 마음이 상한 자, 포로 된 자, 갇힌 자를 말하고 있다. 누가에서 언급된 두 번의 자유는 포로 된 자에게 자유와 눌린 자에게 자유를 말한다. 사61:1에서 마음이 상한 자를 고치시다 대신하여 사58:6의 눌린 자의 자유를 언급함으로 자유가 두 번이 되었는데 예수께서는 궁극적으로 인간 실존을 위협하는 모든 구속으로부터 해방된 자유로운 인간을 강조하고 있다 하겠다.	시102:13 주께서 일어나사 시온을 긍휼히 여기시리니 지금은 그에게 은혜를 베풀 때라 정한 기한이 다가옴이라 단9:24 네 백성과 네 거룩한 성을 위하여 일흔 이레를 기한으로 정하였나니 허물이 그치며 죄가 끝나며 죄악이 용서되며 영원한 의가 드러나며 환상과 예언이 응하며 또 지극히 거룩한 이가 기름 부음을 받으리라
		시58:6 내가 기뻐하는 금식은 흉악의 결박을 풀어 주며 멍에의 줄을 끌러 주며 압제 당하는 자를 자유하게 하며 모든 멍에를 꺾는 것이 아니겠느냐
		구분	이사야(61:1)	누가(4:18)
가난한 자	아름다운 소식을 전하다	복음을 전하다
마음이 상한 자	고치다	○
포로 된 자	자유를	자유를
갇힌 자	놓임을	○
눈 먼 자	○	다시 보게 함을
눌린 자	○	자유롭게(사58:6)	 • 누가의 '눌린 자'는 이사야 58:6 '압제 당하는 자를 자유하게 하며'를 추가한 것이라 하겠다. 은 내용이 없다는 표시이다.	
• 희년의 선포자 예수	1. 희년으로 본래 모습으로 회복된 나라는 하나님 나라의 모습의 한 면이라고 할 수 있다 마태, 마가에서의 예수께서는 하나님 나라를 선포하였으나 누가에서는 희년을 선포하고 있다. 2. 누가에서 언급한 주의 은혜의 해(4:19)는 소외되고 억압받는 자들에게 관심이 있으나 이사야서의 주의 은혜의 해는 '모든 슬픈 자를 위로'(61:2)하는 데에 중점을 두고 있다.	사29:18 그 날에 못 듣는 사람이 책의 말을 들을 것이며 어둡고 캄캄한 데에서 맹인의 눈이 볼 것이며

	3. 이사야서와 누가에서 주의 은혜의 해에 일어나는 일은 희년에 일어나는 일들과 같은 것이라고 하겠는데 희년에는 모든 사람에게 자유를 공포(레25:10)하기 때문이다. 희년에는 땅을 쉬게 하고 빚을 탕감하여 땅을 되돌려 주고 노예를 해방하는 등 해방과 회복의 때이다. 또한 구원의 날(사40:8)인 동시에 하나님 보복의 날(사60:2), 주 심판의 날인 것이다. 느헤미야는 하나님의 거룩한 날(8:9)에 대해 말하고 있다. 4. 누가에서 예수는 희년의 선포자이다. 예수께서는 희년에 일어나는 구원의 사건들에 대해 구체적으로 말씀하고 있다. 그리고 이 사건들이 상징적으로 추상적으로 일어나는 것이 아니라 우리 삶에 실제적으로 현실적으로 변화를 초래한다는 것이다. 궁극적으로 희년에는 억압된 것들이 자유케 됨으로써 하나님의 은혜를 경험하고 구원을 받아 회복하게 된다는 것이다. 5. 희년이란 회복된 나라의 이상으로서 본래의 속성이나 모습으로 환원시키는 때이다. 희년은 영어로 jubilee인데 히브리어 요벨(숫양, 숫양의 뿔을 의미 출19:13, 수6:6,8)을 음역한 것이다. 희년을 선포할 때 요벨을 분다고 한다. 6. 누가의 마리아 찬가(눅1:51-55)에서는 마음의 생각이 교만한 자들을 흩으시고 권세 있는 자들을 내리치셨으며 부자는 빈손이 되게 하였다고 한다. 그러나 비천한 자는 높이시고 주리는 자를 좋은 것으로 배불리신다고 하였다. 누가에서 예수께서는 잔치를 베풀거든(눅14:13) 벗이나 형제나 친척이나 부한 이웃을 청하지 말고 가난한 자들, 몸 불편한 자들, 저는 자들, 맹인들을 청하라고 한다. 7. 최근에는 희년을 노예 상태로부터의 인간성 회복, 빚 탕감이나 기본소득 보장, 주거안정 등 생존필수조건의 보장, 공의로운 사회, 배려하는 사회, 함께 하는 공동체 지향의 의미로 보고 있다. 8. 가톨릭에서는 2015.12.8부터 2016.11월까지 자비의 특별 희년(Extraordinary Jubilee of Mercy)을 선포하였고 대전교구에서는 2018.5.8.부터 2019.5월까지 교황의 허락을 받아 평신도 희년, 교구 희년을 선포하였다.	사35:5-6상 그 때에 맹인의 눈이 밝을 것이며 못 듣는 사람의 귀가 열릴 것이며 그 때에 저는 자는 사슴 같이 뛸 것이며 말 못하는 자의 혀는 노래하리니 사42:7 네가 눈먼 자들의 눈을 밝히며 갇힌 자를 감옥에서 이끌어 내며 흑암에 앉은 자를 감방에서 나오게 하리라 • 가수 마이클 카드의 노래 jubilee에는 예수 자신이 희년으로 그는 희년의 성육신이라고 하는 내용이 있다.
오실 이 예수	1. 세례 요한이 옥중에서 예수의 소문을 듣고 오실 그이가 당신이오니이까 라고 제자들을 보내 묻는다(눅7:17-20, 마11:2-3). 세례 요한의 질문은 예수가 유대인이 대망하는 전통적인 의미의 메시아인가를 묻는 것이라고 이해할 수 있다. 2. 예수께서는 자신이 회복시키는 자이고 자유케 하는 자이며 구원을 받게 하는 자라고 말씀한다(마11:5, 눅7:21-22). 맹인이 보며 못 걷는 사람이 걸으며 나병환자가 깨끗함을 받으며 귀먹은 사람이 들으며 죽은 자가 살아나며 가난한 자에게 복음이 전파된다고 한다. 3. 예수의 대답은 자신이 유대민족이 대망하는 메시아라고 즉답을 하지 않고 있다. 예수께서는 자신이 세상 사람의 눈으로 볼 때는 이해할 수 없는 성공하지 못하게 될 메시아라고 대답할 수는 없었을 것이다.	결혼 25주년 은혼식. 실버 결혼 50주년 금혼식. 금 결혼 60주년 금강혼식. 다이아몬드 결혼 70주년 백금혼식. 플래티넘 여기의 식은 모두 희년을 말하는 주빌리라고 부른다.

5. 집중탐구: 성서에서의 하나님의 나라

구분	내용	비고
구약에서의 하나님 나라	1. 구약에 하나님의 나라라는 표현은 없다. 그러나 세례 요한과 예수가 하나님의 나라가 가까이 왔다고 하였을 때 그 내용을 질문하는 이들이 없었던 것으로 보아 널리 알려져 있던 개념이었던 것으로 보인다. 2. 구약의 경우 야웨는 온 땅의 왕으로 영원히 통치하신다고 한다. 사43:15에 나는 여호와 너희의 거룩한 이요 이스라엘의 창조자요 너희의 왕'이라고 한다.	• 여호와는 왕이라는 표현은 신9:26, 삼상12:12, 시24:10, 99:1, 사6:5,24:33, 33:22 등에 나온다.

	시22:28에 '나라는 여호와의 것이요 여호와는 모든 나라의 주재심이라'고 하였고 시145:13에도 '주의 나라는 영원한 나라이니 주의 통치는 대대에 이른다'고 한다. 3. 구약에는 세상을 창조하신 하나님이 세상에 대한 주권을 갖고 있고 하나님이 이 세상을 통치한다는 정통 신정주의 사상이 있다. 4. 시내 산에서 이스라엘 백성은 하나님과 하나님의 주권을 인정하는 계약을 하지만 이스라엘 백성들은 왕을 요구(삼상8:4-5)하였는데 이것은 하나님의 통치를 거부(삼상8:6-8)하는 것으로 보였다. 다행히 다윗의 즉위로 왕이 하나님의 대리자로 통치하는 것으로 이해되었으나 솔로몬에 이르러서는 영원한 왕위의 약속이 폐기(왕상11:11-14)된다. 그 후로는 다윗왕국을 다스릴 '다윗의 한 지파'에서 나올 메시아에 대해 관심을 갖게 된다. 5. 바빌론 유수 때에 다윗왕국이 흔적조차 사라지자 다니엘은 '하늘에 계신 하나님'(단2:28)이 직접적으로 세상일에 간섭한다고 생각하였다. 　다니엘서가 하나님의 나라를 강조하고 있으나 정치적 특성이 없는 묵시적 종말론을 말하고 있으며 또한 '인자 같은 이'라는 하나님의 대리자를 초월적 존재로 묘사한다(단7:13-14). 6. 구약과 유대 문헌은 하나님이 온 우주를 통치한다는 것과 그것은 미래에 일어날 일이라고 한다.	• 묵시문학은 셀류커스 왕조 때 유대교에 대한 박해가 극심하였을 때 하나님 나라를 우주적 파국과 실존지배 체제의 파멸 후에 도래할 새 시대의 종국적 구원으로 보았다.
예수 당시의 하나님 나라에 대한 기대	1. 로마의 지배 하에서 전통적인 유대신앙이 위협을 받게 된다. 2. 구약시대에 하나님의 나라라는 직접적인 표현은 없으나 유대인들은 이스라엘의 하나님이 메시아를 보내 심판과 함께 모든 힘 있는 나라들을 평정하고 이스라엘을 중심으로 하나님이 완전히 통치하는 나라를 꿈꾸었다. 3. 헤롯이 사망한 후 농민 출신 갈릴리의 유다(행5:36-37)가 나사렛 인근도시 세포리스에서 반란(AD6년경)을 일으키는데 호적을 반대하는 명분이었다. 그가 수리아 총독이 세금을 거두어들이기 위한 호적을 거부한 이유는 하나님을 주로 믿는 유대인들은 로마 황제에게 세금을 낼 수 없다는 것이다. 호적문제를 납세문제로 연결시켜 로마 황제의 통치와 하나님의 통치를 대비시킨 것이다. 4. 갈릴리 유다는 전통적이고 근본적인 유대교의 신정주의에 뿌리를 둔 하나님의 직접적인 통치를 주장하는 사상적 배경을 가지고 있었다고 하겠다. 5. 예수 당시 회당예배에서 사용되었을 것으로 보이는 찬양인 카디슈에도 '하나님께서 그의 나라를 세우시기를 기원'한다는 내용이 있다. 6. BC2세기 시빌의 신탁은 사람들에게 하나님 나라의 조건으로 의로운 삶을 권고하였고 메시아는 천상의 평원에서 온 거룩한 자로 표현하였다고 한다. AD1세기 유대교 문서인 모세의 유언에는 하나님 나라는 지상의 나라와 같고 회개로 인해 도입된다고 하였다.	• 구약시대에 포로귀환과 성전재건을 허락한 페르시아의 고레스(사45:1)를 메시아로 보았고 여호사닥의 아들인 '제사장 여호수아는 면류관을 썼다(슥6:11)고 한다. • 갈릴리의 유다 이외에도 헤롯의 부하이었던 시몬도 왕을 칭하여 일어났고 양치기 아트롬 게스도 자신이 제2의 다윗이라고 하며 봉기하였다.
예수의 하나님 나라	1. 하나님의 아들임을 자각한 예수께서 하나님 나라의 임박을 외치며 하나님 나라 운동을 펼친 것은 당연하다 하겠다. 예수께서는 스스로 하나님 나라의 복음을 전하기 위하여 보내심을 받았다(눅4:43)고 한다. 2. 예수께서 선포한 하나님 나라는 하나님의 왕권 통치 또는 하나님의 우주적 지배를 의미하며 영토적 국가를 의미하는 것은 아니다. 요한복음에서의 예수께서 빌라도에게 심문을 받을 때 '내 나라는 이 세상에 속한 것이 아니라'(요18:36)고 하는데 이 세상에 영토를 갖고 있는 나라가 아니라는 의미라고 하겠다. 3. 원수까지 사랑하라고 한 예수께서 다른 민족의 정벌이나 복속을 통한 하나님의 나라를 원하지는 않았을 것이다. 예수께서는 하나님의 통치가 장차 올 세상 모든 사람에게 평등하게 미칠 것으로 보았다.	

	4. 하나님의 나라는 지상의 영토적인 개념이 아니라 하나님의 피조물 전체와 우주 삼라만상 나아가 인간의 영적 영역까지도 대상으로 하는 지배, 주재, 통치를 말한다고 하겠다. 5. 예수께서는 '먼저 그의 나라와 그의 의를 구하라(마6:33)'고 한다. 마태, 마가, 누가는 재물이 있는 자는 하나님의 나라에 들어가기 어렵다(마19:23, 막10:24, 눅13:24)고 한다. 마가, 누가는 '누구든지 하나님의 나라를 어린아이와 같이 받아들이지 않는 자는 결단코 하나님의 나라에 들어가지 못 한다'(막10:15, 눅18:17)고 한다. 마태는 세리와 창녀들이 너희보다 먼저 하나님의 나라에 들어간다(21:31)고도 하였다. 6. 마태에서의 예수께서는 팔복에서 심령이 가난한 자, 의를 위해 박해를 받는 자는 천국이 그들의 것이라고 하며 주여, 주여 하는 자마다 천국에 들어가는 것은 아니라고 한다. 제자들에게 주기도를 가르치면서 하나님 나라를 기다리지 말고 지금 하나님의 나라가 임하도록 '나라가 임하옵시며 뜻이 하늘에서 이루어진 것같이 땅에서도 이루어지이다'(마6:10)라고 기도하라고 한다. 7. 예수께서 바알세블로 힘입어 귀신을 내쫓은 것이라고 무리들이 생각하는 것을 아시고 내가 만일 하나님의 손을 힘입어 귀신을 좇아낸다면 하나님의 나라가 이미 너희에게 임하였다(눅11:20, 마12:28)고 한다. 누가에서는 바리새인들이 하나님의 나라가 어느 때에 임하느냐고 예수께 물으니 대답하기를 하나님의 나라는 '볼 수 있게 임하는 것이 아니요 또 여기 있다 저기 있다고도 못하는데 그 까닭은 하나님 나라가 이미 너희 안에 있기' 때문이라고 한다(눅17:20-21). 또한, 누가는 무화과나무 비유에서 '너희가 이런 일이 일어나는 것을 보거든 하나님의 나라가 가까이 온 줄로 알라'(21:31)고 한다. 8. 예수의 활동과 함께 하나님 나라는 이미 도래하였으나 그 궁극적인 완성은 여전히 미래에 실현될 것이기 때문에 하나님의 나라는 이미(already)와 아직(yet) 사이에 즉 D-day(작전개시일)와 V-day(승리의 날) 사이에 있다 하겠다. 9. 예수에게 있어서 하나님의 나라는 그의 공생애 활동의 총괄개념인 동시에 주개념이고 핵심개념이라 하겠으나 예수 자신이 하나님의 나라에 대해서 명확하게 말씀하고 있지는 않다.	단2:44 이 여러 왕들의 시대에 하늘의 하나님이 한 나라를 세우시리니 이것은 영원히 망하지도 아니할 것이요 그 국권이 다른 백성에게 돌아가지도 아니할 것이다. 도리어 이 모든 나라를 쳐서 멸망시키고 영원히 설 것이라
오늘날의 하나님 나라	1. 칸트는 하나님 나라를 도덕적 최고의 선, 인류 역사의 최고 목표로 이해하였다. 그의 제자 리츨은 하나님 나라란 사랑의 공동체로서 인간 역사 속에서 점진적으로 발전하는 것으로 보았다. 또한 바이스는 예수의 도덕적, 윤리적 요구는 하나님 나라에 들어가기 위한 조건이라고 하였다. 2. 슈바이처는 하나님 나라를 인간의 내적, 도덕적 노력으로 이 세상 역사 내에서 점진적으로 성취할 수 있거나 도달할 수 있는 이념으로 보지 않고 예수의 하나님 나라를 미래적 종말론으로 파악하였다. 3. 찰스 도드는 예수의 하나님 나라는 철저히 현존하는 나라로 선포되었다고 주장한다. 예수로 인해 하나님의 영원한 통치가 이미 시작되었다고 본다. 즉 실현된 종말론이라 하겠다. 4. 불투만은 하나님 나라의 미래성을 견지하면서도 미래는 시간의 연장으로 인한 차후 시점을 의미하는 것이 아니라 인간들이 실존적 결단을 통해 '오늘 여기에서' 세상에 대해 종말을 고하고 하나님의 미래로부터 자기의 존재 가능성을 확인시키는 시점이라는 실존론적 종말론을 주장하였다.	
유업으로 받은 하나님의 나라	1.마태는 무익한 종의 비유 다음에 예수께서 '내 아버지께 복 받을 자들이여 나와 창세로부터 너희를 위하여 예비된 나라를 상속 받으라'(25:34)고 한다. 2. 디모데후서에는 '주께서 나를 모든 악한 일에서 건져 내시고 또 그의 천국에 들어가시도록 구원하신다'(4:18)고 한다.	

3. 고린도전서에는 '불의한 자가 하나님의 나라를 유업으로 받지 못할 줄을 알지 못하느냐'(고전6:9)고 하고 또한 '혈과 육은 하나님 나라를 유업으로 받지 못한다'(15:50)고 하다.

3. 에베소서에는 '우상 숭배자는 다 그리스도와 하나님의 나라에서 기업을 얻지 못한다'(5:5)고 하다.

제11절 ❀ 예수의 권위와 귀신축출

1. 본문비교

	구분	마태(8:14-17)	마가(1:21-34)	누가(4:31-41)
회당 귀신 축출	가르치시니		1:21 그들이 가버나움에 들어 가니라 예수께서 곧 안식일에 회당에 들어가 가르치시매	4:31 갈릴리의 가버나움 동네에 내려오사 안식일에 가르치시매
	놀라다		:22 뭇 사람이 그의 교훈에 놀라니 이는 그가 가르치시는 것이 권위 있는 자와 같고 서기관들과 같지 아니함일러라	:32 그들이 그 가르치심에 놀라니 이는 그 말씀이 권위가 있음이러라
	귀신 들린 자의 소동		:23 마침 그들의 회당에 더러운 귀신 들린 사람이 있어 소리 질러 이르되 :24 나사렛 예수여 우리가 당신과 무슨 상관이 있나이까 우리를 멸하러 왔나이까 나는 당신이 누구인 줄 아노니 하나님의 거룩한 자니이다	:33 회당에 더러운 귀신 들린 사람이 있어 크게 소리 질러 이르되 :34 아 나사렛 예수여 우리가 당신과 무슨 상관이 있나이까 우리를 멸하러 왔나이까 나는 당신이 누구인 줄 아노니 하나님의 거룩한 자니이다
	예수의 대응		:25 예수께서 꾸짖어 이르시되 잠잠하고 그 사람에게서 나오라 하시니 :26 더러운 귀신이 그 사람에게 경련을 일으키고 큰 소리를 지르며 나오는지라	:35상 예수께서 꾸짖어 이르시되 잠잠하고 그 사람에게서 나오라 하시니 :35하 귀신이 그 사람을 무리 중에 넘어뜨리고 나오되 그 사람은 상하지 아니한지라
	무리		:27-28 다 놀라 서로 물어 이르되 이는 어찜이냐 권위 있는 새 교훈이로다 더러운 귀신들에게 명한즉 순종하는도다 하더라 예수의 소문이 곧 온 갈릴리 사방에 퍼지더라	:36-37 다 놀라 서로 말하여 이르되 이 어떠한 말씀인고 권위와 능력으로 더러운 귀신을 명하매 나가는도다 하더라 이에 예수의 소문이 그 근처 사방에 퍼지니라
베드로의 장모 치유	열병 걸린 베드로의 장모	8:14 예수께서 베드로의 집에 들어가사 그의 장모가 열병으로 앓아 누운 것을 보시고	:29-30 회당에서 나와 곧 야고보와 요한과 함께 시몬과 안드레의 집에 들어가시니 시몬의 장모가 열병으로 누워 있는지라 사람들이 곧 그 여자에 대하여 예수께 여짜온대	:38 예수께서 일어나 회당에서 나가사 시몬의 집에 들어가시니 시몬의 장모가 중한 열병을 앓고 있는지라 사람들이 그를 위하여 예수께 구하니
	열병이 나가다	:15 그의 손을 만지시니 열병이 떠나가고 여인이 일어나서 예수께 수종들더라	:31 나아가사 그 손을 잡아 일으키시니 열병이 떠나고 여자가 그들에게 수종드니라	:39 예수께서 가까이 서서 열병을 꾸짖으신대 병이 떠나고 여자가 곧 일어나 그들에게 수종드니라
	해 질 무렵	:16 저물매 사람들이 귀신 들린 자를 많이 데리고 예수께 오거늘 예수께서 말씀으로 귀신들을	:32-34상 저물어 해 질 때에 모든 병자와 귀신 들린 자를 예수께 데려오니 온 동네가 그 문 앞	:40 해 질 무렵에 사람들이 온갖 병자들을 데리고 나아오매 예수께서 일일이 그 위에 손을 얹으사 고치시니

		쫓아내시고 병든 자들을 다 고치시니	에 모였더라 예수께서 각종 병이든 많은 사람을 고치시며 많은 귀신을 내쫓으시되	
결구		:17 이는 선지자 이사야를 통하여 하신 말씀에 우리의 연약한 것을 친히 담당하시고 병을 짊어지셨도다 함을 이루려 하심이더라	:34하 귀신이 자기를 알므로 그 말하는 것을 허락하지 아니하시니라	:41 여러 사람에게서 귀신들이 나가며 소리 질러 이르되 당신은 하나님의 아들이니이다 예수께서 꾸짖으사 그들이 말함을 허락하지 아니하시니 이는 자기를 그리스도인 줄 앎이러라

2. 본문의 차이

구분		마태	마가	누가
회당 귀신 축출	때와 장소		가버나움, 회당(1:21) 안식일, 가르치다	가버나움(4:31) 안식일, 가르치다
	그들의 반응		• 그의 교훈에 놀라다(1:22) • 가르치시는 것이 권위 있는 자 같다 • 서기관들과 같지 아니하다	• 그 가르침에 놀라다(4:32) • 말씀에 권위가 있음이라
	귀신 들린 자의 소동		• 그들의 회당 • 더러운 귀신 들린 사람 • 나사렛 예수여 • 우리가 당신과 무슨 상관이 있나이까 • 우리를 멸하러 왔나이까 • 나는 당신이 누구인 줄 압니다 • 하나님의 거룩한 자니이다	• 회당 • 더러운 귀신 들린 사람 • 나사렛 예수여 • 우리가 당신과 무슨 상관이 있나이까 • 우리를 멸하러 왔나이까 • 나는 당신이 누구인 줄 압니다 • 하나님의 거룩한 자니이다
	예수의 대응		• 예수께서 꾸짖어 이르시다 • 잠잠하고 그 사람에게서 나오라 • 더러운 귀신이 그 사람에게서 • 경련을 일으키고 큰 소리를 지르며 나오다	• 예수께서 꾸짖어 이르시다 • 잠잠하고 그 사람에게서 나오라 • 귀신이 그 사람을 넘어뜨리고 나오다 그런데 그 사람은 상하지 아니하다
	무리		• 다 놀라 서로 묻다(1:27) • 어떻게 된 일이냐 • 권위 있는 새 교훈이로다 • 더러운 귀신에게 명하니 순종하는 도다 • 예수의 소문이 온 갈릴리 사방에 퍼지다	• 다 놀라 서로 말하다(4:36) • 어떠한 말씀이냐 • 권위와 능력으로 명하니 • 더러운 귀신이 나가는도다 • 예수의 소문이 근처 사방에 퍼지다
베드로의	장소 대상	베드로의 집, 그의 장모 열병으로 앓아 누워 있다	시몬과 안드레의 집, 시몬의 장모가 열병으로 누워있다	시몬의 집, 시몬의 장모 중한 열병을 앓고 있다
	상태	열병으로 앓아 누워 있다	열병으로 누워있다	중한 열병을 앓고 있다

장 모 치 유	사람들		사람들이 그 여자에 대하여 예수께 여쭙다	사람들이 그를 위하여 예수께 구하다
	예수	그의 손을 만지시니 열병이 떠나가다	그 손을 잡아 일으키시니 열병이 떠나다	가까이 가서 꾸짖으시니 병이 떠나다
	장모	일어나서 예수께 수종드니라	여자가 그들에게 수종드니라	여자가 곧 일어나 그들에게 수종드니라
	해 질 무렵	• 사람들이 귀신 들린 자를 많이 데리고 예수께 오다	• 모든 병자와 귀신 들린 자를 예수께 데려오다 온 동네가 그분 앞에 모였더라 • 예수께서 각종 병이 든 많은 사람을 고치며 • 많은 귀신들을 내 쫓으시다	• 사람들이 온갖 병자들을 데리고 나아오다
결구		• 예수께서 말씀으로 귀신들을 몰아내고 병든 자를 다 고치다 • 선지자 이사야 말씀(53:4)을 이루려 하심이라 • 우리의 연약한 것을 친히 담당하시고 병을 짊어 지셨도다 함과 같으니라	• 귀신이 자기를 알므로 그 말하는 것을 허락하지 아니하다	• 예수께서 일일이 그 위에 손을 얹으사 고치시다 • 여러 사람에게서 귀신이 나가며 소리지르다. 당신은 하나님의 아들이니이다 • 예수께서 꾸짖으사 그들이 말함을 허락하지 아니하다 • 자기를 그리스도인줄 앎이러라
본문의 위치		• 마태에는 회당귀신축출기사가 없다 • 마태에서는 산상수훈 이후 예수의 사역은 나병환자를 고치고(8:2-4), 백부장의 하인을 고친데(8:5-13) 이어 베드로의 장모를 고치는 이야기가 나온다 • 마태에서는 계속해서 기적과 치유가 나온다	• 마가에서는 세례를 받고(1:9-11),시험을 받고(1:12-13), 하나님 나라를 선포하고(1:14-15), 처음 제자를 부른 후(1:16-20) 곧바로 사역에 들어간다	• 누가는 예수의 세례(3:21-22), 예수의 족보(3:23-38), 예수의 시험(4:1-13)의 순서이다 • 회당 귀신축출과 베드로 장모의 치유 다음에 하나님 나라의 선포(4:42-44), 처음 제자들을 부르심(5:1-11)이 있고 이어서 나병환자를 고친다(5:12-16) • 베드로 장모 치유는 제자들을 부르기 전이다. 베드로가 제자 되기 전의 일인 것이다

3. 본문이해

구분	내용	비고
가버나움	1. 가버나움은 나훔의 마을이라는 뜻으로 갈릴리 북서 해안의 성읍인데 세관이 있었다. 예수의 제자인 세리 마태는 이곳 세관에서 제자로 부름을 받았다(마9:1-13). 이 마을 회당에서 예수께서 귀신축출을 하고, 베드로의 장모를 치유(마8:14-17, 막1:29-34, 눅4:38-41)하며 백부장의 하인(마8:5-13)과 왕의 신하의 아들(요4:46-54)등을 고친다. 2. 그러나 가버나움 사람들이 회개하지 않으므로 예수께서 멸망하게 될 것을 예언(마11:21-24, 눅10:15)한다. 3. 가버나움에 예수의 거처가 있었던 것 같다. 막2:1, 3:20, 9:33에 가버나움 집에 계셨다고 한다.	• 가버나움을 발굴해 보니 베드로의 집으로 추정되는 집터가 있었고 또한 이방인 백부장(눅7:6)의 주거지로 여겨지는 곳도 있었다.

예수의 처음 가르침	1. 예수 공생애의 처음 사역에 대해 마태, 마가는 갈릴리에서 하나님 나라의 선포(마4:12-17, 막1:14-15)라고 하고 누가는 가르치심(4:14-15)이었다고 하며 나사렛 회당에서 이사야의 주의 은혜의 해를 선포(4:16-20)하였다고 한다. 2. 마태에서 예수께서는 나사렛을 떠나 가버나움에 가서 사셨다(4:13)고 한다. 마가에는 처음 제자들을 부른 후(1:16-20) 제자들과 가버나움에 들어간다. 누가는 나사렛 회당에서 선포하고 환영받지 못한 후(4:16-30)에 가버나움으로 간 것이다. 3. 마가에서의 처음 사역은 그의 권위를 증명하는 치유와 축귀인데 마가의 앞부분에 집중되어 있다(1:21-28, 29-31, 32-39, 40-45). 예수 일행은 그날이 안식일이어서 예수께서 회당에 들어가 가르친다(막1:21, 눅4:31). 4. 마가는 그의 교훈(1:21)에 놀랐다고 하고 누가는 그 가르치심(4:32)에 놀랐다고 하는데 마가는 가르치는 것이 권위 있는 자와 같다고 하고 누가는 말씀에 권위가 있다고 한다. 5. 회당에서의 가르치심은 토라나 예언서의 한 부분을 읽고 설명하거나 강론을 하는 형태이었을 것이다.	• 유대교의 여러 집단은 메시아가 충만한 하나님의 지혜로 가르치실 것이라고 기대하고 있었는데 탈굼들, 묵시문서들, 에세네파 문서들, 사마리아 문서들, 랍비문서들에 나타나 있다.
특별한 가르침	1. 회당에서 더러운 귀신을 쫓아낸 다음 무리(눅4:35)들의 반응에 대해 마가는 예수께서 가르치실 때에 교훈(1:22)에 놀랐듯이 권위 있는 새 교훈(1:27)에 또한 놀랐다고 한다. 누가는 가르칠 때에 그 말씀(4:32)에 놀랐듯이 권위와 능력(4:36)의 말씀에 또한 놀랐다고 한다. 마가는 교훈을 누가는 말씀을 반복 강조하고 있는데 마가, 누가는 사람들이 거듭해서 놀랐다고 말하고 있다. 2. 예수의 가르침은 특별하였다. 놀랍고 또 놀라웠다. 그래서 변화가 일어난다. 교훈이 새 교훈이 되고 가르치심이 권위와 능력의 말씀이 된다. 3. 예수의 가르침이 서기관들과 같지 아니하였다(막1:22)고 한다. 성서에 관한한 서기관들이 최고의 권위를 가지고 있었다. 그들은 지식의 열쇠(눅11:52)를 가진 자들로 성서의 해석자이며 전승의 수호자들이라고 할 수 있다. 그런데 서기관들과 같지 아니하였다는 것은 구약과 전승을 다르게 해석하고 새롭게 이해하도록 하였다는 의미일 것이다. 4. 서기관은 기본적으로 성경에 관한 일을 하는 사람이다. 이들은 율법교육을 담당하였는데 서기관의 집 또는 지혜의 집에서 가르쳤다. 그들은 때로는 재판관의 역할을 하기도 하였다. 이들은 회당에서 설교하는 데에 적합한 인물들이었다. 예수의 가르침과 교훈의 내용에 대한 언급은 없지만, 율법적인 것도 전통적인 것도 아닐 뿐 아니라 실제로 바뀌게 하고 달라지게 하며 변화시키는 힘을 가진 강력한 권위를 가진 말씀이었을 것이다. 5. 예수의 가르침을 통한 교훈이나 말씀에는 권위와 능력(눅4:36)이 있었던 것이다. 6. 마가는 예수의 가르침이 새 교훈(1:27)이라고 한다. 그런데 새 교훈은 누구에게서도 배울 수가 없는 것이다. 예수 자신의 권위로서의 새 교훈이라 하겠다.	• 누가는 서기관들을 율법교사(5:17, 7:30, 10:25등)라고 부른다. 누가에서 만이 예수께서는 율법교사의 지식을 칭찬(10:28)한다.
나사렛 예수	1. 나사렛 예수는 나사렛 사람 예수라는 말이다. 마2:23에는 애굽에 피난 갔던 예수와 그 가족들이 나사렛에서 살기 위해 나사렛으로 돌아온다. 마태는 '이는 선지자로 하신 말씀에 나사렛 사람이라 칭하리라 하심을 이루려 함'이라고 한다. 사람들이나 귀신들이 예수를 나사렛 예수라고 불렀다(눅18:37). 2. 나사렛에서 환영받지 못한 예수는 가버나움으로 간다(눅4:31). 회당귀신 축출 이야기는 가버나움 회당에서의 일이다. 예수께서 예루살렘 입성 시 온 성이 소동하여 이는 누구냐고 하는데 무리들은 '갈릴리 나사렛에서 나온 선지자 예수'(마21:10-11)라 한다.	• 나사렛은 예루살렘 북쪽 91km에 위치한 사방이 산으로 둘러싸인 고지로서 현재는 아랍인들의 마을이다.

	3. 예수께서 달린 십자가에는 나사렛 예수 유대인의 왕(요19:19)이라고 쓰여 있었다. 4. 베드로도 예수를 '나사렛 예수'(행10:38)라고 하고 초기 기독교를 폄하하는 말로 '나사렛 이단'(행24:5)이라고도 하였다.	
우리와 무슨 상관이 있나이까	1. 더러운 귀신 들린 사람이 우리가 당신과 무슨 상관이 있나이까라고 예수에게 크게(누가) 소리 지른다. 2. 당신과 우리와 무슨 상관이 있느냐고 하는 것은 우리와 당신은 영역이 다르다는 것으로 각자 자기 일을 하자는 것이다. 남의 일에 간섭하지 말고 방해하지 말라는 의미가 들어 있는 것이다. 3. 귀신에게는 예수의 존재 자체가 자신들의 일이나 영역의 침범이고 위협이라는 것이다. 예수께서는 아직까지 아무 말씀도 하지 않았다. 귀신이 예수의 존재를 보고 선제적으로 예수에게 말한 것이다.	
당신은 하나님의 거룩한 자 니이다	1. 귀신이 소리 질러 말하는데 나는 당신이 누구인 줄 안다 당신은 하나님의 거룩한 자라고 한다. 귀신 자신도 하나님에게 속한 사람을 알아보는 정도의 능력이 있음을 말한다. 2. 하나님의 거룩한 자라는 칭호는 유대교에서 메시아에게 붙이는 칭호도 아니었고 초대 교회가 예수에게 붙이던 칭호도 아니었다. 3. 요한복음에서 베드로가 예수께 고백할 때에 '주는 하나님의 거룩한 자'(6:69)라고 고백한다. 시편(16:10)에는 주의 거룩한 자라는 표현도 있다. 4. 구약에는 하나님의 사람이라는 표현이 있다. 하나님의 사람으로 모세, 다윗, 엘리사 등 선지자나 왕들을 언급하고 있다. 신약에서도 사도 바울은 디모데를 '너 하나님의 사람아'(딤전6:11)라고 한다. 4. 귀신이 예수 신분을 공개한 것은 신앙고백이 결코 아니다. 예수와 대적하겠다는 태도의 발언이다. 너를 안다는 것이다. 싸울 때에 상대가 나를 안다는 것은 큰 위협이다. 적장의 이름은 항상 비밀이다. 거라사 귀신의 경우 예수께서 네 이름이 무엇이냐(막5:7-9)고 묻는다. 그런데 회당에서의 귀신은 나사렛 예수라고 부른다. 네가 누구인지 식별해냈다는 것이다. 마귀는 자신이 예수를 상대할 수 있다고 을러대고 있다. 만만하지 않다는 것이다.	시16:10 이는 주께서 내 영혼을 스올에 버리지 아니하시며 주의 거룩한 자를 멸망시키지 않으실 것임이니이다
그 사람에게서 나오라	1. 마가가 예수의 귀신축출기사를 공생애 기간의 처음 사역으로 기록하고 있는 것은 마귀 사탄이 하나님 나라 건설에 가장 큰 적이기 때문이다. 2. 마가, 누가의 예수께서는 꾸짖으며 '잠잠하라 그에게서 나오라'고 한다. 마가는 더러운 귀신이 그 사람에게 경련을 일으키며 큰 소리를 지르고 나왔다고 하고 누가는 귀신이 그 사람을 무리 중에 넘어뜨리고 나왔다고 한다. 3. 마가에서의 뭇 사람들은 이게 어떻게 된 일이냐라고 하며 권위 있는 새 교훈이어서 더러운 귀신들도 순종하였다고 한다. 마가에서의 예수께서는 귀신들에게 여러 차례 나오라고 명령한다(1:25, 5:8, 9:25 등). 4. 누가는 '이 어떠한 말씀이냐 권위와 능력의 말씀이어서 귀신이 나가는도다'라고 한다. 나갔다는 것이다.	• 마가는 일관되게 사탄이라고 하고 요한복음은 마귀라고 하며 마태, 누가는 혼용하여 사용하고 있다.
축귀를 통한 하나님 나라의 구현	1. 광야에서 예수를 시험한 것은 사탄(마4:10, 막1:13), 마귀(마4:1,5,8, 눅4:2,3,5,13)이었다. 가버나움 회당에서 예수를 대적한 것은 귀신 들린 자(막1:23, 눅4:33), 더러운 귀신(막1:26,27, 눅4:36), 귀신(눅4:35)이다. 예수가 나타나는 곳에는 귀신이 물러가고 악의 시대가 끝나고 하나님 나라의 구원이 시작됨을 보여준다. 2. 누가에서 귀신들은 자기들의 영적 지배권을 방어하기 위하여 먼저 선제공격을 한다. 예수를 나사렛 예수(4:34)라고 부른다. 누가는 예수께서 나사렛	• 마귀(마8:1,눅4:2)의 다른 이름으로는 우두머리 귀신(마3:23,26), 사탄(눅10:18), 바알세블(마12:24, 눅11:15), 거짓의 아비(요8:44), 원수(마13:39), 대적

	회당에서 선포하였을 때에 이 사람이 요셉의 아들이 아니냐(4:22)는 반응을 받는다. 이어서 예수께서 엘리야와 엘리사가 이방인을 구원하는 말씀을 하였다고 하자 동네 산 낭떠러지에 예수를 끌고 가서 밀쳐 떨어뜨리려 한다(4:29).	(벧전5:8), 세상의 신(고후4:4), 죽음의 세력(히2:14) 등이다.
	3. 마가, 누가에서 귀신은 단번에 예수를 알아보고 우리와 무슨 상관이 있느냐 왜 우리를 멸하려 하느냐고 한다. 우리란 마귀뿐 아니라 사탄의 세력 모두를 말한다. 막1:23의 더러운 귀신이 1:27에서는 복수형태가 된다. 여기서의 귀신은 자기들 무리를 대변하고 있는 것이다. 결국, 이 이야기는 하나의 특정 사건이면서도 회당내의 전체 귀신축출의 사건이기도 하다.	
	4. 마귀의 시험을 통해서 사탄의 세력과 함께할 수 없다는 것을 분명히 한 예수께서 그들을 내버려 둘 수는 없는 것이다. 마귀의 세력인 귀신을 축출하는 것은 당연한 것이다.	
회당에서 귀신 들린 자 ① 구별이 안 되는 귀신 들린 자	1. 실제로 누가 귀신 들린 자인지 아닌지를 구별하기는 어렵다. 회당의 귀신 들린 자는 안식일에 회당에 있었고 보통 사람들처럼 신앙생활을 하는 사람이었다. 그러나 구약에는 회당에 더러운 귀신 들린 사람의 이야기가 없다.	
	2. 가버나움 사람들이 그가 귀신 들린 자이었는지 알고 있었다는 기사도 없고 또한 그가 예수의 가르치심을 받았다는 기사도 없다.	
	3. 단지 그가 예수를 대면한 후 소리 지른 것뿐이다. 영적 절대자가 나타났을 때 귀신은 자기 모습을 드러내게 되는 것이다. 권위와 능력의 말씀이 있는 곳에 그들은 거할 수가 없는 것이다.	
② 회당 귀신	1. 회당은 제사의 장소가 아니다. 기도와 교육 또는 유대인의 집회 장소이었다가 예루살렘 멸망 이후 예배도 드리게 된다. 예수께서도 회당에서 구약을 읽고 가르치기도 하였다. 회당이라고 귀신이 없을 수 없다. 회당의 귀신은 예수께 하나님의 거룩한 자라는 호칭을 사용한다.	• 악한 영적 존재를 가리키는 말로는 악한 귀신(마12:45, 눅11:26)과 더러운 귀신(1:23,26, 3:11, 6:7, 마10:1, 눅4:33)등이 있다.
	2. 예수께서 하나님에 대해 공부하고 하나님을 경외하는 장소에서부터 귀신을 쫓아내야 하는 것은 너무나 당연한 것이다.	
	3. 예수의 가르침이 악한 영으로 인해 훼손되지 않게 하기 위하여 먼저 회당에서 귀신을 축출했다고 보아야 할 것이다. 이런 예수의 가르침은 귀신을 내보낸 후에 교훈(막1:22)이 새 교훈(:27)으로 변한다.	
	4. 예수께서는 유대인들에게 뿌려진 말씀을 사탄이 와서 즉시 빼앗는 것(막4:15)을 경계하는데 이런 경우 예수께서는 말씀이 길가에 뿌려졌다고 하였다. 예수께서는 뿌려진 말씀을 사탄이 와서 즉시 빼앗지 못하도록 맨 먼저 회당의 귀신 들린 자에게서 더러운 귀신을 쫓아냈다고 하겠다.	
③ 귀신에게 말을 못하게 하는 예수	1. 귀신 들린 자는 예수께서 꾸짖고 잠잠하라(입에 자갈을 물리다)고 하니 예수의 명령에 순종(막1:27)한다. 예수께서는 귀신이 나사렛 예수라고 하고 하나님의 거룩한 자라고 해서 입을 닫으라고 한 것이다. 예수의 침묵명령은 메시아 비밀을 지키려는 명령으로 더러운 귀신에 의해 예수의 정체성이 밝혀지는 것을 원하지 아니하였기 때문이라 하겠다.	• 요한복음에는 치유의 표적은 있으나 공관복음과 같은 귀신축출의 표적은 없다. 당시에는 귀신이 들린 것과 병이 들린 것이 명확히 구분되지 않는 경우가 많았고 그 원인이 같은 경우도 있었다.
	2. 마가에서의 예수께서는 베드로 장모의 치유 다음 기사에 해질 때에 몰려든 병자들과 귀신 들린 자들을 고친다. 그때에도 귀신이 말하는 것을 허락(막1:34)하지 아니하는데 그 이유는 귀신이 예수를 알고 있기(막1:34) 때문이었다.	
	3. 누가에서도 예수께서 베드로의 장모를 고친 다음 해 질 무렵에 몰려온 병자들을 고친다. 그때 여러 사람들에게서 귀신들이 나가며 당신은 하나님의 아들이라고 한다. 예수께서는 말함을 허락하지 않는데 그 이유는 자기를 그리스도인 줄 알고 있어서라고 한다.	

	4. 예수께서는 현세적인 영광의 메시아를 기대하던 유대인들로부터 오해를 피하기 위하여 메시아의 비밀을 수난 때까지 비밀로 하기를 원하였다. 예수께서는 귀신들로부터 치유된 이들에게 그리고 제자들에게까지 함구령을 내린다.	
베드로의 장모

① 열병 걸리다 | 1. 공관복음 공통기사이다. 마태에서는 예수께서 베드로의 집에 들어간다. 마가에서는 회당에서 나오시어 이미 제자로 부름을 받은 야고보와 요한과 함께 또 다른 제자인 시몬과 안드레의 집에 들어간다. 누가에서는 회당에서 나오시어 아직 제자가 아닌 시몬의 집에 들어간다. 예수께서는 사람들의 사소한 곤란과 작은 아픔까지도 염려하여 주심을 말하고 있다.

2. 베드로의 장모는 열병에 앓아 누워있었다고 마태, 마가는 전하고 누가는 중한 열병이라고 말하고 있다.

3. 마가는 사람들이 그 여자에 대하여 예수께 여쭈었다(막1:30)고 하고 누가는 사람들이 그를 위하여 예수께 구하였다(눅4:38)고 한다. 부탁하였다는 것이다. 마태에서 예수께서는 치유의 요청이 없는데도 치유한 것이다.

4. 마태, 마가, 누가에서 예수께서는 열병으로 누워있는 베드로의 장모를 보고 고친다.

5. 예수께서는 여자들과 그 가족을 많이 치유하였다. 베드로의 장모 이외에도 야이로의 딸(마9:18-26, 막5:21-43, 눅8:40-56), 12년간 혈루병을 앓던 여인(마9:20-22, 막5:25-29, 눅8:43-48), 수로보니게 여인의 딸(막7:25-30), 가나안 여인의 딸(마15:21-28), 18년간 꼬부라진 채 지내던 여자(눅13:11-13) 등이 있다. | • 예수께서는 귀신축출과 각종 질병의 치료 및 부자유한 육체의 회복을 통해서 영적으로 육적으로 참으로 자유하게 하였다. |
| ② 열병이 나가다 | 1. 예수께서는 더러운 귀신에게 귀신 들린 사람에게서 나가라고 명령함으로 회복(막5:15, 눅8:35)시킨 것처럼 열병에 걸린 베드로의 장모에게서 열병이 떠나가게 하는데(마8:15, 막1:31, 눅4:39), 치유 방법에 대해서는 다르게 설명하고 있다.

2. 마태에서는 말씀이 없이 그의 손을 만지니 열병이 떠났다(8:15)고 하고 마가에서는 말씀이 없이 그 손을 잡아 일으시키니 열병이 떠났다고 하며(1:31) 누가에서는 가까이 서서 꾸짖으니 병이 떠났다(4:39)고 한다.

3. 마태, 누가에서 베드로의 장모는 마가에서 손을 잡아 일으키는 것과는 달리 스스로 일어난다.

4. 마가에서의 일으키다는 예수의 부활을 의미하는 일으키다와 같은 단어이다. 죽은 것 같은 베드로의 장모를 소생시켜 치유하였다는 것이다. 또한, 마가에서 예수께서 문둥병자를 치유할 때는 몸에 손을 댄다(1:41).

5. 누가에서 예수께서는 열병을 꾸짖는다. 회당 귀신에게 하였듯이 꾸짖는다. 여기서는 열병과 귀신이 똑같다. 열병이나 질병을 귀신의 작용으로 본 것이다. 예수께서는 질병 속에 있는 귀신적 요소를 제거함으로 질병이 나가게 한다. 누가에서 예수께서는 병을 고칠 때에 일일이 그 위에 손을 얹고 고쳤다(4:40)고 한다.

6. 누가에서처럼 예수 당시에는 귀신축출과 치유를 구별하지 아니하는 경향이 있었다. 마태(12:22)와 누가(11:14)에는 예수께서 말 못하고(누가) 거기에 눈까지 먼(마태) 사람을 예수께서 고쳐주는데 이 사람은 귀신이 들어서 그렇게 되었다는 것이다. 그래서 귀신을 쫓아냄으로 치유되었다고 한다. | • 예수께서는 소경이 보고(마9:27-31, 막8:22-26), 귀머거리가 듣고(마11:5, 막7:32-37), 걷게 하고(요5:1-15), 열병을 치료하고(요4:43-53), 혈루증을 멈추게 하고(막5:24-34), 손 아픔을 회복시키고(막3:1-6), 잘린 귀를 붙이는(눅22:51) 등 수많은 질병과 상처를 치료하고 몸을 회복시켰다. |
| ③ 수종 들더라 | 1. 마태에서는 일어난 베드로의 장모가 예수에게 수종을 들지만 마가, 누가에서는 그들에게 수종을 들었다고 한다.

2. 수종은 디오코네오로 섬기다, 봉사하다의 뜻이다. 수종들더라는 섬기기 시작하였다는 것이다. 마가에서 예수의 시험 후 '천사들이 수종들더라'와 같은 단어이고 누가에서는 제자도를 지칭하는 단어이다. | • 예수께서는 제자들에게는 기도하라고 하였지만 치유할 때 기도하지 아니하고 말씀으로 하였으며 멀리 떨어 |

	3. 누가에서 예수에게 수종든 첫 번째 인물이 베드로의 장모이다. 4. 바울은 베드로의 아내 역시 믿음의 자매(고전9:5)이었다고 한다. 베드로는 부인과 함께 사역을 하였던 것 같다. 5. 이 이야기는 병의 원인에 대해서는 말하고 있지 않은데 그 까닭은 병이 나간 후 베드로 장모의 섬김이 중요하다는 것을 강조하기 위해서라고 하겠다.	진 곳에서도 치유하였다.
축귀와 치유	1. 그날 저녁 상황에 대해서 마태, 마가, 누가는 예수께서 많은 일을 하였다고 전한다. 해가 지면 안식일이 끝이 난다. 그래서 사람들은 해 질 무렵 저물 때에 병자를 데려왔다. 2. 마태는 사람들이 귀신 들린 사람을 데리고 와서 예수께 말씀으로 귀신을 쫓아버리고 병든 자들도 다 고쳤다(마8:16)고 한다. 　마가는 모든 병자와 귀신 들린 자를 사람들이 데려오니 예수께서 각종 병이 든 많은 사람을 고치고 많은 귀신을 내쫓았다고 한다(막1:32-34). 　누가는 사람들이 온갖 병자를 데리고 오니 예수께서 일일이 그 위에 손을 얹어 고쳤다고 한다(눅4:40). 그리고 귀신 들린 자에 대한 언급이 없이 온갖 병자들에게서 귀신들이 나가며 소리 질렀다고 한다. 누가에서는 병 고침이 귀신을 내쫓는 것이다. 3. 마가에는 모든 병자와 귀신 들린 자들을 데려오니 온 동네가 그 문 앞에 모였다고 한다. 4. 마태는 예수께서 축귀와 치유를 한 이유가 이사야 말씀(53:4-5)을 이루려 함이라 하다. 즉 '우리의 연약한 것을 친히 담당하시고 병을 짊어 지셨도다'라는 것이다. 이 본문은 칠십인역이 아닌 마소라 본문의 인용이라고 한다. 5. 마태는 사람들이 당하는 고통과 아픔에 관심을 두고 이 예언이 성취되었다고 선언한다. 6. 마가, 누가에서 예수께서는 귀신이 말하는 것을 허락하지 아니한다. 마가에서는 마귀가 예수를 알기 때문이라고 하고 누가는 보다 구체적으로 자기를 그리스도인줄 알기 때문이라고 한다. 누가에서 귀신들이 나가면서 당신은 하나님의 아들이라고 소리 지른다. 7. 예수께서는 믿음에 대한 가르침으로서 치유를 행하기도 하고 때로는 불쌍히 여기어서 치유하기도 하였으며 특별히 안식일임에도 불구하고 치유하기도 하였다. 또한, 죄에 대한 가르침으로 치유를 하거나 사마리아인이나 수로보니게 여인 등 사회적 소외자들을 위해서도 치유하였다. 예수의 치유는 근본적으로 자신의 정체성을 드러내고 하나님 나라의 시작을 보여주는 것이었다. 8. 예수께서 행한 축귀와 치유는 하나님 나라의 도래를 알리는 표식의 하나라고 하겠다. 또한, 이사야와 다른 예언자들이 약속한 새로운 세상, 창조의 회복을 미리 맛보게 해주는 것이라고도 하겠다. 아담의 타락으로 질병과 악과 죽음이 왔으나 예수께서 오시어 행한 축귀와 치유를 통해 우리는 본래의 모습을 회복하고 생명을 갖게 되었다.	요일3:8 죄를 짓는 자는 마귀에게 속하나니 마귀는 처음부터 범죄함이라 하나님의 아들이 나타나신 것은 마귀의 일을 멸하려 하심이라

4. 심층연구: 귀신 축출자 예수

구분	내용	비고
복음서의 귀신축출	1. 복음서에서 예수께서 귀신을 쫓아내는 일은 귀신뿐 아니라 사람들의 생각이나 행동까지도 통제할 수 있는 신적인 권능을 예수께서 갖고 있음을 보여주는 사건인 것이다. 또한, 귀신축출 이야기는 예수의 놀라운 권세를 강조하는 것이고 권세는 권위 있는 새 교훈으로 하나님의 통치가 가까이 왔음을 말하고 있다.	신13:1-3상 너희 중에 선지자나 꿈꾸는 자가 일어나서 이적과 기사를 내게 보이고 그가 네게 말한 그 이적과

	2. 축귀와 치유는 세상 속으로 뚫고 들어오는 하나님의 통치에서 나타나는 예수의 능력과 권세라고 하겠다. 마가에는 사람들이 '이는 어찜이냐 권위 있는 새 교훈이로다'라고 하고 누가에서의 사람들은 '권위와 능력으로 귀신을 명하매 나가는도다'라고 한다.	기사가 이루어지고 너희가 알지 못하던 다른 신들을 우리가 따라 섬기자고 말할지라도 너는 그 선지자나 꿈꾸는자의 말을 청종하지 말라
	3. 예수께서 귀신을 쫓아내는 기사는 가버나움 회당의 귀신 들린 자(막 1:21-28,눅4:31-37), 거라사의 귀신 들린 자(마8:28-34, 막5:1-20, 눅8:26-39) 수로보니게 여인의 딸(마15:21-28, 막7:24-30), 귀신 들린 아이(마17:14-20,막9:14-29, 눅9:37-43) 이외에 귀신 들려 말 못하는 이(마9:32-34), 귀신 들려 눈 멀고 말 못하는 이(마12:22, 눅11:14) 등이 있다. 예수께서 귀신을 다루었다는 기사로는 마8:6-13, 막1:32-34, 막1:39, 막3:7-12, 행10:38이 있다.	
	4. 마귀는 인간의 의지를 약하게 하고, 번뇌하게 하며, 충동하고(대상21:1) 생명을 위태롭게 하지만 여호와의 부림을 받는 존재이다. 그러나 유대인들은 하나님의 권능으로 귀신을 물리치기보다는 정교한 귀신축출 의식이나 방법으로 물리치려 하였다.	
	5. 예수의 사명에 대해 요한일서(3:8)는 하나님의 아들이 나타나신 것은 마귀의 일을 멸하려 함이라고 하고 있다.	
	6. 예수의 귀신축출은 메시아적 사역이다. 하나님의 아들인 예수께서 귀신을 몰아내는 방법은 간단한 명령뿐이다. 예수에게 마귀는 자신의 사역을 망치는 자이다. 귀신들의 외침을 통해서 무리는 예수가 누구인지 알게 된다. 광야에서의 시험은 물론 예수의 수난 시에도 마귀는 가룟 유다가 배반하게 하는 등의 역할을 한다.	
	7. 그러면 예수의 귀신축출을 보고 놀란 유대인들은 예수의 권능을 인정하였을까? 신명기(13:1-5)에는 이적과 기사를 보이고 이루어지더라도 그 말을 청종하지 말며 그런 선지자나 꿈꾸는 자는 죽이라고 하였기 때문에 귀신축출이 예수를 인정하는 결정적인 증거로는 보지 않았을 것이다. 오히려 유대인들은 예수에게 귀신이 지펴서 한 행동(막3:22)으로 보았다.	
	8. 예수께서 거라사에서 군대 귀신 들린 사람을 치유하여 구원받은 것(8:36)을 보고 '거라사인의 땅 근방 모든 백성이 크게 두려워하여 예수께 떠나기를 간구(마8:34, 막5:17)하였다고 한다. 이처럼 귀신을 쫓아내는 능력은 두렵고 무서운 능력인 것이다.	.
열두 제자에게 준 권능	1. 마가는 예수께서 열두 제자를 세우신 이유는 자기가 함께 있게 하시고 또 보내사 전도하며 귀신을 내쫓는 권능도 가지게 하심이러라(막3:14-15)고 한다. 마태는 열두 제자를 부르시어 더러운 귀신을 쫓아내며 모든 병과 모든 약한 것을 고치는 권능을 주셨다(마10:1)고 한다.	• 가톨릭에는 퇴마 신부가 있다. 로마 교황청은 사제의 퇴마 행위를 공식으로 인정하고 있다. 정식허가를 받은 국제 퇴마 협회에는 약 250명의 사제가 가입하고 있다. 교황 프란치스코는 퇴마에 관심이 많다고 한다.
	2. 예수께서 열두 제자를 파송할 때에 마가(6:7)는 더러운 귀신을 제어하는 권능을 주었다고 하고 누가(9:1)는 모든 귀신을 제어하며 병을 고치는 능력과 권위를 주었다고 한다.	
	3. 누가에는 주여 주의 이름이면 귀신들도 우리에게 항복하디이다(10:17)라고 제자들이 예수께 보고를 드리니 이에 예수께서는 귀신들이 너희에게 항복하는 것으로 기뻐하지 말라(10:20)고 한다.	
	4. 사도행전에는 사도 바울도 귀신에게 그에게서 나오라고 명령(16:18)하는데 예수 그리스도의 이름으로 행한다. 심지어 바울의 손수건, 앞치마를 가져다가 없어도 병이 떠나고 악귀가 나갔다(행19:12)고 한다.	
하나님의 거룩한 자라고 소리 지르는 귀신	1. 하나님과 예수의 관계에 대해서 처음으로 증언하는 것은 가브리엘 천사다. 마리아에게 수태고지를 할 때에 '지극히 높으신 이의 능력'(눅1:35)으로 '지극히 높으신 이의 아들'(1:32)을 낳게 된다고 하고 나실 바 '거룩한 이는 하나님의 아들'(1:35)이라고 한다.	• 탈무드에는 나사렛 사람 예수는 마법을 부리고 속이고 이스라엘을 그릇된 길로 이끌었

	2. 회당의 귀신 들린 자는 예수를 '하나님의 거룩한 자'(막1:24, 눅4:34)라고 한다. '거룩한 이' 자체는 구약에서 하나님을 가리킨다(사40:25, 57:15). 그러나 누가에서 천사 가브리엘은 '나실 바 거룩한 이는 하나님의 아들'(눅1:35)이라고 예수를 말하고 있다. 구약에서 하나님의 거룩한 이는 하나님의 일을 하는 선지자나 제사장 그리고 왕 등을 가리키기도 한다.	다(탈무드, 사바르, 산헤드린67)고 하고 제자들과 함께하는 마법사(b san 43a-b)라고 한다. • AD2세기의 유대인 트리포와 헬라인 켈수스도 예수를 마술사라고 비난하였다.
	3. 요한복음에서의 베드로는 예수를 '하나님의 거룩하신 자'(6:69)라고 고백하며 사도행전에서는 '거룩하고 의로운 이'(3:14), '거룩한 종 예수'(4:27)라고 한다. 벧전 1:16은 예수에 대해 '너희를 부르신 거룩한 이'라고 하며 너희는 모든 행실에 거룩한 자가 되라고 한다. 이처럼 요한복음과 사도행전 등에서의 베드로는 예수에 대한 고백에 '거룩한'이 들어 있다.	
	4. 그러나 여기에서 귀신이 예수를 하나님의 거룩한 자라고 한 것은 귀신이 예수를 자기들의 대적자라고 하는 것이다.	
	5. 그날 저녁 '여러 사람에게서 귀신들이 나가면서 소리 지르기를 당신은 '하나님의 아들'(눅4:41)이라고 하지만 예수께서는 귀신에게 잠잠하라고 하고 말하는 것을 허락하지 아니한다. 그런데 귀신들은 어느 때든지 예수를 보면 그 앞에 엎드려 부르짖으며 '당신은 하나님의 아들'이라고 한다. 그래서 예수께서는 '자기를 나타내지 말라고 많이 경고'한다(막3:11-12).	
	6. 거라사의 귀신 들린 자 역시 '큰 소리로 부르짖어 지극히 높으신 하나님의 아들 예수여 나와 당신이 무슨 상관이 있나이까 나를 괴롭게 하지 마소서'(막5:7)라고 한다.	
	7. 이런 이야기를 통해서 예수가 하나님의 아들이라는 정체성이 널리 알려지지는 않았을 것이다. 귀신이나 사탄, 마귀는 예수를 자신들의 대적자의 우두머리로 보고 그 호칭을 하나님의 아들이라고 한 것이다.	
	8. 호칭이란 부르는 사람이 호칭에 맞는 예의를 갖추고 부를 때에만 존칭이 되는 것이다. 그러나 하나님의 아들은 귀신이 예수에 대한 신앙고백이 결코 아니고 예수의 정체를 폭로하며 예수와 대적하겠다는 것이다.	
하나님 나라의 임재	1 .제자들이 파송 받아 나가서 회개하라고 전파하고 많은 귀신을 쫓으며 병자를 고치는(막6:12-13) 것은 하나님 나라가 가까이 왔기 때문이다. 누가는 회개 대신에 하나님의 나라(눅9:1-2)를 말한다.	
	2. 예수의 지상목표는 악마의 세력으로부터 해방된 하나님의 백성이다. 마태에서의 예수께서는 내가 하나님의 성령(누가는 하나님의 손)을 힘입어 귀신을 쫓아낸다면 하나님 나라가 이미 너희에게 임하였다(마12:28, 눅11:20)고 말씀한다.	
	3. 예수에게 있어서 귀신축출 사역은 그 나라의 준비단계도, 그 나라의 상징도, 도래의 암시도, 하나의 실례도 아니다. 귀신축출은 실제로 임하는 하나님의 나라에서 일어나는 일이다. 귀신축출은 사탄결박의 첫 단계이다.	
귀신들렸다는 소리를 들은 예수	1. 예수께서 세례 요한에 대해 말씀하기를 '요한이 와서 먹지도 않고 마시지도 아니하매 그들이 말하기를 귀신 들렸다 하더니'(마11:18)라고 한다. 금욕적인 생활을 한 세례 요한에게 귀신 들렸다는 소문이 있었다는 것이다.	• 이방의 치유의 신인 페리시데를 모욕적으로 사탄으로 불렀다는 설도 있다.
	2. 이번에는 예수께서 귀신의 왕 바알세불을 힘입어서(마태,누가) 또는 바알세불이 지펴서(마가) 귀신을 쫓아낸다는 비난을 받는다. 여기에서 예수를 비난한 이들에 대해 마태는 바리새인, 마가는 예루살렘에서 내려온 서기관, 누가는 무리 중에 더러라고 한다(마12:22-37, 막3:22-30, 눅11:14-23). 또한, 마가는 친족들이 예수가 미쳤다고 한 기사(3:20)에 이어 다시 한번 '그들이 예수에게 말하기를 더러운 귀신이 들렸다'(3:30)고 말하고 있다.	• 바알제불은 히브리어 '주인'과 '고귀한 신'의 형성어로 보기도 하는데 '거처의 주인'으로 이해하기도 한다.

	3. 여기에서의 바알세불은 예수의 비판자들에 의해 만들어졌을 용어로 추정된다. 가나안의 풍요의 신을 가리키는 히브리어에서 유래했을 것으로 보인다.	• 바할제불, 오물의 왕 또는 바할제푸르, 파리의 왕으로 경멸적으로 읽기도 한다.
	4. 마태의 바리새인들은 이미 안식일을 위반한 예수를 죽이려고 의논(마12:14)하였다. 그런데 예수께서 귀신 들려 눈 멀고 말 못하는 사람을 고쳐주는 것을 보고 무리들은 놀라워하며 이는 다윗의 자손이 아니냐(12:23)고 한다. 그래서 그들은 더욱 예수를 강하게 모욕한다. 예수께서는 한 마디로 사탄이 어떻게 사탄을 칠 수 있겠느냐고 하는데 마태는 '하나님의 성령을 힘입어'(마12:28) 누가는 '하나님의 손을 힘입어'(11:20) 귀신을 쫓아낸다고 한다.	
	5. 마태에서 예수께서는 성령을 모독하는 자는 사함 받지 못하고 성령을 거역하면 이 세상과 오는 세상에서도 사하심을 얻지 못한다(마12:31-32)고 한다. 마가에서는 성령을 모독하면 영원히 사함을 얻지 못하고 영원한 죄가 된다(막3:29)라고 강하게 대응한다. 하나님의 일을 사탄의 일이라고 주장하는 자들에게 용서와 자비는 있을 수 없다는 것이다.	

5. 집중탐구

5.1 말씀과 귀신축출의 권위

구분	내용	비고
예수의 말씀 ① 놀라게 하다	1. 예수께서 더러운 귀신을 내보내는 기사 앞에는 예수께서 안식일이 되어 가버나움 회당에 들어가시어 가르치셨다(막1:21,눅4:31)고 하는데 마가는 뭇 사람이 그의 교훈에 놀랐다고 하고 누가는 그들이 그 가르침에 놀랐다고 한다.	• 놀람이 없는 신앙생활이 문제이다.
	2. 그리고 예수께서 꾸짖으시고 '잠잠하고 그 사람에게서 나오라'고 하는데 마가에서는 더러운 귀신이 그 사람에게 경련을 일으키고 큰 소리를 지르며 나오고 누가에서는 귀신이 그 사람을 무리 중에 넘어뜨리고 나왔다고 한다.	
	3. 마가, 누가는 다 놀랐다고 한다. 모두 놀랐다는 것이다. 귀신이 쫓겨나오는 것을 보고 모두 정말 놀랐을 것이다. 마태에는 산상수훈을 들은 무리들이 이처럼 놀랐다(7:28)고 한다.	
	4. 여기서 놀라다 에크플레소는 넋을 놓을 정도로, 정신을 못 차릴 정도로 압도된 상태이다. 즉 경이로움, 망연자실, 대경실색 등, 흥분할 정도의 놀라움을 말하고 있는 것이다.	
② 가르치는 권위	1. '예수의 가르치시는 것이 권위 있는 자와 같아서 뭇 사람이 그의 교훈에 놀랐다고 한다. 서기관들과 달랐다는 것이다(막1:22).	• 예수의 가르침과 기적에 놀라는 이야기가 많이 있다. 마12:23, 13:53, 막6:2, 눅11:14 등이다.
	2. 누가는 그들이 그 가르치심에 놀란 이유가 '그 말씀에 권위가 있어서'라고 한다(눅4:32). 권위 엑수시아는 자유, 권리, 권한, 자격, 능력, 권력, 전권, 지배, 주권, 인허 등의 뜻이 있다. 예수의 가르치는 권위는 하나님께로부터 인허된 지식이나 능력으로 볼 수 있다. 가버나움 회당에서의 가르침의 내용에 대한 기사는 없다.	
	3. 마태(7:28-29)에도 '가르치시는 권위'에 관한 기사가 있다. 예수께서 산상수훈의 말씀을 마치니 무리들이 그의 가르치심에 놀랐다는 것이다. 이는 '그 가르치시는 것이 권위 있는 자'와 같고 그들의 서기관들과 같지 아니하였다고 한다. 마가의 기사처럼 서기관과 달랐다는 것이다.	
	4. 마태는 예수께서 한 말씀이 산상수훈(5:1-10)이라고 한다. 예수의 산상수훈을 어떻게 서기관들의 말씀과 비교할 수 있겠는가! 마가, 누가가 말하는 가버나움 회당에서의 가르침 역시 산상수훈과 같은 하늘나라 대헌장과 같은 말	

	씀이었을 것이다. 예수의 가르침은 서기관이 아니라 모세 이상이었을 것이리라. 5. 예수의 권위는 하나님의 아들로서의 자기 스스로의 권위인 것이다.	
③ 가르치심의 교훈	1. 마가는 가르치는 교훈에 놀랐다고 한다. 마태에서 예수께서 갈릴리 산 위에서 한 팔복이나 황금률과 같은 대교훈으로서 인간들의 가치관, 인생관, 행복관, 종교관을 완전히 전도시키는 수훈과 같은 교훈이었을 것이다. 2. 누가는 가르침에 놀란 이유가 그 말씀이 권위가 있어서라고 하였다. 당연하다. 예수의 말씀은 천지가 없어진다 하더라도 없어지지 않을 것이기 때문이다(마24:35, 막13:31, 눅21:33). 예수의 말씀은 신적인 권위를 지니고 있다 하겠다(사40:8).	**마7:28-29** 예수께서 이 말씀을 마치시매 무리들이 그의 가르치심에 놀라니 이는 그 가르치시는 것이 권위 있는 자와 같고 그들의 서기관들과 같지 아니함일러라 **사40:8** 풀은 마르고 꽃은 시드나 우리 하나님의 말씀은 영원히 서리라 하라
④ 말씀의 권위와 능력	1. 귀신축출 이후 마가는 다 놀라서 이게 어떻게 된 일이냐고 하고 누가는 다 놀라서 이 어떠한 말씀이냐고 한다. 진짜 놀라서 그들이 깨달은 것이 그냥 교훈이 아닌 새 교훈이었다는 것이다. 진짜 놀라서 무리가 깨달은 것이 가르치심에 권위뿐 아니라 능력도 있었다고 한다. 2. 가르치는 말씀이 그냥 권위 있는 말씀만은 아니었다. 가르치는 교훈이 그냥 권위 있는 교훈만은 아니었다. 예수께서 한 말씀 즉 꾸짖어 이르시되 잠잠하고 그 사람에게서 나가라는 말씀에 더러운 귀신(마가)이, 귀신(누가)이 실제로 나간 것이다. 3. 누가에서처럼 예수의 말씀은 권위와 능력의 말씀이다. 말씀만이 아니라 말씀을 통해 변화를 일으키는 신적인 권위와 능력이 있다는 것이다.	
귀신축출의 권위 ① 예수의 방법	1. 예수 당시에는 귀신을 축출하기 위한 여러 가지 방법이 있었다고 한다. 당시 퇴마사들은 주문, 의식, 마법, 약, 약초, 마술 도구 등을 포함한 여러 가지를 사용하거나 어떤 신에게 빌기도 하였다. 2. 토비트서 8장 3절에는 귀신이 도망하였는데 그 이유는 물고기 냄새를 맡아서라고 한다. 그런데 이 물고기 냄새란 악한 귀신이나 악령에 사로잡힌 사람들을 위해 절여 두었던 물고기의 염통과 간을 태워 악마를 퇴치하는데 쓰이는 약이라고 말해 준다(토비트서8:6,8). 희년서에도 악령이 노아의 아들들에게서 떠나가는 얘기가 나온다(희년서10:10-13). 3. 예수 이후 정리된 바벨로니아 탈무드에는 부적, 나무가시, 재, 송진 등을 이용한 귀신축출 방법이 기록되어 있다. 4. 예수께서는 기구나 약품, 주문, 특별한 의식을 이용하지 아니하였으며 누구의 이름도 빌리지 아니하였고 심지어는 귀신을 쫓아내기 위한 기도도 하지 아니하였다. 물론 제자들에게는 귀신을 쫓아내기 위해서 기도해야 한다(막9:29)고 가르치기는 하였다. 5. 예수께서는 자신에 의지하여 단순한 명령으로 귀신을 축출한다. 말씀만으로 귀신을 쫓아낸 것이다. 내가 명한다(막9:25)라고 말씀하는데 예수 자신의 명령인 것이다. 말씀만으로 귀신을 쫓아내는 것을 보지 못한 무리들은 모두 놀라며 예수의 말씀에 권위뿐 아니라 능력(눅4:36)이 있다고 한다.	**토비트8:6,8** 그때에 토비트가 천사 라파엘에게 "아지리아 형님!" "이 물고기의 염통과 간과 날개는 도대체 무슨 약으로 쓰입니까"하고 묻자 천사는 이렇게 대답하였다. 이 물고기의 염통과 간은 악마를 퇴치하는데 쓰는 것이다. 악한 귀신이나 악령에 사로잡힌 남자 또는 여자 앞에서 그것들을 태워 연기를 피우면 그 악한 것들이 주던 괴로움이 깨끗이 사라지고 다시는 그 괴로움이 그 사람에게 돌아오지 않는다.
② 제자들의 방법	1. 예수께서 제자들을 파송하여 더러운 귀신을 제어(막6:7, 눅9:1)하고 쫓아내는 권능(마10:8)을 주는데 마가에는 제자들이 나가서 '회개하라' 전파하고 많은 귀신을 쫓아내었다(6:13)고 한다. 누가에는 70인을 파송하였는데 돌아와서 주여 주의 이름이면 귀신들도 우리에게 항복(10:17)하였다고 보고한다. 이것은 예수께서도 실제로 제자들에게 귀신을 쫓아내는 권능을 위임하였다는 증거라 하겠다.	

	2. 마가, 누가에는 예수의 제자 요한이 예수와 대화하는 이야기(막9:38-40, 눅9:49-50)가 있다. 선생님 우리를 따르지 않는 어떤 자가 주의 이름으로 귀신을 내쫓는 것을 우리가 보고 우리를 따르지 아니함으로 금하였다고 한다. 예수께서는 금하지 말라고 하며 내 이름으로 행하는 자는 비방자, 반대자도 아니고 우리를 위하는 자라고 한다. 예수께서 제자들에게 귀신 쫓는 권능을 위임하기는 하였으나 그렇다고 해서 다른 제자들을 경시하거나 자신들만이 귀신을 축출할 수 있다는 특권의식을 갖는 것은 경계하였다. 3. 예수께서 산에서 변형되신 후 내려와서 귀신 들린 아이를 고치는 이야기가 마태(17:14-20), 마가(9:14-19), 누가(9:37-43)에 있다. 한 사람이 예수께 귀신 들린 아들을 제자들에게 데리고 갔는데 고치지 못하였다고 한다. 그런데 아이의 아버지는 예수께 아들을 고쳐 달라고 간청을 한다. 예수께서는 더러운 귀신을 꾸짖어 나가게 한다. 마태는 제자들이 귀신축출에 실패한 이유가 믿음이 작은 까닭(마17:20)이라고 한다. 마가는 아이의 아버지에게 믿는 자에게는 능히 하지 못하는 일이 없다(9:23)고 하며 제자들에게 기도해야 한다(막9:20)고 한다. 예수께서는 귀신 쫓는 일이 기본적으로 믿음의 행위인 것을 지적하고 있다. 4. 사도 바울은 점치는 귀신 들린 여종에게서 예수 그리스도의 이름으로 귀신을 쫓아낸다(행16:16-18).
악귀의 역습	1. 사도행전에는 마술하는 어떤 유대인들이 시험 삼아 악귀 들린 자들에게 주 예수의 이름을 불러 말하되 내가 바울이 전파하는 예수를 의지하여 너희에게 명한다고 하였다. 그런데 유대의 한 제사장 스게와의 일곱 아들도 이 일을 행하였다고 한다(19:13-14). 2. 그때 악귀가 대답을 하는데 내가 예수도 알고 바울도 알거니와 너희는 누구냐고 하며 그들에게 뛰어 올라 눌러 이기니 그들이 상하여 벗은 몸으로 그 집에서 도망하였다(:15-16)고 한다.
안식일을 문제삼지 않은 유대인들	1. 가버나움 회당에서 예수께서 더러운 귀신 들린 자에게서 귀신을 쫓아 낸 날이 안식일이다(막1:6, 눅4:36). 2. 예수께서 회당에서 나와 시몬의 집(누가)에 들어가서 베드로의 장모를 치유하였는데 역시 안식일이다. 3. 공관복음에 유대인들은 예수 일행이 안식일에 밀밭 사이를 지나면서 그 이삭을 잘랐다고 해서 크게 문제를 삼는다. 또한, 손 마른 사람을 치유하였다고 해서 예수를 죽일까 의논(마12:14, 막3:6)한다. 4. 귀신축출 자체가 전대미문의 사건이어서인지 유대인들이 아무 생각도 못한 것 같다. 안식일에 행한 축귀와 베드로 장모의 치유를 문제삼지 않은 것이다. 5. 해 질 무렵에 귀신 들린 자와 병자들(마가), 온갖 병자들(누가)이 몰려온다. 해가 지면 안식일이 끝나서 안식일 위반이 아니다.

5.2 가르치심과 귀신축출의 반응

구분		마태(산상수훈)	마가(회당)	누가(회당)
가르 치심	예수	가르치시다	가르치시다	가르치시다
	무리	가르침에 놀라다	교훈에 놀라다	가르치심에 놀라다
	반응	권위 있는 자 (서기관과 같지 아니한가!)	권위 있는 자 (서기관과 같지 아니한가!)	권위가 있다
귀신 축출	귀신 들린 자		나사렛 예수여, 당신이 누구인 줄 아노니 하나님의 거룩한 자 니이다	나사렛 예수여, 당신이 누구인 줄 아노니 하나님의 거룩한 자 니이다
	예수		잠잠하고 나오라	잠잠하고 나오라
	무리		이는 어쩜이냐	이 어떤 말씀인고
	반응		권위 있는 새 교훈이로다 귀신에게 명한즉 순종하도다	권위 있는 능력으로 귀신을 명 하여 나가게 하는 도다

5.3 공관복음서에서의 귀신축출

귀신축출	마태	마가	누가
가버나움 회당 귀신 들린 사람		1:21-28	4:31-37
가다라(마태) 거라사(마가, 누가)의 귀신 들린 사람	8:28-34	5:1-20	8:26-39
가나안(마태),수로보니게 여인의 귀신 들린 딸	15:21-28	7:24-30	
귀신 들려 간질로 고생하는 남자 아이,맹인	17:14-20	8:22-26	9:37-43
일곱 귀신이 나간 막달라 마리아			8:2
귀신 들려 눈 멀고 말 못하는(마태), 말 못하는 (누가) 사람	12:22-23		11:14
많은 사람들	4:24(수리아) 8:16(가버나움)	1:32-34(가버나움) 3:7-8(갈릴리) 6:13(제자들)	4:41(가버나움) 6:17(예수, 제자들) 7:21(예수)
계	7회	7회	8회

제12절 ✿ 가나의 혼인 잔치

1. 본문

구분	내용(요2:1-12)	비고
가나의 혼례	:1-2 사흘째 되던 날 갈릴리 가나에 혼례가 있어 예수의 어머니도 거기 계시고 예수와 그 제자들도 혼례에 청함을 받았더니	
포도주가 떨어지다	:3-4 포도주가 떨어진지라 예수의 어머니가 예수에게 이르되 저들에게 포도주가 없다 하니 예수께서 이르시되 여자여 나와 무슨 상관이 있나이까 내 때가 아직 이르지 아니하였나이다 :5 그의 어머니가 하인들에게 이르되 너희에게 무슨 말씀을 하시든지 그대로 하라 하니라	• 잔치에 포도주가 떨어져 딱하고 곤란한 상황이 벌어지다.
물을 채우라	:6-7 거기에 유대인의 정결 예식을 따라 두세 통 드는 돌 항아리 여섯이 놓였는지라 예수께서 그들에게 이르시되 항아리에 물을 채우라 하신즉 아귀까지 채우니	• 손님들이 이미 돌 항아리의 물들을 사용하다.
물이 포도주가 되다	:8-9 이제는 떠서 연회장에게 갖다 주라 하시매 갖다 주었더니 연회장은 물로 된 포도주를 맛보고도 어디서 났는지 알지 못하되 물 떠온 하인들은 알더라 연회장이 신랑을 불러 :10 말하되 사람마다 먼저 좋은 포도주를 내고 취한 후에 낮은 것을 내거늘 그대는 지금까지 좋은 포도주를 두었도다 하니라	• 물 떠온 하인들은 알더라. • 좋은 포도주가 계속 나오다.
첫 표적	:11 예수께서 이 첫 표적을 갈릴리 가나에서 행하여 그의 영광을 나타내시매 제자들이 그를 믿으니라 :12 그 후에 예수께서 그 어머니와 형제들과 제자들과 함께 가버나움으로 내려가셨으나 거기에 여러 날 계시지는 아니하시니라	요한복음의 일곱 개의 표적기사 중 공관복음에 없는 기적은 5개다.

2. 본문의 내용

구분	내용	비고
때	사흘째 되던 날(2:1)	나다나엘을 제자 삼으신 후(1:49) 사흘째
곳	갈릴리 가나(2:1)	• 아셀지파 북쪽 경계에 있는 또 다른 가나(수19:28)와 구분하여 갈릴리 가나로 불린다. • 나사렛 북동쪽 작은 마을 • 왕의 신하의 아들을 고친 곳(요4:46-47) • 현재 가톨릭의 혼인기념교회, 그리스정교회가 있다.
배경	혼인 잔치	• 요한복음에서 예수께서는 혼인 잔치에서 첫 표적을 행하는데 혼례 그 자체를 축복한 것으로 보기도 한다. • 공관복음에는 혼인 잔치의 비유(마22:1-14)와 큰 잔치비유(눅14:15-24) 등이 있고 요한계시록에는 어린 양의 혼인 잔치(19:1-10)가 있다.
청함을 받았더니 (2:2)	• 예수의 어머니가 거기 계시고(2:1) • 예수와 그 제자들도 청함을 받다(2:2) • 가나 사람 나다나엘(21:2)	• 예수의 어머니는 물론 예수의 형제들도 함께 있었던 것(2:12)으로 보아 예수의 친척집이어서 청하였을 것이다. • 가나 사람 나다나엘과 직접 관련이 있는 집이어서 제자들도 청하였을 가능성도 있다.

정결예식 (2:6)	유대인의 정결 예식(결례)	• 당시 유대인들은 손을 씻고 음식을 먹었다. 잔과 주발과 놋그릇도 씻었다(막7:3-4). • 예수께서는 탄생 후 40일이 되었을 때에 정결 예식(눅2:21-22)을 치른다(할례는 생후 팔일에 거행).
물로 된 포도주 (2:9)	• 물을 채우라(2:7) • 갖다 주라(2:8)	• 물 스스로 포도주가 된 것이 아니다. • 예수께서 한 명령은 물이 포도주가 되라는 직접적인 명령이 아니다.
표적의 목적	• 그의 영광을 나타내시며 • 제자들이 그를 믿느니라	• 표적의 목적에 대해서는 요한복음의 끝부분에 요한복음의 기록 목적과 함께 언급(20:30-31)되어 있다. • 우리가 그의 영광을 본다고 한 말씀(1:14)의 구현이다.

3. 본문이해

구분	내용	비고
예수와 어머니 ① 어머니에 대한 태도	1. 예수의 어머니(2:1~2,12)가 예수에게 저들에게 포도주가 없다고 하다. 2. 예수께서 여자여 나와 무슨 상관이 있나이까 하였는데도 예수의 어머니는 개의치 아니하다. 3. 예수께서 내 때가 이르지 아니하였다고 대답을 하여도 예수의 어머니는 개의치 아니하다. 4. 오히려 하인들에게 무슨 말씀을 하시든지 그대로 하라고 한다. 5. 예수의 어머니는 예수께서 메시아적 권능을 갖고 있다고 확신하였다. 예수께서 '여자여'라고 하여도 섭섭해하지 않은 것은 아들 예수를 아들로 보지 않았기 때문이다.	• 예수의 어머니와 동생들에 대한 태도는 마 12:46-50, 막3:31-35, 눅8:19-21에 잘 나타나 있다.
② 여자여	1. 예수께서 어머니에게 여자여라는 호칭을 쓴다. 여자여는 하대가 아니다. '부인이여라는 의미이다. 무례한 표현은 아니다. 여자여의 원어는 gunai로 영어의 women과 같다. 유대문화에서는 정중한 표현이라 하지만, 그러나 일반적인 표현은 아니라 하겠다. 2. 사적인 부탁을 하는 것 같은 어머니에게 공적 사역을 시작한 예수께서 자신의 입장을 보이기 위한 태도이다. 예수께서는 하늘로부터의 사명을 수행하고 있음을 자각하고 십자가상에서 세상을 떠나기 직전까지도 어머니를 '여자여라고 부른다. 3. 예수께서 여자여라고 호칭하였을 때의 경우들을 고려해 보자. 여자여라고 부른 경우에 이 호칭은 구원사적인 의미가 포함되어 있다고 하겠다. 수가성 여인에게는 '여자여 내 말을 믿으라'(요4:21)고 하고 가나안 여인(마15:22,28, 마가에서는 수로보니게 여인의 경우)에게는 '여자여 네 믿음이 크도다'라고 하며 또한 열여덟 해 동안 귀신 들려 꼬부라져 펴지 못하는 여자에게는 '여자여 네가 네 병에서 놓였다'(눅13:12)라고 한다. 4. '여자여'라고 어머니를 불렀기 때문에 오히려 예수께서는 공적인 입장에서 그리고 구원사적 입장에서 어머니의 요청을 받아들일 수 있게 된다. 5. 요한계시록에도 마리아를 여자(12:1)라고 하고 있다.	• 요한계시록에는 여자에 해당하는 헬라어 귀네가 19번 나온다. 요한계시록에서의 어린 양만큼 중요하다. 여자와 새 예루살렘은 음녀와 대조를 이룬다.
③ 나와 무슨 상관이 있나이까	1. 포도주가 없다는 어머니의 말씀에 예수께서는 '나와 무슨 상관이 있나이까' 라고 대답한다. 예수께서는 어머니의 말씀에 대해 여자여라고 호칭함으로써 자신의 공적 위치를 밝히면서 또한 사사로운 일에 나설 수 없다는 뜻을 분명히 하고 있다.	**왕상 17:18** 여인이 엘리야에게 이르되 하나님의 사람이여 당신이 나와 더불어 무슨 상관이

	2. 예수에게는 현재 제자 몇 명을 모은 공생애의 초기이었다. 그래서 하나님의 일이 우선이라는 생각을 한 것 같다. 그러나 이 일이 그 자신의 일임을 깨닫고 표적을 행하게 된다.

2. 예수에게는 현재 제자 몇 명을 모은 공생애의 초기이었다. 그래서 하나님의 일이 우선이라는 생각을 한 것 같다. 그러나 이 일이 그 자신의 일임을 깨닫고 표적을 행하게 된다.

3. 요한복음에는 예수께서 '네가 나와 상관이 없다'고 말씀한 또 다른 기사가 있다. 제자들의 발을 씻기실 때 베드로가 내 발은 절대 씻기지 못하다고 대답하였을 때이다. 예수께서 내가 너를 씻어주지 아니하면 네가 나와 상관이 없다고 하자 베드로는 주여 내 발뿐 아니라 손과 머리도 씻어 주옵소서(13:8-9)라고 한다. 베드로가 예수께 복종하는 것은 예수의 겸손을 받아들이는 것뿐 아니라 구속의 사역에 순종, 동참한 것이다.

4. 시돈의 사르밧에 사는 과부 여인이 엘리야에게 당신이 나와 무슨 상관이 있느냐고 하였을 때 엘리야는 여호와께 부르짖음으로 그녀의 죽은 아들을 살린다(왕상17:17-24).
  '상관이 있느냐'는 물음은 간섭하지 말라, 방해하지 말라의 경우(회당의 귀신 들린 사람, 거라사의 귀신 들린 사람)가 대부분일 것이다. 그러나 엘리야의 경우는 오히려 이 말이 그 여자의 아들을 살리는 기적을 행하는 동기가 된다.

5. 나와 무슨 상관이 있나이까는 상관이 없다는 선언이라기보다 예수 자신이 메시아 사역을 확인하는 말씀으로 이해할 수 있다. 그런 까닭에 예수께서는 표적을 행한 것이다

있기로 내 죄를 생각나게 하고 또 내 아들을 죽게 하려고 내게 오셨나이까

• 나와 무슨 상관이 있나이까는 모순형용적 표현으로 이해할 수 있다. 예수의 말씀과 행동을 보면 역설적 반어법의 설의법이라 하겠다.

④ 내 때가 아직 이르지 아니하였나이다

1. 일반적으로 표적을 행할 시간이 아직 오지 않았다고 볼 수 있다.

2. 요한복음에는 때가 아직 이르지 아니하였다는 표현이 많이 나온다. 예수 체포의 때(7:30, 8:20), 영광을 얻을 때(12:23), 아버지께로 돌아가실 때(13:1) 등이다. 예수 자신도 이때를 면하게 하여 주옵소서(12:27) 때가 이르렀나이다(17:1) 등 때에 대해 직접 말씀하기도 한다.

3. 요한복음에는 예수께서 내 때는 아직 이르지 아니하였다(7:6,8)고 같은 말씀을 두 번 번복한다. 초막절에 예수의 형제들은 이런 훌륭한 일들을 할 바에는 유대로 가서 자신을 세상에 드러내는 것이 좋겠다고 권했을 때였다. 예수께서는 유대인들이 자기를 죽이려 해서 유대 지방에 다니고 싶지 아니하였는데 형제들조차도 예수를 믿지 아니하였다고 한다(공동번역7:2-5).

4. 예수께서는 내 때가 아직 이르지 아니하였다고 대답한다. 가나의 혼인 잔치에서 어머니 마리아에게도 같은 의미로 대답한 것이다. 표적을 나타낼 때나 '세상에 나타낼 때'가 아니라는 것이다.

5. 예수의 형제들은 예수를 믿지도 않으면서, 예수가 누구인지도 모르면서 좋은 일을 하는 형이 세상에 드러났으면 좋겠다는 것이었다. 그러나 어머니의 입장에서는 자기가 확신하고 있는 그의 특별한 능력을 나타내기를 간절히 원하였던 것이다. 그래서 하인들에게 예수의 분부에 따르라고 하였을 것이다.

6. 이렇게까지 말씀하고도 기적을 행한 이유는 무엇일까. 본문에 자신의 영광을 나타내고 제자들이 예수를 믿게 하기 위하여 첫 표적을 행하였다고 한다. 때는 이르지 아니하였으나 예수는 어머니가 아들에 대해 갖고 있는 믿음 때문에 자신의 영광을 나타내었던 것은 아닐까. 그리고 제자들이 자신을 믿게 하는 것도 시급한 일이었다. 이 표적을 베푼 후에 제자들이 그를 믿었다(2:11)고 한다.

⑤ 예수께서 태도를 바꾼 이유

1. 예수 어머니의 예수에 대한 믿음으로 예수께서 태도를 바꾸었다는 것이 일반적인 주석이다. 또한, 예수의 태도 변화의 이유는 주해자들과 성서 연구자들의 끝없는 논쟁거리이다. 일반적으로 예수께서는 어머니에 대한 효심으로 자신의 주장과는 달리 어머니의 뜻을 따랐다고 한다.

	2. 예수의 어머니가 어떤 믿음을 가지고 예수께 포도주가 없다고 하였는지는 모른다. 그러나 예수께서 어머니를 '여자여'라고 부르신 것 자체가 생모로서 어머니를 본 것이 아니라 은혜를 구하는 한 여자 즉 구원 사역적 입장에서 본 것이다. 여자여라는 호칭에서 이미 예수께서는 표적 수행의 가능성을 보였다. 3. 이어서 예수께서 나와 무슨 상관이 있나이까 말씀하는데 이것은 오히려 엘리야의 경우처럼 기적을 행하는 원인이 될 수 있다. 이 말씀은 나와 상관이 없다는 선언이 아니라 '내가 해야 하는 일'인가요 다시 말해 예수 자신이 메시아로서의 아이덴티티를 확인하는 말씀으로 보아야 할 것이다. 그래서 예수께서는 메시아로서의 첫 표적을 행한 것이다. 5. 예수께서 내 때가 아직 이르지 아니하였다라고 사양하는 태도를 보였지만 그런데도 표적을 행하였다. 예수께서 자기 형제들에게 말씀한 것처럼 더욱이 공생애의 초기라서 자신을 세상에 나타낼 때가 아니라고 생각하였을 것이다. 그러나 때가 아직 이르지 못한 것이 사실이지만 자신을 확실하게 믿지 못하는 이들에게 믿게 하기 위해서 그리고 제자들을 믿게 하기 위하여 표적을 행할 수밖에 없었다.	
포도주와 잔치 ① 돌 항아리 여섯	1. 잔칫집에는 두세 통 드는 돌 항아리 여섯이 있었다고 한다. 유대인들의 정결 예식을 위한 물 항아리들이다. 아마도 한 통은 대략 8갤런이어서 두세 통이 든다고 하면 16 내지 24갤런이 들어간다. 그런데 모두 6개라고 하니 모두 96 내지 144갤런이 된다. 두세 통의 중간인 20갤런으로 보아도 모두 120갤런이 되는 셈이다. 1갤런이 약 3.786 리터임으로 약 454리터가 된다. 생수 2리터짜리 여섯 개 묶음이 38개나 된다. 가히 놀라운 양이라 하겠다. 2. 예수께서 왜 이렇게 많은 양의 포도주를 만들었는지 궁금해 할 수밖에 없다. 슈트라우스 같은 학자는 사실성을 부인하고 있다. 3. 많은 양의 포도주는 메시아 시대에 누릴 풍요로움 즉 젖과 꿀이 흐르는 땅(출3:8), 꿀이 흐르는 강(욥20:17), 하늘에서 비같이 내리는 양식(출16:4), 달마다 새 열매를 맺는 과일나무(겔47:12), 넘치는 잔(시23:5), 후히 되어 누르고 흔들어 넘치도록 하여 안겨 주리라(눅6:38) 등과 같은 상징적 표현이라 하겠다.	• 통에 해당하는 희랍어 메트레테스는 약 8-8.5갤런으로 본다. 고대의 도량 권형을 오늘날의 것으로 환산하기는 쉽지 않다.
② 포도주	1. 노아가 대홍수 후에 포도 농사(창9:20)를 지은 다음부터 포도주는 제단에 올려졌다(출29:40, 레23:13). 이스라엘 백성은 매번 소제 즉 밀가루와 기름 그리고 전제 즉 포도주를 드렸다. 소제와 전제는 하나님을 기쁘시게 하기 위한 것인데 여호와께 포도주를 부어드리는 것이 여호와께서 기뻐하시는 바(호9:4)라고 한다. 2. 포도주는 기쁨의 근원(삿9:13-14)이고 하나님이 주시는 복과 번영의 상징(창27:28)이다. 풍성한 포도주는 다가올 구원의 시대의 상징(렘31:12)이고, 반대로 포도주의 결핍은 심판과 재난의 상징(사16:10, 24:11)이다. 3. 돌 항아리 여섯의 포도주는 예수께서 준비한 풍성함 그 자체인 것이다. 풍성한 포도주는 메시아가 도래할 때에 수반되는 축복과 관련이 있다(야곱의 유다에 관한 예언 창49:11). 4. 공관복음서에는 낡은 가죽부대에 넣지 못하는 새 포도주(마9:17, 막2:22, 눅5:38)에 대한 이야기가 있다. 5. 예수에게 있어서 포도주는 '죄 사함을 얻게 하려고 많은 사람을 위해 흘리는 나의 피'(마26:28)이고 '내 피로 세운 새 언약'(눅22:20)이다.	시104:15 사람의 마음을 기쁘게 하는 포도주와 사람의 얼굴을 윤택하게 하는 기름과 사람의 마음을 힘있게 하는 양식을 주셨도다 창9:20 노아가 농사를 시작하여 포도나무를 심었더니
③ 물을 채우라	1. 예수께서 물을 채우라 하시니 하인들이 아귀까지 채웠다. 2. 돌 항아리의 물은 손님들이 집에 들어올 때 이미 사용하기 시작하여 어느 정도 비어 있었다. 그래서 예수께서는 다시 아귀까지 채우라고 한 것이다.	공동번역 창49:11 포도나무에 나귀를 예사로 매어 놓고 고급 포도

	3. 예수께서는 우리의 필요를 채워주는 분이다. 빌립보서(4:19)는 '나의 하나님이 그리스도 예수 안에서 영광 가운데 그 풍성한 대로 너희 모든 쓸 것을 채우시리라'고 한다. 4. 가나의 혼인 잔치에서 물이 포도주가 되게 한 예수는 영광 가운데(1:14, 2:11) 잔칫집에 꼭 있어야 하지만 당장에 없는 포도주를 풍성히 채워주었다. 5. 구약에서도 채우는 이야기가 있다. 엘리사는 제자 아내 중 과부가 된 여자에게 모든 그릇을 가져오게 하고 그릇에 기름을 채워주며, 그 기름을 팔아 빚을 갚고 생활하라고 한다(왕하4:1-7).	나무에 새끼를 예사로 매어 두리라 포도주로 옷을 빨고 포도의 붉은 즙으로 겉옷까지 빨리라	
④ 혼인 잔치	1. 예수께서는 물이 포도주가 되게 함으로써 사람들이 포도주의 기쁨을 풍성히 누리게 할 뿐 아니라 아버지의 독생자인 하나님의 아들의 영광을 보여 주려 하였다(1:14). 그래서 이 사건을 통해 자신의 영광을 나타내었다(2:11)고 기록되어 있는 것이다. 2. 마태의 천국 잔치 비유(22:1-14)와 누가의 큰 잔치 비유(14:15-24)를 보면 마태에서는 어떤 임금이 누가에서는 어떤 사람이 잔치를 베푼다. 그런데 계시록의 하나님의 어린 양의 잔치(계19:1-10)에서는 하나님이 주재한다. 이 잔치들은 하나님의 통치 때 잔치인 것이다. 모든 사람을 초대하지만 모두 들어가는 것은 아니라고 한다. 3. 이사야에는 하나님이 주인인 잔치에 관한 예언이 있다(사25:6-7). 그 잔치는 시온 산 즉 예루살렘에서 만민을 위하여, 모든 민족과 열방을 위하여 여신다. 기름진 것과 오래 저장하였던 포도주 즉 골수가 가득한 기름진 것과 오래 저장하였던 맑은 포도주로 연회를 베푼다고 한다. 예수께서는 가나의 혼인 잔치를 하나님의 잔치처럼 성대하게 하였다. 4. 이사야는 계속해서 여호와께서는 사망을 멸하실 것이고 눈물을 씻기시며 자기 백성의 수치를 온 천하에서 제하시겠다(:8)고 말씀한다. 예수께서는 메시아로서의 표적을 행하심으로서 가나의 혼인 잔치를 자신이 베푸는 잔치가 되게 한다.	사25:6 만군의 여호와께서 이 산에서 만민을 위하여 기름진 것과 오래 저장하였던 포도주로 연회를 베푸시리니 곧 골수가 가득한 기름진 것과 오래 저장하였던 맑은 포도주로 하실 것이며	
사람들 ① 어머니와 형제들	1. 요한복음에서는 예수의 어머니의 이름인 마리아가 언급되어 있지 아니하다. 예수께서는 어머니 마리아 역시 메시아의 때를 충실히 기다리고 있는 여인 중에 하나로 보았을 것이다. 어머니 마리아 또한 아들 예수를 요셉의 아들(6:42)로 보지 않았기 때문에 메시아적 권능을 필요로 하는 어려운 부탁을 하였을 것이다. 2. 마리아의 예수에 대한 신뢰는 마리아가 하인들에게 예수의 어떤 말씀에도 그대로 순종하라고 당부한 것에서 나타난다. 예수께서 이런저런 말씀을 하여도 결국은 권능을 나타내어 그의 영광을 보게 될 것이라고 확신하였던 것이다. 3. 잔치 후 어머니와 형제들은 제자들과 함께 가버나움으로 간다(요2:12). 예수께서 승천하신 후 제자들이 다시 예루살렘에 모일 때 그 사람들 중에는 예수의 어머니 마리아와 예수의 아우들도 있었는데 그들은 더불어 마음을 같이 하여 오로지 기도에 힘쓰더라고 하였다(행1:14). 4. 어머니와 형제들 모두 예수의 사도이었던 것이다. 요한복음은 예수의 어머니 이외에도 수가성 여자(4:7-42), 마리아와 마르다(11:1-45, 12:1-8), 막달라 마리아(19:25, 20:1-18)의 제자 됨을 말하고 있다.		
② 하인	1. 예수 어머니의 지시를 받아 하인들은 예수께서 이르시는 대로 하였다. 예수께서 항아리의 물을 채우라고 하자 아귀까지 채웠다. 그리고 예수께서 떠서 연회장에게 갖다 주라 하여 갖다 주었다. 2. 물 떠온 하인들만이 그 포도주가 어디서 났는지 알았다. 그러나 그들이 예수를 믿었다는 기사는 없다. 역사적인 사건에 참가하기는 하였으나 그 일	• 하인은 디아코노이로서 일을 하는 자, 거들어 주는 자를 말한다. 일꾼을 지칭한다고 하겠다.	

	일어난 일의 의미를 모른채 하인으로서 그저 시키는 대로 복종하였을 뿐이다. 3. 구속사적인 사건이 일어난 현장에 있었다 하더라도 하인과 같은 사람들은 현장 밖에 있던 많은 사람들과 다르지 않았다.	• 연회장은 잔치를 맡은 자라고 하겠다.
③ 연회장과 신랑	1. 연회장은 포도주를 맛보고는 어디서 났는지 궁금해 하지 않는다. 단지 계속해서 더 좋은 포도주가 나온 것에 대해 신랑에게 칭찬할 뿐이다. 많으면 좋고 충분하면 좋고 맛이 있으면 더욱 좋은 것이다. 2. 예수를 믿는 이들이 은혜를 경험하면서도 그 은혜가 어떻게 내게 오게 되었는지 궁금해하지 않는 사람들이 있다. 은혜를 경험하면서도 감동하지 않는 이들은 연회장과 같은 사람이라 하겠다.	
④ 제자들	1. 혼인 잔칫집에 온 많은 사람들 중에 제자들만이 예수를 믿었다. 예수의 형제도 잔칫집의 신랑이나 연회장이나 하인들이 예수를 믿었다는 이야기는 없다. 2. 표적을 보고 예수를 믿었던 사람들이 또 있다. 가나의 혼인 잔치에 이어서 유월절에 예수께서 예루살렘에서 행하신 표적을 보고 많은 사람이 그의 이름을 믿었다(2:23)고 한다.	
첫 표적	1. 요한복음에는 일곱 개의 표적이 있다. 그리고 2장부터 12장까지를 표적의 책이라고 한다. 2. 표적이란 히브리어로 '오트'이고 헬라어로는 세메이온이며 영어로는 sign 즉 표시, 징조, 증표의 뜻이다. 3. 그런데 표적이라는 말은 공관복음서 등(마24:24, 막8:11,12, 16:17, 행4:16)에도 나온다. 4. 예수의 표적은 예수의 영광(요2:11)을 드러내기 위한 것이고 메시아임을 드러내기 위한 것(요6:30, 9:32-33)이라 하겠다. 5. 예수께서는 선지자 요나의 표적밖에는 보일 표적이 없다(마12:39)고 하는데 예수께서 죽으시고 삼일 만에 부활하신다는 말이라 하겠다.	• 세메이온은 군호(마26:48), 징조(마24:3, 막13:4, 눅21:7,25, 행2:19) 이적(7회), 기적 으로 번역되었다.

4. 심층연구: 예수와 새 포도주

구분	내용	비고
물로 된 포도주 ① 물이 포도주가 되다	1. 물이 포도주가 되었다. 비유가 아니다. 표적이다. 예수께서 물이 포도주가 되라는 명령을 하여서 일어난 변화가 아니다. 예수께서는 하인들에게 항아리에 물을 채우라고만 하였다. 2. 변질된 것인가? 질적인 변화라고 한다면 물이 맛없는 물, 썩은 물로 바뀌는 정도일 것이다. 변질로 물이 포도주가 될 수는 없다. 매체나 촉매에 의한 변화인가? 예수께서는 물이 포도주가 되게 하여 달라는 기도조차 하지 아니하였다. 화학적 작용으로 일어날 수 없는 일이다. 3. 어떻게 해서 이런 표적이 일어날 수 있는지 그 원리와 변화과정을 연구하는 것은 무의미한 일이다. 단지 우리는 이 사실을 받아들이고 믿어야 하는 것이다.	고후5:17 그런즉 누구든지 그리스도 안에 있으면 새로운 피조물이라 이전 것은 지나갔으니 보라 새 것이 되었도다
② 신자는 물로 된 포도주	1. 물로 된 포도주는 물이 아니다. 포도주의 과육 함유수가 85%나 된다고 해서 우리는 물이라고 하지 않는다. 포도주는 물과 다른 새로운 것이다. 물이 포도주로 바뀐 것을 요한복음은 '물로 된 포도주'라고 한다. 2. 믿는 이들 역시 물로 된 포도주라고 하겠다. 새로 지으심을 받은 존재(갈6:15), 새로운 피조물(고후5:17)인 것이다. 그리하여 이제는 더이상 물이 아닌	갈6:15하 오직 새로 지으심을 받는 것만이 중요하니라

	주께서 주시는 영원한 이름, 여호와 입으로 정해주신 새 이름(사62:2) 그 돌 위에 기록될 새 이름(계2:17) 즉 포도주라고 불려져야 할 것이다.	엡2:10상 우리는 그가 만드신 바라 그리스도 예수 안에서 선한 일을 위하여 지으심을 받은 자니
③ 세상을 지으신 예수 (1:10)	1. 물로 된 포도주는 물 스스로 포도주가 된 것이 아니다. 예수로 말미암아 변화된 것이다.	
	2. 믿는 이들도 새 사람(엡4:24) 되기를 소망한다. 새 사람은 하나님을 따라 의와 진리의 거룩함으로 지으심을 받은 사람이다. 그런데 우리 모두는 스스로 새 사람이 될 수 없다. 인간은 결코 스스로 변화될 수 없다. 지으심을 받아야 한다(엡2:10). 새로운 존재로 바뀌게 하는 분은 예수 그리스도이다.	
	3. 요한복음은 그리스도의 출현에 대하여 '그가 세상에 계셨으며 세상은 그로 말미암아 지은바 되었으며 세상이 그를 알지 못하였다'(1:10)고 한다. 우리는 예수로 말미암아 세상이 지은 바 된 것을 모르고 있기 때문에 물이 포도주가 되는 것을 선뜻 받아들이지 못하는 것이다. 믿지 못하는 것이다.	
	4. 마찬가지로 예수로 말미암지 않고는 우리가 새 사람이 될 수 없는 것이다. 보람 있고, 가치 있고, 의미 있고, 기쁨이 넘치는 삶을 살 수 없다. 사도 바울은 그는 보이지 아니하는 하나님의 형상이시요 모든 피조물보다 먼저 나신이시니 만물이 그에게서 창조'(골1:15-16)되었다고 한다. 또한 만물이 예수 그리스도로 말미암아 있고 우리도 그로 말미암아 있다(고전8:6)고 창조주로 예수 그리스도를 고백한다.	
새 포도주	1. 예수께서는 구약의 물로써 신약의 복음의 포도주로 바뀌어 놓았고 이 포도주를 가지고 천국 잔치를 베풀게 된다. 구약의 율법이 물 항아리라고 한다면 그 안에 들어 있는 물로 된 포도주는 복음이라 할 수 있다. 예수를 믿는 이들은 풍성한 포도주로 인해 이제 더 좋은 시대, 기쁨의 시대를 맞이하게 되었다.	• 요나단의 아들 므비보셋의 종인 시바가 건포도 백송이, 포도주한 가죽부대 등을 다윗에게 선물을 하는데 므비보셋의 땅의 관리인이 아닌 주인이 되고 싶어서이다(삼하16:1-4).
	2. 연회장은 맛을 본 후 신랑에게 좋은 포도주(2:10)라고 한다. 잔칫집의 포도주는 사람들에게 즐거움을 주기 위해 있다. 그런데 취한 후에도 질 낮은 포도주가 아닌 좋은 포도주가 나온 경우는 보통 세상의 잔치와 다르다는 것이다.	
	3. 예수께서 새 포도주는 새 부대에 넣어야 한다(마9:17, 막2:22, 눅5:38)고 하다. 새 포도주는 예수 자신과 예수의 메시지로서 낡은 유대교에 담을 수 없다는 것이다. 새 부대는 예수의 오심으로 시작된 기독교라고도 볼 수 있는데 예수께서는 새 시대를 연 것이다.	
	4. 새 포도주는 새 술(글류고스)이기도 하다. 오순절 성령강림 후 사도들이 방언을 하는데 이때 어떤 이들은 새 술에 취하였다고 조롱(행2:12-13)한다. 이에 베드로가 나서서 이제 제3시 즉 오전 9시인데 무슨 술을 먹느냐고 하면서 즉석에서 설교를 한다. 그때 그의 말을 듣고 세례를 받은 신도의 수가 삼천이나 더(행2:41) 하였다고 한다.	• 나발 아내 아비가엘은 포도주 두 가죽부대, 건포도 백송이, 요리한 양 다섯 마리 등을 다윗에게 예물로 드린다(삼상25:1-33).
	5. 예수께서는 최후의 만찬에서 포도나무에서 난 것을 이제부터 마시지 아니하겠다고 하면서 내 아버지의 나라에서 새것으로 너희와 함께 마시는 날까지라고 한다. 즉 예수께서 아버지의 나라에서 우리와 함께, 새 포도주를 마실 때는 천국 잔치에 참여하는 때이다.	
	6. '하나님께 취한 자'라는 별명을 가진 이는 팡세로 유명한 프랑스의 철학자 파스칼이다. 그는 추상적인 하나님이 아닌 자기를 부르는 하나님을 1654.11.23일 밤에 만난다.	
예수와 포도주	1. 예수께서는 '먹기를 탐하고 포도주를 즐기는 사람(마11:19, 눅7:34)이라고 비난을 받는다.	
	2. 세례 요한은 포도주나 독한 술을 마시지 아니하였다(눅1:15)고 한다. 나실인들은 포도주와 독주를 멀리하였고 포도즙, 생포도, 건포도도 먹지 않았다 (민6:2-4, 삿13:4-5)고 한다.	

3. 예수께서는 인자의 재림 시 깨어 있으라고 당부하면서 방탕함과 술 취함과 생활의 염려로 마음이 둔하여져서는 안 된다(눅21:34)고 말씀한다.

4. 예수께서는 악한 종에 대해 마태는 마음에 생각하기를 주인이 더디 오리라 하여 동료들을 때리며 술친구들과 더불어 먹고 마시었다(24:48)고 한다. 누가는 그 종이 생각하기를 주인이 더디 오리라 하여 남녀종들을 때리며 먹고 마시고 취하였다(눅12:45)고 한다. 예수께서는 술 취함에 대해 비유로 경고하였다. 구약 신명기에는 패역하여 방탕하며 술에 잠긴 자라고 하면 성읍 모든 사람들이 그를 돌로 쳐 죽이라(신21:20-21)고 까지 하였다.

5. 예수에게 포도주는 주의 만찬의 한 부분이었다. 예수께서는 포도주를 나의 피, 언약의 피(마26:28, 막14:24)라고 하고 또한 예수께서는 자신을 포도나무에 비유(요15:1-15)하기도 한다.

6. 유대교와 기독교의 전통에서 금주는 일반적인 것이 아니다. 그러나 술 취함에 대한 경고는 구약시대에도 있었고 신약시대에도 계속된다. 사도 바울은 여러 차례에 걸쳐 포도주의 절제를 당부(롬13:13, 14:21, 고전5:11, 갈5:21)한다. 특별히 교회지도자들에게는 금주(딤전3:3, 딛2:3)를 말하고 성령에 취하라(엡5:18)고 한다.

5. 집중탐구: 요한복음에서의 물과 표적

구분	내용	비고
요한복음에서의 물	1. 가나의 혼인 잔치에서의 물 2:6-7 거기에 유대인의 정결 예식을 따라 두세 통 드는 돌 항아리 여섯이 놓였는지라 예수께서 그들에게 이르시되 항아리에 물을 채우라 하신즉 아귀까지 채우니 2. 니고데모와의 대화에서의 물 거듭난다는 것은 물과 성령으로 태어난다는 것이다. 여기서 물은 정결케 하고 더러움을 씻는 세례를 의미하기도 한다. 3:5 예수께서 대답하시되 진실로 진실로 네게 이르노니 사람이 물과 성령으로 나지 아니하면 하나님의 나라에 들어갈 수 없느니라 3. 수가성 여인과의 대화에서의 물 예수께서 영생수를 마시라고 우리를 초대하였다. 4:13-14 예수께서 대답하여 이르시되 이 물을 마시는 자마다 다시 목마르려니와 내가 주는 물을 마시는 자는 영원히 목마르지 아니하리니 내가 주는 물은 그 속에서 영생하도록 솟아나는 샘물이 되리라 4. 베데스다 못의 움직이는 물 5:7 병자가 대답하되 주여 물이 움직일 때에 나를 못에 넣어 주는 사람이 없어 내가 가는 동안에 다른 사람이 먼저 내려가나이다 5. 초막절에 선포한 생수의 강 7:37-38 명절 끝날 곧 큰 날에 예수께서 서서 외쳐 이르시되 누구든지 목마르거든 내게로 와서 마시라 나를 믿는 자는 성경에 이름과 같이 그 배에서 생수의 강이 흘러나오리라 하시니 6. 제자들의 발을 씻기, 대야의 물 13:4-5 저녁 잡수시던 자리에서 일어나 겉옷을 벗고 수건을 가져다가 허리에 두르고 이에 대야에 물을 떠서 제자들의 발을 씻기시고 그 두르신 수건으로 닦기를 시작하여 7. 예수 옆구리에서 나온 물 19:34 그 중 한 군인이 창으로 옆구리를 찌르니 곧 피와 물이 나오더라	• 성령은 주로 바람(요3:8)이나 불(마3:11)로 표현된다. 오순절 다락방에서의 성령체험(행2:1-3)도 마찬가지이다. 그런데 요한복음에서는 생수의 강과 받을 성령에 대한 언급(요7:38-39)도 있다. • 초막절에는 물 붓는 행사가 있었다고 한다. 초막절에 예수께서는 생수의 강을 약속한다.

	8. 전체적으로 요한복음은 물을 의미하는 단어를 21회 사용(마태7, 마가5, 누가6)한다. 요한복음에서의 물은 특별한 상징적 의미를 가진다. 물은 창조적인 변화, 본질적인 변화, 새로운 존재나 영적 갱신, 회복된 모습 등에 있어서 촉매 내지 매개체의 이미지로 표현된다.	
요한복음에서의 표적	1. 요한복음에는 일곱 개의 표적이 있다. 가나의 기적에 이어 왕의 신하의 아들을 고치심(4:43-54), 베데스다에서의 병자치유(5:1-15), 오천 명을 먹이심(6:1-15), 물 위를 걸으심(6:16-21), 날 때부터 소경된 자를 고치심(9:1-41), 나사로를 살리심(11:1-44)이다. 2. 요한복음에는 유대인들이 예수에게 표적을 요구한다. 성전정화 후 유대인들의 요구에 예수께서는 너희가 이 성전을 헐라 내가 사흘 동안에 일으키리라(2:18-19)고 대답한다. 예수께서 부활하신 후에 제자들이 이 말씀을 믿었다(2:22)고 하는데 예수의 죽음과 부활의 그 징표라고 하겠다. 3. 니고데모와의 대화에서 예수를 하나님께로부터 온 선생이라고 고백하는데 그 이유가 하나님이 함께하지 아니하면 이 표적을 아무도 할 수 없기 때문이라고 한다(3:1-2). 표적을 통해서 사람들은 예수의 아이덴티티를 알 수 있었던 것이다. 4. 세례 요한은 아무 표적도 행하지 아니하였다고 한다. 5. 요한복음은 예수께서 이 책에 기록되지 아니한 다른 표적도 많이 행하셨다(20:30)고 하며 기록의 목적이 너희로 예수께서 하나님의 아들 그리스도이심을 믿게 하려 함이라고 한다(20:31) 6. 표적은 예수를 통하여 하나님의 일이 세상에 나타나는 것으로 볼 수 있다. 표적은 하나님께서 예수를 통하여 일하고 계시다는 사실을 증명해 주고 있는 것이다. 7. 표적이라는 용어가 공관복음에서도 있으나 다르게 사용한다. 마가에서 예수께서 표적 보이는 것을 거절(8:11-12)하는데 예수의 말씀의 진실성을 확증하는 행동으로서의 표적이기 때문이다. 공관복음에서 이적들은 기적적인 사건들 즉 기사라고 한다. 그러나 요한복음에서 이적들은 항상 표적들이라 부른다. 요한복음에는 귀신축출의 기사가 하나도 없다.	요20:30-31 예수께서 제자들 앞에서 이 책에 기록되지 아니한 다른 표적도 많이 행하셨으나 오직 이것을 기록함은 너희로 예수께서 하나님의 아들 그리스도이심을 믿게 하려 함이요 또 너희로 믿고 그 이름을 힘입어 생명을 얻게 하려 함이니라

제13절 ⊗ 니고데모

1. 본문

구분	내용(요3:1-15)	비고
니고데모의 등장	3:1 그런데 바리새인 중에 니고데모라 하는 사람이 있으니 유대인의 지도 자라	
니고데모의 관심	:2 그가 밤에 예수께 와서 이르되 랍비여 우리가 당신은 하나님께로부터 오신 선생인 줄 아나이다 하나님이 함께 하시지 아니하시면 당신이 행하시는 이 표적을 아무도 할 수 없음이니이다	표적에 대한 관심
예수의 관심	:3 예수께서 대답하여 이르시되 진실로 진실로 네게 이르노니 사람이 거듭나 지 아니하면 하나님의 나라를 볼 수 없느니라	하나님 나라에 대한 관심
니고데모의 질문	:4 니고데모가 이르되 사람이 늙으면 어떻게 날 수 있사옵나이까 두 번째 모 태에 들어갔다가 날 수 있사옵나이까	현실적 질문
예수의 대답과 보충설명	:5 예수께서 대답하시되 진실로 진실로 네게 이르노니 사람이 물과 성령으로 나지 아니하면 하나님의 나라에 들어갈 수 없느니라 :6-8 육으로 난 것은 육이요 영으로 난 것은 영이니 내가 네게 거듭나야 하겠 다 하는 말을 놀랍게 여기지 말라 바람이 임의로 불매 네가 그 소리는 들어도 어디서 와서 어디로 가는지 알지 못하나니 성령으로 난 사람도 다 그러하니라	하나님 나라의 관점 에서의 대답 물과 성령(:5)이 성령 으로 바뀐다(:8).
질문	:9 니고데모가 대답하여 이르되 어찌 그러한 일이 있을 수 있나이까	현실적 의문
예수의 질책	:10-11 예수께서 그에게 대답하여 이르시되 너는 이스라엘의 선생으로서 이 러한 것들을 알지 못하느냐 진실로 진실로 네게 이르노니 우리는 아는 것을 말하고 본 것을 증언하노라 그러나 너희가 우리의 증언을 받지 아니하는도다	증언의 내용은 메시아 에 대한 예언이라 하 겠다.
인자 예수	:12 내가 땅의 일을 말하여도 너희가 믿지 아니하거든 하물며 하늘의 일을 말하 면 어떻게 믿겠느냐 :13-14 하늘에서 내려온 자 곧 인자 외에는 하늘에 올라간 자가 없느니라 모세가 광야에서 뱀을 든 것 같이 인자도 들려야 하리니	하늘의 일을 말하는 예수 자신의 수난을 예언하 는 예수
영생을 얻게 하는 예수	:15 이는 그를 믿는 자마다 영생을 얻게 하려 하심이니라 :16 하나님이 세상을 이처럼 사랑하사 독생자를 주셨으니 이는 그를 믿는 자 마다 멸망하지 않고 영생을 얻게 하려 하심이라.	예수의 말씀과 저자의 고백이라 하겠다.

2. 본문의 내용

구분	내용	비고
때, 곳	유월절 기간 예루살렘(2:23) 그 후에 예수께서 유대 땅으로 가다(3:22)	
내방객	바리새인, 유대인의 지도자, 니고데모(3:1)	
대화 주제	1.표적에 대한 관심(3:2)	예루살렘에서 표적을 행하니 그의 이름을 믿더라 (2:23)
	2.거듭남의 뜻을 파악 못하는 니고데모(3:3)	표적이 아닌 하나님 나라에 관심을 두고 거듭남을 말씀 하다
	3.거듭남의 현실적 어려움(3:4)	거듭남의 뜻을 파악 못하는 니고데모

	4. 물과 성령의 거듭남과 하나님의 나라, 성령의 역사로 가능(3:5-8)	하나님 나라를 위해 물과 성령으로 거듭남을 강조하다.
	5. 거듭남의 불가능 토로(3:9)	거듭남의 현실적 가능성 강조
	6. 예수의 질책, 증언을 받으라(3:10-11)	증언을 받지 못하는 이스라엘의 선생
	7. 하늘에서 내려온 인자 예수(3:12-14)	하늘의 일을 말하는 하늘에서 내려온 인자
결론	영생을 얻게 하는 예수(3:15-16)	믿는 자의 특권
참고	거듭남 4회, 하나님의 나라 2회, 표적 1회, 성령 2회, 하늘 3회, 영생 2회, 증언 2회, 랍비여, 하나님께로부터 오신 선생, 이스라엘의 선생, 독생자, 성령으로 난 사람 등 각 1회	

3. 본문이해

구분	내용	비고
니고데모 ① 누구인가	1. 유대인의 지도자, 바리새인인 니고데모(3:1)가 밤에 예수를 찾아와 대화하다(3:2). 2. 유일하게 예수를 변호한 유대인(요7:50-51)이다. 요한복음 7장에서 니고데모는 예수가 끌려오기를 기다리고 있었던 바리새인들과 함께 있었던 것 같다. 예수를 잡아 오지 않은 하속들을 질책(:47)하는 바리새인들에게 니고데모(:50)가 말한다. 우리 율법은 판결받기 전에 자기를 변호할 수 있다고 즉 공정한 재판에 의하여 심판받아야 한다는 것이다. 결국, 그들은 다 각각 집으로 돌아갔다(:53). 3. 니고데모는 예수께서 십자가에서 죽은 후 유대인의 장례 법에 필요한 물품 즉 몰약과 유향을 섞은 것 백 리트라쯤을 가지고 온다(요19:39-40).	• 니고데모, Nicodemos(또는 mus)는 이김이라는 뜻의 니케와 백성이라는 뜻의 데모스가 결합된 말로 백성의 정복자 또는 백성 중의 승리자로 해석할 수 있다(오경준, 2019).
② 예수에 대한 인식	1. 니고데모는 바리새인으로 처음 예수를 하나님의 사람으로 인정하고 '당신은 하나님께로부터 온 선생', '하나님이 함께 하시는 분'이라고 두 번 고백한다(3:2). 2. 예수를 선생 즉 랍비로 인정하다. 그러나 공개적으로 인정하기 어려워서 밤에 찾아왔을 것이다. 즉 그가 아직 빛에 속해 있지 않기 때문이라 하겠다. 3. 예수는 표적을 행하는 분으로 알고 있다. 가나의 혼인 잔치의 표적으로 제자들이 믿었고(2:11) 예루살렘에서 표적을 행하니 많은 사람이 그의 이름을 믿었으나(2:23) 예수께서는 그들에게 의탁하지 아니하셨다(2:24)고 한다. 예수께서는 표적에 관심이 있는 이들이 하나님에게 관심이 있다고 보지 아니하였다(6:26-30). 4. 니고데모에게 표적이란 하나님이 함께한다는 증표이다.	
③ 그의 관심	1. 니고데모의 관심은 표적(3:2)이다. 그가 표적에 관심이 있다는 것을 다른 사람들(6:30)처럼 직접적으로 표현한다. 2. 예수께서는 그를 알고 하나님의 나라에 대해 말씀한다. 그래서 질문도 하기 전에 예수께서 먼저 말씀을 꺼낸다. 예수께서는 그에게 표적이 아니라 하나님 나라에 관심을 가지라고 한다. 3. 니고데모가 말한 것처럼 표적은 하나님에게로부터 온 사람이나 하나님이 함께하는 사람이 행하는 것이다. 그러나 예수께서는 바로 예수 자신이나 그가 행하는 표적이 아니라 하나님이 주재하고 통치하는 나라에 관심을 가지라고 한다.	• 니고데모의 저작이라고 주장되고 있는 외경으로는 니고데모 복음서와 빌라도행전이 있다.
예수	1. 대화할 수 있는 유대인의 지도자로 보다(3:1). 2. 예수께서 '너는 이스라엘의 선생'이라고 인정하다(3:10).	

① 니고데모에 대한 인식	3. 예수께서는 그에게 대답한다. '진실로 진실로'를 세 번 말씀한다(3:3,5,10). '진실로 진실로'는 말씀의 중요성을 강조하는 관용적 표현으로 히브리어 아멘에 해당한다. 예수께서는 참된 하나님의 뜻임을 강조하는 의미로 사용하는데(마5:18, 요1:51) 요한복음에 25회 사용된다.	• 칼빈은 종교개혁의 신앙을 받아들이면서도 예배에 참석하지 않는 이들을 니고데모라 nicodomites라고 불렀다.
② 진실로 진실로 세 번	1. 예수께서는 니고데모에게 (1) 처음 진실로 진실로를 말씀하면서 사람이 거듭나지 아니하면 하나님 나라를 볼 수 없다고 한다. (2) 두 번째 진실로 진실로를 말씀하면서 사람이 물과 성령으로 나지 아니하면 하나님 나라에 들어갈 수 없다고 한다. 여기서 하나님 나라를 보는 것과 들어가는 것은 같은 의미이다. (3) 세 번째 진실로 진실로를 말씀하면서 우리는 아는 것을 말하고 본 것을 증언한다고 하며 증언을 받으라고 한다. 2. 예수의 관심은 하나님 나라이다. 하나님 나라를 위해서는 거듭나야 한다는 것이고(3:3) 물과 성령으로 나야 한다는 것이다(3:5). 3. 유대인 어머니로부터 난 자는 유대인이고 유대인은 하나님의 자녀(출4:22, 신32:6, 호11:1)다. 그러나 예수께서는 '육으로 난 것은 육이요 영으로 난 것은 영'(3:6)이라고 한다. 이제 부모로 인하여 하나님의 자녀가 될 수는 없는 것이다. 4. 예수의 관심은 또한 '하늘의 일'(3:12)을 믿게 하는 것이고 궁극의 목적은 자기를 '믿는 자들에게 영생을 얻게 하려'는 것이다(3:15).	
거듭나다 ① 거듭나라	1. 예수께서 말씀한 거듭나다의 원어는 gennao anothen이다. again과 from above 즉 '다시'와 '위로부터'의 의미로 이해할 수 있는 단어이다. 2. 니고데모는 두 가지 의미 중에 re, again으로만 이해하고 대답한다. 육적으로 반복해서 태어난다는 일이 불가능한 일이 아니냐고 예수께 반문한다. '어떻게 두 번째 들어갔다가 날 수 있사옵니까?'(3:4) 3. 요한복음에서 거듭난 자는 하나님의 자녀(요1:12)가 되고 또한 하나님께로부터 난 자들(요1:13)이라 하겠다.	왕하2:9 건너매 엘리야가 엘리사에게 이르되 나를 네게서 데려감을 당하기 전에 내가 네게 어떻게 할지를 구하라 엘리사가 이르되 당신의 성령이 하시는 역사가 갑절이나 내게 있게 하소서 하는지라
② 물과 성령	1. 니고데모의 반문에 예수께서는 '위로부터 하늘로부터'의 거듭남을 강조하기 위해 두 번째는 '물과 성령으로 나야 한다'고 말씀하고 '영으로 난 것을 영이라'고 부언한다. 2. 물과 성령은 회개의 세례를 말하는 물과 영의 세례를 의미하는 성령으로 볼 수 있다. 그래서 물과 성령으로 거듭난다는 것은 죄의 자각과 회개가 전제되는 것이라 하겠다. 3. 바리새인인 니고데모에게 예수께서는 거듭난다는 것이 물과 성령 즉 성령의 역사를 강조한 말씀으로도 이해할 수 있다.	
③ 성령으로 난 사람	1.예수께서는 바람을 예로 든다. 바람의 소리는 듣지만 바람이 어디로 와서 어디로 가는지 모른다는 것이다. 성령도 마찬가지라서 바람처럼 성령 자체는 체험할 수 있지만, 성령의 역사가 어떻게 일어나는지 그 본질은 이해할 수 없다고 한다. 2.성령으로 난 사람이란 성령을 체험한 사람, 성령의 역사를 경험한 사람이다. 거듭난 사람은 성령으로 난 사람이다.	• 구약시대에는 성령보다는 여호와의 영(삿6:34, 11:29, 삼상11:6, 16:13-14)이 자주 사용된다.
예수의 안타까움	1. 니고데모가 어찌 그러한 일이 있을 수 있겠느냐고 한다. 2. 니고데모가 어쩌면 성령에 대해 잘 알지 못하였을 수도 있다. 유대교에서 성령에 대하여 가장 널리 알려진 이해는 예언의 영이다. 이 영은 하나님과 인간 사이의 의사 전달 도구로 활동하는 성령이다.	에녹1서 49:2-3 그에게는 지혜의 영혼과 깨달음으로 인도하는 영혼과 가르침에 의한 힘의

① 너는 알지 못하느냐	3. 예수께서는 이스라엘 선생으로서 어떻게 메시아와 관련된 예언을 모르느냐고 니고데모를 힐난한다. 선생 앞에 관사를 붙여서 이스라엘에 널리 알려진 위대한 교사임을 말하고 있다. 4. 유대인들은 다윗계통의 사람으로서 여호와의 영 곧 지혜와 총명의 영, 모략과 재능의 영, 지식과 여호와를 경외하는 영이 그 위에 강림하는 메시아를 기대하고 있었다(사11:1-4). 이런 메시아에 대한 기사는 에녹서(1서 49:2-3), 솔로몬의 시편 등에도 기록되어 있다. 5. 특별히 에스겔은 물과 새 영으로 마음과 영을 새롭게 하라고 하고 또한 새 마음과 새 영(18:31, 36:25-27)을 가지라고 되풀이하고 있다. 6. 예수께서는 니고데모가 영에 대하여 또한 에스겔의 가르침에 대하여 잘 알고 있지 못한 것을 안타까워한다.	영혼과 정의 속에 잠자고 있는 사람들의 영혼이 그에게도 잠자고 있다.
② 우리의 증언을 받아라	1. 예수께서는 니고데모가 어찌 그런 일이 있을 수 있느냐고 물은 것은 우리의 증언을 받지 아니하기 때문이라고 한다(3:9,11). 2. '우리의 증언'이란 메시아에 대한 선지자들의 예언을 말하는 예수와 제자들이라 하겠다. 그런데 우리의 증언의 내용은 우리가 아는 것이고 본 것이라고 함으로써 근거를 찾기 이전에 직관적으로 믿을 수 있는 확실한 것이라고 한다. 3. 예수께서 니고데모에게 하였던 말씀을 세례 요한도 제자들에게 한다. 그가 친히 보고 들은 것을 증언하되 그의 증언을 받는 자가 없도다 그의 증언을 받는 자는 하나님이 인쳤느니라(3:32-33)고한다.	겔18:31 너희는 너희가 범한 모든 죄악을 버리고 마음과 영을 새롭게 할지어다. 이스라엘 족속아 너희가 어찌하여 죽고자 하느냐
③ 하늘에서 내려온 인자	1. 예수께서 안타까워하며 땅의 일을 말하여도 믿지 아니하는데 하물며 하늘의 일을 어떻게 당신이 믿겠느냐(3:12)고 한다. 땅의 일은 지상에서 해야 하는 죄의 자각과 회개 등이라 하겠고 하늘의 일이란 인류구원을 위한 하나님의 섭리라고 하겠다. 예수께서는 구체적인 부연설명을 하지 아니한다. 2. 예수께서 자신을 소개한다. 예수는 하늘에서 내려온 자 곧 인자이고 나 외에는 하늘에 올라갈 자가 없다는 것이다. 모세가 광야에서 든 뱀과 같이 들려져야 한다는 것이다. 세례 요한도 자기 제자들에게 예수에 대하여 위로부터 오시는 이, 하늘로부터 오시는 이라고 말한다(요3:31). 3. 하늘로 올라간다는 것은 예수의 승천, 또는 하나님과 직접 교통하심을 말한다. 또한, 인자가 들린다는 것은 십자가에 달려 죽는다는 의미이다. 요한복음은 처음부터 예수를 세상 죄를 지고 가는 하나님의 어린 양(1:29)으로 보고 있다. 4. '광야에서 뱀을 든 것 같이'는 민수기(3:14)의 이야기다. 모세가 놋뱀을 만들어 장대 위에 다니 뱀에게 물린 자가 놋뱀을 쳐다본즉 모두 살았다는 것이다. 5. 그리스도는 죄지은 백성을 위해 대신 기도한 모세보다 더 위대하다. 뱀을 본 백성들은 살았다. 그러나 예수께서는 우리를 살리기 위해 자신이 놋뱀이 되어 장대 위에 십자가 위에 달린다는 것이다.	겔11:19 내가 그들에게 한 마음을 주고 그 속에 새 영을 주며 그 몸에서 돌같은 마음을 제거하고 살처럼 부드러운 마음을 주어
믿는 자에게 영생	1. 영접하는 자 곧 그 이름을 믿는 자들은 하나님의 자녀가 되고 하나님으로부터 난 사람들(요1:12,13)이라고 한다. 예수께서 니고데모에게 말씀한 거듭난 사람이라 하겠다. 2. 믿는 자에게 영생이라는 말씀은 니고데모와 대화의 결론이기도 하다. 그를 믿는 자마다 영생을 얻게 하고(3:15), 또한 하나님이 세상을 이처럼 사랑하사 그를 믿는 자마다 영생을 얻게 한다(3:16)는 것이다. 3. 믿는 자에게 영생이 있다고 하는 말씀은 요한복음 전체에서 계속 반복되고 있다. 예를 들면 아들을 믿는 자에게 영생이 있다(3:36), 나를 보내신 이를 믿는	사44:3 나는 목마른 자에게 물을 주며 마른 땅에 시내가 흐르게 하며 나의 영을 네 자손에게 나의 복을 네 후손에게 부어 주리니

자는 영생을 얻는다(5:24), 영생을 얻기 위해서는 내게로 오라(5:40), 아들을 보고 믿는 자마다 영생을 얻는다(6:40), 믿는 자는 영생을 가졌다(6:47), 내 살을 먹고 내 피를 마시는 자는 영생을 가졌다(6:54) 등이다.

4. 요한복음은 영생에 대하여 예수께서 '나 보내신 이를 믿는 자는 영생을 얻었고 심판에 이르지 아니하나니 사망에서 생명으로 옮겼느니라'(요5:24)고 한다. 예수께서 외치기를 나를 믿는 자는 나를 믿는 것이 아니요 나를 보내신 이를 믿는 것이라고 한다(요12:44). 예수께서는 그를 믿는 자마다 영생을 얻게 된다(3:15)고 하고 또한 영생은 아버지의 명령(12:50)이라고 한다.

5. 예수께서는 유대인들에게도 말씀한다. 너희가 성경에서 영생을 얻는 줄 생각하고 성경을 연구하거니와 이 성경이 곧 내게 대하여 증언하는 것이니라 그러나 너희가 영생을 얻기 위하여 내게 오기를 원하지 아니하는도다(요 5:39-40)라고 한다.

　예수께서는 성경연구의 목적이 무엇이냐고 묻는다. 유대인들도 성경(구약)이 메시아를 증언하고 있다는 것을 잘 알고 있다. 그렇지만 그들은 메시아로 인한 영생에는 관심이 없음을 안타까워한다.

4. 심층연구: 거듭남과 영생

구분	내용	비고
거듭나다 ① 위로부터 나다	1. 요한복음의 anothen은 '거듭, 새로이'와 함께 '위로부터'의 의미를 갖고 있다. 일반적인 의미로 예수의 말씀을 받아들인 니고데모는 당황해한다. 그러나 당연하다 하겠다. 2. 니고데모는 예수를 하나님께로부터 오신 선생이고 하나님이 함께하는 이(3:2)라고 고백한다. 예수께서는 그에게 물로 포도주를 만드는 그런 표적과 같은 변화뿐 아니라 하늘로부터의 변화에 대해 그리고 세상적인 사건이나 사물이 아닌 자기 자신의 변화를 지적한다. 그래서 거듭나지 아니하면 하나님 나라를 볼 수 없다고 하는 것이다. 3. 요한복음은 믿는 자 개개인에게 일어나는 우주적인 변화, 성령의 역사하심에 의한 거듭남에 대해 말하고 있다. 예수께서는 물과 성령으로 거듭나야 만이 하나님 나라에 들어갈 수 있다고 하다(3:5). 4. 인간은 스스로 거듭날 수가 없다. 물과 성령으로 만이 가능하다. 물과 성령은 씻어서 정결케 하는 하나님의 성령의 역사를 가리키는 비유적 표현으로 볼 수 있다. 구약에서 물과 영은 새롭게 하고 생명을 주는 하나님의 활동을 나타내는 두 상징이다. 5. 위로부터 난 사람은 성령으로부터 난 사람(3:8)이라고 하겠다.	벧후3:13 우리는 그의 약속대로 의가 있는 곳인 새 하늘과 새 땅을 바라보도다 겔36:25-26 맑은 물을 너희에게 뿌려서 너희로 정결하게 하되 곧 너희 모든 더러운 것에서와 모든 우상 숭배에서 너희를 정결하게 할 것이며 또 새 영을 너희 속에 두고 새 마음을 너희에게 주되 너희 육신에서 굳은 마음을 제거하고 부드러운 마음을 줄 것이며
② 하나님께로부터 난 자	1 예수께서 말씀한 거듭나다는 위로부터 나는 것이다. 요한복음 앞에는 혈통으로나 육정으로나 사람의 뜻으로 나지 아니하고 오직 하나님께로서 난 자(1:13)와 하나님의 자녀(1:12)에 대한 언급이 있는데 이들은 거듭난 자라 하겠다. 2. 요한일서에는 하나님께로부터 난 자에 대해 구체적으로 언급하고 있다. 　예수께서 그리스도이심을 믿는 자마다 하나님께로부터 난 자(5:1)라고 하면서 　그들은 세상을 이기며(5:4) 　범죄 하지 아니하며(5:18) 　서로 사랑하는 자(4:7)이고 　죄를 짓지 아니하며(3:9) 　의를 행한다(2:29)고 하였다.	• 요한 웨슬리의 거듭남: 하나님께서 우리 안에서 우리의 타락된 본성을 다시 새롭게 하시는 위대한 역사이다.

③ 새 사람	1. 신약에서는 새 사람과 새로운 피조물, 새 생명을 가진 자 등 거듭난 사람에 대한 언급이 있다. 2. 새 사람: **골3:9-10** 옛 사람과 그 행위를 벗어버리고 새 사람을 입었으니 새롭게 하심을 입은 자니라 **엡4:22-24** 옛 사람을 벗어 버리고 오직 너희의 심령이 새롭게 되어 하나님을 따라 의와 진리의 거룩함으로 지으심을 받은 새 사람을 입으라 3. 새로운 피조물: **갈6:15** 할례나 무할례가 아무것도 아니로되 오직 새로 지으심을 받는 것만이 중요하니라 **고후5:17** 누구든지 그리스도 안에 있으면 새로운 피조물이라 이전 것은 지나갔으니 보라 새것이 되었도다 4. 새 생명: **롬6:4하** 우리로 또한 새 생명 가운데서 행하게 하려 함이라 5. 성령이 새롭게 하심: **갈4:29** 그러나 그 때에 육체를 따라 난 자가 성령을 따라 난 자를 박해하는 것 같이 이제도 그러하도다 **딛3:5** 우리를 구원하시되 우리가 행한 바 의로운 행위로 말미암지 아니하고 오직 그의 긍휼하심을 따라 중생의 씻음과 성령의 새롭게 하심으로 하셨나니	• 바울에게 있어서 거듭남은 개선하는 것이 아니고 새로운 인간이 되는 것이다. 하나님에 의한 새로운 피조물이 되는 것이다. **사65:17** 보라 내가 새 하늘과 새 땅을 창조하나니 이전 것은 기억되거나 마음에 생각나지 아니할 것이라
④ 새로운 세상	1. 마태에는 거듭나다는 뜻의 단어가 있다. 마태(19:28)의 palingenesia는 예수께서 "내가 진실로 진실로 너희에게 이르노니 세상이 새롭게 되어 인자가 자기 영광의 보좌에 앉을 때"라는 말씀 가운데에 있다. '세상이 새롭게 되어'는 다가올 세상, 새 세상을 말한다고 하겠다. 2. 팔링게네시아는 재탄생 또는 재창조(사65:17-18)의 개념으로 영적 재탄생을 말하는 것이다. 그런데 알렉산드리아의 필로(BC45-AD30)는 노아와 그의 아들들을 대지의 개조나 재탄생의 지도자로 보았다고 한다. 3. 마태의 '새롭게 된 세상'에 대해 이사야는 '새 하늘과 새 땅'이라고 한다. 그런데 이런 세상은 '위에서부터 영을' 부어 주심(사32:15)으로 가능하다고 한다. 신약시대에도 새 하늘과 새 땅(벧후3:13, 계21:1,5)은 '오는 세상'의 모습이다. 3. 새로운 세상에 대해 구약은 성령의 역사로 의한 우리들의 마음 그리고 새로운 마음(겔36:26)을 말하고 있다. 이스라엘의 선생인 니고데모라고 한다면 이런 것들에 대해 알고 있어야 했을 것이다. 4. 새 하늘과 새 땅은 우주적인 거듭남이다. 하나님의 능력에 의해 일어나는 이런 변화는 세상 속에서 하나님을 믿는 사람들 가운데에서 일어난다. 그것이 우리의 거듭남이다.	
영생 ① 요한복음의 영생	1. 요한복음을 생명의 복음서라고 한다. 생명의 복음서에서 영생을 강조하는 것은 자연스러운 것이다. 영생에 대해서는 요한복음(17회)과 요한일서(6회)에서 집중적으로 다루어지고 있다. 2. 요한복음에서의 영생은 공관복음서에서의 구원이다. 요한복음은 예수를 믿기만 하면 영생을 얻게 된다(3:15-16, 6:47, 11:26)고 한다. 3. 생명이나 영생은 미래에 해당되는 것이 아니라 현재에도 실현될 수 있는 것이다. 생명의 떡에 관한 이야기에는 예수께서 썩을 양식을 위하여 일하지 말고 영생하도록 하는 양식을 위하여 하라며 이 양식을 내가 너희에게 주겠다고 한다.	• 영생은 영원한 생명 즉 aionios zoe 이다. • 세상에서 가장 오래된 서사시는 메소포타미아의 길가메시인데 영생의 비결을 찾아 헤매는 이야기다.

	4. 요한복음에 있는 예수의 마지막 기도에는 아버지께서 모든 사람에게 영생을 주시려고 만민을 다스리는 권세를 아들에게 주었다(17:2)고 한다. 하나님이 세상을 사랑하사 그를 믿는 자마다 영생을 얻게 하였다와 같은 내용이다.
	5. 예수께서는 유대인들에게 아버지의 그 명령이 영생이라(요12:49-50)고 하면서 내게 말씀한 그대로라고 강조한다. 또한, 영생은 곧 유일하신 참 하나님과 그가 보내신 자 예수 그리스도를 아는 것(17:3)이라고도 한다.
	6. 요한복음에서 예수께서는 마지막 날 심판(12:48)에 대해서 말씀한다. 그런데 믿는 자는 영생을 얻었고 심판에 이르지 아니하는데 사망에서 옮겼기 때문이라고 한다(5:24). 영생을 얻은 자들이 가질 수 있는 특권이다.

② 하나님 나라와 영생	1. 요한복음에서의 하나님 나라는 니고데모와의 대화에서 두 번 언급되는 것이 전부이다. 내 나라는 표현은 본디오 빌라도에 대한 예수의 대답에서 세 번 나온다(8:36).	창2:9 여호와 하나님이 그 땅에서 보기에 아름답고 먹기에 좋은 나무가 나게 하시니 동산 가운데에는 생명 나무와 선악을 알게 하는 나무도 있더라
	2. 영생과 하나님 나라의 등가성은 공관복음에서 두 용어가 호환적으로 사용된다는 사실(막9:43-47, 마25:31-46)에서 증명된다.	
	3. 공관복음의 하나님 나라와 요한복음의 영생은 모두 믿는 자들에게 구원이라는 점에서 일치한다고 하겠다. 하나님 나라와 영생 모두 하나님으로부터 오며 신적 통치의 대리자인 예수 그리스도를 통해 중재된다.	
	4. 하나님 나라와 영생 모두 현존하는 실체이지만 영생은 오히려 현재성을 더욱 강조하고 있다. 그리스도에 대한 믿음을 통한 구원과 함께 심판 역시 현재에 이루어진다(요3:17-18,36). 구원의 현재성에 대해 요구는 새로운 탄생, 거듭남으로 이해할 수 있다.	창3:22 여호와 하나님이 이르시되 보라 이 사람이 선악을 아는 일에 우리 중 하나같이 되었으니 그가 그의 손을 들어 생명나무 열매도 따 먹고 영생할까 하노라 하시고
	5. 구원은 유대인이라는 사실로서 얻어지는 것이 아니다. 세례 요한은 유대인들에게 '독사의 자식들아'라고 하며 하나님이 능히 이 돌들로도 아브라함의 자손이 되게 한다(마3:7-9, 눅3:7-8)고 한다. 요한복음 역시 '혈통으로나 육정으로 안 된다'(1:13)고 한다. 예수를 믿느냐 안 믿느냐 중요한 것이다(3:36).	

③ 생명나무	1. 요한복음에는 천국이라는 단어가 안 나온다. 마태에는 32회가 나온다.
	2. 창세기의 에덴동산에는 생명나무와 선악을 알게 하는 나무(창2:9)가 있었다. 아담은 하와가 건네준 선악나무의 열매를 먹고 동산에서 쫓겨나게 된다(창3:23). 뱀이 하와에게 너희가 결코 죽지 아니한다(3:4)고 말한다. 하나님은 죄를 지은 그들이 생명나무를 따먹고 영생할까(3:22) 염려하여 에덴동산 동쪽에 그룹들과 두루도는 불 칼을 두어 생명나무의 길을 지키게 한다(3:24).
	3. 하나님은 아담에게 동산 각종 나무의 열매는 마음대로 먹되 선악나무의 열매는 먹지 못하게 하였다(2:16-17). 그러나 아담과 하와는 그들의 잘못된 선택으로 말미암아 벌을 받게 된 것이다.
	4. 하나님의 나라인 새 예루살렘은 낙원(계22:2)이다. 여기에는 생명수가 길 가운데로 흐르고 길 좌우에 생명나무가 있다. 하나님의 낙원에 있는 생명나무의 열매는 '이기는 그에게 주어 먹게 한다'(계2:7)고 하였다. 인간들은 하나님께서 마련해 주었던 영생을 패역함으로 잃어버리게 되었지만 마지막 때에는 다시 회복시켜 준다.

5. 집중탐구:

5.1 요한복음 3장 16절

하나님이 세상을 이처럼 사랑하사 독생자를 주셨으니
이는 그를 믿는 자마다 멸망하지 않고 영생을 얻게 하려 하심이라

구분	내용	비고
• 하나님이	1. 하나님은 온 세상의 창조주(창1:1-2:4)이고 섭리자(엡1:11)이다. 또한 심판관(창18:25, 벧전4:5)이고 구속자(사43:14, 63:16)이며 영원히 찬양을 받으시는 분이다. 2. 하나님의 이름은 여호와인데 그 뜻은 에흐에 아쉐르 에흐에 즉 스스로 있는 자라고 모세에게 직접 말씀한다(출3:14). 처음에는 엘로힘(창1:1)이나 아도나이(출4:10) 즉 신(들) 또는 주님이라는 인칭대명사로 불렀다. 가톨릭에서는 천주 또는 하느님이라고 한다. 3. 바울의 하나님에 대한 고백을 보자. **롬11:36** 이는 만물이 주에게서 나오고 주로 말미암고 주에게로 돌아감이라 그에게 영광이 세세에 있을 지어다 아멘 **딤전1:17** 영원하신 왕 곧 썩지 아니하고 보이지 아니하고 홀로 하나이신 하나님께 존귀와 영광이 영원무궁하도록 있을지어다 아멘	<웨스터민스터 소교리문답 4번 하나님> 　하나님은 영이신데 그 존재와 지혜와 능력과 거룩함과 의로움과 선함과 진리에 있어서 무한하고 영원하며 불변하시다.
• 사랑하셨다	1. 사랑은 하나님의 속성이며 그 분의 위격과 성품의 핵심이다. 요한일서(4:16)는 '하나님은 사랑이시라'고 한다. 요한일서는 거듭해서 하나님은 사랑(4:8)이시고 사랑은 하나님께 속한 것이라(4:7)고 한다. 2. 사랑하셨다는 이미 실행하셨다는 것으로 예수 그리스도가 역사 속으로 들어왔다는 의미이다. 3. 구약의 하나님의 사랑은 아가페의 히브리어 어원인 아하바흐이다. 스네이드에 의하면 구약에서 하나님의 사랑의 대상은 주로 이스라엘과 지도자들이었고 공의, 정의 등의 윤리적 개념의 사랑은 32회 중 7회뿐이라고 한다. 이스라엘이 하나님을 사랑하는 경우는 22회 중 18회라고 한다. 구약에서 하나님의 사랑은 인간의 응답을 요구한다.	• 하나님의 호칭의 예 엘샤다이 (창17:1) 전능하신 하나님 엘로이(창16:13)감찰하시는 하나님 엘카나(신5:9)질투 하시는 하나님 엘올람(창21:33) 영원하신 하나님 등
• 세상을	1. 하나님의 사랑의 대상으로서의 세상이다. 예수가 살았던 세상(1:10)이다. 계약에 따른 의무로서의 세상은 신약에 128번 정도 나오는데 그중 78번이 요한복음에 있다. 2. 세상은 우리가 살고 있는 세상이기도 하다. 이 세상에는 선과 악, 의와 불의, 옳고 그름, 의인과 죄인이 함께 있는 세상이다. 3. 하나님의 사랑은 구별하거나 차별하지 않는 사랑이고 피조물 전체를 대상으로 하는 보편적 우주적 사랑이라고 하겠다. 4. 참 빛이신 예수께서는 세상에 와서 각 사람을 비추신다(1:9). 즉 하나님은 세상 중에 있는 우리 각 사람을 사랑한다. 그래서 이방인들도 구원받을 수 있는 것이다. 5. 우리를 위해 구주로 태어난 예수(눅2:11)는 참 세상의 구주(요4:42)이다. '내가 하나님이라면 이 불순한 종의 자식들이 가득한 이 세상을 부수어 버릴 것이다'라고 루터는 말하였다. 6. 하나님은 세상을 사랑하실 수 있다. 그러나 인간은 이 세상을 사랑해서는 안되는 것이다. **요일2:15-16** 이 세상이나 세상에 있는 것들을 사랑하지 말라 누구든지 세상을 사랑하면 아버지의 사랑이 그 안에 있지 아니하니 이는 세상에 있는 모든 것이 육신의 정욕과 안목의 정욕과 이생의 자랑이니 다 아버지께로부터 온 것이 아니요 세상으로부터 온 것이라	• 하나님과 메시아의 부자관계라는 사상은 후기 유대교에서 나온 것이라 한다.

• 독생자를 주셨으니	1. 독생자는 희랍어 모노게네스에서 온 말로 외아들의 의미인데 예수를 지칭하고 있으며 요한복음에는 모두 5번 언급되어 있다. 모노게노스는 '유일무이한', '동일 종류 가운데 하나'라는 뜻이고 영어로는 the one and only이다. 그러나 히브리서 11:17에는 이삭을 아브라함의 외아들이라고 하였다. 2. 독생자라는 표현은 시2:7 너는 내 아들이다 오늘 내가 너를 낳았다라는 말씀을 배경으로 하고 있다. 　독생자에는 부모로부터 유일하게 태어났다는 의미와 함께 무엇으로도 대치할 수 없는 하나밖에 없는 귀한 존재라는 뜻까지 내포되어 있다. 하나님은 이런 독생자를 우리를 위해 내어 주었다는 것이다. 3. 독생자를 세상에 보내신 이는 하나님이고 세상에 보내신 까닭은 세상을 사랑하였기 때문이다. 어떻게 하나님은 그러실 수가 있으셨을까? 이사야가 대답한다. 사55:8-9 이는 내 생각이 너희의 생각과 다르며 내 길은 너희의 길과 다름이니라 여호와의 말씀이니라 이는 하늘이 땅보다 높음 같이 내 길은 너희의 길보다 높으며 내 생각은 너희의 생각보다 높음이니라 4. 요한일서(4:9)는 독생자를 세상에 보내어 우리를 살리려고 한 것이 하나님 사랑의 표현이라고 강조한다. 사도신경에서 우리는 예수 그리스도를 하나님 아버지의 외아들이라고 고백한다. 5. 바울은 하나님께서 우리에 대한 자기 사랑의 확증이 예수께서 우리를 위해 죽으신 것이라고 한다. 독생자를 보내시어 죽기까지 하게 한 것이 우리에 대한 하나님의 사랑의 확증이라는 것이다. 롬5:8 우리가 아직 죄인 되었을 때에 그리스도께서 우리를 위하여 죽으심으로 하나님께서 우리에 대한 자기의 사랑을 확증하셨느니라	요일4:9 하나님의 사랑이 우리에게 이렇게 나타난 바 되었으니 하나님이 자기의 독생자를 세상에 보내심은 그로 말미암아 우리를 살리려 하심이라
• 그를 믿는 자마다	1. 누구나 모두에게 해당된다. 하나님이 세상에 대해 하신 일 즉 사랑하신 것에 대해 인간들 즉 우리들이 해야 할 일은 그를 믿는 것이다. 2. 그는 하나님이다. 또한, 예수 그리스도이기도 하다. 예수께서는 나를 믿는 자는 나를 믿는 것이 아니고 나를 보내신 이를 믿는 것이라고 말씀한다(요 12:44). 그를 믿는다는 것의 의미는 하나님의 아들 예수를 믿는다는 것이다. 3. 믿음은 단순한 것이다. 믿기만 하면 되기 때문이다. 믿음은 지식의 차원이 아니다. 예수 그리스도를 삶의 주인으로 인정하고 예수 그리스도로 말미암은 새 삶을 살아가는 것이다. 　무리들이 예수에게 우리가 어떻게 하여야 하나님의 일을 하오리까라고 질문하자 예수께서 대답하시기를 하나님께서 보내신 이를 믿는 것이라고 한다(요6:28-29). 믿는 것이 곧 하나님의 일을 행하는 것이다.	• 믿음은 히브리어로 아만인데 아멘의 모어로써 의지하다, 믿다, 의뢰하다, 그렇다의 뜻을 가지고 있다.
• 멸망하지 않고	1. 멸망은 헬라어 apollumi로서 영어의 annihilation에 해당된다. 어나이얼레이션이란 절멸, 전멸을 뜻한다. 인간이 절대적으로 존재하지 않게 되는 상황이다. 죽음과 소멸의 상태인 것이다. 2. 멸망은 생명의 반대이다. 멸망하지 않고는 생명을 보장한다는 의미도 내포하고 있다. 멸망은 하나님의 생명이 끊어지고 죄에게 종노릇(롬6:6)하는 것이다. 3. 멸망하지 않기 위해서는 길이요 진리요 생명이신 예수로 말미암아 아버지께로 가는 것(요14:6)이다. 다시 말해 그를 믿는 것이다.	.
• 영생을 얻게 하다	1. 에덴동산에서 하나님은 아담에게 선악과 열매를 '먹는 날에는 정녕 죽으리라'(창2:17)고 하는데 아담과 하와가 그 열매를 먹은 후 당장 죽지는 않았다. 죄의 삯은 사망이라(롬6:23)고 하지만 아담은 결국 구백삼십 세를 살고 죽었다(창5:5).	

2. 살아 있다고 해서 살아 있는 것은 아니다. 목숨이라는 말은 목으로 숨을 쉰다는 말이다. 인간이 숨을 쉰다고 해서 살아 있다고 말할 수는 없다. 살아 있어도 죽은 것처럼 사는 사람도 있고 살아 있기는 하여도 존재 자체를 확인할 수 없는 상태로 사는 사람도 있다. 또한, 이미 죽었지만 아직까지도 우리의 심금을 울리고 있고 멘토가 되어주며 우리 삶의 본이 되는 사람도 있다. 3. 사도 바울은 자신에 대해 이렇게 말한다. **롬7:24** 오호라 나는 곤고한 사람이로다 이 사망의 몸에서 누가 나를 건져내랴 4. 예수께서는 요한복음 전체를 통해 생명과 영생을 말씀한다. 5. 갈라디아서는 성령으로 영생을 거둔다고 한다. **갈6:8** 자기의 육체를 위하여 심는 자는 육체로부터 썩어질 것을 거두고 성령을 위하여 심는 자는 성령으로부터 영생을 거두리라 6. 요한일서는 편지를 쓰는 이유에 대해 말한다. **요일5:13** 하나님의 아들의 이름을 믿는 너희에게 영생이 있음을 알게 하기 위해서	**롬6:22-23** 그러나 이제는 너희가 죄로부터 해방되고 하나님께 종이 되어 거룩함에 이르는 열매를 맺었으니 그 마지막은 영생이라 죄의 삯은 사망이요 하나님의 은사는 그리스도 예수 우리 주 안에 있는 영생이니라

5.2 변화시키는 예수

1. 가나의 혼인 잔치에서 물이 포도주가 되게 하는 예수께서는 본질 자체를 바꾸어 필요한 새로운 존재를 만드는 분이다.

2. 인간이 죄인의 몸으로 하나님 나라에 들어갈 수가 없다. 그래서 우리는 죄의 고백과 회개를 해야 하고 물과 성령으로 거듭나야 한다. 그렇게 함으로써 하늘나라에 들어갈 수 있고 영생을 얻을 수 있는 것이다.

3. 우리는 스스로 거듭날 수 없는 존재이다. 예수로 말미암아 우리는 근본적으로 바뀔 수 있는 것이다. 예수께서 이 세상에 오심으로 인하여 우리는 비로소 새로운 존재가 될 수 있게 되었다.

4. 물이 물이 아니다. 물이 생수로 변하는 이야기가 수가성 여인과의 대화이다. 물은 내 안에서 생명수, 영생수가 된다.

5.3 니고데모의 탈피와 예수의 변태

니고데모	예수
거듭남(rebirth): 중생 육으로 난 것 세상의 일 ★ 탈피(가재, 새우, 게, 따개비, 뱀, 거북 등) - 성장을 위해서 불가피하다	하늘에서 남(new birth): 신생 영으로 난 것 하늘의 일 물과 성령으로 ★ 변태(나비, 벌, 파리, 매미, 잠자리, 메뚜기, 바퀴벌레 등) -변태를 함으로써 생식기능을 가진다. 땅속이나 물 속에서 살던 것이 땅에서나 공중에서 살게 된다. 기어다니던 것이 날아다니고 소리를 내지 못하던 것이 소리를 낸다. 지금과 다른 존재 새로운 존재가 되는 것이다.

제14절 ✵ 수가성 여자

1. 본문

구분		내용(요4:3-30, 39-42)	비고
대화의 배경		:3-4 유대를 떠나사 다시 갈릴리로 가실새 사마리아를 통과하여야 하겠는지라 :5-6 사마리아에 있는 수가라 하는 동네에 이르시니 야곱이 그 아들 요셉에게 준 땅이 가깝고 거기 또 야곱의 우물이 있더라 예수께서 길 가시다가 피곤하여 우물 곁에 그대로 앉으시니 때가 여섯 시쯤 되었더라	• 사마리아 통과 이유 • 대화 장소의 유래
예수 주도	물을 좀 달라	:7-8 사마리아 여자 한 사람이 물을 길으러 왔으매 예수께서 물을 좀 달라 하시니 이는 제자들이 먹을 것을 사러 그 동네에 들어갔음이러라 :9 사마리아 여자가 이르되 당신은 유대인으로서 어찌하여 사마리아 여자인 나에게 물을 달라 하나이까 하니 이는 유대인이 사마리아인과 상종하지 아니함이러라	• 제자들이 없다. • 두 사람만 있다. • 거절하는 여인
	내가 누구인줄 아느냐	:10 예수께서 대답하여 이르시되 네가 만일 하나님의 선물과 또 네게 물 좀 달라 하는 이가 누구인 줄 알았더라면 네가 그에게 구하였을 것이요 그가 생수를 네게 주었으리라 :11-12 여자가 이르되 주여 물 길을 그릇도 없고 이 우물은 깊은데 어디서 당신이 그 생수를 얻겠사옵나이까 우리 조상 야곱이 이 우물을 우리에게 주셨고 또 여기서 자기와 자기 아들들과 짐승이 다 마셨는데 당신이 야곱보다 더 크니이까	• 물을 달라고 한 예수가 자기는 생수를 줄 수 있다고 한다. • 예수에게 당신이 얼마나 대단하냐고 묻는다.
	영생수를 주겠다	:13-14 예수께서 대답하여 이르시되 이 물을 마시는 자마다 다시 목마르려니와 내가 주는 물을 마시는 자는 영원히 목마르지 아니하리니 내가 주는 물은 그 속에서 영생하도록 솟아나는 샘물이 되리라 :15 여자가 이르되 주여 그런 물을 내게 주사 목마르지도 않고 또 여기 물 길으러 오지도 않게 하옵소서	• 예수는 영생수를 줄 수 있다고 한다. • 여자는 그 물을 달라고 한다.
	나는 너를 안다	:16-17상 이르시되 가서 네 남편을 불러 오라 여자가 대답하여 이르되 나는 남편이 없나이다 :17하-18 예수께서 이르시되 네가 남편이 없다 하는 말이 옳도다 너에게 남편 다섯이 있었고 지금 있는 자도 네 남편이 아니니 네 말이 참되도다 :19 여자가 이르되 주여 내가 보니 선지자로소이다	• 여자의 삶을 확인하는 예수 • 정직함으로써 예수를 다시 보게 되는 여자
여자 주도	어디에서 예배 드립니까	:20 우리 조상들은 이 산에서 예배하였는데 당신들의 말은 예배할 곳이 예루살렘에 있다 하더이다 :21-22 예수께서 이르시되 여자여 내 말을 믿으라 이 산에서도 말고 예루살렘에서도 말고 너희가 아버지께 예배할 때가 이르리라 너희는 알지 못하는 것을 예배하고 우리는 아는 것을 예배하노니 이는 구원이 유대인에게서 남이라 :23 아버지께 참되게 예배하는 자들은 영과 진리로 예배할 때가 오나니 곧 이 때라 아버지께서는 자기에게 이렇게 예배하는 자들을 찾으시느니라 :24 하나님은 영이시니 예배하는 자가 영과 진리로 예배할지니라	• 대화의 내용이 생활 환경적인 데에서 예배에 대한 장소, 예배하는 자, 예배의 본질 등으로 바뀐다. • 여자에게는 예배 장소가 가장 궁금한 것이었다.
	메시아를 기다립니다	:25 여자가 이르되 메시아 곧 그리스도라 하는 이가 오실 줄을 내가 아노니 그가 오시면 모든 것을 우리에게 알려 주시리이다 :26 예수께서 이르시되 네게 말하는 내가 그라 하시니라 :27 이 때에 제자들이 돌아와서 예수께서 여자와 말씀하시는 것을 이상히 여겼으나 무엇을 구하시나이까 어찌하여 그와 말씀하시나이까 묻는 자가 없더라	• 메시아를 기다리는 여자는 예수를 선지자로 인식하고 부탁한다. • 예수를 이상히 여기는 제자들

	그리스도가 아니냐	:28-30 여자가 물동이를 버려두고 동네로 들어가서 사람들에게 이르되 내가 행한 모든 일을 내게 말한 사람을 와서 보라 이는 그리스도가 아니냐 하니 그들이 동네에서 나와 예수께로 오더라	• 여자는 반어법으로 그리스도이심을 강조하다.
마무리	사마리아 인들이 믿다	:39 여자의 말이 내가 행한 모든 것을 그가 내게 말하였다 증언하므로 그 동네 중에 많은 사마리아인이 예수를 믿는지라 :40 사마리아인들이 예수께 와서 자기들과 함께 유하시기를 청하니 거기서 이틀을 유하시매 :41 예수의 말씀으로 말미암아 믿는 자가 더욱 많아	• 수가성 여자로 인하여 예수를 믿게 된 사마리아 사람들
	세상의 참 구주	:42 그 여자에게 말하되 이제 우리가 믿는 것은 네 말로 인함이 아니니 이는 우리가 친히 듣고 그가 참으로 세상의 구주신 줄 앎이라 하였더라	• 스스로 믿게 된 사마리아 사람들

2. 본문의 내용(★대화의 단계)

구분		내용			비고
		대화와 그 단계	예수의 접근	예수에 대한 여자의 생각	
대화의 배경		• 사마리아 통과 이유, 대화 장소의 역사적 배경 등 소개하다. ★일반적인 대화를 위해서도 장소, 시간이 필수 요소이다. 예수께서는 사마리아, 수가성, 우물가, 여자, 여섯 시를 선택하다.			• 구원 사역을 위해 가장 배타시되던 장소와 대상을 찾아간 예수
예수 주도의 대화	물을 좀 달라	• 예수: 물을 길으러 온 여자에게 물을 좀 달라고 하다. ★통상적인 대화의 첫 단계이다. 우물가이어서 당연히 물로 대화를 시작하다. • 여자: 서로 상종도 하지 않는 지역 출신임과 남녀유별을 상기시키다. 물을 달라는 것을 거절하는 대답이다. ★처음부터 흔쾌히 대화하는 경우는 드물다. 대화의 장벽이 무엇인지 확인하는 것이 오히려 좋을 수 있다.	물을 좀 달라	당신은 유대인이다	• 우리를 구원하려고 찾아오는 예수(계 3:20) • 상황을 고려하여 대화하는 예수 • 대화의 장애물을 지적하는 여자 • 진정성을 의심하는 여자
	내가 누구인줄 아느냐	• 예수: 내가 누구인 줄 아느냐. 내가 누구인 줄 알았더라면 반대로 네가 나에게 하나님의 선물인 생수를 달라고 하였을 것이다. ★대화의 다음 단계는 자기 자신을 소개하는 것이다. • 여자: 물길을 준비도 안되어 있는 분이 무슨 생수가 있겠습니까? 우리 조상 야곱이 자식들과 짐승들을 먹인 이 우물을 주었는데 당신이 야곱보다 큽니까? • 당신이 누구인지 어떤 사람인지 알수 없으나 야곱보다 더 대단한 분입니까? 도대체 당신은 누구입니까?	• 하나님의 선물로서의 예수 • 생수를 줄 수 있다고 하는 예수	• 예수에게 '주여'라고 한다. • 생수는 물이 아니냐? 당신은 물길을 그릇도 준비하지 않았다. • 사람도 짐승도 모두 마실 수 있는 이 우물을 준 야곱보다 당신이 더 위대하냐	• 자신과 하나님과의 관계를 간접적으로 언급하는 예수 • 물길을 준비가 안 되어 있는 것을 지적하면서 무슨 물을 줄 수 있느냐고 묻는 여자 • 야곱과 예수를 비교하는 여자

	영생수를 주겠다	• 예수: 이 우물물은 마시고 나도 또 다시 목이 마른다. 그런데 내가 주는 물은 영원히 목마르지 않는다. 마시는 사람의 몸속에서 영생 샘물이 되는 물이다. ★대화에서 중요한 것은 핵심사항을 강조하는 것이다. '영원히, 영생하도록'이 반복된다. • 여자: 그런 물이 진짜 있는지 여부는 둘째다. 평생 물 길러 다니는 수고를 하는 여자이기에 그런 물을 당장 달라고 한다. ★대화에 있어서 상대가 좋아하는 것과 싫어하는 것, 원하고 있는 것 등을 살펴서 적절히 언급하는 것이 중요하다.	• 내가 누구라고 직접 말씀하지 아니한다 • 나는 영원히 목마르지 않는 물을 줄 수 있다고 자신을 소개 한다	• 물을 길으러 다니지 아니하게 하는 분으로 예수를 보다	• 영원히 목마르지 아니하는 영생 샘물을 약속하는 예수 • 예수의 신원에 대한 궁금증을 잊어버리는 여자 • 여러모로 좋아진다는 것에 현혹되는 여자
	나는 너를 안다	• 예수: 네 남편을 불러오라 ★대화의 하이라이트는 상대에게 변화를 일으킬 수 있게 하는 한마디를 하는 것이다. 인질범에게 심정의 변화를 일으키도록 하는 한마디가 있어야 한다. • 여자: 나는 남편이 없나이다. ★대화에 솔직성과 진실함이 있을 때 생산적인 대화가 된다.	• 이미 모든 것을 알고 있는 예수께서는 지금의 남편도 네 남편이 아닌 것도 알고 있다 • 네 말이 참되다고 칭찬한다	• 나의 모든 것을 알고 있는 분이다 • 주여 보니 선지자로소이다	• 여자의 처지를 밝히는 예수 • 여자의 상황을 구체적으로 파악하고 구원을 받게 하기위한 질문을 하는 예수 • 회개하는 심정으로 솔직하게 대답하는 여자 • 예수가 누구인지 보이기 시작한 여자
여자 주도의 대화	어디에서 예배드립니까?	• 여자: 어디에서 예배드려야 하나요? 그리심 산입니까, 예루살렘입니까? ★대화를 통해 심정의 변화를 경험한 여자가 주도적으로 이야기를 한다. 여자는 죄를 자각한 후 예배에 관심을 갖는다. • 예수: 장소 문제가 중요한 것이 아니다. 예배의 대상과 예배에 대한 태도나 자세가 중요하다. 아버지께서는 참되게 예배하는 자들을 찾는다고 한다. • 예수께서는 본질에 대한 대화를 한다. 속죄 회개와 관련하여 예배 장소에 관심을 갖게 된 여자에게 참 예배에 대하여 근본적인 대답을 한다.	• 예수께서는 하나님을 아버지라고 세 번 반복한다 • 예수가 메시아 임이 드러난다	• 예배에 대해 대답할 수 있는 분 • 예배의 본질에 대해 설명하는 분	• 대화를 통해 사람을 변화시키는 예수 • 예배를 드리고 싶은 충동을 갖게 하는 예수 • 예배에 있어서도 참됨을 강조하는 예수 • 영과 진리로 예배하라고 거듭 반복하는 예수 • 예배에 대해 궁금하여진 여자
	메시아를 기다립니다	• 여자: 예수를 아직까지도 선지자로 알고 있다. 여자는 자기가 메시아를 기다리고 있으니 오시면 알려 달라고 예수께 부탁한다. • 여자는 깊은 대화를 통해 심연에 있는 메시아 대망까지도 예수에게 말씀한다. • 예수: 내가 그니라고 대답한다. 자기 자신을 가리켜 '네게 물을 좀 달라하는 이'(4:10)라고 한 것에 대한 대답이다. ★대화의 결론은 간단명료하여야 한다.	• 내가 그(메시아)니라	• 아직까지도 선지자로 알고 있다. • 하나님을 아버지라고 거듭 불러도 예수가 누구인지 모르고 있다.	• 메시아를 대망하는 여자에게 스스로 메시아임을 드러내는 예수

그리스도 가 아니냐	• 여자: 동네 사람들에게 내가 행한 모든 일을 내게 말한 사람을 와서 보라고 하다. 그리스도가 아니냐 물음은 분명히 그리스도라는 것을 강조하기 위한 것이다. ★대화 역시 기적을 일으킨다. 표적이 아닌 대화를 통해 자신이 그리스도이심을 깨닫게 하고 또한 자신을 드러내는 예수		• 내가 행한 모든 일을 내게 말한 사람 ·그리스도가 아니냐	• 여자를 통해 그리스도임이 확인되는 예수
마무리	• 동네 많은 사마리아인들이 여자의 말을 통해 예수를 믿지만, 나중에는 예수의 말씀을 친히 듣고 믿다		• 참으로 세상에 구주인 줄 알다	• 사마리아인과 함께 유하시는 예수

3. 본문이해

구분	내용	비고
사마리아 통과	1. 요한복음에서의 예수께서는 유월절이 가까워져 올 때 예루살렘으로 올라 거기에서 성전정화(2:14-22)를 하고 니고데모와의 대화(3:1-21)를 한 후 제자들과 유대 땅으로 가서 거기서 유하시며 세례를 베푼다(3:22). 2. 유대를 떠나 다시 갈릴리로 갈 때 사마리아를 통과해야 한다(4:4). 사마리아 지역은 유다와 갈릴리 사이에 있다. 평상시에는 요단 강 동쪽 베레아를 통해 왕래하였다. 3. 누가에는 예수께서 사마리아를 통과하지 못하는 이야기가 있다. 예수께서 예루살렘으로 가는 길에 사마리아를 지나가려고 한다(9:51-52). 그래서 사자들을 앞서 보낸다. 그런데 사마리아 마을 사람들이 예수께서 예루살렘을 향하여 가기 때문에 통과하는 것을 받아들이지 아니하자(9:52-53) 화가 난 야고보와 요한이 그들을 저주하는데 예수께서 제자들을 꾸짖으며 다른 마을로 갔다고 한다(9:54-55). 4. 또한, 누가에는 예수께서 예루살렘으로 갈 때에 사마리아와 갈릴리 사이로 지나가는 이야기(17:14)도 있는데 그 때 문둥병자 열 명을 고쳐 준다. 5. 유대인이 사마리아 지역을 통과하는 것은 쉬운 일이 아니었다.	신33:28 이스라엘이 안전히 거하며 야곱의 샘은 곡식과 새 포도주의 땅에 홀로 있나니 곧 그의 하늘이 이슬을 내리는 곳에로다
야곱의 우물	1. 세겜 동쪽 약 2km 지점에 있는 우물로 추정된다. 1838년에는 우물의 깊이가 32m이었으나 지금은 23m라고 한다. 2. 야곱의 우물이 이사야가 말한 구원의 우물(12:3)이 된다. 3. 야곱의 우물에 대한 언급이 드물다. 그러나 신명기에는 '야곱의 샘'을 하늘이 이슬을 내리는 곳(33:28) 즉 복과 풍요의 근원이라고 한다.	이사야12:3 그러므로 너희가 기쁨으로 구원의 우물들에서 물을 길으리로다
수가 Sychar	1. 과거의 세겜이었거나 세겜 지역의 한마을 이름으로 보인다. 제롬(서신86)은 수가(시크)는 세겜의 오류라고 하다. 2. 지역명에 대한 여러 가지 설이 있다. 창세기에는 야곱이 세겜의 아버지인 하몰의 아들들에게서 땅을 백 크시타에 사서 제단을 쌓고 엘 엘로헤 이스라엘(33:18-20)이라 불렀다는 이야기가 있다. 3. 애굽에서 가져온 요셉의 뼈를 세겜에 장사(창33:19, 48:22, 수24:32)하였다고 한다.	• 제롬은 히에로니무스(347-420)의 영어 이름이다.
수가성 여자	1. 구약의 율법 부분을 다룬 미드라쉬의 할라카에 '사마리아 딸들은 요람에서부터 월경을 한다. 그래서 부정하다'는 내용이 있다고 한다. 2. 예수께서는 부정한 여자라고 인식되고 있는 수가성 여자에게 말을 걸었고 그래서 수가성 여자는 몹시 놀랐을 것이다. .	• 구약을 해석하고 원리를 설명하는 미드라쉬에 있는 이야기다.

물을 좀 달라	1. 물 요구는 있을 수 있는 일이다. 여자는 예수가 여행용 가죽 두레박도 없음을 지적한다. 2. 여자가 물 길으러 온 시간이 여섯 시라고 한다. 그런데 물은 대체로 저녁때 길었다. 여섯 시는 유대인의 시간으로는 정오라고 한다. 3. 물의 다른 의미는 영이다. 목마름을 영적 갈급함으로 말하기도 한다. 예수께서 제자들에게 그들을 영접하는 자에 대해 말씀하면서 냉수 한 그릇이라도 너희에게 주는 자는 진실로 결단코 상을 잃지 아니한다(마10:40-42)고 한다. 4. 물을 달라고 하는 이야기는 창세기 24장에도 나온다. 아브라함이 아들 이삭을 위해 자기 족속에게서 며느리를 보기 위하여 자기 종을 보낸다. 그가 메소포타미아의 나홀의 성에서 저녁에 여자들이 물을 길으러 나오는 때에 한 소녀에게 청하기를 나로 마시게 하라(24:14)고 한다. 그리고 다시 리브가에 가서 물을 조금 마시게 하라(24:17)고 하니 내 주여 마시소서라고 한다(24:1-19).	출2:16-17 미디안 제사장에게 일곱 딸이 있었더니 그들이 와서 물을 길어 구유에 채우고 그들의 아버지의 양 떼에게 먹이려 하는데 목자들이 와서 그들을 쫓는지라 모세가 일어나 그들을 도와 그 양떼에게 먹이니라
상종하지 아니하다	1. 유대인이 사마리아를 지나가지 못할 정도로 사이가 나쁜데 상종한다는 것은 있을 수 없는 일이다. 예수께서 제자들을 파송할 때에 당부하기를 이방인의 길로도 가지 말고 사마리아의 고을에도 들어가지 말라(마10:5-6)고 한다. 당시 사마리아가 제자들의 전도 지역으로 적합하지 않다고 생각하였을 것이다. 2. 예수께서는 보통의 이방지역보다 더 유대인들과 갈등이 큰 사마리아 지역에서 그것도 여자에게 말을 건 것은 예수의 인류구원 사역을 위한 파격적인 행보라 하겠다. 3. 유대인과 사마리아인들은 상종하지 아니하는데 제자들은 먹을 것을 사러 그 동네에 갔다고 한다(4:8). 그 동네는 수가라 하는 동네다(4:5). 4. 이 이야기의 끝에는 사마리아인들이 예수께 와서 함께 유하기를 청하였다고 한다(4:40). 예수는 사마리아인들의 마음의 장벽을 허문 것이다.	
이 물을 마시는 자	1. 예수를 믿는 자다. 이 물이란 예수께서 주는 생수이고 예수께서 주는 생수를 마시는 자는 당연히 예수를 믿는 자이다. 2. 이 물을 마시지 아니하고는 목마름 즉 영적 갈증을 해결할 수 있는 방법이 없다. 예수를 믿지 않고는 영의 문제를 해결할 수 없는 것이다.	
목마르다	1. 하나님께서 광야를 통과하는 이스라엘 백성에게 물을 주는 이야기가 있다. 광야에서 백성들이 목이 말라 죽게 되었다고 모세에게 원망하자 하나님께서는 반석을 쳐서 물이 나오게 한다(출17:2-6). 또한, 마라의 쓴 물도 달게 한다(출15:22-25). 이사야도 여호와께서 '바위를 쪼개어 물이 솟아나게' 하였다(사48:21)고 한다. 하나님께서는 목마른 백성을 위해 늘 물을 준비하여 주었다. 2. 하나님이여 사슴이 시냇물을 찾기에 갈급함 같이 내 영혼이 주를 찾기에 갈급하나이다(시42:1)에서처럼 목마름은 영적 고갈을 말한다(시63:1). 영적 목마름이란 의의 목마름과 같은 것이다. 의는 하나님의 의이기 때문이다. 산상수훈에 의에 주리고 목마른 자는 복이 있다(마5:6)고 하였다. 예수께서는 목마른 자에게 생수를 주겠다고 한다. 3. 예수께서는 초막절이 끝나는 날에 서서 외치기를 누구든지 목마른 자는 내게로 와서 마시라(요7:37)고 하고 이사야도 '너희 모든 목마른 자들아 물로 나아오라'고 한다(사55:1). 예수도 이사야도 목마른 자들을 부른다. 예수께서는 내게로 오라고 하고 이사야는 물가로 초대한다. 4. 예수께서는 십자가상에서 돌아갈 때에도 '내가 목마르다'(요19:28)고 한다. 육체적 갈증의 호소가 아닌 성경에 부응하기 위한 말씀(시69:21)이라고 한다.	시63:1 하나님이여 주는 나의 하나님이시라 내가 간절히 주를 찾되 물이 없어 마르고 황폐한 땅에서 내 영혼이 주를 갈망하며 내 육체가 주를 앙모하나이다 • 초막절이 끝나는 날: 비와 이슬의 은혜를 구하는 기도가 행해지고 실로암 못가에서 물을 길어 제단에 붓는 행사가 있다. 이날에 예수께서는 목마른 자들을 부르는 말씀을 하였다.

	5. 목마르지 아니하다는 영적 목마름이 해갈되었다는 것이다. 이 해갈은 일시적이 아닌 영원한 해소인 것이다(4:14). 예수께서 주는 생수는 영생수이고 생명수다. 예수께서 '내 말을 지키면 영원히 죽음을 보지 아니하리라'(요8:51)고 하였는데 '내 말을 지키면'은 '나를 믿으면'이고 또한 '내가 주는 생수를 마시는 자'가 되는 것이라고 하겠다. 즉 목마르지 아니한 자는 영원히 죽음을 보지 아니하고 영생을 얻게 되는 사람이다. 6. 예수께서 외치기를 '목마르거든 내게로 와서 마시라 나를 믿으면 믿는 자의 배에서 생수의 강이 흘러나온다'(요7:37-38)고 하다.	
남편이 다섯	1. 한때는 비유적으로 다섯 민족이 숭배한 다섯 신들로 이해하였다. 이 다섯 민족은 앗수르 왕이 사마리아 성읍으로 이주시켜 사마리아인들과 피를 섞은 민족들(왕하17:24)이다. 그런데 이들이 가져온 신상은 일곱 개(:29-31)이었다. 바른 이해라고 할 수 없다. 이때부터 사마리아인들은 순수혈통이 아니라고 따돌림을 당하였다. 2. 수가성 여자가 창녀라는 주석이 있다. 다른 여자들이 우물에 나오지 않는 때인 유대 시간 여섯 시 즉 한낮 12시에 나타나서 그들에게 이방인인 유대인 예수와 얘기를 당당히 하였다는 것이다. 남편 다섯이란 것은 남자 편력이 심하였다는 것이다. 그러나 여인이 비록 남편의 수가 많기는 하여도 당시에는 가능한 일이었는데 다섯 번까지는 이혼할 수 있어서 남편 다섯이 가능하였다고 한다(송창원 교수). 3. 예수께서는 여자의 삶의 정황에 대해 모두 알고 있다. 예수님은 하나님의 아들로 전지전능한 분이다. 4. 유대인들은 사마리아인들을 '구다의 것들'이라고 비하하고 멸시하고 천대하였다. 그런데 그 다섯 민족은 구다, 바벨론, 아와, 하맛, 스발와임이다. 에스라서는 이들을 '사로잡혔던 자의 자손'(4:1)이라고 부른다.	• 요한복음의 시간이 유대 시간(하루 시작이 오전6시)이 아니라 로마의 시간(하루 시작이 밤12시)으로 이해해야 한다는 주장도 있다.
네 말이 참되다	1. 여자에 대해 모든 것을 알고 있었던 예수께서는 네 말이 참되다고 한다. 수가성 여자가 남편이 여러 명이었다고 대답하기 어려웠을 것이다. 그래서 남편이 없다고 하였을 것이다. 그렇지만 이 대답은 자신의 도덕적 상태를 확인하는 참회의 전조라 하겠다. 2. 참되다는 말씀은 회개와 구원의 가능성을 보였다는 것이다. 시편은 '여호와여 주께서 나를 살펴보셨으므로 나를 아시나이다'(시139:1). '주께서 나의 생각을 밝히 아시오며'(139:2) '나의 모든 행위를 익히 아시오니'(139:3)라고 고백하고 있다.	• 고대 인도서사시인 마하바라타에 나오는 판두의 다섯 아들은 일처다부제의 예에 따라 한 여자를 아내로 두었다고 한다.
예배할 곳	1. 예루살렘 성전 - 제1성전: 솔로몬의 성전(왕상 6:37-38), BC957 건축, BC586 느부갓네살 파괴 - 재건 성전: 스룹바벨의 성전, BC535-515 재건. BC63 폼페이우스 파괴 - 제2성전: 헤롯의 성전(요2:20), BC20경-AD64 준공, AD70 디도 파괴 - 통곡의 벽: 제2성전 서쪽 벽 일부 잔해 - 제3성전: 유대교 원리주의자, 보수 유대교 등 건축희망 2. 그리심 성전(게리짐산) - 그리심 산에서 축복을 선포하라고 여호와는 말씀한다(신11:29, 27:12). - 야곱 소유의 지역의 산(창33:19)이고 아들 요셉에게 기업으로 주어졌으며(수24:32) 야곱은 거기에 제단을 쌓고 그 이름을 엘 엘로헤 이스라엘이라고 불렀는데 그 뜻 '하나님은 이스라엘의 하나님'(창33:20)이라고 한다.	• 예루살렘 성전은 성전산이라고 불리는 모리아 산에 있다. 이곳은 다윗 왕이 땅 주인 아라우나로부터 은 50세겔을 주고 샀다(삼하 24:18-25).

	- 이스라엘 백성의 제의의 중심이 그리심에서 실로로 옮겨진다. 실로는 성막을 두었던 곳으로 엘리 대제사장과 사무엘의 거주지이고 블레셋에게 법궤를 빼앗기기 전까지 이스라엘의 중앙 성소이었다(삼상4:3). - 알렉산더 대왕은 아케메네스 왕조 페르샤 제국을 멸망시킨 후 계속해서 이집트를 정복(BC332)한다. 그때 다리우스 3세에게 임명받은 시리아 총독 산발랏이 알렉산더의 이집트 원정을 돕고 그리심 산에 성전 건축을 허락받는다. - 마카비혁명(BC167-143)으로 태어난 하스몬 왕조의 힐카누스 1세(재위 BC135-104)가 시리아를 팔레스타인에서 몰아내고 이두매와 사마리아를 점령한다. 그리고 BC128에 사마리아 그리심 성전을 파괴한다. 이때 할례를 통해 사마리아인들을 유대교로 개종시킨다. 헤롯 대왕은 이두매 출신 에돔인인데 BC37 하스몬 왕조를 무너뜨리고 예루살렘을 차지한다. 그는 사마리아에서 마리암네와 결혼하였다. - 안토니우스에 이어 옥타비아누스로부터 유다 왕으로 재신임(BC31)을 받은 헤롯은 북이스라엘의 수도 사마리아를 재건하여 세바스테라 명명하고 로마 황제에게 봉헌하다. 그는 허물어진 예루살렘 성전을 솔로몬의 성전보다 더 크게 짓는다. - 예수 당시 사마리아의 그리심 성전은 유대인들이 파괴하여 없었다. 그리고 그곳 지명도 세바스테이었다. 예수께서 사마리아에 가서 복음을 전한 후 빌립이 사마리아에서 전도(행8:5-17)를 했는데 사도행전은 사마리아의 교회 역시 '평안하고 든든히 서 가고 수가 더' 많아졌다(행9:31)고 한다. - 로마 하드리아누스 황제(재위 117-138)는 그리심 산에 거대한 제우스 신전을 짓고 동전에 새겨 넣었다고 한다. 그는 AD130년에 파괴되어 방치된 예루살렘도 로마식으로 재건하고 도시 이름을 아엘리아 카피톨리나로 하였다. 그러나 2년 후 바르 코크바 즉 '별의 아들'에 의해 유대인 3차 반란 (3차132-135, 1차66-70, 2차 115-117)이 일어난다. 그 이유는 2차 성전파괴 때 세워진 주피터 신전과 할례 금지 등 때문이라고 한다. 이후 유대인은 예루살렘에 들어가지 못하게 된다. 대규모 디아스포라가 생기게 되고 유대라는 이름이 사라지며 야웨 숭배도 금지되고 지역명이 시리아 팔레스티나가 된다.	• 사마리아인 오경의 십계명에는 그리심 산에 제단을 쌓고 제사지내라는 명령이 있다. • 산발랏은 유대 백성이 바벨론에서 귀환할 당시 예루살렘을 관할하는 사마리아 총독이다 • 봉헌절 기간에는 전통적으로 '할렐루야 시편'이라는 찬미를 부르고 종려나무 가지를 앞세운 행진도 있었다고 한다. • 유대인의 기준은 혈통보다도 신앙이다. 사마리아인들은 전통신앙을 유지한 사람들이라고 자부하지만 차별을 받았다.
선지자로소이다(:19)	1. 사마리아인들은 사두개인들처럼 모세 오경만 인정한다. 복음서에 나오는 '그 선지자' 너와 같은(모세와 같은) 선지자(신18:15,18)가 오기를 기대하고 있었을 것이다. 2. 수가성 여자는 자신의 은밀한 사생활까지도 다 아는 예수를 선지자라고 부른다. 예수를 선지자로 보았기 때문에 마음에 문을 열고 하나님에 관련된 궁금증 즉 예배의 장소 등에 관해 질문을 하였을 것이다. 3. 예수를 선지자로 본 수가성 여자는 예수에게 부탁을 한다. 메시아 곧 그리스도라 하는 이가 온다고 하는데 그가 오시면 알려달라는 것이다. 수가성 여자는 예수를 메시아인 줄 알지는 못하였으나 오리라 한 메시아를 기다리고 있었던 것이다.	• 팔레스타인이라는 지명은 로마가 유다를 최종적으로 멸망시키고 나서 블레셋 사람들의 땅이란 의미로 붙인 팔레스티나에서 시작되었다.
알지 못하는 것을, 아는 것을 예배한다 (:22)	1. 사마리아인들은 모세 오경만을 정경으로 채택하고 있다. 그들은 예언서와 시편 등을 잘 모른다. 그래서 하나님과 메시아에 대해 전체적인 이해가 부족하다. 알지 못하는 것이란 불완전하게 알고 있다는 뜻이다. 사마리아인들이 불완전한 믿음으로 예배를 드리고 있다는 말이다. 2. 아는 것이란 모세 오경 이외의 선지서 등 다른 성경을 통하여 메시아의 오심을 안다는 의미이다.	• 로마는 유다를 경멸하는 뜻으로 이런 이름을 붙였다고 한다 (최형묵).
구원이 유대인에게서 난다	1. 유대인들은 스스로 선민이라고 믿는다. 예수도 유대인이다. 메시아도 다윗의 자손으로 온다. 하나님께서는 유대 민족을 통하여 계시하고 유대민족을	

	구원한다고 믿고 있다.	**왕하17:27-28** 앗수르 왕이 명령하여 이르되 너희는 그 곳에서 사로잡아 온 제사장 한 사람을 그 곳으로 데려가되 그가 그 곳에 가서 거주하며 그 땅 신의 법을 무리에게 가르치게 하라 하니 이에 사마리아에서 사로잡혀 간 제사장 중 한 사람이 와서 벧엘에 살며 백성에게 어떻게 여호와 경외할지를 가르쳤더라
	2. 예수께서 사마리아인을 비하하거나 유대인이 우월하다는 관점에서 말씀하신 것으로 보기 어렵다. 사도 바울 역시 유대인이 나음은 하나님의 말씀을 맡았음이라(롬3:1-2)고 한다.	
	3. 누가 유대인인가? 하나님이 축복을 선언한 그리심 산에서 예배를 드리는 사마리아인들은 자신들이야말로 참 이스라엘이라고 믿고 있다. 고대 이스라엘의 중심을 이루던 신실한 사람들의 직계 후손 야곱의 자손이라고 주장한다. 그들은 자신들을 북왕국 이스라엘의 남은 자들로 보지 않고 북왕국과 공존하였던 구별된 무리로 이해하고 있다. 그들은 오늘까지도 유월절 희생 제사를 3500여 년 동안 계속해 오고 있는데 유대인들조차 그때 구경을 간다고 한다.	
	4. 앗수르 왕의 명령으로 사마리아에서 잡혀간 제사장 중에 한 명을 그 땅에 돌려보내 여호와의 법을 무리에게 가르치게 한다. 그래서 그 중 한 사람이 돌아와 벧엘에 살며 여호와 경외를 가르쳤다(왕하17:27-28). 사마리아 출신 제사장이 사마리아 지역 이주자들에게 여호와 경외를 가르쳤다는 것이다.	
곧 이 때라 (:23)	1. 곧 이 때는 영과 진리로 예배하는 때, 아는 것을 예배하는 때, 참 예배의 때라 하겠다. 또한, 종말의 메시아의 때이기도 하다.	
	2. 곧 이 때라는 예수의 '새 예배의 시대가 시작된다'는 선언이다.	
	3. 요한복음의 또 다른 곳에서도 '곧 이 때라'(5:25)고 한다. 하나님의 음성을 들을 이 때라고 하며 들으면 죽은 자도 살아난다고 한다.	
내가 그니라 (:26)	1. 수가성 여자가 메시아인 그리스도라 하는 이가 오실 줄을 내가 안다고 말한다. 사마리아 여인이 메시아에 대해 제대로 된 믿음을 가졌다고 보기는 어렵지만 아마도 풍문으로 들었을 수도 있다. 아무튼, 평소 메시아에 대한 관심이 있었다고 보아야 할 것이다.	**<사마리아 종교>** 모세 오경과 같은 사마리아 오경을 믿으며 그리심 산이 유일한 성소이고 메시아가 아닌 타헤브가 와서 새로운 통치를 시작할 것으로 믿는다. 타헤브는 사마리아교의 메시아 또는 모세와 같은 선지자로 묘사되고 있다.
	2. 사마리아인도 종말에는 회복자, 귀환자라고 하는 '타헤브'Taheb가 천지창조 6000년 후 심판과 보복을 하러 온다고 한다.	
	3. 수가성 여자는 '그가 오시면 알려 달라'고 예수에게 부탁을 한다. 그런데 예수께서 내가 그라고 한다. 믿을 수 없는 현실이고 경악할 상황인 것이다.	
	4. 여자가 자기 자신에 대하여 솔직할 뿐 아니라 예배 등 영적인 데에 관심을 나타내며 메시아에 대해서도 호기심을 가진 것을 보고 예수께서 자신을 나타낸 것이다.	
	5. 그런데 여자가 놀랐다는 이야기가 없다. 수가성 여자가 예수를 선지자(4:19)라고 고백한 후에 예수께서 참 예배하는 자와 영과 진리의 예배를 언급하였다. 수가성 여자는 갑자기 메시아에 대해 궁금하였으나 예수가 메시아라고는 생각하지 못하였다. 예수께서 내가 그라고 하여도 긴가민가하여 놀라지 않았다.	
	6. 요한복음(18:3-8)에는 예수께서 '내가 그니라'고 거듭 반복해서 말씀한 기사가 있다. 예수께서 겟세마네 동산에서 자신을 체포하러 온 군대와 대제사장과 바리새인의 하속들에게 '누구를 찾느냐 내가 그니라'고 하자 그들은 물러가서 땅에 엎드러진다.	
와서 보라 (:29)	1. 여자는 물동이를 버려두고 동네에 들어간다. 그리고 사람들에게 와서 보라고 하며 이는 그리스도가 아니냐고 한다. 그러자 사람들이 동네에서 나와 예수께 나왔다고 한다.	**갈1:20** 보라 내가 너희에게 쓰는 것은 하나님 앞에서 거짓말이 아니로다
	2. 여자는 '와서 보라'고 사람들을 부른다. 사람들을 예수께로 초대한 것이다. 그때 수가성 여자는 그리스도가 아니냐는 반어법을 쓴다. 이 말은 직접 확인해 보라는 뜻이기도 하다.	

	3. 사마리아 수가성 사람들도 이미 메시아 그리스도에 대해 알고 있었던 것 같다. 그래서 그리스도가 누구인데라고 묻지를 않고 예수께로 간 것이다. 4. 수가성 여자가 만약 창녀이었다면 화냥년이 하는 그리스도 운운 이야기를 듣고 마을 사람들이 예수께로 갔다는 것이 된다. 그러나 창녀의 말을 듣고 처음에 예수를 믿지는 않았을 것이다. 그리고 그 후 사람들은 그 여자에게 이제 우리가 믿는 것은 네 말로 인함이 아니라(4:42)고 한다. 이 말은 반대로 처음에는 네 말로 인하여 예수를 믿었다는 것이 된다. 수가성 여자를 창녀로 보는 시각은 고쳐져야 할 것이다. 5. 요한복음에는 빌립이 나다나엘에게 '와서 보라'(1:46)고 하며 예수에게 데려간다. 마태에는 무덤을 찾은 여자들에게 천사가 말하기를 '와서 그 누우셨던 곳을 보라'(28:6)고 한다.	
세상의 구주 (:42)	1. 사마리아인들은 예수를 '세상의 구주'로 알았다고 한다. 구약은 하나님을 '구원자'(사43:3,11)라고 하는데 신약은 아버지가 아들을 세상의 '구주'(요일4:14)로 보냈다고 한다. 구약의 다른 곳에서도 내 구원의 하나님(시18:46, 98:3, 사12:2 등) 또는 하나님은 구원이라는 고백이 있다. 2. 누가는 예수께서 탄생할 때 주의 사자가 목자들에게 다윗의 동네에 '구주'가 나셨으니 곧 그리스도 주시니라(2:11)고 한다. 예수께서는 우리를 위한 구주 소테르로 온 것이다. 3. 헬라인들은 왕을 구주라고 하였다. BC49 카이사르가 종신 독재관으로 권력의 정점에 오르자 에베소인들은 '인간의 생명을 위해 오신 구세주'라고 그를 불렀다. 그 후 로마 황제는 그리스식으로 구원자Savior 또는 은인benefactor라는 호칭으로 불리웠다. 로마의 황제 숭배는 아구스도 시대(옥타비아누스에 아우구스투스라는 이름이 붙여짐. 재위 BC27-AD14)에 시작된다. 그가 죽자 신으로 명명된다. 그 후 대부분의 경우 원로원은 죽은 황제에게 신의 지위를 부여하였다. 소아시아의 지도자 숭배 유전이 황제 숭배의 배경이 되었다. 그래서 소아시아지역에서 죽은 황제들의 제단과 신전이 건립되었다. 4. 사마리아 수가성 사람들은 예수를 참 세상의 구주라고 고백한다(4:42). 예수가 세상을 지배하는 황제는 아니지만 영적으로 황제와 같은 존재라는 것이다.	\<자신을 구주, 소테르라고 한 왕\> • 프톨레미 1세 소테르 BC323-283 (프톨레미 왕조) • 안티오커스 1세 소테르 BC280-261 (셀류커스 왕조) • 셀류커스 3세 소테르 BC226-223 (셀류커스 왕조) \<자신을 신이라고 한 왕\> • 안티오커스 2세 데오스 BC261-246 (셀류커스 왕조)

4. 심층연구: 생명수 그리고 영과 진리의 예배

구분	내용	비고
생명의 수 ① 생수	1. 생수란 무엇인가 야곱의 우물물에 대한 대칭이다. 이 우물물은 사람과 짐승이 마시었다. 스가랴는 생수가 마지막 때에 예루살렘에서 솟아 나온다(14:8)고 보았다. 2. 수많은 학자들이 생수에 대해 정의하다. 세례(키프리안), 성령(칼빈), 복음(그로티우스). 은혜와 진리(마이어), 구원(바이스) 등 각각 그 근거를 제시하다. 3. 하나님께서 스스로 자신을 '생수의 근원되는 나'(렘2:13)라고 하고 예수께서도 '생수를 네게 주었으리라'(요4:10)고 말씀한다.	슥14:8 그 날에 생수가 예루살렘에서 솟아나서 절반은 동해로, 절반은 서해로 흐를 것이라 여름에도 겨울에도 그러하리라
② 생명수	1. 요한복음의 저작 목적은 생명을 얻게 하기 위함(20:31)이라고 하다. 시편은 생명의 원천은 주께 있다(36:9)고 한다. 요한복음의 특성을 고려할 때 생수는 생명수라고 하겠다(외스트코트). 2. 예수께서 자신을 생명의 빛(8:12), 생명의 떡(6:35)이라고 하고 또한 부활이요 생명(11:25)이라고 한다. 예수께서 직접 표현은 하지 아니하였지만, 자신이 생명수라는 느낌을 받도록 말씀한다.	겔36:25-26 맑은 물을 너희에게 뿌려서 너희로 정결하게 하되 곧 너희 모든 더러운 것에서와 모든 우상 숭배에서 너희를 정결하게 할

	3. 요한계시록에는 생명수가 어린 양 보좌로부터(22:1) 나오고 어린 양이 저희의 목자가 되어 생명수 샘으로 인도(7:17)한다고도 하며 이사야에도 그들을 긍휼히 여기는 이가 샘물 근원으로 인도(49:10)한다고 한다. 4. 마지막 때에 하나님께서 말씀하기를 '내가 생명수 샘물을 목마른 자에게 값없이 주리니 이기는 자는 이것을 상속으로 받으리라'(계21:6-7)고 한다.	것이며 또 새 영을 너희 속에 두고 새 마음을 너희에게 주되 너희 육신에서 굳은 마음을 제거하고 부드러운 마음을 줄 것이며

③ 영생수	1. 생수(4:10)는 영생하도록 솟아나는 샘물(4:14)이다. 2. 예수께서 주는 생수는 그 속에서 영생하도록 솟는다고 하고 이것은 영원히 목마르지 않게 한다고 한다. 예수께서는 영원과 영생을 강조하고 있는 것이다. 3. 생수 자체가 영생수이다. 예수께서는 니고데모와의 대화에서 거듭남을 주제로 영생(요3:16)을 말씀하고, 수가성 여인과의 대화에서는 물을 주제로 영생을 말씀하고 있다. 예수께서 주는 생수는 영적인 갈증을 영원히 해갈시켜 주는 영생의 물인 것이다.	

영과 진리의 예배(4:24)	1. 영과 진리의 구 번역은 '신령과 진정'이었다. 구역은 하나님의 신비함과 우리의 지극 정성으로 예배하라는 느낌을 주었다. 2. 영과 진리의 예배에 대해 두 번 반복(4:23,24)된다. 처음은 시기에 대해 영과 진리로 예배할 때라고 하고 두 번째는 하나님은 영이시니 영과 진리로 예배하라고 한다. 예배의 시기와 원칙에 대한 말씀으로 이해된다. 3. 바울은 예수를 죽은 자 가운데서 살리신 이의 영으로 말미암아 우리 죽을 몸도 살게 된다(롬8:11)고 하고 또한 고린도후서를 하나님의 영으로 쓴 것(3:3)이라고 한다. 고린도전서에서는 하나님의 영 외에는 하나님의 일을 아무도 알 수 없다고 한다(2:11). 4. 그런데 하나님은 영이시니라고 하기 때문에 예배의 방법이 아닌 대상에 대한 말씀으로 이해해야 할 것이다. 주는 영이시라고 사도 바울은 말한다(고후3:17). 영은 하나님의 전 존재이고 본질이기 때문에 영에 대한 예배만이 있을 수 있다. 5. 진리 역시 예배의 방법이 아니고 대상이라고 한다면 그것은 예수 그리스도라 하겠다. 예수께서 스스로 '나는 길이요 진리요 생명이라'(요14:6)고 하였기 때문이다. 또한, 예수께서는 빌라도 앞에 서서 내가 세상에 온 것은 진리에 대하여 증언하려 함(요18:37)이라고 하였다. 6. 영과 진리에 대한 예배는 하나님과 예수 그리스도에 대한 예배이다. 예수께서는 하나님과 자신이 일체라고 한다. 빌립이 '아버지를 우리에게 보여주옵소서'라고 하자 나를 본 자는 아버지를 보았다(요14:9-10)고 하면서 내가 아버지 안에 아버지가 내 안에 계신 것을 네가 믿지 아니하느냐고 대답한다(요14:10, 10:37-38). 7. 영과 진리의 예배는 무엇인가 유대교처럼 제사, 제물 절차가 중요하지 않은 예배이다. 예수께서 시험받을 때 사탄을 물리치면서 하였던 말씀 즉 주 너의 하나님께 경배하고 다만 그를 섬기는(마4:10) 그런 예배이어야 한다. 8. 사도 바울은 우리가 드려야 할 영적 예배란 너희 몸을 하나님이 기뻐하시는 산 제물로 드리는 것(롬12:1)이라고 하였다. 이처럼 우리 자신이 제물이 되는 예배가 영과 진리의 예배라 하겠다. 9. 영과 진리의 예배는 진리이신 예수 그리스도를 통해 영이신 하나님을 섬기는 것이다. 현대교회는 지식으로, 재능으로, 물질로 하나님을 섬기려 한다. 예배 역시 하나님이 아닌 목사나, 장로, 성가대, 또는 내가 주인이 되어서는 아니 된다.	• '하나님은 영이시다.' 영 자체이신 하나님, 하나님의 영, 주의 영, 성령 등에 대해 살펴보아야 한다. • 하나님은 영이라고 주장하는 유란시아라는 단체가 유란시아서를 믿고 있다.

10. 영과 진리의 예배	
- 예배는 의식이 아니다.	
- 예배는 진리탐구가 아니다.	
- 예배는 황홀경이 아니다.	
- 예배는 죄인임을 고백하는 것이다.	
- 예배는 구원의 기쁨으로 드리는 것이다.	
- 예배는 영원히 목마르지 아니하는 생수를 마시는 것이다.	
- 예배는 영생을 얻기 위한 것이다.	
- 예배는 예수 그리스도의 말씀을 내 삶에 접목시키는 것이다.	

5. 집중탐구: 사마리아의 역사와 성서속의 사마리아인들

구분	내용	비고
사마리아의 역사 • 북이스라엘의 수도	• BC890 북이스라엘 6대 왕 오므리는 은 두 달란트로 사마리아 지역을 구입한 후 새 도시를 건설하고 수도를 이전한다. 지역 이름은 산 주인 세멜의 이름을 따서 사마리아라고 하다. • 오므리의 아들 아합(BC874-853)은 사마리아에 상아궁을 짓고 화려한 생활을 한다. 그는 이세벨을 아내로 삼고 바알신을 섬겼다. 그는 아내 이세벨과 함께 하나님의 사람들을 핍박하고 살해하였다. 엘리야는 갈멜산상에서 그들과 대적한다.	• 사마리아의 명칭은 세멜, 샤메림(히브리어 쇼메림: 준수자)에서 유래하였는데 참된 율법의 수호자라는 뜻이라고 한다. 왕상16:24, 28-32, 18:4,19:14 참조
• 이민족 이주	1. BC721 앗수르왕 사르곤 2세는 북이스라엘을 멸망시키고 사마리아에 이민족을 이주시킨다. 그러나 그들이 거주한 후 몇 사람이 죽게 되자 왕에게 말해서 사마리아에서 잡혀 온 제사장 한 명을 데려가게 하니 그가 백성에게 여호와 경외를 가르쳤다. 그러나 이 민족들은 자기 신상을 가져와 믿었다(왕하 17:24-33). 2. 이민족 이주에 대해서 에스라서는 사르곤이 아닌 그 후손 에살핫돈(4:2)이라고 한다.	
• 성전 공사 방해	1. BC538 페르샤 고레스의 칙령 귀환자들이 남아있던 자들과 협력하지 않고 단독으로 성전을 재건하려다가 그들의 방해로 중단된다. 고레스는 남아있는 백성들에게도 은과 금과 그 밖의 물건과 짐승으로 성전 건축을 도우라고 한다(에스라1:1-4, 4:1-24). 2. 남은 자들은 우리도 너희같이 하나님을 찾노라 앗수르왕 에살핫돈(BC 681-669)이 우리를 이리로 오게 한 후 우리가 하나님께 제사를 드렸다고 한다. 그러나 귀환한 유대인들은 이들에게 너희는 우리와 상관이 없다고 하자 이들은 뇌물을 주고 그들을 고발하는 글을 올려서 성전 공사를 중단시켰다(아닥사스다 1세 시대로 추정 스가랴4:5,25). 이때 사마리아성 사람들도 함께 고발(에스라4:10,11)에 참여한다. 3. 이 성전은 다리오 1세(BC521-486)의 지원으로 성전을 수축하여 봉헌하게 된다(에스라6:1-16). 느헤미야가 성벽을 재건할 때의 왕은 다리오 2세(BC423-405?)이고(느12:27-30) 알렉산더에게 패한 왕은 다리오3세(BC360-330)이다.	<귀환> • 에스라 4:5, 24, 6:1,16 • 1차 귀환(BC538)스룹바벨 • 2차 귀환(BC457)에스라 • 3차 귀환(BC444)느헤미야
• 그리심 산 성전	1. BC323 알렉산더 대왕은 페르샤를 멸망시키고 이집트를 정벌한다. 이집트의 알렉산드리아가 그때 세워진 도시이다. 그는 사마리아를 정복(BC332)하고 마케도니아인을 이주시킨다. 알렉산더의 이집트 원정을 지원한 사람은 산	·느헤미야 4:1의 산발랏은 산발랏 1세이다.

	발랏 3세로써 알렉산더가 이집트로 가는 도중 페니키아의 두로를 공격할 때 그는 군대 8000명을 데리고 가서 지원한다. 그 결과로 다리우스 3세로부터 시리아 총독으로부터 임명되었던 산발랏은 알렉산더에게서 그리심 산 정상에 예루살렘에 필적하는 성전을 짓도록 허락을 받는다.	• 이집트의 프톨레마이오스 왕조는 유대인에게 우호적이었다. 그래서 유대인들이 대거 알렉산드리아로 이주하였는데 이때 70인역이 번역되었다.
	2. 산발랏 3세는 느헤미야 시대 대제사장인 엘리십의 손자인 요야다의 아들 중 하나를 사위로 맞이한다. 그는 이방 여인과 결혼하였기 때문에 예루살렘에서 제사장직에서 쫓겨났다(느13:28).	
	3. 유대사가 요세푸스에 의하면 예루살렘에서 추방된 사위 제사장을 위해 산발랏 3세는 그리심 산에 성전을 지었으며 다른 제사장들도 합류하였다고 한다.	
• 마카비혁명	1. 요세푸스에 의하면 안티오커스 3세 때(재위 BC222-187) 사마리아인들은 세금을 면제받기 위해 성전 이름을 제우스 헬레니우스로 바꾼다. 이 일로 유대인들이 이들을 더욱 미워하였다.	• BC200-198 시리아의 안티오커스 3세는 이집트를 물리치고 다시 팔레스타인을 장악하였다.
	2. BC171 안티오커스 4세(재위BC175-163)는 다시 이집트를 치고 돌아오는 길에 유대인의 무장봉기를 제압하고 예루살렘을 침공하여 성전 보물을 약탈하고 성전 앞에 제우스 신상을 세우며 돼지 피로 희생 제사를 드리게 하고 제우스나 디오니소스를 경배하게 하며 할례를 금하는 등 온갖 이방 제도를 법제화하였다.	
	3. BC168 제사장 맛다디아의 아들들이 혁명을 일으킨다. 지도자는 유다인데 혁명으로 탄생한 유대인의 독립왕조인 하스몬 왕조는 유다에게 '망치를 든 자'라는 뜻의 마카비라는 별명을 붙여준다(마카비상4:52-59, 마카비하10:5).	• 해피 하누카 미국에는 1970년이후 크리스마스때 메리 크리스마스 대신 해피 홀리데이즈라고 인사한다. 타종교를 가진
	4. BC164 수리아를 물리치고 예루살렘을 회복한 후 성전을 정화하여 하나님께 봉헌한다. 이것을 수전절, 봉헌절, 빛의 축제, 하누카라고 한다.	사람들에게 불쾌감을 줄 수 있다는 이유에서라고 한다. 그래서 크리스마스 트리를 해피
• 그리심 산 성전파괴	1. 하스몬 왕조의 힐카누스 1세(재위 BC135-104)는 안티오커스 7세가 죽자 이두매와 사마리아지역을 점령(BC128)하고 사마리아 성전을 파괴하며 이단적인 제사를 중지시킨다. 그는 할례를 통해 유대인으로 개종시키는데 이때 이두매인들이 유대인의 일부로 통합되었다. 헤롯 대왕이 이두매 출신 에돔인이다.	트리라고 부르라는 요구가 있는 실정이라고 한다. 카나다에서는 그리스도를 상징하는 장식물을 거의 볼 수 없다고 한다.
	2. 그리심 산 성전파괴로 유대인에 대한 사마리아인의 분노는 극에 달하였다. AD70 예루살렘 성전이 파괴되었을 때의 유대 백성들과 유대인들에 의해 성전이 파괴되었던 사마리아인들 두 집단 간의 분노와 적대감을 생각해 보자.	최근 유대교는 크리스마스 때 해피 하누카라는 인사를 한다고 한
	3. BC63 로마의 폼페이우스는 시리아의 셀류쿠스 왕조를 멸망시키고 총독을 파견한다. 하스몬 왕조의 왕위 다툼을 하던 두 형제는 각각 폼페이우스에게 도움을 청한다. BC63 예루살렘을 함락시킨 그는 힐카누스 2세를 대제사장으로 임명한다. 또한, 폼페이우스는 사마리아를 정복하여 시리아에 편입시킨다. 하스몬 왕조는 끝이 나고 헤롯이 중심이 되는 이두매 왕조가 시작된다.	다. 하누카 기간은 해마다 다르지만 대부분 12월인 경우가 많다고 한다. 2020년도 하누카는 12월 11일부터 8일간 이었다.
• 헤롯이 재건한 예루살렘 성전	1. 시저에 의해 BC47유대 총독으로 임명된 헤롯 대왕의 아버지는 로마에 충성하였다. 아버지 사후 BC42 안토니우스에 의해 헤롯 대왕은 분봉왕이 되지만 BC40 하스몬 왕가 일족의 반란으로 로마로 피신하였다가 유다의 왕으로 원로원에서 인정을 받는다. BC37 헤롯은 하스몬 왕조의 안티고누스를 패배시키고 예루살렘을 차지하며 BC31에는 옥타비아누스에게서도 유다의 왕으로 재신임을 받는다.	
	2. 폐허가 된 스룹바벨 성전 터 위에 새 성전이 BC20에 시작되어 헤롯의 사후인 AD64에 완공되었다. 그러나 유대인 1차 반란으로 인해 AD70 즉 준공 6년 후에 로마의 티토 장군에 의해 불타버렸다.	

성서 속의 사마리아인들 • 예수 제자 파견 시 제외된 지역	성서 속에 나오는 사마리아인들의 모습을 보자 1. 예수께서 제자들을 파견하면서 이방인의 길로도 가지 말고 사마리아의 고을에도 들어가지 말고 오히려 이스라엘 집의 잃어버린 양에게로 가라(마10:5-6)고 한다. 2. 예수께서는 구원이 유대인에게 있다(요4:22)고 말씀한 것처럼 마15:24에도 같은 내용이 있다. 유대인이 먼저 복음화되어야 한다고 생각한 것 같다. 그러나 예수께서는 실제로 가나안 여자(마가의 수로보니게 여자 막7:24-30)의 소원을 들어준다.	• 누가 유대인인가 이스라엘법은 부모가 유대인이거나 또는 어머니가 유대인이거나 유대교로 개종한 사람이라고 한다.
• 사마리아 통과를 거절당하다	• 예수께서 예루살렘으로 향할 때 사마리아인의 한 마을에 들어가려다가 거절당하는데 제자들이 불을 명하여 하늘로부터 내려 저들을 멸하라 하기를 원한다고 그들을 저주한다. 그러나 예수께서는 제자들을 꾸짖으며 다른 마을로 갔다(눅9:51-56).	• 선한 사마리아인법: 위험에 처한 사람을 구조하는 상황에서 자신이 크게 위험하지도 않은데 구조를 하지 않은
• 선한 사마리아인의 비유	• 어떤 사람이 예루살렘에서 여리고로 가다가 강도를 만났는데 제사장이나 레위인은 그냥 지나가고 어떤 사마리아인이 돌보아 주었다(눅10:30-37)는 예수의 비유이다. 이때 예수께서 이 세 사람 중에 누가 강도 만난 자의 이웃이 되겠느냐라고 질문한다.	사람을 처벌하는 법이다. 불구조죄, 구조거부죄라고도 한다. 우리나라에서는 구조행위를 독려하는 법이다.
• 예수에게 감사하는 나병환자 사마리아인	1. 예수께서 예루살렘으로 가실 때 사마리아와 갈릴리 사이로 지나가다가 나병환자 열 명을 만나서 그들을 깨끗게 하여 준다. 그런데 그중 한 명 사마리아인만이 하나님께 영광을 돌리고 예수의 발아래 엎드리어 감사하다. 2. 예수께서 하나님께 영광을 돌리려 온 자가 이 이방인 외에는 없느냐고 하면서 네 믿음이 너를 구원하리라고 하다(눅17:11-19).	
• 사마리아인	• 유대인들이 예수를 사마리아 사람(요8:48)이라고 한다.	• 의사상자 등 예우 및
• 사마리아 교회	1. 예수께서 승천하실 때에 예루살렘과 온 유대와 사마리아와 땅끝까지(행1:8)전파하라고 한다. 2. 사도행전에는 빌립이 사마리아 성에서 그리스도를 전파하니 무리가 한 마음으로 그가 하는 말을 따랐다. 거기서 많은 사람에게 붙었던 귀신들이 나갔고 중풍병자와 못 걷는 사람이 나아 그 성에 큰 기쁨이 있었다(행 8:5-8)고 한다. 3. 예루살렘에 있는 사도들이 사마리아도 하나님의 말씀을 받았다는 소식을 듣고 베드로와 요한을 보내서 안수하여 성령을 받게 한다(행8:14-17). 이들은 예루살렘에 돌아갈 때에도 사마리아 여러 마을에서 복음을 전하였다(행8:25). 4. 그리하여 온 유대와 갈릴리와 사마리아 교회가 평안하여 든든히 서 가고 주를 경외함과 성령의 위로로 진행하여 수가 더 많아졌다고 한다(행9:31).	지원에 관한 법률: 타인의 생명 등을 구하거나 재난 현장에서 타인을 구하거나 강도 등의 사건에서 살신성인한 경우
• 마술사 시몬	1. 사마리아인 마술사 시몬이 빌립에게 세례를 받고 그를 따라다녔다(행8:9-13). 2. 그는 예루살렘에서 온 베드로와 요한이 안수하여 성령을 받게 하는 것을 보고 돈을 드리면서 이 권능을 내게도 달라고 한다. 이에 베드로가 하나님의 선물을 돈 주고 살 생각은 하였으니 네가 망할 것이라고 한다(행8:9-24).	
• 현재의 사마리아	1. 팔레스타인 자치구에 소속되어 있는 쉬켐(세겜:히브리인들 호칭), 나블로스(아랍인들 호칭) 지역에 있다. 2. 유대 히브리어와 구별되는 사마리아어 히브리어문자를 사용한다. 언어는 사마리아어, 사마리아 아람어, 히브리어와 아람어를 사용한다. 3.사마리아인의 정경은 구약성서가 아니다. 사마리아어로 쓰여 진 사마리아 오경(토라)이다. 4. 유대교는 랍비 중심이지만 사마리아인들은 제사장 중심이다.	

5. 현재 인구는 약 800명인데 절반은 그리심 산의 키랴트루자(kiryatluza)에서 절반은 텔아비브시 외곽 홀론시에 모여 살고 있다. 연예인으로는 사마리아 출신 이스라엘 배우 소피 차다카가 있다.

참고. 요한복음의 오해들

구분	모호성	대화상대	주제	설명
2:19-21	이 성전	유대인들	죽음과 부활	화자에 의해
3:3-5	거듭나다	니고데모	사람이 어떻게 하나님의 자녀가 되는가	다른 용어로 재진술
4:10-15	생수	사마리아 여인	예수로부터 얻게 될 영생	뒤로 미룸(7:38 참조)
4:31-34	양식	제자들	예수와 아버지의 관계	예수에 의해
6:32-35	하늘에서 내린 떡	무리들	예수의 기원, 정체, 사명	예수에 의해
6:51-53	내 삶	유대인들	예수의 죽음	예수에 의해
7:33-36	나는 너희가 올 수 없는 곳으로 간다	유대인들	예수의 영화	설명 없음
8:21-22	내가 가리니	유대인들	예수의 영화	설명 없음
8:31-35	너희를 자유케 한다	유대인들	예수를 영접한 사람들에게 예수가 수여하는 자유	'아들'과 '종'의 대조에 의해 암시됨
8:51-53	죽음	유대인들	영생	설명 없음

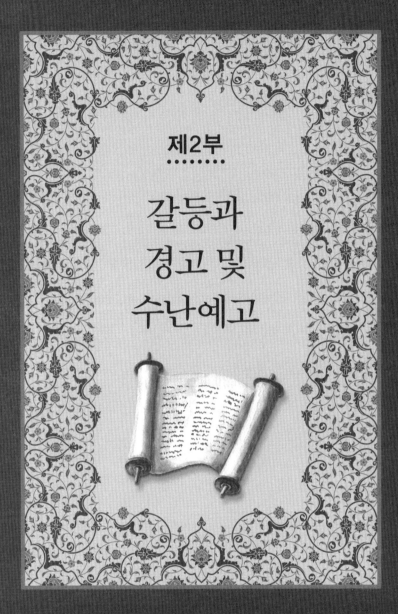

제2부
· · · · · · · ·

갈등과
경고 및
수난예고

4장

안식일사건

HORIZONTAL ANALYSIS
OF THE GOSPELS

제15절 ❀ 공관복음의 안식일 사건들

1. 본문비교

	구분	마태(12:1-14)	마가(2:23-3:6)	누가(6:1-11)
제자들 변호	사건 일시	:1 그 때에 예수께서 안식일에 밀밭 사이로 가실새 제자들이 시장하여 이삭을 잘라 먹으니	:23 안식일에 예수께서 밀밭 사이로 지나가실새 그의 제자들이 길을 열며 이삭을 자르니	:1 안식일에 예수께서 밀밭 사이로 지나가실새 제자들이 이삭을 잘라 손으로 비비어 먹으니
	바리새인의 비난	:2 바리새인들이 보고 예수께 말하되 보시오 당신의 제자들이 안식일에 하지 못할 일을 하나이다	:24 바리새인들이 예수께 말하되 보시오 저들이 어찌하여 안식일에 하지 못할 일을 하나이까	:2 어떤 바리새인들이 말하되 어찌하여 안식일에 하지 못할 일을 하느냐
	예수의 대답	:3 예수께서 이르시되 다윗이 자기와 그 함께 한 자들이 시장할 때에 한 일을 읽지 못하였느냐 :4 그가 하나님의 전에 들어가서 제사장 외에는 자기나 그 함께 한 자들이 먹어서는 안 되는 진설병을 먹지 아니하였느냐	:25 예수께서 이르시되 다윗이 자기와 및 함께 한 자들이 먹을 것이 없어 시장할 때에 한 일을 읽지 못하였느냐 :26 그가 아비아달 대제사장 때에 하나님의 전에 들어가서 제사장 외에는 먹어서는 안 되는 진설병을 먹고 함께 한 자들에게도 주지 아니하였느냐	:3 예수께서 대답하여 이르시되 다윗이 자기 및 자기와 함께 한 자들이 시장할 때에 한 일을 읽지 못하였느냐 :4 그가 하나님의 전에 들어가서 다만 제사장 외에는 먹어서는 안 되는 진설병을 먹고 함께 한 자들에게도 주지 아니하였느냐
	안식일의 예외	:5-6 또 안식일에 제사장들이 성전 안에서 안식을 범하여도 죄가 없음을 너희가 율법에서 읽지 못하였느냐 내가 너희에게 이르노니 성전보다 더 큰 이가 여기 있느니라		
	안식일의 의미	:7 나는 자비를 원하고 제사를 원하지 아니하노라 하신 뜻을 너희가 알았더라면 무죄한 자를 정죄하지 아니하였으리라	:27 또 이르시되 안식일이 사람을 위하여 있는 것이요 사람이 안식일을 위하여 있는 것이 아니니	
	안식일의 주인	:8 인자는 안식일의 주인이니라 하시니라	:28 이러므로 인자는 안식일에도 주인이니라	:5 또 이르시되 인자는 안식일의 주인이니라 하시더라
손 마른 사람을 고치심	사건 일시	:9-10상 거기에서 떠나 그들의 회당에 들어가시니 한쪽 손 마른 사람이 있는지라	3:1 예수께서 다시 회당에 들어가시니 한쪽 손 마른 사람이 거기 있는지라	:6 또 다른 안식일에 예수께서 회당에 들어가사 가르치실새 거기 오른손 마른 사람이 있는지라
	고발 증거 수집	:10하 사람들이 예수를 고발하려 하여 물어 이르되 안식일에 병 고치는 것이 옳으니이까	:2 사람들이 예수를 고발하려 하여 안식일에 그 사람을 고치시는가 주시하고 있거늘	:7 서기관과 바리새인들이 예수를 고발할 증거를 찾으려 하여 안식일에 병 고치시는가 엿보니
	예수의 질문	:11-12 예수께서 이르시되 너희 중에 어떤 사람이 양 한 마리가 있어 안식일에 구덩이에 빠졌으면 끌어내지 않겠느냐 사람이 양보다 얼마나 더 귀하냐 그러므로	:3 예수께서 손 마른 사람에게 이르시되 한 가운데에 일어서라 하시고 :4 그들에게 이르시되 안식일에 선을 행하는 것과 악을 행하는	:8 예수께서 그들의 생각을 아시고 손 마른 사람에게 이르시되 일어나 한가운데 서라 하시니 그가 일어나 서거늘 :9 예수께서 그들에게 이르시되

	마태	마가	누가
	안식일에 선을 행하는 것이 옳으니라 하시고	것, 생명을 구하는 것과 죽이는 것, 어느 것이 옳으냐 하시니 그들이 잠잠하거늘	내가 너희에게 묻노니 안식일에 선을 행하는 것과 악을 행하는 것, 생명을 구하는 것과 죽이는 것, 어느 것이 옳으냐 하시며
고치심	:13 이에 그 사람에게 이르시되 손을 내밀라 하시니 그가 내밀매 다른 손과 같이 회복되어 성하더라	:5 그들의 마음이 완악함을 탄식하사 노하심으로 그들을 둘러보시고 그 사람에게 이르시되 네 손을 내밀라 하시니 내밀매 그 손이 회복되었더라	:10 무리를 둘러보시고 그 사람에게 이르시되 네 손을 내밀라 하시니 그가 그리하매 그 손이 회복된지라
죽이려 하다	:14 바리새인들이 나가서 어떻게 하여 예수를 죽일까 의논하거늘	:6 바리새인들이 나가서 곧 헤롯당과 함께 어떻게 하여 예수를 죽일까 의논하니라	:11 그들은 노기가 가득하여 예수를 어떻게 할까 하고 서로 의논하니라

2. 본문의 차이

	구분	마태	마가	누가
제자들 변호	때, 장소	안식일, 밀밭	안식일, 밀밭	안식일, 밀밭
	누가 어떻게	제자들이 이삭을 잘라 먹으니	제자들이 이삭을 자르니	제자들이 이삭을 잘라 손으로 비비니
	왜	시장하여	길을 열며	
	바리새인의 비난	바리새인들이 보시오 당신의 제자들이 안식일에 하지 못할 일을 하나이다	바리새인들이 저들이 어찌하여 안식일에 하지 못할 일을 하나이까	어떤 바리새인이 어찌하여 안식일에 하지 못할 일을 하나이까
	안식일의 예외	제사장 성전보다 큰 이		
	안식일의 의미	나는 자비를 원하고 제사를 원하지 아니 하노라	안식일이 사람을 위하여 있는 것이다	
	안식일의 주인	인자 안식일에 주인이라	인자 안식일에‘도’ 주인이니라	인자 안식일에 주인이라
손 마른 사람을 고치심	때와 장소	거기서 떠나 그들의 회당에 들어가시니	다시 회당에 들어가시니	또 다른 안식일 회당에서 가르치다
	대상	한쪽 손 마른 사람	한쪽 손 마른 사람	오른손 마른 사람
	고발증거 수집	사람들이 예수를 고발하려	사람들이 예수를 고발하려	서기관과 바리새인들이 고발할 증거를 찾으려
	그 방법	예수에게 질문하다 안식일에 병 고치는 것이 옳으냐	사람들이 주시하다 안식일에 그 사람을 고치시는가	엿보다 안식일에 병을 고치시는가
	예수의 질문	안식일에 구덩이에 양 한 마리가 빠지면 끌어내지 않겠느냐 사람이 양보다 얼마나 더 귀하냐	손 마른 사람에게 한가운데에 일어서라 하시고	예수가 그들의 생각을 알다 손 마른 사람에게 일어나 한가운데 서라 하시니 그가 일어나 서다

안식일에 선을 행하는 것이 옳으니라	안식일에 선을 행하는 것과 악을 행하는 것, 생명을 구하는 것과 죽이는 것 어느 것이 옳으냐 그들이 잠잠하거늘	안식일에 선을 행하는 것과 악을 행하는 것, 생명을 구하는 것과 죽이는 것 어느 것이 옳으냐
고치심	손을 내밀라 다른 손과 같이 회복되어 성하더라	그들의 완악함을 탄식하다 노하심으로 그들을 둘러보다 네 손을 내밀라 그 손이 회복되었더라	무리를 둘러보시다 네 손을 내밀라 그 손이 회복될지라
예수를 죽이려 하다	바리새인들이 어떻게 죽일까 의논하다	바리새인들이 헤롯당과 함께 어떻게 죽일까 의논하다	그들(서기관과 바리새인들)이 예수를 어떻게 할까 서로 의논하다

3. 본문이해

3.1 제자들 변호

구분	내용	비고
안식일 사건 여덟 가지 바리새인들과 갈등사건 네 가지	1 .공관복음서와 요한복음에는 모두 여덟 개의 안식일 위반사건이 있다. 공관복음서의 공통사건 4개, 누가복음에만 있는 사건 2개, 요한복음에만 있는 사건 2개 등 모두 8개이다. 2. 공관복음서에서는 안식일 사건 전후의 이야기가 같은 순서로 나열되어 있다. 마태, 마가, 누가는 서기관이나 바리새인들과 갈등을 일으킨 사건들 네 가지를 소개하고 있는데 첫 번째는 중풍병자를 고치면서 '네 죄 사함을 받았다'(마9:2, 막2:5, 눅5:20)고 하심으로 서기관들이 신성모독이라고 생각한다. 두 번째는 레위를 부르고 함께 식사하는 것을 보고 죄인과 세리와 함께 식사한다고 바리새인들이 예수를 비방(마9:11 막2:16, 눅5:30)한다. 세 번째는 안식일에 예수 일행이 밀 이삭을 자르는 것을 보고 바리새인들이 안식일을 위반하였다고 문제를 제기한 사건이다. 네 번째 사건 역시 안식일에 회당에서 손 마른 사람을 치유함으로써 서기관과 바리새인들을 자극한 일이다. 이 네 가지 사건 중에 두 가지가 안식일 사건이다. 3. 그런데 안식일에 가버나움 회당에서 더러운 귀신을 쫓아낸 일과 같은 날 베드로의 장모를 치유한 일에 대해서 유대인들이 문제삼지 않았다. 4. 안식일 사건으로 인해 예수의 정체성이 분명히 드러나게 되고 반대로 바리새인들은 '노기가 가득'(누가)하여 헤롯당과 함께 '어떻게 예수를 죽일까 의논하게 된다'(마12:14, 막3:6).	• 십계명 중 제4계명 **출20:8-9** 안식일을 기억하여 거룩하게 지키라 엿새 동안은 힘써 네 모든 일을 행할 것이나 • 필로의 모세의 생애(2:2)에는 이삭 두 개에도 적용된다고 한다.
안식일에 하지 못하는 일	1. 예수의 제자들이 마태에는 시장하여 이삭을 잘라 먹었다고 하나 마가에는 먹었다는 말씀이 없다. 마태, 마가, 누가 모두 밀밭에서 길을 열다가 이삭을 잘랐다고 하는데 누가는 이삭을 잘라 손으로 비비어 먹었다고 한다. 2. 마가의 경우 즉 안식일에 밀밭에서 길을 열기 위해 이삭을 자르는 것이 안식일 위반인지는 확인하기 어렵다. 그러나 안식일에 여행금지에 해당하는 것일 수는 있다. 문제는 예수 일행을 고발(마12:10, 막3:2, 눅6:7)하기 위해 주시(막3:2)하고 엿(눅6:7)보던 바리새인들에게는 무엇이던지 문제가 될 수 있다. 3. 누가의 경우는 밀 이삭을 비볐다고 하는데 이것은 타작에 해당되기 때문에 안식일 규정 위반이 된다. 마태의 경우도 먹기 위해 잘랐기 때문에 해당이 되는 것이다.	• 다윗 일행이 진설병을 먹은 것은 안식일이 아니어서 안식일 위반은 아니지만, 제의법의 위반인 것이다. 큰 죄라고 하겠다. 그런데 유대인들은 오경의 위반인데도 문제를 삼지 않았다.

	4. 밀을 긴 이랑에 심었기 때문에 행인들이 이랑을 헤치고 지나갈 수도 있다. 신 명기에는 네 이웃의 곡식밭에 들어갈 때에는 네가 손으로 그 이삭을 따도 된다고 하였다. 그러나 네 이웃의 곡식밭에 낫을 대지는 말라(23:25)고 하였다.	
	5. 안식일이 아니었으면 전혀 문제가 되지 않는 사건이다.	
	6. 하나님께서 이스라엘 백성을 광야로 인도할 때에 만나를 내려주면서 안식일에는 들에서 먹을 것을 얻지 못한다(출16:25)고 하였다.	
	7. 예수 일행은 안식일에 해서는 안 되는 일을 하였다. 밀 이삭을 자른 것은 추수이고 비빈 것은 타작이며 입으로 불었다면 풍구질에 해당된다. 안식일 규정 제39조의 세 가지를 위반한 것이다.	
예수의 대답(1) 다윗의 경우를 보라 모세 오경의 율법을 어기었으나 굶주림으로 인한 제의법 위반이 아니냐	1. 마태, 마가, 누가에서의 예수께서는 제자들을 변호하기 위해 다윗 이야기를 예로 든다. 사울의 분노를 피하여 다윗은 놉땅의 성막으로 도망간다. 그런데 다윗은 비밀히 사울의 보냄을 받은 것처럼 가장한다. 그리고 제사장에게 비밀을 지키라고 하면서 떡 다섯 덩이나 아무것이나 달라고 한다(삼상21:1-3). 제사장이 보통 떡이 없고 거룩한 떡 밖에 없었다고 하며 제사장이 여호와 앞에서 물러낼 떡 진설병을 그들에게 준다(삼상21:4,6).	출40:23 또 여호와 앞 그 상 위에 떡을 진설하니 여호와께서 모세에게 명령하신 대로 되니라
	2. 마가에 언급되어 있는 제사장 이름은 아비아달(막2:26)이다. 그러나 사무엘상에는 아히멜렉으로 되어 있다. 아히멜렉의 아들이 아비아달이다. 마가의 아비아달은 아히멜렉의 오기이다.	삼상21:3-4 이제 당신의 수중에 무엇이 있나이까 떡 다섯 덩이나 무엇이나 있는 대로 내 손에 주소서 하니 제사장이 다윗에게 대답하여 이르되 보통 떡은 내 수중에 없으나 거룩한 떡은 있나니 그 소년들이 여자를 가까이만 하지 아니하였으면 주리라 하는지라
	3. 여기에서 하나님의 전(마12:4, 막2:26, 눅6:4)은 성전이 아니다. 성전은 나중에 솔로몬이 예루살렘에 짓는다. 놉에 있던 성소를 말한다.	
	4. 진설병(출25:30, 35:13, 39:36)은 하나님께 드리는 거룩한 떡(출40:23)으로 지성소 앞에 있는 상(출25:29-30)에 여섯 개씩 두 줄 열두 개를 진설(레24:6)하는데 안식일마다 새 떡을 올리고 물린 떡은 제사장이 먹는다. 다윗은 적당히 꾸며대고 제사장들만 먹을 수 있는 성별된 떡을 먹는다. 오경의 율법을 어기었던 것이다. 그러나 예수께서는 다윗이 제사법을 어겼다고 보지 않는다.	
	5. 바리새인들에게는 합법적이지 않은 행동을 변호하기 위해 다윗의 경우를 전례로 예수께서 인용한 것으로 이해할 수 있다. 굶주림으로 인한 제의법 위반은 예외가 될 수 있다고 예수께서는 대답한다. 그러나 바리새인들을 납득시킬 수는 없었을 것이다.	• 안식일이라도 할례를 거행(레12:3, 요7:22-23)하였다.
	6. 굶주린 사람을 위해 자기 밭에 떨어진 이삭도 다 줍지 말라(레19:9, 신24:19)고 모세 오경은 강조하고 있다. 그런데 바리새인들은 밀 이삭을 먹는 것이 문제라는 것이 아니라 왜 하필 안식일이냐는 것이다. 다시 말해 안식일 위반은 율법의 위반이라는 것이다. 다윗의 진설병 이야기는 안식일에 일어난 일은 아니었다.	
예수의 대답(2) ① 나는 성전보다 큰 자	1. 예수께서 이 말씀으로 그들이 납득할 수 없음을 알고 보충설명을 하는데 안식일의 본질 문제를 거론한다.	호6:6 나는 인애를 원하고 제사를 원하지 아니하며 번제보다 하나님을 아는 것을 원하노라
	2. 마태에서 예수께서는 안식일의 예외를 언급하며 안식일에 일해야 하는 제사장은 안식일의 예외라고 한다. 당연한 것이다. 그런데 예수께서는 제사장이 일하는 성전보다도 큰 이가 자신이라고 한다. 이 말은 예수께서 자신의 정체성에 대해 한 말이다. 예수는 태어났을 때부터 경배를 받은 분이고 존귀와 영광과 찬송을 받기에 합당한 분(계5:12)이기 때문이다. 그러니 예수께서는 더더욱 안식일의 예외가 된다는 것이다. 무엇보다도 예수는 하나님의 아들이기 때문이라 하겠다.	
② 제사보다 자비를 원한다	1. 그리고 한발 더 나아가 성전보다 더 큰 이의 입장에서 볼 때 중요한 것은 제사가 아니라는 것이다. 오히려 자비를 원한다는 것이다. 호세아(6:6)에서 하나님께서는 제사보다 인애를 원한다고 한다. 호세아에서의 인애를	

배고픔은 해결해 주는 것이 자비이다	예수께서는 자비라고 말씀한다. 공동번역과 새번역은 인애를 사랑이라고 한다. 여기에서 예수께서는 배고픔을 해결해 주는 것이 자비라는 것이다. 2. 마태에서 예수께서는 계속해서 배고픈 것은 죄가 아니다라는 취지로 자기 제자들을 무죄한 자로 보고 그들을 정죄하여서는 안된다고 한다. 3. 다윗의 이야기를 통해서 예수께서는 배고픈 문제의 해결이 가장 시급하다고 말씀하였다. 배고픔을 해결하기 위해 다윗은 제사장에게 사울의 명령으로 비밀 임무를 수행하고 있는 듯이 거짓말을 한다. 후에 사울은 제사장 아히멜렉이 다윗에게 떡 그리고 칼을 준 것을 알고는 다윗과 공모하였다고 하여 아히멜렉과 그 집안을 다 죽인다. 다행히 나중에 그 아들 아비아달이 도망하여 다윗에게로 간다(삼상22:16-22). 4. 마태에서 예수께서는 안식일 문제를 거론하는 바리새인들에게 안식일이라 하더라도 자비를 베푸는 것이 제사보다 중요하다고 강조한다. 5. 마가에서 예수께서는 마태에서 보다 더 확실하게 안식일의 본질에 대해서 직접 말씀한다. 안식일이 사람을 위하여 있는 것이지 사람이 안식일을 위해 있는 것이 아니라고 한다. 과도한 규율로 삶을 옭아매서는 안 된다는 것이다. 6. 배고픈 상태의 안식은 안식이 될 수 없다. 이 말씀을 요약하면 (1)안식일 문제로 제자들뿐 아니라 많은 무죄한 자를 정죄하지 말라 (2)자비를 베풀라 (3)배고픔과 굶주림의 문제는 안식일이라고 해서 미루어질 수 있는 것이 아니다 (4)제도를 위해 사람이 희생될 수는 없다는 것이다.	• 성전이라는 말은 히브리어로 바이트와 헤칼이라고 하는데 집, 성전, 궁전의 의미라고 한다. 구약에서는 하나님의 집, 거룩한 집으로 표현되는 경우가 많다. • 랍비 스므온 벤 메나시야(AD180)는 너희에게 안식일이 주어진 것이지 너희가 안식일에 주어진 것이 아니라고 한다. • 당시 중근동지역에서는 안식일을 준수하는 유대인을 감탄과 조롱으로 바라보았다. 유대인들은 외국군대의 복무에서 제외되기도 하였다. 이들은 안식일에 허용된 거리 이상은 행진도 하지 않았고 무기도 나르지 아니하였다.
③안식일이 사람을 위해 있다	1. 예수께서 반대한 것은 안식일 자체가 아니라 안식일을 지키기 위해서 지나치게 과도하게 만들어진 규례들과 그것을 무조건적 강압적으로 시행하는 것을 지적하고 있다. 또한, 하나님이 자기 백성을 위해 제정한 계명이 오히려 하나님의 백성을 구속하고 억압하는 율법이 되어서는 안 된다는 것이다. 2. 이사야는 '그들의 마음이 내게서 멀리 떠났나니 그들이 나를 경외함은 사람의 계명으로 가르침을 받아서'(29:13)라고 한다. 인간의 계명으로 하나님을 경외하니 진정성이 없다는 것이다.	새번역 출5:4-5 이집트의 왕은 그들에게 대답하였다. 모세와 아론은 들으라 너희는 어찌하여 백성이 일을 못하게 하느냐 어서 돌아가서 너희 할 일이나 하여라 바로가 말을 이었다. 그들이 에집트 땅의 백성보다 더 불어났다. 그런데도 너희는 그들이 하는 일을 중단시키려 드느냐
④ 인자는 안식일에 주인이다	1. 복음서에는 예수께서 자기 자신을 지칭할 때 사용하는 칭호가 인자이다. 아람어로 인자는 사람을 가리킨다. 시편에서도 사람과 인자를 같이 쓰고 있다(8:4). 하나님께서는 에스겔을 인자(2:8)라고 부르기도 한다. 다니엘서(7:13)에 인자 같은 이에 대한 이야기가 있다. 그는 하나님께로부터 권세와 영광과 나라를 받는데 모든 자들이 그를 섬기며 그 나라는 영원한 나라라고 한다(7:14,27). 다니엘서의 인자는 메시아라 하겠다. 에녹서 38장은 메시아에 관한 말씀이다. 2. 예수께서는 자신이 안식일의 주인이라고 한다. 이것은 예수의 놀라운 선언이다. 안식일의 주인은 하나님인데 예수께서는 자신이 안식일의 주인이라고 선포한다. 하나님과 동등하다는 것이다. 예수께서 자신의 권위를 바리새인들 앞에서 천명한 것이다. 3. 안식일을 안식일답게 지키지 못하고 있는 바리새인들에게 예수의 해석이 하나님의 뜻과 일치한다는 것을 강조하는 말씀이다. 사람의 계명을 따라 안식일을 지키는 자들에게 하나님의 뜻에 따라 안식일을 지키라고 말씀하는 자신이 안식일의 주인이라는 것이다. 4. 예수 이후 유대교 힐렐 학파는 안식일 규례를 완화하지만 샴마니 학파는 계속 엄격하였다고 한다.	• 도시 비정규직 근로자들 중 밖에서 일하는 사람들은 비가 오면 쉬게 되는 사람들이 많다. 농경시대에 농부는 비가 와도 일해야 한다. 오히려 더 많이 일해야 하는 경우도 있다.

3.2 손 마른 자를 고치심

구분	내용	비고
때와 장소	1. 예수께서 손 마른 자를 고친 때와 장소에 대해 마태는 분명하게 거기를 떠나 그들의 회당에 들어가시었다고 한다. 같은 날인 것이다. 2. 마가는 같은 날인지에 대한 구체적인 언급은 없다. 단지 다시 회당에 들어갔다고 하고 있고 본문 중에 안식일에 일어난 일이라고 한다. 3. 누가는 또 다른 안식일이라고 기록하고 있다.	
손 마른 사람	1. 마태, 마가는 한쪽 손 마른 사람이라고 하고 누가는 오른손 마른 사람이라고 한다. 마른 손이란 기능을 잃어버린 손, 병든 손이라 하겠다. 오른손이 기능을 못하면 더욱 먹고 살기 힘들었을 것이다. 2. 요한복음에는 베데스다라는 못(5:2-3)에 많은 병자들이 물가에 누워있는 이야기가 있는데 그들 중 혈기 마른 사람이 나온다. 동일하거나 유사한 병으로 사료된다.	• 히브리 복음서에 의하면 손 마른 사람은 석공이었다고 하고 예수께 고쳐주기를 간청하였다고 한다.
예수 고발자, 죽이려는 자	1. 예수를 고발하려는 자들에 대해 마태, 마가는 사람들이라고 하고 누가는 서기관과 바리새인들이라고 한다. 2. 예수께서 손 마른 자를 고친 후 예수를 죽이려는 자들에 대해 마태는 바리새인들이라고 하고 마가는 바리새인들이 헤롯당과 함께 의논하였다고 한다. 누가는 그들 즉 서기관과 바리새인들이 예수를 어떻게 할까 의논하였다고 한다. 3. 평소 바리새인과 헤롯당은 함께 하지 않는다. 그런데 예수를 어떻게 죽일까 의논하기 위해서는 머리를 맞댄 것이다.	
증거 수집 방법	1. 마태에서는 사람들이 안식일에 병 고치는 것이 옳으냐고, 예수에게 직접 물어본다. 마가에서도 사람들이 예수께서 안식일에 그 사람을 고치는가 하고 주시한다. 그러나 누가에서는 서기관과 바리새인들이 안식일에 병 고치는가 엿본다. 2. 안식일에 병 고치는 것은 계명 위반이다. 생명이 위험하지 않은 한 치료할 수 없다. 손 마른 자는 내일 고쳐주어도 되는 것이다. 그래서 그들은 안식일 병 고치는 현장을 지키고 있는 것이다.	
예수의 말씀 ① 무엇이 중요하냐	1. 마태에는 사람들이 예수께 안식일에 병 고치는 것이 옳으냐고 질문한다. 예수께서는 안식일에 구덩이에 양 한 마리가 빠지면 끌어내지 아니하냐고 하며 안식일에 선을 행하는 것이 옳으니라고 한다. 2. 안식일의 규례에 따르면 안식일이 지나갈 때까지 그냥 놔두고 먹이라고 한다. 아니면 발판을 내려 스스로 딛고 올라오게 하라고 한다. 3. 예수의 말씀은 안식일이라 하여도 곤경에 처한 동물을 돌보는데 하물며 몸이 불편한 사람에게 신경쓰는 것은 당연하지 않느냐는 말씀이다.	약4:17 그러므로 사람이 선을 행할 줄 알고도 행하지 아니하면 죄니라
② 반문하다	1. 마태에서 예수께서는 안식일에 선을 행하는 것이 옳으냐는 사람들의 질문에 옳다고 대답한다. 마가, 누가에서 예수께서는 그들에게 안식일에 선을 행하는 것과 악을 행하는 것, 생명을 구하는 것과 죽이는 것 어느 것이 옳으냐고 반문한다. 마가는 예수의 질문에 대해 그들이 잠잠하였다고 한다. 누가에서는 예수의 일방적인 말씀으로 끝이다. 2. 이사야는 안식일을 지켜 더럽히지 말고 모든 악을 행하지 아니하는 사람은 복이 있다(56:2)고 한다. 예수께서는 이 말씀을 더 적극적으로 해석하고 있다. 악을 행하지 않는 것이 아니라 선을 행하면 더 좋지 않겠느냐고 그들에게 반문하고 있는 것이다. 3.사람이 선을 행할 줄 알고도 행하지 아니하면 죄(약4:17)라고 한다.	

	4. 유대교 힐렐 학파는 안식일이라 하여도 슬픔을 당한 자와 병든 자를 위로하라고 하다. 선한 일을 하라는 것이다.	
③ 마음의 완악함을 탄식하다	1. 마가만이 그들이 잠잠하였다고 한다. 예수께서는 그들의 마음의 완악함을 탄식하고 노하심으로 그들을 둘러보았다고 한다. 2. 예수께서는 안식일에 대한 보수적이고 수구적이며 율법적인 그들의 굳은 마음을 지적한 것이다. 또한, 보다 진취적이고 적극적이며 긍정적인 자세를 취하지 못하고 있는 그들을 보고 노(막3:5)하였던 것이다. 3. 여기서 완악하다는 그들의 마음이 딱딱하게 굳어서 하나님의 말씀과 구원을 받아들이지 않는 사람들을 비판할 때 나오는 표현이다. 노했다 역시 하나님이 그들에 대하여 심히 진노하여 심판을 선언할 때 나오는 표현이다. 4. 완악한 마음과 같은 표현으로는 돌같은 마음(겔11:19), 굳은 마음(겔36:26) 등이 있다	마13:15 이 백성들의 마음이 완악하여져서 그 귀는 듣기에 둔하고 눈은 감았으니 이는 눈으로 보고 귀로 듣고 마음으로 깨달아 돌이켜 내게 고침을 받을까 두려워함이라 하였느니라
예수의 명령 ① 일어서라	1. 마태에서의 예수께서는 손 마른 자에게 일어서라고 한 말씀이 없다. 마가에서 예수께서는 한가운데에 일어서라고 하고, 누가에서는 일어나 한가운데에 서라고 한다. 2. 이 명령은 예수가 손 마른 사람의 치유를 숨기지 않고 보란 듯이 공개하는 행동이다. 3. 예수께서는 고발하려고 주시하거나(마가) 엿보며(누가) 증거를 수집하려는 이들에게 공개적으로 대응한다. 사람들이 잘 볼 수 있도록 일으켜 한가운데에 세운 것이다. 4. 안식일에 선을 행하는 것과 생명을 구하는 것의 표본을 보여 줌으로 고발하려는 자들과 대결한다. 5. 하나님께서는 에스겔을 인자라고 부르며 네 발로 일어서라(겔2:1)고 한다. 6. 다니엘은 환상 중에 깨닫고 일어서라(단10:11)는 말씀을 듣는다. 7. 사도행전에는 바울이 루스드라에 발을 쓰지 못하는 사람에게 일어서라(행14:8-10)고 한다.	• 일어서라를 법정용어로 보는 이도 있다.
② 손을 내밀라	1. 이 명령을 하기 전에 마가는 노하심으로 그들을 둘러보았다고 하고 누가는 무리를 둘러보았다고 한다. 2. 손을 내밀라는 명령에 따르니 그 손이 회복되었다고 마태, 마가, 누가는 기록하고 있다. 특별히 마태는 다른 손과 같이 회복되어 성하더라(12:13)고 한다. 완전하게 회복되었다는 것이다. 3. 모세는 여호와 말씀대로 손을 내밀어 바다가 갈라지게 하기도 하고 합쳐지게도 함으로 이스라엘 백성을 구한다(출14:26-27). 여기 손 마른 자는 손을 내밀어 예수께로부터 치유함을 받는다.	
죽이려 하다	1. 손 마른 병은 급박한 상황의 병이 아니다. 당장 생명의 위협을 느끼지 아니한다. 그런데 예수께서는 굳이 안식일 규정을 어기면서까지 그를 치료하였던 것이다. 2. 고발하려는 자들의 입장에서 볼 때 이사야의 말씀처럼 '안식일을 지켜 더럽게 하지 아니하며 손을 금하여 모든 악을 행하지 않는 것'(56:2)이 우선이었다. 그들은 안식일에 피악을 중요시하였으나 예수께서는 선행을 중요시하였다. 3. 안식일 위반자는 죽을 수 있다.	

4. 심층연구: 구약에서의 안식일

구분	내용	비고
안식일의 근원	1. 인류 문명사의 최초의 휴식 제도라고 하겠다. 사람뿐 아니라 가축, 그리고 땅까지 쉬게 하는 제도는 이것이 처음이다. 2. 히브리인의 안식일 제도는 바빌론과 관련이 있다는 설이 있다. 19세기 바빌론 설형문자 토서판이 대량으로 발견되었을 때 샤바툼 shabbatum 이라는 말이 나오는데 히브리어의 안식일 shabbat와 동의어다. 샤바툼은 바빌론 음력 15일이다. 히브리어 샤바트는 그치다. 쉬다. 끝내다의 의미이다. 3. 고대 셈족은 7이라는 숫자를 불길하고 악령이 지배하는 불운한 수로 여겨 7일을 철저히 기피하였고 모든 노동도 금지하였다. 바벨론에서 7일, 14일, 21일, 28일은 불행한 날, 악운의 날로 여기었다. 왕은 국사의 논의, 옷 갈아입기, 전차 타기 등을 금하였고 사제도 신탁을 금하였으며 의사는 환자를 대하지 못하였다. 유대인들은 그렇기는 하지만 여러 가지 상이점도 있어서 바빌론이 기원이라고는 단정하기는 어렵다고 주장한다. 4. 최초로 7일을 한 단위로 정한 문명은 고대 바빌로니아였고 8일이 한 주이었던 로마는 율리우스력을 도입하면서 7일을 한 주로 하였다. 5. 성경에 있는 네 개의 십계명 중 가장 오래된 십계명(출34:21상)과 두 번째 십계명(출23:12)에는 제7일 일곱째 날에는 쉬라고 한다. 안식일이라는 말은 없다. 그러나 세 번째 십계명(출20:8-10)에서와 네 번째 십계명(레19:3)에는 제7일이라는 말이 없이 나의 안식일을 지키라고 한다. 6. 네 번째 십계명에서 '모든 혈육이 내 앞에 나아와 예배드리는' 여호와를 경배하는 절기가 된다(사66:23). 안식일이 긍정적으로 바뀐 것은 포로기 시대일 것이다. 안식일에 회당에 모여 자발적인 예배를 드리고 자체적으로 성서 연구를 하면서부터 일 것이다.	• 샤바툼은 마음을 달래는 날, 선(善)과의 화해의 날로 해석된다. • 7은 고대 근동의 기본시간 단위인데 고대 셈족 50일력 즉 펜데콘타트력은 이를 기반으로 하고 있다. 일 년에 7번의 펜테콘타트, 두 번의 7일과 하루 축제인 신년일로 되어 있다.
하나님의 창조 사역 (근거)	1. 하나님께서 세상을 창조하고 난 후 일곱째 날에 안식(창2:2)하고 그 일곱째 날을 복되게 하고 거룩하게 하였으며 그 날에 안식(:3)하였다고 한다. 이처럼 창세기에는 하나님이 안식하였다고 두 번 반복(창2:2,3)하고 있다. 2. 일곱째 날에 안식하셨던 하나님은 당신이 지은 만물에게도 쉬게 한 것이다. 그래서 안식일은 그 주간에 일곱째 날 토요일이다	
처소에서 나오지 말라 (처음 시작)	1. 출애굽을 위해 모세와 아론이 바로를 만나서 여호와의 말씀이니 내 백성을 보내라 그러면 그들이 내 앞에서 절기를 지킬 것이라(출5:1)고 한다. 이 절기는 출애굽 전이라서 유월절, 초막절과 관계가 없는 것이다. 그때 바로는 왜 백성의 노역을 쉬게 하려느냐(출5:4)고 하고 감독관들에게 그들의 노동을 무겁게 함으로 수고롭게 하라(출5:6-9)고 명령한다. 2. 이스라엘 백성이 광야에서 주려 죽게 되었다고 한탄하자 여호와께서 모세에게 이르기를 하늘에서 양식을 비같이 내려주겠는데 그러나 여섯째 날에는 갑절을 주시겠다(출16:4-5)고 한다. 일곱째 날은 안식일인즉 그날에는 그것을 얻지 못한다(16:25)고 한다. 3. 모세는 여호와께서 너희에게 안식일을 주기 위하여 여섯째 날 이틀 양을 너희에게 주는 것이니까 일곱째 날에는 아무도 그 처소에서 나오지 말라(16:29)고 한다. 4. 그래서 백성이 일곱째 날에 안식(16:30)하였다고 한다. 이처럼 안식일을 지키는 처음 형태는 처소에서 나오지 않는 것이었다(출16:29).	

안식일 준수의 근거 ①여호와가 복되게 한 날, 여호와의 성일	1. 안식일을 지켜야 하는 첫째 이유는 하나님께서 일곱째 날에 쉬었고 그날은 여호와께서 복되게 하며 그 날을 거룩하게 하였기 때문이다.	겔20:20 또 나의 안식일을 거룩하게 할지어다 이것이 나와 너의 사이에 표징이 되어 내가 여호와 너희 하나님인 줄 너희가 알게 하리라 하였느니라
	2. 하나님이 시내 산에서 모세를 통하여 주신 십계명을 주기 전에 이미 모세를 통해 휴일, 거룩한 안식일(출16:23)에 대해 말씀한다. 시내 산에서 십계명이 주어지기 전에 안식일이 있었던 것이다. 하나님께서 광야에서 만나를 주고 나서 '어느 때까지 너희가 내 계명을 지키지 아니하겠느냐'고 질책한다(출16:28-29).	
	3. 이사야서에는 안식일은 즐거운 날, 여호와의 성일, 존귀한 날(사58:13)이라고 하며 레위기서에는 안식일이 성회의 날(레23:3)이라고 한다.	
②하나님과 언약의 표징	1. 안식일을 지켜야 하는 이유가 나와 너희 사이의 대대의 표징이니 나는 너희를 거룩하게 하는 여호와인 줄 너희가 알게 함이라(출31:13)고 한다.	
	2. 안식일이 나와 너 사이에 표징이라는 말씀은 에스겔(20:12,20)에서도 두 번 반복되고 있다.	
	3. 안식일은 십계명의 제4계명이다. 그러나 십계명이 선포될 때 안식일 준수가 처음으로 언급된 것은 아니다.	
③애굽에서 인도한 주	이스라엘 백성들은 애굽 땅에서 종이었던 것을 하나님께서 해방시켜 준 것을 기억하고 그의 명령에 따라 안식일을 지키라고 한다(신5:15).	
안식일 규정의 예 • 농사짓지 말라	출34:21 너는 엿새 동안 일하고 일곱째 날에는 쉴지니 밭 갈 때에나 거둘 때에도 쉬며 출16:25 모세가 이르되 오늘은 그것을 먹으라 오늘은 여호와의 안식일인즉 오늘은 너희가 들에서 그것을 얻지 못하리라	• 안식일 논쟁에 대해 성결교인 이명직은 1931년 안식일에 과연 구원이 있는가라는 저서를 간행하였다.
• 불 피우지 말라 • 짐을 지지 말라	출35:3 안식일에는 너희의 모든 처소에서 불도 피우지 말지니라	
	렘17:21 여호와께서 이와 같이 말씀하시되 너희는 스스로 삼가서 안식일에 짐을 지고 예루살렘 문으로 들어오지 말며 느13:19 안식일 전 예루살렘 성문이 어두워갈 때에 내가 성문을 닫고 안식일이 지나기 전에는 열지 말라 하고 나를 따르는 종자 몇을 성문마다 세워 안식일에는 아무 짐도 들어오지 못하게 하였으므로	• 포로귀환 이후 느헤미야는 개혁을 통해 안식일 준수를 강력히 요구한다. 느헤미야는 안식일을 지키지 않는 것을 보고도 제재하지 않는 것도 경고한다(13:15-17).
• 손을 금하라	사56:2 안식일을 지켜 더럽히지 아니하며 그의 손을 금하여 모든 악을 행하지 아니하여야 하나니 이와 같이 하는 사람, 이와 같이 굳게 잡는 사람은 복이 있느니라	
• 발을 금하라	사58:13 만일 안식일에 네 발을 금하여 내 성일에 오락을 행하지 아니하고 안식일을 일컬어 즐거운 날이라, 여호와의 성일을 존귀한 날이라 하여 이를 존귀하게 여기고 네 길로 행하지 아니하며 네 오락을 구하지 아니하며 사사로운 말을 하지 아니하면	
• 장사하지 말라	느10:31 혹시 이 땅 백성이 안식일에 물품이나 온갖 곡물을 가져다가 팔려고 할지라도 우리가 안식일이나 성일에는 그들에게서 사지 않겠고 일곱째 해마다 땅을 쉬게 하고 모든 빚을 탕감하리라 하였고	
• 구체적인 실례	1. 서기관들은 안식일 준수를 위한 규정과 제약을 정리한 문서를 만드는데 여기에는 노동을 금하는 39개 조가 있다. 2. 여행은 가까운 거리이어야 한다. 행1:12 제자들이 감람원이라 하는 산으로부터 예루살렘에 돌아오니 이 산은 예루살렘에서 가까워 안식일에 가기 알맞은 길이라고 한다.	• 유딧서 8:6 유딧은 과부일 때 안식일 전날과 안식일, 그믐날과 초하룻날, 이스라엘 사람들의 축제일과 경축일

	3. 구약의 위경인 유디트서 Judith에는 적들은 안식일을 골라 공격할 채비를 갖추(2:32)고 적의 항복 요청을 거부하자 공격을 한다. 유대인들은 안식일을 더럽힐 수 없다고 방어를 하지 않아서 이날 유다인의 처자와 가축이 고스란히 죽었는데 죽은 사람이 천 명이나 되었다(2:36-37)고 한다. 그 후 유대인들은 안식일이라도 맞서 싸우기로 결의한다(2:41).	을 제쳐놓고는 하루도 빠짐없이 단식하였다.
안식일을 지키지 않는 자들 • 농사짓는 자 • 장사하는 자	1. 안식일을 지키는 일에 싫증을 느낀 사람들이 '안식일이 언제 지나서 우리로 밀을 내게 할 것이냐'(암8:5)고 한다. 안식일의 제약이 싫은 것이다. 아무 때나 곡식을 팔 수 있고 농사할 수 있기를 원한다. 2. 느헤미야는 어떤 사람이 안식일에 술틀을 밟고 곡식단을 나귀에 실어 운반하는 것을 본다(느13:15상). 느헤미야는 계속해서 말하기를 그 사람이 포도주와 포도와 무화과와 여러 짐을 지고 안식일에 예루살렘에 들어와서 음식물을 팔았다고 한다(13:15하). 1. 또 두로 사람이 예루살렘에 살며 물고기와 각양 물건을 가져다가 안식일에 예루살렘에서도 유다 자손에게 팔았다(13:16)고 한다. 2. 안식일에는 농사지어서는 안 되고 가축도 쉬게 하여야 하며 짐을 옮겨서도 안 되고 장사를 해서는 더욱 안 되는 것이다.	암8:5상 너희가 이르기를 월삭이 언제 지나서 우리가 곡식을 팔며 안식일이 언제 지나서 우리가 밀을 내게 할꼬
안식년	1. 하나님이 모세에게 한 명령이다. 땅도 7년째 되는 해에는 쉬게 하여 파종하거나 포도원을 가꾸지 말라(출23:11, 레25:4)고 한다. 저절로 나온 것과 가꾸지 아니한 포도나무의 열매는 거두어서 안 되는데 이는 땅의 안식년이기 때문이라(레25:5, 느10:31)고 한다, 2. 땅은 근본적으로 하나님의 소유이다. 안식년의 소출은 개인 것이 아니어서 추수나 저장이 안 된다. 안식년의 소출은 너와 네 남종, 네 여종, 네 품꾼, 너와 함께 거류하는 자들과 네 가축, 네 땅에 있는 들짐승들이 다 먹을 것으로 삼으라(레25:6-7)고 한다. 특별히 출애굽기(23:11)는 가난한 자들, 들짐승이 먹게 하라고 한다. 안식년은 가난한 자, 나그네, 가축, 들짐승의 생계를 유지시키게 하는 해라고 하겠다. 3. 안식년은 면제년(신15:9)이다. 이방인에게 꾸어 준 것은 독촉하지만 형제에게 꾸어 준 것은 네 손에서 면제하라(신15:3)고 하고, 모든 빚을 탕감(느10:31)하라고 한다. 안식년의 빚 면제로 동족의 돈을 꾼 자들은 살게 된다. 최초의 종교사회보장법이다. 4. 안식년에 네가 산 히브리인 종을 자유인이 되게 하라(출21:2, 신15:12, 렘34:14)고 한다, 그런데 히브리인의 종이나 노예는 그 시작으로부터 칠년 째에 자유인이 되는 것이다. 히브리인 종은 유대민족의 안식년과 관계없이 7년째가 되면 풀려나게 된다. 5. 안식년에 수반되는 경제적 희생이 매우 크기 때문에 구약은 이 계명의 준행에 따른 보상과 위반에 따른 징벌을 강조(레25:21, 렘34:12-22)하고 있다. 마카비상(6:49,53-54)에는 벳술 사람들이 안식년이어서 농사를 짓지 못하여 양식이 떨어져 왕의 군대의 공격에 더 이상 버티지 못하고 도시를 버리고 나왔다는 이야기가 있다. 역사가 요세푸스에 의하면 로마의 카이사르는 유대인의 안식년에 세금을 면제해 주었다고 한다. 6. BC5세기의 유대사회는 비참하였다. 자기 자녀를 종으로 팔고 빚을 내고 밭과 포도원과 집을 저당 잡히거나 파는 등으로 인하여 느헤미야는 크게 분노한다(느5:1-13). 7.BC5세기 이후 빚 면제와 휴경 등이 일부 지켜졌다고도 한다. 그러나 예루살렘 멸망 이후에는 강제이주 등으로 시행이 될 수 없었다.	• 휴경이 되지 않아 땅이 황무하였다(레26:35) 등

희년	1.안식년의 확대개념이다. 대안식년이라고 하겠다. 2. 레위기는 50년마다 돌아온다고 하였다. 요벨 즉 뿔로 만든 나팔을 분다고 해서 요벨의 해(Year of Jubilee)라고 한다. 희년(겔46:17)에 대해 이사야는 은혜의 해(61:2), 에스겔은 자유의 해라고 하였다. 3. 희년에는 (1)노예로 있던 모든 사람에게 자유가 선포되며(레25:39-42) 너희는 각각 기업으로 가족에게로 돌아가라(레25:8-10)고 하고 (2)판 땅을 되돌려 살 수 있다(레25:25-28)고 하며 (3)판 집은 일년 이내에 물려야 되살 수 있었다고 한다. 그러나 레위인은 언제든지 무를 수 있다(레25:29-34). (4)그리고 부채가 면제된다(레25:35-37, 신15:1-3)고 한다. 4. 희년에는 당연히 농사짓지 아니한다	• 경사스러운 일의 50주년을 기쁨의 날 또는 해로 축하하는데 golden jubilee라고 한다. • 49년 주기설(레25:8-9)과 50주년 주기설(레25:10-11)이 있다.

5. 집중탐구: 사복음서에서의 안식일 논쟁

구분		마태	마가	누가	요한	비고
비 논쟁 사건 두 가지	·회당귀신축출 ·베드로 장모의 치유 (동네 사람들: 귀신축출과 치유)	8:14-15 8:16-17	1:21-28 1:29-31 1:32-34	4:31-37 4:38-39 4:40-41		• 회당귀신축출과 베드로의 장모를 치유한 일은 안식일 위반이라 하겠다. 그러나 그것을 문제 삼는 이들은 없었다. 마가, 누가는 이 일로 예수의 소문이 퍼져나갔다고 한다. • 가버나움 동네 사람들 치유는 해가 진 이후의 일로 보이기 때문에 안식일 사건으로 볼 수 없다.
공관복음 공통사건 두 가지	밀 이삭 사건	12:1-8	2:23-28	6:1-5		예수께서는 성전보다 큰 이고 제사보다 자비를 원한다고 하다. • 예수께서는 안식일 사람을 위해 있다고 한다. • 예수께서 스스로 안식일의 주인이라고 선언하다.
	손 마른 사람을 고치심	12:9-14	3:1-6	6:6-11		• 마태, 마가는 사람들이 또한 누가는 서기관과 바리새인이 예수를 고발할 증거를 찾으려 하다. • 예수께서 안식일 준수의 문제점을 지적하다. • 마태는 바리새인들이 마가는 바리새인들과 헤롯당이, 누가는 그들(서기관과 바리새인)이 예수를 죽이려 한다.
누가복음 사건 두 가지	• 18년 동안 귀신 들린 여자 치유 • 수종병 든 사람 치유			13:10-17 14:1-6		• 예수께서 완전한 안식을 위해서는 원상 회복이 되어야 함을 강조하다. • 사탄에게 매인 아브라함의 딸을 푸는 것이 합당하다고 하다. • 회당장이 예수께서 안식일에 병 고친다고 분을 내다. • 율법교사와 바리새인들이 예수를 엿보다. • 예수께서 안식일에 병 고쳐주는 것이 합당하냐 아니냐고 묻다.

요한복음 사건 두 가지	• 베데스다에서 38년 된 병자를 고치심 (세 번째 표적)				5:1-18	• 예수께서 이런 일을 행한다하여 예수를 박해하고 또한 하나님을 자기 친 아버지라 하여 예수를 죽이고자 하다. • 예수가 자기 존재를 드러낸다. 하나님의 아들임을 나타낸다.
	• 맹인으로 태어난 사람을 고치심 (여섯 번째 표적)				9:1-41	• 바리새인들이 소경이었던 자와 그 가족을 반복해서 심문한다. 그 과정에서 예수는 하나님께로부터 온 자라는 고백이 있다. • 안식일에 소경으로 태어난 자를 고친 사건을 통하여 예수의 정체성에 대한 궁금증을 추적하고 동시에 영적으로 눈 먼 자에 대해서도 언급한다.
8가지 사건에 대하여 총 15회 언급	3회	4회	6회	2회		사복음서 중에 누가가 예수의 안식일 문제를 가장 많이 소개하고 있다.

제16절 ✤ 누가복음의 안식일 사건들

1. 사건비교

구분	18년 동안 꼬부라져 펴지 못하는 한 여자(13:10-11)	수종병 든 한 사람(14:1-6)
때	13:10 예수께서 안식일에 한 회당에서 가르치실 때에	14:1상 안식일에 예수께서 한 바리새인 지도자의 집에 떡 잡수시러 들어가시니
누구	:11 열여덟 해 동안이나 귀신 들려 앓으며 꼬부라져 조금도 펴지 못하는 한 여자가 있더라	:1하 그들이 엿보고 있더라 :2 주의 앞에 수종병 든 한 사람이 있는지라
예수의 질문		:3 예수께서 대답하여 율법교사들과 바리새인들에게 이르시되 안식일에 병 고쳐주는 것이 합당하냐 아니하냐
고치시다	:12 예수께서 보시고 불러 이르시되 여자여 네가 네 병에서 놓였다 하시고	:4 그들이 잠잠하거늘 예수께서 그 사람을 데려다가 고쳐보내시고
	:13 안수하시니 여자가 곧 펴고 하나님께 영광을 돌리는지라	
회당장	:14 회당장이 예수께서 안식일에 병 고치시는 것을 분 내어 무리에게 이르되 일할 날이 엿새가 있으니 그 동안에 와서 고침을 받을 것이요 안식일에는 하지 말 것이니라 하거늘	
예수의 비유	:15 주께서 대답하여 이르시되 외식하는 자들아 너희가 각각 안식일에 자기의 소나 나귀를 외양간에서 풀어내어 이끌고 가서 물을 먹이지 아니하느냐	:5 또 그들에게 이르시되 너희 중에 누가 그 아들이나 소가 우물에 빠졌으면 안식일에라도 곧 끌어내지 않겠느냐 하시니
안식일에 해야 할 일	:16 그러면 열여덟 해 동안 사탄에게 매인 바 된 이 아브라함의 딸을 안식일에 이 매임에서 푸는 것이 합당하지 아니하냐	
반응	:17 예수께서 이 말씀을 하시매 모든 반대하는 자들은 부끄러워하고 온 무리는 그가 하시는 모든 영광스러운 일을 기뻐하니라	:6 그들이 이에 대하여 대답하지 못하니라

2. 사건의 차이

구분	18년 동안 꼬부라져 펴지 못하는 한 여자	수종병 든 한 사람
때	안식일, 회당에서 가르치실 때	안식일, 바리새인 지도자 집에 떡 잡수시러 들어가다
누구	열여덟 해 동안 꼬부라져 조금도 펴지 못하는 한 여자	수종병 든 한 사람
	귀신 들려 앓다	
예수의 질문		• 엿보던 이들: 율법교사들과 바리새인들에게 안식일에 병고쳐 주는 것이 합당하냐 아니하냐
고치시다	• 여자여 네가 네 병에서 놓였다 • 여자가 곧 펴고 하나님께 영광을 돌리는지라	고쳐 보내다

회당장	분을 내어 무리에게 말한다. 엿새 중에 와서 고침을 받으라. 안식일에는 하지 말라	
예수의 비유	안식일에 자기 소나 나귀를 외양간에서 풀어내어 이끌고 가서 물을 먹이지 아니하느냐	안식일에 누가 그 아들이나 소가 우물에 빠지면 곧 끌어내지 아니하겠느냐
안식일에 해야 할일	안식일에 아브라함의 딸을 사탄에게서 푸는 일이 합당하지 아니하느냐	
반응	• 모든 반대자가 부끄러워하다 • 온 무리는 그가 하시는 모든 영광스러운 일을 기뻐하다	그들이 이에 대하여 대답하지 못하다

3. 본문이해

3.1. 18년 동안 꼬부라져 펴지 못하는 여자

구분	내용	비고
18년	1. 오랜 시간을 관습적으로 나타내는 숫자 2. 그 고통의 기간을 알려 준다.	
병에서 놓였다	1 놓였다. 아포렐뤼사이는 관료수동태로 '하나님의 놓아주심이 너를 위해서 임했다'는 의미라고 한다(김호경). 2. 병고침은 예수의 주된 활동인데 예수의 행동 속에서 드러나는 것은 실제로 하나님의 능력이다. 3. 이 여자는 귀신 들려 앓고 있었다고 한다. 즉 병으로, 꼬부라짐으로 고통을 받고 있는 이유는 사탄이 붙잡고 있어서이다. 아래 구절에서 이 여자는 사탄에게 매여 있는 바 되어(13:!6) 있었다고 한다. 그런데 하나님께서 놓아주었다는 것이다. 4. 그래서 여자는 곧 펴게 된다. 고침을 받은 것이다. 펴다는 아노르도오로써 회복한다 바로 잡는다 세운다의 뜻이다.	• 신유는 신의 힘으로 병이 낫는다 즉 치유하는 것을 말한다.
하나님께 영광을 돌리다	1. 누가 17장에는 예수께서 나병환자 열 명을 고쳐준 이야기가 있다. 그 중 한 사람이 자기가 나은 것을 보고 예수께서는 이 이방인 외에는 하나님께 영광을 돌리러 온자가 없느냐고 한다(:17-18). 2. 누가 18장에는 여리고에서 구걸하는 맹인을 예수께서 고쳐준 이야기가 있는데 곧 보게 된 맹인은 하나님께 영광을 돌리며 예수를 따랐다(18:35-43). 3. 공관복음서에는 예수께서 지붕을 뜯고 누운 채 침상에 달려 내려온 중풍 병자를 고치는 이야기가 있다. 그런데 그가 일어난 상을 가지고 나가는 것을 보고 거기에 있던 사람들이 하나님께 영광을 돌린다(마9:1-18, 막2:1-12, 눅5:17~26). 4. 예수께서는 항상 치유를 하여 주었는데 안식일이라고 해서 중단하지는 아니하였다.	• 마태, 마가, 누가에서의 예수께서는 한 나병환자를 고치는데 하나님께 영광 돌렸다는 기사가 없다(마8:2-4, 막1:40-45, 눅5:12-16).
회당장의 주장	1. 회당장은 예배를 주관하고 성경을 낭독하며 말씀할 분을 찾거나(행13:15) 두루마리 성경을 관리(눅4:20)하는 일 등을 한다. 2. 본문에서 회당장은 무리에게 말을 하는 것 같으나(눅13:14) 실제로는 예수에게 하고 있다. 그리고 그의 말은 안식일 계명(출20:9, 신5:13)을 인용한 것이다.	

	3. 공관복음서에 나오는 회당장으로는 어린 딸이 죽게 되었다고 예수께 나와 간곡히 구한 야이로가 있다. 사도행전에 나오는 회당장 중에는 후에 개종하여 바울과 함께 사역한 그리스보와 소스데네 이야기가 있다. 4. 고린도 지역의 회당장 소스데네(행18:17, 고전1:1)는 총독 갈리오 앞에서 바울로 인하여 유대인들에게 폭행을 당하였으나 후에 개종하여 바울의 형제가 된다. 5. 비시디아 안디옥의 회당장들(행13:15)은 바울에게 설교할 기회를 주었고 고린도 회당장 그리스보(행18:8, 고전1:14)는 바울에게서 세례를 받는다.	• 회당장이 하나 이상인 경우가 있다. 야이로는 회당장 중에 하나(막5:22)이었고 비시디아 안디옥의 회당장들(행13:15)은 바울에게 권할 말을 하라고 한다.
예수의 말씀: ① 풀어주라	1. 안식일이라고 해도 짐승은 돌본다. 그러면 18년 동안 고생하고 있는 여자도 돌보아야 한다. 이 여자의 고통을 외면하는 그들에게 예수께서는 외식하는 자들이라고 한다. 복수인 것은 무리들에게 말씀하였기 때문이다. 2. 안식일이라 하여도 외양간의 소나 나귀에게 물을 먹이기 위해서 풀어주는 것을 예수께서는 강조한다. 유대인들이 물을 먹이기 위해 풀어주는 것은 물통에 물을 담아 가져다가 먹이는 것 즉 노동을 피하기 위해서라 하겠다. 그런데 아브라함의 딸인 이 여자는 아직까지 사탄에게 매여 있었다는 것이다. 그래서 안식일이지만 이 매임에서 풀어주었다는 것이다. 3. 소나 나귀를 풀어내다, 뤼데이는 뤼오의 동사이다. 12절에 병에서 놓였다에 사용된 동사 아포뤼오는 같은 어근이다. 자유함과 해방을 뜻하는 같은 구룹의 단어를 사용함으로써 소나 나귀를 풀어주는 것과 여자가 사탄의 매임에서 풀려나는 것을 예수께서 비교하여 말씀하였다.	• 예수께서 안식일에 한 회당에서 가르치실 때(눅13:10)라는 표현은 예수께서 가버나움 회당에서 가르치실 때와 같은 표현(막1:21)이고 유사한 표현(눅4:31)이다.
② 아브라함의 딸	1. 아브라함은 유대인에게 신앙의 조상이다. 그런데 아브라함은 이민족이다. 메소포타미아의 갈대아 우르 출신이다. 그러나 이스라엘 민족 스스로 아브라함의 자손이라고 부른다. 모세에게 나타난 하나님은 '네 조상의 하나님이니 아브라함의 하나님, 이삭의 하나님, 야곱의 하나님(출3:6)이라고 한다. 예수의 족보에서도 아브라함의 후손(마1:1)이라고 한다. 예수께서는 삭개오에게 '이 사람도 아브라함의 자손'(눅19:9)이라고 한다. 세례 요한은 회개에 합당한 열매를 맺지 않는 무리들에게 '우리 조상이 아브라함이라 하지 말라'(마3:9, 눅3:8)'고 하였다. 2. 예수께서 여성과 어린이는 인구통계에도 들어가지 않던 때에 여자를 아브라함의 딸로 불렀다는 것은 모든 사람이 하나님의 복을 받을 수 있는 존재라는 것임을 천명한 것이다. 3. 아브라함의 딸이란 이 여자 역시 아브라함의 자손, 하나님의 택한 백성이라는 것이다. 예수께서는 아브라함의 자손 삭개오의 집에 오늘 구원이 이르렀다(눅19:9)고 한 것처럼 그 구원이 이 여자에게도 온 것이다. 아브라함의 딸이 한시라도 더 고통 속에서 즉 마귀의 매임 가운데 있어서는 안 되는 것이다. 4. 아브라함의 딸 역시 하나님 앞에 온전한 인간으로 회복되어야 하는 존재이다. 본래 모습으로 회복된 자는 하나님께 영광을 돌린다. 5. 안식일은 하나님께 예배드리는 날이다. 영광을 돌리는 날이다. 이 여자는 회복된 모습으로 안식일에 하나님께 영광을 돌리었을 것이다.	• 누가에 등장하는 여자들로는 탄생기사에서는 마리아, 엘리사벳, 안나, 그리고 나인성 과부, 예수의 발에 향유를 부은 여자, 사역을 돕는 막달라 마리아, 구사의 아내 요안나, 수잔나, 마리아와 자매 마르다, 18년 동안 꼬부라져 있던 여자, 가난한 과부, 예루살렘의 딸들, 예수의 처형과 장례를 지켜보고 부활을 보고한 여자들 등이 있다.
③ 반응	1. 예수를 반대하는 자들을 부끄럽게 하고 또한 온 무리는 그가 하는 모든 영광스러운 일을 기뻐한다. 예수의 승리인 것이다. 2. 예수의 안식일 위반 사건 중 가버나움 회당에서 귀신을 쫓아낸 사건으로 뭇 사람이 다 놀랐고 예수의 소문이 갈릴리 사방에 퍼졌다고 한다(막1:28, 눅4:37). 이 사건 이외에 온 무리가 그가 하는 모든 영광스러운 일을 기뻐한 것은 처음이다.	

| | 3 예수의 안식일 위반 사건 중 손 마른 자를 고쳤을 때 바리새인들은 어떻게 하여 예수를 죽일까 의논(마12:14, 막3:6)하고 서기관과 바리새인들은 예수를 어떻게 할까(눅6:11)하였다. 요한복음에는 베데스다라는 못 옆에 누워있던 38년 된 환자를 예수께서 고쳤는데 이로 인해 유대인들이 예수를 박해하였다(요5:16)고 한다. | |

3.2. 수종병 든 사람

구분	내용	비고
엿보다	1. 엿보다는 관찰하다. 숨겨진 의도를 갖고 살펴보다 등의 의미이다. 여기서는 의도적으로 예수를 노리고 있다는 것을 보여준다. 2. 엿보는 이들은 그들(14:1)이다. 그런데 예수께서 말씀하는 대상이 율법교사와 바리새인(14:3)이라고 한 것을 볼 때 엿본 이들 가운데 율법교사와 바리새인이 있었다고 하겠다. 3. 이들은 엿보기는 하였으나 예수의 말씀에 대답하지 못하였다(14:6).	
수종병	1. 수종병은 온몸이 퉁퉁 붓는 것이다. 수종병을 복막염으로 보기도 한다. 2. 희랍어로 휘드로피코스로써 물을 뜻하는 휘드로에서 파생된 말이다. 개역한글판에는 고창병이라고 되어 있다.	• 복부 수종, 늑막공동, 심장 수종, 팔다리 수종 등이 있다.
떡 잡수시다	1. 바리새인이 안식일에 예수를 식사에 초대하니 예수께서 응하였다. 그래서 바리새인 지도자의 집에 떡 잡수러 들어갔다(14:1). 2. 안식일에 음식을 만들 수는 없다. 그래서 먹을 것을 전날에 만들어 놓는다. 덥게 먹어야 되는 음식은 옷, 옷감, 털 등으로 싸서 따뜻하게 하였다.	• 안식일에 금식하지 않는다는 것을 단적으로 보여주는 기사이다.
예수의 질문	1.예수께서 안식일에 병 고쳐주는 것이 합당하냐 아니하냐고 묻지만, 그들은 잠잠하였다고 한다. 공관복음 공통기사인 손 마른 사람을 고치는 이야기가 있다. 마태는 '사람들이 예수를 고발하려 하여 물어 이르되 안식일에 병 고치는 것이 옳으니이까'라고 한다(마12:10). 그러나 이번에는 반대로 같은 질문을 예수께서 한 것이다. 2.안식일이라 하여 아들이나 소가 우물에 빠지면 곧 끌어내지 아니하겠느냐고 예수께서 말씀한다. 마태는 이미 손 마른 사람을 고치는 기사 중에 구덩이에 빠져있는 양 한 마리에 대해 언급(12:11)하였고 누가는 안식일에 18년 동안 꼬부라져 펴지 못하는 여자를 고치는 기사(13:12)에서 안식일이라도 소나 나귀에게 물을 먹인다는 이야기와 함께 아브라함의 딸을 언급한 바 있다(13:15-16). 3.예수께서는 여기 수종병 든 여자 이야기에서 아들과 소의 대비를 통해 안식일이라도 소를 구하는 유대인과 사람을 구하는 자신을 대비시키고 있다. 예수께서는 우물에 빠져 있는 아들이나 소의 모습과 수종병 든 사람도 대비한다.	출21:33 사람이 구덩이를 열어두거나 구덩이를 파고 덮지 아니하므로 소나 나귀가 거기에 빠지면 • 여기에 아들이라는 단어 휘오스와 나귀의 모로스가 몹시 비슷한 글자라고 한다. 그래서 아들이 아니라 나귀로 보아야 한다고 주장하는 이들이 있다. 눅13:15에서는 소와 나귀로 되어 있다.
반응	1. 누가에만 있는 예수의 안식일 위반 두 가지 사건에 대한 반응은 아주 다르다. 18년 동안 꼬부라져 펴지 못하는 여자를 고쳤을 때 모든 반대하던 자들은 부끄러워하고 온 무리는 예수가 하시는 모든 영광스러운 일을 기뻐하였다고 한다. 2. 안식일에 수종병 든 사람을 고치기 전 예수께서 안식일에 병 고쳐주는 것이 합당하냐고 묻는다. 그러나 그들은 잠잠했다. 그들은 안식일에 병 고치는 것이 당연히 위반이라고 생각하였을 것이다. 잠잠한 이유는 질문의 숨은 의미가 무엇인지 몰라서였을 것이다. 그러는 사이에 예수께서는 그 사람을 고쳐서	

보낸다. 그리고 그들에게 다시 안식일에 아들이나 소가 우물에 빠지면 곧 끌어내지 않겠느냐고 묻지만, 대답이 없었다. 이들이 대답하지 못한 이유는 실제로 자기에게 그런 일이 생기면 그럴 것이기 때문이다.

3. 공관복음 공통기사인 안식일에 손 마른 사람을 고쳐준 기사에는 사람들과 서기관과 바리새인들은 예수께서 병을 고치는가 주시하고 엿보고 있었다.

4. 심층연구: 안식일에 대한 예수의 이해

구분		내용	비고
구약시대	철저한 안식 (어기면 죽이라)	1. 아무도 그 처소에서 나오지 말라(출16:29) 2. 일하지 말라 (1) 너-아무 일도 하지 말라(출20:10) (2) 남-아무 일도 하지 못하게 하라(신5:14) (3) 우리-어떤 일이라도 하지 말라(렘17:22) 3. 죽이라 (1) 그날을 더럽히는 자는 모두 죽이라(출31:14) (2) 그날에 일하는 자는 생명이 끊어지리라(출31:14) (3) 안식일에 일하는 자는 반드시 죽일지니라(출31:15, 35:2) 4. 광야에서 안식일에 나무하던 사람을 발견하고 그를 회중 앞에 끌어다 놓고 돌로 쳐 죽였다(민15:32-36).	<샤바트 샤바톤(완전한 안식일)> 　모든 종류의 활동에 대해 전적인 금지, 노동의 중지를 말한다(레23:1-8). 　마카비전쟁 중인데도 안식일이라서 무기조차 들지 않았다(마카비상2:32-38).
	공평한 안식 (모두의 안식)	1. 네 아들, 네 딸, 네 남종, 네 여종, 네 문안에 거하는 객에게도 해당된다(출20:10). 신명기에는 네 남종, 네 여종을 두 번 반복한다(5:14). 그리고 네 여종의 자식과 나그네가 숨을 돌리게 하라(출23:12)고도 한다. 신분, 남녀, 노소, 상하, 주객과 관계없이 모두 쉬라는 것이다. 2. 가축도 쉬라. 처음에는 그냥 가축(출20:10)이라고 하였으나 나중에는 구체적으로 네 소, 네 나귀, 그리고 모든 가축이 해당(신5:14, 출23:12)된다고 하다. 3. 땅도 안식하라. 일곱째 해에 그 땅이 쉬어 안식하게 하라(레25:2,4)고 하다. 땅은 안식년에 쉬게 된다.	• 에세네인, 쿰란공동체들이 안식일을 철저히 지켰다.
	즐거운 안식	1. 하나님의 성일인 안식일은 즐거운 날, 존귀한 날(사58:13)이다. 그것은 네 발을 금하여 오락을 행하지 아니하고 네 길로 행하지 아니하며 오락을 구하지 아니하며 사사로운 말을 하지 않기 때문에 가능하다는 것이다. 2. 안식일에 네가 여호와 안에서 즐거움을 얻을 것이라(사58:14)고 한다. 또한, 이사야는 유대인만을 위한 안식일이 아니라 이방인, 심지어는 성전출입이 금지된 고자에게까지도 해당이 된다고 한다(사56:3). 여호와께서는 나의 안식일을 지키는 고자에게는 영원한 이름을 주겠고(사56:5) 나의 안식일을 지키는 이방인마다 그들을 기쁘게 하고 나의 성산으로 인도하여 만민이 기도하는 내 집으로 인도하겠다(사56:7)고 한다.	• 즐거운 날이라서 금식을 해서는 안되는 것이다(희년서 50:12등). • 안식일에 예수께서는 바리새인과 함께 식사(눅14:1)하였다.
예수의	① 율법에 대한 입장	1. 예수께서는 율법이나 선지자를 폐하러 온 줄로 생각하지 말라 폐하러 온 것이 아니요 완전하게 하러 왔다(마5:17)고 하다. 율법의 권위와 정당성을 지지한다. 2. 예수의 제자들이 식사 전에 손을 씻지 아니하였다는 바리새인의 지적에 대해 예수께서는 너희의 전통으로 하나님의 계명을 범하느냐, 너희 전통으로 하나님의 말씀을 폐하는도다(마15:3,6)라고 하며 이사야의 예언 즉 사람의	

이해	② 안식일에 대한 설명	계명으로 나를 헛되이 경배하는도다(사29:13) 라는 말씀을 깨달으라(마15:8-10)고 한다.
		
		  율법을 부정하지는 아니하지만, 율법을 지키기 위해 사람들이 만든 규정과 규율이 율법의 정신을 훼손시켜서는 안 된다는 것이다.
		
		3. 예수께서는 자신이 안식일의 주인(마12:8, 막2:28, 눅6:5)이라고 하고 사람이 안식일을 위해 있는 것이 아니라 안식일이 사람을 위해 있는 것이다(막2:27)라고 하다.
		
		  하나님의 계명을 위해 사람의 계명으로 하나님을 경배해서 안된다는 것이다. 예수께서는 형식적이고 외면적인 안식일 규정을 거부한다.
		
		4. 예수께서는 종말에 베푸시는 쉼에 대해 말씀하고 있고 안식일의 정신을 강조한다. 예수께서는 '수고하고 무거운 짐 진 자들아 다 내게로 오라 내가 너희를 쉬게 하리라'(마11:28)고 한다.
			• 당시의 안식일에 대한 39조의 규례는 사람들을 구속하고 통제하고 있기 때문에 오히려 불편과 고통을 줄 뿐이다. 진정한 안식과 그 기쁨을 가질 수 없게 하였다.

		1. 마태는 먼저 철저한 안식에 대한 예외를 언급한다. 안식일에 대제사장이 얼마나 바쁜가 얼마나 많은 일을 하는지 말하면서 그것은 안식일 위반이지만 당연히 공인된 것이라는 것이다(마12:5-6). 그리고 사내아이가 태어난 지 팔일째 되는 날이 하필 안식일인 경우 안식일이라 하여도 할례를 해야 하는데 그것도 예외의 경우라는 것이다(레12:2-3, 요7:22-23). 2. 이 두 경우에서처럼 현실적으로 제의법이 안식일 준수 계명보다 더 중요한 것이다. 그런데 제사보다 자비를 원하는 하나님이라는 것을 알라고 호세아(6:6)서를 원용하여 예수께서 강하게 말씀한다(마12:7-8). 3. 예수께서는 자신을 성전보다 큰 자라고 한다. 성전보다 큰 자이므로 (1) 당연히 제사장보다 우위에 있는 분이고 안식일의 예외자이다. (2) 성전보다 큰 자인 예수께서는 자비를 원한다. 그리고 자비를 베풀기 위해서 안식일 준수를 어긴 것이다. 4. 안식일이 사람을 위해서 있다는 것은 예수의 선포이다. (1) 안식일이 왜 제정되었는가 즉 안식일이 제정된 취지와 배경 및 목적을 다시 살려내야 한다는 것이다. (2) 안식일은 하나님께서 창조 후에 가졌던 쉼을 우리에게 주기 위한 날로써 모세는 안식일이 휴일 즉 쉬는 날(출16:23)이라고 하였다. 5. 예수께서 인자는 안식일의 주인이라고 한다. 안식일에 대한 하나님의 뜻과 예수의 이해가 같다는 표현일 수 있다. 예수께서 이 말씀으로 하나님과 동등함을 나타낸 것이라 하겠다.	
예수의 안식일	① 배고픔이 없는 안식일	1. 다윗 일행이 사울에게 쫓기다가 제사장에게서 진설병을 얻어먹는다. 예수께서는 이 이야기를 예로 들어 안식일에 제자들이 밀밭에서 밀을 먹은 것을 변호한다. 그런데 다윗 일행이 진설병을 먹은 것은 안식일이 아니었다. 예수께서 상황파악을 잘못하고 대답하신 것일까? 안식일에 해서는 안 되는 일을 한 제자들을 변호하기 위해 한 말씀으로는 난해한 것이었다. 2. 그래서 마태는 더 적극적으로 설명한다. 안식일의 예외를 언급한다. 제사장들이 예외라는 것이다. 그러면서 예수께서 스스로 성전보다 큰 자라고 한다. 나아가서 제사장과 비교가 되지 않는 성전보다 큰 자 예수는 성전에서 드리는 제사보다 중요한 것을 하여야 한다는 것이다. 하나님은 자비를 원한다고 한다. 3. 다윗 일행이 안식일을 위반하지는 않았지만 안식일 준수보다 더 엄격한 모세 오경의 제의법을 위반한 것은 사실이다. 그러나 배고픔은 제의법의 예외일 수 있다는 것이다. 마찬가지로 안식일 준수에서 배고픔은 예외라는 것이다.	• 레미제라블은 추위에 떨며 굶주린 조카들을 위해 빵 한 조각을 훔친 죄로 19년 감옥살이를 한 장발장을 주인공으로 한 빅토르 위고의 소설이다.

		4. 제사보다 자비를 원하는 하나님께서는 이것을 문제삼지 아니하였다. 예수께서 언급한 자비는 굶주림, 배고픔에 대한 것이다. 다윗 일행은 먹을 것이 없어 시장하였고 예수의 제자들도 시장(마태)하였다. 다윗 일행은 안식일은 아니었으나 진설병을 먹어 제의법을 어겼고 예수의 제자들은 안식일에 밀을 잘라 먹어 안식일 법을 어겼다(마태, 누가).	• 장발장법: 배고픔 때문에 저지른 생계형 범죄나 생명을 유지하기 위해 저지른 작은 범죄에 대해서는 경미하게 다루어야 한다는 장발장법이 국회에서 추진 중이다
		5. 예수께서는 안식일에 해서는 안 될 일을 한 제자들을 위해 바리새인에게 무죄한 자를 정죄하지 말라고 한다. 왜 제자들이 무죄인가? 자비를 원하는 하나님께서 배고픈 상태로 안식일 지내기를 원하지 않기 때문이다.	
		6. 배고픔은 단순한 결식을 말하는 것이 아니다. 예수께서 걱정하는 것은 기아나 굶주림의 시작으로서의 배고픔을 변명하는 것이다. 다윗의 경우에도 생명이 위험한 상황의 굶주림이었다. 배고픔은 미룰 수 없는 일이다. 배고픈 상태로 안식일이 지나가기를 기다리는 것이 하나님의 뜻은 아닐 것이다. 배고픈 상태의 안식은 안식이 아니다. 여호와께서는 광야에서 이스라엘 백성이 안식일에 배고프지 않도록 여섯째 날에 이틀 양식을 주었다(출16:29).	
		7. 예수께서 한 안식일을 위반한 제자들에 대한 변명은 결국 당시의 배고픈 자들을 변호하는 항변이었다. 배고픔 극복을 위한 작은 행위는 결코 안식일 위반이라고 할 수 없다는 것이다. 당시 유대 사회의 가난의 문제를 돌이켜 보자. 누가의 평지 설교 중 네 가지 화에 하나가 배부른 자는 주리리라이고 네 가지 복에 하나가 지금 주리는 자는 배부름을 얻을 것이라고 한다.	
	② 육체적 고통이 없는 안식일	1. 예수의 안식일 논쟁 중, 제자들 변호를 제외하면 전부 다섯 가지다. 손 마른 사람을 고친 기사는 마태, 마가, 누가에 모두 있다. 그리고 누가에만 있는 기사로는 18년 동안 허리 펴지 못한 여인의 치유와 수종병 든 사람의 치유 두 가지다. 또한, 요한복음에만 있는 기사로는 베데스다 못가에서 38년 된 병자를 고치고 맹인으로 태어난 사람을 고치는 두 가지다. 예수께서는 안식일을 위반(요5:18)하더라도 모두 치유를 해준다.	• 18년 동안 꼬부라져 허리 펴지 못한 여자의 치유는 사탄에게 매임 받은 여자를 예수께서 풀어 주심으로 회복케 한 것이다. 아브라함의 딸로 회복된 여자는 하나님께 영광을 돌린다.
		2. 안식일에 치유하는 것은 안 된다. 생명이 위급한 경우에만 가능하다. 안식일에 다쳤을 경우에는 최소한의 응급처치만 하고 안식일이 지나가기를 기다려서 치료하여야 했다.	
		3. 예수께서는 평소에도 치유(마4:23, 9:35)하였고 안식일에도 치유하였다. 안식일이라고 치유를 하지 않을 이유가 없다. 요한복음에는 안식일에 고치는 일을 하였다고 해서 유대인들이 예수를 박해하였다고 한다. 그때 예수께서 '내 아버지께서 이제까지 일하시니 나도 일한다'(5:16-17)고 대답한다. 아버지는 일하고 계신데 내가 일하는 것이 무슨 문제냐는 것이다.	
		4. 예수께서는 사람을 위한 안식일(막2:27)을 말씀한다. 안식일을 지키는 사람이 본래 모습으로 회복되어 안식일을 지키면 당연히 더 좋을 것이다. 창세기에 하나님이 자기형상 곧 하나님의 형상대로 사람을 창조하시되 남자와 여자를 창조(창1:27)하였다고 한다. 더구나 하나님께서는 사람을 만든 후 그 코에 생기(창2:7)를 불어 넣어 살아 있는 존재 생령이 되게 하였다.	
		5. 예수께서 병자를 고쳐 본래의 모습으로 회복시켰다. 손 마른 사람에 대해 손을 내밀라고 하시니 내밀매 그 손이 회복(마가, 누가)되었다고 한다. 마태는 다른 손과 같이 성하더라고 한다.	
		6. 일반적으로 병의 치유와 회복을 통해 인간이 본래 모습으로 돌아가게 되기는 어렵다. 예수께서는 약물이나 주술, 외과적 수술 없이 고치고 회복시킨다.	
	③ 사람의 전신을 건전케 하는 안식일	1. 회복이란 하나님께서 처음 만들었을 때의 모습으로 회복시키는 것이라 하겠다. 그리고 회복의 진정한 의미는 하나님과의 관계회복을 말한다. 하나님과의 관계회복에서 가장 큰 걸림돌은 마귀, 사탄의 역사이다. 마귀 사탄에서 벗어나야 하나님과 바른 관계를 가질 수 있다.	

③ 사람의 전신을 건전케 하는 안식일	2. 안식일에 예수께서 가버나움 회당에서 귀신을 쫓아낸 일이 있다. 그리고 그날 베드로의 장모를 고친다. 그러나 회당에 있었을 서기관이나 바리새인들이 안식일을 지키지 않았다고 문제를 제기하였다는 기사는 없다. 귀신을 내쫓는 일이 어떤 일이기에 그들은 문제 제기를 하지 않았을까? 3. 요한복음에는 할례를 안식일에 하여도 좋다고 한 모세의 율법을 예수께서 언급하면서 내가 안식일에 사람의 전신을 건전하게 하였다고 해서 너희가 내게 노여워하는데 겉 즉 외모를 보지 말고 공의롭게 판단하라고 한다(5:16-18) 안식일에 피를 흘리는 일 즉 할례에 대해서는 모세의 율법이라고 그대로 지키면서 베데스다 못가에 누워있는 사람을 걸어가게 한 것을 문제삼느냐는 것이다. 공의롭게 판단하라고 한다. 4. 귀신이 들렸다는 것은 군대 귀신이건 무슨 귀신이건 간에 그 귀신이 그 사람의 영육을 지배하고 있다는 것이다. 귀신이 씌우다는 말 역시 귀신이 그 사람을 덮어쓰었다는 것이다. 예수께서는 안식일에 사람의 전신을 건전하게 하였다고 한다. 전신을 건전케 하기 위해서는 당연히 귀신을 쫓아내야 하는 것이다. 5. 예수께서 열두 제자를 파송할 때에 더러운 귀신을 제어하는 권능(막 3:15)과 모든 귀신을 제어하는 능력과 권위(눅 9:1)를 준다. 귀신으로 인하여 하나님을 제대로 볼 수 없는 그들로 하여금 하나님과의 관계를 회복하게 하는 것이다.	• 하나님이 원래 창조하신 그 목적대로 인간을 회복시키는 것이 구원이다. 그래서 구원은 회복이라는 단어로 바꾸어 놓을 수 있다. 신앙생활은 바로 이러한 회복의 삶을 사는 것이다 (그리스도인이 찬성하는 21가지 크리스천 라이프 스타일 중에서). • 현대판 귀신으로는 게임 귀신, 부동산 귀신, 주식 귀신, 비트코인 귀신, 약물 귀신 등이라 하겠다.	

5. 집중탐구: 초기 기독교인들과 안식일

구분	내용	비고
성전에 있다	1. 사도행전에는 초기 기독교인들의 모습이 나타나 있다. '믿는 사람이 다 함께 있어 모든 물건을 서로 통용하고 또 재산과 소유를 팔아 각 사람의 필요를 따라 나눠주며 날마다 마음을 같이 하였'(행2:44-46)다고 한다. 그리고 날마다 성전에 있든지 집에 있든지 예수 그리스도를 전도(행5:42)하였다고 한다. 2. 예수를 따르는 공동체의 독특한 모습을 보이고 있다. 그들은 하나님 나라가 곧 임박하다고 보았을 것이다.	
회당에서 예배 드리고 가르치다	1. 바울 일행이 버가모에서 더 나아가 비시디아 안디옥에 이르러 회당에 들어가 앉았다고 한다(행13:14). 바울과 바나바는 안식일을 지켰다. 2. 사도들은 회당에서 주로 가르쳤다. 사도 바울은 비시디아 안디옥에서도 가르쳤고 다메섹 회당(행9:19-20)에서 그리고 이고니아 회당(14:1)에서도 전파하였다. 물론 비시디아 안디옥이나 이고니온에서 쫓겨나기도 하였으나 많은 사람들이 사도를 따랐고(행13:43). 그 다음 안식일에는 비시디아 안디옥의 온 시민이 하나님 말씀을 듣고자 모이기도 하였다고 한다(행13:44).	• 비시디아 안디옥은 시리아 안디옥과 구분하기위하여 붙여진 이름으로 소아시아 남쪽 해안에 있었다고 한다.
이방인 기독교인	1. 유대인 기독교인은 처음에 안식일을 지켰다. 2. 할례 문제는 내부적 갈등을 일으켰다. 유대 기독교인들은 모세의 법을 지켜야 한다(행15:1,5)고 하지만 베드로는 우리도 능히 매지 못하던 멍에를 제자들의 목에 두려느냐(행15:10)고 반대한다. 바울도 종의 멍에(갈5:1)라고 하며 반대(갈3:2-5)한다. 3. 바울은 형식적인 율법에 대해 구약을 벗겨지지 아니하는 수건으로 인식하고 이 수건은 그리스도 안에서 없어질 것이라(고후3:14)고 하다.	• BC5세기 말엽부터 월삭과 안식일은 노동이 완전히 금지된 날이었다.
안식일 거부	1. 안식일은 우리를 거스르고 우리를 대적하는 의문의 증서 속에 포함되는데 바울은 십자가에 못 박으시고 지우시고(도말하시고) 제하여 버리셨다고 선포한다(골2:14).	• 음력 초하루는 월삭이다. 유대교는 월삭에 번제를 드렸다. 지키는

	2. 그러므로 먹고 마시는 것과 절기나 초하루나 안식일을 이유로 누구든지 너희를 비판하지 못하게 하라. 이것들은 장래 일의 그림자(골2:16-17)라고 바울은 강조한다. 안식일 지키지 않는 것을 비판하지 못하게 하라고 한다. 3. 바울은 날과 달과 절기와 해를 지키는 것은 너희가 다시 약하고 천박한 초등학문으로 돌아가는 것(갈4:9,10)이라고 한다. 그리고 너희가 세상의 초등학문에서 그리스도와 함께 죽었거든 어찌하여 세상에 사는 것 같이 규례에 순종하느냐(골2:20)고 걱정한다. 그는 우리에게 세상 사람같이 규례에 얽매이지 말고 살라고 한다.	방법은 안식일과 비슷하였다.
하나님의 안식	1. 히브리서 저자는 하나님의 안식(4:9)에 대해 말한다. 우리의 안식은 하나님의 안식에 그 기원을 둔다(히4:4)는 것이다. 2. 하나님께서 불순종한 그들은 결코 내 안식에 들어오지 못한다고 하였으나 믿는 우리는 그 안식에 들어갈 수 있다(4:3,6,11)고 한다. 3. 하나님의 안식은 구원받는 인간에게 약속된 안식과 연결된다. 4. 히브리서의 안식은 공관복음서의 하나님 나라나 요한복음의 생명과 같은 모든 대망의 총괄개념이다	
초대교회의 입장	1. 초대교회 교부들의 통일된 의견은 안식일이 기독교인에게 구속력을 갖지 못한다는 것이다. 2. 사도 요한의 제자요 안디옥의 주교 이그나티우스(35-107)는 편지에서 유대교 배경 기독교인들이 더이상 안식일을 지키지 않고 주일을 준수하며 새 소망을 소유하게 되었다고 한다(안티 니케네 교부들 The Anti-nicene Fathers 1권 62-63페이지). 3. 기독교의 유명한 변증자인 2세기 순교자 유스티누스(100-165)는 Dialogue with Trypho에서 할례나 안식일과 같은 율법을 따르지 않는 이유에 대해 아담, 아벨, 에녹, 노아와 같은 의인들은 안식일을 지키지 않고도 하나님을 기쁘게 하였으며 하나님이 이스라엘 백성에게 안식일을 부과한 것은 그들의 의롭지 못함과 마음의 강퍅함 때문이었다고 단언한다. 4. 리용의 주교 이레나이우스(140-204)는 아브라함은 할례를 받지 않고 안식일을 지키지 않고 하나님을 믿은 한 사람으로 예를 들고 있다. 알렉산드리아의 클레멘스는 안식일은 악을 삼가는 것으로 자제를 가리키는 것이라고 한다. 5. 3세기 초 테르툴리아누스는 우리가 안식일이나 그 밖의 유대인의 절기와 관계없는 것은 이교도의 그것들과 관계없는 것 이상이며 그리고 안식일을 계속 지켜야 한다고 주장하는 사람들은 아담과 아벨, 노아와 에녹, 멜기세덱과 롯이 이것을 지켰다는 것을 증명하지 않으면 안 된다고 하다. 또한 안식일은 죄로부터의 휴식을 상징하고 인간이 하나님 안에서 최후로 휴식할 것을 상징한다고 하다.	• AD70-130년 경으로 추정되는 문서인 바르나바 서신에는 주일을 지킨다는 언급이 있다고 한다.

제17절 ✤ 요한복음의 안식일 사건들

1. 사건비교

구분	38년 된 병자를 고치심(5:1-8)	날 때부터 맹인인 사람을 고치심(9:1-17)
때	5:1상 그 후에 유대인의 명절이 되어	9:1상 예수께서 길을 가실 때에
곳	:1하-4 예수께서 예루살렘에 올라가시니라 예루살렘에 있는 양문 곁에 히브리말로 베데스다라 하는 못이 있는데 거기 행각 다섯이 있고 그 안에 많은 병자, 맹인, 다리 저는 사람, 혈기 마른 사람들이 누워 [물의 움직임을 기다리니 이는 천사가 가끔 못에 내려와 물을 움직이게 하는데 움직인 후에 먼저 들어가는 자는 어떤 병에 걸렸든지 낫게 됨이러라]	
누구	:5 거기 서른여덟 해 된 병자가 있더라	:1하 날 때부터 맹인 된 사람을 보신지라
제자들의 관심		:2 제자들이 물어 이르되 랍비여 이 사람이 맹인으로 난 것이 누구의 죄로 인함이니이까 자기니이까 그의 부모니이까
예수의 관심	:6-7 예수께서 그 누운 것을 보시고 병이 벌써 오래된 줄 아시고 이르시되 네가 낫고자 하느냐 병자가 대답하되 주여 물이 움직일 때에 나를 못에 넣어 주는 사람이 없어 내가 가는 동안에 다른 사람이 먼저 내려가나이다	:3-5 예수께서 대답하시되 이 사람이나 그 부모의 죄로 인한 것이 아니라 그에게서 하나님이 하시는 일을 나타내고자 하심이라 때가 아직 낮이매 나를 보내신 이의 일을 우리가 하여야 하리라 밤이 오리니 그 때는 아무도 일할 수 없느니라 내가 세상에 있는 동안에는 세상의 빛이로라
치유	:8-9 예수께서 이르시되 일어나 네 자리를 들고 걸어가라 하시니 그 사람이 곧 나아서 자리를 들고 걸어가니라 이 날은 안식일이니	:6-7 이 말씀을 하시고 땅에 침을 뱉어 진흙을 이겨 그의 눈에 바르시고 이르시되 실로암 못에 가서 씻으라 하시니 (실로암은 번역하면 보냄을 받았다는 뜻이라) 이에 가서 씻고 밝은 눈으로 왔더라
유대인, 이웃들의 반응	:10-13 유대인들이 병 나은 사람에게 이르되 안식일인데 네가 자리를 들고 가는 것이 옳지 아니하니라 대답하되 나를 낫게 한 그가 자리를 들고 걸어가라 하더라 하니 그들이 묻되 너에게 자리를 들고 걸어가라 한 사람이 누구냐 하되 고침을 받은 사람은 그가 누구인지 알지 못하니 이는 거기 사람이 많으므로 예수께서 이미 피하셨음이라	:8-10 이웃 사람들과 전에 그가 걸인인 것을 보았던 사람들이 이르되 이는 앉아서 구걸하던 자가 아니냐 어떤 사람은 그 사람이라 하며 어떤 사람은 아니라 그와 비슷하다 하거늘 자기 말은 내가 그라 하니 그들이 묻되 그러면 네 눈이 어떻게 떠졌느냐
안식일에 일을 한 예수	14 그 후에 예수께서 성전에서 그 사람을 만나 이르시되 보라 네가 나았으니 더 심한 것이 생기지 않게 다시는 죄를 범하지 말라 하시니 :15-16 그 사람이 유대인들에게 가서 자기를 고친 이는 예수라 하니라 그러므로 안식일에 이러한 일을 행하신다 하여 유대인들이 예수를 박해하게 된지라	:11 대답하되 예수라 하는 그 사람이 진흙을 이겨 내 눈에 바르고 나더러 실로암에 가서 씻으라 하기에 가서 씻었더니 보게 되었노라 :12-13 그들이 이르되 그가 어디 있느냐 이르되 알지 못하노라 하니라 그들이 전에 맹인이었던 사람을 데리고 바리새인들에게 갔더라 :14 예수께서 진흙을 이겨 눈을 뜨게 하신 날은 안식일이라

예수의 정체성	:17 예수께서 그들에게 이르시되 내 아버지께서 이제까지 일하시니 나도 일한다 하시매 :18 유대인들이 이로 말미암아 더욱 예수를 죽이고자 하니 이는 안식일을 범할 뿐만 아니라 하나님을 자기의 친 아버지라 하여 자기를 하나님과 동등으로 삼으심이러라	:15 그러므로 바리새인들도 그가 어떻게 보게 되었는지를 물으니 이르되 그 사람이 진흙을 내 눈에 바르매 내가 씻고 보나이다 하니 :16 바리새인 중에 어떤 사람은 말하되 이 사람이 안식일을 지키지 아니하니 하나님께로부터 온 자가 아니라 하며 어떤 사람은 말하되 죄인으로서 어떻게 이러한 표적을 행하겠느냐 하여 그들 중에 분쟁이 있었더니 :17 이에 맹인되었던 자에게 다시 묻되 그 사람이 네 눈을 뜨게 하였으니 너는 그를 어떠한 사람이라 하느냐 대답하되 선지자니이다 하니

2. 사건의 차이

구분	38년된 병자를 고치심 (세 번째 표적)	날 때부터 맹인인 사람을 고치심 (여섯 번째 표적)
때	• 유대인의 명절, 안식일	• 길 가실 때, 안식일
곳	예루살렘, 베데스다 못	길가(근처에 실로암 못이 있을것으로 추정)
누구	• 거기 서른여덟 해 된 병자가 있더라	• 날 때부터 맹인 된 사람을 보신지라
누구	• 베데스다 못가에 있는 38년 된 병자 • 못에 물이 움직일 때에 못에 넣어주는 사람이 없어 그가 가는 동안에 다른 사람이 먼저 내려가서 병을 고치지 못하고 있는 병자(5:5-7)	• 날 때부터 맹인이었던 사람(9:1) • 걸인, 앉아서 구걸하던 자(9:8)
원인	병의 원인: 더 심한 것이 생기지 않게 다시 죄를 범하지 말라(5:14)	맹인으로 난 것이 누구의 죄로 인함인가(9:2) 하나님이 하는 일을 나타내고자 함이다(9:3) 유대인: 온전히 죄 가운데 난 자(9:34)
예수의 관심	• 그가 누운 것을 보고 병이 오래된 줄 알다 • 그에게 네가 병이 낫기를 바라느냐고 물으시니 그는 자기가 병이 낫지 못하는 이유를 설명한다	• 하나님이 하는 일을 나타내고자 함이다 • 맹인의 문제가 아니라 빛의 문제이다 • 나는 세상의 빛이다(9:5)
치유	• 네 자리를 들고 걸어가라 하니 그 사람이 곧 나아서 자리를 들고 걸어 가니라 • 자리를 들고 가라는 이야기가 네 번 나온다. 예수께서 하신 말씀으로(5:8), 유대인들의 지적으로(5:10), 병 나은 사람의 대답으로(5:11), 유대인의 질문(5:12)으로 나온다 • 걷게 된 것이 중요하지 않고 자리를 들고 가나 안 가나가 중요해지다	• 땅에 침을 뱉어 진흙을 이겨 그의 눈에 바르시고 실로암 못에 가서 씻으라 하시니 씻고 밝은 눈으로 왔더라 • 진흙을 눈에 바른 이야기는 모두 세 번 나온다. 예수께서 하신 일로서(9:6), 사람들의 질문의 대답으로(9:14), 바리새인 질문의 대답으로(9:15) 나온다· • 치유의 방법에 관심이 집중되어 있다
유대인, 이웃들의 반응	• 유대인들은 안식일에 자리를 들고 가는 것이 옳지 않다고 하다(5:10) • 유대인들은 자리를 들고 가라고 한 사람이 누구냐고 묻는다(5:12). 세 번째 표적 즉 38년 된 병자를 고친 일보다는 안식일 위반자를 찾는 모습이다	• 이웃들은 그가 걸인이었던 맹인인가가 관심사다. 믿을 수 없는 일이 벌어졌기 때문이다(9:8-9) • 맹인이었던 사람이 내가 그라고 밝힌다 • 신원확인 즉 동일인임이 밝혀진 다음에는 어떻게 눈이 떠졌는가가 그들의 관심사가 되다

그가 누구인가, 그가 어디에 있느냐	• 38년 동안 병자이었다가 고침을 받은 사람은 누가 자기를 고쳐 주었는지도 모른다(5:13) • 예수께서 성전에서 그를 만난 후 고친 이가 예수인 줄 알고 유대인들에게 말한다(5:15)	• 날 때부터 맹인이었던 걸인은 예수라 하는 사람이 눈을 뜨게 해주었다(9:11)고 한다 • 이웃 사람들은 그가 어디에 있느냐(9:12)고 물으니 모른다고 한다 • 이웃 사람들은 맹인이었던 사람을 바리새인들에게로 데려간다(9:13)
안식일에 일한 예수	• 안식일에 이러한 일을 행하는 예수가 강조되다 • 유대인들이 예수를 박해하게 되다(5:16)	• 예수께서 눈을 뜨게 해 주신 날이 안식일이었다고 한다(9:14) • 바리새인들은 어떻게 눈을 떴는지가 최대관심사이다. 안식일 위반을 먼저 문제삼지 아니하였다
예수의 정체성	• 아버지께서 일하시니 나도 일한다고 하다(5:17) • 안식일을 범한 자, 자기를 하나님과 동등으로 삼으신 자라고 유대인들이 죽이려 하다	• 안식일을 지키지 아니하였음으로 하나님께로부터 온 자가 아니라(바리새인9:16) • 죄인으로서 어떻게 이러한 표적을 행하겠느냐(어떤 사람 9:16) • 눈을 뜨게 한 사람은 선지자로다
표적을 행하신 이유	• 안식일이지만 아버지께서 일하시니 나도 일한다고 한다(5:17)	• 때가 아직 낮이다 • 나를 보내신 이의 일을 우리가 하여야 하리라 밤에는 아무도 일할 수 없다(9:4) • 내가 세상에 있는 동안은 세상의 빛이라
병, 눈 멂의 원인	• 38년간 병자이었던 사람을 고쳐 준 예수께서 성전에서 만나 이르기를 '보라 네가 나았으니 더 심한 것이 생기지 않게 다시는 죄를 범하지 말라'고 하다	• 제자들이 맹인으로 난 것이 누구의 죄로 인함이냐고 묻는다(9:2) • 예수의 대답은 이 사람이나 그 부모의 죄로 인한 것이 아니라 그에게서 하나님이 하시는 일을 나타내고자 하심이라고 한다(9:3) • 이야기 끝에 예수께서 내가 이 세상에 온 것은 보지 못하는 자들을 보게 하고 보는 자는 맹인이 되게 하려 함이라(9:35)고 한다
그 후	유대인들에게 돌아가다(5:15)	쫓겨나다(9:35)

3. 본문이해

3.1 38년 된 병자를 고치심(5:1-18): 세 번째 표적

구분	내용	비고
기사의 위치	1. 요한복음 5장에서 12장은 십자가를 향한 예수의 사역 이야기다. 그런데 그 첫 번째로 거론된 것이 38년 된 병자를 고친 안식일 문제(5:1-17)이고 오천 명을 먹인 먹거리 문제(제6장)이며 날 때부터 맹인인 사람을 고친 일(제9장), 선한 목자의 비유(제10장), 나사로의 부활(제11장)등의 기사가 계속된다. 2. 예수께서 성전에서 가르칠 때 안식일에 관한 말씀(요7:22-23)을 하는데 안식일의 목적에 관한 이 기사는 베데스다에서 병자를 고친 이야기의 끝인 요5:18 뒤에 와야 한다는 주장이 있다.	요7:23 모세의 율법을 범하지 아니하려고 사람이 안식일에도 할례를 받는 일이 있거든 내가 안식일에 사람의 전신을 건전하게 한 것으로 너희가 내게 노여워하느냐
유대인의 한 명절	1. 어느 명절인지 분명하지가 않다. 요한복음에는 유월절(6:4), 초막절(7:2), 수전절(10:22), 다시 유월절(12:1) 등이 나오는데 이 명절에만 이름이 없다.	

	2. 6장에 유월절이 있어서 그전에 있는 부림절(2-3월)로 보여진다. 사본 중에 관사가 있는 것과 없는 것에 따라 다르게 추정할 수 있는데 오순절로 보는 이들도 많다. 3. 예수께서 예루살렘에 올라가는데 혼자 간 것 같다.	
양문	1. 느헤미야에 나오는 양문으로 해석한다(느3:1,32, 12:39), 양이 출입하는 문이다. 2. 성전에서 사용하는 제물용 양을 반입하던 문으로 추측한다. 3. 사본상 이본이 많고 원문이 애매하여 양 시장 또는 아람어로 해석하여 목장으로 보는 이들도 있다.	느3:1상 그 때에 대제사장 엘리아십이 그의 형제 제사장들과 함께 일어나 양문을 건축하여
베데스다(1)	1. 은혜의 집, 방출의 집이라는 뜻이다. 유력한 사본에는 베드자로 되어 있다. 즉 감람의 집으로 되어 있는데 이렇게 읽은 것을 지지하는 학자들이 많다. 2. 3세기 초 교부 오리겐은 성전 북쪽에서 커다란 연못과 다섯 개의 행각을 발굴하였다고 전해오고 있다. 3. 3절 하와 4절이 괄호 안에 있는 것은 일부 사본에는 없는 기사이기 때문이다. 민간전승으로 보아야 할 것이다. 4. 물의 움직임(5:4,7)에 대해서 성전 용수 흐름에 의한 움직임으로도 볼 수는 있다. 그러나 베데스다라는 이름이 방출을 의미하고 있어 샘 자체 속에서 물이 솟구치는 간헐천의 용출 현상으로도 이해할 수 있다 5. 고래로 약수, 온천과 같은 용출수가 만병통치로 알려져 있는데 여기에 천사의 하강 이야기까지 합쳐져서 치유를 보증하는 연못이 된 것 같다. .	• 교부 유세비우스는 빨간 빛깔의 물을 이야기 하는데 아마도 제물의 도살 시 흘러 들어온 것으로 짐작된다. • 베데스다의 위치논쟁은 지금도 계속되고 있다.
베데스다(2)	1. 이 이야기를 비유로 보는 이들이 있다. 병자는 이스라엘, 38년은 메시아 예수를 대망한 기간, 다섯 행각은 모세 오경으로 보는데 그러나 다섯 행각은 환자들이 들어갈 수는 있지만 치유되지는 못한다. 물의 움직임은 세례라는 것이다. 2. 은유로 볼 수는 없을 것이다. 여기서 이스라엘을 병자로 볼 수 없다. 요한복음은 너무나 생생한 현장의 모습을 말하고 있기 때문이다. 3. 베데스다는 병들고 불쌍한 사람들이 모두 모인 종합병원 같은 곳이다. 많은 병자, 맹인, 다리 저는 사람, 혈기 마른 사람, 누워있는 사람 등이다. 내과, 외과, 정형외과, 안과, 정신과, 마취과, 통증의학과, 진단검사의학과 등에서 치료가 필요한 환자들이라 하겠다. 4. 명절에 예루살렘에 올라온 예수께서 희망없이 하염없이 낫기를 기다리고 있는 환자들이 모여 있는 베데스다를 안식일에 찾았다. 얼마나 감사한 일인가.	• 미국 메릴랜드의 베데스다 해군병원(1940-2011)은 대통령을 위한 의료서비스를 제공했다. 1960년 11월 암살된 케네디 대통령의 부검, 레이건 대통령 부부의 수술, 버락 오바마 대통령의 정기검진 등이 실시되었다.
38년 된 병자	1. 나이가 아니다. 병 기간이 38년이다. 베데스다 못가에서 낫기를 고대하고 있는 사람이다. 입수의 기회를 하염없이 기다리고 있다(5:7). 2. 38년 된 병자의 행색은 누추하고 신색은 초라하였을 것이다. 예수께서 그 누운 것을 보고 병이 오래된 줄 알다(5:6), 여기서 알았다는 것은 환자의 병뿐 아니라 병의 원인 등 모든 것을 파악하였다는 것이다. 3. 병명이 없다. 이미 언급된 병 중에 하나일 수도 있다. 마가에서 예수께서는 '일어나 네 상을 가지고 집으로 가라'(막2:11-12)는 같은 명령을 내리는데 이 경우를 보면 중풍병자일 수도 있다. 4. 예수께서 네가 낫기를 원하느냐고 물으나 자기가 낫지 못하는 이유가 물에 넣어 주는 사람이 없어서라고 한다.	<병명을 모르는 병> 희귀병은 그래도 이름은 있다. 그러나 세상에는 병명도 모르는 병이 많다. 병명을 모르니 희귀병으로도 등재할 수 없다. 병명을 모른 체 병으로 고통받는 이들을 생각해 보자. 38년 된 병자에게는 병명이 없다.

	5. 돌보는 이가 없는 병자다. 긴 병에 효자 없다는 속담처럼 38년 된 병자에게는 사람이 없었다(5:7). 공관복음의 중풍병자는 네 사람이 지붕을 뜯고 병자의 침상을 예수 앞에 내려주지만, 이 병자에게는 물에 넣어 주는 사람이 없는 것이다. 돌보는 이 없는 불쌍한 환자다. 6. 철저하게 무능하고 외로운 이 병자는 절망적인 상황 속에서도 38년간 병 낫기를 포기하지 않고 있었다. 이런 사람에게 예수께서 찾아간 것이다	
네가 낫고자 하느냐	1. 예수께서 병자에게 한 말씀이다. 예수께서는 이미 이 병자에 대해 모든 것을 알고 있다. 그래서 참으로 이 병자를 불쌍히 여기시어 동정하여 한 말씀이다. 2. 이와 같은 질문을 하지 않고도 병을 고쳐 준 경우가 많이 있다. 그런데 병 낫기를 고대하고 있는 이 병자에게 왜 네가 낫고자 하느냐고 물으셨는가. 3. 병 낫기를 원하는지 아닌지를 확인하는 질문이 아니다. 병자에게 무언가 다짐을 받기 위해서 하신 질문이다. 14절에 예수께서 성전에서 병 나은 사람을 만나 다시는 죄를 짓지 말라고 한다. 네가 낫고자 하느냐는 말씀은 네가 왜 병에 걸렸는지 아느냐는 의미도 포함하고 있다. 4. 그러므로 이 말씀은 동시에 병자에 대한 은혜의 선포인 것이다. 예수께서 은혜로 표적을 행하겠다는 선언이기도 하다.	
일어나 걸어가라	1. 예수께서 네 자리를 들고 걸어가라(5:8)고 명령한다. 여기서 자리는 크랍바토스로 짚으로 만든 거적이나 들것이다. 2. 정상인도 오래 누워있으면 바로 일어나기가 쉽지 않다. 그런데 38년 된 환자, 누워있던 환자가 곧 나아서 자리를 들고 걸어갔다는 것이다(5:9). 　공관복음에서 예수께서는 중풍병자에게 내가 네게 이르노니 일어나 네 상을 가지고 집으로 가라고 하지만 이 날은 안식일은 아니었다(마9:6, 막2:11, 눅5:24). 3. 예수는 권위와 능력(눅4:36)으로 명령한다. 예수께서는 공생애의 첫 사역으로 더러운 귀신을 쫓아낼 때도 잠잠하고 그 사람에게서 나오라고 명령한다(막1:25, 눅4:35). 그런데 이 일이 요한복음의 세 번째 표적이다.	• 미쉬나에도 안식일에 자리를 운반하는 것을 금하고 있다.
유대인들	1. 유대인들은 38년 된 병자가 걸어가는 놀라운 극적인 장면에는 관심이 없다. 2. 그들에게는 병자가 안식일을 위반한 일이 더 놀라운 일이었을 것이다. 그래서 대뜸 나음을 받은 병자에게 네가 안식일에 자리를 들고 가는 것이 옳으냐고 따진다(5:10). 자리를 들고 가는 것은 짐을 운반하는 것이다. 이것은 안식일 준수 위반이다. 예레미야(17:21-22)와 느헤미야(13:19), 민수기(15:32)에 기록되어 있다. 3. 그는 '나를 낫게 한 그가 자리를 들고 걸어가라' 하였다고 대답한다(5:11). 유대인들은 그가 누구냐고 묻는다(5:12). 그러나 병 고침을 받은 사람은 그가 누구인지 모른다. 나중에 성전에서 예수를 만난 후 그가 예수라는 것을 알고 그들에게 말한다(5:15). 4. 예수께서 미리 피한(5:13) 이유는 예루살렘의 적대적인 분위기 때문이었다. 공관복음서에서 예수께서는 한 나병환자를 고쳐 주고도 이를 유포하지 말라고 경고한다(마8:4, 막1:44, 눅5:14). 5. 유대인들은 38년 된 병자를 고친 분이 예수라는 것을 알게 되었다. 그러나 그들은 '안식일에 이런 일을 행한다 하여 예수를 박해하게'(5:16)된다.	• 안식일에 입은 옷에 꽂혀 있는 바늘이나 심지어는 옷에 장식이 달려 있어도 짐으로 보았다. 렘17:22 안식일에 너희 집에서 짐을 내지 말며 어떤 일이라도 하지 말고 내가 너희 조상들에게 명령함 같이 안식일을 거룩히 할지어다
다시 죄를 범하지 말라	1. 유대인들은 죄와 고통은 불가분의 관계라고 본다. 사람들이 고통을 당하는 것은 죄 때문이라고 믿었다. 체험적 신앙고백이라 하겠다. 랍비들은 병자의 죄가 사라지기 전에는 병석에서 일어날 수 없다고 보았다. 구약적인 사고라 하겠다.	

	2. 예수께서는 다 아는 분이다. 나다나엘이 무화과나무 아래에 있는 것도 보았고(요1:48), 수가성 여자의 증언처럼 '내가 행한 모든 것'(요4:39)을 예수께서는 다 아는 분이다. 베데스다 못 가에서 예수께서는 38년 된 병자의 죄도 알고 있었다. 그래서 네가 나았으니 더 심한 것이 생기지 않게 다시 죄를 범하지 말라고 한다(요5:14). 3. 예수는 모든 병을 일률적으로 죄의 결과라고는 보지 않는다. 태어날 때부터 맹인이었던 사람에 대해서 이 사람이 맹인으로 난 것은 누구의 죄도 아니라고 하며 그에게서 하나님이 하시는 일을 나타내고자 함이라(요9:3)고 한다. 그러나 이 이야기 끝에서 유대인들은 날 때부터 맹인이었던 사람에게 온전히 죄 가운데 난 자(9:34)라고 한다. 4. 예수께서는 죄에서 우리를 구하기 위하여 오신 구세주이다. 죄가 원인인 병을 낫게 하여 우리로 구원받게 하는 분이다.	• 음행한 여자를 끌어와 세우고 어떻게 하시겠느냐고 하는 무리들에게 예수께서는 땅에 손가락으로 쓰시기를 너희 중에 죄 없는 자가 먼저 돌로 치라고 한다. 그 후 아무도 없을 때 예수께서 나도 정죄하지 아니하노니 가서 다시는 죄를 짓지 말라고 한다(요8:3-11).
아버지께서 일하시니 나도 일한다	1. 예수께서 유대인들에게 하나님께서 이제까지 일하신다고 한다. 하나님께서는 천지창조 후 지금까지 계속 일하고 있고 지금도 우리의 역사 가운데에서 섭리하고 주장하는 분이다. 2. 구약시대에도 유대인들은 하나님은 일하고 있다고 믿었다. 시편 기자(121:4)는 '졸지도 아니하시고 주무시지도 아니하신다'고 하였고 역대하(16:9)에는 '여호와의 눈은 온 땅을 감찰하사 전심으로 자기에게 향하는 자들을 위하여 능력을 베푸시나니'라고 한다. 3. 사도 바울은 사람과 함께 일하는 하나님에 대해 말하고 있다. 그에 의하면 '우리는 하나님을 위해서 함께 일하는 일꾼'(공동번역 고전3:9)이라는 것이다. 4. 유대인들도 하나님께서 일하고 있다는 것에 대해서는 이의가 없었을 것이다. 예수께서는 아버지께서 '이제까지' 일한다고 하며 종말론적인 하나님을 말씀하고 있는데 여기에는 미래에는 '심판의 하나님'이라는 의미가 포함되어 있다. 5. 베데스다 못가에서 38년 된 병자를 예수께서 고친 일의 문제는 안식일을 범하였을 뿐 아니라 하나님을 내 아버지라고 부름으로써 자기의 친 아버지라고 하여 자기를 하나님과 동등으로 삼았기 때문(5:18)이라 한다. 6. 본문을 살펴보면 안식일에 일하였기 때문에 예수를 박해하였다(5:16)고 한다. 더구나 유대인들은 예수께서 하나님을 내 아버지라고 불렀다고하여 예수를 죽이려고 한다(5:17). 예수께서 신성모독죄를 저질렀다는 것이다. 7. 요한복음에는 예수께서 아버지와의 관계를 설명하면서 자신이 안식일에 일하는 이유를 말씀한다. 예수께서 하나님을 내 아버지라고 부름으로서 직접 자신의 신성을 드러낸 것이다. 공관복음에서는 예수께서 '인자는 안식일에도 주인이라'(마12:8, 막2:28, 눅6:5)고 하고 '안식일이 사람을 위하여 있는 것'(막2:27)이라고 한다. 8. 하나님의 아들 예수께서는 가장 비참한 인간의 하나인 38년 된 병자에게 일어나 걸어가라고 한다. 일하고 있는 하나님처럼 예수께서도 일을 하는데 그 날이 안식일이었다는 것이다. 예수께서는 안식일에 구애받지 않고 일하였기 때문에 공관복음과 달리 기사 중간에 이날이 안식일(5:9)이었다고 한다. 그래서 이 이야기를 치유의 표적 중심으로 이해하기도 한다. 9. 38년 된 병자의 고통이나 어려움을 이해하지도 못하는 유대인들, 그리고 예수의 말씀에 그가 일어나 걸어가는 놀라운 광경을 보고도 살아 계신 하나님의 역사를 깨닫지 못하는 유대인들, 그들이 진짜로 가엾고 불쌍한 사람들인 것이다. 그들에게는 하나님의 계명이 아니라 자신들이 만든 규율이 중요하고 사람이 만든 법을 지키지 않는다고 하여 결국은 예수를 죽이려 한다.	사64:4 주 외에는 자기를 앙망하는 자를 위하여 이런 일을 행하신 이를 옛부터 들은 자도 없고 귀로 들은 자도 없고 눈으로 본 자도 없었나이다 시121:4 이스라엘을 지키시는 이는 졸지도 아니하시고 주무시지도 아니하시리로다 고전3:9 우리는 하나님의 동역자들이요 너희는 하나님의 밭이요 하나님의 집이니라

3.2 날 때부터 맹인 된 사람을 고치심(9:1-17): 여섯 번째 표적

구분	내용	비고
5장과 9장 이야기 • 구조의 차이	1. 이 기사 역시 표적 이야기이다. 38년 된 병자를 고친 이야기는 세 번째, 날 때부터 맹인 된 사람을 고친 이야기는 여섯 번째 표적 기사다. 2. 38년 된 병자를 고친 후에 안식일(5:9)이라고 하고 날 때부터 맹인이었던 사람을 고친 후 안식일(9:16)이라고 한다. 3. 38년 된 병자를 고친 이야기는 베데스다라는 연못이 나오고(5:2), 날 때부터 맹인이었던 사람을 고친 이야기에는 실로암 못이 나온다(9:7). 4. 38년 된 병을 고침 받은 사람은 고쳐 준 이가 누구인지 몰랐다(5:13). 그러나 날 때부터 소경이었다가 눈을 뜨게 된 사람은 눈을 뜨게 해 준 사람이 예수(9:11)라고 알고 있었다. 5. 두 이야기 모두 예루살렘에서 일어난 일이다. 6. 38년 된 병자를 고친 기사에서 예수께서는 유대인들과 직접 말하므로(5:17) 부딪친다. 날 때부터 맹인이었던 사람을 고치는 기사에서 예수께서는 그들과 직접 부딪치지는 아니한다. 그러나 눈을 뜨게 된 자는 처음에는 주변 사람들에게(9:8-12), 두 번째로는 바리새인들에게(:13-17), 세 번째로는 그 부모가 유대인들에게(:18-23) 소환되고, 네 번째로는 유대인들이 다시 눈을 뜨게 된 자(:24-34)를 소환한다.	• 조엘 오스틴은 긍정의 힘에서 베데스다 기적 이야기를 예수께서 너는 할 수 있다라는 자신감을 심어주었기 때문에 병이 나았다고 한다. • 예수의 치유 기적은 하나님이 하시는 일을 나타내고자 하심이니라(요9:3)고 보아야 할 것이다.
• 예수가 본 사람들	1. 5장에서의 예수는 예루살렘에 올라와서 베데스다라는 연못으로 간다. 거기에는 일부 사본에는 삭제되어 있듯이 미신 같은 것을 믿고 살아가는 병자들이 모여 있는 곳이다. 그런데 그곳에서 예수께서는 누워있는 38년 된 병자를 본다(5:5-6). 2. 9장에서의 예수는 길을 가다가 '날 때부터 맹인'(9:1)이었던 사람을 본다. 뒷부분에 사람들이 하는 말이 '그는 길에 앉아서 구걸'하던 걸인이라고 한다(9:8).	• 초기 카타콤베의 미술에서는 소경을 치료하는 것이 세례의 상징이었다고 한다.
• 예수의 모습	1. 5장에서 예수는 세상에서 가장 불쌍한 사람 중의 하나인 38년 된 병자를 고치고 구원하는 치유의 구세주이다. 2. 9장에서 예수는 길에서 가끔 볼 수 있는 소경, 앉아서 구걸하는 소경에게 빛을 주는 '세상의 빛'이신 것이다(9:5). 예수는 '참 빛'이신데 '세상 각 사람에게 비추는 빛'이시다(요1:9). 3. 9장은 안식일 문제를 거론하기 위한 표적이라기보다는 예수가 세상의 빛이라는 주제의 기사라고 하겠다. 9장 전체에서 맹인이라는 단어가 11회 반복된다. 4. 고침을 받은 맹인에게 예수는 어떤 모습의 사람이었나. (1) 처음에는 '예수라 하는 그 사람'(9:11)이라고 하였다 (2) '선지자'(9:17)라고 하다가 (3) '하나님께로부터 온 사람'(9:33)이 아니겠냐고 하고 (4) 나중에는 '주여 내가 믿나이다'(9:38)라고 한다. (5) 고침을 받은 맹인의 눈은 점점 밝아져서 예수의 모습을 바로 보게 된다. 5. 바리새인들은 (1) 처음에는 '안식일을 지키지 아니하니 하나님께로부터 온 자가 아니라'(9:14)하고 (2) 두 번째로는 '우리는 이 사람이 죄인인 줄 안다'(9:24)고 한다. (3) 그리고 자신들을 모세의 제자라고 하며 '이 사람이 어디서 왔는지 알지 못한다'고도 한다(9:28-29).	• 맹인은 예수께서 침에 이겨 눈에 발라준 진흙을 실로암 못에 가서 씻는다. 엘리사가 시리아 사람 나아만을 요단 강에 가서 씻게 하여 나병을 고친 일이 연상된다(왕하5:10-14).

• 예수와 하나님과의 관계	(4) 나중에는 '우리도 맹인인가'(9:40)라고 한다. (5) 바리새인들의 눈이 점점 어두워가는 것을 볼 수 있다. 1. 5장에서 예수는 하나님을 '내 아버지'라고 한다. 그래서 유대인들이 죽이려고 한다(5:17-18). 요한복음에서 내 아버지라는 말씀이 5번이나 나온다. 2. 9장에서 예수는 하나님을 '나를 보내신 이'(9:4)라고도 한다. 그러나 바리새인들은 이 사람이 안식일을 지키지 아니하니 하나님께로부터 온 자가 아니라고 한다. 그러나 어떤 사람은 죄인으로 어떻게 이런 표적을 행하겠느냐고 서로 분쟁하였다고 한다(9:16). 3. 그러나 다시 눈을 뜨게 된 자는 바리새인들의 두 번째 소환에서 그분이 만일 하나님께서 보내신 분이 아니라면 이런 일을 도저히 하실 수가 없을 것입니다(공동번역 9:33)라고 한다.	• 마가에서 예수께서는 하나님과의 관계를 아빠 아버지라고 하고 (막14:36) 사도 바울도 그렇게 말한다(롬8:15, 갈4:6).
요한복음에서의 안식일에 대한 입장	1. 예수께서 본 것은 38년이나 된 병자이고 또한 길에서 구걸하는 맹인이다. 예수께서는 이런 이들을 보고 일하지 않을 수가 없었다. 9장에서 예수께서는 때가 아직 낮이다 하나님 즉 나를 보내신 이의 일을 우리가 하여야 한다. 밤이 오면 그때는 일할 수 없다고 한다. 기회가 있을 때 일해야 한다는 것이다. 2. 예수께서는 5장에서 유대인들에게 내 아버지께서 일하시니 나도 일한다고 한다. 9장에서는 하나님의 일을 해야 한다(9:4)고 하며 또한 12장에서는 예수께서 자신의 죽음에 대해 예고로써 빛이 있을 때 빛을 믿으라(12:36)고 한다. 아직 잠시 동안 빛이 너희 중에 있으니 빛이 있을 동안에 다니라고도 한다(12:35). 3. 예수께서 하는 일은 자신을 보낸 이의 일(9:4)이다. 그런데 맹인이 된 원인에 대해서 죄로 인한 것이 아니라 하나님이 하시는 일을 나타내고자 하심이라(9:3)고 한다. 예수께서 해야 하는 일은 보내신 이의 일이고 하나님을 나타내는 일인 것이다. 예수의 입장에서 병자나 맹인을 고치는 일은 하나님을 나타내는 일이라 하겠다. 4. 안식일은 구원의 하나님을 기억해야 하는 날이고 기뻐하고 즐거워해야 하는 날이다. 그날에 치유 받고 눈뜸으로 본래 모습으로 회복된 그들이 다른 이들과 함께 기뻐하고 즐거워할 수 있게 하는 일이야말로 예수의 일이었을 것이다.	요일1:5 우리가 그에게서 듣고 너희에게 전하는 소식은 이것이니 곧 하나님은 빛이시라 그에게는 어둠이 조금도 없으시다는 것이니라
요한복음에서의 병에 대한 입장	1. 5장에서는 병의 원인이 죄라고 예수께서 말씀한다. '더 심한 것이 생기지 않게 다시는 죄를 범하지 말라'(5:14) 2. 9장에서는 제자들이 예수께 이 사람이 맹인으로 난 것이 누구의 죄로 인함이 자신인가 그 부모의 죄 때문이냐고 묻는다. 그때 예수께서는 하나님이 하시는 일을 나타내고자 함이라고 대답한다. 그러나 고침 받은 맹인이 바리새인들에게 '이 사람이 하나님께로부터 오지 아니하였다면 아무 일도 할 수 없으리이다'라고 한다. 그들은 '네가 온전히 죄 가운데서 나서 우리를 가르치느냐(9:33-34)고 한다. 맹인이 맹인이었던 이유가 죄 때문이라는 것이다. 3. 구약에서 병의 원인은 죄 때문이고 하나님께 불순종하고 배역함으로 생기는 것이며 또한 질병은 사탄의 역사(욥2:7-8, 삼상16:14)이기도 하다. 4. 하나님은 치유하는 분이다. 나는 너희를 치료하는 여호와임이라(출15:26)고 단호하게 선포한다. 구약의 경건한 왕 중의 첫째인 아사는 병들었을 때 하나님께 구하지 않고 의사에게 구하다가 죽는다(대하16:12). 5. 예수께서는 질병만 치료하는 것이 아니라 하나님을 경험하게 한다. 그래서 치유 받은 이들이 하나님께 영광을 돌리는 경우가 많다(눅5:5-25 중풍병자를 고치심, 눅13:10-17 18년 동안 꼬부라져 펴지 못하는 한 여자, 눅17:11-16 나병환자 열 명을 고치심, 눅18:35-43 여리고에서 구걸하는 맹인을 고치심 등).	욥2:7 사탄이 이에 여호와 앞에서 물러가서 욥을 쳐서 그의 발바닥에서 정수리까지 종기가 나게 한지라 • 죄가 대물림 된다는 생각은 구약에 잘 나타나 있다(출20:5). 아버지의 악행을 자손 삼사 대까지 보응하겠다고도 한다(출34:7, 민14:18).

	6. 예수께서는 38년 된 병자의 병의 원인이 죄임을 분명히 하면서 예수의 치유 기적에서는 처음으로 재발 가능성을 말씀한다. 재발이 되면 그 원인이 죄라는 것이다. 우리는 그의 병이 무엇인지 모르고 또한 그것이 어떤 죄인지도 모른다. 그러나 태어날 때부터의 죄는 아닌 것이다. 예수는 죄로 인해 38년이나 고생한 병자의 원인인 죄를 사람으로 구원하는 구세주이다.	
맹인에 대한 예수의 생각	1. 예수께서는 과거 전통적 사고인 질병과 불구의 원인이 죄라는 인습적 개념을 타파한다. 2. 맹인으로 태어난 것은 하나님이 하는 일을 나타내고자 함이라고 한다. 9장에서 예수께서는 결론적으로 '내가 심판하러 이 세상에 왔으니 보지 못하는 자들을 보게 하고 보는 자들은 맹인이 되게 하려 함'(9:39)이라고 한다. 이때 바리새인들이 '우리도 맹인인가'라고 한다. 예수께서는 '너희가 맹인이 되었더라면 죄가 없으려니와 본다고 하니 너희 죄가 그대로 있느니라'(9:41)고 한다. 3. '하나님이 하시는 일을 나타내고자 하심이라'(9:3)고 하였는데 어떻게 나타내려 하는 것일까. 예수의 기적, 표적의 행함이라 하겠다. 날 때부터 소경된 자를 눈뜨게 하심은 요한복음의 여섯 번째 표적이다. 4. 장애인, 불구자에 대한 이와 같은 적극적, 긍정적 표현은 인류역사상 전대미문이라 하겠다. 당시에는 장애인을 하나님의 피조물로 대등하게 여기는 것부터가 있을 수 없었던 일이었다. 장애인들은 성전에 들어가지 못하였다. 5. 모세 오경에서 맹인은 육체적 결함으로 제사장이 될 수 없었다(레 21:17). 그러나 이들을 괴롭혀서는 안되며(레19:14) 맹인에게 길을 잃게 하는 자는 저주를 받을 것(신27:18)이라고 한다. 이들은 보호받아야 한다는 것이다. 6. 맹인에 대한 예수님의 치료는 적극적이다. 마가에는 벳세다에서 맹인 한 사람을 치유하는 이야기(8:22-25)가 있다. 처음 안수하고 무엇이 보이느냐고 묻는다. 사람과 나무를 잘 구분하지 못한 것을 보고 다시 안수하여 모든 것을 밝히 보게 한다.	대하 16:12 아사가 왕이 된지 삼십구 년에 그의 발이 병들어 매우 위독하였으나 그가 여호와께 구하지 아니하고 의원들에게 구하였더라
침을 뱉다	1. 침을 뱉어 진흙을 이겨서 눈에 발라서 눈을 뜨게 하였다고 한다. 2. 고래로 침이 치료에 효과가 있다는 이야기가 있다. 지금도 상처에 먼저 침을 바르기도 한다. 벳세다의 맹인에게도 침을 뱉으며 안수하여 눈을 뜨게 한다(막8:23). 3. 마가에는 사람들이 귀 먹고 말 더듬는 자를 예수께 데려와 안수하기를 간구하니 예수께서 손가락을 그의 양귀에 넣고 침을 뱉어 그의 혀에 손을 대며 에바다(막7:31-36)라고 한다. 또한, 마태에는 다리 저는 사람과 장애인과 맹인과 말 못하는 무리를 고쳐 주는 기사(15:30,31)도 있다. 4. 안식일에 침을 뱉어 진흙을 이기는 것은 안식일 위반일 수 있다.	시146:8 여호와께서 맹인들의 눈을 여시며 여호와께서 비굴한 자들을 일으키시며 여호와께서 의인들을 사랑하시며
실로암	1. 기혼의 동북에서 서남으로 흐르는 물이 모여드는 커다란 저수지다. 2. 실로암은 '보낸 자'를 뜻하는데 요한복음의 저자는 '보냄을 받았다'(9:7)라는 뜻이라고 설명하고 있다. 본래는 기혼샘에서 시내로 물이 보냄을 받았다는 뜻이라고 한다. 그런데 요한복음은 여기에서 '보냄을 받았다'는 말을 4절의 '나를 보내신 이'에 대한 대구적 표현으로 예수를 지칭하고 있다. 3. 실로암은 적의 침입에 대비하여 예루살렘의 물 공급을 위해 판 지하로써 1880년 그 준공기념 명판이 발견되었다(대하32:2-8, 사22:9-11, 왕하 20:20).	• 1880년에 히스기야 시대의 것으로 추정되는 실로암 비문이 발견되었는데 수로 개통의 기쁨을 기념하기 위한 것이라고 한다.

4. 심층연구: 주일 이해

구분	내용	비고
주일이란	1. 헤 퀴리아케 헤메라는 주의 날, 주님께 속한 날이라는 의미이다. 2. 주의 날은 계1:10에 나오는 표현이다. 여기서 요한은 주의 날에 내가 성령에 감동되었다고 한다. 3. 초기 기독교 문서에서 사용되고 있는 주의 날은 사도시대부터 지키고 있는 기독교인의 예배의 날 즉 오늘날의 주일로서 한 주간의 첫날인 일요일을 가리키고 있다. 4. 주일은 요일로 일요일이다.	• 구약에서 주의 날은 여호와의 날, 그의 날 등의 개념으로 심판의 날을 의미한다.
주일의 기원	1. 히브리인의 안식일의 기원과 일치한다. 날짜의 변경은 예수 자신으로 인하여 또는 그 제자인 사도들에 의하여 변경된 것으로 보인다. 그러나 신약성서에서 그 흔적을 찾을 수는 없다. 2. 기독교가 유대교와 다른 차이는 기독교는 예수의 부활이 핵심이다. 한 주간의 첫날은 예수께서 부활한 날이다. 그리스도 부활의 기념일이 새로운 종교인 기독교의 예배일인 것이다. 애굽에서 종살이하던 이스라엘을 구출하여 낸 사건을 기억하는 안식일과 다르다. 3. 예배드리는 날이 구별됨으로써 기독교와 유대교의 차이가 선명하여졌다. 이방인 신자가 늘어날수록 주일예배는 자연스럽게 정착되어 갔다. 유대인의 종교와 기독교가 구별되는 상징이 주일이다.	• 유대인의 회당이 초기 기독교인들의 예배 장소이었다.
사도시대의 주일	1. 신약성서에 주일에 대한 언급이 있다. 바울이 드로아를 방문하였을 때 그 주간의 첫날에 우리가 떡을 떼려 하여 모였다고 한다(행20:5-7). 성도들의 연보에 관한 바울의 말씀 중에도 매주 첫날에 너희 각 사람이 수입에 따라 모아두라고 한다(고전16:1-2). 2. 초대교회 시대부터 매주 첫날에 관습적으로 모여서 떡을 떼고 말씀을 들었으며 또한 그날을 위해 연보도 모아두었다고 한다. 매주 첫날에 초기 기독교인들의 집회가 있었음을 추론할 수 있겠다. 3. 예수께서 죽은 후 제자들이 유대인들을 두려워하여 문을 닫았다. 그런데 부활하신 예수께서 오셔서 가운데 서서 이르시되 너희에게 평강이 있을지어다라고 말씀하는데 요한복음은 이날이 안식 후 첫날(20:19)이라고 한다. 부활하신 예수께서 제자들을 만난 날이 주일인 것이다.	• 주일은 예수께서 우리 죄를 대속하시어 구원하여 주신 것과 부활을 기념하여 감사와 찬송을 드리는 기쁜 날이다.
교부시대의 주일	1. 사도 요한의 제자이자 안디옥의 주교인 이그나티우스는 편지에서 유대교 배경 기독교인들이 더 이상 안식일을 지키지 않고 주일을 준수하며 새 소망을 소유하게 되었다고 한다. 2. 2세기 초 예배 지침서인 디다케는 주일예배에 관한 말씀을 기록하고 있는데 주님의 주일을 말하고 있다. 3. 순교자 유스티누스는 3세기 중엽 '일요일이라는 날'에 모이는 집회의 예배 순서에 대해 기술한 후 왜 일요일에 모이는지에 대해 하나님의 창조의 사역을 시작한 날이고 예수께서 살아난 날이기 때문이라고 하면서 새 계약 아래서 참된 안식일을 준수하는 것이라고 하다. 4. AD170 고린도의 주교 디오니시우스는 '오늘 우리는 주의 거룩한 날을 지켰습니다'라고 기록하고 있다. 5. AD178 리옹의 주교 이레나이우스는 부활절을 주일에 지켜야 한다고 주장한다. 6. 알렉산드리아의 클레멘스와 그 후계자 오리게네스, 그 후의 주교인 페트루스는 기독교인의 주일인 일요일 준수를 적극 지지하고 영적으로 해석하며 그 준수를 증언해 주고 있다.	디다케14:1 주님의 주일마다 여러분은 모여서 빵을 나누고 감사드리시오. 그러나 그전에 여러분의 범법들을 고백하여 여러분의 제사가 깨끗하도록 하시오.

	7. 유대인의 제8일째 할례 관습이 주일 준수의 예로서 참된 할례의 구현이 주일이라고 순교자 유스티누스, 카르타고의 주교 키푸리아누스(AD253) 등이 주장하다.	
일요일, 주일 성립과정	1. 초대교회들은 로마 황제들의 박해를 받았다. 네로(AD54 등극)는 로마 대화재사건을 기독교도의 소행으로 몰아 박해하였고 도미티안(AD81 등극)은 자신을 주와 하나님으로 숭배하라고 하였으며 트라잔(AD97 등극)도 황제에 대한 예배를 강요하였다. 수많은 황제들이 여러 가지 이유로 초기 기독교인들을 박해하였다. 2. 디오클레티아누스는 기독교에 대한 유혈 박해금지칙령(AD303-304)을 발표했고 갈레니우스도 신앙의 자유 허용 칙령을 공포하여 기독교를 공인(AD311)하였다. 3. 밀라노 칙령이 반포(AD313)됨으로써 모든 사람들은 각자 자신이 원하는 종교를 가질 수 있게 되었다. 종교 자유의 선언으로 기독교에 대한 박해도 중지되었다. 콘스탄티누스는 자신의 부대를 위한 특별기도문을 만들고 이동예배당도 설치하였다. 4. AD321년 콘스탄티누스는 칙령을 내려 존엄한 태양의 날인 일요일을 휴일로 한다. 그리고 당시 국교인 미트라교의 태양신 숭배일인 이날에 기독교도 예배를 드리도록 포고한다. 그래서 공식적으로 기독교의 예배가 주일의 첫날인 일요일에 드리게 된 것이다. 일요일을 주일로 지킴으로 토요일에 안식일을 지키는 유대교와 뚜렷하게 구별되게 되었다. 그리고 나중에는 1월 초(6일경)에 지키던 예수 탄생기념일도 태양신의 탄생일인 12월 25일로 바뀌게 된다. 5. 콘스탄티누스의 일요일 휴일 지정에 대해 가이사랴의 주교 유세비우스는 그의 교회사에서 모든 인류를 하나님의 예배로 인도하는 것이라고 진술한다. 또한, 그는 메시아의 예언이라고 할 수 있는 시편 118편의 '이 날'(24절)을 주의 날로 보았다. 6. AD325 니케아 종교회의에서는 그동안 사용하던 유대력 대신 율리우스력을 채택한다. 7. AD343년 사드리카 종교회의에서 주의 날로서의 주일로 명칭을 고치다. 8. 그 후 AD363년 라오디게아 종교회의는 기독교 예배일을 안식일이 아닌 일요일로 확정하게 된다. AD388년 테오도시우스 칙령에 의해 기독교는 로마의 국교가 되지만 AD392년이 되어서야 로마는 명실상부한 기독교 국가로 바뀌게 된다. 이때부터 비기독교도의 공직 진출이 금지되고 이단 등이 처벌된다.	• 콘스탄티누스는 미트라신을 조각하고 무적의 태양, 나의 보호자라고 쓴 동전을 발행하였다. • 아르메니아는 AD301년 아사시드왕조의 트리다테스 3세 때 세계 최초로 로마(392)보다 91년 앞서서 기독교를 국교로 정했다. • 아르메니안의 조상은 노아의 손자 고멜의 한지파로 알려져 있다. 지금은 터키령에 속해 있지만 아라랏산의 노아의 방주의 흔적은 그들의 자부심이다. 아르메니아는 아르메니아 정교회라고 하는 아르메니아 사도교회의 신도가 97%이다.
일요일	1. 고대 바빌로니아인들은 태양, 달, 그리고 다섯 개의 별 이름을 한 주간의 각 날에 붙였는데 일요일은 태양 또는 태양의 신을 기리어 붙여진 명칭이다. 2. 1세기나 2세기의 유대인이나 기독교인들 모두 일요일이라는 이름 사용을 기피하거나 주저하였다, 그러다가 기독교도들은 차츰 이 이름을 사용하게 된다. 3. 바빌론과 유대인은 오래전부터 한 주간 7일제를 사용하였는데 로마는 율리우스력을 사용(BC46)하게 되면서 7일제가 된다.	시118:24 이 날은 여호와께서 정하신 것이라 이 날에 우리가 즐거워하고 기뻐하리로다
사라진 일요일	1. 프랑스 혁명 후 휴일로서의 일요일이 폐지되다. 2. 프랑스 혁명으로 수립된 공화정부는 비가톨릭화와 이성에 기초한 신문화 창조를 목표로 시간, 공간, 생활공간을 재구축한다. 그리고 그의 일환으로 기존 그레고리력(현재 쓰이고 있는 태양력, 1592년 교황 그레고리우스에 의해 채택)을 폐지하고 프랑스 공화력을 채택하여 1793년부터 1805년까지 12년 동안 새 달력을 사용하였다.	• 하루를 10시간, 1시간 100분, 1분은 100초로 하는 시간 개혁은 실패하였다.

| | 3. 365일은 30일로 나누고 5-6일은 축제일로 삼았다. 한 주간 7일제를 폐지하고 십진법에 따라 10일을 단위로 하였다. 주일이 사라진 것이다. 그러나 쉬는 날은 매 5일에는 반일 그리고 매 10일에는 하루를 쉬어 한 달에 4, 5일을 쉴 수 있게 하였다.
4. 나폴레옹 1세는 가톨릭과의 화해 차원에서 1806.1.1.자로 공화력을 폐지하고 그레고리력으로 돌아갔다. | • 1871년 파리코뮌 당시, 잠깐 다시 사용되기도 하였다. |

4. 집중탐구: 일 이해

구분	내용	비고
성서적 이해	1. 히브리어 여기아는 생산적인 노동이나 수고를 말한다(욥39:11,16). 헬라어 코포스는 육체적 노동을 말한다. 2. 일하는 하나님: 천지를 창조하고(창1:1) 일을 하였다(창2:2) 3. 사람에게 일을 맡기는 하나님: 아담을 이끌어 에덴동산에 두어 그것을 경작하며 지키게 하다(창2:15), 처음에는 에덴동산에서 일하였다. 4. 일을 한 만큼 거두기 어려움을 말씀하는 하나님: 땅이 네게 가시덤불과 엉겅퀴를 낼 것이라(창3:18)고 하다. 5. 예수: 아버지도 일하시니 나도 일한다(요5:17). 6. 바울: 생업은 천막을 만드는 일이라(행18:3). 7. 일을 강조하는 성서: 개미에게 배우라(잠6:6-11), 누구든지 일하기 싫어하거든 먹지도 말게 하라(살후3:10) 등	• 십계명에서 엿새 동안은 일하라(출23:12, 31:15, 34:21)고 하다. • 일, 노동이란 개인과 사회에 필요한 것을 공급하기 위한 정신적 육체적인 노력을 말한다.
현실적인 문제	1. 21살 청년 전태일이 대통령에게 보낸 편지: 자기는 하루 15시간 이상씩 일하고 있다. 그런데 15세짜리 시다공은 주당 98시간 일한다. 6년 경력의 20세 정도의 숙련 여공은 폐질환, 신경통, 위장염 등으로 고생하고 있다. 1일 10-12시간으로 줄여주고 매 일요일 쉬게 하여 달라. 2. 인간이 노동을 하기 시작한 것은 1만 년 정도 되었는데 산업사회가 되면서 노동의 강도가 세어졌다. 3. 1871년 봄 파리코뮌은 10시간의 노동, 최저임금제, 야간노동 금지 등을 요구하였다. 4. 이주 노동자의 시대이다. 국내 체류 외국인 노동자는 132만 명으로 추산되고 있다. 그런데 이들의 국내 경제기여도는 간과할 수 없는 수준이다. 5. 실업률의 증가, 고용이 없는 경제의 발전, 노동 자체의 변화 등이 문제다.	• 파리코뮌은 무산계급의 혁명으로 시민 3만 명가량이 학살되고 만3천여 명이 재판에 회부되다. 레미제라블의 배경이다.
앞으로의 세상	1. 프랑스는 주당 근로시간이 35시간인데 2020년 이후에 30시간으로 바꾸려고 하다. 일자리를 공유해야 한다는 주장이다. 2. 모든 산업(농업, 상업, 제조업, 서비스업 등)의 제4차 산업혁명으로 일자리가 사라지고 있다. 3. 노동이 없는 세상이 오고 있다. 임금은 없으나 소득은 있어야 하는 세상이 되고 있다. 4. 여유시간의 증가에 따른 문제를 건설적으로 해결하지 아니하면 안 된다. 노동의 종말은 문명화에 사형선고가 될 수 있다. 5. 노동력을 대체하는 첨단기술의 비약적인 발전으로 일자리는 줄어들고 전 세계적인 교육수준의 향상으로 일자리 경쟁은 더욱 치열해지고 있다. 6. 노예 시대에서의 노동이 아닌 가치 있는 일의 시대가 되었다. 로봇과 인공지능 등과 같은 기계들이 전통적 개념의 노동을 대신하고 있다. 7. 참다운 안식이 정립되어야 하는 시기가 되었다.	<참고> • 노동의 종말(1999): 제러미 리프킨 • 직업의 종말(2017): 테일러 피어슨 • 노동 없는 미래(2016): 팀던럽

8. 자유로운 삶은 하나님의 형상대로 지음받은 인간들에게 새로운 기회를 마련할 것이다. 세상을 창조하신 하나님의 모습대로 창의성을 적극 발휘할 수 있을 것이기 때문이다. 인류역사상 가장 인간다운 삶을 살아갈 수도 있다.

5장

❧

저주와
당부

HORIZONTAL ANALYSIS
OF THE GOSPELS

제18절 ✸ 화 있을진저

1. 본문비교(마태중심순서)

순서	마태(23:13-36)	순서	누가(11:42-52)
1	23:13 화 있을진저 외식하는 서기관들과 바리새인들이여 너희는 천국 문을 사람들 앞에서 닫고 너희도 들어가지 않고 들어가려 하는 자도 들어가지 못하게 하는도다	6	11:52 화 있을진저 너희 율법교사여 너희가 지식의 열쇠를 가져가서 너희도 들어가지 않고 또 들어가고자 하는 자도 막았느니라 하시니라
	:14 (빈칸: 일부 사본 막12:40, 눅20:47의 병행구-그들은 과부의 가산을 삼키며 외식으로 길게 기도하니 그들이 더 엄중한 심판을 받으리라)		
2	:15 화 있을진저 외식하는 서기관들과 바리새인들이여 너희는 교인 한 사람을 얻기 위하여 바다와 육지를 두루 다니다가 생기면 너희보다 배나 더 지옥 자식이 되게 하는도다		
3	:16-17 화 있을진저 눈 먼 인도자여 너희가 말하되 누구든지 성전으로 맹세하면 아무 일 없거니와 성전의 금으로 맹세하면 지킬지라 하는도다 어리석은 맹인들이여 어느 것이 크냐 그 금이냐 그 금을 거룩하게 하는 성전이냐 :18-19 너희가 또 이르되 누구든지 제단으로 맹세하면 아무 일 없거니와 그 위에 있는 예물로 맹세하면 지킬지라 하는도다 맹인들이여 어느 것이 크냐 그 예물이냐 그 예물을 거룩하게 하는 제단이냐 :20-22 그러므로 제단으로 맹세하는 자는 제단과 그 위에 있는 모든 것으로 맹세함이요 또 성전으로 맹세하는 자는 성전과 그 안에 계신 이로 맹세함이요 또 하늘로 맹세하는 자는 하나님의 보좌와 그 위에 앉으신 이로 맹세함이니라		
4	:23-24 화 있을진저 외식하는 서기관들과 바리새인들이여 너희가 박하와 회향과 근채의 십일조는 드리되 율법의 더 중한 바 정의와 긍휼과 믿음은 버렸도다 그러나 이것도 행하고 저것도 버리지 말아야 할지니라 맹인 된 인도자여 하루살이는 걸러 내고 낙타는 삼키는도다	1	11:42 화 있을진저 너희 바리새인이여 너희가 박하와 운향과 모든 채소의 십일조는 드리되 공의와 하나님께 대한 사랑은 버리는도다 그러나 이것도 행하고 저것도 버리지 말아야 할지니라
	(참고 마23:6-7 잔치의 윗자리와 회당의 높은 자리와 시장에서 문안 받는 것과 사람에게 랍비라 칭함 받는 것을 좋아하느니라)	2	:43 화 있을진저 너희 바리새인이여 너희가 회당의 높은 자리와 시장에서 문안 받는 것을 기뻐하는도다
5	:25-26 화 있을진저 외식하는 서기관들과 바리새인들이여 잔과 대접의 겉은 깨끗이 하되 그 안에는 탐욕과 방탕으로 가득하게 하는도다 눈 먼 바리새인이여 너는 먼저 안을 깨끗이 하라 그리하면 겉도 깨끗하리라		(참고 눅11:39-40 주께서 이르시되 너희 바리새인은 지금 잔과 대접은 깨끗이 하나 너희 속에는 탐욕과 악독이 가득하도다 어리석은 자들아 겉을 만드신 이가 속도 만들지 아니하셨느냐)

6	:27-28 화 있을진저 외식하는 서기관들과 바리새인들이여 회칠한 무덤 같으니 겉으로는 아름답게 보이나 그 안에는 죽은 사람의 뼈와 모든 더러운 것이 가득하도다 이와 같이 너희도 겉으로는 사람에게 옳게 보이되 안으로는 외식과 불법이 가득하도다	3	:44-45 화 있을진저 너희여 너희는 평토장한 무덤 같아서 그 위를 밟는 사람이 알지 못하느니라 한 율법교사가 예수께 대답하여 이르되 선생님 이렇게 말씀하시니 우리까지 모욕하심이니이다
		4	:46 이르시되 화 있을진저 또 너희 율법교사여 지기 어려운 짐을 사람에게 지우고 너희는 한 손가락도 이 짐에 대지 않는도다
7	:29-31 화 있을진저 외식하는 서기관들과 바리새인들이여 너희는 선지자들의 무덤을 만들고 의인들의 비석을 꾸미며 이르되 만일 우리가 조상 때에 있었더라면 우리는 그들이 선지자의 피를 흘리는 데 참여하지 아니하였으리라 하니 그러면 너희가 선지자를 죽인 자의 자손임을 스스로 증명함이로다	5	:47-48 화 있을진저 너희는 선지자들의 무덤을 만드는도다 그들을 죽인 자도 너희 조상들이로다 이와 같이 그들은 죽이고 너희는 무덤을 만드니 너희가 너희 조상의 행한 일에 증인이 되어 옳게 여기는도다
	:32-34 너희가 너희 조상의 분량을 채우라 뱀들아 독사의 새끼들아 너희가 어떻게 지옥의 판결을 피하겠느냐 그러므로 내가 너희에게 선지자들과 지혜 있는 자들과 서기관들을 보내매 너희가 그 중에서 더러는 죽이거나 십자가에 못 박고 그 중에서 더러는 너희 회당에서 채찍질하고 이 동네에서 저 동네로 따라다니며 박해하리라		:49 그러므로 하나님의 지혜가 일렀으되 내가 선지자와 사도들을 그들에게 보내리니 그 중에서 더러는 죽이며 또 박해하리라 하였느니라
	:35-36 그러므로 의인 아벨의 피로부터 성전과 제단 사이에서 너희가 죽인 바라갸의 아들 사가랴의 피까지 땅 위에서 흘린 의로운 피가 다 너희에게 돌아가리라 내가 진실로 너희에게 이르노니 이것이 다 이 세대에 돌아가리라		:50-51 창세 이후로 흘린 모든 선지자의 피를 이 세대가 담당하되 곧 아벨의 피로부터 제단과 성전 사이에서 죽임을 당한 사가랴의 피까지 하리라 내가 너희에게 이르노니 과연 이 세대가 담당하리라

2. 본문의 차이

구분	내용	비고
마태의 위치와 내용	1. 마태 23장 전체가 마태의 5대 설교 중의 하나이다. 앞 절(23:1-12)에서는 모세의 자리에 앉아 있는 서기관과 바리새인들을 비판(:2-7)하고 제자들에게 권면의 말씀(:8-12)을 한다. 이어서 일곱 개의 '화 있을진저'가 나온다. 2. 마태23:14가 빈칸이다. 그러나 일부 사본에는 내용이 있는데 마가12:40, 누가20:47의 병행구라고 한다. 예수께서 산상수훈 팔복과 대비되는 팔화를 말씀한 것으로 보려는 시각이 있다. 3. 마태의 기사는 예수께서 예루살렘에 입성하고 성전을 정화한 후 유대교 지도자들로부터 세금 문제, 부활 문제, 계명 문제 등에 대한 질문을 받은 다음에 일곱 개의 '화 있을진저'를 한다. 4. 마태에서 처음 두 가지는 지도자들의 잘못으로 피해를 입히게 되는 경우이고 다음 네 가지는 그들의 형식적이고 위선적인 삶에 대한 것이다. 마지막 한 가지는 그들이 하나님이 보낸 선지자들을 박해하고 죽인 것에 대해 강하게 책망하며 심판을 예고한다. 5. 예수께서는 그들이 죽여서 흘린 피가 다 이 세대에 돌아갈 것이라고 한 후 예루살렘 멸망 예언기사(23:37-39)가 따라 나온다.	• 마태에 있어서 화 있을진저는 예수께서 십자가에 달리기 전 유대 지도자들과의 마지막 결별선언과 같은 것이다.

누가의 위치와 내용	1. 누가에서의 이 기사는 예수께서 예루살렘 입성 전의 일이다. 2. 누가에는 바리새인이 예수께서 잡수시기 전 손을 씻지 않는 것을 이상히 여기는 그들을 책망하는 것으로 시작된다(11:37-41). 누가는 외적인 정결을 문제 삼는 이들에게 그들의 내면을 깨끗이 하라고 한다. 그런데 이 이야기에는 '화 있을진저'라는 말씀이 없다. 그러나 마태에 있는 같은 내용의 말씀은 다섯 번째 화 선포의 말씀이다. 3. 누가에는 바리새인과 율법교사에게 하신 저주가 따로따로 있다. 바리새인에게 하는 화 세 가지, 율법교사에게 하는 화 세 가지씩 모두 여섯 가지이다. 당시 종교지도자들에 대한 고발의 성격이다. 4. 복음서에서 율법교사는 누가에 6회, 마가에 1회 언급되어 있다. 율법교사는 서기관이나 바리새인 중에 있었던 것 같다. 5. 누가에서 바리새인은 위선과 형식적인 삶 때문에 화가 선포되며 율법교사들은 그 가르침으로 피해를 주고 선지자를 박해하며 죽이는 것 때문에 화 선포를 받는다. 6. 이어서 누가에는 화 있을진저와 관계없이 바리새인의 외식을 주의하라는 내용의 기사(12:1-12)가 나온다..	• 마태에서는 서기관과 바리새인에 대한 경고에 이어 화 있을 진저가 나온다. 누가에서는 바리새인과 율법교사에 대한 저주가 있은 다음 바리새인의 외식에 대한 주의가 있다.
공통 저주 네 가지	공통 첫째: 천국 문(마태)과 지식(누가)을 가로막는 율법교사들(마23:13, 눅 11:52) 공통 둘째: 십일조를 잘 모르는 자와 바리새인들(마23:23-24, 눅11:42) 공통 셋째: 회칠한 무덤(마태)과 평토장한 무덤(누가) 같은 율법교사들(마 23:27-28, 눅11:44-45) 공통 넷째: 선지자를 죽이고 박해하는 자와 바리새인들(마23:29-36, 눅 11:47-51)	• 마태는 모든 저주의 대상이 외식하는 서기관과 바리새인들이다.
각각의 저주 • 마태: 　세 가지 • 누가: 　두 가지	마태 단독 첫째: 개종자를 나쁘게 인도하는 자들(마23:15) 　단독 둘째: 맹세를 잘 모르는 자들(마23:16-24) 　단독 셋째: 속을 깨끗이 해야 하는 자들(마23:25-26) 누가 단독 첫째: 거들먹거리기 좋아하는 바리새인들(눅11:43) 　단독 둘째: 어려운 짐을 지게 하는 율법교사들(눅11:46)	• 누가에서는 선지자를 죽인 자의 후손들에 대한 저주로 보아 바리새인들에게 한 것으로 간주하였다.
예수의 비난과 경고	• 공관복음 여러 곳에 같거나 비슷한 내용의 경고가 있다. 그런데 거기에는 '화 있을진저'라는 말을 붙이지는 아니하였다. • 세례 요한 역시 바리새인과 사두개인들에게 독사의 자식들아(마3:7, 눅 3:7)라고 독설을 퍼 붙는다. 마태에서의 일곱 번째 화 선포에서는 예수께서 독사의 새끼들아(23:33)라고 한다.	

3. 본문이해 : 아홉 가지의 화 선포

구분	내용	비고
공통1. 천국 문과 지식을 가로막는 자들 • 마태: 천국 문을 닫는 자 23:13	1. 마태는 서기관과 바리새인들이 사람들 앞에서 천국 문을 닫았다는 것이다. 그래서 그들도 들어가지 못하고 들어가려 하는 자도 못 들어간다고 한다. 신약에서 가장 무서운 악담이다. 2. 천국은 하나님의 뜻이 이루어진 곳이다. 서기관과 바리새인들은 복음의 메시지를 방해함으로 자신들은 물론이고 복음의 메시지를 받아들이려는 자들도 못 들어가게 한다. 3. 율법적인 신앙생활이 천국과의 거리를 멀어지게 한다. 그러므로 천국은 침노하는 자가 빼앗는다(마11:12)고 예수께서 말씀한다.	• 천국 문은 구원에 이르는 문 곧 구원의 길을 뜻한다. 예수께서는 부자가 들어가기 어려운 천국 문(눅18:24-25)에 대해 말씀한다.

	4. 예수께서는 천국 열쇠를 베드로에게 주겠다고 하는데(마16:19), 더 이상 서기관과 바리새인들에게 맡길 수는 없다는 것이다.	
• 누가: 지식을 가로막는 자 눅1:52	1. 누가는 율법교사가 지식의 열쇠를 갖고 있다고 한다. 그런데 그들이 열쇠를 가져감으로 본인들도 들어가지 못하고 또 들어가고자 하는 자도 막는다는 것이다. 2. 지식의 열쇠를 가지고 있다는 것은 하나님 말씀에 대한 율법교사의 권위를 말한다. 그들이 열쇠를 가져 버림으로 자기들도 못 들어가고 다른 사람이 들어가는 것도 막는다는 것이다. 그 이유는 복잡한 규율과 어려운 지식으로 만들어진 열쇠이기 때문이다. 3. 율법교사들은 자기 역할을 제대로 못해서 비난을 받아야 한다. 여기서 지식은 세상 지식이 아니고 율법교사이므로 율법에 관한 지식이다. 그런데 율법에 관한 진짜 지식은 하나님을 먼저 바로 알아야 얻을 수 있는 것이다. 율법교사들은 하나님에 관한 지식보다도 율법에 관한 지식을 앞세우고 있다는 것이다. 4. 호세아는 '번제보다 하나님 아는 것을 원하노라'(6:6)고 한다. 5. 사도 바울은 우상 제물을 먹는 일에 대해서 말씀하면서 '지식 있는 네가'(고전 8:10)라고 지적하며 '네 지식으로 그 믿음이 약한 자가 멸망(:11)'하는 것을 경계한다. 즉 네 지식으로 인해 믿음이 약한 형제를 실족시켜서는 안 된다는 것이다.	고전8:11 그러면 네 지식으로 그 믿음이 약한 자가 멸망하나니 그는 그리스도께서 위하여 죽으신 형제라
공통2. 십일조를 잘 모르는 자들 ·마태: 정의, 긍휼, 믿음을 버렸다 23:23-24	1. 농산물에 관한 십일조는 신명기(14:22-23)에 곡식과 포도주와 기름이라고 되어있다. 박하, 회향, 근채는 포함되어 있지 않다. 여기서 회향은 향신료로 쓰는 풀 시라이고 근채는 미나리과에 속하는 소회향이다. 2. 말라기에는 온전한 십일조를 하면 하늘 문이 열리고 복이 쌓인다(3:10)고 하였다. 그런데 예수 당시에는 십일조에 포함되어 있지 않은 것까지도 십일조를 드려야 했다. 지나치게 드리는 십일조다. 성경에는 없으나 서기관과 바리새인들이 규율을 만들어 그렇게 하라고 한 것이다. 3. 마태에서 예수께서는 맹세에 관한 기사에서 '외식하는 서기관들과 바리새인들'이라는 말 대신에 '눈 먼 인도자'(마23:16)라고 한다. 그런데 십일조 이야기에서도 이들을 '맹인 된 인도자'(마23:24)라고 부른다. 4. 또한, 마태에서의 예수께서는 풍자적인 표현으로 하루살이는 걸러 내고 약대는 삼킨다고 말씀한다. 하루살이와 약대는 모두 불결한 것들이다. 그런데 그들은 지극히 사소한 불결을 피하기 위해서 하루살이를 걸러 내는 노력을 하지만 결국 가장 불결한 약대에 대해서는 피하지 못하고 삼킨다는 것이다. 마치 하찮은 채소까지도 십일조를 드리려고 애쓰지만 진짜 드려야 할 것들을 버렸다고 지적하고 있다. 5. 마태는 이들이 버린 것을 구체적으로 표현하고 있다. 율법에서 더 중요히 여기는 정의와 긍휼과 믿음을 버렸다고 한다.	미6:6상 내가 무엇을 가지고 여호와 앞에 나아가며 높으신 하나님께 경배할까 :8하 여호와께서 네게 구하시는 것은 오직 정의를 행하며 인자를 사랑하며 겸손하게 네 하나님과 함께 행하는 것이 아니냐
• 누가: 공의, 하나님에 대한 사랑을 버리는도다 11:42	1. 십일조는 유대교의 중요한 규례이다. 예수께서는 규례 자체를 강화한 유대인들을 비난하며 진짜 해야 할 것들을 잊어버린 바리새인들에게 화를 선포한다. 2. 누가에서 예수께서는 성전에서 필요한 물품을 세분하여 십일조로 드리지만, 바리새인들은 공의의 하나님에 대한 사랑은 버리는도다 즉, 없다고 말씀한다. 3. 마태, 누가에서의 예수께서는 모두 이것도 행하고 저것도 버리지 말아야 한다고 말씀한다. 십일조도 드려야 하고 율법에서 더 중요시 여기는 것들도 드려야 한다는 것이다. 규례와 함께 규례의 정신을 구현하는 구체적인 행함도 균형을 이루어야 함을 강조하고 있다고 하겠다. 4. 선지자 미가는 이미 여호와 앞에 가지고 나갈 것은 정의, 사랑, 겸손(미6:6-8)이라고 한다. 미가는 '내가 무엇을 가지고 여호와 앞에 나아가며 높으신 하나님께 경배할까'라고 자문하다가 천천의 숫양이나 만만의 강물 같은 기름을 기뻐하실까 아니면 내 몸의 열매를 드릴까 라고도 생각해 본다. 그러다가 '여	• 회향과 근채는 물론이고 딸나무까지도 십일조를 드려야 한다고 미쉬나에 명시되어 있다고 한다. • 하루살이같이 불결한 것을 먹지 않기 위해 술을 헝겊에 걸렀다.

	호와께서 네게 구하는 것은 오직 정의를 행하며 인자를 사랑하며 겸손하게 네 하나님과 함께 행하는' 것이라고 한다. 5. 서기관과 바리새인들이 하나님을 위해 많은 것을 행하지만 결국 드려야 할 가장 중요한 것으로 마태는 정의, 긍휼, 믿음을 말하고 누가는 공의와 하나님에 대한 사랑을 말하고 있다.	• 표리부동, 양두구육, 교언영색, 구밀복검(입에는 꿀, 배에는 칼) 등
공통3. 회칠한 무덤과 평토장한 무덤 같은 자들 • 마태: 회칠한 무덤 23:27-28	1. 마태에는 회칠한 무덤 같은 서기관과 바리새인들이라고 예수께서 저주한다. 무덤에 회칠을 하는 목적이 무덤이 아름다워 보이라고 하는 것은 아니다. 2. 부림절인 아답월 15일에 무덤에 회칠을 하는데 그 이유는 혹시라도 무덤인 줄 모르고 접촉함으로 부정되지는 것을 막기 위해서이다. 무덤을 하얗게 칠함으로 사람들 눈에 띄게 하기 위한 것이다. 그러나 예수의 말씀처럼 아름답게 보이는 것도 사실이다. 3. 예수께서는 유대 지도자들이 바로 회칠한 무덤과 같다고 하며 회칠한 무덤의 겉과 속을 비교한다. 겉에 회칠을 한 무덤이 좋게 보일 수는 있으나 그러나 그 속에는 송장의 뼈와 더러운 것이 가득하다는 것이다. 4. 그들에게 너희도 겉으로는 사람들에게 옳은 사람, 바른 사람처럼 보이는데 실제로는 그렇지 않다는 것이다. 외식을 하여 그렇게 보이는 것이지 속에는 불법이 가득하다는 것이다. 5. 예수께서 지적하는 것은 지도자들의 이중성 즉 안과 밖의 다름을 지적하는 것 이상이다. 지도자는 표리부동 정도가 아니라 그 이상으로 도덕적이어야 한다는 것이다. 6. 예수께서 지시하는 윤리적 기준은 인간이 추구해야 할 가장 높은 수준으로 마태는 산상수훈에서 이를 예시하고 있다. "또 간음하지 말라 하였다는 것을 너희가 들었으나 나는 너희에게 이르노니 음욕을 품고 여자를 보는 자마다 마음에 이미 간음하였느니라"(마5:27-28)	• 에스겔은 허탄한 예언을 하는 선지자를 회칠하는 자(겔13:11)라고 하고 장차 무너질 예루살렘 성을 회칠한 담(:14)이라고 한다. • 사도행전에서 바울은 대제사장 아나니아(AD48-59)를 회칠한 담(행23:3)이라며 무례한 종교지도자를 지적한다.
• 누가: 평토장한 무덤 11:44-45	1. 누가에서 예수는 율법교사들에게 너희는 평토장한 무덤 같아서 그 위를 밟는 사람이 알지 못한다고 한다. 2. 마태에서는 회칠한 무덤에 대해, 누가는 평토장한 무덤을 바리새인들과 비교하였다. 마태에서는 그들의 이중성, 위선성을 강조하였고 누가에서는 부지중 전파되는 그들의 부정을 강조하고 있다. 3. 구약에서 시체를 만진 자는 이레 동안 부정하다고 한다(민19:11). 심지어 죽을 사람이 있는 장막에 들어가는 자와 그 장막에 있는 자도 이레 동안 부정하다(민19:14)고 하고 누구든지 들에서 칼에 죽은 자나 시체나 사람의 뼈나 무덤을 만졌으면 이레 동안 부정하다(민19:16)고 한다. 시체와 관련된 부정한 자들에 대해서는 정결 예법에 따라 일곱째 날 정결해질 수 있다(민19:16,19). 4. 무덤에 스치거나 무덤을 밟음으로 부정해진 사람은 먼저 정결 의식을 통해 정결해진 다음에야 성전에 들어갈 수가 있게 되는 것이다. 5. 누가에서 예수께서는 바리새인들이 자기도 모르는 사이에 부정을 옮기는 자라고 하자 율법교사들이 예수에게 우리까지 모욕하느냐고 한다. 율법교사들이 '우리'라고 한 것을 보면 율법교사들 대부분이 바리새인었던 것 같다. 6. 평토장한 무덤은 감추어진 듯이 잘 식별할 수 없는 무덤으로 부정한 것이다. 예수께서는 그 위를 밟는 사람이 알지 못한다고 한다. 평토장한 무덤이 있는지 모르고 밟고 지나간 사람을 만난 사람이나 만진 물건 역시 부정한 것이 된다. 그리고 그 사람이 부정한 사람인 줄 모르고 접촉한 다른 사람 모두 역시 부정해진다. 부정은 바이러스처럼 전파된다는 것이다. 7. 정결해지기는 어렵고 부정해지기는 아주 쉽다. 본인의 부정한 행위와 관계없이 부정해진다. 율법교사의 가르침이 평토장한 무덤일 수 있다.	민19:18-19 정결한 자가 우슬초를 가져다가 그 물을 찍어 장막과 그 모든 기구와 거기 있는 사람들에게 뿌리고 또 뼈나 죽임을 당한 자나 시체나 무덤을 만진 자에게 뿌리되 그 정결한 자가 셋째 날과 일곱째 날에 그 부정한 자에게 뿌려서 일곱째 날에 그를 정결하게 할 것이며 그는 자기 옷을 빨고 물로 몸을 씻을 것이라 저녁이면 정결하리라

| 공통4.
선지자를
죽이고
박해하는 자들
마23:29-36
눅11:47-51 | 1. 선지자를 죽이고 박해하는 자들이란 신명기사가적 역사관에 따른 것이다. 즉 이스라엘은 하나님이 보내신 예언자들의 말에 귀를 기울이지 않고 오히려 그들을 박해하였다는 관점이다.
2. 마태, 누가 모두 화 선포의 대상은 선지자의 무덤을 만드는 자들이다. 마태는 의인들의 비석을 꾸미며 말하기를 만일 우리가 조상 때에 있었더라면 우리는 선지자의 피를 흘리는데 참여하지 아니하였으리라(마23:30)고 한다. 그런데 누가는 직접적으로 그들을 죽인 자도 너희 조상이라(눅11:47)고 한다.
3. 마태는 너희가 선지자를 죽인 자의 자손임을 스스로 증명(마23:31)한다고 하고 누가는 너희 조상은 선지자들을 죽이고 너희는 무덤을 만드니 조상이 한 일에 증인이라(11:48)고 한다. 한마디로 선지자를 죽인 자의 후손으로 죽은 선지자만을 기린다는 것이다. 결국, 조상들의 죄와 자신들을 분리시키려 하고 있다는 것이다.
4. 신명기사가적 시각은 계속되는 지혜의 말씀에서도 나타난다. 마태에서의 지혜 있는 자(23:34)와 누가에서의 하나님의 지혜(11:49)를 언급하고 있는데 구약의 선지자를 배경으로 한 지혜는 궁극적으로 예수와 동일시된다.
5. 마태에는 '내가 선지자, 지혜 있는 자, 서기관을 너희에게 보내는데, 너희는 그중에서 더러는 죽이거나 십자가에 못 박고 채찍질하고 따라다니며 박해할 것이라고 한다(23:34). 그런데 여기에서의 지혜 있는 자는 사도들을 말하고 있고 또한 서기관은 율법교사나 바리새인이 아닌 마태공동체에서 가르치는 사람들을 말한다. 예수께서는 천국의 제자 된 서기관에 대해서도 말씀(13:52)하였다.
6. 누가는 계속해서 하나님의 지혜라고 하면서 예수 자신의 예언을 말씀하는데 너희가 선지자와 사도를 죽이고 박해할 것이라고 한다. 여기서 사도는 열두 사도라기보다는 일반적으로 보내심을 받은 자라는 표현이다(11:49). 누가는 하나님의 지혜를 전하는 사람들로서 선지자와 함께 '사도'들을 추가시키고 있다.
7. 마태, 누가, 모두 선지자를 죽인 자들의 자손이 지금도 선지자들을 죽이고 박해할 것이라고 한다. 마태에서 '너희 조상의 분량을 채우라'고 하는데 조상의 분량이란 조상이 다하지 못한 죄의 분량으로 마저 하라는 의미이다. '독사의 새끼들아'는 세례 요한(마3:7)과 예수(마12:34)께서 한 '독사의 자식들아'와 같은 헬라어로 번역만 다르다. 그리고 지옥의 판결은 심판을 말한다.
8. 마태, 누가 모두 예수께서 아벨의 피부터 사가랴의 피까지 말씀한다. 이것은 죄악의 역사성을 말하는데 구약에 기록된 모든 의로운 사람의 죽음을 가리킨다. 아벨은 최초의, 그리고 사가랴는 최후의 희생자라고 하겠다. 예수는 자신을 포함하여 모든 의로운 사람들의 죽음에 대한 책임이 바로 너희 유대 지도자들에게 있다고 한다.
9. 아벨은 인류 최초로 죽임을 당한 사람이다. 문제는 사가랴다. 비슷한 이름으로 스가랴 선지자가 있는데 그는 베레갸(바가랴)의 아들로서 선지자이기는 하나 그가 순교하였다는 기사는 없다. 아마도 역대하(24:20-22)에 나오는 제사장 여호야다의 아들 스가랴로 추정된다. 스가랴는 어찌하여 여호와의 명령을 거역하느냐고 백성들에게 말하니 무리들이 요아스 왕의 명령에 따라 여호와의 전 뜰에서 돌로 쳐 죽였다고 한다. 제사장 여호야다의 아들 스가랴의 죽음은 구약에 기록된 마지막 피흘림이다.
10. 그런데 선지자들의 피, 즉 박해와 죽음의 책임은 이 세대에게도 있다고 예수께서 말씀한다. 마태23:36에 한번, 그리고 누가11:50과 51에서 반복하여 강조하고 있다. | • 스데반의 죽음(행 7:54-8:1), 야고보의 죽음(행12:2)등 초기 순교자들도 기억해야 한다.

• 하나님의 지혜에 대해서는 고전1:24(오직 부르심을 받은 자들에게는 유대인이나 헬라인이나 그리스도는 하나님의 능력이요 하나님의 지혜니라)를 참고

• 죄의 대물림에 대해서는 출20:5, 렘31:29-30, 겔18:1-4를 참고

• 기독교인에 대한 박해는 유대교에 의해 시작되었다. 요한복음에는 출교(9:22,16:2)와 죽이는 것(16:2)이 언급되어 있다. 로마인에 의한 박해는 로마 대화재 때부터이다.

대하24:20상 이에 하나님의 영이 제사장 여호야다의 아들 스가랴를 감동시키시매

대하24:21 무리가 함께 꾀하고 왕의 명령을 따라 그를 여호와의 전 뜰 안에서 돌로 쳐죽였더라. |

5. 개종자를 나쁘게 인도하는 자: 마태 단독 ① 23:15	1. 마태에만 있는 화 있을진저의 첫 번째이다. 2. 유대교도 선교를 중요시하였는가. 굿맨은 이 시대에 이방인 개종자를 얻기 위한 선교활동은 없었을 것이라고 한다. 그러나 패깃은 선교의식이 있었던 유대인들도 있었을 것이라고 한다. 　본문에 개종자 하나를 얻기 위해 바다와 육지를 두루 돌아다닌다고 한다. 여기서 신자는 유대교로 개종한 이방인이다. BC150-AD30 사이 유대인들은 지중해 너머까지 진출하게 되고 예수 당시 유대인들은 로마제국 내 150여 곳에 시나고그를 건립하였는데 이방인들에게 개방하기도 하였다. 3. 그런데 예수께서는 유대교 새 신자들이 서기관과 바리새인들보다 배나 더 지옥 자식이 되게 한다고 비난한다. 대체로 개종자들이 기존 유대인들보다 더욱 열심일 터인데 그들이 왜 지옥 자식이 되는 것일까 4. 사도 바울은 율법 안에서 의롭다 함을 얻게 하는 것이 문제라고 지적(갈5:4)한다. 포교자들은 유대교의 새 신자들에게 규례에 순종하게 하고 사람의 명령과 가르침을 따르게 하는데 그것이 문제라는 것이다. 바리새인이 전도를 하면 바리새인을 만든다. 새 신자는 배운 대로 율법에 더 엄격하기 때문에 더 지독한 율법주의자가 된다. 그래서 그들은 배나 더 지옥 자식이 되고 마는 것이다(골2:20-22).	갈5:4 율법 안에서 의롭다 함을 얻으려 하는 너희는 그리스도에게서 끊어지고 은혜에서 떨어진 자로다 골2:20 너희가 세상의 초등학문에서 그리스도와 함께 죽었거든 어찌하여 세상에 사는 것과 같이 규례에 순종하느냐
6. 맹세를 잘 모르는 자: 마태 단독 ② 23:16-22	1. 마태에만 있는 화 있을진저의 두 번째이다. 2. 여기서는 외식하는 서기관들과 바리새인들이라는 표현 대신 '눈 먼 인도자'(23:16)라고 하고 맹인이라고 거듭 부른다(23:17,19). 로마서를 보면 유대인들은 이방인들을 율법을 모르는 맹인으로 보고 스스로 맹인의 길을 인도하는 자(롬2:17-21)라고 자부하고 있다. 그러나 예수께서는 맹세가 무엇인지 모르는 이들을 눈 먼 인도자요 맹인이라고 부른다. 3. 서기관과 바리새인들은 맹세의 방법이나 효능에 대해 말한다. 성전이나 제단으로 맹세한 것은 안 지켜도 된다는 것이다. 그러나 성전보다 성전의 금으로 맹세하고 제단보다 제단 위 예물로 맹세하면 꼭 지켜야 한다고 하는데 예수께서는 맹세에 종류나 구별이 있을 수 없다고 한다. 4. 예수께서는 성전의 금이 중요한 것은 성전이 있기 때문이고 제단의 예물이 중요한 것은 제단이 있기 때문이라고 한다. 결국, 성전이나 제단, 또는 성전 안에 있는 금이나 예물로 맹세하는 것은 거기에 임재하여 계신 하나님에게 맹세하는 것이라고 하며 맹세가 무엇인지 모르는 자들이라고 한다. 5. 또한 예수께서는 하늘로 맹세하는 자(23:22) 역시 하나님을 두고 맹세하는 것이라고 말씀한다. 결과적으로 맹세는 모두 하나님께 하는 것이다. 사람들 간의 약속에도 귀 기울이는 하나님께서 하나님 앞에서 하는 맹세를 듣지 아니하실 리가 없다는 것이다. 6. 예수께서는 산상수훈에서 헛맹세를 하지 말라고 하고 네가 맹세한 것을 주께 지키라고 한 것을 너희가 들었다(5:33)고 한다. 또한 하늘로도 하지 말라 땅으로도 하지 말라 네 머리로도 하지 말라(마5:33-37)고 하면서 옳다 옳다, 아니라 아니라만 하라고 한다. 예수께서는 사람이 성실하고 진실하게 말하고 행동하면 서약이 필요 없다는 것이다. 7. 예수께서는 맹세의 해악을 지적한다. 왜 인간에게 맹세가 필요한 것인가. 불신이 원인이기 때문이다. 혹시 옳은 것을 그르다고 하기 위해 또는 그른 것을 옳다고 하기 위해서 맹세하는 것은 아닌가 돌아보라는 것이다. 이 말씀은 맹세에 관한 모든 논의를 한마디로 정리하여 헛맹세, 거짓 맹세(시24:4)를 하지 말고 맹세한 것은 제대로 지키라고 한다.	시24:4 곧 손이 깨끗하며 마음이 청결하며 뜻을 허탄한 데 두지 아니하며 거짓 맹세하지 아니하는 자로다 • 헛맹세 (마5:33-36) 진실성이 결여된 거짓 약속이고 거짓 증거이며 사람과 하나님을 속인다. • 거짓 맹세(시24:4) 지키지 못할 헛된 맹세를 말한다. 맹세는 하나님을 증인으로 세우는 것이기 때문에 맹세를 지키지 못하는 것은 하나님을 속이는 일이다.

	8. 여기서 예수께서는 맹세가 무엇인지 잘 모르는 그들 소경 지도자들에게 맹세가 무엇인지에 대해서 말씀하고 있다. 그러나 산상수훈에서는 하나님 나라의 백성들을 향하여 맹세가 필요 없는 세상을 이야기하고 있다	
7. 속을 깨끗이 해야 하는 자들 **마태 단독 ③** 23:25-26 참고 막7:2-7, 눅11:37-41	1. 마태에만 있는 화 있을진저 세 번째이다. 2. 마태에서와 같은 말씀이 누가에도 '화 있을진저' 시작 전(눅11:37-41)에 있는데 그 배경에 대한 설명도 있다. 누가에서는 한 바리새인이 예수를 점심 식사에 청하였는데 예수께서 잡수시기 전에 손을 씻지 아니하는 것을 보고 이상하게 여기었다고 한다. 그러자 예수께서는 너희 바리새인은 지금 잔과 대접의 겉은 깨끗이 하나 너희 속에는 탐욕과 악독이 가득하도다라는 말씀을 한다. 식사를 초대한 이에게 무례할 정도로 비난하였다. 3. 마태에서의 '잔과 대접'은 '잔과 접시'로서 외식하는 서기관과 바리새인을 가리킨다. 예수께서는 그들의 겉 즉 손은 깨끗한데 그들 속 안은 '탐욕과 방탕'(23:25)으로 가득하다는 것이다. 대접은 파롭시스로 작은 그릇, 접시를 말한다. 미쉬나의 소책자 켈림에는 잔과 대접을 깨끗이 하라고 되어있다. 누가는 잔과 대접의 그 겉은 깨끗하나 너희 속에는 '탐욕과 악독'(11:39)이 가득하다고 한다. 4. 마태에서의 예수께서는 종교의례로서의 정결이 아니라 종교가 추구하는 인간의 진정한 정결의 문제를 유대교 본질의 정결 문제와 연결하여 말씀하고 있다. 유대 지도자들은 손 씻기라는 정결 규정을 철저히 준수하고 있으나 예수께서 그 규정대로 손을 씻지 아니하였다. 예수께서는 오히려 손 씻기의 문제를 지적함으로서 그들의 신앙생활의 이중성을 폭로하고 있는 것이다. 5. 누가에서의 예수께서는 화 선포의 말씀은 아니지만 그들의 모순된 행동을 보다 구체적으로 지적한다. '그 안에 있는 것으로 구제하라'(눅11:41)고 하는데 이미 바리새인들의 속에 있는 것은 '탐욕과 악독'이라고 하였으므로 예수께서는 구제를 위한 탐욕과 악독 즉 욕심내어 악착같게 하라는 말씀을 하고 있는 것이다. 6. 누가에서의 탐욕은 하르파게스로서 폭력과 욕심으로 무엇인가를 취하거나 장악하는 것을 의미한다. 예수께서는 탐욕과 악독으로 자기 안을 채우려하지 말고 반대로 그것으로 남에게 구제를 한다면 그 인간 전체가 깨끗해진다고 말씀한다. 7. 마태에서 예수께서는 산상수훈의 팔복에 여섯 번째로 '마음이 청결한 자는 복이 있나니 그들이 하나님을 볼 것임이요(마5:8)'라고 하였다. 시편(24:4-5)에도 '곧 손이 깨끗하며 마음이 청결한 자, '그는 여호와께 복을 받고 구원의 하나님께 의를 얻는다'고 하였다. 마음이 깨끗한 사람은 구약시대는 물론 예수께서도 강조하신 인격이다. 8. 마태와 마가에서는 '장로들의' 전통에 관한 논쟁의 첫 번째로 손 씻기 이야기가 있다(마15:1-10, 막7:1-23). 이때도 바리새인과 서기관들이 예수의 제자들이 식사 때 손 씻지 아니하는 것을 지적하지만 예수께서는 너희의 계명을 지키느라 하나님의 계명을 잘 저버린다(막7:8)고 이사야29:13의 말씀으로 응수한다. 예수께서는 장로의 전통을 지키는 것에 집착하다가 인간의 정결을 명령한 하나님의 계명을 도외시하고 있는 것을 꼭 집어서 말씀한다. 9. 또한, 예수께서는 속에서 나오는 것의 더러움을 지적한다(마15:18-19, 막7:16-23). 잔과 대접을 깨끗이 하는 관습을 지키는 것으로는 종교가 가지는 궁극적 의의의 정결을 찾을 수 없다는 말씀이다. 10. 정결 예식에 대하여 요한의 제자가 유대인과 변론하였다는 이야기가 요한복음(3:25)에도 있다.	**<손 씻기 운동>** 세계 손 씻기의 날은 2008년 10월 15일 유엔 총회의 결의로 제정되어 해마다 세계 손 씻기의 날을 지키고 있다. • 미국 질병통제예방센터에서는 올바른 손 씻기를 가장 경제적이고 효과적인 감염예방법으로 소개하고 있다. • 세계보건기구 WHO는 해마다 2000명 이상의 어린이가 설사 등 감염으로 사망하고 있다고 보고하고 있는데 손 씻기로 수인성 감염병과 설사 등 그리고 호흡기 질환을 예방할 수 있다고 한다.

8. 거들먹 거리기 좋아하는 자들: 누가 단독 ① 11:43 참고 마23:6-7, 막12:38-40	1. 누가에만 있는 화 있을진저의 첫 번째이다. 2. 마태에는 이 기사가 '화 있을진저' 앞에 놓여 있는데 '화 있을진저'에 속하는 기사가 아니라 제자들에게 서기관과 바리새인을 본받지 말라고 한 말씀이다. 23장 2절에 이어 5, 6, 7절에 나온다. 공관복음에 공통기사가 있으나 역시 화 선포의 기사는 아니다(막12:38-40, 눅20:45-47). 3. 누가에서의 이 기사는 거들먹거리기 좋아하는 바리새인에 대한 저주다. 그들은 잘난 체하고 함부로 행동하며 과시하고 거만하게 행동한다. 시장에서 먼저 인사하는 것이 아니라 사람들로부터 문안을 받는다. 회당에서도 높은 자리에 앉기를 좋아한다. 4. 마태에는 예수께서 세 번째로 고난을 예고한 후에 세베대의 두 아들인 야고보와 요한의 어머니가 찾아온 이야기가 있는데 그때에 예수께서는 제자들에게 인자가 온 것은 섬김을 받으려 함이 아니라 오히려 섬기러 왔다(마20:28, 막10:45)고 하며 이어서 예수께서는 '너희 중에 누구든지 크고자 하는 자는 섬기는 자가 되고 으뜸이 되고자 하는 자는 종이 되어야 하리라'(마20:26-27, 막10:43-44)고 한다. 　이것이 예수의 가르치심이다. 거들먹거리는 유대 지도자들의 모습과는 정반대가 되는 것이다. 그러므로 예수께서 그들에게 화를 선포하는 것은 너무나 당연하다 하겠다. 5. 공관복음 공통기사 비교	• 윤흥길의 소설 '완장'에는 완장을 두른 저수지 관리원 이야기가 나온다. 사29:13 주께서 이르시되 이 백성이 입으로는 나를 가까이하며 입술로는 나를 공경하나 그들의 마음은 내게서 멀리 떠났나니 그들이 나를 경외함은 사람의 계명으로 가르침을 받았을 뿐이라

구분	마태23:5-7	마가12:38-40	누가20:45-47
앞부분	그들의 모든 행위를 사람에게 보이고자 하나니	예수께서 가르치실 때에 이르시되	모든 백성이 들을 때에 예수께서 그 제자들에게 이르시되
의상	경문 띠를 넓게 하며 옷술을 길게 하고	긴 옷을 입고 다니는 것과	긴 옷을 입고 다니는 것을 원하며
문안	시장에서 문안 받는 것과	시장에서 문안 받는 것과	시장에서 문안 받는 것과
자리	잔치의 윗자리와 회당의 높은 자리와	회당의 높은 자리와 잔치의 윗자리를 원하는	회당의 높은 자리와 잔치의 윗자리를 좋아하는
랍비라 칭함	사람에게 랍비라 칭함을 받는 것을 좋아하느니라		
후기		서기관들을 삼가라 그들은 과부의 가산을 삼키며 외식으로 길게 기도하는 자니 그 받는 판결이 더욱 중하리라 하시니라	서기관들을 삼가라 그들은 과부의 가산을 삼키며 외식으로 길게 기도하니 그들이 더 엄중한 심판을 받으리라 하시니라
비고			누가11:43에도 같은 내용이 있다

9. 남에게 짐을 지게 하는 자들: 누가 단독 ② 11:46 참고 마23:4	1. 누가에만 있는 화 있을진저의 두 번째이다. 2. 마태에는 이 기사가 '화 있을진저' 앞에 놓여 있어서 화 선포의 기사는 아니다. 3. 누가는 특별히 율법교사를 지적한다. 그래서 본문의 짐이 진짜 짐이라기보다는 율법을 지키기 위해 만든 각종 규정의 짐으로 보아야 할 것이다. 4. '어려운 짐'이라는 말의 문자적인 원뜻은 '무겁고 그리고 어려운 짐'으로 무겁고 힘든 짐이라 하겠다.	행15:10 그런데 지금 너희가 어찌하여 하나님을 시험하여 우리 조상과 우리도 능히 메지 못하던 멍에를 제자들의 목에 두려느냐

구분	내용	비고
	5. 여기서 문제는 그들이 짐을 지게 하고는 그것으로 끝이라는 것이다. 무겁고 힘든 짐일수록 지고 갈 수 있도록 그들을 도와주어야 하는데 모른 척한다는 것이다. 율법의 무게를 덜어주는 일에는 한 손가락도 대지 않으니 화를 선포할 수밖에 없는 것이다. 6. 사도행전에서 베드로는 율법을 지키는 일을 감당하기 힘든 멍에(행15:10)로 보았다. 그리고 멍에를 메게 하는 것을 하나님을 시험하는 것이라고 한다. 예수께서는 수고하고 짐 진 자들은 다 내게로 오라고 하는데 여기서 수고하고 짐 진 자들이란 생활고뿐 아니라 옛 시대의 율법의 멍에 때문에 힘들어하는 자들도 포함된다. 7. 예수께서는 '내 멍에는 쉽고 내 짐은 가볍다'(마11:30)고 하면서 나의 멍에를 메고 내게 배우라 그리하면 너희 마음이 쉼을 얻는다고 하였다. 예수께서는 짐을 가볍게 해주는데 반하여 율법교사들은 짐만 지게 하고 있다.	시68:19 날마다 우리 짐을 지시는 주 곧 우리의 구원이신 하나님을 찬양할지로다

4. 심층연구: 공관복음서에서의 화

구분	내용	비고
화의 의미	1. 구약에도 '화 있을진저' 이야기가 있다. 복음서의 화는 슬픔이나 연민의 표현으로 또는 저주에 가까운 악담으로 해석될 수 있다. 화 있을진저는 woe to you로 헬라어로 우아이라고 한다. 화 있을진저는 분노 섞인 저주의 선언임과 동시에 비통한 심정의 토로라 하겠다. 2. 공관복음에서 예루살렘에 입성한 예수께서는 유대 지도자들과 토론한 후에 제자들에게 서기관과 바리새인들을 본받지 말라는 말씀을 화 있을진저 바로 앞에서 한다. 3. 마태에서의 예수께서는 '화 있을진저'라고 유대 지도자를 비난하면서 그들과 결별하게 된다. 최종적 결별 선언이라 하겠다. 그리고 이어서 예루살렘 멸망 예고와 징조에 대해 말씀한다.	• 주석서마다 화에 대한 해석이 다르다. 책망, 비난, 재앙, 고발 등이다.
마태의 화: 외식하는 자	1. 마태에서는 외식하는 서기관들과 바리새인들에게 한다. 여기에서의 외식하다란 '바깥 외'와 '꾸밀 식'으로서 바깥을 꾸민다는 말로써 '인 체하다' 또는 '위선자'라고 하겠다. 2. 헬라어는 휘포크리테스hypokrites로서 여기에서 영어의 위선자 즉 hypocrite가 나왔다. 본래 one who play a parts로서 가면을 쓰고 자기가 아닌 다른 사람의 모습으로 생각하고 행동하는 연극배우를 가리키는 말인데 가장하는 자pretender의 의미도 있다고 한다. 3. 레이몬드 브라운은 헬라어에는 '불성실한'의 뜻뿐 아니라 '지나치게 세심한', '세심한'을 의미한다고 한다. 바리새인의 형용사pharisaic은 형식적인 pharisaical 즉 위선적으로 '자기 의를 드러내는 것'과 같은 의미를 띨 수 있다고 한다. 4. 개역개정에는 외식하는 자라고 되어있지만 공동번역과 새번역, KJV은 위선자라고 한다. 5. 마태에서 12번 이상 사용되고 있다. 마태는 본문 이외에도 구제(6:2), 금식(6:6), 판단이나 비판(7:5), 부모공경(15:5-7), 하나님 섬김(15:8) 등에 있어서 외식하는 자들을 책망한다. 6. 외식하는 이유에 대해서도 남을 의식하거나 '사람에게서 영광을 받으려고'(6:2) 함이고 간사함, 불의, 그리고 악함(22:18) 때문이라고 한다. 7. 예수께서 갈릴리의 고라단과 벳새다 고을을 향해 선언하는 '화 있을진저'는 탄식보다는 저주라고 하겠다(마11:21).	• 이사야서(5:8-22)에서 화 있을진저에 해당하는 사람들은 땅을 차지하려는 자, 독주와 포도주에 취하는 자, 악을 선하다 하는 자, 스스로 지혜롭다 하는 자, 포도주와 독주를 잘 빚는 자 등이다. • 이사야는 '화 있을진저'로 시작하는 장들(30장, 31장)이 있을 정도로 화를 많이 언급하고 있다. 예레미야서, 아모스서, 에스겔서 등에 수없이 화를 언급하고 있다.

	8. 예수께서는 자기를 믿는 자들이 실족하는 일이 있으므로 화가 있으라고 하였다. 세상의 화에 대해서는 탄식의 의미가 있고 실족하게 하는 그 사람에게 미치는 화는 저주의 의미로 보아야 할 것이다(마18:9).	
마가의 화	1. 마태와 마가 모두 예수께서는 성전파괴 예언에 이어 재난의 때와 말세의 징조에 대해 말씀한다. 지붕 위에 있는 자는 내려가지 말고 밭에 있는 자는 겉옷을 가지러 뒤로 돌이키지 말라고 하면서 그날에는 아이 밴 자들과 젖먹이들에게 화가 있으리라고 한다(마24:15-19, 막13:11-17). 마태에서는 유대 지도자들에게 '화 있을진저'(23장) 다음에 예루살렘 멸망기사(24장)가 나온다. 2. 마태(26:24)와 마가(14:21)에는 예수께서 마지막 만찬을 하면서 자기를 파는 사람에 대해 화가 있으리라고 하는데 차라리 태어나지 않았으면 좋을 뻔하였다고 말한다. 3. 마가에는 마태, 누가에서처럼 잔과 대접에 관한 기사는 없으나 마태에서처럼 입으로 나오는 것이 더럽다(마15:18, 막7:18)는 기사가 있다. 4. 마가에도 거들먹거리고 좋은 옷을 입거나 높은 자리 앉기를 좋아하는 자들에 관한 기사가 있으나 '화 있을진저'에는 해당되지 아니하지만 본받지 말라고 한다.	• 하박국서(2:6-19)에서 화 있을진저에 해당하는 사람들은 자기 소유 아닌 것을 모으는 자, 부당한 이익을 취하는 자, 술마시고 하체를 드러내려 하는 자, 우상숭배자 등이다.
누가의 화	1. 누가의 평지설교에는 네 가지 복과 함께 네 가지 화에 대한 기사가 있다(눅6:24-26). '화 있을진저'의 첫째는 부요한 자, 둘째는 배부른 자, 셋째는 지금 웃는 자, 넷째는 너희를 칭찬하는 자이다. 2. 마태(18:7)에서의 실족하게 하는 자에게 화로다라는 기사가 누가에도 있다(눅17:1).	• 에녹서 91-104장은 묵시인데 그중에서 93-103장에도 일련의 화들이 나온다.
기타	1. 사도 바울은 복음을 전하지 아니하면 내게 화가 있을 것이다(고전9:16)라고 하였다. 2. 유다서에는 고라산의 저주가 반복된다(1:11). 3. 계시록8:13에 땅에 있는 자에게 화가 있으리라고 하고 또한 12:12과 18:10에도 화가 언급되어 있다.	
예수 '화'의 특징	1. 예수께서도 구약 예언서의 선지자들과 마찬가지로 '화 있을진저'를 외친다. 2. 구약의 '화 있을진저'는 사회적, 윤리적, 도덕적, 종교적 측면에서의 문제에 대해 탄식하거나 저주하는 내용이다. 3. 예언서의 선지자들은 배역한 이스라엘 백성을 대상으로 저주한다. 그러나 예수께서는 주로 유대 종교지도자들을 향해 그들의 잘못된 가르침이나 행태 등을 지적하고 개탄한다. 그리고 실족케 하는 자, 자기를 판 자, 그날 등에 관해서도 화가 있으라고 한다. 4. 누가에서 네 가지 화로써 부요하고 배부르고 웃고 있고 우리를 칭찬하는 자들을 저주하지만 반대로 가난한 자, 주린 자, 우는 자, 박해받는 자들에게 복이 있다(눅6:20-23)고 한다.	

5. 집중탐구: 마태, 누가에서의 화 아홉 가지

아홉 가지	관련성구	비고
1. 천국 문과 지식을 가로막는 자들 마22:13 눅11:52	1. 외식하는 서기관과 바리새인들이 하나님의 뜻대로 행하고 있는가 마7:21 나더러 주여 주여 하는 자마다 다 천국에 들어갈 것이 아니요 다만 하늘에 계신 내 아버지의 뜻대로 행하는 자라야 들어가리라 마11:12 세례 요한의 때부터 지금까지 천국은 침노를 당하나니 침노하는 자는 빼앗느니라	• 천로역정: 주인공이 하늘나라에 가는 우화형식의 기독교 소설인데 17세기 침례교 설교가인 존 버니언의 작품이다.

	2. 예수께서는 천국에 들어갈 수 있는 비결을 말씀하고 있다. 마18:3-4 이르시되 진실로 너희에게 이르노니 너희가 돌이켜 어린아이들과 같이 되지 아니하면 결단코 천국에 들어가지 못하리라 그러므로 누구든지 이 어린아이와 같이 자기를 낮추는 사람이 천국에서 큰 자니라	
2. 십일조를 잘 모르는 자들 마23:23-24 눅11:42	1. 십일조는 물질을 드리는 것으로만 생각하고 물질을 바치는 데 소홀함이 없도록 새로운 규정을 만들어서까지 지키려고 노력하고 있다. 예수께서는 미가 선지자의 말씀처럼 하나님 앞에 나아갈 때 드려야 할 것은 하나님께서 기뻐하시는 나의 행함이라고 강조하고 있다. 2. 예수께서는 헌금함에 두 렙돈을 넣은 가난한 과부를 자기의 모든 소유를 넣었다고 칭찬한다. 예수께서는 금액이 아니라 과부의 행함을 강조하였다. 3. 예수께서는 성전이 필요 없는 예배, 제물이 필요 없는 예배, 제사장이 필요 없는 예배를 상징하는 행위로서 성전정화를 하였다. 예수께서는 물질의 십일조만을 원하고 있지 않다고 한다. 내가 드려야 할 행함은 마태에서는 정의, 긍휼, 믿음이라고 하였고 누가에서는 공의와 하나님에 대한 사랑이라고 한다. 4. 사도 바울은 율법 안에서는 의롭다 함을 얻을 수 없다(갈5:3-4)고 하고 예수 안에서도 사랑으로써 역사하는 믿음으로 해야 한다(갈5:5-6)고 하다. 5. 바울은 연보에 대하여 합당한 지시를 내린다. 너희가 모든 일에 넉넉하여 너그럽게 연보를 함은 그들이 우리로 말미암아 하나님께 감사하게 하는 것이라(고후9:11)하고 각각 그 마음에 정한 대로 할 것이요 인색함으로나 억지로 하지 말지니 하나님은 즐겨 내는 자를 사랑하시느니라(고후9:7)	• 십일조는 히브리어로 마아세르라고 한다. 히브리어의 십, 열은 에세르라고 하는데 십 분의 일을 가리키는 단어는 마아세르이다. • Almsgiving 앨름스 기빙: 연보는 1884년 황해도 송천교회에서 시작되었다.
3. 회칠한 무덤과 평토장한 무덤 같은 자들 마23:27-28 눅11:44-45	1. 외식은 종교적, 도덕적 가식을 말한다. 예수께서 특별히 외식하는 자에 대해 크게 책망한다. 마7:5 외식하는 자여 먼저 네 눈 속에서 들보를 빼어라 그 후에야 밝히 보고 형제의 눈 속에서 티를 빼리라 마6:5 또 너희는 기도할 때에 외식하는 자와 같이 하지 말라 그들은 사람에게 보이려고 회당과 큰 거리 어귀에 서서 기도하기를 좋아 하느니라 내가 진실로 너희에게 이르노니 그들은 자기 상을 이미 받았느니라 2. 구제나 기부에 대한 외식은 그 결과를 얻을 수 없다고 한다. 마6:2 그러므로 구제할 때에 외식하는 자가 사람에게서 영광을 받으려고 회당과 거리에서 하는 것 같이 너희 앞에 나팔을 불지 말라 진실로 너희에게 이르노니 그들은 자기 상을 이미 받았느니라	• 예수께서 외식과 관련하여 지적한 것들로는 구제(마6:2), 기도(마6:5,막12:40),금식(마6:16), 판단이나 비판(마7:5), 하나님 섬기기(마15:8), 부모공경(마15:5-7), 율법준수(마23:23) 등이다.
4. 선지자를 죽이고 박해하는 자들 마23:29-36 눅11:47-51	1. 마태 산상수훈의 팔복 중에 여덟 번째 복(5:10)은 '의를 위하여 박해를 받는 자는 복이 있나니 천국이 그들의 것임이라'고 한다. 거듭해서 '나로 말미암아 너희를 욕하고 박해하고 거짓으로 너희를 거슬러 모든 악한 말을 할 때에는 너희에게 복' 된다(5:11)고 한다. 2. 요한복음도 초기 기독교인들이 유대인들로부터 박해받고 있음을 말하고 있다. 요15:20 내가 너희에게 종이 주인보다 더 크지 못하다 한 말을 기억하라 사람들이 나를 박해하였은즉 너희도 박해할 것이요 내 말을 지켰은즉 너희 말도 지킬 것이라 요16:2 사람들이 너희를 출교할 뿐 아니라 때가 이르면 무릇 너희를 죽이는 자가 생각하기를 이것이 하나님을 섬기는 일이라 하리라 3. 예수께서 사울에게 자신이 박해받고 있다고 한다. 행9:5 대답하되 주여 누구시니이까 이르시되 나는 네가 박해하는 예수라	

5. 개종자를 나쁘게 인도하는 자들: 마태 ① 마23:15	1. 유대교지도자들이 유대교 개종자들을 나쁘게 인도하는 이유는 율법의 아래 놓이게 하기 때문이다. 요1:17 율법은 모세로 말미암아 주어진 것이요 은혜와 진리는 예수 그리스도로 말미암아 온 것이라 2. 사도 바울은 우리가 알거니와 무릇 율법이 말하는 바는 율법 아래에 있는 자들에게 말하는 것이니 이는 모든 입을 막고 온 세상으로 하나님의 심판 아래에 있게 하려 함이라(롬3:19)고 한다.	
6. 맹세를 잘 모르는 자들: 마태 ② 마23:16-22	1. 구약에는 많은 맹세의 이야기가 있다. 그러나 몇몇 선지자들은 거짓 맹세를 하지 말라고 한다. 슥8:17 마음에 서로 해하기를 도모하지 말며 거짓 맹세를 좋아하지 말라 이 모든 일은 내가 미워하는 것이니라 여호와의 말이니라 말3:5 내가 심판하러 너희에게 임할 것이라 점치는 자에게와 간음하는 자에게와 거짓 맹세하는 자에게와 품꾼의 삯에 대하여 억울하게 하며 과부와 고아를 압제하며 나그네를 억울하게 하며 나를 경외하지 아니하는 자들에게 속히 증언하리라 만군의 여호와가 말하였느니라 2. 구약에서는 거짓 맹세를 하지 말고 맹세한 것을 지키라고 하다. 출20:7 너는 네 하나님 여호와의 이름을 망령되게 부르지 말라 여호와는 그의 이름을 망령되게 부르는 자를 죄 없다 하지 아니하리라 레19:12 너희는 내 이름으로 거짓 맹세함으로 네 하나님의 이름을 욕되게 하지 말라 나는 여호와이니라 3. 예수께서는 맹세의 해악을 지적하면서 맹세를 하지 말라고 금한다. 마26:63 예수께서 침묵하시거늘 대제사장이 이르되 내가 너로 살아 계신 하나님께 맹세하게 하노니 네가 하나님의 아들 그리스도인지 우리에게 말하라 약5:12 내 형제들아 무엇보다도 맹세하지 말지니 하늘로나 땅으로나 아무 다른 것으로도 맹세하지 말고 오직 너희가 그렇다고 생각하는 것은 그렇다 하고 아니라고 생각하는 것은 아니라 하여 정죄 받음을 면하라	• 기독교인이 법정에서 선서하는 것은 당연하다. 기독교인은 선서나 맹세를 하던 안 하던 진실만을 말하기 때문이다 • 예수께서 체포되던 날 베드로는 예수를 세 번 부인한다. 베드로는 두 번째에는 맹세하고 또 부인하여 이르되 그 사람을 알지 못한다(마26:72)고 한다. 베드로는 세 번째에는 '저주하며 맹세하여 이르되 나는 그 사람을 알지 못한다'(마26:74)고 한다.
7. 속을 깨끗이 해야 하는 자들: 마태 ③ 마23:25-26 참고 눅11:37-41	렘17:9-10 만물보다 거짓되고 심히 부패한 것은 마음이라 누가 능히 이를 알리요마는 나 여호와는 심장을 살피며 폐부를 시험하고 각각 그의 행위와 그의 행실대로 보응하나니 마5:8 마음이 청결한 자는 복이 있나니 그들이 하나님을 볼 것임이요 마15:18-19 입에서 나오는 것들은 마음에서 나오나니 이것이야말로 사람을 더럽게 하느니라 마음에서 나오는 것은 악한 생각과 살인과 간음과 음란과 도둑질과 거짓 증언과 비방이니 행15:9 믿음으로 그들의 마음을 깨끗이 하사 그들이나 우리나 차별하지 아니하셨느니라	• 시편(24:4)에 손이 깨끗하고 마음이 청결한 자에 대하여 여호와의 산에 오를 자, 거룩한 곳에 설 자로 그는 여호와께 복을 받고 구원의 하나님께 의를 얻는다고 한다.
8. 거들먹거리기 좋아하는 자들: 누가 ① 눅11:43 참고 마23:6-7, 막12:38-40	1. 기독교인의 믿음 생활에 새로운 기준을 요구하고 있다. 마6:3 너는 구제할 때에 오른손이 하는 것을 왼손이 모르게 하여 마6:6 너는 기도할 때에 네 골방에 들어가 문을 닫고 은밀한 중에 계신 네 아버지께 기도하라 은밀한 중에 보시는 네 아버지께서 갚으시리라 마6:16 금식할 때에 너희는 외식하는 자들과 같이 슬픈 기색을 보이지 말라 그들은 금식하는 것을 사람에게 보이려고 얼굴을 흉하게 하느니라 내가 진실로 너희에게 이르노니 그들은 자기 상을 이미 받았느니라 2. 예수께서는 하나님이 모든 것을 알고 있기 때문에 사람들을 의식하는 행위가 필요 없다고 한다. 외식하는 자들에 대해서 예수께서는 산상수훈에서 구체적으로 지시하고 있다(마6:2, 5 등).	

	눅16:15 예수께서 이르시되 너희는 사람 앞에서 스스로 옳다 하는 자들이나 너희 마음을 하나님께서 아시나니 사람 중에 높임을 받는 그것은 하나님 앞에 미움을 받는 것이니라 빌2:3 아무 일에든지 다툼이나 허영으로 하지 말고 오직 겸손한 마음으로 각각 자기보다 남을 낫게 여기고 벧전5:5 젊은 자들아 이와 같이 장로들에게 순종하고 다 서로 겸손으로 허리를 동이라 하나님은 교만한 자를 대적하시되 겸손한 자들에게는 은혜를 주시느니라	
9. 남에게 짐을 지게 하는 자들:	1. 구약에서의 하나님 역시 우리의 짐을 져 주는 분이다. 시68:19 날마다 우리 짐을 지시는 주 곧 우리의 구원이신 하나님을 찬송할지로다 시81:6 이르시되 내가 그의 어깨에서 짐을 벗기고 그의 손에서 광주리를 놓게 하였도다 2. 율법을 멍에라고 하다 행15:10 그런데 지금 너희가 어찌하여 하나님을 시험하여 우리 조상과 우리도 능히 메지 못하던 멍에를 제자들의 목에 두려느냐 갈5:1 그리스도께서 우리를 자유롭게 하려고 자유를 주셨으니 그러므로 굳건하게 서서 다시는 종의 멍에를 메지 말라	

제19절 ⊛ 깨어 있으라

1. 본문비교

구분	마태(24:42-51)	마가(13:33-37)	누가(12:35-48, 21:34-36)
깨어 있으라 (종말 강화)	24:42 그러므로 깨어 있으라 어느 날에 너희 주가 임할는지 너희가 알지 못함이니라	13:33 주의하라 깨어 있으라 그 때가 언제인지 알지 못함이라	21:34 너희는 스스로 조심하라 그렇지 않으면 방탕함과 술취함과 생활의 염려로 마음이 둔하여지고 뜻밖에 그 날이 덫과 같이 너희에게 임하리라 :35-36 이 날은 온 지구상에 거하는 모든 사람에게 임하리라 이러므로 너희는 장차 올 이 모든 일을 능히 피하고 인자 앞에 서도록 항상 기도하며 깨어 있으라 하시니라
문지기 종, 기다리는 종의 비유		:34 가령 사람이 집을 떠나 타국으로 갈 때에 그 종들에게 권한을 주어 각각 사무를 맡기며 문지기에게 깨어 있으라 명함과 같으니 :35 그러므로 깨어 있으라 집 주인이 언제 올는지 혹 저물 때일는지, 밤중일는지, 닭 울 때일는지, 새벽일는지 너희가 알지 못함이라 :36 그가 홀연히 와서 너희가 자는 것을 보지 않도록 하라 :37 깨어 있으라 내가 너희에게 하는 이 말은 모든 사람에게 하는 말이니라 하시니라	12:35 허리에 띠를 띠고 등불을 켜고 서 있으라 :36 너희는 마치 그 주인이 혼인 집에서 돌아와 문을 두드리면 곧 열어 주려고 기다리는 사람과 같이 되라 :37 주인이 와서 깨어 있는 것을 보면 그 종들은 복이 있으리로다 내가 진실로 너희에게 이르노니 주인이 띠를 띠고 그 종들을 자리에 앉히고 나아와 수종들리라 :38 주인이 혹 이경에나 혹 삼경에 이르러서도 종들이 그같이 하고 있는 것을 보면 그 종들은 복이 있으리로다
집 주인과 도둑의 비유	:43-44 너희도 아는 바니 만일 집 주인이 도둑이 어느 시각에 올 줄을 알았더라면 깨어 있어 그 집을 뚫지 못하게 하였으리라 이러므로 너희도 준비하고 있으라 생각하지 않은 때에 인자가 오리라		:39-40 너희도 아는 바니 집 주인이 만일 도둑이 어느 때에 이를 줄 알았더라면 그 집을 뚫지 못하게 하였으리라 그러므로 너희도 준비하고 있으라 생각하지 않은 때에 인자가 오리라 하시니라 :41 베드로가 여짜오되 주께서 이 비유를 우리에게 하심이니이까 모든 사람에게 하심이니이까
충성되고 지혜 있는 종,	:45 충성되고 지혜 있는 종이 되어 주인에게 그 집 사람들을 맡아 때를 따라 양식을 나눠 줄 자가 누구냐		:42 주께서 이르시되 지혜 있고 진실한 청지기가 되어 주인에게 그 집 종들을 맡아 때를 따라 양식을 나누어 줄 자가 누구냐

	마태(24:42-51)	마가(13:33-37)	누가(12:35-48, 21:34-36)
지혜 있고 진실한 청지기의 비유	:46 주인이 올 때에 그 종이 이렇게 하는 것을 보면 그 종이 복이 있으리로다 :47 내가 진실로 너희에게 이르노니 주인이 그의 모든 소유를 그에게 맡기리라		:43 주인이 이를 때에 그 종이 그렇게 하는 것을 보면 그 종은 복이 있으리로다 :44 내가 참으로 너희에게 이르노니 주인이 그 모든 소유를 그에게 맡기리라
악한 종의 비유	:48-49 만일 그 악한 종이 마음에 생각하기를 주인이 더디 오리라 하여 동료들을 때리며 술친구들과 더불어 먹고 마시게 되면 :50-51 생각하지 않은 날 알지 못하는 시각에 그 종의 주인이 이르러 엄히 때리고 외식하는 자가 받는 벌에 처하리니 거기서 슬피 울며 이를 갈리라		:45 만일 그 종이 마음에 생각하기를 주인이 더디 오리라 하여 남녀 종들을 때리며 먹고 마시고 취하게 되면 :46 생각하지 않은 날 알지 못하는 시각에 그 종의 주인이 이르러 엄히 때리고 신실하지 아니한 자의 받는 벌에 처하리니 :47 주인의 뜻을 알고도 준비하지 아니하고 그 뜻대로 행하지 아니한 종은 많이 맞을 것이요 :48 알지 못하고 맞을 일을 행한 종은 적게 맞으리라 무릇 많이 받은 자에게는 많이 요구할 것이요 많이 맡은 자에게는 많이 달라 할 것이니라

2. 본문의 차이

구분	마태(24:42-51)	마가(13:33-37)	누가(12:35-48, 21:34-36)
깨어 있으라	• 깨어 있으라 어느 날에 너희 주가 임할지 알지 못함이라(24:42)라	• 주의하라, 깨어 있으라 그 때가 언제인지 알지 못함이라 (13:33)	• 장차 올 이 모든 일들을 능히 피하고 인자 앞에 서도록 항상 기도하며 깨어 있으라(21:36) • 뜻밖에 그 날이 덫과 같이 너희에게 임하리라 온 지구상 모든 사람에게 임하리라(21:34-35) • 조심하라 방탕함과 술취함과 생활의 염려로 마음이 둔하여지지 아니하도록(21:34)
문지기 종, 기다리는 종의 비유		• 주인이 타국으로 나가면서 종들에게 권한과 사무를 맡긴다. 문지기 종에게 깨어 있으라 명령하는 것과 같이 • 타국으로 나간 그가 언제 올른지 모른다. 저녁인지, 밤인지, 닭이 울 때인지, 새벽인지 모른다 • 그가 홀연히 온다. 너희 자는 것을 보이지 않도록 하라	• 주인이 혼인집에서 돌아와 문을 두드리면 곧 문을 열어 주려고 기다리는 사람과 같이 되라 • 허리에 띠를 띠고 등불을 켜고 서 있으라 • 너희가 깨어있는 것을 보면 복이 있다 • 주인이 띠를 띠고 종들을 자리에 앉히고 수종들리라(12:37)

		• 깨어 있으라고 너희에게 하는 이 말은 모든 사람에게 하는 말이다 • 깨어 있으라가 세 번 명령문으로 나온다	• 주인이 혹 이경이나 삼경이나 되어 왔는데도 종들이 그러고 있으면 그 종들은 복이 있으리라 (12:38) • '깨어 있는 것을 보면'이라는 조건문이 나온다
집 주인과 도둑의 비유	• 집 주인이 도둑이 오는 시각을 알면 깨어 있어 도둑이 집에 들어오지 못하게 할 것이다 • 준비하고 있으라, 생각하지 않은 때에 인자가 오리라		• 집 주인이 도둑이 어느 때에 오는 줄 알았더라면 집에 도둑이 들지 못하게 할 것이다 • 준비하고 있으라, 생각하지 않은 때에 인자가 오리라 • 베드로의 질문: 이 비유는 누구에게 하시는 겁니까?
충성되고 지혜 있는 종, 지혜 있고 진실한 청지기의 비유	• 충성되고 지혜 있는 종이 되라 • 그 집의 사람들을 맡아 때를 따라 양식을 나누어 주면 • 주인이 올 때 그것을 보면 복이 있다 • 주인이 그의 모든 소유를 그에게 맡길 것이다		• 지혜 있고 진실한 청지기가 되라 • 집의 종들을 맡아 때를 따라 양식을 나누어 준다면 • 주인이 올 때 그렇게 하는 것을 보면 복이 있다 • 주인이 그의 모든 소유를 그에게 맡길 것이다
악한 종의 비유	• 악한 종은 주인이 더디 오리라 생각한다 • 동료들을 때린다. 술친구와 더불어 먹고 마신다 • 주인이 생각하지 않은 날, 알지 못하는 시간에 온다 • 엄히 때리고 외식하는 자의 벌에 처하니 슬피 울고 이를 갈리라		• 종이 주인이 더디 오리라 생각한다 • 남녀종을 때린다. 먹고 마시고 취한다 • 주인이 생각하지 않은 날, 알지 못하는 시간에 온다 • 엄히 때리고 신실하지 아니하는 자의 벌에 처한다 • 주인의 뜻을 알고도 준비하지 아니하고 그 뜻대로 행하지 아니한 종은 많이 맞는다. 알지 못하고 맞을 일을 한 종은 적게 맞는다 • 많이 받은 자에게 많이 요구하고 많이 맡은 자에게는 많이 달라 할 것이다
참고	1. 깨어 있으라: 두 번 언급 2. 주의 오심, 인자가 오는 때: 두 번 언급 3. 준비하라 4. 지혜 있는 종은 사람들을 먹이면서 주인을 기다린다	1. 깨어 있으라: 네 번 언급 2. 깨어 있어야 하는 이유를 설명 3. 그 때를 강조	1. 깨어 있어라, 깨어 있는 것을 보면: 두 번 언급 2. 기도하고 깨어 있어야 하는 이유는 인자 앞에 서기 위해서다 (21:36) 3. 덫과 같이 오는 그 날, 모든 사람에게 임하는 그 날을 강조하며 조심하라고 한다

		4. 기다리고 있는 종이 주인으로부터 대접받음을 시사하다
5. 주인이 더디 오리라고 생각한 악한 종은 악행을 하다가 갑자기 돌아온 주인으로부터 벌을 받는다		5. 지혜 있는 청지기는 집의 종들을 먹이면서 주인을 기다린다
		6. 주인이 더디 오리라고 생각한 종은 악행을 하다 갑자기 돌아온 주인으로부터 벌을 받는다
		7. 주인의 뜻을 아는 자, 많이 받은 자, 많이 맡은 자에게 경고하다

3. 본문이해

구분	내용	비고
종말 강화 • 깨어 있으라	1. 깨어 있으라는 공관복음의 공통기사로서 종말 강화에 해당한다. 2. 깨어 있어야 하는 이유에 대하여 마태는 '인자의 임함도 그러 하리라'(24:37), '어느 날에 너희 주가 임할지 너희가 알지 못하기 때문'(24:42)이라고 한다. 마가는 '그 때는 아버지만 아시고 언제인지 알지 못하기 때문'(13:32, 33)이라고 한다. 마태에서의 예수께서는 인자의 임함도 노아의 때와 같이 그러하겠다(24:37, 39)고 한다. 3. 마가에서의 예수께서는 주의하라는 말씀으로 시작하여 전체적으로 네 번(13:33, 34, 35, 37) 깨어 있으라고 반복하여 당부한다. 그리고 종말에 대비하라고 하면서 문지기 종의 비유를 든다	**합2:3** 이 묵시는 정한 때가 있나니 그 종말이 속히 이르겠고 결코 거짓되지 아니하리라 비록 더딜지라도 기다리라 지체되지 않고 반드시 응하리라
• 조심하라	1. 누가에서의 예수께서는 일반적으로 '그 날'에 대비하도록 조심하라(21:34)고 하며 항상 기도하며 깨어 있으라(21:36)고 하는데 언제나 간구하라는 말씀이다. 기도하다로 번역된 간구하다 데오마이는 누가에 여덟 번 나오는 특징적 단어이다. 2. 누가는 조심하라는 명령을 앞에 두고 있으나 인자의 도래에 대한 언급이 없이 단지 '그 날'(21:34)에 대비하라고 한다. 누가에 있어서 조심해야 하는 이유는 '그 날'이 덫과 같이 너희에게 임하기 때문이라고 하고 또한 지구상에 거하는 모든 사람에게 '이 날'이 임하기 때문이라고 한다. 3. 마가에서의 예수께서는 종말 강화로서 누가의 표현처럼 '너희는 스스로 조심하라'(13:9)고 하는데 그 이유는 사람들이 너희를 공회에 넘겨 매질하려 하기 때문이라고 한다. 4. 누가에 있는 예수의 어록에도 '너희는 스스로 조심하라'(17:3)는 말씀이 있는데 만일 네 형제가 죄를 범하거든 경고하고 회개하거든 용서하라고 한다. 5. 마가에서 예수께서 말씀 한 '주의하라'와 누가에서 한 '조심하라'는 헬라어 블레페테로서 같은 단어이다. 개혁개정에서는 이 단어를 주의하라(막13:5,33), 조심하라(막13:9, 눅21:34), 삼가라(막13:23)로 번역하였다.	**고후8:1** 이는 주 앞에서뿐 아니라 사람 앞에서도 선한 일에 조심하려 함이라 **계3:20** 볼지어다 내가 문 밖에 서서 두드리노니 누구든지 내 음성을 듣고 문을 열면 내가 그에게로 들어가 그와 더불어 먹고 그는 나와 더불어 먹으리라
문지기 종의 비유 막13:34-37	1. 마가에서의 예수께서는 문지기 종의 경우를 들어 깨어 있으라고 세 번 당부한다. 처음에는 주인이 타국으로 가면서 그 종들에게 권한을 주어 각각 사무를 맡기는데 문지기에게는 깨어 있으라고 한다. 문지기는 집에 들어오고 나가는 사람을 확인하여 공동체의 안전을 지키고 도둑을 방지하며 악한 세력의 침투를 막기 위해 깨어있어야 한다. 2. 문지기가 깨어 있어야 하는 두 번째 이유로 주인이 언제 돌아올지 모르기 때문이라고 한다. 혹 저물 때일지 밤중일지 닭 울 때일지 새벽일지 우리는 모른다는 것이다.	**벧전1:13** 그러므로 너희 마음의 허리를 동이고 근신하여 예수 그리스도께서 나타나실 때에 너희에게 가져다 주실 은혜를 온전히 바랄지어다

	주인이 기다리기 쉽지 않은 시간에 홀연히 나타나서 너희가 자는 것을 보이지 않도록 깨어 있으라고 말씀한다. 누가에서의 기다리는 종의 비유에서 예수께서는 기다리는 종으로 인해 다른 종들도 복을 받는다(눅12:38)고 한다. 3. 깨어 있으라고 하는 세 번째 이유는 이 말이 모든 사람에게 하는 말이기 때문이라고 한다. 문지기 종만 깨어 있어야 하는 것이 아니라 주인이 타국으로 갈 때 주어진 사무를 맡은 모든 종들이 깨어 있으라는 말이다. 다시 말해 자신의 역할을 게을리 하여 자지 말고 더욱 충실히 하라는 것이다. 일 맡은 자로서의 이와 같은 태도는 모든 사람에게 해당된다는 것이다. 여기서 집 주인은 주님에 대한 다른 호칭이라 하겠다.	유대인 시간 밤은 사경 일경 오후 6-9시 이경 9-12시 삼경 12-3시 사경 3- 6시
기다리는 종의 비유 눅12:35-38	1. 마가의 문지기 종의 비유와 같은 것이 누가의 기다리는 종의 비유이다. 이 비유에서 '너희는 허리에 띠를 띠고 등불을 켜고 서 있으라'는 것은 복장과 장비를 갖추고 대비하라고 한다. 군대의 5분대기조 같은 모습이다. 누가는 이 사람을 '기다리는 사람'(12:36) 과 같다고 한다. 누가는 비상대기 하는 사람의 모습을 통해 종말의 대비를 강조하고 있다. 2. 우리가 해야 할 일은 혼인집(가모아: 잔치, 향연, 파티)에서 주인이 돌아와 문을 두드리면 곧 열어 주려고 기다리는 것이다. 초대교회에서는 인자가 와서 문을 두드린다는 것은 예수의 재림을 말한다(계3:20). 3. 깨어 있는 것을 주인이 보면 종들 즉 우리들이 복이 있다고 한다. 그 복이란 무엇인가 주인이 오히려 띠를 띠고 종들을 자리에 앉히고 수종든다는 것이다. 종말의 때에 새로운 질서, 은총의 질서를 상징하는 이야기다. 4. 주인이 이경 또는 삼경에 돌아왔는데도 종들이 그렇게 하고 있는 것을 본다면 그 종들은 복이 있다고 한다. 여기서 이경은 밤 9시에서 12시, 삼경은 12시-3시를 말한다. 여기서 이경 삼경은 주인이 아주 늦게 올 수 있다는 것이다. 즉 재림이 늦어질 수도 있다는 것을 강조하고 있다. 5. 누가에는 종의 자세에 대한 또 다른 비유(17:7-10)가 있는데 여기에서 예수께서는 자신이 한 일들로 인해 보상받기를 기대하지 말라고 경고한다. 명령받은 것을 다한 후에 '우리는 무익한 종이라 우리가 해야 할 일을 한 것뿐이라'고 하라고 한다. 일명 무익한 종의 비유라고도 한다.	우리나라 시간 초경, 술시(개) 밤 7-9시 이경, 해시(돼지) 밤 9-11시 삼경, 자시(쥐) 밤 11-1시 사경, 축시(소) 밤 1-3시 오경, 인시(범) 밤 3-5시 묘시(토끼) 5-7시 아침.
집 주인과 도둑의 비유 마24:43-44, 눅12:35-41	1. 마태, 누가 동일기사이다. 마태는 깨어 있으라의 세 가지 비유 중 처음 이야기다. 집 주인과 도둑의 이야기로서 여기에서 집 주인은 우리다. 2. 이 이야기에서 집 주인은 도둑이 어느 시각에 올지 몰랐기 때문에 깨어 있지 못하였고 그래서 도둑이 집을 뚫고 들어오는 것을 막지 못하였다는 것이다. 다시 말해서 집 주인이 깨어 있으면 도둑을 막을 수 있다는 것이다. 3. 준비하고 있으라는 것은 깨어 있으라는 것이다. 왜냐하면 생각하지 않은 때에 인자가 오리라고 하였기 때문이다. 계시록(3:3)에는 예수께서 내가 도둑 같이 이르리나 네가 알지 못하리라고 하였다. 4. 누가에는 베드로가 이 말씀이 제자인 우리에게 하는 것인지 모든 사람에게 하는 것인지를 묻는다. 여기서의 우리와 모든 사람은 누가공동체의 책임자들과 구성원을 가리키는 것으로 이해할 수 있다.	계3:3 그러므로 네가 어떻게 받았으며 어떻게 들었는지 생각하고 지켜 회개하라 만일 일깨지 아니하면 내가 도둑 같이 이르리니 어느 때에 네게 이를는지 네가 알지 못하리라
충성되고 지혜 있는 종 마24:45-47	1. 마태, 누가 동일기사이다. 그런데 마태에서는 충성되고 지혜 있는 종이 누구냐고 하고 누가에서는 지혜 있고 진실한 청지기가 누구냐는 질문으로 시작한다. 누가에서는 베드로의 질문에 대해 예수께서 역으로 질문하는 형태이다. 2. 누가에서의 베드로는 예수께서 한 집 주인과 도둑의 비유가 우리에게 한 것인지 모두에게 한 것인지 궁금해하지만 예수께서는 이에 대한 언급이 없이 지혜 있고 진실한 청지기가 되라고 한다. 그러나 종이 아닌 청지기라는 말에서 공동체의 책임을 맡고 있는 지도자를 의미한다는 것을 알 수 있다.	• 마태에서의 충성되고 지혜 있는 종은 달란트 비유(마25:14-30)의 충성된 종과 열 처녀 비유(마25:1-13)에서 슬기 있는 다섯 처녀를 연상하게 한다.

지혜 있고 진실한 청지기의 비유 눅12:42-44	3. 충성된 종(마태), 진실한 청지기(누가)는 누구인가. 이들은 종말이 올 때까지 공동체를 이끌어야 하는 지도자들이다. 그러면 이들이 해야 하는 일은 무엇인가? 맡은 사람들(마태), 맡은 종들(누가)에게 때를 따라 양식을 나누어 주는 것이다. 이들은 주인에게 신임을 받고 가솔을 거느리는 위치에 있는 지도자들이라 하겠다. 여기서 그 집 사람들(마태) 또는 그 집 종들(마가)은 주인에게 딸린 식구들을 말한다. 그런데 이들에게 양식을 나누어 줄 지혜 있는 종이 누구냐는 것이다. 마태의 양식은 음식물을, 누가의 양식은 정량의 곡식 배급을 의미한다. 신앙공동체라 할지라도 공동체가 유지되기 위해서는 지도자들은 인간이 가장 필요로 하는 먹거리 문제를 우선적으로 해결해야 하는 것이다. 4. 여기서 주인은 그리스도로서 주인이 올 때는 재림을 말한다. 주인이 오면 사명을 잘 감당한 이들은 복을 받는다. 그런데 누가의 앞(12:35-38)에 있는 기다리는 종의 비유에서는 잔치에서 돌아오는 주인을 기다린 종들이 생각지도 못하는 대접을 받게 되었다고 한다. 그러나 마태, 누가는 휴식이나 보상이 아닌 주인의 모든 소유를 맡아야 하는 더 큰 책임을 맡게 된다. 마치 달란트 비유의 결과와 같은 것이다.	
악한 종의 비유 마24:48-51, 눅12:42-43	1. 마태는 악한 종, 누가는 그냥 종이라고 부른다. 이 종은 자기 마음대로 생각하는 자로서 주인이 더디 오리라고 스스로 판단한다. 그런데 이 종은 앞에 나오는 지혜 있고 진실한 청지기 종과 대비된다. 2. 이 종은 주인이 없는 동안 주인행세를 한다. 다른 종들을 보살피는 책임을 다하기는커녕 오만하고 만용을 부리며 제멋대로 한다. 마태는 동료 종을, 누가는 남녀 종을 때리며 술친구와 함께(마태) 먹고 마시고 취하였다고 한다. 3. 주인이 예상치 못한 날, 짐작도 할 수 없는 시간에 돌아왔다. 그 주인은 악한 종을 엄히 때린다. 혹독하게 처벌하였다. 마태는 외식하는 자가 받는 벌이라고 하였고 누가는 신실하지 아니하는 자의 벌이라고 하였다. 4. 예수께서 재림할 때까지 공동체 지도자는 지위를 남용하여서는 안 되며 공동체를 위해 신실해야 한다는 것이다. 5. 마태는 애용하는 문구 '슬피 울며 이를 갈리라'고 한다. 누가는 계속해서 교회지도자들에게 가혹한 심판이 따를 것이라고 경고한다. 그들은 주인의 뜻을 아는 자들이고 많이 받은 자이고 많이 맡은 자들(12:47-48)이라는 것이다. 누가는 특별히 준비하지 아니하고 그 뜻대로 행하지 아니한 종은 많이 맞을 것이라(12:47)고 한다.	계16:15 보라 내가 도둑 같이 오리니 누구든지 깨어 자기 옷을 지켜 벌거벗고 다니지 아니하며 자기의 부끄러움을 보이지 아니하는 자는 복이 있도다
도둑같이	1. 마태, 누가에 나오는 집 주인과 도둑의 비유에서 초점은 집 주인된 우리이다. 주의 재림을 경성하여 대기하고 있어야 한다는 것이다. 2. 신약에는 재림하는 예수께서 도둑 같이 온다는 표현이 많다. 데살로니가전서(5:1-3)에는 평안하다 안전하다 할 그 때에 갑자기 이르니 결코 피하지 못한다고 하였다. 3. 베드로후서(3:10)에는 지구적 환난과 함께 주의 날이 도둑 같이 온다고 하였다. 계시록에는 네가 도둑 같이 이르리니 어느 때에 네게 이를지는 알지 못한다(3:3)고 하였다. 또한, 내가 도둑 같이 오리니 벌거벗고 자기 부끄러움을 보이지 않도록 하라(계16:15)고 하였다.	살전5:1-2 형제들아 때와 시기에 관하여는 너희에게 쓸 것이 없음은 주의 날이 밤에 도둑 같이 이를 줄을 너희 자신이 자세히 알기 때문이라
슬피 울며 이를 갈리라 마24:41	1. 본문에는 악한 종이 외식하는 자의 벌을 받고 슬피 울며 이를 갈리라고 한다. 마태에는 혼인 잔치의 비유(마22:12-13)에서 예복을 입지 않고 잔치에 들어온 자의 손발을 묶어 바깥 어두운 데에 던지니 거기서 슬피 울며 이를 갈리라고 한다. 달란트 비유에서도 무익한 종을 바깥 어두운 데로 내쫓으라 거기서 슬피 울며 이를 갈리라 하리라(마25:30)고 한다. 2. 누가는 좁은 문으로 들어가기를 힘쓰지 아니한 자들은 문이 닫힌 후 문을 두드려도 주인이 열어 주지 않기 때문에 결국은 하나님 나라에 들어가지 못	눅13:28 너희가 아브라함과 이삭과 야곱과 모든 선지자는 하나님 나라에 있고 오직 너희는 밖에 쫓겨난 것을 볼 때에 거기서 슬피 울며 이를 갈리라

하고 밖에 쫓겨나서 거기서 슬피 울며 이를 갈리라(13:22-28)고 한다. 마태에 있는 병행기사는 내용이 조금 다르고 결론이 뒤에 따로 떨어져 있다(7:13-14, 21-23, 8:11-12). 그러나 결국은 천국에 있지 못하고 바깥 어두운데 쫓겨나 거기서 울며 이를 갈리라(8:12)고 한다.	

4. 심층연구: 깨어 있으라

구분	내용	비고
누가에서의 깨어 있으라 눅21:34-35	1. 누가는 특유의 기도를 강조한다. 그래서 인자 앞에 서도록 항상 기도하여 깨어있으라(21:36)고 한다. 2. '이 날'은 그들에게 뜻밖에 덫과 같이 임할 것이다. 이 날은 인자의 날(21:27)이며 종말의 날이다. 그리고 이 날은 온 지구상에 거하는 모든 사람에게 임한다고 하였다. 유대에 국한된 것이 아니라는 것이다. 3. 그래서 스스로 조심해야 하는데 방탕함과 술 취함과 생활의 염려로 마음이 둔하여지는 것을 조심하라고 한다. 이것은 재림을 기다리는 사람들에게 주는 윤리적 권고라 하겠다. 4. '이 날'은 덫과 같이 온다고 하였다. 덫은 짐승을 잡기 위해 자주 다니는 길에 좋아하는 먹이 등을 미끼와 함께 설치하여 걸리게 하는 것이다. 즉 덫이란 우리의 일상적 상투적 행위의 방심, 유혹적인 것에 대한 호기심 등을 극대화하여 죽게 하는 것이다. 5. 이러므로 너희는 장차 올 이 날들을 능히 피하고 인자 앞에 서야 한다(21:36)고 하였다. 이어서 기도하며 깨어 있는 상태로 그 날에 대비하라고 한다.	• '기도하며'는 누가에 8회, 행전에 7회, 마태에 1회 나온다.
신약에서의 깨어 있으라	1. 바울은 골로새서(4:2)에서 누가에서와 마찬가지로 기도에 항상 힘쓰고 기도에 감사함으로 깨어 있으라고 한다. 에베소서(6:18)에서도 기도를 강조하며 깨어 구하기에 힘쓰라고 한다. 2. 로마서(13:11-14)에서는 이 시기를 자다가 깰 때라고 하며 누가복음에서와 마찬가지로 종말에 즈음한 윤리적 권고를 하고 있다. 단정히 행하라, 방탕하거나 술 취하지 말라, 음란하거나 호색하지 말라, 다투거나 시기하지 말라, 육신의 일을 도모하지 말라 등이다. 3. 신약에는 이밖에도 깨어 있으라는 말씀이 계속된다. 살전5:6상-8상 자지 말고 오직 깨어 정신을 차릴지라, 자는 자들은 밤에 자고 취하는 자는 밤에 취하되 우리는 낮에 속하였으니 정신을 차리라' 딤후2:26 그들로 깨어 마귀의 올무에서 벗어나 하나님께 사로잡힌 바 되어 그 뜻을 따르게 하실까 함이라 벧전5:8 근심하라 깨어라 너희 대적 마귀가 우는 사자같이 두루 다니며 삼킬 자를 찾나니	골4:2 기도를 계속하고 기도에 감사함으로 깨어 있으라 롬13:11 또한 너희가 이 시기를 알거니와 자다가 깰 때가 벌써 되었으니 이는 이제 우리의 구원이 처음 믿을 때보다 가까웠음이라
구약에서의 깨어 있으라	1. 구약에서는 주로 잠에서 깨는 경우를 말하는 경우가 많다. 그러나 여선지자 드보라는 자신을 격려하는 노래를 부른다. 대적과의 전쟁을 앞두고 자신과 바락을 각성시키는 의미에서 '깰지어다'(삿5:12)라고 한다. 2. 시편에는 잠에서 깨어남과 하나님 또는 하나님께로 부터의 관심이나 개입을 요청(35:23, 44:23등)하는 것과 관련이 있다. 3. 이사야서는 유명한 죽은 자의 부활에서 '깨어 노래하라'(26:19)고 하고 또한 유대민족이 좌절 가운데 깨어나라고 외치고 있다(51:17). 4. 구약에서의 깨어 있으라, 깨어라는 당연히 예수의 재림과는 관련이 없다고 하겠다.	시17:15 나는 의로운 중에 주의 얼굴을 뵈오리니 깰 때에 주의 형상으로 만족하리이다

제20절 ❀ 준비하라

1. 본문비교

	구분	마태(25:1-30)	누가(13:25-27, 19:11-27)
열처녀 비유	천국 비유	25:1 그 때에 천국은 마치 등을 들고 신랑을 맞으러 나간 열 처녀와 같다 하리니	
	미련한 자와 슬기 있는 자	:2 그중의 다섯은 미련하고 다섯은 슬기 있는 자라 :3-4 미련한 자들은 등을 가지되 기름을 가지지 아니하고 슬기 있는 자들은 그릇에 기름을 담아 등과 함께 가져갔더니	
	신랑이 오다	:5-6 신랑이 더디 오므로 다 졸며 잘새 밤중에 소리가 나되 보라 신랑이로다 맞으러 나오라 하매 :7 이에 그 처녀들이 다 일어나 등을 준비할새	
	미련한 자의 요구	:8 미련한 자들이 슬기 있는 자들에게 이르되 우리 등불이 꺼져가니 너희 기름을 좀 나눠 달라 하거늘 :9 슬기 있는 자들이 대답하여 이르되 우리와 너희가 쓰기에 다 부족할까 하노니 차라리 파는 자들에게 가서 너희 쓸 것을 사라 하니	13:25 집 주인이 일어나 문을 한 번 닫은 후에 너희가 밖에 서서 문을 두드리며 주여 열어 주소서 하면 그가 대답하여 이르되 나는 너희가 어디에서 온 자인지 알지 못하노라 하리니
	문이 닫히다	:10 그들이 사러 간 사이에 신랑이 오므로 준비하였던 자들은 함께 혼인 잔치에 들어가고 문은 닫힌지라 :11-12 그 후에 남은 처녀들이 와서 이르되 주여 주여 우리에게 열어 주소서 대답하여 이르되 진실로 너희에게 이르노니 내가 너희를 알지 못하노라 하였느니라	
		:13 그런즉 깨어 있으라 너희는 그 날과 그 때를 알지 못하느니라	:26 그 때에 너희가 말하되 우리는 주 앞에서 먹고 마셨으며 주는 또한 우리를 길거리에서 가르치셨나이다 하나 :27 그가 너희에게 말하여 이르되 나는 너희가 어디에서 왔는지 알지 못하노라 행악하는 모든 자들아 나를 떠나가라 하리라
달란트 므나의 비유	지연되는 종말		19:11 그들이 이 말씀을 듣고 있을 때에 비유를 더하여 말씀하시니 이는 자기가 예루살렘에 가까이 오셨고 그들은 하나님의 나라가 당장에 나타날 줄로 생각함이더라
	어떤 사람	:14 또 어떤 사람이 타국에 갈 때 그 종들을 불러 자기 소유를 맡김과 같으니	:12 이르시되 어떤 귀인이 왕위를 받아가지고 오려고 먼 나라로 갈 때에
	돈을 주고 떠나다	:15 각각 그 재능대로 한 사람에게는 금 다섯 달란트를, 한 사람에게는 두 달란트를, 한 사람에게는 한 달란트를 주고 떠났더니	:13 그 종 열을 불러 은화 열 므나를 주며 이르되 내가 돌아올 때까지 장사하라 하니라
	귀인의 왕 됨을 반대하다		:14 그런데 그 백성이 그를 미워하여 사자를 뒤로 보내어 이르되 우리는 이 사람이 우리의 왕 됨을 원하지 아니 하나이다 하였더라

그들의 노력	:16-18 다섯 달란트 받은 자는 바로 가서 그것으로 장사하여 또 다섯 달란트를 남기고 두 달란트 받은 자도 그같이 하여 또 두 달란트를 남겼으되 한 달란트 받은 자는 가서 땅을 파고 그 주인의 돈을 감추어 두었더니	
주인이 돌아오다	:19 오랜 후에 그 종들의 주인이 돌아와 그들과 결산할새	:15 귀인이 왕위를 받아가지고 돌아와서 은화를 준 종들이 각각 어떻게 장사하였는지를 알고자 하여 그들을 부르니
첫째 종	:20-21 다섯 달란트 받았던 자는 다섯 달란트를 더 가지고 와서 이르되 주인이여 내게 다섯 달란트를 주셨는데 보소서 내가 또 다섯 달란트를 남겼나이다 그 주인이 이르되 잘하였도다 착하고 충성된 종아 네가 적은 일에 충성하였으매 내가 많은 것을 네게 맡기리니 네 주인의 즐거움에 참여할지어다 하고	:16-17 그 첫째가 나아와 이르되 주인이여 당신의 한 므나로 열 므나를 남겼나이다 주인이 이르되 잘하였다 착한 종이여 네가 지극히 작은 것에 충성하였으니 열 고을 권세를 차지하라 하고
둘째 종	:22-23 두 달란트 받았던 자도 와서 이르되 주인이여 내게 두 달란트를 주셨는데 보소서 내가 또 두 달란트를 남겼나이다 그 주인이 이르되 잘하였도다 착하고 충성된 종아 네가 적은 일에 충성하였으매 내가 많은 것을 네게 맡기리니 네 주인의 즐거움에 참여할지어다 하고	:18-19 그 둘째가 와서 이르되 주인이여 당신의 한 므나로 다섯 므나를 만들었나이다 주인이 그에게도 이르되 너도 다섯 고을을 차지하라 하고
셋째 종	:24-25 한 달란트 받았던 자는 와서 이르되 주인이여 당신은 굳은 사람이라 심지 않은 데서 거두고 헤치지 않은 데서 모으는 줄을 내가 알았으므로 두려워하여 나가서 당신의 달란트를 땅에 감추어 두었었나이다 보소서 당신의 것을 가지셨나이다	:20 또 한 사람이 와서 이르되 주인이여 보소서 당신의 한 므나가 여기 있나이다 내가 수건으로 싸 두었나이다 :21 이는 당신이 엄한 사람인 것을 내가 무서워함이라 당신은 두지 않은 것을 취하고 심지 않은 것을 거두나이다
	:26 그 주인이 대답하여 이르되 악하고 게으른 종아 나는 심지 않은 데서 거두고 헤치지 않은 데서 모으는 줄로 네가 알았느냐	:22 주인이 이르되 악한 종아 내가 네 말로 너를 심판하노니 너는 내가 두지 않은 것을 취하고 심지 않은 것을 거두는 엄한 사람인 줄 알았느냐
	:27 그러면 네가 마땅히 내 돈을 취리하는 자들에게나 맡겼다가 내가 돌아와서 내 원금과 이자를 받게 하였을 것이니라 하고	:23 그러면 어찌하여 내 돈을 은행에 맡기지 아니하였느냐 그리하였으면 내가 와서 그 이자와 함께 그 돈을 찾았으리라 하고
	:28 그에게서 그 한 달란트를 빼앗아 열 달란트 가진 자에게 주라	:24-25 곁에 섰는 자들에게 이르되 그 한 므나를 빼앗아 열 므나 있는 자에게 주라 하니 그들이 이르되 주여 그에게 이미 열 므나가 있나이다
있는 자는 받겠다	:29 무릇 있는 자는 받아 풍족하게 되고 없는 자는 그 있는 것까지 빼앗기리라	:26 주인이 이르되 내가 너희에게 말하노니 무릇 있는 자는 받겠고 없는 자는 그 있는 것도 빼앗기리라
무익한 종	:30 이 무익한 종을 바깥 어두운 데로 내쫓으라 거기서 슬피 울며 이를 갈리라 하니라	:27 그리고 내가 왕 됨을 원하지 아니하던 저 원수들을 이리로 끌어다가 내 앞에서 죽이라 하였느니라

2. 열 처녀 비유

2.1 다각적 이해

구분	비유 이해		
이해의 틀	유대인 비난	각자의 책임	현대인의 각성
한 밤	메시아 도래 시기	예수 그리스도의 재림	현재 살고 있는 세상, 죄악의 만연
신랑	하나님	예수	예수
열 처녀	하나님의 백성 선민 유대인	초대받은 우리	기독교 신자
미련한 자	외식하는 자, 복음을 배척하는 자	준비하지 않는 자	믿지만 실천하지 않는 자
슬기로운 자	복음을 영접하는 자	준비하는 자	믿고 실천하는 자
등	율법, 규례, 장로의 유전	교회등록과 출석	교회 성례전, 기독교 관련지식
기름	하나님에 대한 믿음	기도	회개, 거듭남, 감격
혼인 잔치	천국, 하나님의 나라	신앙공동체	그리스도 안에서의 기쁨과 즐거움
문이 닫히다	문이 닫히는 줄 모른다	문이 닫히기 전에 들어가자	확신하지 못하다가 구원의 기회를 놓친다.
너희를 알지 못한다	유대인이 예수 살인자로 낙인찍히다	구원받지 못한다	너희는 기독교인이 아니다

2.2 본문이해

구분	내용	비고
열 처녀 비유	1. 예수의 재림을 염두에 둔 권면의 말씀이다. 2. 마태에서의 열 처녀 비유와 대비되는 누가에서의 비유는 기다리는 종의 비유(12:35-38)로 보기도 한다. 3. 이 비유는 앞에 마24:44에서 너희는 준비하고 있으라와 연결되고 슬기 있는 처녀(25:9)도 준비한 자들이다. 4. 비유의 끝은 그런즉 깨어 있으라 너희는 그 날과 때를 알지 못한다(25:13)는 것으로 역시 24:36의 '그 날과 그 때는 아무도 모르나니 하늘의 천사들도 아들도 모르고 오직 아버지만 아시느니라'와 연결된다. 5. 마태에서는 열 처녀 비유에 이어 달란트 비유가 나온다.	
혼인 잔치 ① 열	숫자 열은 완벽함이나 완전함 또는 충만함을 의미한다(창24:10, 31:7, 레26:26, 민14:22등). 여기서는 신앙공동체에 속한 사람들 또는 교회를 말하고 있다.	**룻4:2** 보아스가 그 성읍 장로 열 명을 청하여 이르되 당신들은 여기 앉으라 하니 그들이 앉으매
② 등	헬라어로 람파스인데 등잔(마5:15, 6:22)이나 초롱(요18:3)이 아니라 햇불을 말한다. 기름을 먹인 헝겊을 막대 끝에 묶어 매달고 불을 붙여 사용하였다.	
③ 신랑	신랑은 문맥에서 메시아를 가리키는 말로 이해된다. 그러나 예수께서 이 비유를 드실 때에 자신을 지칭하였는지는 정확하지 아니하다.	

④ 미련하다, 슬기롭다	1. 마태에는 집을 짓는 사람 이야기(마7:24-27)가 있다. 여기에도 지혜로운 사람과 어리석은 사람이 나오는데 반석 위에 집을 지은 이가 지혜롭고 모래 위에 집을 지은 이가 어리석다고 하였다. 그런데 그들이 그렇게 한 이유는 나의 말을 듣고 행하면 지혜로운 사람(7:24)이 되고 반대로 나의 말을 듣고 행하지 아니하면 어리석은 사람(7:26)이 된다고 한다. 2. 열 처녀는 두 부류로 나누어진다. 천국에 대한 소망을 갖고 잘 준비한 슬기로운 사람들(25:4)과 준비를 하느라고 하였지만 잘 하지 못한 미련한 사람들로 구분된다. 여기서 미련한 자들은 등은 준비하였으나 기름을 충분하게 갖고 있지 아니하였다.	마9:15 예수께서 그들에게 이르시되 혼인집 손님들이 신랑과 함께 있을 동안에 슬퍼할 수 있느냐 그러나 신랑을 빼앗길 날이 이르리니 그 때에는 금식할 것이니라
⑤ 다 졸며 자다	1. 처녀들이 다 졸며 잘 수 있다. 신랑이 더디 오기 때문에 기다리다가 그렇게 될 수는 있다. 여기서는 예수의 재림 지연을 말하고 있다. 신랑이 언제 오는지 알 수 없었기 때문에 졸며 잔 것이 미련한 것과 슬기로움을 구분 짓지는 않는다. 신랑이 더디 온 것 역시 문제가 되지 않는다. 2. 완벽하지 못한 준비는 하나도 준비하지 않은 것과 같아서 미련한 것이 된다. 반대로 완벽한 준비는 슬기로운 것이 된다. 3. 밤중에 소리가 나서 보니 신랑이 온다고 한다. 그리고 맞으러 나오라고 한다. 처녀들이 다 일어나 등을 준비한다(25:6-7).	잠16:22 명철한 자에게는 그 명철이 생명의 샘이 되거니와 미련한 자에게는 그 미련한 것이 징계가 되느니라 • 이스라엘의 보통 가정의 결혼식에서는 지금도 신부의 친구인 처녀들은 '신랑이 오니 맞으라'고 하면 횃불을 들고 나간다고 한다.
⑥ 미련한 처녀들의 부탁	1. 미련한 처녀들이 슬기로운 처녀들에게 등불이 꺼져가니 기름을 나누어 달라고 한다. 횃불 헝겊에 기름이 충분히 적셔져 있지 않아서 꺼져 간다는 것이다(25:8). 2. 슬기로운 처녀들이 함께 쓰기에 부족하니 차라리 사다가 쓰라고 한다. 횃불 심지 구실을 하는 헝겊이 기름에 적셔져야 하는데 기름을 나누어 쓰다가는 횃불이 제대로 환하게 타오르지 않을 수 있다. 그래서 그들은 미련한 처녀들의 부탁을 들어주지 못한다. 3. 그들이 기름을 사러 가다. 늦은 밤이지만 기름 파는 가게는 열려 있었던 것이다. 그 사이에 신랑이 온다. 기름을 준비한 자들은 혼인 잔치에 들어간다. 혼인 잔치는 하늘나라를 의미한다. 그런데 문이 닫힌다. 4. 열 처녀 비유가 만약 이상적인 기독교인의 삶의 모습에 관한 것이라면 지혜로운 처녀들은 기름을 준비하지 못한 미련한 처녀들에게 기름을 나누어 주는 자비를 베풀었을 것이다. 그런데 여기서는 임박한 예수의 재림을 준비하는 이야기이기 때문에 그렇게 하지 못한 것이다.	• 이 이야기에서 기름은 빌려 줄 수도 없고 빌릴 수도 없는 성격을 가지고 있다. 그래서 기름을 개개인의 선함으로 보기도 하지만 개개인이 하나님과의 관계에서 이룩한 믿음으로 볼 수도 있다.
⑦ 내가 너희를 알지 못하노라	1. 기름을 사러 가느라 자리를 비운 처녀들은 문이 닫힌 후에 돌아온다. 2. 마태에는 이외에도 산상수훈의 결론으로 예수께서는 '주여 주여 하는 자마다 천국에 들어가는 것이 아니다'(마7:21)고 말씀한다. 그런데 여기서 기름을 사러 갔다 온 처녀들은 '주여 주여 우리에게 열어주소서'(25:11)라고 하지만 닫힌 문이 열리는 것은 아니다. 미련한 다섯 처녀는 문 앞에서 안으로부터 진실로 내가 너희를 알지 못한다는 말만 듣게 된다. 시작은 함께 하였어도 끝까지 완전하게 준비하지 아니하면 안 된다는 것이다. 3. 산상수훈에서 예수께서는 '내가 너희를 도무지 알지 못한다' 내게서 떠나가라(마7:23)고 말씀한다. 그런데 그 날에 많은 사람들이 '주여 주여 우리가 주의 이름으로 선지자 노릇하며 주의 이름으로 귀신을 쫓아내며 주의 이름으로 많은 권능을 행하지 아니하였나이까'(마7:22)라고 한다. 신앙고백을 하고 주님의 일을 내세우지만, 주님으로부터 외면을 받는다. 마태에서 예수께서는 열매를 보고 그 사람을 알 수 있다(마7:15-20)고 하였다. 아름다운 열매(마7:18)를 맺기 위해 마지막까지 최선을 다하지 아니하면 찍혀 불에 던져지게 되는 것이다(마7:19).	히12:17 너희가 아는 바와 같이 그가 그 후에 축복을 이어받으려고 눈물을 흘리며 구하되 버린 바가 되어 회개할 기회를 얻지 못하였느니라

4. 누가에도 같은 이야기가 있다(13:26-27). 그러나 누가에서 이 이야기는 좁은 문으로 들어가기를 힘쓰라는 말씀(눅13:23-24)에 이어서 나온다. 누가에서도 산상수훈의 교훈과 유사하게 주 앞에서 먹고 마셨으며 주 또한 우리들을 길거리에서 가르치셨나이다라고 하지만 나는 너희가 어디에서 왔는지 알지 못한다고 하다. 그들이 예수께 주여 주여 하는 것을 보면 예수와 무관한 자들은 아니다. 그러나 예수께서는 너희를 알지 못한다고 하며 떠나가라고 한다.

5. 과거의 행한 일들로 예수의 명령을 따르지 않은 것이 용서받지 못한다. 마지막 때에는 마지막으로 해야 할 일을 해야 하는 것이다.

6. 여기서 깨어 있으라는 것은 재림이 지연된다고 하더라도 철저하게 준비하고 있으라는 것이다.

7. 너희가 만일 제 때에 준비하지 않으면 하늘 혼인 잔치나 하나님의 나라 잔치(눅13:29)에 들어가지 못한다. 준비 역시 때가 있는 것이다.

3. 달란트와 므나의 비유

3.1 비유 비교

구분		달란트	므나
배경	주인 여행	어떤 사람 타국에 가다	어떤 귀인 왕위를 받아 가지고 오려고 먼 나라로 가다
소유를 맡기다	배분	각각 그 재능대로 세 종에게 다섯 달란트, 두 달란트, 한 달란트를 주다 노력하는 자와 땅에 감추어 두는 자	종 열에게 열 므나를 주다 (기회의 동등) 돌아올 때까지 장사하라
주인 배신			백성이 주인을 미워하여 사자를 보내 그의 왕 됨을 원하지 않는다고 하다
주인 귀국	언제 한 일	오랜 후에 돌아오다 결산하다	왕위를 받아가지고 돌아오다 어떻게 장사하였는지 알고자 한다
결산	종① 종② 종③	다섯 달란트 가진 자, 다섯 달란트 남기다 두 달란트 가진 자, 두 달란트를 남기다 한 달란트 가진 자, 그대로 가지고 오다	한 므나로 열 므나를 남기다 한 므나로 다섯 므나를 남기다 한 므나를 그대로 가지고 오다
남긴 자들	칭찬 보상	잘하였도다 착하고 충성된 종아 • 네가 적은 일에 충성하였다. • 내가 많은 것을 네게 맡기겠다 • 네 주인의 즐거움에 참여할지어다	• 잘하였도다 착한 종아 • 네가 지극히 작은 것에 충성하였도다 • 열 고을 또는 다섯 고을의 권세를 차지하라
그대로 인자	형태 이유	• 땅에 감추다 • 당신은 굳은 사람이다 • 심지 않고 거두고 헤치지 않고 모은다 • 내가 두려워 한다	• 수건으로 싸다 • 당신은 엄한 사람이다. • 두지 않은 것을 취하고 심지 않은 것을 거둔다 • 내가 무서워 한다

주인의 심문	호칭 나를 안다면	• 악하고 게으른 종아 • 심지 않은 데서 거두고 헤치지 않은 데서 모으는 줄 알았느냐 • 취리하는 자에게 내 돈을 맡겨 원금과 이자를 받게 하였어야 한다.	• 악한 종아 • 두지 않은 것을 취하고 심지 않은 것을 거두는 엄한 사람인 줄 알았느냐 ·은행에 맡겨 원금과 이자를 찾게 해야 한다.
심판	빼앗기리라 죽이라	• 있는 자는 받고 풍족하게 되고 없는 자는 있는 것까지 빼앗기리라 • 바깥 어두운 데로 내쫓으라 • 거기서 이를 갈며 슬피 울리라	• 있는 자는 받겠고 없는 자는 있는 것까지 빼앗기리라 • 내가 왕 됨을 원하지 아니하는 저 원수들 • 이리로 끌어다가 내 앞에서 죽이라
전체 비유 (열 처녀, 달란트와 므나) 이해		• 열 처녀 비유에 이어서 달란트 비유가 나온다 • 열 처녀 비유에는 깨어 있으라와 준비하라가 모두 들어 있다 • 열 처녀 비유 앞에 '천국은 ~와 같다'고 시작된다. 이것은 열 처녀 이야기가 하늘나라와 같다는 의미이다	• 세리장 삭개오의 회심(19:1-10)에 이어 므나 비유가 나온다 • 열 처녀 비유에 대한 누가의 대구는 없다. 누가는 좁은 문의 비유(13:23-24)에 이어 닫힌 문에 대한 이야기(13:25-27)가 나오는데 그 이야기를 본문비교에서 마태와 대조하여 보았다. • 누가의 므나 비유에서 예수께서는 그들이 하나님의 나라가 당장에 나타날 줄로 알고 있어서 한 말씀(19:13)이라고 한다.

3.2 본문이해

구분	내용	비고
두 비유의 목적	1. 마태의 달란트 비유는 재림이 오기까지의 기독교인의 삶에 초점이 있다. 또한, 마태는 기독교인들은 하나님의 선물을 선용하여 열매를 맺으라고 한다. 2. 누가의 므나의 비유는 포악한 왕의 비유라고도 한다. 누가에서 예수께서는 예루살렘 입성이 하나님 나라의 도래가 아니라는 것을 말씀하기 위하여 므나의 비유를 말씀한다(19:11). 다윗왕의 왕도이었던 예루살렘과 메시아인 예수를 연결시켜 보면 당연히 그렇게 생각할 수 있었다. 그러나 실제로는 예루살렘 입성 후 오히려 예수께서 고난을 당하게 된다는 것을 말하려는 것이다. 3. 마태에서 예수께서는 재림이 지연되더라도 최선을 다하라고 하고 있고 누가에서 예수께서는 예루살렘 입성이 하나님 나라의 도래가 아니라고 하며 자신을 귀인으로 비유하여 말씀하고 있다. 4. 마가에서의 예수께서는 종말 강화로서 한 인자의 재림과 깨어 있으라는 교훈 중에 깨어 있는 종의 비유에서 사람이 집을 떠나 타국으로 갈 때에 그 종들에게 권한을 주어 각각 사무를 맡긴다(13:34)고 하였다.	• 달란트 비유에서 돈을 맡기고 떠난 주인을 예수로 상정하는 것은 당연하다 하겠다. 예수께서 재림주로 오실 때까지 게을러서도 약해서도 무익해서도 안 되는 것이다.
달란트와 므나	1. 달란트는 무게 단위로서 가장 큰 화폐 단위이다. 한 달란트는 3500 세겔로 약 35kg에 해당한다. 그런데 무엇의 무게인가에 따라 가치는 달라진다. 로마의 은화인 데나리온으로 환산할 경우 대략 6000데나리온이 된다. 노동자의 일당이 한 데나리온이었으므로 6000일 즉 16년 넘게 모아야 한 달란트가 될 수 있다. 드라크마는 고대 그리스의 은화로서 데나리온과 같이 노동자 하루 품삯이다. 포도원 하루 품삯도 한 데나리온(마20:2)인데 렙돈의 128배다. 2. 므나 가치는 정확하지 않는데 대체로 한 달란트는 약 60므나라고 하고 한 므나는 노동자의 넉달치 월급에 해당된다고 한다.	• 렙돈은 그리스 최소 화폐 단위다. 하루 임금을 10만 원으로 보면 과부의 두 렙돈(막 12:42)은 약 1560원 정도 된다.

배분 방식	1. 마태에서 주인은 '각각 그 재능에 따라'(25:15) 달란트를 배분한다. 그리고 재량권을 준다(25:15). 그런데 다섯 달란트 받은 자는 그것으로 장사를 하였고 두 달란트 받은 자도 그렇게 하였다고 한다. 마태에는 그들이 노력하였다고 한다(25:16-18). 2. 누가에서 주인은 열 종에게 열 므나를 나누어 준다. 종들에게 동등한 기회를 제공한 것이다. 그러나 경쟁영역은 제시하였다. 장사를 하라는 것이었다(19:13). 3. 마태, 누가의 달란트와 므나의 비유에서 대체로 능력의 차이는 2배이고 기회 선용의 차이는 5배 또는 10배가 되는 것으로 짐작할 수 있다. 종말이라 하여도 재능을 발휘하고 기회도 선용해야 한다는 것이다.	• 능력도 중요하고 기회도 중요하다. 특별히 동등한 기회의 제공을 위해 인류는 여러 가지 형태로 노력해오고 있다.
돌아온 주인 (왕위를 받아 온 주인)	1. 마태는 오랜 후 종의 주인이 돌아와서 종들과 결산(25:19)을 한다. 2. 누가는 주인이 귀인이다. 귀인은 유게네스로 높은 사회적 지위나 태생적으로 귀족적인 지위를 갖고 있는 사람이다. 이 귀인은 왕위를 받아 가지고 오려고 먼 나라를 여행하였고(19:12), 왕위를 받아 갖고 돌아온다. 그리고 종들이 어떻게 장사하였는지를 알고자 한다(19:15). 3. 헤롯 대왕은 BC47 갈릴리의 행정장관이 되었고 BC40에 안토니우스와 로마의 원로원으로부터 유대인의 왕이라는 칭호를 받았으며 BC37 하스몬 왕조의 안티고누스를 패배시키고 예루살렘을 차지한다. BC31 옥타비아누스에 의해 유대 왕으로 거듭 신임을 받았다. 4. 예수 탄생 즈음에 헤롯 대왕이 죽는데 그 아들 헤롯 아켈라오스가 아버지의 왕위를 물려받기 위해 로마에 갔으나 그가 왕이 되는 것을 반대하는 자들이 아우구스투스에게 사절단을 보내는 바람에 결국 그는 유대, 사마리아, 이두매 지역을 관할하는 분봉왕이 되고 만다. 5. 누가19:12,14절은 이러한 시대적 상황을 배경으로 하고 있다. 마태2:22에는 애굽에서 돌아온 예수의 가족이 아켈라오가 무서워 갈릴리로 갔다고 기록하고 있다.	• 헤롯 대왕의 큰 아들인 헤롯 아켈라오스는 바리새인들이 폭동을 일으키자 3천 명을 학살한다. 그는 계속되는 유대인과의 마찰로 AD6년에 폐위되어 갈리아로 유배되었다가 AD18년에 죽는다. 그 후 이 지역은 로마직령이 되고 로마는 총독을 보내게 된다.
남긴 자들	1. 마태에서 첫째 종과 둘째 종은 각각 자신에게 주어진 금액을 두 배로 늘렸다. 그들의 보고도 같았고 주인이 그들 각각에게 한 칭찬과 보상도 같았다. 그들에게 더 많은 것을 맡기겠다고 한다. 2. 주인은 그들을 '착하고 충성된 종'이라고 하는데 새번역은 '착하고 신실한 종'이라고 한다. 헬라어로 착하다는 말은 아가토스이고 신실하다는 말은 피스토이다. 그리고 피스토스는 믿음이라는 명사 피스티스에서 나온 말이다. 어원으로 보면 착할 뿐 아니라 믿음이 가는 종이라는 말이다(김재성). 2. 누가에서 첫째 종은 한 므나로 열 므나를, 둘째 종은 한 므나로 다섯 므나를 만들었다. 주인의 칭찬은 똑같으나 보상으로 첫째 종에게는 열 고을을, 둘째 종에게는 다섯 고을의 권세를 차지하라고 한다. 주인은 그들을 착한 종이라고 부른다. 왕위를 받아서 돌아온 귀인은 자신의 종들에게 정치적인 권세를 준다. 3. 마태, 누가 모두 주인은 네가 적은 일에 충성하였다고 칭찬한다. 작은 것에 충성된 자는 큰 것에도 충성한다고 불의한 청지기 비유에서 예수께서 말씀하였다(눅16:10) 4. 마태와 누가 모두 남긴 자들에게는 쉼이 허락되는 것이 아니라 더 큰 책무가 부과된다.	마16:27 인자가 아버지의 영광으로 그 천사들과 함께 오리니 그 때에 각 사람이 행한 대로 갚으리라 눅16:10 지극히 작은 것에 충성된 자는 큰 것에도 충성되고 지극히 작은 것에 불의한 자는 큰 것에도 불의하니라
그대로인 자: 주인을 두려워하고 무서워하는 자	1. 마태에서 주인은 종들에게 자금운영의 재량권을 주어서 첫째와 둘째 종은 장사를 하였다. 누가에서 주인은 장사를 하라고 지시한다. 마태에서의 셋째 종은 첫째나 둘째처럼 장사도 하지 아니하였고 재량권도 사용하지 아니하였다. 누가에서의 셋째 종은 주인의 장사하라는 명령을 어기었다.	• 그대로 쌓아두면 좀도 먹고 동록도 쓴다(마6:19) • 그대로 있는 것은 뒤처지는 것이다.

	2. 마태에서 셋째 종은 당신은 굳은 사람으로 심지 않고 거두고 헤치지 않고 모으는 분이라고 한다. 누가에서 셋째 종은 당신은 엄한 사람으로 두지 않은 것을 취하고 심지 않은 것을 거둔다고 한다. 두지 않았다는 것은 저축하지 않았던 것으로 이해할 수 있다. 3. 주인에 대하여 마태에서의 종은 두려워하였고 누가에서의 종은 무서워하였다고 한다. 그래서 마태에서 셋째 종은 땅에 감추어 두었다가 가져오고 누가에서 셋째 종은 수건으로 싸두었다가 주인에게 가져온다. 4. 양쪽 모두 주인에 대한 선입견을 가지고 있는 것이다. 주인에 대한 자신의 선입견을 전제로 관계설정을 하고 그에 따라 행동한 것이라 하겠다. 주인이나 상사는 늘 두렵고 무서운 존재일 수밖에 없다. 그렇다고 해서 해야 할 일을 안 해서는 안 되는 것이고 할 수 있는 일을 안 해도 안 되는 것이다. 5. 주인과의 관계 설정을 제대로 하지 못하면 실패할 수밖에 없는 것이다. 하나님 나라를 기다리면서 종말의 때가 다가올수록 종은 주인에 대한 철저한 신뢰를 가지고 최선을 다하지 않으면 안 된다. 6. 양쪽 모두 주인에게 손해를 입혔다고는 생각하지 않는 것 같다. 그러나 그 오랜 기간 동안 아무것도 하지 않았다는 것 역시 비난받아야 할 것이다.	
주인의 심문	1. 셋째 종에 대해 마태에서는 '악하고 게으른 종아'라고 하고 누가에서는 '악한 종아'하고 부른다. 2. 마태, 누가 모두 주인은 셋째 종에게 네가 나를 무자비한 착취자로 알았느냐고 항변한다. 그렇다면, 그렇게 알고 있었다면 취리자(마태: 환전상, 대부업자) 또는 은행(누가)에 맡겨 원금과 이자를 받게 했어야 한다고 주인은 말한다. 3. 만일 주인이 그런 사람이라면 최소한 그에 맞게 대응을 했어야 한다는 것이다. 그러나 셋째 종들은 그렇게 하지 아니하였다.	• 유대인들은 어려서부터 돈놀이 즉 이자의 위력과 이자의 무서움에 대해 교육받는다고 한다.
주인의 심판	1. 마태에서 주인은 한 달란트를 빼앗아 열 달란트 가진 자에게 주라고 하고 누가에서 귀인은 한 므나를 빼앗아 열 므나 있는 자에게 주라고 한다. 누가에서는 그들 즉 므나를 나누어 받았던 나머지 종들이 그에게는 이미 열 므나가 있다고 한다. 2. 마태, 누가 모두 주인이 하는 말은 '있는 자는 받아 풍족하게 되고 없는 자는 그 있는 것까지 빼앗긴다'고 한다. 그리고 마태에서는 바깥 어두운 데로 내쫓고 '거기서 슬피 울며 이를 갈리라'고 한다. 누가에서는 '이리로 끌어다가 내 앞에서 죽이라'고 한다. 3. 마태에는 가버나움에서 예수께서 백부장의 하인을 고칠 때 백부장의 믿음을 보고 놀라며 그 나라의 본 자손들 즉 이스라엘은 바깥 어두운 데 쫓겨가 거기서 울며 이를 갈게 되리라고 한다(마8:12).	• '울며 이를 갈다'라는 표현은 신약에 7번 나오는데 그 중 6번이 마태에 나온다. 8:12, 13:42, 50, 22:13, 24:51, 25:30, 눅13:28 등
누가의 문제 ① 왜 죽이나	1. 누가에서 귀인은 셋째 종에게 '내가 왕 됨을 원하지 아니하던 저 원수'라고 한다. 그러나 실제로 그 종이 주인이 왕 됨을 원하지 아니하였는지는 알 수 없다. 그런데 앞 절에서는 백성들이 그를 미워하여 사자를 보내어 그가 왕 되는 것을 원하지 아니하였다(19:14)고 한다. 누가에서의 셋째 종이 아마도 그를 미워한 백성 중의 하나일 수 있다. 2. 주인 입장에서 볼 때 셋째 종은 이치에 맞지 아니하는 변명을 하고 있다. 무엇보다도 자기 주인에 대해 자기 나름대로 판단한 것이다. 그리고 그렇게 판단하였다면 또한 그에 맞게 행동하여 이자와 원금을 받을 수 있게 했어야 한다. 3. 누가에서의 주인은 셋째 종은 실수를 한 것이 아니라고 본다. 한 므나를 그대로 가지고 온 것은 일종의 고의적 반항이라는 것이다. 주인을 부도덕하고 혹독하고 무자비한 착취자로 보는 것은 자기가 왕 되는 것을 원하지 않는 자들과 같은 자들이라고 보았다고 하겠다. 그래서 그를 끌어내어 죽이라고 한다.	• 이자는 옛날이나 지금이나 무서운 것이다. 옛날에는 이자가 더 높았다. 지금도 이자가 국가적으로 문제가 되어 개인회생 면책제도 같은 것이 있다.

구분	내용	비고
② 나머지 일곱 종	1. 누가에서의 주인은 세 번째 종을 심판할 때에 '저 원수들'이라고 하는데 아마도 한 므나씩 받고 수건에 싸 두었을 종들을 말하는 것 같다. 2. 세 번째 종은 저 원수들의 대표격인 종이다. 3. 주인은 자기의 정체를 오해하고 폭로하고 자신에게 반항한 것으로 여겨지는 종들을 모두 죽인다.	
③ 므나의 비유 이해	1. 전통적으로 예수께서는 자신을 먼 나라에 가서 왕위를 받아오는 귀인으로 보는 해석이다. 여기서 셋째 종은 예수의 메시아 되심을 방해하는 세력으로서 예수를 오해하고 예수께 반항한다는 것이다. 그들은 결국 심판을 받는다. 셋째 종은 당시 유대교 지도자들이라 하겠다. 예수께서는 당시 유대인들의 믿음처럼 하나님의 백성이라고 하여 자동적으로 구원받는 것이 아니라고 한다. 메시아인 주인이 돌아올 때까지 자기 일에 최선을 다해야 하는 것이다. 2. 그러나 최근에는 당시 정치 상황을 고려하여 왕위를 받아오는 귀인을 폭력적인 당시 지배자로 보고 죽임을 당하는 셋째 종을 예수 그리스도로 보는 해석이 있다. 실제로 이 비유는 예루살렘에서의 예수의 운명을 암시하고 무자비한 권력에 의해서 예수께서 죽임을 당하는 것을 폭로하는 내용이라고 보는 해석이다.	
있는 자는 받겠다	1. 마가에서 예수께서는 귀 있는 자는 들으라고 하고 이어서 너희가 무엇을 듣는가 스스로 삼가라고 한다. 그리고 있는 자는 받을 것이요 없는 자는 그 있는 것까지도 빼앗기리라고 한다(4:23-25). 　어떤 통찰력을 가지고 선생에게서 들은 것에 주의하는 제자는 더 많은 지식과 더 깊은 통찰력을 가지게 될 것이라는 말씀으로 이해된다. 마가에서는 지식에 관한 말씀으로 알려고 하면 할수록 큰 지식을 갖게 된다는 것이다. 2. 누가 역시 너희가 어떻게 들을까 스스로 삼가라고 하면서 있는 자는 받겠고 없는 자는 그 있는 줄로 아는 것까지 빼앗기리라(눅8:18)고 한다. 바로 듣고 바로 행함을 강조하였다고 하겠다. 3. 세상에는 어느 정도 쓰면 쓸수록 좋아지는 것들이 있다. 건강이 그렇다. 건기가 그렇다. 운동이 그렇다. 기술이 그렇다. 그러나 한없이 좋아지는 것은 아니다. 여기서 있는 자란 긍정적이고 적극적이며 진취적이고 실천적인 사람의 태도라고 하겠다. 여기서 그런 사람은 다른 이들보다 더 받을 것이 분명하다.	눅8:17-18 숨은 것이 장차 드러나지 아니할 것이 없고 감추인 것이 장차 알려지고 나타나지 않을 것이 없느니라 그러므로 너희가 어떻게 들을까 스스로 삼가라 누구든지 있는 자는 받겠고 없는 자는 그 있는 줄로 아는 것까지도 빼앗기리라 하시니라

4. 심층연구: 준비하라

구분	내용	비고
친히 준비하는 하나님	1. 창세기에는 하나님께서 아브라함의 믿음을 시험하는 이야기가 있다. 이삭이 아버지 아브라함에게 '불과 나무는 있거니와 번제할 어린 양은 어디 있나이까'(창22:7)라고 하자 아브라함은 '하나님이 자기를 위해 친히 준비하시리라'(창22:8)고 대답한다. 2. 이스라엘 백성이 광야를 지날 때 하늘 양식(출16:4)으로 만나(출16:31)를 준비하여 주고 구름기둥과 불기둥(출13:17-22)으로 인도하는 하나님이다. 3. 요나서에는 요나를 위하여 하나님께서 박넝쿨을 예비하여 그의 머리 위에 그늘이 지게 함으로 그 괴로움을 면하게 하였다. 그런데 다음날에는 벌레를 예비하여 박넝쿨을 갉아 먹게 하고 또한 뜨거운 동풍을 예비하여 요나가 혼미하게 된다(욘4:6-8). 하나님께서 예비하는 것은 우리의 편안함뿐 아니라 곤고함도 있다. 우리에게 안락함도 제공하지만, 하룻밤 사이에 모든 것이 사라지고 더 큰 고통을 겪게도 한다.	습1:7 주 여호와 앞에서 잠잠할지어다 이는 여호와의 날이 가까웠으므로 여호와께서 희생을 준비하고 그가 청할 자들을 구별하셨음이니라

	4. 여호와의 날이 가까워져 옴으로 여호와께서 희생을 준비한다는 말씀이 스바냐서에 있다(1:7). 여호와의 날이 심판의 날을 말하기는 하지만 신약의 주의 날과는 구별된다.	
준비하는 예수	1. 마태, 마가에서 예수께서는 향유를 부은 여자를 책망하는 자들에게 그 여인은 힘을 다하여 내 몸에 향유를 부어 내 장례를 미리 준비(마26:12, 막14:8)하였다고 한다. 2. 예수께서는 내 때가 아직 이르지 아니하였다는 말씀으로 고난받을 준비를 한다. 3. 요한복음에서 예수께서는 겟세마네 동산에서 체포될 때 '그 당할 일을 다 아시고 나아가 이르되 누구를 찾느냐'(요18:4)고 오히려 물어본다. 나사렛 예수라고 하니 '내가 그라'고 말씀한다. 그러자 그들이 물러가서 땅에 엎드러졌다고 한다. 다시 한 번 예수께서 그들에게 누구를 찾느냐고 묻는다. 메시아로서 사명을 다하기 위해 평생을 준비한 예수이다.	

5. 집중탐구: 므나 비유에 대한 새로운 이해

구분	내용	비고
기존의 시각	• 예수의 상경: 왕으로 오신 예수께서 다윗의 왕도인 예루살렘으로 향한다. • 귀인의 먼 나라 여행: 부활 승천하신 예수의 재림 시까지의 기간 • 귀인의 왕위: 재림주로 오시는 메시아의 권세 • 왕 됨을 원하지 아니하는 백성들: 그리스도를 인정하지 아니하는 유대인들 • 므나의 배분: 평등하게, 모두에게 • 첫 번째와 두 번째의 종: 착한 종, 신실한 신자 • 세 번째 종: 악한 종, 주인에게 신실하지 않은 신자. 주인의 왕 됨을 원하지 아니한 자.	• 성경의 이야기 구분이 잘못된 경우들이 있다. 편집상의 구분은 편의상 임의로 만들어진 것이라 하겠다.
비유의 목적	1. 예수께서 달란트 비유와 달리 므나의 비유에 대해서는 말씀하는 목적이 있다. 예수께서 예루살렘에 가까이 왔는데 그들은 하나님의 나라가 당장에 나타날 줄로 생각하였다(눅19:11). 그래서 예수께서는 비유를 한 목적이 하나님 나라가 당장에 나타나지 않는다는 것이고 예루살렘에 가는 이유가 따로 있다는 것이다. 그 이유를 말씀하시기 위해 므나의 비유를 든 것이다. 2. 므나의 비유는 19장 12절에서 시작해서 27절까지로 되어 있다. 그러나 19장 11절에서 28절까지를 포함하면 므나의 비유 앞, 뒤에는 예루살렘으로 향하시는 예수의 모습이 나온다. 므나의 비유가 예수께서 예루살렘에 꼭 가야하는 이유 즉 수난을 받아야 하는 이유를 말씀한 것으로 볼 수 있다. 3. 므나의 비유를 예수의 삶의 한 단면을 상징적으로 드러낸 것으로 볼 수 있다.	• 예수 당시의 역사적 상황에 대해 괄목할 만한 연구업적이 있는 예레미야스는 이 비유의 배경이 BC4년이라고 한다.
귀인은 누구인가	1. 므나의 귀인은 왕위를 받아가지고 오려고 먼 나라로 가서 왕위를 받아가지고 돌아온다(19:12,15). 그러나 그를 미워하는 백성들은 '사자를 뒤로 보내어 우리는 이 사람이 우리의 왕 됨을 원하지 아니한다'고 하였다(19:14). 2. 예수께서 태어난 시기에 헤롯 대왕은 죽고 아들 아켈라오는 유대 지방에 대한 통치권을 확인하기 위해 로마로 가고 그 때에 유대인 대표 50명은 그 임명을 저지하려고 로마에 갔다고 한다. 이러한 사실은 독일 신학자 요아 킴 예레미야스가 요세프스의 고대사와 전쟁사를 인용하여 설명한 것이다. 3. 아켈라오는 폭군으로 정치범들을 한꺼번에 이천 명을 십자가에 달아 죽였다고도 한다. 예수 가족이 애굽에서 이스라엘로 돌아올 때 '아켈라오가 그의 아버지 헤롯을 이어 유대 임금 됨을 듣고 꿈에 지시를 받아 갈릴리지방으로	• 아켈라오: 백성의 지도자라는 뜻이다. 헤롯 대왕이 사마리아 여인 말다케에게서 낳은 아들이다. 분봉왕으로 유대, 사마리아, 이두매를 통치(BC4-AD6)하였다. 악정으로 인해 유대인들로부터 고소를 당해 로마가 갈리아

	갔다고 마태는 말하고 있다(2:19-23). 이런 일로 인하여 예수께서도 아켈라오를 잘 알고 있었을 것이다.	지방으로 추방하였다. 그의 형제 헤롯 안디바는 갈릴리와 베레아의 분봉왕으로 세례 요한을 살해(마14:1-12)하였는데 예수께서는 그를 여우(눅13:32)라고 불렀다.
	4. 그동안의 시각은 예수와 귀인을 동일시하였다. 그러나 예수께서 폭정으로 비난받던 왕과 자기를 동일시하여 비유를 말하지는 아니하였을 것이라는 새로운 시각이 있다. 일리가 있다고 하겠다.	
	5. 청중 역시 마찬가지다. 과거의 일들을 기억하고 있는 그들이 예수의 비유를 들으며 귀인과 예수를 동일시하였다고 상상하기는 어렵다. 오히려 그들은 비유의 귀인을 로마가 보낸 총독이나 다른 분봉왕으로 여겼을 지도 모른다. 본문에 '그 백성이 그를 미워하여'(19:14)라고 하였는데 '그'의 원뜻은 경어 없는 '이 자'이다. 백성들로부터 이런 식으로 호칭되고 있는 귀인을 예수와 동일시하기는 어려울 것이다.	
셋째 종은 누구인가	1. 세 번째 종은 귀인에게 '주인이여 보소서. 당신의 한 므나가 여기 있나이다. 내가 수건으로 싸두었나이다'(19:20)라고 한다. 랍비 법에 의하면 기탁물을 받은 후 땅에 파묻은 자는 도둑을 맞아도 배상의 의무를 지지 아니하였다고 한다. 그러나 돈을 천에 싸두었다가 도둑을 맞으면 부주의하게 보관하였다 하여 배상을 해야 했다. 세 번째 종은 불성실한 사람이라 하겠다.	• 유세비우스에 의해 보존된 나조레인 복음은 오히려 세 번째 종이 환영받았다고 하면서 예수도 귀인의 행동을 나무랐을 가능성이 있다고 주장한다.
	2. 세 번째 종은 주인이 '장사하라'고 한 구체적인 명령에 불복한 자이다. 또한, 세 번째 종은 변명을 통해 항거하는 자이다. 그는 '주인님은 지독한 분이라 맡기지도 않은 것을 찾아가고 심지도 않은 데서 거두시기에 저는 무섭습니다'(공동번역)라고 한다. 심지 않은 데서 거둔다의 '거둔다'는 당시 세금징수의 용어라고 한다. 세 번째 종은 주인이 어떤 사람인지 공개적으로 비난하고 있다.	
	3. 이렇게 악행을 하는 귀인을 예수라고 할 수는 없을 것이다. 오히려 귀인의 잘못을 지적하고 백성의 대변자 노릇을 한 세 번째 종을 예수라고 보아야 한다는 주장이다.	• 대만 신학자 송천성은 세 번째 종은 백성의 대변자가 되어 폭정에 항거하였다고 보았다.
	4. 이런 시각에서 보면 므나의 비유는 '죽임 당한 세 번째 종의 비유'라고 해야 할 것이다. 역사서와 동화책이나 주인공은 왕, 왕자 공주이다. 그러나 예수의 비유는 다르다. '포도원 주인과 농부의 비유'는 '포도원 농부에 의해 죽임을 당한 주인 아들의 비유'인 것이다.	
귀인의 심판	1. 세 번째 종을 악한 종이라고들 한 이유는 돈을 은행에 맡겨 이자와 함께 가져왔어야 하지 않았느냐는 것이다(19:23). 그런데 그 벌은 '내 앞에서 죽이라'는 것이다. 세 번째 종이 이런 처벌을 받게 되는 이유를 가늠하게 하는 것은 셋째 종이 '저 원수들'의 하나였기 때문이다. 저 원수들은 바로 '내가 왕 됨을 원하지 아니하던'(19:27) 자들이다.	
	2. 달란트 비유에서 주인은 '악하고 게으른 종'(마25:26)에게 '무익한 종'(25:30)이라고 하며 바깥 어두운 데로 내쫓는다. 주인의 입장에서 볼 때 원금을 잃은 것도 아니고 이자 정도의 손해가 있는데 죽이라고까지 할 수는 없는 것이다. 달란트 비유의 종들은 장사하라는 명령을 받지 않았다. 첫째와 둘째 종은 알아서 장사를 한 것이다.	
	3. 므나의 비유에서 첫째 종과 둘째 종은 각각 열 고을과 다섯 고을을 차지하게 되었다. 장사를 잘 한 결과로 정치적인 보상을 받은 것이다. 세 번째 종에 대한 심판 역시 정치적인 것이다. 장사와 관계없이 정치적인 이유로 죽게 되었다. 예수 역시 유대 종교지도자들과 불화함으로써 정치적인 재판을 받고 죽게 된다. 예수께서 예루살렘에 올라가는 이유는 예루살렘에서 귀하고 높으신 종교지도자들을 고발하기 위해 즉 거기서 죽기 위해 간다는 것을 말하고 있다.	

4. 원수들이라고 한 것은 므나를 받은 종들 중에서 첫 째와 두 번째 종을 제외한 나머지 종들 즉 세 번째 종을 포함한 여덟 명의 종들일 것이다. 그들이 주인을 미워할 수는 있었겠으나 종의 신분으로 사자를 보낼 능력은 없었을 것이다. 귀인은 자신의 분함을 자기의 종들에게 전가시킨다.

제21절 ✵ 인자의 오심

1. 본문비교

구분	마태(24:29-31)	마가(13:24-27)	누가(21:25-28)
우주적 징조	24:29 그 날 환난 후에 해가 어두워지며 달이 빛을 내지 아니하며 별들이 하늘에서 떨어지며 하늘의 권능들이 흔들리리라	13:24-25 그 때에 그 환난 후 해가 어두워지며 달이 빛을 내지 아니하며 별들이 하늘에서 떨어지며 하늘에 있는 권능들이 흔들리리라	21:25-26 일월 성신에는 징조가 있겠고 땅에서는 민족들이 바다와 파도의 성난 소리로 인하여 혼란한 중에 곤고하리라 사람들이 세상에 임할 일을 생각하고 무서워하므로 기절하리니 이는 하늘의 권능들이 흔들리겠음이라
인자의 징조	:30 그 때에 인자의 징조가 하늘에서 보이겠고 그 때에 땅의 모든 족속들이 통곡하며 그들이 인자가 구름을 타고 능력과 큰 영광으로 오는 것을 보리라	26 그 때에 인자가 구름을 타고 큰 권능과 영광으로 오는 것을 사람들이 보리라	:27 그 때에 사람들이 인자가 구름을 타고 능력과 큰 영광으로 오는 것을 보리라
택하신 자들을 모으다	:31 그가 큰 나팔소리와 함께 천사들을 보내리니 그들이 그의 택하신 자들을 하늘 이 끝에서 저 끝까지 사방에서 모으리라	:27 또 그 때에 그가 천사들을 보내어 자기가 택하신 자들을 땅 끝으로부터 하늘 끝까지 사방에서 모으리라	:28 이런 일이 되기를 시작하거든 일어나 머리를 들라 너희 속량이 가까웠느니라 하시더라

2. 본문의 차이

구분	내용	비고
기사의 위치	1. 공관복음의 소묵시록이라고 불리는 기사들 중에 하나이다. 마태는 24장(24:4-8, 15:22,29-31)에, 마가는 13장(13:7-8, 14:20, 21-27)에, 누가는 소위 소묵시록이라고 하는 17장(17:20-37)과 대묵시록이라고 하는 21장(21:5-6,7-24,25-28)에 있다. 2. 마태, 마가는 성전과 예루살렘의 멸망과 그 징조(마24:3-22, 막13:3-19)에 이어 인자의 오심에 관한 기사가 있다. 누가는 소묵시록 중 인자의 날(17:20-24)에 대한 기사가 앞에 있고 인자의 때(17:25, 32)에 관한 기사가 뒤에 있다. 3. 마태, 마가, 누가 모두 인자의 오심의 후속 기사로 무화과나무 비유(마24:32-35, 막13:28-31, 눅21:29-33)와 깨어 있으라는 당부의 말씀이 있다.	• 공관복음서의 소묵시록은 다니엘서, 스가랴서, 요한계시록 등과 같은 종류의 묵시서가 아니다. 공관복음서의 소묵시록은 역사적으로 일어난 사건들의 예언을 반영하고 있다.
전체 이야기	1. 공관복음서에서의 예수께서는 성전건물에서 나오다가 성전멸망 예언을 한다. 그 후 감람산에서 제자들은 예수께 '주의 임하심과 세상의 끝에는 무슨 징조가 있느냐'(마24:3)고 묻는다. 예수께서는 '주의 임하심'에 대해 대답하고 있다. 2. 마태, 마가는 인자가 결국 권능과 영광으로 오며 택한 자를 모을 것이라고 한다. 누가는 이런 일이 되기를 시작하면 '머리를 들라'고 하며 너희 속량이 가까웠다고 한다(21:28)	
인자의 임함	1. 마태에서 예루살렘 멸망과 징조, 그리고 인자의 임함의 기사에서 '임하심' 즉 파루시아라는 말이 나온다(24:3, 27, 37, 39). 신약에 24회 나오는 말이지만 복음서에는 마태에만 나온다.	

	2. 이르다, 왔다의 헬라어 파루시아는 왕이나 높은 사람이 그 도에 도착하거나 그 백성에게 올 때 쓴 말이다. 이 말은 헬라어 파테이미에서 파생된 말로 나타남, 출현, 임하심의 의미이다.	

3. 본문이해

구분	내용	비고
우주적 징조 ① 천체적 이변	1. 이미 언급한 사건들보다 더 큰 우주적인 징조가 나타난다고 한다. 그런데 이런 천체의 이변은 종말의 징조로 흔한 것이다. 그 예로 계8, 9,16장을 들 수 있다. 2. 마태는 '그 날'에 대해, 마가는 '그 때'에 대해 '환난 후'라고 한다. 마태, 마가는 성전멸망을 포함한 임박한 사건들과 파루시아를 분명히 구분짓고 있다. 성전멸망은 예비적 사건이기는 해도 파루시아의 임박은 아니라는 것이다. 3. 마태, 마가는 '해가 어두워지고 달이 빛을 내지 못한다'고 하는데 누가는 예수께서 십자가에서 돌아가시기 전 '해가 빛을 잃고 온 땅에 어두움이 임하여 제구 시까지 계속'(23:44)되었다고 한다. 4. 해와 달이 어두워진다는 구약에도 자주 나오는 표현이다(암8:9, 욜2:10, 3:15, 겔32:7-8, 사13:10, 34:4). 이사야(13:10)와 에스겔(32:7)에는 빛이 사라지는 무서운 광경 이야기가 있다. 구약에는 주의 날이 오기 전에 해와 달이 어두워진다. 5. 마태, 마가는 이어서 하늘에서 별이 떨어지며 하늘의 권능이 흔들린다(마24:29, 막13:25)고 한다. 누가 역시 하늘의 권능들이 흔들리겠다(21:26)고 한다. 일반적으로 하늘의 권능들은 천체(왕하23:5, 렘8:2)를 의미하기도 하지만 그러나 하늘에 있는 악한 영으로 이해할 수도 있다(엡6:12). 6. 하늘의 권능들이 흔들리는 것은 파루시아 곧 예수의 재림 시에 수반되는 전통적인 묵시사상적 은유들인데 기존의 질서가 흔들리고 새로운 질서가 인자로부터 임한다는 것이다.	암8:9 주 여호와의 말씀이니라 그 날에 내가 해를 대낮에 지게 하여 백주에 땅을 캄캄하게 하며 사13:10 하늘의 별들과 별 무리가 그 빛을 내지 아니하며 해가 돋아도 어두우며 달이 그 빛을 비추이지 아니할 것이로다 욜2:10 그 앞에서 땅이 진동하며 하늘이 떨며 해와 달이 캄캄하며 별들이 빛을 거두도다
② 지구적 이변	1. 누가는 우주적 징조에 대해 '일월 성신의 징조가 있겠다'고 한다. 누가는 '땅에서는 민족들이 바다와 파도의 성난 소리로 인하여 혼란한 중에 곤고하리라'(21:25)고 한다. 2. 누가는 천체뿐 아니라 땅과 바다에서 예를 들어 기후변화와 같은 것으로 야기된 지구적 혼란으로 사람들이 곤고해진다고 한다. 이 부분은 시65:7을 연상시킨다. 3. 누가는 또한 사람들이 세상에 임할 일을 생각하고 무서워 기절한다(21:26)고 한다. 천체적 이변과 지구적 이변을 겪을 사람들이라면 당연히 너무 무서워 기절할 것이다.	
인자의 징조 ① 모든 족속들이 통곡하며	1. 마태만이 '인자의 징조'(24:30)에 대해 말하고 있다. 인자의 징조는 '그 때' '하늘에서 보이겠다'고 한다. 여기에서의 인자의 징조는 무엇인가 요한계시록을 근거로 빛이라고 할 수 있다(계21:23-25). 또한 '십자가'일 수 있다. 그런데 마태는 인자의 징조가 하늘에서 보이겠다(24:30)고 한다. 마태는 그리스도가 골방에 있다 하여도 광야에 있다 하여도 믿지 말라(24:26)고 하였다. 2. 마태는 여기에 첨가하여 인자의 징조로 인해 '그 때에 땅의 모든 족속이 통곡한다'(마24:30)고 한다. 스가랴 역시 족속들의 통곡을 예언(12:10-14)하고 있고 요한계시록에도 족속들이 메시아의 죽음을 초래한 사실 때문에 통곡(1:7)한다.	계1:7 볼지어다 그가 구름을 타고 오시리라 각 사람의 눈이 그를 보겠고 그를 따른 자들도 볼 것이요 땅에 있는 모든 족속이 그로 말미암아 애곡하리니 그러하리라 아멘

② 인자가	1. 여기에 인자는 다니엘적인 인자(단7:13,14)라고 하겠다. 다니엘서의 인자는 '하늘 구름을 타고 와서' 올라가지만 복음서에서는 거꾸로 구름을 타고 땅으로 내려온다. 복음서 기자들은 부활하신 예수인 인자가 하나님 우편에 앉아 영광을 누리고 있는 것으로 보고 '그 때'(마24:30, 막13:24,26,27, 눅21:27)에 온다는 것이다. 2. 여기에서의 인자는 심판자이다. 그러나 믿는 자에게는 구원자이다.	**슥12:10하** 그들이 그 찌른 바 그를 바라보고 그를 위하여 애통하기를 독자를 위하여 애통하듯 하며 그를 위하여 통곡하기를 장자를 위하여 통곡하듯 하리로다
③ 구름을 타고 오리라	1. 겟세마네에서 잡힌 예수께서 대제사장 앞에서 네가 하나님의 아들 그리스도인지 말하라(마26:63)고 하였을 때 '내가 그라(막14:62)고 대답하다. 그리고 자신의 정체성을 나타내는 말로 '인자가 권능자의 우편에 앉은 것과 하늘 구름을 타고 오는 것을 너희가 보리라'(마26:64, 막14:62)고 한다. 누가는 하늘 구름을 타고라는 표현이 없이 인자가 하나님의 권능의 우편에 앉아 있으리라(눅22:69)고 한다. 2. 그리스도가 구름을 타고 하늘에서 내려온다(마24:30)는 것은 그리스도의 재림을 가리킨다.	
④ 큰 권능과 영광으로	1. 마태와 누가는 인자가 '능력과 큰 영광으로'라고 하고 마가는 '큰 권능과 영광으로' 오겠다고 한다. 2. 권능은 아람어 게부르타로서 전능을 의미하는데 이 말은 하나님의 이름을 부르는 것을 피하기 위하여 사용된 말이라고 한다. 그러므로 인자이신 예수께서는 하나님과 하나님의 영광으로 임한다는 것이다.	
⑤ 천사들	1. 마태, 마가는 인자가 천사들을 보낸다(마24:31, 막13:27)고 한다. 그리스도의 재림에 천사들이 함께 한다는 것이다. 이것은 당시의 묵시문학적인 표현이라 하겠는데 누가에는 이 표현이 없다. 천사들은 추수꾼(마13:39)에 비유되며 최후의 심판을 담당(마13:30)하게 되는데 특별히 불의한 사람들을 솎아내는 역할을 한다. 2. 공관복음에서의 예수께서는 처음 수난예고를 하고 제자도에 대해 말씀한 후 '인자가 아버지의 영광으로 그 천사들과 함께 온다'(마16:27, 막8:38, 눅9:26)고 한다. 이 말씀은 임박한 종말을 전제로 한 것이다. 3. 마태에서의 예수께서는 이어서 여기 서 있는 사람 중에 '인자가 그 왕권을 가지고 오는 것을 볼 자도 있으리라'(16:28)고 자신의 재림을 말한다. 마가에서의 예수께서는 하나님 나라가 권능으로 임하는 것(막9:1)을, 누가에서는 하나님의 나라를 볼 자(9:27)도 있다고 한다. 4. 처음 수난예고에서 자신이 누구인지를 제자들에게 묻고 또한 자신이 받을 고난에 대해 말씀한 예수께서는 자신의 죽음과 부활뿐 아니라 재림에 대해서도 처음으로 말씀한다.	**벧전2:9** 그러나 너희는 택하신 족속이요 왕 같은 제사장들이요 거룩한 나라요 그의 소유가 된 백성이니 이는 너희를 어두운 데서 불러내어 그의 기이한 빛에 들어가게 하신 이의 아름다운 덕을 선포하게 하려 하심이라
⑥ 나팔소리	1. 마태에서만이 나팔소리와 함께 천사들을 보낸다(24:31)고 한다. 이사야서에서의 나팔소리는 흩어진 이스라엘을 모아들인다(사27:13). 데살로니가전서(4:16)의 나팔소리는 죽은 자의 부활을 알리는 것이다. 또한 하나님의 나팔소리로 주께서 친히 강림한다고 한다(살전4:16). 2. 나팔소리는 최후의 심판과 관련이 있다. 따라서 그리스도의 재림을 심판으로 이해할 수 있다. 마태에서만이 보냄 받은 천사들이 최후심판 때 추수꾼(마13:41,42)의 역할을 한다. 디다케(16:6)는 마지막 날의 표징의 하나로 나팔소리를 언급하고 있다.	**에녹서61:5** 택함을 받은 백성은 택함을 받은 백성끼리 함께 모여 살기 때문이다
⑦ 택하신 자들을 모으리라	1. 마태, 마가는 '인자가 오심'의 목적은 그의 택하신 자들을 사방에서 모으는 것이라고 한다. 마태, 마가는 종말의 징조로서 '거짓 그리스도들과 거짓 선지자들이 이적, 기사, 표적 등으로 할 수만 있으면 택하신 자들을 미혹하려'(마24:24, 막13:22) 한다고 하였다.	

	2. 택함을 받은 자는 예수 그리스도를 말한다. 마태에서 예수는 자신을 이사야42:1을 인용하여 '보라 내가 택한 종 곧 내 마음에 기뻐하는 바 내가 사랑하는 자로다'(마12:18)라고 한다. 또한, 산상에서 변화 때에는 구름 속에서 '이는 내 사랑하는 아들 곧 택함을 받은 자'(눅9:35)라고 한다. 3. 그러나 택하신 자는 예수 그리스도가 택한 자 곧 그리스도인을 말하기도 한다. 마태에는 '청함을 받은 자는 많으나 택함을 받는 자는 적다'(22:14)고 하고 마가에는 자기가 택하신 자들을 위하여 그 날 심판의 날을 감하였다(13:20) 즉 줄여주었다(공동번역)고 한다. 벧전(2:9)에는 '너희는 택하신 족속이요 왕같은 제사장이요 거룩한 나라요 그의 소유가 된 백성'이라고 한다. 4. 택하신 자, 아나제네시스는 예수와 함께 부활, 승천, 초월을 함께 한다. 재림 시에 예수께서는 이들을 사방에서 모은다는 것이다. 마태는 하늘 이 끝에서 저 끝까지 누가는 땅끝으로부터 하늘 끝까지 사방에서 모으리라고 한다. 5. 하나님께서 택하신 자들을 모은다는 기사는 디다케(9:4,10:5), 에녹서(61:5) 등에도 있다.	디다케 16:6 그 때에 진리의 표징들이 나타날 것입니다. 첫째로 펼침의 표징이 하늘에 나타날 것이요 다음에는 나팔소리의 표징이 세 번째로는 죽은 이들의 부활이 있을 것입니다
⑧ 너희 머리를 들라	1. 누가는 이런 일이 되기를 시작하거든 '일어나 머리를 들라'(21:28)고 하는데 그 이유는 너희 속량이 가까웠기 때문이라고 한다. 2. 여기서 속량은 아폴루트로시스로서 구속이라는 의미이다. 사도 바울은 속량이라는 말을 그리스도의 죽음과 연관해서 사용하지만 여기서는 그리스도의 재림과 관련이 되어 있다. 웰 하우젠은 이것이 더 초기의 사상이라고 본다. 3. 속량은 환란으로부터의 구원이나 하나님의 적대자들을 물리침으로서 도래하는 은사를 말한다. 속량은 값의 지불로 인한 석방을 의미하는데 누가복음의 저자는 하나님의 백성을 위한 소망과 약속의 완성을 뜻하는 것으로 사용한다. 즉 고통으로부터의 건짐을 의미한다(김호경). 4. 인자의 도래는 그들의 고난을 끝내는 징표이다. 그러므로 그들은 고개를 들고 구원을 기대할 것이다. 그것은 인자의 오심이 가까이 왔기 때문이다.	

4. 심층연구

4.1 파루시아

구분	내용	비고
파루시아와 에피파니	1. 파루시아는 그리스도의 종말론적 도래를 의미하는 전문용어로서 신약에 16번 나온다. 파루시아는 '함께 있음(임재)'의 의미이었으나 도착, 도래를 말하기도 한다. 초기 기독교공동체에 의해 종말론적인 용어로 사용되었을 것이다. 그리스도의 재림에 관련하여 에피파니(신의 현현)라는 단어도 네 번 사용되었다. 에피파니와 파루시아가 함께 사용된 경우도 있다. 2. 예수 그리스도의 재림이란 그의 탄생을 초림으로 보기 때문이다. Parousia를 Second coming이라고 한 것은 유스티누스 이후로 보인다. 데오파루시아는 예수의 초림으로 하나님의 강림이라는 개념이다. 3. 구약시대에도 하나님의 구원의 대리자로서 메시아가 오리라는 사상은 있었다. 다윗 왕조를 재건할 왕으로서의 '메시아', 또는 '인자'의 도래를 기대하고는 있었으나 재림사상과는 차이가 있다. 4. 메시아 그리스도로서 이미 이 세상에 온 예수께서는 영광중에 다시 오겠다고 말씀하였기 때문에 우리는 그의 재림을 대망하고 있는 것이다.	고전1:7 너희가 모든 은사에 부족함이 없이 우리 주 예수 그리스도의 나타나심을 기다림이라
그 날	• 우리 주 예수 그리스도의 날(고전1:8) • 인자의 날들(눅17:22,24,26,30)	

	• 그리스도의 날(빌1:6,10, 2:16) • 주의 날(살전5:2, 벧후3:10) 하나님의 날(벧후3:12) • 공의로 심판하는 날(행17:31) • 진노의 날(롬2:5) • 주 예수의 날(고전5:5) • 새롭게 되는 날(행3:19)등	• 이 밖에도 재림의 그 날을 의미하는 날, 그 날, 그날들에 관한 기록이 있다.
바울 서신과 파루시아	1. 바울 서신 대부분이 파루시아의 기대라고 하겠다. 2. 데살로니가전서는 반복해서 파루시아에 대한 소망을 말하고 있다. 하늘로부터 강림할 예수에 대하여 1:10, 2:19, 3:13, 4:15,16, 5:23 등 여러 번 말하고 있다. 3. 바울은 파루시아가 그들의 세대에 일어날 것으로 믿었다. 그래서 바울은 '우리 살아남은 자들'(살전4:15,17)에 대해 이야기한다. 그러나 데살로니가후서에는 예수의 강림에 대해 1:10, 2:1,8 등 세 번으로 그 빈도가 약화되었다. 4. 빌립보서에서 바울은 자기가 죽은 후에 그리스도와 함께 있는 것(1:23)에 대해 언급한다. 다시 말해 파루시아가 오기 전에 자신이 죽을 수 있다는 것을 생각하게 된 것 같다. 그러나 전체적으로 볼 때 바울은 파루시아에 대한 확신이 흔들리지 아니하였다.	• 로마교황청 성서위원회는 1915.6.18. 발표를 통해서 데살전 5:15-17의 말씀을 임박한 재림으로만 이해해서는 안 된다고 하다.
사도행전과 파루시아	1. 초대교회에서 파루시아에 대한 기대는 중요한 믿음의 하나이었다. 파루시아는 예수께서 직접 말씀한 것에 기반을 두었기 때문이다. 2. 사도행전에는 예수께서 '하늘로 가심을 본 그대로 오시리라'(1:11)는 믿음을 가지고 있다. 누가(24:51)에는 예수께서 그들을 떠나 하늘로 올려지셨다고 하였다. 3. 사도들은 회개하라고 전파하면서 '너희를 위해 예정하신 그리스도 곧 예수를 보내신다' 즉 온다고 하였다(행3:20).	.
공관복음서에서 강조된 파루시아	1. 마태에는 첫 번째 수난예고 후 '아버지의 영광으로 그 천사들과 함께 온다'(16:27)고 한다. 하늘에서 보이는 인자의 징조로서 '인자가 구름을 타고 오는 것을 보리라'고 하고 예루살렘 멸망 예언에서 '주의 이름으로 오시는 이여 할 때까지 나를 보지 못하리라'(23:39)고 한다. 종말 강화로서 '인자가 자기 영광으로 모든 천사와 함께 온다'(25:31)고 하고 대제사장의 심문 때에도 '인자가 권능의 우편에 앉아 있는 것과 하늘 구름을 타고 오는 것을 너희가 보리라'(26:64)고 한다. 2. 마가에는 첫 번째 수난예고 후 '인자도 아버지의 영광으로 거룩한 천사들과 함께 온다'(8:38)고 하고 대제사장이 심문할 때 '인자가 하늘 구름을 타고 오는 것을 너희가 보리라'(14:62)고 한다. 3. 누가에는 첫 번째 수난예고 후 '아버지와 거룩한 천사들의 영광으로 온다'(9:26)고 한다. 재판장과 과부의 비유에서 예수께서 '인자가 올 때에 세상에서 믿음을 보겠느냐'(18:8)고 하고 예루살렘 멸망 예언에서 '너희가 주의 이름으로 오시는 이를 찬송하리로다 할 때까지는 나를 보지 못하리라'(13:35)고 한다. 4. 예수께서 자신의 재림에 대해 언급하지만 임박했다고 말씀한 것으로 볼 수는 없다. 오히려 그 시기의 불확실성을 강조하였다고 하겠다. 5. 재림을 종말과 분리해서 생각할 수는 없다. 재림은 종말론적 신앙이라 하겠다. 종말과 재림사상은 부활 사상과도 긴밀히 연결되어 있다. 또한 하나님 나라의 도래와도 불가분의 관계이다.	마10:23 이 동네에서 너희를 박해하거든 저 동네로 피하라 내가 진실로 너희에게 이르노니 이스라엘의 모든 동네를 다 다니지 못하여서 인자가 오리라 • 재림에 관해 신약은 약 318회, 예수의 언급도 21차례 정도 된다.
요한복음의 파루시아	1. 요한복음에도 예수 재림 시의 현상에 대한 말씀들이 있다. 예수께서는 마지막 날에 살리리라고 한다. 생명의 떡에 관한 말씀 중에 내가 하늘에서 내려온 것은 나를 보내신 이의 뜻에 의해 내게 주어진 자 중에 하나도 잃어버리지 아니하고 마지막 날에 다시 살리는 것(6:38-39)이라고 하고 이 말씀을 거듭 반복한다(6:44,54).	요일 2:28 자녀들아 이제 그의 안에 거하라 이는 주께서 나타내신 바 되면 그가 강림하실 때에 우리로 담대함을

	2. 요한복음에서의 예수께서는 '곧 내가 한 그 말이 마지막에 그를 심판하리라'(12:48)고 종말의 심판을 언급하고 있다. 부활한 예수께서는 디베랴 호숫가에서 제자들을 만났을 때에 베드로에게 분명하게 '내가 올 때까지 너는 나를 따르라'(21:22)고 한다. 3. 종말 강화에서의 예수께서는 '조금 있으면 너희가 나를 보지 못하겠고 또 조금 있으면 나를 보리라'(요16:16)고 하지만 그 말씀에 대한 설명에서 부활인지 아니면 재림을 의미하는지 분명하지 아니하다. 4. 요한의 문서들은 전체적으로 파루시아를 지지하고 있다.	얻어 그 앞에서 부끄럽지 않게 하려 함이라
마라나타	1. 아람어로 '주께서 임하시느니라', '우리 주여 오시옵소서'의 뜻이다. 2. '마라나'marana, '타'tha 두 개의 아람어가 합쳐진 단어로서 고전16:22, 계22:20에 나온다. 3. 본래 아람어 기도문으로 쓰인 것을 헬라어로 음역한 것이다. 4. 초기 기독교의 가르침을 담고 있는 디다케(10:6)에도 나온다. 5. 초기교회 성도들의 신앙과 소망이 함축된 기도문이자 통용되던 신앙의 인사말이다.	디다케10:6 오라 은혜여, 물러가라 이 세상아 다윗의 하나님 호산나 (중략) 주여 어서 오시옵소서 아멘

4.2 택함을 받은 자

1. 예수께서 산상에서 변화하실 때 제자들은 구름 속에서 '나의 아들 곧 택함을 받은 자니 너희는 그의 말을 들으라'(눅9:35)는 소리를 듣는다. 예수가 하나님의 택함을 받은 자라는 것이다.

2. 예수께서는 청함을 받은 자는 많으나 택함을 받는 자는 적다(마22:14)고 한다.

3. 요한복음에서의 예수께서는 포도나무와 가지 이야기에 이어 너희가 '나의 택함을 입은 자인고로 세상이 너희를 미워한다'(15:19)고 하다.

4. 사도 바울은 택함 받은 사람은 하나님께서 의롭다 함을 받았다(롬8:31-35)고 한다.

5. 베드로전서(1:2)를 보면 그리스도의 피 뿌림을 얻기 위하여 택하심을 받은 자들에게 편지한다고 한다. 초기 기독교공동체에서는 예수 생전에 함께 있던 사도와 제자들을 지칭한 것 같다.

6. 에베소서(1:4)에는 택함을 입은 자들에게 대해 말씀한다. 곧 창세 전에 그리스도 안에서 우리를 택하사 우리로 사랑 안에서 그 앞에 거룩하고 흠이 없게 하시려고 그 기쁘신 뜻대로 우리를 예정하였다고 한다. 택함 받은 자는 예정되어 있다는 것이다.

7. 골로새서는 하나님의 택함을 받은 자에 대해 말하고 있다. 긍휼과 자비와 겸손과 온유와 오래 참음을 옷 입고 누가 누구에게 불만이 있거든 서로 용납하며 피차 용서하되 주께서 너희를 용서한 것같이 너희도 그리하고 이 모든 것 위에 사랑을 더하라 이는 온전하게 매는 띠니라(골3:12-14)고 한다.

5. 집중탐구: 예수의 재림과 하나님 나라

구약시대 사상	출애굽	이스라엘 구원: 하나님에 의해
	↓	
	메시아 도래, 묵시적 예언	
	↓	
	현재	
	주의 날, 그 날	
신약시대 사상	출애굽	
	↓	
	메시아 도래, 묵시적 예언	
	예수 그리스도의 오심	
	예수 그리스도의 다시 오심 언급	하나님 나라의 도래(누가)
		사도시대: 재림 임박 강조(사도 바울)
		초기 기독교: 재림강조(사도행전)
	↓	그 후: 재림과 종말 등의 강조(요한계시록)
	현재	예수 그리스도의 재림 대망
		거짓 재림. 거짓 예언자 횡행
		징조를 보이시다
		우주적, 지구적 환란
	↓	예언 성취형태로 재림
그 날과 그 때의 사상	그리스도 재림, 심판 주	하나님의 나라(마가, 마태) 새 예루살렘(요한계시록 등)

6장

수난예고

HORIZONTAL ANALYSIS
OF THE GOSPELS

제22절 ❀ 공관복음 첫 번째 수난예고

1. 본문비교

구분	마태(16:13-28)	마가(8:27-9:1)	누가(9:18-27)
예수의 질문	16:13 예수께서 빌립보 가이사랴 지방에 이르러 제자들에게 물어 이르시되 사람들이 인자를 누구라 하느냐	8:27 예수와 제자들이 빌립보 가이사랴 여러 마을로 나가실새 길에서 제자들에게 물어 이르시되 사람들이 나를 누구라고 하느냐	9:18 예수께서 따로 기도하실 때에 제자들이 주와 함께 있더니 물어 이르시되 무리가 나를 누구라고 하느냐
제자들의 대답	:14 이르되 더러는 세례 요한, 더러는 엘리야, 어떤 이는 예레미야나 선지자 중의 하나라 하나이다	:28 제자들이 여짜와 이르되 세례 요한이라 하고 더러는 엘리야, 더러는 선지자 중의 하나라 하나이다	:19 대답하여 이르되 세례 요한이라 하고 더러는 엘리야라, 더러는 옛 선지자 중의 한 사람이 살아났다 하나이다
너희는 나를 누구라 하느냐	:15-16 이르시되 너희는 나를 누구라 하느냐 시몬 베드로가 대답하여 이르되 주는 그리스도시요 살아 계신 하나님의 아들이시니이다	:29 또 물으시되 너희는 나를 누구라 하느냐 베드로가 대답하여 이르되 주는 그리스도시니이다 하매	:20 예수께서 이르시되 너희는 나를 누구라 하느냐 베드로가 대답하여 이르되 하나님의 그리스도시니이다 하니
베드로 축복	:17-19 예수께서 대답하여 이르시되 바요나 시몬아 네가 복이 있도다 이를 네게 알게 한 이는 혈육이 아니요 하늘에 계신 내 아버지시니라 또 내가 네게 이르노니 너는 베드로라 내가 이 반석 위에 내 교회를 세우리니 음부의 권세가 이기지 못하리라 내가 천국 열쇠를 네게 주리니 네가 땅에서 무엇이든지 매면 하늘에서도 매일 것이요 네가 땅에서 무엇이든지 풀면 하늘에서도 풀리리라 하시고		
예수의 경고	:20 이에 제자들에게 경고하사 자기가 그리스도인 것을 아무에게도 이르지 말라 하시니라	:30 이에 자기의 일을 아무에게도 말하지 말라 경고하시고	:21 경고하사 이 말을 아무에게도 이르지 말라 명하시고
수난예고	:21 이 때로부터 예수 그리스도께서 자기가 예루살렘에 올라가 장로들과 대제사장들과 서기관들에게 많은 고난을 받고 죽임을 당하고 제삼일에 살아나야 할 것을 제자들에게 비로소 나타내시니	:31-32상 인자가 많은 고난을 받고 장로들과 대제사장들과 서기관들에게 버린 바 되어 죽임을 당하고 사흘 만에 살아나야 할 것을 비로소 그들에게 가르치시되 드러내 놓고 이 말씀을 하시니	:22 이르시되 인자가 많은 고난을 받고 장로들과 대제사장들과 서기관들에게 버린 바 되어 죽임을 당하고 제삼일에 살아나야 하리라 하시고
베드로의 항변	:22 베드로가 예수를 붙들고 항변하여 이르되 주여 그리 마옵소서 이 일이 결코 주께 미치지 아니하리이다	:32하 베드로가 예수를 붙들고 항변하매	

예수의 책망	:23 예수께서 돌이키시며 베드로에게 이르시되 사탄아 내 뒤로 물러 가라 너는 나를 넘어지게 하는 자로다 네가 하나님의 일을 생각하지 아니하고 도리어 사람의 일을 생각하는도다 하시고	:33 예수께서 돌이키사 제자들을 보시며 베드로를 꾸짖어 이르시되 사탄아 내 뒤로 물러가라 네가 하나님의 일을 생각하지 아니하고 도리어 사람의 일을 생각하는도다 하시고	
제자에게 고난요구	:24 이에 예수께서 제자들에게 이르시되 누구든지 나를 따라오려거든 자기를 부인하고 자기 십자가를 지고 나를 따를 것이니라	:34 무리와 제자들을 불러 이르시되 누구든지 나를 따라오려거든 자기를 부인하고 자기 십자가를 지고 나를 따를 것이니라	:23 또 무리에게 이르시되 아무든지 나를 따라오려거든 자기를 부인하고 날마다 제 십자가를 지고 나를 따를 것이니라
	:25 누구든지 제 목숨을 구원하고자 하면 잃을 것이요 누구든지 나를 위하여 제 목숨을 잃으면 찾으리라	:35 누구든지 자기 목숨을 구원하고자 하면 잃을 것이요 누구든지 나와 복음을 위하여 자기 목숨을 잃으면 구원하리라	:24 누구든지 제 목숨을 구원하고자 하면 잃을 것이요 누구든지 나를 위하여 제 목숨을 잃으면 구원하리라
	:26 사람이 만일 온 천하를 얻고도 제 목숨을 잃으면 무엇이 유익하리요 사람이 무엇을 주고 제 목숨과 바꾸겠느냐	:36 사람이 만일 온 천하를 얻고도 자기 목숨을 잃으면 무엇이 유익하리요 :37 사람이 무엇을 주고 자기 목숨과 바꾸겠느냐	:25 사람이 만일 온 천하를 얻고도 자기를 잃든지 빼앗기든지 하면 무엇이 유익하리요
인자가 오리니	:27 인자가 아버지의 영광으로 그 천사들과 함께 오리니 그 때에 각 사람이 행한 대로 갚으리라	:38 누구든지 이 음란하고 죄 많은 세대에서 나와 내 말을 부끄러워하면 인자도 아버지의 영광으로 거룩한 천사들과 함께 올 때에 그 사람을 부끄러워하리라	:26 누구든지 나와 내 말을 부끄러워하면 인자도 자기와 아버지와 거룩한 천사들의 영광으로 올 때에 그 사람을 부끄러워하리라
하나님 나라의 도래	:28 진실로 너희에게 이르노니 여기 서 있는 사람 중에 죽기 전에 인자가 그 왕권을 가지고 오는 것을 볼 자도 있느니라	9:1 또 그들에게 이르시되 내가 진실로 너희에게 이르노니 여기 서 있는 사람 중에는 죽기 전에 하나님의 나라가 권능으로 임하는 것을 볼 자들도 있느니라 하시니라	:27 내가 참으로 너희에게 이르노니 여기 서 있는 사람 중에 죽기 전에 하나님의 나라를 볼 자들도 있느니라

2. 본문의 차이

구분	마태	마가	누가
수난예고 전후	15:32-38 4천 명을 먹이심 16:1-4 바리새인의 표적 요구 16:5-12 바리세인과 사두개인의 누룩주의, 5천 명을 먹이심 16:13-28 수난예고 1차 17:1-8 산에서 변형되심	8:1-10 4천 명을 먹이심 8:11-13 바리새인의 표적 요구 8:14-21 바리새인과 헤롯의 누룩주의, 5천 명을 먹이심 8:22-26 벳세다에서 맹인치유 8:27-9:1 수난예고 1차 9:2-8 산에서 변형되심	9:1-6 열두 제자 파송 9:7-9 헤롯의 반응 9:10-17 5천 명을 먹이심 9:18-27 수난예고 1차 9:28-36 산에서 변형되심
배경	빌립보 가이사랴 지방에 이르러	빌립보 가이사랴 여러 마을로 나가실 새 길에서	예수께서 따로 기도하실 때에 제자들이 주와 함께 있더니

누구라 하더냐	세례 요한, 엘리야, 예레미야, 선지자 중의 하나	세례 요한, 엘리야, 선지자 중의 하나	세례 요한, 엘리야, 옛 선지자 중의 한 사람
너희는	주는 그리스도시요 살아 계신 하나님의 아들이시니이다	주는 그리스도이시나이다	하나님의 그리스도이시나이다

베드로의 축복	- 바요나 시몬아 네가 복이 있다 - 너는 베드로라 내가 이 반석 위에 내 교회를 세우리니 - 천국 열쇠를 네게 준다		
예수의 경고	자기가 그리스도인 것을 아무에게도 이르지 말라	자기의 일을 아무에게도 말하지 말라	이 말을 아무에게도 이르지 말라

수 난 예 고	어디서	예루살렘에 올라가서		
	누가	장로, 대제사장, 서기관	장로, 대제사장, 서기관	장로, 대제사장, 서기관
	어떻게	자기가	인자가	인자가
	그 후	제삼일에 살아나야 할 것을	많은 고난을 받고 버린 바 되어 죽임을 당하고 사흘 만에 살아나야 할 것을	많은 고난을 받고 버린 바 되어 죽임을 당하고 제삼일에 살아나야 하리라
	알리다	비로소 제자들에게 나타내시니	비로소 그들에게 가르치시되 드러내놓고 이 말씀을 하시니	

베 드 로 와 예 수	항변	주여 그리마옵소서 이 일이 결코 주께 미치지 아니하리이다.	예수를 붙들고 항변하매	
	책망	• 사탄아 물러가라 너는 나를 넘어지게 하는 자로다 • 하나님의 일을 생각하지 아니하고 사람의 일을 생각하는 도다	• 사탄아 물러가라 • 하나님의 일을 생각하지 아니하고 사람의 일을 생각하는 도다	

제자들의 고난	• 자기를 부인하고 자기 십자가를 지고 나를 따르라 • 나를 위하여 제 목숨을 잃으면 찾으리라	• 자기를 부인하고 자기 십자가를 지고 나를 따르라 • 나와 복음을 위하여 자기 목숨을 잃으면 구원하리라	• 나를 위하여 제 목숨을 잃으면 구원하리라
인자가 오리니	• 인자가 올 때에 각 사람이 행한 대로 갚으리라	• 나와 내 말을 부끄러워하면 인자도 올 때에 그 사람을 부끄러워하리라	• 나와 내 말을 부끄러워하면 인자도 올 때에 그 사람을 부끄러워하리라
하나님 나라의 도래	• 죽기 전에 인자가 왕권을 가지고 오는 것을 볼 자들도 있느니라	• 죽기 전에 하나님 나라가 권능으로 임하는 것을 볼 자들도 있느니라	• 죽기 전에 하나님의 나라를 볼 자들도 있느니라

3. 본문이해

구분	내용	비고
빌립보 가이사랴	1. 마태, 마가는 예수께서 제자들과 함께 빌립보 가이사랴에서 수난예고를 하였다고 하고 누가는 예수께서 따로 기도하다가 수난예고를 하였다고 한다. 2. 마가는 벳세다에서 맹인을 고친 후(8:22-26) 빌립보 가이사랴의 여러 마을을	• 오천 명을 먹이시는 기사는 마14:13-21,

다니다가 길 위에서 제자들에게 질문한다.

3. 처음 수난예고의 직전 기사는 배 안(마16:6, 막8:15)에서 있었던 일이다. 마태에서 예수께서는 바리새인과 사두개인의 누룩을 주의하라고 하고 마가에서는 바리새인과 헤롯의 누룩을 조심하라고 한다. 그런데 누가에서는 직전 기사로 오천 명을 먹인 기사(9:10-17)가 있다.

4. 마태, 마가에서 예수와 제자 일행이 갈릴리를 떠나 빌립보 가이사랴로 간 데에는 이유가 있을 것이다. 본문 상에는 바리새인들의 표적 요구이다. 마태와 마가에서 예수께서는 귀먹고 말 더듬는 자를 고치고 사천 명을 먹인다(마15:29-39, 막7:31-8:10). 그러나 바리새인들이 하늘로부터 오는 표적을 구하는 것을 보고 예수께서는 그들을 떠나 배에 오른다(마16:5, 막8:13). 실망감, 좌절감에 빠질 수밖에 없는 상황 가운데에서 예수 일행은 빌립보 가이사랴로 간 것이다.

5. 빌립보 가이사랴의 구약시대 지명은 바알갓(수11:17)이다. 바알숭배의 중심지로 신당이 14개가 있었다. 예수 당시에는 가이사랴의 신전이 있었다. 이 방신들의 신전 유적지와 황제의 신전이 있는 지방을 다니다가 제자들에게 나를 누구라 하느냐고 묻는다. 그런데 베드로가 '주는 그리스도시요 살아 계신 하나님의 아들'이라고 이방신들과 황제의 신전들이 즐비한 이곳에서 신앙고백을 한 것이다. 그러나 예수께서는 아직은 비밀이라고 한다. 그리고 자신의 죽음에 대해 처음으로 공개한다.

6. 빌립보 가이사랴는 BC20 헤롯 대왕이 아구스도(아우구스투스) 황제로부터 이 지역을 하사받는 것을 기념하여 아구스도의 신전을 짓고 황제를 기리기 위해 가이사랴라고 불렀다. 그 후 그의 아들 중 하나인 분봉 왕 빌립이 이 도시를 새롭게 정비하고 지중해 연안의 다른 가이사랴와 구분하기 위해 자신의 이름을 넣어 빌립보 가이사랴라고 하였다.

나를 누구라 하더냐 ① 엘리야	1. 예수께서는 갈릴리 전도성과에 대한 의구심과 자신의 죽음의 준비로 다급한 절박감으로 제자들에게 질문한다. 나를 누구라 하더냐? 예수께서는 사람들(마태, 마가)이, 또는 무리들(누가)이 나를 누구라 하느냐고 물으니 세례 요한, 엘리야, 예레미야, 선지자 중의 하나라고 대답한다. 2. 엘리야는 구약시대의 최고의 선지자이다. 엘리야는 죽지 않고 불말들이 끄는 불수레를 타고 하늘로 올려진다, 예수승천의 전례이다. 유대인들은 메시아가 오기 전에 엘리야가 나타날 것으로 믿었다. 말라기 선지자는 '여호와의 크고 두려운 날이 이르기 전에' 엘리야가 돌아오리라고 예언(4:5)한다. 3. 마태에는 예수께서 세례 요한에 대해 말씀하다가 세례 요한이 오리라 한 엘리야가 곧 이 사람이니라(마11:14)고 한다. 마태에서의 예수께서는 변화산에서도 거듭하여 세례 요한을 엘리야라고 하며 엘리야가 이미 왔으되 사람들이 알지 못하고 임의로 대우하였다(마17:10-13)고 한다. 4. 누가에 세례 요한의 탄생예고 기사에서 천사가 사가랴에게 이르기를 '그가 또 엘리야의 성령과 능력으로 주 앞에 먼저 와서 주를 위하여 세운 백성을 준비하리라'(눅1:17)고 한다. 세례 요한이 엘리야라는 암시라 하겠다. 5. 사람들은 예수의 이름이 드러나자 어떤 이는 그가 엘리야라 또는 옛 선지자 중의 하나라고 한다(막6:14-15). 누가는 엘리야가 나타났다거나 옛 선지자 한 사람이 다시 살아났다고 한다(눅9:8). 6. 요한복음에서 세례 요한은 드러내어 말한다. 나는 그리스도가 아니다 나는 엘리야가 아니다 나는 그 선지자도 아니라고 한다(요1:20-21). 위대한 인물이 나타났을 때 과거의 위대한 인물과 비교해 보는 사람들의 마음을 나타낸 발언이라 하겠다. 7. 예수께서는 산상에서 변형될 때 엘리야와 모세와 함께 있었고 말씀을 나누었다(마17:3, 막9:4, 눅9:30-31).	

막6:30-44,
눅9:10-17,
요6:1-15절에 있다.
사천 명을 먹이시는 기사는
마15:32-39,
막8:1-10에 있다.

• 빌립보 가이사랴는 요단 강의 수원지인 헤르몬산의 남쪽에 있다. 갈릴리 북쪽 40km에 위치한 이방도시이다. 구 지명은 파네아스인데 그리스 목축의 신인 판을 모신 동굴이 있어서 파네아스이다.

• 엘리야의 아버지는 성서에 언급되어 있지 않다, 누구의 아들이라는 구절은 일종의 성과 같은 역할을 하는데 아버지의 이름이 나오지 않는 것은 이례적이라 하겠다.

말4:5 보라 여호와의 크고 두려운 날이 이르기 전에 내가 선지자 엘리야를 너희에게 보내리니

② 예레미야	1. 사람들이 예수를 예레미야라고 하였다는 언급은 마태에만 있다. 마태는 엘리야와 마찬가지로 위대한 선지자의 하나로 예레미야를 본 것이다. 2. 예레미야가 이스라엘이 바벨론 포로로 끌려가기 직전 성전의 법궤와 향단을 느보산에 감추었다는 전승이 있는데, 메시아가 오기 전에 예레미야가 그 감춘 것들을 다시 가져오면 하나님의 영광이 나타난다는 유대인의 믿음에 근거하여 예수를 예레미야로 보았을 수도 있을 것이다. 3. 예레미야는 메시아가 오실 것을 예언하면서 그가 이 땅에 정의와 공의를 실현할 뿐 아니라 유다가 구원을 받겠다고 하고 예루살렘이 안전해질 것이라고 한다(렘33:14-16). 마태에서의 제자들은 메시아의 도래를 언급한 예레미야를 말하고 있는 것일 수 있다.	렘33:15 그 날 그 때에 내가 다윗에게서 한 공의로운 가지가 나게 하리니 그가 이 땅에 정의와 공의를 실행할 것이라
③ 세례 요한	1. 사람들이 예수를 세례 요한이라고 첫 번째로 언급하였다고 마태, 마가, 누가는 말하고 있다. 2. 그런데 마태, 마가, 누가 모두 첫 번째 수난예고 이전에 헤롯이 예수를 세례 요한이라고 하는 기사가 있다. 누가는 곧바로 분봉 왕 헤롯이 '요한은 내가 목을 베었거늘 이제 이 일이 들리니 이 사람이 누군가 하여 예수를 보고자'(눅9:9) 한다. 이 일이란 요한이 죽은 자 가운데서 살아났다고 하는 즉 죽은 세례 요한의 환생이 예수라고 하는 사람들의 이야기다. 3. 마태, 마가는 세례 요한의 죽음을 언급한다. 마태는 분봉 왕 헤롯이 예수의 소문을 듣고 신하들에게 말한다. 예수는 세례 요한이다 그가 죽은 자 가운데서 살았으니 그러므로 이런 능력이 그 속에서 역사하는도다(마14:1-2)라고 한다. 　마가는 예수의 이름이 드러나서 즉 널리 알려지자 헤롯 왕이 듣고 말한다. 이것은 세례 요한이 죽은 자 가운데서 살아난 것이다. 그러므로 이런 능력이 그 속에서 즉 예수 안에서 일어나느니라(막6:14)고 한다. 4. 마태, 마가, 누가 모두 예수를 다시 살아난 세례 요한으로 보고 있지만 마가와 누가에서는 계속해서 예수를 엘리야와 옛 선지자 중 하나와 비교하고 있다.	
④ 선지자 　중의 하나	1. 사람들은 예수에 대해 선지자 중의 하나(막6:15) 또는 옛 선지자 중의 하나(눅9:8)라고 하는데 마태(16:14), 마가(8:28)에서의 제자들은 모두 선지자 중에 하나라고 한다. 누가(9:19)만이 계속해서 옛 선지자의 하나라고 한다. 2. 여기서 선지자 중의 하나는 요한복음에서 유대인들이 제사장들과 레위인들을 요한에게 보내어 네가 누구냐고 물을 때에 그 선지자(요1:19-20)를 말한다. 3. 신명기에는 모세가 선지자에 대해 약속을 한다. 네 하나님 여호와께서 너를 위하여 나와 같은 선지자 하나를 일으키겠다고 하면서 그의 말을 들으라(18:15)고 한다. 나와 같은 선지자가 그 선지자이고 사람들이 들은 그 선지자가 예수라고 한다고 제자들은 말한다.	신18:25 네 하나님 여호와께서 너희 가운데 네 형제 중에서 너를 위하여 나와 같은 선지자 하나를 일으키시리니 너희는 그의 말을 들을지니라
베드로의 고백 ① 주는 　그리스도	1. 너희는 나를 누구라 하느냐고 예수께서 묻자 마태에서의 베드로는 '주는 그리스도시요 살아 계신 하나님의 아들'이라고 한다. 예수가 그리스도 즉 메시아이고 하나님의 아들이라는 것이다. 이 고백은 예수가 구원을 이루시는 하나님의 대리자임을 확인하는 것이라 하겠다. 그런데 마가에서는 '주는 그리스도'라고 하고 누가에서는 '하나님의 그리스도'라고 대답한다. 그리스도를 강조하고 있다. 2. 마태는 '예수 그리스도의 계보'를 언급함으로써 복음서를 시작하고 있고 마가는 '하나님의 아들 예수 그리스도의 복음'이라고 하고 복음서가 시작되었다. 마태는 예수가 그리스도임을 천명하였고 마가는 하나님의 아들이며 메시아인 예수를 강조하고 있다.	• 그리스도: 나세렛 예수에 대한 칭호로서 왕, 구세주라는 뜻이다. 우리말로 기독이다. • 그리스도는 70인역에서 메시아(마쉬아흐)를 희랍어로 옮기면서 쓰기 시작하였다. 그런데 유대인들은 예수를

	3. 헬라어로 그리스도는 히브리어로 메시아이고 기름 부음을 받은 자라는 뜻이다. 유대에서 왕이 즉위할 때 기름 부음을 받았다. 예수께서는 하나님의 기름부음을 받은 왕이며 그리스도이다.	메시아로 인정하지 않고 언제인가 올 메시아를 지금도 기다리고 있다.
	4. 사실 답은 이미 나와 있었다. 마가에서 예수께서는 수난예고 직전에 출발지인 벳새다에서 맹인을 치유하는 이야기가 나온다(막8:22-26). 　맹인의 눈을 뜨게 하는 기적을 일으킬 수 있는 분은 메시아뿐이다. 이사야서에서는 빛을 보게 하는 사람이 여호와의 종이라고 한다, 즉 눈을 밝히는 분(사42:7,18, 43:8등)이 메시아라는 것이다.	• 메시아라는 말은 하나님과 동의어는 아니다. 메시아는 하나님이 구원을 이루는 마지막 때의 대리자를 가리킨다(마크 스트라우스).
	5. 예수께서 벳새다에서 장님을 고치는데 두 번 안수한다. 밝히 보게 하기 위해서 두 번째 안수하자 맹인은 모든 것을 밝히 보게 된다. 　이처럼 예수께서 제자들에게 한 처음 질문으로 예수의 모습이 명확하게 드러나지 아니하자 예수께서 두 번째 질문함으로 베드로는 예수에 대한 훌륭한 신앙고백을 하게 된다. 벳새다 장님 치유 기적은 예수의 두 차례 질문을 통한 기적적 고백을 미리 보여 준 것이라 하겠다.	
② 살아 계신 하나님의 아들	1. 마태에서의 '살아 계신' 하나님의 아들이란 메시아 그 이상의 존재라는 느낌을 준다.	호6:2 여호와께서 이틀 후에 우리를 살리시며 셋째 날에 우리를 일으키시리니 우리가 그의 앞에서 살리라
	2. 베드로의 다윗적인 메시아로서 하나님의 아들이라는 고백은 나단의 예언, 즉 '나는 그의 나라 왕위를 영원히 견고히 하리라 나는 그에게 아버지가 되고 그는 나의 아들이 되리니'(삼하7:13-14)를 배경으로 하고 있다. 하나님의 아들의 출현은 하나님의 작정인 것이다.	
	3. 예수께서 '바요나 시몬아 네가 복이 있도다 이를 네게 알게 한 이는 혈육이 아니요 하늘에 계신 내 아버지라'고 한다. 여기서 혈육은 하나님과 대립되는 개념으로 자연인으로서의 인간을 가리킨다(민경식). 사도 바울 역시 혈육이 아니라 하나님으로부터 하나님의 아들인 예수에 대한 계시를 받는다.	
	4. 요한복음에서 예수를 하나님의 아들이라고 처음 고백한 사람은 세례 요한(1:34)이다.	
	5. 베드로에게 예수를 메시아로 계시한 분은 하나님이라는 것이다.	
③ 예수의 경고	1. 마태, 마가, 누가에는 예수께서 제자들에게 경고한 내용이 각각 다르다. 마태는 자기가 그리스도인 것을 아무에게도 이르지 말라고 한다. 그러나 마가는 자기 일에 대해, 누가는 이 말을 아무에게도 이르지 말라고 한다.	
	2. 마태는 예수 그리스도의 신분 자체를, 마가는 예수께서 행한 맹인이 눈을 뜬 메시아 기적의 사건과 자신에 대해, 누가는 베드로의 고백 자체를 아무에게도 이르지 말라고 경고한 것이라고 하겠다.	
	3. 예수의 경고는 소위 메시아 비밀이라고 한다, 예수께서 비밀을 지키라고 한 까닭은 때가 이르지 아니하였기 때문이라 하겠다.	
	4. 헬라어 본문에는 '데이'라는 동사를 사용하여 인자의 수난과 죽음의 필연성을 강조한다. 그래서 새번역에는 '반드시'라고 되어 있다. 이것은 하나님의 계획 속에서 반드시 일어나야 하는 마땅한 일이라는 것이다.	
첫 번째 수난예고 • 많은 고난을 받고 죽는다	1. 마태, 마가, 누가의 첫 번째 수난예고는 내용이 비슷하다. 예수께서 '인자가 장로들과 대제사장들과 서기관들에게 버린 바 되어 많은 고난을 받고 죽임을 당하고 제삼일에 살아난다'고 한다.	• 누가에는 예수 탄생과 관련 있는 시므온의 예수에 대한 예언이 있다(눅2:34-35). 여기에서 시므온은 예수를 '비방을 받는 표적이 되기 위하여 세움을 받았다'고 한다.
	2. 마태에서 예수께서는 많은 고난을 받고 죽임을 당한다고 한다. 그러나 마가, 누가에서는 여기에 '버린 바 되어'가 첨가되어 있다. 그런데 마태에서는 고난의 장소를 예루살렘(16:21)이라고 적시하고 있다.	
	3. 다시 살아나는 것에 대해 마태, 누가는 제삼일에, 마가는 삼일 만에라고 되어 있다.	

	4. 처음 수난예고의 대해 마태는 '비로소 나타내시었다'(16:21)고 하고 마가는 '비로소 그들에게 가르치시되 드러내놓고 이 말씀을 하시었다'(8:32)고 한다, 마태에 있어서는 수난예고의 공개성 그리고 마가에서는 가르치심이 중요함을 알 수 있다. 마태, 마가, 누가에서 예수께서는 계속해서 제자의 길에 대해 말씀하고 있다.	
• 사흘 만에	1. 마태, 누가는 제삼일에 마가는 사흘 만에 살아난다고 한다. 2. 사흘 만에의 원어는 메타트레이스 헤대라스로서 사흘 후이다, 사도신경에는 제삼일에 즉, 우리말로는 사흘 만에로 되어 있다. 3. 호세아서(6:2)에 있는 '이틀 후에 우리를 살리시며 셋째 날에 우리를 일으키시리니'에서 볼 수 있듯이 사흘은 이틀 후라는 말과 같다.	
메시아에 대한 오해 • 항변하는 베드로	1. 베드로는 예수의 수난예고를 이해할 수 없었다. 베드로의 신앙고백을 가납한 예수께서 자신에 관한 것을 아무에게도 말하지 말라고 한다. 짐짐기기는 해도 거기까지는 그런대로 이해하였던 것 같다. 2. 베드로가 이해할 수 없는 것은 메시아인 그리스도가 당시 유대 종교지도자들에게 고난을 받고 죽임을 당한다는 것이다. 베드로가 아는 메시아는 당연히 그의 대적자들을 굴복시키고 하나님의 나라를 세워야 하는 분이다. 베드로는 하나님이 택한 메시아는 고난을 받을 수 없다고 항의한 것이다. 3. 마태, 마가에는 베드로가 예수를 붙들고 항변(마16:22, 막8:32)하였다고 한다. 얼마나 답답하였으면 예수님을 붙들었을까? 마태는 그 항변을 소개하고 있다. '주여 그리마옵소서 이 일이 결코 주께 미치지 아니하리라'(마16:22) 베드로는 자기가 나서서 그런 일이 일어나지 않게 하겠다고 한다. 메시아가 세상 지도자들로부터 고난을 받고 죽는 일이 있어서도 안 되고 그렇게 죽게 해서도 안 된다는 것이다. 4. 항변과 꾸짖다로 번역된 원어는 모두 에피티마오로서 꾸짖다는 뜻이다. 다시 말해서 베드로가 예수를 꾸짖고 다시 예수가 베드로를 꾸짖었다는 것이 원어이다, 그러나 동양적 사고와 관습에서 제자가 선생을 꾸짖었다고 말하기는 어려워서 완화된 표현인 항변으로 의역하였다.	• 사마리아인들은 다윗 반열의 메시아가 아니라 모세 같은 구원자 타헤브를 기다리고 있고, 쿰란의 에세네파는 다윗 같은 군사정치적인 메시아 또는 아론 혈통의 제사장 메시아를 기대했다. 솔로몬의 시편은 강력한 인간 왕의 모습을, 에스라서는 인간을 초월한 천상의 인물로, 에녹1서는 택함을 받은 이와 사람의 아들로 묘사되어 있다.
• 꾸짖는 예수	1. 마태, 마가에서 예수께서는 자기를 위해 충성심을 표시한 베드로에게 '사탄아 내 뒤로 물러가라 네가 하나님의 일을 생각하지 아니하고 도리어 사람의 일을 생각하는도다'라고 책망하였다고 마태(16:23)와 마가(8:33)는 전한다. 특별히 마가는 예수께서 베드로를 꾸짖었다고 한다. 2. 베드로의 입장에서는 착하고 충성된 종이라는 칭찬은 받지 못할지언정 사탄이라는 지탄을 받는 것이 억울한 면이 없지 않아 있을 것이다, 그러나 베드로는 예수의 수난을 가로막으려고 하는 사탄이었던 것이다. 3. '사탄아 내 뒤로 물러가라'는 샘족의 관용적 표현으로 '물러가라, 없어지라, 가 버리다'는 뜻이라고 한다. 또한 '나를 넘어지게 하는 자'란 걸림돌을 묘사한 것으로 거부하기 힘든 유혹으로 파멸시킨다는 의미이다. 4, 예수께서 이렇게까지 엄중하게 베드로를 책망한 이유는 베드로가 생각하는 메시아와 예수 자신의 메시아 사이에 큰 차이가 있음을 분명히 지적해 주기 위해서이다. 5. 사람들은 누구나 고난을 피하려 한다. 그런데 예수께서는 고난을 피하려 하는 것을 사람의 일이라고 지적한다. 예수께서는 세례 받을 때 이는 내 사랑하는 아들이라는 음성을 하늘로부터 듣는다. 예수께서는 오히려 하나님의 아들이 고난을 당하는 것이 하나님의 일이라고 말씀한다. 여기에서 예수의 역설적 주장이 나온다. 하나님의 아들 예수 그리스도는 온갖 이적과 기사로 고난을 극복할 수 있는 분이다. 그런데 예수는 자신의 수난	• 아프리카의 성자 알버트 슈바이처는 1913년 예수의 생애 연구사에서 라이바루스에서 브레데가까지의 역사적 연구를 일별한다. 그런데 슈바이처에게 있어서 예수는 자기 자신의 죽음으로 이 세상을 바꿀 수 있다고 굳게 믿고 있던 인물이다.

	이 하나님의 일이라고 한다.	
	6. 예수 자신은 자신을 '고난 받는 종'으로써의 메시아 그리스도를 말씀하지만 베드로는 기존 유대인의 메시아관인 다윗의 왕위를 가지고 와서 이 세상에 하나님 왕국을 건설하는 분으로 인식하고 있기 때문에 항변과 책망이라는 사태가 벌어지게 된 것이다.	
	7. 누가에는 베드로의 항변과 예수의 책망에 대한 기사가 없다. 다시 말해 메시아관의 차이로 인해 야기된 사태를 소개하지 않고 있다. 예수가 고난 받는 종이라는 인식이 이미 확립되어 있기 때문이리라.	
제자의 길 ① 누구든지	1. 수난예고를 한 후 마태에서의 예수께서는 제자들에게, 마가에서는 무리와 제자들에게, 누가에서는 무리에게 말씀하였다고 한다. 예수께서는 제자를 포함한 대중을 대상으로 공개적으로 말씀하였던 것이다. 2. 예수께서는 제자도에 대해서 '누구든지'를 강조하고 있다. 제자의 도를 따르면 누구나 예수의 제자가 될 수 있다고 한다. 제자도에서 '누구든지'가 마태와 누가는 각각 3회씩 마가는 4회 언급하고 있다. 예수의 제자는 누구든지 될 수 있는 것이다.	**히12:2** 믿음의 주요 또 온전하게 하시는 이인 예수를 바라보자 그는 그 앞에 있는 기쁨을 위하여 십자가를 참으사 부끄러움을 개의치 아니하시더니 하나님 우편에 앉으셨느니라
② 자기를 부인하고	1. 예수께서 한 첫 요구는 자기를 부인하는 것이다. 문자적으로 자기 자신과 아무 관계가 없는 사람처럼 행동하라고 한다. 자아가 없는 인간, 자기 존재를 부정하는 사람이 가능한 것인가? 그런데 이것이 예수의 제자가 되는 길이라고 한다. 2. 마태에서의 파송 강화를 통해 자기 부인이 무엇인지 생각해 볼 수 있다. 마태에 자기 십자가를 지고 나를 따르지 않는 자도 내게 합당하지 아니하다는 말씀에 앞서 자기 부인에 해당하는 말씀을 한다. 즉 부모를 나보다 사랑하는 자나, 자녀를 나보다 더 사랑하는 자는 내게 합당하지 아니하다고 하였다(10:37). 누가에서는 무릇 내게 오는 자가 자기 부모, 처자, 형제, 자매와 더욱이 자기 목숨까지 미워하지 아니하면 능히 내 제자가 되지 못한다(14:26)고 하였다. 3. 사람들이 가장 중요시 여기고 있는 인간관계를 철저히 포기하라는 것이다. 사람은 사회적 동물이라고 한다. 그런데 예수께서는 가족관계까지도 부인하고, 나를 따르라고 한다. 누가는 자기 부인의 최종 모습은 자기 목숨의 부인이라고 한다. 　그리고 누구든지 제 목숨을 위하여 구원하고자 하면 잃을 것이요 누구든지 나와 복음을 위하여 자기 목숨을 잃으면 구원하리라(막8:35)고 한다. 4. 사도 바울은 자기를 부인하는 자신의 모습에 대해 내가 사는 것이 아니고 내 안에 그리스도께서 사는 것이며 내가 육체 가운데 사는 것은 하나님의 아들을 믿는 믿음 안에 살기 때문이라(갈2:20)고 하였다. 이처럼 예수의 제자는 누구든지 될 수 있으나 그러나 그는 날마다 남과 다른 삶을 살아야 한다. 5. 자기중심의 세계관을 가지고 있는 현대인들에게 자기 부인이라는 것을 이해하기 어려운 말씀이다. 또한, 인간의 존재를 중요시하는 인본 사회에 살면서 자기 부정을 행할 수 있는지 의심되기도 한다.	• 요한 웨슬리의 자기 부인: 끊임없이 자기 자신을 부인하지 아니하면 우리가 다른 주인에 대해 배우는 것입니다. 날마다 십자가를 지지 않는다면 우리는 이 세상의 임금이나 자기의 육적인 생각을 따르는 것입니다. 분명히 우리의 본성은, 심지어는 자기 자신을 방어까지 하면서 자기 부정을 반대합니다. 결과적으로 자기 본성에 따라 사는 것입니다.
③ 자기 십자가를 지고	1. 예수께서는 믿음으로 인해 자신들에게 가해지는 모든 비난, 모욕, 희롱, 수치, 손해 등을 감내하라고 한다. 동시에 관념적인 수사로서가 아니라 구체적이고 실제적인 대응으로서의 각오를 요구한다. 즉 핍박에 대응하라는 것이다. 2. 마태는 파송 강화에서도 예수께서는 자기 십자가에 대해 말씀한다. 마태(10:37-39)에서는 자기 십자가를 지고 나를 따르지 아니하면 내게 합당하지 아니하다고 하면서 수난예고처럼 자기 목숨을 얻는 자는 잃을 것이요 나를 위하여 자기 목숨을 잃는 자는 얻으리라고 한다.	

	누가(14:27)에서는 제자도로서 누구든지 자기 십자가를 지고 나를 따르지 않는 자도 능히 내 제자가 되지 못한다고 한다. 또한 누가에는 누가 만의 특징인 모든 소유를 버리지 아니하면 역시 내 제자가 되지 못한다(눅14:33)고 한다.	• 제 목숨을 구원하려 하는 사람은 잃을 것이요 오히려 예수를 위해 목숨을 잃으면 찾을 것이라는 역설적 말씀은 복음서 여러 곳에 나온다.
	3. 자기 십자가는 자기 부인과 마찬가지로 자기 목숨을 잃는 것이고 나아가 모든 자기 소유를 버리는 것이라 하겠다. 소유의 포기는 처음 제자들이 예수의 부르심을 받았을 때 이미 실천하였다. 그러나 역설적으로 수제자인 베드로는 마지막에 예수를 부인함으로 자기 목숨을 보전하였다.	마10:39, 막8:35, 눅 9:24, 17:33, 요12:25 등
	4. 그런데 이 십자가는 나의 십자가이다. 나의 십자가란 믿는 이 모두가 각기 다른 삶의 환경에 놓여 있기 때문에 각자 자기의 십자가를 져야 하는 것이다. 어떤 이는 어떤 부분을 잘 넘길 수 있지만 다른 이는 오히려 그 부분이 더 어려울 수 있기 때문에 자기 십자가를 져야 한다.	
	5. 예수께서 요구하는 자기 부정과 자기 십자가를 지는 삶은 세상과 다른 삶이다. 이는 세상과 전혀 다른 질서 속에서만 가능한 것이다. 하나님의 질서 속에서 예수는 우리 주인이다.	• '나와 복음을 위하여' 는 예수와 예수께서 한 가르침, 계명, 뜻에 대한 순종을 의미한다.
	6. 예수의 제자도는 우리에게 세상과 다른 가치를 제시한다. 그 가치를 따르지 않으면 온 천하를 얻고 마지막 때에 자기 목숨을 잃게 된다(마16:26, 막 8:36-37, 눅9:25). 예수와 예수의 말을 부끄러워하는 자, 날마다 자기 목숨을 위하여 사는 자, 예수를 위하여 자기 목숨을 버리지 않는 자들은 제 목숨을 잃을 것이고 나도 그를 부끄러워하리라고 한다. 예수와 어떤 관계를 맺고 각 사람이 그것을 행하였는가(마16:27)가 중요하다.	
	7. '온 천하'는 영적인 세계와 대립되는 물질적 세상의 가치를 말한다. 여기서 '온 천하를 얻고도'는 물질적 성공, 세상적 성공을 말하고 있다. 알렉산더 대왕 같은 이를 연상할 수 있다.	시62:12 주여 인자함 은 주께 속하오니 주께서 각 사람이 행한 대로 갚으심이니이다
죽기 전에 하나님 나라를 볼 자들도 있다	1. 예수께서 천사들과 함께 온다고 하였는데 이것은 종말의 때를 의미한다. 2. 마가, 누가는 제자나 무리 중 일부가 죽기 전에 예수의 부활을 볼 수도 있다고 하는데 마가는 그것이 하나님 나라가 권능으로 임한 증거라고 한다 (9:1). 3. 마태, 마가는 계속해서 산상에서의 변형 사건을 보도하고 있다. 예수의 변형은 마태의 경우 '인자가 아버지의 영광으로 오리라'한 말씀의 예표라고 간주할 수 있고(마16:28) 마가, 누가의 경우 '하나님의 나라가 권능으로 임하는 것'의 표징이라 하겠다. 4. 이 은유적인 표현에 대해 초대기독교인들은 오순절 때에 그것이 성취되었다고 생각하였다. 5. 요한복음 마지막에 베드로가 예수께서 사랑하시는 그 제자가 따르는 것을 보고 이 사람은 어떻게 되겠사옵나이까(요21:20-21)라고 예수께 여쭙는다. 그때 예수께서 내가 올 때까지 그를 머물게 하고자 할지라도 네게 무슨 상관이냐 너는 나를 따르라(21:22)고 한다. 종말과 재림의 시기가 먼 훗날이 아니라는 것이다. 그리고 이런 말씀은 지금이 결단할 때라는 것을 촉구하고 있다.	살전4:16 주께서 호령과 천사장의 소리와 하나님의 나팔 소리로 친히 하늘로부터 강림하시리니 그리스도 안에서 죽은 자들이 먼저 일어나고

4. 심층연구: 베드로의 축복 이해

구분	내용	비고
복이 있는 바요나 시몬	1. 마태에만 있는 기사이다. 마태, 마가, 누가 모두 예수를 그리스도로 고백한 제자는 베드로라고 한다. 그런데 마태만이 예수께서 그를 축복하였다는 기사가 있다. 2. 예수께서 베드로를 바요나 시몬이라고 부른다. 바요나는 아람어로 요나의 아들이라는 의미이다. 요한복음에는 예수께서 제자들을 부를 때 안드레가	

자기 형제 시몬을 데리고 예수께로 간다. 예수께서는 그를 요한의 아들 시몬 (1:42)이라고 부른다. 또한, 부활하신 예수께서 디베랴 호수에서 베드로에게 요한의 아들 시몬이라고 세 번 부르면서 세 번 다 내 양을 먹이라(21:15-17)고 한다. 베드로의 성이 두 가지가 나온다.

3. 예수께서 요한의 아들 시몬을 요나의 아들 시몬이라고 부른 이유는 무엇일까. 선지자 요나는 니느웨로 가라는 하나님의 지시를 거부하고 다시스로 가는 배에 올랐다가 물고기 뱃속에서 회개한 인물이다. 예수께서는 베드로의 미래 모습을 보시고 요나의 아들이라고 불렀을 수도 있다.

4. 바요나 시몬이란 예언자 요나의 아들 즉 그의 영적 후계자인 시몬이라는 말이다. 예수와 제자 일행이 빌립보 가이사랴에 오기 전 칠병이어의 기적으로 사천 명을 먹이지만 유대인들은 예수에게 하늘로부터 오는 표적을 구하자 예수께서는 요나의 표적밖에는 보여 줄 것이 없다고 한다(마16:1-4).

5. 예수께서 네가 복이 있다고 한다. 그런데 그 이유가 내가 메시아인 것을 알게 한 분은 혈육이 아니요 하늘에 계신 내 아버지라는 것이다. 베드로의 혈육이란 베드로의 몸속에 있는 요한의 아들로서 갖고 있는 경험이나 지식을 말한다. 그런데 베드로의 혈육으로 내가 메시아인지 알게 된 것이 아니라 하나님의 섭리로 내가 메시아인 것을 네가 알게 되었다고 한다. 결국, 너는 하나님으로부터 택함을 받아 이런 고백을 했다는 것이다.

7. 예수의 정체성은 인간 스스로 고백될 수 있는 것이 아니다. 하나님의 은혜에 의해서 만이 가능하다.

| 너는 베드로라 ① 내 교회를 세우리니 | 1. 예수께서 베드로에게 특별한 지위를 허락한다. 너는 베드로라 내가 이 반석 위에 내 교회를 세우겠다고 한다. 그러나 마태에서는 이미 예수께서 제자들을 부를 때에 이미 '시몬이라는 베드로'(4:18)라고 그의 이름이 나온다. 그래서 베드로가 새 이름이라기보다는 이름과 같은 사명을 강조하는 것으로 보아야 한다.

2. 누가에서도 시몬이 베드로로 바뀌어 부르게 되는 계기가 있다. 예수께서 처음 제자들을 부르실 때 시몬에게 깊은 데로 가서 그물을 내려 고기를 잡으라고 한다(5:4). 그러나 밤새 헛수고한 시몬이지만, 말씀대로 한다(5:5). 그런데 고기가 많아 그물이 찢어지고 배가 잠기게 되었다. 그때 시몬의 이름이 시몬 베드로로 바뀌면서 그가 엎드려 주여 떠나소서 나는 죄인이로소이다라고 고백한다(5:8).

3. 요한복음에서 예수님께서 처음 제자들을 부르실 때 베드로의 형제 안드레가 시몬을 데리고 오는데 예수께서는 요한의 아들 시몬아 네가 장차 게바라 하리라고 한다. 게바는 아람어 케파스로서 역시 반석이라는 뜻이다.

4. 베드로는 바위를 뜻하는 페트라와 어원이 같다. 예수께서 이 반석 위에 내 교회를 세우겠다고 한다. 개신교는 반석을 예수 자신으로 보거나 또는 베드로의 고백 즉 예수를 그리스도로 고백하는 그 고백 위에 내 교회를 세우시겠다는 의미이다. 그래서 의역을 해 보면 너의 이름은 베드로다. 그리고 네가 고백한 진리는 반석이다. 내가 이 진리의 반석 위에 내 교회를 세우리라고 할 수 있다.

5. 구약에서 반석은 하나님의 특성이며 호칭이다. 하박국 선지자는 하나님을 '반석이시여'(합1:12)라고 불렀으며 통상적으로 여호와를 나의 반석이시요 나의 요새시요 나의 피난처(삼하22:2-3)라고 고백하고 있다.

6. 신약에서 반석은 예수 그리스도이다. 사도 바울은 '반석은 곧 그리스도시라'(고전10:4)고 고백하고 있다. 마태에서 예수께서는 반석 위에 집을 짓는 사람 이야기를 한다(마7:24-25). 여기에서 반석은 '나의 이 말을 듣고 행하는 자'이다. 말씀을 듣고 순종하는 믿음을 가리킨 사람이라 하겠다. |

• 사도 바울은 고백한다. 내 어머니의 태로부터 나를 택정하시고 나를 부르신 이는 하나님이시라는 것이다(갈1:15-16)

• 요나는 히브리어로 비둘기라는 뜻이다. 그가 삼일 만에 물고기 뱃속에서 살아나온 이야기는 그리스도의 죽음과 부활의 예형으로 여겨진다. 하나님은 요나에게 앗수르의 수도 니느웨로 가라고 한다. 요나서는 하나님이 이스라엘 백성만의 하나님이 아니라 온 천하의 하나님이심을 말하고 있다.

• 아브람이 아브라함이라는 이름 (창17:5)을, 야곱이 이스라엘이라는 이름(창32: 28-32)을 받는다.

• 로마 교황과 가톨릭 교회는 자신들의 지위와 기반을 뒷받침하는 성구의 하나로 제시하고 있다.

• 가톨릭은 이 성구를 근거로 베드로가 교회의 기초이고 베드로의 후계자인 교황이 참 권위자이고 교황이 다스리는 교회가 참 교회라는 것이다. 그러나 반석이라는 명사는 여성명사이다.

• 어거스틴과 루터는 반석을 예수 그리스도라고 보았다.

	7. 구약에서는 하나님, 신약에서는 예수 그리스도를 뜻하는 반석이라는 이름이 바요나 시몬에게 주어진다. 그렇다고 해서 베드로가 하나님이나 메시아가 되는 것은 아니다. 베드로의 믿음을 가상히 여겨 예수께서 베드로의 역할을 하라는 것이다. 베드로도 인간이다. 세 번씩이나 예수를 부인한 인물이다. 그리고 얼마나 다혈질적인 사람인가? 얼마나 부족한 제자인가? 그런 사람 위에 예수께서 자기 교회를 세우시겠는가?	• 사28:16에는 주 여호와께서 한 돌을 시온에 두어 기초로 삼았노니 귀하고 견고한 기촛돌이라고 하였다.
	8. 예수께서는 음부의 권세가 이기지 못한다고 한다. 사람 위에 서 있는 교회가 아니라 '내 말을 듣고 행하는' 믿음 위에 서 있는 교회만이 음부의 권세를 막아 낼 수 있는 것이다.	롬9:33에는 내가 걸림 돌과 거치는 바위를 시온에 두는데 그를 믿는 자는 부끄러움을 당하지 아니한다고 하였다.
	9. 교회는 사도들과 선지자들의 터 위에 세워지고 그리스도 예수께서 친히 모퉁이 돌이 된 조직(엡2:20)이다. 베드로도 사도들의 하나이다. 사도 바울은 교회의 터는 그리스도(고전3:10-11)라고 한다.	
	10. 사탄으로 지목받기도 한 베드로가 교회의 수장이 될 수 있는가? 베드로전서(2:4)에는 예수를 보배로운 산돌로서 신령한 집이 세워짐을 말하고 있다. 바울은 예수께서 '그의 몸인 교회의 머리시라'(골1:18) 또는 교회의 머리 되시는 그리스도(엡5:23)라고 고백하고 있다.	• 교회라는 말은 마16:18, 18:17 이외에는 복음서 전체에서 찾아 볼 수 없다.
	11. 예수께서 직접 교회를 언급하였다면 그 단어는 히브리어 '쿠아할' 일 것이다. '쿠하할'은 불러 모은다는 뜻으로 이스라엘 회중을 지칭하는 말이다.	• 에클레시아는 영어로 a(religious) congregation 또는 an assembly의 의미다.
	12. 신약에서 교회는 '에클레시아'인데 불러내다는 뜻의 동사 '엑칼레오'에서 왔다고 한다. 교회는 불러냄을 받은 사람들의 모임이다. 하나님의 부르심을 받고 세상으로 부터 구별된 선택된 사람들의 모임이라 하겠다.	
② 음부의 권세가 이기지 못하리라	1. 원문은 '하데스의 문들'이다, KJV에서는 지옥의 문들, 새번역은 죽음의 문으로 변역되어 있다. 하데스는 죽은 사람들이 거하는 곳이다. 그러므로 지옥 또는 죽음의 문으로 이해할 수 있다.	• 지옥의 문은 단테의 신곡을 주제로 한 로댕의 불후의 조각 작품이다. 30년 넘게 구상하였던 이 작품의 문 위에는 세 명의 인물이 있는데 아담의 세 모습이라고 한다
	2. 본문의 음부의 권세는 음부의 문과 권세를 같은 것으로 본 것이다. 그런데 문은 안에 있는 것이 밖으로 나가거나 밖에 있는 것이 안으로 들어가는 것을 통제하기 위해 세운 것이다.	
	3. 본문은 하데스의 문이 교회를 이기지 못한다고 하였다. 이기지 못한다는 것은 통제에 실패하였다는 것이다. 하데스 안에 교회가 있을 리가 없다. 교회는 하데스 밖에 있다. 하데스의 문이 실패한 것은 하데스 안에 있는 사람들이 교회로 이동하는 것을 막는 데에 실패한다는 것이다. 새로운 공동체로 부르심을 받은 사람들을 가두어 둘 수 없다는 말이다.	
	4. 음부의 권세는 교회와 대척점에 있는 세력으로 죽음과 지옥으로 사람들을 끌어들이는 모든 형태의 악과 불의라 하겠다. 교회는 결코 이런 죽음의 세력에 굴복하지 아니하고 승리한다.	
③ 천국 열쇠를 주리니	1. 하데스의 문들과 마찬가지로 출입을 통제할 수 있는 것이 열쇠다. 예수께서는 베드로에게 하늘나라의 출입을 통제하는 권한을 주었다.	
	2. 마태에는 '화 있을진저 외식하는 서기관들과 바리새인들이여'라는 예수의 저주가 있다. 그 첫 번째 저주의 사유가 너희는 천국 문을 사람 앞에서 닫고 너희도 들어가지 않고 들어가려 하는 자도 들어가지 못하게 하는도다(23:13)라고 한다.	
	당시에는 종교지도자들에게 천국 문의 개폐 권한이 있다고 생각했던 것 같다. 실제로 그들은 이와 같은 종교적 권한은 물론 세상적 권한으로 정치적, 사법적 권한도 가지고 있었다. 종교재판을 열어 죽일 수도 있었고 사면할 수도 있었다.	
	3. 이사야에는 힐기야의 아들 엘리야김이 왕권을 약속하는 다윗의 집에 열쇠를 받는 이야기가 있다(22:22). 그가 열면 닫을 자가 없고 닫으면 열 자가 없	

	느니라고 한다. 이 이야기는 계시록에도 나오는데 예수께서 다윗의 열쇠를 갖고 있어 열면 닫을 사람이 없고 닫으면 열 사람이 없다고 하며(3:7-8) 또한 사망과 음부의 열쇠도 가졌다(1:18)고 한다.	• 예수 당시에는 종교 지도자들은 천국 열쇠 뿐 아니라 지식의 열쇠(눅11:52)도 갖고 있다고 생각하였다.
	4. 매고 푸는 권한을 예수께서 베드로에게 준다. 유대인의 어법에 매는 것은 금지이고 푸는 것은 허락이다. 그런데 이 권한은 예수께서 모든 제자들에게도 준 것이다. 마태에는 죄를 범한 형제에 대해서 어떻게 해야 하는지에 대해 예수께서 말씀한다. '권고하라, 죄를 확증하라 교회에 말하라' 그리고 이어서 '너희가 땅에서 매면, 너희가 땅에서 풀면'에 관한 기사가 있다(마18:15-18). 여기서 '너희는' 예수의 제자들인 것이다.	계3:7 빌라델비아 교회의 사자에게 편지하라 거룩하고 진실하사 다윗의 열쇠를 가지신 이 곧 열면 닫을 사람이 없고 닫으면 열 사람이 없는 그가 이르시되
	5. 요한복음에는 부활하신 예수께서 제자들에게 나타나서 '너희가 누구의 죄든지 사하면 사하여질 것이요 누구의 죄든지 그대로 두면 그대로 있으리라'(20:23)고 한다. 제자들에게 금지와 허락뿐 아니라 죄의 사면의 권한까지 준다.	
베드로 수장권에 대한 복음서적 모순	1. 베드로에게 수장권을 주었다고 한다면 두 번째 수난예고 후에 제자들이 누가 크냐고 다툴 수가 없다. 그리고 세 번째 수난예고 후에 세베대의 아들들의 어머니가 예수께 하나는 주의 우편에 하나는 주의 좌편에 앉게 해 달라고 할 수 있겠는가(마20:20-21, 막10:35-37). 2. 마태(19:27), 마가(10:28),누가(18:28)는 베드로가 예수께 우리가 우리의 모든 것을 버리고 주를 따랐나이다라고 말한다. 그런데 마태에는 첨언하며 '그런즉 무엇을 얻으리이까'라고 예수께 장래의 대우에 대해 질문을 한다. 3. 바울은 게바가 안디옥에 있을 때 책망받을 일이 있기에 내가 그를 대면하여 책망하였다(갈2:11)고 한다. 수제자로서의 권위조차 의심되는 베드로라 하겠다.	

5. 집중탐구: 공관복음서에서의 제자도의 내용

구분	마태(16:24-25,10:37-9)	마가(8:34-35)	누가(9:23-34, 14:26-27, 17:33)
제자도 • 첫째	누구든지 나를 따라오려거든 자기를 부인하고	누구든지 나를 따라 오려거든 자기를 부인하고	아무든지 나를 따라 오려거든 자기를 부인하고
• 둘째	자기 십자가를 지고	자기 십자가를 지고	날마다 제 십자가를 지고
• 셋째	나를 위하여 제 목숨을 잃으면 찾으리라	나와 복음을 위하여 자기 목숨을 잃으면 구원하리라	나를 위하여 제 목숨을 잃으면 구원하리라
제자 파송 (마태)과 종말의 때 (누가) • 첫째	아버지나 어머니를 나보다 더 사랑하는 자는 내게 합당하지 아니하고 아들이나 딸을 나보다 더 사랑하는 자도 내게 합당하지 아니하며(10:37)		무릇 내게 오는 자가 자기 부모와 처자와 형제와 자매와 더욱이 자기 목숨까지 미워하지 아니하면 능히 내 제자가 되지 못하고(14:26)
• 둘째	또 자기 십자가를 지고 나를 따르지 않는 자도 내게 합당하지 아니하니라(10:38)		누구든지 자기 십자가를 지고 나를 따르지 않는 자도 능히 내 제자가 되지 못하리라(14:27)
• 셋째	자기 목숨을 얻는 자는 잃을 것이요 나를 위하여 자기 목숨을 잃는 자는 얻으리라(10:39)		무릇 자기 목숨을 보존하고자 하는 자는 잃을 것이요 잃는 자는 살리라(17:33)

요12:25 자기의 생명을 사랑하는 자는 잃어버릴 것이요 이 세상에서 자기의 생명을 미워하는 자는 영생하도록 보전하리라

제23절 ❀ 공관복음 두 번째 수난예고

1. 본문비교

구분		마태(17:22-23,18:1-5)	마가(9:30-37)	누가(9:43-48)
두 번째 수난예고 전 사건들		첫 번째 수난예고(16:13-28) 산상에서의 변형(17:1-8) 엘리야에 대한 말씀(17:9-13) 귀신 들린 아이를 고치심(17:14-20)	첫 번째 수난예고(8:27-9:1) 산상에서의 변형(9:2-8) 엘리야에 대한 말씀(9:9-13) 귀신 들린 아이를 고치심(9:14-29)	첫 번째 수난예고(9:18-27) 산상에서의 변형(9:28-36) 귀신 들린 아이를 고치심(9:37-43상)
두 번째 수 난 예 고	상황	17:22상 갈릴리에 모일 때에 예수께서 제자들에게 이르시되	9:30 그 곳을 떠나 갈릴리 가운데로 지날새 예수께서 아무에게도 알리고자 아니하시니	9:43하 그들이 다 그 행하시는 모든 일을 놀랍게 여길새 예수께서 제자들에게 이르시되
	예고	:22하-3상 인자가 장차 사람들의 손에 넘겨져 죽임을 당하고 제삼일에 살아나리라 하시니	:31 이는 제자들을 가르치시며 또 인자가 사람들의 손에 넘겨져 죽임을 당하고 죽은 지 삼일 만에 살아나리라는 것을 말씀하셨기 때문이더라	:44 이 말을 너희 귀에 담아 두라 인자가 장차 사람들의 손에 넘겨지리라 하시되
	반응	:23하 제자들이 매우 근심하더라	:32 그러나 제자들은 이 말씀을 깨닫지 못하고 묻기도 두려워하더라	:45 그들이 이 말씀을 알지 못하니 이는 그들로 깨닫지 못하게 숨긴 바 되었음이라 또 그들은 이 말씀을 묻기도 두려워하더라
누 가 가 장 큰 가	상황	(:24-27 성전세를 내신 후)	9:33 가버나움에 이르러 집에 계실새 제자들에게 물으시되 너희가 길에서 서로 토론한 것이 무엇이냐 하시되	
	누가 크냐	18:1 그 때에 제자들이 예수께 나아와 이르되 천국에서는 누가 크니이까	:34-35 그들이 잠잠하니 이는 길에서 서로 누가 크냐 하고 쟁론하였음이라 예수께서 앉으사 열두 제자를 불러서 이르시되 누구든지 첫째가 되고자 하면 뭇 사람의 끝이 되며 뭇 사람을 섬기는 자가 되어야 하리라 하시고	:46-47상 제자 중에서 누가 크냐 하는 변론이 일어나니 예수께서 그 마음에 변론하는 것을 아시고
	한 어린아이	:2 예수께서 한 어린아이를 불러 그들 가운데 세우시고	:36 어린아이 하나를 데려다가 그들 가운데 세우시고 안으시며 제자들에게 이르시되	:47하 어린아이 하나를 데려다가 자기 곁에 세우시고
	천국에서 큰 자	:3-4 이르시되 진실로 너희에게 이르노니 너희가 돌이켜 어린아이들과 같이 되지 아니하면 결단코 천국에 들어가지 못하리라 그러므로 누구든지 이 어린아이와 같이 자기를 낮추는 사람이 천국에서 큰 자니라		

	나를 영접하는 자	:5 또 누구든지 내 이름으로 이런 어린아이 하나를 영접하면 곧 나를 영접함이니	:37 누구든지 내 이름으로 이런 어린아이 하나를 영접하면 곧 나를 영접함이요 누구든지 나를 영접하면 나를 영접함이 아니요 나를 보내신 이를 영접함이니라	:48 그들에게 이르시되 누구든지 내 이름으로 이런 어린아이를 영접하면 곧 나를 영접함이요 또 누구든지 나를 영접하면 곧 나를 보내신 이를 영접함이라 너희 모든 사람 중에 가장 작은 그가 큰 자니라

2. 본문의 차이

구분		마태	마가	누가
두 번 째 수 난 예 고	상황	• 갈릴리에 모일 때에	• 갈릴리를 지나가실 때	(변화산에서 내려와서)
	누구에게	• 제자들에게	• 제자들을 가르치시며	• 제자들에게 이 말을 너희 귀에 담아두라
	수난 내용	• 인자가 장차 사람들의 손에 넘겨져(17:22) • 죽임을 당하고 제삼일에 살아나리라(17:23)	• 인자가 사람들의 손에 넘겨져 ·죽임을 당하고 죽은 지 삼 일만에 살아나리라 (9:31)	• 인자가 장차 사람들의 손에 넘겨지리라 (죽음과 부활에 대한 언급이 없다)
	예고 후 반응	• 제자들이 매우 근심하더라	• 그러나 제자들은 이 말씀을 깨닫지 못하고 묻기도 두려워하더라 (9:32)	• 그들이 이 말씀을 알지 못하니 이는 그들로 깨닫지 못하게 숨긴 바 되었음이라 또 그들은 이 말씀을 묻기도 두려워하더라
누 가 가 장 큰 가	배경	• 예수께서 2차 수난예고 후 성전세를 낸 다음의 이야기다 (17:24-27) • 마태에서는 수난과 직접 관련이 없는 제자도로 볼 수 있다	• 갈릴리를 아무에게도 알리지 아니하고(9:30) 지나가면서 2차 수난예고를 말씀한 후 곧바로 이어지는 기사이다 • 제자들은 길 위에서 토론한다	• 누가는 마가처럼 이어지는 기사이다 • 마가, 누가는 예수의 수난예고와 제자들의 행태가 비교된다
	장소	• 가버나움(성전세를 내시다)	• 가버나움 집에 계시다(9:33)	(변화산에서 내려와서)
	제자들 누가 크냐	• 제자들이 예수께 질문하다	• 예수께서 제자들에게 질문하다: 길에서 서로 토론한 것이 무엇이냐	
		• 천국에서는 누가 크니이까 (18:1)	• 제자들 잠잠하다: 길에서 서로 누가 크냐 하고 쟁론하였다 (9:34)	• 제자 중에서 누가 크냐 하는 변론이 일어나다(9:46)
				• 예수께서 마음을 아시다(9:47)
	예수의 대답	• 어린아이들과 같이 자기를 낮추는 사람이 천국에서 큰 자니라 (18:4)	• 첫째가 되고자 하면 뭇 사람의 끝이 되며 뭇 사람을 섬기는 자가 되어야 하리라(9:35)	• 너희 모든 사람 중에 가장 작은 그가 큰 자니라 (9:48)
	어린아이	불러 그들 가운데 세우시고 (18:2)	그들 가운데 세우시고 안으시며 (9:36)	
		돌이켜 어린아이들과 같이 되지 아니하면 결단코 천국에 들어가지 못하리라(18:3)		

참고		내 이름으로 이런 어린아이 하나를 영접하면 곧 나를 영접함이니(18:5)	내 이름으로 이런 어린아이 하나를 영접하면 곧 나를 영접함이요, 나를 보내신 이를 영접하니라(9:37)	내 이름으로 이런 어린아이 하나를 영접하면 곧 나를 영접함이요, 또 누구든지 나를 영접하면 곧 나를 보내신 이를 영접함이니라(9:48)
	어린이 축복 기도	11:25-26 그 때에 예수께서 대답하여 이르시되 천지의 주재이신 아버지여 이것을 지혜롭고 슬기 있는 자들에게는 숨기시고 어린아이들에게는 나타내심을 감사하나이다 옳소이다 이렇게 된 것이 아버지의 뜻이니이다		10:21 그 때에 예수께서 성령으로 기뻐하시며 이르시되 천지의 주재이신 아버지여 이것을 지혜롭고 슬기 있는 자들에게는 숨기시고 어린아이들에게는 나타내심을 감사하나이다 옳소이다 이렇게 된 것이 아버지의 뜻이니이다
	어린이 안수	19:14 예수께서 이르시되 어린 아이들을 용납하고 내게 오는 것을 금하지 말라 천국이 이런 사람의 것이니라 하시고	10:14 예수께서 보시고 노하시어 이르시되 어린아이들이 내게 오는 것을 용납하고 금하지 말라 하나님의 나라가 이런 자의 것이니라	18:16 예수께서 그 어린아이들을 불러 가까이 하시고 이르시되 어린아이들이 내게 오는 것을 용납하고 금하지 말라 하나님의 나라가 이런 자의 것이니라
			10:15 내가 진실로 너희에게 이르노니 누구든지 하나님의 나라를 어린아이와 같이 받들지 않는 자는 결단코 그 곳에 들어가지 못하리라 하시고	18:17 내가 진실로 너희에게 이르노니 누구든지 하나님의 나라를 어린아이와 같이 받아들이지 않는 자는 결단코 거기 들어가지 못하리라 하시니라
		19:15 그들에게 안수하시고 거기를 떠나시니라	10:16 그 어린아이들을 안고 그들 위에 안수하시고 축복하시니라	

3. 본문이해

구분	내용	비고
두 번째 수난예고	1. 말씀하는 상황이 다르다. 마태는 갈릴리에 모일 때에 예수께서 제자들에게 말씀하고, 마가는 갈릴리를 지나가면서 제자들을 가르치며 말씀하며, 누가는 이 말을 너희 귀에 담아두라고 주의를 기울이게 한 후 말씀한다. 중요한 얘기를 하겠다는 것이다. 마가는 처음 수난예고에서 비로소 가르치시다(막8:31)라고 하였고 두 번째에서도 가르치셨다고 한다. 수난예고가 제자들에게는 가르침인 것이다. 2. 처음 수난예고에서는 공관복음 공히 '인자가 많은 고난을 받고 장로들과 대제사장들과 서기관들에게 버린 바 되어'(막8:31)라고 되어 있다. 그러나 두 번째 수난예고에는 공관복음 공히 '인자가 장차 사람들의 손에 넘겨져'라고 되어 있다. 3. 예수께서는 넘겨지는 일은 제자들에게도 일어나게 된다고 한다. 사람들이 너희를 공회에 넘겨주고(막13:9), 회당에서 매질도 당한다고 말씀하는데 이는 제자들 역시 피할 수 없는 것이다. 4. 죽임을 당하고 사흘 만에 살아난다는 말씀이 처음과 두 번째 수난예고에 모두 들어 있는데 누가의 두 번째 수난예고에서는 빠져있어 죽음과 부활에 대한 언급이 없는 것이다.	• 아말렉이 이스라엘을 공격할 때 여호수아에게 처음 직책이 부여되고 쳐서 무찌르게 된다. 이에 여호와께서 모세에게 승리를 책에 기록하여 기념하게 하고 '여호수아의 귀에 외워 들리라'(출17:14)고 한다.

제자들의 반응	1. 수난예고 후 제자들의 반응이 두 번째 수난예고의 특징이다. 처음 수난예고 후에는 베드로가 예수께 항변하기를 '주여 그리 마옵소서 이 일이 결코 주께 미치지 아니하리이다'(마16:22)라고 한다. 예수께서는 '돌이키사 제자들을 보시며 제자들을 꾸짖는다'(막8:33). 제자들도 베드로와 같은 생각을 하고 있다고 본 것이리라. 2. 두 번째 수난예고 후 제자들의 반응에 대해 마태, 마가, 누가는 각각 다르게 보고하고 있다. 마태는 제자들이 매우 근심하더라, 마가는 이 말씀을 깨닫지 못하고 묻기도 두려워하더라, 누가는 그들이 이 말씀을 알지 못한다고 하면서 그 이유가 그 말씀이 그들로 깨닫지 못하게 숨긴 바 되었기 때문이라는 것이다. 한마디로 그들은 이 말씀을 듣고도 알지 못하였던 것이다(눅9:45). 3. 누가는 두 번째 수난예고뿐 아니라 세 번째 수난예고 후에도 같은 이유로 제자들이 깨닫지 못하는데 제자들에게 원인이 있는 것이 아니라 그 말씀 자체 때문이라고 한다. 누가는 두 번째 수난예고에서 아예 예수의 죽음과 부활을 언급하지도 않았다. 그러나 누가에서는 첫 번째 수난예고 후 산상에서 변형될 때 예수께서는 모세와 엘리야와 함께 장차 예루살렘에서 별세할 것을 말하였다(눅9:31). 4. 마가는 처음 수난예고뿐 아니라 두 번째 수난예고 역시 가르치셨다고 하는데 두 번째 수난예고에 대한 제자들의 반응은 이 말씀을 깨닫지 못하였다는 것이다. 또한, 마가, 누가 공히 묻기도 두려워하였다고 한다. 5. 마태에서 심히 근심하였다고 하는 것은 예수께서 죽음을 말씀하였기 때문일 것이다. 마가에서 제자들이 깨닫지도 못하고 묻지도 못한 이유는 예수께서 '죽은 지 삼 일만에 살아난다'고 한 말씀 즉 부활에 대해 전혀 이해할 수 없었기 때문이라 하겠다. 6. 두 번째 수난예고 전의 일이다. 예수께서 변화산에서 내려오면서 제자들에게 인자가 죽은 자 가운데서 살아날 때까지는 본 것을 아무에게도 말하지 말라고 한다. 그런데 제자들은 서로 죽은 자 가운데서 살아나는 것이 무엇일까라고 한다(막9:9-10). 실제로 제자들이 예수의 부활에 대해 깨닫게 된 것은 예수의 죽음 이후라 하겠다.	<부처의 10대제자> 가섭존자: 수타제일 아난존자: 다문제일 사리불존자: 지혜제일 목련존자: 신통제일 수보리존자: 해공제일 부루나존자: 설법제일 아나율존자: 천안제일 우파리존자: 지계제일 가전연존자: 논의제일 라훌라존자: 밀행제일 10대 제자 이 외에 1250명의 제자가 있었다고 한다.
누가 크냐 • 마태: 예수에게 질문하다	1. 마가, 누가는 두 번째 수난예고 기사에 이어서 나오지만, 마태는 두 번째 수난예고 이후 가버나움에서 성전세를 내신 기사 다음에 나온다. 마태는 수난예고와 이어져 있지는 않으나 내용은 마가, 누가와 같다. 2. 마태에는 제자들이 예수께 천국에서 누가 크니이까(18:1)라고 질문한다. 그런데 마태에는 예수께서 이미 천국에서 큰 자에 대한 말씀을 한 적이 있다. 예수께서는 산상수훈에서 자신을 율법을 완전하게 하기 위해서 왔다고 하면서 '계명을 행하며 가르치는 자가 천국에서 크다는 일컬음을 받으리라'(5:19)고 하였다. 3. 마태, 누가에는 반대로 천국에서 가장 작은 자 이야기가 있다. 이 세상에서 여자가 낳은 자 중에 세례 요한보다 큰 이는 없는데 천국에서는 극히 작은 자라도 그보다 크니라(마11:11, 눅7:28)고 한다. 4. 마태에서 천국에서 누가 크냐는 이야기는 마가, 누가에서처럼 '서로 누가 크냐는 이야기를 애둘러 표현하였을 수도 있다. 즉, 천국에서의 위계 문제에 대한 질문이라기보다는 마태공동체 내의 지위에 대한 말씀으로 이해할 수 있다. 5. 국가에는 의전서열뿐 아니라 권력서열도 있다. 대학 간에는 대학서열이 있고 기관 내에는 연공서열도 있다.	• 누가 크냐는 제자들 간에 서열의 문제이다. 서열은 히브리어로 마할로케트로 나누다, 구분하다의 뜻이고 헬라어로는 탁시스인데 질서 있게 정리하다는 뜻으로 군대용어로는 순서, 차례, 서열을 가리킨다고 한다. 모든 짐승 무리들도 서열이 있다.

• 마가: 예수께서 질문하다	1. 예수께서는 갈릴리를 지나 가버나움으로 오는데 갈릴리를 지날 때 제자들을 가르치며 수난예고를 한다. 예수께서는 제자들에게 너희가 길에서 서로 토론한 것이 무엇이냐고 질문한다. 예수의 수난예고에 대해 깨닫지도 못하고 묻기도 두려워하였던 그 제자들의 관심은 서로 누가 크냐는 것이었다. 그래서 그들은 떳떳하게 대답을 하지 못하고 잠잠하였다. 2. 예수께서 '앉으사 열두 제자를 부르셨다'(9:35)고 한다. 예수께서 앉으신 것은 가르치기 위함이다. 예수께서는 앉아서 말씀한다. 산상수훈(마5:1) 때에나 바닷가(마13:1)에서 앉아서 가르쳤다.	
• 누가: 예수께서 아시고	1. 누가에서 예수께서는 이미 알고 있다. 마태에서처럼 제자들이 예수에게 질문하는 것도 아니고 마가에서처럼 예수께서 질문한 것도 아니다. 예수께서는 제자들이 누가 크냐는 변론이 일어난 것을 안다. 마가에서는 예수의 질문에 제자들이 잠잠하였으나 예수께서 그들의 쟁론을 알고 말씀한다. 2. 누가에만 '너희 중에 가장 작은 자'에 대한 말씀(9:48)이 있다.	
예수의 말씀 • 마태: 자기를 낮추는 사람	1. 마태에서 예수께서는 어린아이를 세우고 '어린아이들과 같이 자기를 낮추는 사람이 천국에서 큰 자니라'(18:2-4)라고 한다. 제자들의 질문의 답이라 하겠다. 2. 그런데 그 앞에서 돌이켜 어린아이들과 같이 되지 아니하면 결단코 천국에 들어가지 못한다고 하였는데 돌이켜 어린아이들과 같이 되라는 말씀이다. '돌이켜'는 마음 자세나 생각의 내적 변화를 의미하며 '생각을 바꾸다'의 의미라고 하겠다. 기존 삶의 태도의 변화 없이 천국에 갈 수 없다는 것이다. 그래서 예수께서는 자기를 낮추는 사람이 되라고 한다.	<도마복음의 레기온 22> 예수께서 젖을 빨고 있는 어린아이들을 보셨다. 그 분께서 제자들에게 말씀하셨다. 젖을 빨고 있는 이 어린아이들이 그 나라에 들어가는 자들 같으리라. 그들이 그 분께 말했다. 그러면 저희가 어린아이로 그 나라에 들어가나이까? 예수께서 그들에게 말씀하셨다. "너희가 둘을 하나로 만들 때 그리고 너희가 내면을 외면처럼 외면을 내면처럼, 위를 아래처럼 만들 때 또 너희가 남자와 여자를 하나이자 같은 것으로 만들어 남자가 남자가 아니고 여자가 여자가 아닐 때 또 너희가 눈 대신에 눈을, 손 대신에 손을, 발 대신에 발을, 모습 대신에 모습을 만들 때 그 때 너희는 그 나라에 들어가리라"
• 마가: 섬기는 자	1. 마가에서 예수께서는 누가 크냐에 대해 대답한 후 어린아이 이야기를 한다. 2. 마가에서 예수의 대답은 '첫째가 되고자 하면 뭇 사람의 끝이 되며 뭇 사람을 섬기는 자가 되어야 한다'(9:35)는 것이다. 3. 배가 침몰할 때 승객과 선원을 마지막까지 하선시킨 후 그제야 배를 떠나는 사람은 그 사람의 지위와 관계없이 첫째가 될 것이다. 화재 현장에서 인명구조를 위해 맨 나중까지 자리를 지키는 사람이 첫째가 될 것이라고도 이해할 수 있다. 4. 두 번째 수난예고 후의 제자도에 관한 말씀은 세 번째 수난예고 후에도 계속된다. 섬기는 자에 관한 말씀 역시 계속(마20:28, 막10:45)된다.	
• 누가: 가장 작은 자	1.누가에서 예수의 말씀은 역설이다. 어린아이 영접을 말씀한 후 '너희 중에 가장 작은 그가 큰 자니라'고 한다(눅9:48). 2.누가의 평지수훈에서와 같은 어법, 논법이다. 비록 현실적으로, 세상적으로는 별 볼 일 없는 사람이라 하더라도 예수의 말씀을 받아들이어 새로운 가치관과 기준, 새로운 삶의 태도를 가질 때 가장 큰 자리라는 것이다. 3.어린아이들에 대한 예수의 감사 기도가 마태(11:25-26), 누가(10:21)에 있다. 예수께서는 '이것을 지혜롭고 슬기 있는 자들에게는 숨기시고 어린아이들에게는 나타내심을 감사하나이다'라고 한다. 여기서 이것은 예수의 권능이다. 즉 율법학자와 바리새파 사람들은 예수의 이적의 의미를 모른다. 그러나 어린아이 같은 사람 즉, 여기서는 어리석은 자, 단순한 자, 부족한 자들인데 그들은 예수의 능력을 믿고 복음을 받아들인다는 것이다. 4.누가는 여기에서 가장 작은 그가 큰 자라고 하는데 큰 자에 관한 이야기가 따로 있다. 누가에는 마지막 만찬 후에 누가 크냐 하는 다툼이 일어난다. 그 때 예수께서 큰 자와 다스리는 자는 섬기는 자이어야 하는데 나는 섬기는 자로 너희 중에 있다(눅22:26-27)고 한다. 그런데 섬기는 자 이야기는 마태, 마가의 세 번째 수난예고 후에 제자도로서 나온다.	

예수와 어린아이	1. 예수께서 한 어린아이를 세운다. 마태는 한 어린아이를 불러 그들 가운데 세우고 마가는 어린아이 하나를 데려다가 그들 가운데 세우며 누가는 어린아이 하나를 데려다가 자기 곁에 세운다. 마가, 누가는 아이를 데려오지만, 마태는 불렀다고 한다. 마가에서는 안았다고 하고 누가에서는 자기 곁에 세웠다고 한다. 2. 마태, 누가는 예수께서 어린아이를 세운 것이 누가 크냐에 대해 대답하기 위해서라는 느낌을 준다. 마가는 누가 크냐에 대해 예수께서 대답(9:35)을 하고 어린아이를 세운다(9:36). 3. 예수께서는 단지 비유의 실체로서 어린아이를 세운 것인가? 마가는 데려다가 세우고 안았다고 한다. 　그런데 공관복음 공히 사람들이 아이들을 데리고 오는 것을 제자들이 꾸짖는 것을 본 예수께서 노하시어(마가10:14) 내게 오는 것을 금하지 말라고 하는 기사가 있다. 마태는 천국이 이런 사람의 것이라(19:14)고 하고 마가와 누가는 하나님의 나라가 이런 자의 것이니라(막10:14, 눅18:16)고 한다. 　마태에서의 예수께서는 안수(마19:15)하고 마가에서의 예수께서는 어린아이들을 안고 그들 위에 안수하고 축복(막10:16)하였다고 한다. 예수께서는 실제로 어린아이를 사랑하였던 분이다. 4. 마태는 본문에서 '돌이켜 어린아이들과 같이 되지 아니하면 결단코 천국에 들어가지 못한다'고 한다(18:3). 그런데 마가, 누가에는 사람들이 아이들을 데리고 오는 것을 금하지 말라고 한 예수께서 '누구든지 어린아이와 같이 하나님 나라를 받들지 아니하는 자는 결단코 거기 들어가지 못하리라'(막10:15, 눅18:17)고 한다. 5. 어린이 영접, 예수 영접, 하나님 영접 이야기가 있다. 마태는 어린이 영접이 곧 예수 영접이라고 하는데 어린이와 예수가 예우상 동급이라고 한다. 마가, 누가는 어린아이 영접이 예수 영접이요 예수 영접이 나를 보내신 이를 영접이라고 한다. 여기서는 어린이, 예수, 하나님이 예우상 동급이다. 요한복음에는 내가 보낸 자를 영접하는 것이 나를 영접하는 것이요 나를 보내신 이를 영접하는 것(요13:20)이라고 한다. 여기서는 예수와 하나님이 동급이다. 6. 예수 당시 어린아이는 '종'과 다름이 없었다(갈4:1). 누가의 가장 작은 자와 같은 사람이라 하겠다. 예수의 가르침은 사회적 통념을 역전시킨다. 종이 되라는 말씀은 세 번째 수난예고 후에 한 제자도의 핵심이다.	• 노스틱 사상에서는 어린아이들을 진리의 제자로 본다. • 안디옥교회의 이그나티우스가 예수에게 안긴 어린아이였다는 전설이 있다. 이그나티우스의 이름은 데오소포로스 즉 '하나님이 안으시다'라는 뜻이 있기 때문이라고 한다. • 어린아이 '파이디온'은 부모에게는 자녀, 선생에게는 제자, 제자 중에는 입문자를 말한다. • 어린아이 하나를 영접하는 일의 하나가 고아를 잘 돌보는 일(야1:27)이다.
내 이름으로 영접하면	1. 공관복음 공히 내 이름으로 영접하는 것이 나를 영접하는 것이라고 예수께서 말씀한다. 마가에는 계속해서 '누구든지 너희가 그리스도에게 속한 자라 하여 물 한 그릇이라도 주면'이라는 기사(9:41)가 있다. 내 이름으로 영접하는 자는 그리스도에게 속한 자이고 영접하는 것은 물 한 그릇이라도 주는 것이라 하겠다. 2. '내 이름'이라는 말에서 이름과 나는 하나이다. 여기서는 '나를 대신하여'로 이해하면 될 것이다. 3. 너희 영접, 예수 영접, 하나님 영접(나를 보내신 이 영접) 이야기는 마태(10:40)에 있고 내가 보낸 자 영접, 예수 영접, 하나님 영접 (나를 보내신 이 영접) 이야기는 요한복음(13:20)에 있다. 4. 같은 형식의 말씀이 누가(10:16)에도 있다. 너희를 저버리는 자, 나를 저버리는 자, 나를 보내신 이를 저버리는 자라고 한다. 역시 같은 형식의 말씀이 요한복음(12:44-45)에 있다. 나를 믿는 자, 나를 보내신 이를 믿는 것이요 나를 보는 자, 나를 보내신 이를 보는 것이라고 한다.	

4. 심층연구: 수난예고와 제자도

구분		마태	마가	누가
첫 번째 수난예고	장소	• 빌립보 가이사랴 지방에서	• 빌립보 가이사랴 여러 마을로 가는 길에서	• 따로 기도하실 때에
	신앙 고백	• 너희는 나를 누구라 하느냐 ·주는 그리스도시요 살아 계신 하나님의 아들이시니이다 (16:16)	• 너희는 나를 누구라 하느냐 • 주는 그리스도시니이다(8:29)	• 너희는 나를 누구라 하느냐 • 하나님의 그리스도시니이다 (9:20)
	특징	베드로 축복 (내 교회를 세우리라, 천국 열쇠를 주겠다)		
	예고 후	베드로의 항변, 예수의 책망	베드로의 항변, 예수의 책망	
	제자도	• 자기를 부인하고	• 자기를 부인하고	• 자기를 부인하고
		• 자기 십자가를 지고	• 자기 십자가를 지고	• 자기 십자가를 지고
		• 나를 위하여 제 목숨을 잃으면 찾으리라(16:24-25)	• 나와 복음을 위하여 자기 목숨을 잃으면 구원하리라 (8:34-35)	• 나를 위하여 제 목숨을 잃으면 구원하리라(9:23-24)
두 번째 수난예고	장소	• 갈릴리에 모일 때에	• 갈릴리를 지날 때 • 가버나움에 이르러 집에 계실 때	(변화산에서 내려와서 귀신 들린 아이를 고치고 나서)
	예고 후 반응	• 제자들이 매우 근심하더라 (17:23)	• 그러나 제자들은 이 말씀을 깨닫지 못하고 묻기도 두려워하더라(9:32)	• 그들 이 말씀을 알지 못하니 이는 그 ... 깨닫지 못하게 숨긴 바 되었음이라 또 그들은 이 말씀을 묻기도 두려워하더라(9:45)
	사건 (누가 크냐)	• 천국에서는 누가 크니이까: 제자들의 질문	• 길에서 토론한 것이 무엇이냐 • 잠잠하다. 서로 누가 크냐 쟁론하다	• 제자 중 누가 크냐하는 변론이 일어나다 • 예수께서 그 마음을 아시다
	제자도	• 어린아이들과 같이 되지 아니하면 결단코 천국에 들어가지 못하리라	• 첫째가 되고자 하면 뭇 사람의 끝이 되며 뭇 사람을 섬기는 자가 되어야 하리라	
		• 이 어린아이같이 자기를 낮추는 사람이 천국에서 큰 자니라	• 내 이름으로 이런 어린아이 하나를 영접하면 곧 나를 영접함이요, 누구든지 나를 영접하면 나를 영접함이 아니요 나를 보내신 이를 영접함이니라(9:35-37)	• 내 이름으로 이런 어린아이를 영접하면 곧 나를 영접함이요, 나를 보내신 이를 영접함이라
		• 내 이름으로 이런 어린아이 하나를 영접하면 곧 나를 영접함이니(18:3-5)		• 너희 모든 사람 중에 가장 작은 그가 큰 자니라
세 번째 수난예고	때	예루살렘으로 올라가려 할 때에	예루살렘에 올라가는 길에	
	예고의 배경	보라 우리가 예루살렘에 올라가노니	보라 우리가 예루살렘에 올라가노니	보라 우리가 예루살렘에 올라가노니 선지자들을 통하여 기록된 모든 것이 인자에게 응하리라(18:31)

예고 후 반응			제자들이 이것들을 하나도 깨닫지 못하였으니 그 말씀이 감취었으므로 그들이 그 이르신 바를 알지 못하였더라 (18:34)
사건	• 세베대 아들의 어머니의 요구 • 두 아들을 주의 나라에서 하나는 주의 우편에, 하나는 주의 좌편에 앉게 명하소서 (20:20-21)	• 세베대의 아들 야고보와 요한의 요구 • 주의 영광중에서 우리를 하나는 주의 우편에 하나는 좌편에 앉게 하여 주옵소서 (10:35-37)	• 누가에서는 마지막 만찬 후, 제자들이 '누가 크냐 하는 다툼'(22:24)을 벌인다.
	• 내 잔을 마시라	• 내 잔을 마시며 내가 받는 세례를 받아라	
	• 아버지께서 예비하신 사람이 얻을 것이라 (20:23)	• 내 좌우편은 준비된 사람이 얻을 것이니라(10:39-40)	
제자도	• 크고자 하는 자는 섬기는 자가 되라	·크고자 하는 자는 섬기는 자가 되라	• 예수께서는 '다스리는 자는 섬기는 자와 같다'(22:26)고 하며 '나는 섬기는 자로 너희 중에 있노라'(22:27)고 한다.
	• 으뜸이 되고자 하는 자는 종이 되어야 하리라	• 으뜸이 되고자 하는 자는 종이 되어야 하리라	
	• 인자가 온 것은 섬김을 받으려 함이 아니라 도리어 섬기려 하고 자기 목숨을 많은 사람의 대속물로 주려 함이니라(20:28)	• 인자가 온 것은 섬김을 받으려 함이 아니라 도리어 섬기려 하고 자기 목숨을 많은 사람의 대속물로 주려 함이니라(10:45)	

제24절 ⊛ 공관복음 세 번째 수난예고

1. 본문비교

구분		마태(20:17-28)	마가(10:32-45)	누가(18:31-34)
수난예고 전 사건		부자 청년과 영생(19:16-30) 포도원 품꾼의 비유(20:1-16)	부자 청년과 영생(10:17-31)	부자 청년과 영생(18:18-30)
세 번째 수난예고	상황	20:17상 예수께서 예루살렘으로 올라가려 하실 때에	10:32 예루살렘으로 올라가는 길에 예수께서 그들 앞에 서서 가시는데 그들이 놀라고 따르는 자들은 두려워하더라	
		:17하 열두 제자를 따로 데리시고 길에서 이르시되	:32하 이에 다시 열두 제자를 데리시고 자기가 당할 일을 말씀하여 이르시되	18:31상 예수께서 열두 제자를 데리시고 이르시되
	예고	:18상 보라 우리가 예루살렘으로 올라가노니	:33상 보라 우리가 예루살렘에 올라가노니	:31하 보라 우리가 예루살렘으로 올라가노니 선지자들을 통하여 기록된 모든 것이 인자에게 응하리라
		:18하-19상 인자가 대제사장들과 서기관들에게 넘겨지매 그들이 죽이기로 결의하고 이방인들에게 넘겨 주어	:33하 인자가 대제사장들과 서기관들에게 넘겨지매 그들이 죽이기로 결의하고 이방인들에게 넘겨 주겠고	:32상 인자가 이방인들에게 넘겨져
		:19하 그를 조롱하며 채찍질하며 십자가에 못 박게 할 것이나 제삼일에 살아나리라	:34 그들은 능욕하며 침 뱉으며 채찍질하고 죽일 것이나 그는 삼일 만에 살아나리라 하시니라	:32하-33 희롱을 당하고 능욕을 당하고 침 뱉음을 당하겠으며 그들은 채찍질하고 그를 죽일 것이나 그는 삼일 만에 살아나리라 하시되
세베대의 아들들	예수께 구하다	:20 그 때에 세베대의 아들의 어머니가 그 아들들을 데리고 예수께 와서 절하며 무엇을 구하니	:35 세베대의 아들 야고보와 요한이 주께 나아와 여짜오되 선생님이여 무엇이든지 우리가 구하는 바를 우리에게 하여 주시기를 원하옵나이다	
	무엇을 원하느냐	:21 예수께서 이르시되 무엇을 원하느냐 이르되 나의 이 두 아들을 주의 나라에서 하나는 주의 우편에, 하나는 주의 좌편에 앉게 명하소서	:36-37 이르시되 너희에게 무엇을 하여 주기를 원하느냐 여짜오되 주의 영광중에서 우리를 하나는 주의 우편에, 하나는 좌편에 앉게 하여 주옵소서	
	너희가 할 수 있느냐	:22 예수께서 대답하여 이르시되 너희는 너희가 구하는 것을 알지 못하는도다 내가 마시려는 잔을 너희가 마실 수 있느냐 그들이 말하되 할 수 있나이다	:38-39상 예수께서 이르시되 너희는 너희가 구하는 것을 알지 못하는도다 내가 마시는 잔을 너희가 마실 수 있으며 내가 받는 세례를 너희가 받을 수 있느냐 그들이 말하되 할 수 있나이다	

	예비된 자가 얻으리라	:23 이르시되 너희가 과연 내 잔을 마시려니와 내 좌우편에 앉는 것은 내가 주는 것이 아니라 내 아버지께서 누구를 위하여 예비하셨든지 그들이 얻을 것이니	:39하-40 예수께서 이르시되 너희는 내가 마시는 잔을 마시며 내가 받는 세례를 받으려니와 내 좌우편에 앉는 것은 내가 줄 것이 아니라 누구를 위하여 준비되었든지 그들이 얻을 것이니라	
	제자들 반응	:24 열 제자가 듣고 그 두 형제에 대하여 분히 여기거늘	:41 열 제자가 듣고 야고보와 요한에 대하여 화를 내거늘	
	너희가 알거니와	:25 예수께서 제자들을 불러다가 이르시되 이방인의 집권자들이 그들을 임의로 주관하고 그 고관들이 그들에게 권세를 부리는 줄을 너희가 알거니와	:42 예수께서 불러다가 이르시되 이방인의 집권자들이 그들을 임의로 주관하고 그 고관들이 그들에게 권세를 부리는 줄을 너희가 알거니와	
	크고자 하는 자	:26-27 너희 중에는 그렇지 않아야 하나니 너희 중에 누구든지 크고자 하는 자는 너희를 섬기는 자가 되고 너희 중에 누구든지 으뜸이 되고자 하는 자는 너희의 종이 되어야 하리라	:43-44 너희 중에는 그렇지 않을지니 너희 중에 누구든지 크고자 하는 자는 너희를 섬기는 자가 되고 너희 중에 누구든지 으뜸이 되고자 하는 자는 모든 사람의 종이 되어야 하리라	
	수난의 의미	:28 인자가 온 것은 섬김을 받으려 함이 아니라 도리어 섬기려 하고 자기 목숨을 많은 사람의 대속물로 주려 함이니라	:45 인자가 온 것은 섬김을 받으려 함이 아니라 도리어 섬기려 하고 자기 목숨을 많은 사람의 대속물로 주려 함이니라	

2. 본문의 차이

구분		마태	마가	누가
세 번 째 수 난 예 고	상황	예루살렘으로 올라가려 하실 때에	예루살렘으로 올라가는 길에 예수께서 그들 앞에 서서 가시는데 그들이 놀라고 따르는 자들은 두려워 하니라	
	누구에게	열두 제자를 따로 데리시고 길에서	열두 제자를 따로 데리시고	열두 제자를 따로 데리시고
	수난 내용	예루살렘으로 간다	예루살렘으로 간다	예루살렘으로 간다 선지자들을 통하여 기록된 것이 응하리라
		• 인자가 대제사장들과 서기관들에게 넘겨진다 • 그들이 죽이기로 결의하고 이방인들에게 넘겨주어	• 인자가 대제사장들과 서기관들에게 넘겨진다. • 그들이 죽이기로 결의하고 이방인들에게 넘겨주겠다	• 인자가 이방인들에게 넘겨진다
		• 그를 조롱하며		• 희롱을 당하고 • 능욕을 당하고 침 뱉음을 당하겠으며

		• 채찍질하며 십자가에 못박힐 것이다 • 제삼일에 살아나리라	• 그들은 능욕하며 침뱉으며 • 채찍질하고 죽일 것이나 • 그는 삼 일만에 살아나리라	• 그들은 채찍질하고 그를 죽일 것이나 • 그는 삼 일만에 살아나리라
	반응			제자들이 하나도 깨닫지 못하니 그 말씀이 감취었으므로 그 이르신 바를 알지 못하였더라
세베대의 아들들	누가	세베대의 아들의 어머니와 두 아들들	세베대의 아들 야고보와 요한	
	무엇을 원하느냐	두 아들을 주의 나라에서 하나는 주의 우편에, 하나는 좌편에 앉게 명하소서	주의 영광중에서 우리 중 하나는 주의 우편에 하나는 좌편에 앉게 하여 주소서	
	예수의 다짐	너희는 너희가 구하는 것을 알지 못한다 내가 마시는 잔을 마실 수 있느냐	너희는 너희가 구하는 것을 알지 못한다 내가 마시는 잔을 마실 수 있느냐 내가 받는 세례를 받을 수 있느냐	
		할 수 있나이다	할 수 있나이다	
	예수의 대답	내 좌우편에 앉는 것은 내 아버지께서 예비한 자가 얻는다	내 좌우편에 앉는 것은 내가 주는 것이 아니라 준비된 자가 얻는다	
	제자들 반응	두 형제에 대하여 분히 여기다	야고보와 요한에 대하여 화를 내다	
	너희는	이방인의 집권자와 고관들과 달라야 한다	이방인의 집권자와 고관들과 달라야 한다	
	크고자 하는 자	크고자 하는 자는 섬기는 자가 되라 으뜸이 되고자 하는 자는 너희의 종이 되어야 한다	크고자 하는 자는 섬기는 자가 되라 으뜸이 되고자 하는 자는 모든 사람의 종이 되어야 한다	

3. 본문이해

구분	내용	비고
세 번째 수난예고 • 예루살렘으로 올라가다	1. 말씀하는 상황이 두 번째 수난예고의 형태와 비슷하다. 마태, 마가에서 두 번째는 갈릴리이고 세 번째는 예수께서 예루살렘으로 올라갈 때가 배경이다. 마태, 마가의 배경이 유사하고 누가는 독자적이다. 누가에는 세 번째에도 두 번째와 마찬가지로 지역에 대한 언급이 없다. 2. 마태, 마가, 누가 모두 열두 제자에게만 말씀한다. 그런데 마태, 마가는 길에서 말씀한다. 마가는 첫 번째와 두 번째 수난예고 시에도 길에서 가르쳤다고 한다. 첫 번째는 빌립보 가이사랴로 여러 마을로 갈 때이었고 두 번째는 갈릴리 가운데로 지나갈 때였다. 3. 마가는 예수께서 예루살렘으로 올라가는 길에 '앞장서서' 갔다고 한다. 두렵기는 하겠지만 용기와 사명감으로 앞장섰을 것이다. 그래서 제자들이 놀라고 따르는 자들이 놀랐다고 한다. 당시 유대인들은 갈릴리를 멸시하고 조롱	

	하였다. 예수 당시 이방의 갈릴리(마4:15, 사9:1)로 불렀는데 이방지역과 인접하여 혼혈도 많았고 방언도 많았으며 반란이 일어나기도 하였다(행5:37). 그러나 갈릴리는 예수께서 두루 다니고 가르치며 전파하며 병든 자들을 고친 곳(마4:23)이고 예수의 소문이 두루 퍼져있는 곳이며(눅4:24) 혼인 잔치에서 물을 포도주(요2:11)로 변하게 한 곳이다.	• 요한복음에는 밤에 예수를 찾아 왔던 니고데모가 예수를 변호하는 장면이 있다. 그런데 그들이 니고데모에게 말한다.
	4. 예루살렘은 갈릴리와 대비되는 곳이라 하겠다. 누가에 의하면 예루살렘은 예수께서 죽으러 가는 곳(13:33)이고 예수께 승천하실 기약이 차서 가는 곳(9:51)이다. 한마디로 예수에게 적대적인 곳이고 수난과 죽음이 기다리고 있는 곳인데 예수께서 앞장서서 갔다고 한다.	요7:52 그들이 대답하여 이르되 너도 갈릴리에서 왔느냐 찾아보라 갈릴리에서는 선지자가 나지 못하느니라 하였더라
	5. 공관복음에서 예수께서는 제자들에게 '보라 우리가 예루살렘에 올라간다'고 선언한다. 세 번째 수난예고 기사에서 마태, 마가는 예루살렘을 반복해서 말하고 있다(마20:17,18-19, 막10:33-34). 누가는 예루살렘에 올라가는 것이 '선지자들을 통하여 기록된 모든 것이 인자에게 응하리라'(18:31)고 한다. 마태는 이미 첫 번째 수난예고에서 예루살렘을 언급(16:21)한 바 있다.	
• 수난의 예	1. 세 번째 수난예고에서 마태, 마가는 예수께서 두 번 넘겨진다고 하고 누가에서는 이방인에 한 번 넘겨진다고 한다. 마태, 마가에서 예수께서는 유대 종교지도자들인 대제사장들과 서기관에게 넘겨진 후 다시 이방인에게 넘겨진다고 한다. 유대 종교지도자들은 실제로 예수를 죽이기로 한 후 빌라도에게 넘긴다.	<예수의 수난>
	2. 세 번째 수난예고에서 예수께서 자신이 겪을 수난을 구체적으로 말씀하고 있다.	• 채찍질하고 십자가에 못 박히게 넘겨주니라(마27:26, 막15:15)
	(1) 조롱하며(마태)	• 옷을 벗기고(마27:28)
	(2) 희롱을 당하고(누가)	• 그 앞에 무릎 꿇고 희롱하며(마27:29)
	(3) 능욕하며(막) 능욕을 당하고(누가)	• 가시관을 씌우고(마27:29,막15:17, 요19:2)
	(4) 침 뱉으며(마가), 침 뱉음을 당하며(누가)	
	(5) 채찍질하며(마태, 마가, 누가)	• 침을 뱉고 머리를 치더니(마27:30, 막15:19)
	(6) 십자가에 못 박게 할 것이다(마태), 죽일 것이나(마가, 누가)	• 희롱을 다한 후(마27:31, 막15:20)
	3. 예수의 수난의 내용에 대해 누가가 가장 자세히 설명하고 있다. 그러나 예수께서 실제로 수난을 당하는 기사는 가장 짧다. 반대로 세 번째 수난의 내용이 가장 짧은 기사는 마태나 실제로 예수께서 겪은 수난에 대해서는 가장 자세하게 기록하고 있다. 예수의 십자가에서의 죽음예고는 마태에만 나온다(마20:19).	• 업신여기고 희롱하고(눅23:11)
	4. 제자들의 반응에 대해서는 누가만이 소개하고 있다. 두 번째 수난예고 때와 동일한 내용이다. '제자들이 하나도 깨닫지 못하니' 그 말씀이 감취었으므로 그 이르신 바를 알지 못하였다(눅18:34)는 것이다. 제자들은 예수의 운명을 알지 못한다.	
세베대의 두 아들들 ① 무엇을 원하느냐	1. 세베대의 아들들에 관한 기사는 마태, 마가에만 있다. 그러나 누가에는 세베대의 아들들이 아닌 제자들이 유월절 만찬 후에 누가 크냐하는 다툼을 벌이는 기사가 있다(눅22:24-30).	• 세베대의 아들들에게는 보아너게 곧 우뢰의 아들(Son of thunder)이라는 별명(막3:17)이 있다. 예수께서 사마리아를 통과하지 못하게 되자 세베대의 아들들은 '불을 명하여 하늘로부터 내려 저들을 멸하라'고 한다
	2. 마태에는 세베대의 아들의 어머니가 아들들과 함께 예수께 청을 하는데 마가에서는 세베대의 두 아들 야고보와 요한이 예수께 직접 부탁을 한다. 마태는 주의 나라에서 마가는 주의 영광중에 우리를 하나는 우편에, 하나는 좌편에 앉게 하여 달라고 한다.	
	3. 마태, 마가, 누가의 공통기사인 부자 청년과 영생의 이야기 끝에는 베드로가 예수께 '보소서 우리가 모든 것을 버리고 주를 따랐사온대 그런즉 우리가 무엇을 얻으리이까'(마19:27, 막10:28, 눅18:28)라고 한다. 그런데 마태에서만이	

	예수께서는 '인자가 자기 영광의 보좌에 앉을 때에 나를 따르는 너희도 열두 보좌에 앉아 이스라엘 열두 지파를 심판하리라'(19:28)고 한다. 이어지는 보상의 내용은 마태, 마가, 누가의 공통기사이다. 즉 '내 이름을 위하여 집이나 형제나 자매나 어머니나 아버지나 자식이나 전토를 버린 자'는 백 배나 받고 (막10:29-30) 영생을 상속하리라(마19:29, 눅18:30)고 한다.	(눅9:52-56). 그러나 예수께서 꾸짖는다.	
	4. 마가, 누가는 부자 청년과 영생의 이야기 뒤에 바로 세 번째 수난예고가 있다. 예수의 제자들이 장차 받을 보상에 들떠 있을 것임에 틀림없다. 특별히 마태에서 예수께서는 열두 지파를 심판하는 자리를 말씀하지 아니하였는가. 세베대의 아들 야고보와 요한의 어머니가 빨리 먼저 예수께 말씀한 뿐일 것이리라.	• 솔로몬의 어머니 밧세바는 다윗왕에게 왕위를 솔로몬이 이어받을 수 있도록 간청하다 (왕상1:17, 20).	
	5. 누가는 마지막 만찬을 한 후 제자들이 누가 크냐 하는 다툼을 하였다고 한다(22:24). 그 때 예수께서는 '너희는 나의 모든 시험 중에 항상 함께한 자들인즉 내 아버지께서 나라를 내게 맡기신 같이 나도 너희에게 맡겨 너희로 내 나라에 있어 내 상에서 먹고 마시며 또 보좌에 앉아 이스라엘 열두 지파를 다스리게 하리라'(22:28-30)고 한다.	• 백 배의 보상에 대해서는 삼하24:3, 대상 21:3 참조	
	6. 누가(19:11)에는 므나의 비유 앞에 '그들은 하나님의 나라가 당장에 나타날 줄로 생각함이더라'고 한다. 제자들은 마음속으로 왕으로서의 예수를 상상하고 있었을 수 있다.	대상21:3상 요압이 아뢰되 여호와께서 그 백성을 지금보다 백 배나 더하시기를 원하나이다	
	7. 예수의 세번 째 수난예고에 대한 제자들의 반응은 없고 장차 받을 보상에만 관심이 있다.		
② 너희는 할 수 있느냐	1. 예수께서는 너희는 너희가 구하는 것을 알지 못한다(마20:22, 막10:38)고 한다. 마태에서는 '내가 마시는 잔을 너희가 마실 수 있느냐'고 하지만 마가에서는 잔뿐 아니라 '내가 받는 세례를 너희가 받을 수 있느냐'고 한다. 여기에서 잔이나 세례는 모두 예수께서 받게 될 수난을 상징하며 예수의 고난과 죽음에 대한 은유인 것이다. 한마디로 고난의 잔과 재난의 세례를 말씀하고 있다.	<내가 마시는 잔> 요18:11 예수께서 베드로에게 이르시되 칼을 칼집에 꽂으라 아버지께서 주시는 잔을 내가 마시지 아니하겠느냐	
	2. 마태에서 '할 수 있나이다'라고 대답한 것은 그들(20:22)이다. 어머니가 예수께 부탁을 하지만 대답은 아들들이 한다. 마태, 마가에서 예수께서는 너희는 그렇게 될 것이라고 한다(마20:23, 막10:39-40). 그런데 야고보는 실제로 예수께서 마시는 잔을 마신다. AD44년 경 순교한 것이다(행12:1-2).		
	3. 요한복음은 예수께서 잡히기 전 베드로가 칼을 빼어 대제사장의 종 말고의 오른쪽 귀를 베어 버리는 일이 있었다고 한다. 그 때 예수께서는 베드로에게 칼을 칼집에 넣으라고 하며 '아버지께서 주신 잔을 내가 마시지 아니하겠느냐'(18:11)고 한다.	<내가 받는 세례> 눅12:49-51 내가 불을 땅에 던지러 왔노니 이 불이 이미 붙었으면 내가 무엇을 원하리요 나는 받을 세례가 있으니 그것이 이루어지기까지 나의 답답함이 어떠하겠느냐	
	4. 누가에서의 예수께서는 나는 받을 세례가 있다고 하며 '그것이 이루어지기까지 나의 답답함이 어떠하겠느냐'(12:49-51)고 한다.		
	5. 그렇지만 예수께서는 내 좌우편에 앉는 것에 대해 마태는 보다 정확하게 내 아버지께서 그 자리를 주는데 예비된 사람들, 그들이 얻을 것이라(마20:23)고 한다, 마가에서의 예수께서는 내가 주는 것이 아니라고 하며 그 자리는 준비된 사람들의 것이라고 한다(막10:40).		
③ 제자들의 반응	1. 마태는 두 제자에 대하여 다른 제자들이 분히 여겼다고 한다. 마가는 야고보와 요한에 대하여 다른 제자들이 화를 내었다고 한다.		
	2. 그러면 다른 제자들은 예수의 말씀을 알아듣고, 예수의 고난과 죽음을 이해하고 야고보와 요한에게 화를 내고 분히 여겼던 것일까. 다른 제자들은 야고보와 요한이 먼저 높은 자리를 선점하려는 데에 화가 나고 분히 여겼을 것이다.		
④ 크고자 하는 자	1. 예수께서는 세상에서 큰 자에 대해 말씀을 꺼내며 너희도 잘 알지 않느냐고 한다. 먼저 이방인의 집권자들은 그들을 임의로 주관한다고 한다. 임의로		

	주관하다의 새번역은 '마구 내리누르고' 공동번역은 '강제로 지배하고'라고 한다. 당시 로마 통치자들의 강압적, 전횡적 지배를 말하고 있다. 2. 두 번째는 고관이다. 그런데 그들은 권세를 부린다고 한다. 즉 '세도를 부리고'(새번역), '권력으로 내리누른다'(공동번역)는 것이다. 이 두 그룹은 폭정으로 군림하는 자들이라 하겠다. 3. 예수께서는 너희는 그렇지 않아야 한다(마20:26, 막10:43)고 전제를 한다. 세상 지배계급과는 달라야 한다는 것이다. 그리고 크고자 하는 사람은 섬기는 자(디아코노스) 즉 종이 되어야 한다고 하며 또한 으뜸이 되고자 하는 자는 모든 사람의 종(둘로스) 즉 노예가 되어야 한다고 하다. 역설적인 말씀이다. 통치자, 권력자가 종이나 노예가 되어야 한다는 것이다.	
도리어 섬기려 왔다 대속물로 주려 함이라	1. 예수께서는 이미 두 번째 수난예고 후에도 제자도에 대해 말씀하였다. 마태는 자기를 낮추는 사람, 마가는 뭇 사람의 종이 되어 뭇 사람을 섬기는 자, 누가는 가장 작은 자에 대해 말씀하였다. 세 번째 수난예고 후 세베대의 아들들을 통해서 준 제자도는 섬기는 자와 종이 되라는 것이다. 2. 예수의 고난과 죽음의 의미는 한마디로 섬기기 위해서라고 한다(마20:28, 막10:45). 이 세상을 섬기기 위해 고난을 받고 죽겠다는 것이다. 섬기는 모습 즉 이사야의 고난 받는 종의 모습은 고난으로 죽음으로 섬기는 것이라 하겠다. 3. 누가에서 예수께서는 무익한 종에 대해 말씀한다. 노예는 주인이 명한 것을 다한 후에 자신은 무익하며 해야 할 일을 한 것뿐이라고 한다는 것이다(17:10). 예수께서는 섬기는 일이 자신의 일이라고 한다. 4. 요한복음에서는 예수께서 식사자리에 일어나서 제자들의 발을 씻기고(요13:1-20) 너희도 서로 발을 씻어 주는 것이 옳으니라(13:14)고 한다. 섬김을 몸소 본보이고 제자들에게도 요구한 것이다. 5. '대속물'이 자신의 목표라는 것이다. 대속물은 노예나 전쟁포로를 자유롭게 하기 위해 지불하는 값이다. 레위기(25:51-52)에는 몸이 팔린 사람을 속량하는 값이라고 한다. 출애굽기(30:12)에는 하나님께 드려야 하는 '생명의 속전'을 의미한다. 예수께서는 자신을 많은 사람을 위한 대속물로 여기고 있다. 6. 예수께서는 수난예고를 통해서 자신의 삶을 희생하면서까지 하나님과 화해하고 참 생명을 찾게 하는 것임을 분명히 하고 있다.	사53:10 여호와께서 그에게 상함을 받게 하시기를 원하사 질고를 당하게 하셨은즉 그의 영혼을 속건제물로 드리기에 이르면 그가 씨를 보게 되며 그의 날은 길 것이요 또 그의 손으로 여호와께서 기뻐하시는 뜻을 성취하리로다 딤전2:6 그가 모든 사람을 위하여 자기를 대속물로 주셨으니 기약이 이르러 주신 증거니라

4. 심층연구

4.1 유월절 만찬 후 누가 크냐 다투다 (누가)

구분	본문(눅 22:24-30)	비고
유월절 만찬 후	22:24 또 그들 사이에 그중 누가 크냐 하는 다툼이 난지라	누가에는 세베대의 아들들 이야기가 없고 유월절 만찬 후 누가 크냐고 다투는 이야기가 있다.
너희는 알거니와	:25 예수께서 이르시되 이방인의 임금들은 그들을 주관하며 그 집권자들은 은인이라 칭함을 받으나	마태, 마가에 있는 세베대의 아들들 이야기에서 예수께서 제자들을 불러 모으고 당시 시대에 대해서 '너희가 알거니와'라고 한 말씀과 거의 같다.
인자는 섬기려 왔다	:26-27 너희는 그렇지 않을지니 너희 중에 큰 자는 젊은 자와 같고 다스리는 자는 섬기는 자와 같을지니라 앉아서 먹는 자가 크냐 섬기는 자가 크냐 앉아서 먹는 자가 아니냐 그러나 나는 섬기는 자로 너희 중에 있노라	'너희는 그렇지 않을지니' 역시 세베대의 아들들 이야기에서 제자도에 대한 말씀 앞에 놓여있다. 세 번째 수난예고 후 세베대의 아들들 이야기의 결론은 수난의 의미로서 예수께서 인자는 섬기려 왔고 많은 사람의 대속물로 주려 한다고 하다.

시험 중에 함께 한 자들	:28-30 너희는 나의 모든 시험 중에 항상 나와 함께 한 자들인 즉 내 아버지께서 나라를 내게 맡기신 것같이 나도 너희에게 맡겨 너희로 내 나라에 있어 내 상에서 먹고 마시며 또는 보좌에 앉아 이스라엘 열두 지파를 다스리게 하려 하노라	부자 청년과 영생 이야기와 베드로가 예수께 모든 것을 버리고 주를 따랐다고 하는 기사(마19:27, 막10:28, 눅18:28)는 공통기사이다. 그런데 마태에서는 열두 보좌에 앉아 열두 지파를 심판(19:28) 한다고 하고 누가에서는 열두 지파를 다스린다고 한다.

4.2 너희 중에 큰 자 (마태)

구분	본문 (마23:8-12)	비고
너희는 형제다	23:8 그러나 너희는 랍비라 칭함을 받지 말라 너희 선생은 하나요 너희는 다 형제니라	• 예수께서 제자들에게 서기관과 바리새인을 본받지 말라고 이르신 말씀이다. 예수께서 너희는 모두 형제이고 예수만이 선생이시며 그리고 너희의 아버지는 하늘에 계신다고 하다.
아버지는 하늘에 계시다	:9 땅에 있는 자를 아버지라 하지 말라 너희의 아버지는 한 분이시니 곧 하늘에 계신 이시니라	
너희 지도자는 그리스도	:10 또한 지도자라 칭함을 받지 말라 너희의 지도자는 한 분이시니 곧 그리스도시니라	• 여기서 지도자 카데레테스는 학문적 지도자를 의미함으로 교사나 스승같은 이는 예수뿐이라는 것이다.
큰 자는 너희를 섬기는 자다	:11-12 너희 중에 큰 자는 너희를 섬기는 자가 되어야 하리라 누구든지 자기를 높이는 자는 낮아지고 누구든지 자기를 낮추는 자는 높아지리라	• 세 번째 수난예고 후 세베대의 아들들 이야기에서 제자도로서 한 말씀 즉 크고자 하는 자는 섬기는 자가 되어야 한다는 말씀이 반복된다. • 두 번째 수난예고 후 예수께서 어린아이를 세우고 한 말씀 즉 자기를 낮추는 자(18:4)에 대한 말씀이 반복되고 있다.

4.3 자기를 낮추는 자 (누가)

구분	본문(눅14:10-11, 18:14)	비고
끝자리에 앉으라	14:10 청함을 받았을 때에 차라리 가서 끝자리에 앉으라 그러면 너를 청한 자가 와서 너더러 벗이여 올라앉으라 하리니 그때에야 함께 앉은 모든 사람 앞에서 영광이 있으리라 :11 무릇 자기를 높이는 자는 낮아지고 자기를 낮추는 자는 높아지리라	• 청함을 받은 경우의 처신에 대해 그리고 비천한 자를 청하라는 예수의 말씀(눅14:7-14)이 있다. 높은 자리에 앉았다가 자리를 내주는 수모를 겪지 않도록 차라리 끝자리에 앉으라는 것이다. • 마태 23:12와 같은 말씀을 한다.
자기를 낮추는 자는 높아지리라	18:14 내가 너희에게 이르노니 이에 저 바리새인이 아니고 이 사람이 의롭다 하심을 받고 그의 집으로 내려갔느니라 무릇 자기를 높이는 자는 낮아지고 자기를 낮추는 자는 높아지리라 하시니라	• 예수께서 바리새인과 세리의 기도를 비교한다. 바리새인은 금식, 십일조 등 자신의 의로운 행위를 말하지만 세리는 감히 하늘을 쳐다보지도 못하고 나는 죄인이로소이다라고 기도한다. 여기서 세리는 자기를 낮추는 자이다.

4.4 누가 크냐(공관복음서)

구분	마태	마가	누가
두 번째 수난예고 후	천국에서 큰 자(예수에게 한 질문)	누가 크냐(제자들 쟁론)	누가 크냐(제자들 다툼)

	어린아이와 같이 자기를 낮추는 사람(18:4)	첫째가 되고자 하면 뭇 사람의 끝이 되며 뭇 사람을 섬기는 자가 되어야 하리라(9:35)	너희 모든 사람 중에 가장 작은 그가 큰 자니라(9:48)
세 번째 수난예고 후	세배대 아들의 어머니의 요구 • 크고자 하는 자는 섬기는 자가 되라 • 으뜸이 되고자 하는 자는 종이 되어야 하리라 • 인자가 온 것은 오히려 섬기려 하고 자기 목숨을 많은 사람의 대속물로 주려 함이라(20:26-28)	세베대 아들 야고보와 요한의 요구 • 크고자 하는 자는 섬기는 자가 되라 • 으뜸이 되고자 하는 자는 종이 되어야 하리라 • 인자가 온 것은 오히려 섬기려 하고 자기 목숨을 많은 사람의 대속물로 주려 함이라(10:43-45)	
유월절 만찬 후			누가 크냐(제자들 다툼)
			나는 섬기는 자로 너희 중에 있노라(22:27)
서기관과 바리새인에 대한 경고	너희 중의 큰 자(23:11)		
	너희 중의 큰 자는 너희를 섬기는 자가 되어야 하리라		
	자기를 낮추는 자(23:12)		
	누구든지 자기를 높이는 자는 낮아지고 누구든지 자기를 낮추는 자는 높아지리라		
청함을 받았을 때 끝자리에 앉아라			자기를 낮추는 자(14:10-11)
			무릇 자기 목숨을 보존하고자 하는 자는 잃을 것이요 잃는 자는 살리라(17:33)
세리의 기도			자기를 낮추는 자
			무릇 자기를 낮추는 자는 높아지리라(18:14)

5.집중탐구: 수난예고 관련 기사들

구분	내용	비고
마태	• 마태는 외식하는 서기관들과 바리새인들에 대한 일곱 가지의 화 기사에 이어 예언자들에게 있을 박해를 언급하면서 자신의 고난과 죽음을 반영시킨다. 23:34 그러므로 내가 너희에게 선지자들과 지혜 있는 자들과 서기관들을 보내매 너희가 그 중에서 더러는 죽이거나 십자가에 못 박고 그 중에서 더러는 너희 회당에서 채찍질하고 이 동네에서 저 동네로 따라다니며 박해하리라	• 제자들의 죽음예고
	• 소위 마태의 네 번째 수난예고가 있다. 예수를 죽이려는 모의는 마태, 마가, 누가 공통이나 마태에서만이 예수께서 인자가 십자가에 못 박히기 위하여 팔리리라고 마지막 수난예고를 다시 한다.	• 네 번째 수난예고

	26:1-2 예수께서 이 말씀을 다 마치고 제자들에게 이르시되 너희가 아는 바와 같이 이틀이 지나면 유월절이라 인자가 십자가에 못 박히기 위하여 팔리리라 하시더라	
마가	• 유대 지도자를 책망하는 비유로서 악한 종들에게 죽임을 당한 포도원 주인 아들의 이야기가 있다(마21:33-46, 막12:1-12, 눅20:9-19). 여기서 악한 종들은 유대 지도자, 아들은 예수를 상징한다. 12:7-8 그 농부들이 서로 말하되 이는 상속자니 자, 죽이자 그러면 그 유산이 우리 것이 되리라 하고 이에 잡아 죽여 포도원 밖에 내던졌느니라	• 예수 자신의 죽음 비유
누가	• 산에서 예수께서 변형된 기사는 마태, 마가, 누가 공통이다. 마태, 마가에서의 예수께서는 인자가 죽은 자 가운데서 살아나기 전에는 본 것을 아무에게도 말하지 말라고 한다. 그러나 누가의 예수께서는 모세, 엘리야와 함께 예루살렘에서 별세할 것을 말했다(9:31)고 하고 이어서 예수의 승천예고기사(9:51)가 있다. 9:29-31 기도하실 때에 용모가 변화되고 그 옷이 희어져 광채가 나더라 문득 두 사람이 예수와 함께 말하니 이는 모세와 엘리야라 영광중에 나타나서 장차 예수께서 예루살렘에서 별세하실 것을 말할 새 9:51 예수께서 승천하실 기약이 차가매 예루살렘을 향하여 올라가기로 굳게 결심하시고	• 별세와 승천의 예고
	• 예수의 고난은 자신이 가야 할 길이고 예루살렘에서 일어나는 일이다. 13:33 그러나 오늘과 내일과 모레는 내가 갈 길을 가야 하리니 선지자가 예루살렘 밖에서는 죽는 법이 없느니라 • 소위 누가의 네 번째 수난예고(17:25, 순서로는 세 번째)가 있는데 두 번째 수난예고와 비슷하다. 그 두 번째 수난예고에서는 인자가 장차 사람들의 손에 넘겨진다고 하지만 여기서는 인자의 날을 언급하면서 많은 고난을 받고 이 세대에게 버린 바 된다고 한다. 또한 두 번째 수난예고에서처럼 예수의 죽음이나 부활 이야기 역시 없다. 17:25 그러나 그가 먼저 많은 고난을 받으며 이 세대에게 버린 바 되어야 할지라	• 예루살렘에서의 죽음예고 • 네 번째 수난예고
요한복음	• 예수께서 나사로를 살린 이후 유대 지도자들은 많은 사람이 예수를 따르는 것을 로마인들이 반란으로 볼 것을 두려워하여 예수를 제거하기로 한다. 11:49-50 그 중의 한 사람 그 해의 대제사장인 가야바가 그들에게 말하되 너희가 아무것도 알지 못하는도다 한 사람이 백성을 위하여 죽어서 온 민족이 망하지 않게 되는 것이 너희에게 유익한 줄을 생각하지 아니하는도다 하였으니 • 요한복음에서의 성전정화에서 예수께서는 '너희가 이 성전을 헐라 내가 사흘 동안에 일으키리라'고 말씀하는데 제자들은 예수께서 다시 살아난 후에야 이 말씀이 부활 예언이었다는 것을 알게 되었다고 한다. • 예수께서는 자신이 반드시 죽어야 많은 열매를 맺게 된다는 것을 말씀함으로 수난예고를 한다. 12:23-25 예수께서 대답하여 이르시되 인자가 영광을 얻을 때가 왔도다 내가 진실로 진실로 너희에게 이르노니 한 알의 밀이 땅에 떨어져 죽지 아니하면 한 알 그대로 있고 죽으면 많은 열매를 맺느니라 자기의 생명을 사랑하는 자는 잃어버릴 것이요 이 세상에서 자기의 생명을 미워하는 자는 영생하도록 보전하리라	• 예수 제거의 명분

제25절 ✣ 요한복음의 수난예고

1. 본문

구분		내용 (요12:19-37)	비고
당시상황	세상이 따르다	12:19 바리새인들이 서로 말하되 볼지어다 너희 하는 일이 쓸 데 없다 보라 온 세상이 그를 따르는도다 하니라	나사로가 살아난 후 (11:1-45)
	헬라인의 등장	:20-22 명절에 예배하러 올라온 사람 중에 헬라인 몇이 있는데 그들이 갈릴리 벳새다 사람 빌립에게 가서 청하여 이르되 선생이여 우리가 예수를 뵙고자 하나이다 하니 빌립이 안드레에게 가서 말하고 안드레와 빌립이 예수께 가서 여쭈니	
	인자가	:23 예수께서 대답하여 이르시되 인자가 영광을 얻을 때가 왔도다	변형되었을 때 보인 영광(눅8:32)
예수의 대답	한알의 밀	:24 내가 진실로 진실로 너희에게 이르노니 한 알의 밀이 땅에 떨어져 죽지 아니하면 한 알 그대로 있고 죽으면 많은 열매를 맺느니라	공관복음의 비유와 다르다.
	자기 생명을	:25 자기의 생명을 사랑하는 자는 잃어버릴 것이요 이 세상에서 자기의 생명을 미워하는 자는 영생하도록 보전하리라	누구든지 자기 목숨을 구원하고자 하면 잃는다와 연결된다.
	나를 따르는 자	:26 사람이 나를 섬기려면 나를 따르라 나 있는 곳에 나를 섬기는 자도 거기 있으리니 사람이 나를 섬기면 내 아버지께서 그를 귀히 여기시리라	겟세마네 동산에서 예수의 기도와 같은 기도이다.
예수의 기도	예수의 기도	:27 지금 내 마음이 괴로우니 무슨 말을 하리요 아버지여 나를 구원하여 이 때를 면하게 하여 주옵소서 그러나 내가 이를 위하여 이 때에 왔나이다	
	하나님의 음성	:28-30 아버지여, 아버지의 이름을 영광스럽게 하옵소서 하시니 이에 하늘에서 소리가 나서 이르되 내가 이미 영광스럽게 하였고 또다시 영광스럽게 하리라 하시니 곁에 서서 들은 무리는 천둥이 울었다고도 하며 또 어떤 이들은 천사가 그에게 말하였다고도 하니 예수께서 대답하여 이르시되 이 소리가 난 것은 나를 위한 것이 아니요 너희를 위한 것이니라	공관복음에서 예수께서는 산에서 변형되었을 때 구름 속에서 소리가 난다.
수난예고	심판	:31 이제 이 세상에 대한 심판이 이르렀으니 이 세상의 임금이 쫓겨나리라	십자가에 달리신 모습
	땅에서 들리면	:32-33 내가 땅에서 들리면 모든 사람을 내게로 이끌겠노라 하시니 이렇게 말씀하심은 자기가 어떠한 죽음으로 죽을 것을 보이심이러라	
	인자는 누구냐	:34 이에 무리가 대답하되 우리는 율법에서 그리스도가 영원히 계신다 함을 들었거늘 너는 어찌하여 인자가 들려야 하리라 하느냐 이 인자는 누구냐	
	빛을 믿으라	:35-36 예수께서 이르시되 아직 잠시 동안 빛이 너희 중에 있으니 빛이 있을 동안에 다녀 어둠에 붙잡히지 않게 하라 어둠에 다니는 자는 그 가는 곳을 알지 못하느니라 너희에게 아직 빛이 있을 동안에 빛을 믿으라 그리하면 빛의 아들이 되리라 예수께서 이 말씀을 하시고 그들을 떠나가서 숨으시니라	
그 후		:37 이렇게 많은 표적을 그들 앞에서 행하셨으나 그를 믿지 아니하니	

2. 본문의 차이 : 요한복음(12:24-29)과 공관복음의 대비

2.1 요한복음의 한 알의 밀과 공관복음의 백배의 결실

구분	요한(12:24)	공관복음(마13:8-9, 막4:8-9, 눅8:8)
본문	12:24 내가 진실로 진실로 너희에게 이르노니 한 알의 밀이 땅에 떨어져 죽지 아니하면 한 알 그대로 있고 죽으면 많은 열매를 맺느니라	막4:8-9 더러는 좋은 땅에 떨어지매 자라 무성하여 결실하였으니 삼십 배나 육십 배나 백 배가 되었느니라 하시고 또 이르시되 들을 귀 있는 자는 들으라 하시니라
내용	• 공관복음 세 번째 수난예고 후 제자도로서 크고자 하는 자에 대해 언급하며 수난의 당위성을 말씀한다. '자기 목숨을 많은 사람의 대속물로 주려 함이라'(마20:28, 막10:45)고 하는데 수난의 당위성과 연결된다. • 이사야는 밤나무와 상수리나무가 베임을 당하여도 그 그루터기는 남아 있는 것같이 거룩한 씨(사6:13)가 이 땅의 그루터기라고 한다.	• 한 알의 밀과 씨 뿌리는 비유는 다른 이야기이다. • 씨 뿌리는 비유는 고대 철학자들이 자주 언급하였다(플라톤등). • 예수께서는 씨 뿌리는 것을 복음의 확산으로 보았다. • 공관복음서에서의 씨는 천국(눅8:5-11), 복음(마13:24-38), 하나님의 말씀(막4:31)이라고 하겠다.
참고	• 요한복음에 죽은 나사로를 살리는 이야기 뒤에 바리새인들이 공회를 연다. 그 때 대제사장 가야바가 '한 사람이 백성을 위하여 죽어서 온 민족이 망하지 않게 되는 것이 너희에게 유익한 줄을 생각하지 아니하는도다'(11:50)라고 주장한다. 여기서 한 사람이 한 알의 밀이다.	• 바울도 씨가 죽어야 한다고 말한다(고전15:36). 그러나 요한복음에서처럼 예수 자신의 죽음을 강조하는 것이 아니다. 예수의 한 알의 밀알의 죽음은 구속사적인 사건이다.

2.2 요한복음의 제자도와 공관복음의 첫 번째 수난예고 후 제자도

구분	요한(12:25-26)	공관복음(마16:25, 막8:35, 눅9:24)
자기 생명을 사랑하는 자	12:25 자기의 생명을 사랑하는 자는 잃어버릴 것이요 이 세상에서 자기의 생명을 미워하는 자는 영생하도록 보전하리라	막8:35 누구든지 자기 목숨을 구원하고자 하면 잃을 것이요 누구든지 나와 복음을 위하여 자기 목숨을 잃으면 구원하리라
나를 따르라	12:26 사람이 나를 섬기려면 나를 따르라 나 있는 곳에 나를 섬기는 자도 거기 있으리니 사람이 나를 섬기면 내 아버지께서 그를 귀히 여기시리라	막8:34 무리와 제자들을 불러 이르시되 누구든지 나를 따라오려거든 자기를 부인하고 자기 십자가를 지고 나를 따를 것이니라
내용	• 공관복음 첫 번째 수난예고 후 말씀한 제자도의 내용과 순서만 바뀌었다고 하겠다. • 공관복음에서는 처음 제자를 부를 때에 '나를 따르라'고 명령하는데 여기에서는 예수를 따르는 것이 중요하다.	• 공관복음 첫 번째 수난예고 후 예수께서 제자도에 대해 한 말씀이다. • 제자도의 첫 번째는 '누구든지 나를 따라 오려거든'이다. 따라 오는 것을 전제로 해야 할 일에 대해 말씀한다.

2.3 요한복음의 예수의 기도와 공관복음의 겟세마네의 기도

구분	요한(12:27)	공관복음(마26:38-39, 막14:34-36, 눅22:42)
예수의 심정	12:27상 지금 내 마음이 괴로우니 무슨 말을 하리요	막14:34 말씀하시되 내 마음이 심히 고민하여 죽게 되었으니 너희는 여기 머물러 깨어 있으라 하시고

이 때를 면하게 하소서		:35 조금 나아가사 땅에 엎드리어 될 수 있는 대로 이때가 자기에게서 지나가기를 구하여
	:27중 아버지여 나를 구원하여 이 때를 면하게 하여 주옵소서	:36상 이르시되 아빠 아버지여 아버지께는 모든 것이 가능하오니 이 잔을 내게서 옮기시옵소서
영광스럽게 하소서	:27하-28상 그러나 내가 이를 위하여 이 때에 왔나이다 아버지여, 아버지의 이름을 영광스럽게 하옵소서 하시니	:36하 그러나 나의 원대로 마옵시고 아버지의 원대로 하옵소서
내용	• 요한복음에는 겟세마네의 기도 대신 고별기도(17:1~26)가 있다. • 겟세마네의 기도와 같은 기도가 죽어야 하는 밀알 이야기에 있다. • 이 때를 면하게 하여 달라는 것이 공관복음서의 잔을 옮기는 것으로 표현되어 있다. • 요한복음서에서의 예수는 이것이 자신의 사명임을 분명히 하고 있다. • 아버지의 이름을 영광스럽게 하옵소서는 아버지의 원대로 하옵소서와 같은 의미다.	• 겟세마네에서의 기도 • 기도하러 가실 때 고민하고 슬퍼하시고(마태), 심히 놀라셨다(마가)고 한다, 마가에서 예수께서는 이 때가 지나가기를 원한다. • 이 잔에 대해서 마태는 '할 만하시거든'(26:39) 옮겨 달라고 하고, 마가는 '아버지는 가능하오니'(14:36) 이 잔을 옮겨 달라고 하며, 누가는 '아버지의 뜻이거든'(22:42) 잔을 옮겨달라고 한다. 아버지의 뜻에 따른다고 하다.

2.4 요한복음에서의 하늘의 소리와 공관복음에서 산에서 변형되신 후 구름 속에서의 소리

구분	요한(12:28하-29)	공관복음(마17:5, 막9:7, 눅9:34-35)
하늘의 소리	12:28하 이에 하늘에서 소리가 나서 이르되	막9:7상 마침 구름이 와서 그들을 덮으며 구름 속에서 소리가 나되
하나님의 음성	12:28하 내가 이미 영광스럽게 하였고 또다시 영광스럽게 하리라 하시니	:7하 이는 내 사랑하는 아들이니 너희는 그의 말을 들으라 하는지라
반응	12:29 곁에 서서 들은 무리는 천둥이 울었다고도 하며 또 어떤 이들은 천사가 그에게 말하였다고도 하니	:8 문득 둘러보니 아무도 보이지 아니하고 오직 예수와 자기들뿐이었더라
내용	• 예수의 고난에 대하여 예수와 아버지가 하나가 된다. 예수께서는 기도에서 '아버지여 아버지의 이름을 영광스럽게 하소서'라고 하고 하늘에서는 '내가 이미 영광스럽게 하였고 또다시 영광스럽게 하리라'고 화답한다.	• 공관복음에서의 예수께서는 세례 받을 때와 산에서 변형된 후 두 번, 하나님께서 음성으로 예수가 하나님의 아들임을 말씀한다. • 요한복음에서는 예수께서 한 번 하늘의 소리를 듣는다.

3. 본문이해

구분	내용	비고
세상이 그를 따르다	1. 요한복음에는 예수께서 예루살렘에 입성한 후의 일이다. 바리새인들이 서로 말하기를 너희 하는 일이 쓸데없다고 한다. 보라 세상이 그를 따르기 때문이라는 것이다. 여기서 너희 하는 일은 예수를 죽이려는 음모이다. 2. 예수를 죽이기로 공회에서 모의(11:53)하고 예수 있는 곳을 신고하라고 명령(11:57)하게 된 계기는 예수께서 죽은 나사로를 살렸기 때문이다. 그 일을 본 많은 유대인이 그를 믿었다(11:45). 유대인의 큰 무리가 죽은 자 가운데서 살아난 나사로를 보러 오는 것을 보고 대제사장들이 나사로까지 죽이려고 모의한다(12:9-10). 그러나 예수께서 한 일(11:45)과 나사로 때문(12:11)에 많은 유대	

	인들이 예수를 믿게 된다. 그리고 예루살렘 입성 후 세상이 그를 따르게 된 것이다(12:19).	
헬라인의 등장 (이방인의 구원 암시)	1. 헬라인은 예수를 따르는 온 세상(12:19) 사람의 한 예로 볼 수 있다. 이들은 명절에 예배하러 온 사람(12:20)이라고 한다. 헬라인으로서 유대교를 믿는 이들이거나 또는 헬라어를 하는 디아스포라 유대인일 수도 있다. 2. 헬라인 그들은 예수의 제자 빌립을 통해서 예수를 뵙고자 한다. 그래서 안드레와 빌립이 예수께 가서 여쭙는다. 안드레와 빌립은 헬라식 이름이다. 그런데 예수께서 그들과 대화하는 장면이 없다. 물론 그들이 왜 예수를 만나고자 하였는지도 알 수 없다. 3. 헬라라는 곳 자체는 유대인들이 사는 세상이 아니다. 그러나 헬라인의 관점에서 보면 당시 세계는 그들의 문화와 문명의 영향 아래 있었다. 4. 장차 기독교가 헬라 지역으로 전파될 수 있음을 암시하기도 한다. 복음이 유대를 넘어 온 세상으로 뻗어 나갈 징조라 하겠다. 5. 헬라인의 등장 이유에 대한 답은 32절에 있다. '내가 땅에서 들리면 모든 사람을 내게로 이끌겠노라'고 한다. 예수께서는 십자가의 죽음과 승천 후에 헬라인을 포함한 모든 사람을 복음 안으로 이끌겠다고 한 말씀이다.	• 헬라인의 특색: 헤로도토스(BC484-425?)는 새것을 찾아 온 세상을 답파한다고 하였다. 헬라인들은 나일강 상류 고대 이집트 비문에 자기 이름을 낙서하기도 했다고도 한다. 그들은 진리를 찾아 선생을 찾아다니기도 하였다.
인자가 영광을 얻을 때가 되었다 (죽을 때가 되었다)	1. 요한복음에는 때가 이르지 아니하였다는 기사가 여러 곳에 있다. 2. 초막절 끝날 예수께서 서서 외친다. '누구든지 목마르거든 내게로 와서 마시라'고 그리고 '나를 믿는 자는 그 배에서 생수가 흘러나오리라'고도 한다. 요 7:39는 생수의 강은 그를 믿는 자들이 받을 성령이라고 하면서 '예수께서 아직 영광을 받지 않으셨으므로 성령이 아직 그들에게 계시지 아니 하시더라'고 한다. 3. 예수께서는 인자가 영광을 얻을 때가 왔다(요12:23)고 한다. 영광을 얻음, 독사스데나이는 부활과 승천을 위한 죽음을 말한다. 4. 예수께서는 '인자가 영광을 얻을 때가 되었다고 하는데 예수의 영광에 대해서 누가에는 산에서 변형되는 예수의 기사에 두 번 나와 있다. 제자들이 졸다가 온전히 깨어나 '예수의 영광과 함께 선 두 사람'을 본다(눅9:32). 그리고 '예수와 함께 모세와 엘리야가 영광중에 나타나서' 장차 예수께서 예루살렘에서 별세(눅9:31)하실 것을 말한다.	<때가 이르지 아니하였나니> • 가나의 혼인 잔치 (2:4) • 유대로 가라는 형제 ○에게(7:3) ○○○고자 하나 손을 대○고자 하는 이가 없다 (7:30) • 성전에서 가르치시는데 잡는 사람이 없다 (8:20)
한 알의 밀 (죽음을 통한 생명의 법칙, 수난의 당위성)	1. 예수께서는 자신을 한 알의 밀알로 보았다. 그런데 그 밀알은 땅에 떨어져 죽어야 한다고 한다. 즉 자신의 고난과 죽음을 말하고 있다. 죽어야 많은 열매를 맺는다고 한다. '죽지 아니하면, 죽으면' 두 번 죽음을 말한다. 2. 이 비유는 씨뿌리는 자의 비유와 다른 것이다. 삼십 배, 육십 배, 백 배가 되는 이야기는 예수께서 하나님 나라의 비밀을 설명한 비유이다. 3. 예수께서는 공관복음 세 번째 수난예고 후 제자도에 대해 말씀하고 나서 자신의 수난의 당위성에 대해서 말씀한다. '자기 목숨을 많은 사람의 대속물로 주기 위함'이라고. 여기서 '많은 열매'는 자신의 죽음으로 '많은 사람'의 대속물이 됨으로 얻어지는 결과이다. 4. '한 알의 밀알'은 대제사장 가야바가 예수를 죽이러 모의할 때 왜 예수를 죽여야 하는지를 설명하는 말에서 나온다. 예수께서 죽은 나사로를 살린 후 많은 유대인이 예수를 믿는다. 바리새인들은 공회를 연다. 그때 대제사장 가야바가 말한다. '만일 그를 이대로 두면 모든 사람이 그를 믿을 것이요 로마인들이 와서 우리 땅과 민족을 빼앗아 가리라'(11:48) 그리고 '한 사람이 백성을 위하여 죽어서 온 민족이 망하지 않게 되는 것이 너희에게 유익한 줄을 생각하지 아니하는도다'(11:50)라고 한다.	• 세상의 성현 군자 중에 세상을 위해 자신을 희생한 사람이 누구인가. 좋은 말씀만 남기려고 하는 세상의 지도자들은 지금도 넘친다. **고전15:36** 어리석은 자여 네가 뿌리는 씨가 죽지 않으면 살아나지 못하겠고

자기 생명을 사랑하는 자	1. 자기 생명을 사랑하는 사람에 대해서 공관복음은 여러 번 언급하고 있다. 예수께서는 첫 번째 수난예고에 이어 제자도로서 자기 생명을 사랑하면 잃어버리게 되고 자기 목숨을 구원하고자 하면 잃는다고 한다. 　요한복음의 '자기 생명을 미워하는 자(아끼지 아니하는 자)는 영생토록 보전하리라'(12:25)고 한다. 이것은 공관복음에서 '나와 복음을 위하여 집이나 형제나 자매나 어머니나 자식이나 전토를 버리는 자'는 영생을 받는다(막 10:29-30, 마19:29, 눅18:29)는 말씀과 같은 것이다. 2. 제자 파송의 말씀과 첫 번째 수난예고 후 제자도의 내용이 같다. 마태의 파송 강화에서 예수께서는 자기 목숨을 얻는 자(10:39) 즉 요한복음의 자기 생명을 사랑하는 자(12:25)는 잃을 것이요 나를 위하여 자기 목숨을 잃는 자(마 10:39) 즉 요한복음의 자기 생명을 미워하는 자(요12:25)는 얻으리라고 하였다. 마태의 '얻으리라'는 요한복음의 '영생토록 보존되리라'의 뜻이다. 3. 누가에서는 제자들을 파송하면서 자기 목숨까지 미워하지 아니하면 능히 내 제자가 되지 못한다고 한다(14:26). 그리고 예수께서 인자의 날에 대한 예고를 하면서 '자기 목숨을 보전하고자 하는 자는 잃을 것이요 잃는 자는 살리라'(17:33)고 한다. 여기서 요한복음의 자기 생명을 사랑하는 자는 누가에서의 자기 목숨을 보전하고자 하는 자이다.	요1:12-13 영접하는 자 곧 그 이름을 믿는 자들에게는 하나님의 자녀가 되는 권세를 주셨으니 이는 혈통으로나 육정으로나 사람의 뜻으로 나지 아니하고 오직 하나님께로부터 난 자들이니라
나를 따르라 (제자도)	1. 나를 섬기려면 나를 따르라고 한다. 예수를 섬기는 자는 예수를 따라야 한다. 공관복음의 제자도의 첫 번째는 '누구든지 나를 따르려거든'으로 시작한다. 따르는 것을 전제로 하여 자기 부인과 자기 십자가를 말씀한 것이다. 이것은 결과적으로 순교로 이어진다 하겠다. 2. 공관복음에서의 처음 제자들은 이미 나를 따르라는 예수의 말씀에 복종하여 모든 것을 버리고 따른다. 첫 번째 수난예고 후 제자도의 전제조건을 요한복음에서는 처음처럼 다시 확인하는 것이라 하겠다. 3. 요한복음의 끝에서도 부활하신 예수께서 베드로에게 '너는 나를 따르라'(21:22)고 한다. 기독교인의 삶은 예수를 따르는 삶인 것이다.	롬14:18 이로써 그리스도를 섬기는 자는 하나님을 기쁘시게 하며 사람에게도 칭찬을 받느니라
예수의 기도	1. 한 알의 밀알에서의 예수의 기도는 공관복음의 겟세마네 기도의 축약이라고 하겠다, 요한복음에 없는 겟세마네에서의 기도가 여기에 나온다. 예수의 복잡한 심정에 대해서도 '지금 내 마음이 괴로우니 무슨 말을 하리요'(12:27)라고 하고 기도 내용은 '아버지여 이 때를 면하게 하소서'이다. 2. 공관복음에서 예수께서는 '내 마음이 심히 고민하여 죽게 되었다'(막 14:34)고 하면서 기도의 내용은 '이 때가 자기에게서 지나가기를 구하며(막 14:35) 또한 '이 잔을 내게서 옮기시옵소서'(막14:36)이다. 표현의 강도와 방법이 조금 다를 뿐이다.	시31:9 여호와여 내가 고통 중에 있사오니 내게 은혜를 베푸소서 내가 근심 때문에 눈과 영혼과 몸이 쇠하였나이다
하늘의 소리	1. 요한복음에는 예수께서 산에서 변형되는 기사가 없다. 그런데 '한 알의 밀'에서 '하늘의 소리'가 있다. 공관복음에서 하늘로부터 소리가 난 경우는 예수께서 세례(마3:16, 막1:11, 눅3:22)를 받을 때이고 그리고 예수께서 산에서 변형되었을 때에 구름 속에서 소리가 난다. 2. 공관복음에서의 하늘의 소리는 '이는 내 사랑하는 아들'이라는 것이고 산에서 변형되었을 때에는 여기에 '너희는 그의 말을 들으라'가 첨언된다.	
영광스럽게 하소서	1. 요한복음에서의 하늘의 소리는 예수의 기도에 대한 하나님의 응답이다. 예수의 기도는 '아버지의 이름을 영광스럽게 하옵소서'이다. 하나님의 음성은 '내가 이미 영광스럽게 하였고 또다시 영광스럽게 하리라'이다. 2. 나사로의 누이들이 예수께 사람을 보내 나사로가 병들었다(11:2)고 한다. 그 때 예수께서는 이 병은 죽을병이 아니라 하나님의 영광을 위함이요 하나님의 아들이 이로 말미암아 영광을 받게 하려 함이라(11:4)고 한다.	요13:31-32 그가 나간 후에 예수께서 이르시되 지금 인자가 영광을 받았고 하나님도 인자로 말미암아 영광을 받으셨도다 만일 하나님

	3. 요한복음에는 예수께서 제자들의 발을 씻긴 후 식사를 함께하는 이야기가 있다. 그때 떡 한 조각을 받은 유다가 밤에 나간다(요13:1-30). 예수를 죽이려는 무리에 가담하기 위해서라 하겠다. 그가 나간 후 즉 죽음 직전의 예수께서는 '지금 인자가 영광을 받았고 하나님도 인자로 말미암아 영광을 받으셨다(요13:31)'고 한다. 요한복음에서의 예수의 영광은 그가 십자가에 달리심으로 그리고 그 과정을 통해서 성취된다.	이 그로 말미암아 영광을 받으셨으면 하나님도 자기로 말미암아 그에게 영광을 주시리니 곧 주시리라
	4. 공관복음에서 예수께서는 잡히기 전 겟세마네에서 기도를 한다. 요한복음에서의 기도는 공관복음의 겟세마네와 내용이 다르다. 이 기도는 기도이면서 강화이기도 하다. 그래서 고별기도 또는 고별 강화(요17장)라고도 한다. 이때 먼저 예수께서는 자신을 위한 기도를 한다. 예수의 기도에서 '영화'는 독사 즉 '영광'이고 '영화롭게 하다'는 독사조 즉 '영광스럽게 하다'이다.	요17:1 예수께서 이 말씀을 하시고 눈을 들어 하늘을 우러러 이르시되 아버지여 때가 이르렀사오니 아들을 영화롭게 하사 아들로 아버지를 영화롭게 하게 하옵소서
	5. 요한복음의 고별기도에는 '아들로 아버지를 영화롭게 하소서'(17:1), '지금도 아버지와 함께 나를 영화롭게 하소서'(17:5), '아버지께서 내게 하라고 주신 일을 내가 이루어 아버지를 이 세상에서 영화롭게 하였습니다'(17:4) 등의 표현이 나온다. 예수께서는 이어서 제자들이 하나 되게 하여 달라는 기도를 하는데 예수께서는 제자들로부터 영광을 받았고(17:10), 그리고 내게 주신 영광을 그들에게 주었는데(17:22) 내게 주신 나의 영광을 그들로 보게 하시기를(17:24) 간절히 원한다고 한다.	
하늘의 소리에 대한 반응	1. 요한복음에서의 예수께서는 하늘의 소리는 나를 위한 것이 아니라 너희를 위한 것(12:30) 즉 너희를 위한 소리라고 한다. 예수께서 산에서 변형된 후 구름 속에서 소리가 나기를 이는 내 사랑하는 아들이니 너희는 그의 말을 들으라고 한다. 여기에서 '너희를 위한 소리'란 변화산에서 '너희는 그의 말을 들으라'와 연결된다고 하겠다.	\<Bat Kol\> a divine voice 하나님의 음성으로 문자 그대로 '음성의 딸'을 말한다. Bat Kol 은 신성한 계시의 수단이고 신성한 소통의 수단이기도 하였다.
	2. 본문에서 무리들은 천둥이 울었다(12:29)고도 한다. 구약시대 하나님은 시각보다는 청각을 통해 자신을 계시한다. 신명기(4:12)에는 '여호와께서 불길 중에서 너희에게 말씀하시되 음성뿐이므로 너희가 그 말소리만 듣고 형상은 보지 못하였느니라'고 한다. 에스겔 역시 '엎드려서 말씀하시는 이의 음성을 들었다'(1:28)고 한다. 엘리야는 '불 가운데에도 여호와께서 계시지 아니하더니 불 후에 세미한 소리(조용하고 작은 음성)가 있는지라'(왕상19:12)고 한다.	유대인의 탈무드는 지금까지도 Bat Kol이 존재한다고 주장한다. Bat Kol은 우주, 자연에서 생성되는 소리가 아니다. 하나님의 뜻을 전하고 하나님의
	3. 때로는 여호와께서 시온에서 부르짖고 예루살렘에서 목소리를 내시니 하늘과 땅이 진동(요엘3:16)하기도 하고 때로는 천둥과 파도의 포효에서 하나님의 음성이 들리기도 하였다. 랍비 루비스 제이콥스는 가장 낮은 수준이지만 가장 강력한 목소리가 하늘의 소리, 하나님의 목소리라고 한다.	판단을 선포하는 소리라고 한다(랍비 엘리에셀).
	4. 또 어떤 이들은 천사가 그에게 말했다(12:29)고도 한다. 창세기에는 아브라함의 여종 하갈이 아이를 데리고 브엘세바 광야에서 헤맬 때 하나님의 사자가 하늘로부터 하갈을 불러 천사가 하갈에게 말했다고 한다(창21:12-17).	
	5. 요한복음에도 예수께서 부활한 것을 모르는 마리아가 무덤 안을 들여다보니 흰옷 입은 두 천사가 여자여 어찌하여 우느냐(요20:11-13)고 묻는다. 이처럼 천사들이 직접 사람들에게 말하는 경우가 있기 때문에 무리들은 천사가 예수에게 말했다고 생각한 것이다.	
이 세상 임금이 쫓겨난다	1. 이 세상 임금에 대해서 요한복음은 세 번 언급(12:31, 14:30, 16:11)하고 있다. 이 말은 고린도서(4:4)의 세상의 신과 같은 뜻이다. 여기서는 악의 신으로서의 악마를 가리킨다. 악마가 세상의 지배자라는 것이다. 예수께서는 세상에 대한 심판이 공포되면 하나님을 대적하는 세상의 임금 즉 악의 세력이 사라지게 된다고 한다.	요16:11 심판에 대하여라 함은 이 세상 임금이 심판을 받았음이라
	2. 그러나 무리들은 구약의 선지자들이 예언한 것처럼 실제로 당시의 임금이라고 할 수 있는 로마가 쫓겨날 것으로 믿었을 수 있었다.	

내가 땅에서 들리면	1. 예수께서는 니고데모와의 대화에서 '인자도 들려야 한다'(3:14)고 하다. 간음하다 현장에서 잡혀 온 여자를 변호한 후(7:53-8:11) 바리새인들과 성전 헌금함(8:20) 앞에서 자신의 정체성에 대해 논쟁할 때 너희가 '인자를 든 후'에 내가 그인 줄을 안다(8:28)고 한다. 이 말은 땅에서 들려 십자가에 달린다는 의미이다. 2. 이스라엘 백성이 광야에서 불평을 하자 여호와께서는 불뱀을 보내어 백성들을 죽게 한다. 백성들은 이 병들이 없어지게 해 달라고 모세에게 부탁한다. 여호와께서는 모세에게 '불뱀을 만들어 장대 위에 매달라 물린 자마다 그것을 보면 살리라'(민21:9)고 한다. 들린다는 것은 십자가 위에 매달려 사람들을 구원하는 예수의 '땅에서 들린' 모습이다. 3. 들린다는 영광스럽게 된다는 말로서 십자가와 승천을 모두 의미한다.	
율법에서의 그리스도	1. 무리가 말한다. 율법에서의 그리스도는 영원히 계신다고 하였는데 너는 어찌하여 인자가 들려야 한다고 말하느냐는 것이다. 그리스도의 오심을 대망하는 이사야9:6에 이어 9:7에서는 '그 정사와 평강의 더 함이 무궁하며 … 지금 이후로 영원히 정의와 공의로 그것을 보존하실 것이라'고 한다. 에스겔서(37:25)에서도 내 종 다윗이 영원히 그들의 왕이 되리라고 하다. 또한 다니엘서(7:14)에서도 '그에게 권세와 영광과 나라를 주고 … 모든 자들이 그를 섬기고 영원한 권세가 있고 그의 나라는 망하지 아니한다'고 한다. 2. 구약의 묵시문학적 메시아는 (1) 다윗이 지배하고 (2) 영원히 왕이 되고 (3) 모든 민족이 복속하고 (4) 그 나라는 망하지 아니하고 (5) 이스라엘 선민은 복을 받고 (6) 영원한 권세를 누리게 한다는 것이다. 　예수께서 이 세상 임금이 쫓겨나리라(12:31)고 말씀한 것이 그들에게는 당연하였을 것이다. 3. 무리들은 구약적인 메시아로서 예수를 보기 때문에 예수가 들려야 한다는 말을 이해하지 못한다. 예수께서는 하나님의 아들로 종말론적 구원자이고 구세주이다. 그런데 고난과 죽음, 부활을 통해서 우리를 구원한다는 것이다. 무리들은 고난 받는 메시아를 이해하지 못한다.	• 에녹서에 의하면 인자가 나타나 초인적 능력으로 세계를 정복하고 유대 제국을 세운다고 한다.
인자가 누구냐	1. 무리들은 이 인자가 누구냐고 질문한다. 인자에 대한 질문은 예수의 정체성에 대한 질문이다. 예수께서는 자신의 정체성에 대해 여러 가지로 설명한다. 소위 에고 에이미 '나는 이다'이다. 예수께서는 음행 중 잡혀온 여자를 변호하고 나서 바리새인들에게 자신을 증명하며 한 말씀이 '나는 세상의 빛이고 생명의 빛'(8:12)이라는 것이다. 맹인으로 태어난 사람을 고친 일 즉 요한복음의 여섯 번째 표적 이후 역시 예수께서는 자신을 세상의 빛(9:5)이라고 한다. 2. 예수께서는 인자가 누구이기에 들리느냐는 질문에 (1) 잠시 동안 있는 빛이라고 하시며 (2) 어둠에 붙잡히지 말라 (3) 빛이 있는 동안에 빛을 믿으라 (4) 빛의 아들이 되라고 대답한다. 3. 사도 바울 역시 '너희는 다 빛의 아들들이요 낮에 아들들이니 우리가 밤이나 어둠에 속하지 아니한다'(살전5:5)고 하고 '빛의 자녀들처럼 행하라'고 한다.	요1:9 참 빛 곧 세상에 와서 각 사람에게 비추는 빛이 있었나니 엡5:8 너희가 전에는 어두움이더니 이제는 주 안에서 빛이라 빛의 자녀처럼 행하라

| 숨으시니라 | 1. 요한복음에는 예수께서 '아브라함이 나기 전부터 내가 있었다'고 하여 유대인들이 돌로 치려해서 숨어서 성전(8:56-59)에서 나간 적이 있다.
2. 이번에도 예수께서는 '그들을 떠나가서 숨으신다'(12:36). 요한복음에서의 예수의 공적 사역은 여기까지이다. 앞으로의 요한복음의 기사는 배반과 고별 강화, 심문과 십자가 처형에 관한 것들이다. | 요7:33 예수께서 이르시되 내가 너희와 함께 조금 더 있다가 나를 보내신 이에게로 돌아 가겠노라 |

4. 심층연구: 한 알의 밀

구분	내용	비고
한 알의 밀과 거룩한 씨	1. 한 알의 밀알은 예수 그리스도이다. 이사야는 유대 백성들의 멸망을 예언하면서 매우 적은 수인 '십분의 일'이 남을 것이라고 하면서 '밤나무와 상수리나무가 베임을 당하여도 그 그루터기가 남아 있는 것 같이 거룩한 씨가 이 땅의 그루터기'라고 한다(사6:13). 그런데 이 거룩한 씨가 메시아를 지칭하는 것이라면 한 알의 밀은 예수 그리스도라 하겠다. 2. 거룩한 씨(사6:13)와 씨(사53:10)를 배경으로 볼 때 '예수는 이스라엘의 흩어진 백성들을 모아 열매를 맺도록 하기 위해 땅에 떨어진 다윗의 거룩한 씨라고 하겠다(요나단 드레이퍼). 3. 바울은 고난 받는 디모데에게 용기를 주기 위해 그리스도의 부활을 상기시키며 예수께서는 다윗의 씨로 죽었다가 다시 살아난 예수를 기억하라고 한다(딤후2:8). 바울은 또한 '씨가 죽지 않으면 살아나지 못한다'(고전 15:36)고도 하였다.	사6:13 그 중에 십분의 일이 아직 남아 있을지라도 이것도 황폐하게 될 것이나 밤나무와 상수리나무가 베임을 당하여도 그 그루터기는 남아 있는 것과 같이 거룩한 씨가 이 땅의 그루터기니라 하시더라
한 알의 밀알 이야기는 제자도를 말하는가	1. 한 알의 밀알 이야기에서 밀을 예수로 보지 않고 제자들로 볼 수 있다는 관점이 있다. 예수께서 이방인들을 대상으로 한 선교의 암시로서 많은 열매를 말하고 있다는 것이다. 즉 한 알의 밀 이야기는 제자들에게 그들이 가야 할 길 즉, 제자의 도를 말한다는 것이다. 요한복음에서의 예수께서는 '땅에 떨어져 죽는'(12:24) 존재가 아니라 들림을 받아 죽는 존재(3:14, 12:32)이고 하늘나라로 올려지는 존재이기 때문에 한 알의 밀 이야기는 제자도로서의 강화로 이해해야 한다는 주장이다. 2. 그러나 요한복음에는 예수께서 하늘로 들려 올라가는 모습이 없다. 누가에는 그들을 떠나 하늘로 올려지셨다(24:51)고 하고 사도행전에는 '말씀을 마치시고 그들이 보는데 올려져 가셨다'(1:9)고 한다. 요한복음은 오히려 예수의 죽음을 가장 소상하게 말하고 있는데 예수의 애제자가 예수께서 십자가에 달린 모습을 보고서 기록(요19:35)하였다고 한다. 유대인들이 시체를 십자가에 두지 아니하려고 빌라도에게 부탁해서 다리를 꺾어 시체를 치워 달라고 하였는데 예수를 보니 이미 죽어 있어서 다리를 꺾지 아니하였다(19:33)는 기사가 그렇다는 것이다. 그리고 살아난 후의 무덤의 모습에 대해서도 아주 세세하게 묘사하고 있다고 하겠다. 3. 공관복음에서 예수께서는 수난예고를 한 후에 제자도에 대해 말씀하였다. 마찬가지로 한 알의 밀 이야기(12:24)는 수난예고 내지 수난의 당위성을 말하는 것이고 나를 따르라는 말씀(12:25-26)은 제자도인 것이다. 실제로 공관복음의 첫 번째 수난예고 후의 제자도와 내용도 같다.	• 앙드레지드의 '한 알의 밀알이 죽지 않으면'은 자서전으로 1926년에 발표되었다. 이 작품은 자신의 내면세계의 분열적 모습을 숨김 없이 보여줌으로써 진솔한 자기 고백을 하려는 의도를 갖고 쓴 회고적 자서전이다.
죽음의 목적으로써의 한 알의 밀알	1. 많은 열매란 무엇인가. 예수께서는 땅에 떨어져 죽으라고 하면서 '이 세상에서 자기 생명을 미워하는 자는 영생토록 보존'(12:25)한다고 하며 '나를 따르라'(12:26)고 한다. 2. 많은 열매를 맺기 위해 땅에 떨어져 죽어야 하는가 아니면 영생을 위해 땅에 떨어져 죽어야 하는가. 여기에 대답은 두 가지라고 할 수 있다. 자신이 죽기	• LG복지재단은 해마다 의인상을 주고 있다. 최근에는 참여연대에서도 의인상을 수여하고 있다.

			• 국가에서도 의사상

까지 모든 희생을 하여 선교를 한다면 당연히 그 결과도 좋을 것이라고 이해할 수 있다.

3. 몽테뉴는 인간에게 죽는 법을 가르쳐 주는 사람이야말로 인간에게 사는 방법도 가르쳐준다고 하였다. 한 알의 밀알이 죽는 이유가 공동체의 다른 구성원 때문이라는 점이다. 요한복음의 독특한 사상은 개인의 희생을 통한 집단적 가치의 추구라고 한다(서중석).

4. 집단적 가치란 인류공동체가 지향하는 공통의 이념으로서 차별금지, 평화, 인권, 환경, 자유, 전쟁반대, 이웃사랑의 실천들이라 하겠다.

5. 인간이 가치추구를 위해 죽어야 하는 때 과감히 죽을 수 있는 것은 그 가치에 대한 졸렌(Sollen 당위, 도덕적 의무)이 분명할 때 가능하다. 그렇게 죽은 사람을 우리는 현대판 의인이라고 한다. 그래서 우리는 의인을 찾아 내려 하고 그 의인을 영원히 기리는 것이다. 요한복음의 영생은 자기 공동체와 그 구성원을 위해 과감히 죽는 사람이 얻게 되는 것이라 하겠다.

• 국가에서도 의사상자 등 예우 및 지원에 관한 법률이 있는데 위험에 처한 다른 사람의 생명, 신체, 재산을 구하다가 사망 또는 부상을 당한 사람이나 유족을 국가가 예우하고 지원한다는 내용이다.

5. 집중탐구: 요한복음에서 예수를 죽이려는 시도들

구분	내용	비고
처음	안식일 위반(5:1-18)	1. 예루살렘 양문 옆 베데스다라는 연못에서(5:1-2) 38년 된 병자에게 네 자리를 들고 걸어가라(5:5,8)고 하다. 2. 안식일에 이러한 일을 행한다 하여 유대인들이 예수를 박해하다(5:16) 3. 안식일을 범할 뿐 아니라 하나님을 자기 친 아버지라 하여 예수를 죽이고자 하다(5:18).
두 번째	유대에 다니시지 못함(7:1)	1. 예수께서 유대인들이 죽이려 해서 갈릴리에만 계시고 유대에 다니지 못한다. 2. 그런데 직접적으로 설명하고 있지는 않으나 생명의 떡 이야기 중에 자신이 하늘에서 내려왔다(6:41)고 하고, 역시 하나님을 내 아버지(6:32)라고 하고 있기 때문일 것이다.
그런데 ①	어찌하여 나를 죽이려 하느냐(7:19)	1. 초막절에 예루살렘에 올라가서 가르친다(7:14). 예수께서 내 교훈을 내 것이 아니요 나를 보내신 이의 것이라고 한다. 2. 이어서 예수께서 너희가 어찌하여 나를 죽이려 하느냐고 하자 무리가 대답하기를 당신은 귀신이 들렸도다 누가 당신을 죽이려 하느냐고 한다.
그런데 ②	손을 대는 자가 없다(7:30)	예수께서 성전에서 외쳐 이르다(7:28). 나는 스스로 온 것이 아니라 나를 보내신 이 그가 나를 보냈다(7:29)라고. 그런데 그들이 예수를 잡고자 하나 손대는 자가 없다. 이는 아직 그의 때가 이르지 아니하였기 때문이라고 한다(7:30).
	손을 대는 자가 없더라(7:44)	대제사장과 바리새인들이 예수를 잡으려고 아랫사람들을 보낸다(7:32). 그런데 그를 잡고자 하는 자들도 있으나 손을 대는 자가 없었다(7:44). 그래서 왜 잡아오지 아니하였느냐고 묻자(7:45), 그들이 말하기를 '그 사람처럼 말한 사람이 이 때까지 없었나이다'(7:46)라고 대답한다.
그런데 ③	고발할 조건을 얻고자 하여(8:6)	음행 중에 잡힌 여자를 예수께 끌고 온 서기관과 바리새인들이 어떻게 해야 하느냐(8:3-6)고 묻는다. 그런데 이렇게 질문한 이유가 고발할 조건을 얻고자 예수를 시험한 것이라고 한다.
세 번째	나를 죽이려 하는구나(8:37)	예수께서 자기를 믿는 유대인들에게 말씀하기를(8:31), 진리가 너희를 자유롭게 하리라(8:32)고 한다. 그리고 예수께서는 내 말이 아브라함의 자손들인 너희 안에 있을 곳이 없으므로 나를 죽이려 하는도다 라고 한다.

	나를 죽이려 하는도다(8:40)	계속해서 예수께서는 하나님께 들은 진리를 말한 나를 죽이려 한다고 반복한다.
	돌을 들어 치려 하거늘(8:59)	예수께서 '아브라함이 나기 전부터 내가 있느니라'고 하자 그들이 돌을 들어 치려 하거늘 예수께서 숨어 성전에서 나가셨다(8:59)고 한다.
네 번째	다시 돌을 들어 치려 하거늘(10:31)	유대인들이 돌을 치려 한 이유는 나와 아버지는 하나이니라(10:30)는 앞 절의 말씀 때문이다.
	어떤 일로 돌로 치려 하느냐(10:32)	유대인들이 예수의 질문에 대답한다. 여러 가지 행한 선한 일 때문이 아니다. 신성모독으로 인함이니 네가 사람이 되어 자칭 하나님이라 함이로라(10:33)
	다시 잡고자 하였으나(10:39)	예수께서 그들에게 아버지께서 내 안에 내가 아버지 안에 있음을 깨달아 알리라(10:38)고 하자 그들이 다시 예수를 잡고자 하였으나 그 손에서 벗어나 나가시었다(10:39)
그런데 ④	또 그리로 가시려 하시나이까(11:8)	나사로가 병들었다 함을 듣고 제자들에게 유대로 다시 가자고 예수께서 말씀한다(11:6-7). 그러자 제자들이 말린다. 방금도 유대인들이 돌로 치려 하였는데 또 그리로 가시려 하나이까(11:8).
다섯 번째	죽이려고 모의하다(11:53)	만일 예수를 이대로 두면 모든 사람이 그를 믿을 것이요 그리고 로마인들이 와서 우리 땅과 민족을 빼앗아 가리라고 유대 지도자들이 걱정한다. 그래서 대제사장과 바리새인들이 공회를 모으고 이 날부터 예수를 죽이려고 모의한다(11:53).
	예수 있는 곳을 신고하라(11:57)	구체적으로 그가 명절에 오지 아니하겠느냐 누구든지 예수 있는 곳을 알거든 신고하여 잡게 하라고 명령을 한다(11:57).

7장

~~~

예루살렘에서의
갈등들

HORIZONTAL ANALYSIS
OF THE GOSPELS

제26절 ❀ 입성

1. 본문비교

구분		마태(21:1-11)	마가(11:1-11)	누가(19:28-40)	요한(12:12-19)
입성 준비	배경	21:1 그들이 예루살렘에 가까이 가서 감람산 벳바게에 이르렀을 때에 예수께서 두 제자를 보내시며	11:1 그들이 예루살렘에 가까이 와서 감람산 벳바게와 베다니에 이르렀을 때에 예수께서 제자 중 둘을 보내시며	19:28-29 예수께서 이 말씀을 하시고 예루살렘을 향하여 앞서서 가시더라 감람원이라 불리는 산쪽에 있는 벳바게와 베다니에 가까이 가셨을 때에 제자 중 둘을 보내시며	12:12 그 이튿날에는 명절에 온 큰 무리가 예수께서 예루살렘으로 오신다는 것을 듣고
	예수의 지시	:2 이르시되 너희는 맞은편 마을로 가라 그리하면 곧 매인 나귀와 나귀 새끼가 함께 있는 것을 보리니 풀어 내게로 끌고 오라	:2 이르시되 너희는 맞은편 마을로 가라 그리로 들어가면 곧 아직 아무도 타 보지 않은 나귀 새끼가 매여 있는 것을 보리니 풀어 끌고 오라	:30 이르시되 너희는 맞은편 마을로 가라 그리로 들어가면 아직 아무도 타 보지 않은 나귀 새끼가 매여 있는 것을 보리니 풀어 끌고 오라	
		:3 만일 누가 무슨 말을 하거든 주가 쓰시겠다 하라 그리하면 즉시 보내리라 하시니	:3 만일 누가 너희에게 왜 이렇게 하느냐 묻거든 주가 쓰시겠다 하라 그리하면 즉시 이리로 보내리라 하시니	:31 만일 누가 너희에게 어찌하여 푸느냐 묻거든 말하기를 주가 쓰시겠다 하라 하시매	
	의미	:4-5 이는 선지자를 통하여 하신 말씀을 이루려 하심이라 일렀으되 시온 딸에게 이르기를 네 왕이 네게 임하나니 그는 겸손하여 나귀, 곧 멍에 메는 짐승의 새끼를 탔도다 하라 하였느니라			
	제자들 이행	:6 제자들이 가서 예수께서 명하신 대로하여	:4-6 제자들이 가서 본즉 나귀 새끼가 문 앞 거리에 매여 있는지라 그것을 푸니 거기 서 있는 사람 중 어떤 이들이 이르되 나귀 새끼를 풀어 무엇 하려느냐 하매 제자들이 예수께서 이르신 대로 말한대 이에 허락하는지라	:32-34 보내심을 받은 자들이 가서 그 말씀하신 대로 만난지라 나귀 새끼를 풀 때에 그 임자들이 이르되 어찌하여 나귀 새끼를 푸느냐 대답하되 주께서 쓰시겠다 하고	

예루살렘 입성	나귀, 나귀 새끼	:7 나귀와 나귀 새끼를 끌고 와서 자기들의 겉옷을 그 위에 얹으매 예수께서 그 위에 타시니	:7 나귀 새끼를 예수께로 끌고 와서 자기들의 겉옷을 그 위에 얹어 놓으매 예수께서 타시니	:35 그것을 예수께로 끌고 와서 자기들의 겉옷을 나귀 새끼 위에 걸쳐 놓고 예수를 태우니	
	겉옷을 펴고	:8 무리의 대다수는 그들의 겉옷을 길에 펴고 다른 이들은 나뭇가지를 베어 길에 펴고	:8 무리의 대다수는 그들의 겉옷을 길에 펴고 다른 이들은 들에서 벤 나뭇가지를 베어 길에 펴고	:36 가실 때에 그들이 자기의 겉옷을 길에 펴더라	
	소리 지르되	:9상 앞에서 가고 뒤에서 따르는 무리가 소리 높여 이르되	:9상 앞에서 가고 뒤에서 따르는 자들이 소리 지르되 :9하 호산나 찬송하리로다 주의 이름으로 오시는 이여	:37 이미 감람산 내리막길에 가까이 오시매 제자의 온 무리가 자기들이 본 바 모든 능한 일로 인하여 기뻐하며 큰 소리로 하나님을 찬양하여	:13상 종려나무가지를 가지고 맞으러 나가 외치되
	호산나	:9하 호산나 다윗의 자손이여 찬송하리로다 주의 이름으로 오시는 이여 가장 높은 곳에서 호산나 하더라	:10 찬송하리로다 오는 우리 조상 다윗의 나라여 가장 높은 곳에서 호산나 하더라	:38 이르되 찬송하리로다 주의 이름으로 오시는 왕이여 하늘에는 평화요 가장 높은 곳에는 영광이로다 하니	:13하 호산나 찬송하리로다 주의 이름으로 오시는 이 곧 이스라엘의 왕이시여 하더라
	의미				:14-15 예수는 한 어린 나귀를 보고 타시니 이는 기록된 바 시온 딸아 두려워하지 말라 보라 너의 왕이 나귀 새끼를 타고 오신다 함과 같더라
입성 후	소동, 책망. 표적	:10-11 예수께서 예루살렘에 들어가시니 온 성이 소동하여 이르되 이는 누구냐 하거늘 무리가 이르되 갈릴리 나사렛에서 나온 선지자 예수라 하니라	:11 예수께서 예루살렘에 이르러 성전에 들어가사 모든 것을 둘러 보시고 때가 이미 저물매 열두 제자를 데리시고 베다니에 나가시니라	:39-40 무리 중 어떤 바리새인들이 말하되 선생이여 당신의 제자들을 책망하소서 하거늘 대답하여 이르시되 내가 너희에게 말하노니 만일 이 사람들이 침묵하면 돌들이 소리 지르리라 하시니라	:16 제자들은 처음에 이 일을 깨닫지 못하였다가 예수께서 영광을 얻으신 후에야 이것이 예수께 대하여 기록된 것임과 사람들이 예수께 이같이 한 것임이 생각났더라 :17-18 나사로를 무덤에서 불러내어 죽은 자 가운데서 살리실 때에 함께 있던 무리가 증언한지라 이에 무리가 예수를 맞음은 이 표적 행하심을 들었음이러라 :19 바리새인들이 서로 말하되 볼지어다 너희 하는 일이 쓸 데 없다 보라 온 세상이 그를 따르는도다 하니라

2. 본문의 차이

	구분	마태	마가	누가	요한
입성 준비	때	예루살렘에 가까이 와서	예루살렘에 가까이 와서	예루살렘을 향하여 앞서가시다가	명절에(12:12)
	곳	감람산 벳바게	감람산 벳바게와 베다니	감람산 벳바게와 베다니	
	나귀	매인 나귀와 나귀 새끼	아무도 타 보지 않은 나귀 새끼	아무도 타 보지 않은 나귀 새끼	어린 나귀(12:14)
	징발	주가 쓰시겠다고 하라	주가 쓰시겠다고 하라	주가 쓰시겠다고 하라	보고 타시다(12:14)
	이행	예수께서 명하신 대로 하다	거기 서 있던 사람 중 어떤 사람이 나귀 새끼를 풀어 무엇 하려하느냐 하매 이에 허락한지라	그 임자들이 이르되 어찌하여 나귀 새끼를 푸느냐	
	의미	선지자를 통하여 하신 말씀을 이루려 하심이라(21:4)			기록된 바와 같더라 (12:15)
	타시다	(제자들이) 겉옷을 그 위에 얹다	(제자들이) 겉옷을 그 위에 얹다	(제자들이) 겉옷을 그 위에 얹다	
입성	환영자	• 무리(21:8) • 앞에서 가고 뒤에서 따르는 무리(21:9)	• 많은 사람들(11:8) • 앞에서 가고 뒤에서 따르는 자들(11:9)	• 제자의 온 무리 (19:37) ·바리새인들(19:39)	• 큰 무리(12:12) • 죽은 나사로를 살리신 표적을 행하심을 들은 무리(12:18)
	환영 방법	겉옷을 길에 펴고 나뭇가지를 베어 길에 펴고 (21:8)	겉옷을 길에 펴고 들에서 벤 나뭇가지를 길에 펴고(11:9)	겉옷을 길에 펴더라 (19:36)	종려나무가지를 가지고 맞으러 나가다(12:13)
	호산나	• 호산나 찬송하리로다 • 가장 높은 곳에서 호산나 하더라	• 호산나 찬송하리로다 • 가장 높은 곳에서 호산나 하더라	• 찬송하리로다 • 하늘에는 평화요 가장 높은 곳에서는 영광이로다	• 호산나 찬송하리로다
	환영 대상	• 다윗의 자손이여 • 주의 이름으로 오시는 이여	• 주의 이름으로 오시는 이여 우리 조상 다윗의 나라여	• 주의 이름으로 오시는 왕이여	• 주의 이름으로 오시는 이스라엘의 왕이시여
입성 후	반응	• 예루살렘성이 소동하다 그가 누구냐(21:10) • 갈릴리 나사렛에서 나온 선지자 예수라 (21:11)	• 예루살렘에 이르러 성전 모든 것을 둘러보시고 제자들을 데리고 베다니로 가시더라	• 바리새인들이 예수께 제자들을 책망하라 하다 • 예수께서는 만일 이 사람들이 침묵하면 돌들이 소리지르리라 하시다 • 예루살렘을 보고 우심(19:41-44)	• 바리새인들이 너희 하는 일이 쓸데없다(공회를 열어 죽이기로 한 일) • 온 세상이 그를 따른다고 하다 (공회소집 이유가 모든 사람이 그를 믿을 것을 두려워해서)
참고	상경 횟수	한 번	한 번	한 번	네 번(2:13, 5:1, 7:10, 12:12)

전 기사	맹인 두 사람을 고치심 (20:29-34) ★다윗의 자손 두 번 외 치다	맹인 바디매오를 고치 심(10:46-52) ★다윗의 자손 두 번 외 치다	한 맹인을 고치심 (18:35-43) 세리장 삭개오와 므나 의 비유(19:1-29) ★다윗의 자손 두 번 외 치다	예수의 발에 향유를 부 음(12:1-11)
후 기사	성전정화(21:12-17) ★맹인과 저는 자를 고 치심(21:14) ★어린이들: 호산나 다 윗의 자손이여	성전정화(11:15-19)	예루살렘을 보고 우심 (19:41-44) 성전정화(19:45-48)	죽어야 하는 밀알 (12:20-36)

3. 본문이해

구분	내용	비고
입성 배경 ① 향 예루살렘	1. 마태, 마가는 예수 일행이 여리고를 떠나 예루살렘 가까이에 있는 감람산에 이른다. 누가는 예수께서 예루살렘 가까이 와서(19:11) 므나의 비유를 말씀하 고 다시 예루살렘을 향하여 가는데 앞서서 가서(19:28) 감람원에 도착한다. 2. 누가는 산상에서 변형된 예수께서 승천하실 기약이 차가서 예루살렘으로 출발하였다고 한다. 그런데 그 출발 기사(9:51-56)에는 여행을 뜻하는 동사 포류오마이가 네 번 나오고(9:51,52,53,56) 또한 이렇게 시작된 여행에 대해 누가는 네 차례(9:51, 13:22, 17:11, 19:28) 언급하였는데 이제 드디어 목적 지인 예루살렘에 입성하게 된 것이다. 3. 마가의 세 번째 수난예고 기사에서도 예수께서는 '예루살렘으로 올라가는 길에 그들 앞에 서서'(막10:32) 갔다고 기록하고 있다. 죽음을 향하여 주저 없 이 앞에 서서(마가), 앞서서(누가) 가는 예수의 모습을 볼 수 있다. 요한복음 은 베다니에서 마리아가 예수의 발에 향유를 부은 다음 그 이튿날 예루살렘 으로 향한다(12:12). 4. 마태, 마가, 누가 공히 예수께서 감람산에 머무르면서 입성 준비를 한다. 그러나 요한복음에는 그런 얘기가 없다. 5. 다윗이 이스라엘의 모든 지파를 다스린 통일왕국의 수도이었던 예루살렘 을 선지자들은 메시아가 다시 나타날 장소로 보았다. 이사야서(1:8)과 미가 서(1:13), 시편(9:14)에서는 예루살렘을 '딸 시온'이라고 하는데 마태(21:5)와 요한복음(12:15)의 '시온의 딸'은 스가랴(9:9)의 인용이다.	시9:14 그리하시면 내 가 주의 찬송을 다 전 할 것이요 딸 시온의 문에서 주의 구원을 기 뻐하리이다
② 벳바게, 베다니	1. 예수 일행이 잠시 머문 곳이 마가, 누가는 벳바게(무화과 나무의 집)와 베다 니(가난한 자들의 집)라고 하고 마태는 벳바게라고 하고 있다. 예수께서 예루살 렘 입성을 준비한 곳으로써 의의가 있다고 하겠다 2. 벳바게의 위치는 정확히 어디인지 알려져 있지 않으나 베다니와 예루살렘 사 이에 있는 작은 마을로 감람산 남동쪽 기슭에 위치하였을 것으로 추정된다. 3. 베다니는 예루살렘 동쪽 여리고 가는 길목에 있는 곳으로 여러 가지 사건이 있었다.	• 나사로가 살던 곳이 베다니이다. 예수께서 는 이곳에 있는 나병환 자 시몬의 집을 방문 (마26:6, 막14:3)하여 한 여자로부터 향유 부 음을 받았다.
③ 명절에	1. 요한복음에는 예수께서 예루살렘에 상경한 시기가 명절(12:12)이라고 한다. 2. 유월절 앞에 있는 초막절(수장절, 장막절, 성막절)일 것이라는 주장이 있 다. 유월절에는 성전세 반 세겔을 내는데 유월절 한 주 전에 환전상들이 일을 마친다. 예수께서 예루살렘 입성 후 성전정화를 하는 것으로 볼 때 유월절은 아닐 것이라고 본다. 유월절 2~3주 전 초막절로 볼 수 있다.	• BC175 시리아 안티 오쿠스 에피파네스가 유다를 점령한 후 할례 와 안식일을 금하고 헬 라 문화와 생활방식을

	3. 수전절(요10:22) 즉 하누카, 봉헌절일 것이라는 주장이 있다. 마카비혁명 후 BC164년 시리아군을 격퇴하고 예루살렘을 수복하게 된다. 이방신 제사로 더럽혀진 성전을 깨끗하고 청결하게 하며 수리를 한 후 성전을 다시 봉헌한 것을 기념하는 절기이다. 유대인의 마지막 9번째의 절기로 8일간 계속되는데 하루 하나씩 초를 켠다. 하누카 역시 유월절 전이기 때문에 수전절로 가정해 볼 수 있다. 4. 예수께서는 예루살렘 성전 입성 후 성전정화를 한다. 성전정화를 제2의 하누카라고 한다면 수전절로 보아도 무방하다. 더구나 종려나무가지는 수전절과 관련이 있는 것이다.	강요했다. 성전에서 제 우스신에게 제사를 드리고 돼지고기를 사용하였다. 그래서 마카비혁명이 일어났다.
입성 준비 ① 두 제자	1. 공관복음에서 예수께서는 제자들 중에 둘을 맞은편 마을로 보낸다. 이 두 제자에 대해 야고보와 요한, 또는 방금 눈을 뜬 두 맹인 등으로 추정된다. 2. 마태의 경우에는 전 기사에서 예수께서 맹인을 고치는데 마가, 누가와 달리 두 명(20:30-34)을 고쳤다. 또한, 전 전 기사에서는 세베대의 두 아들의 어머니가 예수께 청을 한다. 더구나 마태에서 예수께서는 나귀 역시 나귀와 새끼나귀 두 마리를 부탁한다.	
② 나귀 새끼	1. 마가는 폴로스를 끌어오라고 한다. 그런데 폴로스를 말의 새끼 망아지로 보는 이들도 있다. 그러나 마가가 염두에 둔 스가랴(9:9)의 예언에는 나귀 새끼라고 되어 있고 요한복음(12:14)에도 나귀 새끼로 되어 있다. 마가에서 명확하게 나귀 새끼라고 하지 않았으나 나귀 새끼임이 틀림없다. 우리 성경에는 나귀 새끼로 되어있다. 2. 마태에는 예수께서 나귀와 나귀 새끼를 탄다. 존 메이어는 마태가 스가랴를 잘못 이해하였다고 본다. 슥9:9는 히브리어 대구법에 따라 셋째 항은 둘째 항의 단순반복이므로 하나의 동물만이 언급되어야 하는데 마태는 이 두 행을 두 마리로 언급하고 있다는 것이다. 나귀 곧 나귀 새끼를 나귀와 나귀새끼로 잘못 본 것이라고 한다. 3. 마태의 나귀와 나귀 새끼는 왕과 종이라는 두 가지 의미를 가지고 있을 수 있다. 왕은 전시에는 말을 타지만 평화 시에는 나귀를 탄다. 나귀 새끼는 멍에를 매는 나귀를 따라다니는 종이라 하겠다. 4. 그런데 개역개정도 슥9:9에서 '나귀의 작은 것 곧 나귀 새끼'라고 한 마리로 되어있다. 5. 그러나 마태는 항상 숫자 둘을 중요시 여긴다. 가다라 지방에서 귀신 들린 사람 둘(8:28)이 나오고 눈 뜬 맹인도 두 사람(20:30)이며 여기서의 제자도 두 명이고 나귀와 나귀 새끼 두 마리이다. 6. 레이몬드 브라운은 신약에는 동의적 평행법을 문자적 관심 때문에 무시하는 경향이 있다고 한다. 요19:23의 속 옷 하마티아와 :24의 속 옷 하마티스몬을 두 가지 서로 다른 종류로 취급하고 있고 또한 행4:26의 군왕과 관원들이 서로 다른 사람들로 다루어지고 있다는 것이다.	슥9:9 시온의 딸아 크게 기뻐할지어다 예루살렘의 딸아 즐거이 부를 지어다 보라 네 왕이 네게 임하시니 그는 공의로우시며 구원을 베푸시며 겸손하여서 나귀를 타시나니 나귀의 작은 것 곧 나귀 새끼니라 • 이 구절을 예로 들어 마태의 저자는 히브리어 평행법을 이해하지 못하는 이방인으로 보기도 한다.
③ 주	1. 주는 누구인가. 주는 나귀의 주인, 예수, 하나님으로 생각할 수 있다. 2. 마태, 마가, 누가 모두 만일 묻거든 주가 쓰시겠다 하라고 예수께서 일러 준다. 그런데 마태, 마가에는 첨언하여 '그리하면 즉시 보내리라'(마21:3, 막11:3)고 한다, 이 말은 그리하면 그들이 이리로 보낸다는 것이 아니다. 나귀를 가지러 간 제자들이 있는데 왜 즉시 보낸다고 하겠는가. 즉시 보낸다는 말씀은 쓰는 조건에 대한 것으로서 사용하고 난 다음 즉시 돌려보내겠다는 뜻이다. 그러므로 주는 나귀 주인도 하나님도 아닌 예수이다. 3. 여기서 주는 주 예수가 모든 것의 주인이라는 중의적 의미를 갖고 있다 하겠다.	

④ 쓰시겠다 하라	1. 징발 명령이다. 왕으로서의 예수의 권위를 나타낸다. 왕은 언제 어디서든 교통수단으로서 동물을 징발할 수 있다. 2. 사무엘은 왕을 요구하는 백성들에게 왕이 있게 되면 생길 일들 중의 하나로 왕의 징발에 대해서 말한다(삼상8:16). 2. 예수께서는 미리 알고 말씀한다. 실제로 제자들(마가) 또는 보내심을 받은 자들(누가)이 현장에서 거기 서 있던 어떤 이들이 무엇을 하느냐(마가)고 하였을 때 또는 그 임자들이 어찌하여 나귀 새끼를 푸느냐(누가)고 하였을 때 이르신 대로 말하였다(마가)고 하거나 주께서 쓰시겠다(누가)고 한다. 그래서 마가는 '허락을 받았다'(11:6)고 한다.	삼상8:16 그가 또 너희의 노비와 가장 아름다운 소년과 나귀들을 끌어다가 자기 일을 시킬 것이며
⑤ 아무도 타 보지 않은	1. 마가, 누가는 예수께서 아무도 타 보지 않은 나귀 새끼를 풀어 끌고 오라고 한다. 2. '아무도 타 보지 않은'이란 '아무도 사용하지 않은'의 의미이다. 구약에 법궤 운반하는 이야기가 있다. 그때에도 멍에를 메어보지 아니한 젖 나는 소 두 마리를 끌어다가 그 소에 수레(삼상6:7)를 메우게 한다. 또한 정결하게 하는 재를 만들기 위해 '온전하고 흠이 없고 아직 멍에 메지 아니한 붉은 암송아지'(민19:2)를 불살라 재를 만들라고 했다. 3. 이처럼 거룩한 행사에 동원되거나 정결하게 하는 데에 필요한 '아무도 타 보지 않은 나귀 새끼'를 예수께서는 원한다. 예수께서 예루살렘에 가는 목적이 메시아로서의 예루살렘 입성이다. 더럽혀진 성전을 의식해서 특별히 아무도 타 보지 않은 동물을 원하였을 수도 있다. 십자가에서 돌아가신 예수께서는 한 번도 사용한 적이 없는 무덤에 묻힌다.	• 노아가 방주 생활을 하다가 나와서 제일 먼저 한 일은 모든 정결한 짐승과 모든 정결한 새 중에 제물을 취하여 번제로 드린 것이다(창8:20-24).
⑥ 나귀 새끼의 의미	1. 나귀 새끼에 대한 스가랴의 예언에 의하면 우리에게 임할 왕은 '겸손하여서 나귀를 타시는데 나귀의 작은 것 새끼 나귀'라고 되어있다. 마태에서 예수께서는 나귀 새끼를 타심으로 스가랴 예언대로 '네 왕이 네게 임하시나니'가 실현되는 것이다. 　요한복음은 '기록된 바'라고 하며 '보라 너희 왕이 나귀 새끼를 타고 오신다 함과 같더라'(12:15)라고 스가랴의 예언을 인용한다. 그런데 제자들은 이 일을 깨닫지 못하다가 예수께서 돌아가신 후에야 깨달았다고 한다(12:16). 2. 마태는 또한 스가랴의 예언대로 '그는 겸손하여 나귀 곧 멍에 메는 짐승의 새끼를 탔도다 하라 하였느니라'(21:5)고 한다. 멍에 메는 나귀의 새끼를 타는 모습이 겸손이라는 것이다.	
예루살렘 입성 ① 누가 환호하였는가	1. 마태는 처음부터 무리(21:8)라고 한다. 그런데 그 무리는 앞에서 가고 뒤에서 따른다(21:9). 2. 마가는 많은 사람들(11:8)이다. 그들은 앞에서 가고 뒤에서 따르는 자들이다(11:9). 3. 누가는 제자들의 온 무리(19:37)이다. 그리고 바리새인들은 무리 중에 있었다(19:39). 4. 요한복음 역시 무리(12:12)인데 그들은 예수께서 명절에 예루살렘에 올라온다는 것을 들은 무리(12:12)이다. 이 무리는 종려나무 가지를 들고 맞으러 나간다(12:13). 예수를 맞으러 나온 이유에 대해 나사로를 무덤에서 불러내어 죽은 자 가운데서 살리실 때에 함께 있던 무리가 증언하는 것을 들었기 때문이라고 한다. 즉 나사로를 살린 표적 행하심을 들었기 때문에 예수를 맞으러 나왔다는 것이다(12:17-18).	• 예수께서 예루살렘에 입성한 문이 미문으로 알려져 있다. 요세푸스에 의하면 아름답게 지어졌다고 해서 미문이라고 하였다고 한다. 구약시대에는 왕의 문(대상9:18)으로 불렸고 이 문을 통해 기드론 골짜기와 감람산으로 갈 수 있다. 　사도행전에서 베드로와 요한이 구걸하던 앉은뱅이를 일으켜 세운 곳이다(행3:2,10).
② 어떻게 환호하였나	1. 공관복음서들은 제자들이 자기들의 겉옷을 벗어 나귀 위에 얹어 놓으니 예수께서 탔다고 한다. 2. 마태는 무리의 대다수가, 마가는 많은 사람이 자기 겉옷을 길게 폈다고 한다. 또한 다른 이들은 들에서 벤 나뭇가지(마가)나 나뭇가지를 베어(마태) 길	

	에 폈다고 한다. 겉옷을 길게 펴는 것은 최고의 존경의 표시이다. 3. 옷을 길게 편 사건이 구약에 있다. 선지자 엘리사에게 기름 부음을 받은 예후는 요람을 배반하고 최전방 길르앗 라못에서 바알종교를 몰아내기 위해 스스로 이스라엘의 왕이 된다. 그때 무리가 각각 자기의 옷을 급히 가져다가 섬돌 위 곧 예후의 밑에 깔고 나팔을 불며 예후는 왕이라고 한다(왕하9:1-13). 옷을 길에 깐 것은 왕으로서 예우라는 의미인 동시에 왕으로서의 선포인 것이다. 4. 요한복음에는 무리들이 종려나무 가지를 가지고 예수를 맞으러 나갔다고 한다. 이것은 마치도 마카비가 BC164년에 수리아의 안티오쿠스 에피파네스를 물리치고 예루살렘과 성전을 탈환한 후 성전을 정화하고 열었던 축제인 수전절을 연상케 한다. 마카비서(하10:7)에는 그들은 나뭇잎으로 엮은 화환과 아름다운 나뭇가지와 종려나무가지를 손에 들고 성전의 정화를 성취케 해 주신 주님께 찬미를 드렸다고 한다. 5. 시편118편 27절은 환호하는 방법에 대해 말하고 있는데 '야웨 하나님께서 우리에게 빛을 주신다. 나뭇가지 손에 들고 줄줄이 제단 돌며 춤을 추어라'(공동번역)고 한다. 요한복음에서 큰 무리가 종려나무 가지를 가지고 나아와 호산나를 외치는 장면과 흡사하다 하겠다.	**왕하9:13** 무리가 각각 자기 옷을 급히 가져다가 섬돌 위 곧 예후의 밑에 깔고 나팔을 불며 이르되 예후는 왕이라 하니라 **시118:25** 여호와여 구하옵나이다 이제 구원하소서 여호와여 우리가 구하옵나니 이제 형통하게 하소서
③ 무엇이라 외쳤는가	1. 마태, 마가에는 호산나가 두 번이지만, 누가에는 없고 요한복음에는 한 번 언급되어 있다. 호산나는 아람어로 '구해 주십시오', '도와주십시오', '지금 구원하소서'의 뜻으로서 시편에는 우리를 구해 주소서(시118:25)라고 한다. 2. 호산나는 유월절과 장막절 때 부르는 할렐 찬송(118:25)에서 외치는 환호성이다. '야웨의 이름으로 오시는 이여 찬미 받으소서'(공동번역 시118:25)라고 외치거나 또는 하나님께 외치는 환호성(시20:9)이기도 하다. 그리고 왕을 향해 외침(삼하14:4)이기도 한다. 할렐 찬양은 할렐루야의 약자로서 하나님을 찬양하라는 뜻으로 시113-118편을 말한다. 3. 마태, 마가는 '주의 이름으로 오시는 이여'라고 한다. '오시는 이'는 메시아 호칭이다. 누가는 '주의 이름으로 오시는 왕이여', 요한복음은 '주의 이름으로 오시는 이 곧 이스라엘의 왕이시여'라고 찬송한다. 누가는 예수의 탄생기사에서 천사들이 '구주가 나셨으니 곧 그리스도 주니라'고 한다. 4. 마가에서만이 사람들은 '오는 우리 조상 다윗의 나라여'라고 한다. 이것은 장차 임할 우리 조상 다윗의 나라 즉 다윗 반열의 메시아가 왕으로 지배하는 나라를 말하고 있는 것이다. 마가는 가장 높은 곳에서 호산나 하더라(11:10)고 하는데 시148편의 1절과 비슷하다. 5. 누가에는 호산나가 없다. 여기서는 '하늘에는 평화요 지극히 높은 곳에서는 영광'이라고 한다. 누가의 예수 탄생기사에는 수많은 천군 천사가 '하나님을 찬양하기를 지극히 높은 곳에서는 하나님께 영광이요 땅에서는 하나님이 기뻐하시는 사람들 중에 평화로다'(2:14)라고 한다. 탄생기사에서 하늘과 땅으로 나뉘어 있던 것이 여기서는 '하늘'과 '가장 높은 곳' 즉 하늘로 통일이 된다. 즉 평화와 영광 모두 하늘로 집중이 된다. 하나님의 구원 사역의 완성을 찬송하고 있다. 6. 요한계시록14:3에는 구원받는 자들이 새 노래를 부른다고 하며 15:3에는 그 노래의 내용이 있다.	**새번역 시118:27** 주님은 하나님이시니 우리에게 빛을 비추어 주셨다. 나뭇가지로 축제의 단을 장식하고, 제단의 뿔도 꾸며라 **공동번역 마카비상 13:51** 백 칠십일 년 이월 이십삼일에 유다인들은 종려나무 가지를 흔들며 환호 소리도 드높게 비파와 꽹과리와 거문고 소리에 맞춰 찬미와 노래를 부르면서 요새 안으로 들어 왔다. **시148:1** 할렐루야 하늘에서 여호와를 찬양하며 높은 데서 그를 찬양할 지어다
돌들이 소리 지르리라	1. 누가에는 무리 중 어떤 바리새인들이 예수께 제자들을 책망하라고 한다. 그들은 제자들이 예수를 왕이라고 찬송(19:38)하는 것이 듣기 싫었던 것이다. 누가만이 무리(마태), 따르는 자들(마가), 예수의 소문을 들은 이들(요한복음)이 아닌 '제자의 온 무리'들이 '주의 이름으로 오시는 이 곧 이스라엘의 왕이시여'라고 찬양한다.	

	2. 예수께서는 '만일 이 사람들이 침묵하면 돌들이 소리 지르리라'고 한다. 제자들은 '자기들이 본 바 모든 일로 인하여 기뻐하며 큰 소리로 하나님을 찬양'(19:37)한 것이다. 다시 말해 메시아인 예수의 구원 사역을 찬양한 것이다. 3. 예수께서는 만약 자신의 제자들이 찬양하지 않으면 돌들로 찬양하게 하겠다고 한다. 세례 요한은 회개의 합당한 열매를 맺으라고 하며 '하나님이 능히 이 돌들로 아브라함의 자손이 되게 하리라'(마3:8-9)고 하였는데 하나님의 아들인 예수께서 당연히 돌들이 소리 지르게 할 수 있는 것이다. 5. 한나 아렌트가 홀로코스트 전범 재판에서 목격한 것은 침묵, 평범한 사람들의 침묵에서 시작된 악이라고 한다. 예수께서는 하나님의 구원 계획을 위해 예루살렘에 입성한 것이다. 사람들은 악에 침묵한다. 그러나 선에 대해서도 침묵한다. 침묵을 깨기 위해서는 용기가 있어야 하고 확신이 있어야 한다. 예수께서는 '모든 능한 일로' 찬양을 받으시기에 합당하기 때문에 제자들은 기뻐하며 찬양했던 것이다. 6. 지금은 모두 찬양해야 한다. 하나님께서 메시아 예수를 통해 구원을 베푸시는 때가 이르렀기 때문이다. 마태에는 성전정화 후 아이들이 호산나 다윗의 자손이여라고 소리 지른다(마21:15-16). 이때 대제사장들과 서기관들은 예루살렘 입성 시 바리새인들처럼 노했다. 7. 누가에는 하나님의 은혜를 입은 자들이 찬양을 한다. 중풍병자와 모든 사람(5:25-26), 나인성의 사람들(7:14), 18년 동안 꼬부라져 펴지 못하던 여자(13:13), 나병을 고침 받은 사마리아인(17:15), 고침 받은 여리고의 맹인(18:43) 등이다.	합2:11 담에서 돌이 부르짖고 집에서 들보가 응답하리라 • 미투 운동 역시 침묵을 깨는 데에서 시작되었다.
입성 후	1. 마가는 예수께서 성전에 들어가서 모든 것을 둘러보았다고 한다. 예수께서 성전정화를 준비하는 모습으로 볼 수 있다. 그리고 때가 저물어 제자들을 데리고 베다니로 간다. 성내에 유숙할 곳이 마땅치 않으면 사람들은 베다니로 나왔다. 그러나 여기에서 '때가 저물었다'는 것은 시간이 늦어졌다는 의미 이외에 성전 중심의 시대가 저물었다는 의미로도 해석할 수 있다. 누가에는 예루살렘 입성 기사에 이어 예수께서 예루살렘을 보고 우는 이야기(19:41-44)가 계속된다. 2. 요한복음에서 바리새인들이 서로 말하기를 너희 하는 일이 쓸데없다고 한다. 예수를 죽이려는 시도가 여러 번 있었으나 잡지를 못한다. 예수께서 죽은 나사로를 살린 이후에는 공회가 모여 예수를 죽이려고 모의(11:53)하고 예수 있는 곳을 알거든 신고(11:57)하도록 명령을 내린다. 그런데 실제로는 점점 더 많은 유대인들이 예수를 믿게 된다(11:45, 12:11). 그래서 바리새인들이 하는 말이 '보라 온 세상이 그를 따르는 도다'(12:19)라고 한다.	

4. 심층연구

4.1 예루살렘 입성과 스가랴의 예언

구분	내용	비고
왜 감람산인가	1. 여리고를 떠난 예수 일행이 이제 예루살렘에 가까이 왔다. 감람산은 기드론 골짜기 건너 예루살렘 동부 구릉에 있는 약 800m 높이의 산이다. 예루살렘으로부터 1.1km 떨어져 있는 이 산에서 예루살렘과 성전을 한눈에 조망할 수 있다. 2. 예수 일행이 도착한 감람산은 스가랴서(14:1-4)에 의하면 중요한 종말의 사건이 일어나는 장소이다. 주의 발이 이르고 이방 나라들과 예루살렘이 전쟁을 한다. 하나님은 그 전쟁에 나가서 이방 나라들을 물리치게 하는데 '그 날에 그의 발이 예루살렘 앞 곧 동쪽 감람산에 서실 것이요 감람산은 그 한 가운	• 중국의 감람나무와 성경의 감람나무는 다르다. 새번역과 공동번역 개정은 감람산 대신 올리브산으로 번역하고 있다.

	데가 동서로 갈라져 매우 큰 골짜기가 되어서 산 절반은 북으로 옮기고 절반은 남으로 옮기고 그 산골짜기는 아셀까지'(슥14:4-5상) 미치게 된다고 한다. 이것은 하나님이 전쟁에서 승리하는 정의의 날이자 악한 이들을 징계하는 심판의 날에 하나님의 발이 올리브산에 있게 된다는 것을 말하고 있다.	누가는 감람원(19:29, 행1:12)이라고 부른다.
왜 나귀 새끼인가	1. 마태와 요한복음은 스가랴 9장 9절을 직접 인용하는데 앞부분 즉, '시온의 딸에게 이르라'는 이사야서(62:11)가 그 배경이라 하겠다. 2. 스가랴서(9:9)에는 '네 왕이 네게 임하시나니 그는 공의로우시며 구원을 베푸시며 겸손하여서 나귀를 타시나니 나귀의 작은 것 곧 나귀 새끼니라'고 하였다. '네게 임하시는 네 왕'은 메시아인데 스가랴는 왕으로 오시는 메시아의 출현을 예고하고 있다. 그러나 그 왕은 탈 수 있는 것 중에 가장 작은 동물인 나귀 새끼를 타고 온다는 것이다. 그 이유는 겸손하기 때문이라고 한다. 이 모습은 다윗의 왕위를 물려받을 예수께서 강보에 싸여 구유에 뉘어 있는 모습을 연상하게 된다. 가장 낮은 자들과 함께 가장 낮은 자세로 오는 예수이다. 3. 예수께서는 스스로 메시아 출현을 준비한다. 나귀 새끼를 끌어오게 하고 그 위에 탄다. 창세기에는 유다 지파에 관한 야곱의 예언이 나온다. 그들은 전쟁에서 승리하여 번창할 것이고 왕의 지파(다윗 등)가 될 것이라고 한다(창49:8-12). 그들이 풍요를 누리는 모습으로 나귀와 암나귀 새끼를 포도나무에 매는 이야기(창49:11)가 있는데 스가랴서에서 우리에게 '오시는 왕이 겸손하여 나귀 새끼를 타시는' 모습을 연상하게 한다.	사62:11 여호와께서 땅 끝까지 선포하시되 너희는 딸 시온에게 이르라 보라 네 구원이 이르렀느니라 상급이 그에게 있고 보응이 그 앞에 있느니라 하셨느니라
왜 왕인가	1. 스가랴가 예언하다. 　'네 왕이 네게 임한다'고 하다. 당연히 우리의 왕으로 오는 메시아라 하겠다. 2. 사람들이 왕이라고 한다. 　그런데 누가에서는 '주의 이름으로 오시는 왕이여'(19:38), 요한복음에서는 '주의 이름으로 오시는 이스라엘의 왕이여'(12:13)라고 한다. 3. 마태, 마가, 요한복음의 무리들은 호산나를 외친다. 　구약의 드고아 여인(삼하14:4)은 '얼굴을 땅에 대고 엎드려 왕이여 도우소서'(호산나)라고 하고 또한 아람 왕이 사마리아를 포위하였을 때 이스라엘 왕이 지나가는 것을 보고 한 여인(왕하6:26)이 '나의 주 왕이여 도우소서'(호산나)라고 한다. 무리들은 왕으로 오는 메시아 예수에게 호산나를 외친 것이다. 4. 이스라엘 왕의 호칭이다. 　마태는 무리의 대다수가 메시아 칭호인 다윗의 자손이라고 부르며 이스라엘의 왕으로서 환영하고 있다. 마가는 많은 사람들이 '찬송하리로다 우리 조상 다윗의 나라여'라고 한다. 역시 예수의 왕적인 권위와 역할을 기대하는 찬송이다. 5. 왕을 상징하는 예우를 한다. 　마태, 마가, 누가는 예수께서 왕임을 상징적으로 보여주고 있다. 사람들이 겉옷을 길에 펴거나 나뭇가지를 베어 길에 편다. 6. 수태고지에서 말했다. 　천사 가브리엘이 마리아에게 수태고지를 할 때 이미 아기 이름을 예수라고 하면서 하나님께서 그 조상 다윗의 왕위를 주겠고 영원히 야곱의 집을 왕으로 다스리실 것이라고 한다(눅1:32-33). 계속해서 누가는 요셉도 다윗의 족속(2:4)이라고 하는데 예수께서는 다윗의 동네 베들레헴에서 태어난다(2:11). 7. 탄생 후 유대인의 왕을 찾는다. 　마태는 '아브라함과 다윗의 자손 예수 그리스도'라고 처음부터 말하고 기록을 시작하고(1:1) 또한 동방박사들은 예루살렘에 도착하여 유대인의 왕(2:2)으로 나신 이를 찾는다.	• 그리스도 왕: 신앙고백으로 교황 피우스 11세는 그리스도는 지상 모든 것에 대해 주권을 지닐 왕이라고 하며 그리스도의 구원적 역할을 강조하였다. 가톨릭의 그리스도 왕 대축일(대림절 직전 주일)은 1925년 교황 비오II세가 제정하였다. • 감리교회는 성령강림절 마지막 주일을 왕국주일로 지키고 있다. 마2:2 유대인의 왕으로 나신 이가 어디 계시냐 우리가 동방에서 그의 별을 보고 왔노라 하니

8. 왕의 퍼레이드다.

　예수께서 예언대로 준비하고 제자들이 진행하였으며 일단의 무리들이 참가한 입성 퍼레이드다. 개선장군에 비하면 초라하지만 겸손한 왕으로 나귀를 타고, 옷과 나뭇가지를 땅에 펴서 왕으로서의 예우를 받으며, 왕에게 하는 호산나 연호를 받으며 예수께서 예루살렘에 입성한 것이다.

9. 왕으로 오는 메시아, 왕으로 등극한 예수.

　스가랴 예언이 현실에서 실현이 되었다. 예수께서는 겸손한 왕(마21:5), 평화의 왕(눅19:38), 이스라엘의 왕(눅19:38, 요12:13), 메시아 왕(슥9:9)으로 이제 성도 예루살렘에 입성한 것이다.

4.2 다윗의 자손과 맹인

구분		마태	마가	누가
족보		• 다윗의 자손 예수 그리스도 (1:1)		
두 맹인을 고치심		• 다윗의 자손이여 우리를 불쌍히 여기소서(9:27)		
가나안 여자		• 주 다윗의 자손이여 나를 불쌍히 여기소서(15:22)	(수로보니게 여자 7:26)	
여리고 맹인		• 주여 우리를 불쌍히 여기소서 다윗의 자손이여(20:30,31-두 사람, 두 번)	• 다윗의 자손 예수여 나를 불쌍히 여기소서(10:47) • 다윗의 자손이여 나를 불쌍히 여기소서(10:48)	• 다윗의 자손 예수여 나를 불쌍히 여기소서(18:38) • 다윗의 자손이여 나를 불쌍히 여기소서(18:39)
예루살렘 입성		• 호산나 다윗의 자손이여 찬송하리로다(21:9)		
그리스도는 누구의 자손이냐		• 너희는 그리스도에 대해 어떻게 생각하느냐 누구의 자손이냐 대답하되 다윗의 자손이니이다 (22:42) • 다윗이 그리스도를 주라 칭하였은즉 어찌 그의 자손이 되겠느냐 하시니(22:45)	• 어찌하여 서기관들이 그리스도를 다윗의 자손이라 하느냐 (12:35하) • 다윗이 그리스도를 주라 하였은즉 어찌 그의 자손이 되겠느냐 (12:37상)	• 예수께서 그들에게 이르시되 사람들이 어찌하여 그리스도를 다윗의 자손이라 하느냐(20:41) • 그런즉 다윗이 그리스도를 주라 칭하였으니 어찌 그의 자손이 되겠느냐하시니라(20:44)
기타	소경을 고치신 일	• 갈릴리에서 장애인, 맹인, 농아 등을 고치심(15:29-31) • 성전정화 후 맹인과 저는 자를 고치심 (21:14)	• 벳새다의 맹인을 고치심 (8:22-26)	

1. 다윗의 자손이라는 호칭은 대대로 메시아를 가리키는 말이었다.

2. 마태, 마가, 누가에서 맹인을 고친 이야기에는 '다윗의 자손 예수여 나를 불쌍히 여기소서'라는 외침이 있다. 그런데 여리고에서는 두 번씩이나 외친다.

3. 마태, 마가, 누가 모두 여리고에서 맹인을 고친 일은 세 번째 수난예고와 예루살렘 입성 사이에 위치해 있다. 요한복음에도 나면서부터 소경이었던 자를 고친 이야기(9:1-38)가 있다.

4. 마태에는 소경 두 사람을 두 번 즉 모두 네 명을 고친다. 마태의 두 번째 두 맹인들 고친 기사는 여리고에서 있었던 일로 공관복음 공통기사이다. 마태는 맹인 두 사람(20:30)이라고 하였으나 마가는 디메오의 아들 맹인 거지 바디매오(10:46)라

고 하고 누가는 이름 없이 길가에서 구걸하는 한 맹인(18:35)이라고 한다. 맹인들은 예수께서 지나간다는 말을 듣고 소리지른다.

5. 마태에는 맹인을 고친 이야기가 가장 많다. 메시아로서의 예수를 강조한 것이다. 그래서 고침을 원하는 맹인들은 다윗의 자손이여를 외친다. 맹인의 눈이 밝아지는 것은 메시아의 구원 사역(사35:5)이다. 마태는 처음에 두 맹인의 눈이 밝아졌다고 한다(9:30). 이사야서에는 하나님께서 메시아를 통해 눈먼 자들의 눈을 밝히시겠다(사42:7)고 한다. 또한, 내가 맹인들을 인도하여 암흑이 그 앞에서 광명이 되게 할 것이다(사42:16)고도 한다. 누가에서는 이런 이유로 여리고의 한 맹인은 보게 되자 곧 하나님께 영광을 돌렸고 백성들도 다 이를 보고 하나님을 찬양(18:42-43)하였다고 한다.

6. 비록 보지는 못하지만, 예수가 다윗의 자손 즉 메시아라는 것을 알고 있었던 맹인들은 예수께서 지나간다는 말을 듣고 '다윗의 자손 예수여 우리를 불쌍히 여기소서'라고 외치는데 예수께서는 네 믿음이 너를 구원하였다(막10:52, 눅18:42)고 한다.

7. 고침을 받은 맹인은 예수를 따른다. 나귀와 나귀 새끼를 구해 오는 마태에서의 두 제자들은 바로 고침을 받았던 두 맹인일 수 있다. 또한, 누가에서는 제자들이 '자기들이 본 바 모든 능하신 일로 인하여 큰 소리로 하나님을 찬양'(19:37)하였다고 하는데 그들이 본 모든 능한 일에는 맹인을 고친 일도 포함된다.

제27절 ❀ 성전정화

1. 본문비교

<table>
<tr><th colspan="2">구분</th><th>마태(21:12-17)</th><th>마가(11:15-19)</th><th>누가(19:45-48)</th><th>요한(2:13-22)</th></tr>
<tr><td rowspan="8">성전정화</td><td>배경</td><td></td><td>11:15상 그들이 예루살렘에 들어 가느니라</td><td></td><td>2:13 유대인의 유월절이 가까운지라 예수께서 예루살렘으로 올라 가셨더니</td></tr>
<tr><td>성전에 들어가서</td><td>21:12상 예수께서 성전에 들어가사</td><td>:15중 예수께서 성전에 들어가사</td><td>19:45상 성전에 들어 가사</td><td>:14 성전 안에서 소와 양과 비둘기 파는 사람들과 돈 바꾸는 사람들이 앉아 있는 것을 보시고</td></tr>
<tr><td>엎으시다</td><td>:12하 성전 안에서 매매하는 모든 사람들을 내쫓으시며 돈 바꾸는 사람들의 상과 비둘기 파는 사람들의 의자를 둘러엎으시고</td><td>:15하 성전 안에서 매매하는 자들을 내쫓으시며 돈 바꾸는 자들의 상과 비둘기 파는 자들의 의자를 둘러엎으시며</td><td>:45하 장사하는 자들을 내쫓으시며</td><td>:15 노끈으로 채찍을 만드사 양이나 소를 다 성전에서 내쫓으시고 돈 바꾸는 사람들의 돈을 쏟으시며 상을 엎으시고</td></tr>
<tr><td>통행을 막다</td><td></td><td>:16 아무나 물건을 가지고 성전 안으로 지나다님을 허락하지 아니하시고</td><td></td><td></td></tr>
<tr><td>내 집은 기도하는 집이다</td><td>:13상 그들에게 이르시되 기록된 바 내 집은 기도하는 집이라 일컬음을 받으리라 하였거늘</td><td>:17상 이에 가르쳐 이르시되 기록된 바 내 집은 만민이 기도하는 집이라 칭함을 받으리라</td><td>:46상 그들에게 이르시되 기록된 바 내 집은 기도하는 집이 되리라 하였거늘</td><td>:16상 비둘기 파는 사람들에게 이르시되 이것을 여기서 가져가라</td></tr>
<tr><td></td><td>13하 너희는 강도의 소굴을 만드는도다 하시니라</td><td>:17하 너희는 강도의 소굴을 만들었도다 하시매</td><td>46하 너희는 강도의 소굴을 만들었도다 하시니라</td><td>:16하 내 아버지의 집으로 장사하는 집을 만들지 말라 하시니</td></tr>
<tr><td>성전에서 하신 일</td><td>:14 맹인과 저는 자들이 성전에서 예수께 나아오매 고쳐주시니</td><td></td><td>:47상 예수께서 날마다 성전에서 가르치시니</td><td></td></tr>
<tr><td>의미</td><td></td><td></td><td></td><td>:17 제자들이 성경 말씀에 주의 전을 사모하는 열심이 나를 삼키리라 한 것을 기억하더라</td></tr>
<tr><td rowspan="1">지도자들의</td><td>노하다</td><td>:15 대제사장들과 서기관들이 예수께서 하시는 이상한 일과 또 성전에서 소리 질러 호산나 다윗의 자손이여 하는 어린이들을 보고 노하여</td><td></td><td></td><td></td></tr>
</table>

반응과 대응	죽이려 꾀하다		:18상 대제사장들과 서기관들이 듣고 예수를 어떻게 죽일까 하고 꾀하니	:47하 대제사장들과 서기관들과 백성의 지도자들이 그를 죽이려고 꾀하되	
	무리 백성들		:18하 이는 무리가 다 그의 교훈을 놀랍게 여기므로 그를 두려워함일러라	:48 백성이 다 그에게 귀를 기울여 들으므로 어찌할 방도를 찾지 못하였더라	
	표적을 보이라				:18 이에 유대인들이 대답하여 예수께 말하기를 네가 이런 일을 행하니 무슨 표적을 우리에게 보이겠느냐 :19 예수께서 대답하여 이르시되 너희가 이 성전을 헐라 내가 사흘 동안에 일으키리라 :20 유대인들이 이르되 이 성전은 사십육 년 동안에 지었거늘 네가 삼 일 동안에 일으키겠느냐 하더라 :21-22 그러나 예수는 성전된 자기 육체를 가리켜 말씀하신 것이라 죽은 자 가운데서 살아나신 후에야 제자들이 이 말씀하신 것을 기억하고 성경과 예수께서 하신 말씀을 믿었더라
그 후		:17 그들을 떠나 성 밖으로 베다니에 가서 거기서 유하시니라	:19 그리고 날이 저물매 그들이 성 밖으로 나가더라		

2. 본문의 차이

구분	마태	마가	누가	요한
시기	공생애 말기	공생애 말기	공생애 말기	공생애 초기
때				유월절이 가깝다(2:13)
입성과 성전정화	첫째 날: 입성과 같은 날	둘째 날: 입성 후 베다니로 나가셨다가 다시 들어오다(11:11)	첫째 날: 입성과 같은 날	입성과 관계없이 다른 날 명절이라 상경하다

성전정화	대상	• 매매하는 모든 사람 • 돈 바꾸는 사람 • 비둘기 파는 사람	• 매매하는 자들 • 돈 바꾸는 자들 • 비둘기 파는 자들	• 장사하는 자들	• 소, 양, 비둘기 파는 사람 • 돈 바꾸는 사람
	방법 1단계	• 매매하는 모든 사람을 내쫓고 • 돈 바꾸는 사람들의 상과 비둘기 파는 사람들의 의자를 둘러 엎다	• 매매하는 자들을 내쫓고 • 돈 바꾸는 자들의 상과 비둘기 파는 자들의 의자를 둘러 엎다	• 장사하는 자들을 내쫓으시다	• 노끈으로 채찍을 만들다 • 양이나 소를 성전에서 내쫓다 ·돈 바꾸는 사람들의 돈을 쏟으시고 상을 엎다
	방법 2단계		• 아무나 물건을 가지고 성전으로 지나다님을 허락하지 아니하다		• 비둘기 파는 이에게 여기서 가져가라고 하다
	예수의 말씀	• 내 집은 기도하는 집 • 너희는 강도의 소굴을 만들었도다	• 내 집은 만민이 기도하는 집 • 너희는 강도의 소굴을 만들었도다	• 내 집은 기도하는 집 • 너희는 강도의 소굴을 만들었도다	• 내 아버지의 집으로 장사하는 집을 만들지 말라
	그 후의 일	• 맹인과 저는 자를 고쳐 주다		• 날마다 성전에서 가르치다	
	의미				주의 전을 사모하는 열심이 나를 삼키리라
지도자들의 반응과 대응	노하다	• 대제사장들과 서기관들 • 예수께서 하는 일과 성전에서 어린이들이 호산나 다윗의 자손이여 라고 소리 지른 일에 대해 • 어린아기와 젖먹이들의 입에서 나오는 찬미를 온전하게 하셨다고 예수께서 대구하다.			
	죽이려 꾀하다		• 대제사장들과 서기관들 • 성전정화 때문에 • 어떻게 죽일까 하고 꾀하다	• 대제사장들과 서기관들과 백성의 지도자들 • 성전정화보다 성전에서 날마다 가르쳐서 ·죽이려 꾀하다 • 백성들과 다 그에게 귀를 기울여 어찌할 방도를 찾지 못하다	
	표적을 보이라				• 유대인들은 성전정화 행위에 대해 그런 행동의 권한이 있는지 알 수 있게 하는 표적을 요구한다

					• 예수께서는 너희가 성전을 헐면 사흘 동안에 일으키겠다고 하다 • 자신의 죽음과 부활을 비유적으로 언급하다
후	그 날	베다니에 가서 유하시다	성 밖에 나가시니라		
참고	입성	예루살렘 입성	예루살렘 입성 무화과 저주 (11:12-14)	예루살렘 입성 예루살렘 멸망예언 (19:39-44)	예루살렘 입성 가나 혼인 잔치 기적 (2:1-12)
	정화	성전정화(21:12-17)	성전정화(11:15-19)	성전정화(19:45-48)	성전정화(2:13~22)
	후기사	무화과 저주 (21:18-22)	무화과 저주 (11:20-25)	포도원주인 아들 비유 (20:1-19)	니고데모와의 대화 (3:1-21)

3. 본문이해

구분	내용	비고
배경	1. 공관복음에서 예수의 예루살렘 여행은 입성함으로 끝이 났다. 2. 마태에서 예수께서는 첫 번째 수난예고에서 처음으로 예루살렘에서 수난받을 것을 말씀한다. 세 번째 수난예고에서 예수께서 말씀하기를 '보라 우리가 예루살렘을 올라가노니'라고 한다. 그런데 누가에서의 예수께서는 이미 출발(9:51)하였다. 3. 누가에서의 예수께서는 산에서 변형되고(9:28-36) 두 번째 수난예고를 한 후(9:43-45) 예루살렘을 향하여 간다. 누가는 '예수께서 승천하실 기약이 차가매 예루살렘을 향하여 올라가기로 굳게 결심하시었다'(9:51)고 한다. 4. 요한복음에서 예수께서는 네 번 예루살렘에 간다. 유월절이 가까워서(2:13), 유대인의 명절이 되어(5:1), 초막절이어서(7:2,10), 수전절이어서(10:22)라고 한다. 공관복음은 예수께서 갈릴리 전도에 집중하느라 예루살렘 상경이 한 번뿐인데 그것도 수난을 받으러 즉 죽으러 가는 길이다. 반대로 요한복음은 예수께서 예루살렘 중심으로 활동을 하였다고 한다. 5. 세 번째 수난예고와 예루살렘 입성 사이에 마태, 마가에서의 예수께서는 맹인을 고친 다음에 입성한다. 그러나 누가에서는 맹인을 고치고 세리장 삭개오를 구원하고 므나의 비유를 든 다음에 입성한다. 요한복음은 죽은 나사로를 살리고 베다니에서 발에 향유 부음을 받은 후 예루살렘에 다시 입성한다.	• 공생애 초기의 성전정화에 대해: 　요한복음은 성전정화가 예수 공생애의 초기라고 한다. 요한은 진리에 관심이 컸다. 예수의 연대적 기록보다는 하나님의 아들로서 한 일에 관심을 두고 정리하였다. 그래서 가나 혼인 잔치에서 물로 포도주를 만든 것이나 성전정화를 한 것을 앞에 기록하였다고 하겠다.
각 복음서의 특징	1. 성전정화는 성전 전체를 전복시키는 예수의 예언자적 행위이고 신앙공동체로서의 새 성전에 대한 비전과 연결된 상징적 행위이다. 2. 마태는 예루살렘 입성 후 바로 성전정화가 있고 그리고 예수께서 무화과나무에 대해 저주를 한다. 3. 마가는 예루살렘 입성 후 '성전에 들어가서 둘러보시고'(11:11) 날이 저물어서 베다니로 가고 다음날 오전 베다니에서 나오면서 무화과나무를 저주하고 성전정화를 한 후 오후에 무화과나무가 마른 것을 보게 된다. 예루살렘에서의 유일한 기적이다. 무화과나무 저주 기사가 성전정화사건을 감싸고 있는 형태이다. 이는 무화과나무의 저주와 성전정화가 밀접히 관련하여 있다는 것을 암시하고 있다. 여기에서의 무화과나무는 이스라엘 백성이 아니라 믿음이 말라버린 유대교 지도자들이라 하겠다.	<요한복음에서의 유월절 언급> • 성전정화 시: 유월절이 가깝다(2:13-22) • 오천 명을 먹이심: 유월절이 가깝다(6:4-15) • 공회 예수 상경 대기: 유월절이 가깝다(11:55)

	4. 누가에서 예수께서는 예루살렘에 입성한 후 예루살렘을 보고 울고 (19:41-44) 난 다음에 성전정화를 한다. 성전멸망 예고(21:5-6)와 예루살렘 멸망징조(21:7-24)를 별개로 다룬 것은 누가만의 기사이다. 여기서도 예루살렘을 보고 우는 예수께서 연관성을 가지고 일관되게 성전정화를 한 것을 볼 수 있다.	• 베다니 마리아 향유를 부음: 유월절 엿새 전 • 제자들 발을 씻기심: 유월절 전(12:1)
	5. 요한복음에는 모두 유월절, 초막절, 수전절, 명절들 네 번 상경한 기록이 있다. 이로 인해 예수의 성전정화가 두 번 있었는지 동일한 사건에 대한 다른 배치인가 하는 토론이 있으나 한 번 있었던 사건으로 이해되고 있다. 아마도 성전정화가 갖고 있는 중요성 때문에 앞에 배치하였을 것으로 보여진다.	• 유월절은 니산월 15일 -우리나라 4월 중순에 해당한다.
	6. 요한복음은 공생애 사역 초기 활동으로 성전정화를 소개하고 있다. 유월절이 가까워 예수께서 예루살렘에 올라갔다가 성전에서 장사하는 이들을 보고 한 일이라고 한다(2:13-14).	
성전구조 이해	1. 성전 뜰 입구는 남쪽에 두 개가 있고 북쪽에는 북문이 있으며 북문 밖에는 안토니오 성채가 있다. 동쪽에는 황금 문이 있고 서쪽에는 서문이 있다. 높이로 보면 맨 아래 뜰이 이방인을 위한 공간이고 담 위에 여인의 뜰, 계단 위가 이스라엘인의 뜰과 그리고 제사장의 뜰이 있는데 여기에 제단과 성소와 지성소가 있다.	• 예루살렘 성전은 디도 장군(후에 티투스 황제 재위79~81)에 의해 AD70년에 파괴되다. 그리고 그 자리에 하드리아누스 황제(재위 117-138)에 의해 로마식 신전이 건설된다.
	2. 개역개정에서의 마태, 마가, 누가는 예수께서 '성전에 들어가서'(마21:12, 막11:15, 눅19:45, 요2:14) 라고 하고 요한복음은 '성전 안에서'라고 한다. 그러나 공동번역에서의 마태, 마가, 누가는 '성전 뜰에서'라고 하고 요한복음에서는 '성전 뜰에서'라고 한다. 그런데 예수께서 성전정화를 한 곳은 성전이나 성전 안이 아니라 성전 뜰이다.	
	3. 개역개정에서의 마태, 마가는 같은 절에서 '성전 안에서' 그리고 요한복음에서는 다음절인 2:15에서 '성전에서' 매매하는 자들을 내쫓으셨다고 한다. 그러나 새번역에서의 마태, 마가는 '성전 뜰 안에서' 요한복음은 '성전 뜰'이라고 한다. 성전 안과 성전 뜰은 완전히 다른 공간이다.	• 이슬람사원인 바위 사원은 성전 뜰에 691년 우마이야 왕조의 압드 알 말릭이 건축했는데 황금색을 칠해서 황금돔사원으로 불리기 시작했다.
	4. 이방인의 뜰은 스룹바벨 성전을 확장한 헤롯 성전 사이의 공간으로 두 성전 벽 사이의 공간을 말한다. 성전 자체에는 이방인의 뜰이라는 명칭의 공간이 없다.	
	5. 요한계시록에는 성전측량 기사(11:1-2)가 있다. 여기에서 측량하지 말아야 할 것으로 '성전 바깥마당'을 말하고 있는데 '이것을 이방인에게 주었은즉'이라고 한다. 헤롯이 성전에 덧붙인 바깥마당은 이방인의 공간이라고 한다.	
	4. 이방인의 뜰은 이방인에게 출입이 허용되었다는 것이지 그들이 기도하고 예배드리는 공간이라는 것은 아니다. 유대교로 개종한 이방인들은 소정의 절차에 따라 유대인들처럼 예배를 드릴 수 있었다. 성전 뜰은 성전제사를 준비하는 기능을 가지고 있다.	
	5. 유대인들은 바울이 헬라인을 데리고 성전에 들어가서 거룩한 곳을 더럽혔다(행21:28)고 거짓으로 선동하여 그를 죽이려고 한다. 또한, 그들은 벨릭스 총독 앞에서도 계속해서 바울이 성전을 더럽게 하였다(행24:6)고 주장한다. 이처럼 성전에 들어간 이방인도 죽이지만 함께 성전에 데리고 간 자도 죽였다.	
성전정화 ① 돈 바꾸는 사람	1. 누가는 성전정화 기사에서 돈 바꾸는 사람, 비둘기 파는 사람 구별 없이 간단하게 장사하는 자들을 내쫓았다(19:45)고 한다.	• 예루살렘 주위 30km 이내에 사는 유대인 장년 남자들은 유월절에 참여해야 한다.
	2. 19세 이상의 유대인은 반 세겔의 성전세(출30:14-15)를 내야 한다. 성전세는 두로의 세겔(Tyrian Shekel)로 내야 했다. 로마 화폐에는 황제의 초상	

	이 들어 있어서 성전세로 낼 수 없었다. 그러나 세겔에도 헤라크레스와 독수리 문양이 있었다고 한다. 그런데도 당시 랍비들이 두로 세겔을 성전납부용으로 인정한데에는 이런 형상들보다 순도와 무게가 중요했기 때문으로 보인다. 두로의 세겔은 순도 94%로 14.4그램이었다고 한다. 외국에서 오는 유대인들은 여행 편의상 고액권으로 돈을 가져오기 때문에 돈 바꾸는 사람이 있어야 했다. 또한 각 지역에서 온 사람들은 각각 다른 돈을 가져오기 때문이다. 이때 환전상들은 반 세겔의 환전의 대가로 24분의 1 세겔을 대가로 받았는데 이것을 환전수수료 즉 콜본(kolbon)이라고 한다. 3. 마태, 마가, 요한복음에서 예수께서는 돈 바꾸는 사람들의 상을 엎었다. 그런데 요한복음은 돈 바꾸는 사람들의 돈을 쏟으며 상을 엎었다고 한다 (2:15). 4. AD66 유대인 반란 후 세겔을 네 차례 주조했는데 여기에는 '이스라엘의 세겔 성스러운 예루살렘'이라고 새겨있었다고 한다.	• 히브리 가상도서관은 콜본의 어원이 의심스러운데 아마도 헬라어 '작은 동전'이라는 말에서 오지 않았을까 라고 한다.
② 소, 양, 비둘기 파는 사람	1. 마태, 마가는 비둘기 파는 사람들을 말하고 있다. 그런데 요한복음은 소, 양, 비둘기 파는 사람들을 언급하고 있다. 비둘기는 해산한 여인이나 성한 문둥이가 결례로 드렸다고 한다(레12:8, 14:22, 15:14,29). 아기 예수께서도 정결예식의 날이 되어 예루살렘에 가서 할례를 받는데 그 때에 비둘기 두 마리를 가져갔다(눅2:22-24). 2. 성전에서 여러 가지 이유로 제사를 드려야 하는 사람들은 제물을 구해야 한다. 성전 뜰에서는 제물로 드릴 제물 이외에도 성전제사에 필요한 기름, 가루, 소금, 포도주 등을 팔았을 것이다. 제물은 당연히 흠 없는 것이어야 한다. 그런데 성전 뜰에서 파는 것은 이미 성전관리들로부터 검사를 받은 것들이었다. 제물 구입은 편하지만 대신 값은 비쌌다. 3. 마태, 마가에서 예수께서는 비둘기 파는 사람의 의자를 둘러 엎는다. 누가는 그냥 그들을 내쫓았다고 한다. 그런데 요한복음은 소와 양과 비둘기 파는 사람들을 보고(2:14), 노끈으로 채찍을 만든다(2:15). 4. 성전 내에는 무기는커녕 몽둥이도 사용할 수 없다. 그래서 소와 양을 몰아내기 위해서 노끈으로 채찍을 만들었을 것이다. 노끈으로 만든 채찍의 위력에 대해서는 알 수 없으나 여기서는 예수의 분노에 대한 상징이라고 보아야 할 것이다. 5. 요한복음은 양이나 소를 다 성전에서 내쫓으시었다(2:15)고 하고 또한 공관복음과 달리 '비둘기 파는 사람들에게는 이것을 여기서 가져가라'고 한다.	• 가룟 유다가 받은 은 30도 두로 세겔이라고 한다. • 요한복음에는 소와 양 파는 사람들이 언급되어 있다. 그러나 당시에 소와 양은 감람산 아래에서 주로 거래되었다고 하며 이곳을 안나스의 바자라고도 한다.
예수의 말씀 ① 내 집은 만민이 기도하는 집이다 : 이사야	1. 마태, 마가, 누가 모두 예수께서 '내 집은 기도하는 집'이라고 하는데 마가는 이사야 말씀(사56:7)대로 '만민이 기도하는 집'이라고 한다. 마태는 기도하는 집이라 '일컬음을 받으리라'(21:13)고 하고, 마가는 '칭함을 받으리라'(11:17)고 하며 누가는 '집이 되리라'(19:46)고 한다. 2. 기도하는 집으로서의 성전의 기능을 강조한 것은 기존 성전의 기능에 대해 의문을 표시하는 동시에 새롭게 재고해야 하는 기능으로서 기도를 말씀하고 있다고 보아야 할 것이다. 3. 누가가 성전정화에 대해서는 간단히 언급하지만 기도하는 집에 대해서는 마태, 마가와 같은 입장이다. 누가는 처음부터 기도하는 예수의 모습을 강조하고 있다. 한적한 곳에서 기도(5:16) 하고, 열두 제자를 택하시기 전 산에서 기도(6:12)하고 기도한 후(11:1) 제자들에게 기도를 가르치고 첫 번째 수난예고를 하기 전에 따로 기도하고(9:18) 변화산에 기도하러(9:28) 올라가서 기도하고(9:29) 항상 기도하고 낙심하지 말아야 할 것을 비유로 말씀(18:1)하고 심판날에 인자 앞에 서도록 기도하고(21:36) 감람산에서 제자들에게 유혹에 빠지지 않게 기도하라(22:40)하고, 그들을 떠나 무릎을 꿇고 기도(22:41)하고 시험에 들지 않게 일어나 기도하라(22:46)는 등이다.	렘7:4 너희는 이것이 여호와의 성전이라. 여호와의 성전이라 여호와의 성전이라는 거짓말을 믿지 말라 렘7:8-11 보라 너희가 무익한 거짓말을 의존하는도다 너희가 도둑질하며 살인하며 간음하며 거짓 맹세하며 바알에게 분향하며 너희가 알지 못하는 다른 신들을 따르면서 내 이름으로 일컬음을 받는 이 집에 들어와서 내 앞

	4. 예수께서 기도를 가르치고(마6:9-13, 눅11:2-4) 기도의 자세에 대해 비유로 가르치며(눅18:1-14), 겟세마네에서 기도(마26:36-46, 막14:32-34, 눅22:39-46)하고 또한 자신과 제자들을 위한 중보기도(요17:1-26)를 한다. 사복음서는 예수께서 기도하는 모습을 강조하여 소개하고 있다.	에 서서 말하기를 우리가 구원을 얻었나이다 하느냐 이는 이 모든 가증한 일을 행하려 함이로다 내 이름으로 일컬음을 받는 이 집이 너희 눈에는 도둑의 소굴로 보이느냐 보라 나 곧 내가 그것을 보았노라 여호와의 말씀이니라
② 강도의 소굴을 만들었도다 : 예레미야	1. 마태, 마가, 누가는 예레미야의 예언(렘7:11)을 인용하여 '너희는 이 집을 강도의 소굴로 만들었도다'라고 한다. 요한복음은 내 아버지의 집으로 장사하는 집을 만들지 말라(2:16)고 한다. 2. 예레미야에는 '이것이 여호와의 성전이라, 여호와의 성전이라 여호와의 성전이라 하는 거짓말을 듣지 말라'(7:4)고 한다. 이어서 '내 이름으로 일컬음 받는 이 집이 너희의 눈에는 도둑의 소굴로 보이느냐'(7:11)고 한다. 성전이 도둑의 소굴로 보이는 이유가 도둑질, 간음, 거짓 맹세, 우상 숭배하는 자들이 성전에 들어와서는 구원을 얻었다고 가증한 일을 행하기 때문이라고 한다. 3. 예레미야는 강도가 아닌 도둑을 말한다. 그러나 여기서는 도둑과 강도의 차이가 없다. 성전을 성전답지 않도록 내버려 두거나 아니면 그렇게 되도록 허락하는 자들은 도둑이고 강도인 것이다. 예레미야의 하나님은 성전정화를 예고하고 있다. 4. 도둑이나 강도는 남의 재산을 훔치거나 빼앗는 자들이다. 강도의 소굴은 타인의 재산을 탈취하려는 사람들이 많이 모여 있는 곳이라는 의미이다. 당시 성전에서 상행위 즉 환전이나 제물의 매매 등이 갈취적, 착취적, 탈취적이어서 강도의 소굴로 볼 수 있었을 것이다. 5. 여기서 강도는 구체적으로 누구인가, 장사하는 사람들인가. 예수께서는 성전을 상업적 도구의 일환으로 만든, 그리고 이익창출의 도구로 만든 성전 관련 일을 하는 유대 종교지도자들 즉 성전권력자들이라고 한다.	
③ 장사하는 집을 만들지 말라: 스가랴	1. 요한복음은 공관복음서와 달리 내 집은 기도하는 집이라던가 너희는 강도의 소굴로 만들었다는 말씀이 없다. 2. 요한복음은 '내 아버지의 집으로 장사하는 집을 만들지 말라'(2:16)고 한다. 주의 성전이 장사꾼들의 장터가 되었다는 것이다. 스가랴는 메시아가 오면 성전을 이전보다 영광스러운 곳으로 재건하고 회복하리라고 예언한다. 그런데 스가랴서의 마지막 구절은 '그 날이 오면 다시는 만군의 여호와의 성전 안에 장사꾼이 있지 못하리라'(공동번역14:21)고 한다. 스가랴는 장사꾼을 지적하고 있다.	• 스가랴는 '싹이라 이름하는 사람이 여호와 전을 건축한다'(슥6:12)고 하였다.
성전정화 후 일들 ① 마태 : 맹인과 저는 자를 고치다	1. 성전정화 후 예수께서 성전에서 한 일에 대해 마태는 맹인과 저는 자를 고쳐주었다고 하고(21:14) 누가는 날마다 성전에서 가르쳤다고 한다(19:47). 2. 마태에서의 예수께서는 많은 병자들(4:24, 12:15, 15:30-31, 19:2등)을 고쳐주었지만 이번에는 성전(21:14)에서 고쳐주었다고 한다. 그러나 앞에서 보았듯이 여기의 성전은 성전 뜰(공동번역, 새번역)인 것이다. 예수께서 성전에서 고쳐준 이는 '맹인과 저는 자'들(21:14)이다. 이들은 성전출입이 금지된 자들이다. 예수께서 성전 출입이 금지된 자들을 성전에서 고쳐준 것이 아니라 성전정화를 한 성전 뜰에서 고친 것이다. 　예수께서는 성전출입이 금지된 자들을 성전정화 후에 성전 뜰에서 고쳐준 것이다. 예수는 메시아로서의 치료행위를 한 것이다. 3. 어린이들이 호산나 다윗의 자손이라고 외친다. 예루살렘 입성 시 다윗 자손을 외친 이들은 예수의 치유 기적을 보고 진심으로 예수를 메시아로 받아들였을 것이다.	레21:18 누구든지 흠이 있는 자는 가까이 하지 못할지니 곧 맹인이나 다리 저는 자나 코가 불완전한 자나 지체가 더한 자나 눅4:14-15 예수께서 성령의 능력으로 갈릴리에 돌아가시니 그 소문이 사방에 퍼졌고 친히 그 여러 회당에서 가르치시매 뭇 사람에게 칭송을 받으시더라

	4. 이사야(35:4-5)는 오실 메시아가 '맹인의 눈을 밝히고 귀를 열며 저는 자를 사슴같이 뛰게' 할 것이라고 한다. 마태는 성전정화 후 이사야의 예언대로 메시아인 예수가 맹인과 저는 자를 고칠 뿐 아니라 시편(8:2) 말씀처럼 어린아이와 젖먹이들의 입으로 찬양을 받았다고 한다.	
② 누가 : 날마다 성전에서 가르치다	1. 누가에서 예수께서는 마귀의 시험을 받고 처음 한 일이 갈릴리 여러 회당에서 가르친(4:15) 일이다. 나사렛 회당에서는 안식일 날 이사야서의 주의 은혜의 해를 처음 메시지로 전파하였으나 결과적으로 말씀을 이해하지 못한 회당 안에 있는 자들이 예수를 산 낭떠러지까지 끌고 가서 밀쳐 떨어뜨리려 한다(4:16-30). 2. 누가에서 예수께서는 하나님 나라 선포에 앞서 가르치는 것으로 공생애를 시작한다. 예루살렘에 입성한 예수께서 성전에서 가르치는 일에 치중하는 것은 당연하다 하겠다.	• 감람산에서 예루살렘 동쪽을 통해 성전으로 길이 이어져 있다. 미쉬나에는 그 길 사용을 금하기 위하여 여행에 필요한 지팡이, 전대 등을 가지고 출입하지 못하게 하였다.
③ 마가 : 통행을 금하다	1. 마가에서 예수께서는 말씀하기 전에 '아무나 물건 가지고 다님을 허락하지 아니하였다'(11:16)고 한다. 성전 안을 지름길로 사용하는 것을 금하였다는 것이다. 탈무드에 의하면 제물 운반, 왕래, 여행 용구 지입, 불법 행위 등이 엄금되어 있었다고 한다. 2. 불필요한 이동으로 제사준비나 예배에 방해가 되는 것을 예수께서 말씀한 것이리라.	
지도자들의 반응 ① 마태 : 노하다	1. 마태에는 대제사장들과 서기관들이 노하였다고 하는데 첫째는 예수께서 한 일 즉 성전 뜰에서 성전출입이 금지된 자들을 고쳐 준 일로 인하여 둘째는 성전에서 호산나 다윗의 자손이여라고 소리 지르는 어린이들을 보라고 한다. 2. 마태에서 예수께서는 '어린아이와 젖먹이들에서 나오는 찬미를 온전하게 하셨나이다 함을 읽어 본 일이 없느냐'(21:16)고 따진다. 여기에서 어린아이와 젖먹이들은 대제사장들과 서기관들과 대조를 이룬다. 　그런데 유대 종교지도자들이 아닌 어린아이들과 젖먹이들이 '다윗의 자손'을 알아보고 찬양한 것이다. 일찍이 예수께서는 하나님의 계시에 대해 슬기 있는 자들이 아니라 어린아이들에게 나타내심을 감사하기도 하였다(마11:25). 3. 시편(8:2)에는 하나님께서 그의 피조물 중에 가장 연약한 자들 즉 어린아이와 젖먹이들의 입으로 권능을 세운다고 하였다. 마태에서는 이들이 호산나 다윗의 자손이여 라고 소리 지름으로 예수의 권능을 찬양하지만 유대 지도자들은 그 의미도 모르고 예수를 다윗의 자손이라고 하는 데에 대하여 노한다. 그래서 예수께서는 그들에게 시편을 읽어 본 적이 있느냐고 한 것이다.	시8:2 주의 대적으로 말미암아 어린 아이들과 젖먹이들의 입으로 권능을 세우심이여 이는 원수들과 보복자들을 잠잠하게 하려 하심이니이다
② 마가 : 어떻게 죽일까 하고 꾀하다	1. 마가에는 유대 지도자들이 예수를 어떻게 죽일까 하고 꾀하였다(11:18)고 한다. 2. 마태와 마가에는 공생애 초기 안식일에 회당에서 손 마른 자를 고쳐주는 예수를 바리새인들과 헤롯당이 함께 어떻게 예수를 죽일까 의논한다(마12:14,막3:1-6). 3. 마가에서 다시 예수를 죽이려 하는 것은 예수의 성전정화 때문이다. 대제사장들과 서기관들이 예수를 죽이려고 하는 것은 성전정화 때에 '너희는 강도의 소굴을 만들었도다'라는 말씀을 그들이 '듣고'(11:18) 나서였다. 4. 성전정화는 유대 종교지도자들에 대한 도전이었다. 그들은 성전에서 각종 장사의 허가를 통하여 실제로 막대한 경제적 부를 축적하고 있었는데 그에 대해 예수께서 문제 제기를 하였기 때문이리라	• '포도원 주인 아들의 죽음' 비유는 공관복음 공통기사(마21:33-46, 막12:1-2, 눅20:9-19)인데 '이 비유가 자기들을 가리켜 말씀하심인 줄 알고 잡고자 하나 무리를 두려워하여 예수를 두고 가니라(막12:12)고 한다. 예수의 말씀에 감명을 받은 무

	5. 예수를 죽이지 못하는 이유가 무리가 그의 교훈을 놀랍게 여기므로 그를 두려워해서(11:18)라고 한다. 여기서 놀랍게 여기므로는 감명을 받음으로의 뜻이다. 6. 마가에서의 예수께서는 공생애 초기 안식일에 가버나움 회당에 들어가 가르친다. 그 때 뭇 사람이 그의 교훈에 놀란다(1:22). 그리고 더러운 귀신을 축출한 후에는 권위 있는 새 교훈이로다 더러운 귀신도 순종하는도다(1:27)라고 한다. 예수의 가르침의 교훈은 예수를 두려워하게 하였던 것이다.	리가 두려워 잡지 못하고 두고 갔다는 것이다.
③ 누가 : 죽이려 꾀하다	1. 누가에서 유대 지도자들도 예수를 죽이려고 꾀한다(19:47). 2. 누가에서 예수를 죽이려는 이유는 예수께서 날마다 성전에서 가르치셨기 때문이라 하겠다. 누가에서는 성전정화 기사 자체가 아주 짧다. 3. 누가는 계속해서 예수께서 낮에는 성전에서 가르치고 밤에는 나가 감람원이라 하는 산에서 쉬셨다(눅21:37)고 한다. 마가에는 예수께서 잡히실 때 '내가 날마다 너희와 함께 성전에 있으면서 가르쳤으되 너희가 나를 잡지 아니하였도다'(마26:55, 막14:49)라고 한다. 4. 누가 역시 성전정화 후 성전에서 가르치는 예수를 유대 지도자들은 죽이고 싶었다고 한다. 그러나 누가는 마가에서와 마찬가지로 백성이 다 예수에게 귀를 기울여 들음으로 어찌할 방도를 찾지 못하였다고 한다(막11:18, 눅19:48). 5. 마태, 마가, 누가는 성전정화에 이어 예수의 가르치는 권위에 대해 유대종교지도자들이 시비를 건다. 무슨 권위로 가르치느냐는 것이다. 누가는 성전에서의 가르치심이 죽이려는 이유였다고 한다.	• 성전세는 유월절 한 달 전부터 마을 단위로 납부한다. 예수께서 가버나움에 이르렀을 때 세금 받는 자가 베드로에게 너의 선생은 반 세겔을 내지 않느냐(마17:24)고 한다. 그때 내지 못한 사람이나 순례객은 성전에서 내야 한다. 해외 유대인들이 이 돈을 바꿀 때 내는 환금료, 콜본(Kolbon, 종교수수료)은 지금의 외환 수수료이다.
④ 요한복음 : 표적을 보이라	1. 요한복음에서 예수께서는 내 아버지의 집으로 장사하는 집을 만들지 말라고 하시니(2:16) 유대인들이 성전정화 행위의 근거가 되는 권위로써 또는 증거로써 우리에게 표적을 보이라고 한다(2:18). 2. 표적을 보이라는 요구는 공관복음서에서 이적 또는 기적을 보이라는 말로 자주 나온다. 예수의 권위에 대한 질문과 맥을 같이 한다고 보아야 할 것이다. 공관복음서에서의 가르치는 권위가 자격을 의미하듯이 요한복음에서도 예수께서 성전정화 행위를 할 수 있는 사람으로의 자격이나 능력을 보이라는 것이다. 그래서 예수께서 유대인들에게 보이겠다고 한 표적은 너희가 성전을 헐면 내가 사흘 동안에 일으키리라는 것으로 자기 육체가 죽은 자 가운데서 살아난다는 말이다. 3. 공관복음서에도 예수에게 이적을 요구하는 기사가 꽤 있는데 바리새인과 서기관들은 수시로 예수께 하늘로부터 오는 표적을 구한다(막8:11, 마16:1-4, 마12:38, 눅11:16 등). 사도 바울도 유대인은 표적을 구하고 헬라인은 지혜(고전1:22)를 찾는다고 하였다. 4. 예수께서 "너희가 이 성전을 헐라 내가 사흘 동안에 일으키리라"(2:19)고 한 대답은 예수의 예언자적인 명령, 실행 불가능한 모순적 명령, 성전 중심 신앙 제도에 대한 상징적 명령이라 하겠다. 사흘 동안에 일으키겠다는 것 역시 예수의 종말론적 약속, 메시아로서의 구원의 약속이라 하겠다. 5. 사도 바울은 '너희는 너희가 하나님의 성전인 것과 하나님의 성령이 너희 안에 계시는 것을 알지 못하느냐(고전3:16)고 한다. 요한공동체는 자신들이 바로 예수가 세워놓은 성전이라고 인식하였다고 하겠다.	

4. 심층연구: 성전정화의 의의

구분	내용	비고
주의 전을 사모하는 열심이 나를 삼키리라	1. 요한복음의 저자는 성전정화 보도 기사에서 예수께서 내 아버지의 집으로 장사하는 집을 만들지 말라고 한 후 유대인들이 대답 전에 제자들이 이 사건을 회상하는 구절을 삽입하였다. 제자들은 나중에 성경 말씀을 기억하는데 주의 전을 사모하는 열심이 나를 삼키리라는 것이었다는 것이다. 2. 제자들은 성전정화 사건을 시편(69:9) 말씀처럼 예수께서 주의 전을 사모하는 열심 때문에 일으킨 일로 알고 있다는 것이다. 시편 69편은 다윗이 고난을 호소하는 내용으로 예수께서 고난받을 때의 심정과 비슷하다고 하겠다. 다윗은 하나님의 집을 위하는 자신의 열심 때문에 주와 주의 집을 미워하는 자들이 나를 미워한다고 하나님께 탄원하고 있는 것이다. 3. 다윗의 과거 탄원 시가 예수의 수난예고의 시 즉 예수의 죽음을 예언하는 말씀이 된 것이다. 예수께서 성전정화를 하신 것도 돌아가시게 된 것도 다윗의 시처럼 '주의 전을 사모하는 열심' 때문에 받게 된 미움이라고 제자들은 본 것이다.	시편69:9 주의 집을 위하는 열성이 나를 삼키고 주를 비방하는 비방이 내게 미쳤나이다 70인역 시편 69:9 주님의 집에 쏟는 내 열정이 내 안에서 불처럼 타고 있습니다
성전정화에서 알아야 할 일	1. 이방인의 뜰: 이방인의 뜰은 이방인을 위한 공간이 아니다. 이방인이 기도하고 예배드리는 공간이 아니다. 성전구조에 이방인을 위한 뜰이라는 곳이 없다. 이방인은 성전에 들어갈 수 없다. 이방인의 뜰은 이방인이 접근할 수 있는 공간을 말한다. 계시록(11:2)에도 언급되어 있듯이 성전 바깥마당은 성전 측량이 필요 없는 이방인에게 내준 곳이기 때문이다. 예수께서 이방인들이 이방인의 뜰에서 기도할 수 있게 하기 위해서 성전정화를 한 것이 아니다. 이방인의 뜰은 성전제사와 예배를 준비하는 곳이라 하겠다. 2. 매매하는 사람들: 순례객이나 참배객들은 성전세를 내기 위해 환전을 해야 하고 제사 물품을 준비해야 한다. 그래서 그런 편의를 제공하는 장사꾼들이 있게 마련이다. 그런데 그 장사꾼들이 이미 성전 관리에게 검사받은 제물이라 하여 터무니없이 비싸게 받거나 환전수수료를 과다하게 요구하는 경우가 있었다고 한다. 3. 성전정화의 방법: 예수께서 장사하는 사람들에게 어떻게 대했느냐를 살펴보면 알 수 있을 것이다. 요한복음에는 예수께서 노끈으로 채찍을 만들어 양이나 소를 다 내쫓는다(2:15). 그리고 비둘기 파는 사람들에게 이것을 여기서 가져가라(2:16)고 한다. 비둘기장을 엎어 다 날아가게 한 것이 아니다. 마태, 마가에서도 비둘기 파는 사람들의 의자를 둘러 엎었다고 한다. 비둘기장을 엎은 것이 아니다. 강도의 소굴이 된 것(마태)에 대한 분노의 표시이지, 비둘기 파는 사람들에 대한 직접적인 분노로 보기는 어렵다. 4. 소비자운동인가: 예수께서 소비자보호운동으로 즉 참배객들이 정상적인 가격으로 제물을 구입하거나 합당한 외환 수수료를 지불하게 하기 위해서 성전정화를 한 것인가, 아니다. 예수의 관심은 경제 정의를 뛰어 넘는 하나님의 의와 진정한 예배에 있다 하겠다. 5. 상징적 행동: 예수의 성전정화는 전체 성전에 대한 정화가 아니었다. 헤롯의 성전 확장으로 생긴 공간에서 한 일이다. 그리고 매일매일 한 일도 아니다. 성전에 있는 성전경비대와 로마 군인들이 개입할 정도의 큰 사건도 아니었다. 성전 뜰 한 모퉁이에서 일어난 일이어서 사람들의 관심을 끌 만한 일도 아니었을 수 있다. 예수의 성전정화는 구약의 종교 유대교와 그 지도자들의 문제를 지적하는 하나의 상징적 사건으로 이해해야 할 것이다. 6. 가룟 유다가 예수를 배반한 이유에 대해서 다양한 이론이 있다. 그중 하나는 유대교의 문제를 항상 지적하던 예수께서 성전에서 한 일이 고작 이방인의 뜰에서 크게 주목받지도 못한 성전정화를 하였기 때문이라는 것이다.	계11:2 성전 바깥마당은 측량하지 말고 그냥 두라 이곳은 이방인들에게 주었은즉 그들이 거룩한 성을 마흔두 달 동안 짓밟으리라 • 성전에서 장사하는 사람들은 당연히 대제사장들의 허가를 받아야 한다. 제물의 흠 여부를 확인하는 자들은 성전 관리이거나 위임받은 자들이다.

	가룟 유다는 열심당원들처럼 예루살렘 성전 전체가 정화되어 하나님의 통치가 선포되기를 기대하였을지도 모른다. 실제로 열심당은 AD66 반란을 일으켜서 로마를 몰아내고 예루살렘과 성전을 장악하기도 하였다.	
예수 성전 정화의 의미 예수가 바라는 성전의 모습 ① 만민이 기도하는 집 : 이사야 역대하	1. 예수께서는 성전의 가장 중요한 기능으로써 기도를 말씀하고 있다. 마가는 이사야서를 인용하여 내 집은 만민이 기도하는 집이라고 한다. 이사야서에서 '여호와께 연합한 이방인들'에 대해 여호와께서 말씀(56:3,6)하기를 내 아들딸보다 더 나은 기념물과 이름을 그들에게 주겠다(56:5)고 하고 '내가 그들을 나의 성산으로 인도하여 기도하는 내 집에서 그들을 기쁘게 할 것이라'고 하면서, '내 집은 만민이 기도하는 집'(56:7)이라 일컬음을 받게 될 것이라고 한다. 2. 이사야는 이방인의 성전 예배를 언급하고 있는 것이다. 요한복음은 예수의 성전정화가 시편 말씀처럼 주의 전(시편에는 주의 집)을 사모하는 열심 때문에 일어난 일이라고 한다. 3. 이사야서의 내 집이나 시편의 주의 집은 성전을 가리키는 말이다. 역대하에는 솔로몬 왕의 성전 봉헌 제사(BC946) 광경이 기술되어 있는데 낙성식(7:9)을 칠일 동안이나 행하였다고 한다. 하나님께서는 솔로몬에게 '이곳을 택하여 내게 제사하는 성전'(7:12)으로 삼겠다고 하고 이제 이곳에서 하는 기도에 내가 눈을 들고 귀를 기울이겠다(7:15)고 한다. 4. 밤에 솔로몬에게 나타나신 여호와께서 말씀한다. 　'내 이름으로 일컫는 내 백성이 그들의 악한 길에서 떠나 스스로 낮추고 기도하여 내 얼굴을 찾으면 내가 하늘에서 듣고 그들의 죄를 사하고 그들의 땅을 고칠지라'(대하7:14) 　열왕기상에서도 여호와께서 솔로몬에게 다시 나타나 솔로몬의 기도에 응답하여 약속하는 내용이 나오지만 기도와 죄 사함에 대한 말씀은 없다(왕상9:3). 5. 솔로몬이 성전 건축 후 기도하기를 '이방인이라도 소문을 듣고 와서 이 성전을 향하여 기도하거든 주는 계신 곳 하늘에서 들으시고 이방인이 주께 부르짖는 대로 이루어 달라'(왕상8:41-43)고 한다. 솔로몬은 성전에 들어갈 수 없는 이방인이라 할지라도 성전을 향해 부르짖어 기도하면 들어 달라는 것이다. 역대하에서 하나님께서는 솔로몬에게 이곳에서 하는 기도에 눈을 들고 귀를 기울이겠다고 말씀하였다. 6. 성전은 기도를 드리고 죄 사함을 받는 곳이라고 여호와께서 말씀하면서 기도를 강조하고 있다. 예수의 성전정화는 성전의 본래 기능을 지적한 것이다.	사1:11상 여호와께서 말씀하시되 너희의 무수한 제물이 내게 무엇이 유익하뇨 사1:12 너희가 내 앞에 보이러 오니 이것을 누가 너희에게 요구하였느냐 내 마당만 밟을 뿐이니라 사1:13상 헛된 제물을 다시 가져오지 말라 대하7:14-15 내 이름으로 일컫는 내 백성이 그들의 악한 길에서 떠나 스스로 낮추고 기도하여 내 얼굴을 찾으면 내가 하늘에서 듣고 그들의 죄를 사하고 그들의 땅을 고칠지라 이제 이 곳에서 하는 기도에 내가 눈을 들고 귀를 기울이리니
② 제물이 필요 없는 성전 : 이사야 예레미야 아모스 호세아	1. 예수께서는 성전정화 때 양이나 소를 몰아내고 비둘기를 가져가게 한다. 예수께서는 제물이 필요 없는 예배를 행동으로 보였다. 2. 이사야는 여호와께서 말씀하기를 '너희의 무수한 제물이 내게 무엇이 유익하냐'(1:11)고 하면서 '너희가 내 앞에 보이러 오니 내 마당만 밟을 뿐이라'(1:12)고 하고 헛된 제물을 다시 가져오지 말라(1:13)고 이른다. 제물이 중요한 것이 전혀 아니라는 말씀이다. 계속해서 이사야는 소를 잡는 것은 살인함과 다름이 없고 어린 양으로 제사드리는 것은 개의 목을 꺾음과 다름이 없다고 하며 제물은 돼지 피와 같고 분향은 우상을 찬미하는 것과 같다(66:3)고 한다. 3. 예레미야는 '사실은 애굽 땅에서 인도하여 낸 날에 번제나 희생에 대해 여호와께서 말하지도 명령하지도 아니하셨다'(렘7:22)고 한다. 즉 여호와께서 제물을 요구하지 않으셨다는 것이다. 아모스 역시 '너희가 사십 년 동안 광야에서 희생과 소제물을 내게 드렸느냐'(5:25)고 한다. 4. 호세아서(5:6)에는 '그들이 양 떼와 소 떼를 끌고 여호와를 찾으러 갈지라도 만나지 못할 것은 이미 그들에게서 떠나서서'라고 한다. 호세아는 또한, '나	렘7:22-23 사실은 내가 너희 조상들을 애굽 땅에서 인도하여 낸 날에 번제나 희생에 대하여 말하지 아니하며 명령하지 아니하고 　오직 내가 이것을 그들에게 명령하여 이르기를 너희는 내 목소리를 들으라 그리하면 나는 너희 하나님이 되겠고 너희는 내 백성이 되리라 너희는 내가 명령한 모든 길로 걸어가

	는 인애를 원하고 제사를 원하지 아니한다. 번제보다 하나님 아는 것을 원한다'(6:6)고 한다. 예수께서는 세리와 죄인들과 식사한다고 비방하는 바리새인들에게 한 말씀이기도 하다(마9:13). 또한, 이 말씀은 안식일에 밀밭 사이를 지나가며 이삭을 잘라먹은 제자들을 바리새인들로부터 변호할 때(마12:7)에도 하였다.	라 그리하면 복을 받으리라 하였으나

호5:6 그들이 양 떼와 소 떼를 끌고 여호와를 찾으러 갈지라도 만나지 못할 것은 이미 그들에게서 떠나셨음이라 |
	5. 성전이 완성된 후 제사장제도와 제사의식이 발전 정립된다. 그런데 그 결과로 하나님의 얼굴을 보기가 쉽지 않게 된 것이다. 성전 종교가 하나님과 사람들 자리에 들어온 것이다.	
	6. 예수께서 돌아가실 때에 성소 휘장이 찢어진다(마27:51, 막15:38). 성소와 지성소를 가르는 막이 찢어짐으로 하나님과 사람 사이에 막힌 것이 없게 된다. 제사장도 제사도 필요 없게 되었다.	
	7. 예수께서 자기 자신을 제물로 바침으로써 더 이상 동물을 제물로 드리는 제사는 사라지게 된다. 가톨릭은 제사를 미사라고 하고 신부들이 미사를 집전하는 테이블을 탁자가 아니라 제물을 올려놓는 제대라고 한다. 예수의 십자가를 통해서 우리는 고해성사로서가 아니라 기도로 하나님께 직접 교통할 수 있게 되었다.	
③ 건물이 필요 없는 성전 : 이사야 사도행전	1. 이사야는 말한다. '여호와께서 이와같이 말씀하시되 하늘은 나의 보좌요 땅은 나의 발판이니 너희가 나를 위하여 무슨 집을 지으랴 내가 안식할 처소가 어디랴 나 여호와가 말하노라 내 손이 이 모든 것을 지었으므로 그들이 생겼느니라'(66:1-2).	고전6:19 너희 몸은 너희가 하나님께로부터 받은 바 너희 가운데 계신 성령의 전인 줄을 알지 못하느냐 너희는 너희 자신의 것이 아니라
	2. 사도행전에는 스데반을 고발하는 기사(6:13-14)가 있다. 거짓 증인들이 이 사람이 이 거룩한 곳과 율법을 거슬러 말하기를 나사렛 예수가 이 곳을 헐고 규례를 고치겠다고 하는 것을 들었다는 것이다. 스데반은 변론 중에 솔로몬이 지은 성전에 대해 '지극히 높으신 이는 손으로 지은 곳에 계시지 않는다'(7:47-48)고 하며 선지자의 말씀을 인용하는데 바로 사66:1-2이다.	
	3. 요한복음에는 예수께서 수가성 여인과 한 대화가 나온다. 예수께서는 성전의 위치나 성전 자체가 아니라 아버지께 예배하는 것이 중요하다고 한다. 이미 예수께서는 장소와 건물이 중요하지 않은 진정한 예배를 말씀했던 것이다. 예수께서는 영과 진리의 예배에 대해 두 번 반복한다.	계21:22 성 안에서 내가 성전을 보지 못하였으니 이는 주 하나님 곧 전능하신 이와 및 어린 양이 그 성전이심이라
	4. 사도 바울은 아덴 즉 아테네의 아레오 바고 법정에서 '만물을 지으신 하나님께서는 천지의 주재시니 손으로 지은 전에 계시지 아니하다'(행17:24)고 한다. 또한 사도 바울은 우리의 몸이 하나님의 성전이고 우리 안에 하나님의 성령이 계심을 강조한다(고전3:16). 그리고 누구든지 하나님의 성전을 더럽히지 말고 거룩하게 하라고 한다(고전3:17). 사도 바울은 거듭해서 '우리는 살아 계신 하나님의 성전(고후6:16)'이라 하고 그리스도는 더 크고 온전한 장막의 대제사장이라고 한다(히9:11).	
	5. 예수께서는 '두세 사람이 내 이름으로 모인 곳에는 나도 그들 중에 있느니라'(마18:20)고 한다.	
	6. 히브리서 기자는 대제사장으로 오는 그리스도께서 손으로 짓지 아니한 더 크고 온전한 장막으로 단번에 성소에 들어가셨다(9:11-12)고 한다.	
	7. 요한계시록에는 예루살렘 성전의 역할이 끝나고 있음을 말하고 있다. 성 안에서 성전을 보지 못하였다고 하고 예수가 성전(계21:22)이라고 한다.	

5. 집중탐구: 성전정화와 예수의 심문

구분		마태(26:59-64)	마가(14:55-62)	비고
증거를 찾다		26:59 대제사장들과 온 공회가 예수를 죽이려고 그를 칠 거짓 증거를 찾으매	14:55 대제사장들과 온 공회가 예수를 죽이려고 그를 칠 증거를 찾되 얻지 못하니	가야바의 야간심문
거짓 증언하는 자		:60상 거짓 증인이 많이 왔으나 얻지 못하더니	:56 이는 예수를 쳐서 거짓 증언 하는 자가 많으나 그 증언이 서로 일치하지 못함이라	두 사람 이상이 일치하는 증언을 하여야 한다.
		:60하 후에 두 사람이 와서	:57 어떤 사람들이 일어나 예수를 쳐서 거짓 증언하여 이르되	
성전을 사흘 동안에 지으리라 하더라		:61 이르되 이 사람의 말이 내가 하나님의 성전을 헐고 사흘 동안에 지을 수 있다 하더라 하니	:58-59 우리가 그의 말을 들으니 손으로 지은 이 성전을 내가 헐고 손으로 짓지 아니한 다른 성전을 사흘 동안에 지으리라 하더라 하되 그 증언도 서로 일치하지 않더라	요2:19 예수께서 대답하여 이르시되 너희가 이 성전을 헐라 내가 사흘 동안에 일으키리라
예수에게 묻다		:62 대제사장이 일어서서 예수께 묻되 아무 대답도 없느냐 이 사람들이 너를 치는 증거가 어떠하냐 하되	:60 대제사장이 가운데 일어서서 예수에게 물어 이르되 너는 아무 대답도 없느냐 이 사람들이 너를 치는 증거가 어떠하냐 하되	
기사의 비교	증언	거짓 증인이 많이 왔으나 얻지 못하다가 두 사람이 왔다.	거짓 증언하는 자가 많았다. 어떤 사람들이 일어나 증언한다.	마가에는 증인의 숫자가 없다.
		두 사람이 증언하다	거짓 증언하는 자들의 증언이 서로 일치하지 않았다. 어떤 사람들의 거짓 증언도 역시 일치하지 않았다.	
	내용	내가 하나님의 성전을 헐고 사흘 동안에 지을 수 있다 하더라.	손으로 지은 이 성전을 내가 헐고 손으로 짓지 아니한 다른 성전을 사흘 동안에 지으리라.	마태, 마가 모두 요한복음의 말씀 내용과 다르다.
	참고	거짓 증거(1) 거짓 증인(1) 증거(1)	증거(2) 증언(2) 거짓 증언(1)	
	거짓 증언 이유	• 예수께서는 '너희가' 이 성전을 헐라고 하고 '내가' 하나님의 성전을 헐겠다고 하지 않았다. • 예수께서는 사흘 동안에 '일으키리라'는 표현을 하였다. '지을 수 있다'고 말씀하지 아니하였다.	• 거짓 증언은 예수 자신이 이 성전을 헐겠다고 하였다는 것이다. 틀린 말이다. 너희가 이 성전을 헐라고 하였다 • 또한, 예수께서는 손으로 짓지 않은 다른 성전을 언급하지 아니하였다.	
재판에 미치는 영향		대제사장 가야바는 예수께서 성전을 헐고 짓는 운운의 말씀 자체를 성전 모독 행위에 해당한다고 보았다. 가야바의 다음 질문은 네가 하나님의 아들이냐는 것이었는데 예수께서 내가 그라고 대답한다. 가야바는 이것은 신성모독이라고 하며 더이상 증인(마태, 마가)과 증언(누가)이 필요 없다고 한다. 예수의 성전정화는 유죄 판결을 시도하는 데에 있어서 빌미가 되었다		성전정화로 인하여 유대 지도자들은 예수를 죽이려 꾀하게 된 것이다(막11:18,눅19:47).
군중들의 반응		예수께서 골고다 언덕에서 십자가에 못 박혀 달려 있을 때 지나가던 자들(마27:39, 막15:29)이 '성전을 헐고 사흘에 짓는 자여'라고 예수를 부른다. 성전정화 사건을 성전을 헐고 짓는다는 이야기로 각색하여 군중들은 예수를 조롱한다.		

제28절 ❀ 유대 지도자들 비난

1. 본문비교

	구분	마태(21:23-27,33-46)	마가(11:27-12:12)	누가(20:1-19)
예수의권위	배경	21:23상 예수께서 성전에 들어가 가르치실새 대제사장들과 백성의 장로들이 나아와 이르되	11:27 그들이 다시 예루살렘에 들어가니라 예수께서 성전에서 거니실 때에 대제사장들과 서기관들과 장로들이 나아와	20:1 하루는 예수께서 성전에서 백성을 가르치시며 복음을 전하실새 대제사장들과 서기관들이 장로들과 함께 가까이 와서
	유도질문	:23하 네가 무슨 권위로 이런 일을 하느냐 또 누가 이 권위를 주었느냐	:28 이르되 무슨 권위로 이런 일을 하느냐 누가 이런 일 할 권위를 주었느냐	:2 말하여 이르되 당신이 무슨 권위로 이런 일을 하는지 이 권위를 준 이가 누구인지 우리에게 말하라
	대답의조건	:24 예수께서 대답하시되 나도 한 말을 너희에게 물으리니 너희가 대답하면 나도 무슨 권위로 이런 일을 하는지 이르리라	:29 예수께서 이르시되 나도 한 말을 너희에게 물으리니 대답하라 그리하면 나도 무슨 권위로 이런 일을 하는지 이르리라	:3 대답하여 이르시되 나도 한 말을 너희에게 물으리니 내게 말하라
	역질문하다	:25상 요한의 세례가 어디로부터 왔느냐 하늘로부터냐 사람으로부터냐	:30 요한의 세례가 하늘로부터냐 사람으로부터냐 내게 대답하라	:4 요한의 세례가 하늘로부터냐 사람으로부터냐
	세례요한을선지자로여기다	:25하 그들이 서로 의논하여 이르되 만일 하늘로부터라 하면 어찌하여 그를 믿지 아니하였느냐 할 것이요	:31 그들이 서로 의논하여 이르되 만일 하늘로부터라 하면 어찌하여 그를 믿지 아니하였느냐 할 것이니	:5 그들이 서로 의논하여 이르되 만일 하늘로부터라 하면 어찌하여 그를 믿지 아니하였느냐 할 것이요
		:26 만일 사람으로부터라 하면 모든 사람이 요한을 선지자로 여기니 백성이 무섭다 하여	:32 그러면 사람으로부터라 할까 하였으나 모든 사람이 요한을 참 선지자로 여기므로 그들이 백성을 두려워하는지라	:6 만일 사람으로부터라 하면 백성이 요한을 선지자로 인정하니 그들이 다 우리를 돌로 칠 것이라 하고
	우리가알지못하노라	:27 예수께 대답하여 이르되 우리가 알지 못하노라 하니 예수께서 이르시되 나도 무슨 권위로 이런 일을 하는지 너희에게 이르지 아니하리라	:33 이에 예수께 대답하여 이르되 우리가 알지 못하노라 하니 예수께서 이르시되 나도 무슨 권위로 이런 일을 하는지 너희에게 이르지 아니하리라 하시니라	:7-8 대답하되 어디로부터인지 알지 못하노라 하니 예수께서 이르시되 나도 무슨 권위로 이런 일을 하는지 너희에게 이르지 아니하리라 하시니라
포도원주인아들을죽인악한	포도원주인외국에가다	21:33상 다른 한 비유를 들으라	12:1상 예수께서 비유로 그들에게 말씀하시되	:9상 그가 또 이 비유로 백성에게 말씀하시기 시작하시니라
		:33중 한 집 주인이 포도원을 만들어 산울타리로 두르고 거기에 즙 짜는 틀을 만들고 망대를 짓고	:1중 한 사람이 포도원을 만들어 산울타리로 두르고 즙 짜는 틀을 만들고 망대를 지어서	:9중 한 사람이 포도원을 만들어
		:33하 농부들에게 세로 주고 타국에 갔더니	:1하 농부들에게 세로 주고 타국에 갔더니	:9하 농부들에게 세로 주고 타국에 가서 오래 있다가
	소출을받으려보내다	:34 열매 거둘 때가 가까우매 그 열매를 받으려고 자기 종들을 농부들에게 보내니	:2 때가 이르매 농부들에게 포도원 소출 얼마를 받으려고 한 종을 보내니	:10상 때가 이르매 포도원 소출 얼마를 바치게 하려고 한 종을 농부들에게 보내니

농부들의 비유	때리고 죽이다	:35 농부들이 종들을 잡아 하나는 심히 때리고 하나는 죽이고 하나는 돌로 쳤거늘 :36 다시 다른 종들을 처음보다 많이 보내니 그들에게도 그렇게 하였는지라	:3 그들이 종을 잡아 심히 때리고 거저 보내었거늘 :4 다시 다른 종을 보내니 그의 머리에 상처를 내고 능욕하였거늘 :5 또 다른 종을 보내니 그들이 그를 죽이고 또 그 외 많은 종들도 더러는 때리고 더러는 죽인지라	:10하 농부들이 종을 몹시 때리고 거저 보내었거늘 :11 다시 다른 종을 보내니 그도 몹시 때리고 능욕하고 거저 보내었거늘 :12 다시 세 번째 종을 보내니 이 종도 상하게 하고 내쫓은지라
	아들을 보내다	:37 후에 자기 아들을 보내며 이르되 그들이 내 아들은 존대하리라 하였더니	:6 이제 한 사람이 남았으니 곧 그가 사랑하는 아들이라 최후로 이를 보내며 이르되 내 아들은 존대하리라 하였더니	:13 포도원 주인이 이르되 어찌할까 내 사랑하는 아들을 보내리니 그들이 혹 그는 존대하리라 하였더니
	농부들 유산을 차지 하자	:38 농부들이 그 아들을 보고 서로 말하되 이는 상속자니 자 죽이고 그의 유산을 차지하자 하고	:7 그 농부들이 서로 말하되 이는 상속자니 자 죽이자 그러면 그 유산이 우리 것이 되리라 하고	:14 농부들이 그를 보고 서로 의논하여 이르되 이는 상속자니 죽이고 그 유산을 우리의 것으로 만들자 하고
	아들을 죽이다	:39 이에 잡아 포도원 밖에 내쫓아 죽였으니	:8 이에 잡아 죽여 포도원 밖에 내던졌느니라	:15상 포도원 밖에 내쫓아 죽였느니라
	농부들을 어떻게 하겠느냐	:40 그러면 포도원 주인이 올 때에 그 농부들을 어떻게 하겠느냐 :41 그들이 말하되 그 악한 자들을 진멸하고 포도원은 제 때에 열매를 바칠 만한 다른 농부들에게 세로 줄지니이다	:9상 포도원 주인이 어떻게 하겠느냐 :9하 와서 그 농부들을 진멸하고 포도원을 다른 사람들에게 주리라	:15하 그런즉 포도원 주인이 이 사람들을 어떻게 하겠느냐 :16 와서 그 농부들을 진멸하고 포도원을 다른 사람들에게 주리라 하시니 사람들이 듣고 이르되 그렇게 되지 말아지이다 하거늘
	버린 돌이 모퉁이 돌이 되다	:42 예수께서 이르시되 너희가 성경에 건축자들이 버린 돌이 모퉁이의 머릿돌이 되었나니 이것은 주로 말미암아 된 것이요 우리 눈에 기이하도다 함을 읽어본 일이 없느냐	:10-11 너희가 성경에 건축자들이 버린 돌이 모퉁이의 머릿돌이 되었나니 이것은 주로 말미암아 된 것이요 우리 눈에 놀랍도다 함을 읽어 보지도 못하였느냐 하시니라	:17 그들을 보시며 이르시되 그러면 기록된 바 건축자들의 버린 돌이 모퉁이의 머릿돌이 되었느니라 함이 어찜이냐
	열매 맺는 백성	:43 그러므로 내가 너희에게 이르노니 하나님의 나라를 너희는 빼앗기고 그 나라의 열매 맺는 백성이 받으리라		
	버린 돌의 역습	:44 이 돌 위에 떨어지는 자는 깨지겠고 이 돌이 사람 위에 떨어지면 그를 가루로 만들어 흩으리라 하시니		:18 무릇 이 돌 위에 떨어지는 자는 깨어지겠고 이 돌이 사람 위에 떨어지면 그를 가루로 만들어 흩으리라 하시니라
	자기들을 가리켜 말씀한 줄 알다	:45-46 대제사장들과 바리새인들이 예수의 비유를 듣고 자기을 가리켜 말씀하심인 줄 알고 잡고자 하나 무리를 무서워하니 이는 그들이 예수를 선지자로 앎이었더라	:12 그들이 예수의 이 비유가 자기들을 가리켜 말씀하심인 줄 알고 잡고자 하되 무리를 두려워하여 예수를 두고 가니라	:19 서기관들과 대제사장들이 예수의 이 비유는 자기들을 가리켜 말씀하심인 줄 알고 즉시 잡고자 하되 백성을 두려워하더라

2. 본문의 차이

	구분	마태	마가	누가
예 수 의 권 위	성전	가르치실새	거니실 때에	가르치며 복음을 전하실새
	누가	대제사장들과 백성의 장로들	대제사장들과 서기관들과 장로들	대제사장들과 서기관들과 장로들
	질문 내용 (이 일이 란)	• 무슨 권위로 이런 일을 하느냐 • 누가 이 권위를 주었느냐 (가르치심)	• 무슨 권위로 이런 일을 하느냐 • 누가 이런 일 할 권위를 주었 느냐(성전정화)	• 무슨 권위로 이런 일을 하는지 • 이 권위를 준 이가 누구인지 (성전정화,가르치심,복음전파)
	예수의 질문	• 요한의 세례가 어디로부터 왔느냐 • 하늘로부터냐 사람으로 부터냐		
	그들의 딜레마	• 하늘로부터라 하면 어찌하여 그를 믿지 아니하느냐 할 것이요 • 사람으로부터라 하면 모든 사람이 요한을 선지자(참 선지자:마가)로 여기니		
	그들의 대답과 태도	• 백성이 무섭다하여 우리가 알 지 못하노라 하다	• 백성을 두려워하여 우리가 알 지 못하노라 하다	• 백성들이 우리를 돌로 칠 것이 라 하여 어디로부터인지 알지 못 하노라하다
	누구		그들에게	백성들에게
포 도 원 주 인 아 들 을 죽 인 악 한 농 부 들 의 비 유	주인	한 집 주인	한 사람	한 사람
	포도원 상태	• 산울타리로 두르다 • 즙 짜는 틀을 만들다 • 망대를 짓다	• 산울타리로 두르다 • 즙 짜는 틀을 만들다 • 망대를 짓다	포도원을 만들다
	임대하다	농부들에게 세로 주고 타국에 가다	농부들에게 세로 주고 타국에 가다	농부들에게 세로 주고 타국에 가 서 오래 있다
	소출을 받으려	열매 거둘 때가 가까우매 열매를 받으려고	때가 이르매 소출 얼마를 받으 려고	때가 이르매 소출 얼마를 바치게 하려고
	종들을 보내다 • 1차	하나는 심히 때리고 하나는 죽이 고 하나는 돌로 쳤다(3명)	심히 때리고 거져 보내다(종)	몹시 때리고 거져 보내다(종)
		처음보다 많은 종을 보냈는데 그 들에게도 그렇게 하다	머리에 상처를 내고 능욕하다 (다른 종)	몹시 때리고 능욕하고 거져 보내 다(다른 종)
	• 2차 • 3차		죽이다 (또 다른 종) 그 외 많은 종을 더러는 때리고 더러는 죽이다	상하게 하고 내쫓은지라 (세 번 째 종)
	아들을 보내다	자기 아들 내 아들은 존대하리라	남은 한 사람, 사랑하는 아들, 최 후로 보내다 내 아들은 존대하리라	내 사랑하는 아들 그는 존대하리라
	아들을 죽이다	이에 잡아 포도원 밖에 내쫓아 죽였으니	이에 잡아 죽여 포도원 밖에 내 던졌느니라	포도원 밖에 내쫓아 죽였느니라
	죽이자	상속자니 죽이고 그의 유산을 차 지하자	상속자니 자 죽이자 그러면 유 산이 우리 것이 되리라	이는 상속자니 죽이고 그 유산을 우리의 것으로 만들자

실행	이에 잡아 포도원 밖에 내쫓아 죽였느니라	이에 잡아 죽여 포도원 밖에 내던졌느니라	이는 상속자니 죽이고 그 유산을 우리의 것으로 만들자
예수의 질문	포도원 주인이 그 농부들을 어떻게 하겠느냐	포도원 주인이 어떻게 하겠느냐	포도원 주인이 이 사람들을 어떻게 하겠느냐 와서 그 농부들을 진멸하고 포도원을 다른 사람에게 주리라
그들이 말하다	그 악한 자들을 진멸하고 제 때에 열매를 바칠 만한 다른 농부에게 세로 줄지니이다	그 농부들을 진멸하고 포도원을 다른 사람들에게 주리니	그렇게 되지 말지이다
예수의 말씀	• 건축자들의 버린 돌이 모퉁이의 머릿돌이 되었다 • 주로 말미암아 된 것이다 • 돌이 사람 위에 떨어져 • 하나님 나라를 빼앗지 말라 • 열매 맺는 백성이 되라	• 건축자들이 버린 돌이 모퉁이의 머릿돌이 되었다 • 주로 말미암아 된 것이다	• 건축자들이 버린 돌이 모퉁이의 머릿돌이 되었다 • 돌이 사람 위에 떨어져
그들의 대응	• 대제사장과 바리새인들 • 자기들을 가리켜 하신 말씀인 줄 알다 • 예수를 잡고자 하다 • 예수를 선지자로 아는 무리를 무서워하다	• 그들 • 자기들을 가리켜 하신 말씀인 줄 알다 • 예수를 잡고자 하다 • 무리를 두려워하여 예수를 두고 가니라	• 서기관과 대제사장들 • 자기들을 가리켜 말씀하심인 줄 알다 • 예수를 잡고자 하다 • 백성을 두려워하더라

3. 본문이해

3.1 예수의 권위

구분	내용	비고
배경 (언제, 누가)	1. 마태, 누가에는 예수께서 예루살렘에 입성한 지 둘째 날이다. 그러나 마가는 첫날에 입성, 둘째 날 성전정화를 한 다음 날이어서 셋째 날이다. 마태, 누가는 예수께서 성전에서 가르치고 있었고 마가는 예수께서 성전에서 거닐었다고 한다. 2. 예수께서 질문하는 사람에 대해 마태는 대제사장들과 백성의 장로들, 마가와 누가는 대제사장들과 서기관들과 장로들이 예수께 가까이 와서 질문을 한다. 그런데 대제사장들과 서기관들과 장로들은 예수를 적대시하여 죽음으로 몰아넣은 세력이다. 이들은 유대교의 종교적 권위를 가진 계층이다. 3. 제사장은 성전제사를 담당하는 레위지파 사람들이다. 서기관은 율법을 필사하고 연구하여 가르치는 율법학자이다. 장로들은 연장자로서 공동체 대표를 맡고 있는데 대체로 턱수염을 길게 기른다. 또한, 장로들은 회당장 일을 보았다.	• 당시 랍비들은 회당을 거닐며 가르치기도 하였다고 한다. • BC3세기 희랍 철학자 제노가 아덴의 회당에서 가르친 것 때문에 회당학파 즉 스토아학파라는 이름을 얻게 된다.
무슨 권위로 이런 일을 하느냐 • 가르침 (마태, 누가)	1. 그들은 예수께 질문한다. 무슨 권위로 이런 일을 하느냐 누가 이런 일할 권위를 주었느냐는 것이다. 예수가 이런 일을 할 만한 자격을 갖추었느냐는 질문이다. 2. 마태, 누가에 있어서 이런 일이란 가르치는 일, 즉 가르치는 권위에 관한 질문이라 하겠고 마가에 있어서는 성전정화를 한 일에 관한 질문이라 하겠다. 3. 예수의 가르치는 권위에 대해서 마태는 산상수훈의 마지막 부분에서 이미 언급(마7:28-29)하였고 마가와 누가는 안식일에 가버나움에서 가르칠 때 그 가르치는 것이 권위가 있었다(막1:22, 눅4:32)고 하였다. 자격증이 아니라 현장에서 사람들로부터 감동으로 인정받은 권위라 하겠다.	마7:28-29 예수께서 이 말씀을 마치시매 무리들이 그의 가르치심에 놀라니 이는 그 가르치시는 것이 권위 있는 자와 같고 그들의 서기관들과 같지 아니함일러라

• 성전정화 (마가)	4. 유대교 지도자들은 성전에서 가르치는 권한은 자신들에게 있다고 믿고 자신들의 영역을 침범당하였다고 생각하였을 것이다.	
	1. 예수의 성전정화 소동은 유대 지도자들이 잠시나마 성전에서의 주도권을 상실한 사건이었고 성전이 어떠한 곳인지 근본적인 질문을 하게 한 사건이었다.	
	2. 유대교지도자들은 자신들의 권력과 부의 기반인 성전에 대한 주도권과 관할권에 대해 비록 작은 몸짓이었지만 도전을 한 예수를 그대로 받아 넘길 수는 없었을 것이다.	
	3. '누가 이런 일할 권리를 주었느냐'는 질문은 하나님께로부터라고하는 신성모독죄적인 답변을 유도하는 심문이라 하겠다.	
예수의 역질문 (문답법)	1. 예수께서는 역으로 질문한다. 예수의 질문에 그들이 대답하면 예수께서도 그들의 질문에 답하겠다고 한다. 이와 같은 예수의 대화법을 문답법이라고 하는데 소크라테스의 대화법 중 가장 효과가 있는 것으로 알려져 있다.	• 예수의 역질문: 예수께서 질문의 대한 답으로 역질문을 종종 하였다.
	2. 예수께서는 요한의 세례가 하늘로부터냐 사람으로부터냐고 묻는다. 여기서 하늘로부터란 하나님으로부터, 하나님의 뜻에 따라 라는 의미다. 사실 세례요한과 같은 선지자는 성전이나 랍비들로부터 허락받을 필요가 없는 이유는 하나님으로부터 계시를 받아 전하는 대언자이기 때문이다. 또한, 이 질문의 배경에는 너희들의 권위는 무슨 권위이고 누구에게로부터 받은 권위이냐 라고 하는 그들의 권위의 정당성에 대해 반대로 의문을 제기한 것이기도 하다.	• '하늘로부터'는 요한복음의 니고데모와의 대화, 그리고 생명의 떡에 있어서 중요한 주제이다. 예수께서는 니고데모와의 대화에서 하늘로부터 거듭날 것을 말씀한다. 그리고 생명의 떡에서 자신을 하늘에서 내려온 자(3:13), 하늘에서 내려온 떡(6:41,51)이라고도 한다.
	3. 그들은 딜레마에 빠졌다고 한다. 하늘로부터라고 하면 왜 세례 요한을 믿지 아니하였느냐고 할 것이고 사람으로부터라고 하면 요한을 선지자로 인정하고 있는 백성들(마태, 누가), 그리고 참 선지자로 여기는 백성들(마가) 그들이 무섭고(마태), 두렵고(마가), 돌로 칠 것(누가)을 염려하였기 때문이다.	
	4. 그들은 고심 끝에 우리가 알지 못한다고 대답한다. 요한을 인정하면 예수를 인정하는 것이 된다. 그럴 수는 없는 것이다. 결국 요한을 부정해야 되는데 사람들이 다 그를 선지자(마태, 누가) 또는 참 선지자(마가)로 알기 때문에 역시 그럴 수도 없는 것이다. 그들은 대답할 수가 없었다. 예수께서도 그들의 질문에 대답할 필요가 없어졌다.	
	5. 헤롯이 요한을 죽이려 하였으나 그를 선지자로 여기는 무리들이 무서워 못하였다(마14:5).	
	6. 그들은 예수의 질문을 통해 예수가 하늘로부터의 권위를 가진 분이라는 것을 역설적으로 깨닫게 된다.	
그들이 진짜로 알지 못하는 것들 ① 자신들의 권위	1. 유대교 지도자들은 곤혹스러운 예수의 질문에 대답하지 않고 우리가 알지 못한다고 하는데 누가에서는 어디로부터인지 알지 못한다고 하다.	
	2. 그들은 그들 자신에 대해서 알지 못하였다. 그들의 권위가 사람으로 부터의 권위인 것을 알지 못하였다. 그들 대답의 기준은 옳고 그름이 아니었다. 사람들의 여론이었다. 사람들이 그렇게 알고 있기 때문에 그것을 거스를 수가 없었다. 그들은 무리들이 무섭고(마태), 두렵고(마가), 돌로 칠 것(누가)을 걱정하는 자들이었다. 그들은 진실을 말할 수 있는 용기가 없는 자들이었다. 그래서 그들은 모른다고 대답한 것이다.	
	3. 예수에게 한 질문에 대해 거꾸로 예수께로부터 역질문을 받음으로써 그들 자신의 권위에 대한 정당성의 실체를 드러내게 되었다. 대제사장들이나 서기관들 그리고 장로들의 권위가 사람으로부터의 권위라는 것이 분명해진 것이다.	
	4. 사람으로부터 권위를 가진 사람들은 사람들의 눈치를 살피지 아니할 수 없다. 예수의 재판을 이끈 빌라도도 그렇고 헤롯도 그렇다. 무리가 세례 요한을 선지자로 여기므로 그들을 두려워하였으나(마14:5) 헤롯은 끝내 죽이고 만다.	

		비고
	5. 부활하신 예수께서 갈릴리에서 제자들에게 선언하기를 하늘과 땅의 모든 권세를 내게 주셨다(마28:18)고 한다.	
② 세례 요한이 한 일	1. 세례 요한은 유대 광야(마3:1)에서 그리고 요단 강 부근에서 죄 사함을 받게 하는 회개의 세례를 전파한다(막1:4, 눅3:3). 이때에 온 유대 지방과 예루살렘(마가) 그리고 요단 강 사방에서 다 그에게 나아온다.	
	2. 그들은 자기 죄를 자복하고 요단 강에서 그에게 세례를 받았다. 세례 요한의 세례는 죄의 자복 즉 회개를 우선적으로 요구한다. 대제사장과 서기관과 장로들이 예수에게 질문한 세례 요한의 세례는 회개의 세례이고 죄 사함을 받을 수 있게 하는 세례이다.	
	3. 세례 요한의 세례는 희생제물이나 제사의식, 그리고 제사장을 필요로 하지 아니하였다. 세례 요한의 세례는 성전 자체가 필요하지 않았다. 단지 세례를 할 수 있는 물가이면 되었다(요3:23 물이 많은 애논에서 세례를 베풀다).	
	4. 세례 요한은 성전정화의 정신을 구현하기 위하여 실제로 세례 운동을 전개한 사람이다. 세례 요한은 세례 운동을 통해 죄 사함으로 말미암은 구원을 알게 하였다. 예수 역시 회개를 선포하고 세례를 베풀었다(요3:22). 예수께서는 세례 요한의 뒤를 이어 성전이 없이도 가능한 회개와 죄 사함의 세례 운동과 함께 기도운동도 전개하였다.	
③ 예수의 존재	1. 모든 사람이 세례 요한을 선지자(마태, 누가)로 또는 참 선지자(마가)로 알고 있다고 유대교 지도자들은 말한다. 질문을 하는 유대교 지도자들 역시 예수도 선지자라고 생각하였을 수 있다.	행3:22-23 모세가 말하되 주 하나님이 너희를 위하여 너희 형제 가운데서 나 같은 선지자 하나를 세울 것이니 너희가 무엇이든지 그의 모든 말을 들을 것이라 누구든지 그 선지자의 말을 듣지 아니하는 자는 백성 중에서 멸망 받으리라 하였고
	2. 예수께서는 그들이 자신의 존재를 분명히 알게 하기 위해서 포도원 주인의 아들을 죽인 악한 농부들의 비유를 든다. 그런데 마태에 의하면 무리들이 예수도 선지자(21:46)로 알고 있어서 그들을 무서워하여 예수를 잡지 못하였다고 한다.	
	3. 사도행전에서 베드로 역시 솔로몬 행각에서 설교할 때(행3:22)에 모세가 말한 '그 선지자'가 예수라고 한다. 이 말씀은 신명기18:15에 나오는 것으로 복음서에는 '그 선지자'로 표현되어 있는데 요한복음에는 제사장과 레위인들이 세례 요한에게 '네가 누구냐'고 물으면서 세 번째로 네가 '그 선지자냐'(1:21)라고 한다.	
	4. 복음서에서는 예수를 선지자로 이해하고 있는 이야기(마13:57, 막6:4, 눅4:24, 요4:19, 9:17등)가 있다. 예수께서는 자신이 어떤 사람이고 유대교 지도자들은 어떤 사람인지 그리고 자신이 받을 수난을 이해시키기 위해서 계속해서 악한 농부들의 비유를 들고 있다.	

3.2 악한 농부들의 비유 권위

구분	내용	비고
누구에게, 왜	1. 마태에는 누구에게라는 언급이 없다. 마가에는 예수께서 그들 즉 대제사장들과 서기관들과 장로들에게 말씀한다. 그러나 누가는 백성들에게 말씀하였다고 한다.	• 악한 농부의 비유를 알레고리(Allegory) 즉 은유적으로 의미를 전달하는 표현양식으로 대유법(추상적인 개념을 다른 대상을 이용하여 표현하는 방법), 또는 환유법으로도 불린다.
	2. 비유의 맨 끝에 사람들의 반응이 나온다. 마태에는 대제사장들과 서기관들이, 마가는 계속해서 그들이, 누가는 백성들과 함께 있었을 것으로 보이는 서기관과 대제사장들이 자기들을 가리켜 한 말씀으로 안다. 그래서 예수를 잡고자 하였으나 무리를 두려워하여 예수를 두고 간다(막12:12).	
	3. 마가, 누가에는 예수의 권위에 이어서 악한 농부의 비유가 나온다. 그러나 마태에는 그 사이에 두 아들의 비유(21:28-32)가 있는데 예수의 권위에 대한 도전에 대한 답변으로써의 비유라 하겠다.	

	4. 악한 농부의 비유는 직접적으로 예수가 어떤 분인가에 대해서 그리고 예수 께서 악한 농부들인 유대교지도자 등에 의해서 쫓겨나 죽임을 당한다는 이야 기라고 하겠다.	
구약의 배경과 비유	1. 이사야에서의 포도원의 노래(5:1-17)를 아는 유대 백성들에게 친근하게 접근할 수 있는 비유이다. 이 포도원의 노래를 듣는 이들은 누가 옳은지 어 떻게 해야 하는지를 판단해야 한다(사5:3). 악한 농부들의 비유에서 예수 께서는 듣는 이들에게 '포도원 주인이 어떻게 하겠느냐'(마태, 마가)고 묻 는다. 2. 이사야의 포도원의 노래는 농부와 포도원(땅)의 다툼이다. 농부는 포도원 을 잘 가꾸고 극상품 포도나무를 심고(사5:2) 좋은 포도 나기를 기다렸는데 들포도(사5:4)가 맺혔다는 것이다. 그래서 농부는 포도원을 황폐하게 할 것 이라고 한다. 이사야는 포도원은 이스라엘이고 포도나무는 유다 백성이고 좋 은 포도는 정의와 공의이고 들포도는 포학과 고통받는 이들의 부르짖음이라 고 말한다(사5:7). 3. 공관복음서에서의 이 이야기는 비유라는 장르에 속하지만, 일반적이고 반 복적인 경우가 아닌 특별하고 일회적인 사건을 묘사하는 비유 즉 환유법에 해당한다. 이 이야기는 처음부터 알레고리의 경향을 띤 것으로 '사랑하는 아 들'(눅20:13)이라는 표현에서 알 수 있듯이 예수의 권위를 인정하지 않는 사 람들에게 예수의 고난과 심판을 언급하고 있다.	사5:2 땅을 파서 돌을 제하고 극상품 포도나 무를 심었도다 그 중에 망대를 세웠고 또 그 안에 술틀을 팠도다 좋 은 포도 맺기를 바랐더 니 들포도를 맺었도다
악한 농부 비유 이해 ① 집 주인	1. 집 주인은 하나님과 동일시된다. 포도원은 이스라엘이다. 집 주인은 산울 타리를 두르고 즙 짜는 틀과 망대를 세운다. 포도원 주인은 동물이나 도둑들 로부터 포도원을 지키기 위해 산울타리를 치고 망대를 세웠는데 이것은 이스 라엘에 대한 하나님의 보호와 관심을 표현한 것이라 하겠다. 여기서 포도원 은 하나님의 사자 또는 하나님의 아들의 말씀이 수용되는 곳이다. 2. 포도원 주인은 농부들에게 세를 주고 타국에 가서(마태, 마가) 오래 있는데 (누가) 흔히 있을 수 있는 일이다. 3. 마태에서 주인은 열매를 받으려 하고 마가에서 주인은 소출 얼마를 받으려 하며 누가에서 주인은 소출 얼마를 바치게 하려 한다. 그래서 종들을 보내게 된다.	사5:3-4 예루살렘 주 민과 유다 사람들아 구 하노니 이제 나와 내 포도원 사이에서 사리 를 판단하라 내가 내 포도원을 위하여 행한 것 외에 무엇을 더할 것이 있으랴 내가 좋은 포도 맺기를 기다렸거 늘 들포도를 맺음은 어 찌 됨인고
② 종	1. 마태에서는 농부들이 처음 보낸 종들을 하나는 심히 때리고 하나는 죽이고 하나는 돌로 쳤다고 한다. 두 번째는 다시 다른 종들을 처음보다 많은 종을 보 냈는데 그들에게도 그렇게 하였다는 것이다. 마태에서의 주인은 계속해서 종 하나가 아닌 종들을 보낸다. '돌로 치다'는 예언자들의 박해를 연상하게 한다. 처음부터 각종 폭력과 살인이 난무한다. 2. 마가에서는 처음 종을 심히 때리고 거저 보내고 두 번째 종은 머리에 상처를 내고 능욕하며 세 번째 종은 죽인다. 그래서 주인은 그 외 많은 종들을 보내지만 농부들은 더러는 때리고 더러는 죽였다고 한다. 폭력의 수위가 점점 높아진다. 3. 누가에서의 농부들은 주인이 처음 보낸 종을 몹시 때리고 거저 보내고 두 번째 종 역시 몹시 때리고 능욕하고 거저 보낸다. 세 번째 종은 상하게 하고 내쫓는다. 누가에서 주인은 종을 한 명씩 보내고 농부들은 보낸 종을 하나도 죽이지는 아니한다. 4. 여기서 종은 하나님의 종으로 불린 선지자들을, 그리고 종들의 운명은 선 지자들의 운명과 비슷하다. 하나님의 종은 포도원인 이스라엘로 보냄을 받 지만 갈수록 그들의 박해는 점점 더 심해진다.	히1:2 이 모든 날 마지 막에는 아들을 통하여 우리에게 말씀하셨으 니 이 아들을 만유의 상속자로 세우시고 또 그로 말미암아 모든 세 계를 지으셨느니라
③ 아들	1. 주인은 아들을 보낸다. 아들과 종은 신분이 완전히 다르다. 아들은 상속권 을 가지고 있다. 마태에서 주인은 자기 아들을 보내고 누가에서는 내 사랑하	

	는 아들이라고 하며 마가는 남은 한 사람, 사랑하는 아들을 최후로 보낸다고 한다. 누가에서의 내 사랑하는 아들이라는 말씀은 예수께서 세례 받을 때와 산에서 변형될 때 하늘에서 들린 음성이다. 2. 하나님께서 예수를 보낸 것은 이스라엘에게 가장 결정적인 구원의 기회를 최후로 주었다는 것이라고 이 비유는 말하고 있다. 주인의 기대는 내 아들을 존대하리라는 것이다. 그러나 악한 농부들은 주인의 사랑하는 아들을 거부한다. 즉, 예수 그리스도를 거부한 것이다. 3. 악한 농부들은 주인이 외국에 나가 오래 있으므로 상속자를 죽이고 그 유산을 차지하자(마태), 우리의 것으로 만들자(누가)고 한다. 상속자를 죽이면 그 유산이 우리 것이 되리라(마가)는 것이다. 상속자(히1:2) 역시 예수를 가리킨 말이다. 4. 여기서 마가는 아들을 잡아 포도원 안에서 죽여서 포도원 밖에 내던졌다고 한다. 그러나 마태, 누가는 아들을 잡아 포도원 밖에 내쫓아 죽였다고 한다. 마태, 누가는 예수께서 예루살렘 밖에서 죽임을 당한 사실을 반영하고 있는 것이다. 사형은 성 밖에서 집행하는 것이 유대의 법(신17:5)이다. 히브리서 기자는 예수께서 성문 밖에서 고난을 받았다고 한다(13:12).	신17:5 너는 그 악을 행한 남자나 여자를 네 성문으로 끌어내고 그 남자나 여자를 돌로 쳐 죽이되 히13:12 그러므로 예수도 자기 피로써 백성을 거룩하게 하려고 성문 밖에서 고난을 받으셨느니라
비유에 관해 ① 예수의 질문과 그들의 대답	1. 비유를 말씀한 예수께서 유대교 지도자들에게 질문한다. 포도원 주인이 어떻게 하겠느냐는 마치 포도원의 노래에서 '예루살렘 주민과 유다 사람들아 구하노니 이제 나와 사리를 판단하라'(사5:3)는 말씀과 같다. 2. 대제사장들, 서기관들, 장로들의 대답은 그 악행자(마태), 농부들(마가)을 진멸하고 다른 농부에게 새로 세를 주라는 것이다. 그러나 누가에서는 예수께서 질문을 하지 않고 먼저 대답을 한다. 그 농부들을 진멸하고 다른 사람에게 주겠다고 한다. 그래서 그들은 '그렇게 되지 말지어다'라고 대답한다. 그렇게 되지 않으면 좋겠다는 것이다	• '어떻게 하겠느냐' 는 예수의 질문은 어리석은 부자의 비유(눅 12:17)에서 부자가 소출이 풍성하여 '내가 어찌할까'라는 질문과 같은 것이다. 또한 불의한 청지기의 비유(눅 16:3)에서도 청지기가 '내가 무엇을 할까'라는 자문과 같은 것이다.
② 열매와 소출	1. 마태의 관심은 포도원의 노래에서처럼 열매이다. 집 주인은 열매 거둘 때가 되어 열매를 받으려고(21:34) 종을 보낸다. 마가와 누가에서의 포도원 주인은 포도원 소출(막12:2, 눅20:10)을 받으려 한다. 2. 마태에서는 열매가 4번 반복된다. 열매 거둘 때(21:34), 자기 열매를 받으려고(21:34), 제 때에 열매를 바칠(21:41), 그 나라의 열매 맺는 백성(21:43) 등이다. 3. 마태는 이 비유에서 열매를 강조한다. 열매는 맺을 때가 있고 바칠 때가 있는 것이고 그 열매는 주인의 열매 즉 하나님에게 속한 열매이며 우리가 해야 할 일은 열매 맺는 백성이 되는 것이라고 한다. 마태에 있어서 열매란 회개의 구체적인 표시이고 그 결과를 상징한다고 하겠다. 4. 이 비유의 대상은 대제사장들과 서기관들과 백성의 장로들이지만 이스라엘 백성 모두에게 해당한다고 하겠다. 마태는 계속해서 열매 맺는 백성이 되지 않으면 너희는 하나님 나라를 빼앗긴다(21:43)고 한다. 마태에게 있어서 열매 맺는 백성이란 새로운 신앙공동체를 말한다. 5. 악한 농부에 대한 진멸은 하나님의 심판으로서 현실적으로는 AD70년 예루살렘의 함락이라 하겠다. 6. 하나님께서 예수를 보낸 것은 이스라엘에게 가장 결정적인 구원의 기회를 최후로 주었다는 것을 이 비유는 말하고 있다. 그러나 악한 농부들은 그의 사랑하는 아들을 죽이고 만다.	
머릿돌인 예수	1. 예수께서는 비유를 통해서 자기 자신을 사랑하는 아들이나 상속자로 표현하였는데 이제 다시 한번 자신의 정체에 대해 밝힌다. 자신은 건축자들이 버린 돌인데 모퉁이의 머릿돌이 된다는 것이다. 악한 농부의 비유에서 악한 농부들	

	이 유대교 지도자들이듯이 건축자들은 예수를 버린 유대 지도자들이라 하겠다. 2. 예수 자신이 스스로 머릿돌이라고 하는데 이 말씀은 초대 기독교에 있어서 예수에 대한 신앙고백적인 표현으로 사용되었다. 유대 지도자들은 예수를 유대교의 무용지물 내지 애물단지로 여기었으나 하나님에 의해 아주 중요한 역할을 하는 분이 된다는 것이다. 　그러면 머릿돌은 무엇인가. 일반적으로 건물의 정초식 때 건축물 하단 아래 모퉁이에 기공 연월일을 새긴 돌을 말한다. 그런데 여기서의 머릿돌은 영어로 capstone, '모자 돌'이라는 것이다. 케임브리지 영어사전은 건물 꼭대기 돌이라고 하고 있고, Dictionary.com은 건물구조를 마무리하는 돌이라고 한다. 3. 시편(118:22)을 보면 capstone이 된다는 것은 우리 눈에 놀라운 일이 아니냐 하나님께서 하신 일이라고 한다. capstone이 들어감으로 완성된 놀라운 건축물을 상상할 수 있는 표현이다. 4. 신약에서는 모퉁이의 머릿돌이라고 되어 있다. 모퉁이의 머릿돌은 주춧돌로도 이해할 수 있다. 역시 건축에 기초가 되는 돌로서 건축에 중요한 역할을 하는 돌이다. 그러나 capstone은 반대로 건물 위에 놓는 돌로서 건축에서의 keystone이다. 이 돌은 '쐐기형 돌'로서, 벽돌이나 석조 아치의 맨 나중에 맨 위에 끼워 놓음으로써 벽 없이 양쪽이 균형을 이루고 무게를 지탱하게 된다. 이 돌을 제거하면 무너지게 됨으로 중요한 돌이다. 5. 그런데 머릿돌이 되었다의 '되었다'가 시편에서는 현재완료 능동태이었으나 여기서는 수동태로 바뀜으로써 머릿돌이 되게 한 주체가 하나님임을 보여준다. 건축자는 쐐기모양 돌이라서 버리지만 하나님께서는 그 돌에게 머릿돌로서의 역할을 하게 한다는 것이다. 6. 베드로는 옥에 갇혀 심문받을 때에 예수에 대해 증거할 때 이 말씀을 인용(행4:11)하였고 사도 바울 역시 에베소서에서 교회를 집으로 비유하여 언급하기도 하였다(엡2:20). 모퉁이 머릿돌로서 예수는 성전이 무너지지 않게 한다.	• 머릿돌을 영어성경(NIV)에서는 capstone이라고 한다. 그리고 위키피디아는 capstone이란 건축에서 keystone이라고 설명하고 있다. 우리말로는 종석이다. 행4:11 이 예수는 너희 건축자들의 버린 돌로서 집 모퉁이의 머릿돌이 되었느니라 엡2:20 너희는 사도들과 선지자들의 터 위에 세우심을 입은 자라 그리스도 예수께서 친히 모퉁잇돌이 되셨느니라
버린 돌의 역습	1. 예수께서는 이 돌을 버린 자들, 자기를 반대하는 자들이 처하게 될 운명에 대해 말씀한다. 이 돌 위에 떨어지는 자는 깨어진다고 하고 이어서 이 돌이 사람 위에 떨어지면 즉 이 돌에 맞으면 또는 이 돌에 깔리면 그를 가루로 만들어 흩으리라고 한다. 여기서 다시 한 번 이 돌이 예수임을 알 수 있다. 2. 베드로전서(2:7)에는 '믿지 아니하는 자에게는 건축자들이 버린 그 돌이 모퉁이의 머릿돌이 되고 또한 그들에게 부딪히는 돌과 걸려 넘어지게 하는 바위가 되었다'고 하는데 이사야(8:14-15)의 인용이다. 유대교 지도자들에 대한 심판의 경고라 하겠다. 3. 걸림돌과 거치는 바위를 시온에 두겠다는 로마서의 말씀(9:33) 역시 이사야 28:16의 인용이다.	• 공동번역과 새번역은 이 본문(마21:44)을 ( )안에 넣고 있다. 후대 필사자의 삽입으로 보고 있기 때문이다.
유대교 지도자들의 반응	1. 유대교 지도자들은 자기들을 가리켜 말씀한 것을 알지만 백성들을 두려워하여(누가) 예수를 그냥 두고 간다(마가). 그들은 예수를 선지자로 아는 백성들을 무서워(마태)하는데 그들이야말로 백성들보다 선지자들을 두려워해야 하는 사람들이다. 2. 이 날에는 예수를 그냥 두고 가지만 유대교 지도자들이 계속해서 예수에게 도전을 한다. 결국에는 예수께서 그들에게 경고를 하고 '화 있을진저'라고 저주까지 하게 된다.	

4. 심층연구

4.1 예수의 권위

구분	내용	비고
아모스의 권위	암7:14-15 아모스가 아마샤에게 대답하여 이르되 나는 선지자가 아니며 선지자의 아들도 아니라 나는 목자요 뽕나무를 재배하는 자로서 양 떼를 따를 때에 여호와께서 나를 데려다가 여호와께서 내게 이르시기를 가서 내 백성 이스라엘에게 예언하라 하셨으니	• 선지자는 - 소명의식이 분명한 자 - 하나님의 대언자: 하나님의 계시를 전달한다.
이사야의 권위	사6:8-10 내가 또 주의 목소리를 들으니 주께서 이르시되 내가 누구를 보내며 누가 우리를 위하여 갈꼬 하시니 그 때에 내가 이르되 내가 여기 있나이다 나를 보내소서 하였더니 여호와께서 이르시되 가서 이 백성에게 이르기를 너희가 듣기는 들어도 깨닫지 못할 것이요 보기는 보아도 알지 못하리라 하여 이 백성의 마음을 둔하게 하며 그들의 귀가 막히고 그들의 눈이 감기게 하라 염려하건대 그들이 눈으로 보고 귀로 듣고 마음으로 깨닫고 다시 돌아와 고침을 받을까 하노라 하시기로	- 자연적 재앙과 일어나고 있는 재난에 대한 의미 해석자 : 하나님의 심판을 선포한다. - 종말론적 입장에서 역사를 이해한 사람이다.
세례 요한의 권위	요1:20-23 나는 선지자 이사야의 말과 같이 주의 길을 곧게 하라고 광야에서 외치는 자의 소리로라 하니라 요1:25-27 또 물어 이르되 네가 만일 그리스도도 아니요 엘리야도 아니요 그 선지자도 아닐진대 어찌하여 세례를 베푸느냐 요한이 대답하되 나는 물로 세례를 베풀거니와 너희 가운데 너희가 알지 못하는 한 사람이 섰으니 곧 내 뒤에 오시는 그이라 나는 그의 신발끈을 풀기도 감당하지 못하겠노라 하더라	
사도 바울의 권위	갈1:1 사람들에게서 난 것도 아니요 사람으로 말미암은 것도 아니요 오직 예수 그리스도와 그를 죽은 자 가운데서 살리신 하나님 아버지로 말미암아 사도 된 바울은	
세상적 권위 • 전문직의 권위	• 법관은 죄의 종류에 따라 신체를 구금하고 노동을 시키며 사형까지 집행한다. 의사 역시 병의 종류에 따라 신체에 약물을 투여하고 수술 등을 할 수 있다. 이 이외에도 필요한 지식과 기능을 가진 이들이 권위를 갖게 된다. 이들은 교육과정을 이수하고 해당 자격증을 소지해야만 한다. 자격증이 없는 이들은 전문직으로서의 권위를 가질 수 없다.	• 권위는 영향력이 미치는 범위에 따라 도덕적 권위, 정치적 권위, 과학적 권위 등으로 나뉜다. 지배계급은 권위와 함께 권력을 가지고 있다.
• 선출직의 권위	• 투표에 의한 권위이다. 자격증이 필요하지는 않으나 시대적 요구나 지역적 또는 국가적 요구에 부응할 수 있는 능력을 갖고 있을 것으로 판단되어 선택되는 사람이 가질 수 있는 권위이다.	
• 종교적 권위	• 가톨릭의 권위는 마틴 루터에 의해 무너진다. 그러나 교회의 권위는 실제로 13세기 십자군 원정 때부터 이미 금이 가기 시작한다. 마르크스는 루터에 대해 그는 오히려 신앙의 권위를 회복시켰다고 하였다. 현재도 종교적 권위를 명분으로 내세운 테러, 학살 등의 만행이 자행되고 있다.	• 관료적 권위는 전문직 권위의 한 형태로 볼 수 있으나 법 집행의 행정적 권한까지 갖고 있어 역시 강력한 권위라 하겠다.
권위의 기초	• 모든 권위의 기초는 도덕성과 윤리성에 있다. 기초가 흔들리는 권위는 힘의 권위, 폭력의 권위, 배금의 권위, 반 생명의 권위, 비인간적 권위, 불의의 권위가 됨으로써 권위 자체를 허물어지게 한다. • 기독교의 권위는 도덕적 권위, 윤리적 권위 위에 존재한다. 산상수훈을 통해서 알 수 있듯이 기독교의 권위는 인간 본성에 대한 통찰을 기반으로 하여 자기희생적이고 새로운 인간을 지향하는 과정에서 자연스럽게 창출되는 것이다.	

4.2 예루살렘에서 일어난 일들

구분	마태	마가	누가
1. 예수의 권위에 대한 도전과 답변			
• 무슨 권위로 이런 일을 하느냐 누가 이 권위를 주었느냐	21:23-27	11:27-33	20:1-8
• 두 아들의 비유	21:28-32		
• 포도원 주인 아들을 죽인 악한 농부들	21:33-46	12:1-12	20:9-19
• 임금아들의 혼인 잔치의 비유	22:1-14		
2. 예수에게 하는 질문			
• 바리새인과 헤롯당의 세금에 관한 질문	22:15-22	12:13-17)	20:20-26
• 사두개인들의 부활에 대한 질문	22:23-33	12:18-27	20:27-40
• 율법 교사의 큰 계명에 대한 질문	22:34-40	12:28-34	
3. 예수의 반문과 경고			
• 메시아는 누구의 자손인가	22:41-46	12:35-37	20:41-44
• 그들을 본받지 말라	23:1-12	12:38-40	20:45-47
• 지도자들을 저주하다 : 화 있을진저	23:13-36		11:42-54
• 예루살렘을 보고 비통해 하다	23:37-39		19:41-44
• 예루살렘 멸망 예언	24:1-2	13:1-2	21:5-6

제29절 ✸ 예루살렘 멸망 예언

1. 본문비교

구분		마태(24:1-14)	마가(13:1-13)	누가(21:5-19)
멸망예언	성전에서	24:1 예수께서 성전에서 나와서 가실 때에 제자들이 성전 건물들을 가리켜 보이려고 나아오니	13:1 예수께서 성전에서 나가실 때에 제자 중 하나가 이르되 선생님이여 보소서 이 돌들이 어떠하며 이 건물들이 어떠하니이까	21:5상 어떤 사람들이 성전을 가리켜 그 아름다운 돌과 헌물로 꾸민 것을 말하매
	멸망예고	:2상 대답하여 이르시되 너희가 이 모든 것을 보지 못하느냐 내가 진실로 너희에게 이르노니	:2상 예수께서 이르시되 네가 이 큰 건물들을 보느냐	:5하 예수께서 이르시되 :6상 너희 보는 이것들이 날이 이르면
		:2하 돌 하나도 돌 위에 남지 않고 다 무너뜨려지리라	:2하 돌 하나도 돌 위에 남지 않고 다 무너뜨려지리라 하시니라	:6하 돌 하나도 돌 위에 남지 않고 다 무너뜨려지리라
멸망의 징조	감람산에서	:3상 예수께서 감람산 위에 앉으셨을 때에 제자들이 조용히 와서 이르되	:3 예수께서 감람산에서 성전을 마주 대하여 앉으셨을 때에 베드로와 야고보와 요한과 안드레가 조용히 묻되	:7상 그들이 물어 이르되
	무슨 징조가 있겠습니까	:3하 우리에게 이르소서 어느 때에 이런 일이 있겠사오며 또 주의 임하심과 세상 끝에는 무슨 징조가 있사오리이까	:4 우리에게 이르소서 어느 때에 이런 일이 있겠사오며 이 모든 일이 이루어지려 할 때에 무슨 징조가 있사오리이까	:7하 선생님이여 그러면 어느 때에 이런 일이 있겠사오며 이런 일이 일어나려 할 때에 무슨 징조가 있사오리이까
	미혹을 받지 않도록 주의하라	:4 예수께서 대답하여 이르시되 너희가 사람의 미혹을 받지 않도록 주의하라 :5 많은 사람이 내 이름으로 와서 이르되 나는 그리스도라 하여 많은 사람을 미혹하리라	:5 예수께서 이르시되 너희가 사람의 미혹을 받지 않도록 주의하라 :6 많은 사람이 내 이름으로 와서 이르되 내가 그라 하여 많은 사람을 미혹하리라	:8상 이르시되 미혹을 받지 않도록 주의하라 :8하 많은 사람이 내 이름으로 와서 이르되 내가 그라 하며 때가 가까이 왔다 하겠으나 그들을 따르지 말라
	난리 소문을 두려워말라	:6 난리와 난리 소문을 듣겠으나 너희는 삼가 두려워하지 말라 이런 일이 있어야 하되 아직 끝은 아니니라	:7 난리와 난리의 소문을 들을 때에 두려워하지 말라 이런 일이 있어야 하되 아직 끝은 아니니라	:9 난리와 소요의 소문을 들을 때에 두려워하지 말라 이 일이 먼저 있어야 하되 끝은 곧 되지 아니하리라
		:7상 민족이 민족을, 나라가 나라를 대적하여 일어나겠고	:8상 민족이 민족을, 나라가 나라를 대적하여 일어나겠고	:10 또 이르시되 민족이 민족을, 나라가 나라를 대적하여 일어나겠고
		:7하-8 곳곳에 기근과 지진이 있으리니 이 모든 것은 재난의 시작이니라	:8하 곳곳에 지진이 있으며 기근이 있으리니 이는 재난의 시작이니라	:11 곳곳에 큰 지진과 기근과 전염병이 있겠고 또 무서운 일과 하늘로부터 큰 징조들이 있으리라
	박해와 미움을 받을 것이다		:9상 너희는 스스로 조심하라	
		:9 그 때에 사람들이 너희를 환난에 넘겨주겠으며 너희를 죽이리니 너희가 내 이름 때문에 모든 민족에게 미움을 받으리라	:9하 사람들이 너희를 공회에 넘겨주겠고 너희를 회당에서 매질하겠으며 나로 말미암아 너희가 권력자들과 임금들 앞에 서리니 이는 그들에게 증거가 되려 함이라	:12-13 이 모든 일 전에 내 이름으로 말미암아 너희에게 손을 대어 박해하며 회당과 옥에 넘겨주며 임금들과 집권자들 앞에 끌어 가려니와 이 일이 도리어 너희에게 증거가 되리라

	마태	마가	누가
그 때에 사람들의 모습	:10-12 그 때에 많은 사람이 실족하게 되어 서로 잡아 주고 서로 미워하겠으며 거짓 선지자가 많이 일어나 많은 사람을 미혹하겠으며 불법이 성하므로 많은 사람의 사랑이 식어지리라		
인내하라	:13 그러나 끝까지 견디는 자는 구원을 얻으리라		
전파되는 복음	:14 이 천국 복음이 모든 민족에게 증언되기 위하여 온 세상에 전파되리니 그제야 끝이 오리라	:10 또 복음이 먼저 만국에 전파되어야 할 것이니라	
답변을 걱정하지 말라		:11 사람들이 너희를 끌어다가 넘겨줄 때에 무슨 말을 할까 미리 염려하지 말고 무엇이든지 그 때에 너희에게 주시는 그 말을 하라 말하는 이는 너희가 아니요 성령이시니라	:14-15 그러므로 너희는 변명할 것을 미리 궁리하지 않도록 명심하라 내가 너희의 모든 대적이 능히 대항하거나 변박할 수 없는 구변과 지혜를 너희에게 주리라
그 때에 가족들		:12 형제가 형제를, 아버지가 자식을 죽는 데에 내주며 자식들이 부모를 대적하여 죽게 하리라	16 심지어 부모와 형제와 친척과 벗이 너희를 넘겨주어 너희 중의 몇을 죽이게 하겠고
인내하라		:13 또 너희가 내 이름으로 말미암아 모든 사람에게 미움을 받을 것이나 끝까지 견디는 자는 구원을 받으리라	:17-19 또 너희가 내 이름으로 말미암아 모든 사람에게 미움을 받을 것이나 너희 머리털 하나도 상하지 아니하리라 너희의 인내로 너희 영혼을 얻으리라

2. 본문의 차이

	구분	마태	마가	누가
멸망예언	언제	성전에서 나와서 가실 때에	성전에서 나가실 때에	성전에서
	누가	제자들이	제자 중 하나가	어떤 사람이
	성전 건물	성전 건물을 가리켜 보이려고	보소서 이 돌들이 어떠하며 이 건물들이 어떠하나이까	성전을 가리켜 아름다운 돌과 헌물로 꾸민 것을 말하매
	예수의 말씀	• 너희가 이 모든 것을 보지 못하느냐 • 내가 진실로 너희에게 이르노니 돌 하나도 돌위에 남기지 않고 다 무너뜨려지리라	• 네가 이 큰 건물들을 보느냐 • 돌 하나도 돌 위에 남기지 않고 다 무너뜨려지리라	• 너희 보는 이것들이 • 날이 이르면 • 돌 하나도 돌 위에 남지 않고 다 무너뜨려지리라
멸망의	어디	감람산 위에 앉으셔서	감람산에서 성전을 마주 대하여 앉으셨을 때에	성전에서
	누가	제자들이	제자 중 베드로, 야고보, 요한, 안드레	그들이

징조	질문내용	• 주의 임하심과 세상 끝에는 무슨 징조가 있사오리이까	• 어느 때에 이런 일이 있겠사오며 이 모든 일이 이루어지려 할 때에 무슨 징조가 있사오리이까	• 어느 때에 이런 일이 있겠사오며 이런 일이 일어나려 할 때에 무슨 징조가 있사오리이까
	징조①	• 주의하라. 사람의 미혹을 받지 않도록 • '나는 그리스도'라 한다	• 주의하라. 사람의 미혹을 받지 않도록 • '내가 그'라 한다	• 주의하라. 미혹을 받지 않도록 • 내가 그라 한다 • 때가 가까이 왔다
	징조②	• 두려워하지 말라 난리와 난리 소문을 들을 때 • 이런 일이 있어야 하되 아직 끝이 아니다 • 민족과 나라들이 대적하여 일어난다 • 기근, 재난이 있으리라. 재난의 시작이다	• 두려워하지 말라 난리와 난리 소문을 들을 때 • 이런 일이 있어야 하되 아직 끝이 아니다 • 민족과 나라들이 대적하여 일어난다 • 기근, 재난이 있으리라. 재난의 시작이다	• 두려워하지 말라 난리와 난리 소문을 들을 때 • 이 일이 있어야 하되 끝은 곧 되지 아니하리라 • 민족과 나라들이 대적하여 일어난다 • 기근, 재난, 전염병이 있으리라 • 무서운 일과 하늘의 큰 징조들이 있으리라
	징조③	• 내 이름 때문에 • 너희는 환난에 넘겨져 죽임을 당한다 • 모든 민족에게 미움을 받으리라	• 너희는 스스로 조심하라 • 나로 말미암아 • 너희는 공회에 넘겨져 매질을 당하리라 • 권력자들과 임금들 앞에 선다 • 이는 그들에게 증거가 되려 함이라	• 내 이름으로 말미암아 • 너희에게 손을 대어 박해하며 회당과 옥에 넘겨진다 • 임금들과 집권자들 앞에 끌려간다 • 이 일이 도리어 너희에게 증거가 되리라
	답변을 염려하지 말라		• 회당에 넘겨질 때 무슨 말을 할까 미리 염려하지 말라 • 성령이 너희에게 주시는 그 말을 하라	• 변명할 것을 미리 궁리하지 말라 • 대항하거나 변박할 수 없는 구변과 지혜를 너희에게 주리라
	그 때에 사람들의 모습	• 서로 잡아 주고 서로 미워하겠으며 • 거짓 선지자가 많이 일어난다 • 불법이 심하므로 많은 사람의 사랑이 식어진다.	• 형제가 형제를 아버지가 자식을 죽는 데에 내주며 자식들이 부모를 대적하여 죽게 하리라	• 부모, 형제, 친척, 벗이 너희를 넘겨주어 너희 중에 몇을 죽이게 하고
	인내하라	 • 끝까지 인내하는 자는 구원을 얻으리라	• 내 이름으로 말미암아 모든 사람에게 미움을 받으리라 • 끝까지 견디는 자는 구원을 받으리라	• 내 이름으로 말미암아 모든 사람에게 미움을 받으리라 • 머리털 하나도 상하지 아니 하리라 • 너희 인내로 너희 영혼을 얻으리라
	끝이 오는 때	• 천국 복음이 모든 민족에게 증언되기 위하여 온 세상에 전파되는 때	• 복음이 먼저 만국에 전파되어야 할 것이다	

3. 본문이해

3.1 예루살렘 멸망 예언

구분	내용	비고
성전에서 나오는 예수	1. 마태, 마가는 예수께서 들어갔던 것과 나갔던 것을 기록하고 있다. 예수께서는 성전에 들어가서 유대교 지도자들부터 무슨 권위로 이런 일을 하느냐는 질문을 받는다. 또한, 성전에서 이들과 온갖 논쟁을 벌이는데 성전에서 나오면서 예루살렘 멸망 예언을 한다. 이것으로 예수께서는 성전과 결별을 하게 된다. 2. 성전을 떠나는 예수에게서 성전에 대한 희망을 버리지 않고 끝까지 성전을 개혁하려는 모습은 찾아볼 수 없다. 예수께서는 요한복음에서의 성전정화와 수가성 여인과의 대화를 통하여 건물이 필요 없는 성전, 예수의 몸인 성전을 말씀하였다. 마태에서 예수께서는 유대 지도자들을 통렬히 비판한 후 예루살렘의 멸망을 예언한다.	• 헤롯의 성전은 BC20년경에 착공하여 AD64년에 완공되었으나 AD70년에 파괴되었다. 본채는 15층 규모이고 사용된 돌 중에는 길이 12m, 무게 100t이 나가는 것이 있다. 동쪽 469m
성전의 위용에 감탄하는 이들	1. 마태에서는 제자들이, 마가에서는 제자 중에 하나가, 누가에서는 어떤 사람이 예수께 질문을 한다. 마태에서는 제자들이 성전건물을 가리켜 보이려고 나아온다. 밖에서 보아야 성전 전체를 잘 볼 수 있기 때문이다. 마가에서는 제자 중 하나가 성전을 쌓은 돌과 성전이 어떠하냐고 예수께 말한다. 누가에서는 어떤 사람이 아름다운 돌과 헌물로 꾸민 것을 말하였다고 한다. 2. 마가에서 제자들은 "보십시오 얼마나 큰 돌들이며 얼마나 큰 건물입니까"라고 한다, 공동번역으로는 "선생님 저거 보십시오 저 돌들이며 저 건물이며 얼마나 웅장하고 볼만합니까?"이다. 실제로 그랬을 것이다. 누가에서는 아름다운 돌과 헌물 즉 봉헌물로 성전이 꾸며져 있다고 한다.	서쪽 458m, 남쪽 280m, 북쪽 314m의 사다리꼴형이었다. 예루살렘 구시가지의 1/6의 면적이었다.
예루살렘에 대한 심판을 이미 예고한 예수	1. 예수께서는 성전의 웅장한 모습에 감동한 모습이 전혀 없다. 마태에서 예수께서는 유대 지도자들을 책망한 후 이미 예루살렘에 심판이 임할 것을 예고(마23:37-38)하고 이어서 종말 강화로써 예루살렘 성전 멸망을 예고(24:1-2)하였다. 2. 누가에서 예수께서는 예루살렘에 입성한 후 성을 보고 우시면서 이 기사보다 더 구체적으로 예루살렘의 멸망을 설명하였다(눅19:41-44). 네 원수들 즉 로마 군인들이 토둔을 쌓고 즉 성 높이만큼의 인공산을 만들고 너를 둘러 사면으로 가둔다(19:43) 즉 포위한다고 하였다. 또한 본 기사에서와같이 돌 하나도 돌 위에 남기지 아니하리라(19:44)고도 하였다. 누가에는 두 번 같은 말씀이 있는 것이다. 3. 누가에서 예수께서는 예루살렘 멸망 징후로서 여러 가지 재난과 제자들에게 미치는 환란에 대해 말씀(눅21:8-11)하고 나서 다시 한번 군대가 예루살렘을 둘러싸는 때(눅21:20)를 말씀한다.	마23:38 보라 너희 집이 황폐하여 버려진바 되리라
멸망 예언	1. 예수께서는 성전에 대해서(마태, 마가), 성전과 헌물 장식에 대해서(누가) 감탄하는 이들에게 대답한다. 마태는 '진실로 너희에게 이르노니' 돌 하나도 돌 위에 남기지 않는다고 한다. 누가는 '날이 이르면'이라고 하고 같은 대답을 한다. 2. 마가에서 예수께서는 네가 이 큰 건물을 보느냐고 하지만 마태에서는 너희가 이 모든 것들을 보지 못하느냐고 말씀한다. 마태에서의 예수는 처음부터 전체를 보라고 말씀하고 있다. 마태, 마가, 누가에서의 제자들은 예루살렘 멸망의 징조에 대해 어느 때에 이 모든 일이 이루어지느냐고 하고 또한 무슨 징조가 있겠느냐고 예수께 질문한다(마24:3, 막13:3-4, 눅21:7). 3. 마태의 경우 예루살렘 멸망 예언을 한 배경에 대해서는 예수께서 예루살렘을 보고 한탄한 말씀에서 유추해 볼 수 있다. 화 있을진저에서 언급한 외식하는 서기관들과 바리새인들이 저지른 죄와 같은 죄를 예루살렘도 저지른다	대하24:21 무리가 함께 꾀하고 왕의 명령을 따라 그를 여호와의 전 뜰 안에서 돌로 쳐죽였더라

는 것이다. 즉 보낸 선지자들은 죽이고 파송된 자를 돌로 친다는 것(마23:37, 눅13:34)이다. 이 이야기는 성전 뜰에서 돌에 맞아 죽은 스가랴 선지자(대하 24:20-22)를 언급한 것이다. 뿐만 아니라 암탉이 그 새끼를 날개 아래에 모으려 한 일이 몇 번이냐(마23:37, 눅13:34)는 것은 이스라엘에 대한 하나님의 사랑을 표현하는 것으로, 너희가 원하지 아니하였다는 것은 스스로 구원을 거부하였다는 것이다.

4. 누가의 경우는 헤롯이 예수를 죽이려 한다고 하자 예수께서는 예루살렘의 심판을 예고(13:34)하는데 마태에서와 같이 '너희 집이 황폐하여 버린 바 된다'(마23:38)고 한다.

3.2 예루살렘 멸망의 징조

구분	내용	비고
성전을 마주 대하고 앉았다	1. 마태, 마가는 성전에서 나온 예수께서는 감람산으로 가서 산 위에 앉았다고 하는데 마가는 성전을 마주 대하여 앉았다고 한다. 누가에서는 어떤 사람이 성전을 가리켜 예수께 말하는데 그러나 감람산에 대한 언급은 없다. 누가는 아직도 성전을 배경으로 하고 있다. 2. 마가에서의 예수는 성전 멸망 예언 후 계속해서 성전과 맞서는 모습을 보여주고 있다. 마태에서는 제자들이 조용히 와서 예수께 질문을 한다. 마가에서는 베드로, 야고보, 요한, 안드레가 질문을 하지만 누가에서는 '그들이' 질문을 한다. 그들은 예수를 선생님(21:7)이라고 부른다.	• 감람산은 메시아 대망 사상과 관련이 있는 곳이다(슥14:4).
무슨 징조가 있사오리까	1. 질문의 내용은 우리에게 알려 달라 언제 이런 일이 있겠으며 그때에 무슨 징조가 있겠느냐는 것이다. 마가, 누가는 이런 일이라고 하였으나 마태는 '주의 임하심과 세상 끝에는 무슨 징조가 있겠느냐'고 한다. 2. 마가, 누가에서의 '이런 일'이란 의미상으로는 성전 멸망이라고도 볼 수 있으나 누가는 반복해서 '이런 일'에 대해, 마가 역시 '이 모든 일'을 언급한 것을 볼 때 앞으로 일어날 모든 파국의 사태에 대한 총체적인 질문으로 이해해야 할 것이다. 3. 마태에서의 제자들은 주의 임하심과 세상 끝의 징조에 대해 질문한다. '주의 임하심'은 주의 재림 파루시아를 말한다. 즉 주의 재림 파루시아가 신약에는 많이 나오나 복음서에는 마태에서의 여기(24:3,27,37,39)뿐이다. 파루시아는 왕이 그 백성에게 올 때나 장관이 도(道)에 도착하였을 때 쓰는 말이라고 한다. 여기서는 권위와 능력으로 임한다는 뜻이다. 　마태에서는 예수의 재림과 세상 끝의 시기를 같다고 보고 그 징조에 대해 질문을 하고 있는 것이다. 4. 징조 즉 '세메이온'은 조짐, 시작의 징후를 말한다. 여기서는 온 세상에서 일어나는 혼란을 의미한다.	• 세계보건기구가 팬데믹을 선언하자 covid-19 팬데믹이 종말의 징조이고 하나님의 심판이라는 주장이 있었다.
징조 ① 주의하라: '내가 그다'라고 한다	1. 마태, 마가, 누가 모두 '주의하라'는 경고로 시작한다. 마가는 계속해서 주의하라는 말씀을 반복함으로써 제자들이 경계심을 풀지 않도록 독려하고 있다. 2. 첫 번째 주의해야 할 것이 사람들의 미혹을 받지 않도록 하는 것이다. 이 말은 '누군가 너희를 잘못 인도하지 않도록' 하라는 뜻이다. '미혹하다'의 '쁠라나오'는 길을 잃게 하거나 그릇된 길로 헤매게 하는 행동을 말한다. 3. 마가, 누가는 '많은 사람이 내 이름으로 왔다'고 하면서 '내가 그'라고 하며 미혹한다는 것이다. 누가는 특히 거짓 메시아들이 때가 가까이 왔다고 하겠지만 따르지 말라고 한다. 마태는 내 이름으로 왔다고 하면서 '내가 그리스도'라고 말한다는 것이다. '내가 그'(에고 에이미)란 '내가 여기 있다, 나는 이다' 라는 의미로서 그리스도론적 칭호라 하겠다. '내가 그'란 '내가 그리스도'라는 뜻이다.	• 마가 13장에는 '주의하라', 블레페테가 네 번(13:5,9,23,33) 반복된다. 그런데 13:9는 '조심하라'고 번역되어 있고 13:23은 '삼가라'고 번역되어 있다.

	4. '내가 그'라는 것은 신적인 자기 선언인데 그런 선언을 하며 예수의 이름으로 오는 사람, 다시 말해서 그리스도인 척하며 그리스도의 권세를 주장하는 그런 사람을 조심하라는 것이다.	
징조 ② 두려워하지말라: 재난과 재해의 소문을	1. 난리와 난리 소문을 들었을 때 두려워하지 말라고 마태, 마가, 누가는 전한다, 난리와 난리 소문이란 전쟁이 났다는 것과 전쟁이 날 것이라는 소문을 말한다. 2. 계속해서 민족과 민족의 대립과 나라와 나라의 대립이 있을 것이고 곳곳에서 기근과 지진(마태, 마가) 그리고 전염병(누가)이 있을 것이라고 한다. 누가는 무서운 일과 하늘로부터 큰 징조가 있을 것이라고 한다. 전쟁, 기근, 지진은 위기의 시대를 나타내는 상황들이다. 3. 마태, 마가, 누가 모두 두려워하지 말라고 하며 이 일이 먼저 있어야 했다고 한다, 재난은 해산의 고통이라는 뜻이 있는데 랍비들은 메시아 탄생의 수고로 이해하였다고 한다. 그래서 당시 사람들은 메시아적 진통으로써의 재난이 먼저 있어야 한다고 생각하였다. 4. 그런데 이 모든 것이 재난의 시작이라는 것이다. 재난의 '오딘'은 단수일 경우에는 '해산의 고통'을 의미하지만, 복수일 경우에는 '전쟁이나 기근으로 인한 고통'을 의미한다. 그래서 공동번역은 '고통의 시작'으로 새번역은 '진통의 시작'으로 번역하고 있다. 　혼란스럽기는 하지만 두려워지는 말아야 한다. 이와 같은 재난이나 재해가 종말을 의미하지 않기 때문이다, 재난은 단지 재난일 뿐이고 이런 징조들은 재난의 시작인 것이다. 5. 누가는 두려워하지 말아야 할 이유가 끝이 아니기 때문이라고 한다. 끝이란 종말 심판의 의미가 있는데 그것이 아니라는 것이다. 예루살렘 성전의 멸망은 종말의 상징이기는 하지만 예수에게는 성전의 종말이 종말은 아니라고 한다.	사26:16-17 여호와여 그들이 환란 중에 주를 앙모하였사오며 주의 징벌이 그들에게 임할 때에 그들이 간절히 주께 기도하였나이다 여호와여 잉태한 여인이 산기가 임박하여 산고를 겪으며 부르짖음 같이 우리가 주 앞에서 그와 같으니이다 • 현대인들은 인류의 대재앙의 원인으로 기후온난화, 핵, 생태계 파괴, 바이러스 질병, A.I 인공지능, 지구 소행성과 충돌, 먹거리 문제 등을 들고 있다
징조 ③ 스스로 조심하라: 해와 미움을 받으리라	1. 마태, 마가, 누가는 박해와 미움에 대해 내용이 각각 다르다. 마태는 사람들이 너희(제자)들을 환란에 넘겨주겠으며 너희를 죽이리니 너희가 내 이름 때문에 모든 민족에게 미움을 받으리라고 한다, 내 이름 때문이란 예수를 믿기 때문이라는 것이고 환난은 종말론적 의미로 사용되었다, 특히 마태에서는 모든 민족에게 미움을 받아 죽음에까지 이르는 상황에 이르렀다고 한다. 2. 마가는 스스로 조심하라고 하며 사람들이 너희 제자들을 공회에 넘겨주겠고 회당에서 매질할 것이라고 한다, 여기에서의 공회는 간이 재판이 열리는 지역의 공회로 보이고 '넘겨주다'는 재판정에 끌려가게 한다는 의미이다. 그리고 그들은 '권력자들과 임금들' 앞에 서게 된다. 마가는 '이는 그들에게 증거가 되게 한다'고 하다. 즉 제자들이 권력자들 앞에 끌려나가지만 이를 통해 제자들은 예수를 증언하게 될 것이라는 것이다. 3. 누가는 마가에서처럼 '나로 말미암아' 라고 하지 않고 마태에서와 같이 '내 이름으로 말미암아' 라는 표현을 하고 있다. 그래서 그들이 너희에게 손을 대며 박해하며 회당과 옥에 넘겨진다는 것이다. 그런데 마가에서처럼 이 일이 도리어 너희에게 증거가 된다고 한다. 증거가 된다는 것은 증언을 말하지만, 여기에서는 복음전파라고 할 수 있다.	고후11:23-24 그들이 그리스도의 일꾼이냐 정신 없는 말을 하거니와 나는 더욱 그러하도다 내가 수고를 넘치도록 하고 옥에 갇히기도 더 많이 하고 매도 수 없이 맞고 여러 번 죽을 뻔하였으니 유대인들에게 사십에서 하나 감한 매를 다섯 번 맞았으며
만국에 전파되는 복음	1. 마태는 그냥 단순한 복음이 아닌 천국 복음이라고 하면서 모든 민족에게 증언되기 위하여 온 세상에 전파되어야 그제서야 끝이 온다고 하다. 마태는 모든 민족과 온 세상에 전파되는 천국 복음을 말하고 있다. 2. 마가는 이러한 증거로 복음이 만국에 전파되어야 한다고 하다, 정치적인 핍박과 시련은 어쩔 수 없이 일어나게 된다. 그러나 붙잡혀가면 오히려 그들 앞에서 예수를 대변하고 예수를 증언하는 기회가 될 것이고 또한 복음이 만	롬10:12 유대인이나 헬라인이나 차별이 없음이라 한 분이신 주께서 모든 사람의 주가 되사 그를 부르는 모든 사람에게 부요하시도다.

	국에 전파되는 계기가 된다는 것이다. 사도행전은 실제로 이런 일들이 수차 례 있었음을 증언하고 있다. 3. 마가, 누가는 그것이 가능하다는 것이다. 마가는 잡혀가서 그들 앞에 설 때 무슨 말을 할까 미리 염려하지 말라고 한다. 무엇이든지 그때에 너희에게 주 시는 그 말을 하라는 것이다. 말하는 이가 너희가 아니라 성령이기 때문이라 고 한다. 4. 누가 역시 너희는 변명할 것을 미리 궁리하지 않도록 명심하라고 하면서 예수만을 전적으로 의지하라고 한다. 내가 너희에게 모든 대적이 능히 대항 하거나 변박할 수 없는 구변과 지혜를 주겠다고 한다.	
그때의 사람들의 모습	1. 재난이 시작되었을 때의 사람들의 모습이다. 　마태는 세 가지를 언급하고 있다. 　첫 번째는 사람들이 실족하게 되어 서로 잡아주고 서로 미워한다고 한다 (24:10). '실족하게 되어'는 재난으로 신앙을 포기한 상태인데 공동번역은 '많 은 사람들이 떨어져 나가'로 번역하고 있다. '서로 잡아 주고'는 '서로 잡혀가게 하고'의 뜻으로 '서로 미워'하는 것과 함께 공동체의 분열을 말하고 있다. 　두 번째 거짓 선지자들이 많이 일어나 많은 사람을 미혹시킨다는 것이다 (24:11). 이미 예수께서는 내가 그리스도(24:5)라고 하며 많은 사람을 미혹할 것이라고 말씀한 바 있다. 　세 번째는 불법이 성하므로 많은 사람의 사랑이 식어진다고 한다(24:12). 2. 마가는 가족 내의 불화 반목이 극심하다고 한다(13:12). 형제끼리, 부모 자 식 간에 서로 대적하여 죽는 데에 내 주고 죽게 한다는 것이다. 인간관계의 최 후의 보루인 가족관계가 서로 죽음으로 내모는 극히 절망적이고 비극적인 상 황이 되었음을 말하고 있다. 3. 누가는 가까운 사람들 즉 부모형제 같은 가족이나 친척 그리고 벗이 너희 를 고발하고 배반하여 몇은 죽게 될 것이라고 한다(21:16). 4. 예루살렘 멸망의 징조에서 마가는 '나로 말미암아'(13:9), '내 이름으로 말 미암아'(13:13)라고 하고 마태는 '내 이름 때문에'(24:9), 누가는 '내 이름으로 말미암아'(21:12,17)라고 두 번 언급하고 있다. 재난의 시작이 예수를 믿는 것과 관련이 있다.	사49:6 그가 이르시되 네가 나의 종이 되어 야곱의 지파들을 일으 키며 이스라엘 중에 보 전된 자를 돌아오게 할 것은 매우 쉬운 일이라 내가 또 너를 이방의 빛으로 삼아 나의 구원 을 베풀어서 땅 끝까지 이르게 하리라
끝까지 견디는 자	1. 마태는 끝까지 견디는 자는 구원을 얻는다(24:13)고 하고 마가도 모든 사 람에게 미움을 받지만, 끝까지 견디는 자는 구원을 받는다(13:13)고 한다. 누 가 역시 모든 가까운 사람들에게서 미움을 받지만, 머리털 하나도 상하지 않 을 것이라고 한다. 그 까닭은 인내로 그들의 영혼을 얻을 수 있기 때문이다. 2. 마태, 마가는 '끝까지' 견디는 것을 강조하고 있다. 여기서 끝까지는 시련의 시간이 그칠 때까지라 하겠다. 3. 마태는 이 천국 복음이 모든 민족에게 증언되기 위하여 온 세상에 전파되 어야 끝이 온다고 하였다. 마태는 결과적으로 지연되고 있는 파루시아 재림 을 말하고 있다.	

4. 심층연구

4.1 공관복음서에서의 예루살렘 멸망 예언

	구분	마태	마가	누가
본 문	예루살렘아 예루살렘아	23:37-38 예루살렘아 예루살 렘아 선지자들을 죽이고 네게 파 송된 자들을 돌로 치는 자여 암		13:34-35상 예루살렘아 예루 살렘아 선지자들을 죽이고 네게 파송된 자들을 돌로 치는 자여

		닭이 그 새끼를 날개 아래에 모음 같이 내가 네 자녀를 모으려 한 일이 몇 번이더냐 그러나 너희가 원하지 아니하였도다 보라 너희 집이 황폐하여 버려진 바되리라		암탉이 제 새끼를 날개 아래에 모음 같이 내가 너희의 자녀를 모으려 한 일이 몇 번이냐 그러나 너희가 원하지 아니하였도다 보라 너희 집이 황폐하여 버린 바 되리라
	성을 보고 우시다 돌 하나도 돌 위에 남지 않는다			19:41-44 가까이 오사 성을 보시고 우시며 이르시되 너도 오늘 평화에 관한 일을 알았더라면 좋을 뻔하였거니와 지금 네 눈에 숨겨졌도다 날이 이를지라 네 원수들이 토둔을 쌓고 너를 둘러 사면으로 가두고 또 너와 및 그 가운데 있는 네 자식들을 땅에 메어치며 돌 하나도 돌 위에 남기지 아니하리니 이는 네가 보살핌 받는 날을 알지 못함을 인함이니라
	돌 하나도 돌 위에 남지 않는다	24:1-2 예수께서 성전에서 나와서 가실 때에 제자들이 성전 건물들을 가리켜 보이려고 나아오니 대답하여 이르시되 너희가 이 모든 것을 보지 못하느냐 내가 진실로 너희에게 이르노니 돌 하나도 돌 위에 남지 않고 다 무너뜨려지리라	13:1-2 예수께서 성전에서 나가실 때에 제자 중 하나가 이르되 선생님이여 보소서 이 돌들이 어떠하며 이 건물들이 어떠하니이까 예수께서 이르시되 네가 이 큰 건물들을 보느냐 돌 하나도 돌 위에 남지 않고 다 무너뜨려지리라 하시니라	21:5-6 어떤 사람들이 성전을 가리켜 그 아름다운 돌과 헌물로 꾸민 것을 말하매 예수께서 이르시되 너희 보는 이것들이 날이 이르면 돌 하나도 돌 위에 남지 않고 다 무너뜨려지리라
	예루살렘은 이방인들에게 밟히리라			21:20 너희가 예루살렘이 군대들에게 에워싸이는 것을 보거든 그 멸망이 가까운 줄을 알라 21:24 그들이 칼날에 죽임을 당하며 모든 이방에 사로잡혀 가겠고 예루살렘은 이방인의 때가 차기까지 이방인들에게 밟히리라
예 언 이 해	예루살렘아 예루살렘아	유대교 지도자들에게 일곱 가지로 화 있을진저(마23:13-36)라고 책망을 한 예수께서 결론으로 말씀한다. 선지자들과 파송된 자들을 박해하는 예루살렘은 멸망당하리라고 예언한다.		헤롯이 예수를 죽이려 한다는 어느 바리새인의 말을 듣고 자신의 고난과 죽음에 대해 말씀한다. 내가 갈 길을 가야만 하기 때문이라고 한다(눅13:31-33). 이어서 예루살렘의 멸망을 선언한다.
	성을 보고 우시다			예루살렘 멸망을 가장 구체적으로 설명하고 있다. 로마 군대가 어떻게 공격할지 그때 가족들은 어떻게 되고 예루살렘 성은 어떻게 되는지 말씀한다.

돌 하나도 돌 위에	유대교 지도자들에 대한 책망과 예루살렘에 대한 심판에 이어 예루살렘 멸망 예언을 한다.	유대교지도자들과 성전에서 세금에 대해, 부활에 대해, 첫째 되는 계명 등에 대해 토론을 하고 가르침을 주고 성전에서 나오다가 예루살렘 멸망 예언을 한다.	예루살렘 멸망 예언과 징조에 이어 인자의 재림, 깨어 있으라는 교훈으로 이어진다. 그리고 수난과정에서의 일들이 기록되어 있다.
예루살렘은 이방인들 에게 밟히리라			예루살렘 멸망의 징조로서 다시 한번 예루살렘이 공격받는 모습을 보여주고 그 때 어떻게 해야 한다는 것을 알려 주며 사람들이 잡혀가고 이방인들이 예루살렘을 점령하게 된다고 보다 더 구체적으로 언급하고 있다.
참 고	예수께서 대제사장들과 바리새인들을 책망하기 위하여 큰 잔치 비유(22:1-14)를 말씀한다. 어떤 임금이 아들의 혼인 잔치에 청함을 받고도 오지 않은 자들과 그 동네를 군대를 보내 진멸한다는 이야기인데 예루살렘 멸망에 대한 암시로 이해되고 있다.		예수께서 성을 보고 우시며 예루살렘성이 포위되는 것을 말씀하는데 요세푸스에 의하면 실제 사태와 유사하다고 한다.

4.2 구약에서의 예루살렘 멸망 예언

구분	내용	비고
예루살렘 성전 멸망	렘7:11-12 내 이름으로 일컬음을 받는 이 집이 너희 눈에는 도둑의 소굴로 보이느냐 보라 나 곧 내가 그것을 보았노라 여호와의 말씀이니라 너희는 내가 처음으로 내 이름을 둔 처소 실로에 가서 내 백성 이스라엘의 악에 대하여 내가 어떻게 행하였는지를 보라 렘26:6 내가 이 성전을 실로 같이 되게 하고 이 성을 세계 모든 민족의 저줏거리가 되게 하리라 하셨느니라	• 실로는 가나안 정복 후 성막 언약궤를 두었던 곳으로 이스라엘의 중앙 성소이었다(삼상 4:3).
예루살렘을 무더기로 만들겠다	렘9:11 내가 예루살렘을 무더기로 만들며 승냥이 굴이 되게 하겠고 유다의 성읍들을 황폐하게 하여 주민이 없게 하리라 렘26:18 유다의 왕 히스기야 시대에 모레셋 사람 미가가 유다의 모든 백성에게 예언하여 이르되 만군의 여호와께서 이와 같이 말씀하셨느니라 시온은 밭 같이 경작지가 될 것이며 예루살렘은 돌무더기가 되며 이 성전의 산은 산당의 숲과 같이 되리라 하였으나 겔4:1-3 너 인자야 토판을 가져다가 그것을 네 앞에 놓고 한 성읍 곧 예루살렘을 그 위에 그리고 그 성읍을 에워싸되 그것을 향하여 사다리를 세우고 그것을 향하여 흙으로 언덕을 쌓고 그것을 향하여 진을 치고 그것을 향하여 공성퇴를 둘러 세우고 또 철판을 가져다가 너와 성읍 사이에 두어 철벽을 삼고 성을 포위하는 것처럼 에워싸라 이것이 이스라엘 족속에게 징조가 되리라 미3:10 시온을 피로, 예루살렘을 죄악으로 건축하는도다 미3:12 이러므로 너희로 말미암아 시온은 갈아엎은 밭이 되고 예루살렘은 무더기가 되고 성전의 산은 수풀의 높은 곳이 되리라	• 이사야는 히스기야와 그 방백들이 미가의 예언을 잘 받아들여 실제로 이 경고가 당시에는 실행되지 아니하였다고 한다. 　에스겔보다 훨씬 이전 예레미야를 통해서도 같은 메시지가 선포되었다.

5.집중탐구

5.1 유대전쟁 개괄

구분	유대인(저항세력, 온건파, 강경파)	이방인(유다 총독, 수리아 총독, 로마제국)
동기		• AD66년 여름 로마 총독 게시우스 플로루스 Florus(재직 AD64-66)가 가이사랴의 유대인과 헬라인들 사이의 시민권 분쟁에서 헬라인 편을 들다. 그리고 성전금고에서 17달란트를 탈취하여 속주세 대신 가져가는데 예루살렘 파견 2개 보병대가 금고 탈취를 저지하는 유대인들을 죽이다.
발발	• 유대인들이 이방인을 위한 제사를 중지함으로 황제를 위해 매일 두 번 드리는 제사도 중단되다. AD66년 8월 유대인 저항군이 안토니오를 점령하고 수비대를 전멸시키다. 헤롯 궁전과 플로루스총독의 보병대 막사를 공격하다.	• 황제를 위한 제사는 유대인들이 황제 숭배에 참여하지 않는 대신으로서 유대인들을 위한 로마제국의 특별한 양보이었다. 황제에 대한 제사 중단은 반역이다. • 로마군은 안전한 퇴각로를 조건으로 항복하였으나 그들도 죽이다.
	• 마사다의 로마 요새가 저항군에게 넘어갔고 이어서 여리고 근처 사이프로스Cypros와 베레아 Perea의 마케로스Machaeros의 헤롯 요새들을 탈취하다.	
초기	• AD66년 가을 예루살렘 주둔 로마군을 패배시키다.	• 가이사랴, 데가볼리, 수리아의 도시들에서 무력항쟁이 일어나다. • 로마를 대신하여 수리아 총독 케스티우스 갈루스 Cestius Gallus는 3만 명의 병력으로 반란지역으로 진격하여 갈릴리 등지를 장악하다. • AD66년 11월 승리를 목전에 두고 갈루스는 알 수 없는 이유로 포위 공격을 중단하고 퇴각한다. 이때 5천 명의 병사와 군수품들을 빼앗기다.
	• AD66-67년 혁명정부를 세우고 로마공격에 대비하다. 대제사장들은 평화를 주장하다. 처음에는 전직 대제사장 아나누스Ananus를 저항군 사령관에 임명하다. 유다 지역을 6개로 나누어 전쟁에 대비하였는데 유대전쟁사를 쓴 플라비우스 요세푸스 Josephus는 갈릴리지역 군 통수권자이었다. 이때 많은 저명인사들이 예루살렘을 떠났다.	• AD66년 요세푸스는 갈릴리 지역 사령관이 되었으나 요타파타라는 마을에서 로마군에게 포위되었다. 그는 숨어 지내다가 베스파니안 장군에게 항복한다. 후에 티투스의 통역관이자 협상자 노릇을 하다가 로마로 간다. • AD66년 유대인 기독교인들은 예루살렘을 탈출하여 데카폴리스의 하나인 펠라Pella로 간다.
중기		• AD67년 봄 네로황제가 파견한 베스파시안 Vespasian과 아들 티투스 Titus는 6만 명의 병력으로 진격하다. 저항은 요세푸스의 지역인 요타파타의 작은 산봉우리 요새에서 있었으나 AD67년 7월에 무너지다. 요세푸스는 항복하고 포로가 되다. • 욥바항구, 디베랴, 기스칼라 등지를 점령하다. • AD68년 봄 베레아지역, 서유다의 이두매, 여리고 등은 저항을 포기하다.

전쟁 중단과 내분	• 예루살렘 내란 계속 • 온건파가 대제사장 아나누스를 중심으로 통치권을 장악하다. • 강경파와 젤롯당은 수리아 총독 케스티우스 갈루스를 공격하는데 공을 세운 엘르아셀이 예루살렘으로 옮겨온 후 온건파를 테러하고 성전을 장악하며 추첨으로 뽑은 제사장을 대제사장이 되게 하다. • 성전 밖은 아나누스 대제사장이 장악하고 있고 성전 안은 엘르아셀이 점령하고 있었다. • 엘르아셀은 이두매군의 도움으로 아나누스를 죽임으로 극단주의자들이 예루살렘 전체를 장악한다. • 엘르아셀의 젤롯당은 기스칼라의 요한과도 결별한다. • AD69년 봄 거라사 출신 시몬 바르 기 오라라는 제3의 인물에 의해 두 라이벌 집단이 합쳐진다. 그리고 뒤이은 싸움에서 시몬이 예루살렘의 주인인 엘르아셀의 젤롯당과 기스칼라의 요한이 연합한다. • 젤롯당은 유월절을 틈타 성전 내부를 장악한다.	• 로마의 정치 상황으로 공격이 중지되다. AD68년 네로가 사망한 후 이어서 즉위한 갈바가 AD69년 봄에 살해되고 그 다음에 오토가 즉위하였으나 AD69년 4월에 살해된다. • AD69년 7월 베스파시안이 황제로 추대되다.
종전	• AD70년 봄 티투스가 예루살렘을 포위 공격할 때에 비로소 기스칼라의 요한은 시몬을 인정하고 공동으로 방어한다. • 유대인들의 저항이 로마군의 공격을 지연시키다. • 내란으로 이미 곡식 저장소들이 불타버렸다. 식량이 없었다. 요세푸스는 당시 아사자를 60만 명으로 추정하고 있다. • 기스칼라의 요한은 예루살렘 윗성으로 도망간다. • 요한과 시몬은 지하 통로로 도망하다가 잡혀서 항복한다. • 그리스도인들은 이스라엘에 내린 심판이요 구원의 새 시대가 열렸다고 보다.	• AD70년 봄 베스파시안 황제는 아들 티투스에게 명령권을 이양한다. • AD70년 5월 티투스가 아그립바 성벽을 무너뜨린다. • 티투스는 점령한 성벽을 철저히 지킴으로 식량 보급을 차단하고 예루살렘을 빠져나가는 것이 불가능하게 봉쇄하다. • AD70년 7월 두 번째 성벽과 안토니오 성채를 무너뜨린다. • AD70년 8월 9일 성전 바깥뜰을 10일에는 성전 안뜰을 점령한 후 약탈하고 방화한다. • AD70년 9월 티투스는 예루살렘의 윗성과 헤롯의 궁들을 점령하고 예루살렘 도시의 방화와 약탈을 명령한다. • 티투스는 헤롯 왕궁의 세 탑과 서쪽 벽 일부를 제외한 성전과 성벽을 바닥까지 무너뜨리라고 명령한다. 일부를 남겨둔 이유는 성의 특징과 위용을 보여주기 위해서이다.
그 후	• AD71-73 저항세력들의 요새가 점령되다. 엘르아셀이 이끄는 마사다 요새가 가장 마지막으로 함락되다(AD73년). 이때 지도자 벤 야이르를 따라 976명이 자결한다. • 바리새인 요하난 벤 자카이는 전쟁 중에 장군인 베스파니우스를 황제로 호칭하며 야브네라는 도시 보존을 앙청한다. 예루살렘 멸망 후 벤 자카이는 상복을 입고 이곳에서 성경을 가르친다. 로마제국의 허가를 받은 유대인의 종교법인 할라카학교가 세워진다. 이후 랍비 유대교가 태동하게 되고 그 후 라반 가말리엘 2세가 지도자가 되면서 다시 가문이 형성된다.	• AD71년 티투스 장군이 로마로 개선하다. 시몬과 기스칼라의 요한 등 반란지도자와 10만의 포로와 성전기물, 보물들과 함께 개선하는데 티투스의 개선문에는 당시 행진 모습이 조각으로 남아있다. • AD72년 베스파니안 황제가 착공해서 AD80년 티투스 때 준공된 콜로세움의 건설에 유대인 포로와 유대에서 가져온 재화를 사용한다. • AD70년 이후 로마군 10군단이 예루살렘에 상주한다.

- AD132년 유대인 3차 반란(혹자는 2차 반란으로 본다)은 하드리아누스 황제가 AD130년 예루살렘 복원을 약속하고는 로마식 도시를 재건하고 성전산의 쥬피터 동상을 세우려고 해서 일어나게 된다.
- 랍비 아키바의 지지를 받고 있던 시므온 바르 코크바는 민수기 24:17에 나오는 이스라엘을 구원할 별 즉 자신을 별의 아들 바르 코크바라고 하며 반란을 일으킨다. 당시 총독 루푸스가 가이사랴로 이동함으로 반란군은 3년간 예루살렘을 점령하게 된다. 로마는 시리아 총독 말세루스를 동원하였으나 게릴라전으로 고전하자 당시 영국 주둔 세베루스 장군에게 진압을 명령한다. AD135년 9월 반란군은 예루살렘 남서쪽 베타르에서 토벌되고 만다.
- 예루살렘은 로마식 도시 아엘리아 카피톨리나 Aelia Capitolina로 건축되고 유대라는 명칭은 없어지고 팔레스타인이라는 이름이 생긴다. 예루살렘 내 유대인은 추방되고 출입이 금지된다.

- AD115년의 일이다. 알렉산더 대왕이 이집트 정벌 후에 알렉산드리아를 세우면서(BC332-200) 유대인들에게 헬라인과 동등한 특권을 주었는데 로마의 트리야누스 대제(재위 98-117)때에 두 집단의 갈등이 증폭되어 유대인이 폭동을 일으킨다. 그 후 이 폭동은 이집트, 키레나이카, 키프로스로 확대되어 갔다. 이 사건을 유대인 2차 반란으로 보기도 한다.
- AD363년 배교자로 불리는 율리아누스 대제는 유대인들에게 예루살렘 성전 재건을 허락하였으나 황제의 죽음으로 6개월 만에 무산되다.
- AD395년 로마는 예루살렘, 베들레헴, 갈릴리 등지에 많은 교회와 수도원을 세운다.
- AD638년 이슬람 세력이 예루살렘을 함락한 후 솔로몬 궁전 자리에 '아득한 회교사원'을 건립하고 AD691년 우마이야 왕조의 압둘 알 말리크가 다윗의 제단자리에 바위 사원을 건립하다. 예루살렘은 메카, 메디나와 함께 이슬람의 삼대 성지가 된다.
- 1099년 이집트 파티마왕조의 칼리프 하킴이 성묘 등을 파괴함으로써 일어난 1차 십자군 원정으로 예루살렘 왕국이 시작되다. 그러나 1187년 이집트 아이유브 왕조의 살라딘에 의해 다시 빼앗기다.
- 1260년 9월 이집트 맘루크 군과 훌라구 대제의 몽골군이 에스드라엘론 평야 아인 잘루트 즉 이스라엘 고대 도시 므깃도(메기도)에서 전투를 벌여 몽골군이 역사상 처음 패배를 한다. 이때 몽골군은 예루살렘 왕국의 잔당들과 동맹을 맺으려 하였다.

5.2 예루살렘 멸망 이후의 유대인

구분	멸망전	멸망후
기간	솔로몬 성전 이후 유대 전쟁까지 (BC959-AD70)	그 이후 지금까지
변화	성막에서 성전으로	성전에서 회당으로
성전 지도자	제사장, 서기관, 바리새인, 장로	나시(족장의 의미, 랍비 안수 권한, 산헤드린 의장, 세금 각출 권한, 사형 선고권-오리겐 주장)와 랍비
종파	바리새파, 사두개파, 에세네파, 열심당원 등	
성격	성전 유대교	랍비 유대교
경전	토라, 유전과 율법	타나크(구약), 탈무드, 미쉬나
기독교와 관계	공존 : 기독교인이 회당예배에 참석하다 가말리엘 2세 때 기독교인 저주기도문 작성	단절 : 기독교의 특색이 드러남
로마와의 관계	유대교를 황제 숭배 예외 종교로 인정하다.	유대교는 디도 클레티아누스(AD284-305)황제 때까지 합법적 종교로서 지위를 유지하다. 그러나 기독교는 처음부터 박해받았다.
예배	성전중심 희생 제사	회당중심 기도의 회복

중심 지역	• 예루살렘 중심 • 유대 지역	• 야브네(AD90년 얌니아 유대교 정경회의 개최 : 구 약 정경 목록 채택, 야브네 학당의 산실 현재의 예쉬 바, 미쉬나 편집 - 야브네 공동체, 물체로서의 성전언 급 중단) • 지중해 지역
거주 형태	애굽에서 유대지역으로 이동 정주 시대	유대 지역에서 전 세계로 디아스포라 시대 이탈리아로부터 비유대인 유대 이주 정착
성전세	스무 살 이상 성인 남자(출30:13-14)에게 반 세겔을 걷다(마17:24-27)	2드라크마를 피스쿠스 유다이쿠스(유대 대반란 진압 기념 동전)라는 이름으로 쥬피터 신전세를 내다.
로마 군대	수비대와 지원군 유대인 자치 통치	10군단 상주 로마군대 중심 직접통치
성전 부재 경험	• BC601년 신바빌로니아 느브갓네살(네브카드네자 르) 2세의 유다왕국 공격, 예루살렘 함락. BC597년 에 1차로 포로를 끌고 가다. BC586년 침공 시 예루 살렘 성전(BC959년 솔로몬 건립)파괴, 유다 멸망 후 2차로 BC582년에 3차로 포로를 끌고 가다. • 성전 부재로 회당중심, 안식일과 절기 준수, 성경낭 독, 기도중심 등의 새 예배형태가 시작되다. • 학자인 랍비 주도의 회당 : 13세 성인식 때에는 성 경을 읽을 의무가 있다. • 바빌로니아학파 탈무드 편찬 • 신명기, 열왕기 등 편찬 • 바빌론의 무역업에 종사하다. • BC539년 페르시아제국 고레스(키루스) 대왕이 귀 향 허용 후 유대교가 재건(BC538-333)된다. 이때 역 대상하, 에스라, 느헤미야, 에스더가 쓰어진다.	• AD70년 예루살렘 멸망으로 성전이 철저히 파괴 되다. • 성전 부재로 회당중심, 기도중심의 새 예배형태가 강조되다. • 미쉬나와 탈무드의 시대가 되다. • 회당이 지역 유대인공동체의 중심이 되다. 회당중 심으로 새로운 종교적 규범 할라카 즉 선민의 의무를 정착시키다.
대제국 아래의 유대인 들	• 유대인들은 고레스를 메시아(사45:1)로 생각하다. 바빌론 압제에서 해방시켜주고 성전까지 재건하도록 하였기 때문이다. 그런데 그는 조로아스터 교도였다. • 1차 귀국 시 많은 유대인들이 예루살렘으로 돌아오 지 않고 터키나 동유럽으로 가서 흩어져 산다. 바빌론 잔류 유대인들은 예루살렘정착 경비를 지원한다. • BC515년 성전 봉헌식을 올리다. • BC333년 페르샤의 다리우스 3세가 알렉산더에게 패함으로 유대인들은 그리스제국 아래 놓이게 된다. • 알렉산더는 유대인을 좋게 보아서 안식년에 세금 을 면제해 주고 이집트 알렉산드리아의 건설을 돕게 하였는데 그때부터 유대인들은 지중해 연안으로 흩 어지게 된다. 또한, 알렉산더의 길을 따라 실크로드 주변까지 진출한다. • BC323년 알렉산더가 죽은 후에 유다는 프톨레마 이오스왕국의 지배를 받게 되는데 자치령을 유지하 게 된다. • BC200년 셀레우코스왕조의 시리아 왕국이 유다 를 정복한다.	• AD313년 콘스탄티누스는 밀라노칙령으로 기독교 를 공인하고 교회와 성직자들에게 병역(공무)면제 및 세금(인두세) 면제를 하다. 아들 콘스탄티우스 2세는 우상숭배금지, 신전폐쇄, 성직자 사유재산 소유허용 등의 정책을 편다. • 그 후 발렌티아누스(AD364-375)와 발렌스 등은 유대교에 관대하여 회당을 보호하고 면세 혜택을 주 다. 테오도시우스 1세(AD379-395) 역시 유대교에 관대하였다. • AD392년 테오도시우스 1세가 기독교를 국교로 정한다. 그리고 기독교 이외의 종교를 사교로 규정하 고 가톨릭 이외의 종파는 이단으로 탄압하며 올림피 아 경기대회를 폐지(AD393년)한다. 테오도시우스 2세는 유대교에 대하여 강경하여 새 회당 건축금지, 빈 회당 파괴, 유대교 개종 금지, 나시직무 폐지 등을 강행하다. 또한 테오도시우스 2세는 미신과 이교를 금지하고 이교 사원파괴를 명령하였으며, 유대인은 기독교 노예를 소유하지 못하고 노예가 기독교로 개 종하면 방면하게 하다.

| | | • AD565년 성탄절과 공현절(주현절)의 공식 날짜를 확인하는 칙령을 내렸던 유스티아누스는 회당에서 히브리어, 그리스어 이외의 다른 언어 사용을 허락하고 70인역 사용도 허락하였으나 랍비 전승은 금지하였다. |

5.3 유대인 형극의 길

구분	내용	비고
고대의 반유대주의	• BC3세기 반유대주의가 존재하다. • 고대 로마 시대에도 있었다. 고대 로마공화정 말기의 호라티우스(BC65-BC8)는 유대인의 풍습이 쥬피터 숭배를 타락시킨다고 하다. 역사가 타키투스(AD55-117)는 패배자 주제에 정복자들에게 법을 가르치고 있다고 하다.	• 아쉬케나짐 유대인: 유대교 전통을 따르는 후손, 독일과 프랑스에 살다가 동유럽 전체로 확산, 이디시어 사용, 근본주의
유대 로마 전쟁 발발 시 유대인 학살	• 알렉산드리아에서 5만, 다마스쿠스에서 1만 5천, 그 밖에 시리아 등지에서 유대인을 학살하다. 유대 로마 전쟁 당시 110만 명이 죽었다. • 특별 기념 화폐 주조, 티토의 개선문 건립 • 일부 유대인 이베리아 반도로 이주 • 노예로 잡혀간 유대인들이 콜로세움을 건설하다.	• 세파르딤 유대인: 바빌론식 유대교 전통을 따르는 후손, 스페인과 포르투갈에서 살다가 이베리아반도에서 추방되다. 네덜란드, 영국, 터키, 북아프리카 등지로 확산. 라디노어 (유다, 포르투칼) 사용
디아스포라 유대인의 봉기	• AD115년-117년 알렉산드리아, 키프로스 등지에서 유대인이 봉기하다. 키프로스 유대인은 몰살당하고 알렉산드리아 유대인공동체(약 40%인 40만 명 추산)가 없어진다.	
바르 코크바의 반란	• AD132년 바르 코크바가 반란을 일으켜 로마 주둔군을 전멸시키다. 당시 최고의 랍비인 아키바가 그를 메시아로 인정하다. AD135 세베루스의 초토화 전술로 진압되다. • 유대 역사가 디오 카시우스는 58만 명이 죽었다고 한다. 당시 노예가 너무 많아서 말값보다 싸졌다고 성 제롬은 기록하였다. 살아남은 자는 포로(노예)이거나 나라를 떠난 사람들이다.	
반란 후	• 유대라는 명칭이 팔레스타인으로 바뀌다. • 유대인의 예루살렘 출입이나 거주가 불가하게 되다. • 안식일, 할례, 토라 공부가 금지되다. • 예루살렘은 아엘리아 카피톨리나로 바뀌다. • 영토, 국민, 주권이 없는 민족이 되다.	• 미즈라힘 유대인: 북아프리카와 중동 지역에서 중앙아시아, 남아시아로 확산.
초기 디아스포라	• 사도 시대에 유대인은 팔레스타인 240만, 바빌론 100만, 전 로마 지역 460만 등 800만 명 정도였다. • 디아스포라 공동체는 이집트, 시리아, 소아시아, 그리스, 이탈리아 등에 산재해 있었고 중심지는 알렉산드리아, 안디옥(BC150 유대인 정착), 로마 등이었다. 그리스어를 사용하였다. • 유대 로마 전쟁 이후에는 가까운 이집트, 시리아에서부터 이탈리아 북부와 남부 독일 등지까지 확산되었다.	• 중국의 유대인: 성씨는 이, 장, 인, 김 등이었다. 북송의 황제가 하사한 이름은 일사락업, 중국어로 이츠러예 (즉, 이스라엘)이었다. 회교와 유대교 모두 회회교, 고교라고 하였다. 북송 개평의 이츠러예인은 과거 시험을 칠 수 있었다. 이들은 바빌론 포로기 때 육로로 중국에 들어가서
공동체 수칙	• 유대인 노예는 7년 이내 몸값을 지불하고 찾아온다. • 기도문과 토라 독회는 통일한다. • 13세 이상 남자 열 명 이상이면 종교 집회를 갖는다. • 남자 성인 120명이 넘는 공동체는 회당을 열고 유대 법을 준수해야 한다 (비고: 교회).	

	• 독자적인 세금 제도를 만들어 거주 국가의 재정 부담을 주지 않도록 하고 또한 비상시에 쓸 예금도 비축한다. • 유대인이면 누구나 유대공동체로부터 도움을 받을 수 있다. • 유대인공동체는 자녀 교육 기관을 설치 운영해야 할 의무가 있고 무료로 교육을 시키며 인재를 양성한다.	비단 무역을 시작한다. 서양에 비단이 소개된 것은 알렉산더의 동방 원정 때이다. 그리스 로마인들은 중국을 serica나 seris로 부른 이유는 비단실이 serge이어서이다.
구제의 원칙	• 무료 숙박소 운영 • 쿠파(바구니) 모금함: - 매주 금요일 회당의 구호금 접수원이 시장과 가정을 돌며 구호금과 구호 물품을 접수하여 일시 구호와 지속 구호를 구분하여 나누어 주다. - 어려운 이에게는 하루 두 끼씩 칠일 분 모두 열네 끼니를 제공한다. - 구호금은 음식은 물론 의복, 의료, 교육, 장례 등을 위해 사용된다. -한 달에 한 번 이상 기부해야 하고 석 달에 한 번은 목적 기부(음식, 의복, 장례 등)를 해야 한다. • 탕후이(접시) 모금함: 긴급 구제를 위해 모금으로 주로 이방인을 위한 모금이다.	
기독교 공인 그 후의 갈등	• AD312년 콘스탄티누스 황제 기독교 귀의 • AD313년 밀라노칙령 콘스탄티누스와 공동황제 니키니우스가 모든 종교에 대한 관용원칙 선포 • AD341년 콘스탄티누스 2세가 이교 컬트금지 최초의 법 반포 • AD351년 콘스탄티누스 2세: 유대인의 기독교인 노예 소유금지, 유대인과 기독교인의 결혼 금지 등의 반유대 정책을 추진한다. • AD392년 테오도시우스 2세 기독교 로마 국교 결정 이후에 유대인은 예수를 죽인 민족으로 낙인찍다. 그리고 로마 당국의 강력한 억제로 유대인들은 농사를 지을 수 없게 되고 군인이 될 수 없게 된다. • AD425년 로마 관직에서 유대인 추방 • AD5-6세기 나폴리, 로마, 밀라노, 제노바 등지에서 유대인 학살 자행. • AD7세기 중반 유대인 토지 소유금지 이후 상업에 종사하게 된다.	• 유대인들은 예수의 사형이 결정될 때 그의 피를 우리와 우리 자손에게 돌리소서(마 27:25)라고 하다. • 이슬람 국가는 국민이 된 유대인과 기독교인에 대한 보호협약인 딤마제도를 실시하여 인두세와 토지세를 내야 했다.
무역상인 유대인	• AD589년 서고트 레카레드 왕이 기독교로 개종한 후 유대인들에게 가톨릭으로의 개종을 강요하다. AD711년 아랍군에 의해 서고트 왕국이 멸망하다. • AD622년 이슬람 왕국이 세워지고 AD711년 이슬람이 이베리아에 진출한 후 우마이야 왕조는 종교적 관용정책을 취한다. 그래서 이슬람 왕국 내 유대인들이 이베리아반도로 몰려가는데 이들의 후손이 세파르딤이다. • AD10-11세기에는 투르크인의 유대인 억압을 피해 바빌론의 유대인 학자들이 대거 이주를 한다. 이때 유대인들이 그리스어를 아랍어로 아랍어 서적을 라틴어로 번역해 유럽에 소개한다. 유럽의 르네상스 탄생에 크게 기여한다. 또한 상인으로 인정을 받기도 한다. 기독교와 이슬람과의 갈등 관계가 없었기 때문에 지중해 무역을 독차지 할 수 있었다. • AD828년 프랑코 국왕인 경건왕 루트비히는 중국을 오가는 유대인 무역상에게 '보호증서'를 만들어 주는데 당시 유대인의 별명은 길을 잘 안다는 뜻의 '라다니트'이었다.	• 하자르 왕국: 하자르족은 투르족으로부터 독립하여 볼가강 하구 부근에 수도 아틸을 건설한다. 9세기에 동로마와 사라센 제국 사이에서 유대교를 수용하기도 한다. 그러나 백성들은 이슬람을 믿었다.
박해의 시대	• 1013년 북아프리카의 베르베르족이 스페인의 코르도바를 점령한 후 유대인 학자들을 처형하다. • 1066년 유대인 민중 봉기로 그라나다에서 이슬람에게 오천 명이 학살당한다. 그리고 내부 정화라는 미명으로 개종 거부 유대인을 화형 시켰다. 또한 예루살렘에서 유대인들을 잔인하게 전멸시켰다.	

	• 1095년 십자군 1차 원정 때 원정군에 의해 라인강 지역 거주 유대인의 재물을 약탈하고 살육하다.	• 2000년 6월 이란 의회는 비이슬람교도를 식별하기 위해 유대인들(2만5천)에게는 노란색 표지를, 기독교도들은 청색 배지를 각각 부착하는 법을 통과시키다.
	• 1146년 이슬람 근본주의 알모하드 왕조가 이베리아에 상륙한 후 유대인에게 광범위한 탄압을 하다. 무역 활동을 금지당하고 개종을 요구당했다. 유대인들은 쉬클라라 부르는 푸른색의 기이한 옷과 모자(중세 시대에는 뾰족 모자)를 쓰고 다녀야 했다. 쉬클라라를 걸치지 아니한 경우에는 노란색 옷만 입어야 했다. 노랑은 치욕의 색으로 거짓과 비겁, 불충과 배반을 의미한다. 유대인은 터번을 두를 때도 노란색을 사용해야 했고 터번을 두르지 않을 때는 노란색 허리띠를 차야 했다. 회당을 만들 수 없고 이슬람 노예를 부릴 수 없으며 말을 타고 다니지 못했다. 13세기 스페인 카스티야 왕국의 알폰스 10세는 유대인들에게 피난처를 제공하고 받아들였다.	
	• 1179년 제3차 라테란 종교 회의에서 교황 이노센트 3세는 유대인과 무슬림의 옷에 특별한 식표를 달아 어디서든지 구별할 수 있도록 하였다. 유대인들은 쉽게 식별될 수 있도록 배지와 모자 등을 착용해야 했다.	• 유대인들은 13세기에 영국에서 14세기에 프랑스에서 15세기에는 스페인에서 16세기에는 이탈리아에서 추방된다.
	• 1217년 영국 왕 헨리 3세는 유대인의 옷에 십계명의 배지를 달도록 명하였고 그 후 1290년 영국에서 유대인 추방령이 내려진다. 유대인들은 플랑드르, 브뤼헤로 이주하여 중개 무역에 주력한다.	
	• 1229년 툴루즈 회의에서 교황 그레고리 9세는 이단을 막기 위해 성경의 소유, 읽기, 번역 등을 금하다. 그래서 유대인들만이 중세 사회에서 글을 아는 독보적 존재가 된다.	
	• 1269년 프랑스 왕 루이 9세는 유대인의 식표를 상의 앞뒤에 달도록 하였고 그 후 1306년 프랑스에서 유대인 추방령이 내려지고 1315년 귀환시켰다가 다시 추방하고 1359년에 불러들이고 1394년에 프랑스 전역에서 유대인을 또다시 추방한다.	
	• 13세기 폴란드 왕 보레슬라프는 인구 확보를 위해 유대인 이민을 받아들인다.	
	• 1348년 독일에서 흑사병이 돌자 유대인을 무차별 학살한다. 그 후 독일 각지에서 추방되었다가 14세기 후반 입경이 허락된다.	
알함브라 칙령	• 1492년 1월 무슬림의 마지막 보루이던 그라나다를 스페인이 정복함으로써 이베리아반도에서 781년 동안의 이슬람 통치가 종식된다. 그동안 스페인 내에서는 유대인 개종 운동이 1319, 1350, 1415년에 세 차례 대대적으로 벌어졌다. 그리고 3월에 알함브라 칙령을 발표하여 유대인을 추방한다. 약 50만 명의 유대인 중 개종을 하지 않고 추방당한 사람은 약 17만 명 그중 6만 명은 포르투갈로 이주하였으나 1515년에 다시 추방된다. 그리고 스페인에서는 1494-1530 사이에 위장 개종 유대인 소위 콘베르소 약 4천 명이 학살된다. 포르투갈에서 추방된 유대인들은 브뤼헤나 앤트워프로 이주하여 다이아몬드의 유통지로 키운다.	
	• 1516년 이탈리아 베네치아에 유럽 최초의 게토가 생겼다.	
종교개혁자의 생각	• 1523년 마틴 루터는 '예수 그리스도는 나면서부터 유대인'이라는 책자에서 유대인이 예수를 받아들이지 않을 이유가 없다고 하면서 집단 개종을 권유한다. 그러나 유대인들이 거부하자 루터는 '유대인과 그 허위에 대하여'라는 책자에서 독설을 퍼붓는다. 루터는 1537-1540년에 독일 작센에서 시작하여 독일 곳곳에서 유대인을 내쫓는다.	
	• 칼뱅은 상인과 유대인의 동의어이었던 당시에 상인을 지지하고 대부업에 찬성한다. 신교도 즉 네덜란드 신교도와 영국 청교도들이 대부업에 뛰어든다.	

금융가 유대인	• 1576년 용병의 폭동을 겪은 유대인들은 앤트워프에서 암스테르담으로 이주한다. 네덜란드는 유대인들이 기독교인들과 결혼하거나 국교를 비판하지 않는다는 조건으로 유대인들을 받아들인다. • 1579년 네덜란드는 건국 헌장에 종교의 자유를 선언하여 유럽 전역으로부터 종교 난민을 받아들이게 된다. • 1585년 앤트워프가 다시 스페인에 정복되자 남은 유대인들이 영국으로 건너가는데 1600년 유대인이 주축이 되어 영국 동인도 회사 등을 설립한다. • 1632년 네덜란드의 유대인 길드 가입 금지로 유대인에게는 금융, 약사, 의사, 다이아몬드 가공, 직물업에 진출하게 된다. • 1648년 동유럽에서 유대인 대학살의 여파로 유대인들이 영국과 미국으로 이주하기 시작한다. • 1656년 네덜란드 랍비 마나세 벤 이스라엘은 1290년 이후 유대인 입국이 금지된 영국에 재입국 가능성을 타진하자 크롬웰은 비공식 이주를 허가한다. 그동안 가톨릭교도로 위장한 부유한 유대인과 기존의 개종 유대인인 마라노들이 공식적으로 유대인임을 선언하다. 그 후 유대인은 경제적 동등권과 거주 이전 및 종교의 자유를 누릴 수 있게 된다. • 1663년 미국 뉴잉글랜드 칙허장 Royal Charter은 누구도 종교에 대한 의견 차이로 인해 고통을 받거나 벌을 받거나 불안해하거나 심문을 받지 않는다고 하다. • 1669-1750년 사이 영국 정부는 네덜란드 유대인 장인들의 영국 이주를 권유하였는데 1753년에는 유대인을 영국 시민으로 받아들이는 유대인 법이 통과되다. • 로스차일드 가문은 독일 유대계 혈통의 국제적 금융재정 가문이다. 1744년생인 마이어 암셀 로스차일드는 5명의 아들들과 함께 유럽 각지로 사업을 확장해 나간다. 18세기부터 20세기까지 전 세계의 금융을 지배하였다. 이 가문은 가장 강력한 이스라엘의 후원자이기도 하다.	• 1642년 청교도 혁명은 다른 종교에 대해 관용적이었다. 청교도는 '유대인의 산파'라고도 불렸다. • 1648년 베스트 팔렌 조약 체결로 모든 군주는 자기 백성의 종교를 결정하게 된다. • 미국 독립(1776)과 프랑스 혁명(1791) 등을 통해 유대인들에게도 시민권이 주어지고 종교적 차별이 없어지다. • 로스 차일드는 옛 독일어로 붉은 방패라는 뜻이다. 가문의 문장에는 다섯 개의 화살권 주먹이 있는데 마이어의 5명의 아들을 상징한다.
시오니즘의 탄생	• 1792년 그리스 정교 지역에서 유대인 거주 지역을 법령으로 구분하다. • 1793년 폴란드의 분할로 그 지역 거주 유대인 150만 명이 오스트리아, 러시아, 동러시아 등으로 옮겨 가다. • 1870년 통일된 독일에서 반유대주의가 일어나다. • 1881년 러시아 알렉산드르 2세의 암살을 계기로 대대적인 박해가 일어나다. 이때 5만여 명의 유대인이 러시아를 탈출한다. 그리고 12만 명이 프랑스로 이주한다. • 1882년에는 청년 운동으로 호베베 시온 즉 시온을 사랑하는 자들이 결성되어 유대 농부들의 팔레스타인 이주 운동을 시작했다. • 1894년 드레퓌스 사건으로 프랑스에서 반유대주의가 일어나다. • 1897년 헝가리 태생 유대인 헤르츨은 스위스 바젤에서 1차 시오니즘 대회를 열어 '유대인의 국가건설'을 촉진시키는 계기를 만든다. • 1905년 러시아 혁명이 실패하자 다시 유대인의 학살과 억압이 시작된다. 이때 팔레스타인으로 이주가 시작된다. 1914년 팔레스타인에는 9만 명의 유대인이 있었다. • 1905년 스위스 바젤에서 열린 제7차 시오니즘 대회에서 영국의 우간다 이주제안을 공식적으로 부결하고 팔레스타인 이주 원칙을 확인한다	• Neturei Karta Orthodox Jews United Against Zionism 이들은 신이 유대인들을 나라 없는 떠돌이 민족으로 지내게 한 것은 신의 뜻이었고 민족의 구원은 신이 보낸 메시아에 의해 이루어지며 이스라엘의 국가 건립은 신성 모독이라고 한다.
반유대주의	• 유대인에 대한 편견은 수전노, 고리대금업자(베니스의 상인), 포주 등이다. 1905년 시온 장로 의정서가 세상에 알려지면서 반유대주의가 공식화되다. 1919년 독일 군인의 반란 후 유대인을 공산주의자로 인식하다. 초기 팔레스	• 현재는 사용되고 있지 않는 이스라엘 리라 주화에는 성경에 언급

	타인에 정착하여 투쟁을 벌인 집단은 사회당, 공산당 등 사회주의에 심취한 좌파들이었다. • 1920년 1차 세계 대전 후 팔레스타인으로 유대인 이민이 가속화되고 유대인공동체가 원주민을 차별하자 예루살렘 폭동이 일어나며 아랍 민족주의자들에 의해 반유대주의가 본격적으로 일어난다. • 아랍 대부분은 이스라엘의 시오니즘을 경계하고 혐오하고 있다. 그런데 최근에는 네오나치즘이나 극단주의, 이슬람주의 등이 유대인과 유대교를 공격하고 만행을 저지른다는 것이다.	되어 있는 3000년 전 다윗 왕국 때의 유대 영토가 새겨져 있다.
홀로코스트	• 독일 거주 유대인에게 대한 차별과 학대가 시작되다. • 1933년 히틀러가 독일을 장악하다. 당시 독일 전역에 50만 명, 베를린에는 16만 명의 유대인이 거주하다. 그 후 유대인 상점에 대한 불매 운동이 일어나고 1935년에는 뉘른베르크 인종차별법(아리아인과 유대인의 결혼 금지, 성관계 금지 등)이 통과되었으며 1938년 수정의 밤 학살 사건이 일어나다. 이 사건 이후 베를린 거주 유대인들이 작센하우젠 강제 수용소로 끌려갔는데 폐쇄될 때에는 40개국에서 20만 명이 이곳에 있었다고 한다. 작센하우젠은 1993년 홀로코스트 기념관으로 바뀌었다. • 1942년 1월 20일 베를린 외곽 반제 호숫가의 나치 별장에서 살 가치가 없는 생명에 대한 궁극적 해결로서 유대인 절멸 계획을 협의하다. 그리고 가스 살해와 이동 말살대에 의한 총살 등을 집행하다. • 1945년 1월 27일 소련군이 아우슈비츠 나치 수용소를 해방시킬 때까지 유대인과 폴란드 공산주의자 등 110만 명이 살해되었으며 그중 90%는 유대인이었다. 전체적으로 600만 명이 학살되고 생존자는 10만 명이라고 한다.	• 홀로코스트란 구약 성경에서 희생물을 통째로 태워버리는 제사 즉 번제를 의미하는 그리스어로서 대학살의 의미이다. • 홀로코스트는 히틀러 한 사람의 범죄가 아닌 독일 사회의 인종차별 의식이라는 구조악에 따른 범죄라는 주장(마이클 베렌바움)이 있다.

5.4 예루살렘의 역사 일별

가. 고대

시기	내용
BC40C	도기발견(셈족)
BC30C	성곽 존재
BC19-14C	이집트 주문 본문에 우루살림, 우루샬림 등장(예루살라임, 예루살렘)
BC15C	이집트봉신 예루살렘 통치 후리인들 성벽축조, 수로확보
여호수아 정복	여부스인들이 점령하고 있는 예루살렘 정복 실패
유다와 시므온	예루살렘 함락 베냐 민족과 여부스족 공생
여부스의 성	아브라함에서 다윗까지 예루살렘을 여부스라고 하고 여부스인의 땅이었다
다윗의 점령	수로의 입구까지 진격하여 여부스성의 물 공급을 차단, 요압이 이 수로에 올라가서 여부스인들을 기습, 성을 점령하다
왕도 선정	다윗의 성곽 공사, 민족 총화의 거점, 왕권의 기반, 종교의 중심지 확립
성전 건축	솔로몬 여호와의 집(성전), 자기 집(왕궁), 주위 성곽 등 건설 (BC959)
약탈	르호보암왕 5년 애굽 왕 사삭이 예루살렘의 성전과 궁궐을 약탈하다

위협	아람왕 하사엘의 위협에 유다 왕 요아스는 각종 보물로 위험을 회피하다
성벽파괴	북이스라엘이 남유다를 공격하여 왕을 사로잡고 성벽을 파괴하다
수로 건설	히스기야 왕이 산혜립의 공격을 예상하고 지하 수로를 건설하다
요시아 왕의 죽음	애굽 왕 바로 느고가 앗수르 왕을 치러 유프라테스강으로 갈 때 요시야 왕이 맞서 싸우다가 애굽 왕이 요시아를 죽이다
애굽의 내정간섭	요시야의 아들 여호아하스는 애굽의 포로로 끌려가고 애굽은 다른 아들 여호와김을 왕으로 세우다
바벨론의 간섭과 유다의 멸망	• 여호와김이 바벨론 왕 느부갓네살을 배반하다 • 바벨론 왕이 애굽의 강까지 점령. 여호 김의 아들 여호와 긴이 느부갓네살의 포로가 되어 끌려가다 • 시드기야가 다시 배반함으로 느부갓네살이 다시 예루살렘을 치다 • 시드기야를 포로로 끌고 가다 • 시위대장을 보내 예루살렘의 성전과 왕궁을 불태우고 성벽을 허물다
1차 포로귀환 성전재건	BC597 1차 바빌로니아 유수. BC586 2차 BC582 3차 BC538 바사의 고레스(키루스)왕 귀국 허락. 200만 명 중 49,897명 귀환 BC530, BC520 두 차례 추가 귀국, 3차례 귀환 BC516 성전재건

나. 중고대

시기	내용
BC520	스룹바벨 성전 건축
BC334	알렉산더 대왕 정복 전쟁 시작
BC331	알렉산더 유다 정복. BC323 알렉산더 사망
BC320	애굽의 프톨레미우스 1세 예루살렘 정복 프톨레미우스 2세(BC250-200)는 유대 율법의 헬라어 번역본을 알렉산드리아 도서관에 소장하기 위해 구약성경을 코이네 헬라어로 번역하도록 명령하였는데 70인역이라고 한다
BC198	시리아의 셀류코스 치하가 되다 안티오크스 3세 메가스(마그누스)의 예루살렘 침공 및 점령(마카비상1:29,30-32)
BC168	안티오쿠스 4세 에피파네스는 애굽에서 퇴각하며 예루살렘 점령, 율법을 불태우고 우상 숭배와 돼지고기를 강요하다
BC168-141	마카비 혁명
BC162	안티오쿠스 5세 유파트르 예루살렘 재점령(마카비상 6:18-62)
BC142	유대에게 면세 특권과 화폐 주도권을 주고 시리아 철수하다
BC141	유대인 예루살렘 회복, 성벽공사(마카비14:27)
?	안티오쿠스 7세 유대 재점령, 예루살렘 포위
BC90	하스몬 왕조의 알렉산더 야나이왕(BC103-76)의 전쟁실패를 이유로 반란이 일어난다 바리새인 5만 명이 학살되다
BC76	하스몬 왕조의 유일한 여왕인 살로메 알렉산드리아 즉위 유대 남자는 3세부터 히브리어를 배우다

BC63	로마 폼페이우스 예루살렘 포위, 성벽파괴. 로마의 속주인 유다이아 주가 되다
	폼페이우스 부하 크라수스 예루살렘 성물 약탈
BC48	율리우스 카이사르는 히르카누스를 대제사장으로 헤롯 안티파테르 2세를 유대 총독으로 인정
	안티파테르는 군대를 이집트에 파견하며 카이사르를 지원
	예루살렘 성벽 재건, 동맹국으로 대우하며 속주세 면제, 유대교 인정
BC44	카이사르 암살
BC42	로마 새로운 권력자인 안토니우스는 안티파테르 2세의 아들 헤롯 대왕을 분봉왕으로 임명하다
	로마제국 유대 자치 인정(사법권 등), 병역거부인정(대신 세금 10% 부과)
BC40	하스몬 마지막 왕 안티고누스 왕조재건을 시도, 예루살렘에 폭동을 교사
	헤롯은 로마로 도망하다
BC40-37	안티고누스를 지원한 파르티아군은 예루살렘도 약탈하다
	안티고누스는 3년간 대제사장직을 겸임하다
BC37	안토니우스의 후원으로 헤롯이 안티고누스를 축출, 예루살렘 수복, 유다 왕으로 등극
BC31	옥타비아누스가 안토니우스를 악티움해전에서 물리치다
BC30	옥타비아누스는 헤롯을 유다 왕으로 복권시키다
	헤롯 대왕은 사마리아를 재건하여 옥타비아누스에게 봉헌하다
	가이사랴 개항, 로마식 경기장과 원형극장, 수로, 왕궁을 건립
BC20	예루살렘 성전 건축 시작, AD64년 준공 지금은 통곡의 벽 잔존
BC4	예수 탄생. 헤롯 사망

다. 신약시대

시기	내용
BC4	왕국의 분열: 헤롯 대왕 사망 후 유다, 이두매, 남부 사마리아는 말타케에게서 낳은 아들 헤롯 아켈라우스(아켈레오)에게, 갈릴리와 베레아는 헤롯 안티파스(안디바)에게, 갈릴리 북동지역은 다섯째 아내 클레오파트라에게서 난 헤롯 빌립에게
BC4-AD6	바리새파 아켈라우스 등극 반대
	성전봉기, 수리아 총독 폭동진압
	AD6년 아켈라우스 로마 소환, 코포니우스 유다 총독임명, 호구조사 실시
	갈릴리와 베레아 지역의 분봉 왕 헤롯 안티파스는 형수를 취하였다는 세례 요한의 비난을 받고 그를 처형하다. 예수는 그를 여우(누가13:32)라고 부른다. 예수가 빌라도에게 재판을 받을 때 예수를 조롱(누가23:6-16)하다. 이 지역 수도는 가이사랴로써 베드로가 예수에게 신앙고백을 한 곳이다. AD34년 사망
AD26	본디오 빌라도 취임(폰티우스 필라투스)
	AD36년 로마에서 자살설-사마리아의 광신적 종교운동 잔혹 진압죄
AD37	로마 황제 칼리굴라는 헤롯의 손자 아그립바 1세를 갈릴리 북동지역 즉 헤롯 빌립의 영토와 후에 헤롯 안티파스의 영토의 왕으로 임명하다
AD38	로마 황제 칼리굴라 자신을 신이라고 선언하다
	황제를 신으로 인정하지 못하는 유대인의 반란이 일어나다
AD41-44	아그립바 2세가 전체 유다의 왕이 되다
	그는 세배대의 아들 요한의 형 야고보를 칼로 살해하고 베드로를 감옥에 넣다(행12:1-5)

AD44-46	코스티우스 파두스 행정관
	드다의 폭동(행5:36)-메시아 운동
AD46-48	인구조사결과 헤롯 시대 로마 전체 유대인 694만 명, 팔레스타인지역 240만 명, 나머지는 해외 거주
AD48	티베리우스 알렉산더 행정관
AD48-52	쿠마누스 행정관 시절, AD51 사마리아인들의 유대인 살해사건
AD52	11대 행정관으로 안토니우스 펠릭스 부임
	이집트의 예언자 민중 봉기. 그들은 로마협조자 살해와 민족자주독립을 외치다.
	사도 바울이 예루살렘에 왔다가 성전에 헬라인을 끌어들였다는 이유로 폭도들의 공격을 받으나 로마 호민관에 의해 구해졌다(행21:27-30)
	바울과 천부장의 대화 속에 천부장은 바울에게 자객들 사천 명을 거느리고 광야로 간 애굽인이 아니냐(행21:38)고 하는 이야기가 나온다
AD50-53	새 황제 클라우디우스로부터 아그립바 2세는 헤롯 빌립의 영토와 티베리아, 갈릴리 일부를 영토로 얻다. 아그립바 2세는 로마행정관 포르시우스 페스투스, 신약성서의 베스도와 함께 가이사랴에서 사도 바울을 심문했다(행25-26장)
AD54	포르티우스 페스투스(보르기도 베스도)가 펠릭스의 후임이 되다(행24:27)
AD66	종말론적 희망이 마카비 전쟁 때부터 사라지지 않고 계속되다
	메시아 운동이 갈릴리 지방으로 시작되어 유대 반란을 이끌다
	당시 정치적 메시아 사상으로 무장한 이들을 열심당이라고 부른다
	그들은 신만을 자신들의 왕으로 인정하다.
	그들은 무장투쟁을 통해 메시아 사상을 이 땅에 구현하려는 종말론적 신앙을 가진 자들이다
	하층민들도 동조하다
AD71	티토는 메노라, 촛대 등을 가지고 로마로 개선하다.

체포 전후 사건들과 심문 및 재판

HORIZONTAL ANALYSIS
OF THE GOSPELS

제30절 ❀ 산상에서의 변형

1. 본문비교

	구분	마태(17:1-13)	마가(9:2-13)	누가(9:28-36)
산상	높은 산	17:1 엿새 후에 예수께서 베드로와 야고보와 그 형제 요한을 데리시고 따로 높은 산에 올라가셨더니	9:2 엿새 후에 예수께서 베드로와 야고보와 요한을 데리시고 따로 높은 산에 올라가셨더니	9:28 이 말씀을 하신 후 팔 일쯤 되어 예수께서 베드로와 요한과 야고보를 데리고 기도하시러 산에 올라가사
	변형되사	:2 그들 앞에서 변형되사 그 얼굴이 해 같이 빛나며 옷이 빛과 같이 희어졌더라	:2하-3 그들 앞에서 변형되사 그 옷이 광채가 나며 세상에서 빨래하는 자가 그렇게 희게 할 수 없을 만큼 매우 희어졌더라	:29 기도하실 때에 용모가 변화되고 그 옷이 희어져 광채가 나더라
	모세 엘리야 예수	:3 그 때에 모세와 엘리야가 예수와 더불어 말하는 것이 그들에게 보이거늘	:4 이에 엘리야가 모세와 함께 그들에게 나타나 예수와 더불어 말하거늘	:30 문득 두 사람이 예수와 함께 말하니 이는 모세와 엘리야라
	예루살렘에서 별세하실 예수			:31-32 영광중에 나타나서 장차 예수께서 예루살렘에서 별세하실 것을 말할새 베드로와 및 함께 있는 자들이 깊이 졸다가 온전히 깨어나 예수의 영광과 및 함께 선 두 사람을 보더니
	초막 셋	:4 베드로가 예수께 여쭈어 이르되 주여 우리가 여기 있는 것이 좋사오니 만일 주께서 원하시면 내가 여기서 초막 셋을 짓되 하나는 주님을 위하여, 하나는 모세를 위하여, 하나는 엘리야를 위하여 하리이다	:5 베드로가 예수께 고하되 랍비여 우리가 여기 있는 것이 좋사오니 우리가 초막 셋을 짓되 하나는 주를 위하여, 하나는 모세를 위하여, 하나는 엘리야를 위하여 하사이다 하니	:33상 두 사람이 떠날 때에 베드로가 예수께 여짜오되 주여 우리가 여기 있는 것이 좋사오니 우리가 초막 셋을 짓되 하나는 주를 위하여, 하나는 모세를 위하여, 하나는 엘리야를 위하여 하사이다 하되
	알지 못하는 말		:6 이는 그들이 몹시 무서워하므로 그가 무슨 말을 할지 알지 못함이더라	:33하 자기가 하는 말을 자기도 알지 못하더라
	그의 말을 들으라	:5 말할 때에 홀연히 빛난 구름이 그들을 덮으며 구름 속에서 소리가 나서 이르시되 이는 내 사랑하는 아들이요 내 기뻐하는 자니 너희는 그의 말을 들으라 하시는지라	:7 마침 구름이 와서 그들을 덮으며 구름 속에서 소리가 나되 이는 내 사랑하는 아들이니 너희는 그의 말을 들으라 하는지라	:34-35 이 말 할 즈음에 구름이 와서 그들을 덮는지라 구름 속으로 들어갈 때에 그들이 무서워하더니 구름 속에서 소리가 나서 이르되 이는 나의 아들 곧 택함을 받은 자니 너희는 그의 말을 들으라 하고
	두려워하는 제자들	:6-7 제자들이 듣고 엎드려 심히 두려워하니 예수께서 나아와 그들에게 손을 대시며 이르시되 일어나라 두려워하지 말라 하시니		

하산	예수 외에는	:8 제자들이 눈을 들고 보매 오직 예수 외에는 아무도 보이지 아니하더라	:8 문득 둘러보니 아무도 보이지 아니하고 오직 예수와 자기들뿐이었더라	:36상 소리가 그치매 오직 예수만 보이더라
	아무에게도 이르지말라	:9 그들이 산에서 내려올 때에 예수께서 명하여 이르시되 인자가 죽은 자 가운데서 살아나기 전에는 본 것을 아무에게도 이르지 말라 하시니	:9 그들이 산에서 내려올 때에 예수께서 경고하시되 인자가 죽은 자 가운데서 살아날 때까지는 본 것을 아무에게도 이르지 말라 하시니	:36하 제자들이 잠잠하여 그 본 것을 무엇이든지 그 때에는 아무에게도 이르지 아니하니
	살아나는 것		:10 그들이 이 말씀을 마음에 두며 서로 문의하되 죽은 자 가운데서 살아나는 것이 무엇일까 하고	
	엘리야의 역할	:10-11 제자들이 물어 이르되 그러면 어찌하여 서기관들이 엘리야가 먼저 와야 하리라 하나이까 예수께서 대답하여 이르시되 엘리야가 과연 먼저 와서 모든 일을 회복하리라	:11-12상 이에 예수께 묻자와 이르되 어찌하여 서기관들이 엘리야가 먼저 와야 하리라 하나이까 이르시되 엘리야가 과연 먼저 와서 모든 것을 회복하거니와	
	인자도 고난을 받으리라	:12-13 내가 너희에게 말하노니 엘리야가 이미 왔으되 사람들이 알지 못하고 임의로 대우하였도다 인자도 이와 같이 그들에게 고난을 받으리라 하시니 그제서야 제자들이 예수께서 말씀하신 것이 세례 요한인 줄을 깨달으니라	:12하-13 어찌 인자에 대하여 기록하기를 많은 고난을 받고 멸시를 당하리라 하였느냐 그러나 내가 너희에게 이르노니 엘리야가 왔으되 기록된 바와 같이 사람들이 함부로 대우하였느니라 하시니라	

2. 본문의 차이

구분	마태	마가	누가
때	엿새 후	엿새 후	팔 일쯤 지나
세 제자	베드로, 야고보, 요한	베드로, 야고보, 요한	베드로, 야고보, 요한
산에 오르시다	높은 산에	높은 산에	기도하시러 산에 올라가시니
일어난 일 (1)	그들 앞에서 변형되사	그들 앞에서 변형되사	기도하실 때 용모가 변화되고
	얼굴이 해 같이 빛나며 옷이 빛과 같이 희어졌더라	옷이 광채가 나며 세상에서 빨래하는 자가 그렇게 희게 할 수 없을 만큼 희어지다	그 옷이 희어져 광채가 나더라
일어난 일 (2)	• 모세와 엘리야가 예수와 더불어 말하는 것이 • 그들에게 보이다	• 엘리야가 모세와 함께 그들에게 나타나 • 예수와 더불어 말하거늘	• 두 사람이 예수와 함께 말하니 이는 모세와 엘리야라 • 영광중에 나타나서 장차 예수께서 예루살렘에서 별세할 것을 말할새 • 베드로와 및 함께 있는 자들이 깊이 졸다가 온전히 깨어나 예수의 영광과 및 함께 선 두 사람을 보더니

베드로의 제안	• 우리가 여기 있는 것이 좋사오니 초막 셋을 짓겠나이다	• 우리가 여기 있는 것이 좋사오니 초막 셋을 짓겠나이다 • 그들이 몹시 무서워하므로 그가 무슨 말을 할지 알지 못함이더라	• 우리가 여기 있는 것이 좋사오니 초막 셋을 짓겠나이다 • 자기가 하는 말을 자기도 알지 못하더라
일어난 일 (3)	• 홀연히 빛난 구름이 그들을 덮으며 • 구름 속에서 소리가 나서 이르시되	• 마침 구름이 와서 그들을 덮으며 • 구름 속에서 소리가 나되	• 구름이 와서 그들을 덮는 지라 • 구름 속으로 들어갈 때에 그들이 무서워하더니 구름 속에서 소리가 나서 이르되
	• 이는 내 사랑하는 아들이요 내 기뻐하는 자라 • 너희는 그의 말을 들으라	• 이는 내 사랑하는 아들이니 • 너희는 그의 말을 들으라	• 이는 나의 아들 곧 택함을 받은 자니 • 너희는 그의 말을 들으라
	• 제자들이 눈을 들고 보매 • 오직 예수 이외에는 아무도 보이지 아니 하더라	·문득 둘러보니 ·아무도 보이지 아니하고 오직 예수와 자기들뿐이었더라	• 소리가 그치매 • 오직 예수만 보이더라
아무에게도 이르지 말라	• 산에서 내려올 때 예수께서 명하여 이르시되 • 인자가 죽은 자 가운데서 살아나기 전에는	• 산에서 내려올 때에 예수께서 경고하시되 • 인자가 죽은 자 가운데에 살아날 때까지는	• 제자들이 잠잠하여
	• 본 것을 아무에게도 이르지 말라	• 본 것을 아무에게도 이르지 말라 • 그들이 이 말씀을 마음에 두며 죽은 자 가운데서 살아나는 것이 무엇일까 서로 문의하다	• 그 본 것을 무엇이든지 그때에는 아무에게도 본 것을 이르지 아니 하니라
엘리야의 역할	• 엘리야가 먼저 와서 모든 일을 회복하리라 • 엘리야가 이미 왔으되 사람들이 임의로 대우하였느니라 • 인자도 이와 같이 그들에게 고난을 받으리라 • 제자들이 이미 온 엘리야라고 말씀하신 것이 세례 요한인 줄 깨닫다	• 엘리야가 먼저 와서 모든 것을 회복하거니와 • 엘리야가 왔으되 사람들이 함부로 대우하였느니라 • 인자는 많은 고난을 받고 멸시를 당하리라 하지 않았느냐	
기사의 위치	• 첫 번째 수난예고(16:13-28) • 산상에서의 변형(17:1-13) • 귀신 들린 아이를 고치심 (17:14-20) • 두 번째 수난예고 (17:22-23)	• 첫 번째 수난예고 (8:27-9:1) • 산상에서의 변형(9:2-13) • 귀신 들린 아이를 고치심 (9:14-29) • 두 번째 수난예고(9:30-32)	• 첫 번째 수난예고 (9:18-27) • 산상에서의 변형 (9:28-36) • 귀신 들린 아이를 고치심 (9:37-43상) • 두 번째 수난예고 (9:43하-45)

3. 본문이해

구분	내용	비고
엿새 후에 산에 올라	1. 마태, 마가는 예수께서 엿새 후에 높은 산에 올라갔다고 하고 누가는 '이 말씀을 하신 후' 팔 일쯤 되어 산에 올라갔다고 한다. 2. 이 말씀이란 앞에 나오는 첫 번째 수난예고일 것이다. 엿새인지 팔 일쯤	출24:15-17 모세가 산에 오르매 구름이 산을 가리며 여호와의 영광이

	되어서인지 확인할 수는 없다. 누가 자체의 표현이 '쯤'인 것을 볼 때 실증적인 기록이라기보다는 회상에 의한 기록에서 나는 차이라고 보아야 할 것이다. 3. 엿새 후에 예수께서 제자 셋을 데리고 산에 오르는 모습은 당시 유대인들에게 모세가 여호수아를 데리고 산에서 6일을 보낸 이야기를 떠올리게 하였을 것이다. 하나님은 모세를 불러 산에 오르도록 하고 모세는 여호수아와 함께 산에 오른다. 구름이 엿새 동안 산을 가리더니 일곱째 날에 여호와께서 구름 가운데서 모세를 부른다(출 24:12-13.15-16). 4. 예수께서 오른 산은 빌립보 가이사랴 북쪽 20km에 있는 헤르몬 산으로 추정된다. 그러나 본문에서의 높은 산은 모세가 증거판을 받은 시내 산과 대비되는 표현이라 하겠다. 5. 시내 산 위에는 여호와의 영광이 머물러 있었다(출24:17)고 한다. 그래서 이 이야기를 아는 사람들에게는 범상치 않은 일이 생길 것이라고 짐작할 수 있게 된다. 6. 누가는 산상에서의 변형에 이어 예루살렘으로의 여행을 시작(9:51-56)하여 예루살렘 입성(19:29)까지 계속되는데 예수의 예루살렘 상경기는 누가의 중심 부분으로 버림받은 자들을 위한 복음이라고 한다.	시내 산 위에 머무르고 구름이 엿새 동안 산을 가리더니 일곱째 날에 여호와께서 구름 가운데서 모세를 부르시니라 산 위의 여호와의 영광이 이스라엘 자손의 눈에 맹렬한 불같이 보였고
변형되사	1. 마태 마가에는 예수께서 제자들 앞에서 변형transfiguration되고 누가에는 예수께서 기도하실 때에 변화되지만 베드로와 및 함께 있는 자들은 깊이 졸고 있었다. 2. 마태, 누가는 예수의 얼굴에 대해 먼저 언급한다. 마태는 얼굴이 해 같이 빛났다고 하고 누가는 용모가 변화되었다고 한다, 이것은 마치도 시내 산에서 증거판을 들고 내려오는 모세의 얼굴에서 빛이 났다는 이야기를 연상하게 한다(출34:29). 백성들은 모세의 얼굴에서 광채가 남을 보고 두려워하여(출 34:30) 모세가 수건으로 자기 얼굴을 가렸다(출34:33)고 한다. 3. 마태, 마가, 누가는 공히 예수의 옷이 희어졌다고 한다. 마태는 빛과 같이 희어졌다고 하고 마가는 광채가 나며 매우 희어졌다고 하며 누가는 옷이 희어져 광채가 났다고 한다. 빛과 같은 흰 옷이나 광채가 나는 흰 옷은 그 옷을 입은 분이 대단한 존재라는 것이다. 이 세상에서 볼 수 없는 천상적인 존재이고 신적인 존재라는 것이다. 여기서 '희다'는 예수께서 발산되는 영광의 모습을 형용하는 색이다. 4. 시편에 하나님은 빛을 옷같이 입으신다(104:2)고 하다. 마태는 예수의 옷이 빛같이 희어졌다고 하고 마가, 누가는 그 옷이 희어져서 광채(막9:2,눅9:29)가 났다고 한다. 예수의 변화된 모습이 하나님과 같은 모습으로 묘사된 것이다. 5. 세 제자 앞에서 변형되신 예수의 모습은 그가 영광을 받으실 메시아임을 확인해 준다. 하늘의 소리 역시 하나님의 선언으로 예수가 하나님의 아들임을 확인해 주고 있다. 세례 때에 이어 두 번째인 하나님의 선언은 고난 당하는 메시아가 가야 할 길을 예고하고 있다.	시104:2 주께서 옷을 입음 같이 빛을 입으시며 하늘을 휘장같이 치시며 출34:29 모세가 그 증거의 두 판을 모세의 손에 들고 시내 산에서 내려오니 그 산에서 내려올 때에 모세는 자기가 여호와와 말하였음으로 말미암아 얼굴 피부에 광채가 나나 깨닫지 못하였더라
모세와 엘리야	1. 모세와 엘리야는 산에서 하나님을 만나는 경험을 한다. 모세는 시내 산에서 엘리야는 호렙 산에서 야훼 하나님을 만나지만 여기 높은 산에서는 모세와 엘리야가 예수와 함께 말씀한다. 2. 모세는 모압 땅에서 죽지만 오늘까지 그의 묻힌 곳을 아는 자는 없다(신 34:5-6)고 하고 엘리야는 마지막에 승천(왕하2:8-12)한다. 3. 모세와 엘리야는 종말론적 인물로서 메시아 앞에 다시 올 것으로 기대되고 있었다. 모세는 '나와 같은 선지자 하나를 일으키리니 너희는 그의 말을 들을지니라'(신18:15)고 말한다. 말라기에는 '여호와의 크고 두려운 날이 이르기 전에 내가 선지자 엘리야를 너희에게 보내리니'(말4:5)라고 한다.	<베드로 묵시록의 초막 셋> 여기가 너희 대제사장들, 정의로운 사람들의 장소이다. 나는 기쁨에 넘쳤다. 나의 주 예수 그리스도의 책에 기록된 것을 믿고 이해했다. 주님이 버럭 화를 내며 나에게 "사탄이 네게

| 예루살렘 에서 별세하실 것을 말할새 | 1. 누가에만 있는 기사이다. 세 사람이 '함께 말한'(마가) 내용에 대해 누가는 예루살렘에서 별세하실 것을 말했다고 한다.
2. 별세로 번역된 희랍어는 엑소도스로서 출애굽을 말하는데 여기서는 '떠나 가심'을 의미한다. 첫 번째 수난예고에서 버린 바 되어 죽임을 당한다(9:22)고 하였는데 그 죽음에 대해 엑소도스라고 말한 것은 출애굽의 구원의 상징인 엑소도스를 예수께 적용해 예수의 떠남 즉 죽음을 하나님의 승리와 연결하고 있는 것이다.
3. 누가는 예수께서 두 번째 수난예고를 한 후 누가 크냐하는 제자들의 변론에 대해 어린아이를 데려다가 말씀한 다음 승천하실 기약이 차서 예루살렘으로 올라가기로 하였다고 한다(9:51). 산상에서 변화하고 모세와 엘리야와 함께 별세를 말한 예수는 승천을 위해 예루살렘으로 출발한다. 별세와 승천은 예수의 지상 사역을 끝내는 완성의 의미와 동시에 영광으로 가는 출발의 뜻을 가지고 있다.
4. 누가에서 제자들은 깊이 졸다가 깨어나서 예수와 모세, 엘리야를 본다. 그러나 그들은 세 사람의 이야기는 듣지 못했다. 예수께서 겟세마네 동산에서 기도할 때에도 제자들은 잠이 든다. 예수의 일생에서 중요한 순간이지만 제자들은 깊이 졸았던 것이다.
5. 톰 라이트는 1세기 유대들은 자신들을 여전히 포로 상태에 있는 것으로 보았는데 자기 민족이 저지른 죄에 대해 하나님이 내리신 심판으로 로마의 압제 아래서 고통당하고 있어서라고 한다. 그래서 그들은 자신들에게 새로운 출애굽이 필요하다고 보았다고 한다. 예수께서는 회복(갈3:29)시킬 것을 말씀하고 있는데 이런 맥락에서 출애굽을 이해할 수도 있을 것이다. | 전쟁을 일으켜서 네 이해력을 흐리게 하고 이 세상의 좋은 것들이 너를 정복한다 너는 눈을 뜨고 귀를 열어야만 한다 나에게 그리고 선택받은 사람들에게는 사람의 손이 만든 천막이 아니라 하늘의 나의 아버지가 만든 천막이 마땅하다"라고 말했다. 우리는 기쁨에 가득 찬 그것을 보았다.
　문득 하늘에서 '이 사람은 내가 사랑하고 가까이 여기는 나의 아들이다. 내 계명은 …'이라는 목소리가 들렸다. 우리 위로 어마어마하게 크고 짙은 흰 구름이 몰려와 우리 주님과 모세와 엘리야를 데려갔다. |
| 초막 셋 | 1. 베드로는 예수께 랍비여 우리가 여기 있는 것이 좋사오니 우리가 초막 셋을 짓겠다고 한다. 마가는 랍비여, 마태는 주(퀴리오스), 누가는 주(에피스타테스)라고 호칭한다. 첫 번째 수난예고 전에 예수께서 '너희는 나를 누구라 하느냐'는 질문에 베드로는 '주는 그리스도요 살아 계신 하나님의 아들'이라고 답하였던 것과 비교하면 마가에서의 랍비라는 호칭은 수준이 낮은 고백이라 하겠다.
2. 초막, 스케네는 광야에서 하나님의 임재를 나타내는 성막(레23:43, 호12:9)과 같은 단어이지만 베드로가 모세, 엘리야, 예수를 위해 짓겠다는 초막은 그저 초막으로 보아야 할 것이다.
　베드로가 예수께 초막 짓는 제안을 드리지만 예수께서는 대답하지 아니하였다. 오히려 하늘에서 '너희는 그의 말을 들으라'는 음성을 듣게 될 뿐이다.
3. 베드로가 한 말에 대해 마가는 몹시 무서워서 그가 무슨 말을 할지 알지 못함이라고 하였고 누가는 자기가 하는 말을 자기도 알지 못하더라고 하였다. 베드로의 제안이 부적절한 것이었다는 의미다.
4. 누가는 제자들이 졸다가 깨어났다고 한다. 그리고 두 사람이 떠나려 할 때에 베드로가 초막 제안을 한다. 특별히 누가는 두 사람이 영광중에 나타나서(9:31) 예수와 말씀하였는데 졸다가 깨어난 그들은 예수의 영광과 두 사람을 보게 된 것이다(9:32).
5. 초막을 지으려는 목적이 떠나려는 영광을 붙잡기 위한 것이라 하겠다. 베드로는 초막을 짓게 되면 예수께서 별세하러 예루살렘에 올라가는 일이 지체된다는 것을 생각할 수는 없었을 것이다.
　초막을 짓겠다는 것은 머무르는 것이고 이것은 예수께서 가야 할 고난의 길을 방해하는 일이다. 첫 번째 수난예고 때 예수께서 베드로에게 엄하게 꾸중하신 일을 생각나게 한다. | |

구름 속에서 난 소리 ① 이는 내 사랑하는 아들이라	1. 구름 속에서 소리가 난다. 그런데 그 구름에 대해 마태는 홀연히 빛난 구름 이 그들을 덮었다고 하고, 마가는 마침 구름이 와서 그들을 덮었다고 하였으 며 누가는 그 즈음에 구름이 와서 그들을 덮었다고 한다. '구름이 덮었다'는 기 사는 모세가 성막을 완성하였을 때 구름이 회막에 덮이고(출40:34,35) 여호 와의 영광이 충만하였다는 이야기를 상기시킨다. 2. 마태에서의 구름은 신비로운 구름이다. 누가에는 구름이 세 번 언급되는 데 두 번째는 그들이 구름 속으로 들어갈 때에 무서워하였다고 한다. 이제 무 슨 일이 일어날 것 같은 거룩한 무서움을 가졌다는 것이다. 3. 구름은 하나님의 임재와 권위를 상징하는 것이다. 광야에서 하나님께서 모세에게 '구름 가운데 네게 말함은 너를 영영히 믿게 하려 함이니라(출19:9)' 고 말씀한다. 또한, 아론이 말할 때 이스라엘 백성이 광야를 바라보니 여호와 의 영광이 구름 속에 나타났다(출16:10)고 한다. 하나님께서 구름 속에서 말 씀하는 것은 예수를 '영영히 믿게' 하기 위해서라고 하겠다. 4. 구름 속에서 소리가 났다. 그 소리는 하나님과 예수의 관계를 알리는 소리 였다. 예수께서 세례 받으실 때에 마태는 이는 내 사랑하는 아들이라고 하고 마가, 누가는 너는 내 사랑하는 아들이라고 하였다. 　변화산에서 마태, 마가는 예수께서 세례 받으실 때와 동일하게 이는 내 사랑하는 아들이요 내 기뻐하는 자라고 하고 누가는 '이는 내 아들이라'고 한다.	출16:10 아론이 이스 라엘 자손의 온 회중에 게 말하매 그들이 광야 를 바라보니 여호와의 영광이 구름 속에 나타 나더라 출19:9상 여호와께서 모세에게 이르시되 내 가 빽빽한 구름 가운데 서 네게 임함은 내가 너와 말하는 것을 백성 들이 듣게 하며 또한 너를 영영히 믿게 하려 함이니라
② 택함을 받은 자	1. 변화산에서 하늘에서 들려 온 소리는 마태, 마가에 '이는 내 사랑하는 아들' 이라고 하고 누가에는 '이는 나의 아들 곧 택함을 받은 자'라고 한다. '이는' 제 삼자에게 즉 제자들에게 하는 말씀임을 알 수 있다. 2. 에녹 1서와 같은 외경 묵시록은 선재하는 천상의 구원자로서의 택함을 받 은 자를 말하고 있다. 3. 택함을 받은 자는 '인자 같은 이'(단7:13)로서 하나님의 백성을 구원하는 자 즉 메시아 같은 이라 하겠다. 마12:18의 택함을 받은 종은 이사야서의 메 시아 예언의 택한 자(42:1)이다.	출40:34 구름이 회막 에 덮이고 여호와의 영 광이 성막에 충만하매 출40:35 모세가 회막 에 들어갈 수 없었으니 이는 구름이 회막 위에 덮이고 여호와의 영광이 성막에 충만함이었으며
③ 너희는 그의 말을 들으라	1. 마태, 마가, 누가, 공히 구름 속에서 난 소리는 '너희는 그의 말을 들으라'는 것이다. 제자들은 구름 속에서 나는 소리 즉 하나님의 음성을 통하여 예수가 누구인지를 명확히 알게 하고 또한 그의 말을 들으라고 명령하는 것이다. '너 희는 그의 말을 들으라고 한 말씀은 모세가 나 같은 선지자 하나를 보내겠다' 고 하면서 한 말이지만 예수께서 변형될 때에는 구름 속에서 난 소리이다. 이 말씀으로 예수가 제2의 모세요 대망하던 그 예언자라고 생각할 수도 있다. 그 러나 여기서는 하나님의 음성으로써 예수의 말씀 전체가 참되다는 것을 말하 고 있다. 2. 마태에서는 '너희는 그의 말을 들으라'는 말을 들은 후 제자들은 엎드려 심 히 두려워하였다는 것이다. 누가에서는 베드로가 초막 셋을 말한 후 구름이 와서 그들을 덮는다. 그리고 구름 속에 들어갈 때에 그들이 무서워하였다고 한다. 3. 여기서 두려움과 무서움은 모두 거룩한 체험으로 인한 것들이다. 마태에 서만이 제자들이 엎드려 심히 두려워하자 예수께서 손을 대시며 두려워하 지 말라(17:7)고 한다. 이와 같은 제자들의 모습은 마치도 '백성들이 모세에 게 하나님이 우리에게 말씀하시지 않게 하소서 우리가 죽을까 하나이다'(출 20:19)라고 하는 모습과 같다고 하겠다. 두 장면 모두 거룩한 공포로 죽을 것 같은 모습이다. 이때 모세는 백성들에게 두려워하지 말라고 한다(출20:20). 4. 구름 속에서 소리가 난 후의 상황에 대해 마태는 심히 두려워 엎드려 있 는 제자들을 예수께서 일어나라 하시니 그제서야 제자들이 눈을 들어보았는	신18:15 네 하나님 여 호와께서 너희 가운데 네 형제 중에서 너를 위하여 나와 같은 선지 자 하나를 일으키시리 니 너희는 그의 말을 들을지니라

	데 예수 외에는 아무도 보이지 아니하였다는 것이다. 마가는 문득 둘러보니 아무도 보이지 않고 오직 예수와 자기들뿐이었다고 한다. 누가는 소리가 그 치매 예수만 보였다고 한다. 이제 예수만이 남아 있는 것이다.	
아무에게도 이르지 말라	1. 마태, 마가는 산에서 내려온 예수께서 제자들에게 너희가 본 것을 아무에게도 이르지 말라고 명령한다. 누가에는 그런 명령이 없으나 제자들 스스로 아무에게도 이르지 아니하였다(9:36)고 한다. 2. 마태, 마가에서 예수께서는 인자가 죽음 가운데서 살아나기 전까지 침묵하라고 하는데 예수께서는 수난 중이라 하더라도 산상에서 변모에 대해 말해서는 안 된다는 것이다. 구름 속에서 난 소리는 '그의 말을 들으라'는 것이었다. 제자들은 예수의 수난과 죽음 후에야 예수의 영광에 대해 말할 수 있는 것이다. 3. 마가에서 제자들은 죽은 자 가운데서 살아나는 것이 무엇일까하고 서로 문의하였다고 한다. 아마도 그들은 종말이 올 때 죽은 사람의 부활에 대해서는 들어보기는 하였지만, 인자의 죽음과 사람의 부활이 종말을 예시하는 사건이라는 것을 알지는 못했을 것이다.	단12:2 땅의 티끌 가운데서 자는 자 중에서 많은 사람이 깨어나 영생을 받는 자도 있겠고 수치를 당하여서 영원히 부끄러움을 당할 자도 있을 것이며
엘리야가 먼저 와야 하는 이유	1. 마태, 마가에서 제자들은 서기관들이 왜 엘리야가 먼저 와야 한다고 말하는 지를 묻는다. 예수께서는 엘리야가 먼저 와야 한다는 서기관의 말들이 옳다고 전제한다. 　말라기(4:5)에 여호와께서 앞서 내가 선지자 엘리야를 보내겠다고 하였기 때문에 예수께서는 구약 말씀대로 그가 먼저 와야 한다는 것이다. 2. 예수께서는 엘리야가 먼저 와서 모든 것을 회복한다고 말씀한다. 말라기는 계속해서(4:6) 그가 아버지의 마음을 자녀에게로, 자녀의 마음을 아버지에게로 돌이키게 하는 것이라고 한다. 마태에서 제자들은 예수께서 말씀한 것이 세례 요한일 줄을 깨닫게 된다. 3. 누가에 있는 세례 요한의 탄생예고 기사에서 그는 '아비의 마음을 그 자녀에게로 돌이키게 하여 주를 위하여 세운 백성을 예비할 것이다'(눅1:17)라고 한다. 즉, 말라기에서의 다시 올 엘리야의 역할(말4:6)과 세례 요한이 장차 하게 될 일이 같다는 것이다. 이처럼 그 역할로 볼 때 누가에서도 엘리야와 세례 요한이 동일시되고 있다 하겠다. 4. 마가에서 예수께서는 종말에 중요한 인물은 인자이고 중요한 사실은 그가 받게 될 고난이라는 것이다. 세례 요한은 헤롯에 의해 죽임을 당하였다. 여기서 많은 고난을 받고 멸시를 받은 사람으로 세례 요한을 암시하고 있다. 그러나 마태에서의 예수께서는 이미 직접 '오리라 한 엘리야가 곧 이 사람이니라'(11:14)고 하였다. 이것은 아마도 당시 마태 공동체의 믿음이었을 것이다. 그러나 요한복음에서 세례 요한은 자신이 엘리야가 아님을 분명히 하고 있다(1:21). 5. 마태, 마가에서 예수께서는 오리라 한 엘리야가 이미 왔는데 사람들이 함부로 대우하였다고 한다. 마태에서는 그 후에 제자들이 예수께서 말씀한 분이 세례 요한이라고 깨닫지만, 마가에는 그런 기사가 없다. 누가에 있는 세례 요한의 탄생예고 기사에는 '그가 엘리야의 심령과 능력으로 주 앞에 먼저 와서'(눅1:17)라고 하였다. 누가공동체는 세례 요한이 엘리야의 심령과 능력을 가졌다고 확신하였던 것이다. 여기 기사에서 언급은 하지 않았지만 누가 역시 엘리야와 세례 요한이 관련이 있다고 보고 있다 하겠다. 6. 오리라 한 엘리야인 세례 요한이거나 엘리야의 심령과 능력을 가진 세례 요한이거나 간에 그가 먼저 와서 모든 일을 회복시키기 위해 일하였던 것은 분명하다.	눅1:16-17 이스라엘 자손을 주 곧 그들의 하나님께로 많이 돌아오게 하겠음이라 그가 또 엘리야의 심령과 능력으로 주 앞에 먼저 와서 아버지의 마음을 자식에게, 거스르는 자를 의인의 슬기에 돌아오게 하고 주를 위하여 세운 백성을 준비하리라 말4:6 그가 아버지의 마음을 자녀에게로 돌이키게 하고 자녀들의 마음을 그들의 아버지에게로 돌이키게 하리라 돌이키지 아니하면 두렵건대 내가 와서 저주로 그 땅을 칠까 하노라 하시니라

4. 심층연구: 산상에서 변형의 의미

구분	내용	비고
이야기의 구조	1. 예수의 변형은 그 의미, 목적, 배경 등에 더 관심을 가져야 하는 사건이다. 2. 실제로 일어난 사실에 근거한 이 이야기는 베드로와 다른 사도들이 그들이 무엇을 보았는지, 무엇을 경험하였는지를 공개적으로 말하고 있다. 3. 공관복음에 모두 수록되어 있는 중요한 기사로서 예수의 첫 번째 수난예고 후에 그리고 두 번째 수난예고 전에 있었던 사건으로 예수의 수난과 직접적인 관련이 있는 기사라고 하겠다. 4. 산상에서의 사건은 예수의 변형과 구름 속에서 난 소리로 구분이 되며 그 사이에 베드로의 초막 제안이 들어 있다. 베드로의 초막 제안은 제안한 그 자체보다도 신적인 사건에 개입되어 있는 그리고 변화산에서 예수와 함께 있었던 증인(벧후1:16-18)으로서 베드로의 모습과 역할에 더 비중이 있다고 하겠다. 5. 하산 후 엘리야의 역할에 대한 기사는 마태, 마가에만 있고 누가에는 생략되어 있다. 그러나 아무에게도 이르지 말라는 마태, 마가의 말씀에 대해 누가는 제자들이 스스로 아무에게도 이르지 아니하였다고 하다. 6. 높은 산이라는 언급은 그 자체가 계시의 적당한 장소라는 느낌을 준다. 높은 산을 다볼 산으로 보기도 하지만 대체로 헐몬 산(헤몬 산, 헤르몬 산)으로 인식하고 있다. 그러나 유대인의 전승에 따르면 종말의 때에 하나님께서 나타나는 곳을 말한다.	• 예수의 산상에서의 변형이 초대 기독교인들의 상상에 근거한 환상적인 이야기라고 주장하는 이들이 있다. • 이 이야기에는 신화적인 요소가 있다거나 심리적인 현상 또는 환상적 요소가 있다는 주장도 있다.
변형의 의미	1. 예수의 변형은 신성을 강조하는 신의 모습이라 하겠다. 바울은 예수께서 하나님의 본질과 형상을 가진 예수께서 종의 형체로 변형(빌 2:6-7)되었음을 말하고 있다. 그러나 여기서는 반대로 산상에서의 예수의 변형은 예수의 본래의 모습 즉 인간의 모습을 벗은 모습이라 하겠다. 2. 마태, 마가, 누가는 첫 번째 수난예고 기사의 끝에 예수께서 '인자가 아버지의 영광으로' 천사들과 함께 오겠다고 하는데 여기서는 모세, 엘리야와 함께 변형된 모습으로 나타난다. 3. 마태의 '빛나는 구름(17:5)'은 '쉐키나' 곧 전능하신 '하나님의 영광'을 말하고 있는 것이다. 누가는 예수의 모습에서 영광을 강조하고 있다. 변화되시어 영광중에 나타나 모세, 엘리야와 말씀한다(9:31). 그리고 졸다가 깨어난 제자들은 예수의 영광과 두 사람을 보았다(9:32)고 한다. 예수께서는 고난을 통해 영광(9:32)을 받는다. 누가는 부활을 통해 예수께서 지니게 될 영광스러운 모습, 예수의 미래의 영광을 말하고 있다. 4. 예수의 변형은 예수께서 부활한다는 예고이고 예시이며, 부활과 유사한 모습이라 하겠다. 베드로후서에는 예수 그리스도의 권능과 재림(1:16)을 알게 하려고 증언한다고 하였다. 또한 예수의 변형은 대제사장으로서의 예수의 즉위 광경이라고도 한다. 예수의 빛나는 흰 옷은 메시아를 대제사장으로 선포하는 제사장의 옷을 시사한다는 주장(라이센 펠트)도 있다. 또한 부바이어는 예수의 부활이 아닌 예수의 재림과 관련이 있다고도 한다. 불투만과 웰하우젠은 예수의 부활 설화를 예수의 지상 생애 전승에 투영시켰다고 보았다. 5. 사도 바울은 우리 역시 '주의 영광을 보매 그와 같은 형상으로 변화하여 영광에서 영광으로 이른다'(고후3:18)고 한다. 이것은 우리도 주의 영광의 형상으로 변화될 수 있다는 것이다. 하나님의 형상으로서의 인간이 그리스도를 믿는 믿음으로 말미암아 하나님의 형상으로 회복(박헌욱 동경신대)될 수 있다고 한다. 변형이 없는 신앙생활은 거듭남이 없는 믿음이라 하겠다. 6. 예수의 변형은 하늘의 사건으로 하나님이 주재, 주관하신 사건이다. 누가에서는 예수의 변형과 함께 예수의 별세를 언급함으로써 고난을 받아 별세하게 될 예수에 대해 언급하는 동시에 죽음에서 부활할 모습에 대해서도 말하고 있다.	• 변형은 롬12:2에서는 '마음을 새롭게 함으로 변화를 받아라'고 하고 고후3:18에는 '그와 같은 형상으로 변화하여'라고 한다. • 예수, 모세, 엘리야는 예수의 예루살렘에서의 별세에 대한 대책회의를 한 것이다. 산상에서의 이 회의는 천상의 회의라고 하겠다. • transfiguard 변형은 형상을 바꾸다 라는 말이다. 새롭게 영적인 모습을 갖추기 위해 변화되는 것을 말한다.

| 구름에서
난 소리 | 1. 구름 속에서 소리가 나서 이르되 이는 내 사랑하는 아들이라고 한다. 첫 번째 수난예고 직전 베드로의 신앙고백 즉 주는 그리스도시요 살아 계신 하나님의 아들(마16:16)이라는 고백에 대한 하나님의 응답이라고도 볼 수 있을 것이다. 이번에는 예수의 세례 때와는 달리 '이는'이라고 하여 공개적으로 하나님과 예수의 관계를 하나님께서 말씀한다.
2. '너희는 그의 말을 들으라'는 모세가 한 말을 인용한 것이기는 하지만 여기서는 하나님께서 제자들에게 예수에 대한 전적인 신뢰를 보인 말씀이고 예수의 말씀과 예수가 앞으로 할 일을 따르라는 것이다. 예수에 대한 메시아로서의 재확인이라 하겠으며 또한 제자들에게는 예수의 고난의 길, 섬김의 길, 죽음의 길을 따르라는 명령이라 하겠다.
3. 구름 속에서의 소리로 말미암아 예수께서는 별세해야 할 메시아로서의 사명에 주저함이 없어지게 된다. 그래서 '승천하실 기약이 차가매 예루살렘으로 향하여 올라가기로 굳게 결심'한다(눅9:51). '이는 내 사랑하는 아들'이라는 구름 속에서의 소리는 예수께서 메시아로서의 사명을 감당할 수 있는 원동력이 된다. 하나님의 아들로서의 재확인이 있었기에 예수께서는 당당하게 수난에 임할 수 있게 되는 것이다.
4. 천상의 회의와 천상의 소리는 예수의 메시아 임무완수를 위한 출정식이라고 하겠고 이는 내 사랑하는 아들이라는 음성은 적진 돌파 작전에 임하는 전투병에게 너희는 조국의 아들이라고 부르는 비장함을 느낄 수 있다. | 시17:15 나는 의로운 중에 주의 얼굴을 뵈오리니 깰 때에 주의 형상으로 만족하리이다 |
| 베드로의
증언
(베드로후서) | 1. 증언의 이유 - 벧후1:13(새번역) 이 육신의 장막에 사는 동안 나는 여러분의 기억을 일깨워서 분발하게 하는 것이 옳다고 생각합니다.
2. 증언의 장소 - 벧후1:18(새번역) 우리가 그 거룩한 산에서 그 분과 함께 있을 때에 우리는 이 말소리가 하늘로부터 들려오는 것을 들었습니다.
3. 증언의 내용 - 벧후1:17(새번역) 하나님 아버지께서 그에게 존귀와 영광을 주실 때에, 곧 지극히 영광스러운 분께서 그에게 말씀하시기를 '이는 내가 사랑하는 아들이요 내가 기뻐하는 아들이다' 하실 때에 우리는 거기에 있었습니다.
4. 증언의 목적 - 벧후1:16(새번역) 우리가 우리 주 예수 그리스도의 권능과 재림을 알려 드린 것은 교묘하게 꾸민 신화를 따라서 한 것이 아닙니다. 우리는 그의 위엄을 눈으로 본 사람들입니다.
5. 예수의 산상에서의 변형 사건은 초대 교인들에게 힘이 되어 주었으며 바울의 말씀(고후3:18)처럼 우리도 그리스도 안에서 변화될 수 있다는 믿음을 주었다. | • 베드로후서 1장에서 베드로는 산상에서의 변형에 대해 증언하고 있다. 자기가 죽을 날이 가까워 왔다는 것을 알고 너희를 일깨워 생각나게 함이 옳다고 한다. |

5. 집중탐구

5.1 변화산과 시내 산에서 일어난 일들

구분	변화산	시내 산	비고
산 이름	없음, 높은 산	시내 산, 하나님의 산(출24:13)	거룩한 산(벧후1:18)
산에 오른 사람들	예수와 베드로, 야고보, 요한	모세와 여호수아(출24:13)	우리(벧후1:18)
이유	기도하시러(눅9:28)	율법과 계명을 친히 기록하신 돌판을 받으러(출24:12)	
엿새 후	• 엿새 후에 산에 올라가시다(마17:1, 막9:2).	• 엿새 동안 구름이 산을 가리더니 일곱째 날에 여호와께서 구름 가운데서 모세를 부르시다(출24:16).	

영광	• 모세와 엘리야가 영광중에 나타나서(눅9:31) • 예수의 영광과 함께 선 두 사람(눅9:32)	• 산 위에 여호와의 영광이 불같이 보이다(출24:17).	지극히 큰 영광중에 소리가 나다. 그가 하나님 아버지께 존귀와 영광을 받으시다(벧후1:17).
변형	• 예수의 얼굴이 해 같이 빛나다(마 17:2). • 용모가 변화되고(눅9:29) • 옷이 희어지고 광채가 나다(마 17:2, 막9:2-3, 눅9:29).	• 모세의 얼굴 피부가 광채가 나다(출34:29).	
두려워하다	• 베드로가 몹시 무서워서 자기가 하는 말을 알지 못하다(막 9:16). • 구름이 와서 그들을 덮어 구름 속으로 들어갈 때에 그들이 무서워하다(눅9:34). • 이는 내 사랑하는 아들이니 그의 말을 들으라는 말을 듣고 엎드려 심히 두려워하다(마17:6).	• 모세의 얼굴 피부에 광채가 남을 보고 그에게 가까이 하기를 두려워하다(출34:30).	• 마태에서의 예수께서는 제자들에게 두려워하지 말라(17:7)고 한다. • 모세는 수건으로 자기 얼굴을 가린다(출34:33).
구름	• 구름이 그들을 덮다(마17:5, 막9:7, 눅9:34).	• 구름이 회막을 덮다(출40:34, 35).	
구름 가운데	• 구름 속에서 소리가 나다(마 17:5, 막9:7, 눅9:34).	• 여호와께서 구름 가운데에 강림하다(출34:5).	
만남	·예수께서 모세와 엘리야와 함께 말씀하다.	·하나님께서 모세와 함께 거기 서서 선포하시다(출34:5).	
하나님의 말씀	• 이는 내 사랑하는 아들이다(공통). • 내 기뻐하는 자다(마태). • 이는 나의 아들 곧 택함을 받은 자다(누가). • 너희는 그의 말을 들으라(공통).	• 너와 이스라엘과 언약을 세웠다고 하시다(출34:27). • 여호와께서 언약의 말씀 십계명을 그 판들에 기록하시다(출34:28).	이는 내 사랑하는 자요 내 기뻐하는 자라 (벧후1:17)

5.2 모세와 엘리야의 등장

구분	모세	엘리야	비고
하나님을 만난 장소	시내 산(출19:20)	호렙 산(왕상19:8-12)	거룩한 산
대표성	율법(계명) 이스라엘 최고 입법자	선지자(예언) 이스라엘 중 가장 위대한 선지자	
승천	사망하여 장사 지냈으나 무덤이 있는 곳은 모른다(신34:6).	불수레와 불말을 타고 하늘로 올라가다(왕하2:11).	모세가 승천하였다는 전승이 있다
메시아의 관계	하나님 여호와께서 나와 같은 선지자 하나를 일으키리니(신18:15)	메시아 선구자	

다시 온다	• 모세와 엘리야가 영광중에 나타나서(눅9:31) • 예수의 영광과 함께 선 두 사람(눅9:32)	여호와의 크고 두려운 날이 이르기 전에 내가 선지자 엘리야를 너희에게 보내리니(말4:5)	
예수와의 만남	• 변형되신 예수께서 모세, 엘리야와 함께 제자들에게 보이다(마17:3). • 변형되신 예수께서 모세, 엘리야와 더불어 말하다(막9:4). • 모세, 엘리야가 영광중에 나타나서 예수와 함께 말하였는데 장차 예수께서 예루살렘에서 별세할 것을 말하다(눅9:30-31).		• 천상회의 • 예수별세 대비 회의 • 메시아 임무완수 출정식
예수의 결심	예수께서 승천할 기약이 차가매 예루살렘을 향하여 올라가기로 굳게 결심하다(눅9:51).		메시아로서의 임무 완수를 위한 결심
하나님의 개입	• 예수를 사랑하는 자신의 아들로 공개적으로 재확인하다. • 예수의 말을 들으라고 제자들에게 명령한다.		• 예수 혼자 남겨진다.

제31절 ❀ 공회의 모의

1. 본문비교

구분	마태(26:1-5)	마가(14:1-2)	누가(22:1-2)	요한(11:43-50,53)
배경	26:1 예수께서 이 말씀을 다 마치시고 제자들에게 이르시되			11:43-44 이 말씀을 하시고 큰 소리로 나사로야 나오라 부르시니 죽은 자가 수족을 베로 동인 채로 나오는데 그 얼굴은 수건에 싸였더라 예수께서 이르시되 풀어 놓아 다니게 하라 하시니라
유월절	:2 너희가 아는 바와 같이 이틀이 지나면 유월절이라 인자가 십자가에 못 박히기 위하여 팔리리라 하시더라	14:1상 이틀이 지나면 유월절과 무교절이라	22:1 유월절이라 하는 무교절이 다가오매	:45-46 마리아에게 와서 예수께서 하신 일을 본 많은 유대인이 그를 믿었으나 그 중에 어떤 자는 바리새인들에게 가서 예수께서 하신 일을 알리니라
유대 지도자들의 모의	:3-4 그 때에 대제사장들과 백성의 장로들이 가야바라 하는 대제사장의 관정에 모여 예수를 흉계로 잡아 죽이려고 의논하되	:1하 대제사장들과 서기관들이 예수를 흉계로 잡아 죽일 방도를 구하며	:2상 대제사장들과 서기관들이 예수를 무슨 방도로 죽일까 궁리하니	:47-48 이에 대제사장들과 바리새인들이 공회를 모으고 이르되 이 사람이 많은 표적을 행하니 우리가 어떻게 하겠느냐 만일 그를 이대로 두면 모든 사람이 그를 믿을 것이요 그리고 로마인들이 와서 우리 땅과 민족을 빼앗아 가리라 하니 :49-50 그 중의 한 사람 그 해의 대제사장인 가야바가 그들에게 말하되 너희가 아무 것도 알지 못하는도다 한 사람이 백성을 위하여 죽어서 온 민족이 망하지 않게 되는 것이 너희에게 유익한 줄을 생각하지 아니하는도다 하였으니 :53 이날부터는 그들이 예수를 죽이려고 모의하니라
백성을 두려워하다	:5 말하기를 민란이 날까 하노니 명절에는 하지 말자 하더라	2 이르되 민란이 날까 하노니 명절에는 하지 말자 하더라	:2하 이는 그들이 백성을 두려워함이더라	

| 많은 유대인이 예수를 믿다 | | | | 12:10-11 대제사장들이 나사로까지 죽이려고 모의하니 나사로 때문에 많은 유대인이 가서 예수를 믿음이러라 |

2. 본문의 차이

구분		마태	마가	누가	요한
때		이틀 전 유월절	이틀 전 유월절	유월절이 다가오다	• 나사로 부활 직후 • 유월절이 가깝다
예수 수난예고		• 인자가 십자가에 못 박히기 위하여 팔리리라			
모의주도		• 대제사장들과 백성의 장로들	• 대제사장들과 서기관들	• 대제사장들과 서기관들	• 대제사장들과 바리새인들
모의장소		• 대제사장 관정			• 공회
모의내용		• 예수를 흉계로 잡아 죽이려고	• 예수를 흉계로 잡아 죽일 방도를 구하며	• 예수를 무슨 방도로 죽일까 궁리하니	• 이날부터 예수를 죽이려고 모의하니라
모의결과		• 민란이 날까 하니 • 명절에는 하지 말자	• 민란이 날까 하니 • 명절에는 하지 말자	• 백성을 두려워하다	• 예수 있는 곳을 알거든 신고하여 잡게 하라 명령하다
모의 사유					• 나사로의 부활 후 많은 사람이 예수를 믿다 (11:45) <대제사장과 바리새인의 주장> • 많은 표적을 행하니 그대로 두면 모든 사람이 그를 믿을 것이다(11:48) <가야바의 주장> • 한 사람이 백성을 위해 죽어서 온 민족이 망하지 않게 되는 것이 유익하다(11:50) <예수의 죽으심> • 그 민족을 위하고 • 흩어진 하나님의 자녀를 모아 하나되게 하기 위하여(11:51-52)
참고	성전정화 후 유대 지도자들: 입성 후 1차 시도	• 대제사장들과 서기관들 • 예수께서 하시는 이상한 일과 성전에서 소리질러 호산나 다윗의 자	• 대제사장들과 서기관들 • 성전정화 때 예수의 말씀을 듣고 어떻게 죽일까 하고 꾀하다	• 대제사장들과 서기관들과 백성의 지도자들 • 그를 죽이려고 꾀하다(19:47)	

		손이여 하는 어린이들을 보고(마21:15) • 노하다	• 무리가 다 그의 교훈을 놀랍게 여기므로 그를 두려워함일러라 (11:18)	• 백성이 다 그에게 귀를 기울여 들으므로 어찌할 방도를 찾지 못하였더라 (19:48)	
예루살렘 지도자들 책망: 입성 후 2차 시도		• 대제사장들과 바리새인들 • 비유가 자기들을 가리켜 말씀하심인 줄 알다 • 잡고자 하나 무리를 무서워하다	• 그들: 대제사장들과 서기관들(11:27) • 비유가 자기들을 가리켜 말씀하심인 줄 알다 • 잡고자 하되 무리를 두려워하여 예수를 두고 가니라	• 서기관들과 대제사장들 • 비유가 자기들을 가리켜 말씀하심인 줄 알다 • 즉시 잡고자 하되 백성을 두려워하더라 (20:19)	

3. 본문이해

구분	내용	비고
모의 개요 시기, 장소, 어떻게 결과	1. 모의 세력: 예수를 죽이려 모의 한 자들에 대해 마태, 마가, 누가 모두 일제히 대제사장과 서기관들이라고 하고 마태는 여기에 백성들의 장로들을 추가하고 있다. 그러나 요한복음은 대제사장들과 바리새인들이 공회를 모아 예수를 죽이려고 '모의'(11:53)하였다고 한다. 2. 모의 내용: 마태는 예수를 '흉계로 잡아 죽이려고' 의논하였다고 한다. 마가는 '흉계로 잡아 죽일 방도를 구하'였다고 하며 누가는 '예수를 무슨 방법으로 죽일까 궁리하'였다고 한다. 공관복음에서의 유대 지도자들은 모여서 '흉계'(마태, 마가)로 죽이려고 '의논'(마태)하고 '방도'(마가)를 찾고 '궁리'(누가)하는 수준이지만 요한복음에서는 유대민족의 대표기관인 공회가 나서서 정식 안건으로 다루고 있다. 3. 모의 시기: 마태에서는 예수의 말씀으로 '이틀이 지나면 유월절이라' 하고 마가 역시 같은 말을 한다. 누가는 '무교절이 다가온다'고 한다. 요한복음은 모의 후 기사에서 '유대인의 유월절이 가깝다'고 한다. 4. 모의 장소: 공관복음서 중에 마태만이 '가야바라 하는 대제사장의 관정에서' 모였다고 한다. 요한복음은 공회가 모였다고 하니 공식적인 장소인 예루살렘 성전 내라고 하겠다. 관정이나 공회는 장소 상 약간의 성격적인 차이가 있겠으나 유대인의 대표 공적 기관임에는 틀림없다고 하겠다. 5. 모의 결과: 마태, 마가는 '민란이 날까 하니 명절에는 하지 말자'고 하였다고 한다. 누가는 방도를 궁리하다가 결론이 없이 '백성을 두려워하였다'고 한다. 그러나 요한복음은 '예수 있는 곳을 신고하여 잡게 하라고 명령'(11:57)한다.	• 공관복음서에서 예수는 서기관과 바리새인들을 책망하고 화 있을진저라고 하며 외식하는 서기관과 바리새인들을 질책하고 예루살렘 입성 후 유대 지도자들을 악한 농부의 비유를 들어 비난하였다. 바리새인들은 이미 안식일에 손 마른 사람을 고쳐준 예수를 어떻게 죽일까 의논하였다(마12:14, 막2:6, 눅6:11).
예수를 잡아 죽이려고 한 이유는? ① 공관복음: 유대 지도자들과의 갈등	1. 마태, 마가, 누가는 예수를 죽이려는 이유에 대해 구체적으로 제시하지 아니하고 있다. 다만 유대교 지도자들과 예수 사이의 갈등이 점점 커지고 있음을 알 수 있다. 예수께서 예루살렘에 입성할 때부터 유대교 지도자들은 예수를 주목하고 있었던 것이다. 누가(19:35)에는 예수께서 입성할 때 '제자의 온 무리'(눅19:37)가 기뻐하며 큰 소리로 하나님을 찬양하였는데 어떤 바리새인이 당신의 제자들을 책망하라고 한 이야기가 있다. 2. 예루살렘 성전정화 후 마가, 누가는 대제사장들과 서기관들과 백성의 장로들이 예수를 어떻게 죽일까 꾀하다(막11:18, 눅19:47)고 하고 마태는 그들이 노하였다고 한다. 3. 예수께서 성전에서 가르치고 유대 지도자들을 책망하다가 악한 농부들의 비유(마21:33-46, 막12:1-12, 눅20:9-19)를 든다. 유대 지도자들은 예수의 비유가 자기들을 가리켜 말씀한 줄 알고 예수를 잡고자 한다.	• 요한복음에서는 안식일에 베데스다에서 38년 된 병자를 고쳤다고 하여 유대인들이 예수를 박해(5:16)하고 죽이고자하였고 (5:18) 미워하였으며 (7:7) 종교지도자들은 예수를 잡고자 하였으며(7:44,10:39) 돌로 치려 하였다 (8:59,10:31).

② 요한복음: 나사로의 부활로 사람들이 예수를 믿다	1. 요한복음에서 유대교 지도자들이 예수를 죽이려는 모의는 예루살렘 입성 전에 시작된다. 2. 또한 예수를 죽이려는 모의는 나사로의 부활과 직접 관련이 있다. 나사로의 부활로 '예수께서 한 일을 본 많은 유대인이 그를 믿었다'고 한다(11:45). 이에 대제사장들과 바리새인들이 공회를 소집하여 회의를 한다. '이 사람이 많은 표적을 행하니 우리가 어떻게 하겠느냐 만일 그를 이대로 두면 모든 사람이 그를 믿을 것이다'(11:47-48)라고 한다. 3. 대제사장 가야바는 '한 사람이 백성을 위하여 죽어서 온 민족이 망하지 않게 되는 것이 너희에게 유익하다'(11:50)고 하며 '이날부터 그들이 예수를 죽이려고 모의한다'(11:53). 그리고 예수께서 유월절에 상경하리라 짐작하고 '누구든지 예수 있는 곳을 알거든 신고하여 잡게 하라(11:57)고 명령한다.	
예수를 죽이려는 자들은 누구인가? ① 공관복음: 유대 지도자들	1. 마태, 마가, 누가는 예수께서 첫 번째 수난예고에서 장로들, 서기관들, 대제사장들에게 많은 고난을 받고 죽임을 당한다고 하고 세 번째 수난예고에서는 대제사장들과 서기관들을 지적한다. 2. 성전정화 후에는 마태, 마가, 누가 공히 대제사장들과 서기관들이 예수를 어떻게 죽일까 궁리한다. 예수께서 비유를 통해 그들을 책망하자 마태, 마가, 누가는 대제사장들, 서기관들, 바리새인들이 예수를 잡으려 하였다고 한다. 3. 마태는 예수께서 네 번째 수난예고(26:2)를 한 그때 대제사장들과 백성의 장로들이 가야바라 하는 대제사장의 관정에 모여 예수를 잡아 죽이기로 의논(26:3-4)한다. 공관복음에서는 마태만이 예수를 죽이기 위해 공식적인 자리에서 의논되었음을 분명히 하고 있다.	• 희생양scapegoat: 레위기 16장에 나오는 속죄양을 말하지만 다른 사람이나 집단의 잘못을 뒤집어 쓴 사람을 말하기도 한다. 가야바는 예수가 민족을 위한 희생양이 되어야 한다는 것이다.
② 요한복음: 공회	1. 요한복음에도 예수를 죽이려는 시도가 여러 번 언급되어 있으나 성전정화와는 관계가 없는 것으로 되어 있다. 요한복음에는 베데스다에서 38년 된 병자를 고친 후 유대인들이 더욱 예수를 죽이고자 하였다(요5:18)고 한다. 이처럼 예수께서 나사로를 살리기 전에도 살해 위협을 여러 차례 받는다. 2. 예수께서 나사로를 살린 후 대제사장들과 바리새인들에 의해 유대의 최고 의결기구인 공회가 소집되는데 여기에서 그들은 예수가 죽어야 하는 이유를 말한다. (1)첫째 이유는 모든 사람이 그를 믿을 것이라는 것이고 (2)둘째 이유는 로마인들이 그것을 일종의 반란으로 보고 그들 땅 즉 성전과 유대 민족을 빼앗아 갈 것을 염려한다. 3. 가야바의 제안은 단순명료하였다. (1) 온 민족이 망하지 않게 한 사람이 백성을 위해 죽는 것이 좋겠다고 하며 예수가 죽는 것이 좋다는 것이다. (2) 그런데 이 말은 스스로 한 것이 아니라는 것이다(11:50-51). (3) 예수의 죽음의 의미가 그 '민족만 위할 뿐 아니라 흩어진 하나님의 자녀를 모아 하나 되게 하게 위함'(11:52)이라고 한다. 여기서 흩어진 하나님의 자녀를 모으는 것은 예레미야가 한 유다의 회복에 대한 예언(렘23:3)이다. 4. 그리고 이날부터 유대 민족의 최고기관은 예수를 죽이기로 모의하고 예수 있는 곳을 신고하여 잡게 하라고 명령한다. 5. 요한복음에서 예수를 죽이려고 하고 살해 위협을 한 자들은 유대민족 전체를 대표하는 공회이다. 즉 예수의 죽음은 공권력에 의한 죽음인 것이다.	렘23:3 내가 내 양떼의 남은 것을 그 몰려 갔던 모든 지방에서 모아 다시 그 우리로 돌아오게 하리니 그들의 생육이 번성할 것이며

대제사장이 왜 예수 처형에 앞장 섰는가?	1. 대제사장들은 사두개인이다. 사두개인들은 부활, 천사, 영생, 영혼을 믿지 아니한다.	• 부활이 없다고 하는 사두개인들이 예수께 와서 물어 이르되 마22:23, 막 12:18, 눅 20:27
① 요한복음: 부활의 표적을 행하는 자를 제거 하려 하다	2. 예루살렘 성전에서 예수께서 가르칠 때에 유대교 지도자들이 예수에게 질문을 한다. 세금에 관해서는 바리새인들(마22:15-22, 막12:13-17, 눅20:20-26)이, 그리고 큰 계명에 대해서는 율법 교사(마22:34-40, 막 12:28-34, 눅10:25-28)가 질문을 한다. 이때 사두개인들은 부활(마22:23-33, 막12:18-27, 눅20:27-40)에 대해 질문을 하는데 예수의 대답을 들은 그들이 예수의 가르침에 놀라고(마22:33) 서기관 중 어떤 이는 잘 말씀하셨다(눅20:39)고 한다. 3. 예수께서는 평소에 바리새인과 사두개인들의 누룩을 주의하라(마16:6)고 하고 세례 요한은 바리새인들과 사두개인들이 세례 베푸는 데로 오는 것을 보고 독사의 자식들(마3:7)이라고 한다. 4. 대제사장들과 바리새인들이 공회를 모으고 예수를 죽이려고 모의하게 된 동기는 죽은 나사로를 살림으로 많은 유대인들이 예수를 믿었기 때문(11:45)이고 이대로 두면 모든 사람이 그를 믿을 것 같아서(11:48)였다. 그런데 베다니의 잔치에 유대인의 큰 무리가 나사로를 보려고 몰려가고 또한 나사로 때문에 많은 사람들이 예수를 믿는 것을 보고 나사로도 살려 둘 수 없다고 대제사장들은 생각한 것이다(12:10). 5. 요한복음의 예루살렘 입성 기사에는 '큰 무리가 예수께서 예루살렘에 오신다는 것을 듣고 종려나무 가지를 가지고 맞으러 나가 호산나 찬송하리로다 주의 이름으로 오시는 이 곧 이스라엘의 왕이시여(12:12-13)'라고 한다. 이렇게 큰 무리가 예루살렘에 입성을 하는 예수를 환영한 이유는 '나사로를 살리실 때 함께 있던 무리가 증언(12:17)을 하여 표적 행하심을 들었기 때문이라'(12:18)고 한다. 　그때 '바리새인들이 서로 말하되 볼지어다 너희 하는 일이 쓸데없다'고 한다. 공회가 예수를 죽이기로 한 것이 쓸데없는 일이 되었다는 것이다. 6. 공관복음에는 바리새인들이 예수의 수난 사건에 직접 개입한 부분은 많지 않다. 그러나 바리새인들은 예수께서 돌아가신 후 부활할 것을 염려하여 빌라도에게 예수 무덤의 경비를 부탁(마27:62-64)하는 일을 대제사장들과 함께 한다.	＜사도 바울이 공회에서 변론할 때 부활로 말미암아 다툼이 벌어지다＞ 행23:6하-8 여러분 형제들아 나는 바리새인이요 또 바리새인의 아들이라 죽은 자의 소망 곧 부활로 말미암아 내가 심문을 받노라 그 말을 한즉 바리새인과 사두개인 사이에 다툼이 생겨 무리가 나누어지니 이는 사두개인은 부활도 없고 천사도 없고 영도 없다 하고 바리새인은 다 있다 함이라
② 공관복음: 성전 종교를 부정하는 자를 제거하려고 하다	1. 예수의 성전정화는 비둘기, 소, 양과 같은 희생제물이 필요 없는 제사를 상징적으로 보여준 사건이라 하겠다. 그리고 성전을 지은 목적이 무엇인지를 확인시켜준 사건이기도 하다. 궁극적으로 건물 중심의 제사 제도를 유지하고 있는 성전권력인 유대 종교지도자들에 대한 도전이라 하겠다. 대제사장들은 성전권력을 대표하는 사람들로서 당연히 성전의 전통과 제사의 절차를 지켜야 한다. 그래서 성전의 기존질서와 권위를 무시하는 예수의 탈 성전 행위를 묵과할 수 없었을 것이다. 2. 성전을 통해 권력과 지위를 취하게 되는 대제사장들이 자신들의 존립 근거를 위협하는 예수를 죽이려는 것은 당연할 것이다. 성전 앞뜰에서의 각종 상행위는 그들에게 큰 이권이었는데 예수로 말미암아 재산상의 손해를 보게 되었던 대제사장들이 예수를 죽이려는 모의를 적극 추진하였을 것이다. 마태는 대제사장 가야바의 관정에서 의논하였다고 한다.	마카비상 4:58-59 이 방인들이 주고 간 치욕의 흔적이 가셔졌기 때문에 사람들은 크게 기뻐하였다. 유다와 그의 형제들과 이스라엘의 온 회중들은 매년 기슬레우월 이십오일부터 팔 일간 기쁜 마음으로 제단 봉헌 축일을 지키기로 정하였다.
예수를 당장 죽이지 못한 이유는?	1. 성전정화 후에도 예수를 죽이려고 하였으나 그 때 예수를 죽이지 못한 이유에 대해 마가는 무리가 다 그의 교훈을 놀랍게 여기므로 예수를 두려워(막11:18)하였기 때문이라고 하고 누가는 '백성이 다 그에게 귀를 기울여 들음으로 어찌할 방도를 찾지 못하였다'(눅19:48)고 한다.	마21:45-46 대제사장들과 바리새인들이 예수의 비유를 듣고 자기들을 가리켜 말씀하심

① 성전정화 후 사람들의 반응 때문에	2. 마가는 성전정화 때 예수께서 '내 집은 만민이 기도하는 집이라 너희는 강도의 소굴을 만들었도다'(11:17)라는 말씀에 무리가 놀랍게 여기고 종교지도자들은 예수를 두려워하였다고 한다. 그러나 누가는 성전정화 후 예수께서 성전에서 날마다 가르치셨는데 백성이 그에게 귀를 기울임으로 어떻게 할 수 없었다고 한다.	인 줄 알고 잡고자 하나 무리를 무서워하니 이는 그들이 예수를 선지자로 앎이었더라
② 악한 농부 비유 후 반응 때문에	1. 예수께서 예루살렘의 지도자들을 악한 농부의 비유로 책망을 하자 그들은 이 비유가 자기들을 가리켜 말씀한 것을 알고 예수를 잡으려 하나 무리를 무서워해서(마태), 백성을 두려워해서(누가), 무리를 두려워해서 예수를 두고 간다(마가)고 하다. 공동복음 공통기사이다. 2. 이번에도 유대 지도자들은 예수를 죽이려고 의논한다. 마태는 예수를 흉계로 잡아 죽이려 하고, 마가는 흉계로 잡아 죽일 방도를 구하며 누가는 무슨 방도로 죽일까 궁리를 한다. 그런데 누가는 당장 죽이지 못하는 이유가 백성을 두려워해서라고 한다. 그러나 마태, 마가는 구체적으로 민란이 날까 하여 명절에는 하지 말자고 한다.	
③ 모의 후 결론 때문에	1. 마태, 마가는 민란이 날까 하여 명절에는 하지 말자고 하고 누가는 그들이 백성을 두려워해서라고 한다. 2. 요한복음은 공회가 예수를 죽이기로 모의(11:53)하였으나 바리새인들이 너희 하는 일이 쓸데없다고 한다. 그런데 그 이유는 '보라 온 세상이 그를 따르기'(요12:19) 때문이라고 한다.	

4. 심층연구

4.1 유월절과 무교절

구분	유월절	무교절
근거	출12:6-7 이 달 열나흗날까지 간직하였다가 해 질 때에 이스라엘 회중이 그 양을 잡고 그 피를 양을 먹을 집 좌우 문설주와 인방에 바르고 출12:13-14 내가 애굽 땅을 칠 때에 그 피가 너희가 사는 집에 있어서 너희를 위하여 표적이 될지라 내가 피를 볼 때에 너희를 넘어가리니 재앙이 너희에게 내려 멸하지 아니하리라 너희는 이 날을 기념하여 여호와의 절기를 삼아 영원한 규례로 대대로 지킬지니라 출12:27 너희는 이르기를 이는 여호와의 유월절 제사라 여호와께서 애굽 사람에게 재앙을 내리실 때에 애굽에 있는 이스라엘 자손의 집을 넘으사 우리의 집을 구원하셨느니라 하라 하매 백성이 머리 숙여 경배하니라 레23:5 첫째 달 열나흗날 저녁은 여호와의 유월절이요 왕하23:21 왕이 뭇 백성에게 명령하여 이르되 이 언약책에 기록된 대로 너희의 하나님 여호와를 위하여 유월절을 지키라 하매	출12:8 그 밤에 그 고기를 불에 구워 무교병과 쓴 나물과 아울러 먹되 출12:15 너희는 이레 동안 무교병을 먹을지니 그 첫 날에 누룩을 너희 집에서 제하라 무릇 첫날부터 일곱째 날까지 유교병을 먹는 자는 이스라엘에서 끊어지리라 출12:17 너희는 무교절을 지키라 이 날에 내가 너희 군대를 애굽 땅에서 인도하였음이니라 그러므로 너희가 영원한 규례로 삼아 대대로 이 날을 지킬지니라 레23:6 이 달 열닷새날은 여호와의 무교절이니 이레 동안 너희는 무교병을 먹을 것이요
출애굽 사건	• 과월절 Pass Over : 문설주에 양의 피를 발라서 죽음의 사자가 그냥 넘어감으로 집 안에 있던 사람들은 생명을 유지할 수 있었던 바로 그 밤을 기억하는 명절(출12:27)이다.	• 발효시키지 않은 빵을 먹는 명절: 서둘러 애굽을 떠나야 했음으로 첫날 누룩을 집에서 제해야 했다(출12:15).

	• 모세는 흠 없고 일 년 된 어린 양(출12:5)을 잡아 그 피를 집 좌우 문설주와 인방에 바르라고 한다.	• 모세는 그 밤에 양고기를 불에 구워 무교병과 쓴 나물과 함께 먹으라고 한다(출12:8).
의미	하나님께서 이스라엘 백성을 구원하고 선민으로 삼으시다	하나님의 구원사건을 체험하고 감사하며 기념한다.
기간	단 하루: 니산월 14번째 날 저녁	유월절에 이어 7일간
문제와 이해	1. 눅22:1 '유월절이라 하는 무교절이 다가오매' 누가는 유월절과 무교절을 병행시킨다. 그러나 엄밀하게 말하면 이는 옳은 표현은 아니다. 유월절과 무교절이 붙어 있고 무교절 기간이 더 길기는 하지만 같은 절기는 아니기 때문이다. 2. 눅22:7 유월절 양을 잡을 무교절이 이른지라 양을 잡는 날은 14일이고 무교절은 15일부터이기 때문에 누가의 이 표현은 적절하지 않다. 그러나 에스겔서에는 유월절을 7일 동안 지키라(45:21)고 하였는데 이것은 관용적 표현이라 하겠다. 예수 당시에도 유월절과 무교절을 구분하지 않고 두 명절을 관습적으로 하나로 보기도 하였다. 3. 누가가 구태여 구분하지 않고 적당하게 표현한 것은 유대풍습에 익숙하지 않은 외국인들을 위해 쓰여진 복음서였기 때문일 수 있다.	
예수와 유월절	1. 공간복음서에서 예수께서는 유월절 만찬에 참석하고 재판을 받고 당일 십자가상에서 돌아가시다. 무덤에 계실 때는 무교절기간이다. 부활하신 날은 안식 후 첫날로써 무교절 이튿날이다. 2. 요한은 예수를 '보라 세상 죄를 지고 가는 하나님의 어린 양이로다'(요1:29)라고 하다. 사도 바울은 예수를 '유월절 양'(고전5:7)으로 희생되었다고 한다. 3. 유월절 만찬이 성만찬의 근거가 된다. 이스라엘과 하나님의 언약은 옛 언약이 되고 우리와 그리스도의 언약은 새 언약이 된다. 4. 예수의 피로 온 인류가 구원받게 된다. '그러므로 예수도 자기 피로써 백성을 거룩하게 하려고 성문 밖에서 고난을 받으셨느니라'(히13:12)	

4.2 공회 산헤드린

구분	내용	비고
산헤드린 성격	• 공회는 산헤드린(희랍어 쉬네드리온의 아람어적 형태)으로 '모여 앉는다'의 뜻이라고 한다. • 예수 시대 즉 헤롯의 성전 시기에는 성전 안에 있는 '다듬은 돌 뜰'에서 낮 동안 열렸으며 안식일과 명절에는 열리지 않았다. • 유대인의 입법과 사법을 총괄하는 최고 정책의결기구이다. • 율법에 관한 최종적인 해석을 내릴 수 있고 형사 사건의 경우는 지배 국가 또는 지배자에 따라 그 권한에 차이가 있었다. • 유대인의 제반 사항에 대해 지배국가의 자문회의 역할을 하였고 자치 정부로서의 기능도 하였다.	• 신약의 공회와 사도신경에 나오는 거룩한 공회는 전혀 다른 것이다. 신약의 공회는 산헤드린이고 사도신경의 공회는 교회이다. .
기원과 역사	• 랍비들은 모세를 보좌하였던 칠십인 장로들이 산헤드린의 기원이라고 한다(출24:1, 민11:16,25). 그러나 출애굽 이후 조직화된 공회가 있었다는 증거는 전혀 없다. • 에스라 시대에는 장로들(스5:9, 6:7,14, 10:8)이, 느헤미야 시대에는 방백들이(느2:16, 11:1) 백성의 지도자들이었다. • 조직화된 공회는 수리아의 안티오쿠스 4세 에피파네스 시대에 등장하는데 의장은 대제사장이다. • 예루살렘 총독 스룹바벨 이후 대제사장들이 공회를 지배하였고 마카비 혁명 이후 제사장들이 다시 공회를 장악하였다.	• 공회는 공동번역에서는 의회로 되어 있다 • 신약의 공회는 예루살렘 공회를 가리킨다.

	• BC60년 로마의 폼페이우스는 집권 후 로마의 집정관(BC58)이 되는데 자신의 부하인 가비니우스를 수리아 총독(BC57-55)으로 임명한다. 그때 가비니우스는 5개 구역에 공회를 둔다. 그러나 그중에서 예루살렘의 산헤드린이 유대 정치의 중심이었다. • BC47년 로마 황제 카이사르는 대제사장과 예루살렘 공회에게 전체 공무를 책임지게 한다. • BC37년 헤롯이 예루살렘을 장악하자 자기를 소환하였던 산헤드린 전원을 죽이고 한 사람의 대제사장이 평생 대제사장으로 섬기는 특권을 폐지하며 정치적인 힘이 없는 대제사장을 임명한다. • 헤롯 대왕이 사망한 후부터 갈릴리와 베레아는 독립행정구역이 되어 예루살렘 산헤드린의 사법권은 유대에서만 행사되었다. 예수께서 갈릴리에 머무는 동안에는 예수에게 사법권을 행사할 수 없었다. 그런데 누가는 산헤드린이 바울에게 다메섹에 있는 그리스도인들을 체포하는 권한을 부여하였다고 한다(행9:1-2, 22:5). 시대에 따라 그 권한이 달랐던 것 같다. • 로마 총독들(AD6-66) 치하에서 산헤드린의 역할은 커지고 최고 사법 재판소의 역할도 한다. • AD70년 예루살렘 멸망 이후 AD118년 갈릴리로 이전하기 전까지는 얌니아에 있었다.	출24:1 또 모세에게 이르시되 너는 아론과 나답과 아비후와 이스라엘 장로 칠십 명과 함께 여호와께로 올라와 멀리서 경배하고 • 폼페이우스의 장군인 가비니우스(BC57-54)는 사해 동쪽에 있는 마케루스 요새를 파괴한다. 이 요새는 맛사다, 헤로디움과 함께 3대 요새에 속한다.
예수의 언급	마5:22 나는 너희에게 이르노니 형제에게 노하는 자마다 심판을 받게 되고 형제를 대하여 라가라 하는 자는 공회에 잡히게 되고 미련한 놈이라 하는 자는 지옥 불에 들어가게 되리라. 마10:17 사람들을 삼가라 그들이 너희를 공회에 넘겨주겠고 그들의 회당에서 채찍질하리라. 막13:9 너희는 스스로 조심하라 사람들이 너희를 공회에 넘겨주겠고 너희를 회당에서 매질하겠으며 나로 말미암아 너희가 권력자들과 임금들 앞에 서리니 이는 그들에게 증거가 되려 함이라	행9:1-2 사울이 주의 제자들에 대하여 여전히 위협과 살기가 등등하여 대제사장에게 가서 다메섹 여러 회당에 가져갈 공문을 청하니 이는 만일 그 도를 따르는 사람을 만나면 남녀를 막론하고 결박하여 예루살렘으로 잡아오려 함이라
사도들의 재판	• 베드로의 수난: 그들이 듣고 새벽에 성전에 들어가서 가르치더니 대제사장과 그와 함께 있는 사람들이 와서 공회와 이스라엘 족속의 원로들을 다 모으고 사람을 옥에 보내어 사도들을 잡아오라 하니(행5:21) • 스데반의 수난: 백성과 장로와 서기관들을 충동시켜 와서 잡아가지고 공회에 이르러 거짓 증인들을 세우니 이르되 이 사람이 이 거룩한 곳과 율법을 거슬러 말하기를 마지 아니하는도다(행6:12-13) • 바울의 수난: 바울이 공회를 주목하여 이르되 여러분 형제들아 오늘까지 나는 범사에 양심을 따라 하나님을 섬겼노라 하거늘(행23:1)	

5. 집중탐구

5.1 예수의 수난과 관련된 유대 지도자들

구분		마태	마가	누가	비고
수난예고 시 예수께서 언급한 자들	1차	장로들, 대제사장들, 서기관들(16:21)	장로들, 대제사장들, 서기관들(8:31)	장로들, 대제사장들, 서기관들(9:22)	
	2차	사람들 손(17:22)	사람들 손(9:31)	사람들 손(9:44)	
	3차	대제사장들, 서기관들(20:18)	대제사장들, 서기관들(10:33)	이방인들(18:32)	

예루살렘 입성 후 예수를 잡으려는 자들	성전정화 후	대제사장들, 서기관들(21:15)	대제사장들, 서기관들(11:18)	대제사장들, 서기관들, 백성의 지도자들(19:47)	요한복음에서는 대제사장들과 바리새인들이다(요11:47.)
	권위에 대해 토론 후	대제사장들, 백성의 장로(21:23)	대제사장들, 서기관들, 장로들(11:27)	대제사장들, 서기관들, 장로들(20:1)	
	지도자들 비난 후	대제사장들, 바리새인들(21:45)	그들: 대제사장들, 서기관들(12:12)	서기관들, 대제사장들, 백성의 지도자들(19:47)	
	죽이려는 모의 후	대제사장들, 백성의 장로들(26:3)	대제사장들, 서기관들(14:1)	대제사장들, 서기관들(22:2)	
수난과 관련된 자들	잡히심	대제사장들과 백성의 장로들에게서 파송된 무리들(26:47)	대제사장들과 서기관들과 장로들에게서 파송된 무리(14:43)	대제사장들과 성전의 경비대장들과 장로들(22:52)	요한복음에서는 유다가 군대와 대제사장들과 바리새인들에게서 얻은 아랫사람들(18:3)이라고 한다.
	심문	대제사장들, 서기관들, 장로들(26:57, 59)	대제사장들, 장로들, 서기관들(14:53)	대제사장들과 서기관들(22:64)	
	빌라도에게 넘김	대제사장들과 백성들의 장로들(27:1)	대제사장들, 장로들, 서기관들(15:1)	무리(23:1)	

5.2 공권력에 의한 예수의 죽음

1. 공권력이란 공공단체가 국민에 대하여 우월한 의사 주체로서 명령, 강제하는 권력을 말하며 그러한 권력을 행사하는 주체를 의미하는 경우도 있다. 국가의 공권력에 의해 국민의 기본권이 침해되는 경우에는 헌법재판소에 이의 구제를 직접 청구할 수 있다.

2. 공관복음은 예수의 수난과 관련된 모든 과정에 대제사장들이 빠짐없이 언급되어 있다. 대제사장은 제사를 담당하는 최고 책임자로서 하나님 앞에서 이스라엘 백성을 대표하고 속죄제를 드리며(레16:34) 산헤드린의 의장 역할을 했다(마26:57, 행5:21). 예수 당시에는 대제사장이 비록 로마로부터 임명을 받기는 하였으나 공회는 공식적으로 모든 유대인들을 대표하는 기관이라 하겠다. 대제사장들의 직접 관여는 예수의 죽음이 공권력에 의한 것이라는 증거다.

3. 요한복음은 직접적으로 공회를 지적하고 있다. 처음부터 대제사장들과 바리새인들이 공회를 모으고 예수의 죽음에 대해 토의한다. 여기서 대제사장 가야바는 참석자들에게 겁을 준다. 로마인들이 와서 우리 성전과 민족을 빼앗아 가리라고 그럴듯하게 말한다.

한 사람이 백성을 위하여 죽어서 온 민족이 망하지 않게 되는 것이 유익이라고 한다. 나아가 공회는 명절에 예루살렘에 올라올 예수의 있는 곳을 신고하라고 명령한다(요11:57). 공회가 예수 체포에 처음부터 관여하고 예수 죽음의 명분을 분명히 하며 예수를 잡은 후에는 심문하는 등의 일을 한다. 공회의 주도는 예수의 죽음이 공권력에 의한 것이라는 증거다.

4. 예수의 재판 때 유대인들이 '그 피를 우리와 우리 자손에게 돌릴지어다(마27:25)'라고 한다. 대제사장과 백성들은 빌라도의 '너희가 당하라'는 말에 대해 자기 자신들이 떠맡겠다고 동의한다.

제32절 ⊛ 예수와 향유

1. 본문비교

구분	마태(26:6-13)	마가(14:3-9)	누가(7:36-50)	요한(12:1-8)
언제, 어디서	26:6 예수께서 베다니 나병환자 시몬의 집에 계실 때에	14:3상 예수께서 베다니 나병환자 시몬의 집에서 식사하실 때에	7:36 한 바리새인이 예수께 자기와 함께 잡수시기를 청하니 이에 바리새인의 집에 들어가 앉으셨을 때에	12:1-2 유월절 엿새 전에 예수께서 베다니에 이르시니 이곳은 예수께서 죽은 자 가운데서 살리신 나사로가 있는 곳이라 거기서 예수를 위하여 잔치할새 마르다는 일을 하고 나사로는 예수와 함께 앉은 자 중에 있더라
누가, 무엇을, 어떻게	:7 한 여자가 매우 귀한 향유 한 옥합을 가지고 나아와서 식사하시는 예수의 머리에 부으니	:3하 한 여자가 매우 값진 향유 곧 순전한 나드 한 옥합을 가지고 와서 그 옥합을 깨뜨려 예수의 머리에 부으니	:37-38 그 동네에 죄를 지은 한 여자가 있어 예수께서 바리새인의 집에 앉아 계심을 알고 향유 담은 옥합을 가지고 와서 예수의 뒤로 그 발 곁에 서서 울며 눈물로 그 발을 적시고 자기 머리털로 닦고 그 발에 입맞추고 향유를 부으니	:3 마리아는 지극히 비싼 향유 곧 순전한 나드 한 근을 가져다가 예수의 발에 붓고 자기 머리털로 그의 발을 닦으니 향유 냄새가 집에 가득하더라
각 사람들의 반응	:8-9 제자들이 보고 분개하여 이르되 무슨 의도로 이것을 허비하느냐 이것을 비싼 값에 팔아 가난한 자들에게 줄 수 있었겠도다 하거늘	:4-5 어떤 사람들이 화를 내어 서로 말하되 어찌하여 이 향유를 허비하는가 이 향유를 삼백 데나리온 이상에 팔아 가난한 자들에게 줄 수 있었겠도다 하며 그 여자를 책망하는지라	:39 예수를 청한 바리새인이 그것을 보고 마음에 이르되 이 사람이 만일 선지자라면 자기를 만지는 이 여자가 누구며 어떠한 자 곧 죄인인 줄을 알았으리라 하거늘	:4-6 제자 중 하나로서 예수를 잡아 줄 가룟 유다가 말하되 이 향유를 어찌하여 삼백 데나리온에 팔아 가난한 자들에게 주지 아니하였느냐 하니 이렇게 말함은 가난한 자들을 생각함이 아니요 그는 도둑이라 돈궤를 맡고 거기 넣는 것을 훔쳐 감이러라
예수의 비유			:40-43 예수께서 대답하여 이르시되 시몬아 내가 네게 이를 말이 있다 하시니 그가 이르되 선생님 말씀하소서 이르시되 빚 주는 사람에게 빚진 자가 둘이 있어 하나는 오백 데나리온을 졌고 하나는 오십 데나리온을 졌는데 갚을 것이 없으므로 둘 다 탕감하여 주었으니 둘 중에	

	마태	마가	누가	요한
			누가 그를 더 사랑하겠느냐 시몬이 대답하여 이르되 내 생각에는 많이 탕감함을 받은 자니이다 이르시되 네 판단이 옳다 하시고	
여자 변호	:10-11 예수께서 아시고 그들에게 이르시되 너희가 어찌하여 이 여자를 괴롭게 하느냐 그가 내게 좋은 일을 하였느니라 가난한 자들은 항상 너희와 함께 있거니와 나는 항상 함께 있지 아니하리라	:6-7 예수께서 이르시되 가만 두라 너희가 어찌하여 그를 괴롭게 하느냐 그가 내게 좋은 일을 하였느니라 가난한 자들은 항상 너희와 함께 있으니 아무 때라도 원하는 대로 도울 수 있거니와 나는 너희와 항상 함께 있지 아니하리라	:44-46 그 여자를 돌아보시며 시몬에게 이르시되 이 여자를 보느냐 내가 네 집에 들어올 때 너는 내게 발 씻을 물도 주지 아니하였으되 이 여자는 눈물로 내 발을 적시고 그 머리털로 닦았으며 너는 내게 입맞추지 아니하였으되 그는 내가 들어올 때로부터 내 발에 입맞추기를 그치지 아니하였으며 너는 내 머리에 감람유도 붓지 아니하였으되 그는 향유를 내 발에 부었느니라	:7상 예수께서 이르시되 그를 가만 두어
향유의 의미	:12 이 여자가 내 몸에 이 향유를 부은 것은 내 장례를 위하여 함이니라	:8 그는 힘을 다하여 내 몸에 향유를 부어 내 장례를 미리 준비하였느니라	:47 이러므로 내가 네게 말하노니 그의 많은 죄가 사하여졌도다 이는 그의 사랑함이 많음이라 사함을 받은 일이 적은 자는 적게 사랑하느니라	:7하-8 나의 장례할 날을 위하여 그것을 간직하게 하라 가난한 자들은 항상 너희와 함께 있거니와 나는 항상 있지 아니하리라 하시니라
여자와 예수	:13 내가 진실로 너희에게 이르노니 온 천하에 어디서든지 이 복음이 전파되는 곳에서는 이 여자가 행한 일도 말하여 그를 기억하리라 하시니라	:9 내가 진실로 너희에게 이르노니 온 천하에 어디서든지 복음이 전파되는 곳에는 이 여자가 행한 일도 말하여 그를 기억하리라 하시니라	:48-50 이에 여자에게 이르시되 네 죄 사함을 받았느니라 하시니 함께 앉아 있는 자들이 속으로 말하되 이가 누구이기에 죄도 사하는가 하더라 예수께서 여자에게 이르시되 네 믿음이 너를 구원하였으니 평안히 가라 하시니라	

2. 본문의 차이

구분	마태	마가	누가	요한
때	• 기사의 위치로 보면 예루살렘 입성 후	• 기사의 위치로 보면 예루살렘 입성 후	• 기사의 위치를 보면 공생애의 초기	• 예루살렘 입성 직전

곳	• 베다니 • 나병환자 시몬의 집에 계실 때	• 베다니 • 나병환자 시몬의 집에서 식사하실 때	• 가버나움으로 추정 • 시몬이라는 바리새인의 집에 식사초대를 받고 앉으셨을 때	• 베다니 • 예수를 위하여 잔치 할새
누가	• 한 여자	• 한 여자	• 죄를 지은 한 여자	• 나사로의 누이 마리아(베다니 마리아)
무엇을	• 귀한 향유 한 옥합	• 매우 값진 향유, 순전한 나드 한 옥합	• 향유 담은 옥합	• 비싼 향유 순전한 나드 한 근
향유의 가치	• 비싼 값에 팔수 있는 것: 제자들	• 삼백 데나리온 이상에 팔수 있는 것: 어떤 사람		• 삼백 데나리온에 팔수 있는 것: 가룟 유다
어떻게	• 예수 머리에 부으니	• 예수 머리에 부으니	• 예수의 뒤로 그 발밑에 서서 울며 눈물로 그 발을 적시고 • 자기 머리털로 닦고 그 발에 입맞추고 향유를 부으니	• 예수의 발에 붓고 • 자기 머리털로 그의 발을 닦으니
각 사람들의 반응	• 제자들이 분개하여 무슨 의도로 이것을 허비하느냐 • 팔아 가난한 자들에게 줄 수 있었겠도다	• 어떤 사람이 화를 내어 • 어찌하여 이 향유를 허비하는가 • 팔아 가난한 자들에게 줄 수 있겠도다 • 그 여자를 책망하다	• 예수를 청한 바리새인이 마음에 이르기를 • 만일 선지자라면 자기를 만지는 이 여자가 누구며 어떠한 자 곧 죄인인줄 알았으리라 하거늘	• 제자 중 하나 가룟 유다가 말하되 • 팔아 가난한 자들에게 주지 아니하였느냐
예수의 비유			• 바리새인 시몬의 이름을 세 번 부르다(7:40, 43,44) • 오백 데나리온과 오십 데나리온 빚진 자 모두 갚을 수가 없었다. 그래서 둘 다 탕감하여 주었다 • 누가 더 사랑(고마워)하겠느냐고 하시니 많이 탕감받는 자라고 시몬이 대답하다	
여자 변호	• 너희가 어찌하여 이 여자를 괴롭게 하느냐 • 그가 내게 좋은 일을 하였도다 • 가난한 자들은 항상 너희와 함께 있거니와 나는 항상 함께 있지 아니한다.	• 가만두라 너희가 어찌하여 그를 괴롭게 하느냐 • 그가 내게 좋은 일을 하였다 • 가난한 자들은 아무 때라도 도울 수 있거니와 나는 너희와 항상 함께 있지 아니하리라	• 예수께서는 바리새인에게 집에 들어올 때 발 씻을 물도 주지 않고 입맞추지도 않고 감람유를 붓지도 아니하였다고 하다 • 예수께서는 바리새인에게 여인의 많은 죄가 사하여 졌도다라고 하며 그의 사랑함(감사, 고마워함)이 많음이라고 하다	• 그를 가만두어라

향유의 의미	• 향유를 부은 것은 내 장례를 위함이라	• 향유를 부어 내 장례를 미리 준비하였느니라	• 죄인인 여자가 죄를 사하여 주는 분에게 다가가는 모습	• 나의 장례날을 위하여 간직하게 하라
여자와 예수	• 온 천하에서 어디서든지 이 복음이 전파되는 곳에서는 이 여자가 행한 일도 말하여 그를 기억하게 하라	• 온 천하에 어디서든지 복음이 전파되는 곳에는 이 여자가 행한 일도 말하여 그를 기억하리라	• 네 죄 사함을 받았느니라 • 이가 누구이기에 죄도 사하는가 • 네 믿음이 너를 구원하였다.	

3. 본문이해

3.1 마태, 마가, 요한복음의 향유 이야기

구분	내용	비고
이야기 줄거리 ① 각 복음서의 특징	1. 마태, 마가에서 한 여자가 향유를 붓는 이야기는 유대 종교지도자들이 예수를 흉계로 잡아 죽일 방도를 찾는 이야기와 가룟 유다가 예수를 대제사장들에게 넘겨주기로 한 이야기 사이에 위치해 있다. 2. 마태, 마가에서는 이틀 후가 유월절이라고 하며 유대 지도자들이 흉계를 꾸미는 이야기 다음에 나오고 누가에서는 예수 사역 초기임을 짐작하게 하고 요한복음에서는 유월 전 엿새 전(12:1)이라고 한다. 이것은 복음서 저자들이 편집 의도에 따라 시간 순서를 재조정하였음을 잘 보여주고 있다 하겠다. 3. 누가에서의 이 이야기는 공생애 초기의 일로서 예루살렘 입성 훨씬 전에 있었다. 누가에서는 이 이야기를 통해서 죄인들이 예수께 나오는 일을 강조하고 있다. 또한 예수의 사랑과 죄 사함이 연관되어 있다. 4. 요한복음에서는 예수를 위한 잔치(12:2)에서 나사로의 누이 마리아가 향유를 예수의 발에 붓는 이야기다.	• 베다니는 예루살렘에서 가깝다. 요11:18에는 '한 오리쯤 된다'고 하였다. 로마 스타디온으로 15스타디온은 2,8km 정도 된다. 현재 지명은 엘아지리예(나사로가 있는 곳이라는 뜻)라고 한다. 예수께서는 베다니에서 승천한다(눅24:50-51).
② 때	1. 마태, 마가에서 예수와 향유 사건에 관한 기사는 예루살렘 입성 후로 되어 있고 요한복음은 예루살렘 입성 직전의 일로 기록하고 있다. 예수의 공생애에 마지막 시기의 사건이라 하겠다. 2. 누가에서 예수와 향유 사건은 공생애 초기의 일로 자신을 세리와 죄인의 친구(7:34)라고 한 다음의 사건이다.	• 요한복음에 나오는 마리아는 나사로의 누이로 구태여 이름을 붙인다면 베다니(12:1) 마리아라고 하겠다.
③ 곳	1. 마태, 마가는 베다니 나병환자 시몬의 집이라고 한다(마26:6,막14:3). 요한복음은 베다니 즉 예수께서 죽은 자 가운데서 살리신 나사로가 있는 곳이라고 한다(요12:1-2). 2. 마태는 예수께서 시몬의 집에 계실 때라고 하고 마가는 시몬의 집에서 식사하실 때라고 하며 요한복음은 예수를 위하여 잔치할 때라고 한다. 3. 누가에는 정확한 지명이 나오지 않으나 가버나움으로 추정된다. 누가는 시몬이라는 바리새인이 예수께 함께 식사하기를 청해서 바리새인의 집에 들어가 앉았을 때라고 한다. 시몬이라는 이름은 마태, 마가, 누가 동일하다 4. 장소가 갖는 의미가 있다. 마태, 마가는 예수께서 나병환자 시몬의 집이라고 하는데 새번역은 '나병으로 고생하던' 시몬의 집이라고 한다. 요한복음은 죽은 자에서 살아난 나사로의 집이라고 한다. 예수께서 행한 표적과 기적의 증거가 있는 장소라는 것이다.	• 찬송가 211장에는 '값비싼 향유를 주께 드린 막달라 마리아 본받아서'라는 가사가 있는데 잘못된 것이다.

④ 한 여자	1. 마태, 마가, 누가가 언급한 한 여자는 이름이 없다. 이 여자들의 호칭을 가정해 본다면 마태, 마가의 여자는 베다니 여자이고 누가의 여자는 가버나움 여자 또는 죄인 여자라 부를 수 있고 요한복음의 마리아는 베다니 마리아라고 부를 수 있다.	• 막달라 마리아는 막달라 지역 출신 마리아라는 말이다. 우리나라에서도 부인들에게 청주댁, 부산댁 등 출신지역 호칭을 사용하였다.
	2. 누가의 죄 많은 여자에 대해	
	(1) 591년 교황 그레고리 1세는 예수의 발에 향유를 붓고 자신의 죄를 용서받은 여인은 막달라 마리아라고 하며 매춘부로 규정하였다. 교황 그레고리우스의 사십 개의 설교집 중 33번에 나오는 내용이다.	
	(2) 그러다가 1968년 교황 바오로 2세는 베다니 여자와 막달라 마리아는 별개의 인물이라고 선언한다. 그리고 과거의 해석을 공식적으로 철회하였다, 누가의 죄 많은 여인이 막달라 마리아가 아니라는 것이다.	
	(3) 1988년 교황 바오로 2세는 막달라 마리아를 '사도 중의 사도'로 격상시켰다.	
	(4) 2016년 6월 교황 프란치스코는 그녀의 기념일을 축일로 승격시킨다.	
	3. 예수께 향유를 부은 여자는 예수가 어떤 분인지를 알고 있다. 그러나 예수의 제자들(마태), 어떤 사람(마가), 바리새인(누가), 가룟 유다는 아직까지도 예수가 누구인지 잘 모르고 있다.	
향유를 부음	1. 기름 부음을 받을 때에 중요한 것은 누가 기름을 부었느냐는 것이다. 요아스왕은 제사장 여호야다에게서(대하23:11), 사울과 다윗은 선지자 사무엘에게서, 솔로몬은 제사장 사독에게서 기름 부음을 받는다.	• 나드: 인도에서 나는 식물의 뿌리로 만든 매우 비싼 향유
	2. 그러나 마태, 마가, 누가에서의 예수께서는 이름 없는 여자에게서 기름 부음을 받는데 누가에서는 죄 많은 여자에게서 그리고 요한복음에서는 마르다의 누이 마리아에게서 기름 부음을 받는다. 당시 여자는 사회적으로 소외되어 있는 계층인데 그것도 여자가 더욱이 누가에 의하면 죄 많은 여자가 예수께 향유를 부었다는 것이다.	
① 나병을 고친 예수 (마태, 마가)	1. 마태, 마가에서는 나병환자 시몬의 집에서 한 여자가 예수의 머리에 향유를 붓는다. 유대인은 누구나 나병환자와 접촉할 수 없다. 아마도 시몬은 예수께서 나병을 고쳐 준 사람이었을 것으로 보인다. 나병이 나았기에 자기 집에 돌아갈 수 있었을 것이다.	• 옥합: 알라바스트로는 목이 길고 손잡이가 없는 반투명 병으로 사용할 때는 깨트려서 사용한다. 주로 이집트에서 수입되었으며 이집트의 알라바스트론이라는 도시에서 그 이름이 유래하였다.
	2. 마태, 마가에서 예수에게 기름을 부은 여자는 예수를 나병까지도 고치는 메시아로 알고 있었을 것이다. 시몬이 나병환자였다가 나은 것을 동네사람들은 다 알고 있었기 때문이라 하겠다.	
② 죄를 사하는 예수 (누가)	1. 누가와 요한복음의 마리아는 예수의 발에 향유를 붓는다. 누가에서는 이름 없는 여자에게로부터 예수께서 기름 부음을 받는다. 바리새인 시몬의 집에서 죄 많은 여자가 예수의 발에 향유를 부은 것이다. 이 여자는 예수가 죄를 사하는 메시아로 알고 있었을 것이다.	• 향유: 좋은 향이 나는 기름
	2. 마태, 마가에서는 여자가 예수의 머리에 향유를 부은 것은 이 여자 역시 예수를 메시아로 알고 있었을 것이다. 메시아는 기름 부음을 받은 자라는 뜻이다. 누가에서의 여자는 예수를 죄를 사해 주는 분으로 알고 죄 많은 여자로서 감히 예수의 머리에 향유를 붓지 못하고 발에 붓는다.	
	3. 발에 향유를 부은 것이 머리에 부은 것과 같은 의미를 갖는가? 누가에서 죄가 많은 여자는 예수가 죄인의 친구(7:34)라는 것을 알았다하더라도 그러나 감히 죄를 사하는 예수의 머리까지 접근하기는 어려웠을 것이다.	새번역 26:6 그런데 예수께서 베다니에서 나병으로 고생하던 시몬의 집에 계실 때에
③ 부활 생명의 예수 (요한복음)	1. 요한복음에서는 나사로의 누이 마르다는 예수께로부터 나는 부활이요 생명이라는 말씀을 듣게 되고 이때 마르다는 주는 그리스도시요 세상에 오시는 하나님의 아들이신 줄 내가 믿나이다(11:27)라고 한다..	

	2. 요한복음에서의 마리아 즉 베다니 마리아는 예수를 위한 잔치에서 예수를 나사로를 살린 분으로 알고 예수를 위한 잔치 자리에서 감사한 마음으로 예수의 발에 향유를 붓는다. 3. 누가에는 예수께서 한 마을에 들어가는데 마르다가 자기 집으로 영접을 하는 이야기가 있다. 그때 그의 동생 마리아는 예수의 발치에 앉아 그의 말씀을 들었다고 한다(10:38-39). 요한복음의 마리아는 예수에 대한 존경과 감사의 표시로 예수의 발에 향유를 부었을 것이다 4. 예수께 향유를 부은 기사에서 요한복음만이 '향유 냄새가 집에 가득하더라'(12:3)고 한다. 요한복음에서는 '예수를 위하여 잔치하는 자리'(12:2)라고 하였는데 여기에서 집에 가득한 향기는 예수께서 베푼 은혜, 즉 풍성한 은혜, 아름다운 은혜, 넘치는 은혜를 연상하게 한다.	
장례를 위한 향유, 왕의 즉위와 죽음의 동일시	1. 구약시대에 기름 부음은 하나님이 선택하고 구별하여 세운 자들 곧 제사장(출29:4-7)과 선지자(왕상19:16), 왕(왕하9:12)등에 적용이 된다. 그러나 예수 당시에는 왕으로서의 메시아를 대망하고 있었다. 누가에서 예수를 식사에 초대한 바리새인은 예수가 선지자인지를 알려고 하였다(눅7:39). 2. 왕 된 메시아라는 의미의 기름 부음을 장례와 연관시킨 분은 예수 자신이다. 예수께서는 유대인의 왕으로 처형된다, 그래서 대제사장들은 빌라도에게 '자칭 유대인의 왕'으로 고쳐 달라고 하지만 거절된다(요19:19-22). 3. 빌라도는 예수에게 네가 유대인의 왕이냐고 묻는다. 마태, 마가, 누가에서의 예수께서는 '네 말이 옳다'고 한다(마27:11, 막15:2, 눅23:3)고 하고 요한복음에서는 '네 말과 같이 내가 왕이다'(18:37)라고 한다. 4. 유대인의 왕이 된다는 것은 곧바로 로마의 반역자가 되는 것이다. 그러므로 왕 된 메시아로서 즉위는 예수의 죽음을 의미하기 때문에 향유를 부은 것은 예수의 장례와 연관이 되는 것이다. 5. 향유는 기름 부음을 받을 때에도 필요하지만 장례 시에도 필요하다. 장례 시 시체를 씻은 다음 향유와 기름을 바르기 때문이다. 니고데모는 예수의 장례를 위해 몰약과 침향 섞은 것을 백 리트라 쯤 가지고 왔다(요19:39). 6. 향유를 부은 것에 대해 마태는 내 장례를 위함이라고 하고 마가는 내 장례를 미리 준비하였다고 하며 요한복음은 장례날을 위하여 간직하게 하라고 한다. 7. 특별히 마가는 '그는 힘을 다하여 내 몸에 향유를 부어 내 장례를 미리 준비'(14:8)하였다고 강조한다.	
각 사람들의 반응: 왜 허비하느냐	1. 마태에서의 제자들은 분개한다. 마가에서의 어떤 사람들은 화를 낸다. 요한복음에서는 제자 중 하나인 가룟 유다가 말한다. 누가에는 예수를 초대한 바리새인의 이야기가 있다. 2. 마태, 마가에서 제자들이 분개하고 또한 어떤 사람이 화를 낸 이유는 왜 허비하느냐는 것이었다. 마태는 비싼 값에 팔 수 있는 것을, 마가는 삼백 데나리온 이상에 팔 수 있는 것을, 요한복음에서 가룟 유다도 삼백 데나리온에 팔 수 있는 것이라고 한다. 3. 누가에서는 향유의 가격이나 허비하는지의 문제, 가난한 자들에 대한 언급이 전혀 없다. 누가에서의 향유는 단지 향유일 뿐이다. 그러나 누가에서의 바리새인은 예수가 선지자인지 궁금해 하고 있다. 그리고 오직 죄를 지은 여자의 향유를 부은 행위에 주목하고 있다. 4. 마태, 마가에서 제자들이나 사람들은 향유의 가치나 가격은 알았으나 예수가 어떤 분인지는 아직까지 잘 모르고 있었다. 베드로는 '주는 그리스도요 살아 계신 하나님의 아들'이라고 신앙고백을 하였지만 예수를 진정으로 그리스도로	\<예수께서 칭찬한 이들\> • 온 믿음을 보인 백부장(마8:5-13, 눅7:2-10, 요4:46-54) • 헌금함에 두 렙돈을 넣은 과부(막12:41-44, 눅21:1-4)

	보지 못하였다. 메시아, 기름 부으심을 받은 분 즉 그리스도로서 머리에 향유 부음을 받은 것은 당연한 일이었다. 그들은 향유를 팔아서 가난한 자들을 위해서 쓸 수 있다는 것에만 관심이 있다.	• 국제 기아 대책 기구는 1971년 기독교 정신으로 설립된 국제 NGO 단체로서 1989년에 한국 지부도 개설되었다
	5. 마태, 마가에서의 각 사람들은 향유를 부은 한 여자와 대비된다. 나병 환자를 고친 집(마태, 마가)에서 또한 죽은 자를 살린 베다니를 배경으로 하여 예수(요한복음)께서 메시아로서 등극을 하는데, 그리고 메시아로서 스스로 죽음을 준비하는 데에 무엇이 아깝겠는가. 그들은 예수가 계신 곳이 어디인지조차 망각한 사람들이다.	
	6. 특별히 요한복음에서 가룟 유다가 말하기를 그가 가난한 자를 생각함이 아니라고 하며 그는 돈궤를 맡고 있는데 팔아서 거기 넣으면 그것을 훔치려고 한다는 것이다. 요한복음에서는 참된 제자도를 보인 한 여자, 즉 마르다의 자매인 베다니의 마리아와 거짓 제자 가룟 유다가 대비된다. 요한복음은 그가 돈을 밝히는 도둑에 불과하다고 한다.	
여자 변호 ① 어찌하여 괴롭히느냐	1. 마태, 마가, 요한복음에서 예수께서는 그 여자를 책망(막14:5)하는 이들에게 가만두라(마가, 요한)고 하고 너희가 어찌하여 그를 괴롭게 하느냐고 한다 (마태, 마가). 그를 괴롭히는 사람들은 무슨 의도로 이것을 허비하느냐(제자들-마태), 어찌하여 이 향유를 허비하느냐(어떤 사람-마가)고 말하였던 이들이다. 향유를 허비하였다고 생각한 이들이 여자를 괴롭혔던 것이다.	• 유엔 세계식량계획 (UN WFP)는 1961년 유엔이 설립한 기구로서 생명을 구하고 위기에 처한 생계를 보호한다'는 목적을 가지고 있다. 우리나라는 북한의 식량사정을 고려하여 WFP를 통해 식량 지원을 하기로 했다.
	2. 누가와 요한복음에서는 괴롭힘에 대한 언급이 없다.	
② 좋은 일을 하였다	1. 마태, 마가에서 예수께서는 여자의 행위를 좋은 일이라고 말씀함으로 여자를 변호한다. 좋은 일 칼로스는 좋을 뿐 아니라 사랑스럽고 정다운 느낌을 주는 말이라 하겠다.	
	2. 좋은 일이란 직접적으로 내 장례를 준비한 것이라고 예수께서 말씀한다. 예수의 제자들은 예수께서 잡혔을 때 달아나 버렸을 뿐 아니라 예수가 죽은 후 장사할 때조차 참여하지 못하였다. 예수께서는 이것을 미리 알고 여자를 변호하였던 것이다.	• 세계식량농업기구 FAO 역시 UN의 산하기관이기는 하지만 1946년 식량의 생산 및 분배의 능률 증진을 목적으로 조직된 기관이다.
	3. 여자가 좋은 일, 즉 예수에게 기름 부음을 할 수 있었던 것은 예수의 사명과 고난을 이해하고 있었기 때문에 가능한 일이었다. 예수 공생애 사역이 마지막(마태, 마가, 요한)에 이르지만, 예수의 정체성에 대해 바로 알고 있었던 이는 마태, 마가, 누가의 한 여자이었다.	
③ 가난한 자들은 항상 너희와 함께 있다	1. 예수께서는 늘 가난하고 소외된 자들에게 관심을 가졌다. 가난한 자들은 항상 너희와 함께 있다는 말씀은 신15:11의 인용이다. 이 말씀은 인류의 빈곤은 영원히 지속되는 문제라는 데에 초점이 있는 것이 아니라 예수 자신의 지상 사역 기간이 끝나가고 있음을 강조한 것이다.	신15:11 땅에는 언제나 가난한 자가 그치지 아니하겠으므로 내가 네게 명령하여 이르노니 너는 반드시 내 땅 안에 네 형제 중 곤란한 자와 궁핍한 자에게 네 손을 펼칠지니라
	2. 마가에는 특별히 '가난한 자들은 항상 너희와 함께 있으니 아무 때라도 원하는 대로 도울 수 있거니와'(14:7)라고 한다. 향유를 팔아 가난한 자들에게 줄 수 있었겠다고 한 제자들(마태)과 어떤 사람들(마가)에 대한 대답이고 동시에 여자를 책망하는 데 대한 변호이다.	
	3. 여기에서 '아무 때나'라는 시간과 '너희와 항상 있지 아니하다'는 시간의 개념이 대비를 이룬다. 하나는 상시적인 시간이고 다른 하나는 한시적인 시간이다. 시간적 제한이 있는, 다시 말해 타이밍을 놓칠 수 없는 특별한 사건이고 동시에 중요한 행위인 기름 부음을 위한 향유 사용을 이해하라는 것이다.	
	4. 가난한 자를 위한 사역과 예수의 죽음을 통한 구속 사역과는 차원이 다르다. 가난한 자의 사업은 장기적인 일이지만 구속 사역은 단 한 번밖에 일어날 수 없는 일인 것이다. 차원이 다르고 시간적 한계도 다른 사역이기에 향유의 사용을 세상의 일반적인 시각에서만 보아서는 안 되는 것이다.	

| 이 여자를 기억하리라 | 1. 마태, 마가는 온 천하 어디서든지 이 복음이 전파하는 곳에서는 이 여자가 행한 일도 말하며 그를 기억하리라고 한다. 그러면 예수께서는 왜 이 여자를 기억하라고 하였을까?

2. 일 년 치 정도의 임금에 해당하는 즉 삼백 데나리온 또는 그 이상 되는 향유를 식사하는 예수의 머리에(마태), 또는 식사하실 때에(마가) 예수의 머리에 부은 이름 없는 여자는 공생애 기간 중에 힘들고 고단하였던 예수에게 위로와 격려 그 이상이 되는 최고의 '좋은 일'(마26:11, 막14:6)을 하였기 때문이다. 이름 없는 여자는 예수에게 가장 소중한 모든 것을 드렸다. 자신의 모든 것을 내어놓는 믿음의 '행위'(마26:13, 막14:9)를 한 것이다.

3. 여자가 예수의 머리에 기름을 부은 것은 사람들에게 자기가 아는 예수가 어떤 분인지를 공개적으로 나타내는 행위이었다. 여자가 아는 예수는 왕으로 오신 메시아라는 것이다. 예수께서 이 여자를 기억하라고 한 것은 이 여자가 예수가 어떤 분인지를 알았고 예수께 걸맞는 행위를 하였기 때문이다. 그러나 이 한 여자는 예수께서 우리의 구원을 위해 죽으실 분이라는 것은 몰랐을 것이다. 그래서 예수께서는 스스로 내 장례를 위함이라고 하였을 것이다. 예수의 정체성에 대해 그리고 그의 사명에 대해 다른 이들도 모두 알 수 있도록 상징적, 웅변적, 예언적 행위로 예수의 머리에 기름을 부은 것이다.

4. 예수께서는 복음이 전파되는 곳이면 어디든지 이 여자의 한 일을 전달하고 동시에 이 여자를 기억해야 한다고 선언한다. 모세도 이스라엘 백성들에게 유월절에 대해 '이 날을 기념하라'(출12:14)고 한다. | • 절대 빈곤이 아닌 일반적인 가난의 문제는 불평등의 문제이고 가난을 구제하기 위한 제도 역시 공평성이 문제라고 한다. 배분에도 세대간, 소득간, 계층간, 집단간에 갈등이 유발될 수 있다. |

3.2 누가복음의 향유 이야기

구분	내용	비고
비슷한 이야기인가	1. 마태, 마가, 요한복음에서의 예수와 향유 이야기와 누가에서의 향유 이야기는 비슷해 보인다. 2. 마태, 마가, 누가의 등장인물의 이름이 모두 시몬이다. 그러나 마태, 마가는 나병환자 시몬이라고 하고 누가는 바리새인 시몬이라고 한다. 여기서 나병환자 시몬이 바리새인 시몬인지는 알 수 없다. 3. 마가, 누가, 요한복음에서 예수께서는 식사와 관련이 있다. 마태에는 식사에 대한 언급 없이 '시몬의 집에 계실 때'라고 한다. 마가에서는 식사 중이고 누가에서는 식사에 초대받아 앉아 있고, 요한복음에서는 잔치에 앉아 있다. 그런데 마가에서는 예수께서 나병환자 시몬과 식사할 때라고 하는데 일반인이 나병환자와 식사할 수는 없는 것이다. 아마도 예수께서 나병을 고쳐준 사람 중에 하나인 시몬이라는 사람으로 보여 진다. 4. 누가의 한 여자는 마태, 마가처럼 이름이 없지만, 요한복음에는 나사로의 누이 마리아라고 하며 누가의 한 여자는 죄를 지었다(7:37)고 한다. 즉 죄인(7:39)이라는 것이다. 5. 누가에는 믿음보다도 회개하는 자가 구원받는다는 이야기들이 있다. 이 이야기 이외에도 탕자의 비유(15:11-32), 바리새인과 세리의 비유(18:11-13), 삭개오 이야기(19:1-10), 십자가상에서 회개한 강도 이야기(23:39-43) 등이다. 6. 마태, 마가, 요한복음에서와 마찬가지로 누가에서도 향유와 옥합이 언급되어 있다. 그리고 마태, 마가와는 다르게 그러나 요한복음과는 같게 머리가 아닌 발에 향유를 붓는다. 7. 누가에서는 배경 인물로 예수를 식사에 초대한 바리새인 시몬이 등장한다. 마태가 언급한 제자들이나 마가가 언급한 어떤 사람들 그리고 요한복음의	• 누가에서 예수께서는 바리새인들과 자주 접촉한다. 눅11:37-38에는 한 바리새인이 예수께 점심 식사초대를 하였는데 식사 전 손 씻기를 하지 않는 것을 보고 이상히 여긴다. 눅13:31에는 어떤 바리새인이 헤롯이 당신을 죽인다고 알려주고 눅14:1-2에는 바리새인 지도자의 집에서 떡을 드실 때 수종병든 사람이 있었다고 한다.

	가룟 유다와 달리 누가의 바리새인은 향유의 허비나 그 가격에는 관심을 가지지 않고 있다. 그는 단지 예수가 선지자인지 아닌지가 중요하였다.	
누가복음 이야기의 목적 ① 죄 많은 여자	1, 누가의 이야기에는 비유가 들어 있다. 이 비유는 죄 많은 여자에게 한 것이 아니라 바리새인에게 한 비유이다. 그래서 말씀 중에 시몬을 세 번이나 부른다(7:40,43,44). 2. 향유를 붓는 모습이 자세히 소개되어 있지만 누가에서는 향유 그 자체에 특별한 의미를 찾기는 어렵다. 죄 많은 여인이 예수에 대한 죄 사함과 관련 있는 행위로써 향유를 부었다고 하겠다. 예수께서는 바리새인에게 감람유(7:46)를 언급한다. 3. 누가의 이야기 주제는 예수와 향유라기보다는 '예수와 죄 많은 여자', 또는 '죄 사함 받은 여자의 믿음'이라고 보아야 할 것이다. 4. 바리새인에게 비유를 한 이유는 예수께서 죄 많은 여자를 변호하기 위해서이다. 비유의 요점은 많이 용서받는 자 즉, 오백 데나리온을 탕감 받는 자가 시몬의 대답처럼, 탕감해 준 이를 더 사랑한다는 것이다(7:43). 전체적으로는 많이 사랑하는 자를 많이 탕감하였다는 것이다(7:47). 5. 누가에는 허비나 가난한 자들에 관한 언급도 없고 심지어는 장례에 관한 예수의 말씀도 없다.	딤전1:15 미쁘다 모든 사람이 받을 만한 이 말이여 그리스도 예수 께서 죄인을 구원하시려고 세상에 임하셨다 하였도다 죄인 중에 내가 괴수니라
② 죄인인 바리새인 시몬	1. 바리새인 시몬의 집이다. 누가에서만이 예수께서 바리새인의 집에서 식사 하는 광경이 세 번 나온다(눅7:36-50, 11:37-38, 14:1-2). 2. 당시 손님 접대 시 손님이 발 씻을 물을 준비해 두고, 입을 맞추어 주며, 머리에 감람유를 붓는 것(눅7:44-46)이 관습이었다. 그러나 의무 또는 강제는 아니었고 해주면 좋은 것이었다. 3. 예수를 식사에 초대한 바리새인은 예수가 선지자인지 의심한다. 이 이야기에 끝에 '이가 누구이기에 죄도 사하는가'(7:49)라고 앉아 있는 자들이 속으로 말한다. 예수는 죄를 사하시는 분 즉 메시아임이 드러난다. 예수가 어떤 분인지 궁금해 하는 바리새인들에게 예수가 죄를 사하는 분이라는 것을 목적으로 한 이야기다.	
③ 한 바리새인과 한 여자의 대비	1. 여자는 죄를 지었고(7:37) 죄인이며(7:39), 많은 죄를 사함 받는다(7:47). 여자는 큰 죄인이다. 자신이 죄인임을 깨닫고 예수께 온 것이다. 2. 바리새인은 의인인가? 바리새인은 예수께서 자기를 만지는 이 여자가 누구며 어떠한 자 곧 죄인인 줄 알았으리라고 마음속으로 말한다(7:39). 그는 선지자라면 당연히 죄인과 거리를 두거나 멀리해야 한다고 생각하였던 것 같다. 예수의 신원에 대해 궁금해하면서도 선지자는 아닐 것이라고 생각한다. 어떻든 바리새인은 예수를 선생님(7:4)이라고 부른다. 3. 예수의 비유에 의하면 바리새인 역시 빚진 자이고 탕감을 받아야 하는 자이다. 죄지은 여자와 바리새인 시몬은 오백 데나리온이거나 오십 데나리온을 빚진 자라 하겠다. 4. 누가는 바로 앞부분(7:34)에서 예수께서 '인자는 세리와 죄인의 친구'라는 비난을 받고 있다고 스스로 말씀하고 있다. 이것은 바리새인들이 생각하는 인자의 모습은 아닌 것이다. 이 이야기를 통해 누가는 계속해서 예수께서 죄인의 친구일 뿐 아니라 죄를 사하는 인자, 즉 메시아임을 말하고 있다. 5. 바리새인은 예수에게 손님을 대하는 기본적인 예의를 소홀히 하였고 더구나 예수를 선생님으로 부르면서 랍비로서의 대우를 하지 않았다. 거기에 비해 한 여자는 최선을 다해 예수를 환영하였다. 예수께서는 한 바리새인에게 바리새인과 한 죄 많은 여자가 예수를 맞이하는 행위에 있어서 여러 가지로 차이가 있음을 지적한다.	<예수의 발밑에 서서: 함석헌> 나는 영원한 실패자란 말을 들으면서도 예수의 발밑에 서서 이상주의자가 되련다. 이상주의가 뭔가? 사람은 다 하나님의 자녀다. 다 영이다 하는 거지(전집3권 325쪽).

	6. 예수께서 오백 데나리온 빚진 자와 오십 데나리온 빚진 자를 비유로 말씀할 때 특별히 바리새인의 이름인 시몬을 세 번이나 부른다. 이것은 오백 데나리온 빚진 자가 죄를 지은 한 여자라면 너는 오십 데나리온 빚진 자라는 것이다. 즉, 여자에 비해 상대적으로 죄가 많지 않을 수는 있으나 너 역시 죄인이라는 것이다.	새번역 롬16:20 평화의 하나님께서 곧 사탄을 여러분의 발밑에 짓밟히게 하실 것입니다
죄 사함을 받은 여자	1. 죄 많은 여자는 감히 예수의 앞으로 나아가지를 못한다. 그래서 예수의 뒤로 접근한다. 그리고 그 발 곁에 섰다고 한다. 아마도 무릎을 꿇었을 것이다. 그러니까 울며 그 눈물로 발을 적시고 자기 머리털로 닦을 수 있었을 것이다. 그 다음에 발에 입맞추고 향유를 붓는다. 2. 이 이야기에서 발이 세 번 나오지만(7:38) 동작은 네 가지이다. 발밑에 엎드린다 눈물로 발을 적신다 머리털로 발을 닦는다 발에 입맞춘다이다. 엎드려서 인사하는 것은 최고의 경배 모습이라 하겠다. 우리나라 왕조시대에도 엎드려서 인사를 하였다. 예수께서는 이미 동방박사들로부터 엎드려 경배(마 2:11)를 받은 분이다. 그런데 이 죄 많은 여자는 죄가 많아서 예수의 앞으로 나아가지 못하고 뒤로 다가간 것이다. 3. 예수께서는 바리새인에게 '자기에게 발 씻을 물을 주지 않았다고 한다. 나그네들은 항상 발이 더럽기 마련이기 때문이다. 사무엘상(25:41)에는 발 씻기는 종의 이야기가 있다. 그런데 이 죄 많은 여자는 눈물로 예수의 발을 적시고 그 머리털로 발을 닦았다고 예수께서 말씀한다. 4. 예수를 홀대한 바리새인에게 예수께서는 너는 내게 입 맞추지 아니하였으나 이 여자는 내가 들어올 때부터 내 발에 입 맞추기를 그치지 아니하였다고 한다. 또한, 내 머리에 감람유를 붓지 아니하였으나 이 여자는 향유를 내게 부었다고 한다. 감히 예수의 앞으로 나가지 못한 죄인인 여자는 자기의 죄를 깊이 뉘우치는 모습을 보인다. 5. 예수께서 이 여자의 죄 사함에 대해 두 번 말씀하는데 처음에는 바리새인 시몬에게 그의 죄가 사하여졌도다(7:47)라고 하고 두 번째는 여자에게 네 죄가 사하여졌다(7:48)고 한다. 6. 식사하기 위하여 함께 앉아 있는 자들은 이가 누구이기에 죄도 사하는가(7:49)라고 한다. 예수께서 죄 사하는 분으로 알려진다. 예수께서는 여자에게 구원을 말씀하는데 네 믿음이 너를 구원하였으니 평안히 가라고 한다(7:50). 예수께서 스스로 구원자 메시아임을 밝힌 것이다.	<범죄자의 발에 입을 맞추는 교황> 2018년 3월 29일 프란치스코 교황은 로마의 레지나 코엘리 구치소에서 세족식을 한 후 한 수감자의 발에 입을 맞추었다. <교황의 발에 입 맞추다> 신 성로마 제국 황제 프리드리히 1세는 1177년 교황의 권위에 굴복하여 알렉산더 3세를 유일한 교황으로 인정하고 그의 발에 입을 맞추었다.
행위와 죄 사함의 관계	1. 여자가 죄인으로서 깊이 깨닫고 예수를 사랑한 행위의 결과로서 예수께서 여자의 죄를 사하여 주었는가? 아니면 여자 스스로 죄 사함 받았다고 확신하고 그런 행위를 한 것인가? 47절에 '이러므로'라는 단어는 여자의 행위로 말미암아 죄 사함을 받은 것으로 보인다. 2. 그러나 비유를 말씀한 예수께서 바리새인 시몬에게 묻는다. 둘 다 빚 갚을 능력이 없는데 누가 더 그를, 즉 빚을 탕감해 준 자를 사랑하겠느냐고 한다. 시몬이 많이 탕감받은 자(7:42-43)라고 대답하자 예수께서도 그렇다고 한다. 여기서의 문제는 빚 탕감을 하기도 전에 빚을 탕감한 자를 사랑한 것이 된다. 어떻게 여자는 예수께로부터 죄 사함을 받았다는 말씀을 듣기도 전에 죄 사함 받을 것으로 알고 행동할 수 있다는 것인가? 3. 이 비유는 탕감받은 양에 따라 사랑의 농도가 달라야 한다는 것은 아니다. 더 큰 빚진 자가 더욱 고마워할 것이라는 일반적인 이야기이다. 특별히 여기에서는 하나님의 사랑이 행위에 선행되기도 한다는 것이 중요하다. 4. 이 이야기에서 여자가 죄인이라고 세 번 강조(7:37,39,47)되어 있다. 자기가 중한 죄인이라는 것을 알고 있기 때문에 여자는 극도로 조심스럽게 예수께 다가간다. 이 여자의 행위는 바리새인의 집에 온 예수께로부터 자기 죄를	눅5:8 시몬 베드로가 이를 보고 예수의 무릎 아래에 엎드려 이르되 주여 나를 떠나소서 나는 죄인이로소이다 하니 막2:4-5 무리들 때문에 예수께 데려갈 수 없으므로 그 계신 곳의 지붕을 뜯어 구멍을 내고 중풍병자가 누운 상을 달아 내리니 예수께서 그들의 믿음을 보시고 중풍병자에게 이르시되 작은 자야 네 죄 사함을 받았느니라 하시니

사함 받을 수 있다는 믿음에서 나온 행위이다. 누가는 '울며 눈물로' 적시었다(7:38)고 한다. 즉 눈물로 죄인임을 고백한 여자는 예수가 누구인지 알고 옥합을 깨고 향유를 부은 것이다.

5. 여기서 죄가 사해졌다(7:47,48)의 아페온타이는 현재완료 시제로서 예수의 죄 사함 선포 이전에 이미 죄가 사하여졌다는 것이다. 여자의 행위 이전의 상태 즉, 죄의 자각과 예수를 확실히 알았을 때에 이미 죄가 사해진 것이다.

4. 심층연구

4.1 죄 사함의 권세

구분	내용	비고
예수의 죄 사함의 권세	1. 누가의 향유 부음사건에서 예수께서는 죄 많은 여자에게 '내가 네게 말하노니 많은 죄가 사하여졌도다'(7:47)라고 한다. 이에 '함께 앉아 있던 자들이 속으로 말하기를 이가 누구이기에 죄도 사하는가'(7:49)라고 한다. 2. 공관복음 공통기사인 중풍병자를 고치는 기사에서 예수께서는 '네 죄 사함을 받았느니라'(마9:2, 막2:5, 눅5:20)고 하는데 어떤 서기관(누가는 서기관과 바리새인들)이 생각하기를 어찌 이렇게 말하는가 신성 모독이로다 오직 하나님 한 분 이외에는 누가 능히 죄를 사하는가(막2:7 병행구)라고 한다. 3. 이 이야기를 기록한 이유는 하나님의 고유권한인 죄 사함의 권한을 예수께서도 갖고 있다(행2:38, 골1:14)는 것을 알리려는 데에 있다 하겠다. 마태에서 예수께서는 '자기 백성을 죄에서 구원할 자'(1:21)로 태어나 '죄 사함을 얻게 하려고 많은 사람을 위하여'(26:28) 피를 흘린 분이다.	막2:7-8 이 사람이 어찌 이렇게 말하는가 신성 모독이로다 오직 하나님 한 분 외에는 누가 능히 죄를 사하겠느냐 그들이 속으로 이렇게 생각하는 줄을 예수께서 곧 중심에 아시고 이르시되 어찌하여 이것을 마음에 생각하느냐
그 외 죄 사함의 권세	1. 세례 요한은 죄 사함의 세례(막1:4, 눅3:3)를 외쳤고 예수께서도 죄가 없는 분이지만 세례 요한의 세례(막1:9)를 받으셨다. 2. 예레미야는 새 언약의 내용으로 '내가 그들의 악행을 사하고 다시는 죄를 기억하지 아니하리라'(31:34)고 했다. 예수께서 죄를 사하는 것은 하나님께서 맡기신 나라(눅22:29)에서 새 언약(눅22:20)을 시작하고 있음을 보여주는 증거라고 하겠다. 3. 누가는 부활하신 예수의 마지막 명령에서 '죄 사함을 받게 하는 회개가 예루살렘에서 시작하여 모든 족속에게 전파'(24:47)될 것을 언급하고 있다. 사도 바울은 죄의 삯은 사망이라고 하고 요한일서는 스스로 죄 없다고 속이지 말고 자백하라(1:8-10)고 한다. .	

4.2 막달라 마리아

구분	내용	비고
막달라 마리아	1. 막달라- 갈릴리 서안의 염색업과 직물업이 발달한 도시 2. 공관복음: 마27:56,61, 28:1 막15:40,47, 16:1 눅8:2, 24:10 3. 요한복음:19:25. 20:1,18 4. 막달라 마리아- 막달라 지역 출신 마리아(나사렛 예수와 같은 호칭) 나그함마디 문서에는 막달라 여자 마리아라고 한다.	• 다빈치코드에서의 막달라 마리아의 오류
예수에게 향유를 부은 여자인가	1. 예수께 향유를 부은 여자이야기가 사복음서에 모두 나온다. 마태와 마가는 베다니의 여자이고 요한복음에는 나사로의 누이 마리아 즉 베다니의 마리아이다.	(1) 마지막 만찬에는 막달라 마리아가 없었다. 예수께서 사랑하시

	2. 누가에는 지명이 없으나 예수의 공생애 초기이고 그 사역을 볼 때 가버나움으로 추정된다. 그러므로 누가에서 예수께 향유를 부은 여자는 가버나움 여자라고 하겠다. 그런데 누가에서 이 여자를 죄인이라고 한다.	는 제자는 사도 요한으로 예수 곁에 있었던 것으로 알려져 있다.
막달라 마라아는 누구인가	1. 누가에는 예수께 향유를 부은 기사 다음에 바로 예수의 동역자들 즉 예수를 섬긴 여자들 세 명의 이름이 나오는데 그 첫째가 막달라 마리아이다. 2. 막달라 마리아는 예수께서 일곱 귀신을 쫓아내 준 여자이다. 이 여자는 다른 여자들과 함께 자기들의 가진 것으로 예수와 열두 제자를 섬겼다고 한다(눅8:1-3). 3. 막달라 마리아는 십자가에 못 박힌 예수를 지켜보고(마27:56, 막15:40, 눅23:49, 요19:25), 장례를 지켜보고(마27:61, 막15:47) 무덤에 찾아갔고(마28:1, 막16:2, 눅24:10, 요20:1) 부활하신 예수를 만났던(막16:9, 요20:18) 여자 중의 하나이다.	(2) 막달라 마리아 는 예수의 후원자이었다. 빌립복음서의 예수의 짝은 동료, 동역자를 말한다. 막달라 마리아의 나이조차 짐작할 수 없다.
막달라 마리아는 창녀인가	1. 누가에서 일곱 귀신에 씌웠던 막달라 마리아가 예수에게 향유를 부은 여자 즉 죄인(눅7:37)이었으나 예수에게 사함을 받은 여자(눅7:47.48)로 바뀌게 된다. 2. 중세시대 성인전인 야코부스 데 보라지네의 '황금전설'에 따르면 막달라 마리아는 매춘부이었으나 죄를 회개하였다고 하는데 그래서 창녀 등을 지칭하는 죄의 여자라고 불렀다는 것이다. 3. 오래 전 막달라 마리아가 매춘부라고 한 설교집에 소개되었다. 최근 가톨릭 교회는 1961년 막달라 마리아가 잘못 소개되었다고 공식 인정을 하고 1988년 막달라 마리아를 '사도 중의 사도'로 격상시켰으며 2016년 그녀의 기념일을 축일로 승격시켰다. 이를 계기로 여성 부제연구위원회를 설립하여 가톨릭 내의 여성의 지위 향상을 위한 행보를 보이고 있다.	• 정교회는 부활절 후 제2주일을 회개한 여자의 주일로서 막달라 마리아를 기념하고 있다. 가톨릭의 막달라 마리아의 축일은 7월 22일이다.
막달라 마리아 복음서	1. 막달라 마리아 복음서 또는 마리아 복음서라고 하는데 파피루스에 기록된 영지주의 문서이다. 2. 막달라 마리아와 다른 제자들 간의 갈등이 기록되어 있다. 　베드로가 마리아에게 예수에게서 들은 말이 없냐고 하자 막달라 마리아가 예수께서 자신에게 한 숨겨진 얘기를 꺼낸다. 안드레가 가르침이 다르다고 마리아를 의심하고 베드로는 여자의 말이라고 무시하자 제자 중에 레위가 베드로를 나무라며 예수의 말씀으로 복음을 전하자고 한다. 3. 빌립복음서에는 세 명의 마리아로 예수의 어머니, 예수의 동생, 막달라 마리아를 말하고 있고 예수와 특별히 가까운 사이였다고 언급하고 있다. 그러나 신약에는 더 많은 마리아가 언급되고 있다. 4. 도마복음서의 맨 마지막 114절에는 베드로가 여성은 생명을 얻기에 적합하지 않으니 막달라 마리아를 우리에게서 떠나게 하라고 하자 예수께서 내가 그녀를 이끌어 남성이 되게 할 것이고 생령이 되게 할 것 이라고 한다.	• 마리아 복음서는 1896년 이집트에서 발견되었는데 원본에는 복음서라는 말이 없다. 5C의 콥틱어로 쓰여져 있다.

제33절 ✠ 가룟 유다 예수를 팔다

1. 본문비교

구분		마태 (26:14-16, 20-25)	마가 (14:10-11, 17-21)(14:3-9)	누가 (22:3-6, 21-23)	요한 (13:2, 18, 21-30)
예수를 팔다		26:14 그 때에 열둘 중의 하나인 가룟 유다라 하는 자가 대제사장들에게 가서 말하되 :15-16 내가 예수를 너희에게 넘겨주리니 얼마나 주려느냐 하니 그들이 은 삼십을 달아 주거늘 그가 그 때부터 예수를 넘겨 줄 기회를 찾더라	14:10 열둘 중의 하나인 가룟 유다가 예수를 넘겨주려고 대제사장들에게 가매 :11 그들이 듣고 기뻐하여 돈을 주기로 약속하니 유다가 예수를 어떻게 넘겨 줄까 하고 그 기회를 찾더라	22:3-4 열둘 중의 하나인 가룟인이라 부르는 유다에게 사탄이 들어가니 이에 유다가 대제사장들과 성전 경비대장들에게 가서 예수를 넘겨 줄 방도를 의논하매 :5-6 그들이 기뻐하여 돈을 주기로 언약하는지라 유다가 허락하고 예수를 무리가 없을 때에 넘겨 줄 기회를 찾더라	13:2 마귀가 벌써 시몬의 아들 가룟 유다의 마음에 예수를 팔려는 생각을 넣었더라
마지막 만찬		마지막 만찬(:17-19)	마지막 만찬(:12-16)	마지막 만찬(:7-20)	제자들의 발을 씻기심(:3-17)
배 반 을 아 는 예 수	성경을 응하게				13:18 내가 너희 모두를 가리켜 말하는 것이 아니니라 나는 내가 택한 자들이 누구인지 앎이라 그러나 내 떡을 먹는 자가 내게 발꿈치를 들었다 한 성경을 응하게 하려는 것이니라
	제자들	26:20 저물 때에 예수께서 열두 제자와 함께 앉으셨더니	14:17 저물매 그 열둘을 데리시고 가서		
	나를 팔리라	:21 그들이 먹을 때에 이르시되 내가 진실로 너희에게 이르노니 너희 중의 한 사람이 나를 팔리라 하시니	:18 다 앉아 먹을 때에 예수께서 이르시되 내가 진실로 너희에게 이르노니 너희 중의 한 사람 곧 나와 함께 먹는 자가 나를 팔리라 하신대		13:21 예수께서 이 말씀을 하시고 심령이 괴로워 증언하여 이르시되 내가 진실로 진실로 너희에게 이르노니 너희 중 하나가 나를 팔리라 하시니
배 반 자 를 지 적 하 는	아니지요	:22 그들이 몹시 근심하여 각각 여짜오되 주여 나는 아니지요	:19 그들이 근심하며 하나씩 하나씩 나는 아니지요 하고 말하기 시작하니		:22 제자들이 서로 보며 누구에게 대하여 말씀하시는지 의심하더라
	주여 누구니이까				:23-25 예수의 제자 중 하나 곧 그가 사랑하시는 자가 예수의 품에 의

예수					지하여 누웠는지라 시몬 베드로가 머릿짓을 하여 말하되 말씀하신 자가 누구인지 말하라 하니 그가 예수의 가슴에 그대로 의지하여 말하되 주여 누구니이까
	손을 넣는 자	:23 대답하여 이르시되 나와 함께 그릇에 손을 넣는 그가 나를 팔리라	:20 그들에게 이르시되 열둘 중의 하나 곧 나와 함께 그릇에 손을 넣는 자니라	22:21 그러나 보라 나를 파는 자의 손이 나와 함께 상 위에 있도다	
예수와 제자들 및 유다	예수	:24상 인자는 자기에 대하여 기록된 대로 가거니와	:21상 인자는 자기에 대하여 기록된 대로 가거니와	:22상 인자는 이미 작정된 대로 가거니와	:27 조각을 받은 후 곧 사탄이 그 속에 들어간지라 이에 예수께서 유다에게 이르시되 네가 하는 일을 속히 하라 하시니
		:24하 인자를 파는 그 사람에게는 화가 있으리로다 그 사람은 차라리 태어나지 아니하였더라면 제게 좋을 뻔하였느니라	:21하 인자를 파는 그 사람에게는 화가 있으리로다 그 사람은 차라리 나지 아니하였더라면 자기에게 좋을 뻔하였느니라 하시니라	22:하 그를 파는 그 사람에게는 화가 있으리로다 하시니	
	제자들			:23 그들이 서로 묻되 우리 중에서 이 일을 행할 자가 누구일까 하더라	:28-29 이 말씀을 무슨 뜻으로 하셨는지 그 앉은 자 중에 아는 자가 없고 어떤 이들은 유다가 돈궤를 맡았으므로 명절에 우리가 쓸 물건을 사라 하시는지 혹은 가난한 자들에게 무엇을 주라 하시는 줄로 생각하더라
	유다	:25 예수를 파는 유다가 대답하여 이르되 랍비여 나는 아니지요 대답하시되 네가 말하였도다 하시니라			:30 유다가 그 조각을 받고 곧 나가니 밤이러라

2. 본문의 차이

구분		마태	마가	누가	요한
기사의 위치		• 향유 도유(26:6-13)후 • 마지막 만찬기사 전 유다는 예수를 팔고 예수께서는 마지막 만찬 때에 이 사실을 말씀한다. • 계속해서 떡과 잔에 관한 기사가 나온다(26:26-29). • 이어서 베드로의 부인을 예언한다(26:30-35). • 유다의 배반 기사는 마지막 만찬 기사의 앞과 가운데에 있다.	• 향유 도유(14:3-9)후 • 마지막 만찬기사 전 유다는 예수를 팔고 예수께서는 마지막 만찬 때에 이 사실을 말씀한다. • 계속해서 떡과 잔에 관한 기사가 나온다(14:22-25). • 이어서 베드로의 부인을 예언한다(14:26-31). • 유다의 배반 기사는 마지막 만찬 기사의 앞과 가운데에 있다.	• 향유 도유와 관계없다. • 예수를 죽이려는 모의(22:1-2) 다음에 유다는 예수를 팔고(22:3-6), 예수께서는 마지막 만찬 때에 이 사실을 말씀하다. • 마지막 만찬에서 떡과 잔에 대해 말씀을 이미 다 하였다. • 제자들이 누가 가장 크냐고 다툼이 일어나다(22:24-30). • 그리고 나서 베드로의 부인을 예언한다(22:31-34).	• 향유 도유와 직접 관련이 없다. 그러나 가룟 유다는 불만이었다(12:4-6). • 제자의 배반을 발을 씻기는 도중에도 두 번 언급(13:2,18)하고 예수께서 제자들의 발을 씻긴 후(13:3-17)에도 한다. • 발을 씻긴 후에는 새 계명을 주고 이어서 베드로의 부인을 예언하다(13:36-38).
유다의 배반	거래 상대	• 대제사장들에게 가다	• 예수를 넘겨주려고 대제사장들에게 가다	• 대제사장들과 성전경비대장들에게 가서 예수를 넘겨줄 방도를 의논하다(22:3-4)	• 거래 상대가 나타나 있지 아니하다. 후에 예수를 잡기 위해 군대와 대제사장들과 바리새인들에게서 얻은 아랫사람들을 데리고 나타난다(18:3).
	거래 내용	• 예수를 넘겨주리니 얼마를 주겠느냐 • 그들이 은 삼십을 달아주다	• 그들이 듣고 기뻐하며 • 돈을 주기로 약속하다	• 그들이 기뻐하여 • 돈을 주기로 언약하다 • 넘겨줄 기회를 찾더라	
	거래 동기	• 얼마를 주려느냐(26:15)		• 유다에게 사탄이 들어가니(22:3)	• 마귀가 가룟 유다의 마음에 예수를 팔려는 생각을 넣었더라(13:2)
	성경을 응하게	• 인자는 자기에 대하여 기록된 대로 가거니와(26:24)	• 인자는 자기에 대하여 기록된 대로 가거니와(14:20)	• 인자는 이미 작정된 대로 가거니와(22:22)	• 내 떡을 먹는 자가 내게 발꿈치를 들었다한 성경을 응하게 하려 함이니라
예수와 제자들	팔리라	• 너희 중 한 사람이 나를 팔리라 (26:21)	• 너희 중 한 사람 곧 나와 함께 먹는 자가 나를 팔리라	(누가에는 없다)	• 너희 중 하나가 나를 팔리라(13:21)
	아니지요	주여 나는 아니지요	나는 아니지요		• 제자들이 서로 보며 의심하더라(13:22) • 주여 누구니이까
	그릇에 손을 넣는 자	• 나와 함께 그릇에 손을 넣는 그가 나를 팔리라(26:23)	• 나와 함께 그릇에 손을 넣는 자니라(14:20)	• 나를 파는 자의 손이 나와 함께 상 위에 있도다(22:21)	• 내가 떡 한 조각을 적셔다 주는 자가 그니라(13:26)

및 유다	화가 있으라	•인자를 파는 그 사람에게는 화가 있으리라 (26:24) •차라리 태어나지 아니하였더라면	•인자를 파는 그 사람에게는 화가 있으리라 (14:21) •차라리 태어나지 아니하였더라면	•나를 파는 그 사람에게 화가 있으리라 (22:22)	•예수께서 주신 떡 한 조각을 받은 후 곧 사탄이 그 속에 들어간지라 (13:27)
	제자들			•서로 묻되 우리 중에서 이 일을 행할 자가 누구일까 하더라 (22:23)	
	예수와 유다	•랍비여 나는 아니지요 •네가 말하였도다 (26:25)			•네가 하는 일을 속히 하라(13:27) •유다가 조각을 받고 곧 나가니 밤이러라 (13:30)

3. 본문이해

구분	내용	비고
예수를 판 자	1. 예수의 열두 제자 중의 하나로 예수를 판 자이다. 2. 예수의 제자 중에는 야고보의 아들 유다가 있어서 예수를 파는 자인 가룟 유다(눅6:16)와 구분하고 있다. 유다는 여호와를 찬양하다라는 뜻이다. 3. 예수의 열두 제자를 소개할 때 가룟 유다는 예수를 파는 자라고 소개하고 있다. 마태는 가룟 유다 곧 예수를 판 자(10:4)라고 하고, 마가 역시 예수를 판 자(3:19)라고 하며, 누가는 예수를 파는 자 될 가룟 유다(6:16)라고 언급하고 있다. 4. 요한복음은 가룟 시몬의 아들 유다라고 하면서 그를 마귀(6:70)라고 하고 또한 열둘 중의 하나로 예수를 팔 자(6:71)라고 한다. 요한복음은 예수와 향유 이야기에서 '그는 도둑'이라(12:6)고 하고 유다의 배반 기사에서 다시 또 가룟 시몬의 아들 유다(13:26)라고 한다.	•가룟 유다를 가톨릭에서는 이스카리옷 유다라고 한다. 가룟 유다는 카리옷 사람 유다인데 구한말식 음역이 가룟이다. 카리옷은 남 유다 헤브론 지역으로 추정된다.
예수를 판 이유 ① 허비한 향유 때문에	1. 예수와 향유 이야기에서 향유를 허비하였다고 분개(마26:8)하는 이들이 있고 화(막14:4)를 내는 이들도 있다. 마태에서 분개하는 이들이 제자들이라고 하였는데 그 제자들 중 하나가 가룟 유다일 수 있다. 2. 요한복음에는 구체적으로 예수를 잡아 줄 가룟 유다(12:4)가 향유 허비에 대해 불만을 표시하였다고 한다. 가룟 유다가 돈 궤를 맡은 자(12:6, 13:29)이기는 하지만 가난한 자를 생각함이 아니요 돈을 훔쳐가기 위함(12:6)이라고 한다. 3. 예수와 향유 사건으로 제자 중에는 예수의 대응에 대해 실망한 자들이 있었고(마태) 예수 일행의 살림을 맡고 있던 가룟 유다는 직접적으로 불만을 말하였다는 것이다(요한).	•유다는 흔한 이름으로 유다지파도 있고 신약의 유다서를 썼다고 하는 유다도 있다.
② 돈 때문에	1. 마태는 가룟 유다가 대제사장들에게 가서 예수를 넘겨주리니 얼마나 주려느냐(26:15)고 말했다고 한다. 마가와 누가는 예수를 넘겨주겠다는 가룟 유다의 말을 그들이 듣고 기뻐하며 돈을 주기로 약속(마가) 또는 언약(누가)하였다고 한다. 2. 마태에만이 그들이 은 삼십을 달아 주었다고 한다(24:15). 마가와 누가에는 금액이 언급되어 있지 않고 돈을 받았다는 이야기도 없다. 요한복음은 가룟 유다를 도둑이라고 하고 돈궤에서 돈을 훔쳐간다(12:6)고 하며 돈에 환장한 사람으로 표현하였다. 이처럼 가룟 유다의 배반과 돈이 관련되어 있다는	슥11:12-14 내가 그들에게 이르되 너희가 좋게 여기거든 내 품삯을 내게 주고 그렇지 아니하거든 그만두라 그들이 곧 은 삼십 개를 달아서 내 품삯을 삼은지라 여호와께서

	것도 사실일 것이다. 아마도 나중에 기록된 요한복음은 이미 마태복음에서 가룟 유다와 돈의 액수를 언급하였기 때문에 이를 생략하였을 수도 있다. 3. 마태의 은 삼십은 스가랴와 관련하여 구약 예언의 성취로 볼 수 있다. 스가랴 11장에는 선한 목자로 오실 메시아의 사역과 이러한 메시아를 이스라엘 백성들이 배척하며 그 수고로 은 삼십을 쳐준다. 이어서 그는 은 삼십 개를 여호와 전에 던지고 연합이라는 둘째 막대기를 꺾는다. '의리를 끊으려 함'(슥 11:14)이라는 상징이라고 한다.	내게 이르시되 그들이 나를 헤아린 바 그 삯을 토기장이에게 던지라 하시기로 내가 곧 그 은 삼십 개를 여호와의 전에서 토기장이에게 던지고 내가 또 연합이라 하는 둘째 막대기를 꺾었으니 이는 유다와 이스라엘 형제의 의리를 끊으려 함이었느니라
③마귀 때문에	1. 누가와 요한복음은 가룟 유다가 예수를 판 이유가 사탄(누가), 마귀(요한복음)때문이라고 한다. 2. 누가에는 예수 시험 이후 '얼마 동안 떠나'(4:13)있던 마귀가 사탄으로 유다에게 들어갔다(22:3)고 한다. 3. 요한복음은 가룟 유다의 배신과 마귀의 역사를 중요시하고 있다. 발을 씻기는 기사의 앞에 '마귀가 벌써 가룟 유다의 마음에 예수를 팔려는 생각을 넣었다'(13:2)고 한다. 또한 예수께서 제자들의 발을 씻긴 후 너희 중 하나가 나를 팔리라(13:21)고 한다. 그리고 내가 떡 한 조각을 적셔다 주는 자가 그 니라 하며 한 조각을 적셔서 가룟 시몬의 아들 유다에게 주니 조각을 받은 후 곧 사탄이 그 속에 들어갔다(13:25-27)고도 한다.	
④예언의 성취인가	1. 마태는 은 삼십을 언급하면서 유다의 배반이 예언과 관련이 있다고 보았다. 2. 마태, 마가, 누가에서 예수께서는 배반자를 비난하기에 앞서 '인자는 자기에 대하여 기록된 대로 가거니와'(마26:24, 막14:21)라고 하고 또한 '인자는 이미 작정된 대로 가거니와'(눅22:22)라고 한다, 기록된 대로 작정된 대로 수난을 받는다는 것이다. 그러나 그 기록이 어디인지는 명시적으로 밝히지 아니하였다. 인자의 죽음에는 신적 필연성이 있다는 것이고 예수께서 그것을 받아들인다는 뜻이다. 마찬가지로 제자의 반역도 받아들이겠다는 것이다. 3. 요한복음에는 발을 씻긴 후 '성경에 응하게 하려 함이라'(13:18)하시며 그 내용이 '내 떡을 먹는 자가 내게 발꿈치를 들었다' 즉 가까운 사람이 나를 배반한다는 기록이 성취되게 하기 위해서라고 한다. 시편41:9의 인용이다. 4. 구약의 예언은 이스라엘의 구원을 위해 메시아가 오시어 수난을 받는다는 것이다. 그러나 예언에 가룟 유다를 직접 언급한 것은 없다. 수난의 과정으로 배반을 언급하고 있는 것이다.	출11:32 소가 만일 남종이나 여종을 받으면 소 임자가 은 삼십 세겔을 그의 상전에게 줄 것이요 소는 돌로 쳐서 죽일지니라 시41:9 내가 신뢰하여 내 떡을 나눠 먹던 나의 가까운 친구도 나를 대적하여 그의 발꿈치를 들었나이다
예수의 파는 자 지적 ①너희 중 한 사람이 나를 팔리라 (마태,마가, 누가)	1. 마태, 마가, 요한복음에서의 예수께서 너희 중에 한 사람이 나를 팔리라고 한다(마26:21, 막14:18, 요13:21). 2. 마태, 마가에 제자들이 '나는 아니지요'라고 하자 예수께서는 '나와 함께 그릇에 손을 넣는 그가 나를 팔리라'(마26:22-23, 막14:19-20)하고 누가는 나를 파는 자의 손이 나와 함께 상 위에 있다(22:21)고 한다. 3. 마태, 마가, 누가 모두 예수께서 가룟 유다가 배반자라고 꼭 집어서 말씀한 것이라고 보기는 어렵다. 함께 식사한다는 것은 함께 그릇에 손을 넣은 것이고 함께 식탁에 손을 올려놓고 있는 것이기 때문이다. 4. 마태에서는 유다가 '랍비여 나는 아니지요'라고 말한다. 마태에서 제자들은 예수께 주님이라고 부르는데 유다만이 예수를 랍비라고 하였다는 것이다. 이 호칭에서 유다의 마음이 예수에게서 멀어져 있음을 알 수 있다. 5. 예수께서 유다에게 직접 대답하기를 네가 말하였다고 한다. 네가 말하였다는 쉬 에이파스로서 긍정의 의미이다. 마태에서의 예수께서는 네가 나를 판다고 긍정적으로 말하였다고 볼 수 있다. 그러나 가룟 유다에 대한 예수의 대답을 듣고 가룟 유다가 예수를 파는 자라고 알게 된 제자들은 보이지를 않는	• 단테의 신곡에는 가룟 유다가 지옥 밑바닥에 놓여있는데 거기는 아주 추운 곳이다. 그는 흥분하여 죄를 지은 "뜨거운 죄인"이 아니라 냉정한 이성으로 반역한 '차가운 죄인'이라서라고 한다.

	다. 가룟 유다 역시 떡 한 조각을 받은 것이 자신을 배반자로 지적하는 것이라고는 생각하지 못했을 것이다.	
② 떡 한 조각을 적셔다 주는 자가 그니라 (요한복음)	1. 요한복음에는 예수가 사랑하는 제자가 베드로의 눈짓을 받고 예수께 주여 누구이니까라고 묻자 예수께서 내가 떡 한 조각을 적셔다 주는 자 그니라 (13:26)고 하고 떡 한 조각을 적셔서 가룟 시몬의 아들 유다에게 준다. 아마도 식탁의 거리상 유다는 이런 대화를 듣지 못했을 것이다. 2. 요한복음에서도 예수께서 말씀하고 직접 지적해 주었지만 가룟 유다가 배반자라고 생각하는 제자들은 없었다. 비록 이런 대화를 들었다 하여도 예수께서 모두에게 떡 한 조각씩을 적셔주었기 때문일 수도 있다. 룻기에는 떡 조각을 찍어 주는 장면이 있는데 아마도 식사의 예절이나 우정의 표시이었을 수 있다 (룻2:14). 3. 이어서 '네가 하는 일을 속히 하라'고 예수께서 가룟 유다에게 한 말씀은 모두 들은 것 같은데 '무슨 뜻으로 하셨는지 아는 자는 없었다'고 한다 (요 13:28). 4. 예수께서 구체적으로 배반자를 지적하지 않았을 수도 있고 마태나 요한복음처럼 지적해 주었는데도 알아듣지 못하였을 수도 있다. 왜 그랬을까? 예수께서 체포될 때에 제자들은 도망가고 베드로는 예수를 부인하였으며 예수께서 돌아가신 후에는 모두 숨어 있었다. 예수의 수난과 관련하여 볼 때 유다가 아니어도 제2, 제3의 배반자가 나올 수 있었던 것은 아닐까?	룻2:14 식사할 때에 보아스가 룻에게 이르되 이리로 와서 떡을 먹으며 네 떡 조각을 초에 찍으라 하므로 룻이 곡식 베는 자 곁에 앉으니 그가 볶은 곡식을 주매 룻이 배불리 먹고 남았더라
③ 화가 있으리로다 (마태, 마가, 누가)	1. 마태, 마가, 누가에는 배반자를 가리켜 화가 있으리라고 한다. 마태, 마가는 계속해서 그 사람은 차라리 태어나지 아니하였더라면 자기에게 좋을 뻔하였느니라고 한다. 뒷부분 '차라리' 운운은 속담에 속하는 말(클레스테르만)이라는 주장이 있다. 2. 예수께서 가룟 유다에게 저주를 퍼부은 것으로 보기는 어렵다. 바로 그 앞에 '인자는 자기에 대하여 기록된 대로 가거니와'라고 말씀하였기 때문이다. 3. 예수의 구속사적인 수난은 하나님의 계획이다. 하나님의 계획은 누구도 막을 수는 없다. 하나님은 아담과 하와가 선악과를 따먹는 것을 미리 막지 아니하였다. '차라리' 운운은 예수의 탄식이었을 것이다. 4. 예수께서 진정으로 가룟 유다를 증오하였다면 그의 배반을 중지시켰을 것이다. 예수께서는 돈 때문에 그리고 마귀 사탄으로 인한 그의 행동에 깊이 동정하였던 것 같다. 인간의 배반까지도 가엾게 여기는 예수이기에 인류구원 사역을 한 것이다.	
제자들의 태도 ① 무척 소극적이다 '나는 아니지요'	1. 마태, 마가에서 예수께서는 '너희 중에 한 사람이 나를 팔리라'고 하니 그들이 근심하며 각각 말하기를 '나는 아니지요'라고 말했다고 한다. 2. 예수 제자들의 태도는 무척 소극적이었다. 보통 사람들의 경우에는 대체로 '그가 누구입니까'라고 즉시 예수께 다시 여쭈어보는 것이 상식이다. 더욱이 베드로같이 솔직하고 대담한 제자라면 예수 본인이 직접 나서서 '누구인데 그러십니까'라고 했어야 한다. 3. 왜 그들은 '각각 주여 나는 아니지요'(마26:22)라고 했을까? 왜 자기 보호적인 소극적 대답을 하였을까? 나는 아니지요라는 대답에는 다른 누구는 그럴 수 있겠으나 나는 아닙니다라는 의미가 포함되어 있는 것이다. 한 마디로 다른 제자들 역시 가룟 유다처럼 예수께 실망하고 있었는지도 모른다. 왜 실망하였을까? 4. 요한복음에는 이 말씀을 듣고 '제자들이 서로 보며 누구에게 대하여 말씀하시는지 의심하더라'(13:22)고 한다. 그리고 베드로가 예수께서 사랑하시는 제자에게 머릿짓을 하여 '주여 누구니이까'라고 여쭙게 한다.	• 탈무드 중 유대인이 가장 즐겨 읽는 문헌의 하나가 피르케이 아보트인데 탈무드를 6부로 나누었을 때 4부 중 아홉 번째 책이다. 피르케이 아보트는 '선조의 교훈'이라는 뜻인데 그 중 3:19에는 모든 것은 다 미리 정해졌으나 그와 동시에 자유의지도 주어졌다고 한다.

② 제자들이 예수에게 실망하였는가	예수에게 실망한 이유에 대해 몇 가지 상상해볼 수 있겠다. 1. 예수께서 오병이어의 기적을 일으키셨을 때 유대인들이 억지로 그들의 왕으로 삼으려고 하자 혼자 산으로 피하는 것(요6:14-15)을 보고 2. 예수께서 유대인들이 죽이려 하니까 유대로 가지 못하고(요7:1), 그들이 돌로 치려 하니까 숨어서 성전에서 나가고(요8:59) 3. 예수께서 세리와 죄인들과 잡수시기도 하고(막2:15), 그들과 어울리는 것을 보고(눅15:1) 4. 예수의 예루살렘 입성이 초라했다고 생각하거나 열심당원인 시몬 같은 제자는 예수께서 성전정화를 할 때에 실제로 예수께서 대제사장들과 대결하거나 실제로 성전을 헐기 바랐는데 그렇지 못해서 5. 세리 출신인 마태는 가룟 유다보다 더 셈에 밝았을 터인데도 예수께서 돈궤를 가룟 유다에게 맡겨서 6. 삼백 데나리온이나 하는 향유 도유 때 예수께서 평소 주장과 달리 자기를 위해 사용한데 대해 자기변명을 하였다고 보고 7. 마가에서 제자들은 매번 알아듣지 못한다고 꾸지람을 들어서 등등 예상할 수 없는 수많은 이유로 제자들은 예수께 실망하고 '나는 아니지요'라고만 말하고 있는 것은 아닐까?	• 팔다(마26:21, 막14:18, 눅22:21) : 파라디노미는 넘겨주다, 내어주다, 배반하다의 의미로 예수의 죽음과 관련하여 사용된다.
③ 이 일을 행할 자가 누구인가	1. 누가는 제자들이 '서로 묻되 우리 중에서 이 일을 행할 자가 누구일까'(22:23)라고 하였다고 한다. 예수의 진정한 제자들이었다면 '우리 중에는 그런 일을 할 자가 없을 터인데'라고 대답하여야 정상이다. 이 일을 행할 자가 누구일까라는 대답은 나는 아니지만 다른 누구는 그럴 수도 있을 것이라는 의미가 포함되어 있다 하겠다. 그들 스스로 제자들 중에 배반자가 있을 수도 있다는 태도를 보여서는 안 되는 데도 말이다. 2. 예수의 제자들은 예수께서 절체절명의 위기에 처하였는데도 위기를 극복하려고 하는 적극적인 태도를 보이고 있지 못하다. 예수를 파는 자를 색출하고 예수를 잡으려는 시도를 중단하게 하려는 총체적인 대응을 하지 못하고 있다. 물론 예수께서는 하나님의 계획에 따라 수난을 당하시기는 하겠지만.	행1:16 형제들아 성령이 다윗의 입을 통하여 예수 잡는 자들의 길잡이가 된 유다를 가리켜 미리 말씀하신 성경이 응하였으니 마땅하도다

4. 심층연구: 가룟 유다

4.1 가룟 유다론

구분	내용	비고
공범 가룟 유다	1. 유월절이 다가오자 대제사장들과 서기관들, 그리고 백성의 장로들이 예수를 흉계로 잡아 죽이려고 의논한다(마26:1-5, 막14:1-2, 눅22:1-2, 요11:47,53). 그러나 그들은 명절에 민란이 날까 하여 명절에는 하지 말자고 한다. 그런데 가룟 유다가 예수를 넘기겠다고 그들을 찾아간다. 가룟 유다의 적극적인 협조 덕분에 그들은 예수를 잡게 된다. 명절을 피하려 하였으나 결국 유월절에 예수를 처형하게 된다. 2. 마가, 누가에는 가룟 유다가 그들에게 예수를 넘기겠다고 하였을 때 그들은 듣고 기뻐하였고 돈을 주겠다고도 한다. 마태는 가룟 유다가 '얼마나 주려느냐' 하자 은 삼십을 달아 주었다고 한다. 그러나 마가와 누가에는 가룟 유다가 돈을 받았다는 기록이 없다. 돈을 주기로 약속(마가) 하고 언약(누가)한 것뿐이다. 그 후 가룟 유다는 예수를 넘겨줄 기회를 찾았다고 마태, 마가, 누가는 말한다. 마가는 가룟 유다가 '어떻게 넘겨줄까' 하였고 누가는 '무리가 없을 때에' 즉 예수 혼자 있을 때에 넘겨주려 하였다고 한다. 예수를 죽이려는 가룟 유다는 유대 지도자들의 음모에 적극 가담한 자이다.	• 성경에는 스스로 목매달아 죽은 사람이 둘이 있는데 하나는 가룟 유다이고 다른 하나는 다윗의 모사(대상27:33)이었던 아히도벨이다. 아히도벨은 다윗을 배반하고 압살롬의 배반에 가담(삼하15:31)하지만 압살롬은 그의 계략을 무시한다. 그래서 그는 자기 고향에 가서 자살한다(삼하17:23).

	3. 가룟 유다는 유대 지도자들이 예수를 잡게 하는 데에 자발적 협조자이었다. 베드로는 '가룟 유다는 예수 잡는 자들의 길잡이'이었다고 말한다(행1:16). 또한 베드로는 '예수를 죽인 것은 유대인'이라고 분명히 말한다(행3:14-15). 즉 예수를 죽이기로 모의한 유대인이 주범이고 가룟 유다는 공범이라는 것이다. 4. 가룟 유다의 배반으로 예수는 하나님의 어린 양(요1:29)이요 유월절에 희생된 유월절 양(고전5:7)이 된다. 즉 구속사적인 그리스도의 고난이 유월절에 있게 된 것이다. 유월절 날 국내외에서 온 유대인들과 외국인들에게 예수가 유대인의 왕이요 하나님의 아들임이 드러나게 된다.	
가룟 유다 동정론에 대하여	1. 김기현 목사 저 가룟 유다 딜레마: 가룟 유다의 행동은 예정되어 있었던 것인가라는 의문에 대해 아니다라고 한다. 가룟 유다 자신의 결단과 선택이었다는 것이다. 가룟 유다 없이도 그리스도의 대속은 하나님의 섭리로 이루어지게 되어 있다고 주장한다. 2. 유다 복음서의 주장: 유다의 배반은 예수의 요청에 따른 것이라고 하며 유다는 예수가 육을 벗고 죽을 수 있도록 도운 가장 훌륭한 제자라고 한다. 한마디로 가룟 유다는 예수의 배반자가 아니라 예수의 구속 사역을 도운 공로자라는 것이다. 예수께서 유다가 칼과 몽치를 든 무리와 함께 예수를 잡으러 왔을 때에도 그에게 친구여라고 부르지만(마26:50). 그때 유다는 예수를 잡으려는 무리에 앞장서 왔다(눅22:47). 그런 가룟 유다가 예수의 요청에 의해 배반하였다고 할 수 있는가? 어불성설이다. 그는 예수 체포 시 행동대장이고 주모자이었음을 복음서들은 증언하고 있다. 3. 유다의 뉘우침(마27:3): 마태에는 예수를 판 유다가 스스로 뉘우쳤다고 하는데 여기서 뉘우치다, 메타멜로마이는 후회하다는 뜻이다. 그는 은 삼십을 대제사장들과 장로들에게 도로 갖다 주며 내가 무죄한 피를 팔고 죄를 범하였다고 한다. 그들은 그것이 우리에게 무슨 상관이냐 네가 당하라고 한다. 유다가 죗값을 받으라는 것이다. 유다의 뉘우침이 회개인가? 아니다. 회개는 하나님을 향하여 자기 죄를 자백하는 것이기 때문에 다른 것이다. 자기 스스로 양심의 가책을 느껴 뉘우치는 것은 후회일 뿐이지 회개라고 할 수는 없다. 가룟 유다가 뉘우쳤다고 해서 그를 동정할 수는 없다. 4. 가룟 유다를 동정하는 도루스와 르낭 그리고 이단인 케루소스는 다음과 같이 말하고 있다. - 도루스: 예수가 제자의 반역을 중지시키지 못하였다면 그것은 예수의 무능을 드러내는 것이다. - 르낭: 회개 담당자로서 돈의 가치를 아는 가룟 유다가 은 30에 예수를 팔았다고 볼 수 없다. - 이단 케루소스: 신의 아들인 예수가 어떻게 자신의 제자에 의해 죽을 수 있겠는가.	• 유다 복음서: 파피루스에 기록된 영지주의 문서로서 4세기 콥트어로 쓰여 진 것이다. 1976년 발견되어 2006년 네셔날 지오그라픽에 의해 복원되어 공개되었다. 이 문서는 예수와 가룟 유다의 대화로 시작되는데 가룟 유다가 다른 사도들보다 우위에 있다고 기술하고 있다.
보통 사람 가룟 유다	1. 가룟 유다는 인간의 보편적인 속성을 지닌 인간이기에 동정한다는 것이다. 가치 있는 물건의 사용에 대한 더 큰 목적을 모르는 사람이다. 예수의 향유 도유 때문에 불평하는 것을 보면 물건 값은 잘 알지만 그 물건이 가치 있게 사용되는 것에는 무지하다. 2. 영적으로 무방비한 사람이다. 누가는 유다에게 사탄이 들어갔다고 한다. 요한복음은 마귀가 그의 마음에 예수를 팔라는 생각을 넣었고 예수께로부터 떡 한 조각을 받은 후 곧 사탄이 그 속에 들어갔다고 한다. 그가 사탄 마귀가 된 것이다. 요한복음은 처음부터 유다를 마귀(6:70)라고 부른다. 그는 영적 경성(히13:17)함이 없는 사람이다. 3. 한솥밥을 먹은 자로서 배반을 한 사람이다. 함께 그릇에 손을 넣고 함께 상위에 손이 있었으나 스승을 대적하여 발꿈치를 든 자이다. 세상에 흔한 배반자라고 하겠다.	요일1:9 만일 우리가 우리 죄를 자백하면 그는 미쁘시고 의로우사 우리 죄를 사하시며 우리를 모든 불의에서 깨끗하게 하실 것이요

4.2 가룟 유다의 죄

구분	내용	비고
사람의 일을 우선한 죄	1. 예수께서 첫 번째 수난예고에서 베드로가 예수를 붙들고 항변하는데 예수께서 사탄아 내 뒤로 물러가라 너는 나를 넘어지게 하는 자로다(마16:23) 하나님의 일을 생각하지 아니하고 사람의 일을 생각하는도다(막8:33)라고 한다. 2. 예수의 향유 도유에 대해 요한복음에서의 가룟 유다는 삼백 데나리온이 나가는 이 향유를 팔아 가난한 자들에게 주지 아니하였느냐고 말한다. 이에 예수께서는 가난한 자들은 항상 너희와 함께 있거니와 나는 너희와 항상 있지 아니한다고 하다. 3. 예수의 향유 도유는 사람의 일이 아니라 하나님의 일이다. 하나님께서 예수를 메시아로 인정하는 기름 부음의 사건인 것이다. 그런데 예수께서는 '이 여자가 내 몸에 향유를 부은 것은 내 장례를 위함'(마26:12)이라고 한다. 예수의 장례는 예수의 구속사적인 사건이다. 이 역시 하나님의 섭리에 의한 일 즉 하나님의 일인 것이다. 4. 사람의 일, 가난한 사람을 돌보는 일이 구속 사건보다 우선할 수는 없다. 사람의 일을 우선하게 되면 사탄 마귀가 그 속에 들어가게 되는 것이다. 주는 그리스도시요 살아 계신 하나님의 아들(마16:16)이라고 고백한 베드로에게 예수께서는 사탄아 물러가라고 한다. 하나님의 일을 방해하고 사람의 일을 우선하는 자는 사탄인 것이다. 5. 요한복음에는 무리들이 예수께 우리가 어떻게 하여야 하나님의 일을 하오리까(6:28)라고 여쭙는다. 예수께서는 보내신 이를 믿는 것이 하나님의 일이라고 대답(6:29)한다. 향유 도유와 같이 예수 그리스도에 대한 믿음으로 하는 일이 하나님의 일인 것이다. 가룟 유다는 예수를 믿지 않았다. 6. 예수께서는 믿지 아니하는 자들이 누구며 자기를 팔 자가 누구인지 처음부터 아셨다(6:64)고 하고 너희 중에 한 사람은 마귀(6:70)라고 하였는데 요한복음 기자는 유다를 가리켜 믿지 아니한 자이고 예수를 팔 자(6:71)라고 한다.	눅14:26-27 무릇 내게 오는 자가 자기 부모와 처자와 형제와 자매와 더욱이 자기 목숨까지 미워하지 아니하면 능히 내 제자가 되지 못하고 누구든지 자기 십자가를 지고 나를 따르지 않는 자도 능히 내 제자가 되지 못하리라 요6:64 그러나 너희 중에 믿지 아니하는 자들이 있느니라 하시니 이는 예수께서 믿지 아니하는 자들이 누구며 자기를 팔 자가 누구인지 처음부터 아심이라
자기를 부인하고 예수를 따르지 않은 죄	1. 예수께서 첫 번째 수난예고를 한 후 베드로를 꾸짖고 나서 제자들에게 말씀한다. 자기를 부인하고 자기 십자가를 지고 나를 따를 것이니라(마16:24, 막8:34, 눅9:23)고 하고 또한 '나를 위하여 제 목숨을 잃으면 구원하리라'(눅9:24)라고 한다. 2. 가룟 유다는 예수를 따르지 아니하였고 자기를 부인하지도 아니하였으며 자기 십자가를 지지도 아니하였다. 마태는 '인자가 아버지의 영광으로 그 천사들과 함께 오리니 그 때에 각 사람이 행한 대로 갚으리라'(16:27)고 한다. 3. 자기를 부인하라는 것은 자기의 관심이나 주장, 나아가서 자신의 생존이나 유익을 우선시하지 말라는 것이다. 또한 자신의 인간적인 안전이나 행복, 이익 등에 대한 본능적 요구를 거부하라는 것이다. 자기 십자가를 진다는 것은 사형 선고를 받고 십자가를 지고 골고다로 향하는 예수의 뒤를 따르는 것이다. 예수께서는 '나를 따르라'고 하며 우리 자신의 전 존재를 예수께 맡기라고 한다. 4. 가룟 유다는 예수께서 자기가 원하는 대로 행동하기를 기대하였던 것이다. 자기의 야망이나 기대의 성취를 위해 예수를 따라 다니었던 것일 수 있다. 그는 예수가 자기가 아는 메시아가 아니라는 생각을 가졌을지도 모른다. 자기를 부인하지 못한 가룟 유다는 예수를 믿은 것이 아니라 자기 자신을 믿은 자이었다. 5. 가룟 유다가 제 발로 대제사장들을 찾아간 이유를 우리는 알 수 없지만 자기 나름의 어떤 확신이 없이는 불가능한 행동이다. 그리고 그들에게 예수를	<그리스도를 따르는 자> 벧전2:21 이를 위하여 너희가 부르심을 받았으니 그리스도도 너희를 위하여 고난을 받으사 너희에게 본을 끼쳐 그 자취를 따라오게 하려 하셨느니라 빌2:5 너희 안에 이 마음을 품으라 곧 그리스도 예수의 마음이니

	넘겨주기로 하고 스스로 넘겨 줄 기회를 찾았던 것도 예수를 따르는 제자의 행동으로 볼 수가 없다.	요일2:6 그의 안에 산

넘겨주기로 하고 스스로 넘겨 줄 기회를 찾았던 것도 예수를 따르는 제자의 행동으로 볼 수가 없다.

6. 자기주장이 강하고 현실적 판단에 자부심을 갖고 있으며 자기 행동을 합리화하고 있는 가룟 유다, 그리고 현세적인 목표나 이익을 위해 예수를 따라다닌 가룟 유다는 예수를 배반하지 않을 수 없었던 것이다.

가룟 유다는 예수에게 더 크고 무거운 십자가를 지게 하였다. 사도 바울의 말씀을 인용해 보면 가룟 유다는 '나를 사랑하사 나를 위하여 자기 자신을 버리신 하나님의 아들을 믿는 믿음 안에'(갈 2:20) 거하지 못하였던 자이다.

비고: 요일2:6 그의 안에 산다고 하는 자는 그가 행하시는 대로 자기도 행할지니라

5. 집중탐구: 예수가 사랑하시는 제자

구분	내용	비고
사랑하시는 제자 또 다른 제자	1. 요한복음에만 나오는 예수께서 사랑하시는 제자의 이야기가 유다의 배반 기사에서 처음 등장한다. 그는 예수 옆자리에 앉아 '예수의 품에 누웠다'(13:23)고 한다. 2. 또 다른 제자(18:15)라고 표현된 예수께서 사랑하시는 그 제자는 베드로를 대제사장의 집에 데리고 들어간다. 3. 예수께서 십자가에 달려 있을 때 십자가 곁에 있었으며 예수께로부터 자기 어머니를 돌보아 달라는 부탁을 받는다(19:25-27). 4. '예수께서 사랑하시던 그 다른 제자'는 시몬 베드로와 함께 무덤으로 달음질하여 가서 베드로보다 먼저 도착하였는데 빈 무덤을 보고 '믿었다'고 한다(20:3-8). 5. 디베랴 호숫가에서 '예수께서 사랑하시는 그 제자'가 제일 먼저 예수를 알아보고 베드로에게 주님이시라고 알려준다. 베드로의 순교를 예언한 예수께서 베드로가 '이 사람은 어떻게 되겠습니까'라고 묻자 예수께서는 네 상관이 아니다 너는 나를 따르라고 한다(21:21-22).	요21:24 이 일을 증언하고 이 일들을 기록한 제자가 이 사람이라 우리는 그의 증언이 참된 줄 아노라
요한복음을 기록한 사람	1. 요한복음은 예수의 사역을 증언하고 기록한 사람이 이 제자라고 한다(21:24). 예수께서 사랑하시는 이 제자는 신실한 제자의 모범이라 하겠다. 그러나 어떤 이들은 이 제자는 제자의 모델을 상징하는 허구라고 주장한다. 그리고 이 제자로서 나사로를 지명하는 이들도 있다. 2. 교회의 전승은 세베대의 아들이요 열두 제자의 하나인 사도 요한으로 보고 있다. 또는 초기 교부인 파파아스의 글을 인용하여 유세비우스는 에베소의 장로 요한으로 보기도 한다.	

제34절 🐟 마지막 만찬

1. 본문비교

	구분	마태(26:17-30)	마가(14:12-26)	누가(22:7-24)
	유월절 준비	:17 무교절의 첫날에 제자들이 예수께 나아와서 이르되 유월절 음식 잡수실 것을 우리가 어디서 준비하기를 원하시나이까	:12 무교절의 첫날 곧 유월절 양 잡는 날에 제자들이 예수께 여짜오되 우리가 어디로 가서 선생님께서 유월절 음식을 잡수시게 준비하기를 원하시나이까 하매	:7-9 유월절 양을 잡을 무교절 날이 이른지라 예수께서 베드로와 요한을 보내시며 이르시되 가서 우리를 위하여 유월절을 준비하여 우리로 먹게 하라 여짜오되 어디서 준비하기를 원하시나이까
예수의 준비	성안에 들어가라	:18상 이르시되 성안 아무에게 가서 이르되	:13 예수께서 제자 중의 둘을 보내시며 이르시되 성내로 들어가라 그리하면 물 한 동이를 가지고 가는 사람을 만나리니 그를 따라가서	:10 이르시되 보라 너희가 성내로 들어가면 물 한 동이를 가지고 가는 사람을 만나리니 그가 들어가는 집으로 따라 들어가서
	선생님 말씀	:18하 선생님 말씀이 내 때가 가까이 왔으니 내 제자들과 함께 유월절을 네 집에서 지키겠다 하시더라 하라 하시니	:14 어디든지 그가 들어가는 그 집 주인에게 이르되 선생님의 말씀이 내가 내 제자들과 함께 유월절 음식을 먹을 나의 객실이 어디 있느냐 하시더라 하라	:11 그 집 주인에게 이르되 선생님이 네게 하는 말씀이 내가 내 제자들과 함께 유월절을 먹을 객실이 어디 있느냐 하시더라 하라
	다락방		:15 그리하면 자리를 펴고 준비한 큰 다락방을 보이리니 거기서 우리를 위하여 준비하라 하시니	:12 그리하면 그가 자리를 마련한 큰 다락방을 보이리니 거기서 준비하라 하시니
	준비하다	:19 제자들이 예수께서 시키신 대로 하여 유월절을 준비하였더라	:16 제자들이 나가 성내로 들어가서 예수께서 하시던 말씀대로 만나 유월절 음식을 준비하니라	:13 그들이 나가 그 하신 말씀대로 만나 유월절을 준비하니라
만찬	열두 제자	:20 저물 때에 예수께서 열두 제자와 함께 앉으셨더니	:17 저물매 그 열둘을 데리시고 가서	:14 때가 이르매 예수께서 사도들과 함께 앉으사
	너희 중 한 사람이 나를 팔리라	:21-25 그들이 먹을 때에 이르시되 내가 진실로 너희에게 이르노니 너희 중의 한 사람이 나를 팔리라 하시니 그들이 몹시 근심하여 각각 여짜오되 주여 나는 아니지요 대답하여 이르시되 나와 함께 그릇에 손을 넣는 그가 나를 팔리라 인자는 자기에 대하여 기록된 대로 가거니와 인자를 파는 그 사람에게는 화가 있으리로다 그 사람은 차라리 태어나지 아니하였더라면 제게 좋을 뻔하였느니라 예수를 파는 유다가 대답하여 이르되 랍비여 나는 아니지요 대답하시되 네가 말하였도다 하시니라 (제33절 가룟 유다의 배반)	:18-21 다 앉아 먹을 때에 예수께서 이르시되 내가 진실로 너희에게 이르노니 너희 중의 한 사람 곧 나와 함께 먹는 자가 나를 팔리라 하신대 그들이 근심하며 하나씩 하나씩 나는 아니지요 하고 말하기 시작하니 그들에게 이르시되 열둘 중의 하나 곧 나와 함께 그릇에 손을 넣는 자니라 인자는 자기에 대하여 기록된 대로 가거니와 인자를 파는 그 사람에게는 화가 있으리로다 그 사람은 차라리 나지 아니하였더라면 자기에게 좋을 뻔하였느니라 하시니라 (제33절 가룟 유다의 배반)	

마지막 유월절 선언			:15 이르시되 내가 고난을 받기 전에 너희와 함께 이 유월절 먹기를 원하고 원하였노라 :16 내가 너희에게 이르노니 이 유월절이 하나님의 나라에서 이루기까지 다시 먹지 아니하리라 하시고 :17 이에 잔을 받으사 감사 기도하시고 이르시되 이것을 갖다가 너희끼리 나누라 :18 내가 너희에게 이르노니 내가 이제부터 하나님의 나라가 임할 때까지 포도나무에서 난 것을 다시 마시지 아니하리라 하시고
떡을 떼어	:26 그들이 먹을 때에 예수께서 떡을 가지사 축복하시고 떼어 제자들에게 주시며 이르시되 받아서 먹으라 이것은 내 몸이니라 하시고	:22 그들이 먹을 때에 예수께서 떡을 가지사 축복하시고 떼어 제자들에게 주시며 이르시되 받으라 이것은 내 몸이니라 하시고	:19 또 떡을 가져 감사 기도 하시고 떼어 그들에게 주시며 이르시되 이것은 너희를 위하여 주는 내 몸이라 너희가 이를 행하여 나를 기념하라 하시고
잔을 가지사	:27-28 또 잔을 가지사 감사 기도하시고 그들에게 주시며 이르시되 너희가 다 이것을 마시라 이것은 죄 사함을 얻게 하려고 많은 사람을 위하여 흘리는 바 나의 피 곧 언약의 피니라	:23-24 또 잔을 가지사 감사 기도하시고 그들에게 주시니 다 이를 마시매 이르시되 이것은 많은 사람을 위하여 흘리는 나의 피 곧 언약의 피니라	:20 저녁 먹은 후에 잔도 그와 같이 하여 이르시되 이 잔은 내 피로 세우는 새 언약이니 곧 너희를 위하여 붓는 것이라
하나님 나라 만찬	:29 그러나 너희에게 이르노니 내가 포도나무에서 난 것을 이제부터 내 아버지의 나라에서 새것으로 너희와 함께 마시는 날까지 마시지 아니하리라 하시니라	:25 진실로 너희에게 이르노니 내가 포도나무에서 난 것을 하나님 나라에서 새것으로 마시는 날까지 다시 마시지 아니하리라 하시니라	
보라 나를 파는 자의 손이			:21-23 그러나 보라 나를 파는 자의 손이 나와 함께 상 위에 있도다 인자는 이미 작정된 대로 가거니와 그를 파는 그 사람에게는 화가 있으리로다 하시니 그들이 서로 묻되 우리 중에서 이 일을 행할 자가 누구일까 하더라 (제33절 가룟 유다의 배반)
식사 후	:30 이에 그들이 찬미하고 감람 산으로 나아가니라	:26 이에 그들이 찬미하고 감람 산으로 가니라	:24 또 그들 사이에 그 중 누가 크냐 하는 다툼이 난지라

2. 본문의 차이

구분		마태	마가	누가
구조		유다의 배반이 앞에 있고 예수의 배반 예언이 마지막 만찬 기사의 가운데에 있으며 끝에 하나님 나라 만찬 기사가 있다	유다의 배반이 앞에 있고 예수의 배반 예언이 마지막 만찬 기사의 가운데에 있으며 끝에 하나님 나라 만찬 기사가 있다	유다의 배반이 앞에 있고 예수의 배반 예언이 만찬 기사 끝에 있으며 하나님 나라 만찬 기사는 가운데 있다
때		무교절 첫날	무교절 첫날, 유월절 양을 잡는 날	유월절 양을 잡을 무교절
유월절 준비		제자들 질문이 먼저다 유월절 음식을 어디서 준비할까요?	제자들 질문이 먼저다 유월절 음식을 어디서 준비할까요?	예수의 지시가 먼저다 베드로와 요한에게 유월절을 준비하여 우리로 먹게 하라 어디서 준비할까요?
예수의 지시		1. 성안에 들어가서 2. 내 때가 가까이 왔으니 3. 유월절을 네 집에서 지키겠다 하라	1. 제자들에게 성내로 들어가 물 한 동이를 가지고 가는 사람을 만나서 따라가라 2. 그 집 주인에게 유월절 음식을 먹을 객실이 어디 있느냐고 물으라	1. 성내로 들어가면 물 한 동이를 가지고 가는 사람을 만나리니 따라가라 2. 집 주인에게 유월절을 먹을 객실이 어디 있느냐고 물으라
장소			큰 다락방	큰 다락방
제자들 이행		예수께서 시킨대로 하여 유월절을 준비하다	예수께서 한 말씀대로 만나서 유월절 음식을 준비하다	그 한 말씀대로 만나서 유월절을 준비하다
한 사람이 나를 팔리라		26:21-25(참고 제33절) 예수의 유다 배반예고	14:18-21(참고 제33절) 예수의 유다 배반예고	22:21-23(참고 제33절) 예수의 유다 배반예고 기사가 앞에 있지 않고 식사 끝날 때에 있다.
		그러나 유다의 배반 기사는 유월절 기사 직전인 26:14-16에 나온다	그러나 유다의 배반 기사는 유월절 기사 직전인 14:10-11에 나온다	그러나 유다의 배반 기사는 유월절 기사 직전인 22:3-6에 나온다.
식사	순서	떡, 다음 잔	떡, 다음 잔	잔, 떡 그리고 잔
	잔을 받으사			:17 이에 잔을 받으사 감사 기도하시고 이르시되 이것을 갖다가 너희끼리 나누라
	떡은 내 몸이니라	:26 그들이 먹을 때에 예수께서 떡을 가지사 축복하시고 떼어 제자들에게 주시며 이르시되 받아서 먹으라 이것은 내 몸이니라 하시고	:22 그들이 먹을 때에 예수께서 떡을 가지사 축복하시고 떼어 제자들에게 주시며 이르시되 받으라 이것은 내 몸이니라 하시고	:19 또 떡을 가져 감사기도 하시고 떼어 그들에게 주시며 이르시되 이것은 너희를 위하여 주는 내 몸이라 너희가 이를 행하여 나를 기념하라 하시고
	잔을 가지사 언약의 피니라	:27-28 또 잔을 가지사 감사 기도 하시고 그들에게 주시며 이르시되 너희가 다 이것을 마시라 이것은 죄 사함을 얻게 하려고 많은 사람을 위하여 흘리는 바나나의 피 곧 언약의 피니라	:23-24 또 잔을 가지사 감사 기도 하시고 그들에게 주시니 다 이를 마시매 이르시되 이것은 많은 사람을 위하여 흘리는 나의 피 곧 언약의 피니라	:20 저녁 먹은 후에 잔도 그와 같이 하여 이르시되 이 잔은 내 피로 세우는 새 언약이니 곧 너희를 위하여 붓는 것이라
유월절의 이미지		예수의 때 (26:18 내 때가 가까이 왔으니)	유월절 양과 예수(14:12)	:유월절 양과 예수(22:7) 고난을 받기 전(22:15) 마지막 만찬(22:16)

제자들에게 한 말씀	:29 그러나 너희에게 이르노니 내가 포도나무에서 난 것을 이제부터 내 아버지의 나라에서 새것으로 너희와 함께 마시는 날까지 마시지 아니하리라 하시니라	:25 진실로 너희에게 이르노니 내가 포도나무에서 난 것을 하나님 나라에서 새것으로 마시는 날까지 다시 마시지 아니하리라 하시니라	1. 유월절이 하나님 나라에 이르기까지 다시 먹지 아니하리라 2. 이제부터 하나님의 나라에 임할 때까지 포도나무에서 난 것을 다시 마시지 아니하리라
제자들에게 하는 당부			너희가 이를 행하여 나를 기념하라(:19)
떡과 잔의 의미	죄 사함을 얻게 하려고(:28) 언약의 피니라(:28)	언약의 피니라(:24)	내 피로 세우는 새 언약이니(:20)
축복과 감사 기도	떡을 가지사 축복하시고 잔을 가시사 감사 기도하시고	떡을 가지사 축복하시고 잔을 가지사 감사 기도하시고	잔을 받으사 감사 기도하시고 떡을 가져 감사 기도하시고 저녁 먹은 후에 잔도 그와 같이 하여(:20)
새것으로	아버지의 나라(26:29)	하나님 나라(14:25)	하나님의 나라(22:16,18)
식사 후	감람산으로 가다(26:30)	감람산으로 가다(14:26)	누가 크냐 하고 다투다

3. 본문이해

구분	내용	비고
예수의 준비	1. 마태, 마가는 제자들의 질문으로 시작되고 누가는 예수의 지시에 의해 시작된다. 2. 예수의 지시에 의해 마태는 성내 누구나가 아닌 특정인 아무개에게 간다. 그러나 마가, 누가는 물 한 동이를 가지고 가는 사람을 만나게 된다. 예수께서 이미 연락을 해 두었던 것 같다. 3. 마태에는 제자의 수가 없다. 마가는 예수께서 제자 둘을 보냈다고 하고 누가는 베드로와 요한 둘을 보냈다고 한다. 4. 예수의 지시에 따라 집 주인에게 말한다. 마태는 네 집에서 유월절을 지키겠다고 하고 마가, 누가는 유월절 음식을 먹을 객실이 어디 있느냐고 묻는다.	
예루살렘 입성 준비와 비교해 보면 마21:1-11 막11:1-11 눅 19:28-38	1. 예수께서 주도하다. 예루살렘 입성 준비 때에는 마태, 마가, 누가 모두 제자 중 둘을 보냈다고 한다. 2. 마태, 마가, 누가 모두 마지막 만찬에서는 성내로 들어가라고 하지만 예루살렘 입성 시에는 맞은편 마을로 들어가라고 한다. 3. 마가, 누가는 마지막 만찬에서는 물 한 동이를 가지고 가는 사람을 만나라고 하지만 예루살렘 입성 시에는 마태, 마가, 누가 모두 나귀 새끼를 보게 되는데 풀어 끌고 오라고 한다. 4. 마지막 만찬에서는 집 주인에게 얘기하라고 하지만 예루살렘 입성 시에는 누가 너희에게 무슨 말을 하거든 주가 쓰시겠다 하라고 하다. 5. 요한복음의 예루살렘 입성 기사에는 예수께서 입성을 준비하지 않는다. 예수께서 온다는 소식을 듣고 큰 무리가 맞으러 나간다(요12:12-13).	• 마지막 만찬 기사는 요한복음에 없는 기사이다. 그러나 예루살렘 입성 기사는 있다.
만찬의 순서	1. 마태, 마가는 식사 시작할 때에 너희 중 한 사람이 나를 팔리라고 말씀하지만 누가는 식사 후에 보라 나를 파는 자의 손이 나와 함께 상 위에 있도다 라고 한다. 2. 누가는 식사 시작할 때에 내가 고난을 받기 전(22:15)에 너희와 함께 이 유월절 먹기를 원하고 원했다고 한다.	

	3. 마태, 마가는 떡을 떼고 잔을 드는 순서이다. 누가는 잔을 받고 떡을 떼는데 식사 후에 다시 잔을 든다. 4. 요한복음에는 유월절 전 제자들과의 만찬을 하고 발을 씻기는 기사가 있다.		
요한복음에서의 만찬과 비교해 보면 요13:1-20	1. 요한복음은 유월절 전이라고 하고(13:1) 돌아가실 때가 이른 줄 알고(13:1), 하나님께 돌아가실 것을 알고(13:3) 제자들과 식사한다. 2. 요한복음에는 식사 자체에 대한 기사가 없다. 예루살렘 입성 시와 마찬가지로 예수께서 준비하는 것이 없다. 3. 요한복음에서의 예수께서는 제자들의 발을 씻기는데(13:4-5) 베드로가 항변하여 예수께서는 발 씻음의 의미를 말씀한다. 4. 공관복음에 있는 만찬 전에 유다가 예수를 파는 기사가 요한복음에는 없다. 그러나 요한복음에는 가룟 유다 배반예고 암시가 식사와 발 씻기는 기사 중간(13:2, 13:11, 13:18)에 나온다. 요한복음에서 너희 중 하나가 나를 팔리라는 기사는 발 씻기는 기사의 뒤에서부터 시작(13:18)하여 30절까지 길게 나온다. 5. 요한복음에는 마태, 마가, 누가에 있는 떡을 떼고 잔을 들며 하는 말씀이 없고 또한 하나님 나라의 만찬에 대한 기사도 없다.	• **마26:18** 내 때가 가까이 왔으니 • **눅22:15** 내가 고난을 받기 전 • 마태, 마가에서는 식사를 시작할 때에 누가에서는 식사 후에 가룟 유다 배반예고 기사가 있다.	
떡과 잔의 의미	1. 마태, 마가, 누가 모두 떡을 떼사 이것은 내 몸이라고 한다. 2. 잔을 드신 것에 대해 마태는 죄 사함을 얻게 하려는 언약의 피라고 하고 마가는 많은 사람을 위하여 흘리는 나의 피, 언약의 피라고 하며 누가는 내 피로 세우는 새 언약이라고 한다. 3. 마태에서는 죄 사함이 강조된다. 성만찬의 의미가 된다. 마가에서는 많은 사람을 위하여 흘리는 언약의 피가 중요하다. 누가에서의 새 언약은 예수의 죽음에 종말론적 희망을 드러내며 새로운 시대를 예견하게 한다. 4. 공관복음에서의 유월절 만찬에 언급된 동사들 즉 (떡을)가지사, 축복하시고, 떼어, (제자들에게) 주다의 네 가지가 성만찬의 중요한 요소가 된다. 5. 마태, 마가와는 달리 누가만이 고전11:24와 같게 '이를 행하여 나를 기념하라'(눅22:19)고 하고 또한 고전11:25와 같게 '내 피로 세운 새 언약' 이라고 한다. 성만찬 의식의 당위성이 언급되고 있다하겠다. 6. 누가에는 예수께서 떡에 대한 말씀을 한 후 잔에 대한 말씀이 나온다. 유월절 식사에 대한 묘사와 성만찬에 대한 묘사로 보고 있다.	• 성찬 예식의 기원이 되다. • 새 언약에서 신약이라는 용어가 나오다.	
마지막 만찬, 하나님 나라 만찬	1. 누가에서는 '하나님의 나라에 이르기까지 이 유월절을 다시 먹지 아니하리라'(22:16)고 하고 또한 '하나님의 나라에 임할 때까지 포도나무에서 난 것을 다시 마시지 아니하리라'(22:18)고도 한다. 그러므로 이 유월절 만찬은 예수와 제자들에게 마지막 만찬이다. 우리에게는 이제 하나님 나라 만찬이 있을 뿐이다. 2. 마태에서의 예수께서는 '내 아버지의 나라에서'라고 하고 마가에서의 예수께서는 '하나님의 나라에서' 새것으로 너희와 함께 마시게 될 것을 말씀한다(막14:25). 3. 마지막 만찬은 실제로 예수께서 지상에서 한 마지막 만찬으로서 예수는 만찬 끝날 때에 종말론적 메시아 잔치, 하늘나라 잔치에 대한 소망을 갖도록 말씀한다.		

4. 심층연구: 유월절 만찬 이해

구분		내용	비고
만찬의 시기	본문	• 마태: 무교절의 첫날(26:17) • 마가: 무교절의 첫날 양 잡는 날에(14:12) • 누가: 유월절 양을 잡을 무교절이 이른지라(22:7) 　　　 유월절 먹기를 원한다(22:15), 이 유월절이(22:16) • 요한복음: 유월절 전(13:1)	• 공관복음은 유월절 만찬이라고 하지만 요한복음은 유월절 전 식사이다.
	유월절과 무교절	1. 유월절은 하루이고 무교절은 7일간이다. 유월절 식사는 저녁이다(출 12:8). 유월절 준비일은 유월절 전날이고 양을 잡는 날이다. 2. 무교절은 바빌로니아 명칭으로 니산월, 유대력으로는 첫 달인 아빕월 15일(레23:6, 민28:17)이고 유월절은 14일이다. 출애굽은 유월절 다음날 즉 정월 십오일에 하게 된다(민33:3). 3. 공관복음서는 예수께서 안식일 전날 금요일에 십자가에 달렸다(마 27:62 막15:42, 눅23:54)고 하고 요한복음에서는 그 준비일 즉 양 잡는 날(19:31,42) 이라고 한다. 4. 유대인들은 일몰에서 일몰까지를 하루로 계산하기 때문에 공관복음서에서의 예수께서는 유월절 만찬을 하고 당일 재판을 받고 처형된 것이다. 5. 요한복음의 준비일에 대해서 혹자는 유월절 식사 준비일이 아니라 유월절 주간의 안식일을 준비하는 날 즉 금요일일 수도 있다고 주장한다. 다시 말해 요한복음과 공관복음 모두 예수께서 금요일, 즉 안식일 전날에 돌아가셨다고 하는 주장이 있다..	• 유월절과 무교절은 각각 다른 절기이나 날짜가 붙어 있다 보니까 혼용하여 사용되기도 하였다.
	관습	1. 겔45:21의 유월절을 칠일 동안 명절로 지키며라고 하였는데 관용적 표현이라고 하겠다. 2. 출12:18 무교절이 니산월 14일부터 21일까지 7이 아닌 8일간 계속된다. 유월절과 무교절을 연관시켜 하나의 축제로 본 것이다. 출애굽기에 따른 절기 이해이다. 유월절에 무교병을 먹을 수 있다는 것이다. 3. 신약에는 유월절과 무교절이 동일한 날로 기록되어 있다. 유월절이 14일이 되기고 하고 15일이 되기도 한다. 유대력과 로마력의 동시 사용에 따른 혼동으로 보아야 하겠다.	• 일설에 의하면 천문학적 계산에 의해 금요일이 니산월 14일인 날은 AD30, AD33이라고 한다.
	이해	1. 마가의 양 잡는 날 무교절의 첫날: 양 잡는 날과 무교절의 첫날은 다른 날이다. 양 잡는 날에는 누룩도 제거해야 하는 등 준비를 해야 한다. 그러나 양 잡는 날에 축제가 이미 시작되었다는 대중적 표현으로 보아야 할 것이다. 2. 누가는 양 잡는 날이 아닌 양을 잡을 무교절이라고 하다. 송편을 먹을 추석이 다가오다와 같은 표현이다. 양 잡는 것이 중요하다고 강조한 것으로 보아야 한다. 역시 유월절과 무교절을 연결하여 본 데서 오는 착오이다. 3. 마태의 무교절의 첫날은 무교병을 먹는 유월절을 말한다. 무교절의 첫날은 관습적으로 유월절을 말하기도 하였다. 4. 요한복음은 유월절 전 식사라고 하는데 유월절을 앞두고 식사를 한다는 것이다. 그래서 당연히 유월절에 먹는 음식 얘기가 없다.	• 일설에 의하면 그 해에는 유월절이 각기 두 차례 지켜졌다고 한다. 공관복음, 요한복음 내용이 다 맞다는 것이다.
	기타	1. 마가, 누가는 일차 독자인 외국인을 위해 기록하면서 시기에 대해 특별히 주의를 하여 기록하지 못하였다고 할 수 있다. 2. 누가의 기사는 유월절 즈음에 제자들과 유월절 먹기를 한 것으로 이해할 수도 있다. 3. 유대 내에서도 유월절과 무교절은 구분하지 않고 하나로 보고 표현하기도 한 것 같다.	

		4. 예수 그리스도가 유월절에 돌아가셨다고 공관복음서는 말하고 있다.	
만찬의 장소	본문	1. 성내(마26:18, 막14:13, 눅22:10) 2. 큰 다락방(막14:15, 눅22:12)	
	관습	1. 성전에서 양을 잡기는 하지만 성전에서 모두 잡을 수는 없었을 것이다. 2. 유월절에 참가하는 모든 유대인이 예루살렘 성내에서 먹고 잘 수는 없어서 유월절 밤은 예루살렘과 인접 지역에서 보낸다. 예수 일행도 예루살렘 성내에서 식사를 하지만 베다니가 아닌 겟세마네에서 지낸다.	
만찬 음식	본문	떡과 잔	
	관습 (상징)	• 유월절 어린 양(하나님의 구원) • 무교병(급박한 탈출) • 네 잔의 술(출애굽 약속) • 소금물(노예의 눈물과 홍해) • 쓴나물(노예 생활) 등.	• 유월절 음식 먹는 복장(출12:11)에 대한 언급이 없다.
	이해	1. 누가에는 두 번의 잔이 언급되어 있다. 2. 공관복음서들은 유월절과의 관계가 있는 식사가 분명하지만 요한복음은 유월절 전에 제자들과 함께한 일반적인 식사라는 인상을 준다. 3. 복음서 기자들의 관심은 유월절 식사와 관련이 있는 성만찬을 소개하는 데에 목적을 갖고 기사를 쓴 것이다. 눅22:17에 예수께서 첫 번째 잔을 받으시고 '감사 기도'를 하시는데 그 단어가 성만찬, 유카리스트의 어원인 유카리스테오이다. 4. 유월절 식사에서 유월절 양은 '그리스도'(고전5:7)이기 때문이다. 5. 초대교회 성만찬 예식은 유월절 식사를 반복한 것이 아니라 마지막 만찬에서 예수께서 한 말씀이 중심이 된다.	• 출6:6-8에서 하나님께서 "너희를 빼내며, 건지며, 구속하며, 인도"하겠다고 약속한다. 그래서 유대인들은 유월절에는 포도주를 네 잔 준비한다고 한다.

5. 집중탐구

5.1 유월절 만찬과 마지막 만찬의 차이

구분	유월절	마지막 만찬
의미	하나님의 구원을 기억하는 절기	새 언약을 세운 날
왜	애굽에게 내린 10가지 재앙 중 애굽의 모든 장자를 죽이는 재앙을 내릴 때에 히브리인들은 양의 피를 문설주에 발라 재앙을 피하게 하다(출12:3-8, 11-14)	예수께서 제자들과 식사하시며 떡과 잔을 가지고 이것은 내 몸이요 또한 많은 사람을 위해 흘리는 나의 피라고 말씀한다.
	이를 기념하다	이를 행하여 나를 기념하라고 하며 새 언약을 세우다(눅22:15-20).
누가	하나님의 구원을 받고 노예에서 해방된 이스라엘 백성	죄 사함(마26:28)을 받은 많은 사람
무엇으로	유월절 양의 희생	예수 그리스도의 희생: 유월절 양 고전5:7 하나님의 어린 양: 요1:29,36
방법	상징성이 강한 유월절 음식을 함께 먹음으로써	예수의 몸과 피를 상징하는 빵과 포도주를 먹음으로써
목적	하나님의 은혜를 체험하고 기억한다.	예수의 고난을 기억하고 하나님과의 새 계약을 확인한다.

지속성	구약성서에서 계속 지킬 것을 요구하다.	예수께서 이를 행하고 나를 기념하라고 요구하다.
그 후	유대인의 명절이 되다	신약시대의 성례전이 되다

5.2 몸과 피

구분	내용	비고
이것이 내 몸이라 (마26:26, 막14:22, 눅22:19)	1. 예수께서는 인간의 몸을 입고 이 땅에 왔다. 성육신한 예수의 몸을 먹는다는 것은 예수께서 자신의 몸을 우리를 위해 내어주는 동시에 우리를 먹이어 살린다는 뜻이다. 2. 떡을 떼다의 동사 에클라센은 부서뜨리다가 원의미이다. 떡을 떼는 것은 예수의 몸이 부서진다는 의미이다. 그래서 마지막 만찬은 처형에 이르는 예수의 길을 예고하고 그 길에 참여하도록 독려하는 의식이다. 3. 요한복음에서 유월절 식사 자리에서 제자들의 발을 씻기지만 그러나 살과 피에 관한 말씀은 생명의 떡에 관한 기사에 있다(6:53-57).	
나의 피, 내 피 (마26:28, 막14:24, 눅22:20)	1. 구약의 희생 제사에서 드리는 동물의 피가 하나님과 인간을 화해시켰다고 한다. 그러나 이제는 예수의 피가 이를 대체함으로 더이상 하나님과 화해하는데 희생 제사가 필요 없게 되었다. 2. 사도 바울은 로마서에서 '이 예수를 하나님이 그의 피로써 믿음으로 말미암는 화목제물로 세우셨으니'(3:25)라고 한다. 3. 요한1서에서는 '그가 빛 가운데 계신 것 같이 우리도 빛 가운데 행하면 우리가 서로 사귐이 있고 그 아들 예수의 피가 우리를 모든 죄에서 깨끗하게 하실 것이요'(1:7)라고 한다.	엡1:7 우리는 그리스도 안에서 그의 은혜의 풍성함을 따라 그의 피로 말미암아 속량 곧 죄 사함을 받았느니라
언약의 피, 새 언약 (마26:28, 막14:24)	1. 피는 하나님과 인간이 맺는 계약을 성립시킨다. 2. 구약에서 하나님과 이스라엘 백성이 언약을 체결하는데 이때에 언약의 피(출24:6-8)를 뿌린다. 슥9:11에도 언약의 피가 언급되어 있다. 3. 마지막 만찬은 새 언약을 위한 것이 된다. 마태, 마가는 많은 사람을 위하여 흘린다고 하는데 마태는 특별히 '죄 사함을 얻게 하려고'를 강조한다. 누가는 너희를 위하여라고 한다. 이는 이사야의 고난 받는 종의 대속적 희생(사53:12)을 의미한다. 4. '흘리는 바 나의 피'는 새 언약을 확증하는 행위이다. 그 결과는 고전15:3, 골1:14, 히9:22로서 우리가 죄 사함을 받는다. 5. 예수께서 나누어 준 잔을 마신 제자들은 예수를 통하여 하나님과 새로운 계약 관계에 들어가게 된다. 이 계약은 과거 출애굽 당시 시내 산에서 하나님과 이스라엘 백성이 맺은 계약과 다르다. 히브리서는 첫 언약 문제를 지적한다. 누가는 새 언약이라고 한다. 히브리서는 새 계약이 두 번째 계약이라고 한다(히8:7). 6. 새 언약은 예레미야(렘31:31)와 히브리(8:8,13, 9:15)에 나오고 영원한 언약은 이사야(55:3)에 언급되어 있다. 렘31:31 여호와의 말씀이니라 보라 날이 이르리니 내가 이스라엘 집과 유다 집에 새 언약을 맺으리라 히8:7-8 저 첫 언약이 무흠하였더라면 둘째 것을 요구할 일이 없었으려니와 그들의 잘못을 지적하여 말씀하시되 주께서 이르되 볼지어다 날이 이르리니 내가 이스라엘 집과 유다 집과 더불어 새 언약을 맺으리라 히9:15 이로 말미암아 그는 새 언약의 중보자시니 이는 첫 언약 때에 범한 죄에서 속량하려고 죽으사 부르심을 입은 자로 하여금 영원한 기업의 약속을 얻게 하려 하심이라	출24:6-8 모세가 피를 가지고 반은 여러 양푼에 담고 반은 제단에 뿌리고 언약서를 가져다가 백성에게 낭독하여 들게 하니 그들이 이르되 여호와의 모든 말씀을 우리가 준행하리이다 모세가 그 피를 가지고 백성에게 뿌리며 이르되 이는 여호와께서 이 모든 말씀에 대하여 너희와 세우신 언약의 피니라

| 내 살과 피 (요한복음) | 1. 유대인들은 어떤 피도 마시지 않는다(레3:17, 7:26-27, 17:14). 이 구절로 인해 초대 기독교인들은 식인주의자로 오해를 받는다.
2. 희생 제사에서 짐승의 피를 빼내 제단에 뿌린다. 몸과 피의 구분은 희생제물이 됨을 의미한다.
3. 요한복음에서 내 살을 먹고 내 피를 마시라는 것은 예수를 철저히 내 안에 받아들이고 예수와 일체가 되라는 것이다. | • 한마디로 영생은 그리스도를 믿어야 가능하다는 것이다. |

5.3 마지막 만찬의 메시지

구분	내용	비고
이를 행하여 나를 기념하라	1. 유월절은 이스라엘이 애굽 땅에서 나온 날을 기억(신16:3)하기 위한 절기이다. 초대교회도 예수의 명령에 따라 예수의 대속적 죽음과 새 언약을 기억하기 위해 주의 만찬을 자주 거행하였다. 그런데 떡과 포도주는 제물이 아니다. 2. 초대교회의 주의 만찬은 유월절 의식으로서의 만찬과는 즉각적으로 분리 구분되었다. 성만찬은 제사가 아니다. 그러나 성만찬의 기원이 되는 마지막 만찬이 유월절에 있었기 때문에 유월절의 의미를 공유하는 부분이 있다. **행2:42** 그들이 사도의 가르침을 받아 서로 교제하고 떡을 떼며 오로지 기도하기를 힘쓰니라 **행2:46** 날마다 마음을 같이하여 성전에 모이기를 힘쓰고 집에서 떡을 떼며 기쁨과 순전한 마음으로 음식을 먹고 3. 사도 바울은 그가 오실 때까지 '너희가 이 떡을 먹으며 이 잔을 마실 때마다 주의 죽으심을 그가 오실 때까지 전하는 것이니라'라고 하였다(고전11:26). 이어서 사도 바울은 믿음과 순종으로 주의 만찬을 들어야 한다고 하다. **고전10:16-17** 우리가 축복하는 바 축복의 잔은 그리스도의 피에 참여함이 아니며 우리가 떼는 떡은 그리스도의 몸에 참여함이 아니냐 떡이 하나요 많은 우리가 한 몸이니 이는 우리가 다 한 떡에 참여함이라 4. 사도 바울은 AD55년경 고린도 교회에게 말한다. '내가 너희에게 전하는 것은 주께 받은 것'(고전11:23)이라고 하고 '나를 기념하라'하였다고 거듭 반복(고전11:24,25)한다. 성찬 전승은 아주 이른 시기부터 행하여 진 것으로 보인다. 5. 초대교회가 갖고 있던 새 언약이란 첫 언약과 다른 것으로 더 좋은 약속이고(히8:6) 그리고 첫 언약이 무흠하였더라면 둘째 것을 요구할 일이 없었을 것이라고 한다(히8:7). 또한, 그들은 언약 안에 머물러 있지 아니하였다고 하고(히8:9) 새 언약으로 인해 첫 것은 없어진다(히8:13)고 한다.	**고전 11:27-29** 그러므로 누구든지 주의 떡이나 잔을 합당하지 않게 먹고 마시는 자는 주의 몸과 피에 대하여 죄를 짓는 것이라 사람이 자기를 살피고 그 후에야 이 떡을 먹고 이 잔을 마실지니 주의 몸을 분별하지 못하고 먹고 마시는 자는 자기의 죄를 먹고 마시는 것이니라
새것으로 마시는 날까지 (마 26:29, 막14:25)	1. 마태, 마가에서의 예수께서는 하나님 나라에서 새것으로 마시는 날까지 포도나무에서 난 것을 다시는 마시지 아니하겠다고 한다. 여기에서의 하나님의 나라는 하나님의 통치가 완성되는 종말의 차원에서의 미래라고 하겠다. 2. 누가에는 구체적으로 새것으로 마시는 날에 대해 언급하지 않고 있다. 그러나 마지막 만찬에 이어 누가 크냐(22:24)는 다툼이 일어났을 때 예수께서 천국 잔치에 대해 말씀한다. 즉 '너희로 내 나라에 있어 내 상에서 먹고 마시며 또는 보좌에 앉아 이스라엘 열두 지파를 다스리게 하려 하노라'(눅22:30)고 한다. 3. 구약 이사야에는 메시아 잔치(사25:6-9)를 언급하고 있다. 여호와께서 만민을 위하여 연회를 베푸는데 '그 날에 우리의 하나님이시라 우리를 구원하시리로다 기뻐하며 즐거워하자'고 한다.	• 예수께서 여러 차례 메시아 잔치, 천국잔치, 하나님 나라 잔치에 대하여 말씀한다. 마5:6, 8:11 막7:24-30 눅6:21, 12:35-38, 13:29

4. 마지막 만찬에 대해 예수께서는 종말론적 메시아 잔치로 보고 있기 때문에 하나님의 통치가 완전히 이루어질 그 때에 하나님 나라의 잔치를 기대하며 소망하라고 말씀한다. 5. 예수께서 떠나가겠다고 하는데 그것이 끝이 아님이 분명하다. 마태와 마가에서의 예수께서는 가룟 유다의 배반을 말씀하면서 기록된 대로 가겠다(마26:24, 막14:21)고 한다. 누가에서의 예수께서는 '하나님의 나라에 이르기까지'(22:16) 그리고 '하나님의 나라에 임할 때까지'(22:18)라고 하나님 나라에 대해 언급함으로 종말론적 희망을 제시한다.	• 오천 명과 사천 명을 먹이신 일을 마지막 만찬과 메시아 만찬의 선행적 기적으로 볼 수도 있다.

5.4 출애굽과 새 출애굽

구분	출애굽	새 출애굽
언약	• 이는 여호와께서 너희와 세우신 언약의 피니라 (출24:8) • 네 언약의 피로 말미암아 내가 갇힌 자들을 놓았나니(슥9:11)	• 사람들을 위하여 흘리는 나의 피 곧 언약의 피니라(막14:24) • 죄 사함을 얻게 하려고 흘리는 나의 피 곧 언약의 피니라(마26:28)
새 언약	• 내가 이스라엘 집과 유다 집과 새 언약을 맺으리라(렘31:31) • 내가 너희를 위하여 영원한 언약을 맺으리니 곧 다윗에게 허락한 확실한 은혜니라(사55:3)	• 이 잔은 내 피로 세우는 새 언약이니 곧 너희를 위하여 붓는 것이라(눅22:20) • 이 잔은 내 피로 세운 새 언약이니(고전11:25)
목표	• 이스라엘 민족국가 건립	• 하나님 나라의 확장
방법	• 모세가 제단에 뿌린 짐승의 피(출24:6-7)	• 많은 사람을 위하여 흘리는 예수의 피(마26:28, 막14:24)
기념하라	• 너희는 이 날을 기념하여 여호와의 절기로 삼고 (출12:14)	• 너희가 이를 행하여 나를 기념하라(눅22:19) • 새 언약이니 이를 행하여 나를 기념하라(고전11:25)

제35절 ⊛ 발을 씻기심

1. 본문비교

구분		내용(요13:1-20)	비고
수난 시기 박두(1)		:1 유월절 전에 예수께서 자기가 세상을 떠나 아버지께로 돌아가실 때가 이른 줄 아시고 세상에 있는 자기 사람들을 사랑하시되 끝까지 사랑하시니라	• 발 씻기는 이야기는 단순한 봉사나 겸손, 사랑의 표현 이상의 의미가 있다. 예수께서 너희도 행하라고 하였기 때문이다.
유다 배반 암시(1)		:2 마귀가 벌써 시몬의 아들 가룟 유다의 마음에 예수를 팔려는 생각을 넣었더라	
수난 시기 박두(2)		:3 저녁 먹는 중 예수는 아버지께서 모든 것을 자기 손에 맡기신 것과 또 자기가 하나님께로부터 오셨다가 하나님께로 돌아가실 것을 아시고	
발을 씻겨 주다	제자들	:4-5 저녁 잡수시던 자리에서 일어나 겉옷을 벗고 수건을 가져다가 허리에 두르시고 이에 대야에 물을 떠서 제자들의 발을 씻으시고 그 두르신 수건으로 닦기를 시작하여	• 예수께서는 하나님께서 모든 것을 자기 손에 맡겼다(13:3)고 한다. 또한 나는 내가 택한 자들이 누구인지 안다(13:18)고도 한다. 예수의 고난은 자신이 결정한 것이고 고난의 방법 역시 자신이 선택하였다고 한다.
	베드로 거부	:6-8 시몬 베드로에게 이르시니 베드로가 이르되 주여 주께서 내 발을 씻으시나이까 예수께서 대답하여 이르시되 내가 하는 것을 네가 지금은 알지 못하나 이 후에는 알리라 베드로가 이르되 내 발을 절대로 씻지 못하시리이다 예수께서 대답하시되 내가 너를 씻어 주지 아니하면 네가 나와 상관이 없느니라	
	순종	:9 시몬 베드로가 이르되 주여 내 발뿐 아니라 손과 머리도 씻어 주옵소서	
유다 배반 암시(2)		:10-11 예수께서 이르시되 이미 목욕한 자는 발밖에 씻을 필요가 없느니라 온 몸이 깨끗하니라 너희가 깨끗하나 다는 아니니라 하시니 이는 자기를 팔 자가 누구인지 아심이라 그러므로 다는 깨끗하지 아니하다 하시니라	
발을 씻겨 주라	아느냐	:12-13 그들의 발을 씻으신 후에 옷을 입으시고 다시 앉아 그들에게 이르시되 내가 너희에게 행한 것을 너희가 아느냐 너희가 나를 선생이라 또는 주라 하니 너희 말이 옳도다 내가 그러하다	
	행하라	:14-15 내가 주와 또는 선생이 되어 너희 발을 씻었으니 너희도 서로 발을 씻어 주는 것이 옳으니라 내가 너희에게 행한 것 같이 너희도 행하게 하려 하여 본을 보였노라	
종이 주인보다 크지 못하다		:16-17 내가 진실로 진실로 너희에게 이르노니 종이 주인보다 크지 못하고 보냄을 받은 자가 보낸 자보다 크지 못하나니 너희가 이것을 알고 행하면 복이 있으리라	• 나는 섬기는 자로 너희 중에 있노라(눅 22:27)의 모본적 실천이 예수의 발씻기기인 것이다.
유다 배반 암시(3)		:18 내가 너희 모두를 가리켜 말하는 것이 아니니라 나는 내가 택한 자들이 누구인지 앎이라 그러나 내 떡을 먹는 자가 내게 발꿈치를 들었다 한 성경을 응하게 하려는 것이니라	
예수의 당부		:19-20 지금부터 일이 일어나기 전에 미리 너희에게 일러둠은 일이 일어날 때에 내가 그인 줄 너희가 믿게 하려 함이로라 내가 진실로 진실로 너희에게 이르노니 내가 보낸 자를 영접하는 자는 나를 영접하는 것이요 나를 영접하는 자는 나를 보내신 이를 영접하는 것이니라	

2. 본문의 특징

구분	내용	비고
전후 기사	• 죽은 나사로를 살리심(11:1-45): 많은 유대인이 그를 믿다(11:45) • 공회가 열림(11:46-57): 예수를 죽이려고 모의하니라(11:53)	• 세족과 탁족: 예수께서 제자들의 발을 씻기

	• 마리아가 예수의 발에 향유를 붓다(12:1-11): 나의 장례할 날을 위하여 그 것을 간직하라(12:7) • 예루살렘 입성(12:12-19): 세상이 그를 따르는 도다(12:19) • 죽어야 하는 밀알 하나(12:20~36) 수난예고: 한 알의 밀이 죽지 아니하면 (12:24) • 사람들의 불신(12:37-50): 표적을 행하였으나 그를 믿지 아니하다(12:37) • 제자들의 발을 씻기심(13:1-20): 죽음예고 2회, 가룟 유다 배반 암시 3회 등 • 유다의 배반예고(13:18-30): 내가 떡 한 조각을 적셔다 주는 자가 그니라 (13:26) • 새 계명(13:31-35): 너희도 서로 사랑하라(13:35) • 베드로 부인 예언(13:36-38) : 네가 세 번 나를 부인하리라(13:38)	신 일에 대해 오래된 주해서에는 탁족이라 고 쓰고 있다. 　탁족은 전통적인 선 비들의 피서법으로 발 을 물에 담그고 있는 것으로 계곡에서 하는 탁족을 좋아하였다고 한다.
기사의 성격	1. 제자들의 발을 씻기는 기사는 요한복음의 두 번째 부분인 영광의 책의 시 작이고 예수의 수난 기사의 시작이다(13:1-19:42). 예수께서는 수난 시기가 다가오고 있음을 '하나님께로 돌아가실 때'라고 표현하고 있다(13:1,3). 이 후 로는 고별 강화, 고별기도, 수난을 받음으로써 영광을 받으시는 이야기이다. 2. 예수의 죽음과 관련하여 유다의 배반 암시기사는 요한복음에만 있는데 세 번(13:2,11,18) 나온다. 그리고 계속해서 유다의 배반 예고(13:21-30)기사가 이어진다. 3. '사람들을 사랑하시되 끝까지 사랑하신다'(13:1)는 시작의 말씀은 발 씻기 는 기사 뒤에 예수의 새 계명(13:31-35)으로 이어진다. 4. 제자들의 발을 씻기는 예수의 행동에 대해 지금은 너희가 알지 못한다고 한다(13:7). 그러나 발을 씻기는 이유를 누가에서 마지막 만찬 후 제자들이 누가 크냐 하는 다툼이 일어난 것과 연결해 볼 수도 있다(22:24-27). 5. 발 씻기는 모습은 마지막 만찬에서의 성만찬과 같은 상징일 수도 있다. 캄 펜하우젠, 슈바이쳐 등은 세례와 관련해서 이해해야 한다고 주장한다. 6. 당시 유월절 만찬에는 발 씻기는 일이 없다고 한다. 그러므로 본 기사의 식 사는 평일 만찬이라는 것이다. 그리고 당시 유대 랍비의 제자들은 선생에게 여러 가지 봉사를 하였으나 선생의 발을 씻기는 것만은 하지 않았다고 한다. 7. 내용적으로 다른 복음서들과 병행되는 구절이 있다. (1) 16절에 종이 주인보다 크지 못하다는 말씀은 요한복음의 고별 강화로서 서로 사랑하라는 말씀에 이어 나온다(15:20). (2) 20절에 '나를 영접하는 자'는 요1:12의 '영접하는 자 곧 그 이름을 믿는 자들에게는 하나님의 자녀가 되는 권세를 주었다'는 말씀과 연결된다. 마 10:40에 파송 강화로서 '너희를 영접하는 자는 나를 영접하는 것이요 나를 영 접하는 것은 보내신 이를 영접하는 것이라'는 것과 같다. (3) 13절에 나를 선생이라 주라 한다는 말씀은 누가에서 제자를 부르실 때에 베드로가 예수를 부른 호칭이다. 고기를 잡기 전에는 선생(5:5)이라 하고 고 기를 많이 잡은 후에는 주(5:8)라고 한다. 8. 제자들의 발을 씻기는 예수의 역설적인 섬김의 본으로 말미암아 기독교 공 동체는 다른 종교와 구별되고 또한 서로 발을 씻김으로 이 공동체가 사랑의 공동체로 유지 발전하게 된다는 것을 보여주고 있다. 9. 예수와 제자의 관계는 포도나무와 가지(15:1-17)에서도 볼 수 있는데 제자 도에 관한 부분(15:1-8)과 서로 사랑하라(15:9-10)는 부분으로 되어 있는 것 같이 이 이야기도 본을 보인 부분(13:1-11)과 너희도 행하라(13:12-20)는 부 분으로 나눌 수 있다. 기독교 공동체의 구성원으로서의 살아가는 원칙에 대 해 언급한 것으로 이해될 수 있다.	• 불교의 금강반야바 라밀경에는 세존이 걸 식을 마치고 돌아와서 세족을 하신 후 자리를 펴고 앉았다고 한다. ＜세족례＞ 　가톨릭 교회에서 수 난주일 중 목요일에 예 수의 세족을 기념하여 세족례를 행한다. 이날 교황도 평신도의 발을 씻기는 의식을 한다. ＜사랑＞ 　히브리어에는 사랑 을 의미하는 말들이 많 다. 아가페로 번역되는 '아하바' 이외에도 계 약을 바탕으로 한 사랑 '헤세드', 어미의 조건 없는 자식 사랑 '라하 밈', 가엾은 것을 그냥 넘기지 못하는 사랑 '하 난', 남녀의 사랑 '다하 트' 등이다(문익환).

3. 본문이해

구분	내용	비고
발을 씻기는 때: 아버지께로 돌아갈 때	예수께서 제자들의 발을 씻긴 것을 '사람들을 사랑하시되 끝까지 사랑'(13:1)하신 예수의 유언적 행위라고 볼 수 있다. 공관복음에서의 유언적 행위로는 예루살렘 입성 후 무화과나무 저주와 성전정화라고 하기도 한다. 1. 예수께서 제자들의 발을 씻기신 때에 대해 유월절 전(13:1)이라고 한다. 그리고 예수께서 자기가 세상을 떠나 아버지께로 돌아갈 때라고 한다. 2. 요한복음에서 예수께서는 베다니의 마리아가 자신의 발에 향유를 부을 때에 이미 자신의 장례(12:7)를 언급하였고 예루살렘 입성 후에는 수난예고로서 죽어야 하는 밀알(12:24)에 대해 말씀하였다. 예수께서 제자들의 발을 씻기면서 아버지께 돌아갈 때 즉 고난을 받고 죽으실 때에 대해 두 번 언급하였다. 3. 요한복음에는 예수께서 '아버지께', '하나님께', '나를 보내신 이에게' 돌아간다고 여러 차례 말씀하고 있다. 처음으로 말씀한 것은 성전에서 가르칠 때 예수를 죽이고자 하였으나, 손대는 자가 없을 때였는데 예수께서는 나를 보내신 이에게 돌아가겠노라(7:33)고 한다. 13:1과 3 이외에 14:12, 16:5와 10 그리고 28, 17:11과 13 등에도 나와 있다. 4. 요한복음에서의 예수께서는 제자들에게 고별 강화를 할 때에 '지금 내게 나를 보내신 이에게로 가는데 너희 중에 나더러 어디로 가는지 묻는 자가 없다'(16:5)고 한다.	• 모세의 유언적 명령은 신명기 31장에 있다. • 주기철 목사가 신사참배에 끝까지 저항한 것을 두고 유언적 행위라고 본다.
유다 배반 암시	1. 요한복음은 공관복음에 있는 유다의 배반 즉 유다가 대제사장들에게 찾아가서 예수를 파는 기사(마26:14-16, 눅22:3-6)가 없다. 그러나 요한복음에는 유다가 배반할 것이라고 암시하는 기사가 세 번 반복(13:2,11,18)해서 나온다. 2. 유다의 배반예고 기사는 마태, 마가에서는 유월절 만찬 앞부분에 있고 누가에서는 첫 부분에 있다. 요한복음은 만찬 중에 제자들의 발을 씻긴 다음 다시 계속된 만찬에서 내가 떡 한 조각을 적셔다 주는 자라고 유다의 배반을 암시하지 않고 직접 배반을 예고(13:26)한다. 3. 발 씻기는 동안에 유다 배반 암시는 (1) 처음에는 구체적으로 마귀가 시몬의 아들 가룟 유다의 마음에 예수를 팔려는 생각을 넣었다(13:2)고 하고 (2) 두 번째는 특정인을 지칭하지 않고 예수께서 자기를 팔 자가 누구인지 아시고(13:11) 모두 다 깨끗하지는 않다고 하며 (3) 세 번째는 시편을 인용하여 내 떡을 먹는 자가 내게 발꿈치를 들었다(13:18)고 한다. 4. 요한복음 최초의 유다 배반 암시는 생명의 떡에 관한 기사에서 이미 두 차례 언급한 바가 있다. 제자들이 이 말씀을 어렵다고 하자 예수께서는 이 말이 너희에게 걸림이 되느냐(6:61)고 묻는다. (1) 예수께서는 자기를 팔 자에 대해 그들 중에 믿지 아니하는 자들을 지적한다. 믿지 아니하는 자가 자기를 판다는 것이고 (2) 누구인지도 처음부터 알았다(6:64)고 하며 (3) 내가 너희 열둘을 택하였는데 너희 중에 하나는 마귀(6:70)라고 한다. 요한복음의 기자는 가룟 시몬의 아들 유다를 가리켜 그는 열둘 중의 하나로 '예수를 팔 자'(6:71)라고 한다.	• 구약에서의 처음 배반에 대한 언급은 할례를 하지 않는 것으로 내 언약의 배반(창 17:14)이라고 한다. 신약에서는 씨 뿌리는 비유에서 뿌리가 없이 잠깐 믿다가 시련을 당할 때에 배반(눅8:13)한다고 하다.
발 씻기	1. 발 씻기는 나그네 대접의 하나이다. 아브라함이 나그네를 대접할 때에 물을 가져오게 하며 발을 씻게 한다(창18:4). 두 천사가 소돔에 도착하였을 때 롯이 종의 집에 들어와 발을 씻고 주무시고 가라(창19:2)고 한다. 요셉도 자기 형제들을 자기 집으로 인도하여 발을 씻게 한다(창43:24). 일반적으로 발 씻을 물만 제공한다.	• 발과 발 씻기가 오늘날까지도 중동에서 중요한 것은 발이 가장 더럽다고 생각하고 있기

	예수께서는 누가복음에서 식사에 초대한 바리새인 시몬에게 너는 내게 발 씻을 물도 주지 아니하였다(7:44)고 한다. 발을 씻기지는 않아도 발 씻을 물은 준비하여 준다는 것이다. 2. 발 씻기는 정결 의식이다. 여호와께서 모세에게 물두멍을 만들라고 명령한다. 아론과 그의 아들들은 회막에 들어갈 때마다 손발을 씻어야 한다는 것이다. '물로 씻어 죽기를 면할 것(출30:20)이기' 때문이라고 한다. 3. 일반적으로 발 씻기는 자신이 해야 하는 일이다. 랍비도 제자에게 발 씻기는 일은 시키지 않는다. 부유한 경우 종에게 손님이나 자신의 발을 씻기게 하는 경우가 있는데 그 때 발을 씻겨주는 종은 가장 하급의 종이라고 한다 (Bible Study.com). 4. 발 씻기기가 가장 천한 일이기에 종이 아닌 사람이 남의 발을 씻긴다는 것은 최상의 존경의 표시라 하겠다. 다윗이 자신을 아내로 맞이하겠다는 연락을 받은 아비가엘은 '다윗의 종이 되어 다윗을 섬기는 종들의 발을 씻겠습니다'(삼상25:40-41)라고 한다. 누가복음에서 예수께서 '이' 여자는 눈물로 내 발을 적시고 그 머리털로 닦았다(7:44)고 하고 요한복음에는 베다니의 마리아가 예수의 발에 향유를 붓고 자기 머리털로 그의 발을 닦았다(12:3)고 한다. 5. 예수께서는 지금도 우리의 발을 씻기기를 원하고 있다. 예수께서는 나의 가장 냄새나고 더러운 부분을 씻어 주시기 원하고 있다. 예수께서 무릎을 꿇고 나를 씻기시기 위해 기다리고 계심을 우리는 기억해야 한다.	때문이다. 중동에서 성난 군중이 정치지도자에게 신발을 던지며 시위하는 장면을 볼 수 있는데 이것은 중대한 모욕적인 행위이다.
베드로의 항의 ① 내 발은 절대 씻기지 못하시리라	1. 예수께서 저녁 잡수시던 자리에서 일어나 겉옷을 벗고 수건을 허리에 두르고 대야에 물을 떠서 제자들의 발을 씻기고 수건으로 닦기를 시작한다(요13:4-5). 2. 베드로의 차례가 되었을 때 예수께 내 발을 씻으시나이까라고 하니 예수께서는 네가 지금은 알지 못하나 이후에 알리라고 한다(요13:6-7). 예수께서는 나중에야 너희가 발 씻기는 이유를 알게 될 것이라고 한다. 앞 절에서 예수의 수난 시기가 다가오고 있고 가룟 유다가 배반할 것이라고 언급한 것을 고려하면 '이후에'란 예수의 수난과 죽음, 부활의 후를 말하는 것이라고 하겠다. 다시 말해 예수의 발 씻기심은 예수의 피 흘림과 직접 연관이 있는 것이다. 3. 예수의 말씀을 듣고도 베드로는 내 발은 절대 씻기지 못한다고 대꾸한다. 발 씻기기 자체가 종들이 하는 일이고 더구나 제자들이 선생을 모실 때에도 제자들도 하지 않는 일인 발 씻기기를 어떻게 제자 된 자로서 앉아서 감히 발을 내밀 수 있겠는가. 상식적으로 충분히 이해가 되는 베드로의 반응이다. 이 때 예수께서 너를 씻기지 아니하면 네가 나와 상관이 없다고 한다(13:8). 4. 베드로는 종으로의 예수님, 고난의 종으로서의 예수님을 전혀 상상할 수 없었을 것이다. '너를 씻지 아니하면'은 씻기는 행위 자체보다 씻기는 행위를 통한 예수의 모습을 이해하지 못하면 너와 나의 관계는 아무 것도 아니라는 것이다.	왕하3:13 엘리사가 이스라엘 왕에게 이르되 내가 당신과 무슨 상관이 있나이까 당신의 부친의 선지자들과 당신의 모친의 선지자들에게로 가소서 하니 이스라엘 왕이 그에게 이르되 그렇지 아니하니이다 여호와께서 이 세 왕을 불러 모아 모압의 손에 넘기려 하시나이다 하니라
② 손과 머리도 씻어 주옵소서	1. 그러자 베드로는 예수께 발뿐 아니라 손과 머리도 씻겨 달라고 한다. 예수께서는 이미 목욕한 자는 발밖에 씻을 필요가 없다고 하며 온몸이 깨끗하다고 한다(13:9-10). 여기에서 온몸을 씻는 것과 발만 씻는 것, 그리고 온몸이 깨끗한 것과 발만 깨끗한 것으로 구분하기 쉽다. 어느 사본에는 '발밖에'가 없다. 이미 목욕한 자는 씻을 필요가 없다고 한다. 즉, 요한복음의 관점은 깨끗하여진다는 것이다. 발 씻기 자체가 발만 씻어야 한다는 것을 말하는 것이 아니다. 또한, 발 씻기 자체가 죄 사함이 아니다. 발이나 손이나 머리이거나 간에 예수께서 씻겨주신다는 것이 중요하다. 예수께서 십자가의 보혈로 우리 죄를 씻어주신다는 것을 상징적으로 보여주는 것이 발 씻기심이다. 2. 예수께서는 포도나무와 가지의 비유에서도 '너희는 내가 일러준 말로 이미 깨끗하여졌다'(요15:3)고 한다. 사도 바울 역시 '이는 곧 물로 씻어 말씀으로 깨끗하게 하신'(엡5:26) 것이라고 한다.	•엡5:26 이는 곧 물로 씻어 말씀으로 깨끗하게 하사 거룩하게 하시고

	3. 요한복음에는 다른 대화에서와 마찬가지로 예수의 말씀에 중의적인 표현이 있음을 감안해야 할 것이다. 또한, 십자가상에서 돌아가신 예수님의 관점에서 이해하도록 해야 할 것이다. 4. 누가에서 마지막 만찬 후 누가 가장 크냐 하고 다투는 제자들과는 대조적으로 요한복음에서의 예수께서는 가장 낮고 천한 종의 모습으로 제자들의 발을 씻겼다는 것이다. 공관복음에서 제자들은 예수께서 두 번째 수난예고 후 누가 가장 크냐(마18:1-5, 막9:33-37, 눅9:46-48)고 다투고 마태, 마가는 세 번째 수난예고 후 세베대의 두 아들이 예수의 좌우에 앉겠다고 한다. 제자들은 예수의 메시아 등극을 앞두고 크게 교만하여졌고 들떠 있었는데 요한복음의 예수께서는 제자들의 발을 씻긴 것이다.	
예수의 명령 ① 너희도 서로 발을 씻어주라	1. 예수께서는 제자들의 발을 씻긴 후에 내가 행한 것을 너희가 아느냐고 묻는다. 그리고 예수와 제자들과의 관계에 대해서 언급하며 내가 주요 너희의 선생이 되어 너희 발을 씻겼는데 너희도 서로 발을 씻겨주라고 한다(요13:12-14). 예수께서는 계속해서 내가 너희에게 행한 것 같이 너희도 행하게 하려 하여 본을 보였다고 하면서 종이 주인보다 크지 못하고 보냄을 받은 자가 보낸 자보다 크지 못하다고 한다(13:16-17). 2. 예수 자신이 내가 너희의 주요, 선생이라고 한 것은 자신의 위치를 말하려 함이 아니라 내가 비록 너희의 주요, 선생이기는 하지만 아버지 하나님 앞에서는 종일 뿐 아니라 보냄을 받은 자라는 것이다. 　예수께서는 제자들을 파견할 때에도 '제자가 선생보다 높지 못하다'(마10:24)고 하고 포도나무와 가지의 비유 뒤에서도 이 말을 기억하라(요15:20)고 한다. 예수께서는 하나님의 종으로서 제자들의 발을 씻겨주었다고 한다. 사도 바울 역시 사도는 신자의 종이라고 하면서 '우리는 우리를 전파하는 것이 아니라 오직 그리스도 예수의 주되신 것과 또 예수를 위하여 우리가 너희의 종된 것을 전파함이라'(고후4:5)고 한다. 3. 예수께서는 하나님을 주인으로 자신을 종(요13:16)이라 한다. 사도 바울 역시 '그는 근본 하나님의 본체시나 하나님과 동등됨을 취할 것으로 여기지 아니하시고 오히려 자기를 비워 종의 형체를 가지사 사람들과 같이 되셨고'(빌2:6-7)라고 한다. 4. 예수께서 종의 형체로 본을 보인 것이 제자들의 발을 씻긴 것이다. 그러므로 서로 발을 씻어 주라는 것은 서로 종처럼 섬기라는 말씀이라 하겠다. 5. 요한복음에서 만찬 중에 제자들의 발을 씻기며 한 말씀으로 생각해 볼 수 있는 기사가 누가에 있다. 누가에는 마지막 만찬 후에 제자들이 누가 가장 크냐고 다툰다(22:24). 이때, 예수께서 말씀하기를 '앉아서 먹는 자가 크냐 섬기는 자가 크냐 앉아서 먹는 자가 아니냐 그러나 나는 섬기는 자로 너희 중에 있노라'(22:27)고 한다. 누가에서의 예수께서는 식사를 섬기는 자, 즉 식사의 종으로서 그 자리에 있다는 것이다.	• 요한복음에서 예수께서는 '서로 사랑하라'에 이어 '친구를 위하여 자기 목숨을 버리면 이보다 더 큰 사랑이 없다'(15:13)고 한다. 그러나 이웃 사랑(마22:39, 막12:31, 눅10:27 참조)이나 원수에 대한 사랑(마5:44, 눅6:27,35)에 대한 언급은 없다. • 구약에서의 이웃사랑(레19:18)은 동족이나 동포에 관한 것이고 신약에서의 이웃사랑은 선한 사마리아인의 비유에서처럼 이방인에게 확장된다(눅10:27-29).
② 끝까지 사랑하라	1. 예수께서 제자들을 씻기는 이야기 앞에 왜 예수께서 그렇게 하였는지를 알게 하는 구절이 있다. 세상에 있는 자기 사람들을 끝까지 사랑하기 때문이라는 것이다(13:1). 세상에 있는 자기 제자들을 끝까지 사랑하는 표현이 발 씻기기인 것이다. 2. 가룟 유다의 배반예고 기사에 이어 예수께서는 새 계명을 준다. '서로 사랑하라 내가 너희를 사랑한 것 같이 너희도 서로 사랑하라'(13:34)고 한다. 이어서 '너희가 서로 사랑하면 이로써 모든 사람이 너희가 내 제자인 줄 알리라'(13:35)고 한다. 예수께서는 제자들에게 자신처럼 사랑하라고 하면서 사랑으로 내 제자 됨이 구분된다고 한다.	

3. 예수의 발 씻기심은 사랑의 본을 보인 것이다. 제자를 사랑하는 사랑 때문에 가장 낮고 천한 일이지만 주저하지 아니한 것이다. 바울은 디모데에게 교회가 돌보아야 할 사람의 선정에 대해 말하면서 성도들의 발을 씻으며 환난 당한 자들을 구제하며 모든 선한 일을 행한 과부(딤전5:10)를 말하고 있다. 초대교회에서 발 씻기기는 예수 그리스도의 마음을 품은 자(빌2:7)의 봉사의 하나였다.

4. 요한복음에는 특별히 사랑에 대한 언급이 많다. 사람이 친구를 위하여 목숨을 버리면 이에 더 큰 사랑이 없다(15:13)고 하고 아버지께서 나를 사랑하신 것 같이 나도 너희를 사랑하였으니 나의 사랑 안에 거하라(15:9)고 한다. 그리고 요3:16, 8:42, 10:17, 15:9,17, 17:23,26, 21:15 등이 있다.

4. 심층연구: 종으로서의 예수와 발 씻기심

구분	내용	비고
종으로서의 예수 ① 고난 받는 종	1. 이사야서에 있는 고난 받는 종의 노래는 네 개가 있다. 제1은 사42:1-9, 제2는 사49:1-7, 제3은 50:4-9, 제4는 사52:13-53:12이다. 2. 제3의 고난 받는 종은 모욕을 참으시며 당하시는 고통(사50:4-6), 부끄러움을 참으시며 당하신 고통(사50:7-8), 정죄를 참으시며 당하는 고통(사50:9)으로 구분하여 볼 수 있다. 3. 이사야의 예언대로 예수께서는 이 땅에 오셔서 철저하게 고난을 받는다. 예수의 고난은 이사야의 내용과 완전하게 일치한다고 하겠다(마26:67, 27:28-30 등).	고후5:21 하나님이 죄를 알지도 못하신 이를 우리를 대신하여 죄로 삼으신 것은 우리로 하여금 그 안에서 하나님의 의가 되게 하려 하심이라
② 섬기는 종	1. 공관복음에서의 예수께서는 두 번째 수난예고를 한다. 그런데 이어지는 기사에서 제자들은 서로 누가 크냐하며 쟁론을 한다(막9:34). 예수께서는 누구든지 첫째가 되고자 하면 뭇 사람의 끝이 되며 뭇 사람을 섬기는 자가 되라고 한다(막9:35). 2. 마태, 마가에서의 예수께서는 세 번째 수난예고를 한 후에 이어지는 기사에서 세베대의 두 아들 야고보와 요한이 주의 좌우편에 앉게 하여 달라는 것이다. 예수께서는 제자들에게 '너희 중에 누구든지 크고자 하는 자는 너희를 섬기는 자가 되고 너희 중에 누구든지 으뜸이 되고자 하는 자는 모든 사람(마태는 너희)의 종이 되어야 한다(막10:43-44)고 한다. 3. 또한, 예수께서는 '인자가 온 것은 섬김을 받으려 함이 아니라 도리어 섬기려 하고 자기 목숨을 많은 대속물로 주려 함이라'(마20:28, 막 10:44)고 한다. 4. 예수께서 유대 지도자들에게 '화 있을진저'라고 말씀하기 직전에도 섬기는 자가 되어야 한다고 하다(마23:11).	
③ 하나님의 종인 예수	1. 사도행전에서의 베드로는 앉은뱅이를 고친 후 솔로몬의 행각에서 설교하면서 어떻게 해서 그가 걷게 되었는지를 말하는데 이때 예수를 '하나님의 종'(행3:13)이라고 한다. 2. 베드로와 요한이 옥에 갇혔다가 유대 재판관들에게서 심문을 받고 풀려난다. 그들은 세상의 군왕들과 관리들이 그리스도를 대적한다고 하면서 헤롯과 본디오 빌라도는 '하나님께서 기름 부으신 거룩한 종' 예수를 거슬렀다(행4:26-27 새번역은 예수를 대적하여)고 한다. 3. 요한복음의 발 씻기는 기사에서도 예수께서는 하나님은 나를 보내신 이, 그리고 주인이라고 하고 자신은 보냄을 받은 자, 종이라고 한다(13:16).	롬6:17-18 하나님께 감사하리로다 너희가 본래 죄의 종이더니 너희에게 전하여 준 바 교훈의 본을 마음으로 순종하여 죄로부터 해방되어 의에게 종이 되었느니라 갈4:8 그러나 너희가 그 때에는 하나님을 알지 못하여 본질상 하나님이 아닌 자들에게 종 노릇 하였더니
④ 하나님의 종인 우리	1. 바울은 우리들은 죄의 종이거나 의의 종이 될 수밖에 없는데 하나님으로 말미암아 '죄로부터 해방되어 의에게 종이 되었다고 한다(롬6:16-18). '그러나 이제는 너희가 해방되고 하나님께 종이 되어 거룩함에 이르는 열매를 맺었으니 그 마지막은 영생'으로 그리스도 예수 우리 주안에 있는 영생이라(롬6:22-23)고 한다.	

	2. 갈라디아서에는 더이상 우리가 율법의 종이 아니라고 한다(4:9). '이후로는 종이 아니요 아들이니 아들이면 하나님으로 말미암아 유업을 받을 자'(4:7)라고 하면서 '너희가 그 때에는 하나님을 알지 못하여 본질상 하나님이 아닌 자들에게 종노릇 하였다'(4:8)고 한다. 그래서 그 아들의 영을 우리 마음 가운데에 보내서 아빠 아버지라고 부르게 하였다고 한다(4:6).	

발 씻기심에 대한 초기 교부들의 견해		
• 터툴리안	• 카르타고 출생인 터툴리안(AD155-240)은 로마의 박해를 당하며 순교하는 기독교인들을 보고 기독교로 개종하였는데 '불합리하기 때문에 나는 믿는다'라는 유명한 말을 남겼다. • 저명한 법률가이고 그리스도교 저작가이며 삼위일체라는 말을 먼저 사용하였으나 나중에 이단에 빠졌지만, 그는 세족식이 예배의 일환으로 거행되어야 한다고 하다.	• 터툴리안의 저서 '기독교 이단자들의 처형'에는 박해를 당하는 모습이 생생하게 기록되어 있다.
• 아타나시우스	• 알렉산드리아 출생으로 알렉산드리아의 감독(AD328)이 된 아타나시우스(AD295-373)는 감독들은 사제들과 함께 식사하다가 그들이 약할 때 감독 자신이 그들의 발을 씻겨 구세주의 사랑을 보여야 한다고 하다. • 그는 세족식에는 성례전적인 면이 있다고 하면서 예수께서 보여준 겸손에 참여하기 위함이라고 하다.	• 아타나시우스는 아리우스를 물리치고 삼위일체를 주장하여 정통 신앙의 아버지로 불렸다.
• 크리소스톰	• 콘스탄티노플의 주교이고 설교자인 성 요한 크리소스톰(AD347-407)은 기독교인은 예수의 행위를 본받아야 하며 노예들에게도 세족식을 해야 한다고 하다. 왜냐하면 우리는 죄의 노예로서 예수에게 빚진 자들이기 때문에 그 빚을 갚아야 하고 그리고 예수께서 본으로 보이신 관용과 겸손을 우리도 행하여야 한다고 주장하다.	• 크리소스톰의 뜻은 '황금의 입'으로 그의 설교가 명쾌하고 호소력이 있어 붙여진 이름이다.
• 암부로스	• 암부로스(AD333-397)는 어거스틴을 개종시키는데 결정적인 역할을 하였고 헌신적인 목회자였다. 암부로스는 사제가 아닌 밀라노의 집정관이었는데 시민들의 강력한 요구로 감독이 된 사람이다. 그때까지 세례를 받지 않았던 암부로스는 세례를 받은 후에 감독직을 수행하게 된다. 그는 세족식에 성례전적 요소가 있다고 하면서 예수의 명령에 따라야 한다고 하다.	
• 어거스틴	• 히포의 감독으로 중세 스콜라 학파에 지대한 영향을 준 성 어거스틴(AD354-430)은 지식과 신앙에 대해 '이해를 추구하는 신앙'이라는 입장을 취하였다. • 그는 성도들에게 직접 발 씻기기를 해보면 이런 논쟁을 넘어설 수 있다고 하고 직접 발 씻기기를 하는 것이 진리와 일치된 행동이라고 하다.	
• 마틴 루터	• 종교개혁가 마틴 루터(1483-1546)는 예수 그리스도께서 종이 되어 제자들의 발을 씻겨 주었는데 종이 된 이유는 제자들을 끝까지 사랑하였기 때문이라고 한다. • 예수께서는 자신을 종으로 노예로 여기었기 때문에 제자들에게는 믿는 이들의 종이요 노예가 되라고 주장하였다는 것이다.	

5. 집중탐구: 발 씻기심과 마지막 만찬

구분	발 씻기심(요13:1-17)	마지막 만찬	비고
때	유월절 전 제자들과 저녁식사를 하던 중	무교절 첫날(마26:17, 막14:12) 식사 중에	
동기	• 아버지께로 돌아가실 때를 알다. • 사람들을 사랑하시되 끝까지 사랑하시니라(13:1)	눅22:15-16 이르시되 내가 고난을 받기 전에 너희와 함께 이 유월절 먹기를 원하고 원하였노라 내가 너희에게	

		이르노니 이 유월절이 하나님의 나라에서 이루기까지 다시 먹지 아니하리라 하시고	
하신 일	13:4-5 저녁 잡수시던 자리에서 일어나 겉옷을 벗고 수건을 가져다가 허리에 두르시고. 이에 대야에 물을 떠서 제자들의 발을 씻으시고 그 두르신 수건으로 닦기를 시작하여	눅22:17 이에 잔을 받으사 감사 기도하시고 이르시되 이것을 갖다가 너희끼리 나누라 눅22:19 또 떡을 가져 감사 기도하시고 떼어 그들에게 주시며 이르시되 이것은 너희를 위하여 주는 내 몸이라 너희가 이를 행하여 나를 기념하라 하시고 눅22:20 저녁 먹은 후에 잔도 그와 같이 하여 이르시되 이 잔은 내 피로 세우는 새 언약이니 곧 너희를 위하여 붓는 것이라	막14:24 이르시되 이것은 많은 사람을 위하여 흘리는 나의 피 곧 언약의 피니라.
결과	13:8하 내가 너를 씻어 주지 아니하면 네가 나와 상관이 없느니라. • 너희가 깨끗하다(13:10)	마 26:26 떡을 떼어 주시며 이르시되 받아서 먹으라 마 26:27 잔을 가지사 주시며 이르시되 너희가 다 이것을 마시라 마 26:28 죄 사함을 얻게 하려고 흘리는 바 나의 피 곧 언약의 피니라	깨끗해지다와 죄 사함을 얻는다는 같은 의미이다.
수반 명령	• 너희도 서로 발을 씻어주는 것이 옳으니라(13:14) • 내가 너희에게 행한 것 같이 너희도 행하게 하려 본을 보였느니라(13:15)	눅22:19 너희가 이를 행하여 나를 기념하라 눅22:20 내 피로 세우는 새 언약이다	
관계 확인	• 예수께서는 아버지(13:1)와 하나님(13:3)을 동일시한다. • 그러나 예수께서는 자신을 종(13:16)이고 보냄을 받은 자(13:16)라고도 한다. • 예수께서는 베드로에게 너와 나의 관계가 무엇이냐고 묻는다. • 관계 확인 속에서 하나님의 사랑, 예수의 사랑, 친구 사랑이 가능한 것이다.	• 누가에는 떡을 떼어 그들에게 주시며 이르시되 이것은 너희를 위하여 주는 내 몸(눅22:19)이라고 하고 또한 누가는 이 잔은 너희를 위하여 붓는 것(22:20)이라고 한다. 너희가 강조되어 있다. • 마가에는 많은 사람이 강조되어 있다.	하나님과의 관계회복을 위한 성만찬과 세족식
의미	• 발 씻기심은 예수 그리스도의 십자가 희생의 동인인 죄 사함, 섬김, 사랑을 상징하는 사건이다.	• 마지막 만찬은 예수 그리스도의 십자가의 희생을 직접 체험하게 하고 그 의미를 분명하게 하는 사건이다.	
	깨끗하여진다.	죄 사함을 받는다.	
	새 계명을 주신다.	새 언약이 세워지다.	
	• 성 목요일에 세족식을 거행한다.	• 성만찬이 제정된다.	
기타	• 물로 씻기는 행위는 세례의 상징이다.	• 성찬식을 준비하는 자세가 중요하다.	

	• 씻기어 짐으로 깨끗해진다. 씻김은 영적 씻김이요 구원의 참여다. • 발 씻기심은 구속의 상징이다. 발 씻기심의 도덕적, 윤리적 의미도 중요하지만 성례전적이고 구원론적인 해석에 더욱 주목해야 한다.	• 준비 없이 받아들이는 성찬식은 의미를 상실하게 된다. • 죄를 고백하고 죄의 용서함 받기를 갈구하며 하나님의 은혜를 사모하는 믿음의 자세가 중요하다.	

제36절 ⊛ 나를 먹는 그 사람

1. 본문

구분	본문(요6:47-57)	같은 말씀(요6:31-46, 59-61)
믿는 자의 영생	6:47 진실로 진실로 너희에게 이르노니 믿는 자는 영생을 가졌나니	6:40상 내 아버지의 뜻은 아들을 보고 믿는 자마다 영생을 얻는 이것이니
나는 생명의 떡	:48 내가 곧 생명의 떡이니라	6:35상 예수께서 이르시되 나는 생명의 떡이니 내게 오는 자는 결코 주리지 아니할 터이요
광야에서 먹은 만나	:49 너희 조상들은 광야에서 만나를 먹었어도 죽었거니와	6:31 기록된 바 하늘에서 그들에게 떡을 주어 먹게 하였다 함과 같이 우리 조상들은 광야에서 만나를 먹었나이다
나는 하늘에서 내려온 참 떡	:50 이는 하늘에서 내려오는 떡이니 사람으로 하여금 먹고 죽지 아니하게 하는 것이니라	6:32 예수께서 이르시되 내가 진실로 진실로 너희에게 이르노니 모세가 너희에게 하늘로부터 떡을 준 것이 아니라 내 아버지께서 너희에게 하늘로부터 참 떡을 주시나니
세상에 생명을 주는 떡, 생명을 위한 내 살이라	:51 나는 하늘에서 내려온 살아 있는 떡이니 사람이 이 떡을 먹으면 영생하리라 내가 줄 떡은 곧 세상의 생명을 위한 내 살이니라 하시니라	6:33 하나님의 떡은 하늘에서 내려 세상에 생명을 주는 것이니라
		6:58 이것은 하늘에서 내려온 떡이니 조상들이 먹고도 죽은 그것과 같지 아니하여 이 떡을 먹는 자는 영원히 살리라
유대인과 무리, 제자	:52 그러므로 유대인들이 서로 다투어 이르되 이 사람이 어찌 능히 자기 살을 우리에게 주어 먹게 하겠느냐	6:34 그들이 이르되 주여 이 떡을 항상 우리에게 주소서
		6:41-42 자기가 하늘에서 내려온 떡이라 하시므로 유대인들이 예수에 대하여 수군거려 이르되 이는 요셉의 아들 예수가 아니냐 그 부모를 우리가 아는데 자기가 지금 어찌하여 하늘에서 내려왔다 하느냐
		6:60-61 제자 중 여럿이 듣고 말하되 이 말씀은 어렵도다 누가 들을 수 있느냐 한대 예수께서 스스로 제자들이 이 말씀에 대하여 수군거리는 줄 아시고 이르시되 이 말이 너희에게 걸림이 되느냐
내 살을 먹고 내 피를 마시라 ① 영생을 위해서	:53-54상 예수께서 이르시되 내가 진실로 진실로 너희에게 이르노니 인자의 살을 먹지 아니하고 인자의 피를 마시지 아니하면 너희 속에 생명이 없느니라 내 살을 먹고 내 피를 마시는 자는 영생을 가졌고	6:27 썩을 양식을 위하여 일하지 말고 영생하도록 있는 양식을 위하여 하라 이 양식은 인자가 너희에게 주리니 인자는 아버지 하나님께서 인치신 자니라
		6:40상 내 아버지의 뜻은 아들을 보고 믿는 자마다 영생을 얻는 이것이니
② 마지막 날에 다시 살리신다	:54하 마지막 날에 내가 그를 다시 살리리니	6:39 나를 보내신 이의 뜻은 내게 주신 자 중에 내가 하나도 잃어버리지 아니하고 마지막 날에 다시 살리는 이것이니라
		6:40하 마지막 날에 내가 이를 다시 살리라 하시니라

		6:44 나를 보내신 아버지께서 이끌지 아니하시면 아무도 내게 올 수 없으니 오는 그를 내가 마지막 날에 다시 살리리라
③ 참된 양식이요 참된 음료로다	:55 내 살은 참된 양식이요 내 피는 참된 음료로다	6:32하 내 아버지께서 너희에게 하늘로부터 참 떡을 주시나니
		6:35 예수께서 이르시되 나는 생명의 떡이니 내게 오는 자는 결코 주리지 아니할 터이요 나를 믿는 자는 영원히 목마르지 아니하리라
④ 나도 그 안에 거한다	:56 내 살을 먹고 내 피를 마시는 자는 내 안에 거하고 나도 그의 안에 거하나니	
⑤ 나를 먹는 그 사람	:57 살아 계신 아버지께서 나를 보내시매 내가 아버지로 말미암아 사는 것 같이 나를 먹는 그 사람도 나로 말미암아 살리라	

2. 본문의 특징

구분	내용	비고
전후의 기사	1. 마태, 마가, 누가에 있는 오병이어의 기사가 요한복음에서는 6장의 처음 기사이다. 이어서 마태, 마가에는 물 위를 걷는 기사가 나온다. 2. 예수와 떡의 기사는 요한복음에만 있다. 3. 요한복음에는 이어서 유대인들이 예수를 죽이려 한다는 기사가 나온다(7:1-13). 그리고 예루살렘 성전에서 가르치는데 세 번째 예루살렘방문으로 보인다.	• 요한복음에서의 예루살렘방문기록 처음-성전정화 (2:13-22) 두 번째-베데스다에서 병자들 고치다(5:1-18) 세 번째-성전에서 가르치다(7:14-52) 네 번째-예루살렘입성 (12:12-19)
앞에 이야기	1. 무리들이 예수를 찾아다니다가 가버나움으로 간다(6:22-24). 2. 예수께서 너희가 나를 찾는 까닭은 떡을 먹고 배가 불러서라고 하며 썩지 않을 양식, 영생하도록 있는 양식을 위하여 일하라고 한다. 그리고 내가 이 양식을 주겠다고 한다(6:25-27). 3. 무리들이 우리가 어떻게 하여야 하나님의 일을 하오리까 하고 예수께 묻자 하나님께서 보내신 자를 믿는 것이라고 예수께 말씀한다. 그러자 그들은 당신을 믿도록 행하는 표적이 무엇이냐, 우리 조상들은 광야에서 만나를 먹었다고 하며 표적을 요구한다. (6:28-31). 4. 예수께서는 너희가 표적이라고 믿는 그 떡은 모세가 아닌 하나님께서 준 것이고 또한 너희에게 참 떡을 주시는데 하늘에서 내려 세상에 생명을 주는 것이라고 하자 그들이 주여 이 떡을 주시옵소서라고 한다(6:32-34). 5. 예수는 자신이 생명의 떡이라고 하며 자기를 믿는 자, 아버지께서 내게 주신 자, 내게 오는 자에 대해 말씀한다(6:35-37). 6. 예수께서는 자신의 사명에 대하여 말씀하기를 자신은 하늘에서 내려왔고 보내신 이의 뜻을 행하는 것이라고 하며 내게 주신 자들을 마지막에 살린다고 한다(6:38-40). 7. 예수의 정체에 대해 유대인들이 우리가 그 부모를 아는데 이는 요셉의 아들 예수가 아니냐 어찌하여 하늘에서 내려왔다 하느냐고 수군거리자 나를 보내신 이는 아버지이며 내게 오는 자는 마지막 날에 살리겠다고 하고 이어서 선지자의 글을 언급한 다음 자신을 가리켜 하나님께로부터 온 자이고 하나님을 보았다고 한다(6:41-46).	• 수가성 여자 이야기에서 제자들이 동네에서 사온 먹을 것을 예수께 드리니 그때 너희가 알지 못하는 양식이 있다고 하며 나의 양식은 나를 보내신 이의 뜻을 행하여 온전히 이루는 것이라고 한다(요 4:31-34).
전체 이야기	1. 믿는 자는 영생을 가졌고 내가 생명의 떡 하늘에서 내려오는 떡이기 때문에 먹고 죽지 않는다고 말씀(6:47-50)하는데 앞에서 이미 언급(6:31,32,35,40) 하였고 또한 위의 결론(6:58)으로도 나온다.	

| | 2. 내가 줄 떡은 세상에 생명을 위한 것이라고 하는데 6:33의 반복이다. 여기서는 떡이 인자의 살이라고 한다.

3. 유대인과 무리, 제자의 반응은 앞부분(6:34,41,42)에도 있고 뒷부분(6:60,61,66)에도 나온다. 앞에 예수의 정체성에서는 떡을 자기 살(6:51)이라고 해서 그리고 뒤에서는 이 떡을 먹는 자는 영원히 살리라(6:58)고 하는데 이 말씀을 이해하지 못하는 유대인들은 다투고(6:52) 제자들도 떠나는 내용이 있다(6:66).

4. 내 살을 먹고 내 피를 마시라는 이유에 대해 영생을 얻기 위해서, 마지막 날에 살리기 때문에, 참된 양식과 음료라서, 예수 안에 거하기 위해서라고 한다(6:52-56). 그러나 같은 내용의 말씀이 6:27,32,35, 39,40에도 있다.

5. 결론으로 나를 먹는 그 사람은 영원히 살리라(6:57, 58)고 한다. | |
| 반복되는
말씀 | 1. 본문 6:58은 6:48,49,50,51의 요약이다.

2. 본문 6:47-58은 6:27,31-34를 다시 말하고 있다.

3. 본문 6:54는 6:40과 같은 말씀의 다른 표현이다.

4. 양식에 대해서는 6:27에서 두 번 6:55에도 나온다.

5 떡에 대해서는 6:26,31,32에서 세 번, 그리고 6:33,34,35,41,48,50, 6:51에서 일곱 번, 6:58에서 두 번 언급되어 있다. 예수와 생명의 떡이 주제인 것이다.

6. 살은 6:51,52에 과 피는 6:53,54,55,56에 네 번 나온다.

7. '그가 내 안에 내가 그 안에 거한다'는 말씀은 포도나무와 가지 비유 중 네 번(15:4,5,6,7) 반복된다. | • 썩을 양식과 영생하도록 있는 양식을 대비하고 내 살이 참된 양식이고 내 피가 참된 음료라고 한다. |

3. 본문이해

구분	내용	비고
영생하도록 있는 양식	1. 예수를 믿는 자는 영생을 얻는다는 것이 요한복음의 주제이다. 생명의 떡 이야기에서도 믿는 자는 영생을 가진다고 반복(6:40,47)해서 말씀하고 있다. 2. 예수께서는 생명의 떡 이야기 처음에 썩을 양식이 아닌 영생하도록 있는 양식을 위해 일하라고 하고 인자가 이 양식을 너희에게 주리라고 한다. 여기서의 일이란 하나님의 일이다. 예수께서는 무리(6:24)에게 하나님의 일은 하나님께서 보내신 이를 믿는 것(6:29)이라 한다. 3. 양식에 대해서는 이미 수가성 여인과의 대화 중 제자들에게 한 말씀이 있다. 즉 '나의 양식은 나를 보내신 이의 뜻을 행하여 그의 일을 온전히 이루는 이것이니라'(4:34), 그런데 생명의 떡 이야기에서는 보내신 이의 뜻을 행하려고 하늘에서 내려왔다(6:38)고 하고 내 아버지의 뜻은 아들을 보고 믿는 자마다 영생을 얻게 하는 것(6:40)이라고 한다. 양식이란 예수에 대한 믿음이고 믿음을 통해 영생을 얻는다는 것이다.	• 엘리사는 보리떡 스무 개와 또 자루에 담긴 채소를 어떤 사람으로부터 받아서 온 무리에게 나누어 주는데 사환의 염려와 달리 백 사람이 먹고도 남았다(왕하4:42-44).
나는 생명의 떡이다	1. 예수께서는 수가성 여인과의 대화에서 자신이 영원히 목마르지 아니하는 생명수, 영생수를 주는 분(4:14)이라고 한다. 예수께서 '나는 생명의 떡이니 내게 오는 자는 결코 주리지 아니할 것이요 나를 믿는 자는 영원히 목마르지 아니하리라'(6:35)고 한다. 믿음이 곧 생명이라는 말씀이다. 2. 무리들에게 예수께서는 '자기가 하늘에서 내려온 떡이라'(6:41)고 하고 자신을 '내 아버지께서 너희에게 하늘로부터 준 참 떡(6:32), 즉 하늘에서 내려온 떡(6:50)이며 먹으면 영생하도록 하늘에서 내려온 살아있는 떡(6:51)이라고 한다. 3. '나는 생명의 떡'이라고 반복(6:35,48)해서 강조한다. 생명의 떡은 세상에 생명을 주는 것(6:33)이고 사람으로 하여금 먹고 죽지 아니하게 하는 것(6:50)이며 먹으면 영생(6:51)하고 먹는 자는 영원히 살리라(6:58)고 한다.	• 예수께서 광야에서 받으신 첫 번째 시험은 돌이 떡이 되게 하라는 것인데 마태는 '사람이 떡으로만 살것이 아니요 하나님의 입으로부터 나오는 모든 말씀으로 살 것이라'(마4:4)고 한다. 이 말씀은 이스라엘 백성이 광야에서

	4. 이 떡이 하늘에서 내려왔다는 것을 네 번 반복해서 강조하고 있다(6:32,33,50,51). 이 떡은 하나님과의 관계에서 내려온 떡 즉 아버지께로부터 보냄(6:38,39)을 받은 아들(6:40)이기 때문에 영생과 생명을 줄 수 있는 것이다. 계속해서 예수께서 '이 떡을 먹으면 영생하리라 내가 줄 떡은 곧 세상의 생명을 위한 내 살이니라'(6:51)고 한다. 당시 유대인들(6:41)에게도 충격이었으며 현대인에게도 역시 공포를 느끼게 하는 말씀이다.	사십 년 동안 지낼 수 있게 한 하나님의 의도와 만나를 먹인 이유에 대한 모세의 설명(신 8:3)이다.
하늘의 양식이 아닌 만나	1. 만나는 생명의 떡과 대비되는 개념이다. 만나는 '이것이 무엇이냐'는 뜻이다. 이스라엘 백성이 광야 40년 동안 하나님으로부터 공급받았던 특별한 양식(민11:7-9)이었으나 요단 강을 건너 약속의 땅에 도착한 후에 그쳤다(수5:10-12). 그런데 만나는 썩을 양식이고 영생하도록 있는 양식이 아니라는 것이다(6:27). 그래서 예수께서는 영생하도록 있는 양식을 너희에게 주겠다(6:27)고 한다. 생명의 떡 이야기에 있어서 만나는 생명의 떡(6:35), 참 떡(6:32), 하나님의 떡(6:33), 생명을 주는 떡(6:33), 먹고 죽지 아니하는 떡(6:50), 살아 있는 떡(6:51)의 반대되는 개념의 떡이다. 2. 무리는 예수께 하나님께로 부터 보내심을 받은 자로 믿을 수 있도록 표적을 요구하면서 조상들이 광야에서 만나를 먹었다고 말한다(6:29-31). 다시 말해서 오천 명을 먹이신 표적을 계속해서 다시 한번 요구하는 것이고 그러면 믿을 수 있겠다는 것이다. 사실 이들이 만나를 표적으로 요구한 이유는 메시아가 오면 만나를 다시 먹을 수 있다는 전승이 있기 때문이다. 무리가 바라던 메시아는 먹거리 문제를 해결해 주는 분이다. 그런데 무리는 예수께서 이미 오병이어로 오천 명을 먹인 일(16:1-15)을 기억하지 못하고 또 다시 만나의 표적을 요구한 것이다. 예수께서는 너희가 나를 찾는 것은 표적(오병이어)을 본 까닭이 아니요 먹고 배부른 까닭(6:26)이라고 이미 지적한 바 있다. 3. 무리는 만나가 하늘에서 그들을 먹이려고 내려온 떡(6:31)이라고 하지만 예수께서는 '너희 조상들은 광야에서 만나를 먹었어도 죽었다고 한다(6:49). 만나는 육체적인 목숨을 연장시켜준 것뿐이라고 말씀한 것이다. 예수께서는 만나가 '하늘에서' 내려왔다는 것에 대한 강력한 대비로서 생명의 떡은 '내 아버지께서'(6:32), 하나님의 떡(6:33), 하늘에서 내려오는 떡(6:50), 하늘에서 내려오는 살아 있는 떡(6:51)이라고 한다. 예수에게 하늘은 내 아버지 하나님이 있는 곳이고 자신은 하늘로부터 내려온 아들이라고 한다. 4. 구약에서의 만나는 하늘 양식(시78:24) 또는 하늘의 양식(시105:40)이라고 한다. 예수께서는 만나가 아니라 자신이 하늘 양식 곧 '하늘에서 내려온 떡이니 조상들이 먹고도 죽은 그것과 같지 아니하여 이 떡을 먹는 자는 영원히 살리라'(6:58)고 한다. 5. 광야에서 이스라엘 백성에게 만나를 먹이신 까닭은 '사람이 떡으로만 사는 것이 아니요 여호와의 입에서 나오는 모든 말씀으로 사는 줄을 네가 알게 하려 하심이라'(신8:3)고 모세는 말한다. 그러나 예수 당시의 유대인들도 광야에서의 이스라엘 백성들처럼 여호와의 말씀보다 먹고 배부른 떡만을 찾고 있었다. 예수께서는 니고데모와의 대화에서 육체적인 거듭남이 아니라 위로부터의 거듭남과 영적인 거듭남을 말씀하였다.	민11:7 만나는 깟씨와 같고 모양은 진주와 같다 시78:24 그들에게 만나를 비같이 내려 먹이시며 하늘양식을 그들에게 주셨나니 시105:40 그들이 구한즉 메추라기를 가져 오시고 또 하늘의 양식으로 그들을 만족하게 하셨도다 출16:4상 그 때에 여호와께서 모세에게 이르시되 보라 내가 너희를 위하여 하늘에서 양식을 비같이 내리리니 백성이 나가서 일용할 것을 날마다 거둘 것이라
무리, 유대인, 제자의 반응 ① 이 떡을 우리에게 주소서	1. 무리(6:24)가 예수께 하나님께서 보내신 분이라고 믿을 수 있도록 표적을 요구하자 예수께서는 광야에서의 만나와는 비교가 안 되는 하늘에서 내려오는 하나님의 떡, 세상에 생명을 주는 참 떡을 너희에게 주겠다(6:32-33)고 하자 그들은 '주여 이 떡을 우리에게 주시옵소서'(6:34)라고 한다. 무엇인지도 모르고 구하는 이들이다. 2. 수가성 여인과의 대화에서 예수께서는 '내가 주는 물은 영생토록 솟아나는 샘물이 되리라'고 하니 여자는 '그런 물을 내게 주사 목마르지도 않고 또 여기	• 하나님께서 유대인을 구하실 때의 모습에 대해 이사야는 억압자들의 살과 피를 말한다. • 이사야서에 이스라엘의 적대자들이 자기

	물 길러 오지도 않게 하옵소서'(4:14-15)라고 대답한다. 무리와 수가성 여인의 대답은 같은 것이다 3. 예수께서는 광야의 만나와 야곱의 우물물(4:12)을 통해 사람이 목숨 자체는 연장할 수 있다고 보았다. 그렇지만 진정으로 사람을 살리는 것은 '영이요 생명'(6:63)이라고 말씀하고 있다.	살을 먹고 자기 피에 취하는 이야기가 사 49:26에 나오고 유사한 표현이 사9:20에도 있다.
② 어찌하여 하늘에서 내려왔다 하느냐	1. 유대인(6:41)들은 예수에 대하여 수군거린다. '이는 요셉의 아들이 아니냐 그 부모를 우리가 아는데 자기가 지금 어찌하여 하늘에서 내려왔다 하느냐(6:42) 2. 요한복음 7장에는 예수께서 성전에서 가르치고 있는데 유대인들은 그리스도께서 오실 때에는 어디서 오시는지 아는 자가 없다고 한다(요7:27). 그런데 유대인들은 예수의 출신지역과 부모에 대해 이미 알고 있었기 때문에 예수가 자신을 하늘에서 내려왔다고 했을 때 수군거릴 수밖에 없었던 것이다. 6장에도 마찬가지다. 3. 예수께서는 수군거리지 말라고 하시며 '나를 보내신 아버지께서 이끌지 아니하면 아무도 내게 올 수 없다'(6:43-44)고 한다. 이 말씀은 하나님께서 이끌어야 예수께로 갈 수 있고 예수를 믿을 수 있다는 것이다. 예수께서 하늘에서 내려온 것을 믿는 것은 하나님의 이끌림(헬쿠에인, 렘31:3, 인도의 의미) 때문이라는 것이고 반대로 하나님의 인도하심이 없이는 예수를 믿을 수 없다는 것이다. 4. 예수께서는 '선지자의 글에 그들이 다 하나님의 가르침을 받았다'(요6:45)고 하며 아버지께 듣고 배운 사람마다 내게로 온다고 한다. 예수께서는 이사야서의 말씀 즉 '네 모든 자녀는 여호와의 교훈을 받을 것이니'(사54:13)를 인용하여 하나님에 대한 지식이 있다면 내게로 온다 즉 나를 믿을 것이라고 한다.	사49:26 내가 너를 억압하는 자들에게 자기의 살을 먹게 하며 새 술에 취함 같이 자기의 피에 취하게 하리니 모든 육체가 나 여호와는 네 구원자요 네 구속자요 야곱의 전능자인 줄 알리라
③ 이 말씀은 어렵도다	1. 제자 중 여럿이 듣고 이 말씀은 어렵도다 누가 들을 수 있느냐? 고 하며 수군거리는 것을 예수께서 듣고 이 말이 너희에게 걸림이 되느냐고 하면서(6:60-61), 전에 했던 말씀(6:37)을 반대로 반복한다. 내 아버지께서 오게 하여 주시지 아니하면 누구든지 내게 올 수 없다(6:65)고 한다. 2. 이때부터 그의 제자 중에 많은 사람이 떠나가고 다시 그와 함께 다니지 아니하였다(6:66)고 한다. 예수께서는 열두 제자에게 너희도 가려느냐(6:67)고 한다. 3. 요한복음에는 공관복음서에서의 '주는 그리스도시오 살아 계신 하나님의 아들'이라는 베드로의 신앙고백이 없다. 그러나 죽은 나사로의 누이인 마르다가 예수께서 나는 부활이요 생명이라(요11:25)고 하였을 때의 대답으로 '주여 그러하외다 주는 그리스도시요 세상에 오시는 하나님의 아들이신 줄 내가 믿나이다'(요11:27)라고 한다. 그런데 생명의 떡 이야기 끝에 베드로는 주여 영생의 말씀이 주께 있다고 한다. 영생의 말씀은 예수의 메시지의 특성을 강조한 말이다. 예수께서 내 말은 영이요 생명이라(6:63)고 하였는데 베드로는 영생의 말씀이 주께 있다고 화답한 것이다. 그리고 베드로는 우리가 누구에게 가오리까(6:68)라고 하며 예수만을 따를 것을 선언한다.	• 피부나 신체의 일부를 잘라서 채혈하여 이를 술에 섞어 마심으로 의형제를 맺는 의식이 지금도 세계 도처에 남아 있다.

인자의 살을
먹고 인자의
피를 마셔라
	1. 예수께서는 생명을 위해(6:53), 영생을 위해(6:54), 예수와 하나되기 위해(6:56), 영원히 살기 위해(6:58) 참된 양식(6:55)인 인자의 살(6:53), 내 살(6:54,55,56)을 먹으라고 명령하고 있다.
	2. 예수께서 '나는 하늘에서 내려온 살아 있는 떡이니 사람이 이 떡을 먹으면 영생하리라 내가 줄 떡은 곧 세상의 생명을 위한 내 살이니라'(6:51)고 한다.
		<살과 피의 이식>
		   현대의학에서 병든 장기를 새로운 장기로 바꾸는 것을 장기이식이라고 한다.
		   신장이식, 각막이식,

① 우리가 먹어야 하는 인자의 살: 살붙이가 되라	유대인들이 너무 놀라서 '이 사람이 어찌 능히 자기 살을 우리에게 주어 먹게 하겠느냐'(6:52)고 한다. 3. 공관복음의 마지막 만찬 기사에는 '예수께서 떡을 떼어 제자들에게 주시며 받아서 먹으라(마26:26), 이것은 너희를 위하여 주는 내 몸이라 너희가 이를 행하여 나를 기념하라(눅22:19)고 한다. 떡이 예수의 몸의 상징인 것이다. 그런데 요한복음에서는 공관복음서에서처럼 몸을 떡이라 하지 않고 내 살을 먹으라는 보다 직접적인 표현을 하고 있다. 4. 예수의 살은 인간으로서의 예수를 말한다. 요한일서의 저자는 예수가 육체로 온 것을 부인하는 자는 적그리스도(요일4:2-3)라고 했다. 저자 요한이 예수의 살을 강조하는 이유의 하나라고 하겠다. 5. 예수의 살을 먹으라는 것은 예수의 살을 '우리 몸속에 넣어라' 즉 이식하라는 의미로 이해할 수 있다. 예수의 살이 우리 안에 이식될 때 우리는 생명을 얻을 수 있는 것이다. 그런데 예수께서는 '세상의 생명을 위한 내 살'(6:51)이라고 하고 내 살은 참된 양식(6:55)이라고도 한다. 예수께서는 내 살을 먹으라고 하면서 생명이신 자신과 우리가 일체가 되기를 원하고 있다. 생명이신 예수의 살을 먹음으로 우리는 죽지 않고 영원히 살며 영생을 얻을 수 있는 것이다. 예수의 살붙이가 되라고 한다.	잇몸이식, 간이나 췌장 이식, 심장이식 등이 있다. 장기이식은 살과 피의 이식이라 하겠다. 우리는 예수의 뇌로, 예수의 심장으로, 예수의 눈으로 보기 위하여 예수의 살을 먹고 피를 마셔야 할 것이다.
② 우리가 마셔야 할 인자의 피: 피붙이가 되라	1. 예수께서는 생명을 위해(6:53), 영생을 위해(6:54), 예수와 하나되기 위해(6:56), 영원히 살기 위해(6:58), 참된 음료(6:55)인 인자의 피(6:53), 내 피(6:55,56)를 마시라고 명령하고 있다. 즉 예수의 피를 마셔야 하는 이유와 살을 먹어야 하는 이유가 같다. 2. 피를 마신다는 상상만 하여도 비린내가 나는 것 같고 메스껍기까지 하다. 그런데 예수께서 인자의 피를 마시라고 한다. 유대인들은 피와 생명을 동일시한다(창9:5). 신명기에는 계속해서 세 번씩이나 피를 먹지 말라(12:23,24,25)고 당부하고 있다. 레위기에는 '새나 짐승의 피나 무슨 피든지 먹지 말라 무슨 피든지 먹는 사람이 있으면 그 사람은 다 자기 백성 중에서 끊어지리라'(7:26-27)고 하며 제물의 피는 모두 제단에 뿌리라(출29:12)고도 한다. 3. 공관복음의 마지막 만찬 기사에는 '예수께서 잔을 가지사 너희가 다 이것을 마시라 이것은 죄 사함을 얻게 하려고 많은 사람을 위하여 흘리는 바 나의 피 곧 언약의 피'(마26:27-28)라고 한다. 여기서 포도주는 예수의 피로서 새 언약(눅22:20)의 상징이다. 그런데 요한복음에서는 내 살을 먹고 내 피를 마시라고 구체적으로 명령하고 있다. 4. 성경에서 피는 생명의 근원이요 본질(창9:4, 레17:11)로서 구약에서 죄지은 자들은 희생제물의 피 흘림으로 용서를 받을 수 있다. 번제, 화목제, 속건제, 속죄제 등에는 반드시 피가 있는 제물이 요구된다. 그러나 유대인들에게 어떤 피든지 간에 먹지 못하게 하는 이유는 인간의 피에 다른 짐승의 피, 즉 다른 생명이 섞여서는 안 된다는 것이다. 피가 곧 생명이다. 그래서 그들은 철저하게 피 뺀 고기만을 먹는 것이다. 예수께서는 반대로 내 피를 마시라고 한다. 내 생명을 마시라는 것이다. 생명이신 예수께서 자신의 생명으로 내 몸을 채우라고 한다. 5. 예수의 피를 마신다는 것은 예수의 피를 내 몸속에 넣는다는 것 즉 피의 혼합을 의미한다. 피가 섞인 사람을 우리는 형제요 자매라고 한다. 예수께서는 우리를 그냥 떨거지들로 놓아두지 아니하고 피붙이 즉 혈육으로는 가장 가까운 사람, 부모 자식과 같이 되기를 원한다는 것이다. 6. 요한복음의 이 기사에 대해 메레디스 워렌은 신성한 영웅을 구별하는 고대 지중해의 희생제물 전통을 반영하고 있다고 보았다. 얀 힐만은 예수의 살을 먹고 피를 마시는 이야기는 개념적인 은유의 배경으로 이해되어야 한다고 주장하다.	시락서24:2 나를 먹는 사람은 더 먹고 싶어지고 나를 마시는 사람은 더 마시고 싶어한다. • 피붙이는 혈육으로 가까운 사람으로 부모와 자식의 관계에서 쓴다(국어사전). 살붙이는 혈연으로 매우 가까운 사람. 보통 부모와 자식을 관계에서 쓰인다(국어사전). 떨거지는 겨레붙이나 한통속으로 지내는 사람들을 낮잡아 부르는 말이다(국어사전).

	7. 예수의 살을 먹고 피를 마시는 사람은 예수의 피붙이이고 그렇지 않은 사람은 떨거지들이다. 우리말에도 피붙이, 살붙이가 있다. 혈육으로 가장 가까운 사람을 말한다. 시집가는 딸에게 그 집의 피붙이, 살붙이가 되라고 한다.	
예수께서 내 살을 먹고 내 피를 마시라고 한 이유 ① 생명이 있게 하기 위해서	1. 예수께서 내 살을 먹고 내 피를 마셔야 한다고 하는데 이 말씀은 공관복음서에서 마지막 만찬 때 떡을 떼어 주시며 '이것은 너희를 위하여 주는 내 몸이라'(눅22:19)고 하고 '이 잔은 내 피로 세우는 새 언약이니'(눅22:20)라고 한 것과 비교될 수 있다. 2. 또한 시락서(집회서)에서 나를 먹는 사람은 더 먹고 싶어지고 나를 마시는 사람은 더 마시고 싶다(24:2)는 표현과 같은 것으로 볼 수 있다. 3. 요한복음은 첫 번째 이유로 너희 속에 생명이 없기 때문이라고 한다(6:53). 세상의 생명을 위한 예수의 살(6:51)을 먹음으로 즉 내 몸 안에 예수의 생명을 가짐으로 영생을 얻게 된다는 것이다. 4. 역시 같은 논리로서 생명의 피 그것도 예수의 피를 마심으로 즉 내 몸 안에 예수의 생명을 가짐으로 우리 안에 생명이 있게 된다는 것이다. 5. 예수께서는 아버지께서 자기 속에 생명 있음같이 아들에게도 생명을 주어 그 속에 있게 하였다(5:26)고 한다. 그런데 그 아들이 우리에게 생명을 준다는 것이다.	• 그리스 신화 속에서 디오니소스는 거인 티탄족에게 뜯어 먹혔다가 부활하는 존재로 등장한다. 고대 그리스의 오르페우스교(orphism)라는 밀교는 이 신화를 의식으로 재현하기 위해 간혹 인육을 먹는 제의를 하였다고 알려져 있다.
② 다시 살리리라	1. 예수께서는 내 살을 먹고 내 피를 마셔야 하는 두 번째 이유로 영생을 갖는 것과 마지막 날에 다시 살리는 것을 말씀한다(6:54). 그런데 다시 살리리라는 말씀은 앞에서 세 번(6:39,40,44)이나 강조한 말씀이다. (1) 처음에는 아버지께서 내게 주신 자들을 하나도 잃어버리지 아니하고 다시 살리리라고 하고(6:39), (2) 이어서 아들을 보고 영생을 얻는 이것이니 마지막 날에 내가 나를 다시 살리리라고 하며(6:40) (3) 다시 한번 내게 오는 그를 내가 마지막 날에 다시 살리리라고 한다(6:44). 2. 요한복음 5장에서 예수께서는 이미 하나님의 아들로서 하나님과 같은 일을 한다고 하였다(요5:19). 그때 다시 살리는 것에 대해 '아버지께서 죽은 자들을 일으켜 살리심 같이 아들도 자기가 원하는 자들을 살리느니라'(5:21)라고 했고 영생에 대해서도 나를 보내신 이를 믿으면 얻게 된다고 했다(5:24). 또한, 다시 사는 문제에 대해서 '죽은 자들이 하나님의 아들의 음성을 들을 때가 오나니 곧 이 때에 듣는 자는 살아나리라'(5:25)고 한다.	• 순교자 유스티누스(AD101-165)는 미트라 교인들이 기독교의 성찬의식을 악마로부터 전수받아 모방하고 있다고 비난하였다(후란시스 레게,1950).
③ 내 안에 거하고 나도 그의 안에 거하리라	1. 예수께서 내 살을 먹고 내 피를 마셔야 하는 세 번째 이유로 '그가 내 안에 거하고 나도 그의 안에 거하기' 위해서라고 한다(6:56). 예수의 살을 먹음으로 그의 살이 내 몸에 일부가 되고 예수의 피를 마심으로 예수와 피를 섞은 우리는 포도나무와 가지의 비유에서처럼 하나가 된 것이다. 2. 예수께서는 포도나무와 가지의 비유에서 내 안에 거하라(15:4)고 명령하면서 내 안에 거하지 아니하면 너희가 아무것도 할 수 없고 불에 던져진다고 한다. 또한 '너희가 내 안에 거하고 내 말이 너희 안에 거하면 무엇이든지 원하는 대로 구하라 그리하면 이루리라'(15:7)는 약속도 한다. 그리스도와 신비한 결합이 가능하다고 강조하고 있다. 3. 예수께서는 궁극적으로 하나님과 예수의 일치가 예수와 신자의 일치로 확대된다고 한다. 예수와의 일치가 나아가 하나님과의 연합이라는 말씀이다. 즉 '그 날에는 내가 아버지 안에서, 너희가 내 안에, 내가 너희 안에 있는 것을 너희가 알리라'(14:20)고 한다.	

	4. AD64년 로마는 대화재를 기점으로 기독교를 공개적으로 로마의 가치와 신의 뜻에 어긋나는 종교로 규정하고 기독교도들을 박해하기 시작하였다. 기독교인들은 주일예배를 사랑의 나눔(성도의 교제) 또는 그리스도의 몸의 나눔(주의 만찬)으로 불렀는데 '사랑의 나눔'은 집단난교로, '그리스도의 몸의 나눔'은 어린아이를 죽여 나눠먹는 식인집단의 식사로 오해를 받게 되었다. AD110년 소플리니우스가 기독교인의 주일예배에 대한 조사를 트라야누스 황제에게 보고함으로 오르페우스교의 카니발리즘과 전혀 무관함이 밝혀진다. 그러나 '내 살을 먹고 내 피를 마시는 자'들에 대한 의심과 혐오는 계속되었다(박욱주).	
현대적 의미	1. 내 살을 먹고 내 피를 마시라에 대해 현대적 의미를 살펴 볼 필요가 있다. 물론 이 말씀은 예수의 살과 피를 우리 몸속에 넣으라는 것으로 하나님의 자녀가 되라는 말씀으로 이해될 수 있다. 2. 우리의 변화는 DNA 즉 유전적 성질이 변하는 '변형' transformation이어야 할 것이다. 예수께서는 우리의 영적 형질전환 방법으로 자신의 살과 피를 먹으라고 하는 것이다. 3. 우리의 변화는 형태와 모양까지도 참모습으로 바뀌는 '변형' deformation(케임브리지 영어사전)이어야 할 것이다. 예수께서는 우리의 외적인 모습도 바뀌기를 원하고 있다는 말씀으로 이해할 수 있다. 4. 이 말씀은 성만찬적 표현으로 예수의 살과 피가 그리스도인 한 사람 한 사람 속에서 어떻게 변화가 일어나고 거듭나서 영생을 갖게 되는지를 설명하고 있다고 하겠다.	• transformation과 deformation으로 이해하기

4. 심층연구: 예수의 자기 이해와 영생

구분	내용	비고
예수의 하나님 이해	1. 예수께서는 하나님을 '내 아버지'라고 부르는데 6:27,32,37,40,44, 45,46,57에 두 번, 65 등에 나온다. 2. 예수께서는 하나님을 '나를 보내신 자'라고 하는데 6:29,38,39,44, 57 등에 나온다. 3. 예수께서는 하나님에 대해 '하늘에서 만나를 내려 주신 분', '하늘로부터 참 떡을 주시는 분'(6:32)이고 '내게 오는 자를 주시는 분'(6:37)이라고 한다. 4. 내 아버지의 뜻은 '보냄 받는 이를 믿는' 것(6:29)과 '마지막 날에 살리시는' 것(6:38) 및 '아들을 보고 믿는 자마다 영생을 얻게 하는' 것(6:40)이라고 한다. 5. 예수께서는 자신을 하나님에게서 온 자(6:46)이고 하나님을 보았다(6:46)고 하며 '아버지로 말미암아 산다'(6:57)고 하다. 6. 예수께서는 자신을 '아들'(6:40)이라고 한다.	• 참 떡이란 만나와 구별되는 표현으로 예수 자신을 말하고 있다. • 하나님께서 내게 주시는 자는 내게로 오는 자(6:37)로서 예수를 믿는 자를 말한다.
예수의 자기 이해	1. 예수께서는 자신을 하나님께서 인치신 자(6:27)라고 한다. 2. 예수께서는 '자신을 영생하도록 있는 양식을 주는 자(6:27)라고 한다. 3. 예수께서는 자신을 하늘로부터 오는 참 떡(6:32)이고 하늘에서 내려와서 세상에 생명을 주는 하나님의 떡(6:33), 즉 하늘에서 내려온 살아 있는 떡(6:51)이며 스스로 '생명의 떡'(6:35,48)이라고 한다. 4. 예수께서는 스스로 하늘에서 내려왔다(6:38)고 한다. 그리고 유대인들에게 '자기가 하늘에서 내려온 떡이라'(6:41)하며, 또한 스스로 '나는 하늘에서 내려온 살아 있는 떡'(6:51)이라고 한다. 니고데모와의 대화에서도 니고데모는 '하나님께로부터 오신 선생(요3:2)'	• 인치심이란 도장이 찍혔다는 말로써 소유자의 이름이나 표식이 찍혀 있다는 것이다. 여기서는 예수와 하나님의 관계보다는 하나님의 이름을 몸에 지닌 예수의 의미로 보아야 하겠다.

	이라고 하였고 세례 요한 역시 '위로부터 오시는 이'(3:31), '하나님이 보내신 이'(3:34)라고 증언하였다. 예수께서는 자신을 '보내신 이의 뜻을 행하는' 자 (6:38)라고 한다. 5. 예수께서는 자신을 하늘로 올라갈 자라고 말씀한다(6:62). 니고데모와의 대화에서도 "하늘에서 내려온 자 인자 외에는 하늘로 올라갈 자가 없느니라"(3:13)고 했다.	에베소서(1:13)는 성령이 인치심을 따라 구속 즉 죄 사함을 받았다고 한다.
예수를 믿는 자에 대한 말씀	1. 하나님께서 보내신 이 즉 예수 그리스도를 믿는 이(6:29)이다. 2. 예수께서 '내게 오는 자', '나를 믿는 자'라고 하다(6:35). 3. 예수를 믿는 자는 '아버지께서 내게 주시는 자'(6:37, 39)인데 내게 오는 자 (6:37)이다. 4. 아들을 보고 믿는 자(6:40)이다. 5. '나를 보내신 아버지께서 이끌지 아니하시면 아무도 내게 올 수 없으니' 즉, 아버지께서 이끌어서 내게 보낸 자(6:44)이다. 6. 기록된 대로 '아버지께 듣고 배운 사람마다 내게로 오는데 즉 바로 내게로 오는 자'(6:45)이다. 7. 인자의 살을 먹고 인자의 피를 마시는 자(6:53)이다. 내 살을 먹고 내 피를 마시는 자(6:54,56)이고 나를 먹는 그 사람(6:57)이다.	요일4:15 누구든지 예수를 하나님의 아들이라 시인하면 하나님이 그의 안에 거하시고 그도 하나님 안에 거하느니라
예수께서 주시는 영생, 생명	1. 썩을 양식을 위하여 일하지 말고 영생하도록 있는 양식을 위해 일하라 (6:27) 2. 하나님의 떡은 하늘에서 내려 세상에 생명을 주는 것이니라(6:33) 3. 나는 생명의 떡이니 내게 오는 자는 결코 주리지 아니할 터이요, 나를 믿는 자는 영원히 목마르지 아니하리라(6:35) 4. 내 아버지의 뜻은 아들을 보고 믿는 자마다 영생을 얻는 이것이니 마지막 날에 내가 이를 다시 살리리라(6:40) 5. 진실로 진실로 너희에게 이르노니 믿는 자는 영생을 가졌나니(6:47) 6. 내가 곧 생명의 떡이라(6:48) 7. 나는 하늘에서 내려온 살아 있는 떡이니 사람이 이 떡을 먹으면 영생하리라. 내가 줄 떡은 곧 세상의 생명을 위한 내 살이니라(6:51) 8. 인자의 살을 먹고 인자의 피를 마시지 아니하면 너희 속에 생명이 없느니라(6:53하) 9. 내 살을 먹고 내 피를 마시는 자는 영생을 가졌고 마지막 날에 내가 그를 살리리니(6:54) 10. 이 떡을 먹는 자는 영원히 살리라(6:58하) 11. 살리는 것은 영이니 육은 무익하리라. 내가 너희에게 이른 말은 영이요 생명이라(6:63)	• 영생: 예수께서 주시는 영원한 생명 또는 예수 그리스도 자신(요일 1:2)을 말한다. 영생에 대해서는 요한복음과 요한일서에서 다루어지고 있다. • 니고데모와의 대화에서 그를 믿는 자에게 영생을 얻게 하려 하심이라(3:15) 아들을 믿는 자에게 영생이 있다 (3:36)고 한다.

5. 집중탐구: 몸과 피 그리고 살과 피

구분	몸과 피(공관복음)	살과 피(요한복음)	비고
장소	예루살렘	가버나움	
때	유월절 만찬	오병이어와 물 위를 걸으신 후	
의미	예수 그리스도의 희생	예수 그리스도의 희생을 보다 구체적으로 언급하다	

예수의 말씀	1. 떡을 떼어 축복하시고 떼어 제자들에게 주시며 이르시되 받아서 먹으라 이것은 내 몸이니라 (마 26:26) 2. 잔을 가지사 감사 기도 하시고 그들에게 주시며 이르시되 너희가 다 이것을 마시라 (마26:27)	• 내 살을 먹고 내 피를 마시라 1. 인자의 살을 먹지 아니하고 인자의 피를 마시지 아니하면 너희 속에 생명이 없느니라(6:53) 2. 내 살을 먹고 내 피를 마시는 자는 영생을 가졌고 마지막 날에 내가 그를 다시 살리리니(6:54) 3. 내 살을 먹고 내 피를 마시는 자는 내 안에 거하고 나도 그의 안에 거하나니(6:56)	• 공관복음은 정언적 지시이다. • 요한복음은 조건적 지시이다. • 예수를 먹는 것(:57)은 예수의 살을 먹고 피를 마시는 것이라 하겠다.
중요성과 의미	1. 죄 사함을 얻게 하려고 흘리는 나의 피 곧 언약의 피니라 (마 26:28) 2. 내 피로 세우는 새 언약(눅 22:20)이니 3. 이를 행하여 나를 기념하라 (눅 22:19)	1. 예수와 기독교인의 관계에 대해 언급하고 있다. 2. 예수는 떨거지들이 되지 말고 피붙이, 살붙이가 되라고 한다. 3. 신앙의 목표가 영생, 부활, 생명임을 분명히 하고 있다.	
필연성	1 죄 사함을 받다. 2 많은 사람을 위하여 흘리는 언약의 피이다. 3 새 언약을 세우다.	1. 예수께서 자신을 생명의 떡(:35, 38)이라고 하고 이 떡은 세상의 생명을 위한 내 살이라고 하다(:51). 우리 속에는 생명이 없기 때문에(:53) 인자의 살을 먹고 인자의 피를 마셔야 한다. 생명의 떡을 먹어야 한다. 2. 예수께서는 나를 보내신 이가 내게 주신 자(:39) 즉 아들을 보고 믿는 자(:40)를 마지막 날에 다시 살린다고 하다. 마지막 날에 다시 살기 위해서는 예수의 살을 먹고 피를 마셔야 한다. 3. 예수는 자신을 참 포도나무(15:1,5)라고 하며 너희가 내 안에 있어야 하는 까닭(15:4,5,6,7)에 대해서 말씀한다. 여기서 예수께서는 너희도 내 안에 거하고 나도 그의 안에 거하는 방법으로 내 살을 먹고 내 피를 마시라고 한다. 4. 예수의 요구는 예수와 연합하라는 것이다. 예수께서는 우리를 친구(15:14,15)라고 하고 나사로를 친구(요11:11)라고 하며 스스로 세리와 죄인의 친구(눅7:34)라고 한다. 부활하신 예수께서는 제자들을 형제(마28:10, 요20:17)라고 부른다.	• 내 살을 먹고 내 피를 마셔야 한다는 예수의 요구는 예수의 살과 피 즉 예수의 전체를 받아들이라는 것이다. • 내 아버지의 뜻(6:40)은 아들을 보고 믿는 자마다 마지막 날에 다시 살린다(:40,54)고 한다.
의의	1. 속죄함 2. 새 언약	1. 예수를 받아들이라 영생을 얻게 되리라. 2. 예수를 믿으라 부활하리라. 3. 예수와 연합하라 예수께서 네 안에 거하리라.	

| 기타 | 예수께서 나를 위해 돌아가시고 그로 말미암아 죄 사함을 받았을 뿐 아니라 영생하게 되었다는 믿음을 고백하는 상징으로서의 성만찬이다.

고전11:28-29 사람이 자기를 살피고 그 후에야 이 떡을 먹고 이 잔을 마실지니 주의 몸을 분별하지 못하고 먹고 마시는 자는 자기의 죄를 먹고 마시는 것이니라 | 1. 성만찬의 분위기가 있으나 성만찬은 아니다.
2. 성만찬의 행위로 우리가 구원받는 것이 아니다. | 종교개혁 때 예배에서 성찬식이 폐지된 이유는 형식적인 예전이었기 때문이다. |

9장

체포
직전

HORIZONTAL ANALYSIS
OF THE GOSPELS

제37절 ✹ 베드로의 부인 예언

1. 본문비교

구분		마태(26:30-35)	마가(14:26-31)	누가(22:31-34)	요한(13:33,36-38)
감람산		:30 이에 그들이 찬미하고 감람산으로 나아가니라	:26 이에 그들이 찬미하고 감람산으로 가니라		
제자의 고난과 그후	양들이 흩어지리라	:31 그 때에 예수께서 제자들에게 이르시되 오늘 밤에 너희가 다 나를 버리리라 기록된 바 내가 목자를 치리니 양의 떼가 흩어지리라 하였느니라	:27 예수께서 제자들에게 이르시되 너희가 다 나를 버리리라 이는 기록된 바 내가 목자를 치리니 양들이 흩어지리라 하였음이니라	:31 시몬아, 시몬아, 보라 사탄이 너희를 밀 까부르듯 하려고 요구하였으나	13:33 작은 자들아 내가 아직 잠시 너희와 함께 있겠노라 너희가 나를 찾을 것이나 일찍이 내가 유대인들에게 너희는 내가 가는 곳에 올 수 없다고 말한 것과 같이 지금 너희에게도 이르노라
	내가 살아난 후	:32 그러나 내가 살아난 후에 너희보다 먼저 갈릴리로 가리라	:28 그러나 내가 살아난 후에 너희보다 먼저 갈릴리로 가리라	:32 그러나 내가 너를 위하여 네 믿음이 떨어지지 않기를 기도하였노니 너는 돌이킨 후에 네 형제를 굳게 하라	
베드로의 충성약속과 예수의 부인예언	나는 결코 버리지 않겠나이다	:33 베드로가 대답하여 이르되 모두 주를 버릴지라도 나는 결코 버리지 않겠나이다	:29 베드로가 여짜오되 다 버릴지라도 나는 그리하지 않겠나이다	:33 그가 말하되 주여 내가 주와 함께 옥에도, 죽는 데에도 가기를 각오하였나이다	:36 시몬 베드로가 이르되 주여 어디로 가시나이까 예수께서 대답하시되 내가 가는 곳에 네가 지금은 따라올 수 없으나 후에는 따라오리라 :37 베드로가 이르되 주여 내가 지금은 어찌하여 따라갈 수 없나이까 주를 위하여 내 목숨을 버리겠나이다
	네가 세 번 나를 부인하리라	:34 예수께서 이르시되 내가 진실로 네게 이르노니 오늘 밤 닭 울기 전에 네가 세 번 나를 부인하리라	:30 예수께서 이르시되 내가 진실로 네게 이르노니 오늘 이 밤 닭이 두 번 울기 전에 네가 세 번 나를 부인하리라	:34 이르시되 베드로야 내가 네게 말하노니 오늘 닭 울기 전에 네가 세 번 나를 모른다고 부인하리라 하시니라	:38 예수께서 대답하시되 네가 나를 위하여 네 목숨을 버리겠느냐 내가 진실로 진실로 네게 이르노니 닭 울기 전에 네가 세 번 나를 부인하리라
	내가 주와 함께 죽을지언정	:35 베드로가 이르되 내가 주와 함께 죽을지언정 주를 부인하지 않겠나이다 하고 모든 제자도 그와 같이 말하니라	:31 베드로가 힘있게 말하되 내가 주와 함께 죽을지언정 주를 부인하지 않겠나이다 하고 모든 제자도 이와 같이 말하니라		

2. 본문의 차이

구분		마태	마가	누가	요한
본문의 위치		마지막 만찬 다음 이어서 겟세마네의 기도	마지막 만찬 다음 이어서 겟세마네의 기도	마지막 만찬과 누가 가장 크냐는 다툼의 다음 이어서 검 두 자루 기사 후 겟세마네의 기도	유월절 전 만찬에서 세족식과 새 계명을 준 다음 이어서 그리고 제14장 고별 강화
장소		감람산	감람산	마지막 만찬 장소 다락방	유월절 전 만찬장
누구와 대화		처음에는 제자들(너희), 나중에는 베드로	처음에는 제자들(너희), 나중에는 베드로	시몬을 두 번 부르시면서 너희라고 하다 나중에는 베드로	처음부터 계속해서 베드로
예수의 고난과 부활	예수 고난 시 제자들의 모습	• 목자를 치리니 양의 떼가 흩어지리라 스가랴 13:7인용(기록된 바) • 너희가 다 나를 버리리라	• 목자를 치리니 양들이 흩어지리라 스가랴 13:7인용(기록된 바) • 너희가 다 나를 버리리라	• 사탄이 너희 시련을 요구한다 • 욥1:6-12의 사탄이 하나님께 욥의 시험요구를 원용	• 스가랴13:7의 끝 부분 인용 • 작은 자들아
	고난 후	• 내가 살아난 후 • 갈릴리로 가리라	• 내가 살아난 후 • 갈릴리로 가리라	• 고난 후 • 내가 네 믿음을 위해 기도한다. 돌이킨 후에 네 형제를 굳게 하라	
베드로	충성 약속	모두 주를 버릴지라도 나는 결코 버리지 않겠나이다(26:33)	다 버릴지라도 나는 그리하지 않겠나이다(14:29)	주여 내가 주와 함께 옥에도, 죽는 데에도 가기를 각오하였나이다(22:33)	• 주여 어디로 가시나이까 내가 지금은 어찌하여 따라갈 수 없나이까 • 주를 위하여 내 목숨을 버리겠나이다
	예수의 예언	오늘밤 닭 울기 전 세 번 나를 부인하리라	오늘 이 밤 닭이 두 번 울기 전 세 번 나를 부인하리라	• 오늘 밤 닭 울기 전 세 번 나를 모른다고 부인하리라	• 닭 울기 전 세 번 나를 부인하리라
	그의 장담	• 주와 함께 죽을지언정 주를 부인하지 않겠나이다 • 제자들 동조	• 내가 주와 죽을지언정 주를 부인하지 않겠나이다 • 제자들 동조		

3. 본문이해

구분	내용	비고
장소	1. 마태, 마가는 만찬 후에 그들이 찬미하고 감람산으로 갔다고 한다. 그러나 누가에서는 마지막 만찬이 끝난 다음 제자들 중에서 누가 가장 크냐고 다툼이 일어난다. 그때 예수께서 말씀한다. 그러므로 누가에 있어서의 장소는 아직 다락방이다. 누가에서 예수께서는 검 두 자루를 말씀한 후에 제자들과 함께 감람산으로 간다. 2. 요한복음에서의 장소는 유월절 만찬을 하고 세족식을 한 만찬장이다.	슥13:7 만군의 여호와가 말하노라 칼아 깨어서 내 목자, 내 짝 된 자를 치라 목자를 치면 양이 흩어지려니와 작은 자들 위에는 내가 내 손을 드리우리라

예수 고난 시 제자들의 모습 ① 마태, 마가: 나를 버리리라, 흩어지리라	1. 마태, 마가에서의 예수께서는 제자들에게 오늘 밤에 너희가 나를 버리리라고 하며 기록된 바라고 하는데 스가랴의 예언을 인용한 것이다(13:7). 새번역은 '너희가 다 나를 버리리라'를 '너희가 모두 걸려서 넘어질 것이다'로 번역하였는데 예수를 따르는 것과 신앙공동체의 실패를 의미하고 있다. 2. 여기서 버리다는 스칸달리조의 수동형으로 걸려 넘어지다, 실족하다의 의미이고 버린다는 의미는 없으며 단지 자신이 걸려 넘어지는 것을 말한다. 그런데 예수께서는 너희가 나를 버리는 이유가 스가랴의 예언이 이루어지기 위해서라고 하면서도 그럼에도 불구하고 제자들은 유혹에 넘어가서는 안 된다는 것이다. 3. 스가랴는 여호와께서 말씀하기를 '목자를 치면 양이 흩어진다'고 하였는데 예수께서는 자신을 '선한 목자'(요10:11)라고 하였다. 목자가 없으면 당연히 제자들이 흩어져 버릴 수밖에 없을 것이다. 4. 마태,마가에서의 예수께서는 '다 나를 버리리라'하는데 누가에는 이 말씀이 없다. 마태는 '오늘 밤'이라고 한다.	요10:11 나는 선한 목자라 선한 목자는 양들을 위하여 목숨을 버리거니와 요10:17 내가 내 목숨을 버리는 것은 그것을 내가 다시 얻기 위함이니 이로 말미암아 아버지께서 나를 사랑하시느니라
② 누가: 사탄이 키질하리라	1. 마태, 마가에서의 예수께서는 자신의 고난에 대해 스가랴의 예언을 인용하여 본질적으로 하나님의 뜻에 의한 것이고 또한 제자들이 흩어질 수밖에 없다고 한다. 그러나 누가에서의 예수께서는 너희가 다 나를 버리리라는 말씀이 없을 뿐 아니라 자신의 고난보다 제자들이 받을 고난에 대해 더욱 염려하고 있다. 2. 누가에서 예수께서는 시몬을 두 번 부른 후 '사탄이 너희를 키질하겠다고 요구'한다고 말씀한다. 공동번역은 '사탄이 이제는 키로 밀을 까부르듯이 너희를 제멋대로 다루게 되었다'고 한다. 　키질이란 알곡과 가라지를 구분해 내기 위한 것인데 욥기에서처럼 하나님은 마귀의 시험을 허락하실 수도 있는 것이다. 그래서 예수께서는 다급하게 시몬을 두 번 부르신 것이리라. 3. '요구하였다'의 숨은 뜻이 항복을 요구하다의 의미로 보면 사탄이 키질을 하여 너희를 항복시키려 한다로도 이해할 수 있다. 결과적으로 제자들은 사탄의 시험에 들게 된다는 것이다. 4. 누가에서 '밀 까부르듯' 하려는 것과 마태, 마가에서 나를 버리리라는 그들이 그런 시험을 받게 되리라는 것이다. 예수께서 이미 제자들이 받을 고난을 알고 있었다고 하겠다.	사30:28 그의 호흡은 마치 창일하여 목에까지 미치는 하수 같은즉 그가 멸하는 키로 열방을 까부르며 여러 민족의 입에 미혹하는 재갈을 물리시리니 잠20:26 지혜로운 왕은 악인들을 키질하며 타작하는 바퀴를 그들 위에 굴리느니라
③ 요한복음: 각각 흩어지리라	1. 요한복음에는 제자들의 고난에 대한 병행 구절이 없다. 그러나 요한복음에서 예수께서는 두 번째 고별 강화(제16장)에서 '너희가 다 각각 제 곳으로 흩어지고 나를 혼자 둘 때가 온다'(16:32)고 말씀한다. 그렇지만 실제로는 요한복음에서만이 예수께서 심문받는 대제사장의 문안까지 두 제자가, 즉 시몬 베드로와 또 다른 제자 한 사람(18:15)이 따라간다. 그리고 예수께서 십자가에 달렸을 때 그곳까지 따라간 '사랑하시는 제자'(19:26)가 있다. 2. 이처럼 요한복음에서 너희들이 흩어진다는 말씀은 고난과의 관련되는 말씀이기는 하다. 그러나 미래에 제자들의 사역으로 흩어지는 것과 천상에서의 자신을 연상시키는 것으로 이해할 수도 있다.	요16:32 보라 너희가 다 각각 제 곳으로 흩어지고 나를 혼자 둘 때가 오나니 벌써 왔도다 그러나 내가 혼자 있는 것이 아니라 아버지께서 나와 함께 계시느니라
고난 후 ① 마태, 마가: 먼저 갈릴리로 가리라	1. 마태, 마가에서 예수께서는 '내가 살아난 후 너희보다 먼저 갈릴리로 가리라'고 한다. 이 말씀은 예수의 고난이 실패로 끝나는 것이 아니라는 것이고 '내가 다시 살아난 후', '먼저' 등의 확신에 찬 말씀이라 하겠다. 예수의 관심은 이미 수난 이후의 사역에 있음을 간접적으로 말씀하고 있다. 2. 마태, 마가에서 제자들은 이 말씀을 예수께서 부활한 후 다시 듣게 된다. 마태에는 무덤에 찾아간 막달라 마리아와 다른 마리아가 천사들로부터 예수	• 하나님께서 유대인을 구하실 때의 모습에 대해 이사야는 억압자들의 살과 피를 말한다.

	께서 너희보다 먼저 갈릴리로 갔다(마28:7-8)고 한다. 마태에는 부활하신 예수께서 직접 여자들에게 나타나서 내 형제들에게 갈릴리로 가라 하라(28:10)고 다시 한번 말씀한다. 마가에는 막달라 마리아와 야고보의 어머니 마리아와 살로메가 흰 옷 입은 청년으로부터 너희에게 말씀한 대로 너희보다 먼저 갈릴리로 가신다(막16:7-8)고 한다. 3. 예수께서 너희 보다 먼저 갈릴리로 가겠다는 말씀에 대해 바이스는 '나는 너희들을 갈릴리로 인도하리라'는 뜻으로 보아야 한다고 주장한다. 갈릴리는 예수께서 처음으로 공생애를 시작한 곳으로 부활 후 제자들을 다시 갈릴리로 부르심으로 새롭게 사명을 다짐하고 선교를 시작할 수 있는 곳이라고 하겠다.	
② 누가: 형제들을 굳게 하라	1. 예수께서는 베드로에게 너를 위해서 '네 믿음이 떨어지지 않기를 기도하라'(22:32)고 하다. 예수께서는 누가의 평지 설교에서도 '너희를 모욕하는 자를 위하여 기도하라'(6:28)고 하고 기도도 가르쳐 준다(11:1-4). 예수의 기도는 누가의 특징의 하나이다. 2. 예수께서는 계속해서 베드로에게 '너는 돌이킨 후에 네 형제를 굳게 하라'고 한다. 돌이킨다는 회개를 뜻하는 메타노이아가 아니라 행동의 변화를 일으키는 자동사이다. 예수께서는 네 형제들 즉 다른 제자들의 신앙의 동요에 적극적으로 대처하여 그들의 믿음을 굳게 하라는 것이다. 3. 여기에서 형제들을 굳게 하는 것은 앞에 나온 '믿음이 떨어지지 않게'의 대구라 하겠다. 또한, 사탄의 키질로 인해 믿음이 요동칠 때에 필요한 것은 제자들의 굳은 믿음이라고 한다. 예수께서는 종국에 '나를 버리리라'에 대한 제자들의 신앙적 대응을 주문한 것이다.	
베드로의 충성 약속 ① 마태, 마가: 나는 그리하지 않겠나이다	1. 마태, 마가는 예수께서 너희가 다 나를 버리리라고 한 데 대하여 베드로는 '모두 주를 버릴지라도'(마태), '다 주를 버릴지라도' (마가), '나는 결코 그리하지 않겠나이다'(마태), '나는 그리하지 않겠나이다'(마가)라고 한다. 2. 예수께서 처음 수난예고를 한 후 제자도에 대한 말씀으로 '누구든지 나를 따라오려거든 자기를 부인하고 자기 십자가를 지고 나를 따를 것이니라'(마16:24, 막8:34, 눅9:23)고 하였는데 베드로의 대답은 예수의 이러한 명령에 절대 복종하겠다고 한다. 3. 베드로는 예수께 이와 같이 충성 약속을 하지만 실제로는 예수를 부인하는 행동을 하게 된다. 마태는 '결코'라는 말까지 한다.	행5:18-19 사도들을 잡아다가 옥에 가두었더니 주의 사자가 밤에 옥문을 끌어내어 이르되
② 누가: 주와 함께 죽는 데에도 가기를 각오하였나이다	1. 누가는 예수와 베드로의 대화가 마지막 만찬이 열렸던 다락방에서 있었다고 하고 베드로는 예수께 주와 함께 옥에도 죽는 데에도 가기를 각오하였나이다라고 한다. 2. 누가는 베드로의 대답이 마태, 마가보다 더 적극적이고 구체적으로 표현되어 있다. 누가의 저자 누가는 베드로가 옥에 갇혔던 일뿐 아니라 요한의 형제 야고보가 순교한 사실을 알고 사도행전에 기록하였다. 그래서 누가는 베드로가 더 과감한 충성 약속 즉 충성맹세를 한 것으로 기록하였을 것이다.	
③ 요한복음: 주를 위하여 내 목숨을 버리겠나이다	1. 요한복음에서 '너희는 내가 가는 곳에 올 수가 없다'(13:33)고 한 예수의 말씀에 대해 베드로는 '주여 어디로 가시나이까'(13:36)라고 묻는다. 2. 이 기사는 유월절 전 만찬(13:1) 중에 예수께서 제자들과 나눈 대화의 한 부분으로 자신의 고난의 성격과 제자들에게 주는 위로의 말씀이다. 요한복음에서 이 대화의 핵심은 '지금'은 이다. 베드로의 질문에 예수께서 '지금'은 안 된다고 한다. 베드로는 예수의 대답에 다시 왜 지금 안 되느냐고 되묻는다. 3. 앞 절 13:33에 '작은 자들아 내가 아직 잠시 너희와 있겠다'라는 말씀은 마태, 마가가 인용한 스가랴의 예언(13:7)과 같은 것이다. 마태, 마가는 예언 중에서	

'만군의 여호와가 목자를 치리니 양들이 흩어지리라'(슥13:7상)는 부분을 강조하고 요한복음은 같은 스가랴의 예언 끝부분 즉, '작은 자들 위에는 내가 내 손을 드리우리라'(슥13:7하)를 인용한 것이다. 누가를 제외하고 마태, 마가 요한 모두 스가랴의 예언을 반영하고 있다고 하겠다. 4. 베드로는 예수께서 '후에는 따라오리라'고 말씀하자 '내가 지금은 어찌하여 따라갈 수 없나이까 주를 위하여 내 목숨을 버리겠나이다'(13:37)라고 복음서 중에 가장 강력한 충성을 표시한다. 5. 요한복음에서만 예수께서 네가 나를 위하여 네 목숨을 버리겠느냐고 다시 묻는 장면(13:38)이 있다. 베드로의 충성 약속 이행을 다짐하는 말씀이라 하겠다. 6. '후에는 따라오리라'는 예수의 말씀은 베드로의 순교를 언급한 것으로 보인다. 또한, 베드로가 주를 위해 자기 목숨을 버리겠다고 한 충성의 약속은 예수의 수난 때에는 즉시 실행되지는 않으나 예수의 말씀대로 '후에' 순교함으로 그 약속을 이행하게 된다. 7. 여기에서 '주여 어디로 가시나이까'는 소설 쿼바디스의 배경이 아니다. 쿼바디스의 Quevadis Domine는 어디로, 주님이라는 말인데 사도행전의 외경에 나오는 말이다. 사도행전 외경에는 베드로행전, 바울행전, 요한행전, 도마행전 등이 있는데 베드로행전은 AD180-190년 사이의 저술로 마술사 시몬(행8:18-25)의 뒷이야기에 이어 쿼바디스 이야기가 나온다. 여기에서 베드로는 주님처럼 바로 십자가에 매달릴 수 없으니 거꾸로 달려 죽게 해 달라고 자청하는 부분이 있다.	• 주여 어디로 가시나이까(요13:36) '쿼바디스'는 폴란드 작가 헨릭 시엔키에비츠(1846-1916)가 로마 시내 작은 성당 쿠오바디스를 방문하여 영감을 얻어 쓴 소설이라고 한다. 신자들의 권유로 피신을 하던 베드로는 누군가 십자가를 지고 오는 예수를 보고 '도미네 쿠오바디스'라고 한다.
예수의 베드로 부인 예언 ① **세 번 나를 부인하리라**	1. 마태, 마가, 누가, 요한은 공통적으로 예수께서 베드로에게 '네가 세 번 나를 부인하리라'고 하는데 조금씩 강조점이 다르다. 마태는 오늘 밤, 마가는 '오늘 이 밤', 누가는 '오늘', 요한복음에는 직접적인 언급이 없다. 마가에 만이 '오늘 이 밤 닭이 두 번 울기 전'이라는 말씀이 있다. 이것은 예수의 예언이 아주 구체적이라는 것을 말하고 있다. 2. 마태, 마가, 요한은 예수께서 내가 진실로 네게 말한다고 하였는데, 누가에는 '진실로'라는 표현이 없고 요한복음에는 진실로가 두 번 반복되어 있다. 3. '나를 부인하리라'의 '부인'은 첫 번째 수난예고 후의 제자도에서 '나를 따르려는 자는 자기 부인하고'의 부인이다. 자신을 부인하지 못한 결과로 예수를 부인하게 된다는 것이다. 4. 요한복음에서 베드로는 예수를 따라가겠다고 두 번이나 말한다. 예수께서는 '지금'은 따라오기는커녕 '세 번이나 나를 부인하게 될 것'이라고 한다. 요한복음에서 예수는 자신을 부인하게 되는 베드로를 비난하기보다는 '후'에 약속을 이행하는 베드로의 모습을 보여주고 있다.	
② **나는 결코**	1. 마태, 마가에게만 베드로가 예수께 한 약속 즉 '모두 다 버릴지라도 나는 결코 그리하지 않겠나이다'를 다시 한번 맹세를 한다(마26:33, 막14:29). 그리고 이때 베드로는 '내가 주와 함께 죽을지언정'이라고 첨언을 한다. 2. 사복음서에서 제자들은 죽을지언정(마태, 마가), 옥에도 죽는 데에도 가기를 각오하였나이다(누가), 내 목숨을 버리겠나이다(요한) 등의 표현으로 베드로는 최후에 자기 목숨까지도 희생하겠다고 선언한다. 3. 초기 기독교 신자들에게 고난을 피할 수 없는 상황에서 인간이 약해질 수밖에 없다는 것을, 그리고 지금 당장은 아니더라도 순교를 하게 될 수 있음을 예수께서는 베드로와의 대화를 통해서 말씀해 주고 있는 것이다. 4. 마태, 마가에는 베드로의 이와 같은 장담에 모든 제자들이 동의하였다고 한다.	

4. 심층연구: 제자들에 대한 염려

구분	내용	비고
예수의 태도	1. 예수께서는 자신이 당할 고난이 예언되어 있음을 상기시킨다. 마태, 마가에서 스가랴의 예언이 언급된 이유이다. 2. 마태, 마가에서 예수께서는 양들이 흩어지는 것을 염려하고 있고 누가에서는 사탄의 역사로 키질 당할 제자들을 걱정하고 있다. 3. 마태, 마가에서 예수께서는 자신의 고난이 그냥 실패로 끝나지 않을 것임을 제자들에게 확신시키고 있다. 그래서 '내가 살아난 후'라는 말씀에 이어 '너희보다 먼저 갈릴리로' 간다고 하다. 다음 사역을 대비하는 말씀이다. 4. 예수께서는 베드로의 부인을 예언하고는 있으나 베드로나 다른 제자들을 꾸짖는 것은 아니다. 다만 목자가 없는 상황에서 잘 대처하라고 하는 것이다. 5. 예수께서는 자기 대신 공동체를 이끌 베드로에게 당부하기를 믿음이 떨어지지 않도록 하고 네 형제를 굳게 하라는 것이다.	• 지도자의 부재 시 그 추종집단의 상황을 상상해 보면서 베드로의 충성 약속과 예수의 배반 예언을 이해해야 한다.
베드로에게 한 부탁	1. 누가에만 있는 기사이다. 예수께서는 시몬아 시몬아 두 번 부르는데 절박한 심정으로 베드로에게 부탁하기 위해서이다. 예수께서는 자신의 고난에 대한 말씀이 없이 키질을 당하게 될 제자들을 걱정하면서 예수께서 베드로의 믿음이 떨어지지 않기를 기도하겠다고 하다. 2. 스가랴의 예언대로 목자가 없어져서 양 떼가 흩어졌을 때에 베드로의 역할이 중요하기 때문이라 하겠다. 그래서 누가에서 예수께서는 베드로를 위해 기도한다. 요한복음의 마지막 부분에서 예수께서는 디베랴 호수 가에서 베드로에게 내 양을 먹이라고 세 번이나 다짐한다. 3. 사탄이 제자들을 밀 까부르듯이 할 때에 제자들에게 중요한 것은 예수께서 베드로를 위해 기도하신 '떨어지지 않는 믿음, 흔들리지 않는 믿음'이다. 그래서 누가에서 예수께서는 베드로에게 당부하기를 너는 돌이킨 후 네 형제를 굳게 하라고, 즉, 제자들이 굳은 믿음으로 사탄의 시험을 극복하게 하라고 부탁하고 있는 것이다. 4. 사탄의 키질에 대한 대비는 믿음을 굳게 하고(벧전5:9) 마귀로 틈을 타지 못하게 하며(엡4:27) 우리 마음의 가라지를 뿌리지 못하게 하고(마13:39) 마귀의 올무에 빠질까 염려하며(딤전3:7) 마귀를 불과 유황 못에 던지는 것(계20:10)이라 하겠다.	엡4:27 마귀에게 틈을 주지 말라
제자들에 대한 염려 • 나로 인해 실족하지 말라	1. 마태, 마가에서 예수께서는 너희가 다 나를 버리리라고 제자들에게 말씀한다. 문자적으로 이 말씀은 제자들이 예수에게 걸려 넘어지게 될 것이라는 것이다. 즉, 예수 때문에 넘어지게 될 것이라는 의미인데 여기서 걸려 넘어지지 않도록 하는 것은 제자들의 책임이다. 2. 나를 '버리리라'의 스칸달리 제인은 본래 덫의 미끼를 가리킨다고 한다. 짐승을 꾀어 덫에 들게 한다는 것이다. 자신의 수난이라는 덫에 걸려 제자들이 잘못된 길로 빠질 것을 염려하여 한 말씀이다. 나를 버리리라는 나를 버리라는 것이 아니고 나로 인해 실족하지 말라는 당부라 하겠다.	암9:9 보라 내가 명령하여 이스라엘 족속을 만국 중에서 체질하기를 체로 체질함 같이 하려니와 그 한 알갱이도 땅에 떨어지지 아니하리라
• 시험에 대비하라	1. 누가에서 예수께서는 '사탄이 너희를 밀 까부르듯' 할 것이라고 제자들에게 말씀한다. 사탄의 키질 즉 시험에 대비하라는 것이다. 사탄의 키질로 인해 시험에 빠지지 않도록 하는 것은 제자들이 해야 할 일이다. 2. 나를 버리리라와 사탄의 키질은 장차 예수의 수난 때에 제자들이 받을 유혹과 시험을 말하는 것으로 자신의 수난과 관계없이 제자들은 제자도를 지키라는 당부이며 위로이다. 3. 아모스서(9:9)에는 하나님께서 키를 들고 이스라엘을 키질 하는 모습이 있다.	

베드로의 태도	1. 마태, 마가에서 베드로는 모두 다 주를 버릴지라도 나는 그리하지 않겠다고 한다. 베드로는 충심으로 대답하였다. 그러나 자기는 예외라고 생각하는 것은 위험하다. 남처럼 나도 실수할 수 있다(고전10:12)고 생각하고 자신보다 하나님을 의지하여야 하는 태도를 가졌어야 했다. 누가에서 베드로는 내가 주와 함께 옥에도 가고 죽는 데에도 가기를 각오하였다고 한다. 요한복음에서 베드로는 내가 지금 예수를 따라가겠다고 하며 주를 위하여 내 목숨을 버리겠다고 한다. 사도행전에서의 베드로는 그 약속을 지킨다. 2. 마태, 마가에서 베드로는 다시 한번 내가 주와 함께 죽겠다고 장담을 하는데 다른 제자들도 이같이 말했다고 한다. 베드로와 제자들은 예수와 함께 죽기로 작정하고 예수를 부인하지 않겠다고 하였으나 그들은 모두 도망가고 만다(막14:50). 3. 나는 그렇지 않다는 생각은 자신을 냉정하게 객관적으로 보는 사람이 말할 수 있다. 그런데 자기를 부인할 수 없는 사람은 궁극적으로 자기를 객관적으로 볼 수가 없는 것이다.	고전10:12 그런즉 선 줄로 생각하는 자는 넘어질까 조심하라
예수 부인의 이유	1. 사복음서 모두 오늘 밤에 베드로가 예수를 세 번 부인한다고 예수께서 예언하였다고 한다. 2. 여기서 예수를 부인한다는 것(눅12:8-9)은 무엇을 말하는가. 제자도에 관한 말씀에서 너희는 자기를 부인하고 자기 십자가를 지고 나를 따르라고 하였으나 자기를 부인하지 못하였기 때문에 누가에서 예수께서는 누구든지 사람들 앞에서 나를 부인하는 자는 하나님의 앞에서 부인을 당한다(12:8-9)고 하였다. 십자가를 지고 예수를 따를 수 없었던 것이다. 3. 나의 부인이 예수 시인의 전제인 것이다. 베드로는 나는 결코 주를 버리지 않겠나이다라고 한다. 그리고 다시 한번 '내가 주와 함께 죽을지언정 주를 부인하지 않겠나이다'라고 선언한다. 그런데 여기서 베드로가 '나는', '내가'(마26:35, 막14:31)라는 말을 앞세우는 것을 보게 된다. '나'와 '내가' 강조될 때 예수는 보이지 않게 되는 것이다. 베드로의 단호한 신념과 충성약속은 역시 인간의 '각오'(눅22:33)에 지나지 않았다고 하겠다. 4. 예수의 제자도의 말씀처럼 자기를 부인하지 아니하면 예수를 모른다고 부인하는 결과를 초래하게 되는 것이다. 베드로의 예수 부인의 죄는 지금의 기독교인들도 반복하여 저지르고 있는 죄라 하겠다.	요일2:22-23 거짓말 하는 자가 누구냐 예수께서 그리스도이심을 부인하는 자가 아니냐 아버지와 아들을 부인하는 그가 적그리스도니 아들을 부인하는 자에게는 또한 아버지가 없으되 아들을 시인하는 자에게는 아버지도 있느니라

5. 집중탐구: 예수께서 한 유다의 배반 예언과 베드로의 부인 예언 비교

구분	유다의 배반 예언	베드로의 부인 예언	비고
사건 성격	적극적 배반	소극적 배반	
장소	유월절 만찬장 다락방(마태, 마가, 누가)	감람산(마26:30, 막14:26), 다락방(누가), 만찬장(요한)	
예수의 언급	• 너희 중 한 사람이 나를 팔리라(마26:21, 막14:18, 요13:21)	• 너희가 다 나를 버리리라(마26:31, 막14:27)	• 누가에는 예수의 가룟 유다 배반 예언이 없고 배반자를 지적하는 기사만 있다.
	• 나와 함께 그릇에 손을 넣은 그가 나를 팔리라(마26:23, 막14:20) • 나를 파는 자의 손이 나와 함께 상위에 있도다(눅22:21) • 내가 떡 한 조각을 적셔다 주는 자가 곧 그니라(요13:26)		

	• 그 사람에게는 화가 있으리로다(마26:24, 막14:21, 눅22:22) • 태어나지 아니하였더라면 제게 좋을 뻔하였느니라(마26:24, 막14:21)	• 내가 살아난 후에 너희보다 먼저 갈릴리로 가리라(마26:32, 막14:28)	
	• 네가 하는 일을 속히 하라(요13:27)		
유다, 베드로의 반응	• 유다가 대답하여 이르되 랍비여 나는 아니지요 대답하시되 네가 말하였도다(마26:25) • 유다가 그 조각을 받고 곧 나가니 밤이러라(요13:30)	• 모두 주를 버릴지라도 나는 결코 버리지 않겠나이다(마26:33, 막14:29) • 주와 함께 옥에도, 죽는 데에도 가기를 각오하나이다(눅22:33) • 주여 어디로 가시나이까 내가 지금은 어찌하여 따라갈 수 없나이까 주를 위하여 내 목숨을 버리겠나이다(요13:37) • 내가 주와 함께 죽을지언정 주를 부인하지 않겠나이다(마26:35, 막14:31)	• 네가 나를 부인하리라는 말씀은 마태, 마가, 누가, 요한복음에 모두 다 있다. • 그러나 베드로의 장담 기사는 마태, 마가에만 나온다.
실제 배반과 실제 부인	마26:15-16 내가 예수를 너희에게 넘겨주리니 얼마나 주려느냐 하니 그들이 은 삼십을 달아 주거늘. 그가 그때부터 예수를 넘겨줄 기회를 찾더라 막14:11 그들이 듣고 기뻐하여 돈을 주기로 약속하니 유다가 예수를 어떻게 넘겨줄까 하고 그 기회를 찾더라 눅22:5-6 그들이 기뻐하여 돈을 주기로 언약하는지라. 유다가 허락하고 예수를 무리가 없을 때에 넘겨줄 기회를 찾더라		• 요한복음에는 유다가 예수를 파는 기사가 없고 배반 암시 기사는 있다.
	마26:48-49 예수를 파는 자가 그들에게 군호를 짜 이르되 내가 입 맞추는 자가 그이니 그를 잡으라 한지라. 곧 예수께 나아와 랍비여 안녕하시옵니까 하고 입을 맞추니 막14:44-45 예수를 파는 자가 이미 그들과 군호를 짜 이르되 내가 입 맞추는 자가 그이니 그를 잡아 단단히 끌어가라 하였는지라. 이에 와서 곧 예수께 나아와 랍비여 하고 입을 맞추니 눅22:48 예수께 입을 맞추려고 가까이하는지라 예수께서 이르시되 유다야 네가 입맞춤으로 인자를 파느냐하시니	마26:75 이에 베드로가 예수의 말씀에 닭 울기 전에 네가 세 번 나를 부인하리라 하심이 생각나서 밖에 나가서 심히 통곡하니라 막14:72 닭이 곧 두 번째 울더라 이에 베드로가 예수께서 자기에게 하신 말씀 곧 닭이 두 번 울기 전에 네가 세 번 나를 부인하리라 하심이 기억되어 그 일을 생각하고 울었더라 요18:27 이에 베드로가 또 부인하니 곧 닭이 울더라	• 유다가 대제사장들과 함께 예수를 잡으러 오는 기사는 마태, 마가, 누가, 요한이 공통이다. • 그러나 요한복음에는 유다가 예수를 잡기 위해 입을 맞추는 기사가 없다. 대신에 예수께서 그들에게 너희가 누구를 찾느냐고 그들에게 두 번 묻는다.
마귀 사탄의 역사	• 유다에게 사탄이 들어가니(눅22:3) • 마귀가 벌써 시몬의 아들 가룻 유다의 마음에 예수를 팔려는 생각을 넣었더라(요13:2) • 조각을 받은 후 곧 사탄이 그 속에 들어간지라(요13:27)	• 시몬아, 시몬아, 보라 사탄이 너희를 밀 까부르듯 하려고 요구하였으나(눅22:31)	

제3부 ■ 체포 전후 사건들과 심문 및 재판 455

그 후	마27:5-7 유다가 은을 성소에 던져 넣고 물러가서 스스로 목매어 죽은지라. 대제사장들이 그 은을 거두며 이르되 이것은 핏값이라 성전고에 넣어 둠이 옳지 않다 하고. 의논한 후 이것으로 토기장이의 밭을 사서 나그네의 묘지를 삼았으니 행1:18-19 이 사람이 불의의 삯으로 밭을 사고 후에 몸이 곤두박질하여 배가 터져 창자가 다 흘러나온지라. 이 일이 예루살렘에 사는 모든 사람에게 알리어져 그들의 말로는 그 밭을 아겔다마라 하니 이는 피밭이라는 뜻이라	요21:17 세 번째 이르시되 요한의 아들 시몬아 네가 나를 사랑하느냐 하시니 주께서 세 번째 네가 나를 사랑하느냐 하시므로 베드로가 근심하여 이르되 주님 모든 것을 아시오매 내가 주님을 사랑하는 줄을 주님께서 아시나이다 예수께서 이르시되 내 양을 먹이라	• 예수께서는 자신을 세 번 부인한 베드로에게 네가 나를 사랑하느냐고 세 번 물음으로서 베드로를 회복시킨다.
유다와 베드로의 차이	1. 예수를 믿지 아니하는 자(6:64) 요6:64 그러나 너희 중에 믿지 아니하는 자들이 있느니라 하시니 이는 예수께서 믿지 아니하는 자들이 누구며 자기를 팔 자가 누구인지 처음부터 아심이라 2. 내 안에 거하지 않는 자(15:6) 요15:6 사람이 내 안에 거하지 아니하면 가지처럼 밖에 버려져 마르나니 사람들이 그것을 모아다가 불에 던져 사르느니라	1. 시몬 베드로가 주여 어디로 가시나이까고 물으니 예수께서 내가 가는 곳에 네가 지금은 따라올 수 없느니라(요13:36)고 하시다 2. 요한복음에서 예수께서 세 번 나를 부인하리라고 한 말씀은 베드로가 주를 따르겠나이다 주를 위하여 목숨을 버리겠나이다고 말하자 네가 나를 위하여 목숨을 버린다고 하였느냐고 확인하는 과정에서 한 말씀이다. 베드로의 말과 행동이 달라질 수 있음을 극명하게 지적한 것이다. 3. 누가에서는 예수께서 먼저 사탄이 너희를 밀 까부르듯 하려고 한다면서 형제들의 믿음을 굳게 하라고 한다. 그때 베드로는 내가 주와 함께 옥에도, 죽는 데에도 가기를 각오하였다고 대답한다(눅22:31-33). 4. 나를 위하여 제 목숨을 잃으면 살리라(마16:25) 자기 목숨까지 미워하지 않으면 능히 나의 제자가 되지 못하고(눅14:26) 5. 예수께서는 디베랴 호수에서 베드로에게 순교를 말씀하다.	• 나를 따르라(마16:24, 막8:34, 눅9:23)는 예수의 말씀은 긴급한 명령이고 제자도이다. • 요13:36에서 예수께서 베드로에게 지금은 따라올 수 없으나 후에는 따라오리라고 말씀함으로 베드로의 순교를 예언한다. • 가룟 유다는 예수를 따르지 아니하였다.

제38절 ✤ 겟세마네의 기도

1. 본문비교

구분	마태(26:36-46)	마가(14:32-42)	누가(22:39-46)
장소	:36상 이에 예수께서 제자들과 함께 겟세마네라 하는 곳에 이르러	:32상 그들이 겟세마네라 하는 곳에 이르매	:39 예수께서 나가사 습관을 따라 감람산에 가시매 제자들도 따라갔더니
기도하라 • 제자들	:36하 제자들에게 이르시되 내가 저기 가서 기도할 동안에 너희는 여기 앉아 있으라 하시고	:32하 예수께서 제자들에게 이르시되 내가 기도할 동안에 너희는 여기 앉아 있으라 하시고	:40 그 곳에 이르러 그들에게 이르시되 유혹에 빠지지 않게 기도하라 하시고
• 베드로, 야고보, 요한	:37 베드로와 세베대의 두 아들을 데리고 가실새 고민하고 슬퍼하사	:33 베드로와 야고보와 요한을 데리고 가실새 심히 놀라시며 슬퍼하사	
• 머물러 깨어 있으라	:38 이에 말씀하시되 내 마음이 매우 고민하여 죽게 되었으니 너희는 여기 머물러 나와 함께 깨어 있으라 하시고	:34 말씀하시되 내 마음이 심히 고민하여 죽게 되었으니 너희는 여기 머물러 깨어 있으라 하시고	
예수의 기도 (1)	:39상 조금 나아가사 얼굴을 땅에 대시고 엎드려 기도하여 이르시되	:35 조금 나아가사 땅에 엎드리어 될 수 있는 대로 이 때가 자기에게서 지나가기를 구하여	:41 그들을 떠나 돌 던질 만큼 가서 무릎을 꿇고 기도하여
	:39하 내 아버지여 만일 할 만하시거든 이 잔을 내게서 지나가게 하옵소서 그러나 나의 원대로 마시옵고 아버지의 원대로 하옵소서 하시고	:36 이르시되 아빠 아버지여 아버지께는 모든 것이 가능하오니 이 잔을 내게서 옮기시옵소서 그러나 나의 원대로 마시옵고 아버지의 원대로 하옵소서 하시고	:42 이르시되 아버지여 만일 아버지의 뜻이거든 이 잔을 내게서 옮기시옵소서 그러나 내 원대로 마시옵고 아버지의 원대로 되기를 원하나이다 하시니
천사가 힘을 더하더라			:43-44 천사가 하늘로부터 예수께 나타나 힘을 더하더라 예수께서 힘쓰고 애써 더욱 간절히 기도하시니 땀이 땅에 떨어지는 핏방울 같더라
자는 제자들 (1)	:40 제자들에게 오사 그 자는 것을 보시고 베드로에게 말씀하시되 너희가 나와 함께 한 시간도 이렇게 깨어 있을 수 없더냐	:37 돌아오사 제자들이 자는 것을 보시고 베드로에게 말씀하시되 시몬아 자느냐 네가 한 시간도 깨어 있을 수 없더냐	:45 기도 후에 일어나 제자들에게 가서 슬픔으로 인하여 잠든 것을 보시고
	:41 시험에 들지 않게 깨어 기도하라 마음에는 원이로되 육신이 약하도다 하시고	:38 시험에 들지 않게 깨어 있어 기도하라 마음에는 원이로되 육신이 약하도다 하시고	:46 이르시되 어찌하여 자느냐 시험에 들지 않게 일어나 기도하라 하시니라
예수의 기도 (2)	:42 다시 두 번째 나아가 기도하여 이르시되 내 아버지여 만일 내가 마시지 않고는 이 잔이 내게서 지나갈 수 없거든 아버지의 원대로 되기를 원하나이다 하시고	:39 다시 나아가 동일한 말씀으로 기도하시고	

자는 제자들 (2)	:43 다시 오사 보신즉 그들이 자니 이는 그들의 눈이 피곤함일러라	:40 다시 오사 보신즉 그들이 자니 이는 그들의 눈이 심히 피곤함이라 그들이 예수께 무엇으로 대답할 줄을 알지 못하더라	
예수의 기도 (3)	:44 또 그들을 두고 나아가 세 번째 같은 말씀으로 기도하신 후		
자는 제자들 (3)	:45 이에 제자들에게 오사 이르시되 이제는 자고 쉬라 보라 때가 가까이 왔으니 인자가 죄인의 손에 팔리느니라	:41 세 번째 오사 그들에게 이르시되 이제는 자고 쉬라 그만 되었다 때가 왔도다 보라 인자가 죄인의 손에 팔리느니라	
나를 파는 자가 가까이 왔다	:46 일어나라 함께 가자 보라 나를 파는 자가 가까이 왔느니라	:42 일어나라 함께 가자 보라 나를 파는 자가 가까이 왔느니라	

2. 본문의 차이

구분		마태	마가	누가
장소		겟세마네	겟세마네	감람산(습관에 따라가시다)
제자들	전체	여기 앉아 있으라		
	선별	베드로, 세베대의 두 아들	베드로, 야고보, 요한	유혹에 빠지지 않게 기도하라
예수의 심정		• 고민하고 슬퍼하사(26:37) • 내 마음이 매우 고민하여 죽게 되었으니(26:38)	• 심히 놀라시며 슬퍼하사 (14:33) • 내 마음이 심히 고민하여 죽게 되었으니(14:34)	
제자들에게 부탁		• 여기 머물러 나와 함께 깨어 있으라	• 여기 머물러 깨어 있으라	
예수의 모습		• 조금 나아가서 얼굴을 땅에 대시고 엎드려 기도하여	• 조금 나아가서 땅에 엎드리어	• 돌 던질 만큼 가서 무릎을 꿇고 기도하여
예수의 기도 (1)			• 이 때가 자기에게서 지나가기를 구하여	
		내 아버지여 • 만일 할 만하시거든 이 잔을 내게서 지나가게 하옵소서 • 그러나 나의 원대로 마옵시고 아버지의 원대로 하옵소서	• 아빠 아버지여 • 아버지께서는 모든 것이 가능하오니 이 잔을 내게서 옮기시옵소서 • 그러나 나의 원대로 마시옵고 아버지의 원대로 하옵소서	• 아버지여 • 만일 아버지의 뜻이거든 이 잔을 내게서 옮기시옵소서 • 그러나 내 원대로 마시옵고 아버지의 원대로 되기를 원하나이다
천사가 힘을 더하더라				• 천사가 하늘로부터 예수께 나타나 힘을 더하더라 • 예수께서 힘쓰고 애써 간절히 기도하시니 땀이 땅에 떨어지는 핏방울 같이 되더라

자는 제자들에게 오시다(1)	• 시험에 들지 않게 깨어 기도 하라 • 마음에는 원이로되 육신이 약 하도다	• 시험에 들지 않게 깨어 기도 하라 • 마음에는 원이로되 육신이 약 하도다	• 어찌하여 자느냐 • 시험에 들지 않게 일어나 기도 하라
예수의 기도(2)	• 내 아버지여 • 만일 마시지 않고는 이 잔이 내게서 지나갈 수 없거든 • 아버지의 원대로 되기를 원하 나이다	• 동일한 말씀으로 기도하시고	
자는 제자들에게 오 시다(2)	• 다시오사 보니 그들이 자다 • 그들의 눈이 피곤함 일러라	• 다시오사 보니 그들이 자다 • 그들의 눈이 심히 피곤함이라 • 그들이 무엇으로 대답할 줄을 알지 못하다	
예수의 기도(3)	• 세 번째 같은 말씀으로 기도 하다		
자는 제자들에게 오시다(3)	• 이제는 자고 쉬라	• 이제는 자고 쉬라 그만 되었다	
보라	• 보라 때가 가까이 왔으니 인자 가 죄인의 손에 팔리리라 • 일어나라 함께 가자 • 보라 나를 파는 자가 가까이 왔 느니라	• 때가 가까이 왔도다 보라 인자 가 죄인의 손에 팔리느니라 • 일어나라 함께 가자 • 보라 나를 파는 자가 가까이 왔느니라	

3. 본문이해

구분	내용	비고
기도 장소	1. 마태, 마가는 겟세마네라고 한다. 겟세마네는 기름 짜는 틀이라는 뜻인데 감람산 서쪽 기슭으로 보인다. 겟세마네는 장소적 의미가 아닌 상황적 의미 에서 중요하다 하겠다(슥14:3-5). 2. 누가는 감람산의 그 곳(22:40)이라고 하는데 겟세마네로 추정된다. 누가 는 예수께서 습관에 따라 그 곳에 갔다고 하는데 기도하러 자주 간 곳으로 보 인다. 새번역과 공동번역은 감람산을 올리브산이라고 한다. 3. 요한복음은 예수께서 잡힌 곳이 기드론 시내 건너편 동산(18:1)이라고 하 는데 역시 겟세마네로 추정된다. 4. 삼하15장에는 압살롬이 아버지 다윗을 배반하고 반역을 일으키는 이야 기가 있다. 압살롬이 반역을 일으키자 전령은 다윗에게 이스라엘의 민심이 다 압살롬에게로 돌아갔다고 한다. 그래서 다윗은 예루살렘에서 도망하는데 '그의 머리를 그가 가리고 맨발로 울며' 그때 올라간 산이 감람산이었다(삼하 15:30). 언덕에 올라간 다윗이 주님 부디 이 계획이 즉 아들의 반란이 어리석 은 것이 되게 하여 달라고 기도한다. 5. 그런데 감람산에는 '하나님을 경배하는 마루턱'(삼하15:32 새번역-하나님 을 경배하는 산꼭대기, 공동번역-하나님을 경배하는 장소)이 있었다고 한다. 다윗은 이곳에서 옷을 찢고 흙을 머리에 덮어쓰고 자기를 맞으러 온 아렉사 람 후새를 만나게 된다.	• 감람산에는 하나님 을 경배하는 마루턱이 있다고 한다. 예수께서 는 이곳에서 제자들과 마지막 기도를 하고 잡 힌다. KJV삼하15:32상 다 윗의 산의 꼭대기 곧 그가 하나님께 경배하 던 곳에 이르러

제자들과 함께	1. 마태, 마가에서의 예수께서는 제자들에게 내가 저기 가서 기도할 동안 너희는 여기서 앉아 있으라고 하고 베드로와 세베대의 두 아들인 야고보와 요한을 데리고 간다. 예수께서 베드로, 야고보, 요한을 따로 데리고 가신 경우에는 특별한 일들이 있었다. 야이로의 딸을 살리는 기적을 행하였을 때(막5:37, 눅8:51), 그리고 변화산에서 따로 데리고 갔다. 여기 겟세마네 동산에서도 큰 일이 일어날 것을 짐작하게 한다.	• 함께 그리고 따로하는 기도: 기도를 위한 모임이나 공동체에 다 함께 모여 기도를 한다. 그러나 기도회에 참석한 이들은 각각의 기도제목을 가지고 있다.
	2. 누가만이 예수께서 제자들에게 처음부터 기도하라고 하였다고 한다. 예수께서는 고난의 직전에 제자들과 함께하였다. 누가는 처음에는 제자들에게 유혹에 빠지지 않게 기도하라고 하고 나중에는 시험에 들지 않게 기도하라고 한다. 예수께서는 자기를 버리기 위해 핏방울 같은 땀을 흘리며 기도한다.	
	3. 마태, 마가는 예수께서 베드로, 야고보, 요한에게 '너희는 여기 머물러 나와 함께 깨어 있으라'고 하며 자신의 심정을 피력한다.	
	4. 공관복음서에서의 예수께서는 세 번 수난예고를 한다. 마태, 마가는 겟세마네에서 세 번 기도를 하고 세 번 제자를 깨우며 마지막에는 보라 나를 파는 자가 가까이 왔다고 말씀한다.	
예수의 심정	1. 예수의 심정에 대해 마태, 마가는 두 가지로 표현하고 있다. 하나는 저자가 본 예수의 모습이고 다른 하나는 예수께서 제자들에게 하신 말씀이다. 마가의 저자는 예수께서 '심히 놀라시며 슬퍼'하였다고 하고 마태는 마가보다 약하게 표현하여 '고민하고 슬퍼'하였다고 한다.	시42:5 내 영혼아 네가 어찌하여 낙심하며 어찌하여 내 속에서 불안해 하는가 너는 하나님께 소망을 두라 그가 나타나 도우심으로 말미암아 내가 여전히 찬송하리로다
	2. 저자가 본 예수의 모습이다. 마가에서의 '심히 놀라'셨다(엑삼 베이스 사이: 비탄 혹은 놀람)는 신약 전체에서 마가에만 나오는 것으로 심한 놀라움이나 걱정 또는 두려움을 말하는데 마가에서의 예수는 가장 두려워하고 괴로워하는 모습으로 묘사되고 있다.	
	3. 마가에서의 '심히 놀라시며'(14:33)를 공동번역은 '공포와 번민에 싸여서', 새번역은 '두려워하며 괴로워하셨다'로 표현하고 있다. 또한 '심히 놀라시며'를 마펫은 '놀라고 흥분하여', 굳 스피드는 '곤혹과 놀라움으로'로 표현하고 있다. '심히 놀라시며 슬퍼하사'(막14:33)에 대해 톰 라이트는 창6:6에 여호와께서 '땅 위에 사람 지으심을 한탄하사'와 일직선으로 연결된 것으로 보았다. 또한, 요한복음에서의 예수께서 한 알의 밀에 대해 말씀 후에 드리는 기도에 나오는 '지금 내가 괴로우니 무슨 말을 하리요'(12:27)과 같다고 한다.	시55:4-5 내 마음이 내 속에서 심히 아파하며 사망의 위험이 내게 이르렀도다 두려움과 떨림이 내게 이르고 공포가 나를 덮었도다
	4. 이어서 마태, 마가는 예수께서 직접 한 말씀을 인용하고 있다. 내 마음이 '심히 고민하여 죽게 되었으니'(마26:38, 막14:34) 너희는 나와 함께 여기 있으라고 세 제자에게 요구한다. 이것은 구약적인 표현(욘4:9), 또는 시55:4 또는 시42:5를 인용한 표현이라 하겠다. 여기서 '고민하여 죽게 되었다'는 perilypos는 시42:5의 '내 영혼이 낙심하여'의 perilypos와 같다. 공동번역과 새번역에서는 '내 마음이 괴로워 죽을 지경이니'로 표현하고 있다.	
	5. 복음서 내에서 예수의 가장 인간다움이 드러나는 구절이라 하겠다. 복음서를 기록하는 이들은 시간이 흐를수록 예수의 유한성이나 약점을 감추거나 축소하려는 경향을 가질 수 있다. 그런데 그럼에도 불구하고 예수의 약한 모습이 이렇게 적나라하게 기록되어 있는 것은 겟세마네의 기도가 후대의 추가가 아니라는 반증이 될 수 있다. 또한, 당시의 기억이 그만큼 강렬하였기 때문일 수도 있다.	
	6. 마태, 마가의 저자는 예수께서 지금까지 경험하지 못한 공포를 느끼었음을 시사하고 있다. 이 공포는 앞으로 겪게 될 고통과 모욕, 죽음에 대한 것이라 하겠다.	
예수의 기도	1. 마태는 내 아버지여, 마가는 아빠 아버지여, 누가는 아버지여라고 예수께서 하나님을 부른다. 아빠 아버지는 아람어 '아바'와 희랍어 '호 파테르'를 번역한 것인데 두 단어 모두 아버지의 뜻이다. 초기 기독교인들이 하나님을	

① 아빠 아버지여	부를 때 사용하였다. 요즘 가정에서 쓰는 '아빠'는 아니지만, 하나님을 친근하고 다정하게 부르는 것임에는 틀림이 없다. 2. 아버지라는 호칭은 하나님과 예수의 관계를 분명히 하고 있다. 구약시대에는 하나님을 하나님이라 부르기 어려워하였다. 예수께서는 공생애를 시작하면서 하나님을 아버지라고 한다. 마태에는 예수께서 우리에게 기도를 가르쳐 주면서 하늘에 계신 우리 아버지여(6:9)라고 한다. 3. 사도 바울은 예수 그리스도로 말미암아 우리가 하나님의 자녀가 되고 하나님을 아빠 아버지라고 부를 수 있게 되었다고 한다.	롬8:15-16 너희는 다시 무서워하는 종의 영을 받지 아니하고 양자의 영을 받았으므로 우리가 아빠 아버지라고 부르짖느니라
② 얼굴을 땅에 대고	1. 예수께서 기도하는 모습에 대해 마태는 '얼굴을 땅에 대시고 엎드려', 마가는 '땅에 엎드리어', 누가는 '무릎을 꿇고' 기도하였다고 한다. 2. 마태는 예수께서 처절한 심정으로 가장 낮은 자세로 '얼굴을 땅에 대고 엎드려 기도'하였다고 한다. 얼굴을 땅에 대는 자세는 높은 분에게 드리는 인사의 자세(요셉의 형제들이 요셉에게 창42:6, 밧세바가 다윗 왕에게 왕상1:31)이기도 하고 기도하는 자세(창17:3,17)이기도 하다. 3. 역대상에는 사탄이 다윗을 충동하여 백성을 계수한 것 때문에 다윗은 장로들과 더불어 굵은 베를 입고 얼굴을 땅에 대고 엎드려 하나님께 기도드린다(21:16-17). 마태에서 예수의 기도하는 모습과 같다 하겠다. 4. 마가는 특별히 예수께서 '이때가 자기에게서 지나가기를 구하'였다고 한다. 마치 하나님의 계획이 변경될 수도 있을 것 같이 기도하였다는 것이다. 예수의 심정을 강조한 표현이라 하겠다. 5. 누가에서의 예수께서 '무릎을 꿇고' 기도하는 모습은 사도행전에서 반복하여 나오는 기도의 자세(행9:40, 20:36, 21:5)이다. 누가에는 예수의 감정에 대한 묘사도 없고 땅에 엎드리지도 않는다. 침착하게 무릎을 꿇고 기도한다.	갈4:6 너희가 아들이므로 하나님이 그 아들의 영을 우리 마음 가운데 보내사 아빠 아버지라 부르게 하셨느니라 대상21:16 다윗이 눈을 들어 보매 여호와의 천사가 천지 사이에 섰고 칼을 빼어 손에 들고 예루살렘 하늘을 향하여 편지라 다윗이 장로들과 더불어 굵은 베를 입고 얼굴을 땅에 대고 엎드려
③ 이 잔을 내게서 지나가게 하옵소서	1. 여기서 잔은 세 번째 수난예고 후 세베대의 두 아들 야고보와 요한에게 말씀하셨던 잔(마20:23, 막10:38)을 말한다. 예수께서는 '내가 마시는 잔을 너희가 마실 수 있느냐'고 그들에게 물으니, 그들은 '할 수 있나이다'라고 대답하였다. 그러나 그들은 그렇게 하지 못하였다. 2. '이 잔을 내게서 지나가게 하옵소서'라는 예수의 기도에 대해 마태는 첫 번째 기도와 두 번째 기도에서 반복하고 있고 세 번째 기도에서는 '같은 말씀으로 기도'하였다고 한다. 마가는 첫 번째 기도에서 언급하고 두 번째 기도에서는 '동일한 말씀으로 기도'하였다고 한다. 3. 그런데 마태, 마가, 누가에서 이 잔을 내게서 지나가게 해달라는 예수의 말씀의 조건이 각기 다르다. 마태에서의 예수는 하나님에게 간절히 사정하며 '만일 할 만하시거든'이라고 한다. 마가에서의 예수는 하나님께 강하게 요구하며 '아버지께는 모든 것이 가능하오니' 이 잔을 내게서 옮기시옵소서라고 한다. 누가에서의 예수 역시 하나님께 강하게 요구하며 '만일 아버지의 뜻이거든 이 잔을 내게서 옮기시옵소서'라고 한다. 4. 마가에서 예수께서는 '아버지께는 모든 것이 가능하다'고 한다. 여기에서의 가능은 고난의 회피만을 말하는 것은 아니다. 바울은 예수께서 고난으로 순종함을 배웠고(히5:8) 아들도 복종하게 했다(고전15:28)고 한다. 즉 하나님께서 나의 순종과 복종도 가능하게 한다는 것이다. 5. 마태에서의 예수는 두 번째 기도에서 만일 '이 잔이 내게서 지나갈 수 없거든'이라고 하며 아버지의 원대로 되기를 원하나이다라고 자신의 고난을 수용하는 말씀을 한다. 그리고 세 번째 기도도 같은 말씀(26:44)이라고 한다. 누가에서의 예수는 '만일 아버지의 뜻이거든'을 내세워 이 잔이 지나가는 것도 지나갈 수 없는 것도 모두 아버지의 뜻이라면 수용하겠다는 자세를 보인다.	렘25:15 이스라엘의 하나님 여호와께서 이같이 내게 이르시되 너는 내 손에서 이 진노의 술잔을 받아가지고 내가 너를 보내는 바 그 모든 나라로 하여금 마시게 하라 계14:10 그도 하나님의 진노의 포도주를 마시리니 그 진노의 잔에 섞인 것이 없이 부은 포도주라 거룩한 천사들 앞과 어린 양 앞에서 불과 유황으로 고난을 받으리니 요6:40 내 아버지의 뜻은 아들을 보고 믿는 자마다 영생을 얻는 이것이니 마지막 날에 내가 이를 다시 살리리라 하시니라

	6. 마가에서 예수의 첫 번째 기도와 두 번째 기도가 동일하다(14:39)고 하고 세 번째 기도에 대한 언급은 없다. 마가에서의 예수는 하나님께 강하게 요구하며 이 잔을 내게서 옮기시옵소서 하고 나의 원대로 마옵시고 아버지의 원대로 하옵소서라고 한다. 마태, 누가에서처럼 마가에서의 예수께서는 만약 할 수만 있다면 아버지의 뜻을 피해가고 싶어 한다. 그러나 예수의 기도는 아무런 응답도 받지 못한다. 　잠들어 있던 제자들, 자기와 함께 기도하고 있지 못하는 제자들 가운데에서 예수는 혼자였고 순종을 위한 자기 자신과의 싸움의 기도를 드린 것이다. 7. 구약에서는 구원의 잔(시116:13)도 언급되어 있기는 하지만 하나님의 고난이나 진노 또는 분노의 잔이 더 많이 나온다(사51:17,22, 렘49:12, 51:7 등). 8. 요한복음에서의 예수께서는 공관복음과 아주 다른 모습을 보이고 있다. 예수께서 잡힐 때 시몬 베드로가 칼로 대제사장의 종인 말고의 오른쪽 귀를 베어 버린다. 예수께서 베드로더러 '칼을 칼집에 꽂으라 아버지께서 주신 잔을 내가 마시지 아니하겠느냐'(요18:11-12)고 한다. 공관복음과는 전혀 다른 모습의 예수라 하겠다.	
④ 아버지의 원대로 하옵소서	1. 마태, 마가, 누가의 공통기사이다. 하나님께 드리는 예수의 기도의 전제는 '나의 원대로 마옵시고'이다. 마태는 두 번째 기도에서 반복하여 '아버지의 원대로 되기를 원하나이다'(26:42)라고 한다. 이것은 주기도문의 세 번째 기원과 같다. 2. 자신의 운명이 얼마나 가혹할지를 아는 예수께서 아버지의 뜻에 순종하겠다는 것은 예수의 자기 부인이라 하겠다. 예수께서 제자들에게 '자기를 부인하고 자기 십자가를 지고 나를 따르라'라고 한 말씀에 본을 보여 주는 모습이라 하겠다. 3. 가룟 유다의 배반과 베드로의 부인 예언을 통해서 예수께서는 자기를 버리지 못하는 제자들의 모습을 지적하였다. 자신이 바라는 대로 예수께서 행동해 주시기를 원하였던 유다, 그리고 '나는 결코 주를 버리지 않겠다', '내가 주와 함께 죽을지언정 주를 부인하지 않겠다'며 자기만은 예외라고 하던 베드로의 모습은 예수의 기도와 대비된다고 하겠다. 4. 공관복음에서 예수께서는 어머니와 동생들이 찾아 왔을 때에 '제자들을 가리켜' 나의 어머니와 동생들을 보라(마12:49)고 하면서 '하나님의 뜻대로 행하는 자'(막3:35)가 내 형제요 자매요 어머니라고 한다. 요한복음에서는 '내가 하늘에서 내려온 것은 내 뜻을 행하려 함이 아니요 나를 보내신 이의 뜻을 행하려 함이니라'(요6:38)고 한다. 5. 마태의 두 번째 기도에서 예수께서는 첫 번째 기도인 '아버지의 원대로 하옵소서'와 조금 다르게 '아버지의 원대로 되기를 원하나이다'라고 한다. 마가와 누가 역시 두 번째 기도에서는 '그러나 내 원대로 마옵시고 아버지의 원대로 되기를 원하나이다'라고 한다. 6. 그런데 이 기도는 예수께서 가르쳐 주신 주기도 즉 '뜻이 하늘에서 이루어진 것같이 땅에서도 이루어지이다'(마6:10)와 같은 의미라 하겠다. 천상에서의 하나님의 인류구원의 섭리를 예수께서 직접 지상에서 자신의 고난을 통해 구현하겠다는 기도라 하겠다. 7. '아버지의 원대로 하옵소서'라는 예수의 기도는 하나님의 뜻을 최우선으로 하는 기독교 공동체의 특성을 강조하고 있다. 마태에 특별히 강조되어 있는 하나님의 뜻은 산상수훈에도 있는데 예수께서는 주여 주여 하는 자가 아니라 내 아버지의 뜻대로 행하는 자라야 천국에 들어간다(7:21)고 한다. 8. 누가에는 십자가상의 예수께서 운명 직전 마지막 말씀으로 '내 영혼을 아버지 손에 부탁하나이다'(23:46)라고 한다. 자신의 모든 것을 아버지의 뜻에 맡긴 사람만이 하나님께 드릴 수 있는 기도라 하겠다.	눅23:46 예수께서 큰 소리로 불러 이르시되 아버지 내 영혼을 아버지 손에 부탁하나이다 하고 이 말씀을 하신 후 숨지시니라

| ⑤ 천사가 힘을 더하다 (누가) | 1. 누가에만 '천사가 하늘로부터 예수께 나타나 힘을 더하더라'(22:43)와 '예수께서 힘쓰고 애써 더욱더 간절히 기도하시니 땀이 땅에 떨어지는 핏방울 같이 되더라'(22:44)가 있다. 이 43절과 44절이 공동번역에는 없고 새번역에는 (   ) 안에 있는 기사다.

2. 이 구절은 바티칸 사본과 수리아역 등에는 없다. 그러나 후대에 추가라고 보기 어려운 것은 누가적인 표현이기 때문이라 하겠다. 예수께서 '간절히 기도하였다'는 표현은 사도행전 12:5에서 베드로가 옥에 갇혔을 때 교회는 그를 위하여 '간절히 하나님께 기도하더라'와 같다. '힘을 더하더라' 역시 사도행전 9:19에서 음식을 먹으매 '강건하여 지더라'와 같다.

3. 예수의 공생애 기간 중에서 예수의 마귀 시험을 제외하면 천사가 나타나는 것은 이번이 처음이다.

4. 예수께서 기도할 때에 천사가 하늘로부터 나타나 힘을 더했다(눅22:43)고 하고 예수께서 힘쓰고 애써 기도하시니 땀이 땅에 떨어지는 핏방울같이 되었다(눅22:44)고 한다. 여기서 '힘쓰고 애써'는 and being in auguish인데 auguish는 agonistes 즉 운동경기에 사용되는 agonia에서 나온 운동경기에서 싸우는 사람 즉 agonistes를 연상하게 된다. 다시 말해 예수께서 기도하는 모습 즉 힘쓰고 애써 간절히 기도하는 모습이 운동경기에서 싸우는 모습과 같았다는 것이다. 예수께서는 이 기도를 통해 자기를 부인하고 자기 십자가를 지기 위한 마지막 준비를 한 것이다. | |
| 제자들에게 한 말씀

① 시험에 들지 않게 깨어 기도하라 | 1. 겟세마네에서 예수의 기도하는 모습이나 기도에 대한 당부는 오늘날 우리에게도 교훈이 되고 모본(행20:35)이 된다 하겠다.

2. 마태, 마가는 예수께서 전체 제자들에게는 여기 앉으라고 하였다고 한다. 마태, 마가는 베드로와 야고보와 요한을 데리고 가서 자신의 심정을 피력하며 너희는 여기 머물러 깨어 있으라고 한다. 누가에서 예수께서는 제자들 모두에게 처음부터 기도하라고 한다. 마태, 마가는 예수께서 기도하다가 제자들이 자는 것을 보고 베드로에게 '나와 함께 한 시간도 깨어 있을 수 없느냐'고 한 후에 '시험에 들지 않게 깨어 기도하라'고 당부한다. 누가에서 예수께서 처음에는 유혹에 빠지지 않게 기도하라고 하였지만, 제자들이 자는 것을 보고는 '시험에 들지 않게 일어나 기도하라'고 한다.

3. 시험이란 어떤 사람이 시련을 받으므로 그가 달성하거나 유지해야 하는 일을 못 하게 하는 것이다. 예수께서 깨어 기도하라는 것은 잠을 깨라는 말이기도 하지만 종말론적인 의미의 말씀이라고도 하겠다. 예수께서는 '시험에 들지 않게' 즉 마지막 때의 환난에 굴복하지 않도록 그리고 마지막 사명을 감당할 수 있도록 깨어 기도하라고 한다.

4. 마가에서 예수께서는 베드로에게 말씀하시되 시몬아 자느냐(14:37)고 한다. 예수께서는 왜 갑자기 베드로에게 시몬이라고 부르셨을까. 그의 태도가 반석인 베드로가 아니라 어부 시몬의 모습이었기 때문일 것이다. 마가는 이 이후로 베드로에 대해 예수를 부인하였다는 소식 이외에는 다루지 않고 있다.

5. 누가의 겟세마네 기사에는 기도에 대한 언급이 다섯 번 나온다.
유혹에 빠지지 않게 기도하라(22:40),
무릎을 꿇고 기도하며(22:41),
힘쓰고 애써 간절히 기도하시니(22:44),
시험에 들지 않게 기도하라(22:46),
기도 후에 일어나(22:45) 등이다.
　그러나 누가에서의 예수께서는 한 번만 기도하고 제자들에게 가는 것도 한 번뿐이다. | 눅21:35-36 이 날은 온 지구상에 거하는 모든 사람에게 임하리라 이러므로 너희는 장차 올 이 모든 일을 능히 피하고 인자 앞에 서도록 항상 기도하며 깨어 있으라 하시니라

롬6:19 너희 육신이 연약하므로 내가 사람의 예대로 말하노니 전에 너희가 너희 지체를 부정과 불법에 내주어 불법에 이른 것 같이 이제는 너희 지체를 의에게 종으로 내주어 거룩함에 이르라 |

	6. 누가에서 예수는 시험에 들지 않게 기도하라고 한다. '우리로 시험에 들지 말게 하옵소서' 역시 예수께서 가르쳐 준 주기도에 있는 말씀이다(마6:13, 눅 11:4). 겟세마네의 기도와 주기도 모두 예수께서 직접 한 말씀임을 짐작하게 한다. 시험, 페이라스모스는 두 곳에 동일하게 나오는 단어다.
	7. 마태, 마가에서 예수께서는 덧붙여서 '마음에는 원이로되 육신이 약하도다' 고 한다. 잠을 이겨내지 못하는 제자들에게 인간의 육신이 얼마나 약한지를 지적하는데 마태, 마가는 그들의 눈이 심히 피곤하였다고 한다.
② 아직도 자고 있느냐 아직도 쉬고 있느냐	1. 마가는 예수께서 '세 번째 오사 그들에게 이르시되 이제는 자고 쉬라 그만 되었다'(14:41)고 한다. 마태 역시 '제자들에게 오사 이르시되 이제는 자고 쉬 라'(26:45)고 한다. 편안히 '자고 쉬라'는 말씀으로 들린다.
	2. 공동번역은 예수께서는 세 번째 다녀오셔서 '아직도 자고 있느냐? 아직도 쉬고 있느냐? 그만하면 넉넉하다 자 때가 왔다 사람의 아들이 죄인들 손에 넘 어가게 되었다'(막14:41)라고 한다.
	3. 두려운 때가 온 것이다. 그런데 더 푹 자고 쉬라고 하셨겠는가? '자고 쉬라' 는 제자들의 모습을 비난한 말씀이 아니다. 다음 절에서 예수께서는 '일어나 라 함께 가자, 보라 나를 잡는 자가 가까이 왔느니라'라고 절박하게 제자들에 게 외치고 있다. 공동번역이 설득력이 있다고 하겠다.
	4. 마태, 마가는 '죄인의 손에 팔린다'고 하였는데 여기서 죄인은 로마인임을 말한다. 세 번째 수난예고에서 예수께서 이방인에게 넘겨진다고 하였는데 역 시 로마인을 말한다. 여기서 '팔린다'는 역시 넘겨진다의 뜻이다.
	5. 마태, 마가, 모두 보라가 두 번 나온다. 처음에 보라는 인자가 죄인의 손에 팔리우는 것을 보라는 것이고 두 번째 보라는 나를 파는 자가 가까이 오는 것을 보라는 것이다. 예수를 잡으려는 긴박한 상황이 전개되고 있음을 예수께서 제자들에게 말씀 하고 있다.

4. 심층연구: 예수 기도의 내용과 의의

구분	내용	비고
예수 기도의 내용	1. 예수께서 기도한 횟수에 대해 마태, 마가, 누가는 조금씩 다르게 이야 기하고 있다. 마태에서의 예수는 세 번(26:39,42,44), 마가에서는 두 번 (14:35,39)으로 언급되어 있으나 제자들에게는 세 번 오셨다(14:41)는 기사 를 통해서 세 번이었을 것으로 보인다. 누가는 횟수에 대한 언급 자체가 없다. 겟세마네에서의 예수의 기도는 전체적으로 볼 때 한 번 있었던 일이다.	• 겟세마네 기도 이야 기를 후대 기독교인들 이 지어냈을 개연성은 전혀 없다고 하겠다.
	2. 마태, 마가에서 예수께서는 제자들을 세 번 깨운다. '심히 고민하여 죽게 된'(마26:38, 막14:34) 예수와 대비되는 모습이다. 바로 앞의 기사에서 예수 께서는 베드로가 세 번 자기를 부인할 것을 예언하였는데 실제로 그럴 것이 라는 심증을 갖게 한다.	히5:7-10을 보면 예 수께서 죽음을 피해보 려고 기도하였다는 전 승은 있었을 수 있다.
	3. 마태, 마가에서의 첫 번째 예수의 기도는 이 잔을 내게서 지나가게 해달 라는 것과 나의 원대로 마시옵고 아버지의 원대로 하옵소서라는 것이다. 그 리고 마가는 예수께서 두 번째 기도를 할 때 '동일한 말씀으로 기도'하셨다 (14:39)고 한다. 그러나 마태는 예수의 두 번째 기도에서 '이 잔을 내게서 지 나가게 하옵소서'라는 기도 대신에 '만일 내가 마시지 않고는 이 잔이 내게서 지나갈 수 없거든'이라고 자기의 요구를 철회하는 기도를 한다. 또한 예수께 서는 우리에게 가르쳐준 주기도의 '뜻이 이루어지이다'와 같은 기도, 즉 '아버 지의 원대로 되기를 원하나이다'라고 한다. 누가는 처음부터 이렇게 기도한 다. 마태는 세 번째 기도를 두 번째와 '같은 말씀'(26:44)으로 하였다고 한다.	히5:7 그는 육체에 계 실 때에 자기를 죽음에 서 능히 구원하실 이에 게 심한 통곡과 눈물로 간구와 소원을 올렸고 그의 경건하심으로 말 미암아 들으심을 얻었 느니라

	4. 누가는 예수께서 '습관을 따라' 감람산에 가서 기도하였다고 하고 예수의 심정에 대한 것이나 예수의 기도 횟수 또는 잠자고 있는 제자들이나 그에 대한 예수의 꾸지람 등이 전혀 없다. 5. 누가에서 예수께서는 '이 잔을 내게서 옮기시옵소서'라고는 하지만, 즉시 '내 원대로 마시옵고 아버지의 원대로 되기를 원하나이다'라고 한다. 그리고 처음에는 제자들에게 '유혹에 빠지지 않게 기도하라'(22:40) 하고 잠든 제자들에게는 '시험에 들지 않게 일어나 기도하라'(22:46)고 한다. 마태, 마가에서도 예수께서 제자들에게 시험에 들지 않게 깨어 기도하라(마 26:41, 막14:38)고 하고, 누가에서는 '일어나 기도하라'고 한다. 시험에 들지 말게 하옵소서 역시 예수께서 우리에게 가르쳐 준 기도(마6:13, 눅11:4)이다	
겟세마네 기도의 의의 ① 순종	1. 예수께서는 우리에게 가르쳐준 주기도와 같은 내용의 기도를 하나님께 한다. 하나님의 뜻을 분별하고 순종하는 내용의 기도로써 실제로 본이 되는 모본의 기도이다. 2. 겟세마네의 기도에는 예수의 뜻과 하나님의 뜻이 다르다. 그러나 예수께서는 하나님의 뜻에 복종한다. 자기를 버리는 모습을 보여주고 있는 것이다. 예수께서는 겟세마네의 기도를 통해 첫 번째 수난예고 후 제자들에게 말씀한 제자도를 몸소 실천하고 제자들에게는 예수의 제자로서의 삶을 요구하고 있다. 자기를 부인하고 예수 중심으로 살 것을 명령한다. 3. 예수께서는 겟세마네의 기도를 통해 제3차 수난예고 후 제자들에게 하신 내가 마시는 잔이 어떤 잔인지 알게 한다. 마태, 마가는 3차 수난예고 후에 세베대의 두 아들이 주의 좌우에 앉기를 원했다고 하였을 때 예수께서는 '너희는 너희가 구하는 것을 알지 못하는도다. 내가 마시려는 잔을 너희가 마실 수 있느냐'(마20:22, 막10:38-39)고 반문한다. 4. 마태, 마가를 전체적으로 보면 예수께서는 이미 겟세마네의 기도 이전에 제자들에게 너희가 이 잔을 마실 수 있느냐고 말씀한 것으로 보아 잔이 지나가기를 바란 것이 아니라 오히려 잔을 마시기로 결심하고 있었음을 알 수 있다. 그리고 그 잔이 '자기 목숨을 많은 사람의 대속물로 주려'(마20:28, 막10:45)하는 것임을 미리 제자들에게 말씀하였던 것이다.	고전15:28 만물을 그에게 복종하게 하실 때에는 아들 자신도 그때에 만물을 자기에게 복종하게 하신 이에게 복종하게 되리니 이는 하나님이 만유의 주로서 만유 안에 계시려 하심이라
② 주기도	1. 겟세마네의 기도와 주의 기도에서 공통점은 '뜻이 이루어지이다'이다. 그런데 이 구절은 누가의 주기도에는 없고 마태의 주기도에만 있다. 그러나 누가의 겟세마네의 기도에는 마태의 두 번째 기도와 같은 '뜻이 이루어지이다'(22:42)라는 내용이 있다. 2. 겟세마네의 기도와 주기도의 두 번째 공통점은 '시험에 들지 말게 하옵소서'(마6:13, 눅11:4)이다. 이 기도는 주기도가 없는 마가에서도 예수께서 제자들에게 와서 당부한 말씀(14:38)이다.	
사도 바울의 간증	1. 사도 바울은 예수 그리스도로 말미암아 우리가 양자의 영을 받아 하나님을 아빠 아버지(롬8:15-16)라고 부를 수 있고 또한, 예수의 영을 우리 마음 가운데 보내사 우리가 아들이 되어 우리로 하나님을 아빠 아버지(갈4:6)라고 부를 수 있게 되었다고 한다. 이것은 예수께서 겟세마네에서 드린 기도가 사도 바울의 고백이 된 것이라 하겠다. 2. 히브리서는 예수께서 자기를 죽음에서 능히 구원하실 수 있는 이에게 심한 통곡과 눈물로 소원과 간구를 올려 수난을 허락받았고 예수 그리스도가 하나님의 아들이기는 하지만 받으실 고난에 순종하였고 그리고 온전하게 되었다고 한다(히5:7-9). 계속해서 히브리서는 그는 모든 점에서 우리와 마찬가지의 시험을 받으셨지만 죄는 범하지 않았다(히4:15)고 하고 또한 하나님의 아들인 예수이지만 만물을 자기에게 복종하게 하시는 만유의 주 하나님께 복종하였다고 한다(고전	빌2:6-8 그는 근본 하나님의 본체시나 하나님과 동등됨을 취할 것으로 여기지 아니하시고, 오히려 자기를 비워 종의 형체를 가지사 사람들과 같이 되었고, 사람의 모양으로 나타나사 자기를 낮추시고 죽기까지 복종하셨으니 곧 십자가에 죽으심이라

	15:28). 예수께서 겟세마네에서 드린 기도는 초대교회의 고백이라 하겠다.	
	3. 바울은 예수께서 자기를 비워 종의 형체를 가지고 죽기까지 복종하였다 (빌2:6-8)고도 한다. 그러므로 겟세마네의 기도는 예수의 자기 비움, 자기 부정인 동시에 하나님과의 관계에서 복종하는 종의 형태를 취한 것이라고 바울은 고백하고 있는 것이다.	
전체적으로	1. 예수께서 가장 인간다운 모습을 보이시는 장면이다. 그리고 하나님과의 관계를 분명히 하고 하나님의 뜻을 따르는 메시아의 모습을 보이고 있다. 2. 예수께서 사랑하는 제자 가운데 자기를 파는 자가 있고 제자 중에 지도자이기는 하나 예수의 사역을 이해 못 하고 종국에는 자기를 부인하게 되는 상황에서 극도의 절망감을 가진다. 더구나 하나님의 아들로서 인간적인 고난과 죽음을 당해야 하는 모순적인 상황에서 예수께서는 하나님에게 깊은 고뇌의 기도를 한다. 3. 예수께서는 기도를 통해 고난을 받음으로 하나님께 순종하고 하나님의 섭리를 지상에 구현하기 위하여 하나님 중심의 삶을 다짐한다. 하나님의 계획이 구체적으로 전개되고 있는 것이다. 4. 이 기도에서 예수께서는 하나님을 아빠 아버지라고 부름으로써 인자, 사람의 아들이지만 하나님의 아들임을 분명히 한다. 하나님의 아들이기에 당연히 아버지의 뜻에 따르는 것이다.	

5. 집중탐구: 요한복음의 죽어야 하는 밀알의 기도와 겟세마네의 기도 비교

마태(26:38,39,42)	마가(14:34,36)	누가(22:42)	요한(12:27, 18:11)
26:38 이에 말씀하시되 내 마음이 매우 고민하여 죽게 되었으니	14:34 말씀하시되 내 마음이 심히 고민하여 죽게 되었으니		12:27상 지금 내 마음이 괴로우니 무슨 말을 하리요
26:39상 이르시되 내 아버지여 만일 할 만하시거든 이 잔을 내게서 지나가게 하옵소서	14:36상 이르시되 아빠 아버지여 아버지께서는 모든 것이 가능하오니 이 잔을 내게서 옮기시옵소서	22:42상 이르시되 아버지여 만일 아버지의 뜻이거든 이 잔을 내게서 옮기시옵소서	12:27중 아버지여 나를 구원하여 이때를 면하게 하여 주옵소서
26:39하 그러나 나의 원대로 마시옵고 아버지의 원대로 하옵소서 하시고	14:36하 그러나 나의 원대로 마시옵고 아버지의 원대로 하옵소서	22:42중 그러나 내 원대로 마시옵고	
26:42상 다시 두 번째 나아가 기도하여 이르시되 내 아버지여 만일 내가 마시지 않고는 이 잔이 내게서 지나갈 수 없거든			
26:42하 아버지의 원대로 되기를 원하나이다 하시고		22:42하 아버지의 원대로 되기를 원하나이다	12:27하 그러나 내가 이 때를 위하여 이 때에 왔나이다
			12:28 아버지여, 아버지의 이름을 영광스럽게 하옵소서 하시니 이에 하늘에서 소리가 나서 이르되 내가 이미 영광스럽게 하였고 또다시 영광스럽게 하리라 하시니

			18:11 예수께서 베드로더러 이르시되 칼을 칼집에 꽂으라 아버지께서 주신 잔을 내가 마시지 아니하겠느냐 하시니라

1. 요한복음에는 겟세마네의 기도나 변화산 사건이 없다. 그러나 겟세마네의 기도와 병행되는 기도가 있다.

2. 요한복음 12장에는 예루살렘 입성(12:12-19) 후 헬라인들이 예수를 찾아온 이야기가 있다. 이때 예수께서 수난예고로써 죽어야 하는 밀알(12:20-26)에 대해 말씀하고 이어서 기도를 드린다(12:27-28).

3. 겟세마네의 기도가 주기도와의 관련성에 있어서 그리고 1차와 3차 수난예고와의 연계성에 있어서 중요하듯이 요한복음에서의 이 기도 역시 아주 중요하다. 그 이유는 예수의 기도에 대해 하늘에서 소리가 있었기 때문이다. 공관복음서에서는 하늘로부터 소리가 두 번 있는데 요한복음에서는 여기뿐이다. 하늘에서 나는 소리에 대해 '곁에 서서 들은 무리는 천둥이 울었다고도 하며 또 어떤 이들은 천사가 그에게 말하였다고도'(12:29) 한다. 요한복음에서는 예수께서 수난 직전에 하나님의 소리를 듣는다.

4. 여기서 '이 때를 면하게 하옵소서'(12:27)는 공관복음에서 '이 잔을 내게서 옮기시옵소서'와 같은 내용으로 고통을 피하게 하여 달라는 것이다. 인간적인 요구를 말씀하고 있다.

5. '내가 이 때를 위하여 이 때에 왔나이다'는 마태, 마가에서 '아버지의 원대로 되기를 원하나이다'와 같은 내용으로 고난을 달게 받겠다는 것이다.

6. 예수께서 잡힐 때에 베드로에게 칼을 칼집에 꽂으라고 하며 '아버지께서 주시는 잔을 내가 마시지 아니하겠느냐'(요 18:11)라고 단호하게 말씀한다. '내가 이 때를 위하여 이 때에 왔나이다'(요12:27)에 대한 실천이라고 하겠다. 예수의 고난은 예수 자신의 결단임을 강조하고 있다.

제39절 ✤ 고별기도

1. 본문비교

구분	내용(요17:1-26)	비고
자신을 위한 기도 • 영화롭게 하소서 • 영생을 주게 하시려고 • 나를 영화롭게 하옵소서	17:1 예수께서 이 말씀을 하시고 눈을 들어 하늘을 우러러 이르시되 아버지여 때가 이르렀사오니 아들을 영화롭게 하사 아들로 아버지를 영화롭게 하게 하옵소서 :2-3 아버지께서 아들에게 주신 모든 사람에게 영생을 주게 하시려고 만민을 다스리는 권세를 아들에게 주셨음이로소이다 영생은 곧 유일하신 참 하나님과 그가 보내신 자 예수 그리스도를 아는 것이니이다 :4-5 아버지께서 내게 하라고 주신 일을 내가 이루어 아버지를 이 세상에서 영화롭게 하였사오니 아버지여 창세 전에 내가 아버지와 함께 가졌던 영화로써 지금도 아버지와 함께 나를 영화롭게 하옵소서	• 17장에는 26절이 있는데 '아버지'라는 말이 38회 나온다. 하나님과의 관계를 강조하고 있다. • 하나님의 영광은 하나님에 대한 복종으로써 얻어지는 예수의 영광을 통해서 가능한 것이다. 예수의 영광은 죽음을 통해서 그리고 죽음을 극복하는 데에서 오는 것이다.
제자들을 위한 기도 • 내게 주신 사람들	:6-8 세상 중에서 내게 주신 사람들에게 내가 아버지의 이름을 나타내었나이다 그들은 아버지의 것이었는데 내게 주셨으며 그들은 아버지의 말씀을 지키었나이다 지금 그들은 아버지께서 내게 주신 것이 다 아버지로부터 온 것인 줄 알았나이다 나는 아버지께서 내게 주신 말씀들을 그들에게 주었사오며 그들은 이것을 받고 내가 아버지께로부터 나온 줄을 참으로 아오며 아버지께서 나를 보내신 줄도 믿었사옵나이다	
• 그들을 위해 빕니다	:9-10 내가 그들을 위하여 비옵나니 내가 비옵는 것은 세상을 위함이 아니요 내게 주신 자들을 위함이니이다 그들은 아버지의 것이로소이다 내 것은 다 아버지의 것이요 아버지의 것은 내 것이온데 내가 그들로 말미암아 영광을 받았나이다	• 제자들을 위한 기도 (17:6-19)에서 예수께서는 제자들을 내게 주신 사람들이라고 하는 '그들'이 18번 나온다.
• 아버지의 이름으로 그들을 보전하사	:11-12 나는 세상에 더 있지 아니하오나 그들은 세상에 있사옵고 나는 아버지께로 가옵나니 거룩하신 아버지여 내게 주신 아버지의 이름으로 그들을 보전하사 우리와 같이 그들도 하나가 되게 하옵소서 내가 그들과 함께 있을 때에 내게 주신 아버지의 이름으로 그들을 보전하고 지키었나이다 그 중의 하나도 멸망하지 않고 다만 멸망의 자식뿐이오니 이는 성경을 응하게 함이니이다	• 아버지의 이름과 아버지의 말씀이 예수와 제자를 하나되게 한다.
• 세상에 속하지 않는 그들	:13-14 지금 내가 아버지께로 가오니 내가 세상에서 이 말을 하옵는 것은 그들로 내 기쁨을 그들 안에 충만히 가지게 하려 함이니이다 내가 아버지의 말씀을 그들에게 주었사오매 세상이 그들을 미워하였사오니 이는 내가 세상에 속하지 아니함 같이 그들도 세상에 속하지 아니함으로 인함이니이다	요15:19 너희가 세상에 속하였으면 세상이 자기의 것을 사랑할 것이나 너희는 세상에 속한 자가 아니요 도리어 내가 너희를 세상에서 택하였기 때문에 세상이 너희를 미워하느니라
• 악에 빠지지 않게	:15-16 내가 비옵는 것은 그들을 세상에서 데려가시기를 위함이 아니요 다만 악에 빠지지 않게 보전하시기를 위함이니이다 내가 세상에 속하지 아니함 같이 그들도 세상에 속하지 아니하였사옵나이다	
• 진리로 거룩하게 하소서	그들을 진리로 거룩하게 하옵소서 아버지의 말씀은 진리니이다 아버지께서 나를 세상에 보내신 것 같이 나도 그들을 세상에 보내었고 또 그들을 위하여 내가 나를 거룩하게 하오니 이는 그들도 진리로 거룩함을 얻게 하려 함이니이다	
믿는 자를 위한 기도 • 다 하나 되게 하사	:20-21 내가 비옵는 것은 이 사람들만 위함이 아니요 또 그들의 말로 말미암아 나를 믿는 사람들도 위함이니 아버지여, 아버지께서 내 안에, 내가 아버지 안에 있는 것 같이 그들도 다 하나가 되어 우리 안에 있게 하사 세상으로 아버지께서 나를 보내신 것을 믿게 하옵소서	• 그들의 말로 말미암아 나를 믿는 사람들을 위한 기도에서 '그들'이 12번 나온다.

• 사랑함을 알게 하소서	:22-23 내게 주신 영광을 내가 그들에게 주었사오니 이는 우리가 하나가 된 것 같이 그들도 하나가 되게 하려 함이니이다 곧 내가 그들 안에 있고 아버지 께서 내 안에 계시어 그들로 온전함을 이루어 하나가 되게 하려 함은 아버지 께서 나를 보내신 것과 또 나를 사랑하심 같이 그들도 사랑하신 것을 세상으 로 알게 하려 함이로소이다
• 하나님의 사랑이 그들 안에 있게 하소서	:24-26 아버지여 내게 주신 자도 나 있는 곳에 나와 함께 있어 아버지께서 창세 전부터 나를 사랑하시므로 내게 주신 나의 영광을 그들로 보게 하시기 를 원하옵나이다 의로우신 아버지여 세상이 아버지를 알지 못하여도 나는 아 버지를 알았사옵고 그들도 아버지께서 나를 보내신 줄 알았사옵나이다 내가 아버지의 이름을 그들에게 알게 하였고 또 알게 하리니 이는 나를 사랑하신 사랑이 그들 안에 있고 나도 그들 안에 있게 하려 함이니이다

2. 본문의 내용

구분	내용	비고
기도1 하나님과 예수 자신	1. 아들을 영화롭게 하사(:1) 2. 영생은 참 하나님과 예수 그리스도를 아는 것(:3) 3. 창세 전의 영화로써 영화롭게 하소서(:5)	• 기도의 큰 목적 • 창세 전-우주가 형성 되기 전
기도2 제자들 • 기도의 이유	1. 아버지의 이름을 그들에게 나타내었습니다(:6) 2. 주신 말씀을 그들에게 주었습니다(:8) 3. 아버지의 것인 그들을 위해 빕니다(:9-10)	• 하나님과 제자와의 관계에 아버지의 이름, 아버지의 말씀이 있는 것은 예수로 인함이다.
• 그들을 보전하소서	1. 아버지의 이름으로 그들을 보전하사 하나 되게 하소서(:12) 2. 세상에 속하지 않는 그들을 악에 빠지지 않게 보전하소서(:14-15) 3. 진리로 거룩함을 얻게 하소서(:19)	
기도3 나를 믿을 사람들을 위한 기도	1. 그들도 다 하나가 되어 우리 안에 있게 하소서(:21) 2. 그들로 온전함을 이루어 아버지께서 그들도 사랑하신 것을 세상에 알게 하 소서(:23) 3. 나를 사랑하신 사랑이 그들 안에 있게 하소서(:26)	• 하나님, 예수, 믿는 이들이 하나님의 사랑 안에서 하나 됨을 위한 기도

3. 본문이해

구분	내용	비고
예수의 이해 • 자기 자신	1. 예수께서는 자신을 '아버지를 영화롭게 하는 아들'(:1)이고 '영생을 주게 하 시려고 만민을 다스리는 권세를 받은 아들'(:2)이라고 한다. 또한 '아버지가 내 게 하라고 주신 일을 내가 이루어 아버지를 영화롭게 하였다'(:4)고 한다. 예 수의 이런 자각은 인간으로서 불가능한 것이다. 하나님의 본성을 나타낸 것 으로 이해해야 한다. 2. 요한복음에는 하나님께서 예수를 보내셨다는 말씀이 반복되고 있는데 여 기에서도 나타나 있다. 그 형태는 '예수께서 자신이 보냄을 받았다'(:18)고 스 스로 말씀하시거나, '보냄을 받았음을 그들이 믿게 해달라'(:21,:23) 또는 그들 이 예수께서 보내심을 받은 것을 믿고, 알고 있다(:8,:25)는 형태로 언급되어 있다. 보내심을 받은 메시아로서의 확인과정이라 하겠다. 3. 예수께서는 나는 세상에 더 있지 아니하고, 나는 아버지로 간다(:11), 지금 간다(:13)고 말씀한다. 이 기도가 고별기도임을 알 수 있다.	• 요한복음의 특징의 하나는 예수의 선재성 이다. 예수께서는 '아 브라함이 나기 전부터 내가 있느니라'(8:58) 고 말씀한 적이 있다. 이 기사에는 '창세 전' 즉 우주형성 이전에 대 하여 두 번 언급하고 있는데 하나는 영화 (17:5), 다른 하나는 사 랑(17:24)이다.

• 하나님	1. 아버지로서의 하나님에 대해 '아들을 영화롭게 하시는 아버지'(:1) '아들로 영화로워지는 아버지'(:1), '만민을 다스리는 권세를 주신 아버지'(:2), '아버지의 이름을 아들에게 주신 아버지'(:6), '말씀을 주신 아버지'(:8), '나를 사랑하는 아버지'(:23)등이다. 하나님에 대한 특별한 호칭으로는 '유일하신 참 하나님'(:3), '거룩하신 아버지'(:11), '나를 세상에 보낸 아버지'(:18), '의로우신 아버지'(:25)가 있다.	행3:13상 아브라함과 이삭과 야곱의 하나님 곧 우리 조상의 하나님이 그의 종 예수를 영화롭게 하셨느니라
	2. 예수께서는 하나님과의 관계를 창세 전부터 지금까지라고 한다. 창세 전에 예수께서 아버지와 함께 영화를 가졌다고 하며 지금도 '아버지와 함께 나를 영화롭게 하소서'(:5)라고 하다, 또한 아버지께서 창세 전부터 나를 사랑하셨다(:24)고 한다, 예수의 선재성이 강조되고 있다.	
	3. 예수께서는 하나님과의 특별한 관계를 가지고 있다고 말하고 있다. '내 것은 다 아버지의 것이요 아버지의 것은 내 것'(:10) 이라고 하고 '아버지께서 내 안에 내가 아버지 안에 있는 것 같이'(:21)라고 말씀 한다.	
	4. 예수에게 하나님은 권세도 주고, 아버지의 이름도 주고, 말씀도 주고 그들도 주고, 사랑도 주는 분이다.	
• 그들	1. 예수께서는 '그들'에 대해 아버지의 것(:6,9)인데 내게 주셨다(:6,7,24)고 한다.	계15:4 주여 누가 주의 이름을 두려워하지 아니하며 영화롭게 하지 아니하오리이까 오직 주만 거룩하시니이다 주의 의로우신 일이 나타났으매 만국이 와서 주께 경배하리이다 하더라
	2. 그들은 하나님께서 예수를 보내신 것을 안다(:7,8), 그들은 예수에게서 아버지의 말씀을 받고(:8) 그 말씀을 지켰다(:6). 그리고 예수께서는 그들로 말미암아 영광(:10)을 받았는데 하나님은 그들에게 예수의 영광을 보여 주기 원한다(:24). 예수께서는 자신의 기쁨을 그들 안에 충만히 가지기를 바라고 있다(:13).	
	3. 예수께서 '그들'을 세상에 보내시고(:18) 그들은 세상에 있는데(:11) 그러나 세상에 속하지 않은 그들(:14,16)이다.	
	4. 예수께서는 믿는 자들도 아버지의 이름을 알게 하고(:26) 내게 주신 영광을 그들에게 주었으며(:22), 나를 사랑하는 사람이 그들 안에 있고, 나도 그들 안에 있다(:26)고 한다.	
예수의 기도 ① 자기 자신을 위해	1. 예수께서는 자기 자신을 위한 기도를 한다. '아들을 영화롭게 하시고'(:1,5) '아들로 아버지를 영화롭게 하게 하소서'(:1)라고,	유1:25 곧 우리 구주 홀로 하나이신 하나님께 우리 주 예수 그리스도로 말미암아 영광과 위엄과 권력과 권세가 영원 전부터 이제와 영원토록 있을지어다 아멘
	2. 예수께서는 아버지께서 아들에게 '만민을 다스리는 권세'(17:2)를 주었다고 한다.	
	(1) 만민을 다스리는 권세는 마귀 시험 때에 마귀가 천하만국을 보여주면서 내게 절하면 주겠다고 한 그 권위와 영광(눅4:6)을 말하는 것이다.	
	(2) 마태에서 부활하신 예수께서는 지시한 갈릴리의 산에서 제자들에게 대위명령을 하기 전에 '하늘과 땅의 모든 권세를 내게 주셨다'(28:18)고 한다.	요6:38 내가 하늘에서 내려온 것은 내 뜻을 행하려 함이 아니요 나를 보내신 이의 뜻을 행하려 함이니라
	(3) 영화롭게 하소서의 이유는 모든 사람에게 영생을 주게 하시려는 데에 있다.	
	3. 그런데 영생은 하나님, 유일하신 참 하나님과 그가 보내신 자 예수 그리스도를 아는 것이라고 한다. 그리스도인들에게는 영생을 위해서 뿐 아니라 예수 그리스도를 아는 것이 무엇보다도 중요하다하겠다.	요16:24 지금까지는 너희가 내 이름으로 아무 것도 구하지 아니하였으나 구하라 그리하면 받으리니 너희 기쁨이 충만하리라
	(1) 사도 바울은 '내가 모든 것을 해로 여김은 내 주 예수 그리스도를 아는 지식이 가장 고상하기 때문이라'(빌3:8)고 한다. 공동번역은 '무엇보다 존귀해서', 새번역은 '가장 고귀해서'라고 한다.	
	(2) 베드로후서(3:18)는 '예수 그리스도의 은혜와 그를 아는 지식에서 자라라'고 한다.	

	4. 예수께서는 '아버지께서 내가 하라고 주신 일을 내가 이루어 아버지를' 하늘에서가 아닌 '이 세상에서 영화롭게' 하였다(17:4)고 한다. 그러나 세상은 아버지를 알지 못했고 나는 아버지를 알았다고 한다(:25).	요6:37 아버지께서 내게 주시는 자는 다 내게로 올 것이요 내게 오는 자는 내가 결코 내쫓지 아니하리라
	예수께서는 또한 '창세 전에 내가 아버지와 함께 가졌던 영화로써 지금도 아버지와 함께 나를 영화롭게 하옵소서'(:5)라고 한다. 아버지는 창세 전부터 나를 사랑하시고 내게 영광을 주셨다(:24)는 것이다.	
	5. 하나님께서도 직접 이와 같은 말씀을 하였다. 예수께서는 땅에 떨어져 죽지 아니하면 안 되는 밀알에 대해 말씀한 후 하나님께 기도를 드린다. 그때 하늘에서 소리가 나는데 '내가 이미 영광스럽게 하였고 또다시 영광스럽게 하리라'(요12:23)는 하나님의 음성이다. 이 세상에서 이미 영광을 받으신 하나님은 창세 전부터 예수와 함께 가졌던 영광을 위해서 예수의 죽음을 허락한다는 것이다.	
② 제자를 위해 기도를 드리는 이유	첫째 : 아버지의 이름 때문이다.	벧전1:15-16 오직 너희를 부르신 거룩한 이처럼 너희도 모든 행실에 거룩한 자가 되라 기록되었으되 내가 거룩하니 너희도 거룩할지어다 하셨느니라
	예수께서는 '세상이 아버지를 알지 못하였을 때'(17:25), 그들에게 '내가 아버지의 이름을 나타내었다'(:6)고 하고 또한 '내가 아버지의 이름을 그들에게 알게 하였고 또 알게 하리니'(:26)라고 한다. 그런데 '아버지의 이름'은 아버지께서 예수에게 주신 것(:11)이다. 예수께서 그들을 위해 기도할 때에도 두 번이나 '아버지의 이름으로 그들을 보전'(17:12,15)하여 달라고 한다.	
	(1) 요한복음에서의 예수께서는 본인이 아버지의 이름으로 왔다(5:43)고 하고	
	(2) 내가 내 아버지의 이름으로 행하는 일들이 나를 증거한다고 한다.	• 요한복음에서의 '거룩'은 죄악과 구별되는 삶이고 벧전(1:16)에서 '거룩'은 세속적이고 비신앙적인 것으로부터의 구별과 경건한 행위를 말한다.
	둘째 : 아버지의 말씀 때문이다.	
	예수께서는 '아버지께서 내게 주신 말씀들을 그들에게 주었다'(17:8)고 하고 '그들은 아버지의 말씀을 지켰다'(:6)고 한다. 그들은 말씀을 받고 '내가 아버지께로 나온 줄을 참으로 알며 아버지께서 나를 보내신 줄도 믿었다'(:8)고 한다. 하나님의 말씀이 믿음의 기반인 것이다.	
	셋째 : 그들은 아버지의 것(17:9)이기 때문이다.	
	예수께서는 '그들은 아버지의 것인데 내게 주셨다'(:6)고 하고 또한 '아버지께서 내게 주신 자'(:24)라고 한다. 예수께서는 '내가 그들을 위해 비옵나니 내게 주신 자들을 위함이니이다'(:9)라고 한다.	
③ 제자들을 위한 기도의 내용	첫째 : 아버지의 이름으로 그들을 보전하사 우리와 같이 그들도 하나 되게 하옵소서(17:11)	• 교황 성하의 성하는 Holy Father 거룩한 아버지다.
	아버지의 이름은 하나님의 능력과 성품을 나타내는 것이다. 예수께서는 내가 그들과 함께 있을 때에 내게 주신 아버지의 이름으로 그들을 보전하고 지켰다고 한다. 그런데 예수께서 세상에 있지 못하고 아버지께로 가게 되었고 그들은 세상에 남게 되었다는 것이다. 예수께서는 안전하지 않은 세상에 남겨진 그들을 보전하여 주시고 하나 되게 해 달라고 기도한다.	요일3:1 보라 아버지께서 어떠한 사랑을 우리에게 베푸사 하나님의 자녀라 일컬음을 받게 하셨는가, 우리가 그러하도다 그러므로 세상이 우리를 알지 못함은 그를 알지 못함이라
	둘째 : 세상에 속하지 않는 그들이 다만 악에 빠지지 않게 하옵소서(17:15).	
	예수께서는 세상이 그들을 미워한다고 하는데 그 이유는 말씀 때문이다. 내가 그들에게 말씀을 주어서이고 그들도 나처럼 세상에 속하지 않고 있어서라고 한다. 예수께서 말씀하기를 내가 기도하는 까닭은 그들을 세상에서 데려가기 위함이 아니라고 하며 다만 그들이 이 세상에서 구별되게 살면서 악에 빠지지 않게 하기 위해서라고도 한다.	
	셋째 : 그들을 진리로 거룩하게 하옵소서(17:19)	
	예수께서는 이 세상에서의 사역을 중요시한다. 이 세상을 피하며 '나 있는 곳'(:24)에 데려가는 것이 목적이 아니고 오히려 '아버지께서 나를 보낸 것 같이 나도 그들을 세상에 보내었다'(:18)고 한다. 여기서 그들은 세상에 있어야	

	하는 존재들인 것이다. 예수께서는 '내가 나를 거룩하게 하오니 그들도 진리로 거룩함을 얻게' 해달라고 기도한다(:19). 거룩은 헬라어로 하기오스인데 본뜻은 별다르다로서 성별하여 세웠다는 의미라 하겠다. 거룩하신 하나님을 섬기려는 자는 자신도 거룩해야 할 것이다. 그래서 예수께서는 하나님께 그들을 위해 기도하는 것이다.	
④나를 믿을 사람을 위한 기도	예수께서는 나를 믿는 사람을 위한 기도를 한다(17:20). 먼저 예수께서는 거듭해서 그들이 '아버지께서 예수를 세상에 보내신 것을 믿게 하여 달라'(:21,23)고 한다. 그런데 예수께서는 '그들이 아버지께서 나를 보내신 줄 알았'(:25)고 그리고 '내가 아버지께로부터 나온 줄을 참으로 알며 아버지께서 나를 보내신 줄도 믿었다'(:8)라고 한다. 예수의 고별기도가 기도인 동시에 제자들을 위한 교육의 성격이 있음을 보여 준다. 첫째 : 그들도 다 하나가 되어 우리 안에 있게 하소서(17:21) (1) 예수께서는 이미 제자들을 위한 기도에서 '그들도 하나가 되게 하여 달라'(:11)고 기도하였다. 여기 미래의 신자들을 위한 기도에서도 같은 기도를 한다. (2) 사도 바울은 '주도 한 분이시오 믿음도 하나요 세례도 하나요'(엡4:5)라고 하고 '너희는 그리스도 예수 안에서 하나이니라'(갈3:28)고 한다. 둘째, 예수께서 먼저 자신과 하나님이 하나라는 것을 말씀한다. (1) 예수께서는 이미 유대인들에게 '나와 아버지는 하나이니라'(10:30)고 하였고 (2)아버지께서 나를 아시고 내가 아버지를 안다(10:15)고도 한다. 여기서는 '아버지께서 내 안에 내가 아버지 안에 있는 것 같이 그들도, 즉, 예수를 믿는 이들도 다 하나 되게' 하여 달라고 기도한다. 그리고 그들이 하나가 되도록 아버지께서 내게 주신 영광을 내가 그들에게도 주었다(:22)고도 한다. 그들이 다 하나가 됨으로써 다시 말해 영적 일치를 통해서 하나님과 예수 안에 있게 된다는 것이다. 예수를 믿는 이들이 하나님과도 함께 한다는 것을 강조한 기도라 하겠다. 셋째, 그들로 온전함을 이루어 그들도 사랑하신 것을 세상이 알게 하소서(17:23) 예수는 아버지와 나와 그들이 하나 되는 것은 온전함을 이루는 것이라고 한다. 그리고 그 온전한 하나 됨의 목적은 하나님이 예수를 사랑한 것 같이 예수를 믿는 사람들도 사랑하신다는 것을 세상이 알게 하여 달라는 것이다. 하나님, 예수, 예수를 믿는 이들은 하나님의 사랑으로 온전히 하나가 될 수 있다고 하겠다. 넷째, 나를 사랑하신 사랑이 그들 안에 있게 하소서(17:26) 예수께서는 창세 전부터 아버지께서 나를 사랑하셨고 내게 영광을 주셨다고 한다(:24). 예수께서는 하나님이 자신을 사랑하신 사랑이 그들 안에도 있게 하여 달라고 기도한다. 예수의 사랑 안에 거함으로 예수를 믿는 이들은 하나님의 사랑 안에 거하게 되는 것이다.	• Ut Unum Sint: 우리로 하나 되게 하소서(요 7:21)는 세계 YMCA 연맹의 모토이다. 요13:1 유월절 전에 예수께서 자기가 세상을 떠나 아버지께로 돌아가실 때가 이른 줄 아시고 세상에 있는 자기 사람들을 사랑하시되 끝까지 사랑하시니라
고별기도 이해	1. 난해하고 암시적인 기도이다. 요한복음에 나오는 개념 즉, 자신은 보냄을 받은 자, 제자는 내게 주신 자, 하나님의 영광과 예수의 영광, 서로 사랑하라는 새 계명, 모두 하나가 되라는 요구 등이 나온다. 2. 예수께서는 하나님과의 관계를 늘 확인한다. 또한, 자신의 의지로 하나님과 동등 됨을 주장한다. 기도인 동시에 고백이며 선언이라고 하겠다. 이 세상에 남겨지는 제자와 믿는 이들은 위로와 용기를 얻을 수 있을 것이다. 3. 요한복음 제17장을 고별기도라고 하는 이유는 고별 강화(14-16)에 이어 나오는 기도이기 때문이다. 제14장과 제16장은 예수께서 가고 오심에 대해 제15장은 포도나무와 가지 그리고 새 계명인 사랑에 대해 말하고 있고 제17장은 대제사장의 기도라고도 한다.	

4. 요한복음을 생명의 복음서로 이해하고 있는 김우현(1895-1990)은 제14장을 예수의 가심에 관련된 '근심과 걱정에 싸인 생명의 장으로, 제15장은 포도나무와 가지와 같은 생명의 장으로, 제16장은 예수의 오심과 관련된 죄와 심판으로 책망받는 생명의 장으로, 제17장은 중보기도로 살 길이 열리는 생명의 장으로 보고 있다. 5. 요한복음 17장에 대해 케제만은 고별기도로, 16세기 루터파 신학자인 아고누리데스는 대제사장의 기도로, 프레드 크래독은 설교로, 김기동은 예수의 고백으로, 또는 기도의 형태의 가르침으로 각각 보는 시각이 있다. 6. 요한복음의 특징인 신본주의, 예수의 선재성, 하나님과의 일치성(17:11,21), 하나님의 영광을 위한 예수의 영광 등이 잘 나타나 있는 기도다. 이 기도에서는 하나님, 예수, 제자, 그리고 미래의 신자에 대한 유기적인 관계성이 통전적으로 입체적으로 보이고 있다. 특별히 하나님, 예수, 인간이 하나 되는 세상을 제시하고 있다. 7. 요한복음의 고별기도는 공관복음의 겟세마네 기도와 많이 다르다. 공관복음에서의 예수는 인간 예수, 나약한 예수의 모습을 보이고 있다. 요한복음에서의 예수는 당당하다. '내게 하라고 주신 일을 내가 이루어 아버지를 영화롭게 하였다'(17:4)고 한다. 하나님께 그들을 위해 기도하시는 이유를 대고 그들을 위해 구체적으로 요구하는 기도를 한다. 　공관복음의 예수는 하나님께 부탁을 드리지만, 요한복음의 예수는 하나님께 제자와 믿는 이들을 위해 기도로 요구하고 있다. 8. 고별기도는 중보자로서의 예수의 역할을 보여 준다. 예수께서는 '나로 말미암지 않고는 아버지께로 올 자가 없다'(14:6)고 하고 사도 바울은 '하나님과 사람 사이에 중보자도 예수 한 분이라'(딤전2:5)하고 또한, 예수를 '언약의 중보자'(히8:6, 9:15)라고도 부른다. 하나님은 중재자를 필요로 하신다(사59:16).	**<구약의 고별사들>** • 야곱이 자녀에게 하는 고별사: 창49장 • 모세가 이스라엘에 하는 고별사: 신33장 • 여호수아가 이스라엘에게 하는 고별사: 수23-24장 • 다윗의 고별사: 삼하23:1-7, 대상28-29장 **딤전2:5** 하나님은 한 분이시요 또 하나님과 사람 사이에 중보자도 한 분이시니 곧 사람이신 그리스도 예수라 **히8:6** 그러나 이제 그는 더 아름다운 직분을 얻으셨으니 그는 더 좋은 약속으로 세우신 더 좋은 언약의 중보자시라

4. 심층연구

4.1 온전함을 이루어 하나 되게 하옵소서(:23)

주제	아버지(하나님)	나, 아들(예수)	그들(제자들)	그들, 나를 믿는 사람들
영화롭다	• 아들로 영화로워지는 아버지 • 아들을 영화롭게 하는 아버지(:1) • 창세 전부터 영화를 함께 가졌던 아버지(:5)	• 아버지로 영화로워지는 나 • 아버지를 영화롭게 하는 나(:1)		
영생	• 모든 사람에게 영생을 주시려고 만민을 다스리는 권세를 아들에게 주신 아버지(:2) • 유일하신 참 하나님(:3)	• 모든 사람에게 영생을 주는 나(:2) • 아버지께서 내게 하라고 주신 일을 하는 나(:4)		
예수의 기도(1) 자신을 위한 기도		• 아들로 아버지를 영화롭게 하소서(:1) • 나를 영화롭게 하소서(:5)		

아버지의 이름	• 아버지의 이름을 아들에게 주신 아버지(:6) • 아버지의 것들인 그들을 아들에게 주신 아버지(:6) • 거룩하신 아버지(:11)	• 아버지의 이름을 내게 주신 사람들에게 나타낸다(:6) • 아버지께로부터 그들을 받은 나(:6) • 아버지의 이름을 그들에게 알게 하였고 또 알게 하는 나(:26)		
아버지의 말씀	• 아들에게 말씀을 주신 아버지(:8) • 아버지의 말씀은 진리(:17)	• 아버지로부터 말씀을 받은 나(:8) • 아버지의 말씀을 그들에게 준 나(:8)	• 아버지의 말씀을 지키는 그들(:6) • 예수에게서 말씀을 받은 그들(:8,14)	
아버지의 것	• 내 것은 다 아버지의 것(:10상) • 내가 아버지 안에(:21하) • 내 안에 계신 아버지(:23)	• 아버지의 것은 내 것(:10하) • 아버지께서 내 안에(:21상) • 아버지에게서 그들을 받은 나(:6) • 그들을 위해 비는 나(:9) • 모든 사람을 위해 비는 나(:20) • 그들 안에 있는 나(:23)	• 아버지의 것인 그들(:6) • 아버지께서 내게 주신 그들(:7) • 내게 주신 자들인 그들(:9, :24) • 나를 믿게 하는 그들(:20)	• 그들로 말미암아 나를 믿는 사람들(:20) • 그들로 하나 되게 하소서(:21) • 온전함을 이루어 하나 되게 하소서(:23)
예수와 세상	• 의로우신 아버지(:25) • 세상이 알지 못하는 아버지(:25)	• 세상을 위해 비는 것이 아닌 나(:9) • 세상에 더 있지 않은 나(:11) • 아버지께로 가는 나(:11) • 지금 아버지께로 가는 나(:13) • 세상에 속하지 않는 나(:16상) • 아버지를 아는 나(:25)	• 세상에 있는 그들(:11) • 세상이 미워하는 그들(:14) • 세상에 속하지 않는 그들(:16하)	
예수의 기도 (2) 제자들을 위한 기도		• 아버지의 이름으로 그들을 보전하사 하나 되게 하소서(:11) • 세상에 속하지 않는 그들을 악에 빠지지 않게 보전하소서(:15) • 진리로 거룩하게 하소서(:17,19)	• 내 기쁨을 그들 안에 충만히 가지게 하려 함이니이다(:13) • 그들을 세상에서 데려가기 위함이 아니요(:15) • 그들을 세상에 보내려고(:18)	
하나님과 영광		• 내게 주신 영광(:22상) • 내게 주신 나의 영광(:24상)		• 내가 그들에게 준 영광(:22하) • 나의 영광을 그들도 보게 하소서(:24하)

하나님과 사랑	• 창세 전부터 나를 사랑하신 아버지(:24) • 나를 사랑하신 아버지(:23)	• 그들에게서 영광을 받은 나(:10)		• 나를 사랑함같이 그들도 사랑하시다(:23) • 나를 사랑하신 사랑이 그들 안에 있다(:26)
예수의 기도 (3) 나를 믿을 사람들을 위한 기도		• 그들도 다 하나 되어 우리 안에 있게 하소서 (:21) • 그들로 온전함을 이루어 아버지께서 그들도 사랑하신 것을 세상이 알게 하소서(:23) • 나를 사랑하신 사랑이 그들 안에 있게 하소서(:26)		
보냄을 받은 예수	• 나를 세상에 보내신 아버지(:18)	• 나를 보내신 것을 믿게 하소서(:21) • 아버지께서 나를 보내신 것을 세상이 알게 하소서(:23)	• 아버지께서 나를 보내신 줄 믿습니다(:8)	• 그들도 나를 보내신 줄 압니다(:25)
떠나는 예수		• 나는 세상에 더 있지 아니한다(:11) • 나는 아버지께로 간다 (:11) • 지금 내가 아버지께로 가오니(:13)		

4.2 겟세마네의 기도와 고별기도 비교

구분	하나님 호칭	기도의 내용	예수의 상황	기도의 형태	기도의 지원	특징	비고
마태	내 아버지	자기 자신을 위한 기도	• 고민하고 슬퍼하사 • 매우 고민하여 죽게 되었으니	• 처음 기도와 두 번째 기도가 다르고 세 번째 기도는 두 번째 기도와 같다	• 제자들에게 요청, 세 번 깨우러 가다	• 예수께서 괴로워하는 모습이 강조되다	• 자기 십자가를 지기 위해 자기를 부인하는 예수 • 주기도와 같은 내용의 기도를 하는 예수
마가	아빠 아버지		• 심히 놀라시며 슬퍼하사 • 심히 고민하여 죽게 되었으니	• 같은 기도를 세 번 반복	• 제자들에게 요청, 세 번 깨우러 가다	• 예수의 결단이 자신 스스로 한 것임이 강조되다	• 제자도를 실천하는 예수

누가	아버지여		• 간절히 기도하니 땀이 땅에 떨어지는 핏방울 같더라	• 마태의 두 번째 기도와 같은 내용	• 제자들에게 요청, 한 번 깨우다 • 천사가 나타나 힘을 더하다		
요한	• 유일하신 참 하나님 • 거룩하신 아버지 • 의로우신 아버지	• 자기 자신과 제자들, 그리고 자기를 믿는 이들을 위한 기도	• 아버지께서 내게 하라고 주신 일을 내가 이루어 이 세상에서 아버지를 영화롭게 하였다	• 중보기도, 대제사장적인 기도라 하겠다	• 제자들이나 천사들이 등장하지 않는다	• 영화, 영광을 반복함으로써 하나님을 위한 결단임이 드러난다	• 하나님, 예수, 믿는 이들이 하나 되는 공동체를 제시하다 • 예수께서 하나님께 당당하게 요구하는 기도를 드린다

5. 집중탐구: 고별기도의 상호포괄(서중석 교수)

1. 예수와 하나님과의 상호포괄

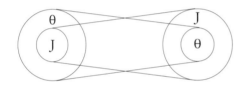

2. 예수와 믿는 자들의 상호포괄

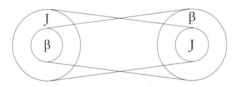

3. 예수와 하나님 그리고 믿는 자들과 다른 믿는 자들 (예수J, 하나님θ, 믿는 자들β, 다른 믿는 자들β')

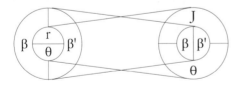

제40절 ✾ 잡히심

1. 본문비교

구분	마태(26:47-56)	마가(14:43-52)	누가(22:47-53)	요한(18:3-11)
무리가 오다	26:47 말씀하실 때에 열둘 중의 하나인 유다가 왔는데 대제사장들과 백성의 장로들에게서 파송된 큰 무리가 칼과 몽치를 가지고 그와 함께 하였더라	14:43 예수께서 말씀하실 때에 곧 열둘 중의 하나인 유다가 왔는데 대제사장들과 서기관들과 장로들에게서 파송된 무리가 검과 몽치를 가지고 그와 함께 하였더라	22:47 말씀하실 때에 한 무리가 오는데 열둘 중의 하나인 유다라 하는 자가 그들을 앞장서 와서	18:3 유다가 군대와 대제사장들과 바리새인들에게서 얻은 아랫사람들을 데리고 등과 횃불과 무기를 가지고 그리로 오는지라
유다의 입맞춤	:48-49 예수를 파는 자가 그들에게 군호를 짜 이르되 내가 입 맞추는 자가 그이니 그를 잡으라 한지라 곧 예수께 나아와 랍비여 안녕하시옵니까 하고 입을 맞추니	:44-45 예수를 파는 자가 이미 그들과 군호를 짜 이르되 내가 입맞추는 자가 그이니 그를 잡아 단단히 끌어 가라 하였는지라 이에 와서 곧 예수께 나아와 랍비여 하고 입을 맞추니	:48 예수께 입을 맞추려고 가까이 하는지라 예수께서 이르시되 유다야 네가 입맞춤으로 인자를 파느냐 하시니	
누구를 찾느냐				:4-7 예수께서 그 당할 일을 다 아시고 나아가 이르시되 너희가 누구를 찾느냐 대답하되 나사렛 예수라 하거늘 이르시되 내가 그니라 하시니라 그를 파는 유다도 그들과 함께 섰더라 예수께서 그들에게 내가 그니라 하실 때에 그들이 물러가서 땅에 엎드러지는지라 이제 다시 누구를 찾느냐고 물으신대 그들이 말하기를 나사렛 예수라 하거늘
제자방면 요구				:8-9 예수께서 대답하시되 너희에게 내가 그니라 하였으니 나를 찾거든 이 사람들이 가는 것은 용납하라 하시니 이는 아버지께서 내게 주신 자 중에서 하나도 잃지 아니하였사옵나이다 하신 말씀을 응하게 하려 함이러라

잡히심	:50 예수께서 이르시되 친구여 네가 무엇을 하려고 왔는지 행하라 하신대 이에 그들이 나아와 예수께 손을 대어 잡는지라	:46 그들이 예수께 손을 대어 잡거늘	:49 그의 주위 사람들이 그 된 일을 보고 여짜오되 주여 우리가 칼로 치리이까 하고	
제자들의 대응 (말고의 귀)	:51 예수와 함께 있던 자 중의 하나가 손을 펴 칼을 빼어 대제사장의 종을 쳐 그 귀를 떨어뜨리니	:47 곁에 서 있는 자 중의 한 사람이 칼을 빼어 대제사장의 종을 쳐 그 귀를 떨어뜨리니라	:50 그 중의 한 사람이 대제사장의 종을 쳐 그 오른쪽 귀를 떨어뜨린지라	:10 이에 시몬 베드로가 칼을 가졌는데 그것을 빼어 대제사장의 종을 쳐서 오른편 귀를 베어 버리니 그 종의 이름은 말고라
	:52 이에 예수께서 이르시되 네 칼을 도로 칼집에 꽂으라 칼을 가지는 자는 다 칼로 망하느니라		:51 예수께서 일러 이르시되 이것까지 참으라 하시고 그 귀를 만져 낫게 하시더라	:11상 예수께서 베드로더러 이르시되 칼을 칼집에 꽂으라
고난에 순응하다	:53-54 너는 내가 내 아버지께 구하여 지금 열두 군단 더 되는 천사를 보내시게 할 수 없는 줄로 아느냐 내가 만일 그렇게 하면 이런 일이 있으리라 한 성경이 어떻게 이루어지겠느냐 하시더라			:11하 아버지께서 주신 잔을 내가 마시지 아니하겠느냐 하시니라
예수의 항변	:55상 그 때에 예수께서 무리에게 말씀하시되 너희가 강도를 잡는 것 같이 칼과 몽치를 가지고 나를 잡으러 나왔느냐	:48 예수께서 무리에게 말씀하여 이르시되 너희가 강도를 잡는 것 같이 검과 몽치를 가지고 나를 잡으러 나왔느냐	:52 예수께서 그 잡으러 온 대제사장들과 성전의 경비대장들과 장로들에게 이르시되 너희가 강도를 잡는 것 같이 검과 몽치를 가지고 나왔느냐	
	:55하 내가 날마다 성전에 앉아 가르쳤으되 너희가 나를 잡지 아니하였도다	:49상 내가 날마다 너희와 함께 성전에 있으면서 가르쳤으되 너희가 나를 잡지 아니하였도다	:53 내가 날마다 너희와 함께 성전에 있을 때에 내게 손을 대지 아니하였도다	
잡히신 이유	:56상 그러나 이렇게 된 것은 다 선지자들의 글을 이루려 함이니라 하시더라	:49하 그러나 이는 성경을 이루려 함이니라 하시더라	:53하 그러나 이제는 너희 때요 어둠의 권세로다 하시더라	
제자들의 도망	:56하 이에 제자들이 다 예수를 버리고 도망하니라	:50 제자들이 다 예수를 버리고 도망하니라 :51-52 한 청년이 벗은 몸에 베 홑이불을 두르고 예수를 따라가다가 무리에게 잡히매 베 홑이불을 버리고 벗은 몸으로 도망하니라		

2. 본문의 차이

구분	마태	마가	누가	요한
무리	• 대제사장들과 백성의 장로들에게서 파송된 큰 무리와 유다	• 대제사장들과 서기관들과 장로들에게서 파송된 무리와 유다	• 한 무리와 유다 • 대제사장들과 성전경비대장들과 장로들	• 군대, 천부장1812, 대제사장들과 바리세인들에게서 얻은 아랫사람들과 유다
무장	• 칼과 몽치	• 검과 몽치	• 검과 몽치	• 횃불과 무기
유다가 한 일	• 무리와 함께 오다 • 그를 잡으라 하다 • 군호로 예수께 입 맞추기로 하다 • 랍비여 안녕하시옵니까 • 입을 맞추다	• 무리와 함께 오다 • 그를 잡아 단단히 끌어가라 • 군호로 예수께 입 맞추기로 하다 • 랍비여 • 입을 맞추다	• 그들(무리)을 앞장서 오다 • 입 맞추려 하다	• 무리를 데리고 그리로 오다 • 그들과 함께 서다 • 예수께서 누구를 찾느냐고 두 번 물어 보는데 무리는 나사렛 예수라고 하다 • 예수의 대답을 들은 그들이 물러나서 땅에 엎드러지는지라
예언의 성취	• 이런 일이 있으리라 한 성경이 어떻게 이루어지겠느냐(26:54) • 이렇게 된 것은 다 선지자의 글을 이루려 함이니라(26:56)	• 이는 성경을 이루려 함이니라(14:49)	• 이제는 너희의 때요 어둠의 권세로다(22:53)	• 아버지께서 주신 잔을 내가 마시지 아니 하겠느냐(18:11)
제자들과 예수의 저지	• 예수와 함께 있었던 자 중의 하나 • 손을 펴 칼을 빼어 대제사장의 종을 쳐 그 귀를 떨어뜨리니 • 네 칼을 도로 칼집에 꽂으라	• 곁에 서 있던 자 중의 한 사람 • 칼을 빼어 대제사장의 종을 쳐 그 귀를 떨어뜨리니라	• 그 중의 한 사람 • 대제사장의 종을 쳐 그 오른쪽 귀를 떨어뜨린지라 • 이것까지 참으라 • 그 귀를 만져 낫게 하시더라	• 시몬 베드로 • 칼을 가졌는데 그것을 빼어 대제사장의 종을 쳐서 귀를 베어 버리니 • 칼을 칼집에 꽂으라
무리에 대한 예수의 항변	• 강도를 잡는 것 같이 나를 잡으려 나왔느냐 • 내가 날마다 성전에 앉아 가르쳤으되 너희가 나를 잡지 아니하였도다	• 강도를 잡는 것 같이 나를 잡으려 나왔느냐 • 내가 날마다 너희와 함께 성전에 있으면서 가르쳤으되 너희가 나를 잡지 아니하였도다	• 너희가 강도를 잡는 것 같이 검과 몽치를 가지고 나왔느냐 • 내가 날마다 너희와 함께 성전에 있을 때에 내게 손을 대지 아니하였도다	
잡히신 이유	• 선지자들의 글을 이루려 함이라	• 이는 성경을 이루려 함이라	• 이제는 너희 때요 어둠의 권세로다	
제자들의 도망	• 제자들이 다 예수를 버리고 도망하니라	• 제자들이 다 예수를 버리고 도망하니라 • 한 청년이 벗은 몸에 베 홑이불을 두르고 예수를 따라가다가 무리에게 잡히매 베 홑이불을 버리고 벗은 몸으로 도망하니라		

3. 본문이해

구분	내용	비고
예수를 잡으러 온 무리들	1. 예수께서 1차 수난예고 시 마태, 마가, 누가는 모두 장로들과 대제사장들과 서기관들에게 많은 고난을 받고(마태) 버린 바 되어(마가, 누가) 죽임을 당할 것이라고 한다. 3차 수난예고 시 마태, 마가는 대제사장들과 서기관들에게 넘겨지매 그들이 죽이기로 결의하였다고 한다. 2. 예수께서 기도한 후 제자들에게 말씀할 때에 유다와 무리가 나타난다. 마태는 대제사장들과 백성의 장로들에게 파송된 큰 무리라고 하고 마가는 대제사장들과 서기관들과 장로들에게서 파송된 무리라고 한다. 3. 누가는 처음에는 한 무리라고 하였는데 나중에 예수께서 말씀하는 대상이 대제사장들과 성전의 경비대장들과 장로들(22:52)이라고 한다. 누가는 예수를 넘겨주기 위해 의논하였던 유다의 상대가 대제사장들과 경비대장들(22:4)이라고 이미 말하였다. 누가는 마태, 마가와 달리 유대 지도자들이 파송한 무리가 아니라 성전 세력인 대제사장들, 경비대장들이 주축을 이룬 조직이라 하겠다. 로마 시대에도 유대인들은 예루살렘의 종교권과 경찰권을 가지고 있었다. 예수의 체포는 유대인의 공권력에 의한 것이라고 누가는 말하고 있다. 4. 요한복음은 무리가 군대와 대제사장들과 바리새인들의 하수인들로 구성되어 있다고 하는데 여기서 군대는 로마군을 말한다. 요한복음에서의 예수의 체포는 로마의 협력 아래 실행되었다고 하겠다. 예수를 잡아 결박한 자들은 천부장과 군대 그리고 유대인의 아래 사람들(18:12)이라고 한다. 5. 무리들은 무장을 하였다고 한다. 무리들은 칼과 몽치(마태, 마가)를 들고 왔다고 하는데 몽치는 크쉴론으로 나무로 된 곤봉을 말한다. 여기서 무기는 군대의 무기로 생각할 수 있다. 또한, 마태의 칼이나 마가와 누가의 검은 헬라어로 같은 단어이다. 요한복음에서는 군대들이 무기를 가지고 왔다고 한다.	• 마16:21, 막8:31, 눅9:22와 마20:18, 막10:33, 눅18:32 참고 • 마태, 마가의 무리는 당시 유대 종교지도자들에게서 파송된 자들임으로 사조직으로 볼 수 있다. • 누가에서 예수께서는 잡으러 온 대제사장들과 경비대장들과 장로들에게 직접 말씀한다. 이들은 성전 세력이라 하겠다. • 요한에는 군대가 언급되어 있으므로 예수의 체포와 로마의 관련성을 짐작하게 한다.
예수 잡힌 곳	1. 공관복음서에서의 예수께서는 감람산에서 제자들과 함께 기도를 한 후 나를 파는 자가 가까이 왔다(마태, 마가)고 한다. 마태, 마가, 누가는 예수께서 말씀을 하실 때에 유다의 무리가 왔다고 한다. 2. 요한복음은 고별기도를 한 후 예수께서는 '제자들과 기드론 시내 건너편으로 나가서 그 곳에 있는 동산이 있는데 함께 들어갔다'(18:1)고 한다. '그 곳은 가끔 예수께서 제자들과 모이는 곳으로 예수를 파는 유다도 그 곳을 알'(18:2)았다고 한다. 그런데 유다가 바로 무리를 이끌고 그리로 왔다(18:3)는 것이다. 3. 감람산이 다윗이 도망가던 길에 올라갔던 곳이었듯이 '기드론 시내' 역시 다윗이 아들 압살롬의 반란을 피해 예루살렘에서 도망하여 백성들과 함께 건넌 시내(삼하15:30)이다. 예수께서 잡히기 전 제자들과 함께 이 시내를 건넜다는 것이다. 　다윗은 다행히 이곳으로 피난하였으나 예수께서는 여기에서 잡힌다. 유다가 알고 있는 장소이기 때문이다.	• 기드론: 탁류, 어두움의 뜻이다. 우기 때 골짜기에 검고 탁한 물이 흐른다고 한다. 이 골짜기를 왕의 골짜기(삼하18:18)라고도 하는데 압살롬의 기념비가 있다고 한다.
유다의 적극적 배반	1. 마태, 마가는 유다가 무리와 함께 왔다고 하지만, 누가는 무리에 앞장서 왔다고 하며 요한은 유다가 무리를 데리고 왔다고 한다. 누가와 요한복음은 유다가 무리를 적극적으로 인도하였다고 보고 있다. 2. 밝은 낮에 예수를 알아보는 것은 어렵지 않았겠으나 어두운 밤에는 사람을 식별하기가 쉽지 않았을 것이다. 그래서 유다는 군호로써 자기가 입맞추는 그 사람이 예수라고 무리들에게 미리 일러 둔 것이다. 누가, 요한에서는 군호 이야기가 없다. 그러나 누가에서의 유다는 예수께 입 맞추려 한다. 마태, 마가는 유다가 무리와 함께 왔으나 누가의 표현처럼 앞장 서 오지는 아니한 것 같다. 마태에서의 유다는 '그를 잡으라'고 적극적으로 말하고 마가에서의 유다는 '그를 잡아 단단히 끌어가라'고 강력하게 말한다.	잠27:6 친구의 아픈 책망은 충직으로 말미암는 것이나 원수의 잦은 입맞춤은 거짓에서 난 것이라

	3. 유다가 어두운 밤 산에서 예수를 가리켜 주기 위한 군호로서 입맞춤을 하는 것에 대해서는 마태, 마가가 잘 설명하고 있는데 특별히 마가는 유다의 악랄한 배신을 기록하고 있다. 4. 마태는 유다가 랍비여 안녕하시옵니까라고 인사하였다고 한다. 마태에서 제자들은 예수를 '주'라고 부르는데 유다만은 마지막 만찬에서와 여기에서 랍비(26:25,49)라고 한다. 마가는 그냥 '랍비여'라고 하였다고 한다. 그런데 '랍비여'라는 호칭은 예수께서 마23:7-8에서 좋지 않은 인식을 갖고 언급한 바가 있다.	
잡히심	1. 마태, 마가는 유다가 예수께 입맞춤을 하였다고 하지만 누가는 유다가 입맞춤을 하려 하자 '유다야 네가 입맞춤으로 인자를 파느냐'고 하였다고 한다. 2. 마가는 유다가 '입을 맞추니 그들이 예수께 손을 대어' 잡았다고 한다. 마태는 입맞춤 후 예수께서 유다에게 '친구여'라고 한다. 마태에만 나오는 표현인데 여기서는 질책의 의미가 포함되어 있다. 마태에서의 예수께서는 '네가 무엇을 하려고 왔는지 행하라'(26:50)고 한다. 새번역은 '무엇하러 여기 왔느냐'로 되어 있다. 의미상으로는 '이것이 네가 온 이유이냐'라는 것이다. 예수가 말씀을 하자 그들이 나아와 예수께 손을 대어 잡는다. 3. 마태, 마가는 '손을 대어 잡는다'고 한다. 예수께서 잡혔다는 것이다. 누가에는 '그 주위 사람들이 그 된 일을 보고'라는 간접적인 표현만 있다. 그래서 누가에서는 예수 체포의 시간을 말고의 귀를 만져 낫게 하고 성전 권력자들에게 항변을 한 후로 본다. 4. 요한복음에서 예수는 스스로 잡힌다. 체포가 아니다. 너희가 누구를 찾느냐고 두 번이나 물음으로서 너희가 나를 찾았다고 한다. 5. 공관복음 중에서 마태만이 예수께서 체포될 때 당당하였다고 하는데 그 이유는 예언의 성취이기 때문이다. 그래서 두 번이나 예언(26:54,56)을 언급하고 있다.	• 요한복음에서의 예수는 스스로 잡혀가기 때문에 당당함 그 이상으로 대범하기까지 하다.
예언의 성취	1. 마태에서의 예수께서는 잡힐 그 당시의 제자들에게 자신이 이런 고난을 얼마든지 피할 수 있지만 그렇게 하면 어떻게 성경의 예언이 이루어지겠느냐고 한다. 자신의 잡힘이 예언의 성취라는 말씀이다. '내가 내 아버지께 구하여 지금 열두 군단 더 되는 천사를 보내게 할 수 없는 줄로 아느냐'고 한다. 구약에서의 천사는 칼을 지니고 있고 때로는 전쟁을 수행하기도 한다. 요한계시록은 예수를 하늘의 군대를 이끄는 만왕의 왕, 만주의 주(19:16)라고 한다 2. 마태, 마가는 잡힌 예수께서 제자들에게 자신의 잡힘이 이미 성경에 기록되어 있다고 말씀한다. 마태는 선지자의 글을 이루려 함이라고 하고 마가는 성경을 이루려 함이니라고 한다. 마가가 언급한 성경은 이사야53:12의 일부로서 '그가 자기 영혼을 버려 사망에 이르게 하여 범죄자 중 하나로 헤아림을 받았음이라'를 언급한 것으로 보기도 한다. 3. 마태는 처음에는 성경이 이루어지기 위함이라고 하고 두 번째는 '선지자의 글을 이루려 함이니라'고 한다. 마태에서는 구약의 어느 특정 구절을 가리키는 것이라기보다는 일반적인 언급이라 하겠다. 4. 누가는 '이제는 너희의 때요 어둠의 권세로다'라고 하는데 예언의 성취보다는 마귀 사탄의 역사로 일어난 일로 보고 있다. 어둠의 권세에 종노릇하는 이에는 유다(요13:30)가 포함되어 있다고 하겠다. 5. 요한복음은 예수께서 이미 자신이 '당할 일을 다 아셨다'(18:4)고 한다. 그리고 '아버지께서 주신 잔을 내가 마시지 아니하겠느냐'고 한다. 이것은 '아버지여 나를 구원하여 이 때를 면하게 하여 주시옵소서'(12:27)라고 한 알의 밀에서 기도드릴 때와는 다른 태도이다. 예언의 성취이지만 자신의 결단으로 아버지께 복종하는 아들의 모습이라 하겠다.	• 열두 군단은 약 7만 2천 명이라고 한다. 계19:16 그 옷과 다리에 이름을 쓴 것이 있으니 만왕의 왕이요 만주의 주라 하였더라 • 초대교회는 예수의 말씀과 사건은 구약의 성취라는 확신이 있었다. 대상21:30 다윗이 여호와의 천사의 칼을 두려워하여 감히 그 앞에 가서 하나님께 묻지 못하더라

무리를 땅에 엎드러지게 하는 예수	1. 요한복음에서의 예수께서는 떳떳한 태도의 모습을 보인다. 예수께서는 자신의 체포에 대해서 스스로 적극적으로 나선다. '유다의 무리가 오는 것을 보고 그 당할 일을 다 아시고' 예수께서 '나아가 이르시되 너희가 누구를 찾느냐'고 한다. 새번역은 '앞으로 나서서'라고 하고 공동번역은 '앞으로 나서시며'라고 한다. 2. 무리들이 '나사렛 예수'라고 하자 '내가 그니라'고 한다. 체포당하는 사람의 태도로는 너무나 당당하게 '내가 그니라'고 할 때 '그들이 물러가서 땅에 엎드러졌다'고 한다. 여기에서 '내가 그니라'가 두 번 언급된다. 3. '내가 그니라'는 예수의 대답은 요한복음의 다른 곳(8:58등)에서처럼 하나님의 신성한 이름(출3:14)을 떠올리게 한다. 요한복음의 저자는 이 장면을 하나님의 나타나심, theophany 'appearance of God 즉 신현, 하나님이 인간들 앞에 나타나사 인간들에게 두려움과 떨림을 경험하게 하는 것으로 제시하고 있는 것이다. 4. 예수를 잡으러 온 이들은 압도당한 나머지 뒤로 물러서다 땅에 쓰러지고 만다. 한밤중 뒷걸음치다가 쓰러진 것이다. 이들은 예수의 나타나심이 하나님의 나타나심으로 느낀 것이다. 5. 예수께서는 다시 그들에게 '누구를 찾느냐'고 한다. 그들은 다시 '나사렛 예수'라고 하니 '내가 그니라'고 한다. 두 번째 대답이고, 세 번째 언급이다. 예수께서는 '너희가 나를 찾았다'고 한다. 예수께서는 거듭하여 내가 그라고 확인해 줌으로써 자발적으로 잡히게 된다. 6. 잡히는 예수의 모습에서 선한 목자이야기 다음에 '이를 내게서 빼앗는 자가 있는 것이 아니라 내가 스스로 버리노라'(10:18)고 한 말씀이 떠오른다. 7. 이때 예수께서 말씀하시기를 나를 찾았으니 '이 사람들이 가는 것을 용납하라'고 한다. 요한복음에서의 제자들은 도망가는 것이 아니라 예수의 요청에 의해 방면되는 것이다. 8. 요한복음은 예수의 제자 보호에 대해 그 이유를 말하고 있다. 요한복음에서의 예수는 생명의 떡 이야기에서 '나를 보내신 이의 뜻은 내게 주신 자 중에 내가 하나도 잃어버리지 아니하고'(6:39)라고 한다. 또한, 고별기도에서 '아버지께서 내게 주신 자 중에서 하나도 잃지 아니 하였사옵니다(17:12)'라고 한 말씀을 응하게 하기 위해서라고 하겠다. 그리고 내게 주신 자를 위해 기도(17:9)하기를 '아버지의 이름으로 그들을 보전하여 달라'(17:11)고 하며 그동안 아버지의 이름으로 자신도 그들을 지켰다(17:12)고 하는데 '그중에 하나도 멸망하지 않게 한 것은 성경을 응하게 함이었다'고 한다. 예수께서는 제자들을 보전하기 위해 무리들에게 이들이 가도록 허락하라고 요구한 것이다.	• 요한복음에서의 유다는 무리를 데리고는 오지만 그 이상의 역할은 없다. 군호나 입맞춤 등의 이야기가 없다. 예수 주도로 자발적으로 잡히기 때문이다. • 요한복음에서 예수께서 자발적으로 체포에 응하시는 이유는 아버지의 잔을 내가 마시지 아니 하겠느냐(18:11)고 한 것과 동시에 아버지의 말씀에 복종하는 태도를 나타내기 위함이다. 요10:18 이를 내게서 빼앗는 자가 있는 것이 아니라 내가 스스로 버리노라 나는 버릴 권세도 있고 다시 얻을 권세도 있으니 이 계명은 내 아버지에게서 받았노라 하시니라
제자들의 대응 (말고의 귀)	1. 예수께서 체포되실 때 제자들이 가만있지 않았다. 마태는 '예수와 함께 있던 자 중에 하나가 손을 펴 칼을 빼어 대제사장의 종을 쳐 그 귀를 떨어뜨렸다'고 한다. 마가는 '예수 곁에 서 있는 자 중의 한 사람이 칼을 빼어' 그랬다고 한다. 누가는 예수의 '주위 사람들이 그 될 일을 보고' 즉 예수께서 잡혀가려는 것을 보고 예수께 '우리가 칼로 치리이까'라고 여쭙는다. 그런데 '그 중 한 사람이 대제사장의 종을 쳐 그 오른쪽 귀를 떨어뜨려' 버린다. 요한복음은 시몬 베드로가 칼을 가졌는데 대제사장의 종 말고의 오른쪽 귀를 베었다고 한다. 요한복음은 가해자와 피해자의 이름을 모두 말하고 있다. 2. 누가에는 마지막 만찬 기사 다음에 베드로의 부인 예언(눅 22:31-34)에 이어 검 두 자루(22:35-38) 이야기가 있다. 누가에서의 예수는 제자들이 장차 겪게 될 고난의 시기에 대비하라고 한 것이다. 예수께서는 체포된 후 이제는 '너희 때요 어둠의 권세로다'라고 한다. 누가는 고난의 시기가 사탄 마귀의 역사라고 보고 싸워 이겨야 한다는 것이다. 누가에서의 제자들은 이미 검이 둘 있었다. 그런데 공관복음에는 칼이 한 자루만 등장한다. 요한복음에서도 베드로가 칼을 갖고 있었다(18:10)고 한다. 한 자루인 것이다.	눅22:36 이르시되 이제는 전대 있는 자는 가질 것이요 배낭도 그리하고 검 없는 자는 겉옷을 팔아 살지어다. 마10:34 내가 세상에 화평을 주러 온 줄로 생각하지 말라 화평이 아니요 검을 주러 왔노라.

	3. 마태, 요한복음에서의 예수께서는 제자들 중에 하나가 대제사장의 종의 오른쪽 귀를 베는 것을 보고 네 칼을 도로 칼집에 꽂으라고 말씀한다. 4. 마태에서 예수께서는 계속해서 '칼을 가지는 자는 다 칼로 망한다'고 하지만 마가에는 제사장의 종의 귀가 떨어진 것 이외에 대해서는 아무런 언급도 없다. 누가는 '이것까지 참으라' 즉 '이만하고 그만두어라'고 한 후 그 귀를 만져 낫게 하였다고 한다. 의사였던 누가는 누가복음에서 낫게 하다를 11번 사용하였다. 5. 공관복음에서는 예수께서 체포될 때 제자 중 하나가 칼을 드는 사건이 발생하지만, 이때 마태에서의 예수는 침착하게 설득하고 있고 마가에서의 예수는 냉정하게 그 일 자체를 언급하지 않고 있으며 누가에서의 예수는 치료까지 해 주는 관대함을 보인다.	
예수의 항변	1. 마태, 마가, 누가에서의 예수께서는 무리들에게 항변한다. '너희가 강도를 잡는 것 같이 검과 몽치(곤봉)를 가지고 나를 잡으러 왔느냐'고 한다. 예수께서는 조금 전 유다가 자신을 랍비라고 부른 것을 상기시키고 있다. 여기서 강도 레스테스는 남의 물건을 폭력으로 빼앗는 자라기보다는 체제에 폭력적으로 대항하는 자라 하겠다. 누가에서 예수께서는 검 두 자루에 대해서 말씀하면서 '내가 너희에게 말하노니 그는 불법자의 동류로 여김을 받았다 한 말이 내게 이루어져야 하리니 내게 관한 일이 이루어져 감이니라'(눅22:37)고 한다. 예수께서는 실제로 강도 둘(마27:38, 막15:27)과 함께 십자가에 달린다. 2. 예수께서는 계속해서 그동안 얼마든지 잡을 수 있는 기회가 있었는데 왜 그때는 잡지 않았느냐, 이 밤중에 산중에서 몰래 무리를 지어 와서 잡느냐고 항변했다. 당연히 대답은 없다. 마태는 날마다 성전에 앉아 가르쳤다고 하고, 마가는 날마다 너희와 함께 성전에 있으면서 가르쳤다고 하며, 누가는 날마다 너희와 함께 성전에 있었다고 한다. 공관복음서에서의 예수께서는 너희와 함께 성전에 있으면서 너희를 가르친 선생임을 강조한다. 자신은 바라바와 같은 강도가 아니라는 것이다. 예수께서는 그런데 어떻게 이렇게 할 수 있느냐고 항변한다. 성전정화 때 예수께서는 강도의 소굴을 만들었다고 하는데 여기서의 강도는 상인들이 아니라 유대 종교지도자들임이 드러났다 하겠다. 3. 마태, 마가는 예수께 향유를 부은 기사 전에 대제사장과 서기관(마가, 누가), 그리고 백성의 장로들이 가야바의 관정에 모여(마태) 예수를 잡아 죽이려고 의논하지만, 민란이 날까 하여 명절에는 하지 말자(마26:3, 막14:2, 눅22:1-2)고 한다. 그들은 민란이 두려워서 밤에 예수를 체포한 것이다.	• 요한복음에서 예수를 잡기 위한 군대, 스페이라는 로마의 보병대를 가리키는 헬라어로 1대가 600명이다. 그러나 로마의 보병 중대를 가리키는 경우는 60-120명이 1대이다. 요한복음은 예수를 잡아 결박할 때 천부장과 군대가 있었다고 한다(18:12). 스페이라는 것이다. 그러나 천부장이 출동했다고 해서 그의 병력이 모두 동원되었다고 보기는 어렵다.
제자들의 도망	1. 요한복음에서는 제자들이 다 예수를 버리고 도망하였다는 기사가 없다. 그러나 요한복음에서의 예수께서도 '보라 너희가 다 각각 흩어져 나를 혼자 둘 때가 온다'(16:32)고 말씀하였다. 공관복음에서는 마지막 만찬 이후 예수와 제자들은 감람산으로 간다. 그때 예수께서 말씀하였다. 마태는 '오늘 밤에 너희가 다 나를 버리리라'(26:31), 마가는 '너희가 다 나를 버리리라'(14:27)고 하였는데 그대로 된 것이다. 누가에는 제자들의 도망 기사가 없는데 누가는 제자들을 긍정적으로 보고 있기 때문이다. 2. 베드로가 세 번 부인할 것을 예수께서 예언하자 베드로는 대단한 각오를 밝힌다. 그리고 모든 제자들도 그와 같이 말하였다(마26:35, 막14:31)고 하지만 그러나 마태, 마가는 그들이 예수께서 잡히실 때 모두 도망하였다(마26:56, 막14:50)고 한다.	

| 벗은 몸으로 도망한 청년 | 1. 마가에만 있는 기사이다. 제자들은 다 도망하고 예수를 따르던 한 청년도 발가벗은 몸으로 도망한다. 몸에 베 홑이불을 두르고 예수를 따르던 청년이 예수를 잡으러 온 무리에게 잡히지 않으려고 베 홑이불을 버리고 도망하였다는 것이다.

2. 아모스(2:16)에는 '용사 가운데 그 마음이 군센 자도 그 날에는 벌거벗고 도망하리라'고 한다. 이 청년의 모습이다.

3. 이 청년이 누구인가에 대해서는 여러 가지 설이 있다. 혹자는 마가에 무덤에 있던 흰 옷을 입은 한 청년으로 보기도 한다. | 암2:16 용사 가운데 그 마음이 군센 자도 그 날에는 벌거벗고 도망하리라 여호와의 말씀이니라. |

4. 심층연구: 누가에서의 예수와 검

구분	내용	비고
잡히실 때 상황	1. 네 복음서 모두 유다와 무리들이 예수를 잡으러 왔다고 하고 제자 중의 하나(요한복음은 베드로라고 한다)가 칼로 대제사장의 종(요한복음은 말고라고 한다)의 귀를 잘랐다고 한다. 그런데 누가와 요한은 오른쪽 귀였다고 한다. 2. 마태에서 예수께서는 '네 칼을 도로 네 칼집에 꽂으라 칼을 가지는 자는 다 칼로 망하느니라'(26:52)고 한다. 이어서 내가 능력이 없어서 저들과 대적하지 못하고 잡히는 것이 아니라고 즉 '너는 내가 내 아버지께 구하여 지금 열두 군단 더 되는 천사를 보내시게 할 수 없는 줄 아느냐'(26:53)고 한다. 마태에는 성경과 예언을 이루기 위해 잡힌다고 한다. 3. 마가에서는 칼로 쳐 귀가 떨어졌다는 기사 이외에는 다른 말씀이 없다. 요한복음에는 '베드로더러 칼을 칼집에 꽂으라'고 말씀한다. 4. 누가에는 예수 주위 사람들이 '주여 우리가 칼로 치리이까'(22:49)라고 예수께 묻지만 대답하지 않는다. 그런데 그 중 한 사람이 대제사장의 종의 귀를 칼로 친 것이다. 누가에서의 예수는 '이것까지 참으라'고 한다. 다시 말해 이만하고 그만두어라 라는 의미의 말씀을 한다. 그리고 그 귀를 만져 낫게 한다(22:51).	• 칼과 검은 모두 동일한 헬라어를 다르게 번역한 것이다. • 신약에 나오는 시몬: 시몬 베드로, 예수의 동생 중 하나인 시몬, 예수를 자기 집에 초청했던 바리새인 시몬(막7장), 베다니의 문둥이 시몬, 구레네 사람 시몬, 가룟 유다 아버지 시몬, 베드로가 머물던 욥바의 가죽장사 시몬, 사마리아인 마술사 시몬, 예수의 제자 시몬 등.
검을 사라	1. 누가에는 다른 복음서에 없는 칼 이야기가 있다. 감람산에 기도하러 가기 전 일이다. 예수께서 '너희를 전대와 배낭과 신발도 없이 보내었을 때에 부족한 것이 있더냐'(22:35)고 묻자 제자들은 없었다고 대답한다. 예수께서는 칠십인을 파송할 때 '전대나 배낭이나 신발을 가지지 말라'(10:4)고 말씀하신 적이 있기 때문에 물어본 것이다. 　그런데 예수께서 이제는 전대도 가지고 배낭도 가지고 검 없는 자는 겉옷을 팔아 사라(22:36)고 한다. 상황이 바뀌었다는 것이다. 이제 힘들고 어려운 시기, 검이 필요한 시기가 다가오고 있다는 것이다. 2. 예수의 열두 제자 중에 셀롯이라는 시몬(눅6:15)이 있다. 예수께서 승천하신 후 제자들이 예루살렘으로 돌아와서 다락방에 올라갔는데 그 때 그 자리에 셀롯인 시몬도 있었다(행1:13)고 한다. 　셀롯이란 젤롯당원 즉 열심당원을 말하는데 새번역은 열혈당원, 공동번역은 혁명당원 시몬이라고 하고 있다. 열심당은 무장투쟁을 통해 유대의 독립을 추구하는 극단주의 정치단체로서 시카리(당시 자객단)처럼 칼을 품고 다녔다고 한다. 　누가의 경우 열두 제자는 제자로서 사도라고 불렀는데 그 열두 제자 중의 하나가 열심당원, 즉 열혈당원, 혁명당원이었던 것이다. 예수께서는 열심당에 대해 거부반응은 없었던 것 같다. 칼을 사라고 하자 이에 두 자루 가지고 있다고 한다.	• 마태는 가나나인 시몬, 마가는 가나안인 시몬, 누가는 셀롯 시몬이라고 한다. 열심당은 헬라어로 카나나이오스이고 아람어 원형은 카나나로 열심이라고 한다.

검 둘이 있나이다	1. 제자들이 칼 두 자루가 있다고 하니 족하다고 한다(22:38). 검을 사면 한 사람에게 하나씩은 있어야 하는데 두 자루가 있다고 하는데 족하다고 한다. 예수께서 족하다고 한 말씀을 '그만하면 되었다'(공동번역), '넉넉하다'(새번역)는 의미이다. 2. 두 자루의 검으로 족하다는 말씀은 칼 자체의 필요성에 대한 것이 아니라 시기의 엄중함에 대처하라는 것이다. 3. 예수 일행이 무장 투쟁을 벌이기에는 두 자루 가지고는 어림없는 것이다. 겉옷을 팔아 칼을 사라고 한 말씀을 근거로 예수를 혁명가로 보는 이들이 있는데 이들은 이 명령이야말로 예수께서 혁명을 준비한 증거라고 주장한다.	**〈가룟 유다〉** • 단테의 신곡: 지옥편에 있다. 지옥의 맨 밑바닥 카이사르를 배반한 브루투스, 카시우스와 함께 루시퍼에게 물어뜯기고 있다.
검을 사라고 한 뜻은?	1. 검을 사라는 예수의 지시는 제자들에게 힘겨운 시간이 다가왔다는 의미 즉, 상징으로 한 말이라고 슈바이처는 주장한다. 겉옷을 팔라는 것은 겉옷 없이 다니라는 것으로 실제로 실행하기가 쉽지 않다. 즉, 상징적 표현이라는 것이다. 그래서 칼 구입을 위해 겉옷을 포기하라는 예수의 말씀은 절박한 상황, 절체절명의 사건이 벌어지게 될 것이라는 의미로밖에 이해할 수 없는 것이다. 2. 누가에서는 예수께서 잡힐 때 그 주위 사람들이 '주여 우리가 칼로 치리이까'(22:49)라고 한다. 예수께서 상징적으로 말씀한 것을 잘못 알아들었다고 보아야 할 것이다. 브렌든(G. E. Brandon)은 예수는 잡힐 때 저항하기를 원했다고 한다. 자신을 잡으려고 밤에 오는 무리들에 대해 저항을 하려 하였다는 것이다. 그런데 실제로 갖고 있는 칼은 두 자루뿐이었다. 대항하려면 더 많은 무기가, 더 많은 칼이 필요하였을 것이다. 그러나 예수께서는 족하다고 하지 않는가! 3. 칼을 사라고 한 것이 위기의 상황을 말하는 상징이고 칼 역시 충분하지 않은데 예수께서 무력으로 대항하거나 저항하려 하였다고 보기는 어렵다. 마태에서의 예수께서는 더구나 칼을 가지는 자는 다 칼로 망한다고 말씀하지 않았는가!	• 영화 나사렛 예수: 예수와 화해하고 싶다는 제사장들에게 넘어가 예수의 위치를 알려준다. • 뮤지컬 지저스 크라이스트 수퍼 스타: 유다는 예수가 광신도에게 휘말려 잘못된 길을 가고 있다고 믿는다. • 니코스 카잔차키스의 그리스도 최후의 유혹: 예수는 유다에게 자신을 로마에 밀고해 달라고 끊임없이 부탁한다.
가룟 유다의 역할: 공작원 정보원	1. 가룟 유다가 무리를 이끌고 예수를 잡으러 온다. 누가에서의 예수께서 '네가 입맞춤으로 나를 파느냐'고 하신 말씀 때문에 입을 맞추지 못한다. 요한복음에서의 유다는 무리를 이끌고는 오지만 무리와 함께 섰다(요18:5)고 한다. 2. 유다는 정보원이다. 예수의 있는 위치를 알려주고 예수가 누구인지 확인해 준 정보원이다. 예수가 제자들에게 겉옷을 팔아 검을 사라고 한 명령도 알고 있었을 것이다. 누가에서 예수를 잡으러 온 무리들은 예수 일행이 무장을 하고 있었다고 생각했던 것 같다. 예수께서 겉옷을 팔아 칼을 사라고 한 것이 어느 통로를 통해서였는지는 모르나 그들에게 알려진 것 같다. 아마도 예수 일행의 내부 정보를 파악할 수 있는 오직 한 사람 그 사람은 유다이었는데 예수를 넘겨줄 기회를 찾고 있던(마26:16, 막14:11, 눅22:6) 그로서는 내부 정보를 알아보기 위해 백방으로 노력하였을 것이다. 3. 유다는 공작원이다. 요한복음은 예수 일행이 기드론 시내 건너편으로 가서 그곳 동산에 들어 갔는데 그 곳은 예수와 제자들이 가끔 모이는 곳으로 예수를 파는 유다도 그 곳을 알고 있었다(18:1-3)고 한다. 그런데 유다가 무리를 이끌고 그리로 온 것이다(18:4). 유다가 아는 정보를 활용한 것이리라. 4. 마지막 만찬기사는 마태, 마가, 요한복음이 조금 다르다. 마태, 마가에는 '너희 중 하나가 나를 팔리라'고 예수께서 말씀하시니 각각 나는 아니지요' 라고 한다. 그러나 마태에서만 유다가 '랍비여 나는 아니지요'라고 말하니 예수께서 '네가 말하였도다'(26:24)라고 한다. 누가에서의 예수도 같은 내용으로 말씀하는데 제자들은 서로 무리 중에서 이 일을 행하는 자가 누구일까(22:23)라고 한다.	• 경비병: 신약에 경비병에 대한 언급이 두 번 나온다. 빌라도가 너희에게 경비병이 있으니 가서 힘대로 굳게 지키라고하니 그들이 경비병과 함께 가서 돌을 인봉하고 무덤을 지켰다(마27:65-66)고 한다. 여기의 경비병은 꾸스또디아로 성전 경비병으로 보이지만 군인 경비병이다. 또한, 예수께서 살아나신 것을 경비병 몇이 대제사장에게 보고(마28:11)하는데 그들은 군인들에게 많은 돈을 주었다(마28:12)고 한다. 이 경비병도 로마 군인 경비병인 것이다.

	5. 요한복음에서는 만찬 중에 예수께서 유다에게 네가 하는 일을 속히 하라 하시니(13:27), 곧 나가는데 밤이었다(13:30)라고 한다. 유다가 예수 앞에 다시 나타난 것은 역시 밤이었고 예수를 잡기 위해서였다.	
예수를 잡으러 온 무리는 누구인가 • 마태 마가: 종교 지도자들의 사조직 • 누가: 성전 수호세력 공조직 • 요한복음: 구대와 사조직의 연합	1. 가룟 유다가 이끌고 온 무리에 대해 복음서들은 각각 다르게 말하고 있다. 유다가 무엇이라고 하였기에 예수를 잡으러 온 무리에 대해서 사복음서는 각각 다르게 말하고 있는 것일까? 　유다에게서 들은 정보에 따라 예수 체포의 난이도가 달랐을 것이다. 그리고 체포조의 구성, 규모, 무기 종류 등이 달라질 수밖에 없었을 것이다. 2. 그러면 예수를 잡으러 온 무리는 누구인가. 마태는 대제사장들과 백성의 장로들에게서 파송된 큰 무리라고 하고 마가는 대제사장들과 서기관들과 장로들에게서 파송된 무리라고 한다. 누가는 앞부분에서는 한 무리라고 하였는데 뒤에는 예수를 잡으러 온 사람들은 대제사장들과 성전의 경비대장들과 장로들이었다고 한다. 요한복음은 군대와 대제사장들과 바리새인들에게서 얻은 아랫사람들이라고 하는데 예수를 결박할 때에는 군대 이외에 천부장이 나타난다. 3. 예수께서 처음 수난예고를 하였을 때와 비교해보자. 처음 수난예고에서 공관복음 공히 장로들, 대제사장들, 서기관들에게 버린 바 되어(마가, 누가) 죽임을 당한다고 하였다. 　그런데 실제로 예수를 잡는데 동원된 사람들은 누구인가. 마태는 서기관이 빠진 대제사장들과 장로들이 보낸 자들이고 마가는 수난예고 때 언급된 유대 지도자들이 보낸 자들이다. 그런데 누가는 파송된 자들이 아닌 대제사장들과 장로들 그리고 서기관 대신에 성전경비대장이 직접 온 것이다. 놀라운 일이라 하겠다. 요한복음에는 수난예고에는 없으나 군대와 아랫사람들 즉, 대제사장과 바리새인들에게서 얻은 자들이 왔다고 한다. 4. 누가에서 예수를 잡으러 온 사람들은 가룟 유다가 예수를 넘길 방도를 의논(22:4)하였던 바로 그 대제사장들과 성전경비대장이고 거기에 수난예고에 거론된 장로들이 합세한 것이다. 5. 마태, 마가의 무리는 유대 종교지도자들이 보낸 '사조직 무리'이다. 누가는 성전권력자들인 대제사장들과 장로들 그리고 성전수호조직인 성전경비대로 구성된 '유대 최고의 공조직'의 출동이라 하겠다. 요한복음의 무리는 '유대 지도자들의 사조직과 유대 지도자들과 밀착해 있는 로마인 천부장(18:12)과 그 군대의 연합세력'이라 하겠다.	• 사도행전에는 성전 맡은 자가 부하들과 같이 사도들을 공회에 세우는 이야기가 있다(행 5:24-27). 성전 맡은 자 즉 성전경비대를 공동번역과 새번역은 경비대장과 경비원이라고 번역하였다.
말고의 귀를 붙이다	1. 검을 사라고 한 예수께서 떨어진 대제사장의 종인 말고의 귀를 만져 낫게 한다(눅22:51). 말고는 왕이라는 뜻이다. 　산상수훈 말씀의 실천인 것이다. 예수께서는 '나는 너희에게 이르노니 너희 원수를 사랑하며 너희를 박해하는 자를 위하여 기도하라'(마5:44)고 하였다. 2. 예수께서는 유대 종교지도자들과 성전세력 앞에서 이것까지 참으라고 하고 귀를 낫게 한 다음에 '너희가 강도를 잡는 것 같이 검과 몽치를 가지고 왔느냐'고 무리를 질책을 한다. 유다로부터 '예수께서 제자들에게 칼을 사라고 하였다'는 정보를 듣고 예수를 잡기 위해 성전경비대까지 출동시킨 유대 종교지도자들은 아주 황당하였을 것이다. 3. 예수께서는 이것까지 참으라고 하며 칼로 대응하지 말라 그러지 말고 참으라고 한다. 폭력에 대해 폭력으로 맞서는 것은 예수의 가르침과 다른 것이다. 예수께서는 산상수훈에서 '네 오른뺨을 치거든 왼뺨도 돌려 대라'(마5:39)고 하지 않았는가?	

4. 누가는 예수께서 잡히는 순간까지 남과 다른 지도자라는 것을 보여주고 있다. 마태, 마가는 유다의 입맞춤으로 '그들이 나아와 손을 대어' 예수를 잡는다. 즉시 잡힌 것이다. 예수께서 잡힌 다음에 베드로가 칼로 쳐서 말고의 귀를 떨어뜨린다.

　누가에서의 예수는 유다의 입맞춤을 거절한다. 네가 입맞춤으로 인자를 파느냐고 꾸짖는다. 그리고 떨어진 말고의 귀를 만져 낫게 한다. 잡히심에 대해 잡으러 왔다고 해서 놀라거나 다급해 하지 않고 오히려 원수를 사랑하는 행위를 한다. 예수를 잡으러 온 유대 지도자들은 부끄러웠을 것이다.

5. 누가에서의 예수는 '내가 날마다 너희와 함께 성전에 있을 때에 내게 손대지 아니하였도다. 그러나 이제는 너희의 때요 어둠의 권세로다'라고 말씀한다. 그러자 그들은 예수를 잡아끌고 대제사장의 집으로 간다.

5. 집중탐구

5.1 예수의 잡히심에 대한 사복음서의 특징 연구

구분		마태	마가	누가	요한
유다의 배반		• 적극적, 능동적 배반이다. - 무리와 함께하다. - 입맞춤 즉 인사를 군호로 하다. - 그를 잡으라 하다. - 입을 맞추니 - 무리가 예수께 손을 대어 잡다.	• 적극적, 능동적, 최악의 배반이다. - 무리와 함께하다. - 입맞춤 즉 인사를 군호로 하다. - 그를 잡아 단단히 끌어가라고 하다. - 입을 맞추니 - 무리가 예수께 손을 대어 잡다.	• 능동적 배반이다. - 무리를 앞장서 오다. - 입을 맞추려고 예수께 가까이 갔으나. - 네가 입맞춤으로 인자를 파느냐.	• 소극적 배반이다. - 무리를 데리고 오다. - 그들과 함께 섰더라.
예수의 대응	유다에 대하여	• 질책의 의미로 친구여라고 한다. - 네가 무엇을 하려고 왔는지 행하라		• 동정한다. - 힐난이나 비난이 아니다.	• 유다를 무시한다. - 예수께서 유다로 인해 고난을 받는 것이 아니라고 한다.
	무리에 대하여	• 강도를 잡는 것 같이 나를 잡으러 나왔느냐. • 너희가 나를 잡지 아니하였다.	• 강도를 잡는 것 같이 나를 잡으러 나왔느냐. • 너희가 나를 잡지 아니하였다.	• 강도를 잡으러 온 것 같이 나왔느냐. • 내게 손을 대지 아니하였다.	• 너희가 누구를 찾느냐(두 번) • 내가 그니라(3번 언급) - 내가 그니라 하니 그들이 물러가서 땅에 엎드러지는지라. • 이 사람들이 가는 것을 용납하라.
	귀를 벤 사건에 대해	• 침착하게 대응 - 칼을 칼집에 꽂으라. - 칼을 가지는 자는 다 칼로 망하느니라.	사실만 언급하다	• 관용적 대응 - 칼로 치리이까에 대답하지 아니한다. - 이것까지 참으라 - 귀를 만져 낫게 하다.	• 원론적 대응 - 칼을 칼집에 꽂으라.

	예언 성취에 대해	• 예언 성취라고 보다.	• 예언 성취라고 보다.	• 마귀 사탄의 역사로 보다.	• 아버지의 말씀에 응한다고 보다.
	수난에 대해	• 적극적 능동적으로 수용한다. - 자기 결정에 의한 수난임을 언급하다. - 예언 성취임을 거듭 말한다. • 당당한 예수(친구여, 네 할 일을 하라)	• 적극적이나 냉정하게 수용한다.	• 수용적 관용적이다 • 배반자에게 냉정하다 • 적의 하수인에게 관대하다	• 적극적, 자발적, 주도적으로 수용한다. - 무리들에게 먼저 누구를 찾느냐고 두 번 묻는다. - 내가 그라고 스스로 나선다. - 아버지와의 관계에서 복종한다. • 당당하고 대범한 예수
예수를 잡으러 온 무리	구성	• 파송된 큰 무리 - 파송자는 대제사장들과 백성들의 장로들이다.	• 파송된 무리 - 파송자는 대제사장들과 서기관들과 장로들이다.	• 한 무리 - 예수를 잡으러 대제사장들과 경비대장들과 장로들이 직접 오다. - 이들은 유다가 예수를 넘겨주기 위해 의논하였던 상대들이다.	• 군대와 아랫사람들의 무리 - 안토니오 성채 주둔 로마군일 수 있다. - 아랫사람들은 대제사장들과 바리새인들에게서 얻은 사람들이다.
	1차 수난 예고와의 차이	• 1차 수난예고 시 언급된 사람들 중에 서기관들을 뺀 사람들이 파송자이다.	• 1차 수난예고 시 언급된 사람들이 파송자이다. 이들에게 버린 바 되어 죽임을 당한다고 하다.	• 1차 수난예고 시 언급된 사람들 중에 서기관을 대신하여 경비대장이 들어갔고 이들이 예수를 잡으러 직접 출동하였다.	
	성격	• 유대 종교지도자들이 보낸 사조직	• 유대 종교지도자들 전체(서기관 포함)가 보낸 사조직	• 직접 출동한 유대 종교지도자와 성전 수호 세력으로 구성된 공조직 - 산헤드린의 허락을 받고 출동하였을 것이다.	• 유대 지도자와 유대 지배 세력의 공조로 구성된 군대와 사조직의 연합 세력 - 휴대품도 군대의 무기이다.
	예수에 대하여	• 성전 뜰에서 장사를 방해한 자로 보다.	• 성전 뜰에서 장사를 방해한 자로 보다.	• 성전을 허무는 자로 보다.	• 사회 치안이나 민중소요의 가능성이 있는 위험한 정치범으로 보다.
	재판			• 종교 재판	• 정치 재판

5.2 예수의 잡히심에 대한 세부 분석

구분	마태	마가	누가	요한
기도 후에 예수	26:46 일어나라 함께 가자 나를 파는 자가 가까이 왔느니라	14:42 일어나라 함께 가자 보라 나를 파는 자가 가까이 왔느니라	22:46 이르시되 어찌하여 자느냐 시험에 들지 않게 일어나 기도하라 하시니라	18:1 예수께서 이 말씀을 하시고 제자들과 함께 기드론 시내 건너편으로 나가시니 그곳에

					동산이 있는데 제자들과 함께 들어가시니라
유 다 의 행 위	호칭	• 열둘 중에 하나인 유다 • 예수를 파는 자	• 열둘 중에 하나인 유다 • 예수를 파는 자	• 열둘 중에 하나인 유다	
	예수께	• 랍비여 안녕하시옵니까	·랍비여		
	무리와	• 유다가 왔는데 무리와 함께 하였더라	• 유다가 왔는데 무리와 함께 하였더라	• 유다가 그들을 앞장서 와서	• 유다가 무리들을 데리고 '무기'를 가지고 그리로 오는지라
	군호	• 내가 입 맞추는 자 그이니	• 내가 입 맞추는 자 그이니		
	지시	• 그를 잡으라	• 그를 잡아 단단히 끌어가라		
	한 일	• 입을 맞추니	• 입을 맞추니	• 입을 맞추려고 가까이 하는지라	
예 수 의 온 무 리	호칭	• 친구여			
	말씀	• 네가 무엇을 하려고 왔는지 행하라		• 네가 입 맞춤으로 인자를 파느냐	• 너희가 누구를 찾느냐: 두 번 • 내가 그니라: 세 번
					• 이 사람들이 가는 것을 용납하라
	무리				• 나사렛 예수라 (18:5,7): 두 번
					• 그들이 물러가서 땅에 엎드러지는지라
	체포	• 그들이 나아와 예수께 손을 대어 잡는지라	• 그들이 예수께 손을 대어 잡거늘	• 그 된 일을 보고	• 나를 찾거든(공동번역 나를 찾고 있다면)
제 자 들 의 대 응	누가	• 예수와 함께 있던 자 중의 하나	• 곁에 서 있던 자 중의 한 사람	• 주위 사람들 그 중의 한 사람	• 시몬 베드로
	어떻게	• 손을 펴 칼을 빼어	• 칼을 빼어	• 주여 우리가 칼로 치리이까	• 칼을 가졌는데 그것을 빼어
	누구에게	• 대제사장의 종을 쳐	• 대제사장의 종을 쳐	• 대제사장의 종을 쳐	• 대제사장의 종을 쳐, 그 종의 이름은 말고니라
	그래서	• 그 귀를 떨어뜨리니	• 그 귀를 떨어뜨리니라	• 그 오른쪽 귀를 떨어뜨린지라	• 오른쪽 귀를 베어버리니
말 고 의 귀	예수께서	• 네 칼을 도로 칼집에 넣으라		• 이것까지 참으라	• 칼을 칼집에 꽂으라
		• 칼을 가지는 자는 다 칼로 망하느니라		• 그의 귀를 만져 낫게 하시더라	

예수의 말씀	항변하다	• 너희가 강도를 잡는 것 같이 • 검과 몽치를 가지고 나를 잡으러 나왔느냐	• 너희가 강도를 잡는 것 같이 • 검과 몽치를 가지고 나를 잡으러 나왔느냐	• 너희가 강도를 잡는 것 같이 • 검과 몽치를 들고 나왔느냐	• 아버지께서 주신 잔을 내가 마시지 아니하겠느냐
		• 내가 날마다 성전에 앉아 가르쳤으되 너희가 나를 잡지 아니하였도다	• 내가 날마다 너희와 함께 성전에 있으면서 가르쳤으되 너희가 나를 잡지 아니하였도다	• 내가 날마다 너희와 함께 성전에 있을 때에 내게 손을 대지 아니하였도다	
	예언의 성취	• 내가 아버지께 구하여 천사 열두 군단 이상이 오면 어떻게 성경이 이루어지겠느냐 • 선지자의 글을 이루려 함이니라	• 이는 성경을 이루려 함이니라	• 이제는 너희의 때요 어둠의 권세로다	• 예수께서 당할 일을 다 아시고 • 아버지의 말씀을 응하게 하려 함이러라
제자들		• 다 예수를 버리고 도망하느니라	• 다 예수를 버리고 도망하느니라 • 한 청년이 베 홑이불을 버리고 벗은 몸으로 도망하느니라		

10장

심문과
재판

HORIZONTAL ANALYSIS
OF THE GOSPELS

제41절 ❀ 세 차례의 유대인 심문

전체구조

구분	마태	마가	누가	요한
첫 번째 심문(안나스)				18:12-14,18:19-24
두 번째 심문(가야바)	26:57-58	14:53-65	22:54	
베드로의 예수 부인	26:69-75	14:66-72	22:55-65	18:15-18,18:25-27
세 번째 심문(공회)	27:1	15:1상	22:66-71	
빌라도에게 넘기다	27:2	15:1하	23:1	18:28

1. 본문비교

구분		마태	마가	누가	요한
첫 번째 심문	먼저 안나스에게로 끌고가다				18:12-14 이에 군대와 천부장과 유대인의 아랫사람들이 예수를 잡아 결박하여 먼저 안나스에게로 끌고 가니 안나스는 그 해의 대제사장인 가야바의 장인이라 가야바는 유대인들에게 한 사람이 백성을 위하여 죽는 것이 유익하다고 권고하던 자러라 (18:15-18 베드로의 1차 부인)
	심문				:19 대제사장이 예수에게 그의 제자들과 그의 교훈에 대하여 물으니
	들은 자들에게 물어 보라				:20-21 예수께서 대답하시되 내가 드러내 놓고 세상에 말하였노라 모든 유대인들이 모이는 회당과 성전에서 항상 가르쳤고 은밀하게는 아무것도 말하지 아니하였거늘 어찌하여 내게 묻느냐 내가 무슨 말을 하였는지 들은 자들에게 물어보라 그들이 내가 하던 말을 아느니라

	아랫사람이 예수를 치다				:22-23 이 말씀을 하시매 곁에 섰던 아랫사람 하나가 손으로 예수를 쳐 이르되 네가 대제사장에게 이같이 대답하느냐 하니 예수께서 대답하시되 내가 말을 잘못하였으면 그 잘못한 것을 증언하라 바른 말을 하였으면 네가 어찌하여 나를 치느냐 하시더라
	가야바에게로				:24 안나스가 예수를 결박한 그대로 대제사장 가야바에게 보내니라
두 번 째 심 문	가야바의 집	26:57 예수를 잡은 자들이 그를 끌고 대제사장 가야바에게로 가니 거기 서기관과 장로들이 모여 있더라	14:53 그들이 예수를 끌고 대제사장에게로 가니 대제사장들과 장로들과 서기관들이 다 모이더라	22:54상 예수를 잡아 끌고 대제사장의 집으로 들어갈새	(18:25-27 베드로의 2차 부인)
	베드로 따라 가다	:58 베드로가 멀찍이 예수를 따라 대제사장의 집 뜰까지 가서 그 결말을 보려고 안에 들어가 하인들과 함께 앉아 있더라	:54 베드로가 예수를 멀찍이 따라 대제사장의 집 뜰 안까지 들어가서 아랫사람들과 함께 앉아 불을 쬐더라	:54하-55 베드로가 멀찍이 따라 가니라 사람들이 뜰 가운데 불을 피우고 함께 앉았는지라 베드로도 그 가운데 앉았더니	
	증거를 찾으려 하다	:59-60 대제사장들과 온 공회가 예수를 죽이려고 그를 칠 거짓 증거를 찾으매 거짓 증인이 많이 왔으나 얻지 못하더니 후에 두 사람이 와서	:55-56 대제사장들과 온 공회가 예수를 죽이려고 그를 칠 증거를 찾되 얻지 못하니 이는 예수를 쳐서 거짓 증언하는 자가 많으나 그 증언이 서로 일치하지 못함이라		
	성전을 사흘 동안에 지으리라 하더라	:61 이르되 이 사람의 말이 내가 하나님의 성전을 헐고 사흘 동안에 지을 수 있다 하더라 하니	:57-59 어떤 사람들이 일어나 예수를 쳐서 거짓 증언하여 이르되 우리가 그의 말을 들으니 손으로 지은 이 성전을 내가 헐고 손으로 짓지 아니한 다른 성전을 사흘 동안에 지으리라 하더라 하되 그 증언도 서로 일치하지 않더라		

	침묵하다	:62-63상 대제사장이 일어서서 예수께 묻되 아무 대답도 없느냐 이 사람들이 너를 치는 증거가 어떠하냐 하되 예수께서 침묵하시거늘	:60-61상 대제사장이 가운데 일어서서 예수에게 물어 이르되 너는 아무 대답도 없느냐 이 사람들이 너를 치는 증거가 어떠하냐 하되 침묵하고 아무 대답도 아니하시거늘		
	네가 그리스도냐	:63하 대제사장이 이르되 내가 너로 살아 계신 하나님께 맹세하게 하노니 네가 하나님의 아들 그리스도인지 우리에게 말하라	:61하 대제사장이 다시 물어 이르되 네가 찬송 받을 이의 아들 그리스도냐		
	내가 그니라	:64 예수께서 이르시되 네가 말하였느니라 그러나 내가 너희에게 이르노니 이 후에 인자가 권능의 우편에 앉아 있는 것과 하늘 구름을 타고 오는 것을 너희가 보리라 하시니	:62 예수께서 이르시되 내가 그니라 인자가 권능자의 우편에 앉은 것과 하늘 구름을 타고 오는 것을 너희가 보리라 하시니		
	신성 모독 이다	:65 이에 대제사장이 자기 옷을 찢으며 이르되 그가 신성모독 하는 말을 하였으니 어찌 더 증인을 요구하리요 보라 너희가 지금 이 신성모독 하는 말을 들었도다	:63-64상 대제사장이 자기 옷을 찢으며 이르되 우리가 어찌 더 증인을 요구하리요 그 신성모독 하는 말을 너희가 들었도다		
	사형에 해당 된다	:66 너희 생각은 어떠하냐 대답하여 이르되 그는 사형에 해당하니라 하고	:64하 너희는 어떻게 생각하느냐 하니 그들이 다 예수를 사형에 해당한 자로 정죄하고		
	구타 하다 선지자 노릇을 하라	:67-68 이에 예수의 얼굴에 침 뱉으며 주먹으로 치고 어떤 사람은 손바닥으로 때리며 이르되 그리스도야 우리에게 선지자 노릇을 하라 너를 친 자가 누구냐 하더라	:65 어떤 사람은 그에게 침을 뱉으며 그의 얼굴을 가리고 주먹으로 치며 이르되 선지자 노릇을 하라 하고 하인들은 손바닥으로 치더라	22:63-65 지키는 사람들이 예수를 희롱하고 때리며 그의 눈을 가리고 물어 이르되 선지자 노릇 하라 너를 친 자가 누구냐 하고 이 외에도 많은 말로 욕하더라	
세 번 째	공회 에서	27:1 새벽에 모든 대제사장과 백성의 장로들이 예수를 죽이려고 함께 의논하고	15:1상 새벽에 대제사장들이 즉시 장로들과 서기관들 곧 온 공회와 더불어 의논하고	:66 날이 새매 백성의 장로들 곧 대제사장들과 서기관들이 모여서 예수를 그 공회로 끌어들여	18:28상 그들이 예수를 가야바에게서 관정으로 끌고 가니 새벽이라

구분					
심문	네가 그리스도냐			:67-68 이르되 네가 그리스도이거든 우리에게 말하라 대답하시되 내가 말할지라도 너희가 믿지 아니할 것이요 내가 물어도 너희가 대답하지 아니할 것이니라	
	너희들이 내가 그리고 말했다			:69 그러나 이제부터는 인자가 하나님의 권능의 우편에 앉아 있으리라 하시니 :70 다 이르되 그러면 네가 하나님의 아들이냐 대답하시되 너희들이 내가 그리고 말하고 있느니라 :71 그들이 이르되 어찌 더 증거를 요구하리요 우리가 친히 그 입에서 들었노라 하더라	
그후	빌라도에게로	:2 결박하여 끌고 가서 총독 빌라도에게 넘겨 주니라	:1하 예수를 결박하여 끌고 가서 빌라도에게 넘겨 주니	23:1 무리가 다 일어나 예수를 빌라도에게 끌고 가서	18:29 그러므로 빌라도가 밖으로 나가서 그들에게 말하되 너희가 무슨 일로 이 사람을 고발하느냐
	고발하다			:2 고발하여 이르되 우리가 이 사람을 보매 우리 백성을 미혹하고 가이사에게 세금 바치는 것을 금하며 자칭 왕 그리스도라 하더이다 하니	18:30 대답하여 이르되 이 사람이 행악자가 아니었더라면 우리가 당신에게 넘기지 아니하였겠나이다

2. 본문의 차이

구분	내용	비고
요한복음과 공관복음의 차이 ① 안나스의 집에서 가야바가 심문한 것인가	1. 요한복음에만 안나스의 심문이 있다. 요한복음은 안나스에 대해 자세히 소개하고 있다. 그 해의 대제사장인 가야바의 장인이라는 것이다. 대제사장은 일 년 직이 아니다. 그래서 그 해의 대제사장이라는 말은 맞지 않는 것이다. 그러나 가야바에 대해서는 정확하게 기술하고 있다. 가야바가 '한 사람이 백성을 위해 죽는 것이 유익하다'고 한 말은 예수께서 죽은 나사로를 살리신 후 유대 종교지도자들이 모인 공회(11:47)에서 대제사장인 가야바가 한 말이다. 그런데 여기에 같은 진술(18:14)이 나온다. 2. 요한복음에는 전 대제사장 안나스를 안나스라고 부르고 있다. 그런데 예수를 심문한 사람은 대제사장(18:19)이라고 보아야 한다. 그렇다면 안나스의 집이기는 하지만 심문은 대제사장인 가야바가 했다는 이야기가 된다. 그러나 사도행전에 베드로와 요한을 심문하는 사람이 '대제사장 안나스'(4:6)라고	• 요한복음은 가야바를 그해의 대제사장이라고 하는데 잘못된 인식이다. 대제사장은 해마다 뽑는 직책이 아니다.

되어 있다, 대제사장은 그만두어도 대제사장이라는 직함으로 불러줄 수 있는 것이다.

3. 그렇다면 안나스가 심문한 것으로 보아야 할 것 아닌가? 만약 안나스의 집에서 안나스가 심문한 것이라면 요한복음에는 가야바의 심문이 없는 것이 되고 만다. 그러나 문제는 대제사장의 이름이 없다는 것이다. 13절에는 대제사장 가야바라고 한다. 심문자를 대제사장 가야바로 본다면 장인인 안나스의 집에서 심문한 것이 된다.

4. 요한복음에서의 안나스의 심문 내용은 예수의 제자들과 그의 교훈에 관한 것이었다. 마가, 누가의 심문 내용과는 전혀 다른 것이다. 더욱이 예수께서는 심문에 대해 대답을 제대로 하지 않는다. 그래서 대제사장의 하수에게 손찌검을 당하기도 한다. 심문자로서 대제사장이 언급되어 있다.

5. 요한복음은 안나스가 심문 후에 예수를 결박한 그대로 대제사장 가야바(18:24)에게 보냈다고 분명히 기록하고 있다. 그러므로 성경 기사대로라면 안나스는 가야바의 심문 전에 자신의 집으로 '예수를 결박하여 먼저'(18:12-13) 끌고 와서 호기심으로 자신의 관심사에 대해 개인적으로 예수를 심문한 것으로 볼 수 있다. 예수에 대한 유대인의 첫 번째 심문이라고 하겠다.

| ② 베드로의 부인은 안나스의 집과 가야바의 집 두 곳에서 있었는가 | 1. 요한복음과 공관복음을 일치시키려는 노력들이 있다. 안나스가 예수를 결박하여 그대로 대제사장 가야바에게로 보냈다는 24절을 가야바를 소개한 기사 다음으로 옮겨 놓으면 된다는 것이다. 14절의 위에 올 때에는 '그런데'가 그리고 13절 뒤에 올 때에는 '그러나'가 필요하다. 13절과 14절 사이로 옮기면 문제들이 해결된다. '안나스는 그 해의 대제사장인 가야바의 장인이라'(:13) '안나스가 예수를 결박한 그대로 대제사장 가야바에게로 보내니라'(:24) 2. 이렇게 24절을 옮겨 놓고 보면 요한복음에서의 베드로의 부인은 모두 가야바의 집에서 일어나는 일이 되는 것이다. 만약 베드로가 계속 예수를 따라갔다고 한다면 처음 부인은 안나스의 집에서 그리고 두 번째, 세 번째 부인은 가야바의 집에서 일어난 것으로 볼 수 있기 때문이다. 베드로에게 네가 그와 함께 동산에 있는 것을 보았다고 하는 종이 대제사장 가야바의 종이라면 당연히 두 번째, 세 번째 부인은 가야바의 집에서 있었던 일이다. 8. 24절을 옮겨 놓으면 안나스의 심문이 없게 된다. 예수를 잡아 잠시 안나스의 집에 있다가 곧바로 가야바의 집으로 옮겨간 것이다. 24절을 옮겨 놓으면 대제사장 가야바의 질문이 예수의 제자와 그 교훈에 관한 것이 된다. |

• 유대인에 의한 예수의 심문이 한차례 있었을 것이라는 가정 하에 네 복음서에 나오는 심문을 하나로 보려는 경향이 있다. 그러나 복음서 기자들이 각각의 정보를 가지고 각기 다른 구성원으로 되어 있는 공동체를 위해 기록을 하였다고 볼 때 복음서 그대로 시간 배열을 하여 이해하도록 해야 할 것이다.

• 안나스: AD6년 수리아 총독 구레뇨(퀴리니우스)에 의해 대제사장으로 임명되나, AD16년 유대 총독 그라투스에 의해 해임되다. 사위 가야바와 다섯 아들들이 대제사장직을 수행하였다고 한다.

③ 기사를 일치 시키려는 노력

구분	본문 그대로 라면	24절을 13,14절 사이로 옮기면
예수의 동선	안나스의 집에서 안나스가 심문한다 (대제사장을 가야바로 보면 안나스의 집에서 가야바가 심문한다)	안나스의 집을 거쳐서 그대로 대제사장 가야바의 집으로 간다.
예수의 1차 심문	안나스의 집에 잠시 들러서 그의 심문을 받고 가야바의 집으로 간다.	대제사장 가야바의 집에서 가야바가 한다.
베드로의 부인	1차 부인은 안나스의 집에서 2차, 3차 부인은 가야바의 집에서	1, 2, 3차 부인이 대제사장 가야바의 집에서
유대인의 심문	1차, 2차, 3차가 있다.	1차, 2차만 있다.

	1. 마태, 마가에서 한밤중에 '대제사장과 온 공회'(마26:59, 막15:1)가 가야바의 집에 모여 예수를 죽이려고 '거짓 증거'(마26:59), '그를 칠 증거'(막14:55)를 찾다가 마침내 예수의 죄가 신성모독으로 사형에 해당된다고 한다. 하지만 누가에서의 예수도 한밤중 가야바의 집으로 끌려가지만 그런 기사가 없다. 단지 가야바의 집에 잡혀 있는 동안에 희롱(22:63)을 당하고 폭행을 당하였다는 기사가 나온다. 그러나 마태, 마가에서는 가야바의 심문 후에 폭행이 있다.	• 대제사장 가야바의 집 '가야바라 하는 대제사장의 관정'에 대해서는 이미 언급되어 있다. 예수께서 예루살렘 입성 후 유대 지도자들과 이런저런 토론을 하였는데 대제사장들과 백성의 장로들은 대제사장의 관정에 모여 예수를 잡아 죽이려고 의논(마26:3)하였다고 한다. 그러므로 가야바의 집은 예수를 잡아 죽이려고 의논(26:4)한 곳인 동시에 예수를 잡아끌고 간 곳(26:57)이다.

2. 한밤중 모임을 마태, 마가는 공회라고 한다. 그리고 마태, 마가, 누가 모두 새벽에 대제사장들과 장로들과 서기관들이 새벽에 모였다고 한다. 새벽 모임에 대해 마태에는 공회라는 말이 없으나 마가, 누가는 '공회'(막15:1,눅22:66))라고 한다. 마가에 의하면 밤에도, 그리고 새벽에도 두 번 공회로 모인 것이다. 더구나 마가는 새벽 공회에 대해 '온 공회'가 모였다고 한다. 새벽 공회에 대해 공관복음은 참석자들을 구체적으로 기록하고 있는데 한밤중 모임보다도 정식 회의라는 느낌을 준다. 그런데 그 참석자들은 예수의 첫 번째 수난예고에서 언급된 바로 그 사람들이다.

3. 그러면 왜 또 새벽(27:1,15:1)에 모든 대제사장과 백성의 장로들(마태) 그리고 서기관들(마가, 누가)이 예수를 죽이려고 함께 '공회'로 모여 '의논'(마태, 마가)하였을까. 마태, 마가를 보면 예수를 빌라도에게 보내기 위한 절차를 위해 새벽에 다시 공회로 모인 것처럼 보인다.

    한밤중 대제사장의 집에서 내린 결론을 공식기구에서 다시 확인하는 절차로 이해할 수는 있겠으나 의논만 하였다는 것은 이해하기 어렵다. 마태, 마가에서의 이 '의논'에 대해 공동번역과 새번역은 '예수를 죽일 계획을 짜고'라고 한다.

    한밤중에 모여 증인 심문도 하고 예수를 직접 심문한 그들에게 더 이상의 심문은 필요 없었을 것이고 이미 결론이 나와 있어서 그것을 확인하는 정도의 '의논'이었을 것이다.

4. 누가는 날이 샌 후 백성의 장로들 곧 대제사장들과 서기관들이 모였다고 한다(22:66상). 그리고 누가는 '예수를 그 공회로 끌고 갔다'(새번역22:66하)고 한다. 대제사장의 집과 공회의 모임장소가 다른 것을 말하고 있는 것이다. 누가에서의 예수께서는 처음으로 공회에서 심문을 받는다.

5. 누가에는 체포 직후 대제사장 가야바의 한밤중 심문 자체가 없다. 마태, 마가에 나오는 성전모독이나 증인에 대한 이야기도 없고 대제사장이 예수의 대답을 듣고 신성모독이라고 하며 사형으로 정죄하는 이야기도 없다.

    누가의 새벽 공회에서 예수께서는 질문을 두 번 받는다. 그리고 공회는 두 번째에 대답을 듣고는 더 이상의 증거가 필요 없다고 하며 예수를 끌고 빌라도에게 갔다(23:1)고 한다. 누가에서의 예수에 대한 재판은 빌라도의 재판에 넘기기 전에 행한 심문 inquiry 같다.

	6. 누가의 엠마오 도상의 이야기에서 두 제자는 동행하는 예수에게 '우리 대제사장과 관리들이 사형판결에 넘겨주어 십자가에 못 박았다'고 한다. 이것을 새번역은 '우리의 대제사장과 지도자들이 법정에 넘겨주어서 사형선고를 받게'(24:20)하였다고 한다. 누가는 일관되게 공회와 법정을 구분하고 있다. 누가에서의 예수에 대한 빌라도의 재판기사에서만 '언도'(23:24)라고 하는데 KJV은 sentence라고 한다.	• 대제사장의 관저는 시온문 남쪽, 옛 예루살렘 서남부 끝에 있다. 감람산과는 상당한 거리를 두고 있다. 현재 가야바의 집터위에는 베드로 통곡교회가 서 있다.

7. 유대 지도자들은 형식적이라도 공회를 열어 결론을 내고 예수의 처리를 결정해야 했던 것은 아닐까? 유대인의 공회는 여러 가지 규정이 있는데 공회는 밤이나 명절에 열릴 수 없다는 주장이 있다. 그래서 '새벽에'(마태, 마가),'날이 샌 후'(누가) 공회를 열은 것일 수 있다. 마태, 마가에서의 새벽 모임은 전날 밤의 모임과 분위기가 다르다. 전날 밤에는 대제사장이 증인 심문,

예수 심문, 사람들의 의견요구 등을 주도 했다. 그러나 새벽에 모여서는 대제사장들이 온 공회인 장로들과 서기관들과 '함께'(마태) '더불어'(마가) '모여서'(누가) '의논'(마태, 마가)하였다고 한다. 공식회의라는 느낌을 갖게 한다.

8. 복음서 전체를 근거로 할 때 예수에 대한 유대인의 심문은 세 차례 있었다고 하겠다. 요한복음에 말하고 있는 안나스의 심문이 처음이고 마태, 마가에 나오는 밤에 있었던 심문이 두 번째이며 새벽에 열린 공회(마가, 누가)가 세 번째라 하겠다.

9. 요한복음에서의 심문은 세례 요한과 같은 예수의 운동 즉 유대교 내의 새로운 운동에 대한 심문으로 볼 수 있다. 마태, 마가에서의 한밤중 심문은 대제사장들이 주도한 준비 심문으로 보인다. 누가에서의 심문은 새벽에 정식으로 개최된 공회에서 예수의 죄를 분명히 하는 심문이라 하겠다.

| 심문인가 재판인가 | 1. 요한복음에서의 안나스의 심문은 안나스 자신의 궁금증이나 호기심에서 한 것으로 보여진다. 예수의 결박을 풀지 않고 질문을 하였고 예수께서 대답하게 대답하고 적극적으로 반발하자 결박도 풀지 않고 그대로 가야바에게로 보냈다는 것으로 본격적인 심문이라고 보기 어렵다. 그런데 요한복음에는 안나스의 심문만 있고 가야바의 심문이 없다.

2. 요한복음에는 한밤중의 공회나 새벽에 열린 공회이거나 언급이 없다. 또한 대제사장 이외에 장로들이나 서기관들이 등장하지 않는다. 요한복음에서의 예수는 새벽에 가야바에게서 바로 빌라도의 관정으로 끌려간다 (18:28).

3. 마태, 마가는 한밤에 체포한 예수를 가야바의 집으로 끌고 간다. 거기에는 무리를 파송하였던 대제사장들과 서기관들과 장로들이 있었다. 마태는 '모여 있더라'(26:57)고 하고 마가는 '다 모이더라'(14:53)고 설명한다. 이들이 모인 것은 예수를 유죄로 이끌려고 하는 심문으로 보아야 할 것이다. '성전의 잘라진 돌로 만들어진 방' 즉 성전 내 공회의 장소가 아닌 가야바의 집에서 모였기 때문이다. 정식 재판처럼 예수에게 사형을 말하지만 실제로는 예수 체포로 인한 대책의 긴급성과 필요성 때문에 모인 모임이라 하겠다.

4. 누가에서의 예수께서도 대제사장의 집으로 끌려간다(22:54). 그러나 야간 심문이 없다. 누가에서는 마태, 마가와 달리 예수를 잡으러 올 때 대제사장들과 서기관들과 장로들이 파송한 무리가 아니라 대제사장들과 성전경비대장과 장로들인데 예수를 '잡아끌고 가야바의 집으로 들어간' 후 나타나지 않는다.

5. 누가에서는 가야바의 집에서 '날이 새매 백성의 장로들 곧 제사장들과 서기관들이 모여서 예수를 그 공회로 끌어들인다(22:66). 그리고 새벽에 백성의 장로들, 대제사장들, 서기관들이 가야바의 집이 아닌 공회로 모인다. 그리고 경비대장에 대한 언급도 없다.

6. 누가에서는 '다'(22:70) 예수께 그러면 네가 하나님의 아들이냐고 묻는다. 너희들이 내가 그 라고 하였다고 대답하자 '그들이'(22:71) 그 입에서 들었다고 하고 '무리'(23:1)가 다 일어나 예수를 빌라도에게 끌고 가서 고발한다. 누가에서의 공회의 심문은 합법적인 심문이기는 하나 빌라도에게 고발(23:2)을 위한 심문으로 보인다. 누가에서의 공회는 예수를 사형에 해당하는 범죄자로 고소하기 위한 근거를 마련하기 위해 모였다고 하겠다. | • 가야바: 본명은 요셉, 가야바는 별명

AD18-36년에 대제사장으로 재직

예수 사후에 사도들과 신자들을 박해(행 4:6, 7:1)했다. |

3. 본문이해

구분	내용	비고
마태, 마가의 심문 '이 성전을 헐라 사흘 동안에 일으키리라'에 대해	1. 누가에는 없지만 마태, 마가에 있는 내용으로는 거짓 증거에 대해서 대제사장들과 온 공회는 예수를 죽이려는 증거를 찾았다고 한다(마26:59, 막14:55). 마태는 거짓 증언이 많으나 얻지 못하였다고 하고(26:60) 마가는 증거를 얻지 못하였다고 하면서 그 이유가 거짓 증언하는 자는 많으나 그 증언이 서로 일치하지 못해서라고 구체적으로 언급하고 있다. 2. 마태, 마가는 요한복음에서의 성전정화 때에 예수께서 '너희가 이 성전을 헐라 내가 사흘 동안에 일으키리라'(요2:19)한 것에 대해 증언이 있었다고 한다. 성전을 헐고 짓겠다고 한 말씀이 중요 이슈로 거론된다. 3. 마태, 마가에는 예루살렘의 멸망예언(마24:2, 막13:2)은 있으나 성전을 새로 짓는 기사는 없다. 요한복음은 마태, 마가 이후에 기록되었으므로 이 말씀으로 고발한 것이라고 보지 않은 듯하다. 4. 마태에는 두 사람이 와서 '이 사람의 말이 내가 하나님의 성전을 헐고 사흘 동안에 지을 수 있다 하더이다'(26:61)라고 한다. 대제사장은 '예수께 묻되 아무 대답도 없느냐 이 사람들이 너를 치는 증거가 어떠하냐'(26:62)고 한다. 그러나 예수께서는 침묵하였다고 한다(26:63). 여기서 '두 사람'이 중요하다. 그러나 증인의 숫자보다는 유효한 증언인가가 더 중요한 것이다. 5. 마가에도 같은 이야기가 있다. '손으로 지은 이 성전을 내가 헐고 손으로 짓지 아니한 다른 성전을 사흘 동안에 지으리라'(14:58-59)고 했다는 것이다. 그런데 '그 증인도 서로 일치하지 않더라'(14:59)는 것이다. 그다음 대제사장이 예수께 '너는 아무 대답도 없느냐 이 사람들이 너를 치는 증거가 어떠하냐'고 하는데 예수께서 '침묵하고 아무 대답도 아니하였다'고 한다(14:61). 일치하지 않는 증언에 대해 대답할 필요는 없는 것이다	요2:18-21 이에 유대인들이 대답하여 예수께 말하기를 네가 이런 일을 행하니 무슨 표적을 우리에게 보이겠느냐 예수께서 대답하여 이르시되 너희가 이 성전을 헐라 내가 사흘 동안에 일으키리라 유대인들이 이르되 이 성전은 사십육 년 동안에 지었거늘 네가 삼일 동안에 일으키겠느냐 하더라 그러나 예수는 성전된 자기 육체를 가리켜 말씀하신 것이라 시27:12 내 생명을 내 대적에게 맡기지 마소서 위증자와 악을 토하는 자가 일어나 나를 치려 함이니이다
마태, 마가, 누가 공통의 심문 네가 하나님의 아들 그리스도냐	1. 마태, 마가에서 밤중에 예수께 심문하는 사람은 대제사장이지만 누가에서는 새벽에 다, 그들(22:70,71) 즉 공회이다. 2. 마태, 마가, 누가의 공통질문은 '네가 그리스도냐'는 것이다. 마태, 마가에서의 질문은 한 마디로 되어 있다. 마태는 '네가 하나님의 아들 그리스도인지 우리에게 말하라'(26:63), 마가는 '네가 찬송 받을 이의 아들 그리스도냐'(14:61)이다. 누가의 새벽 공회에서 처음에는 '네가 그리스도이면 우리에게 답하라'이고, 두 번째는 '네가 하나님의 아들이냐'는 것이다. 두 번에 걸쳐 질문한다. 3. 마태, 마가는 그와 같은 질문에 대해 예수께서 바로 대답하지만 누가에서 처음에는 '내가 말할지라도 너희는 믿지 아니한다'고 즉답을 하지 않는다. 그러나 두 번째 예수의 대답은 마태의 대답인 '네가 말하였다'와 마가의 대답인 '내가 그 나라'의 중간 형태로 너희들이 '내가 그라고 말하였다'고 한다. 다시 말해 너희가 그렇게 묻는 것을 보니 내가 주장하는 것을 너희도 알고 있구나의 의미로 대꾸한 것이다. 질문을 시인하는 것으로 대답한 것이라 하겠다. 4. 이어서 마태, 마가, 누가에서의 예수께서는 자신이 초월적 인자이심을 말한다. 마태는 '권능의 우편에', 마가는 '인자가 권능자의 우편에', 누가는 '하나님의 권능의 우편에 앉아 있으리라'고 한다. 예수께서는 시편110:1을 언급함으로써 자신이 메시아임을 말하고 있는 것이다. 누가에서는 이 말을 하자 두 번째 질문을 한다. 　그리고 마태, 마가는 계속해서 '하늘 구름을 타고 오는 것을 너희가 보리라'고 한다. 이 말씀은 단7:13의 원용이라 하겠다. 그러나 이 부분이 누가에는 없다. 누가의 입장은 종말이 지연되고 있다는 것이다.	• 공회(산헤드린)의 장소는 돌로 된 성전 방이라고 한다. 시110:1 여호와께서 내 주에게 말씀하시기를 내가 네 원수로 네 발판이 되게 하기까지 너는 내 오른쪽에 앉아 있으라 하셨도다

	5. 요한복음에는 추가심문이나 공회에서의 심문에 대한 언급이 없다. 6. 예수의 대답 후 대제사장(마태, 마가)이나 무리(누가)는 더 이상 증인(마태, 마가)이나 증거(누가)가 필요 없다고 한다. 그 이유는 '우리가 그의 말을 들었기 때문'(마26:65, 막14:64)이고 '친히 그 입에서 들었기' 때문(눅22:71)이라고 한다. 마태, 마가는 한밤 모임에서 '신성모독 하는 말'을 들었다고 하고 대제사장이 너희는 어떻게 생각하느냐고 물으니 그들이 예수는 사형에 해당된다고 한다. 그러나 누가는 새벽에 열린 공회에서 대제사장이 옷을 찢는다던가, 주위 사람들에게 물어서 정죄한다던가, 신성모독이라는 말이 전혀 없다.	
요한복음의 심문 안나스의 집에서 예수의 제자와 교훈에 대하여	1.요한복음은 군대와 천부장과 유대인의 아랫사람들이 예수를 잡아 결박하여(18:12) 먼저 안나스에게로 끌고 갔다고 한다. 아마도 예수를 잡기 위해 군대가 동원되었을 때 안나스의 요청이 있었지 않았나하는 의심을 갖게 한다. 안나스는 성전권력의 배후세력이기 때문이다. 그리고 안나스는 자신의 심문 후 예수를 결박한 그대로 대제사장 가야바에게 보냈다(18:24). 여기서 안나스의 심문은 길지 않았다. 2. 안나스의 심문에는 '안나스와 대제사장이라는 두 사람이 동일인이냐하는 것이 본문을 이해하는 데에 중요한 열쇠가 된다. 동일인으로 보면 이해하기가 쉽다. 안나스도 대제사장을 지낸 분으로 예우로서 대제사장이라는 전직 명칭을 사용하였을 수 있기 때문이다. 그런데 본문에서 안나스는 계속 안나스라고 부르기 때문에 대제사장은 가야바일 것이라는 주장이 설득력이 있다. 그렇게 보면 안나스 즉, 장인인 전 대제사장의 집에서 현재 대제사장 가야바가 예수를 기다리고 있다가 심문한 것이 된다. 3. 요한복음에는 예수를 잡기 위해 소집된 공회에서 예수를 잡아야 하는 이유를 설명하고 '예수를 죽이려고 모의'(11:53)하고 '예수 있는 곳을 알거든 신고하여 잡게 하라고 명령'(11:57)한 가야바가 그렇게 간단한 질문으로 심문하였다는 것은 이해하기 어렵지만 가야바가 심문을 했을 수도 있는 것이다. 4. 요한복음에는 예수께서 초막절에 예루살렘 성전에서 가르치는데 유대인들은 예수가 어떻게 글을 아느냐 하자 내 교훈은 내 것이 아니라 나를 보내신 이의 것이라(요7:14-16)고 대답한다. 또한 공관복음의 성전정화 기사에서 마가와 누가는 대제사장과 서기관들과 백성의 장로들이 예수를 죽이려고 하였다(막11:18, 눅19:47)고 한다. 그런데 마가만이 그 이유에 대해 '무리가 다 예수의 교훈을 놀랍게 여기고 두려워해서라고 한다'(막11:18). 사람들이 예수의 교훈에 놀랐기 때문에 예수를 죽이려 한다는 것이다. 안나스이거나 가야바이거나 그 교훈이 궁금하였을 것이다. 5. 안나스의 집에서 대제사장은 예수에게 '그의 제자들과 그의 교훈'에 대하여 묻는다(18:19). 왜 그랬을까. 첫째로 예수를 잡았기 때문에 예수의 사후 그의 제자들이 얼마나 예수의 교훈을 계속해서 잘 전파시킬 수 있는지를 알아보기 위한 질문이었다고 볼 수 있다. 둘째로 '예수의 제자와 그의 교훈'을 유대교의 새로운 운동의 하나로 보고 대제사장이 직접 그에 대한 질문을 하였을 수 있다. 셋째로 당시 대제사장들은 사두개인들이었는데 그들은 부활을 믿지 아니하였다. 요한복음의 경우 죽은 나사로를 살린 예수였기 때문에 대제사장은 예수를 직접 보고 질문하고 싶어 하였던 것이리라.	행4:5-7 이튿날 관리들과 장로들과 서기관들이 예루살렘에 모였는데 대제사장 안나스와 가야바와 요한과 알렉산더와 및 대제사장의 문중이 다 참여하여 사도들을 가운데 세우고 묻되 너희가 무슨 권세와 누구의 이름으로 이 일을 행하였느냐 • 안나스: AD6-16년에 대제사장이었다. 성전 뜰에서는 예배와 제사에 필요한 모든 물품을 팔았는데 안나스의 바자라고 불렀다고 하는데 안나스가 이곳에서 막대한 부를 모았다고 한다. 예수의 성전 정화로 안나스에게 재산상 큰 손실을 입혔기 때문에 예수를 보려 하였다는 주장도 있다.
예수에 대한 희롱, 모욕, 구타 등	1. 마태, 마가, 누가에서 예수를 모욕하는 공통의 기사는 '예수께 선지자 노릇을 하라' 즉 예언하라는 것이다. 마태와 마가는 예수를 사형에 해당된다고 정죄한 후에 일어난 일이지만 누가에서는 예수께서 잡히신 그날 밤 가야바의 집에 있을 때 이런 일이 일어난다.	

	2. 마태는 사형에 해당된다고 한 후 예수의 얼굴에 침 뱉으며 주먹으로 치고 어떤 사람은 손바닥으로 때리며 '그리스도야 우리에게 선지자 노릇을 하라 너를 친 자가 누구냐'(26:67-68)고 한다.	행6:12-13 백성과 장로와 서기관들을 충동시켜 와서 잡아가지고 공회에 이르러 거짓 증인들을 세우니 이르되 이 사람이 이 거룩한 곳과 율법을 거슬러 말하기를 마지 아니하는도다
	3. 마가는 '사형에 해당되는 자로 정죄(26:64)'하고 '어떤 사람은 그에게 침 뱉으며 그의 얼굴을 가리고 주먹으로 치며 선지자 노릇을 하라 하고 하인들은 손바닥으로 쳤다'(26:65)고 한다.	
	4. 누가는 잡힌 날 밤에 '지키는 사람들이 예수를 희롱하고 때리며 그의 눈을 가리고 선지자 노릇 하라 너희를 친 자가 누구냐(22:63-64)고 하였다는 것이다. 누가는 이외에도 많은 말로 욕(22:65)하였다고 한다.	
	5. 요한복음은 예수께서 안나스의 집에서 대제사장의 심문에 대해 '어찌하여 내게 묻느냐 내가 무슨 말을 하였는지 들은 자에게 물어 보라'(18:21)고 응대한다. 이 때 곁에 섰던 수하 하나가 손으로 예수를 쳤다(18:22). 요한복음에서의 예수께서는 체포될 때와 마찬가지로 당당하게 항의한다. '내가 말을 잘못하였으면 그 잘못한 것을 증언하라', '네가 어찌하여 나를 치느냐'고 손찌검한 것을 비난한다.	

4. 심층연구: 공관복음에서의 유대인의 심문

구분	내용	비고
예수의 심문과 베드로의 부인이 함께 있는 이유	1. 마태, 마가, 누가, 요한복음 모두 예수의 심문 기사와 베드로의 부인기사가 섞여 있다. 마태, 마가는 예수의 심문 기사 후에 베드로의 부인기사가 나온다. 그러나 누가에서는 가야바의 집에 예수께서 잡혀 있을 때 베드로가 예수를 부인하는 이야기가 나온다. 요한복음에서는 안나스의 집에서 베드로의 처음 부인이, 가야바의 집에서 두 번째, 세 번째 부인기사가 나온다. 요한복음에서는 베드로의 부인기사가 예수의 심문 기사의 앞뒤에 놓여 있는 것이다. 2. 요한복음에서의 예수께서는 겟세마네에서 잡힐 때처럼 안나스의 집에서도 당당하였다. 그러나 베드로는 내가 주와 함께 죽을지언정 주를 부인하지 않겠나이다(마26:35, 막14:31)라고 말하던 때와 완전히 다른 모습이다. 이런 대조는 위기 상황에서 어떻게 사람이 변할 수 있는 지 분명하게 보여주고 있다 하겠다. 3. 마태, 마가는 예수께서 폭행당하고 조롱당하는 모습에 이어서 베드로가 예수를 부인함으로써 베드로를 겁쟁이, 용기 없는 사람, 비겁자로 보이게 하고 있다. 그러나 인간적으로 권력의 폭력 앞에서 무력하였던 베드로이기는 하지만 배교하지 않고 종국에는 순교한다는 것을 복음서는 말하고 있다(요 21:18-19).	요21:19 이 말씀을 하심은 베드로가 어떠한 죽음으로 하나님께 영광을 돌릴 것을 가리키심이러라 이 말씀을 하시고 베드로에게 이르시되 나를 따르라 하시니
성전모독죄는 성립하는가 • 마태: 두 사람의 증인이 있다	1. 마태에는 두 사람이 와서 '이 사람의 말이 내가 하나님의 성전을 헐고 사흘 동안에 지을 수 있다 하더라'고 한다. 두 사람의 증언이 일치한 것으로 보고 대제사장은 예수에게 '아무 대답도 없느냐 이 사람들이 너를 치는 증거가 어떠하냐'고 묻는 것이다. 마태는 마가와 달리 일치한 증언, 효력이 있는 증언일 수도 있다는 것이다. 그러나 예수께서 성전모독죄로 기소되지는 않았다. 2. 스데반이 순교할 때 마태에서처럼 거짓증언자들은 '예수가 이 성전을 헐겠다고 한 것을 들었다'고 한다(행6:14). 3. 마태에서의 예수는 성전보다 큰 이(12:6)이다. 그런데 예수는 성전멸망 예고를 하였다(24:2). 구약의 여러 선지자들도 성전멸망을 거듭 예언하였던 것이다. 그것은 예언자로서의 책무였다고 하겠다.	렘26:6 내가 이 성전을 실로 같이 되게 하고 이 성을 세계 모든 민족의 저줏거리가 되게 하리라 하셨느니라

• 마가: 거짓 증언이다	1. 증거는 두 사람 이상의 증언이 일치하여야 증거로 채택된다. 그런데 마가는 거짓 증언하는 자들이 많으나 그 증언이 일치하지 아니하였다(14:55)고 하고 마태 역시 거짓 증언이 많으나 얻지 못하였다(26:60)고 한다. 2. 마가에는 어떤 사람들이 거짓 증언하여 이르되 우리가 그의 말을 들으니 '손으로 지은 이 성전을 내가 헐고 손으로 짓지 아니한 다른 성전을 사흘 동안에 지으리라'(14:58)고 한다. 그런데 '그 증언도 일치하지 않더라'(14:59)고 이 거짓 증거를 일축하고 있다. 3. 그도 그럴 것이 공관복음서는 성전정화 때 예수께서 성전을 헐고 새로 짓는다는 말씀은 하지 않았다. 요한복음에서는 성전정화 후 표적을 보여 달라는 유대인들에게 '너희가 이 성전을 헐라 내가 사흘 동안에 일으키리라'(2:19)고 성전된 자기 육체를 가리켜 말한다(2:21). 마태에서의 거짓 증언자들처럼 '내가 하나님의 성전을 헐고 사흘 동안에 지을 수 있다'(26:61)고 하지 않았고 또한, 마가의 거짓 증언자들처럼 '손으로 지은 이 성전을 헐고 손으로 짓지 아니한 다른 성전을 사흘 동안에 지으리라'(14:58)고도 하지 않았다.	:8 예레미야가 여호와께서 명령하신 말씀을 모든 백성에게 전하기를 마치매 제사장들과 선지자들과 모든 백성이 그를 붙잡고 이르되 네가 반드시 죽어야 하리라
예수의 침묵 • 마태: 부당함에 대해 • 마가: 무대응의 일환으로	1. 마태에서는 대제사장이 '일어서서' 거짓 증언자 두 사람(마26:60)의 증언을 확인하려는 모습, 즉 공정하고 냉정한 심문이 아님을 보여주고 있다. 예수께서 대답할 이유가 없는 것이다. 그래서 묵비권을 행사하였으리라. 만약 예수께서 대답을 하였다고 한다면 요한복음에 있듯이 '성전된 자기 육체를 가리켜' 한 말씀이라고 하였을 것이다. 그러나 그 말씀 역시 예수께서 살아난 후에야 믿을 수 있었을 것이다(요2:21-22). 2. 마가에서는 성전모독죄의 증언이 일치하지 않았다(14:59)고 한다. 그러나 대제사장은 '가운데 일어나서' '너는 아무 대답도 없느냐 이 사람들이 너를 치는 증거가 어떠하냐'(14:60)고 한다. 그러나 예수께서는 '침묵하고 아무 대답도 아니하였다'(14:61)고 한다. 3. 대제사장은 많은 증언들에 대해 예수에게 대답하도록 촉구한다. 그러나 예수께서는 대답하지 아니한다. 오히려 침묵함으로써 자기의 견해를 드러낸다. '가운데 일어나서' 심문하는 대제사장에게 오히려 그 심문의 부당성을 항의하는 것이 될 수도 있다. 또한, 거짓 증언에 대한 무대응의 전략일 수도 있다. 4. 마태, 마가에서의 예수의 침묵은 그 배경이 이사야서라 하겠다. 이사야 53장에 나오는 고난의 종의 예언을 예수께서 몸소 보이신 것으로 이해할 수 있다. 사 53:7 그가 곤욕을 당하여 괴로울 때에도 그의 입을 열지 아니하였음이여 마치 도수장으로 끌려가는 어린 양과 털 깎는 자 앞에서 잠잠한 양 같이 그의 입을 열지 아니하였도다.	• 묵비권: 형사재판에 관하여 자기에게 불리한 진술을 강요당하지 않는 권리(헌법 12조 2항) 묵비권 행사로 인해 법적 제재를 받거나 불리한 추정을 받거나 양형상 불이익을 받는 것은 금지된다(형사소송법 309조). • 수사기관은 피의자 및 피고자에게 이런 권리가 있음을 적극적, 명시적으로 고지할 의무를 가진다.
예수의 선언 내가 그니라 ① 마태: 우회적 긍정	1. 대제사장의 질문의 핵심은 예수가 하나님의 아들이냐는 것이고 빌라도의 질문의 핵심은 네가 유대인의 왕이냐는 것이다. 대제사장은 예수의 정체를 확인하기 위해 심문을 계속한다. 2. 마태에서의 대제사장은 살아 계신 하나님께 맹세함으로 대답하라고 예수를 겁박하고 있다. 사실 하나님의 이름으로 거짓 맹세를 하게 된다면 신성모독죄(레19:12)가 성립되기 때문이다. 대제사장이 위협적인 분위기 속에서 예수의 죄를 묻고 있다. 3. 마태에서 성전모독죄를 적용하려던 대제사장이 예수에게 '네가 하나님의 아들 그리스도인지 우리에게 말하라'고 한다. 유대 전통에서 성전을 짓는 일은 하나님의 아들과 밀접히 연결되어 있다. 하나님의 이름을 위하여 집을 짓는 사람은 하나님의 아들이 될 것이라고 한다(삼하7:13-14). 스가랴는 여호와의 천사가 성전건축이라는 큰일에 애쓰고 있는 대제사장 여호수아에게 하나님의 종인 새싹(슥3:8) 즉 메시아가 하나님의 성전을 지을 것이라고 한다(민경식).	삼하7:13 그는 내 이름을 위하여 집을 건축할 것이요 나는 그의 나라 왕위를 영원히 견고하게 하리라 슥3:8 대제사장 여호수아야 너와 네 앞에 앉은 네 동료들은 내 말을 들을 것이니라 이들은 예표의 사람들이라 내가 내 종 싹을 나게 하리라

	4. 마태에서 예수의 대답은 '네가 말하였다'라고 하여 자신이 하나님의 아들이고 그리스도라는 것을 간접적으로 인정하고 우회적으로 긍정한다.	
② 마가: 직접적 인정	1. 마가에서의 대제사장은 여러 거짓 증언들에 대해 예수에게 물었으나 예수께서는 침묵하고 대답을 아니한다. 그때 대제사장은 예수의 정체성에 대해 직접 물어본다. 네가 찬송 받을 이의 아들 그리스도냐(14:61)고, 찬송 받을 이는 하나님을 가리키는 완곡한 호칭이다. 예수께서는 '내가 그니라'(14:62)라고 아주 분명하게 직접적으로 자신이 하나님의 아들이라고 인정한다. 2. '내가 그니라'는 에고 에이미 즉 나는 나다로써 이는 이스라엘의 하나님이 자신을 말할 때 사용하는 말이다(출3:14). 예수께서는 이 말을 통해 자신의 신적 정체성을 선언하고 있는 것이다.	레19:12 너희는 내 이름으로 거짓 맹세함으로 네 하나님의 이름을 욕되게 하지 말라 나는 여호와이니라
③ 누가: 타칭적 긍정	1. 누가에서는 새벽에 열린 공회에서 예수를 심문한다. 질문하는 이가 대제사장이라는 언급이 없다. 누가에서는 예수께 두 번 묻는다. 처음에는 '하나님의 아들'과 관계없이 '네가 그리스도이거든 우리에게 말하라'는 것이다. 그러나 예수께서는 '내가 말할지라도 너희가 믿지 아니한다'(22:67)고 한다. '너희가 믿지 아니한다'는 '너희가 알지 못 한다'는 의미이다. 2. 누가에서의 예수께서도 마태, 마가에서처럼 '초월적인 인자'에 대해 말씀한다. 그들이 다시 묻는다. 다 이르되 '그러면' 다시 말해서 초월적인 인자이면 '네가 하나님의 아들이냐'고 묻는다. 이 말에는 네가 하나님의 아들이구나라는 뉘앙스도 있다. 3. 예수께서는 '내가 그라고 말하고 있느니라'(22:70)고 한다. 마태와 마가의 표현이 다 들어가 있다. 그들의 말을 빌려 인정한다. 예수는 자기 말로 고백하지 않는다. 그들이 고백한다. 예수 스스로 자신의 존재를 밝힌 것이 아니다. 타칭적 긍정이라 하겠다. 예수를 그리스도라고 인정한 것은 그들임을 지적한다.	출3:14상 하나님이 모세에게 이르시되 나는 스스로 있는 자이니라
초월적 인자	1. 마태, 마가에서 처음 질문에서 자신의 신적 정체성을 선언한 예수께서는 초월적 인자에 대해 말씀한다. 누가에서는 네가 그리스도냐는 처음 질문에 대해 '내가 말할지라도 너희는 믿지 못할 것이라'(22:67)고 한 다음에 역시 초월적인 인자에 대해 말씀하는데 여기에서 예수께서는 그리스도와 자신을 일치시키고 또한 인자와 자신을 일치시키고 있다. 2. 그들은 초월적 인자에 대한 말씀을 듣고 난 다음에야 비로소 '네가 하나님의 아들이냐'고 질문한다. 마태, 마가에서는 예수의 신성에 이어 인성을 설명하고 있으며 누가는 예수의 초월적 인성을 말함으로 예수의 신성을 말하고 있다 하겠다. 3. 인자는 다니엘서에 의하면 하나님께서 그에게 권능과 영광과 나라를 주어 모든 백성과 나라들을 통치하는 존재이다. 그런데 인자에 대한 두 가지 내용에 대해 마태, 마가는 둘 다 가지고 있으나 누가는 한 가지만 가지고 있다. 인자가 권능의 우편에 앉는다는 것은 약간의 차이가 있으나 마태, 마가, 누가에 모두 기록되어 있다. 그러나 인자의 재림에 대해서는 마태, 마가만이 이야기하고 있다. 누가는 예수의 재림이 지연되고 있다는 입장이어서 언급하지 않은 것이다. 4. 마태, 마가, 누가는 예수께서 하나님 우편에 앉아 있을 것이라는 기사에 대해 조금씩 다르게 표현하고 있다. 마가에는 시간적인 표현이 없으나 마태는 '이후로는', 누가는 '이제부터는'이라고 하고 있다. 마태는 '권능의 우편에', 마가는 '권능자의 우편에', 누가는 '하나님의 권능의 우편에' 앉아 있는 것을 보리라고 한다. 이 말은 권능의 보좌 오른쪽(새번역)에 또는 전능하신 분의 오른편(공동번역)에 앉아 있다는 것이다. 초월적인 인자의 모습이라 하겠다.	단7:13-14 내가 또 밤 환상 중에 보니 인자 같은 이가 하늘 구름을 타고 와서 그에게 권세와 영광과 나라를 주고 모든 백성과 나라들과 다른 언어를 말하는 모든 자들이 그를 섬기게 하였으니 그의 권세는 소멸되지 아니하는 영원한 권세요 그의 나라는 멸망하지 아니할 것이니라. • 인자는 공관복음에 69회가 나오고 사도행전, 히브리서, 요한계시록에도 나온다. 인자에는 '고난의 종'과 '영광의 주'라는 두 개의 이미지가 함께 있다.

	그런데 인자가 재림할 때에는 하늘의 권능이 흔들린다고 마태, 마가, 누가 (마24:30, 막13:26, 눅21:26)는 말하고 있다. 그리고 큰 권능과 영광으로 오는 것을 사람들이 보리라(마24:30, 막13:26, 눅21:27)고도 한다. 예수의 첫 번째 수난예고는 마태, 마가, 누가의 공통 기사이지만 마가만이 '하나님 나라가 권능으로 임하는 것을 볼 자들도 있느니라'(막 9:1)고 한다. 5. 마태, 마가는 인자가 하늘 구름을 타고 온다고 한다. 예수께서 예루살렘에 입성한 후 제자들에게 한 종말 강화에서 인자의 재림에 대해 말씀할 때 이미 말씀하였다(마24:29-32, 막13:24-27, 눅21:25-28). 마태, 마가, 누가의 공통 기사이지만 누가는 공회에서의 예수 심문 기사에서는 하늘 구름을 타고 온다는 부분을 빼고 하나님의 우편에 앉아 있으리라고만 한다.	
대제사장의 심문 옷을 찢고 일어서다	1. 마태, 마가는 예수의 대답을 들은 대제사장이 광분하였다고 한다. 옷을 찢으며 말했다는 것이다. 옷을 찢는 행위는 당시에 일차적으로 슬픔의 표시였다(창37:29 등). 그러나 레위기 등에 따르면 대제사장은 친척이 죽어도 슬픔의 표시로 옷을 찢어서는 안 된다고 한다(레10:6). 대제사장은 예수의 죄가 엄중한 것이라는 의미로 옷을 찢은 것이다. 2. 마태, 마가는 대제사장이 냉정하고 침착하게 심문을 하지 않고 있다고 보고 있다. 마태는 두 사람이 증언한 성전모독죄에 대한 예수의 대답을 다그치기 위해 '일어서서' 심문한다. 마가는 대제사장이 거짓 증언들이 계속되자 '가운데 일어섰다'고 한다. 또한, 마태에는 대제사장이 살아 계신 하나님께 맹세하며 예수께 대답하라고 한다. 감정적이고 위협적이며 비이성적인 태도로 심문을 하고 있는 대제사장임을 알 수 있다. 3. 마태, 마가에서 대제사장은 우리가 어찌 더 증인을 요구하겠느냐 신성모독이라고 한다. 그리고 너희 생각은 어떠냐고 하니 다 예수를 사형에 해당하는 자라고 한다. 예수를 죽이려고 한 광분의 쇼는 예수에 대한 사람들의 폭행으로 이어진다.	레10:6상 모세가 아론과 그의 아들 엘르아살과 이다말에게 이르되 너희는 머리를 풀거나 옷을 찢지 말라 그리하여 너희가 죽음을 면하고 여호와의 진노가 온 회중에게 미침을 면하게 하라
심문 중 하나님의 이름을 부르는 대제사장은 괜찮은가	1. 마태, 마가는 예수의 죄가 신성모독이라고 한다. 신성모독은 신을 조롱하거나 저주하는 행위를 말한다. 십계명의 셋째 계명은 너는 네 하나님 여호와의 이름을 망령되게 부르지 말라(출20:7, 신5:11)고 한다. 그래서 유대인들은 신의 이름을 입에 올리지 아니하였다. 그리고 신성모독의 경우는 돌로 쳐 죽이라고 하였다(레24:10-16). 2. 마태에서의 대제사장은 예수에게 네가 하나님의 아들 그리스도인지를 우리에게 말하라(26:63)고 하고 있고, 누가에서는 네가 하나님의 아들이냐(22:70)고 한다. 마태, 누가에서 모두 직접 하나님의 이름을 부르고 있는데 이것이 신성모독인 것이다. 더구나 마태에서 대제사장은 예수께 대답을 다그치면서 살아 계신 하나님 운운하며 하나님의 이름을 또 직접 부른다. 3 마태에서의 대제사장은 이번 심문에서 신성모독을 두 번 한다. 그런데 아이러니칼하게도 하나님의 이름을 두 번 부른 대제사장이 거꾸로 예수께 신성모독이라고 마26:65에서 두 번 반복해서 말한다. 그러나 마가에서의 대제사장은 예수께 '네가 찬송 받을 이의 아들'이냐고 하며 하나님의 이름을 부르지 않았다. 누가에서는 심문자들이 한 번 하나님이라고 직접 부르고 있다. 4. 마태에서의 예수께서는 하나님이라고 부르지 않고 '권능'이라고 하고, 마가에서는 '권능자'라고 하며 누가에서는 '하나님의 권능'이라고 한다.	• 신성모독을 개역한 글에서는 참람이라고 번역하였다. 일반적으로 독신이라고 하고 가톨릭에서는 독성이라고 한다. 독성의 대구어는 경신이다. • 마태, 마가, 누가에서는 제자들이 배에서 풍랑을 만났을 때 예수께서 물 위로 걸어오시는 것을 보고 놀란다. 그때 나다. 안심하라고 하시는데 나다라는 말이 에고 에이미(마 14:27, 막 6:50, 요 6:20)이다.
예수는 신성모독죄를 지었는가	1. 마가에서의 예수는 에고 에이미라는 신적 자기 칭호로써 대답을 한다. 신성모독에 대한 엄격한 사두개인의 편에서 보면 예수의 대답은 충분히 신성모독으로 들릴 수 있다. 풍랑 속에 있는 제자들에게로 물 위를 걸어갈 때 이미 '내니'(막6:50) 즉 에고 에이미라고 하였다. 신성모독 이란 엄격하게는 하나님의	

이름을 함부로 부르는 것을 의미하지만, 알렉산드로의 필로가 작성한 문헌 등에 제시되어있는 것처럼 신적 권능을 가졌다는 자체가 신성모독으로 간주될 수 있었다.

2. 스데반은 성전과 율법을 모독(행6:13)한 죄로 돌에 맞아 죽었다. 또한, 사도 바울은 재판에서, 대제사장을 욕하였다(행23:5)고 하여 문제가 되기도 하였다. 예수 당시 신성모독의 개념이 넓게 적용되고 있었다고 하겠다.

3. 마태, 마가, 누가에서 예수께서 하나님의 오른편에 앉는다든가 장차 하늘의 구름을 타고 올 것이라는 말씀 자체도 신적 권능을 가진 인자의 이야기임으로 신성모독이라 할 수 있을 것이다(서중석교수).

4. 예수께서는 첫 번째 수난예고에서도 천사들과 함께 오겠다(마16:27, 막8:38, 눅9:26)고 하고 '인자의 재림' 강화에서도 천사를 보내겠다(마24:31, 막13:27)고 한다. 그러나 마태, 마가는 대제사장 앞에서 천사들 이야기는 하지 않았다고 한다. 그러나 '구름을 타고 온다'는 말씀은 했다. 구름은 사두개인들이 중요시하는 모세 오경에서 하나님의 임재를 가리키는 표현이다. 예수께서 구름을 언급한 것 역시 그들을 몹시 자극하였을 것이리라.

5. 요한복음에서 예수께서는 '나와 아버지는 하나다'(10:30)라고 한다. 유대인들은 돌로 예수를 치려 한다. 예수께서는 하나님의 말씀을 받은 나, 내 아버지의 일을 하는 나, 하나님께로부터 보냄을 받은 내가 하나님의 아들이라 하는 것을 너희가 어찌 신성모독이라 하느냐(요10:36)고 한다. 예수를 신성모독죄로 돌로 치려 하였던 요한복음의 기사(10:22-42)가 한밤중 대제사장의 심문에서 다시 반복되고 있는 것이다.

예수에 대한 폭력	1. 유대인의 법정에서 폭력이 있었느냐 다시 말해 공회에서 공공연하게 있었느냐는 질문에 대해서 보존되어 있는 유대 법정의 재판 절차 기록에는 없다고 한다. 문서상에는 폭력이 없었을 것이라고 한다. 그러나 사도 바울은 공회에서 대제사장 아나니아가 그 입을 치라 명하니 율법을 어기고 나를 치라 하느냐고 항변한다(행23:3). 　유대 학자 클라우스너가 인용하고 있는 베투스의 대제사장들(이 중에는 안나스도 포함되어 있음)에 관한 거리 민요에 의하면 대제사장들이 가하는 곤봉과 작대기와 주먹질 등과 은밀한 고발을 개탄하고 있다고 한다. 예수에 대한 폭력은 얼마든지 있을 수 있는 일이었다. 2. 마태, 마가에서는 가야바의 심문이 끝난 후 예수를 사형에 해당된다고 결론을 내린 다음 예수의 얼굴을 가리고 때리며 알아맞혀 보라고 한다. 마태, 마가에서 사람들이 예수에게 침을 뱉으며 주먹으로 친다. 그리고 마태에서는 어떤 사람이, 마가에서는 하인들이 손바닥으로 때린다. 누가는 지키는 자들이 조롱하였다고 하였는데 마태, 마가에서 예수에게 침을 뱉었다는 것 역시 경멸과 조롱과 모욕의 행동이라고 하겠다. 3. 누가에는 예수께서 가야바의 집에 잡혀 있을 때 '지키는 사람이 예수를 희롱하고 때린다(22:63).' 그의 눈을 가리고 물어 '선지자 노릇하라', 즉 '예언해 보라', 다시 말해 '알아맞히어 보아라(새번역)'고 한다(22:64). 그러고도 많은 '말'로 욕하였다고 한다. 여기서 욕하다는 '신성모독하다', '모욕하다'의 의미다. 예수를 지키는 자들이 한밤중에 예수를 희롱하고 때리며 하나님의 아들을 신성모독하고 있는 것이다. 4. 요한복음은 예수께서 안나스의 집에서 있었던 대제사장의 심문에 예수께서 당당하게 대답하자 아랫사람의 하나가 손으로 예수를 쳤다고 한다. 예수께서는 네가 어찌하여 나를 치느냐고 폭력에 항의한다. 요한복음에만 예수께서 항의한다.

• 요한복음에서 예수께서 잡히시는 이야기 가운데는 에고 에이미가 세 번 나온다. 두 번은 예수의 대답으로 한 번은 대답에서 한 설명으로 나온다.

5. 집중탐구: 공회와 재판

구분	내용	비고
공회 (sanhedrin)의 구성과 기능	• 공회는 유대 최고의 정치적, 사법적, 중앙 자치 기구로서의 성격을 가지고 있다. 로마 제국을 배경으로 한 헤롯 왕조 시대(BC37-AD92)에는 정치적 자치 기능도 가졌다. 또한, 대제사장에 의해 이끌어진 귀족적인 통치제도라 하겠다. • 모세 시대의 칠십 인의 장로들처럼 70명의 의회원과 대제사장 등 71명으로 구성되어 있다. BC63년 폼페이우스는 유대를 다섯 개의 공회 지역으로 나누기도 하였다(요세푸스의 안티크 14:4). 의장은 왕자라는 의미의 나시라고 부르는데 AD70년 예루살렘 멸망 이후에는 랍비들의 수장을 가리키는 말로 그리고 유대공동체의 지도자를 가리키는 말이 되었다. • 대제사장은 산헤드린의 의장이고 회의 소집자이었다(요세푸스의 안티크 24:1 등). 그러나 총독은 대제사장을 파면시키고 임명하는 권한을 가졌다. • 대제사장은 한 명이지만 성직자 귀족 사회를 나타내기 위해 대제사장들이라고 복수로 사용하였다. • 공회는 유대 사회에서 야기되는 갈등을 조정하는 역할을 하였고 유대 율법에 따른 재판권을 행사하고 형법을 집행하였다. 회의는 예루살렘 성전 내 돌을 깎아 만든 방에서 열렸는데(미쉬나 미드 5:4) 회의는 주로 낮 시간에 즉 일출에서 일몰까지 열렸으며 안식일과 명절에는 열지 않았다고 한다. AD70년 로마군이 공회를 해산하고 얼마 후 바리새인들은 야브네(얌니아)로 옮겨 가서 새로 공회를 구성하였는데 나중에는 잠시 갈릴리로 옮겨 가기도 하였다.	• 산헤드린은 '함께'와 '앉다'의 복합어. 예루살렘의 대 산헤드린은 71명, 지역 산헤드린은 23명으로 구성되나 조직과 기능은 시대에 따라 큰 차이가 있다. • 포로기 후 귀환자들은 유대인을 대표하는 어떤 조직을 필요로 하였다.
재판	• 성전 치안 문제, 율법 해석, 종교 재판을 주관하다. • 중대한 소송 사건은 밤에 처리할 수 없다(미쉬나, 산헤드린4:1). • 의사 진행은 반 원형으로 앉아서 서로 볼 수 있게 하였고 기록을 위한 두 명의 서기가 있었다. • 중대한 기소 사건의 경우에는 특별한 정규 절차들이 지켜져야 했다. • 무죄 판결은 당일에 내릴 수 있으나 유죄 판결은 다음 날까지 기다려야 한다. • 두 명의 증인이 있어야 한다(따로따로 조사하여 일치하여야 한다). 　신17:6 죽일 자를 두 사람이나 세 사람의 증언으로 죽일 것이요 한 사람의 증언으로는 죽이지 말 것이며 　신19:15 사람의 모든 악에 관하여 또한 모든 죄에 관하여는 한 증인으로만 정할 것이 아니요 두 증인의 입으로나 또는 세 증인의 입으로 그 사건을 확정할 것이며 • 거짓 증거를 엄하게 처벌하다. 　신19:18-19 재판장은 자세히 조사하여 그 증인이 거짓 증거하여 그 형제를 거짓으로 모함한 것이 판명되면 그가 그의 형제에게 행하려고 꾀한 그대로 그에게 행하여 너희 중에서 악을 제하라 • 눈에는 눈 이에는 이 　신19:21 네 눈이 긍휼히 여기지 말라 생명에는 생명으로, 눈에는 눈으로, 이에는 이로, 손에는 손으로, 발에는 발로이니라 • 때리지 못한다(?). 　행23:2-3 대제사장 아나니아가 바울 곁에 서 있는 사람들에게 그 입을 치라 명하니 바울이 이르되 회칠한 담이여 하나님이 너를 치시리로다 네가 나를 율법대로 심판한다고 앉아서 율법을 어기고 나를 치라 하느냐 하니	• 왕상21장에는 아합이 나봇의 포도원을 탐낸다. 이세벨은 불량자 두 사람을 거짓 증인으로 세워 나봇이 하나님과 왕을 저주하였다고 한 후 돌로 쳐 죽인다. 엘리야는 아합 왕에게 저주를 하게 된다.

• 사람의 말을 듣고 그 행한 것을 알기 전에 심판할 수 없다.

　요7:50-53 그 중의 한 사람 곧 전에 예수께 왔던 니고데모가 그들에게 말하되 우리 율법은 사람의 말을 듣고 그 행한 것을 알기 전에 심판하느냐 그들이 대답하여 이르되 너도 갈릴리에서 왔느냐 찾아보라 갈릴리에서는 선지자가 나지 못 하느니라 하였더라 다 각각 집으로 돌아가고

• 신성모독은 돌로 친다.

　요10:32-33 예수께서 대답하시되 내가 아버지로 말미암아 여러 가지 선한 일로 너희에게 보였거늘 그중에 어떤 일로 나를 돌로 치려 하느냐 유대인들이 대답하되 선한 일로 말미암아 우리가 너를 돌로 치려는 것이 아니라 신성모독으로 인함이니 네가 사람이 되어 자칭 하나님이라 함이로라

제42절 ✤ 예수 심문의 핵심 - 예수는 누구인가?

1. 예수에 대한 증언들(요한복음)

구분	내용	비고
하나님과 동등으로 삼으심이러라 (하나님의 아들)	1. 베데스다 못가에 있는 서른 여덟 해 된 병자를 예수께서 고쳐주는데 이날이 안식일이었다. 그래서 유대인들이 예수를 박해하려 하니까 예수께서는 내 아버지께서 일하시니 나도 일한다고 한다(5:16-17). 2. 예수께서는 한 발 더 나아가서 아버지께 행하시는 그것을 아들도 그와 같이 행한다(5:19)고 하고 아버지처럼 자기가 원하는 자들을 살리고(5:21), 영생을 주고(5:24), 심판을 한다(5:22,29)고 하다. 3. 하나님과 동등으로 삼으심으로 유대인들이 예수를 죽이고자(5:18) 하기 시작하였다고 요한복음은 말하고 있다.	• 예수와 하나님과의 동등성은 완전한 순종에서 나오는 것이다. 예수께서는 '아무것도 스스로 할 수 없다'고 거듭 고백(5:19,30)하고 있다.
예수의 자기 증언: ① 요한복음 5장 예수를 증언하는 이들	1. 예수께서는 내가 만일 나를 위하여 증언하면 내 증언은 참되지 아니하다(5:31)고 전제한다. 요한복음 8장에서 예수께서 '나는 세상의 빛'이라고 하니, 바리새인들도 '네가 너를 위하여 증언하니 네 증언은 참되지 아니하다(8:13)고 한다. 그래서 여러 사람의 증언을 제시한다. 2. 요한복음 5장에서는 나를 위하여 증언하는 이가 따로 있으니 나를 위해 증언하시는 그 증언이 참인 줄 아노라(5:31-32)고 하며 그것은 나를 보내신 아버지께서 나를 위해 한 증언(5:37)이라고 한다. 또한 세례 요한의 증거 보다 더 큰 증거로 아버지께서(5:36) 내게 주사 이루게 하시는 역사 곧 내가 하는 그 역사가 나를 위한 증언(5:36)이고, 성경이 나에 대한 증언(5:39)이며, 모세의 기록(5:46)을 언급하고 있다. 3. 그러나 그들은 이러한 증거들에 대해 부정적이었다. 그리고 5장 끝에서 모세와 모세의 글도 믿지 않고 있던 자들에 대한 책망(5:46-47)은 예루살렘 성전에서 가르치실 때에도 계속된다(7:15-24). 이때 유대인들은 글을 배우지 아니한 예수께서 어떻게 글을 아느냐고 한다.	• 예수께서는 자신이 행한 일들이 자신을 증거한다고 반복해서 주장하고 있다(10:25,38 14:11, 15:24). • 사람들은 그 사람이 하는 일을 보고 발명가, 법률가, 의사, 배우, 운동선수, 사상가, 자선사업가, 등산가, 성서연구가(랍비, 서기관들)라고 부른다.
예수의 자기 증언: ② 요한복음 8장 ·아버지와 나	1. 예수께서는 요한복음 8장에서 스스로를 증언한다. 바리새인들은 스스로 증언하는 것을 안 된다고 하지만 예수께서는 내가 나를 위하여 증언하여도 내 증언은 참되다(8:14)고 한다. 2. 예수께서 율법에 두 사람의 증언이 있어야 한다는 것을 언급하면서 그 두 사람으로 나 자신과 나를 위해 증언하시는 나를 보내신 아버지(8:17-18)라고 한다. 3. 요한복음 5장에서 예수께서는 자기를 위한 증언 가운데 나를 보내신 아버지의 증언(5:37)에 대해 이미 말한 바 있다. 당연히 바리새인들로서는 '네 아버지가 어디 있느냐'(8:19)고 묻지 않을 수 없었다. 예수께서는 '너희가 나를 모르는데 내 아버지를 알 수 있겠느냐, 나를 알았더라면 내 아버지도 알았으리라'고 대답한다. 아버지에 대한 질문은 다시 예수에 대한 질문이 된 것이다.	• 예수께서는 자신의 증언자로 아버지를 내세운다. 예수의 말씀은 자신에 대해 사람들의 증언이 있을 수가 없다는 것이다. 유명한 의사의 진단이나 처방이라도 환자에게는 믿던가 안 믿던가의 선택만이 있는 것이다.
• 네가 누구냐, 내가 그다	1. 예수께서는 이어서 '내가 가는 곳에 너희가 오지 못한다'고 한다. 그래서 유대인들은 '그가 자결하려는 것인가'라고 생각하기도 한다(8:22). 예수께서 너희는 아래에서 났고 나는 위에서 났으며 '이' 세상에 속하지 아니하는데 '내가 그'라는 것을 믿지 아니하면 '죄 가운데서 죽을 것'이라고 한다. 예언적 말씀이다. 이 말씀은 에스겔서에 있는 '죄인은 그 죄악 중에 죽는다', '죄인은 죄악으로 죽으리라'는 말씀들을 연상하게 한다(겔3:18, 18:18). 2. 드디어 유대인들은 '네가 누구냐(8:25)'고 묻는다. 예수께서는 '나는 처음부터 너희에게 말하여 온 자라고 한다. 더 이상 자기를 소개할 필요가 없다고 하며 '너희가 인자를 든 후에 내가 그인 줄 안다'고 한다(8:28). 예수께서는	요7:19-20 모세가 너희에게 율법을 주지 아니하였느냐 너희 중에 율법을 지키는 자가 없도다 너희가 어찌하여 나를 죽이려 하느냐 무리가 대답하되 당신은 귀신이 들렸도다 누가 당신을 죽이려 하나이까

	'내가 그다'에서 그는 구체적인 칭호는 없으나 유대인들이 오기를 기다리고 바라고 있는 대상을 말한다. 여기에서 예수께서는 스스로 자신을 인자라고 밝히고 있다.	요10:19-20 이 말씀으로 말미암아 유대인 중에서 분쟁이 일어나니 그 중에 많은 사람이 말하되 그가 귀신들려 미쳤거늘 어찌하여 그 말을 듣느냐
	3. '인자가 든 후'라는 것은 이미 수가성 여인과의 대화 뒷부분에서 '모세가 광야에서 뱀을 든 것같이 인자가 들려야 한다'(3:14)고 한 말씀의 반복인 것이다. 예수께서 십자가에 달린 이후에 그리고 예수께서 영광을 얻은 이후에야 비로소 너희가 나를 알게 되리라는 것이다. 이런 말씀을 한 후에 많은 사람이 믿었다(8:30)고 한다.	
	4. '내가 그니라'에 대해 여러 가지 해석이 가능하다. - 나는 너희에게 말하는 나니라 - 내가 너희에게 말하노니 나는 그 시작이라 - 내가 너희에게 말하는 까닭은 도대체 무엇이냐 - 내가 누구냐: 그러면 당신은 누구요(공동번역, 새번역 8:25) - 내가 그인 줄: 내가 그라는 것과(새번역 8:28)	'내 말을 지키면' 요14:23-24, 15:20, 17:6등
• 사마리아 사람이라 귀신들렸다	1. 유대인들과 예수 사이에 정체성 논쟁은 계속된다. 유대인들은 예수에게 우리가 너를 사마리아 사람이라 또는 귀신이 들렸다 하는 말이 옳지 아니하냐고 질문한다(8:48).	• 예수께서 교사로서 선지자로서 이 땅에서 사역한 후에 하나님의 아들이 되었다고 말하는 학자들도 있다(예수와 하나님의 아들 기독론, 이형일, 2016, 새물결플러스).
	2. 이 이야기의 앞에서 예수께서는 '너희가 나를 죽이려 한다'(8:37,40)고 거듭하여 말씀하고 너희가 너희 아비가 행한 대로 한다고 반복하여 말씀한다(8:38,41). 그리고 나도 너희가 아브라함의 자손인 줄은 알지만(8:37) 아브라함이 행한 일을 하지 않는다(8:39,40)고 지적한다.	
	3. 유대인들은 예수께서 자신들의 조상에 대해서 거론하는 것을 듣고 우리가 음란한 데서 나지 아니하였고 아버지는 한 분뿐이시니 곧 하나님이시로다(8:41)라고 말한다. 자신들은 믿음의 조상의 피를 가졌고 자신들의 아버지는 유일하신 하나님이라는 것이다.	
	4. 계속해서 아버지의 논쟁이 벌어진다. 예수께서는 그럴 리가 없다 하나님이 너희 아버지이면 너희가 나를 사랑하였을 것(8:42)이고 내 말을 알아들었을 것(8:43)이라고 한다. 한발 더 나아가서 예수께서는 그들이 마귀 자손(8:44)이라고 주장한다. 너희는 너희 아비 마귀에서 났다고 하며 조목조목 그 이유를 댄다. 그래서 그들은 예수에게 사마리아 사람이고 귀신 들렸다고 하는 것이다.	
	5. 예수께서 귀신들렸다는 얘기는 요한복음에서 세 번 나온다(7:19-20, 8:48, 10:19-20). 예수께서는 즉시 반발한다. 나는 귀신 들린 것이 아니라고(8:49) 하지만 유대인들은 집요하게 예수가 귀신이 들렸다고 한다(8:52). 또한, 그들은 예수께 너는 사마리아인이라고 한다. '예수가 나사렛 출신'이라는 것(요 1:45, 7:41,52)을 알면서도 사마리아인이라고 한 것은 자신들이 멸시하는 혼혈의 이방인이라는 말이라 하겠다. 예수께서는 이 말에 대해서는 대꾸하지 않는다. 예수께서 내 말을 지키면 영원히 죽음을 보지 아니하리라고 하지만 유대인들은 그러나 아브라함도 선지자도 죽지 아니하였느냐(8:51-52)고 반문한다.	
• 너는 너를 누구라 하느냐	1. 예수께서 유대인들에게 '너희가 만일 내가 그인 줄 믿지 아니하면 죄 가운데서 죽으리라'고 하자 그들이 '네가 누구냐'고 한다. 예수께서는 '나는 처음부터 너희에게 말하여 온 자니라'(8:24-25)고 한다.	
	2. 유대인들은 너는 우리 조상 아브라함보다 크냐고 하면서 '너는 너를 누구라 하더냐'(8:53)고 예수께 묻는다. 예수께서는 너희가 너희 하나님이라 칭하는 그 이가 내 아버지시다(8:53-54)라고 하는데 즉 나는 하나님의 아들이라는 것이다. 그리고 '나는 그를 알고 또 그의 말씀을 지킨다'(8:55)고 한다.	

구분	내용	비고
	3. 예수께서는 유대인의 조상 아브라함과 자신에 대해 계속해서 '아브라함은 나의 때 볼 것을 즐거워하다가 보고 기뻐하였느니라'(8:56) 또한, '아브라함이 나기 전부터 내가 있느니라'(8:58)고 한다. 예수께서 스스로 선재자임을 말하고 있는 것이다. '예수가 하나님의 선재하는 아들로서 이 땅에 내려와 고난을 받은 후 승천한다'라고 하는 이 말을 그들이 알아들을 수는 없었을 것이다. 그래서 그들은 돌을 들어 예수를 치려 한다(8:59). 하나님과 자기 조상 아브라함을 모독하였다는 것이다.	

2. 예수에 대한 평판과 쟁론, 분쟁들

구분	내용	비고
좋은 사람이다, 아니다. 무리를 미혹한다	1. 요한복음 7장은 초막절이 되었으나 예수께서는 유대인들이 죽이려 해서(7:1) 갈릴리에 머물다가(7:9) 은밀히 예루살렘에 올라갔다(7:10)고 한다. 명절 중에 유대인들은 예수가 어디 있느냐(7:11)고 찾는데 무리는 예수에 대해 수군거린다. 2. 무리 중에 어떤 사람들은 좋은 사람이라고 하며 어떤 사람들은 무리를 미혹한다(7:12)고 하나 무리들은 유대인들을 두려워하여 드러내놓고 예수에 대하여 말하지 아니한다(7:13). 이것은 요한공동체가 유대 사회에서 처해있던 상황이 반영된 기사로 보인다. 3. 예수께서 오천 명을 먹인 후 예수를 '억지로 붙들어 임금으로 삼으려고'하였던 그들(6:15)이 예수에 대하여 평하는 것은 당연한 것이다. 오늘날에도 사람들이 사람들을 말할 때 첫마디는 좋은 사람이냐 아니냐로 시작한다.	• 요세푸스에 의하면 유대인들은 초막절을 특별히 거룩하게 지켰는데 일곱째 달 티쉬리 15일에 시작하여 예수 당시에는 7일 동안 계속되었다고 한다.
그리스도가 온다고 이 사람보다 낫겠느냐	1. 예수께서 초막절 중간에 상경하여 예루살렘에서 가르치는데(7:14) 유대인들은 배우지 않고 어떻게 글을 아느냐고 무식을 전제로 예수를 모욕한다. 예수께서는 자신의 교훈이 하나님의 것이라(7:16)고 하면서 모세의 율법과 안식일이라 하더라도 팔일 만에 거행해야 하는 할례의식(요7:21-22, 레12:3)을 언급한다. 예수께서는 베데스다에서 삼십팔 년 된 병자를 고침으로 안식일을 범하였다(5:18)는 이유로 자신을 죽이려 한 것에 대해(5:16,18, 7:19) 나는 안식일에 사람의 전신을 건전하게 하였다(7:23)고 대답한다. 무리는 베데스다에서의 일을 기억하지 못하고 누가 당신을 죽이려 하느냐(7:20)고 하며 당신은 귀신이 들렸다고 한다. 2. 예루살렘 사람 중에서 어떤 사람이 이는 그들이 죽이고자 하는 그 사람이 아니냐고 한다. 예수의 말씀에 유대인들이 아무 말도 못 하는 것을 보고 당국자(새번역-지도자들)들도 이 사람을 참으로 그리스도인 줄 알았는가(7:26)라고 하며 그렇지만 그리스도께서 오실 때에는 어디서 오는지 아는 자가 없다(7:27)고 하였는데 우리는 이 사람이 어디서 왔는지 안다고 한다. 예수께서도 너희가 나를 알고 내가 어디서 온 것도 알지만 그러나 너희는 나를 보내신 이를 알지 못한다고 한다. 무리 중 많은 사람이 예수를 믿고 말한다. '그리스도가 온다고 해도 그 행하실 표적이 이 사람이 행한 것보다 더 많겠느냐'(7:31)고 한다.	• 초막절은 애굽을 탈출한 이스라엘 사람들이 광야에서 장막 생활을 한 것을 기념하는 절기로서 수장절이라고도 하는데 유월절, 칠칠절과 함께 3대 절기이다. • 할례: 할례를 받지 않은 남자는 예루살렘 성전에 들어가지 못하였다. 바울이 드로비모라는 사람을 성전에 들여보냈다고 오해를 받고 체포되기도 한다(행 21:29).
분쟁들 ① 참으로 그 선지자다, 그리스도다, 아니다	1. 명절 끝날 예수께서는 수가성 여인에게 하였던 말씀(4:14)과 같은 내용으로 누구든지 목마르거든 내게로 와서 마시라는 전형적인 예언자로서의 초대를 한다(7:37). 초막절이 끝나는 날에는 비와 이슬의 은혜를 구하는 기도가 행해지고 실로암 못에서 물을 길어 제단에 붓는 행사가 있었다고 한다. 그래서 예수의 물에 대한 메시지가 사람들에게 감동을 준 것이다. 그런데 '이 말씀을 들은 무리 중에서 어떤 사람은 이 사람이 참으로 그 선지자라고 하고 어떤 사람은 그리스도라 하며 또 어떤 이들은 그리스도가 어찌 갈릴리에서 나오겠	• 바리새인들은 날 때부터 맹인이었던 사람을 두 번째 불러내서 그 사람이 네게 무엇을 하였느냐고 다시 묻는다. 맹인이었던 자는 당신들도 그의 제자가

느냐'(7:40-41)고 한다. 예수의 메시지를 듣고 그 선지자 또는 그리스도라고 한다. 그런데 그리스도가 올 때는 어디서 오는 지 아는 자가 없다(7:27)고 하였는데 그러나 사람들은 안다. 그가 어디서 왔는지(7:27)도 알고 갈릴리 출신이라는 것(7:41)도 알고 있다. 그래서 그들은 쟁론하였던 것이다. 마태에는 예수께서 예루살렘에 입성할 때 무리가 갈릴리 나사렛에서 나온 선지자(21:11)라고 한다.

2. 예수께서 명절 마지막 날 한 말씀이 무리들에게 크게 어필하였다. 예수의 메시지는 모세가 오리라 한 그 선지자 즉 메시아만이 할 수 있는 종말론적 구원을 말하고 있기 때문이다. 그러나 예수는 갈릴리 출신이고, 다윗의 씨도, 다윗이 살던 베들레헴에서 나오지도 아니하였다는 것이다(7:42). 그래서 예수로 말미암아 쟁론이 되었다(7:43)고 한다. 구약에서의 메시아는 이새의 줄기(사:11:1), 다윗의 의로운 가지(렘23:5), 내가 택한 자 내 종 다윗(시89:3) 즉, 다윗의 씨며 베들레헴(미5:2, 삼상16:1)에서 나온다고 했기 때문이다.

② 하나님께로부터 오지 아니하였겠습니까

1. 요한복음 9장에는 날 때부터 맹인이었던 사람을 예수께서 안식일에 고친 이야기가 있다. 예수께서 눈을 뜨게 한 일로 말미암아 9장에 한 번, 10장에 한 번, 모두 두 번 예수가 누구인가에 대해 논쟁이 일어난다.

2. 예수께서 '진흙을 이겨 눈을 뜨게 한 날은 안식일'(9:14)이었다. 바리새인들은 그가 어떻게 보게 되었는지를 물었는데 '바리새인 중에 어떤 사람은 이 사람이 안식일을 지키지 아니하니 하나님께로부터 온 자가 아니라'고 한다. 그러나 '어떤 사람은 죄인으로서 어떻게 이러한 표적을 행하겠느냐'하여 그들 중에 분쟁이 있었다는 것이다(9:16). 그들은 맹인이었던 자에게 너는 그를 어떠한 사람이라 하느냐고 물으니 그는 선지자라고 대답한다(9:17). 계속해서 바리새인들은 그 부모를 불러 어떻게 해서 보게 되었는지를 묻지만 대답을 회피한다. 그래서 다시 한번 맹인이었던 자를 불러 물어본다. 맹인이었던 자는 창세 이후 맹인으로 난 자의 눈을 뜨게 하였다는 것을 듣지 못하였으니 이 사람이 하나님께로부터 오지 아니하였으면 아무 일도 할 수 없었을 것(9:32-33)이라고 분명하게 다시 대답한다. 마지막에는 날 때부터 소경이었던 자는 예수를 만나서 '주여 내가 믿나이다'라고 고백한다.

3. 니고데모 역시 한밤중에 예수께 찾아와서 '우리가 당신을 하나님께로부터 오신 선생인 줄 아나이다'(3:2)라고 한다.

③ 귀신 들려 미쳤는가

1. 요한복음 10장에서도 예수께서는 자신이 누구인지 말씀한다. 그러나 예수의 정체에 대한 논쟁은 계속된다. 예수께서는 나는 선한 목자(10:11)라고 하며 양들을 위해 목숨을 버린다(10:15,17,18)고 거듭거듭 말씀한다.

2. 예수께서는 이와 같은 자신의 죽음은 아버지에게서 받은 명령(새번역, 공동번역 그러나 개역개정은 계명)이라고 한다. 그런데 이 말씀으로 말미암아 유대인들 중에 다시 분쟁이 일어난다(10:19). 그중에 많은 사람들이 그가 귀신 들려 미쳤는데 어찌하여 그의 말을 듣느냐(10:20)는 것이다. 그러나 또 어떤 사람은 이 말은 귀신 들린 자의 말이 아니라고 하며 귀신이 맹인의 눈을 뜨게 할 수 있느냐(10:21)고 한다. 예수의 말씀을 본인들이 잘 이해하지 못한다고 그를 귀신 들려 미친 사람으로 볼 수 없다는 것이다.

신성모독자인가

1. 요한복음에서의 예수께서는 '나와 아버지는 하나이다'라고 하여 유대인들이 돌로 치려 한다. 그리고 그들은 '신성모독으로 인함이니 네가 사람이 되어 자칭 하나님이라'고 한다.

2. 공관복음 공통기사인 중풍병자를 고친 이야기가 있다. 예수께서는 중풍병자를 고치며 '네 죄 사함을 받았다'고 하자 서기관들과 바리새인들은 속으로 신성모독이라고 생각한다(마9:2, 막2:7,눅5:21).

되려는가(9:27)라고 물으니 그들은 이 사람이 어디서 왔는지 알지 못한다고 한다(9:29). 그때 맹인이었던 자는 오히려 하나님이 죄인의 말을 듣지 아니하시고 경건하여 그의 뜻대로 행하시는 자의 말을 듣는다고 하며 예수가 하나님께로부터 오지 않았겠느냐고 그들에게 반문한다.

<독성죄>

거룩한 것을 의식적으로 모독하는 행위로 경신덕에 반하는 행위(가톨릭 대사전)로서 사람의 독성죄, 장소의 독성죄, 물건의 독성죄 등이 있다고 한다.

구분	내용	비고
	3. 예수께서 대제사장 가야바에게 심문을 받을 때 네가 하나님의 아들이냐는 질문에 직간접으로 시인한다. 그러자 대제사장은 신성모독이라고 하는데 마태에는 두 번(26:65), 마가에서는 한 번(14:64) 언급한다.	

3. 하나님은 누구의 하나님인가

구분	내용	비고
유대인의 아버지는 누구인가	1. 여호와께서 모세에게 바로 앞에 나가서 말하라고 한다. '여호와의 말씀에 이스라엘은 내 아들 내 장자라 내 아들을 보내어 나를 섬기게 하라 만약 보내주기를 거절하면 내가 네(바로) 아들 네 장자를 죽이리라'(출4:22-23)고 전한다. 여호와께서 이스라엘 백성을 내 아들, 내 장자라고 한 것이다. 또한, 이스라엘을 자식(사1:2, 30:9, 신14:1)이라고도 한다. 2. 요한복음에는 유대인들과 예수께서 누가 너희의 아버지냐는 논쟁을 하는 기사가 있다. 예수께서는 유대인들에게 너희가 아브라함의 자손인 줄 안다(요8:37)고 하며 나는 내 아버지(하나님)에게서 본 것을 말하고 너희는 너희 아비(육신의 아비)에게서 들은 것을 행하라고 한다(요8:38). 그들은 우리 아버지는 아브라함이라 하니 예수께서 너희가 아브라함의 자손이면 아브라함이 행한 일들을 할 것(요8:39)이라고 말씀한다. 예수께서는 유대인들에게 너희가 만약 아브라함의 자손이라면 아브라함의 자손다운 일을 해야 하는데 실제로는 그렇지 못하다는 것이다. 3. 예수께서는 너희가 나를 죽이려 한다(8:37,40)고 거듭 강조하며 아브라함은 이렇게 하지 아니하였다(8:40)고 하며 너희는 너희 아비가 행한 일을 한다고 주장한다. 아브라함은 하나님의 사자를 선대(창18:1-8)하였는데 너희는 오히려 나를 죽이려 한다는 것이다. 4. 유대인들은 '우리가 음란한 데서 나지 아니하였고 아버지는 한 분뿐이시니 곧 하나님이시로다'(8:41)라고 말한다. 드디어 유대인들은 자신들이 거룩한 백성이고 하나님의 자손이라고 한다. 5. 예수께서는 그들이 하나님을 자신들의 아버지라고 하는 것에 대해 조목조목 반박한다. '하나님이 너희 아버지였으면 너희가 나를 사랑하였을 것이고 아버지께서 나를 보내신 것을 왜 깨닫지 못하느냐'(8:42-43)는 것이다. 예수께서는 '너희는 너희 아비 마귀에게서 났으니 너희 아비의 욕심대로 너희도 행하고자 하느니라'고 하면서 유대인들은 하나님의 자손이 아니라 마귀의 자식들이라고 결론을 내린다. 그 이유는 그들이 아브라함의 자손으로나 하나님의 아들들로 행하지 아니하였기 때문이다(8:39, 42). 6. 누가에서 세례 요한은 유대인들에게 회개를 촉구하고 회개에 합당한 열매를 맺으라고 하면서 '속으로 우리 조상이 아브라함이라고 생각하지 말라 하나님이 능히 이 돌들로도 아브라함의 자손이 되게 할 수 있다'(눅3:8)고 한다. 아브라함의 자손이라는 민족적 우월감이나 선민의식은 의미가 없는 것이고 실제로 회개하고 회개한 모습을 보이는 것이 중요하다고 세례 요한은 말한다. 7. 사도 바울은 믿음으로 말미암은 자들은 아브라함의 자손(갈3:7)이고 '너희가 그리스도의 것이면 곧 아브라함의 자손'(갈3:29)이라고 한다.	• 이스라엘은 구약에 약 2600번, 신약에 80번 정도 나온다. 이스라엘은 하나님과 겨루어 이김 또는 하나님의 통치하심이라는 뜻을 가지고 있다. • 이스라엘 백성은 스스로 아브라함의 자손이라고 말한다. 아브라함이란 백성의 아버지라는 의미를 가지고 있다. • 아브라함의 하나님에 대해서는 창26:24, 출3:6 등을 참고하라 • 이스라엘은 야곱의 새 이름(창32:28)이기도 하지만 이스라엘 민족이나 국가를 가리키기도 하는 말이다.
우리의 아버지는 누구인가	1. 마태의 산상수훈에는 우리가 하나님의 아들이 될 수 있다고 한다. 팔복 중에 '화평하게 하는 자는 복이 있나니 그들이 하나님의 아들이라 일컬음을 받을 것임이요'(5:9)라고 한다. 산상수훈 중 너희 원수를 사랑하고 너희를 박해하는 자를 위하여 기도하라(5:44)고 하며 '이같이 한 즉 하늘에 계신 너희 아버지의 아들이 되리니'(5:45)라고 한다. 산상수훈이 우리에게 힘들고 어려운 명령이기는 하지만 이것을 지키고 따르면 우리는 하나님의 아들이라 일컬음	• 신을 아버지라고 부른 것은 기독교가 처음이 아니다. 그리스인들은 제우스를 아버지라고 불렀다. 그러나 유대교에서 신의 부성이

을 받을 수도 있고 또한 하나님 아버지의 아들이 될 수 있다는 것이다.	강조된 것은 사실이지
2. 예수께서 우리에게 기도를 가르쳐 주었다. 누가는 아버지여(11:2)라고 하지만, 마태는 '하늘에 계신 우리 아버지'라고 한다. 예수께서 하나님을 우리 아버지라고 부를 수 있게 하여 준 것이다. 하늘에 계신 아버지는 우리의 아버지이고 믿는 자들의 아버지인 것이다.	만 유대교에서는 이스라엘 민족에게만 해당되는 것이다.
3. 사도 바울은 '무릇 하나님의 영으로 인도함을 받는 사람은 곧 하나님의 아들이라'(롬8:14)고 하고 '양자의 영을 받았으므로 우리가 아빠 아버지라고 부르짖느니라'(롬8:15)고 하며 성령이 우리가 '하나님의 자녀인 것을 증언'한다(8:16)고도 하였다.	
4. 예수께서는 하나님을 나의 하나님(마27:46)이라고 부른다. 부활한 후 예수께서는 마리아에게 '너는 네 형제들에게 가서 이르되 내가 내 아버지 곧 너희 아버지, 내 하나님, 곧 너희 하나님에게로 올라간다 하라'(요20:17)고 한다. 예수께서 제자들을 형제라고 부른 것이다.	

4. 하나님의 아들이라고 하는 것이 신성모독인가?

구분	내용	비고
신성모독이란	1. 여호와께서 모세에게 누구든지 여호와의 이름을 모독하면 그를 반드시 죽일지니 온 회중이 돌로 그를 칠 것이라(레24:16)고 한다. 이렇게 여호와께서 말씀한 데에는 배경이 있다. 남편이 애굽 사람이고 자신은 단 지파 디브리의 딸인 이스라엘 여인의 아들이 여호와의 이름을 모독하고 저주하여서 그를 가두고 여호와의 명령을 기다렸더니 여호와께서는 돌로 치라고 하였기 때문이다(레24:11-15). 2. 구약에서의 신성모독은 하나님의 능력을 부인(왕하19:4,6,22, 시74:18, 사37:6)하거나 직접적으로 하나님을 모욕(단3:29)하는 말을 하거나 우상 숭배를 하거나 하나님을 따르는 자와 성전 등을 모독하는 것을 말한다. 신약시대에서는 하나님의 능력뿐 아니라 영광을 손상시키는 말도 신성모독이라고 하였다. 3. 신약시대에는 신성모독을 넓은 의미로 사용된 것 같다. 하나님을 부르는 것뿐 아니라 하나님을 경시하는 것 그리고 하나님이 택하신 지도자들 예를 들면 대제사장을 모욕하는 것 등이다.	• blasphemy는 해치는 말의 단축형인데 훼방하다, 비방하다의 뜻이다. • 미쉬나에는 훼방자가 하나님의 이름 자체를 말하지 않는 한 그의 죄를 물을 수 없다고 한다. • 필로 역시 하나님의 이름을 거명한 경우에는 사형이라고 한다.
하나님의 능력을 행하는 자 (공관복음) 라서 신성모독인가?	• 예수께서 중풍병자를 고친다. 마가와 누가에는 사람들이 침상을 메고 와서 지붕에 올라가 환자를 달아내리니(막2:3-4, 눅5:18-19) 예수께서 중풍병자에게 네 죄 사함을 받았느니라(마9:2, 막2:5, 눅5:20)고 한다. 이에 대하여 마태에서는 서기관들이 속으로 이 사람이 신성을 모독하도다(9:3)라고 하고 마가에서는 어떤 서기관들이 마음에 생각하기를 이 사람이 어찌 이렇게 말하는가 신성모독이로다(2:7)라고 하며 누가에서는 서기관과 바리새인들이 생각하여 이르되 이 신성모독하는 자가 누구냐(5:21)고 한다. 마가와 누가는 이어서 오직 하나님 외에 누가 능히 죄를 사하겠느냐고 한다.	• 개역한글 성경은 신성모독을 참람이라고 한다.
자칭 하나님이라 함이다 (요한복음)	1. 요한복음에는 베데스다에서 병자를 고친 예수께서 '내 아버지께서 일하시니 나도 일한다'(5:17)고 하자 예수를 죽이려고 한다. 요한복음에서의 처음 예수를 죽이려는 시도인데 하나님과 동등으로 삼았기 때문(5:18)이라 한다. 2. 수전절에 유대인들이 예수께 '그리스도이면 밝히 말씀하소서'(10:24)라고 한다. 그 후에 예수께서는 '나와 아버지는 하나'(10:30)라고 하자 돌을 들어 치려 한다. 예수께서 그들에게 묻는다. 내가 아버지로 말미암아 여러 가지 선한 일을 보였는데 왜 그러느냐는 것이다(10:32). 유대인들이 '선한 일로 말미암아 돌로 치려는 것이 아니라 신성모독으로 인함이니 네가 자칭 하나님이라	• 이슬람 국가에서는 기독교 전도 또는 무신론자라는 입장 표명 등이 신성모독으로 간주된다.

	함'(10:33)이라고 하자 예수께서는 시편(82:6)을 인용하여 '너희 율법에 기록된바 너희를 신이라 하였노라'(10:34)고 대답한다. 시편에는 너희는 다 지존자의 아들들이라고 하였다. 예수께서는 '하나님의 말씀을 받은 사람을 신이라 하셨다'(10:35)며 내가 하나님의 아들이라고 하는 것이 어떻게 하나님을 모독한다고 하느냐(10:34-36)고 따진다. 3. 메시아임을 주장하거나 하나님의 권능의 우편에 앉는다 등등의 말씀이 신성모독이라 하기는 어렵다. 하나님의 아들이란 여호와께서 이스라엘을 부른 호칭이다. 여호와께서는 더 적극적으로 여호와의 자녀(신14:1, 32:5)라고도 한다.	**시82:6** 내가 말하기를 너희는 신들이며 다 지존자의 아들들이라 하였으니 • 하나님께서 그들을 '신들'이라고 부르신 것은 하나님으로부터 권세와 사명을 위임받았기 때문이다.
성전 멸망예언이 성전모독인가	1. 가야바의 심문에 대해 마태는 '두 사람이 와서 이 사람의 말이 내가 하나님의 성전을 헐고 사흘 동안에 지을 수 있다 하더라'(마26:61)고 증언한다. 마가에서는 '손으로 지은 이 성전을 내가 헐고 손으로 짓지 아니한 다른 성전을 사흘 동안에 지으리라'(막14:58)고 하는데 증언이 일치하지 않더라(14:59)고 한다. 누가에는 이 기사가 없다. 또한, 마태와 마가는 예수께서 십자가에 달린 후에 '지나가는 자들이 머리를 흔들며 예수를 모욕하여 이르되 성전을 헐고 사흘 안에 짓는 자여'(마27:40, 막15:29)라고 조롱한다. 2. 예수께서는 예루살렘 성전의 멸망을 예고(마24:1-2, 막13:1-2, 눅21:5-6)하기도 하고 성전 멸망의 징조들을 말씀하기도 한다. 예언자들 역시 예루살렘 성전의 멸망을 수차례 예언하였다. 예레미야는 하나님께서 이 성전을 실로같이 되게 하고 모든 민족의 저줏거리로 만들겠다(렘26:6)고 한다. 에스겔은 하나님께서 '내가 더럽힐 것이요 너희의 버려둔 자녀를 칼에 엎드러지게 할 것이라'(겔24:21)고 한다. 미가 역시 '예루살렘은 무더기가 되고 성전의 산은 수풀의 높은 곳이 되리라'(3:12)고 한다. 에스겔은 5장과 8장에서 예루살렘의 죄악과 함께 멸망을 말하고 있다. 3. 스데반이 순교한다(행7:59). 스데반의 죄목은 '나사렛 예수가 이곳을 헐고 또 모세가 우리에게 전하여 준 규례를 고치겠다 함'(6:14)이었다. 스데반은 솔로몬이 하나님을 위해 집을 지었으나 '지극히 높으신 이는 손으로 지은 곳에 계시지 아니한다(행7:48)고 하며 이사야 66장 1절을 인용하여 '주께서 이르시되 하늘은 나의 보좌요 땅은 발등상이니 너희가 나를 위하여 무슨 집을 짓겠으며 나의 안식할 처소가 어디냐 이 모든 것이 다 내 손으로 지은 것이 아니냐 함'과 같다(행7:47-50)고 말했다. 유대인들은 귀를 막고 일제히 그에게 달려들어 돌로 친다(행7:57, 59). 스데반은 성전모독으로 사형된 것이다. 4. 성전모독을 하는 경우가 여러 가지이기 때문에 일방적으로 성전모독이 신성모독이라고 할 수는 없다. 구약의 선지자들이 성전 멸망 예언을 하지만 성전모독이라고는 하지 않는다. 스데반이 하나님은 손으로 지은 곳에 계시지 아니한다고 하자 유대인들은 그에게 달려들어 돌로 친다. 성전모독죄로 죽인 것이다. 그러나 유대인들이 그를 돌로 칠 때 귀를 막고 일제히 달려들었다고 한다. 스데반의 말이 이사야를 인용한 것임으로 이의를 달 수는 없었다는 것이다. 결국 유대인들이 가졌던 성전에 대한 거룩한 이미지를 훼손시켰기 때문에 스데반은 죽게 된 것이다.	**대상17:2-4** 나단이 다윗에게 이르되 하나님이 왕과 함께 계속 계시니 마음에 있는 바를 모두 행하소서 그 밤에 하나님의 말씀이 나단에게 임하여 이르시되 가서 내 종 다윗에게 말하기를 여호와의 말씀이 너는 내가 거할 집을 건축하지 말라

제43절 ✦ 베드로의 부인

1. 본문비교

구분		마태(26:58, 69-75)	마가(14:54, 66-72)	누가(22:54-62)	요한(18:15-18, 25-27)
베드로가 대제사장 집에 들어가다		26:58 베드로가 멀찍이 예수를 따라 대제사장 집 뜰에까지 가서 그 결말을 보려고 안에 들어가 하인들과 함께 앉아 있더라	14:54 베드로가 예수를 멀찍이 따라 대제사장의 집 뜰 안까지 들어가서 아랫사람들과 함께 앉아 불을 쬐더라	22:54-55 예수를 잡아 끌고 대제사장의 집으로 들어갈새 베드로가 멀찍이 따라 가니라 사람들이 뜰 가운데 불을 피우고 함께 앉았더니	18:15-16 시몬 베드로와 또 다른 제자 한 사람이 예수를 따르니 이 제자는 대제사장과 아는 사람이라 예수와 함께 대제사장 집 뜰에 들어가고 베드로는 문 밖에 서 있는지라 대제사장을 아는 그 다른 제자가 나가서 문 지키는 여자에게 말하여 베드로를 데리고 들어오니
대제사장의 심문		26:59-68 가야바의 예수 심문 (제41절)	14:55-65 가야바의 예수 심문 (제41절)		
첫 번째 부인	여종의 추궁	26:69 베드로가 바깥 뜰에 앉았더니 한 여종이 나아와 이르되 너도 갈릴리 사람 예수와 함께 있었도다 하거늘	14:66-67 베드로는 아래 뜰에 있더니 대제사장의 여종 하나가 와서 베드로가 불 쬐고 있는 것을 보고 주목하여 이르되 너도 나사렛 예수와 함께 있었도다 하거늘	22:56 한 여종이 베드로의 불빛을 향하여 앉은 것을 보고 주목하여 이르되 이 사람도 그와 함께 있었느니라 하니	:17상 문 지키는 여종이 베드로에게 말하되 너도 이 사람의 제자 중 하나가 아니냐 하니
	베드로의 부인	:70 베드로가 모든 사람 앞에서 부인하여 이르되 나는 네가 무슨 말을 하는지 알지 못하겠노라 하여	:68상 베드로가 부인하며 이르되 나는 네가 말하는 것이 무엇인지 알지도 못하고 깨닫지도 못하겠노라 하며	:57 이 여자여 내가 그를 알지 못하노라 하더라	:17하-18 그가 말하되 나는 아니라 하고 그 때가 추운고로 종과 아랫사람들이 불을 피우고 서서 쬐니 베드로도 함께 서서 쬐더라
안나스의 심문					18:19-24 안나스의 심문 후 예수를 대제사장 가야바에게 보내다
두 번째 심문	여러 사람들의 신원폭로	:71 앞문까지 나아가니 다른 여종이 그를 보고 거기 있는 사람들에게 말하되 이 사람은 나사렛 예수와 함께 있었도다 하며	:68하-69 앞뜰로 나갈새 여종이 그를 보고 곁에 있는 자들에게 다시 이르되 이 사람은 그 도당이라 하되	:58상 조금 후에 다른 사람이 보고 이르되 너도 그 도당이라 하거늘	18:25상 시몬 베드로가 서서 불을 쬐더니 사람들이 묻되 너도 그 제자 중 하나가 아니냐
	베드로의 거듭 부인	:72 베드로가 맹세하고 또 부인하여 이르되 나는 그 사람을 알지 못하노라 하더라	:70상 또 부인하더라	:58하 베드로가 이르되 이 사람아 나는 아니로라 하더라	25하 베드로가 부인하여 이르되 나는 아니라 하니

		마태	마가	누가	요한
세 번째 부인	다른 사람들이 추궁하다	:73 조금 후에 곁에 섰던 사람들이 나아와 베드로에게 이르되 너도 진실로 그 도당이라 네 말소리가 너를 표명한다 하거늘	:70하 조금 후에 곁에 서 있는 사람들이 다시 베드로에게 말하되 너도 갈릴리 사람이니 참으로 그 도당이니라	:59 한 시간쯤 있다가 또 한 사람이 장담하여 이르되 이는 갈릴리 사람이니 참으로 그와 함께 있었느니라	:26 대제사장의 종 하나는 베드로에게 귀를 잘린 사람의 친척이라 이르되 네가 그 사람과 함께 동산에 있는 것을 내가 보지 아니하였느냐
	베드로의 강한 부인	:74 그가 저주하여 맹세하여 이르되 나는 그 사람을 알지 못하노라 하니 곧 닭이 울더라	:71-72상 그러나 베드로가 저주하며 맹세하되 나는 너희가 말하는 이 사람을 알지 못하노라 하니 닭이 곧 두 번째 울더라	:60 베드로가 이르되 이 사람아 나는 네가 하는 말을 알지 못하노라고 아직 말하고 있을 때에 닭이 곧 울더라	:27 이에 베드로가 또 부인하니 곧 닭이 울더라
예수의 말씀이 생각나다	보시다			:61상 주께서 돌이켜 베드로를 보시니	
	통곡하다	:75 이에 베드로가 예수의 말씀에 닭 울기 전에 네가 세 번 나를 부인하리라 하심이 생각나서 밖에 나가서 심히 통곡하니라	:72하 이에 베드로가 예수께서 자기에게 하신 말씀 곧 닭이 두 번 울기 전에 네가 세 번 나를 부인하리라 하심이 기억되어 그 일을 생각하고 울었더라	:61하-62 베드로가 주의 말씀 곧 오늘 닭 울기 전에 네가 세 번 나를 부인하리라 하심이 생각나서 밖에 나가서 심히 통곡하니라	

2. 본문의 차이

	구분	마태(26:58, 69-75)	마가(14:54, 66-72)	누가(22:54-62)	요한(18:15-18,25-27)
대제사장 집에 들어가다	누가	• 베드로	• 베드로	• 베드로	• 베드로와 또 다른 제자 한 사람(이 제자는 대제사장과 아는 사람이라)
	어떻게	• 멀찍이 따르니	• 멀찍이 따르니	• 멀찍이 따르니	• 문 밖에 서 있는 베드로를 그 다른 제자가 문 지키는 여자에게 말하여 데리고 들어오다
	왜	• 결말을 보려고			
	어디에	• 대제사장 집 뜰에까지	• 대제사장 집 뜰에까지	• 집에 들어가다	• 또 다른 제자 한 사람이 예수와 함께 집 뜰에 들어가고
	베드로	• 하인들과 함께 앉았더라	• 아랫사람들과 앉아 불을 쬐더라	• 사람들이 뜰 가운데 불을 피우고 함께 앉았더니	• 베드로를 데리고 들어오니
첫 번째	베드로	• 바깥뜰에 앉았더니	• 아래 뜰에 있더니 • 베드로가 불 쬐고 있는 것을 주목하여	• 베드로가 불빛을 향하여 앉은 것을 보고 주목하니	• 그 때가 추운고로 종과 아랫사람들이 불을 피우고 서서 쬐니 베드로도 함께 서서 불을 쬐더라

부인	누가	• 한 여종	• 대제사장의 여종 하나	• 한 여종이	• 문 지키는 여종이
	묻다	• 너도 갈릴리사람 예수와 함께 있었도다	• 너도 나사렛 예수와 함께 있었도다	• 이 사람도 그와 함께 있었도다	• 너도 이 사람의 제자 중 하나가 아니냐
	부인	• 모든 사람 앞에서 부인하여 이르되	• 부인하여 이르되	• 이 여자여	
		• 나는 네가 무슨 말을 하는지 알지 못하겠노라	• 나는 네가 말하는 것이 무엇인지 알지도 못하고 깨닫지도 못하겠노라	• 내가 그를 알지 못하노라	• 나는 아니라
두 번째 부인	베드로	• 앞문까지 나아가니	• 앞뜰로 나갈 새		
	누가	• 다른 여종이 그를 보고 거기 있는 사람들에게 말하되	• 여종이 그를 보고 곁에 서 있는 자들에게 다시 이르되	• 조금 후에 다른 사람이 보고 이르되	• 시몬 베드로가 서서 불을 쬐더니 사람들이 묻되
	묻다	• 이 사람은 나사렛 예수와 함께 있었도다	• 이사람은 그 도당이라	• 너도 그 도당이라	• 너도 그 제자 중의 하나가 아니냐
	부인	• 맹세하고 또 부인하다	• 또 부인하더라		
		• 나는 그 사람을 알지 못하노라		• 이 사람아 나는 아니로다	• 나는 아니라
세 번째 부인	누가	• 조금 후에	• 조금 후에	• 한 시간쯤 있다가	• 대제사장의 종 하나(베드로에게 귀를 잘린 사람의 친척)
		• 곁에 섰던 사람들이 나아와	• 곁에 서 있는 사람들이 다시	• 또 한 사람이 장담하여 이르되	
	묻다	• 너도 진실로 그 도당이라 네 말소리가 너를 표명한다	• 너도 갈릴리 사람이니 참으로 그 도당이니라	• 이는 갈릴리 사람이니 참으로 그와 함께 있었느니라	• 네가 그 사람들과 함께 동산에 있는 것을 내가 보지 아니하였느냐
	부인	• 저주하며 맹세하여 이르되	• 저주하여 맹세하되	• 이 사람아	• 또다시 부인하니
		• 나는 그 사람을 알지 못하노라	나는 너희가 말하는 이 사람을 알지 못하노라	• 나는 네가 하는 말을 알지 못하노라	
	닭이 울더라	• 곧 닭이 울더라	• 닭이 곧 두번째 울더라	말하고 있을 때에 닭이 곧 울더라	• 곧 닭이 울더라
예수와 베드로	보다			• 주께서 돌이켜 보시니	
	생각나다	• 닭 울기 전에 세 번 나를 부인하리라(26:75)	• 닭이 두 번 울기 전에 세 번 나를 부인하리라 (14:72)	• 오늘 닭 울기 전에 세 번 나를 부인하리라 (22:62)	
	통곡하다	• 밖에 나가서 심히 통곡하니라	• 울었더라	• 밖에 나가서 심히 통곡 하니라	
비고	예수의 예언	• 오늘 밤 닭 울기 전에 세 번 나를 부인하리라 (26:34)	• 오늘 이 밤 닭이 두 번 울기 전에 세 번 나를 부인하리라(14:30)	• 오늘 닭 울기 전에 세 번 나를 모른 다고 부인하리라(22:34)	• 닭 울기 전에 세 번 나를 부인하리라(13:38)

질문자들	한 여종(1차), 다른 여종(2차), 곁에 섰던 사람들(3차)	대제사장의 여종(1차), 그 여종(2차), 곁에 서 있는 사람들(3차)	한 여종(1차), 다른 사람(2차), 또 한 사람(3차)	문 지키는 여종(1차), 사람들(2차), 대제사장의 종-베드로에게 귀를 잘린 사람의 친척(3차)
장소	• 대제사장 가야바의 집	• 대제사장 가야바의 집	• 대제사장 가야바의 집	• 안나스의 집(1차) 대제사장 가야바의 집(2, 3차 부인)
예수에 대한 심문의 시기	• 가야바의 심문 후에 구타와 치욕을 당하며 그 후 베드로가 세 번 부인한다	• 가야바의 심문 후에 구타와 치욕을 당하며 그 후 베드로가 세 번 부인한다	• 가야바의 심문이 없다. 베드로의 세 번 부인 후에 가야바의 집 감옥에서 구타와 희롱을 당한다	• 가야바의 심문이 없고 안나스에게 심문을 받을 때 구타당한다. 안나스의 집에서 처음 부인을 하고 가야바의 집으로 옮겨진 후 두 번째, 세 번째 부인을 한다
주변 환경	• 대제사장 집 뜰에 들어가다	• 대제사장 집 뜰에 들어가다	• 대제사장 집에 들어가다	• 대제사장을 아는 그 다른 제자가 문 지키는 여자에게 말하고 문밖에서 기다리는 베드로를 데리고 들어가다
	• 하인들과 함께 앉았더라	• 아랫사람들과 앉아 불을 쬐더라 • 베드로가 불 쬐는 것을 주목하여	• 사람들이 뜰 가운데 불을 피우고 함께 앉았더니 • 베드로가 불빛을 향하여 앉은 것을 보고 주목하여	• 안나스의 집에서는 종과 아랫사람들이 불을 피우고 서서 쬐는데 베드로도 서서 불을 쬐었다. 가야바의 집에서도 서서 불을 쬐었다.
질문의 장소와 때	• 바깥 뜰에 앉았더니(1차) • 앞문까지 나아가니(2차) • 조금 후에(3차)	• 아래 뜰에 있더니(1차) • 앞뜰로 나갈 때(2차) • 조금 후에(3차)	• 베드로가 앉은 것을 보고(1차) • 조금 후에(2차) • 한 시간쯤 있다가(3차)	• 문에 들어오니(1차) • 서서 불을 쬐는데(2차)
질문 내용	• 너도 갈릴리 사람 예수와 함께 있었도다(1차)	• 너도 나사렛 예수와 함께 있었도다(1차)	• 이 사람도 그와 함께 있었도다(1차)	• 너도 이 사람의 제자가 아니냐(1차)
	• 이 사람은 나사렛 예수와 함께 있었도다(2차)	• 이 사람은 그 도당이라(2차)	• 너도 그 도당이라(2차)	• 너도 그 제자 중 하나가 아니냐(2차)
	• 너도 진실로 그 도당이라 네 말소리가 너를 표명한다(3차)	• 너도 갈릴리 사람이니 참으로 그 도당이니라(3차)	• 이는 갈릴리 사람이니 참으로 그와 함께 있었느니라(3차)	• 네가 그 사람과 함께 동산에 있는 것을 내가 보지 아니하였느냐(3차)
베드로의 태도와 부인	• 모든 사람 앞에서 부인하며 • 나는 네가 무슨 말 하는지 알지 못하겠노라(1차)	• 부인하며 • 나는 네가 말하는 것이 무엇인지 알지도 못하고 깨닫지도 못하겠노라(1차)	• 이 여자여 • 내가 그를 알지 못하노라(1차)	• 나는 아니라(1차)

	• 맹세하고 또 부인하여 이르되 • 나는 그 사람을 알지 못하노라(2차)	• 또 부인하더라(2차)	• 이 사람아 나는 아니로다(2차)	• 부인하여 이르되 • 나는 아니라(2차)
	• 그가 저주하며 맹세하여 이르되 • 나는 그 사람을 알지 못하노라(3차)	• 저주하며 맹세하되 • 나는 너희가 말하는 이 사람을 알지 못하노라(3차)	• 나는 네가 하는 말을 알지 못하노라(3차)	• 또 부인하니(3차)
닭	• 곧 닭이 울더라	• 곧 닭이 두 번째 울더라	• 아직 말하고 있을 때에 닭이 곧 울더라	• 곧 닭이 울더라
예수			• 주께서 돌이켜 베드로를 보시니	
울더라	• 생각나서 • 밖에 나가서 심히 통곡하더라	• 기억되어 그 일을 생각하고 • 울었더라	• 생각이 나서 • 밖에 나가서 심히 통곡하니라	
전체적으로 보면	• 갈릴리 사람 예수와 함께 있었다고 하니까 무슨 소리냐고 질문을 회피하다(1차)	• 나사렛 예수와 함께 있었다고 하니까 무슨 소리냐고 하며 펄펄 뛴다(1차)	• 예수와 함께 있었다고 하니까 예수를 모른다고 하다(1차)	• 예수의 제자가 아니냐고 하니까 나는 아니라고 한다(1차)
	• 나사렛 예수와 함께 있었다고 하니까 맹세하고 부인하여 예수를 모른다고 하다(2차)	• 이 사람을 그 도당이라 하니까 부인한다(2차)	• 너도 그 도당이라 하니까 나는 아니라고 한다(2차)	• 너도 예수의 제자 중 하나가 아니냐고 하니까 나는 아니라고 한다(2차)
	• 네 말소리를 들으니 너는 진실로 그 도당이라고 하니까 저주하며 맹세하여 예수를 모른다고 하다(3차)	• 너도 갈릴리 사람이니 참으로 그 도당이라고 하니까 저주하며 맹세하여 너희가 말하는 예수를 모른다고 하다(3차)	• 갈릴리 사람이니 예수와 함께 있었다고 하니까 무슨 소리냐고 하면서 질문을 회피한다(3차)	• 구체적으로 베드로가 예수와 함께 동산에 있는 것을 보았다고 하는데도 부인한다(3차)

3. 본문이해

구분	내용	비고
베드로가 대제사장의 집에 따라 들어가다 (요한복음)	1. 마태, 마가, 누가는 베드로가 멀찍이 예수를 따라 대제사장의 집에 들어간다. 그런데 마태만이 '그 결말을 보려고 안에 들어갔다'(26:58)고 하는데 그 결말이란 잡히신 예수의 결말이라 하겠다. 2. 요한복음은 다른 이야기를 하고 있다. 시몬 베드로와 또다른 제자 한 사람이 예수를 따르는데 이 제자는 대제사장과 아는 사람이라 예수와 함께 대제사장의 집 뜰에 들어간다(18:16). 그때 베드로는 문 밖에 서 있었다. 대제사장을 아는 그 다른 제자가 나가서 문 지키는 여자에게 말하여 베드로를 데리고 들어간다(18:16). 3. 집 안에 들어간 베드로는 하인들(마태)과 함께, 아랫사람들(마가), 사람들(누가)과 함께 앉아 있다. 그런데 마태를 제외하고 마가, 누가, 요한에는 베드로가 불을 쬐는 얘기가 있다. 누가는 사람들이 뜰 가운데 불을 피우고 함께 앉아있다(눅22:55)고 하고 마가는 아랫사람들과 앉아 불을 쬐더라(막14:54)고 하며 요한복음에는 안나스의 집에서 베드로가 첫 번째 부인을 한 후 '그 때가 추운 고로 종과 아랫사람들이 불을 피우고 서서 쬐니 베드로도 함께 서서	• 예수를 멀찍이 따르는 현대인들은 소극적인 신앙을 가진 사람이고 상황에 따라 돌아설 수 있는 사람이다. • 베드로를 데리고 대제사장의 집에 들어간 또 다른 제자 한 사람이 전승적으로는 요한복음의 저자 요한으로 보고 있다.

	쬐더라(요18:18)고 한다. 또한, 요한복음에는 가야바의 집에서 두 번째 부인을 하기 전에 서서 불을 쪼였다(18:25).	
첫 번째 부인 • 상황	1. 첫 번째 부인 장소에 대해 마태는 베드로가 바깥 뜰에 앉았다고 하고 마가는 아래 뜰에 앉았다고 하며 누가는 뜰 가운데라고 하고 있다. 요한복음은 그 다른 제자가 베드로를 데리고 들어가는 중이었다고 함으로 문 앞이라 하겠다. 2. 첫 번째 부인에서는 베드로에게 말하는 사람은 사복음서 모두 여종이다. 마태는 한 여종, 마가는 대제사장의 여종, 누가는 한 여종, 요한복음은 문 지키는 여종이라고 한다. 그런데 마태에서의 베드로는 불 이야기가 없이 앉아 있는 것을 보고, 마가는 여종이 베드로가 불 쬐고 있는 것을 보고, 누가는 베드로가 불빛을 향하여 앉아 있는 것을 보고 주목하여 말한다. 요한복음에서의 베드로는 안나스의 집에서 아랫사람들이 불을 쬐는데 함께 서서 쬐었다고 한다. 3. '주목하여 보다'가 마가와 누가에 나온다. 그러나 헬라어는 다르다. 마가는 엠블렙사사로 주목하다 본다는 뜻이다. 누가는 아테니사사로 눈여겨 보다의 뜻이다. 누가의 이런 어투는 누가와 사도행전에 12번 나온다. 마가와 누가, 요한복음은 베드로가 불 쬐는 모습을 구체적으로 설명함으로써 기사의 사실성을 높여주고 있다고 하겠다.	• 유대인의 심문에서 지적한 바와 같이 요 18:24이 18:14과 15 사이에 있어야 한다고 보면 요한복음에서의 베드로의 부인은 1, 2, 3차 모두 대제사장 가야바의 집에서 일어난 일이다. 그러나 현 성경기사를 고수한다면 요한복음에서의 베드로의 부인은 1차는 안나스의 집에서 2, 3차는 가야바의 집에서 일어난 사건이다.
• 여종들이 베드로에게 추궁하다 (마태,마가)	1. 마태와 마가는 처음 추궁에서 베드로가 예수를 부인(마26:70, 막14:68)하였다고 하는데 부인은 헬라어로 '아르네모마이'로서 신앙의 포기를 의미한다. 2. 마태의 여종은 '너도 갈릴리 사람 예수와 함께 있었도다'라고 말하고 마가의 여종은 '너도 나사렛 예수와 함께 있었도다'라고 하며 누가의 여종은 '이 사람도 그와 함께 있었느니라'하고 요한복음의 문 지키는 여종은 '너도 이 사람의 제자 중 하나가 아니냐'고 한다. 공관복음서는 베드로가 예수와 함께 있었다는 것이고 요한복음은 베드로의 신분 즉 예수의 제자가 아니냐고 묻는데 요한복음에서는 두 번째에도 사람들이 베드로에게 제자 여부를 묻는다. 3. 마태에서의 베드로는 너도 갈릴리 사람 예수와 함께 있었다는 말에 대해 모든 사람 앞에서 부인하며 무슨 소리냐, 네가 무슨 말을 하는지 알지 못한다고 한다. 마가에서는 역시 부인하며 가장 강력하게 펄펄 뛴다. 네가 말하는 것이 무엇인지 알지도 못하고 깨닫지도 못하겠노라고 한다. 누가에서는 이 사람도 그와 함께 있었다는 말에 대해 내가 그를 알지 못한다고 한다. 요한복음에서는 너도 그 사람의 제자가 아니냐는 말에 대해 나는 아니라고 한다. 누가와 요한복음에서 베드로는 차분하게 부인한다.	
두 번째 부인 • 상황	1. 두 번째 부인할 때의 베드로의 모습에 대해 마태는 바깥뜰에 앉아 있다가 앞문까지 나아간다. 마가는 아래 뜰에 있다가 앞뜰로 나아 갈 때였다. 즉 베드로가 집안 쪽으로 더 들어갔다는 것이다. 마태에서의 베드로가 여종의 질문에 대해 장소를 옮기지만 다른 여종이 계속해서 베드로를 추궁한다. 마가에서 베드로가 장소를 옮기는 데에도 불구하고 같은 여종이 따라와서 질문한다. 누가에서는 베드로가 아랫사람들이 앉아서 불을 쬐는데 함께 서서 불을 쬐고 있었고 요한복음에서는 첫 번째 부인 후에 안나스의 집에서 불을 쬐고 있었다. 두 번째 부인은 안나스가 예수를 가야바에 집으로 보낸 후(18:24)임으로 가야바의 집에서 역시 서서(18:18,25) 불을 쬐고 있을 때이다. 2. 베드로에게 말하는 사람은 마태는 다른 여종이고 마가는 같은 여종이 다시 말한다. 누가는 여종이 아닌 다른 사람이라고 하고 요한복음도 여종이 아닌 사람이 불을 쬐는 베드로에게 말한다. 마가의 여종은 베드로를 따라와서 다시 집요하게 추궁한 것이다.	• 예수께서 바리새인들의 외식을 주의하라고 하시며 누구든지 사람 앞에서 나를 시인하면 나도 하늘에 계신 내 아버지 앞에서 그를 시인할 것이요 누구든지 사람 앞에서 나를 부인하면 나도 하늘에 계신 내 아버지 앞에서 그를 부인하리라(마 10:32-33,병행구 눅 12:8-9)고 한다.

• 다른 사람들에게 베드로의 신원을 말하다 (마태,마가)	1. 마태는 처음 부인할 때와 비슷하게 '이 사람은 나사렛 예수(마가에서의 처음 질문)와 함께 있었다'는 것이고 마가와 누가는 이 사람은 그 도당이라는 것이다. 요한복음은 처음 질문과 같은 것으로 예수의 제자 중 하나가 아니냐는 것이다. 마태, 마가, 누가는 1차에서 한 '예수와 함께 있었다'는 표현을 2차에서의 마태, 마가 그리고 3차에서의 마태는 '도당'이라고 한다. 2. 마태에서 다른 여종은 베드로를 따라서 베드로에게 추궁하는 것이 아니라 '거기 있는 사람들에게' 베드로가 나사렛 예수와 함께 있었다고 폭로를 한다. 마가에서 베드로가 옮겨 가는 데에도 계속해서 따라온 그 여자 종은 '곁에 있는 사람들에게' 이 사람은 그 도당이라고 베드로의 신원을 공개한다. 누가에서는 다른 사람이 보고 베드로에게 너도 그 도당이라고 한다. 요한복음에서는 서서 불을 쬐고 있는 베드로에게 사람들이 너도 그 제자 중 하나가 아니냐고 질문하는데 아니라고 한다.	• 요한복음에는 예수를 그리스도로 시인하는 자는 유대교에서 출교당하였다 (요 9:22,12:42).
• 거듭 부인하다	1. 처음 추궁할 때 마태에서 베드로는 '모든 사람 앞에서 부인'하며(26:70) 네가 무슨 말을 하는지 알지 못하겠다고 한다. 그런데 두 번째 추궁 때에 마태에서의 베드로는 맹세하고 또 부인하며(26:72) '나는 그 사람을 알지 못한다'고 하다. 마태에서의 여종이 거기 있는 사람들에게 말했기 때문에 마태에서의 베드로는 첫 번째 부인 때처럼 '모든 사람들 앞에서' 부인했을 것이다. 2. 마가에서 베드로는 '또 부인'(14:70)하였다고 한다. 누가에서는 나는 아니다(22:58) 즉 '나는 그 도당이 아니라'고 하며 요한복음은 처음과 같이 간단하게 '나는 아니라'(18:25)고 한다.	
세 번째 부인 • 상황	1. 마태, 마가는 처음으로 '조금 후에'라고 한다. 누가는 두 번째 추궁에서 '조금 후에' 다른 사람이 말하고 세 번째 추궁에서는 '한 시간 쯤 있다가' 또 한 사람이 베드로에게 말한다. 시간이 흘러가도 베드로에 대한 사람들의 관심은 수그러들지 않고 있음을 말하고 있으리라. 2. 마태, 마가의 두 번째 추궁에서 마태는 또 다른 여종이, 마가는 같은 여종이 베드로가 자리를 옮겼음에도 불구하고 따라와서 베드로 옆에 있는 사람들에게 베드로가 나사렛 예수와 함께 있었다(마태)고 폭로하거나 그 도당(마가)이라고 폭로한다. 도당이란 불순한 사람의 무리, 또는 집단을 이룬 무리라는 뜻이 있다. 누가에서는 장소 언급 없이 다른 사람이 베드로에게 그 도당이라고 한다.	• 사사 입다 시대에 길르앗과 에브라임이 전쟁을 하였는데 승전한 길르앗 사람들이 요단강 나루터를 장악하고 에브라임 사람들을 색출하였다. 그때 에브라임 사람들에게 쉽브렛이라고 말하게 하여 십블렛이라고 발음하는 에브라임 사람들을 찾아내 죽였다(삿12:5-6).
• 다른 사람들이 (사복음서) 갈릴리사람이라고 하다	1. 세 번째 부인에 대해 마태, 마가는 옆에 있는 사람이 베드로에게 말한다. 너도 갈릴리 사람이니 참으로 그 도당이다(마가) 네 말소리가 너를 표명한다(마태)고 하다. 누가 역시 또 한 사람이 장담하며 이는 갈릴리 사람이니 참으로 그와 함께 있었다고 한다. 베드로의 말소리가 갈릴리 사람이라는 것이다. 그래서 갈릴리 사람이니 예수의 도당이라는 식의 추궁을 받고 있다. 탈무드에 의하면 갈릴리 사람들은 알렙을 아인으로 발음하였다고 한다. 그래서 말투를 보면 대번에 갈릴리 사람이라는 것이 드러났던 것이다. 말투로 출신 지방을 짐작하거나 말투로 지역 집단과 동일시하는 것은 흔한 일이다. 2. 요한복음에서의 세 번째 부인에는 특별한 사람이 등장하여 처음 두 번과 다른 방법으로 베드로의 신원에 대해 추궁한다. 베드로에게 귀를 잘린 사람의 친척인 대제사장의 종 하나가 베드로에게 네가 그 사람과 함께 동산에 있는 것을 내가 보지 않았느냐. 베드로가 예수와 함께 겟세마네 동산에 있던 것을 군대와 함께 예수를 잡으러 온 대제사장의 하속 중 하나인 종이 너를 보았다는 것이다. 그러나 베드로는 '또 부인'한다. 요한복음에서는 베드로에 대한 추궁이 모두 질문 형식이다.	• 에브라임 사람들은 히브리어 '쉰'을 '사멕'처럼 즉 sh를 s로 발음하였다고 한다. • 거짓말을 참말처럼 하기 위해서는 일곱 거짓말이 필요하다 : 마틴 루터
• 맹세하며 부인하다 (마태,마가)	마태의 베드로는 두 번째 부인에서 '맹세하고 또 부인'(26:72)하였는데 세 번째 부인에서는 '저주하며 맹세'(26:74)하였다. 마가의 베드로는 두 번째에는 '또 부인'(14:70)하였으나 세 번째 부인에서는 마태와 마찬가지로 저주하며	

	맹세(14:71)한다. 누가에서의 베드로는 처음 부인에서는 그를 알지 못한다고 하고 두 번째는 그 도당이 아니라고 하고 세 번째는 나는 네가 하는 말은 알지 못한다고 한다. 마태, 마가에서 베드로가 처음 부인할 때 한 말과 같다. 공관복음서에서의 베드로는 점점 더 강하게 부인한다. 2. 예수께서 가야바의 심문을 받을 때 가야바는 예수에게 '내가 살아 계신 하나님께 맹세하고 그대에게 명령하니 대답하시오. 그대가 하나님의 아들 그리스도요'(새번역 마26:63)라고 한다. 가야바는 하나님에게 맹세하고 진실, 즉 예수의 실체를 말하라고 한다. 그러나 세 번째 부인에서 베드로는 맹세를 하며 거짓말을 말한다. 맹세가 자기부정이나 주장을 위한 수단이 되고 말았다. 예수께서는 산상수훈에서 나는 너희에게 이르노니 도무지 맹세하지 말라(마5:34)고 당부하고 어떤 것으로도 맹세하지 말고 옳다, 아니다라고만 하라고 명령했다. 3. 마태의 경우 처음에는 부인의 단계이지만 두 번째에는 맹세하며 부인을 하고 세 번째에는 저주하여 맹세하며 부인한다. 마가 역시 세 번째에는 저주하여 맹세하였다고 한다. 그런데 저주 '아나데마티제인'에는 대상이 있어야 한다. 베드로의 주변에는 여종, 다른 여종, 문 지키는 여종이나 서서 불을 쬐고 있는 사람들을(요한) 다른 사람과 또 다른 사람(누가) 곁에 섰던 사람들(마태, 마가) 등이 있었다. 그중에 누구에게 저주를 하였다는 것인가? 아마도 선생을 부인하는 자신에게 하였을 수 있다. 4. 베드로는 갈릴리 사람으로서의 자기의 정체를 부인하였을 뿐 아니라 예수의 제자로서의 정체성을 포기하였다. 그런 그이기에 자신을 저주하였을 것이다.	• 모든 죄악의 공통된 도구는 거짓말이다. **롬9:1-3** 내가 그리스도 안에서 참 말을 하고 거짓말을 아니하노라 나에게 큰 근심이 있는 것과 마음에 그치지 않는 고통이 있는 것을 내 양심이 성령 안에서 나와 더불어 증언하노니 나의 형제 곧 골육의 친척을 위하여 내 자신이 저주를 받아 그리스도에게서 끊어질지라도 원하는 바로라
그리고 그 후 ① 닭이 울더라	1. 마태, 마가, 요한복음은 모두 베드로가 세 번째 부인을 한 후 곧 닭이 울었다고 하지만 누가는 아직 말하고 있을 때에 '닭이 울었다'고 한다. 마가는 예수께서 베드로의 부인을 예언하였을 때와 같이 두 번 울었다고 한다. 2. 유대교 규례에 거룩한 성내에서는 닭을 치지 못하게 되어 있어 성 안에 닭이 없다는 주장이 있다. 그러나 그 당시 이런 것들이 엄격히 시행되지 않았다고 보는 것이 사실인 듯하다. 3. 로마 군대는 3경 즉 오전 3시에 보초가 바뀌며 나팔을 부는데 그것을 '갈리시니움'이라고 하며 그 뜻은 '닭이 울다'라고 한다. 그래서 베드로가 세 번째 부인할 때 이 나팔소리가 났다고 이해하기도 한다. 4. 닭의 울음소리는 여기서 예수께서 예언한 것을 상기시키는 기억 회생 자극 매체라 하겠다. 닭의 울음소리는 베드로를 통곡하게 한다.	• 동국세시기에 닭은 호랑이, 용과 함께 세화에 담기는 동물로 기록되어 있다. 닭의 울음소리는 어둠을 걷어내고 새롭게 밝은 날을 맞이하는 영적 소리로 믿었다. 닭의 울음은 새벽 동이 트임과 함께 새날의 도래를 말하고 있다.
② 주께서 돌이켜 베드로를 보시다	1. 누가에만 있는 기사이다. 누가에는 베드로가 세 번째 부인하는 말을 아직 하고 있을 때에 닭이 운다. 그리고 그가 통곡하기 바로 전에 예수께서 돌이켜 베드로를 본다. 2. 주께서 우리들을 돌이켜 보시는 경우는 어떤 때인가? 베드로처럼 용기를 내어 예수를 따라왔으나 예수께 한 장담과 충성맹세 그리고 약속을 지키지 못하는 경우일 것이다. 누가에서의 베드로는 마태, 마가와 달리 예수께 좀 더 군은 충성맹세를 한다. 마태, 마가에 없는 '주와 함께 옥에도 가고'라는 말과 함께 '죽는 데에도 가기를 각오하였나이다'(22:33)라고 한다. 3. 베드로는 예수를 따라 가야바의 집까지는 갔다. 그러나 그 이상의 용기는 없었다. 예수께서는 우리가 결단해야 할 때 그리고 기독교인으로 바르게 행동하지 못하고 있을 때 돌이켜 우리를 보고 계시다.	• 통곡하는 베드로 : 예수께서는 무감각한 세대, 죄에 둔감한 이들에게 '너희를 향하여 피리를 불어도 너희가 춤추지 않고 우리가 슬피 울어도 너희가 가슴을 치지 아니하였다'(마11:17)고 한다. • 울다는 히브리어로 바카인데 구약에 100번 정도 나온다. 많이 울었던 왕으로는 다윗이 있고 선지자로는 예레미야가 있다.
③ 통곡 하니라	1. 마태, 마가, 누가는 베드로가 예수의 말씀이 생각나서 울었다고 한다. 마태, 누가는 베드로가 밖에 나가서 심히 통곡하였다고 하고 마가는 그 일을 생각하고 울었다(막14:72)고 한다. 베드로가 밖에 나갔다는 것은 그 상황에서 벗어났다는 것이다. 그 상황 속에서는 계속해서 예수를 부인할 수밖에 없었을 것이다.	

2. 요한복음에는 베드로가 울었다는 기사가 없다. 마태, 마가에는 헬라어 피크로스 '심히' 울었다고 한다. 그러나 마가 14:72는 헬라어 에피발로 '엎드려'라고 되어있다. 새번역은 '엎드려서 울었다'고 하고 공동번역은 '땅에 쓰러져 슬피 울었다'고 한다. 베드로가 얼마나 슬프게 울었는지를 짐작하게 하는 표현이다. 3. 닭의 울음소리는 베드로로 하여금 자신을 돌아보게 한다. 예수께서 베드로를 돌아보시는 그 시선이 베드로로 하여금 본래의 자기 모습으로 돌아가게 한다. 그의 통곡은 자기 자신에 대한 저주 때문이라 하겠다. 4. 베드로가 통곡한 이유는 무엇일까. 무엇보다도 예수를 세 번이나 부인한 것 때문일 것이다. 그리고 예수께서 감람산에서 '오늘 밤 너희가 다 나를 버리리라'(마26:31, 막14:27) 하였을 때, 만찬장에서 사탄이 너희를 시험(눅22:31)한다고 하였을 때 베드로는 예수께 호언장담을 하였기 때문이리라. 5. 마태, 마가에서 베드로는 두 번이나 충성약속을 한다. 예수께서는 '내가 살아난 후 너희보다 먼저 갈릴리로 가리라'(마26:32, 막14:28)고 하자 베드로는 '모두 주를 버릴지라도 나는 결코 버리지 않겠나이다'라고 한다. 또한 '내가 진실로 네게 이르노니, 오늘 밤 닭 울기 전 네가 세 번 나를 부인하리라'라고 말씀하였을 때, 베드로가 '힘 있게' 말한다(막14:31) '내가 주와 함께 죽을지언정 주를 부인하지 않겠나이다'라고. 그때 모든 제자도 이와 같이 말하였다고 한다. 실천 못하는 충성도 문제일 뿐 아니라 베드로의 호언장담 역시 통곡감이라 하겠다.	• 예수께서는 죽은 나사로를 보고 우셨고(요11:35) 무너질 도성 예루살렘을 보시고 우셨고(눅19:41) 또한 '자기를 죽음에서 구원하실 이에게 심한 통곡과 간구와 소원을 올렸다'(히5:7)고 한다.

4. 심층연구: 베드로는 어떤 사람인가

구분	내용	비고
베드로는 용감한 사람이다	1. 예수께서는 감람산(마태, 마가)에서 제자들에게 너희가 다 나를 버리리라 (새번역 - 너희가 모두 걸려서 넘어질 것이다)고 하며 구약을 인용하여 제자들이 흩어질 것을 예고한다. 그때 베드로는 '모두 주를 버릴지라도 나는 결코 버리지 않겠나이다' 즉 걸려 넘어지지 않겠다고 대답한다. 2. 마태, 마가, 누가는 예수께서 잡힐 때에 칼을 빼 대제사장의 종의 귀를 베어버린 사람이 있었다고 하는데 요한복음은 그가 시몬 베드로라고 한다(18:10). 베드로는 예수께서 잡힐 때 몸으로 무력으로 저지하였던 사람이다. 3. 예수께서 잡히신 후 제자들이 다 예수를 버리고 도망한다(마26:56, 막14:52). 그러나 베드로는 예수께서 잡혀있는 대제사장의 집에까지 예수를 따라간다(마26:58, 막14:54, 눅22:54). 요한복음에는 대제사장을 아는 그 다른 제자가 문 지키는 여자에게 말하여 베드로를 데리고 들어간다(18:16). 그 다른 제자와 베드로만이 예수를 따라 대제사장의 집에 들어간 것이다. 4. 베드로가 잡힌 예수를 따라 적의 소굴이나 마찬가지인 대제사장의 집에까지 들어갔다고 하는 것은 그가 약속을 지키려고 애쓴 사람이고 용감한 사람이라는 것을 말해준다고 하겠다. 5. 베드로는 비록 예수를 부인하기는 하였지만, 여종이 신원을 추궁하였을 때나 다른 사람이 신원을 폭로하였을 때 모두 꿋꿋하게 현장에 있었다. 누가 감히 그런 상황 중에 있을 수 있겠는가? 6. 예수께서는 누구든지 말로 인자를 거역하면 사하심을 얻는다(마12:32)고 하고 또한 사람의 모든 죄와 모독하는 일은 사하심을 얻는다(막3:28)고 하였다. 여기에서 우리는 전에 비방자요 박해자요 폭행자였고(딤전1:13) 죄인 중에 괴수(딤전1:15)였던 사도 바울을 기억해 봐야 할 것이다.	• 초기 기독교공동체에서 베드로는 매우 중요한 역할을 한다. 베드로는 오순절 날 유대인과 모든 사람들 앞에서 설교를 한다. 그리고 예수가 메시아라고 공회(행4:10)에서 선포한다. AD49년에는 예루살렘에서 처음으로 사도들의 회의를 개최(행15:1-3)하여 개종한 이방인 기독교도들을 받아들이기로 결정을 한다. • 베드로가 베드로 1서와 2서도 직접 쓴 것으로 전승은 받아들이고 있다.

베드로는 비겁한 사람이다	1. 베드로는 예수께 '내가 주와 함께 죽을지언정 주를 부인하지 않겠나이다'(마26:35, 막14:31)라고 하고 '내가 주와 함께 옥에도, 죽는 데에도 가기를 각오하였나이다'(눅22:33)라고 말한 인물이다. 2. 베드로는 예수와 함께 옥에 가지 아니하였다. 예수께서 잡혀있는 대제사장의 집에까지 따라 들어갔을 뿐이다. 베드로가 예수를 따라간 이유는 '그 결말을 보려고'(마26:58) 간 것이다. 그 결말이란 체포된 예수가 어떻게 되는지 즉 심문과정과 재판 결과를 알기 위해서라고 하겠다. 마태, 마가에서는 가야바의 심문이 있고 예수에 대한 가혹 행위가 있은 다음에 세 번 부인을 하게 된다. 누가에서는 예수께서 대제사장의 집에 갇혀 있을 때에 베드로가 세 번 부인하게 되고 그다음에 예수에 대한 가혹 행위가 있게 되며 예수에 대한 공회의 심문은 날이 샌 다음에 있게 된다. 3. 베드로는 예수를 멀찍이(마26:58, 막14:54, 눅22:54) 따라간다. 베드로는 예수와 함께하겠다고는 말하였지만 실제로는 예수와 거리를 '멀찍이' 둔 것이다. '함께'라는 말을 스스로 뒤집은 것이다. 4. 베드로가 예수를 따라 대제사장의 집에 들어간다. 마태는 집 뜰에까지, 마가는 집 뜰 안까지, 누가는 뜰 가운데 들어갔다고 한다. 그런데 마태에서의 베드로는 하인들과 앉아 있다가 여종의 추궁을 받는데 부인하고 앞뜰까지 나아가 다른 여종이 베드로의 신원을 다른 사람들에게 폭로한다. 마가에서는 베드로가 아랫사람들과 함께 불을 쬐다가 여종 하나에게 추궁을 당하고 부인을 한 후에 앞뜰로 나아가는데 그 여종이 다른 사람들에게 베드로의 신원을 추궁한다. 베드로가 대제사장의 집에 있었으나 자신의 신원이 탄로 나는 것이 두려워서 계속해서 사람들을 피하여 이리저리 이동한다. 5. 마태, 마가에서 베드로의 부인이 거듭되고 부인의 내용도 점점 강해졌다. 마태에는 두 번째 부인에서 맹세하여 부인하고 있고 마태, 마가에는 세 번째 부인에서 저주하며 맹세하여 부인한다. 6. 예수께서도 누구든지 사람 앞에서 나를 시인하면 나도 하늘에 계신 내 아버지 앞에서 그를 시인할 것이요, 누구든지 사람 앞에서 나를 부인하면 나도 하늘에 계신 아버지 앞에서 그를 부인하리라(마10:32-33,눅12:8-9)고 한다. 베드로는 사람들 앞에서 예수를 시인하지 아니하였고 점점 더 강한 부인을 하였다.	• 베드로는 로마에서 순교한 뒤 바티칸 언덕 공동묘지에 묻혀 있다가 기독교 박해 시대에는 아드 카타쿰 비스 속 지하교회에 안치되어 있었다. 기독교가 공인된 후 콘스탄티누스 황제는 바티칸 언덕에 대성당을 세우고 성상제단 밑으로 베드로의 유해를 옮겼다. 민14:28 그들에게 이르기를 여호와의 말씀에 내 삶을 두고 맹세하노라 너희 말이 내 귀에 들린대로 내가 너희에게 행하리니
베드로는 가능성이 있는 사람이다	1. 베드로는 닭 우는 소리를 들었다. 베드로는 닭 우는 소리를 들었기 때문에 통곡할 수 있었다. 예수께서는 '하나님의 아들의 음성을 들을 때가 오나니 곧 이 때라 듣는 자는 살아나리라'(요5:25)고 한다. 닭 우는 소리를 들은 베드로는 예수의 말씀이 생각났다. 그 말씀은 '닭 울기 전' 네가 세 번 나를 부인하리라는 것이었다. 닭 우는 소리를 듣지 못하였다면 예수의 말씀도 생각하지 못하였으리라. 결과적으로 예수의 음성을 들음으로써 베드로는 다시 살게 된 것이라 하겠다. 2. 예수께서는 돌이켜 자기를 부인하는 베드로를 보았다고 누가는 전한다. 예수께서는 비록 자기를 부인하는 베드로이지만 그에게 가능성이 있다고 생각하였다. 그래서 누가에는 마지막 만찬 후 제자들이 누가 가장 크냐 하고 다툰 이야기 다음에 예수께서 시몬아 시몬아 하고 베드로를 두 번 부르시고 사탄이 너희를 밀 까부르듯 하려고 요구하였다고 하면서 네 믿음이 떨어지지 않기를 기도하니 너는 돌이킨 후에 네 형제를 굳게 하라(22:32)고 한다. 여기서 '돌이킨 후'는 베드로가 세 번 부인을 한 후로 볼 수 있다. 잡혀있는 예수께서 돌이켜 '베드로를 보시니(22:61)', 아마도 베드로는 '너는 돌이킨 후에 네 형제를 굳게 하라'고 미리 당부하신 말씀을 생각할 수 있었으리라, 예수께서는 자기를 부인하는 베드로이지만 몸을 돌려(공동번역) 그를 보신 이유는 베드로의 사명을 확인하기 위해서라고 하겠다.	요5:25 진실로 진실로 너희에게 이르노니 죽은 자들이 하나님의 아들의 음성을 들을 때가 오나니 곧 이 때라 듣는 자는 살아나리라 왕하22:19 여호와 앞 곧 내 앞에서 겸비하여 옷을 찢고 통곡하였으므로 나도 내 말을 들었노라 여호와가 말하였느니라

3. 베드로는 통곡을 한다. 하나님께서는 통곡을 들으신다(왕하22:19). 베드로는 이사야의 말씀처럼 '마음이 슬프므로 울며 심령이 상하므로 통곡'(사65:14)하였을 것이다. 통곡은 회개의 과정이다. 히스기야의 통곡을 들으시고 여호와께서는 내가 네 기도를 들었고 네 눈물을 보았다고 하시며 병을 낫게 하였다(왕하20:3,5). 히스기야의 통곡은 이사야서에서도 나온다(사38:3).

4. 예루살렘의 서쪽에 '통곡의 벽'이 있다. 통곡의 벽은 로마군이 예루살렘을 점령할 때 살해당한 유대인을 생각하고 파괴된 성전을 슬퍼하며 살아남은 자들이 남아 있는 성벽을 잡고 울기 시작한 것이 그 기원이라고 한다. 통곡의 벽은 하나님은 만물의 하나님이시고 세상을 창조하시고 역사를 주관하시는 하나님이심을 깨닫게 하는 장소이고 통곡함으로 회개하게 하는 성소이다. 이스라엘 백성만큼 시련을 겪은 우리나라에 통곡의 벽이 없다는 것은 우리 민족이 진정으로 회개하고 있지 못하는 증거라 하겠다.

5. 돌아가신 예수께서 '사흘 만에 다시 살아 나사 게바에게 보이시고 후에 열두 제자에게'(고전15:4-5) 나타났다고 사도 바울은 말하고 있다. 또한, 요한복음은 부활 후에 예수께서 디베랴 호수에 나타나서 '요한의 아들 시몬아 네가 나를 사랑하느냐고 세 번 묻고 또 세 번 내 양을 먹이라고 한다. 베드로가 약한 인간이기는 하였지만, 그에게는 막중한 사명을 감당할 수 있는 가능성이 있었던 것이다.

• 백범 김구는 임정 국무위원을 지낸 차리석 선생을 강력한 정신력을 가진 분(1948.2.22 동아일보)이라고 소개하고 있다. 그런데 차리석 선생의 여동생이 되는 차보석은 경술국치 때 대성통곡으로 미국에서 독립운동을 이끌었다고 한다(차리석 평전 2005).

5. 집중탐구 : 베드로 부인의 7가지 유형 연구

구분		질문	베드로의 대답
무조건적 회피 막무가 내식 부인	마태 1차	한 여종: 너도 갈릴리 사람 예수와 함께 있었도다(26:69)	모든 사람 앞에서 나는 네가 무슨 말을 하는지 알지 못하겠노라(26:70)
	마가 1차	여종: 너도 나사렛 예수와 함께 있었도다(14:67)	부인하여 이르되 나는 네가 말하는 것이 무엇인지 알지도 못하고 깨닫지도 못하겠노라(14:68)
	누가 3차	또 한 사람: 이는 갈릴리 사람이니 참으로 그와 함께 있었느니라(22:59)	이 사람아 나는 네가 하는 말을 알지 못하노라(22:60)
자신에게 묻지 않는 것에 대한 부인	마태 2차	다른 여종이 거기 있는 사람들에게: 이 사람은 나사렛 예수와 함께 있었도다(26:71)	맹세하고 또 부인하여 이르되 나는 그 사람을 알지 못하노라(26:72)
	마가 2차	여종이 곁에 서 있는 자들에게 다시: 이 사람은 그 도당이라(14:69)	또 부인하더라(14:70)
	누가 3차	또 한 사람: 이는 갈릴리 사람이니 참으로 그와 함께 있었느니라(22:59)	이 사람아 나는 네가 하는 말을 알지 못하노라(22:60)
나는 아니라 식의 부인	요한 1차	문 지키는 여종: 너도 이 사람의 제자 중 하나가 아니냐(18:17)	나는 아니라(18:17)
	요한 2차	사람들: 너도 그 제자 중 하나가 아니냐(18:25)	나는 아니라(18:25)
	요한 3차	대제사장의 종 하나(베드로에게 귀를 잘린 사람의 친척): 네가 그 사람과 함께 동산에 있는 것을 내가 보지 아니하였느냐(18:26)	또 부인하니(18:27)
	누가 2차	다른 사람: 너도 그 도당이라(22:58)	나는 아니라(22:58)
내가 그를	누가 1차	한 여종: 이 사람도 그와 있었느니라(22:56)	이 여자여 내가 그를 알지 못하노라(22:57)

알지 못 한다	마태 3차	곁에 섰던 사람: 너도 진실로 그 도당이라 (26:73)	저주하며 맹세하여 이르되 나는 그 사람을 알지 못하노라(26:74)
	마가 3차	곁에 서 있는 사람들이 다시: 너도 갈릴리 사람 이니 참으로 그 도당이니라(14:70)	저주하여 맹세하되 나는 너희가 말하는 이 사람 을 알지 못하노라(14:71)
너도 그 도당 이라는 질문에 부인	마가 2차	여종이 곁에 서 있는 자들에게 다시: 이 사람은 그 도당이라(14:69)	또 부인하더라(14:70)
	누가 2차	다른 사람: 너도 그 도당이라(22:58)	나는 아니라(22:58)
	마태 3차	곁에 섰던 사람: 너도 진실로 그 도당이라 (26:73)	저주하며 맹세하여 이르되 나는 그 사람을 알지 못하노라(26:74)
	마가 3차	곁에 서 있는 사람들이 다시: 너도 갈릴리 사람 이니 참으로 그 도당이라	저주하여 맹세하여 이르되 너희가 말하는 이 사 람을 알지 못하노라
제자가 아니냐	요한 1차	문 지키는 여종: 너도 이 사람의 제자 중 하나가 아니냐(18:17)	나는 아니라(18:17)
	요한 2차	사람들: 너도 그 제자 중 하나가 아니냐(18:25)	나는 아니라(18:25)
함께 있었다에 대한 부인	마태 1차	한 여종: 너도 갈릴리 사람 예수와 함께 있었도 다(26:69)	모든 사람 앞에서 부인하여 이르되 나는 네가 무슨 말을 하는지 알지 못하겠노라
	마가 1차	여종: 너도 나사렛 예수와 함께 있었도다	부인하여 이르되 나는 네가 말하는 것이 무엇인 지 알지도 못하고 깨닫지도 못하겠노라(14:68)
	누가 1차	한 여종: 이 사람도 그와 함께 있었느니라 (22:56)	이 여자여 내가 그를 알지 못하노라(22:57)
	마태 2차	다른 여종: 이 사람은 나사렛 예수와 함께 있었 도다(26:71)	맹세하고 또 부인하여 이르되 나는 그 사람을 알지 못하노라(26:72)
	누가 3차	또 한 사람: 이는 갈릴리 사람이니 참으로 그와 함께 있었느니라	나는 네가 하는 말을 알지 못하노라(22:60)

제44절 ✳ 빌라도와 헤롯의 심문

전체구조

구분	마태	마가	누가	요한
첫 번째	27:2, 11-14	15:1하-5	23:1-5	18:28-38
헤롯			23:6-16	
두 번째	:15-26	:6-15	23:18-25	18:39-40, 19:4-16
로마 군병	:27-30	:16-19		19:1-3

1. 본문비교

	구분	마태(27:2, 11-14)	마가(15:1-5)	누가(23:1-16)	요한(18:28-38)
빌라도에게 넘겨짐 유대인들 예수의 재판요구	빌라도에게로	27:2 결박하여 끌고 가서 총독 빌라도에게 넘겨라	15:1하 예수를 결박하여 끌고 가서 빌라도에게 넘겨주니라	23:1 무리가 다 일어나 예수를 빌라도에게 끌고 가서	18:28 그들이 예수를 가야바에게서 관정으로 끌고 가니 새벽이라 그들은 더럽힘을 받지 아니하고 유월절 잔치를 먹고자 하여 관정에 들어가지 아니 하더라
	고발하여 이르되			:2상 고발하여 이르되 :2하 우리가 이 사람을 보매 우리 백성을 미혹하고 가이사에게 세금 바치는 것을 금하며 자칭 왕 그리스도라 하더이다	:29 그러므로 빌라도가 밖으로 나가서 말하되 너희가 무슨 일로 이 사람을 고발하느냐 :30 이 사람이 행악자가 아니었다면 우리가 당신에게 넘기지 아니 하였겠나이다
	너희 법대로 하라				:31-32 빌라도가 이르되 너희가 그를 데려다가 너희 법대로 재판하라 유대인들이 이르되 우리에게는 사람을 죽이는 권한이 없나이다 하니 이는 예수께서 자기가 어떠한 죽음으로 죽을 것을 가리켜 하신 말씀을 응하게 함이러라
빌라도의 심문	네가 유대인의 왕이냐	27:11상 예수께서 총독 앞에 섰으매 총독이 물어 이르되 네가 유대인의 왕이냐	:2상 빌라도가 묻되 네가 유대인의 왕이냐	:3상 빌라도가 예수께 물어 이르되 네가 유대인의 왕이냐	:33-34 이에 빌라도가 다시 관정에 들어가 예수를 불러 이르되 네가 유대인의 왕이냐 예수께서 대답 하시되 이는 네가 스스로 하는 말이냐 다른 사람들이 나에 대해 네게 한 말이냐

유대인의 왕이냐				:35-36 빌라도가 대답하되 내가 유대인이냐 네 나라 사람과 대제사장들이 너를 내게 넘겼으니 네가 무엇을 하였느냐 예수께서 대답하시되 내 나라는 이 세상에 속한 것이 아니니라 만일 내 나라가 이 세상에 속한 것이었더라면 내 종들이 싸워 나로 유대인들에게 넘겨지지 않게 하였으리라 이제 내 나라는 여기에 속한 것이 아니니라
네 말이 옳도다	:11하 예수께서 대답하시되 네 말이 옳도다 하시고	:2하 예수께서 대답하며 이르시되 네 말이 옳도다 하시매	:3하 대답하여 이르시되 네 말이 옳도다	:37 빌라도가 이르되 그러면 네가 왕이 아니냐 예수께서 대답하시되 네 말과 같이 내가 왕이니라 내가 이를 위하여 태어났으며 이를 위하여 세상에 왔나니 곧 진리에 대하여 증언하려 함이로라 무릇 진리에 속한 자는 내 음성을 듣느니라 하신대
계속되는 고발에 침묵하는 예수	:12-14 대제사장들과 장로들에게 고발을 당하시되 아무 대답도 아니하시는지라 이에 빌라도가 이르되 그들이 너를 쳐서 얼마나 많은 것으로 증언하는지 듣지 못하느냐 하되 한 마디도 대답하지 아니하시니 총독이 크게 놀라워하더라	:3-5 대제사장들이 여러 가지로 고발하는지라 빌라도가 또 물어 이르되 아무 대답도 없느냐 그들이 얼마나 많은 것으로 너를 고발하는가 보라 하되 예수께서 다시 아무 말씀으로도 대답하지 아니하시니 빌라도가 놀랍게 여기더라		
빌라도의 첫 번째 무죄 선언 누가 1차 요한복음 1차			:4-5 빌라도가 대제사장들과 무리에게 이르되 내가 보니 이 사람에게 죄가 없도다 하니 무리가 더욱 강하게 말하되 그가 온 유대에서 가르치고 갈릴리에서부터 시작하여 여기까지 와서 백성을 소동하게 하나이다	:38 빌라도가 이르되 진리가 무엇이냐 하더라 이 말을 하고 다시 유대인들에게 나가서 이르되 나는 그에게서 아무 죄도 찾지 못하였노라

헤롯의 심문 (누가)	예루살렘에 있더라			:6-7 빌라도가 듣고 그가 갈릴리 사람이냐 물어 헤롯의 관할에 속한 줄을 알고 헤롯에게 보내니 그 때에 헤롯이 예루살렘에 있더라	
	아무 대답도 하지 아니하다			:8-9 헤롯이 예수를 보고 매우 기뻐하니 이는 그의 소문을 들었으므로 보고자 한 지 오래였고 또한 무엇이나 이적 행하심을 볼까 바랐던 연고러라 여러 말로 물으나 아무 말도 대답하지 아니하시니	
	빌라도에게 도로 보내다			:10-12 대제사장들과 서기관들이 서서 힘써 고발하더라 헤롯이 그 군인들과 함께 예수를 업신여기며 희롱하고 빛난 옷을 입혀 빌라도에게 도로 보내니 헤롯과 빌라도가 전에는 원수였으나 당일에 서로 친구가 되니라	
빌라도의 무죄 선언 누가 2차	죄를 찾지 못했다			:13-14 빌라도가 대제사장들과 관리들과 백성을 불러 모으고 이르되 너희가 이 사람이 백성을 미혹하는 자라 하여 내게 끌고 왔도다 보라 내가 너희 앞에서 심문하였으되 너희가 고발하는 일에 대하여 이 사람에게서 죄를 찾지 못하였고	
	때려서 놓겠노라			:15-16 헤롯이 또한 그렇게 하여 그를 우리에게 도로 보내었도다 보라 그가 행한 일에는 죽일 일이 없느니라 그러므로 때려서 놓겠노라	

2. 본문의 차이

구분	마태	마가	누가	요한
빌라도에게로	• 결박하여 끌고 가서 넘기다	• 결박하여 끌고 가서 넘기다	·끌고 가다	• 새벽에 • 빌라도의 관정으로 • 무리가 관정에 들어가지 아니하다
고발자 고발이유	• 대제사장들과 장로들이 고발하다(27:12)	• 대제사장들이 여러 가지로 고발하다(15:3)	• 무리가 고발하다 • 백성을 미혹하고 • 세금을 바치는 것을 금하며 • 자칭 왕 그리스도	• 행악자 • 너희 법대로 처리하라 • 사람을 죽이는 권한이 없다
빌라도의 심문	• 네가 유대인의 왕이냐	• 네가 유대인의 왕이냐	• 네가 유대인의 왕이냐	• 네가 유대인의 왕이냐(18:33) • 대제사장들이 넘겼다 네가 무엇을 하였느냐 • 내 나라는 이 세상에 속한 것이 아니다 • 그러면 네가 유대인의 왕이냐(18:37)
	• 네 말이 옳도다	• 네 말이 옳도다	• 네 말이 옳도다	• 네 말과 같이 내가 왕이라
고발과 침묵	• 대제사장들과 장로들 • 고발하다 • 예수의 침묵	• 대제사장들 • 여러 가지로 고발하다 • 예수의 침묵		
무죄 선언 (누가 1차, 요한복음 1차)	• 빌라도가 놀라다	• 빌라도가 놀라다	• 이 사람에게 죄가 없도다 • 백성을 소동하게 하였나이다.	• 나는 그에게서 아무 죄도 찾지 못하였다(18:38)
헤롯의 심문			• 예수의 소문을 듣고 보고자 한지 오래였고 이적 행하심을 볼까 바라다 • 예수를 희롱하고 돌려보내다	
두 번째 무죄 선언 (누가 2차)			• 심문해 보니 죄를 찾지 못하였다. • 헤롯도 도로 보내었다 그가 행한 일에는 죽일 일이 없더라	

3. 본문이해

구분	내용	비고
빌라도에게 넘겨지다	1. 빌라도는 주 수도인 가이사랴에 주로 있었으나 유월절과 같은 민족단위의 종교행사가 있을 때에는 질서유지 등을 위해 예루살렘에 머문다. 예수께서는 헤롯 궁에 머물고 있는 빌라도에게 넘겨진다. 2. 예수께서 세 번 수난예고를 하는데 마태, 마가, 누가 모두 '인자가 이방인에게 넘겨진다'(마20:19, 막10:33, 눅18:32)고 언급하고 있다. 　예수께서 로마인 빌라도에게 넘겨졌다는 것을 예수의 재판의 관할이 유대인에게서 이방인에게도 넘겨졌다는 것을 의미한다. 또한, 유대인의 공회에서 다룬 종교적 심문이 아니라 로마법에 의한 재판에 넘겨졌다는 것을 의미한다. 3. 마태, 마가는 예수를 결박하여 끌고 가서 빌라도에게 넘겼다고 한다. 누가는 무리가 예수를 끌고 가서 고발하며 죄목을 열거한다. 요한복음은 대제사장 가야바에게서 빌라도의 관정으로 끌려 갔다고 한다. 빌라도가 무슨 일로 이 사람을 고발하느냐(18:29)고 물으니 행악자가 아니면 끌고 왔겠느냐고 한다.	• 니체는 우상의 황혼에서 이성적 죽음에 대해 말하고 있다. 삶에 대한 사랑에서 사람들은 다른 식의 죽음을 원해야 한다. 우연적이거나 돌연적인 죽음이 아니라 자유로우면서도 의식적인 죽음을(어느 반시대적 인간의 편력 p172).
유대인들은 관정에 들어가지 아니하다 (요한복음)	1. 요한복음은 예수를 관정으로 끌고 간 그들은 관정에 들어가지 않았다고 한다. 그들은 더럽힘을 받지 아니하고 유월절 잔치를 먹으려고 그랬다는 것이다. 2. 왜 그랬을까? 관정에 들어가는 것이 왜 정결을 훼손하는 일인가? 　빌라도의 관정은 이방인 주거지이다. 유월절에는 누룩이 없는 떡을 먹어야 하는 유대인들에게 이방인의 주거지에는 보이지 않지만 누룩부스러기가 남아 있다고 믿고 있었다. 부패 즉 더러움의 상징인 누룩이 있는 땅을 밟게 되면 불결해질 수 있고 그러면 유월절 음식을 먹을 수가 없게 된다. 3. 요한복음에만 있는 이 이야기는 유대인을 조롱한 기사로도 볼 수 있다. 종교규례를 지키는데 철두철미한 유대인들이 하나님의 아들이라는 사람을 지키기는커녕 잡아 죽이기 위해 수단과 방법을 가리지 않고 있는 모습을 희화적으로 보여주고 있기 때문이다. 온갖 더러운 것을 다하는 유대인들이 깨끗한 척 요란을 떨고 있는 것이다.	
사람을 죽이는 권한이 없다 (요한복음)	1. 요한복음에는 예수가 잡혀서 안나스에게 끌려가서 예수의 제자와 예수의 교훈에 대한 질문을 받았을 뿐이다. 그런데 그들은 예수를 행악자라고 고발한다. 2. 요한복음에서 빌라도가 '그를 데려다가 너희 법대로 재판하라'고 하자 '그들은' 우리에게는 사람을 죽이는 권한이 없다(18:31)고 한다. 그들이 빌라도에게 재판을 청구한 이유가 예수를 죽이기 위한 것이라고 서슴없이 말하고 있는 현장이다. 3. 사형권은 이우스 글라디이(Ius Gladii)라고 하는데 '칼의 권리'라는 뜻이다. 로마법에 따르면 이 말은 범죄에 대해 사형까지 내릴 수 있는 모든 사법적 권한이라고 한다. 로마 황제는 로마에서 진행되는 재판에서 이 권리를 행사한다. 그러나 황제는 지역 총독 governer legoti이나 그리고 특별한 경우에는 지방관 preferct에게도 이 권한을 위임한다. 요세푸스에 의하면 초대 총독인 코포니우스는 부임할 때 가이샤에게서 이 권한을 받아가지고 왔다고 한다. 4. 요한복음 기자는 사람을 죽이는 권한이 없는 유대인들이 하는 이런 행동이 '이는 예수께서 자기가 어떠한 죽음으로 죽을 것을 가리켜 하신 말씀을 응하게 함'(18:32)이라고 한다. 수난예고대로 진행되고 있다는 것이다. 공관복음에서의 세 번째 수난예고에서 마태는 예수께서 '십자가에 못박힌다고 하였다(20:19). 또한, 마태는 마가 누가와 달리 네 번째 수난예고(26:2)에서도 '인자가 십자가에 못 박히기 위하여 팔리리라'고 거듭 십자가를 강조하고 있다.	• 사형제도의 반대: 십계명 중 제6계명에 살인하지 말라고 되어 있다. 　잘못된 증거나 증언에 의한 판결 또는 정신병과 같은 질병으로 인한 범죄, 나아가 생명존중 등을 이유로 사형제도가 폐지되어야 한다는 주장이다.

	5. 성경에 칼의 권리(Ius Gladii)에 대한 이야기가 있다. 계시록에는 좌우 날선 검이 부활한 그리스도의 입에서 나온다(계1:16). 그런데 이 개념의 요소들이 버가모 교회에 보내는 편지(계2:12,16)에서 다시 반복된다. 　날선 검 롬 파이아는 전형적인 이방인의 칼이나 좌우의 두 검은 로마의 무기와 '칼의 권세' 즉 이우스 글라디이로서 로마 총독을 묘사한 것이다. 그러나 계시록에서는 집행권과 재판권을 가진 그리스도를 가리킨다.	
예수의 죄목 ① 여러 가지	1. 마태에서는 대제사장들과 장로들이 예수를 고발한다. 2. 마가는 대제사장들이 여러 가지로 고발하였다고 한다. 3. 누가에서는 무리가 고발하는데 죄목은 세 가지이다. 첫째 백성을 미혹하고 둘째 가이사에게 세금을 바치는 것을 금하며 셋째 자칭 왕 그리스도라는 것이다. 누가의 경우를 보면 공회에서 한 대제사장의 심문 내용은 '네가 그리스도냐'(눅22:67), '네가 하나님의 아들이냐'(22:70)는 것이었다. 그러나 누가에서의 무리가 예수를 빌라도에게 고발한 내용은 예수께서 당시 사회에 가장 핫한 이슈라고 할 수 있는 사회 소요문제, 세금문제, 통치자 사칭이라고 할 수 있는 세 가지를 제시하고 있다. 유대인들은 공회에서 예수를 종교적으로 심문하고 처리한 후 정치적인 재판을 위해 빌라도에게 데리고 간 것이다.	<사도 바울의 재판> 죄수 바울(행23:18)의 죄는 무엇인가? • 천부장 글라우디오 루시아는 총독 벨릭스에게 유대인들이 '고발하는 것이 그들의 율법 문제'이기 때문에 '죽이거나 결박 할 사유가 없다'(행23:29)고 한다.
② 행악자 (요한복음)	1. 요한복음에서 '이 사람이 행악자라서 우리가 당신에게 넘긴다'(요18:30)고 한다. 행악자는 카코포이오스로 악인, 악행자라는 말이다. 죄목으로는 구체적이지 않다고 하겠다. 빌라도는 행악자라면 데려다가 너희 법대로 처리하라고 한다. 그런데 그들은 우리에게는 사람을 죽이는 권한이 없다고 한다(18:31). 　요한복음에서의 빌라도가 두 번째로 그에게서 죄를 찾지 못 했다고 무죄선언을 하자 유대인들이 '우리에게 법이 있으니 그 법대로 하면 그가 당연히 죽을 것이라고 한다(19:7)고 한다. 그러면 유대인들은 왜 빌라도의 손을 빌려 예수를 죽이려 하는 것일까.	• 변호사 더둘러가 고발하기를 '이 사람은 전염병 같은 자라 천하에 흩어진 유대인을 다 소요하게 하는 자요 나사렛 이단의 우두머리라'고 한다(행24:5).
③ 백성을 미혹하는 자 (누가)	1. 누가에서의 무리는 고발 내용 중 '우리 백성을 미혹하였다'는 것에 대해 계속 설명한다. 누가에서의 빌라도는 '내가 보니 이 사람에게 죄가 없다'고 첫 번째 무죄선언을 하자 무리가 더욱 강하게 반발한다. 대제사장들과 무리들은 그가 온 유대에서 가르치고 갈릴리에서부터 시작하여 여기까지 와서 백성을 소동하게(눅23:4-5) 하였다고 한다. 2.누가에서의 예수 고발 사유의 첫 번째가 백성을 미혹하는 자(23:2,14)라고 한다면 그 대답은 예수께서 안나스의 집에 끌려가서 한 대답으로 가름해 보자. '내가 드러내 놓고 세상에 말하였노라 모든 유대인들이 모이는 회당과 성전에서 항상 가르쳤고 은밀하게 아무것도 말하지 아니하였거늘 내가 무슨 말을 하였는지 들은 자들에게 물어보라'(요18:21) 　예수가 백성을 미혹했는지는 들은 자들에게 물어보면 되는 것이다. 무리가 예수의 말씀을 듣고 놀랐다는 기사는 여러 곳에서 찾아볼 수 있다. 누가에는 심지어는 안식일을 위반하고 18년 동안 꼬부라져 펴지 못한 일을 두고 '온 무리가 그가 하시는 영광스러운 일을 기뻐하였다'(13:17)고 하지 않았는가.	• 바울은 어떤 소동도 결코 없었고 자신이 이단이 아니라고 하며 하나님에 대한 소망과 죽은 자의 부활에 대해서 얘기하였다고 한다. • 벨릭스의 후임 베스도는 유대인들 편을 들어 재판하려다가 바울이 가이사에게 상소하였다고 해서 가이사에게 보내기로 한다(행25:12). 그리고 아그립바왕(헤롯 대왕의 손자)에게는 그가 악행의 혐의가 없다(행25:28)고 한다.
④ 세금거부 선동 (누가)	1. 누가에서의 두 번째 고발내용은 세금 거부 선동혐의이다. 예수께서 예루살렘 입성 후 유대 지도자들과 토론할 때의 일이다. 마태, 마가, 누가 모두 유대인들이 예수의 말씀에 책을 잡으려고 세금 문제를 거론하였다고 한다. 그들은 '가이사에게 세금을 바치는 것이 옳으니이까 옳지 아니하나이까'(마20:17, 막12:14, 눅20:22)라고 묻는다. 예수의 대답은 '가이사의 것은 가이사에게'라고 대답한다. 마가는 이 대답을 듣고 그들이 매우 놀랍게 여겼다(막12:17)고 한다.	

	2. 누가에는 세금 문제를 거론한 배경이 있다. 즉 '그들이 엿보다가 예수를 총독의 다스림과 권세 아래 넘기려고 정탐을 보내어 그들로 스스로 의인인 체하며 예수를 책잡'(20:20)으려고 했던 것이다. 그리고 누가에서만 '그의 말을 능히 책잡지 못하고 그의 대답을 놀랍게 여겨 침묵'(눅20:25)하였다고 한다. 납세문제에 대해 예수께서는 역설적으로 대답하심으로 위기를 모면하였던 것이다.	• 사도 바울이 아그립바왕이 주재하는 재판에서 변명을 한다, 그 후에 왕과 총독과 버니게와 그 일행이 그가 사형이나 결박을 당할 만한 행위가 없다(행26:31)고 선언한다.
	3. 누가는 그들이 예수에 대해 놀라워하기는 하였으나 침묵한 것이지 예수를 책잡는 것을 포기한 것은 아니라고 한다. 누가의 입장에서 보면 예수께서는 '이방인' 즉 '총독의 다스림과 권세 아래' 넘겨진 것이다. 그런데 세금 문제에 대한 토론으로만 보면 오히려 예수는 납세독려자인 것처럼 보인다.	
⑤ 자칭 왕	1. 누가에서의 세 번째 고발내용은 자칭 왕 그리스도라는 것이다. 누가는 예수께서 새벽 공회의 심문 중 네가 그리스도냐는 질문에 내가 말할지라도 너희가 믿지 아니할 것이라(눅22:67)고 한다. 또한, 네가 하나님의 아들이냐는 질문에 너희들이 내가 그라고 말하고 있느니라(눅22:70)고 한다. 종교적인 질문에 종교적인 대답이다.	
	2. 예수께서 하나님의 아들임을 인정하는 것을 정치적인 재판으로 끌고 가기 위해서 교묘하게 '자칭 왕'이라는 말을 덧붙였다고 하겠다.	
침묵하는 예수 (마태, 마가)	1. 마태, 마가는 빌라도의 관정에서의 고발당해 끌려 온 예수의 모습을 기록하고 있다. 마태에서의 예수께서는 '아무 대답도 아니 하였'고 하지만 마가에서의 빌라도는 예수께 '왜 아무 대답도 없느냐'고 한다.	• 항변은 재판에서 방어방법의 하나이다. 항변을 하면 죄의 입증책임이 상대에게 넘어간다. 그런데 항변을 하지 않으면 자신이 입증책임을 지게 된다. 예수께서는 죽음을 자처한 분이기에 항변을 하지 않았다. 그래서 침묵하였던 것이다.
	2. 빌라도는 계속해서 말한다. 마태에서는 '그들이 너를 쳐서 얼마나 많은 것으로 증언하는지 듣지 못하였느냐'고 하고 마가에서는 '그들이 얼마나 많은 것으로 너를 고발하는가를 보라'고 한다.	
	3. 마태, 마가는 예수께서 여러 가지로 고발을 당하였다고 한다. 마태는 가야바에게 심문을 받을 때에도 성전모독에 관해 두 증인(26:60)이 있었다고 하였는데 빌라도의 재판 때에도 많은 증언(27:13)이 있었다고 한다.	
	4. 가야바의 심문 때와 마찬가지로 예수께서는 아무 말씀도 한 마디도 대답하지 아니한다. 그래서 총독이 놀랐다는 것이다. 여기서 '놀라다'는 '기이하게 여기다'의 의미이다. 예수께서는 빌라도 앞에서 어떤 대답도 하지 않았기 때문이다. 마태, 마가는 예수께서 두 번씩이나 아무 대답(마27:12, 막15:4)도 그리고 한 마디(마27:14)도 다시 대답하지 아니(막15:5)하였다.	
	5. 빌라도의 법정에서 피고소인의 항변은 중요한 권리의 하나인데 스스로 침묵을 지킨다는 것은 무죄 입증의 기회를 포기한 것으로 보이기 때문에 놀랐을 것이다. 사람들은 이런 경우 자신이 살기 위해서 할 수 있는데까지 자기변호에 매달리게 된다.	
빌라도의 질문 (요한복음) • 첫 번째 질문: 네가 유대인의 왕이냐	1. 사복음서 모두 예수께서 빌라도로부터 네가 유대인의 왕이냐는 질문을 받는다. 이때 공관복음에서의 예수께서는 '네 말이 옳다'고 한다. 네 말이 옳도다의 헬라어는 쑤레게이스로 '네가 그렇게 말한다'가 본래의 의미이다. 그래서 새번역과 공동번역은 '그것은 네 말이다'라고 한다. 이것은 예수께서는 공회에서의 심문 때와 달리 정치적 재판에 대해서는 분명한 자세를 취하였다는 것이다.	
	2. 마태, 마가에서의 빌라도는 대제사장들과 장로들로부터 고발을 받기 전 자기 앞에 끌려온 예수께 대뜸 네가 유대인의 왕이냐고 묻는다. 마가에서의 예수는 가야바의 공회에서의 심문에서 네가 찬송 받는 이의 아들이냐고 하였을 때 분명히 내가 그라고 말하지만 빌라도의 심문에서는 네가 그렇게 말했다라고 한다.	

	3. 누가는 세 번째 고발이유로 자칭 왕 그리스도라고 하였지만, 빌라도는 단지 왕이냐고 묻는다. 예수께서 새벽 공회에서 하나님의 아들임을 인정(22:70)한 것이 '자칭 왕 그리스도'(23:2)로 바뀌더니 이번에는 네가 유대인의 왕이냐(23:3)는 질문을 받게 된다. 자칭 왕 그리스도라고 해도 이것은 종교적인 죄가 될 수 있는데 그냥 왕이라고 하면 곧바로 정치적인 죄가 되는 것이다.	• 1887년 최초 번역 신약성경인 '예수성교 전서'에는 빌라도 총독을 사또로, 관정은 선화당(조선시대 도관찰사가 집무하던 곳), 자색 옷은 불균표, 사도는 몸데자, 부활은 다시닐다 등으로 표기하고 있다(최태영).

4. 요한복음에서의 예수께서는 네가 유대인의 왕이냐는 빌라도의 질문에 대해 거꾸로 예수께서 빌라도에게 묻는다. 너 스스로 하는 말인지 누구에게서 들은 말인지를 묻는다(18:33-34). 이것은 네가 나에 대해 알고 있느냐는 예수의 질문이라 하겠다. 빌라도는 '내가 유대인이냐'라고 반문한다. 즉 너에 대해서 모른다는 것이다. 그리고 '네 나라 사람과 대제사장들이 너를 넘겼다'고 하는데 빌라도는 고발자들이 그렇게 말해서 나도 그렇게 질문을 해보았다는 것이다. 마태, 마가에서의 빌라도가 예수에게 대뜸 네가 유대인의 왕이냐 물은 그 배경을 이해할 수 있는 요한복음의 기사다.

• 두 번째 질문: 네가 무엇을 하였느냐	1. 요한복음에서 빌라도의 다음 질문은 '네가 무엇을 하였느냐'(18:35)는 것이다. 빌라도로서는 예수의 죄목이 행악자인데 무슨 죽을 죄를 지어서 여기에 와 있는지 궁금하였을 것이다. 2. 예수께서는 왕에 초점을 맞추어 대답한다. '내 나라는 이 세상에 속한 것이 아니라'(18:36)고 거듭 반복(18:35,36)하여 강조한다. 그리고 부연 설명한다. '내 나라가 이 세상에 속한 것이었다면 내 종들이 싸워 나로 유대인에게 넘겨지지 않게 하였으리라'(18:36)고 한다. 예수가 말하는 '내 나라'는 종말론적인 나라라는 것이다. 3. 요한복음에서의 빌라도는 처음에 했던 질문(18:33) 즉 '그러면 네가 왕이냐'(18:37)고 따진다. 빌라도는 '이 세상에 속한 나라가 아닌 나라의 왕이 왕이냐'는 것이다. 예수께서는 '네 말과 같이 내가 왕이니라'(18:37)고 대답한다. 그리고 예수께서는 '진리를 증언하기 위하여 태어났고 세상에 왔다'(18:37)고 한다. 빌라도의 두 번째 질문인 네가 무엇을 하였느냐의 답이라 하겠다. 예수의 왕권은 종말론적인 진리의 증언 가운데 그의 왕권이 있다는 것이다. 다시 말해 예수는 진리를 전하는 왕이다. 그래서 진리에 속한 자만이 내 소리 즉 진리의 증언을 들을 수 있다고 예수께서는 말한다. 그리고 자신은 진리에 속하는 자들에게 있어서는 '나는 왕'이라는 것이다.	
• 세 번째 질문: 진리가 무엇이냐	1. 빌라도는 다시 예수에게 세 번째로 진리가 무엇이냐고 묻는다. 예수의 대답은 기록되어 있지 아니하다. 요한복음에서의 예수는 여러 차례 진리에 대해 말씀하신 적이 있다. 2. 요한복음에서 예수께서는 '진리를 따르는 자는 빛으로 오나니 그 행위가 하나님 앞에서 행한 것을 나타내려함이라'(3:21)고 하고 '진리를 알지니 진리가 너희를 자유케 하리라'(8:32)고 하였으며 '내가 곧 길이요 진리요 생명이라'(14:6)고 한다. 3. 빌라도에게 진리는 수수께끼였으리라. 그리고 그 어려운 명제에 대해 예수께서 대답해 줄 것으로 기대한 것 같지는 않다. 그렇지만 진리를 증거하다가 재판을 받게 된 예수를 보면서 빌라도는 참으로 진리가 무엇인지 궁금하지 않을 수 없었을 것이다. 4. '희롱하는 빌라도'라는 말이 있다. 영국의 작가인 프란시스 베이컨은 '진리에 관하여'라는 자신의 글에서 빌라도가 진리가 무엇이냐고 희롱하듯 예수께 질문하고 대답도 듣지 아니하였다는 것이다. 그래서 '희롱하는 빌라도'라는 말은 확고한 신념이나 도덕적 중심이 없는 권력자를 가리키는 말로 사용되었다.	요한복음에는 진리에 관한 언급이 1:14, 3:21, 8:32, 40,44,45, 14:6, 15:26, 16:13, 17:17 등에 있다.

빌라도의 첫 번째 무죄 선언 (누가) 이 사람에게 죄가 없도다	1. 빌라도가 예수의 무죄를 선언한다. 누가는 빌라도가 대제사장과 무리들에게 '내가 보니 이 사람에게 죄가 없다'(눅23:4)고 한다. 요한복음에서의 빌라도는 예수에게 냉소적으로 진리가 무엇이냐고 그런 다음 유대인들에게 나가서 '나는 그에게 아무 죄도 찾지 못하였다'(요18:38)고 한다. 2. 누가에서의 빌라도는 어떻게 예수가 무죄라는 것을 알게 되었는지 설명하고 있지 않다. 요한복음에서의 빌라도는 예수의 설명을 듣고 그에게서 죄를 찾지 못했다고 할 수는 있다. 더욱이 예수가 한 일은 진리에 대한 증언이고 그의 왕권도 진리 안에 있는 것이라고 한다면 그는 진리의 왕이지 세상의 왕은 아닌 것이다. 고발자들 주장처럼 자칭 왕에 지나지 않는 것으로 판단할 수 있기 때문이다. 빌라도는 예수를 정죄하려 하지 않았다. 3. 누가와 요한복음에서 빌라도는 계속해서 예수가 무죄임을 말하다가 그러나 결국에는 사형을 내리게 된다.	• 기독교에서의 죄는 하나님을 떠나는 것(신29:18,시95:10)이다. 사도 바울은 죄란 불의(롬1:18)이요 불순종(롬5:19)이라고 한다.
헤롯의 심문 (누가) ① 심문의 배경	1. 누가에만 있는 기사이다. 이 이야기가 없는 사본들도 있다. 누가에서 빌라도가 '이 사람에게 죄가 없다'고 하자 무리가 더욱 강하게 말하면서 '갈릴리로부터 여기까지 와서 백성을 소동하게 했다'고 한다(23:5). 빌라도가 듣고는 그가 갈릴리 사람이냐고 묻고 헤롯의 관할에 속한 줄을 알고 헤롯 안디바에게 보낸다. 그런데 그때에 헤롯이 갈릴리가 아닌 예루살렘에 있었다는 것이다. 그러나 시간적으로 헤롯의 심문이 가능하였는지에 대해서는 의문이 제기되기도 한다. 마가는 예수께서 제삼 시(막15:25) 즉 오전 9시에 처형되었다고 하기 때문이다. 2. 빌라도가 예수를 헤롯에게 보낸 이유는 무엇일까. 빌라도가 어려운 결정을 기피하려고 예수의 고향을 관할하는 헤롯에게 보냈을 수 있다. 그러나 누가의 견해는 사도행전에도 기록하였듯이 '세상의 군왕들이 나서며 관리들이 함께 모여 주와 그의 그리스도를 대적'(행4:26)하는데 '헤롯과 본디오 빌라도는 이방인과 이스라엘 백성과 합세하여 하나님께서 기름 부으신 거룩한 종 예수를 거슬렀다'(행4:27)는 것이다. 이것은 시편(2:2)에 나오는 '세상의 군왕들이 나서며 관원들이 서로 꾀하여 여호와 그 기름 부은 자를 대적'하는 그 것과 같다는 것이다. 3. 초기기독교도들은 예수께서 헤롯과 빌라도 모두에게서 고난을 받았다는 믿음이 있었던 것이다. 누가가 예수와 헤롯의 심문을 기록한 이유는 빌라도 만큼 헤롯 안디바도 나쁘다는 것이고 그런 헤롯에게까지 끌려가서 심문을 받았다는 것을 말하고 있다..	• 여기의 헤롯은 헤롯 안디바(안티파스)로 예수가 성장하고 공생애를 시작한 갈릴리지역을 다스리었다. • 헤롯 안디바 역시 아버지 헤롯 대왕이 죽자 갈릴리와 베레아의 분봉 왕(BC4-AD39)이 되었는데 세례 요한을 죽인 인물이다. 수도인 디베랴는 디베리우스의 황제의 이름을 따온 명칭이다. 갈릴리 호수도 디베랴 호수라고 불렀다.
② 헤롯과 예수	1. 헤롯이 예수를 보고 매우 기뻐하였다고 한다. 누가는 예수의 공생애 초기 헤롯이 그를 보고자 하였다고 한다. 헤롯이 말하기를 '요한은 내가 목을 베었거늘 이제 이런 일이 들리니 이 사람이 누군가 하여 그를 보고자 하였다(9:9)는 것이다. 여기서 이런 일이란 회당장 야이로의 죽어가는 딸을 살리고 열두 해를 고생하던 혈루병 걸린 여자를 고쳐준 일(눅8:40-56)을 말하고 있다. 2. 그러나 그는 실제로는 예수를 죽이려고 하였다. 어떤 바리새인이 예수께 나아와서 '여기를 떠나소서 헤롯이 당신을 죽이고자 하나이다'(눅13:31)라고 한다. 이때 예수께서는 헤롯을 '저 여우'라고 하며 '오늘과 내일은 내가 귀신을 쫓아내며 병을 고치겠다'고 한다. 3. 누가는 헤롯이 붙잡힌 예수를 만나고 싶어 하는 이유는 '무엇이든지 어떤 이적을 행하는 것을 볼까 해서였다'(23:8). 예수께서 십자가에 달려 있을 때 무리들이 외친 것처럼 자기를 구원하는 그런 기적을 기대하였을지도 모른다. 그런데 여기서도 예수께서는 침묵을 지키고 아무 말도 대답하지 아니한다. 그러나 대제사장들과 서기관들은 헤롯 앞에서 예수를 힘써 고발하였다(23:10)고 한다. 헤롯은 예수의 고발 내용에는 관심이 없는 것 같았다. 심문 내용과 고발내용에 대해 언급이 없다.	• 헤롯빌립은 헤롯 안디바의 동생이고 아내는 안디바에게 다시 시집간 헤로디아이고 딸은 살로메(막6:17)이다. • 헤롯당: 헤롯 왕조와 로마를 지지하는 유대인들이다. 헤롯당의 입장에서 볼 때 예수는 자신들의 기득권에 도전하는 정치적 메시아로 여겨졌다. 예수께서 안식일에 손 마른 사람을 고쳤을 때 바리새인들이 헤롯당과 함께 예

	4. 헤롯은 예수를 업신여기었다(23:11)고 한다. 업신여기었다는 것은 예수를 아무것도 아니라고 무시하였다는 뜻이다. 예수를 만나보니 대단치 않은 사람, 정치적으로 중요한 인물이 아님을 간파하고 그것을 시사한 표현이라 하겠다. 그래서 헤롯은 예수를 희롱하고 빌라도에게 도로 보낸다. 헤롯 역시 예수를 처형해야 할 정도는 아니라고 보았다.	수를 죽이려 의논한다 (막3:6). 세금문제 때에도 바리새인들과 헤롯당은 함께(마22:16, 막12:13) 협력하여 예수를 잡으려고 하였다.	
	5. 빌라도의 판결 후 군인들이 예수를 희롱하는 기사가 마태, 마가에 나온다. 마태에서의 빌라도는 예수에게 자색 옷을 입혔다고 한다. 그런데 누가에서의 헤롯은 예수를 희롱하고 빛난 옷을 입혀 돌려보낸다. 자칭 왕에 대한 멸시의 표시라고 하겠다. 누가에는 빌라도의 판결 후 군인들이 예수를 희롱하고 가혹 행위를 하는 기사가 없다.	• 누가에만 있는 이 기사는 아마도 안디옥교회에 있던 예언자들과 교사 중 하나인 분봉왕 헤롯의 젖동생 마나엔(행13:1)으로 부터 들은 것일 수 있다.	
③ 헤롯과 빌라도	1. 헤롯과 빌라도가 전에는 원수였으나 당일에 서로 친구가 되었다고 한다. 누가에만 있는 기록인 '빌라도가 어떤 갈릴리 사람의 피를 그들의 제물에 섞은 일을 몇몇 사람이 예수께 와서 말했다(눅13:1)고 한다. 회개를 촉구하는 기사 앞에 있는 이 이야기의 사실 여부는 알 수 없다. 예수에게 자극적인 말을 일부러 한 것일 수도 있다. 헤롯과 빌라도가 원수 사이였다면 누가의 이런 기사 때문이었을 것으로 짐작할 수 있다.		
	2. '친구가 되었다'는 표현은 이 이야기의 배경이 되는 시편(2:2)에서 유사한 구절을 찾아볼 수 있겠다. '세상의 군왕들이 나서며 관원들이 서로 꾀하며'에 대해 KJV흠정역은 '땅의 왕들이 스스로 나서며 치리자들이 함께 의논하여' 주와 그 분의 기름 부은 자를 대적하였다'고 한다.		
빌라도의 두 번째 무죄 선언 (누가) 이 사람에게서 죄를 찾지 못하였도다	1. 누가에서의 빌라도는 예수께서 헤롯에게 가서 심문을 받고 온 다음 유대 지도자와 백성들까지 불러 모으고 말하기를 너희는 예수가 백성을 미혹하는 자라고 내게 끌고 왔는데 너희 앞에서 심문하였지만 이 사람에게서 죄를 찾지 못하였다고 한다. 처음에는 유대 지도자들 앞에서 죄가 없다(23:4)고 하고 두 번째는 유대 지도자들과 백성들 앞에서 죄를 찾지 못하였다(23:14)고 한다.		
	2. 누가에서의 빌라도는 헤롯 또한 그렇게 하여 그를 우리에게 도로 보내었다고 말한다. 예수께서는 헤롯에게 가서 아무 말도 하지 않았으나 결과적으로 빌라도가 예수를 변호하는데 큰 힘이 되었다고 하겠다.		
	3. 누가에서의 빌라도는 백성들에게 예수가 죄가 없으니 때려서 놓아 주자고 두 번 말하는데 첫 번째는 예수의 두 번째 무죄 선언(23:20)에서 했고 두 번째는 예수의 세 번째 무죄 선언(23:22)에서 였다. 누가에서의 빌라도는 확신이 있는 사람으로 보인다.		

4. 심층연구: 본디오 빌라도에게 고난을 받으사

구분	내용	비고
총독제도	1. 헤롯 대왕이 죽자 아들들이 분봉 왕이 되어 유대를 분할 통치한다. 헤롯 아켈라오스는 유대, 사마리아, 에돔 지역의 왕이 된다. 헤롯 아켈라오스의 폭정이 심하여 애굽으로 피난 갔던 요셉과 마리아는 '꿈에 지시하심을 받아 갈릴리 지방으로'(마2:22) 돌아왔던 것이다. 그의 폭정에 시달리던 유대 지도자들이 로마 황제에게 청원하여 AD6년 재임 9년 만에 아켈라오는 쫓겨나 유배한다. 2. 요셉과 마리아가 호적하러 베들레헴에 갔을 때에 수리아 총독은 구레뇨(퀴리니우스 눅2:2)이다. 구레뇨는 수리아 총독으로 세수확보를 위해 인구조사(BC4,AD6?)를 했다. 총독은 Governor Proconsul로서 관할지역의 최고 책임자의 호칭으로 군사권과 사법권을 갖고 있다.	• 1961년 가이사랴에서 '빌라도의 돌'이라는 것이 발굴되었다. 이 돌은 유대지역의 행정 기관이었던 자리에 있던 로마식극장 무대 뒤쪽에서 발견되었다. 그리고 이 돌에는 거룩한 아우구스투스 티베리에움 황제에게 유대지

	3. 헤롯 아켈라오의 해임 추방 후 로마 황제 아우구스투스는 총독(지방장관, 지역사령관)을 파견하여 그 지역을 다스리게 하는데 처음 총독은 코포니우스(AD6-9), 2대는 마르쿠스 암비리우스(AD9-12), 3대는 안니우스 루푸스(AD12-15), 4대는 발레리우스 그라투스(AD15-26), 5대가 폰티우스 필라투스, 즉 본디오 빌라도(AD26-36)이다. 4대 총독 그라투스는 안나스를 대제사장(AD18-36)으로 임명하였으나 수리아 총독 비텔리우스에 의해 해임되었다 4. 다른 지역은 계속해서 헤롯 가문의 분봉 왕들이 다스렸다. 예수께서 공생애를 시작한 갈릴리지역은 헤롯 안디바(안티파스BC4-AD39)가 통치하였는데 그는 예수를 만나고 싶어 하였다. 세례 요한이 헤롯 안디바가 헤로디아와 결혼한 것을 맹렬히 비난하자 헤롯 안디바는 세례 요한을 처형하고 만다(마 14:3-12, 막6:17-29).	역장관 폰티우스 빌라도라고 쓰여져 있다. 황제에게 바쳐진 건물에 대한 헌사로서 보인다.
빌라도	1. 누가는 세례 요한의 사역에 대해서 기술하면서 먼저 로마의 디베료 황제(티베이리우스 AD14-37)와 빌라도 총독(AD26-36)에 대해 언급하고 있다. 요한복음에서의 유대인들은 자칭 왕이라 칭하는 예수를 죽이지 아니하면 모반자요 황제의 신하가 아니라는 식으로 빌라도를 위협(요19:12)한다. 티베리우스 황제 시대에 사용하던 은화에는 황제의 초상이 새겨져 있다. 2. 빌라도는 AD36년 사마리아 사건으로 로마 황제의 소환을 받는다. 사마리아의 한 거짓 예언자가 모세가 그리심 산에 숨겨 두었다는 거룩한 기명, 성물을 보여주겠다고 하자 사람들이 그리심 산에 모여든다. 많은 사람들이 그 말을 믿고 무장을 하고 모인다. 그래서 빌라도가 군대를 동원하여 모인 사람들을 살육한다. 이에 사마리아인들이 빌라도의 상관인 수리아의 총독 비텔리우스에게 고소하였는데, 비텔리우스는 마르셀루스를 파견하여 빌라도를 로마로 송환한다. 그러나 로마로 송환되는 중 로마 도착 하루 전 디베료 황제가 죽게 되어 그는 황제의 문책을 면하였다는 설이 있다. 3. 유대인 학자인 알렉산드로의 필로에 의하면 유대인들이 세금 도용 등의 죄로 빌라도를 황제에게 고발한다고 위협하였다고 한다. 요세푸스의 기록에 의하면 빌라도가 수로를 건설하기 위해 고르보나스로 알려진 성전창고에서 자금을 강탈하였는데 이 때 유대인들이 그가 예루살렘을 방문하였을 때 분노의 함성을 지르자 빌라도는 이를 무자비하게 진압하였다고 한다.	• 빌라도는 디베료황제의 고문인 세야누스의 주선으로 수리아 총독의 지휘 아래 있는 유대속주의 다섯 번째(AD26-36) 행정장관으로 재직하였는데 유대 백성을 잔인하게 탄압하였다고 한다. 그는 자신의 후원자인 세야누스가 황제암살 음모 사건으로 AD31년 처형되자 입지가 불안해졌다고 한다.
빌라도 동정론	1. 빌라도는 호의의 약자인가? 복음서에는 빌라도가 유대인들의 압력에 의해 할 수 없이 예수에게 사형을 내린 사람으로 묘사하고 있다. '명절이 되면 백성들이 요구하는 대로 한 사람을 놓아주는 전례'(마27:15, 막15:6, 요18:39)가 있다고 한다. 요한복음에서의 빌라도는 '나는 그에게서 아무 죄도 찾지 못하였느니라'고 하며 '너희는 내가 유대인들의 왕을 너희에게 놓아주기를 원하느냐'(요18:38-39)고 묻기도 하고 또한 예수가 죄가 없다고 여러 차례 말하기도 한다(눅23:4,14,20, 요 18:38, 19:4,6). 예수가 무죄임을 알고 유대백성에게 말하였던 빌라도를 동정할 수는 있다. 2. 마태에는 빌라도의 아내가 재판석에 앉아 있는 빌라도에게 전갈을 보낸다. '저 옳은 사람에게 아무 상관도 하지 마옵소서 오늘 꿈에 내가 그 사람으로 인하여 애를 많이 태웠나이다'(27:19)라고 빌라도의 아내가 예수의 처형을 저지하려고 하였다고 해서 초기 기독교시대에는 한때 그녀를 성인처럼 여기기도 하였다. 패션 오브 크라이스트에서 그녀는 동정심이 많은 인물로 나온다. 3. 전설에 의하면 빌라도와 그의 아내는 함께 기독교로 개종하였다고 한다. 그래서 그들 부부를 성인으로 존경하기도 하였다는 것이다. 그러나 유세비우스가 기록한 기독교 전승에 의하면 빌라도는 예수 재판 후 자살하였다(Eusebius his Eccl 2.7)고 한다.	• 역사가이며 제정로마 시대 아시아속주의 총독이었던 타키투스는 디베료의 재위기간 중에 빌라도가 크리스투스를 처형하였다고 간단히 언급하고 있다. • 콥트교에서는 빌라도와 아내 프로클라가 기독교인으로 성인반열에 있다고 한다.

	4. 초기 기독교 시대에 빌라도에 대한 동정론이 있었던 것은 사실이라 하겠다. 예수가 무죄임을 주장하고 명절 특사로 예수를 석방하려 하였다고 해서 예수의 죽음에 대해 빌라도는 책임이 없다고 할 수는 없을 것이다. 마태에서 유대인들은 예수의 죽음에 자신들이 책임을 지겠다고 하였으나 그렇다고 해서 빌라도를 동정할 수는 없는 것이다.	
본디오 빌라도에게 고난을 받으사	1. 필로에 의하면 빌라도는 로마 황제 근위대 사령관인 세자누스를 후견인으로 하여 그의 지위를 얻은 것 같다(philo lef gai 159)고 하며 당시 디베료 황제는 유대인에게 관대한 정책을 펼쳤다고 한다. 필로의 기록이다. 2. 빌라도는 예루살렘에 있는 헤롯 궁전에 황제 이름이 새겨진 봉헌용 금박 방패들을 진열하였는데 헤롯 대왕의 아들들과 유대 지도자들이 그 방패들을 치워달라고 하였으나 거절하였다. 그래서 이에 유대인들은 디베료 황제에게 편지를 보내자 황제는 격노하여 방패들을 가이사랴의 아우구스투스신전으로 옮기라고 빌라도에게 즉각 지시하였다고 한다, 3. 요세푸스는 수도교 건설을 위한 성전자금강탈이나 사마리아인 학살사건 이외에도 예루살렘에 황제의 기를 들여온 사건을 말하고 있다. 로마제국에는 국기가 없다. 그러나 황제의 흉상이나 제국의 상징인 독수리를 깃대 꼭대기에 단다. 빌라도는 자기 전임자와 달리 초상이나 조상을 제거하지 아니한 기를 들고 예루살렘에 들어온다. 이로 인해 황제 숭배의 어떤 표식도 허락하지 아니하는 유대인들을 크게 분노하게 하였다. 유대인들이 목숨을 걸고 군기 제거를 요구하자 빌라도는 전국적인 폭동을 우려하여 철거할 수밖에 없었다. 4. 유대인들은 빌라도가 예수를 재판하여 처형하였다고 해서 빌라도를 편들지 않았다. 요세푸스와 알렉산드리아의 필로 모두 빌라도를 탐욕스럽고 완고하고 잔인하며 약탈과 강압을 서슴지 않는 인물로 표현하고 있다. 5. 빌라도가 기본적으로 유대인의 관습을 경멸한 황제숭배주의자이고 저급한 출세주의자이고 기회주의자이었음을 역사가들은 말하고 있다. 6. AD150년경의 로마 신조를 근간으로 하고 있는 사도신경은 기독교 신앙공동체의 전통적이고 공식적이며 성경적인 대표 신앙 고백문이다. 사도신경 안에 '본디오 빌라도에게 고난을 받으사'를 가톨릭의 사도신경은 '본디오 빌라도 통치 아래서'라고 하고 있다. 예수께서는 세 번째 수난예고에서 이방인에게 넘겨지겠다고 하였으므로 '빌라도에게 고난을 받으사'라고 번역한 사도신경 원문 sub를 직역하지 않았다고 해서 오역이라 할 수는 없는 것이다. 7. 개신교는 '빌라도에게 고난을 받으사'라고 고백한다. 그러나 원문에 sub 즉 '아래'라고 되어 있어서 '빌라도 치하에서 고난을 받으사'라고 해야 맞는다는 주장이 있다. 그래서 개신교의 사도신경은 잘못되었다는 것이다. 8. 사도신경은 로마교회의 신앙고백을 근거로 한 것이다. 사도신경보다 우선하는 것은 예수의 말씀이다. 수난예고 기사에 분명히 이방인에게 넘겨진다고 말씀하였으므로 개신교의 번역이 더 정확한 의역이라고 볼 수 있다. 치하라고 한다면 디베료 황제의 치하라고 해야 옳은 것이다.	• 빌라도에 대한 자료로 요세푸스의 기록과 필로가 언급한 에피소드 정도가 전부이다. • 알렉산드라의 유대인 필로(BC20-AD50)는 빌라도에 대해 '융통성이 없고 완고하고 천성적으로 잔인하며 말썽을 일으킨 사람들을 재판 없이 처형했다고 하며 '부패, 폭력, 약탈, 살인, 욕설, 끝없는 처형, 끝없이 야만스럽고 잔인함'이여라고 기록하였다 • 로마는 다신교국가로서 황제들은 신이 아니면 신의 아들로 불려졌다. 그러나 로마제국은 속주의 종교에 대해 관용적이었다. • 베드로 복음서에는 예수의 재판 때 빌라도는 먼저 손을 씻고 퇴정하고 헤롯이 판결을 내린다.
그 밖에 빌라도 이야기들	1. 예수께서는 재판을 받기 전 가야바와 안나스 등 대제사장들의 저택, 공회, 헤롯의 궁, 빌라도 총독관저 등으로 이리저리로 돌려졌다고 한다. 예수 죽음에 대한 책임을 져야 할 자들을 암시적으로 지적하고 있다. 2. 빌라도가 예수 처형에 관해 로마 황제에게 보냈다는 보고서, 예수의 심문과 재판 그리고 처형에 관한 보고서 또는 빌라도의 편지라는 위문서가 있다. 예수의 재판에 대한 빌라도의 갈등과 고뇌를 내용으로 예수 찬양 일색인 가짜문서는 마한(Willam Denis Mahan)이라는 목사가 바티칸의 어느 사람에게 도움을 받아 1879년에 출판하였다고 한다. 그러나 바티칸은 마한이 언급한 인물들에 대해 존재를 부인하고 있다.	• 베드로복음서는 19세기 말에 이집트에서 발견되었는데 예수의 수난 중 재판과 그 이후 부분만 남아 있다. 일본인 다가와 겐조의 번역이 1997년 출판되었다.

구분	내용	비고
	3. 밝혀진 바로 1837년 요셉 메리라는 극작가가 르뷔 드 파리에 발표한 '비엔나의 빌라도 총독'이라는 작품의 일부를 베껴 쓴 것이라고 한다. 마한은 문서 위조로 법정에 고발되기도 하였다고 한다.	

5. 집중연구: 예수의 납세거부 선동혐의

구분	내용	비고
예수의 죄목	1. 예수를 빌라도에게 고발한 이유에 대해 누가는 백성을 미혹하게 하는 자, 세금거부 선동자, 자칭 왕 그리스도라고 말한다. 2. 예수께서 예루살렘에 입성하신 후 유대 지도자들과 예수의 권위에 대해, 세금 내는 문제, 부활, 큰 계명 등에 관해 토론을 한다. 그중 세금 납부 문제는 '가이사의 것은 가이사에게'라고 답변함으로 듣기에 따라서는 납세 장려 운동을 한 것으로 보일 수 있다. 그런데 왜 그들은 예수께서 '가이사에게 세금을 바치는 것을 금(눅23:2)하였다'고 주장하는 것일까?	• 터툴리안 역시 구레뇨의 재임 기간 (BC8-6)에 예수께서 탄생하였다고 본다. BC4년 헤롯이 사망한 후에 유다 지방에 소요가 발생하였을 때 당시 시리아 총독 바루스가 반란을 진압하고 예루살렘을 점령하였는데 약 2000명 정도가 십자가형에 처했다고 한다. 그런데 바루스는 시리아 지역에서처럼 게르마니아에서도 세금을 거두려다가 반란 진압에 실패하고 게르만들에게 대패하여 자살하고 만다.
유대인의 납세거부 운동	1. 예수께서 태어나던 당시 요셉과 마리아는 호적을 하러 예루살렘으로 간다. 아우구스투스 황제의 명령에 의해 호구조사를 하는 이유는 세금을 더 걷기 위해서 였다. 　호적조사를 실시한 사람이 초대 총독 코포니우스라고 보기는 하지만 그는 AD6년에 부임함으로 예수 탄생 연도와 맞지 않는다, 수리아총독 구레뇨 역시 AD6년에 부임하였음으로 그도 또한 아니라고 할 수 있다. 그런데 그는 두 번 그 자리에 있었다고 한다. 처음은 수리아와 길리기아의 군사적 목적을 위해 황제 특별사절로 있었고, 두 번째는 총독이었다는 것이다. 구레뇨의 처음 재임 기간에 대해서는 BC10-7(렘지 교수), BC8-6(터툴리안)등 여러 설이 있다. 로마의 호구조사령이 하달되어도 실제로 실시되는 데에는 수년이 걸렸다고 한다. 유대 호구조사는 BC4년과 AD6년 두 차례 있었던 것으로 보인다. 2. 사도행전에는 '그 후 호적할 때에 갈릴리의 유다가 일어나 백성을 꾀어 따르게' 하였다(행5:37)는 기사가 있다. 이것은 AD6년경 수리아 총독 구레뇨가 명을 내려 세금을 걷기 위해 실시한 인구조사를 말한다. 그런데 이 때 유다 전역에서 납세거부 운동이 일어났다. 갈릴리 사람 유다와 바리새인 사독은 로마에 항거하며 열심당을 조직하고 납세거부 운동을 하다가 진압되었다.	
유대인에게 있어서의 납세문제	1. 유대인에게 세금 내는 문제는 민감한 현실적인 문제였다. 하나님의 백성이라고 하는 유대인이 세금을 낸다는 것은 로마의 지배를 인정하는 것이 된다. 그리고 하나님과 로마의 권력 사이에서 하나님의 통치가 아닌 로마의 통치를 인정하는 것이다. 로마에 대한 납세는 유대인에게 피정복의 고통의 상징이었고 고통과 치욕이었다. 2. 예루살렘 성내에서 유대인들이 예수께 한 질문은 '가이사에게 세금을 바치는 것이 옳으냐 옳지 않느냐'는 것이었다. 예수께서 세금을 내라고 하면 로마의 지배를 인정하라는 것이 되어 유대인들에게는 친로마적인 반유대인이 되는 것이다. 반대로 내지 말라고 하면 유대인의 정서에는 부합하나 로마에 저항하는 말이 된다. 예수에게 하나를 선택하라는 질문인 것이다. 3. 예수의 제자 중에는 열심당원 시몬(마10:14, 막3:18, 눅6:15)이 있었는데 마태, 마가에는 그의 이름 다음에 가룟 유다가 나온다. 그래서 가룟 유다 역시 열심당원이었을 것으로 생각하는 이들도 있다. 열심당은 신만이 하나님만이 이스라엘의 주인이라고 하며 로마에 납세를 거부하고 황제의 얼굴이 들어있는 동전도 우상으로 보았다. 예수의 제자 중에 열심당원이 있다는 것은 예수께서 그들에 대해 비판적이지 않았을 것이라는 추측을 하게 한다.	• 우리나라에서도 호적거부 운동이 일제하 경북 청도에서 있었다. 1917년 5월 24일 호적령에 반대하여 김달, 성기운 등이 호적거부를 하다가 체포되어 고문을 받기도 하였다.

예수와 세리들	1. 당시에 세리라는 호칭은 외식하는 자에 대한 욕(마5:46, 18:17)이고 창기 또는 죄인이라는 말과 함께 쓰이기도 하였다(마21:31-32, 막2:15, 눅15:1). 그런데 예수께서는 이런 세리를 제자로 부른다. 만인에게서 미움과 천대를 받는 세리에게 나를 따르라고 하였다. 공관복음에 의하면 갈릴리에서 제자들을 부른 후(마4:18-22, 막1:16-20, 눅5:1-11) 지나가다가 세관에 앉아 있는 알페오의 아들(마가)인 레위(마가. 그러나 마태, 누가는 마태라고 함)에게 나를 따르라고 하니 모든 것을 버리고(누가) 따랐다(마9:9-13, 막2:13-17, 눅5:27-32)고 한다. 예수의 제자 중에 세리도 있었던 것이다. 예수께서는 세리를 이해하였을 뿐 아니라 평소에 납세문제에도 관심이 있었을 것이다. 2. 누가에만 세리장 삭개오 이야기(눅19:1-10)가 있다. 나무에 올라가서 예수를 보려고 한 그에게 네 집에 유하겠노라고 예수께서는 말씀하고 또한 소유를 포기하겠다고 하는 삭개오에게 이 사람도 아브라함의 자손이라고 한다. 멸시받고 소외된 자를 회복시키는 선언이라 하겠다. 3. 세리 마태에 대해 마가에서는 알페오의 아들 레위(2:14)라고 하고 누가에서는 그냥 레위라고도 하는데 마태복음에서는 마태(9:9)라고 한다. 아마도 본래 이름은 레위였으나 예수께서 주신 새 이름이 마태인 것으로 보인다. 마태에 있는 열두 제자 명단에는 세리 마태(10:3)라고 되어 있다. 여기의 제자 마태를 마태복음의 저자로 보는 전승이 있다.	• 로마의 세금에서 큰 비중을 차지하는 것은 인두세이다. 로마는 인두세를 걷기 위해 호구조사를 하는 것이다(눅2:1-5). 14-65세의 남자를 대상으로 거두었고 토지세를 내면 인두세가 면제되었다는 주장이 있다. • 열심당 카나나이오스는 셀롯(눅6:15) 셀롯인(행1:13), 가나나인(아람어 원어 카나나 즉 열심에서 온 말, 마10:4) 등으로 복음서에 나온다.
예수와 성전세	1. 마태에만 예수와 성전세 이야기(마17:24-27)가 있다. 예수께서 가버나움에 이르렀을 때 성전세를 받는 자들이 베드로에게 너의 선생은 세금을 내지 않느냐고 하자 베드로는 낸다고 한다. 그런데 예수께서는 누가 누구에게 성전세를 내야 하느냐고 하지만 그러나 그들이 실족하지 않도록 세금을 내라고 한다. 하나님의 것인 성전을 위해 하나님의 아들이 세금을 낼 필요는 없으나 예수가 누구인지 모르는 이들이 실족하지 않도록 성전세를 내겠다는 것이다. 2. 성전세는 20세 이상 남자(출30:13-14)들이 1년에 한 번 반 세겔을 낸다. 본래는 유월절에 예루살렘을 방문하는 사람들을 대상으로 하다가 후에는 지역에서도 걷었다고 한다.	• 출38:25-28에는 성전세를 위해 이스라엘의 인구조사를 한 기록이 있는데 603,550명이었다고 한다.
빌라도와 세금	1. 타키투스가 빌라도를 총독이라고 부르면서 빌라도가 총독인 것으로 알려져 왔다. 그러나 1961년 가이사랴에서 발굴된 돌에 의하면 빌라도의 직함은 Procurator 즉 행정장관이다. 총독과 비슷해 보이는 명칭이기는 하지만 유대의 행정장관은 수리아 총독 휘하에 있었다. 처음 유대에 온 총독은 지사급(Prefect)이었으나 나중에는 행정장관급으로 바뀐다. 2. 빌라도와 같은 행정장관에게 가장 중요한 일은 치안확보와 세금징수의 임무이다. 이를 위해서 제한적이기는 하지만 사법권도 가지고 있다. 그러나 대민행정은 속주의 지역행정당국 즉 유대의 경우 산헤드린에게 맡긴다. 3. 행정장관은 동시에 그 지역 로마군사령관이다. 그가 지휘하는 부대의 규모는 3,000명 정도이며 지원부대의 성격을 갖고 있다. 군대가 더 필요한 상황이 생기면 상급자인 수리아 총독이 자기 부대를 파견하게 된다. 그러므로 그가 전적으로 책임을 져야 하는 임무는 치안이고 세금이라 하겠다.	• 사람의 수를 세는 것은 하나님의 분노를 부르는 일이다. 다윗이 인구조사를 한 후 이스라엘에 전염병이 돌아 칠만 명이 죽는다(삼하24:1~15).
예수의 죄목과 빌라도의 관계	1. 누가가 언급한 예수의 죄목 중 처음 두 가지는 백성을 미혹시키고 가이사에게 세금 바치는 것을 금하는 자라는 것이다. 누가에서의 빌라도는 네가 유대인의 왕이냐고 묻자 예수께서는 네가 그렇게 말했다고 대답한다. 요한복음과 누가는 아무 근거도 확인하지 않고 빌라도가 대제사장들과 무리들에게 나아가 '내가 보니 이 사람에게 죄가 없다'고 한다. 그러자 유대인들이 더 강하게, 백성을 미혹시켰다는 것을 보다 강하게 어필하며 구체적으로 갈릴리로부터 여기까지 와서 백성을 소동하게 하였다고 한다. 그들은 예수가 전국적으로 백성을 소동하게 한 즉 소요죄에 해당한다고 주장하는 것이다. 여기서 소	• 데나리온: 앞면에 티베리우스 황제의 초상이 조각되어 있고 신우구스투스의 아들 티베리우스 가이사라고 쓰여져 있다. 뒷면에는 종려나무가지를 쥐고 앉아 있는 평화의 여신

동이란 안전과 평온을 깨는 행위를 말하는데 빌라도는 바로 이런 소동에 대해 책임을 져야 하는 행정관이다.

2. 유대인들은 예수를 소요죄로 고발하면 소동의 책임을 지고 있는 빌라도로서는 즉각적으로 예수를 사법처리하지 않으면 안 될 것이라고 보고 그런 죄목을 단 것으로 볼 수 있다.

3. 예수께서 가이사에게 세금 바치는 것을 금하였다는 것은 예수께서 '가이사의 것은 가이사에게 바치라'고 한 말씀의 참뜻은 납세를 하지 말라는 말씀이었다는 주장이다.

　세금 문제를 물으러 온 이들은 먼저 예수를 시험하여 '당신은 참되고 아무도 꺼리는 일이 없으시니 이는 사람을 외모로 보지 않고 오직 진리로써 하나님의 도를 가르치심이니이다'(마22:16, 막12:14, 눅20:21)라고 한다. 그들은 세금 문제에 대해 예수께서는 '진리로써 하나님의 도의 가르침'을 기준으로 자신들에게 대답하여 달라는 것이다. 그들이 진리와 하나님의 도의 기준에서 질문한 것이기 때문에 예수께서는 대답은 당연히 가이사의 세상과 하나님 나라를 구분해야 하는 것이다.

4. 예수의 대답이 세금 거부라고 보는 이유는 무엇인가. 가이사의 것이란 데나리온만을 말하는 것이 아니라 가이사에 속한 사람들 즉, 가이사를 지지하고 현 세상에 안주하는 사람들은 가이사에게 바쳐야 한다는 것이다. 그러나 하나님의 것 즉 하나님에게 속한 자들은 하나님에게로 자기 모든 것을 돌려드려야 하는 것이다. 유대인들은 하나님의 백성이고 하나님의 것이다. 그러므로 가이사에게 세금을 내서는 안 된다는 것이다.

5. 데나리온에는 더구나 가이사의 형상이 있고 우리들에게는 하나님의 형상(창1:27)이 있다. 가이사의 것은 가이사에게로 하나님의 것은 하나님께 바쳐야 하는 것이다. 유대인들이 이런 깊은 진리를 깨닫고 예수를 납세거부 선동자로 본 것인지는 알 수 없다.

6. 혹여 그들은 빌라도에게 예수를 납세거부 선동자라고 고발할 때 징세 행정관인 빌라도가 즉각적으로 예수를 사법처리 하지 않으면 안 될 것으로 보고 그런 죄목을 단 것으로 볼 수 있다.

그림과 함께 대제사장이라고 쓰어 있다. 신약시대 유대인들은 이 돈으로 세금(인두세)를 냈다.

• 일제 통감부에 의해 지배받던 1909년 함경도와 평안도 지역에서 일제가 새로 걷기 시작한 시장세에 반대하는 기독교인들의 세금 불납운동이 전개되었다. 그중 가장 유명한 사건은 1910년 1월 평남 순천에서 일어난 사건으로 주재소와 일인 상점 습격, 파괴, 방화, 살인, 폭행 등이 일어나 99명이 체포되고 26명이 기소되었다(서평일).

제45절 ✵ 추가심문과 선고

1. 본문비교

	구분	마태(27:15-26)	마가(15:6-15)	누가(23:18-25)	요한(18:39-19:16)
바라바와 예수	명절의 전례	27:15 명절이 되면 총독이 무리의 청원대로 죄수 한 사람을 놓아 주는 전례가 있더니	15:6 명절이 되면 백성들이 요구하는 대로 죄수 한 사람을 놓아 주는 전례가 있더니		18:39상 유월절이면 내가 너희에게 한 사람을 놓아 주는 전례가 있으니
	바라바라 하는 죄수	:16 그 때에 바라바라 하는 유명한 죄수가 있는데	:7 민란을 꾸미고 그 민란 중에 살인하고 체포된 자 중에 바라바 하는 자가 있는지라		
	무죄의 요구		:8 무리가 나아가서 전례로 하여 주기를 요구한대		
	빌라도의 질문	:17 그들이 모였을 때에 빌라도가 물어 이르되 너희는 내가 누구를 너희에게 놓아 주기를 원하느냐 바라바냐 그리스도라 하는 예수냐 하니	:9 빌라도가 대답하여 이르되 너희는 내가 유대인의 왕을 너희에게 놓아 주기를 원하느냐 하니	23:17 없음	:39하 그러면 너희는 내가 유대인의 왕을 너희에게 놓아 주기를 원하느냐 하니
		:18 이는 그가 그들의 시기로 예수를 넘겨 준 줄 앎이더라	:10 이는 그가 대제사장들이 시기로 예수를 넘겨 준 줄 앎이러라		
	총독 아내의 꿈	:19 총독이 재판석에 앉았을 때에 그의 아내가 사람을 보내어 이르되 저 옳은 사람에게 아무 상관도 하지 마옵소서 오늘 꿈에 내가 그 사람으로 인하여 애를 많이 태웠나이다 하더라			
	바라바를 놓아 주소서	:20-21 대제사장들과 장로들이 무리를 권하여 바라바를 달라 하게 하고 예수를 죽이자 하게 하였더니 총독이 대답하여 이르되 둘 중의 누구를 너희에게 놓아 주기를 원하느냐 이르되 바라바로소이다	:11 그러나 대제사장들이 무리를 충동하여 도리어 바라바를 놓아 달라 하게 하니	:18-19 무리가 일제히 소리 질러 이르되 이 사람을 없이하고 바라바를 우리에게 놓아 주소서 하니 이 바라바는 성 중에서 일어난 민란과 살인으로 말미암아 옥에 갇힌 자러라	:40 그들이 또 소리 질러 이르되 이 사람이 아니라 바라바라 하니 바라바는 강도였더라
계속되는	채찍질하다				19:1-3 이에 빌라도가 예수를 데려다가 채찍질하더라 군인들이 가

빌라도의 무죄 선언과 무리의 요구					시나무로 관을 엮어 그의 머리에 씌우고 자색 옷을 입히고 앞에 가서 이르되 유대인의 왕이여 평안할지어다 하며 손으로 때리더라
	예수의 처리를 묻다	:22상 빌라도가 이르되 그러면 그리스도라 하는 예수를 내가 어떻게 하랴	:12 빌라도가 또 대답하여 이르되 그러면 너희가 유대인의 왕이라 하는 이를 내가 어떻게 하랴	:20 빌라도는 예수를 놓고자 하여 다시 그들에게 말하되	:4상 빌라도가 다시 밖에 나가 말하되 보라 이 사람을 데리고 너희에게 나오나니
	십자가 형을 요구하다	:22하 그들이 다 이르되 십자가에 못 박혀야 하겠나이다	:13 그들이 다시 소리 지르되 그를 십자가에 못 박게 하소서	:21 그들은 소리 질러 이르되 그를 십자가에 못 박게 하소서 십자가에 못 박게 하소서 하는지라	
	무죄 선언 누가 세 번째 요한복음 두 번째	:23상 빌라도가 이르되 어찜이냐 무슨 악한 일을 하였느냐	:14상 빌라도가 이르되 어찜이냐 무슨 악한 일을 하였느냐 하니	:22 빌라도가 세 번째 말하되 이 사람이 무슨 악한 일을 하였느냐 나는 그에게서 죽일 죄를 찾지 못하였나니 때려서 놓으리라 하니	:4하-5 이는 내가 그에게서 아무 죄도 찾지 못한 것을 너희로 알게 하려 함이로라 하더라 이에 예수께서 가시관을 쓰고 자색 옷을 입고 나오시니 빌라도가 그들에게 말하되 보라 이 사람이로다 하매
예수와 빌라도(요한복음)	무죄 선언 요한복음 세 번째				:6 대제사장들과 아랫사람들이 예수를 보고 소리 질러 이르되 십자가에 못 박으소서 십자가에 못 박으소서 하는지라 빌라도가 이르되 너희가 친히 데려다가 십자가에 못 박으라 나는 그에게서 죄를 찾지 못하였노라
	무리의 협박				:7-8 유대인들이 대답하되 우리에게 법이 있으니 그 법대로 하면 그가 당연히 죽을 것은 그가 자기를 하나님의 아들이라 함이니이다 빌라도가 이 말을 듣고 더욱 두려워하여
	빌라도의 권한				:9-11 다시 관정에 들어가서 예수께 말하되 너는 어디로부터냐 하되 예수께서 대답하여 주지 아니하시는지라

					빌라도가 이르되 내게 말하지 아니하느냐 내가 너를 놓을 권한도 있고 십자가에 못 박을 권한도 있는 줄 알지 못하느냐 예수께서 대답하시되 위에서 주지 아니하셨더라면 나를 해할 권한이 없었으리니 그러므로 나를 네게 넘겨준 자의 죄는 더 크다 하시니라
	반역죄				:12 이러하므로 빌라도가 예수를 놓으려고 힘썼으나 유대인들이 소리 질러 이르되 이 사람을 놓으면 가이사의 충신이 아니니이다 무릇 자기를 왕이라 하는 자는 가이사를 반역하는 것이니이다
	선고 준비				:13-14상 빌라도가 이 말을 듣고 예수를 끌고 나가서 돌을 깐 뜰(히브리 말로 가바다)에 있는 재판석에 앉아 있더라 이 날은 유월절의 준비일이요 때는 제육시라
빌라도의 언도	십자가 선고 재촉	:23하 그들이 더욱 소리 질러 이르되 십자가에 못 박혀야 하겠나이다 하는지라	:14하 더욱 소리 지르되 십자가에 못 박게 하소서 하는지라	:23 그들이 큰 소리로 재촉하여 십자가에 못 박기를 구하니 그들의 소리가 이긴지라	:14하-15상 빌라도가 유대인들에게 이르되 보라 너희 왕이로다 그들이 소리 지르되 없이 하소서 없이 하소서 그를 십자가에 못박게 하소서
	빌라도의 태도	:24 빌라도가 아무 성과도 없이 도리어 민란이 나려는 것을 보고 물을 가져다가 무리 앞에서 손을 씻으며 이르되 이 사람의 피에 대하여 나는 무죄하니 너희가 당하라	:15상 빌라도가 무리에게 만족을 주고자 하여	:24상 이에 빌라도가 그들이 구하는 대로 하기를	:15중 빌라도가 이르되 내가 너희 왕을 십자가에 못 박으랴
	언도 하다	:25 백성이 다 대답하여 이르되 그 피를 우리와 우리 자손에게 돌릴지어다 하거늘		:24하 언도하고	:15하 대제사장들이 대답하되 가이사 외에는 우리에게 왕이 없나이다 하니

| 십자가에
넘겨지다 | :26 이에 바라바는 그들
에게 놓아 주고 예수는
채찍질하고 십자가에 못
박히게 넘겨 주니라 | :15하 바라바는 놓아 주
고 예수는 채찍질하고
십자가에 못 박히게 넘
겨 주니라 | :25 그들이 요구하는
자 곧 민란과 살인으로
말미암아 옥에 갇힌 자
를 놓아 주고 예수는 넘
겨주어 그들의 뜻대로
하게 하니라 | :16 이에 예수를 십자가
에 못 박도록 그들에게
넘겨 주니라 |

2. 본문의 차이

구분		마태	마가	누가	요한
명절의 전례		전례가 있다(27:15)	전례가 있다(15:6)	언급이 없다	
			무리가 전례대로 요구 하다(15:8)		빌라도가 스스로 언급 하다(18:39)
바라바		유명한 죄수(27:16)	민란을 일으키고 살인 한 자(15:7)	민란과 살인으로 옥에 갇힌 자(23:19)	강도라(18:40)
		바라바는 그들에게 놓 아 주고(27:26)	바라바는 놓아주고 (15:15)	민란과 살인으로 옥 에 갇힌 자를 놓아주고 (23:25)	
빌라도, 바라바, 지도자, 무리		바라바냐, 그리스도라 하는 예수냐(27:17)	유대인의 왕을 놓아 주 기를 원하느냐(15:9)		유대인의 왕을 너희에 게 놓아 주기를 원하느 냐(18:39)
		대제사장들과 장로들이 무리를 권하여 바라바 를 달라 하고 예수를 죽 이자 하게 하다(27:20)			
		둘 중에 누구를 놓아주 기 원하느냐(27:21)			
		바라바로소이다 (27:21)		무리가 일제히 소리 질 러 이 사람을 없이하고 바라바를 우리에게 놓 아주소서(23:18)	그들이 또 소리 질러 이 르되 이 사람이 아니라 바라바라(18:40)
빌 라 도 와 무 리 총 독 의 아 내	예수의 처리를 묻다				예수를 채찍질하더라 (19:1)
		그리스도라 하는 예수 를 내가 어떻게 하랴 (27:22)	그리스도라 하는 예수 를 내가 어떻게 하랴 (27:22)	빌라도는 예수를 놓고 자 하여 다시 그들에게 말하되(23:20)	보라 이 사람을 데리 고 너희에게 나오나니 (19:4)
		십자가에 못 박아야 하 겠나이다(27:22)	십자가에 못 박게 하소 서(15:13)	십자가에 못 박게 하소 서(23:21)	
	무죄 선언 (누가 3차, 요한복음 2차)	무슨 악한 일을 하였느 냐(27:23)	무슨 악한 일을 하였느 냐(15:14)	무슨 악한 일을 하였느 냐 나는 그에게서 죽 일 죄를 찾지 못하였 으니 때려서 놓으리라 (23:22)	내가 그에게서 아무 죄 도 찾지 못한 것을 너희 에게 알게 함이라(19:4)

					대제사장과 아랫사람들이 예수를 보고 소리 질러 이르되 십자가에 못 박으소서 하는지라 빌라도가 이르되 너희가 친히 데려다가 십자가에 못 박으라 나는 그에게서 죄를 찾지 못하였느니라 (19:6)
	총독 아내의 꿈	꿈에 애를 많이 태웠나이다 저 옳은 사람에게 아무 상관도 하지 마옵소서 (27:19)			
	무리의 협박				우리의 법대로 하면 당연히 죽을 것이다, 자기를 하나님의 아들이라 함이라 (19:7-8) 이 사람을 놓으면 가이사의 충신이 아니니이다 무릇 자기를 왕이라 하는 자는 가이사를 반역하는 것이니이다 (19:12)
예수와 빌라도의 대화					너는 어디로부터냐, 십자가에 못 박을 권한도 있다 위에서 주지 아니하면 해할 권한이 없다 나를 네게 넘겨준 자의 죄는 더 크다 (19:9-11)
빌라도의 언도		십자가에 못 박혀야 하겠나이다 (27:23) 민란이 나려는 것을 보고 (27:24) 나는 무죄하니 너희가 당하라 (27:24) 그 피를 우리와 우리자손에게 돌릴지어다 (27:25) 채찍질하고 십자가에 못 박히게 넘겨지다 (27:26)	십자가에 못 박게 하소서 (15:14) 무리에게 만족을 주고자 하여 (15:15) 채찍질하고 십자가에 못 박히게 넘겨지다 (15:15)	십자가에 못 박기를 구하니 (23:23) 그들의 소리가 이긴지라 (23:23) 그들이 구하는 대로 언도하고 (23:24) 예수를 넘겨주어 그들의 뜻대로 하게 하다 (23:25)	재판석에 앉다, 보라 너희 왕이로다 (19:13-14) 십자가에 못 박게 하소서 (19:15) 가이사 외에는 우리에게 왕이 없나이다 (19:15) 예수를 십자가에 못 박도록 그들에게 넘겨지니라 (19:16)
	있다 없다	• 총독의 아내의 꿈 이야기가 있다 • 빌라도가 손을 씻다 • 재판석에 앉아 있다		• 헤롯의 심문기사가 있다 • 명절의 전례에 대한 언급이 없다	• 빌라도의 심문내용이 있다. • 무리의 협박이 두 차례 있다 • 재판석에 앉다

빌 라 도 의 심 문 전 체 일 람	빌라도의 무죄 선언	무슨 악한 일을 하였느 냐(27:23)	무슨 악한 일을 하였느 냐(15:14)	• 1차: 내가 보니 이사람 에게 죄가 없도다(23:4) • 2차: 너희가 고발하 는 일에 대해 죄를 찾지 못하였고(23:14)그러 므로 때려서 놓겠노라 (23:16) • 3차: 이 사람이 무슨 악한 일을 하였느냐 나 는 그에게서 죽일 죄를 찾지 못하였나니 때려 서 놓으리라(23:22)	• 1차: 나는 그에게서 아무 죄도 찾지 못하였 노라(18:38) • 2차: 내가 그에게서 아무 죄도 찾지 못한 것 을 너희에게 알게 하려 함이니라(19:4) • 3차: 너희가 친히 데 려다가 십자가에 못 박 으라 나는 그에게서 죄 를 찾지 못하였노라 (19:6)
	예수를 놓아 주랴	• 내가 누구를 놓아 주 기를 원하느냐 바라바 냐 그리스도라 하는 예 수냐(27:17)	너희는 내가 유대인의 왕을 놓아 주기를 원하 느냐(15:9)	• 그가 행한 일에는 죽 일 일이 없느니라 그러 므로 때려서 놓겠노라 (23:15-16)	너희는 내가 유대인의 왕을 너희에게 놓아 주 기를 원하느냐(18:39)
	예수를 놓으려고	• 누구를 놓아 주기를 원하느냐(27:21)		• 빌라도는 예수를 놓 고자 하여 다시 그들에 게 말하되(23:20)	• 빌라도가 예수를 놓으 려고 힘썼으나 유대인들 이 소리 질러(19:12)
	가혹 행위	• 가야바의 심문 후 (26:67-68) • 빌라도의 심문 후 (27:27-31)	• 가야바의 심문 후 (14:65) • 빌라도의 심문 후 (15:16-20)	• 공회의 심문 전 가야 바의 집(22:63-65) • 헤롯의 심문 중	• 안나스 심문 중 (18:22) • 빌라도 심문 중 (19:2-3)
	심문과정	• 빌라도의 심문	• 빌라도의 심문	• 빌라도의 심문 • 헤롯의 심문 • 빌라도의 심문	• 빌라도의 심문
	유대 지도자의 등장	• 대제사장들과 장로 들에게 고발을 당하다 (27:12)	• 대제사장들이 여러 가지로 고발하는지라 (15:3)	• 빌라도가 대제사장들 과 무리에게 이르되 내 가 보니 이 사람에게 죄 가 없도다(23:4)	• 내가 유대인이냐 네 나 라 사람과 대제사장들이 너를 내게 넘겼으니 네가 무엇을 하였느냐(18:35)
		• 대제사장들과 장로들 이 무리를 권하여 바라 바를 달라 하게 하고 예 수를 죽이자 하게 하였 더니(27:20)	• 그러나 대제사장들이 무리를 충동하여 도리 어 바라바를 놓아 달라 하게 하니(15:11)	• 대제사장들과 서기관 들이 헤롯 앞에 서서 힘 써 고발하더라(23:10)	• 대제사장들과 아랫사 람들이 예수를 보고 소 리 질러 이르되 십자가 에 못 박으소서 십자가 에 못 박으소서
				• 빌라도가 대제사장들 과 관리들과 백성을 불 러 모으고(23:13)	• 대제사장들이 대답하 되 가이사 외에는 우리 에게 왕이 없나이다
	무리의 등장: 소리를 지르다 (★)	• 무리를 권하여 바라 바를 달라하게 하고 (27:20)	• 무리를 충동하여 도 리어 바라바를 놓아 달 라 하게하고(15:11)	• 무리가 더욱 강하게 말하되 그가 온 유대에 서 가르치고(23:5) ★무리가 일제히 소리 질 러 이르되 이 사람을 없이 하고 바라바를 우리에게 놓아주소서하니(23:18)	★그들이 또 소리 질 러 이르되 이 사람이 아니라 바라바라 하니 (18:40)

★그들이 더욱 소리 질러 이르되 십자가에 못 박혀야 하겠나이다(27:23)	★그들이 다시 소리 지르되 그를 십자가에 못 박게 하소서(15:13)	★그들은 소리 질러 이르되 그를 십자가에 못 박게 하소서 십자가에 못 박게 하소서 하는지라(23:21)	★대제사장과 아랫사람들이 예수를 보고 소리 질러 이르되 십자가에 못 박으소서 십자가에 못 박으소서하는지라(19:6)
	★더욱 소리 지르되 십자가에 못 박게 하소서 하는지라(15:14)	★그들이 큰 소리로 재촉하여 십자가에 못 박기를 구하니(23:23)	★유대인들이 소리 질러 이르되 이 사람을 놓으면 가이사의 충신이 아니니이다(19:12)
•도리어 민란이 나려는 것을 보고 물을 가져다가 무리 앞에서 손을 씻으며(27:24)	•빌라도가 무리에게 만족을 주고자 하여(15:15)	•이에 빌라도가 그들이 구하는 대로 하기를 언도하고(23:24)	★그들이 소리 지르되 없이 하소서 없이 하소서 십자가에 못 박게 하소서(19:15)
유대인의 왕, 그리스도 / •네가 유대인의 왕이냐(27:11) •그리스도라 하는 예수(27:17,22)	•네가 유대인의 왕이냐(15:2) •내가 유대인의 왕을 너희에게 놓아주기를 원하느냐(15:9) •유대인의 왕이라 하는 이를 내가 어떻게 하랴(15:12)	•네가 유대인의 왕이냐(23:3) •백성을 미혹하는 자라 하여 내게 끌고 왔도다(23:14)	•네가 유대인의 왕이냐(18:33) •그러면 네가 유대인의 왕이 아니냐 네 말과 같이 내가 왕이니라(18:37) •내가 유대인의 왕을 너희에게 놓아주기를 원하느냐(18:39) •앞에 가서 이르되 유대인의 왕이여 평안할지어다 하며 손으로 때리더라(19:3) •그가 자기를 하나님의 아들이라 함이니이다(19:7) •무릇 자기를 왕이라 하는 자는 가이사를 반역하는 것이니이다 •내가 너희 왕을 십자가에 못 박으랴 •가이사 외에는 우리에게 왕이 없나이다
유대인의 책임 / •이 사람의 피에 대해 무죄하니 너희가 당하라(27:24) •그 피를 우리와 우리 자손에게 돌릴지어다		•그들이 구하는 대로 하기를 언도하고(23:24) •그들의 뜻대로 하게 하리라(23:25)	•나를 네게 넘겨준 자의 죄는 더 크다 하시니라(19:11)

3. 본문이해

구분	내용	비고
명절의 전례	1. 명절이 되면 청원대로(마태) 또는 백성들이 요구하는 대로(마가), 죄수 한 사람을 놓아주는 전례가 있다는 기사는 마태, 마가에 나온다. 요한복음에서는 빌라도가 먼저 전례에 대해 말한다. 　누가에는 바라바 이야기는 있으나 전례가 있다는 언급은 없다. 요한복음은 전례를 언급하고 있으나 빌라도가 하는 말로 소개되고 있다. 2. 실제로 그 당시 명절에 죄수 한 명을 풀어준다는 전례에 대해 성서 이외에는 아무 데에서도 그 기록을 찾을 수가 없다. 그러나 명절이나 축제 때 죄수를 석방해주는 일은 있을 수 있는 일이다. 3. 고대 로마축제 중에 레크티테르니움(Lectiternium), 또는 레크티스테르니아(Lectisternia)라는 축제가 있다. 이 축제는 신들을 달래기 위한 축제로서 BC399년에 시작되었는데 신들의 이미지를 쿠션 위에 놓고 식사를 드리는 이 축제에서 채무자들과 죄수들을 풀어주었다고 한다. 이와 같은 풍습이 팔레스타인에서도 있었을 것으로 추정된다. 그러나 관례가 있다 하더라도 그것을 주도적으로 시행하는 것은 총독의 권한이라 하겠다.	• Lectiternium 축제가 본래는 그리스의 축제로서 theoxenia 즉 신에 대한 접대, 신을 환대하는 축제이었다고 한다.
바라바	1. 바라바의 실존여부에 대해서는 여러 설이 있다. 당시 역사를 기록한 책들에서 바라바라는 인물이 등장하지 않고 있기 때문이다. 그러나 마태, 마가, 누가, 요한복음 등 사복음서가 바라바에 대해 말하고 있다. 당시 수없이 크고 작은 민란이 일어났던 사회적 배경을 감안할 때 비록 기록에는 언급이 되어 있지는 않으나 바라바라는 인물이 있었을 수 있는 개연성은 높다고 하겠다. 2. 일부 사본에는 바라바의 이름이 예수라고 되어 있다. 바라바는 성이다. 메시아에 대한 우려움으로 인해 바라바 예수에서 예수를 뺀 바라바라고 하였을 수도 있다. 바라바의 이름이 예수이어서 그랬는지, 마태에서는 '내가 누구를 너희에게 놓아 주기를 원하냐'(27:17), 그리고 다시 한 번 '둘 중에 누구를 너희에게 놓아 주기를 원하냐'(27:21)고 묻는다. 거듭해서 묻는 이유가 두 사람의 이름이 예수였기 때문에 신중하게 확인하기 위해서였다는 주장이 있다. 빌라도가 처음 물을 때에는 '바라바냐 그리스도라 하는 예수냐'고 하지만 두 번째 '둘 중에'라고 한다. 　시내수리아 사본과 몇몇 가이사랴 사본에는 16절과 17절의 바라바 이름이 바라바 예수로 되어 있다. 3. 바라바에 대한 사복음서의 언급에 차이가 있다. 마태는 유명한 죄수(27:16)라고 하고 요한복음은 강도(18:40)라고 한다. 마가는 '민란을 꾸미고 그 민란 중에 살인하고 체포된 자'(15:7)라고 하고 누가는 두 번이나 반복해서 '민란과 살인으로 옥에 갇힌 자'(23:19,25)라고 강조한다. 요한복음은 한마디로 강도라고 잘라 말한다. 누가는 어떻게 '민란과 살인으로 옥에 갇힌 자가 예수 대신에 석방되는 것에 강한 의구심을 드러낸다. 그리고 근본적으로 예수께서 바라바와 비교되는 것에 대해 강한 유감을 나타내고 있다. 4. 바라바의 신원에 대해 유명한 죄수(마27:16)이고 백성들이 그를 풀어주기를 원하는 것을 이유로 로마에 대해 저항한 열심당원으로 보기도 한다. 그러나 로마관리가 로마에 대항해 민란을 일으킨 자를 로마 총독의 사면권으로 그를 풀어주었다는 것은 합리적으로 이해하기 어렵다.	• 바라바는 '아버지의 아들' 이라는 뜻으로 우리식으로는 '아무개' 나 다름없다고 한다. 그래서 바라바를 가명으로 보는 이들도 있다. 바라바를 대신해서 죽은 예수야말로 모든 아버지의 아들들을 대신하여 죽은 것이라 하겠다(바이블 키워드에서). • 특별사면: 헌법 제 39조에 의해 대통령은 국가적인 기념일이나 축제에 사면이나 감형을 할 수 있다. 특별사면은 국가원수의 특권으로서의 통치행위라 하겠다.
빌라도의 질문 두 가지	1. 마가만이 '무리가 전례대로 하여 주기를 요구하였다'(15:8)고 한다. 2. 요한복음은 빌라도가 '유월절에 내가 한 사람을 놓아주는 전례가 있다'(18:39)고 먼저 말한다. 그런데 누가에는 23:17이 없음으로 되어 있다. 누가 23:17이 없음으로 되어 있기는 하나 흠정역 등에는 ( )안에 명절의 전례를 언급한 막15:6이 있다. 권위 있는 바티칸 사본에는 없다.	

	3. 빌라도가 무리에게 질문한 내용이 두 가지로 되어 있다. 마태에는 '너희에게 누구를 놓아주기를 원하느냐, 바라바냐 그리스도라 하는 예수냐'(27:17)라고 한다. 그러나 마가와 요한복음에서의 빌라도는 '둘 중에 누구'(마27:21)가 아니라 '내가 유대인의 왕을 너희에게 놓아 주기를 원하느냐(막15:9, 요 18:39)이다. 유대인의 왕이라는 자를 놓아 주고 싶다는 뜻이 포함되어 있다 하겠다.	
유대 지도자들의 시기로 예수를 넘기다 (마태, 마가)	1. 마태, 마가에 나오는 기사다. 마태, 마가에는 유대교 지도자들이 예수를 빌라도에 넘긴 이유, 즉 고발내용이 나오지 않는다. 누가에는 세 가지 이유가 있고 요한복음에는 예수를 행악자라고 한다. 마태에는 '얼마나 많은 것으로 (고발을) 증언하는지 듣지 못하였느냐'(27:13)고 하고 마가는 '여러 가지로 고발'(15:3)하였다고만 한다. 2. 마태는 그들의 시기(27:18)로, 마가는 대제사장의 시기(15:10)로 예수를 빌라도에게 넘겨준 것으로 빌라도가 알고 있다고 한다. 예수에 대한 시기의 감정으로 유대인들이 예수를 죽이려 한다는 것이다. 3. 대제사장들이 왜 예수를 시기하였을까 예수께서 민중 속에 있었기 때문이다, 대제사장들은 하나님만을 바라보아야 하는 사람임에도 불구하고 세상 사람들을 바라보고 있으니 예수에 대해 시기가 생겨난 것이라 하겠다. 인기와 시기는 세상적인 것이다, 부족한 대제사장들이 예수를 고발한 진짜 이유가 시기라는 것을 빌라도는 '알았다'고 한다.	• 시기: 남이 잘되는 것을 미워하는 것이다. **욥5:2** 분노가 미련한 자를 죽이고 시기가 어리석은 자를 멸하느니라 **잠14:30** 평온한 마음은 육신의 생명이나 시기는 뼈를 썩게 하느니라
총독 아내의 꿈과 총독의 판결 후의 태도 (마태)	1. 마태에만 있는 기사다. 마태에는 꿈 이야기가 많다. 2. 총독의 아내는 꿈에 '그 사람으로 인하여 애를 많이 태웠다'고 한다. 그래서 빌라도가 재판석에 앉아 있을 때에 사람을 보내 '저 옳은 사람에게 아무 상관도 하지 마옵소서'(27:19)라고 한다. 동사가 없는 헬라어 표현이다. 총독 아내의 꿈이 예수가 사형을 받을까 심히 염려한 꿈이라고 한다면 남편에게 전한 말은 그를 사형에 처하는 일에 개입하지 말라는 것 다시 말해 옳은 사람으로 보이는 사람에게 옳지 않은 행동을 할 수 있는 남편에게 경고하는 의미라 하겠다. 3. 이 꿈 때문이라고는 할 수 없지만, 빌라도는 판결 후에 '무리 앞에 손을 씻으며 이 사람의 피에 대하여 나는 무죄하다'고 한다. 그리고 '너희가 당하라'고도 한다. 그때 백성들은 '그 피를 우리와 우리 자손에게 돌리라'고 대답한다(27:24-25). 4. 총독 아내의 꿈 이야기는 예수가 옳은 사람이어서 그에 대해 아무 상관도 하지 말라 즉 나쁜 판결을 하지 말라는 것이다. 그래서 판결 후 총독은 이런 판결을 내린 것은 너희들 때문이라고 하며 너희가 당하라고 한다. 5. 빌라도 아내의 이름은 '클라우디아 프로쿨라'라고 한다, 그런데 이 이야기는 쥴리어스 시저의 세 번째 아내인 캄푸르니아가 시저가 암살된 후에 한 이야기와 비슷하다. 캄푸르니아는 남편이 살해될 수 있다는 예감이 들어 시저가 원로원에 나가는 것을 막았다고 한다. 부인이 예언적인 꿈을 꾸고 남편에게 진지하게 말했으나 시저는 듣지 않았다고 한다. 쥴리어스 시저는 BC49년 3월 15일 암살당했다.	• 시저의 세 번째 부인인 캄푸르니아는 BC59년에 시저와 결혼을 하였는데 자식은 없었다고 한다. 세익스피어의 희곡 줄리어스 시저에는 암살을 걱정하는 두 사람의 대화가 있다. • 구약에는 많은 꿈 이야기가 있다. 요셉의 꿈 해몽, 다니엘의 꿈 해몽, 바로 왕의 꿈, 솔로몬의 꿈 등이 있다.
무리를 충동하다 (마태,마가)	1. 마태에서는 빌라도가 바라바냐 그리스도라 하는 예수냐고 물었기 때문에 대제사장들과 장로들은 무리를 권하여 바라바를 달라 하고 예수를 죽이자 하게 하였다고 한다. 마가에서는 빌라도가 유대인의 왕을 너희에게 넘겨주기를 원하느냐고 물었기 때문에 대제사장들은 무리를 충동하여 바라바를 놓아 달라 하게 한다. 2. 대제사장들과 장로들이 무리에게 권하거나 충동하는 이유는 군중이나 집단이 자기네들이 원하는 방향으로 행동하게 하기 위해서이다. 사람을 조정하는 사람을 심리학에서 조작하는 사람manipulator라고 한다.	• 군중심리: 정보를 갖고 있지 않은 상태에서 타당성을 확인하지 않은 채 다수의 사람들이 하는 행동이나 선택을 따라 하는 것을 말한다.

	3. 누가와 요한복음에는 유대 지도자들이 무리를 조종하는 모습이 나오지 않는다. 그러나 요한복음에는 대제사장들과 아랫사람들이 직접 예수를 보고 소리를 질렀다고 한다(19:6). 뒤에 있는 것이 아니라 전면에 나선 것이다. 그만큼 상황이 긴박하였다는 것으로 이해할 수 있다.	• 집단행동: 군중 속에 있는 사람은 일상적인 생각이나 행동과 다르게 행동하는 것을 말한다.
바라바를 놓아 주소서 (사복음서)	1. 마태에서의 빌라도는 둘 중의 하나 '둘 중의 누구를 원하느냐고 두 번째 물었을 때 무리들은 대제사장들과 장로들이 권하여 바라바라고 대답한다(27:21). 마가에서도 무리들은 대제사장들의 충동으로 바라바라고 한다(15:11). 2. 마가에서의 빌라도는 '내가 유대인의 왕을 놓아주기 원하느냐고 하는데 무리는 바라바를 놓아 달라고 한다. 무리가 오히려 빌라도의 제안에 가부를 말하지 않고 역제안, 대체제안을 할 수 있었던 것은 대제사장이 무리를 충동(15:11)하였기 때문에 가능한 것이다. 3. 누가에서는 빌라도가 처음으로 나는 그에게서 아무 죄도 찾지 못하였다(23:14)고 하며 첫 번째 무죄 선언을 하는데 무리가 더욱 강하게 예수가 백성을 소동하게 하였다고 한다(23:5). 누가에서의 빌라도는 예수께서 헤롯에게 심문을 받고 돌아왔을 때 두 번째 무죄 선언으로 헤롯이 '그를 우리에게 도로 보내었도다 보라 그가 행한 일에는 죽일 일이 없느니라'(23:15)고 하며 '그러므로 때려서 놓겠노라'(23:16)고 한다. 그때 무리가 일제히 소리 질러 바라바를 놓아 주소서라고 한다. 4. 요한복음도 빌라도가 처음에 유대인의 왕을 너희에게 놓아 주기를 원하느냐고 하니 그들이 또 소리 질러 이르되 이 사람이 아니라 바라바라(18:40)고 한다. 마가와 요한복음에서는 빌라도가 하나의 제안 즉 유대인의 왕을 놓아주기를 원하느냐에 대해 가부를 묻는데 그들은 빌라도의 제안이 아닌 다른 제안으로 바라바를 놓아주기를 원한다고 한다.	• 역제안: 상대의 제안에 대하여 또 다른 안이나 의견을 내놓는 것을 말한다(counter proposal). 다른 말로는 대안제시, 대체제안, 반론들이 있다. • performance: 사람들에게 자신이 표현하고자 하는 관념이나 내용을 신체 그 자체를 통하여 주체적으로 보여주는 예술행위를 말한다. 최근에 열리는 각종 집회에서 퍼포먼스는 필수가 되어 있다. 촛불집회 때에는 각양각색의 퍼포먼스가 행하여 졌다.
에케호모 Ecce Homo 보라 이 사람이로다 (요한복음)	1. 요한복음에만 있는 기사이다. Ecce Homo는 라틴어다. 헬라어 원문은 이두 호 안트로포스이다. 호는 정관사이지만 번역하지 않는다. 그러나 정관사가 쓰여 진 때에는 특정한 인물이나 사물을 강조한다. 그래서 '보라 이 사람이로다'라고 번역한다. 2. 요한복음에서 빌라도는 유대인의 왕을 놓아주기를 원하느냐고 유대인들에게 묻자 그들이 또 소리 질러 이 사람이 아니라 바라바라(18:40)고 한다, 이때 빌라도가 '예수를 데려다가 채찍질을 하고 군인들이 가시나무로 관을 엮어 그의 머리에 씌우고 자색 옷을 입힌다'(19:1-2). 그리고 빌라도가 예수 '앞에 가서 유대인의 왕이여 평안할지어다 하며 손으로 얼굴을 때린다'(19:3). 3. 빌라도가 다시 밖에 나가 '보라 이 사람을 데리고 너희에게 나아오니 이는 내가 그에게서 아무 죄도 찾지 못한 것을 너희로 알게 함이로다'(19:4)라고 두 번째 무죄 선언을 한다. '이에 예수께서 가시관을 쓰고 자색 옷을 입고 나오니 빌라도가 그들에게 말하되 '보라 이 사람이로다'고 말한다. 일반적으로 마태, 마가에 나와 있는 형이 확정된 후에야 채찍질을 받게 된다. 빌라도는 예수의 형이 확정되기 전 채찍질을 한 것이다 이것은 당시 전례에 맞지 않는 행동이다. 요한복음의 빌라도는 채찍질까지 하였으나 그에게서 죄를 찾지 못하였고 예수의 무죄를 말하기 위해 채찍질하였다고 보아야 할 것이다. 4. 빌라도가 예수를 채찍으로 때려, 피 흘리게 하고 가시관을 씌우고 자색 옷을 입힌 이유는 무엇일까? 유대인들이 '이 사람이 아니라 바라바'라고 하자 진짜 이 사람이 아니냐는 의미의 퍼포먼스를 한 것으로 보여 진다. 빌라도는 진짜 이 사람을 풀어주어야 한다는 것이다. 빌라도는 자기주장이 맞다는 것을 보여주기 위해 자칭 '유대인의 왕'이 가장 불쌍하고 초라하며 '볼품없는 무력한 왕이라는 것을 보여 주려 한 것이다.	• 에케호모는 수많은 미술가들이 작품의 주제로 채택하여 수없이 많은 유화들과 벽화, 조각 등을 남겼다. • 18세기 모라비아운동의 중심인물인 진젠도르프는 1719년 유럽 여행을 하던 중 뒤셀도르프 화랑에서 도메니코 패티의 에케호모를 본다. 이 그림을 보고 진젠도르프는 자신의 생애를 그리스도를 위해 바치기로 서원한다.

	5. 빌라도의 말대로 예수를 보자. 왕이라고 하면서 자색 옷은 입었으나 나무 가시관을 쓴 채 채찍으로 맞아 피 흘리고 빌라도에게 뺨을 맞으며 유대인의 왕이여 평안할지어다라는 조롱의 인사를 받는 예수의 모습을 보자. 희화화된 복장으로 희롱당하고 채찍으로 폭행당하고 빌라도에게 모욕을 당하는 예수를 보자. 빌라도는 이 사람에게서 아무 죄도 찾지 못하였다고 두 번째로 예수의 무죄를 주장하면서 그리고 이런 모습의 예수를 보이는 것은 '그에게서 아무 죄도 찾지 못한 것을 너희로 알게 하려 함이라'(19:4)고 한다. 6. 빌라도는 사람들 앞에 보여진 유대인의 왕의 가련하고 측은한 모습을 보면 유대인들이 예수를 동정하여 예수를 놓아주자고 할 것으로 예상하였을 것이다. 동정심을 일으켜 대중의 마음을 돌리려는 시도였다고 하겠다. 그러나 무리는 이미 군중심리에 휩싸여 집단행동을 하고 있어서 예수에 대한 어떤 연민이나 관용 또는 자비조차 베풀 수 없었을 것이다. 빌라도는 무리에게 나오는 예수를 향해 '보라 이 사람이로다'(19:5)라고 말한다.	• 그는 1727년 헤론후트에서 성령을 체험한 후 모라비안 형제단의 지도자가 된다. 헤론후트 로중(묵상집)이 1731년부터 지금까지 계속 발간되고 있는데 최근에는 한글판도 나오고 있다.
십자가에 못 박게 하소서	1. 무리들이 처음으로 예수를 십자가에 못 박으소서라고 한다, 마태, 마가에서의 빌라도는 바라바를 놓아 달라고 하는 무리에게 묻는다. 마태에서는 '그리스도라 하는 예수를 내가 어떻게 하랴'(27:22)하고, 마가에서는 '유대인의 왕이라 하는 이를 내가 어떻게 하랴'(15:22)고 한다. 그들의 대답은 마태, 마가 모두 '십자가에 못 박게 하소서'라고 한다, 누가에서의 빌라도는 '예수를 놓고자 하여 다시 그들에게 말하는데'(23:20) 그들이 '소리 질러 그를 십자가에 못 박으소서'(23:21)라고 한다. 요한복음은 대제사장들과 아랫사람들이 예수를 보고 십자가에 못 박으소서 십자가에 못 박으소서(19:6)라고 한다. 2. 무리들이 두 번째로 예수를 못 박으소서라고 한다. 마태, 마가에서의 빌라도는 예수에 대해 어쩜이냐 무슨 악한 일을 하였느냐(마27:23, 막15:14)고 말한다. 예수의 무죄 선언이라고 보기에는 약하지만, 예수의 무죄를 확인하는 발언을 한다. 그러자 그들이 더욱 소리 지르며 십자가에 못 박게 하라고 한다. 3. 공관복음과 요한복음은 무리들이 소리 질렀다(마27:22, 막15:14, 눅23:21, 요19:6)고 한다. 사복음서는 십자가에 못 박으소서가 두 번씩(마27:22,23, 막15:13,14, 눅23:21,23, 요19:6,15)있었고 누가에는 첫 번째(23:21)에서만 두 번 나온다. 요한복음은 두 번째 십자가에 못 박으소서에 이어서 없이 하소서를 두 번 반복(19:15)한다. 4. 누가에서의 빌라도는 세 번째 무죄 선언을 한다. 이 사람이 무슨 악한 일을 하였느냐고 하며 두 번째 무죄 선언을 하였을 때와 마찬가지로 때려서 놓으리라(23:22)고 한다, 누가에서 말하는 때려서 놓으리라는 것은 태형을 말하지 않는다. 다윗 법에는 죄가 확정되지 아니한 자를 때리지 않는다. 때리다의 의미는 징계하다, 교육하다, 가르치다 이다. 즉 징계해서 방면하겠다는 것이다. 그러자 '그들이 큰 소리로 재촉하여 십자가에 못 박으라'고 한다(23:23). 5. 요한복음에서 두 번째로 예수를 십자가에 못 박으라고 하는 것은 빌라도가 재판석에 앉은 다음의 일이다(19:13-15). 6. 죄수를 때려서 풀어 준 적이 있다. 로마 총독 루세이우스 알비누스(AD57-63?)는 예루살렘과 성전 심판을 예언한 예수 바르아나니아를 매질한 후 미친 사람으로 간주하고 풀어준다(AD62).	• 황제 숭배: 동방종교들이 로마에 미친 영향의 결과이다. 이집트의 바로 숭배, 페르시아의 황제 숭배, 희랍인의 영웅찬양 등이 로마의 황제 숭배에 바탕이 된다. 로마의 황제 숭배는 백성들에게서 우러난 것이라기보다는 황제에 대한 충성심의 척도로 쓰였다. 역사적으로 중국 주나라(BC1000년경), 알렉산더왕(BC300년경) 등이 하늘의 아들, 즉 천자 또는 신의 아들이라는 호칭을 가졌다. BC3세기 고대 근동 지역에서는 왕을 신의 아들로 보는 경향이 확산되어 있었다.
빌라도를 협박 하는 유대인들 (요한복음)	1. 요한복음에만 나오는 기사다. 빌라도가 처참한 모습의 예수를 유대인들에게 보이지만 그들은 바라바를 놓아 달라는 요구 대신에 예수를 십자가에 못 박으라고 거꾸로 제안한다. 빌라도는 너희가 친히 데려다가 십자가에 못 박으라고 하면서 세 번째로 예수의 무죄를 선언한다. '나는 그에게서 죄를 찾지 못하였노라(19:6)고,	

① 너희가 데려다가 십자가에 못 박으라 ② 그가 하나님의 아들이었다고 하였다	2. 예수에 대한 사형권을 갖고 있는 빌라도로서는 십자가에 못 박으라는 요구에 대해 오히려 예수가 죄가 없다고 거듭거듭 강조하면서 너희 마음대로 할 수 없다는 것을 분명히 하기 위해 너희가 데려다가 십자가에 못 박으라고 하는 것이다.	
	1. 유대인들이 우리에게 법이 있으니 그 법대로 하면 그가 당연히 죽을 것인데 그가 자기를 하나님의 아들(19:7)이라고 하였다는 것이다. 예수께서 대제사장 가야바 앞에서 심문받을 때에 가야바의 질문은 종교적인 것이었다. 마태는 네가 하나님의 아들 그리스도인지를, 마가는 네가 찬송을 받으실 이의 아들 그리스도인지를, 누가는 네가 그리스도인지 하나님의 아들인지를 묻는다. 2. 빌라도가 이 말을 듣고 즉 '그가 자기를 하나님의 아들이었다고 하였다는 말을 듣고 더욱 두려워하였다고 한다'(19:8). 그리고는 관정에 들어가 예수에게 '너는 어디로부터냐'(19:9)고 묻지만, 예수께서는 대답을 아니한다. 빌라도가 예수께 예수에 대한 생사여탈권이 자기에게 있음을 말한다. 예수께서는 '위에서 주지 아니하셨더라면 나를 해할 권한이 없다'고 하며 나를 네게 넘겨준 자의 죄 즉 유대 지도자들의 죄가 더 크다고 한다. 3. 유대인들은 '하나님의 아들'이라는 죄명으로 그들의 법대로 예수를 돌로 쳐 죽일 수도 있다. 그런데 그들은 왜 구태여 빌라도에게 예수를 끌고 와서 재판을 받게 하는 것일까. 구약에서는 이미 하나님의 아들에 대해 여러 차례 언급이 있다. 창세기와 욥기에서는 수차례 천사를 언급하는 말로 나오고 때로는 예언자를 말하기도 하는 데 바울 역시 하나님의 영으로 인도받은 사람(롬8:14)을 하나님의 아들이라고 한다. 4. 유대 지도자들은 후에 예수를 죽임으로 선지자를 죽였다는 오해를 받을까 봐 크게 두려워하였던 것이리라. 헤롯이 요한을 죽이려 하였을 때 '무리가 그를 선지자로 여기므로'(마14:5) 실행을 하지 못하다가 헤롯의 생일에 헤로디아의 딸의 청에 의해 살해하고 만다. 성전정화 후 예루살렘에서 유대 종교지도자들과 토론할 때에 그들은 예수의 권위에 대해 질문을 한다. 그때 예수께서 세례 요한의 권한이 어디로부터냐고 하자 그들은 모른다고 대답한다. 그 이유는 세례 요한의 권한이 사람에게로부터라고 하면 요한을 참 선지자(막11:32)로 여기는 백성들로부터 돌로 맞을까 봐 그랬던 것이다(눅20:6). 5. '하나님의 아들'이라는 말로서 빌라도에게 예수를 고발하는 것은 빌라도의 재판 과정에서는 처음 있는 일이다. 빌라도는 심문과정 중에 처음부터 끝까지 예수를 유대인의 왕(마27:11,29,37, 막15:2,9,12, 눅23:3,37,38 요18:33,37,39)이라고 부른다. 그런데 요한복음의 유대인들이 예수를 하나님의 아들이라고 한다. 당시 하나님의 아들, 즉 신의 아들은 디베료(티베리우스)를 말한다. 납세문제에 대해 예수께서 데나리온 하나를 가져오라고 하고 거기에 있는 형상과 글이 누구의 것이냐고 묻는다. 거기에는 티베리우스의 형상과 '신 아우구스투수의 아들 티베리우스 가이사르 아우구스투스'라고 적혀 있었다. 신의 아들 디베료인 것이다. 그런데 예수가 신의 아들이라고 하였다는 것이다. 그러므로 갑자기 빌라도가 혼란스러워 지고 두려워진 것이다.	• 줄리어스 시저는 신성한 율리우스로 불렸으나 아우구스투스는 신의 아들로 불렸다. 티베리우스 역시 신 아우구스투스의 아들이라고 하였다. 도미티안 황제는 주님이자 하나님 즉 dominious et deus라고 불렀다. • 신약에서 하나님의 자녀가 되는 권리에 대해서는 요한1:12에서, 어떻게 하나님의 자녀가 될 수 있는가에 대해서 엡2:4-5, 요일3:1등을 참고하라
③ 예수의 생사여탈권	1. 빌라도가 예수에게 '너는 어디로부터냐'고 묻는다. 너의 존재가 무엇이냐는 것이다. 예수의 권위에 대한 유대 지도자들의 질문과 같은 것이다(마21:23-27, 막11:27-33, 눅20:1-8). 2. 빌라도가 자신이 예수의 생사여탈권을 주장하자 예수께서는 위에서 주지 아니하시면 나를 해할 권한이 없다고 대답한다. . 3. 빌라도의 사면권에는 한계가 있다. 로마 지방관리 행정장관인 빌라도에게 대역죄를 지은 죄인을 방면하는 권한은 없었을 것이다. 같은 논리로 볼 때 바라바는 빌라도의 사면권의 범위 내에 있는 죄인 즉 로마의 대적자는 아니었을 것이라고 생각해 볼 수 있다.	롬13:1 각 사람은 위에 있는 권세들에게 복종하라 권세는 하나님께로부터 나지 않음이 없나니 모든 권세는 다 하나님께서 정하신 바라

④ 가이사를 반역하는 것이다	1. '빌라도가 예수를 놓으려고 힘썼으나'(19:12)라고 한다. 실제로 빌라도는 '내가 그에게서 아무 죄도 찾지 못하였다'고 세 번(18:38, 19:4,6)말했다. 그러나 유대인들이 소리 질러 이르되 이 사람을 놓으면 가이사의 충신이 아니다. 무릇 자기를 왕이라 하는 자는 가이사를 반역하는 것(19:12)이라고 한다. 2. 여기서 자기를 왕이라고 하는 자는 빌라도에게 '네 말과 같이 내가 왕이다'(18:37)라고 한 예수이다. 예수는 또한 가야바의 심문에서도 그리스도냐는 질문에 '내가 그니라'(막14:62)라고 하였다. 하나님의 아들이라고 대답한 것이다. 3. 그런데 여기서 현세의 왕은 로마 황제이다. 그러므로 확대해석하면 유대인들의 주장은 예수가 로마 황제와 같은 왕이라는 것이다. 이와 같은 논리이기에 예수를 놓아주면 로마 황제의 충신이라 할 수 없고 가이사를 반역하는 것이 되고 마는 것이다.	<포퓰리즘> 민주주의에서 정권 보장을 위해 대중에게 인기를 얻기 위한 정책들을 내세우는 것을 말한다. 대중주의, 인민주의, 인기연합주의 등으로 불리기도 한다.
손을 씻으며 (마태)	1. 마태에서의 빌라도는 아무 성과도 없이 도리어 민란이 일어나려는 것을 보고 물을 가져다가 무리 앞에서 손을 씻는다. 2. 그런데 마태는 매우 강한 표현인 apenipsate(27:24)를 사용한다. 그는 손을 서로 문질러 닦았다는 것이다. 여기에 접두사 ap(off 분리시키는)가 있어서 북북 문질러 닦았다는 표현이 된다. 3. 헬라어에는 능동태나 수동태가 아닌 중간태가 있어서 자기 자신이 어떤 행동을 할 때 쓰인다. 이것이 바로 빌라도가 자기 자신의 손을 문질러 닦을 때를 표현한 것이다.	<빌라도가 관정을 드나드는 모습이 일곱 번 나온다> (1) 빌라도가 밖으로 나가서(18:29) (2) 빌라도가 다시 관정에 들어가(18:33) (3) 이 말을 하고 다시 유대인들에게 나가서 이르되(18:38) (4) 예수를 데려다가 채찍질하더라(19:1) (5) 빌라도가 다시 밖에 나가 말하되(19:4) (6) 다시 관정에 들어가서 예수께 말하되 (19:9) (7) 예수를 끌고 나가서 (19:13)
언도 ① 민란이 날까 하여 (마태)	1. 마태에는 예수의 언도에 대해 자세한 설명이 없다. 빌라도가 '어찜이냐 무슨 악한 말을 하였느냐'고 한 것이 예수를 변호한 유일한 언급이라 하겠다. 2. 마태에서의 빌라도는 재판석에 앉아 있었다(27:19). 요한복음에서의 빌라도 역시 '예수를 끌고 나가서 돌을 깐 뜰(히브리말로 가바다)에 있는 재판석에 앉아' 있었다(19:13)고 한다. 그러나 선고에 대한 자세한 언급은 없다. 가바다는 대리석으로 포장한 빌라도의 법정이다. 중형을 선고할 때는 반드시 재판석에서 해야 한다. 3. 선고이유에 대해서는 '빌라도가 아무 성과도 없이 도리어 민란이 나려는 것을 보고'(27:24)라는 기사를 통해서 짐작해 볼 수 있다고 하겠다. 민란을 염려하여 결과적으로 바라바를 놓아 주고 예수를 십자가에 넘겨주었다는 것이다. 4. 마태의 빌라도는 손을 씻으며 나는 무죄하니 너희가 당하라고 한다, 그는 두 번이나 둘 중의 누구를 놓아 주랴고 하며 중립적인 척하고 예수가 무슨 악한 일을 하였느냐고 동정하는 척하지만, 남에게 책임을 넘기면서 자신을 변명하며 판결한다. 그들이 소리 지르는 것을 보고 민란을 걱정하는 것이 빌라도의 본 모습이라 하겠다. 자기가 살기 위해서 무죄한 예수를 죽게 한 빌라도라 하겠다.	
② 무리에게 만족을 주고자 (마가)	1. 마가에는 빌라도의 언도의 이유가 '무리에게 만족을 주고자 하여'라고 한다. 그리고 바라바는 놓아주고 예수는 십자가에 넘겨졌다고 한다. 2. 마가에서의 빌라도는 유대인의 왕을 너희에게 놓아 주기를 원하느냐(15:9)고 묻고 바라바라고 하니 그러면 유대인의 왕이라고 하는 이를 어떻게 하랴(15:12)고 다시 물으니 십자가에 못 박으라고 하자 무리에게 만족을 주고자 예수를 십자가에 넘겨준 것이다. 3. 마가에서의 빌라도는 예수가 무죄하다고 믿었으나 예수를 구하기 위해 어떤 적극적 조치도 취하지 아니하였다. 대중의 요구에 순응한 빌라도의 모습이다.	행3:14-15 너희가 거룩하고 의로운 이를 거부하고 도리어 살인한 사람을 놓아 주기를 구하여 생명의 주를 죽였도다 그러나 하나님이 죽은자 가운데서 그를 살리셨으니 우리가 이 일에 증인이라

| ③ 그들의
소리가
이긴지라
(누가) | 1. 누가에서 빌라도가 언도한 이유는 분명하게 '그들의 소리가 이겼기 때문이다' 누가에서의 빌라도는 세 번씩이나 단호하게 '나는 그에게서 죽을 죄를 찾지 못하였다'고 한다. 그리고 두 번이나 때려서 놓겠다고 한다. 나름대로 예수의 재판의 공정성을 담보하기 위해서 예수를 헤롯에게 보내기도 하였다.

2. 누가에서의 그들은 빌라도에게 '소리 질러 십자가에 못 박게 하소서 십자가에 못 박게 하소서'(23:21)라고 하였고 나중에는 '그들이 큰소리로 재촉하여 십자가에 못 박기를 구하였다'(23:23)고 한다. 요한복음에도 '십자가에 못 박으소서'(19:6)라고 하고 나중에는 '없이 하소서, 없이 하소서'(19:15)라고 하였다고 기록되어 있다.

3. 그들의 소리가 이겼다는 것은 대중의 압력이 이겼다는 것이고 대중의 뜻에 굴복하였다는 것이다. 그래서 누가에서의 빌라도의 언도는 '그들이 구하는 대로'(23:24)라는 것이고 옥에 갇힌 자를 놓아주고 예수를 넘겨주는 것이었다. 누가는 다시 한번 강조해서 빌라도의 언도는 '그들의 뜻대로 하게 하는 것'(23:25)이었다고 말하고 있다. 예수께서 말씀한 것처럼 불법자의 동류로 여김을 받으신 것이다(눅22:37).

4. acclamatio는 사람들의 고함, 야유, 환호 등을 말하는데 로마법집행에 중요한 역할을 하였다. acclamatio는 반대, 찬성 또는 동의의 열렬한 표현이라 하겠다.

5. 로마 황제들도 여론을 중요시하였다. 콜로세움에서 경기하는 검투사들의 생사여탈권은 황제에게 있으나 황제는 관중에게 그 권한을 넘겨주는 경우가 많다. 총독이나 지방장관이 군중들이 원하는 바에 주의를 기울이는 것은 당연하다 하겠다. | • 언도하다(23:24)
그들이 구하는대로 허락하기를 결정하다는 의미이다.
　KJV는 '그들이 요구하는대로 선고하고'라고 하는데 영어로는 sentence이다.
　헬라어 에피크리노는 선고하다, 판결하다 등의 의미가 있다.

• acclamatio을 대중 의사 표현방식 즉 발성투표로 볼 수 있다. 황제 후보자는 acclamatio라는 의식을 통해 만장일치 찬성으로 권력을 위임받는다. |
| ④ 가이사
외에는
왕이 없나이다
(요한복음) | 1. 요한복음에서의 빌라도는 누가에서의 빌라도만큼 강력하게 예수의 무죄를 강변하고 있다. 세 번씩이나 '나는 그에게서 죄를 찾지 못하였다'고 한다.

2. 빌라도의 재판에 관한 기사를 보면 예수께서는 요한복음에서 가장 많이 빌라도와 대화한다. 대제사장들과 헤롯 앞에서의 침묵을 지켰던 예수께서 빌라도에게는 적극적으로 자신을 변명하는 말씀을 한다.
　'내 나라는 이 세상에 속한 것이 아니다, 내가 왕이기는 하나 진리를 세상에 증언하러 왔다' 등의 말씀을 한다. 빌라도는 결국 예수에게서 아무 죄 찾지 못하였다고 하며 유대인의 왕을 놓아 주기를 원하느냐고 묻지만 그들은 바라바를 원한다.

3. 유대인들이 예수가 하나님의 아들이라고 하였다고 했을 때에도 빌라도는 예수에게 가서 너는 어디로부터냐고 묻는다. 예수께서는 역시 위로부터 오는 권한에 대해 빌라도에게 말한다. 이처럼 예수께서는 빌라도의 심문들에 대해 비정치적인 대답으로 자신을 변론한다. 로마가 이 일 즉 유대의 종교적인 이슈에 대해 개입하는 것이 맞지 않다는 태도이다.

4. 빌라도는 예수에게 가시관을 씌우고 자색 옷을 입히고 채찍질하여 세상에서 가장 비참한 왕의 모습을 무리에게 보임으로써 그들의 동정심을 유발시키려하나 그들은 오히려 예수를 십자가에 못 박으라고 외친다.
　빌라도가 나름 대범하게 세 번째로 그에게서 죄를 찾지 못했다고 하면서 너희가 친히 데려다가 십자가에 못 박으라고 한다.

5. 군중들은 빌라도에 맞서서 예수가 하나님의 아들이었다고 하면서 예수를 놓아주면 가이사를 반역하는 것이라고 하자 상황은 종료된다.

6. 요한복음은 예수 재판의 일시를 '유월절 준비일이요 때는 제육시'라고 기록하고 있다. 그리고 정식 재판임을 말하기 위해 예수께서 재판석 앞에 끌려나갔고 빌라도는 재판석 즉 히브리말로 가바다에 앉았다고 한다. 죄명은 보라 | • 때려서 놓으리라(눅 23:16,22)
　KJV는 '내가 그를 징계하고 놓아주리라'고 한다.
　NIV는 'I will punish him and then release him'이다.
　헬라어는 파이데우오로 징계하다, 훈련하다, 교육하다의 뜻이다. |

	너희 왕이라고 하였듯이 유대인의 왕이라는 것이다. 빌라도의 질문은 너희 왕을 십자가에 못 박으랴 즉 유대인의 왕을 십자가형에 처하라는 말이냐(공동번역)라고 한다. 7. 대제사장들이 대답한다. '가이사 외에는 우리에게 왕이 없나이다'(요 19:15)라고 예수는 자칭 왕이므로 로마의 대역 죄인으로서 처형되어야 한다는 것이다. 대제사장에게 있어서 왕은 하나님뿐이다, 하나님은 이스라엘을 자신의 백성으로 삼으셨다. 이스라엘 백성의 왕은 하나님이시다. 기름 부음을 받아 이스라엘의 왕이 된 다윗은 하나님의 종이다. 구약에서 하나님께서는 이스라엘을 '자기 백성' 또는 '그의 백성'이라고 말하고 있다. 8. 대제사장은 예수가 죽기를 바라서 자기 왕은 하나님이 아니라 가이사라고 한다. 일반 유대인들은 로마 황제가 자신들의 왕이 아니라고 하며 호적거부, 납세거부를 명분으로 반란을 일으키기도 하였던 것이다. 가이사 외에는 우리에게 왕이 없다고 한 대제사장들은 당연히 율법에 의해 무리들에게 돌에 맞아 죽어야 할 것이다.	
그 피를 우리에게 돌리라 (마태)	1. 마태에만 있는 기사이다. 빌라도는 나는 무죄하니 너희가 당하라고 하자 백성들이 그 피를 우리와 우리 자손에게 돌리라(27:24-25)고 한다. 이 말은 유대인들이 하나님이 선택한 민족에 대한 하나님의 결정을 받을 수도 있다는 것을 암시한 것이다. 바울이 로마서를 통해서 거듭 주장하였듯이 그들은 여전히 하나님이 선택한 민족인 것이다. 2. 이 문장에는 동사가 없다. 이 문장은 단순히 '우리 위의 그 사람의 피' His blood upon us라고 되어 있다. 이 '우리 위의'라는 구문은 소유격으로 우리의 of us, 우리의 것 ours이다. 이 구절을 KJV는 His blood be on us라고 한다. 3. 유대인들은 그 사람의 피가 자신들에게 속한 것이라는 것이다. 이것은 빌라도가 '이 사람의 피에 대해서는 내게 책임이 없다 그러니 너희가 알아서 하라'고 한 말에 대한 대구로서 한 것이다. 구경꾼으로서의 유대인들의 말은 그 특정한 행위 즉 예수의 죽음에 대한 책임이 자신들에게 있다는 것이다. 전 세대에 걸쳐 스스로 저주를 받겠다는 것은 아니다. 아무튼, 이 말을 들은 빌라도는 바라바를 놓아주고 예수를 십자가에 못 박게 한다. 4. 이 유대인들의 대구는 빌라도가 책임을 회피하는 구실을 만들어 주게 되고 또한 이로써 예수의 죽음에 대한 책임이 유대인들에게 넘어간다. 그리고 이 구절로 말미암아 유대인들은 반셈주의, 즉 반유대주의로 극심하게 핍박받고 고통받게 된다.	
그들에게 넘겨진지라	1. 언도(눅23:24) 후 마태, 마가는 '바라바는 그들에게(마태) 놓아주고 예수는 채찍질하고 십자가에 못 박히게 넘겨'(마27:26, 막15:15)주었다고 한다. 누가는 '옥에 갇힌 자를 놓아 주고 예수는 넘겨주어 그들의 뜻대로 하게'(23:25)하고 요한복음은 분명하게 '예수를 십자가에 못 박도록 그들에게 넘겨'(19:16)주었다고 한다. 2. 마태, 마가에서 예수께서는 언도 후 채찍질 당하였다고 하는데 선고를 받은 죄인은 통상 채찍질을 당했다고 요세푸스는 말한다. 특별히 중범죄자 그것도 십자가형이 확정된 자들은 통상 채찍을 맞는다고 한다. 3. 누가는 예수께서 '그들이 뜻대로 하게' 넘겨졌다고 하는데 넘겨받은 자에 대해 언급하기보다도 그들이 원하는 상태로 예수가 넘겨졌다는 것을 강조한다. 마태, 마가에서 예수를 넘겨받은 이들은 채찍질하고 십자가에 처형할 로마 병사라고 할 수 있다. 4. 요한복음은 그들 즉 유대인에게 예수께서 넘겨졌다고 말하고 있다. 문자 그대로 보면 유대인들이 예수를 십자가에 못 박기 위하여 빌라도로부터 예수의	• 베드로복음서는 빌라도가 예수를 유월절 전날 유대인들에게 넘겨주었다고 하는데 유대인들이 직접 예수를 재판하고 희롱하고 채찍질한 후 십자가에 달았다고 한다. 초기 기독교 시대에 예수의 죽음에 대한 모든 책임을 유대인에게 전가 하려는 경향이 있었다.

신원을 넘겨받았다는 것이다. 즉 사형집행권이 유대인들에게 넘겨졌다고 하나 실제로 유대인들이 예수의 신원을 인계받지도 아니하였고 예수가 유대인들에 의해 십자가에 처형된 것도 아니다. 예수의 죽음에 유대 지도자들이 직접적인 책임이 있다는 것, 그리고 그들이 예수를 직접 죽인 것이나 다름없다는 것을 강조한 표현으로 이해할 수 있을 것이다.

4. 심층연구: 빌라도와 무리들의 행태 분석

구분	마태	마가	누가	요한
예수의 태도	·한마디도 대답하지 아니하시니(27:14)	·아무 말씀으로도 대답하지 아니하시니(15:5)	·(헤롯이) 여러 말로 물으나 아무 말도 대답하지 아니 하시니(23:9)	• 네가 스스로 하는 말이냐 다른 사람들이 나에 대하여 네게 한 말이냐(18:34) • 내 나라는 이 세상에 속한 것이 아니니라(18:36) • 네 말과 같이 내가 왕이니라(18:37) • 위에서 주지 아니하였더라면 나를 해할 권한이 없었으리니(19:11)
빌라도의 중재 시도 마태3, 마가2, 누가4, 요한3 12회	• 너희는 내가 누구를 놓아 주기를 원하느냐(27:17)	• 내가 유대인의 왕을 너희에게 놓아주기를 원하냐(15:9)	헤롯이 도로 보내었더라 그가 행한 일에 죽일 일이 없느니라(23:15)	• 내가 유대인의 왕을 너희에게 놓아주기를 원하느냐(18:39)
	• 둘 중의 누구를 놓아 주기를 원하느냐(27:21)		• 그러므로 때려서 놓겠노라(23:16)	• 보라 이 사람이로다(19:5)
	• 그리스도라 하는 예수를 내가 어떻게 하랴(27:22)	• 유대인의 왕이라 하는 이를 내가 어떻게 하랴(15:12)	• 빌라도는 예수를 놓고자 하여 다시 그들에게 말하되(23:20)	• 빌라도가 예수를 놓으려고 힘썼으나(19:12)
			• 때려서 놓으리라(23:22)	
유대인의 중재 거부 전체 6회	• 대제사장들과 장로들이 무리를 권하여(27:20) • 바라바로소이다(27:21)	• 대제사장들이 무리를 충동하여(15:11) • 바라바를 놓아 달라 하니(15:11)	• 바라바를 우리에게 놓아 주소서(23:18)	• 이 사람이 아니라 바라바라 하니(18:40)
유대인의 십자가 요구, 소리 지름	• 그들이 다 이르되 십자가에 못 박혀야 하겠나이다(27:22)	• 다시 소리 지르되 그를 십자가에 못 박게 하소서(15:13)	• 그들은 소리 질러 이르되 그를 십자가에 못 박게 하소서 십자가에 못 박게 하소서(23:21)	• 예수를 보고 소리 질러 이르되 십자가에 못 박으소서 십자가에 못 박으소서(19:6)
십자가 요구8 소리지름11 전체 19회	• 더욱 소리 질러 이르되 십자가에 못 박혀야 하겠나이다(27:23)	• 더욱 소리 지르되 십자가에 못 박게 하소서(15:14)	• 그들이 큰 소리로 재촉하여 십자가에 못 박기를 구하니(23:23)	• 그들이 소리 지르되 없이 하소서 없이 하소서 그를 십자가에 못 박게 하소서(19:15)

구분	마태	마가	누가	요한
				• 그들이 또 소리 질러 이르되 이 사람이 아니라 바라바라 하니 (18:40)
			• 무리가 일제히 소리 질러 이르되 이 사람을 없이하고 바라바를 우리에게 놓아 주소서하니(23:18)	
				• 유대인들이 소리 질러 이르되 이 사람을 놓으면 가이사의 충신이 아니니이다(19:12)
빌라도의 무죄 선언 마태1, 마가1, 누가3 요한3 8회	• 무슨 악한 일을 하였느냐(27:23)	• 무슨 악한 일을 하였느냐(15:14)	• 빌라도가 대제사장들과 무리에게 이르되 내가 보니 이 사람에게 죄가 없도다(23:4)	• 다시 유대인들에게 나가서 이르되 나는 그에게서 아무 죄도 찾지 못하였노라(18:38)
			• 빌라도가 대제사장들과 관리들과 백성들을 불러 모으고(23:13) 헤롯이 또한 그렇게 하여 그를 우리에게 도로 보내었도다 보라 그가 행한 일에는 죽일 일이 없느니라(23:15)	• 빌라도가 다시 밖에 나가 말하되 보라 이 사람을 데리고 너희에게 나오나니 이는 내가 그에게서 아무 죄도 찾지 못한 것을 너희에게 알게 하려 함이라(19:4)
			• 빌라도가 세 번째 말하되 이 사람이 무슨 악한 일을 하였느냐 나는 그에게서 죽일 죄를 찾지 못하였나니(23:22)	• 빌라도가 이르되 너희가 친히 데려다가 십자가에 못 박으라 나는 그에게서 죄를 찾지 못하였노라(19:6)

5. 집중탐구: 빌라도의 변명 분석- 그의 참모습을 살펴보자

구분	내용	비고
빌라도에 대한 변명 • 책임을 떠 넘기는 보신주의 관료인가 (마태, 마가)	1. 마태, 마가에서의 빌라도는 사무적이다. 명절이 되어 전례에 따라 죄수 한 사람을 풀어 줄 수 있는데 누구를 원하느냐(마태), 유대인의 왕을 놓아 주기를 원하느냐(마가)고 묻는다. 그들이 바라바라고 하자 그러면 그리스도라 하는 예수(마태), 유대인의 왕(마가)을 어떻게 하겠느냐고 물으니 십자가에 못 박으라고 하여 '어쩜이냐 무슨 악한 일을 하였느냐'고 하고 예수를 넘겨준다. 2. 그런데 마태에서의 빌라도는 마가에서보다 적극적으로 예수를 변호한다. 그는 아내로부터 '저 옳은 사람에게 아무 상관도 하지 말라'는 전갈을 받는다. 더욱이 '무리 앞에서 손을 씻으며 이 사람에 대해 나는 무죄하니 너희가 당하라'고 한다. 백성들은 '그 피를 우리와 우리의 자손에게 돌릴지어다'라고 한다. 빌라도는 예수가 옳은 사람이고 피를 흘려서는 안되는 사람이라고 말하고 있다. 특별히 마태에서 백성들은 예수의 죽음에 대해 그 죗값을 자기들과 자손들이 감당하겠다고 한다. 빌라도의 죄보다 유대인의 죄가 더 크다는 것이다. 그러나 마태에서의 빌라도는 예수가 무죄하다는 것을 알기는 하지만 결국 예수를 십자가에 넘긴 사람이다. 빌라도는 자기 책임을 남에게 넘기는 전형적인 보신주의 로마 관료의 하나일 뿐이다.	• 예수를 죽인 것은 유대인이 아니라 예수의 생사여탈권을 갖고 있었던 빌라도라고 말하는 것이 옳은 것이다. 빌라도가 할 수 없어서 예수를 사형한 것이라고 보기는 어렵다. 이미 빌라도는 많은 유대인들을 죽였기 때문이다. 빌라도가 자리에서 물러난 것은 로마의 기준에서도 잔인하였기 때문이다.

• 예수를 방면하려다 실패한 로마 관료인가 (누가)	1. 누가에서의 빌라도는 단호하게 예수를 변명한다. 처음에는 대제사장들과 무리들에게(23:4), 두 번째는 예수께서 헤롯의 심문을 받고 돌아온 다음 대제사장들과 관리들과 백성을 불러 모으고(23:13), 세 번째는 무리들 앞에서 (23:22) 예수에게서 죄를 찾지 못하였다고 말한다. 2 누가에서의 빌라도는 예수를 방면하겠다고 두 번이나 말하지만, 무리 역시 빌라도에게 소리 지른다. 처음에는 무리가 일제히 소리 지르고(23:18) 두 번째는 소리 지르면서 그를 십자가에 못 박게 하소서 십자가에 못 박게 하소서 (23:21)라고 하며, 세 번째로는 그들이 큰 소리로 재촉하여 십자가에 못 박기를 구하였다(23:23)고 한다. 3. 누가에서의 빌라도는 그들의 소리가 이겨서(23:23), 그들이 구하는 대로 (23:24), 그들의 뜻대로(23:25)하게 되었다고 한다. 여기서 빌라도는 예수의 무죄로 주장하고 무리에 맞서기는 하지만 결과적으로는 실패한 의협심을 가진 관리로 볼 수 있다.	
• 무리로부터 동정심을 유발 시키려다가 역공 당한 로마 관료인가 (요한복음)	1. 요한복음에서의 빌라도는 누가에서의 빌라도처럼 예수가 무죄라는 확신을 갖고 있다. 요한복음에서의 빌라도는 심문 중에 예수로부터 그의 나라가 이 세상에 없다든가 그가 진리를 증언하기 위해 세상에 왔다는 등의 얘기를 듣고 예수에게서 아무 죄도 찾지 못한다. 2. 요한복음에서의 빌라도도 누가에서처럼 예수의 무죄를 세 번 선언하는데 모두 유대인들에게 나가서 말한다(18:38, 19:4,6). 요한복음에서의 빌라도는 유대인들이 바라바를 놓아주기를 원하자 예수에게 가시관을 씌우고 자색 옷을 입히고 채찍질하고 손으로 때린 후에 유대인들에게 끌고 나온다. 그리고는 '보라 이 사람이로다'라고 말하면서 불쌍하고 우스꽝스러운 유대인의 왕을 그들에게 보인다. 그런데 유대인들은 거세게 예수를 십자가에 못 박으소서 십자가에 못 박으소서 라고 외친다. 3. 당황한 빌라도는 그러면 너희 마음대로 해 보라고 한다. 친히 데려다가 십자가에 못 박으라는 것이다. 내 말을 들을 수밖에 없지 않으냐는 태도이다. 그런데 유대인들은 역공을 한다. 예수가 하나님의 아들이라고 말하였다는 것이다. 즉 황제를 사칭하였다는 것이다. 황제 사칭은 반역죄에 해당하는 것이므로 예수를 놓아주면 가이사를 반역하는 것이라고 유대인들은 주장한다. 이 말에 빌라도는 예수에 대한 태도를 바꾸고 유대인의 왕이라는 죄목으로 예수를 십자가에 넘긴다. 4. 지방장관으로서 권한과 한계를 보여주고 있는 빌라도이다. 요한복음에서의 무리들은 바라바를 요구하는 소리가 한 번, 십자가에 못 박으라는 소리가 두 번, 가이사를 반역하는 것이라는 소리가 한 번 등 모두 네 번 소리 질렀다고 한다. 현장 분위기를 생생하게 느낄 수 있는 기사이다. 5. 사복음서의 기록연대를 참고해 보면 요한복음처럼 후대에 쓰인 복음서일수록 예수 처형에 대한 유대인의 책임을 강하게 지적하고 있다.	• 사칭은 직위, 직업, 나이, 주소 이름 등을 거짓으로 속여 이르는 것을 말한다. 예수의 죄는 하나님의 아들 사 칭, 나가아서 유대인 의 왕 사칭 죄를 지었 다. 사칭은 사칭 자체 보다는 사기 또는 재산 관련 죄와 연관이 있는 경우가 많다.
사복음서에서 의 로마인 빌라도	1. 빌라도의 예수 재판에 대해 마태는 빌라도가 무죄하지는 않으나 유대인의 죄라고 한다. 마태에서의 빌라도는 '이 사람의 피에 대하여 나는 무죄하니 너희가 당하라'고 하자 백성들이 대답하기를 '그 피를 우리와 우리 자손에게 돌릴지어다'라고 말한다. 예수 처형에 대한 죗값을 유대인들이 대를 이어 갚겠다고 한다. 이것은 기독교인이 유대인들을 영원히 미워하게 된 명분이 된다. 2. 누가에서의 빌라도는 예수의 무죄를 세 번 선언하고 두 번 방면하려 하였다는 것이 강조되고 있다. 예수 관결의 결과는 유대인들이 원하였던 것이고 그들의 뜻이었다는 것을 강조하고 있다. 빌라도는 의로운 사람이어서 바르게 관결하려 하였으나 소리 지르는 유대인들 때문에 십자가에 예수를 넘겨주는 언도를 할 수밖에 없었다는 것이다.	• 소아시아 속주의 지 사이었던 소플리니우 스가 황제 트라이아누 스(98~117)에게 보낸 당시 기독교인에 대한 보고서가 있다. 그리스 도인들은 송가를 부르 고 사기, 도적질, 간음, 거짓말 등을 하지 않기 로 선서를 한다고 하며

	3. 요한복음에서의 빌라도 역시 예수의 무죄를 세 번씩이나 선언하고 버티었지만 유대 지도자들이 오히려 빌라도를 역공하여 가이사의 충신이 아닐 뿐 아니라 반역이라 하자 로마의 지방장관인 빌라도는 무너지고 만다. 4. 요한복음에서의 빌라도가 예수를 심문할 때 예수께서는 '나를 넘겨준 자의 죄가 더 크다'고 분명히 말씀한다. 예수의 입으로 빌라도보다 유대인의 죄가 더 크다는 것을 확인한다.	좋지 못한 지독한 미신 밖에 찾아내지 못하였다고 한다. 황제는 회신에서 죄가 드러나는 경우에만 처벌하고 개전하면 사면하라고 명령한다.
·로마의 입장에서 본 기독교인	1. 초기기독교는 로마의 불법종교 Religio illicita로서 집회의 자유가 없었다. 그러나 지배자들은 유대교의 오랜 역사와 전통이 사회 정치적 안정의 원천이라고 생각하고 유대교를 존중하였다. 그래서 알렉산더 대왕도 그들을 우대하였고 카이사르 이래로는 다양한 특권과 면제를 받았다고 한다. 2. 로마인들에게 그리스도인들은 어떤 사람이었을까. 그리스도인이라는 말은 초대교회인 당시 수리아 안디옥교회에서 처음 사용되었다. 사도 바울과 바나바가 안디옥에 있을 때였는데 경멸과 멸시의 뉘앙스로 사용되었다(행11:26,24:5). 베드로전서에는 그리스도인의 고난을 살인이나 도둑질이나 악행이나 남의 일을 간섭하는 자의 고난과 대비하고 있다(벧전4:15-16). 또한, 유대인과 구분하기 위한 호칭이었으리라. 2. 로마는 종교에 대해 대체로 관용적이고 수용적이었다. 그래서 로마에는 여러 종교가 있었고 여러 신들이 있었다. 처음에 기독교인들이 박해를 받던 이유는 기독교인들은 살과 피를 먹는 제사를 드린다, 유아를 살해한다, 근친상간을 한다, 혼음파티를 한다는 등의 루머 때문이었다. 기독교에 대한 와전이라 하겠다. 3. 행11:21-23에는 바울과 실라가 빌립보에서 매질을 당하고 투옥되는 일이 있었다고 한다. 그런데 그 이유가 로마시민인 우리가 받지도 못하고 행하지도 못할 풍속을 전한다(16:21)는 것이었다. 4. 로마가 종교적으로 관용하였다고는 하나 제국의 질서를 흔들거나 제국에 맞서는 이념을 가진 종교에 대해서도 관용한 것은 아니다. 로마는 종교 역시 제국의 권력에 대한 복종과 순응을 요구하고 있다. 그러나 기독교는 황제가 사용하는 용어 즉 복음(황제의 즉위를 알리는 소식), 구세주(소테르: 프톨레마이오스1세 소테르, 아니오코스1세, 데메트리우스1세 등), 주 또는 하나님의 아들(로마 황제나 이방신을 가리키는 호칭이기도 함) 등을 사용한다. 누가 진짜 주인지, 누가 하나님의 아들인지 헷갈리게 하는 것이다. 기독교가 세상 권력자들을 부르는 호칭을 사용함으로써 세상 권력과 맞서는 듯한 인상을 주었다. 요한복음에서의 예수께서는 빌라도에게 '내 나라는 이 세상에 속한 것이 아니라'까지 구체적으로 설명을 하고 있다.	• 아테나 고라스는 황제 마르쿠스아우렐리우스에게 보낸, '그리스도인을 위한 사절'에서 그리스도교에게 향하여진 무신론, 인육제사, 근친상간 등의 중상에 대해 반박을 한다. • Religio illicita: 초기 기독교는 국가 의식에 참여하지 못하는 종교, 비의 종교, 신흥종교로 간주 되었다.
·사도 바울의 로마에 대한 입장	1. 사도 바울은 권세들에게 복종하라, 권세를 거스르는 자는 하나님의 명을 거스르는 것이다. 권세를 두려워하라, 조세와 관세를 바치라 등(롬13:1-7)을 말하는데 로마가 통치하는 엄연한 현실을 받아들이라는 것이다. 또한, 베드로전서에는 인간의 모든 제도와 왕과 총독에게 순종하라(벧전2:13-14)고도 하다. 디모데서에서는 임금과 높은 지위의 사람들을 위해 간구와 기도와 도고와 감사를 하라(딤전2:1-2)고 한다. 로마제국의 제도와 권력시스템에 복종하라는 것이다. 2. 초기기독교는 로마에 맞서서 대항하기보다는 순응적인 입장을 가지고 있었다고 하겠다. 유스티누스(순교자)의 변증서는 세금 등을 성실히 납부하라고 하고 있다. 아테나 고라스(기독교 변증가)는 황제에게 복종하라고 했으며 안디옥의 데오필로스는 통치자 황제를 위해 기도하라고 한다.	'도고'를 공동번역은 간청, 새번역은 중보기도라고 한다.

3. 로마당국은 기독교인들의 충성심을 받아들이지 않았다. 기독교에 대해 의심스러운 눈초리를 거두지 않았다. 사실 기독교인들이 정치 권력의 종교화 내지 신성화 또는 우상화를 어떻게 받아들일 수 있겠는가

아무튼 초기기독교는 로마와의 갈등을 최소화하기 위해 노력하였다. 예수의 재판 역시 로마인 빌라도에게 보다는 유대인에게 책임을 지우는 경향이 점증하였다고 하겠다.

제46절 ✿ 가혹 행위

1. 본문비교

구분		마태 (26:67-68)	마가 (14:65, 15:15-20)	누가 (22:63-65, 23:11)	요한 (18:22-23, 19:1-3)
유대인의 심문중 가혹 행위	안나스의 집에서				18:22 이 말씀을 하시매 곁에 섰던 아랫사람 하나가 손으로 예수를 쳐 이르되 네가 대제사장에게 이같이 대답하느냐 하니 :23 예수께서 대답하시되 내가 말을 잘못하였으면 그 잘못한 것을 증언하라 바른 말을 하였으면 네가 어찌하여 나를 치느냐 하시더라
	가야바의 집에서	26:67 이에 예수의 얼굴에 침 뱉으며 주먹으로 치고 어떤 사람은 손바닥으로 때리며 :68 이르되 그리스도야 우리에게 선지자 노릇을 하라 너를 친 자가 누구냐 하더라	14:65상 어떤 사람은 그에게 침을 뱉으며 그의 얼굴을 가리고 주먹으로 치며 이르되 :65하 선지자 노릇을 하라 하고 하인들은 손바닥으로 치더라	22:63 지키는 사람들이 예수를 희롱하고 때리며 :64 그의 눈을 가리고 물어 이르되 선지자 노릇 하라 너를 친 자가 누구냐 하고 :65 이 외에도 많은 말로 욕하더라	
이방인에게 넘겨진 후 가혹 행위	헤롯에게서			23:11 헤롯이 그 군인들과 함께 예수를 업신여기며 희롱하고 빛난 옷을 입혀 빌라도에게 도로 보내니	
	빌라도의 심문 중				19:1 이에 빌라도가 예수를 데려다가 채찍질하더라 :2-3 군인들이 가시나무로 관을 엮어 그의 머리에 씌우고 자색 옷을 입히고 앞에 가서 이르되 유대인의 왕이여 평안할지어다 하며 손으로 때리더라
	선고 후	27:26 이에 바라바는 그들에게 놓아 주고 예수는 채찍질하고 십자가에 못 박히게 넘겨 주니라	15:15 빌라도가 무리에게 만족을 주고자 하여 바라바는 놓아 주고 예수는 채찍질하고 십자가에 못 박히게 넘겨 주니라		

| | 군인들 | 27:27 이에 총독의 군병들이 예수를 데리고 관정 안으로 들어가서 온 군대를 그에게로 모으고

:28-29상 그의 옷을 벗기고 홍포를 입히며 가시관을 엮어 그 머리에 씌우고 갈대를 그 오른손에 들리고

:29하 그 앞에서 무릎을 꿇고 희롱하여 이르되 유대인의 왕이여 평안할지어다 하며

:30 그에게 침 뱉고 갈대를 빼앗아 그의 머리를 치더라

:31 희롱을 다 한 후 홍포를 벗기고 도로 그의 옷을 입혀 십자가에 못 박으려고 끌고 나가니라 | 15:16 군인들이 예수를 끌고 브라이도리온이라는 뜰 안으로 들어가서 온 군대를 모으고

:17-18 예수에게 자색 옷을 입히고 가시관을 엮어 씌우고 경례하여 이르되 유대인의 왕이여 평안할지어다 하고

:19 갈대로 그의 머리를 치며 침을 뱉으며 꿇어 절하더라

:20 희롱을 다 한 후 자색 옷을 벗기고 도로 그의 옷을 입히고 십자가에 못 박으려고 끌고 나가니라 | | |

2. 본문의 차이

	구분	마태	마가	누가	요한
유대인의 심문 중 가혹 행위	안나스의 집에서				• 안나스가 제자들과 그의 교훈에 대하여 묻다(18:19) • 예수께서 들은 자들에게 물어보라고 하다(18:21) • 곁에 섰던 아랫사람 하나가 손으로 예수를 친다(18:22) • 바른 말을 하였는데 네가 어찌 나를 치느냐 하시더라(18:23)
	가야바의 집에서	• 대제사장이 예수에게 사형에 해당한다고 한다(26:66)	• 대제사장이 예수를 사형에 해당하는 자로 정죄하다(14:64)	• 대제사장 가야바의 집에 잡혀 있으실 때에, 공회의 심문을 받기 전 일이다.	
		• 이에 • 예수의 얼굴에 침 뱉으며 • 어떤 사람은 손바닥으로 때리며 이르되	• 어떤 사람은 • 그에게 침을 뱉으며 • 그의 얼굴을 가리고 주먹으로 치며 이르되	• 지키는 사람들이 • 예수를 희롱하고 때리며 • 그의 눈을 가리고 물어 이르되	

		• 그리스도야 우리에게 선지자 노릇을 하라 너를 친 자가 누구냐하더라	• 선지자 노릇을 하라 하고	• 선지자 노릇을 하라 너를 친 자가 누구냐	
			• 하인들은 손바닥으로 치더라	• 이 외에도 많은 말로 욕하더라	
이 방 인 에 게 넘 겨 진 후 가 혹 행 위	헤롯에게서			• 빌라도는 예수가 갈릴리 사람이라 하여 헤롯에게 넘긴다(23:6) • 헤롯이 그 군인들과 더불어 예수를 업신여겨 희롱하고 빛난 옷을 입혀 도로 보낸다.	
	빌라도에게서				재판 중에 예수에게 가혹 행위를 한다 • 빌라도가 예수를 데려다 채찍질한다(18:1) • 군인들이 가시관을 엮어 씌우고 자색 옷을 입히고 • 앞에 가서 유대인의 왕이여 평안할지어다 하며 손으로 때리더라
	선고 후	• 재판이 끝난 후 예수를 채찍질한다.	• 재판이 끝난 후 예수를 채찍질한다.		
	군인들	• 옷을 벗기고 홍포를 입히고 • 가시관을 엮어 씌우고 • 갈대를 오른손에 들리고	• 자색 옷을 입히고 • 가시관을 엮어 씌우고		
		• 그 앞에서 무릎 꿇고 희롱하며 • 유대인의 왕이여 평안할지어다 • 갈대를 빼앗아 그의 머리를 치더라	• 경례하며 • 유대인의 왕이여 평안할지어다 • 갈대로 그의 머리를 치며 • 침을 뱉으며 꿇어 절하더라		
		• 희롱을 다한 후 • 도로 그의 옷을 입히고 끌고 나가니라	• 희롱을 다한 후 • 도로 그의 옷을 입히고 끌고 나가니라		

3. 본문이해

구분	내용	비고
안나스의 집에서의 가혹 행위 (요한복음)	1. 요한복음은 예수께서 잡힌 후 안나스에게로 끌려갔다고 한다(18:13). 안나스는 예수의 제자들과 교훈에 대하여 묻지만, 예수께서는 '내가 드러내 놓고 세상에' 말하였다(18:20)고 하며 '내가 무슨 말을 하였는지 들은 자들에게 물어보라'(18:21)고 한다. 2. 곁에 섰던 아랫사람 하나가 손으로 예수를 치며 대제사장에게 이렇게 대답하느냐고 한다. 예수께서는 바른 말을 하였는데 어찌하여 치느냐고 한다. 잡힌 후 가혹 행위에 대해 항의하는 것은 이곳뿐이다. 이사야의 고난의 종과는 다른 모습이기는 하지만 심문 중 폭행을 당한 것에 대해 당당하게 대드는 모습을 보이고 있다.	• 가혹 행위 죄: 사람에게 심한 수치, 모욕, 고통 등을 주는 행위로써 구타, 조롱, 야유, 고문, 학대 등을 말한다.
대제사장 집에서의 가혹 행위 (마태, 마가)	1. 마태와 마가는 예수께서 잡힌 후 한밤중 가야바의 집에 모인 사람들이 대제사장들과 장로들과 서기관들이었다고 하고 공회라고 한다(마26:57, 막14:55). 그러나 이 모임을 공회로 볼 수 있는지 의문이 든다는 주장이 있다. 누가는 유대 지도자들의 한밤중 회동에 대해 언급하지 않고 있다. 2. 마태, 마가는 예수께서 한밤에 잡힐 때 가야바의 집에서 심문을 받았다고 한다. 그런데 마태, 마가, 누가 모두 새벽 회동에 대해서도 말하고 있으며 마가와 누가는 분명하게 이 새벽 회동이 공회라고 한다(막15:1, 눅22:66). 마가의 경우 예수의 심문을 위해 공회가 한밤중에도 모이고 새벽에도 모인 것이 된다. 3. 마태와 마가는 대제사장이 예수를 사형에 해당하는 자(마태)로 정죄(마가)한 후 예수에게 가혹 행위를 하였다고 한다. 누가는 가야바의 집에 잡혀 있는 동안에 공회가 열리기 전 가혹 행위를 당하였다고 한다. 마태, 마가는 가야바의 집에서 모인 모임 즉 야간공회 후에, 누가는 가야바의 집에 갇혀 있는 동안에, 요한복음은 안나스의 집에서 폭행을 당했다고 한다.	• 인격권: 권리자 자신의 일신전속권으로 신체, 자유, 명예를 침해당하지 않는 권리로서 생명, 정조, 신용, 성명, 초상 등에 인격권이 성립된다. • 모욕죄: 욕이나 조롱, 악평을 말하는 이의 추상적 판단을 발설하는 것을 말한다.
한밤중 공회 유대인에 의한 가혹 행위 • 마태: 2회 • 마가: 2회 • 누가: 3회 • 요한복음: 1회 • 마태, 마가: 선지자도 아니었다	1. 유대인에 의한 가혹 행위는 상해죄, 폭행죄, 모욕죄, 명예훼손죄 등에 해당할 수 있을 것이다. 유대인들은 육체적인 구타와 폭행뿐 아니라 정신적으로 예수를 무너뜨리기 위해 야유하고 희롱하며 모욕을 하였던 것이다. 2 가혹 행위를 한 자들에 대해 마태와 마가는 대제사장 가야바의 한밤중 심문 후 예수에게 침을 뱉고 주먹으로 치는 어떤 사람과 손바닥으로 때리는 사람이 있는데 마가는 손바닥으로 친 사람은 하인들이었다고 한다. 누가는 가야바의 집이기는 하지만 심문이 없고 지키는 사람이 희롱하고 때린다. 요한복음에서는 안나스의 집에서 곁에 섰던 아랫사람이다.	• 침 뱉는 죄: 길에 뱉으면 경범죄, 남의 차 등에 뱉으면 재물손괴죄, 남의 얼굴에 뱉으면 폭행죄, 모욕죄가 된다. • 명예훼손죄: 구체적인 사실이나 허위 사실을 적시하여 사람의 명예를 훼손함으로 성립하는 범죄 • 남에게 침 뱉는 행위: 동서고금을 막론하고 가장 중대한 모욕 행위의 하나이다. • 침 뱉음은 비난하다, 손가락질하다, 힐난하다, 깎아내리다의 의미를 갖고 있다.

구분	마태	마가	누가	요한복음
얼굴에 침 뱉으며	26:67	14:65		
때리며	주먹으로 치고 손바닥으로 때리며	주먹으로 치고 손바닥으로 때리며	때리며 (22:63)	손으로 치다 (18:22)
희롱하고			22:63	
선지자 노릇을 하라	그리스도야 너를 친 자가 누구냐 하더라(26:68)	그의 얼굴을 가리고 (14:65)	그의 눈을 가리고 너를 친 자가 누구냐 (22:64)	
기타			이외에도 많은 말로 욕하더라(22:65)	

헤롯에게서의 가혹 행위 희롱	1. 누가에서의 빌라도는 예수를 심문한 후 대제사장과 무리에게 내가 보니 이 사람에게 죄가 없다(23:4)고 한다. 빌라도는 무리가 강하게 말하는 것을 듣고 또한 예수가 갈릴리사람이라는 것을 알게 되어 갈릴리 지역을 관할하는 헤롯에게 보내는데 그때 헤롯이 예루살렘에 있었다고 한다(23:5-7). 2. 헤롯은 예수의 기적 행하심을 기대하였으나 예수는 아무 말도 하지 않는다. 결국, 헤롯은 그 군인들과 함께 예수를 업신여기며 희롱하고 빛난 옷을 입혀 빌라도에게 돌려보낸다. 3. 헤롯이 병사를 시켜 구타하거나 폭행하지는 않으나 희롱하고 빛난 옷을 입혀 예수를 비웃기 위해 희화화한다. 강한 모멸감을 갖게 하는 가혹 행위를 하는 것이다.	• 비웃음: 흉을 보듯이 빈정거리거나 업신여기는 일 • 희화화: 어떤 인물의 외모나 성격 또는 사건에 의도적으로 우스꽝스럽게 묘사하거나 풍자됨. 또는 그렇게 만듦
빌라도의 가혹 행위 ① 재판 중 (요한복음) 유대왕으로 희화화	1. 빌라도의 가혹 행위에 대해 요한복음과 마태, 마가는 시점이 서로 다르다. 요한복음에서의 빌라도는 유대인들에게 나는 그에게서 아무 죄도 찾지 못하였다(18:38)고 한다. 그리고 유월절이면 한 사람을 놓아주는 전례가 있는데 유대인의 왕을 너희에게 놓아주기를 원하느냐고 하자 그들은 바라바라고 대답한다. 2. 이에 빌라도가 예수를 데려다 채찍질한다(19:1). 군인들이 가시나무로 관을 엮어 머리에 씌우고 자색 옷을 입힌다. 군인들은 유대인의 왕이여 평안할지어다 하며 손으로 때린다. 3. 빌라도는 이런 모습의 예수를 데리고 나오면서 두 번째로 그에게서 아무 죄도 찾지 못한 것을 너희로 알게 하려 함이라(19:4)고 한다. 예수께서 가시관을 쓰고 자색 옷을 입고 나오는 것을 보며 '보라 이 사람이다'(19:5)라고 하지만 대제사장들과 아랫사람들은 소리 질러 십자가에 못 박으소서 십자가에 못 박으소서라고 한다. 4. 요한복음에서의 빌라도의 가혹 행위는 예수의 무죄를 확신하는 빌라도가 유대인들에게 유대인의 왕이라고 하는 예수의 비참한 모습을 보임으로 그들로부터 동정심을 일으키게 하기 위한 것이라 하겠다. 그러나 이러한 행위의 결과는 빌라도의 뜻과는 반대로 예수를 십자가에 못 박으라는 외침이었다.	
② 재판 후 (마태, 마가) 군대에 의한 각종 폭행과 조롱	1. 빌라도의 재판 후 가혹 행위에 대해서는 마태, 마가만이 기록하고 있다. 마태, 마가에서의 빌라도는 선고한 이후 예수를 채찍질하여 십자가에 못 박히도록 넘겨준다. 군인들에게 넘겨졌다는 것이다. 2. 마태는 총독의 군병들이 예수를 데리고 관정 안에 들어갔다고 하고 마가는 군인들은 예수를 끌고 브라이도리온이라는 뜰 안으로 들어갔다고 한다. 브라이도리온은 총독이 머무는 곳이다. 마태, 마가는 군대라고 하였는데 군대라고 번역된 스페이라는 레기온 즉 군단의 1/10로 이것은 보병 1개 대대인 약 600명의 병력을 말한다. 3. 마태, 마가는 재판 후 군인들이 예수를 채찍질하였다고 한다. 채찍의 가닥은 보통 39개이고 땋은 가죽으로 되어 있는데 그 속에는 쇠구슬, 날카로운 뼛조각, 쇳조각, 가시 등을 박아 놓는다. 채찍질하기 전에 물에 담가 놓아 무겁게 만든 후 채찍질을 하였다고 한다. 요세푸스는 로마인들이 정죄받은 사람을 십자가에 처형하기 전에 채찍질하는 것은 그들의 관습이라고 기록하고 있다. 4. 마태, 마가에는 군대가 홍포를 입히고(마가는 자색 옷), 가시관을 엮어 머리에 씌우고 갈대를 그 오른손에 들린다(마태). 군대는 예수에게 침을 뱉고 갈대를 빼앗아 머리를 친다. 그들은 무릎을 꿇고(마가는 경례하며) 희롱하여 유대인의 왕이여 평안할지어다라고 하며 꿇어 절하였다고 한다.	• 자주색 옷은 가로 세로 50cm로 염색하기 위하여 약 1만 마리의 뿔고동을 채취하여야 하기 때문에 약 40배 이상 비싸다고 한다. 사도행전에는 루디아라는 자주 옷감 장사 여인이 나온다(행 16:14). 누가에는 거지 나사로와 자색 옷을 입은 부자 이야기가 있다(16:19).

5. 마태, 마가는 예수께서 가시관 akanthon을 썼다고 하는데 예루살렘 부근에는 가시나무가 없다고 한다. 레이몬드 브라운은 예수를 조롱하기 위해 만든 그 관을 아칸서스 나무 잎사귀로 만들었을 것으로 보고 있다. 가시의 헬라어 akantha와 아칸서스akanthus의 복수형은 마태의 akanthon과 동일하기 때문이라고 한다.

6. 마태는 군대가 예수에게 왕의 위엄을 나타내는 면류관 대신에 가시관을 머리에 씌우고 왕의 통치력을 상징하는 왕홀 대신에 갈대를 들게 하고 왕이 입는 값비싼 자색 옷이 아닌 홍포를 입혔다고 한다. 유대인의 왕을 조롱거리로 만들기 위해 그랬다는 것이다.

7. 또한, 군대는 예수를 모욕하기 위해 침을 뱉고 갈대로 머리를 때리며 무릎을 꿇고 희롱하며 유대인의 왕이여 평안할지어다(마태)라고 한다. 마가는 경배하며 이르기를 유대인의 왕이여 평안할지어다라고 하고 꿇어 절하였다고 한다. 그런데 마가에는 군대식 경례와 꿇어 절하였다는 두 가지 희롱이 각각 기록되어 있다. 마태, 마가의 기록이 누가와 요한복음의 기록보다 자세하다.

8. 마가에서의 '유대인의 왕이여 평안할지어다'의 원뜻은 '만세 유대인의 왕'이다. 진짜 왕에게 하듯이 한 것이다. 마가15:19의 로마 군인들이 꿇어 절하더라고 하는데 이 단어는 헬라어 프로스크네오로서 '높은 분 앞에서 엎드려 땅에 키스하는' 이라는 의미가 있다. 군인들은 부지불식간에 '만세 유대인의 왕'이라고 하며 경배를 드린 것이다.

| 이방인에 의한 가혹 행위 |

1. 빌라도의 재판 중 헤롯에게 보내 예수가 받은 가혹 행위(누가)와 재판 중에 빌라도가 한 가혹 행위(요한복음) 그리고 언도 후에 가해진 가혹 행위를 일별하면 다음과 같다.

2. 누가에서의 세 번째 수난예고에서 언급한 '희롱을 당하고 능욕을 당하고 침 뱉음을 당하겠으며 그들은 채찍질하고'(18:32-33)라고 되어 있으나 실제 수난 기사에서는 빠져있다.

구분	마태	마가	누가	요한
채찍질하고	27:26	15:13	없음	18:11(빌라도가)
옷을 입히고 가시관을 씌우고	27:28(홍포를)	15:17(자색옷을)	25:11(빛난옷들)	19:21(자색옷을)
	27:28	15:17	없음	19:2
갈대를들리고	27:29	없음	없음	없음
갈대로 머리를 치며	27:30	15:19	없음	없음
침을 뱉으며	27:30	15:19	없음	없음
희롱하며	27:29(무릎꿇다)	15:20(희롱을 다한 후)	28:11(업신여기고 희롱하며)	없음
손으로때리다	없음	없음		없음
꿇어	27:29(무릎꿇고 희롱하며)	15:19(꿇어 절하더라)	없음	19:3 없음
유대인의 왕이여 평안할지어다	27:30	15:18	없음	19:3
경례하며	없음	15:1	없음	19:3

• 기독교인에 대한 조롱: AD79년 베스비우스 화산 폭발로 땅속에 묻힌 폼페이 도시가 발굴되었는데 벽화 중에는 당나귀 앞에 절하면서 아낙시메네스가 하나님께 기도합니다라는 그림과 글이 있는데 기독교를 조롱하는 내용이라고 한다.

• 거라사의 귀신 들린 사람도 예수께 달려와 꿇어 엎드리는데 막 15:19와 같은 헬라어이다.

• 코스프레 cospre: costume play의 줄인 말이다. 게임이나 만화영화의 등장인물로 분장하며 즐기는 일을 말하는데 우리말로는 분장놀이라고 한다.

• 퍼포먼스: 예술 공연을 말한다. 그러나 최근에는 개인이나 단체가 표현하고자 하는 이념이나 주장을 행위로 보여주는 것을 말한다. 그래서 각종 시위에 퍼포먼스가 없는 경우가 드물다고 하겠다.

	3. 마태, 마가에서의 한밤중 공회에서의 가혹 행위는 예수가 선지자도 아니라는 모욕이다. 그러나 마태, 마가에서의 빌라도의 재판 후 로마 병사의 가혹 행위는 예수를 저급한 유대인의 왕이며 사형수라는 것이다. 4. 요한복음에서 빌라도가 재판 중에 예수에게 한 가혹 행위는 유대인들에게 예수가 불쌍하게 보이게 하려는 것이었다. 그러나 요한복음에서 빌라도는 재판 중 군인들을 시켜 마태, 마가에서와 같이 예수를 볼품없는 유대인의 왕이라고 퍼포먼스를 하였다. 5. 마태, 마가에서의 군인들은 예수에게 자신들이 진짜 왕을 대하듯 경례를 하고 유대인의 왕이여 평안할지어다라고 하며 꿇어 절을 하는 퍼포먼스를 한다. 그러면서도 침을 뱉고 갈대로 머리를 때리며 희롱하고(마태, 마가) 손으로 때린다.	
오늘의 시각에서 본 예수의 고난	1. 인격적 모독과 폭력으로 종교적 신념을 꺾으려고 하는 것이 가능한 일인가 로마제국의 권력이 하나님의 아들이라고 주장하는 예수를 조롱하고 폭행하다가 십자가형으로 사형을 시킨다. 속주의 이방 종교에 대해 관대한 로마가 예수를 사형시키게끔 하였던 것은 유대교 지도자들이 자신들의 기득권을 지키기 위해 종교적 문제를 정치적 문제로 끌고 갔기 때문이라 하겠다. 2. 소위 양심적 병역거부가 최근 사회적 문제가 되었다. 여기에서 '국가의 법인가 종교의 자유인가'라는 문제와 '공동체의 문제인가 신앙적 의무 이행인가'라는 주제에 대해 생각해 보아야 할 것이다. 예수께서는 인류가 지향해야 할 방향 즉 개인의 양심과 종교적 신념이 우선시되는 사회, 세계인권선언의 정신이 구현되는 사회의 가능성을 제시하기 위해 고난 받고 죽었다고 하겠다.	• 확신범: 도덕적, 종교적, 또는 정치적인 의무 의식에 입각한 확신에 따라 저질러진 범죄, 이런 범죄를 저지른 사람을 말한다. 1922년 라드브 루호가 독일형법초안에서 처음으로 사용하였다.

4. 심층연구: 예수의 수난예고와 실제 수난 비교

구분	내용	비고
수난 예고에서의 수난의 내용	1. 1차 수난예고에서 마태는 예수께서 '자기가 예루살렘에 끌려와 장로들과 대제사장들과 서기관들에게 많은 고난을 받고 죽임을 당하고 제삼일에 살아나야 할 것을 제자들에게 비로소 나타내었다'(16:21)고 한다. 마가와 누가는 '버린 바 되어 죽임을 당한다'(막8:31, 눅9:22)라고 하였다. 2. 2차 수난예고에서 마태, 마가, 누가 공히 '사람들 손에 넘겨져 죽임을 당한다'라고 하였다. 3. 3차 수난예고에는 고난의 내용이 구체적이다. 마태는 '대제사장들과 서기관들에게 넘겨지며 그들이 죽이기로 결의하고 이방인에게 넘겨 주며 그를 조롱하고 채찍질하며 십자가에 못 박게 한 것이라'(마20:18-19)고 한다. 마가는 마태의 '조롱하며' 대신에 '능욕하며 침 뱉으며'로 되어 있다. 누가는 이방인에게 넘겨져 희롱을 당하고 침 뱉음 당하였으며 그들은 채찍질하고 그를 죽일 것이다(눅18:32-33)라고 한다. 4. 그러나 누가에는 예수께서 실제로 가혹 행위를 당할 때 3차 수난예고에서와같이 '채찍질하고 침 뱉음을 당했다'는 기사가 없다. 그리고 희롱당하고에 대해서는 대제사장 가야바의 집에서 지키는 사람들이 희롱하고 때렸다(22:63)는 기사와 함께 헤롯에게 끌려가서 '업신여기고 희롱' 당하였다(23:11)는 기사가 있다. 5. 마태, 마가는 그들이 죽이기로 결의한 것이 새벽(마27:1, 막15:1, 눅22:66)에 모인 공회(막15:1, 눅22:66)이다. 수난예고대로 진행된 것이라 하겠다. 6. 이방인에게 넘겨졌다는 것은 로마의 세력 하에 넘겨졌다는 것이다. 그런데 예수께서 받는 수난이 마태는 조롱, 마가는 능욕, 누가는 희롱이라고 표현하고 있다. 누가의 희롱은 휴브리조로서 미래수동태로 되어 있는데 양심 먹고 거만	• 수난예고기사에서는 로마 병사들에 의한 유대인의 왕으로서의 분장 장면은 나오지 않는다. 유대인들의 사고로는 상상도 못 했을 것이다. 코스프레가 서양의 할로윈 풍습이나 또는 로마 시대 죽은 사람의 얼굴 가면을 쓰고 죽은 이를 추모하는 행사에서 유래되었다는 설이다.

	하게 또는 난폭하게 대우한다의 의미라고 한다. 마태, 마가는 침 뱉음과 채찍질을 당한 것도 말하고 있다.	
십자가 예고	1. 1차 수난예고에서 마태, 마가, 누가는 예수께서 수난예고 후 제자도로서 십자가를 언급한다. '누구든지 나를 따라오려면 자기를 부인하고 자기 십자가를 지고 나를 따를 것이니라'(마16:24, 막8:34, 눅9:23)고 한다. 2. 1차 수난예고 전에 마태에서의 예수께서는 제자들에게 파송 강화로서 '자기 십자가를 지고 나를 따르지 않는 자는 내게 합당하지 아니하다'(10:38)고 십자가를 언급하고 있다. 3. 마태에는 세 번째 수난예고(20:19)에서도 십자가에 못 박힌다고 하였고 네 번째 수난예고라고도 하는 기사에서도 십자가를 언급하고 있다. '너희가 아는 바와 같이 이틀이 지나면 유월절이라 인자가 십자가에 못 박히기 위하여 팔리리라'(26:2) 4. 십자가 고난과 직접 관계없이 예수께서 유대 지도자들에 대해 '화 있을진저'라고 하며 책망할 때에 십자가를 언급한다(마23:34). 5. 누가에서는 산상에서 변형될 때에 '장차 예루살렘에서 별세하실 것'(9:31)에 대해 예수께서 모세와 엘리야와 함께 말하지만, 십자가 이야기는 나오지 않는다.	

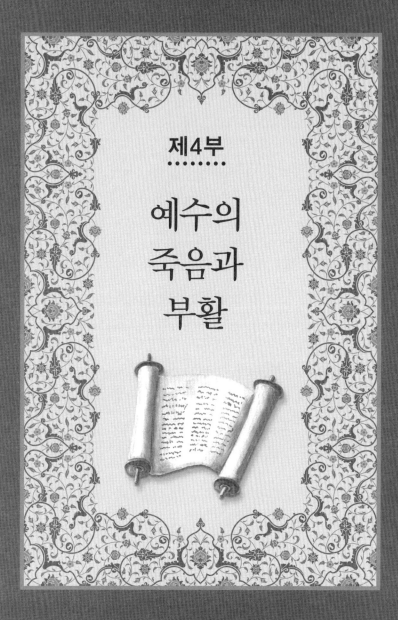

제4부

예수의
죽음과
부활

11장

예수의
죽음

HORIZONTAL ANALYSIS
OF THE GOSPELS

제47절 ✙ 골고다 도상

1. 본문비교

	구분	마태 (27:32-33)	마가 (15:21)	누가 (23:26-32)	요한 (19:17상)
따르는 자들	구레네 사람 시몬	27:32상 나가다가 시몬이란 구레네 사람을 만나매	15:21상 마침 알렉산더와 루포의 아버지인 구레네 사람 시몬이 시골로부터 와서 지나가는데	23:26상 그들이 예수를 끌고 갈 때에 시몬이라는 구레네 사람이 시골에서 오는 것을	19:17상 그들이 예수를 맡으매 예수께서 자기의 십자가를 지시고
		:32하 그에게 예수의 십자가를 억지로 지워 가게 하였더라	:21하 그들이 그를 억지로 같이 가게 하여 예수의 십자가를 지우고	:26하 붙들어 그에게 십자가를 지워 예수를 따르게 하더라	
	슬피 우는 여자들			:27 또 백성과 및 그를 위하여 가슴을 치며 슬피 우는 여자의 큰 무리가 따라오는지라	
예루살렘 심판 예언	예루살렘의 딸들			:28 예수께서 돌이켜 그들을 향하여 이르시되 예루살렘의 딸들아 나를 위하여 울지 말고 너희와 너희 자녀를 위하여 울라 :29 보라 날이 이르면 사람이 말하기를 잉태하지 못하는 이와 해산하지 못한 배와 먹이지 못한 젖이 복이 있다 하리라 :30-31 그 때에 사람이 산들을 대하여 우리 위에 무너지라 하며 작은 산들을 대하여 우리를 덮으라 하리라 푸른 나무에도 이같이 하거든 마른 나무에는 어떻게 되리요 하시니라	
행악자	예수와 함께			:32 또 다른 두 행악자도 사형을 받게 되어 예수와 함께 끌려 가니라	

2. 본문의 차이

구분	마태	마가	누가	요한
골고다	단 두 절(27:32-33)	단 두 절(15:21-22)	아주 길다	단 한 절(19:17)
구레네 사람 시몬	구레네 사람 시몬	알렉산더와 루포의 아버지 구레네 사람 시몬, 시골에서 오다	구레네 사람 시몬, 시골에서 오다	구레네 사람 이야기가 없고 예수께서 자기 십자가를 진다
누가 무엇을 어떻게	예수 대신 십자가를 억지로	그들이 그를 억지로 예수의	그들이 붙들어 십자가를 지워	
그래서	지워 가게 하다	십자가를 지우고	예수를 따르게 하더라	
슬피 우는 자들			백성과 슬피 우는 여자의 큰 무리가 예수를 따르다	
당부 말씀			• 나를 위해 울지 말고 너희와 너희 자녀를 위해 울라 • 불행하였던 것이 복이 된다 • 큰 산들이 무너지고 작은 산들이 우리를 덮으리라	

3. 본문이해: 눈을 감고 읽어야 하는 골고다 도상 이야기

구분	내용	비고
눈을 감고 읽어야 하는 골고다 도상 이야기	1. 형장으로 가는 예수의 모습에 대해 언급한 기사가 없다. 마태는 구레네 사람 시몬에게 예수의 십자가를 억지로 지워 가게 하였다고 한다. 2. 예수께서는 여러 수난예고의 말씀대로 조롱(마20:19) 당하였고 희롱(눅18:32)당하고 능욕(막10:34) 당하였을 뿐 아니라 침 뱉음을 당하고 가장 두려운 체벌인 채찍질을 당하였다. 예수께서는 정신적으로 육체적으로 지쳐 있고 무너져 버린 상태이다. 3. 마태, 마가에서의 예수는 빌라도의 언도 후 채찍질 당한 후 십자가에 못 박히게 넘겨졌다(마27:26, 막15:15)고 하였다. 십자가형 전에 행하여지는 채찍질은 공포의 체형으로서 죄수의 옷을 벗기고 나무에 붙들어 맨 다음 집행하게 된다. 가죽끈 속에 쇳조각, 뼛조각, 납 등이 들어 있는 이 채찍을 맞으면 살이 찢겨 나가고 뼈도 으스러지기도 하는데 실신을 하다가 죽는 이들도 있다고 한다. 4. 십자가형을 받은 죄수는 자신이 못 박힐 십자가의 가로 틀을 메고 사형장까지 가야 한다.	• 골고다란 해골이란 뜻의 아람어 굴굴타의 헬라어 음역이다. 영어 갈보리 calvary는 라틴어 칼바리아에서 유래하였다고 한다.
구레네 사람 시몬	1. 로마 군인들은 식민지 사람들을 징발하여 어떤 일을 강제로 하게 할 수 있었다. 마태, 마가는 억지로 그에게 예수의 십자가를 지게 하였고 누가는 그들이 시몬을 붙들어 십자가를 지게 하였다고 한다. '억지로' 앙가류우선은 산상수훈에도 나온다. '누구든지 억지로 (앙가류세이) 오리를 가게 하거든 그 사람과 십 리를 동행하고'(마5:41)	롬16:13 주 안에서 택하심을 입은 루포와 그의 어머니에게 문안하라 그의 어머니는 곧 내 어머니니라

	2. 구레네는 북아프리카 현재의 리비아에 속해 있는 지역으로 유대인들이 많이 사는 곳이다. 구레네 사람 시몬은 디아스포라 유대인으로 유월절을 지키려고 예루살렘에 온 것으로 보인다. 마가, 누가는 시몬이 '시골로부터' 왔다고 한다. 3. 마가에서는 시몬의 아들들이 알렉산더와 루포라고 하는데 마가 공동체 내에 잘 알려진 인물인 것 같다. 루포는 로마서 16장 13절에도 나온다. 4. 요한복음에는 구레네 사람 시몬 이야기가 없다, 예수께서 자기 십자가를 지고 형장에까지 간다. 예수께서는 자기 십자가를 지고 나를 따르라고 제자들에게 명령하였듯이 예수 스스로 본이 되어 자기 십자가를 진 것이다.	
'같이 가게' 하다	1. 마태는 로마 군인들이 시몬에게 예수의 십자가를 '억지로 지워 가게' 하였다고 한다. 마가는 로마 군인들이 시몬에게 억지로 예수의 십자가를 지워 '같이 가게' 하였다고 한다. 누가는 로마 군인들이 그에게 십자가를 지게 하고 '예수를 따르게' 하였다고 한다. 2. 형장으로 가는 예수를 따르는 사람 즉 예수의 십자가를 지고 가는 사람의 이름은 시몬이다. 그런데 세 번씩이나 부인하고 사라진 베드로 역시 시몬이다. 3. 예수께서 형장으로 끌려갈 때 구레네 사람 시몬이 마가에서는 예수와 같이 가고 누가에서는 예수를 따라간다.	행24:14 나는 그들이 이단이라 하는 도를 따라 조상의 하나님을 섬기고 율법과 선지자들의 글에 기록된 것을 다 믿으며
형장으로 향하는 예수를 따르는 자들	1. 예수께서 형장으로 가는 길을 따른 사람들이 있다. 2. 누가에는 시몬 이외에도 '또 백성과 및 그를 위하여 가슴을 치며 슬피 우는 여자의 큰 무리(23:27)가 예수를 따라왔다고 한다. 3. 누가는 전에도 여자들이 예수를 따랐다고 한다. 예수께서 하나님 나라를 선포하고 복음을 전파할 때에도 막달라 마리아 이외에 여러 여자들이 예수를 섬겼다(눅8:1-3)고 한다. 　여기서 가슴을 치며 슬피 우는 여자의 큰 무리 가운데에 갈릴리에서부터 따라온 예수를 섬기던 여자의 무리가 포함되어 있는지는 알 수 없다. 그러나 여자의 큰 무리가 예수를 따라 형장으로 갔다고 한다. 또한, 누가만이 예루살렘의 딸들에 대해 기록하고 있다. 4. 최초의 기독교인들은 그 길 즉 도를 따르는 사람들(행6:7, 행9:2, 19:9, 23, 24:14, 22)이라고 불렸다. 바울은 스스로 그들이 이단이라고 하는 도를 따른다고 하였다(행24:14). 그리고 벨루스는 이 도에 관해 자세히 알고 있다고 한다(행24:22). 이 도는 예수의 도이다. 예수의 도를 따르는 자는 예수의 길을 가야 하는 것이다. 5. 누가는 예수께서 형장으로 가는 길을 따른 사람들이 구레네 사람 시몬, 백성, 슬피 우는 여자의 큰 무리, 예루살렘의 딸들이라고 한다.	<예수를 따르는 자들> 　크리스천이라는 말 대신에 a follower of Jejus라고 칭하는 이들이 있다. 이름뿐인 크리스천에 대해 그리고 정치적으로 보수라는 이미지에 대해 반발하고 다른 종교에 대해 열린 자세를 지향하려는 뜻에서 사용하고 있다고 한다.
예루살렘의 딸들아	1. 예루살렘의 딸들은 갈릴리에서부터 따르며(마27:55, 막15:41, 눅23:49) 섬기던 여자들이 아니다. 오히려 예루살렘의 딸들은 갈릴리 여자들과 대비된다. 예루살렘의 딸들 역시 울었던 모양이다. 예수께서 돌아보시고 그들을 향해 나를 위하여 울지 말고 너희와 너희 자녀를 위하여 울라(눅23:28)고 한다. 2. 자녀를 위하여 울어야 하는 이유는 무엇일까? 누가에만 있는 기사 가운데 하나가 예수께서 예루살렘을 보고 우는 이야기가 있다. 거기에 '너와 및 그 가운데 있는 네 자식들을 땅에 매어 치며 돌 하나도 돌 위에 남기지 아니(눅19:44)하리니'라는 말씀이 있다. 자식을 위해서 울라는 것이 예루살렘의 심판의 때가 되어서라고 짐작해 볼 수 있다. 3. 예수께서는 이어서 '보라 날이 이르면 사람이 잉태하지 못하는 이와 해산하지 못한 배와 먹이지 못한 젖이 복이 있다 하리라'(눅23:29)고 한다. 이 말씀 역시 마태, 마가, 누가의 공통 기사인 예루살렘 멸망 징조의 하나인 '그날에는 아이 밴 자들과 젖 먹이는 자들에게 화가 있으리라'(마24:19, 막13:17,	마22:23 뱀들아 독사의 새끼들아 너희가 어떻게 지옥의 판결을 피하겠느냐.

눅21:23)는 말씀과 반대로 표현한 것 같으나 실제로는 같은 의미의 말씀이다. 멸망의 때에는 평상시의 축복이 화가 된다는 것으로 모든 것이 역전된다는 말씀이다.

4. 예수께서는 '그 때에 사람이 산들을 대하여 우리 위에 무너지라 하며 작은 산들을 대하여 우리를 덮으리라 하리라'(눅23:30)고 한다. 이 말씀은 호세아 10:8에 나온다. '그 때에 그들이 산더러 우리를 가리라 할 것이요 작은 산더러 우리 위에 무너지리라'

공동번역은 이것을 '사람들이 견디다 못해 산더러 묻어 달라 언덕더러 무너져 덮어 달라고 애원하리라'고 한다. 즉 주위의 큰 산과 작은 산을 살펴보면 다시 말해 윤리, 도덕, 가치 등 사회 전체적으로 볼 때 붕괴할 수밖에 없는데 내가 그 영향을 직접 받게 된다는 것이다. 이것은 호세아의 이스라엘 정치와 종교의 타락에 대한 경고로서 하나님께서 이스라엘의 죄에 대해 심판한다는 것이다.

5. 예루살렘의 딸들에게 한 마지막 말씀은 '푸른 나무에도 이같이 하거든 마른 나무에는 어떻게 되리요 하시니라'(눅23:31)이다. 여기서 푸른 나무를 무죄한 예수로 본다면 마른 나무는 죄 많은 예루살렘이 될 것이다. 즉 죄 없는 예수께서 이와 같은 수난을 당하시는데 죄 많은 예루살렘이야 당연히 심판을 받을 것이라는 말씀이리라. 이 말씀은 에스겔20:47의 인용이다. 아직 불에 탈 처지가 아닌 푸른 나무에도 이같이 하는데 하물며 마른 가지는 어떻게 되겠느냐는 것이다.

6. 예루살렘의 딸들에게 예수께서 한 말씀은 예루살렘에 대한 심판의 때가 되었으니 내가 아니라 너희 자신을 위해 울어야 하는 이유로 멸망의 때라서 평소의 복은 화가 될 것이며 주위의 크고 작은 사건들이 너희를 덮치게 된다는 것이다. 이런 일이 예수에게도 영향을 미치는데 하물며 죄 많은 예루살렘에게는 당연한 일 아니겠냐는 것이다.

7. 예레미야 애가서 2:13에는 여호와께서 딸 예루살렘이라고 한다. 애가서 2장은 하나님의 진노하심(2:1-9)과 시온 즉 예루살렘의 슬픔을 말하고 있다. 예루살렘의 딸들이란 표현에 실제로 예수를 위해 우는 예루살렘의 여자들이라기보다는 심판을 받게 되는 예루살렘을 말하는 것으로 사료된다. 혹자는 예루살렘의 딸들을 우리 자신으로 보고 형장으로 가는 예수를 따라 가지는 못하지만, 우리가 예수를 위해 울어야 하는데 그 이유는 예수께서 우리와 우리 자녀를 구원하기 위해 골고다로 가고 있기 때문이라고 해석하기도 한다

예애2:13 딸 예루살렘이여 내가 무엇으로 네게 증거하며 무엇으로 비유할까 처녀 딸 시온이여 내가 무엇으로 네게 비교하여 너를 위로할까 너의 파괴됨이 바다같이 크니 누가 너를 고쳐줄소냐

새번역 겔20:47하 내가 내 숲에 불을 지르겠다. 그 불은 숲속에 모든 푸른 나무와 모든 마른 나무를 태울 것이다. 활활 치솟는 그 불꽃이 꺼지지 않아서 남쪽에서 북쪽까지 모든 사람의 얼굴이 그 불에 그을릴 것이다.

4. 심층연구: 구레네 사람 시몬의 가족

구분	내용	비고
구레네	1. 구레네는 키레네 cyrene 또는 쿠레네라고도 하는데 이집트 서쪽 도시로서 현재는 리비아의 사바트 마을에 위치해 있다. 바닷가이지만 고원지대라서 사막의 열기로 부터 보호되어 있는 도시인데 인근 토양이 비옥한 곡창지대로서 그리스 전 지역에 곡물을 수출하였다고 한다. 키레네는 아프리카의 아테네라는 별명이 있었다. 1982년 유네스코 세계문화유산으로 지정되었다. 2. 헤로도토스에 의하면 테리스섬의 왕은 흉년과 기근으로 새로운 도시를 갖기를 열망하다가 크레타섬에서 크로비우스라는 자색 염료판매인을 만나서 리비아로 떠나게 되고 종국에는 키레네에 정착하게 되었다고 한다(BC631년). 그리스에서 온 이주민으로 인해 도시는 번창하였고 가까운 항구는 아폴로니아인데 약 16km 떨어져 있었다고 한다. 키레네는 현재의 산토리니섬의 식민지로 출발하여 얼마 되지 않아 리비아의 중요 도시로 성장하였다. 키레네는 그리스의 모든 도시들과 상업적 관계를 갖고 있었으며 BC440년에는 공화국이 되기도 하였다.	• 키레네 비너스상: 1913년 이탈리아가 발굴하여 가져간 것을 2008년 리비아에 반환하였다. • 콥트교 창시자인 성 마르코(세인트 마르코) 역시 키레네 출신이라고 한다.

	3. 유대인들이 리비아 지역으로 대량 이동한 것은 BC323년 알렉산더 대왕 사후 이집트 지역에 프톨레미 왕조가 세워진 다음이다. 프톨레미 통치 중 대규모 유대인 정착이 시작되었는데 처음에는 유대인 병사와 가족들이었다. 4. 알렉산드리아의 프톨레미 왕조에 의해 지배를 받던 키레네는 BC96년에 로마의 영토가 되고 BC74년에 키레네는 로마에 편입되면서 키레나이카로 불린다. 프톨레미 치하에서 유대인들은 그리스인과 동등한 권리를 가졌으나 늘어나는 그리스인들로 인해 갈등을 하게 된다.	
디아스포라 유대인	1. 두 번째 예루살렘 멸망 이전 수 세기 전부터 디아스포라 유대인들이 존재하였는데 강제이주로 인한 것은 아니었다. 여기서 디아스포라는 나라를 잃어 각지에 흩어져 사는 사람이나 광의로 본국 이외의 타국에서 사는 사람을 말한다. 예수 당시 유대, 시리아, 바빌로니아 이외에도 로마의 속주, 키레네, 크레타등과 로마에도 유대인 공동체가 존재하였다. 2. 당시 약 500만의 유대인들이 팔레스타인 이외의 지역에서 살았고 알렉산드리아의 경우 전체 인구의 40%가 유대인이었다. 디아스포라 유대인들은 예루살렘을 자신들의 종교와 민족의 정신적 고향으로 여겼다. 3. 알렉산더의 정복 이후 처음 디아스포라는 그리스인과 마케도니아인들에 의해 시작되었고 그들은 그들의 신을 가져왔는데 구약에도 언급되어 있다. 로마에 맞서고 있었고 알렉산더 대왕과 같은 대왕 즉 '메가스'(위대한의 의미로 전통적인 페르시아 군주의 칭호)라 하는 칭호를 가졌던 셀레우코스 안티오커스 3세(단11:10-19, 재위 BC223-187)는 군대 이동 시 4천 명의 유대인 병사들과 그 가족들을 바빌로니아에서 소아시아로 이주시켰는데 이로 인해 안티오커스, 다마스커스, 페니키아 항구와 사르다스, 헬리카르나소스 등에 유대인 공동체가 생겨나게 되었다. 3. 로마의 확장으로 유대인의 해외 정착지도 늘어났고 로마의 영향 아래 있던 곳에서는 어디서나 유대인 공동체를 찾을 수 있었다. 북부 아프리카, 스페인, 프랑스, 동유럽 일대, 지중해 각지로 유대인들이 퍼져 나갔다.	• 신라가 통일한 이후 백제와 고구려의 유민이 일본, 중국, 중앙아시아 등지에 흩어져 살기도 하였고 조선 시대 말기에는 연해주, 간도, 만주 등지로 이주해 가서 살게 되었다 • 2017년 말 현재 해외동포는 약 743만 명인데 중국에 200만, 일본에 66만, 미국 205만, 유럽 63만 명의 규모라고 한다.
사도행전에서의 구레네	1. 오순절 날 성령 강림의 역사가 일어난다. 성령이 각 사람에게 임하더니 방언으로 서로 말하고 듣게 된다. 이때 예루살렘에 머물던 유대인(행2:5)은 디아스포라 유대인들이다. 여기에 언급된 사람들의 지역 이름의 하나가 구레네이다(행2:10). 즉 오순절 방언의 하나가 구레네어이었다. - 바대인(Parthian:파르티아인), 메대인(Medes:메디아인 이란 북서부), 엘람인(Elamites:이라크 남부)은 동방 거주 큰 종족으로 메소포타미아 지역으로 볼 수 있고 - 갑바도기아(Cappadokia:터키)는 수리아 북쪽, 소아시아 동쪽 지역이고 - 본도(Pontus:흑해 연안 터키)와 아시아는 에베소를 중심으로 한 소아시아 서쪽이고 - 브루기아(Phrygia:프리기아 터키 앙카라)는 소아시아의 중심이며 - 밤빌리아(Pamphylia:팜필리아 프리기아 인근)는 그 남쪽 해안의 비옥한 평야 지대다. - 애굽, 구레네, 리비아는 다 북아프리카이다. - 로마인이라는 그들은 나그네 유대인과 개종 유대인들이다. - 그레데인(Cretans:)은 지중해 문명발상지인 크레타 사람이다. - 아라비아인은 당시 다메섹을 수도로 하는 나바티아 왕국(AD64 로마 영토가 됨) 사람들이다. 2. 스데반이 자유인들의 회당에서 논쟁하는 기사가 있다(행6:9). 자유인의 회당이란 자유를 얻은 유대인의 회당이라는 말이다. 여기서 자유인의 회당이	• 벧전1:1에는 베드로가 본도, 갑바도기아, 갈라디아, 아시아와 비두니아에 흩어져 있는 그리스도인에게 안부하고 있다. • 갑바도기아: 터키의 카파도키아로서 대규모 가암지대에 신앙을 지키기 위해 온 기독교인들이 동굴을 파고 들어가 살면서 신앙을 지켰다고 한다. 현재 100여 개의 교회가 남아 있다고 한다. • 본도: 바울의 동역자인 아굴라의 출신지(행18:21)

	왜 따로 있어야 하는지 그 이유에 대해서는 알 수 없다. 역사가 타키투테스에 의하면 로마제국에서 유대인으로서 자유를 얻은 자가 많았다고 한다. 니게르 라고 하는 시므온 즉 혹인 시므온(시몬)을 구레네 사람 시몬으로 보려고 하는 이들도 있다. 그때 스데반과 논쟁하던 사람들이 구레네인, 알렉산드리아인, 길리기아와 아시아에서 온 사람들이라고 하였다. 구레네와 알렉산드리아는 북부 아프리카이고 길리기아는 다소를 중심으로 한 안디옥 서쪽이며 아시아는 에베소가 중심인 지역이다. 스데반이 이들과 자유인의 회당에서 논쟁하였다고 하는데 그 내용은 기록에 없다. 3. '스데반의 일로 일어난 환난으로 말미암아 흩어진 자들이 베니게와 구브로와 안디옥까지 이르러 말씀을 전하였다'(행11:19)고 하는데 그중에 '구브로와 구레네 몇 사람이 안디옥에 이르러 헬라인에게도 말하여 주 예수를 전파'(행11:20)하였다고 한다. 구브로는 사이프러스섬이고 베니게는 페니키아이다. 스데반의 순교로 흩어진 자들이 지중해 연안에서 예수를 전파하였다는 것이다. 그중에서 특히 사이프러스와 구레네 사람이 안디옥에서 헬라인에게 전도하였다고 하는데 그들은 코이네 헬라어가 가능하였기 때문이다. 4. 안디옥 교회의 지도자에 대해 사도행전은 바나바, 니게르라고 하는 시므온, 구레네 사람 루기오, 분봉 왕 헤롯의 젖동생 마나엔, 그리고 사울 등 5명을 말하고 있다(행13:1). 이중에 구레네 사람 루기오는 11장 20절에서 헬라인에게 주 예수를 전파한 사람들의 하나로 보인다.	• 브루기아: 바울의 2차, 3차 여행 때 복음을 전하다(행16:6, 18:23). • 길리기아: 아나톨리아 남동부의 지중해 연안 도시이다. 안디옥이 주도이다. 바울은 길리기아의 다소 출신이다.
구레네 사람 시몬의 가족	1. 구레네 사람 시몬이 예루살렘에 명절을 지키러 왔다가 예수의 십자가를 지게 된 것이 결코 우연한 일이라고 볼 수는 없다. 2. 오순절 날 성령 강림으로 방언의 역사가 일어날 때에 구레네말도 포함되었다. 또한, 성령의 역사로 구레네 사람들이 안디옥에서 헬라인들에게 전도를 하게 되었으며 나중에는 안디옥 교회 지도자 중 하나로 구레네 사람 루기오(행13:1)가 언급되기도 하였다. 3. 예수의 십자가를 대신 진 구레네 사람 시몬과 그 부인, 그리고 아들들은 로마 교회의 초석을 쌓았다고 하겠다. 성령께서는 구레네 사람 시몬과 구레네 사람들을 기독교가 '세계로 뻗어나가'는 일에 들어 쓰신 것이다. 4. 구레네 사람들은 지역적으로 지중해를 통해 크레타, 키프러스 등의 섬을 징검다리로 하여 팔레스타인과 소아시아 지역 및 이탈리아, 그리스의 도시들을 자유롭게 통행할 수 있었다. 　그리고 당시 세계의 공용어인 헬라어를 사용하였다. 구레네에 키레네학파가 있었던 것을 볼 때 또한 스데반과 토론에서 볼 수 있듯이 헬라인들처럼 진리에 몸달아하였을 것으로 보인다.	• 키레네학파는 소크라테스의 제자인 아리스티포스에 의해 BC4세기에 창시된 학파로서 극단의 쾌락주의 학파이다. 키레네학파라고 불리는 것은 아리스티포스의 출생지가 키레네였기 때문이다.
로마군의 징발권	1. 이집트 총독인 마르쿠스 페트로니우스 아메르티누스는 칙령을 선포한다. 많은 군인들이 허가도 받지 않고 적정한 수준을 넘어서서 배와 가축과 사람을 징발하는데 어떤 때는 강탈하기도 하기 때문에 허가 없이 여행하는 병사에게 여행 편의를 제공하지 말고 부적절한 징발을 하다가 적발되는 군인은 엄히 다스리겠다는 것이다. 　로마 군인들의 협박과 강요, 갈취 등은 비일비재하였고 만연하였다고 하겠다. 그러나 지나가는 사람 구레네인 시몬에게 예수의 십자가를 억지로 지게 한 것은 공무에 해당한다고 하겠다. 2. 세례 요한이 회개의 세례를 전파하니 무리가 와서 우리가 무엇을 해야 하느냐고 묻는다. 그런데 그 세 번째 무리는 군인들이었다. 세례 요한은 그들에게 '사람에게서 강탈하지 말며 거짓으로 고발하지 말고 받는 급료를 족한 줄로 알라'(눅3:14)고 한다.	

5. 집중탐구

5.1 비아돌로로사 슬픔, 고통, 십자가의 길

구분	내용	비고
개관	1. 십자가의 길에 대한 처음 순례의 보고는 비잔틴 시대라고 한다. 고난주간에 있었던 거룩한 행렬은 감람산 꼭대기에서 겟세마네를 거쳐 라이온스 게이트에서 구시가로 들어가서 성묘교회에 이르렀다고 한다. 2. 8세기에는 겟세마네에서 가야바의 집이 있던 시온 산으로 빌라도의 관정으로 하여 성묘교회로 갔다고 한다. 그러다가 14세기 교황 클레멘토 6세는 프란체스코 수도사들에게 순례단의 안내, 보호, 교육을 부탁하였다. 3. 1350년경에는 성묘교회에서 빌라도의 집으로 가는 길을 택하였다가 1417년부터는 지금의 경로로 순례를 하였다고 한다. 4. 20세기 고고학적 발견으로 서쪽 언덕에서 시작된 초기의 루트가 가장 효과적인 길이었음이 밝혀지기도 하였다. 현재 모두 14개 처소가 있고 약 400m에 이른다. 지금도 매주 금요일 로마 가톨릭은 순례를 하고 있다.	• 이스라엘의 고고학자 시몬 깁슨은 복음서에 묘사되어 있는 길과 고대 저술들과 일치한다고 한다.
제1, 2처소: 재판 받은 곳, 십자가를 진 곳	안토니오 요새의 빌라도의 공관 자리에는 아랍인 오마라 초등학교가 있다. 제1, 2 처소에는 세 개의 기념교회가 있다. 에케호모(이 사람을 보라)교회, 채찍질 기념교회, 십자가형 선고 교회가 있는데 모두 가톨릭교회가 관장하고 있다. 십자가형 선고 교회는 금요일 오후에만 개방되고 있다	마27:11-24 마27:27-31 요19:13
제3처소: 처음 넘어진 곳	십자가를 진 예수께서 처음 넘어진 곳이라고 한다. 아르메니안 교회가 있다.	
제4처소: 어머니를 본 곳	십자가를 지고 가는 예수께서 어머니를 보고 멈춘 곳이라 한다. 아르메니안 교회가 있다.	
제5처소: 시몬이 십자가를 진 곳	구레네 사람 시몬이 십자가를 대신 지게 되는 곳으로 언덕이라고 한다. 프란체스코수도회의 작은 예배당이 있다. 15세기 전에는 거지 나사로의 집으로 알려져 있었다.	마27:32 막15:21 눅23:26
제6처소: 예수에게 손수건을 건네준 곳	베로니카의 집이라고 한다. 예수의 얼굴의 땀을 닦아주었다는 전설 속의 여자 베로니카가 예수께 손수건을 건네준 곳이라 한다. 속설에는 예수의 옷자락을 만져 혈루병이 나았다고 하는 여자라고도 한다. 현재 성베로니카 교회는 예수님의 작은 자매들에 의해 관리되며 공개되지 않고 있다.	마9:20-22 막15:25-33
제7처소: 두 번째 넘어진 곳	두 번째 넘어지신 곳이라 하는데 집들이 들어서 있어서 보이지 않는다.	눅7:43-48
제8처소: 심판을 예언한 곳	왼쪽 언덕이라고 하는데 역시 주택들로 인해 볼 수 없고 벽에 표시가 되어 있다. 예수께서 예루살렘의 딸들아 나를 위하여 울지 말고 너희와 너희 자손을 위해 울라고 한 곳이다. 그리스 정교회 수도원이 있다.	
제9처소: 세 번째 넘어진 곳	예수께서 세 번째 넘어진 곳이라고 한다. 콥틱교의 성안토니오수도원과 에티오피아 정교회 수도원이 있다. 1959년 두 교회가 갈라지기 전에는 한 건물이었다.	
제10처소: 옷 벗긴 곳	예수께서 십자가에 못 박히기 전 옷 벗김을 당한 곳이다.	요19:23 성묘교회 내
제11처소: 못 박힌 곳	예수께서 손과 발에 못이 박힌 곳이다. 로마가톨릭교회가 관장하고 있다.	마27:50-54 성묘교회 내

제12처소: 십자가 서 있던 곳	예수의 십자가가 서 있던 곳으로 바위에 십자가를 세운 구멍이 있다. 예수께서 숨진 곳이기도 하다. 예수께서 돌아가실 때에 일어난 지진으로 갈라진 바위가 있다. 그리스 정교회 관리지역이다.	성묘교회 내
제13처소: 장례 치른 곳	십자가에 달린 예수의 시신을 내려 수의를 입혔던 바위이다. 예수의 시신에 몰약과 침향을 넣고 세마포에 싸서 염습한 곳이다.	성묘교회 내
제14처소: 무덤	예수의 무덤이 있던 곳으로 추정되는 곳 앞에 그리스 정교회가 세운 교회가 있다. 콥틱교회 예배처 옆에 있다.	성묘교회 내

5.2 누가에서 네 차례의 예루살렘 멸망 예언

구분	1차(13:31-35)	2차(19:41-44)	3차(21:5-6,20-21)	4차23:28-31)
배경	13:33 그러나 오늘과 내일과 모레는 내가 갈 길을 가야 하리니 선지자가 예루살렘 밖에서는 죽는 법이 없느니라	19:41 가까이 오사 성을 보시고 우시며	21:5 어떤 사람들이 성전을 가리켜 그 아름다운 돌과 헌물로 꾸민 것을 말하매 예수께서 이르시되	23:28 예수께서 돌이켜 그들을 향하여 이르시되 예루살렘의 딸들아 나를 위하여 울지 말고 너희와 너희 자녀를 위하여 울라
멸망의 이유들	:34 예루살렘아 예루살렘아 선지자들을 죽이고 네게 파송된 자들을 돌로 치는 자여 암탉이 제 새끼를 날개 아래에 모음 같이 내가 너희의 자녀를 모으려 한 일이 몇 번이냐 그러나 너희가 원하지 아니하였도다)	:42 이르시되 너도 오늘 평화에 관한 일을 알았더라면 좋을 뻔하였거니와 지금 네 눈에 숨겨졌도다		
멸망의 상황		:43-44상 날이 이를지라 네 원수들이 토둔을 쌓고 너를 둘러 사면으로 가두고 또 너와 및 그 가운데 있는 네 자식들을 땅에 메어치며	21:20-21 너희가 예루살렘이 군대들에게 에워싸이는 것을 보거든 그 멸망이 가까운 줄을 알라 그 때에 유대에 있는 자들은 산으로 도망갈 것이며 성내에 있는 자들은 나갈 것이며 촌에 있는 자들은 그리로 들어가지 말지어다	:30-31 그 때에 사람이 산들을 대하여 우리 위에 무너지라 하며 작은 산들을 대하여 우리를 덮으라 하리라 푸른 나무에도 이같이 하거든 마른 나무에는 어떻게 되리요 하시니라
예루살렘 도시 와 성전의 멸망		:44하 돌 하나도 돌 위에 남기지 아니하리니 이는 네가 보살핌 받는 날을 알지 못함을 인함이니라	21:6 너희 보는 이것들이 날이 이르면 돌 하나도 돌 위에 남지 않고 다 무너뜨려지리라	
멸망의 결과	:35 보라 너희 집이 황폐하여 버린 바 되리라 내가 너희에게 이르노니 너희가 주의 이름으로 오시는 이를 찬송하리로다 할 때까지는 나를 보지 못하리라 하시니라			

비고					
	공통 여부	마태(23:37-39)와 공통 기사	누가 단독 기사	마태(24:1-2, 15-17)와 마가(13:1-2, 20-21)의 공통 기사	누가 단독 기사
	내용	예루살렘에서 예수의 죽음과 예루살렘의 멸망을 말한다.	예루살렘 멸망에 대하여 구체적으로 묘사하고 있다.	앞부분은 예루살렘 성전의 멸망이고 뒷부분은 예루살렘 자체의 멸망을 언급하고 있다.	처형장에 끌려가면서 예루살렘의 심판에 대해 한 말씀이다.
	상황	마태는 예루살렘 입성 후의 일이라고 한다. 누가는 헤롯이 자기를 죽이려 한다고 하자 예수는 자신의 죽음과 예루살렘의 멸망을 얘기한다.	누가에 이 기사는 예루살렘 입성과 성전정화 사이에 있는데 예루살렘의 멸망을 말씀하고 있다.	마태, 마가, 누가 모두 예루살렘 입성 후 종말 강화로서 말씀한다.	처형장에 따라가는 제자들과 대비시켜 심판을 받게 될 예루살렘을 딸로 비유하여 한 말씀이다.
		예수께서 예루살렘에 올라가는 목적이 선지자들처럼 죽으러 가는 것이 목적이고 이스라엘 백성을 구원하려고 노력하였으나 허사였다고 한다.	• 평화에 관한 일은 하나님과 화해하기 위한 회개를 말한다. • 보살핌의 본래 뜻은 찾아오심이다. 예수께서 찾아오심을 알지 못하여 멸망하게 된다는 것이다.	• 성전의 현재 모습을 보고 미래를 예언한다. 또한, 예루살렘 도시가 멸망할 때 사람들이 어떻게 대처해야 하는가에 대해 새로 언급한다.	

제48절 ✿ 십자가상에서의 오전

1. 본문비교

	구분	마태(27:33-44)	마가(15:22-32)	누가(23:33-43)	요한(19:17하-27)
십자가에 못 박다	골고다에 이르다	:27:33 골고다 즉 해골의 곳이라는 곳에 이르러	:22 예수를 끌고 골고다라 하는 곳(번역하면 해골의 곳)에 이르러	:33상 해골이라 하는 곳에 이르러	:19:17하 해골(히브리 말로 골고다)이라 하는 곳에 나가시니
	포도주를 드리다	:34 쓸개 탄 포도주를 예수께 주어 마시게 하려 하였더니 예수께서 맛보시고 마시고자 하지 아니하시더라	:23 몰약을 탄 포도주를 주었으나 예수께서 받지 아니하시니라		
	두 행악자와 함께 못 박히다		:24상 십자가에 못 박고	:33하 거기서 예수를 십자가에 못 박고 두 행악자도 그렇게 하니 하나는 우편에, 하나는 좌편에 있더라	:18 그들이 거기서 예수를 십자가에 못 박을 새 다른 두 사람도 그와 함께 좌우편에 못 박으니 예수는 가운데 있더라
	예수의 기도			:34상 이에 예수께서 이르시되 아버지 저들을 사하여 주옵소서 자기들이 하는 것을 알지 못함이니이다	
	예수의 죄패				:19 빌라도가 패를 써서 십자가 위에 붙이니 나사렛 예수 유대인의 왕이라 기록되었더라 :20-22 예수께서 못 박히신 곳이 성에서 가까운 고로 많은 유대인이 이 패를 읽는데 히브리와 로마와 헬라말로 기록되었더라 유대인의 대제사장들이 빌라도에게 이르되 유대인의 왕이라 쓰지 말고 자칭 유대인의 왕이라 쓰라 하니 빌라도가 대답하되 내가 쓸 것을 썼다 하니라
	옷을 제비 뽑다	:35 그들이 예수를 십자가에 못 박은 후에 그 옷을 제비 뽑아 나누고 :36 거기 앉아 지키더라	:24하 그 옷을 나눌새 누가 어느 것을 가질까 하여 제비를 뽑더라	:34하 저희가 그의 옷을 나눠 제비뽑을 새	:23-24 군인들이 예수를 십자가에 못 박고 그의 옷을 취하여 네 깃에 나눠 각각 한 깃씩 얻고 속옷도 취하니 이 속옷은 호지 아니하고

					위에서부터 통으로 짠 것이라 군인들이 서로 말하되 이것을 찢지 말고 누가 얻나 제비 뽑자 하니 이는 성경에 그들이 내 옷을 나누고 내 옷을 제비 뽑나이다 한 것을 응하게 하려 함이러라 군인들은 이런 일을 하고
	제삼 시		:25 때가 제삼시가 되어 십자가에 못 박으니라		
	유대인의 왕	:37 그 머리 위에 이는 유대인의 왕 예수라 쓴 죄패를 붙였더라	:26 그 위에 있는 죄패에 유대인의 왕이라 썼고		
	두 강도	:38 이 때에 예수와 함께 강도 둘이 십자가에 못 박히니 하나는 우편에, 하나는 좌편에 있더라	:27 강도 둘을 예수와 함께 십자가에 못 박으니 하나는 그의 우편에, 하나는 좌편에 있더라 :28 (없음)		
십자가 주위의 군상	무리들	:39-40상 지나가는 자들은 자기 머리를 흔들며 예수를 모욕하여 이르되 성전을 헐고 사흘에 짓는 자여	:29 지나가는 자들은 자기 머리를 흔들며 예수를 모욕하여 이르되 아하 성전을 헐고 사흘에 짓는다는 자여	:35상 백성은 서서 구경하는데 관리들은 비웃어 이르되	
		:40하 네가 만일 하나님의 아들이어든 자기를 구원하고 십자가에서 내려오라 하며	:30 네가 너를 구원하여 십자가에서 내려오라 하고	:35하 저가 남을 구원하였으니 만일 하나님이 택하신 자 그리스도이면 자신도 구원할지어다 하고	
	종교지도자들 군인들	:41 그와 같이 대제사장들도 서기관들과 장로들과 함께 희롱하여 이르되	:31상 그와 같이 대제사장들도 서기관들과 함께 희롱하며 서로 말하되	:36 군인들도 희롱하면서 나아와 신 포도주를 주며	
		:42상 그가 남은 구원하였으되 자기는 구원할 수 없도다	:31하 그가 남은 구원하였으되 자기는 구원할 수 없도다		
		:42하 그가 이스라엘의 왕이로다 지금 십자가에서 내려올지어다 그리하면 우리가 믿겠노라	:32상 이스라엘의 왕 그리스도가 지금 십자가에서 내려와 우리가 보고 믿게 할지어다 하며	:37 이르되 네가 만일 유대인의 왕이면 네가 너를 구원하라 하더라	

	:43 그가 하나님을 신뢰하니 하나님이 원하시면 이제 그를 구원하실지라 그의 말이 나는 하나님의 아들이라 하였도다 하며		:38 그의 위에 이는 유대인의 왕이라 쓴 패가 있더라	
강도들 행악자들	:44 함께 십자가에 못 박힌 강도들도 이와 같이 욕하더라	:32하 함께 십자가에 못 박힌 자들도 예수를 욕하더라	:39-41 달린 행악자 중 하나는 비방하여 이르되 네가 그리스도가 아니냐 너와 우리를 구원하라 하되 하나는 그 사람을 꾸짖어 이르되 네가 동일한 정죄를 받고서도 하나님을 두려워하지 아니하느냐 우리는 우리가 행한 일에 상당한 보응을 받는 것이니 이에 당연하거니와 이 사람이 행한 것은 옳지 않은 것이 없느니라 하고 :42-43 이르되 예수여 당신의 나라에 임하실 때에 나를 기억하소서 하니 예수께서 이르시되 내가 진실로 네게 이르노니 오늘 네가 나와 함께 낙원에 있으리라 하시니라	
예수의 가족과 여자들				:25 예수의 십자가 곁에는 그 어머니와 이모와 글로바의 아내 마리아와 막달라 마리아가 섰는지라 :26-27 예수께서 자기의 어머니와 사랑하시는 제자가 곁에 서 있는 것을 보시고 자기 어머니께 말씀하시되 여자여 보소서 아들이니이다 하시고 또 그 제자에게 이르시되 보라 네 어머니라 하신대 그 때부터 그 제자가 자기 집에 모시니라

2. 본문의 차이

구분		마태	마가	누가	요한
십자가에 못 박다	도착	골고다 즉 해골	골고다(번역하면 해골)	해골이라 하는 곳	해골(히브리말로 골고다)
	포도주를 드리다	쓸개 탄 포도주를 주나 마시지 아니하다 (27:34)	몰약을 탄 포도주를 주나 받지 아니하다 (15:23)		
		십자가상에 계실 때 다시 신포도주를 갈대에 꿰어 마시게 하다 (27:48)	십자가상에 계실 때 다시 신포도주를 갈대에 꿰어 마시게 하다 (15:36)	군인들이 희롱하여 신포도주를 주었다고 하다(23:36)	십자가상에 계실 때 신포도주를 적신 해면을 우슬초에 매어 예수의 입술에 대다(19:29)
	못 박히다	십자가에 못 박은 후 (27:35)	십자가에 못박다(15:24)		
			제삼시에 십자가에 못박다(15:25)	예수를 못 박고(23:33)	예수를 십자가에 못 박을 때(19:18) 예수께서 못 박힌 곳에 (19:20) 예수를 십자가에 못 박고 (19:23)
	누구와	강도 둘(27:38, 44)	강도 둘(15:27)	두 행악자	두 사람(19:18)
	예수의 기도			아버지 저들을 사하여 주옵소서 자기들이 하는 것을 알지 못함이니이다(23:34)	
	예수의 옷을 나누다	예수의 옷을 제비 뽑아 나누다(27:35)	누가 어느 것을 가질까 하여 제비를 뽑더라 (15:24)	저희가 그의 옷을 나눠 제비뽑을 새 (23:34)	• 군인들이 예수의 옷을 취하여 각각 한 깃씩 얻다(19:23) 속옷을 찢지 말고 누가 얻나 제비를 뽑고자 하다(19:24) • 성경에 응하게 하려 함이라(19:24)
	예수의 죄패	유대인의 왕 예수(27:37)	유대인의 왕(15:26)	이는 유대인의 왕 (23:38)	• 빌라도의 패, 나사렛 예수 유대인의 왕 • 히브리어, 로마어, 헬라어로 기록 • 대제사장들 자칭 유대인의 왕으로 정정 요구(19:21) • 빌라도 거절(19:22)
십자가	무리들	• 지나가는 자들이 예수를 모욕: 성전을 헐고 사흘에 짓는 자여 (27:39-40)	• 지나가는 자들이 예수를 모욕: 성전을 헐고 사흘에 짓는 자여 (15:29)	• 백성들은 구경하고 관리들은 비웃는다 (23:35)	

주위의 군상		• 하나님의 아들이거든 자기를 구원하고 십자가에서 내려오라	• 네가 너를 구원하여 십자가에서 내려오라 (15:30)	• 만일 하나님이 택하신 자 그리스도이면 자신을 구원하라	
	종교지도자들 군인들	• 대제사장들, 서기관들, 장로들이 희롱하매 (27:41) • 남을 구원하였으나 자기를 구원할 수 없도다(27:42)	• 대제사장들도 서기관들과 함께 희롱하며 (15:31) • 남을 구원하였으나 자기를 구원할 수 없도다 (15:31)		
		• 이스라엘의 왕이로다 지금 십자가에서 내려올지어다 그리하면 우리가 믿겠노라 • 그가 하나님의 아들이라 하였도다 • 그가 하나님을 신뢰하니 이제 하나님이 행하시면 이제 그를 구원하실지라(27:43)	• 이스라엘의 왕 그리스도가 지금 십자가에서 내려와 우리가 보고 믿게 할지어다(15:32)	• 만일 유대인의 왕이면 네가 너를 구원하라 (23:37)	
	강도들 행악자들	• 강도들도 이와 같이 욕하더라(27:44)	• 십자가에 못 박힌 자들도 함께 욕하더라 (15:32)	• 행악자 중 하나가 비방하여 네가 그리스도가 아니냐 너와 우리를 구원하라 • 다른 행악자: 하나님을 두려워하지 아니 하느냐 이 사람이 행한 것은 옳지 않은 것이 없느니라 • 예수여 당신의 나라에 임할 때 나를 기억하소서 • 예수께서 진실로 네게 이르노니 오늘 네가 나와 함께 낙원에 있으리라	
	예수의 어머니와 제자들				• 예수의 어머니, 이모, 글로바의 아내 마리아, 막달라 마리아 • 예수께서 어머니에게 여자여 보소서 아들이니이다 • 예수께서 애제자에게 네 어머니라 • 애제자가 그때부터 자기집에 모시니라

비고	못 박다	못 박다, 못 박힌 후(두 번) 강도들 십자가에 함께 못 박히다(27:44)	못 박다, 제삼시에 못 박다(두 번) 함께 십자가에 못 박으니(15:32)	못 박다(한 번) 두 행악자들도 그렇게 하다(28:33)	예수를 못 박을 때 예수를 못 박힌 곳이 예수를 못 박고(세 번)
	지나가는 자들	• 자기 머리를 흔들며 예수를 모욕하며 • 성전을 헐고 사흘에 짓는 자여 • 네가 만일 하나님의 아들이어든 • 자기를 구원하고 십자가에서 내려오라	• 자기 머리를 흔들며 예수를 모욕하며 • 성전을 헐고 사흘에 짓는 자여 • 네가 너를 구원하여 십자가에서 내려오라		
	백성들			• 서서 구경하다	
	관리들			• 비웃으며 • 네가 남을 구원하였으니 • 만일 하나님이 택하신 자 그리스도이면 • 자신도 구원하라	
	군인들			• 희롱하면서 신포도주를 주며 • 네가 만일 유대인의 왕이면 네가 너를 구원하라	
	종교지도 자들	• 대제사장들, 서기관들, 장로들 • 함께 희롱하며 • 그가 남을 구원하였으나 자기는 구원할 수 없도다 • 그가 이스라엘의 왕이로다 • 지금 십자가에서 내려올지어다. 그리하면 우리가 믿겠노라 • 하나님의 아들이라 하였다 • 하나님이 원하시면 이제 그를 구원하리라	• 대제사장들, 서기관들, 장로들 • 함께 희롱하며 • 그가 남을 구원하였으나 자기는 구원할 수 없도다 • 이스라엘의 왕 그리스도 • 지금 십자가에서 내려와 우리가 보고 믿게 할지어다		
	강도들 행악자들	• 이와 같이 욕하더라	• 예수를 욕하더라	• 행악자 중 하나: 네가 그리스도가 아니냐 너와 우리를 구원하라	

예수를 비난하는 자들	• 지나가는 자들: 모욕 • 종교지도자들: 희롱 • 강도들: 욕	• 지나가는 자들: 모욕 • 종교지도자들: 희롱 • 강도들: 욕	• 관리들: 비웃으며 • 군인들: 희롱하며 • 행악자 중 하나: 비방	
예수의 호칭	• 성전을 헐고 사흘에 짓는 자여 • 하나님의 아들이어든 • 이스라엘의 왕이로다 • 하나님의 아들이라 하였다	• 성전을 헐고 사흘에 짓는 자여 • 이스라엘의 왕 그리스도	• 하나님이 택하신 자 그리스도이면 • 만일 유대인의 왕이면 • 그리스도가 아니냐	
비난 내용	• 십자가에서 내려오라 (지나가는 자들, 종교지도자들) • 자기를 구원하라 (지나가는 자들)	• 십자가에서 내려오라 (지나가는 자들, 종교지도자들) • 네가 너를 구원하라 (지나가는 자들)	• 자신을 구원하라(관리들) • 네가 너를 구원하라 (군인들)	

3. 본문이해

구분	내용	비고
골고다	1. 골고다의 전승적인 위치는 현재 성묘교회 구내이다. 2. 골고다는 해골이라는 뜻의 아람어 굴굴타의 헬라어 음역이다. 예루살렘성 다메섹문 북동쪽 230m 지점에 위치한 작은 언덕으로 추정된다. 골고다라는 고고학적 증거가 충분한 곳이다. 3. 예수께서 십자가를 지고 도착한 곳이 골고다라고 한다. 　마태, 마가는 히브리어로 먼저 골고다를 언급한 다음 해골이라고 한다. 누가는 해골이라 하는 곳이라 하고 요한복음은 해골이라고 한 후에 히브리어로 골고다라고 한다. 4. 짐작하건대 마태와 마가의 공동체는 히브리어를 먼저 말해도 되는 유대기독교인이나 디아스포라 유대인이 많은 공동체로 볼 수 있다. 누가공동체는 히브리어를 이해하지 못하는 신자들로 구성된 공동체로 보이고 요한공동체는 히브리어를 이해하지 못하나 기독교의 유대적 배경을 이해할 수 있는 공동체로 보인다. 5. 골고다 해골이라는 지명은 본래의 지형이 해골처럼 생겼거나 또는 예전부터 처형장으로 사용되어 해골이 많았던 곳에서 유래하였을 것으로 추정된다. 그러나 골고다가 어디인지 정확히 알 수 없으나 처형장소이기 때문에 성내는 아닐 것으로 보인다. 그러나 공개처형으로 사람들에게 공포심을 갖게 하기 위해서 여러 사람들이 멀리서도 볼 수 있는 언덕 같은 곳이었을 것이다. 6. 요한복음에서는 예수께서 못 박힌 곳이 성에서 가깝다(19:20)고 하고 히브리서(13:12)는 예수께서 '성문 밖에서 고난을 받으셨다'고 하는데 모두 골고다는 성문 밖에 있었다는 것을 말하고 있다.	• 역사적 예수란 실제로 살았던 예수라는 말이다. 그동안 19세기 계몽주의 세계관에 영향을 받은 자유주의 신학자들은 성서에서 신화, 허구, 상징 등을 제거한다는 명분에서 예수의 동정녀 탄생, 각종 이적, 예수의 신적 기원, 십자가의 대속의 죽음, 부활, 승천, 재림 등을 제외시키고 있다.
포도주를 드리다 (마태,마가)	1. 마태, 마가에는 포도주를 드리는 기사가 두 번씩 나온다. 십자가에 못 박히기 전에 한 번, 십자가상에서 숨지기 전에 또 한 번 나온다. 마태, 마가는 포도주 두 가지를 이야기하고 있다. 누가에는 포도주를 드린 기사가 한 번 나오는데 마태, 마가와 달리 십자가상에서의 오전에 군인들이 신포도주를 드렸다고 한다. 2. 마태, 마가에서 예수께 처음 포도주를 드린 것은 십자가에 못 박히기 전으로 마태는 쓸개 탄 포도주(27:34), 마가는 몰약을 탄 포도주(15:23)를 드렸다고 한다. 그런데 누가 드렸는지에 대해서는 언급이 없다. 예수께서는 '마시고자	시69:21 그들이 쓸개를 나의 음식물로 주며 목마를 때에는 초를 마시게 하였사오니

아니하였다'(마태), '받지 아니하다'(마가)라고 한다. 여기에서 쓸개 탄 포도주와 몰약을 탄 포도주는 시편(69:21)의 말씀 즉 쓸개와 식초를 반영한 것이라 하겠다.

3. 신포도주에 대해서 마태, 마가는 십자가상에서의 오후에 예수에게 신포도주를 갈대에 꿰어 마시게 하였다고 한다. 요한복음도 십자가에서의 오후에 신포도주를 적신 해면을 우슬초에 꿰어 예수의 입술에 대었다고 한다.

4. 정죄 받는 사람에게 고통을 덜어주기 위하여 포도주를 준 것은 로마가 아닌 유대의 풍습(산헤드린 탈무드 43A)으로 몰약을 탄 포도주나 신포도주는 일종의 마취제 역할을 하였다고 한다. 마태, 마가는 유대 풍습에 따른 포도주 이야기를 먼저 한 것이다. 유대인들은 죽음으로 인한 공포를 최소화해 주기 위해 사형수에게 포도주를 준다. 겟세마네에서 예수께서 언급한 이 잔이란 잠언(31:6)에서 말하는 독주를 의미한다고 볼 수도 있다(마26:39,42, 막14:36, 눅22:42, 요18:11).

5. 마태, 마가는 예수께서 십자가에 못 박히기 전에 쓸개나 몰약을 탄 포도주를 드렸으나 마시고자 아니하였다고 한다. 왜 예수께서 포도주를 거부하였을까? 요한복음에는 예수께서 잡힐 때에 베드로에게 한 말씀이 있다. '아버지께서 주신 잔을 내가 마시지 아니하겠느냐'(18:11)고 한다. 이처럼 고난을 자처한 예수께서는 포도주를 마심으로 경감되는 고통을 택하지 아니하고 온전한 고통을 겪으려 한 것으로 보아야 할 것이다.

6. 만약 예수께서 포도주를 드시고 혼미한 상태였다고 한다면 가상칠언을 말씀할 수 있었을 것인가?

| 예수를
못 박다 | 1. 마태는 예수의 옷을 나누는 이야기의 앞에 '예수를 십자가에 못 박은 후'(27:35)라고 하고 뒤에 예수와 함께 강도들이 십자가에 못 박혔다(27:38)고 한다. 마가 역시 예수의 옷을 나누는 이야기의 앞에 '십자가에 못 박고'(15:24)라고 하고 이어서 '때가 제삼시(오전 9시에 해당)가 되어 십자가에 못 박았다'(15:25)고 한다. 사복음서 중에 예수께서 십자가에 못 박힌 시간을 언급한 것은 마가뿐이다. | • 요한복음은 예수께서 십자가에 달린 일시에 대해 '이 날은 유월절의 준비일이요 때는 제육시니라'(19:14)고 하고 있다. 요한복음은 예수의 죽음을 참된 유월절 양의 희생으로 이해하고 있다. 유월절 준비일에 유월절 양을 잡기 때문이다. |

<산헤드린 탈무드 43A>
기록된 대로 사형수에게 감각을 잃어버리게 하기 위해 유향이 든 포도주 한 잔을 주어라 죽게 될 사람에게 독주는 영혼을 더욱 아프게 할 것이다

잠31:6 독주는 죽게 된 자에게 포도주는 마음에 근심하는 자에게 줄지어라

2. 마태와 마가는 예수께서 십자가에 못 박힌 것과 강도들이 십자가에 못 박힌 것을 따로따로 떼어서 보도하고 있다. 그러나 누가는 같은 절에서 예수와 두 행악자가 십자가에 달렸다고 한다. '예수를 십자가에 못 박고 두 행악자도 그렇게 하니 하나는 우편에 하나는 좌편에 있더라'고 한다(23:33). 요한복음도 '예수를 십자가에 못 박을새 다른 두 사람도 그와 함께 좌우편에 못 박았다'(19:18)고 한다.

3. 예수 옆의 십자가에 대해 마태, 마가, 누가는 하나는 우편에 하나는 좌편에라고 말하는데 요한복음은 좌우편이라고 말하며 예수가 가운데 있더라고 한다. 그런데 예수의 좌우편은 세베대의 두 아들이 원했던 자리가 아닌가(마20:21, 막10:37). 그때 예수께서는 그들에게 내가 마시는 잔을 마시고 내가 받는 세례를 받겠느냐고 물었다(막10:38).

4. 요한복음은 예수를 십자가에 못 박는 상황에 대해 자세히 말하고 있다. 예수께서 누구와 같이 못 박혔는가, 못 박힌 곳이 어디쯤인가, 십자가에 못 박고 난 후 군인들이 한 일이 무엇인가 등이다. 즉 '예수를 십자가에 못 박을 때'(19:18), 예수께서 못 박힌 곳이(19:20), 군인들이 예수를 못 박고(19:23)라고 언급하고 있다. 예수의 십자가 중심 보도인 것이다.

5. 예수께서 십자가에서 죽은 것은 역사적 사실이다. 이 사실을 말하기 위해 사복음서는 각각 최선을 다해 상황을 전하고 있다. 그러나 예수께서 못 박힐 때의 육체적인 고통에 대해서는 전혀 말하고 있지 않다. 마태, 마가에서의 예수께서는 고통을 덜어주기 위해 드린 포도주조차 거절하였으므로 그 고통은

	참으로 견디기 어려웠을 것이다. 예수의 육체적 고통을 이야기하지 않은 것은 구속사적인 십자가형의 초점을 흐릴 수 있었기 때문이라고 볼 수 있다. 6. 마태, 마가는 예수의 옷을 나누는 군인들, 죄패, 십자가 주위의 군상으로 무리들, 종교지도자들, 군인들 그리고 함께 십자가에 달린 자들에 대해 말한다. 누가는 죄패와 옷을 나누는 이야기를 짧게 언급하지만 십자가상에서 한 예수의 기도와 예수와 함께 십자가에 달린 두 행악자의 태도에 대해 소상히 기록하고 있다. 요한복음은 반대로 예수의 옷을 나누는 로마 군인들의 행태를 자세히 기록하고 있고 예수의 죄패에 대해 항의를 하는 유대 종교지도자들의 모습이 있다. 특별히 십자가 주위의 군상으로서 예수의 어머니와 애제자 그리고 여자들에 대해서 말하고 있다. 그러나 예수와 함께 못 박힌 두 사람에 대해서는 크게 관심을 갖고 있지 아니한다. 7. 예수께서 수난예고를 여러 차례 하였다. 공관복음 모두 예수께서 죽임을 당하고 삼일 만에 살아나신다고 하였는데 그중 마태만이 세 번째 수난예고에서 '십자가에 못 박히게 된다'라고 말씀하였다(20:19). 그리고 한 여자가 예수의 머리에 향유를 붓는 사건 전에 유대 종교지도자들이 예수를 잡아 죽이려는 흉계를 꾸민다(26:4). 그런데 마태에서의 예수께서는 흉계를 꾸미기 전 미리 '인자가 십자가에 못 박히기 위하여 팔리리라'고 말씀한다(26:2). 십자가형은 예수께서 스스로 택한 수난으로서 예수께서 십자가에 달리는 것은 자기 예언의 구현이라 하겠다.	• 사도 바울은 갈라디아인들을 책망한다. 갈라디아 사람들이여 왜 그렇게 어리석습니까? 십자가에 달리신 예수 그리스도의 모습이 여러분 앞에 생생하게 나타나 있는데 누가 여러분을 미혹시켰단 말입니까?(공동번역 갈3:1)
예수의 첫 번째 기도 (누가)	1. 누가에서의 예수께서는 십자가에 못 박히자마자 '저들을 사하여 주시옵소서 자기들이 하는 것을 알지 못한다'(23:34)라고 기도한다. 가상칠언의 첫 번째 말씀이다. 이 기도는 이사야 53:12의 고난 받는 종으로서 '그가 많은 사람의 죄를 담당하며 범죄자를 위하여 기도하였느니라' 즉 예언의 성취인 것이다. 십자가 위에 있는 예수는 메시아로서 야웨의 종, 고난 받는 종으로서 십자가 관련 범죄자들을 위해 기도(눅23:34)한다. 2. 예수께서는 십자가 위에서도 하나님을 아버지라고 부르며 저들을 사하여 달라고 기도를 하는데 저들이 누구인지는 분명치 않지만 저들은 '자기들이 하는 일을 알지 못하는' 자들이라고 하겠다. 그러므로 예수의 죽음과 관련된 모든 사람으로 보아야 할 것이다. 3. 누가의 평지설교에서 예수께서는 '너희를 미워하는 자를 선대하며 너희를 저주하는 자를 축복하며 너희를 모욕하는 자를 위해 기도하라'(6:27-28)고 한다. 이와 같은 말씀을 한 예수이기에 자신의 죽음에 관련된 자를 위해 죽음을 앞둔 순간에도 그들을 위해 기도할 수 있는 것이다. 4. 이 기도는 사람들이 '자기 하는 것을 알지 못함'을 지적하고 있다. 사람들이 자기가 행하는 것을 알지 못하기 때문에 자기 죄를 모른다는 것이다. 예수의 십자가 주위의 군인들이나 예수를 죽음에 이르게 한 유대 지도자들은 물론 예수를 향해 소리를 지르는 무리 중의 하나가 나 자신일 수도 있다는 것을 깨닫게 한다. 5. 이 기도로 말미암아 정치적이든 종교적이든 사형수로서의 수치스러운 죽음이 인류의 구원을 위한 죽음으로 승화하게 되는 것이다. 6. 바티칸사본 등에 이 기도가 빠져 있다. 그러나 용서의 확장이야말로 누가의 입장과 놀라울 정도로 일치하고 있는 것이라고 로버트 브라운은 말한다.	• 스데반의 기도: 무릎을 꿇고 크게 불러 이르되 주여 이 죄를 그들에게 돌리지 마옵소서 이 말을 하고 자니라(행7:60) 롬5:8 우리가 아직 죄인 되었을 때에 그리스도께서 우리를 위하여 죽으심으로 하나님께서 우리에 대한 자기의 사랑을 확증하셨느니라
예수의 옷을 나누다	1. 마태, 마가, 누가, 요한복음에 있는 기사인데 누가는 군인들이 예수의 옷을 제비뽑았다고 간단히 말하고 있다. 예수의 옷을 나눈 것에 대해 마태는 '십자가에 못 박은 후'라고 하고 마가는 '십자가에 못 박고'라고 하며 요한복음은 군인들이 예수를 십자가에 못 박고	

그의 옷을 취하였다고 한다. 이것으로 미루어 보아 십자가에 못 박기 전에 죄수의 옷을 벗긴 것을 알 수 있다. 지금의 기준으로는 이해하기 어렵지만 그 당시는 옷감이 아주 귀하였다.

2. 마태는 군인들이 '그 옷을 제비 뽑아 나누고 거기 앉아 지키더라'고 한다. 십자가에 달려 있는 예수와 그의 죽음을 기다리며 앉아 있는 군인들의 모습이 대비되고 있다. 마가는 제비를 뽑는 이유가 옷을 나눌 때 '누가 어느 것을 가질까' 해서였다고 한다.

3. 요한복음의 저자는 예수의 옷을 나누는 모습을 아주 자세하게 설명하고 있다. '군인들이 예수를 십자가에 못 박은 후에 그의 옷을 가져다가 네 몫(깃)으로 나누어서 한 사람이 한 몫씩 차지하였고 속옷은 호지 아니하고 즉 이음새 없이 위에서부터 아래까지 통자로 짠 것이므로 찢어서 나누지 말고 한 사람이 가질 수 있도록 제비를 뽑았다는 것이다. 겉옷을 나누고 속옷을 제비 뽑았다는 성경 말씀이 이루어지게 하기 위해 군인들이 그랬다는 것이다.

4. 사형장에 죄수를 끌고 가는 군인은 네 명이고 사형수의 옷은 사형 집행을 맡은 군인들의 것이 된다. 유대인은 몸에 걸치는 것이 다섯 가지로서 신, 두건, 허리띠, 겉옷, 속옷이라고 한다. 네 명의 군인들은 속옷을 제외한 것을 하나씩 나눠 가졌다. 그리고 남은 속옷도 사등분 할 수 있으나 이음새 없이 통으로 짠 것이므로 찢어서 나누어 갖기에는 아까운 것이었다. 그래서 그들은 한 사람에게 주기 위해 제비뽑기를 하였던 것이다.

요한복음은 군인들이 이렇게 된 것이 시편 22편 18절의 말씀의 성취라고 보았다.

| 죄패 | 1. 마태, 마가는 죄패, 누가와 요한복음은 패라고 하였다. 이 패에 마태는 '유대인의 왕 예수', 마가는 '유대인의 왕', 누가는 '이는 유대인의 왕', 요한복음은 '나사렛 예수 유대인의 왕'이라고 쓰여 있었다고 한다. 그러나 다른 두 죄수의 죄패에 대해서는 언급이 없다.

2. 요한복음은 빌라도가 패를 써서 십자가 위에 붙였다고 하며 많은 유대인이 이 패를 읽었는데 히브리어, 로마어, 헬라어로 기록되어 있었다고 한다. 그래서 유대교 제사장들이 항의를 한다. '자칭 유대인의 왕'이라고 써야 한다는 것이다. 그런데 빌라도는 내가 쓸 것을 썼다고 한다. 로마법에 의해 유대인의 왕이라고 하면 이렇게 된다는 것을 빌라도는 말하고 있다.

3. 죄패는 죄수의 죄목을 기록한 나무판이다. 죄패를 다는 이유는 처형의 이유를 공개적으로 드러냄으로써 사람들로 하여금 같은 죄를 짓지 말라고 경고하기 위함이다. 이 패에는 죄수의 이름과 죄목을 썼다고 하는데 십자가형의 경우는 맨 위에 붙었다고 한다. 마태에는 예수, 요한복음에는 나사렛 예수라는 이름이 들어가 있으나 마가, 누가는 유대인의 왕이라는 죄목만 기록했다. 그런데 누가는 '이는 유대인의 왕'이라고 희롱으로 말하고 있다.

4. 유대인의 왕이란 죄는 로마의 반역자라는 뜻이다. 좌우의 두 강도 역시 로마의 반역자들이다. 유대인들은 종교적인 이유로 예수를 죽이지 아니하고 로마인 빌라도에게 넘겨 정치적으로 로마법에 의해 죽게 하였다. 유대인의 입장에서는 예수를 죽이기 위해 씌운 죄목이었던 유대인의 왕이, 그리고 예수를 조롱하기 위해 붙였던 유대인의 왕이 아이러니하게도 그들이 그동안 기다리던 왕 같은 메시아가 예수이었다는 것을 온 천하에 알려주는 결과가 되고 말았다. 그래서 대제사장들은 당황하였을 것이다.

5. 요한복음의 죄패가 히브리어, 라틴어, 헬라어로 쓰였다는 것은 모든 사람이 읽고 알라는 것이다. 당시 라틴어와 헬라어는 로마의 권력과 헬라의 문명을 배경으로 한 국제 언어이었다. 세 가지 언어로 쓰인 죄패는 나사렛 예수가 유대인의 왕으로부터 온 세상의 왕 메시아라는 것을 상징적으로 말해 주고 있는 것이다. |

• 전설에 의하면 예수의 속옷은 어머니 마리아가 손수 짜서 드린 것이라고 한다.

예수의 속옷은 통으로 짠 것이라고 하는데 대제사장의 속옷 역시 베실로 짠 발목까지 내려오는 통원피스였다고 한다.

예수의 속옷이 대제사장 즉 하나님과 사람 사이를 연결하는 사람으로서의 역할을 상징하고 있다고 보기도 한다.

요한복음의 저자 역시 예수의 속옷의 의미를 드러내기 위하여 길게 설명하였다.

• 요한복음의 패는 라틴어로 티플러스인데 요한복음만이 전문용어를 사용하고 있다.

시22:18 내 겉옷을 나누며 속옷을 제비뽑나이다

십자가 주위의 군상들	1. 십자가 주위에 있는 사람들에 대해 마태와 마가, 누가, 요한복음 등이 소개하는 사람들이 조금씩 다르다. 마태, 마가는 지나가는 자들과 유대교지도자들이다. 누가는 백성들, 관리들, 군인들이다. 요한복음은 예수의 어머니와 이모 그리고 두 여자와 사랑하는 제자에 대해 말하고 있다. 2. 공관복음은 요한복음과 달리 십자가 주위의 사람들이 예수를 비방한다. 마태와 마가는 지나가는 자들이 예수를 모욕하고 유대교 지도자들이 희롱하였다고 한다. 누가는 백성은 구경하고 관리들은 비웃고 군인들은 희롱하였다고 한다. 3. 누가에서 백성들은 서서 구경하였다. 마태, 마가의 '지나가는 자'들은 명절이 되어 예루살렘에 온 디아스포라 유대인일 수도 있다. 누가에 나오는 예수를 비웃은 관리들이 누구인지는 알 수 없다. 또한, 누가에 나오는 군인들이 예수를 희롱하며 예수에게 신포도주를 드렸다고 하는데 마태, 마가에서 예수께서 십자가에 못 박히기 전 약을 탄 포도주를 드리는 이야기와는 다른 것이다. 누가의 군인들이 드린 신포도주는 마태, 마가에서 예수께서 운명하기 전 곁에 있던 자들이 해면에 적셔서 드린 포도주이다.	시70:2-3 나의 영혼을 찾는 자들이 수치와 무안을 당하게 하시며 나의 상황을 기뻐하는 자들이 뒤로 물러가 수모를 당하게 하소서 아하 아하 하는 자들이 자기 수치로 말미암아 뒤로 물러가게 하소서
머리를 흔드는 자들 (마태, 마가)	1. 마태, 마가에는 지나가는 자들이 머리를 흔든다. 누가에는 관리들이 비웃는다. 그런데 머리를 흔드는 것이 비웃는 것이라고 한다. 그러므로 지나가는 자들이나 관리들은 모두 예수를 비웃은 것이다. 머리를 흔드는 것은 예수가 비방거리(시109:25)요, 조롱거리(시22:6-7)요 영원한 웃음거리(렘18:16)요, 멸시와 조소(사37:22)의 대상이라는 것이다. 참으로 이와 같은 모욕(마태, 마가)은 전무후무한 것이다. 2. 머리를 흔드는 자들은 예수에게 '성전을 헐고 사흘에 짓는 자'라고 한다. 이것은 예수께서 가야바 앞에서 심문을 받을 때 '예수를 죽이려는'(마26:59 막14:55) 고소내용이었다. 그러나 예수가 사형에 해당된다고 본 것은 하나님의 아들이냐는 질문에 대해 예수께서 긍정적으로 대답한 것 즉 신성모독 때문이라 하겠다. 3. 마가에는 지나가는 자들이 '아하 성전을 헐고 사흘에 짓는 자여'라고 하며 예수를 모욕한다. 시편에는 내 영혼을 빼앗으려는 자와 나의 상황을 기뻐하는 자들이 수치와 무안과 수모를 당하게 해달라고 한다. 그런데 그 자들은 '아하, 아하 하는 자들'(70:2-3)이라고 한다.	시22:6-7 나는 벌레요 사람이 아니라 사람의 비방거리요 백성의 조롱거리니이다 나를 보는 자는 다 나를 비웃으며 입술을 비쭉거리고 머리를 흔들며 말하되
예수를 비난하는 호칭들	1. 마태, 마가, 누가에 공통으로 나오는 예수에 대한 비난 호칭은 '이스라엘의 왕이로다'(마태) '이스라엘의 왕 그리스도'(마가) '만일 유대인의 왕이라면'(누가) 등이다. 왕에 초점이 있는 비난이다. 유대인은 자기 왕을 이스라엘의 왕이라 하고 이방인은 유대인의 왕이라고 하였다. 2. 또한, 마태, 누가는 예수가 하나님의 아들이라고 한 것에 대해 비난하였다고 한다. 마태에서의 지나가는 자들은 '네가 하나님의 아들이어든'이라고 예수를 모욕한다. 마태의 종교지도자들은 '그의 말이 나는 하나님의 아들이라'고 말하였다고 희롱한다. 누가에서의 관리들은 '만일 하나님이 택하신 자, 그리스도이면'이라고 비웃는다. 하나님이 택하신 자의 에크렉토스는 예수를 가리킨다. 그러나 복수인 에크렉토이는 택하신 자들 즉 이스라엘 선민이나 새로운 메시아공동체를 말한다. 산상에서의 변형 기사에서 누가는 산에서 변형하신 예수에 대하여 구름 속에서 난 소리는 '이는 나의 아들 곧 택함을 받은 자'(눅9:35)라고 한다. 그래서 누가에서의 관리들이 말한 하나님의 택하신 자란 하나님의 아들이 된다. 결국 그들은 '하나님의 아들 그리스도이면'이라고 말한 것이 된다.	시22:8 그가 여호와께 의탁하니 구원하실 걸, 그를 기뻐하시니 건지실 걸 하나이다 솔로몬의 지혜서 2:8 만일 의인이 하나님의 아들이라면 그분께서 그를 도울 것이다. 그의 적들로부터 구할 것이다
하나님의 아들이어든	1. 가야바의 심문 중에 가장 중요한 핵심이 예수가 하나님의 아들이냐는 것이다. 마태에서의 예수는 '네가 말하였다'(26:64)라고 하고 마가에서의 예수는	

	는 '내가 그'(14:12)라고 하며 누가에서는 '내가 말할지라도 너희가 믿지 아니할 것이다'(22:67)라고 한다. 2. 누가에서의 예수는 로마제국의 소요죄 즉 백성을 미혹하는 자(눅22:2,4)라는 죄목으로 고소되었으나 그러나 한밤중 가야바의 심문에서는 종교적인 죄목인 신성모독죄로 결론을 내렸다. 3. 누가에서는 십자가상에서의 예수께서는 하나님을 아버지라고 부른다. 자신이 하나님의 아들이라는 것이다. '아버지 저들을 사하여 주옵소서'라고 죄인들을 위해 기도하고 '아버지 내 영혼을 아버지 손에 부탁하나이다'라고 하고 운명한다.	

예수를
비난하는
자들의 요구 :
 	
자기를
구원하라
	1. 먼저 자기를 구원하라는 것이다. 주위에 있는 모든 자들의 요구이다. 마태, 마가에서의 지나가는 자들과 유대 종교지도자들, 누가의 관리들과 군인들이 자신을 구원하라고 한다. 그들은 예수가 남을 구원하였다(마27:42, 막15:31, 눅23:35)고 인정한다. 그런데 남을 구원하였다는 것은 예수의 치료사역을 두고 한 말일 수 있다(서중석)고 한다. 남을 구원하였다는 것은 예수의 능력을 인정한 것으로 자신을 구원하라는 것은 자신을 위해 능력을 발휘해 보라는 것이다. 무슨 기적을 일으켜 보라는 것이다.
	
	2. 십자가에서 내려오라는 것이다. 마태, 마가는 지나가는 자들이 십자가에서 내려오라고 한다. 그리고 마태, 마가에서의 종교지도자들 역시 예수에게 십자가에서 내려오라고 한다. 누가에는 십자가에서 내려오라는 요구는 없으나 자기를 구원하라고 한다. 마태, 마가에서의 종교지도자들은 예수에게 십자가에서 내려오면 우리가 보고 믿겠다는 말까지 한다.
	
	3. 예수께서 광야에서 마귀에게 시험을 받을 때 마귀는 예수에게 '네가 만일 하나님의 아들이어든'(마4:3,6 눅4:3,9)이라고 하면서 돌이 떡이 되게 하라고 하고 성전 꼭대기에서 뛰어내리리라고 한다. 그리고 내게 경배하면 천하만국을 주겠다고 한다.
	   마태에서의 지나가는 사람들은 '네가 만일 하나님의 아들이어든'이라고 하고 종교지도자들은 그가 '나는 하나님의 아들이라'고 하였다고 한다. 누가의 관리들 역시 '하나님의 택하신 자 그리스도이면'이라고 한다. 예수께서 시험을 받을 때처럼 이들 모두 '하나님의 아들이면'이라고 하고 있다.
	   이러한 요구를 한 자들은 사탄의 대행자들이라 하겠다. 자기를 구원하고 십자가에서 내려오라고 하는 요구는 돌로 빵을 만들고 또한 성전 꼭대기에서 뛰어내리리라는 요구와 같은 것이다. 더욱이 십자가에서 내려오면 너를 믿겠다는 것과 내게 절하면 천하만국을 주겠다는 것은 똑같은 유혹인 것이다.
	
	4. 사탄 마귀 같은 예수 주위의 사람들은 끝까지 예수에게 기적을 보이라고 요구하고 조건을 붙여 예수를 유혹하고 있다. 참으로 마지막 유혹(The Last Temptation)인 것이다. 십자가 위에서 고초를 겪으면서도 예수는 이들의 요구에 대꾸조차 하지 아니하였다. 예수께서는 마귀시험에서처럼 '주 너의 하나님을 시험하지 말라'(마4:7, 눅4:2) '사탄아 물러가라'(마4:10)는 말씀을 하지 않았지만 그들의 요구를 묵살하고 십자가상에서 돌아가시게 된다.
	
	5. 종교지도자들이 십자가에 달린 예수를 조롱하는 것 같은 장면이 시편 22:8과 지혜서2:16-18에 나온다.
	   '의인들의 종말이 행복하다고 큰 소리치고 하나님이 자기 아버지라고 자랑한다. 그의 최후가 어찌될지 지켜보자. 정녕 하나님의 아들이라면 하나님께서 그를 도우시어 적대자들의 손에서 구해 주실 것이다. 그러니 그를 모욕과 고통으로 시험하자…자기 말로 하나님께서 돌보신다고 하니 그에게 수치스런 죽음을 내리자'
		• 구원이라는 말은 공동번역에서 '살리다'라고 한다. '자기를 구원하라'를 네 목숨이나 건져라(마27:40)고 하고, '남을 구원하였으되 자기를 구원할 수 없도다'는 '남은 살리면서 자기는 못 살리는구나'(마27:42)라고 번역하였다.
		
		• 니코스 카잔차키스의 그리스도 마지막 유혹에서 평범한 인생을 살다가 죽은 예수가 그것이 사탄의 마지막 유혹임을 깨닫게 된다. 십자가에서 내려오라고 하는 것이 악마의 최후의 시험이고 유혹이었던 것이다.
		
		• 지혜서는 가톨릭의 외경의 하나이다. BC50년경 알렉산드리아의 유대인이 헬라어로 쓴 것이라고 한다.

다른 행악자의 요구 : 나를 기억하소서	1. 예수 곁에 달린 두 사람에 대하여 마태, 마가는 강도라고 하고 누가는 행악자라고 하며 요한복음은 두 사람(17:18)이라 한다. 마태, 마가의 두 강도는 예수를 욕한다. 그런데 누가의 행악자 중 하나는 예수를 비방하며 네가 그리스도가 아니냐 너와 우리를 구원하라고 한다. 여기서 강도라는 말은 헬라어 레스티스로 반역도당을 의미한다. 이들은 반역죄로 처벌받았다. 2. 누가는 두 행악자에 대해 특별한 관심을 보이고 있다. 다른 복음서와 달리 예수께서 골고다로 향하는 길에 두 행악자도 사형을 받게 되어 예수와 함께 끌려갔다(23:32)고 하고 '예수를 십자가에 못 박고 두 행악자도 그렇게 했다'(23:33)고 한다. 3. 누가는 예수를 비방한 행악자 이외에 또 다른 행악자에 대해 자세히 보고하고 있다. 그는 예수를 비방한 행악자를 꾸짖으며 말한다. (1)네가 동일한 정죄를 받고서도 하나님을 두려워하지 않는다 (2)우리는 우리가 행한 일에 상당한 보응을 받는 것이 당연하다 (3)이 사람이 행한 것에 옳지 않은 것이 없다고 한다. 이 행악자가 먼저 하나님을 두려워하라고 한 것은 세상의 기준이 아닌 하나님 중심에서 판단하라는 것이다. 그리고 자기들 가운데서 예수가 있다고 해서 예수를 자기들과 같은 동류로서 여겨서는 안 된다는 것이다. 예수는 옳은 일만 하였다고 말한다. 이 행악자를 우리는 '구원받은 강도', 또는 '참회한 강도'라고 부른다. 4. 이 행악자는 예수께 '예수여'라고 부르면서 '당신의 나라에 임하실 때에 나를 기억하소서'라고 한다. 예수를 예수 그리스도라고 고백한 것이라 하겠다. 여기서 '당신의 나라'는 예수께서 마지막 만찬에서 제자들에게 말씀한 '내 나라'(눅22:30)인 것이다. 또 '임하실 때'에는 예수의 죽음이 예수의 끝이 아니고 계속해서 부활하고 승천하실 것을 암시하는 말이다. 즉 예수의 궁극적인 승리의 때를 말하는 것이다. 5. 예수의 대답은 '오늘 네가 너와 함께 있으리라'고 한다. 누가에서의 '오늘'은 구원의 현재성을 의미한다. '오늘 다윗의 동네에'(2:11), '오늘 우리가 놀라운 일을 보았다'(5:26), '오늘 있다가 내일 아궁이에' (12:28), '오늘 구원이 이 집에 이르렀으니'(19:9) 등이다. 신약에서의 '낙원'은 여기와 고후12:4, 계시록2:7에 나온다. 낙원을 가리키는 파라다이스는 고대 페르시아어인 파이리데자에서 온 말로 그 뜻은 파이리: 주위를, 데자:둘러쌌다는 의미라고 한다. 누가에만 있는 거지 나사로와 부자의 비유(16:19-31)에서 거지 나사로가 죽은 후에 간 곳을 낙원으로 볼 수 있다. 그러나 칠십인역에서는 낙원 즉 파라다이스를 에덴동산(창2:8, 3:10, 겔31:8)으로 번역하였다. 그러다가 종말론적 소망의 장소(계2:7, 에녹서22:9)로 바뀌게 된다. 6. 네가 나와 함께 낙원이 있으리라는 예수의 마지막 지상 사역으로 가상칠언 중에 하나이다. 마지막으로 예수에게 구원받은 이 행악자는 사도 바울이 '사람이 믿어 의에 이르고 입으로 시인하면 구원에 이르나니'(롬10:10), '누구든지 주의 이름을 부르는 자는 구원을 얻으리라'(롬10:13)의 실체적 증거인 것이고 또한 본보기라 하겠다.	• 요세푸스는 행악자를 강도의 의미로 사용하고 있다. • 개신교의 사후세계에 있어 낙원과 천국은 다른 개념이다. 세상의 종말로 인한 부활이 있기 전까지 장차 천국에 갈 신자들이 머물게 되는 곳이 낙원이라 하겠고 그리고 장차 지옥에 갈 사람이 머무는 곳을 음부(눅16:23)라 하겠다(웨스트민스터 32장 참조). 에녹서22:9 이 우묵한 땅은 영혼과 죽은 자의 혼령이 모이도록 그들을 위하여 만들어진 것이다(중략) 이것은 그들을 위한 장소이고 그들의 심판이 있는 날까지 즉 그들에게 정해진 때까지 머무는 곳이다.
여자여 보소서 아들이니이다	1. 요한복음에는 십자가 주위에서 예수를 비난하고 조롱하는 무리에 대한 기사가 없다. 십자가상에서 구원받은 강도이야기도 없다. 그런데 다른 데에 없는 기사가 있다. 십자가상의 예수께서는 어머니에게 말을 하고 사랑하는 제자 애제자에게도 말을 한다. 2. 요한복음에는 십자가 곁에 예수의 어머니 마리아와 이모, 글로바의 아내 마리아와 막달라 마리아가 있었다고 한다. 요한복음에서의 예수의 어머니 마	행1:14 여자들과 예수의 어머니 마리아와 예수의 아우들과 더불어 마음을 같이하여 오로지 기도에 힘쓰더라

리아에 대한 이야기는 가나의 혼인 잔치(2:1-5)와 여기뿐이다. 요한복음에는 '예수께서 사랑하시는 제자' 이야기가 마지막 만찬 때(13:21-24)와 여기와 부활하신 예수께서 디베랴호수를 찾으셨을 때(21:20-22)에 나온다. 예수의 애제자가 사도 요한이라는 전승이 있다. 세베대의 두 아들인 야고보와 요한의 어머니는 예수의 이모인 살로메라고 한다. 그렇다면 예수와 애제자는 이종사촌이 되는 것이다.

3. 예수께서는 어머니에게 '여자여 보소서 아들이니이다'라고 하고 애제자에게 '네 어머니'라고 말씀하는데 '그 때부터 그 제자가 자기집에 모셨다'고 한다. 예수의 형제들은 예수께서 살아 있는 동안에는 예수를 믿지 아니하였던 것 같다(7:5). 그래서 예수께서는 운명하기 전에 애제자에게 어머니를 부탁한 것으로 보인다.

4. 심층연구: 강도와 같이, 불법자와 같이

구분	내용	비고
강도 같이 (마태, 마가)	1. 마태, 마가에서의 예수는 두 강도와 함께 십자가에 못 박혔다고 한다. 예수께서 두 강도와 같은 취급을 받았다는 것이다. 마태, 마가의 두 강도는 누가의 두 행악자와 달리 십자가상에서 예수께 욕을 한다(막15:32). 2. 예수께서 겟세마네 동산에서 기도하신 후 잡힐 때의 상황에 대해 마태, 마가, 누가 똑같이 보도하고 있다. '예수께서 무리에게 말씀하시되 너희가 강도를 잡는 것과 같이 검과 몽치를 가지고 나를 잡으러 나왔느냐'(마26:55, 막14:48, 눅22:52))고 하였다는 것이다. 3. 누가는 예수를 잡으러 온 사람들이 실제로 예수를 위험한 인물이라고 생각하였기 때문에 대제사장들과 성전의 경비대장들과 장로들(22:52)이 왔을 것이다. 요한복음은 군대(18:3)가 동원되었고, 군대와 천부장(18:12)이 예수를 안나스에게로 끌고 갔다고 한다. 4. 예수는 잡힐 때에도 강도 취급을 당하고 십자가상에서도 강도의 우두머리인 양 강도 사이에 달렸다.	• 전하는 이야기에 의하면 예수를 비방한 강도는 게스다이고 구원받은 강도는 다스마라고 한다. 넬 깁슨의 영화 패션 오브 크라이스트에는 회개하지 않은 강도의 눈을 까마귀가 쪼아 먹는 장면이 나온다.
불법자의 동류 같이 (누가)	1. 누가에서는 예수를 비난한 행악자를 다른 행악자가 꾸짖는다. 그는 우리가 이렇게 죗값을 받는 것은 당연하지만 예수는 옳은 일만 하였기 때문에 이렇게 십자가에서 돌아가서는 안 되는 분이라고 말한다. 2. 누가에만 있는 기사인데 예수께서 마지막 만찬을 하고 베드로가 부인할 것을 말씀한 다음에 '검을 사라'는 이야기를 한다. 그때 예수께서는 '내가 너희에게 말하노니 기록된 바 그는 불법자의 동류로 여김을 받았다 한 말이 내게 이루어져야 하리니 내게 관한 일이 이루어져 감이니라'(22:37)고 한다. 예수께서는 내가 불법자의 동류로 취급되는 일이 있더라도 너희는 잘 대비해야 한다고 말씀한 것이다. 이 말씀 중에 '기록된 바'는 이사야서(사53:12)의 '이는 그가 자기 영혼을 버려 사망에 이르게 하며 범죄자 중 하나로 헤아림을 받았음이니라'의 인용이다. 또한, '내게 관한 일'이란 예수의 공적 사역을 말하며 '이루어져 감'은 그 사역의 완성을 의미한다고 하겠다. 예수의 말씀대로 예수께서는 행악자의 동류이고 불법자의 동류로서 또한 범죄자 중의 하나로서 십자가에 달린 것이다.	• 동류는 히브리어로 알루프로서 우리말로는 동무(마11:16) 또는 동료(마18:13), 벗, 짝 등이라 하겠다. 구약에서도 동료(시45:7), 동류(단7:20) 등으로 나온다. • 마18:33 내가 너를 불쌍히 여김과 같이 너도 네 동료를 불쌍히 여김이 마땅하지 아니하냐
십자가 상의 모욕과 희롱과 욕	1. 예수께서 십자가에 달렸을 때에는 대제사장(가야바, 안나스)의 심문 때와 같은 폭행과 조롱(마20:19), 그리고 빌라도의 재판 때와 같은 채찍질이나 물리적인 능욕(막10:34, 눅18:32) 또한 재판 후의 군인들의 희롱(마27:31, 막15:20) 등은 당하지 않는다.	

	2. 그러나 지나가는 자들의 모욕(마27:39, 막15:29), 관리들의 비웃음(눅23:35), 종교지도자들과 군인들의 희롱(마27:41, 막15:31, 눅23:36), 다른 두 강도의 욕(마27:44, 막15:32) 등은 계속된다. 3. 육체적인 고통뿐 아니라 수치심과 모멸감 등 정신적인 고통 가운데서 예수가 죽기를 바라는 유대인의 행태는 계속되었던 것이다. 이처럼 유대인들은 예수를 두 번 죽인 것이다.	**잠18:21** 죽고 사는 것이 혀의 힘에 달렸나니 혀를 쓰기 좋아하는 자는 혀의 열매를 먹으리라

5. 집중탐구: 십자가형과 예수의 십자가

구분	내용	비고
기원	1. 십자가의 어원은 헬라어 스타우로스라는 동사에서 파생되었는데 그 어근은 세우다의 의미로 말뚝, 기둥을 말한다. 라틴어로는 crux인데 여기서 영어 cross가 나왔다. 2. 십자가는 페르시아 지역에서 시작되어 페니키아, 카르타고 등지에서 BC6세기경부터 AD2세기경 사이에 사용하던 처형방법의 하나이다. 　BC519년 페르시아 왕 다리우스 1세는 바빌론에서 정치적인 이유로 3,000명을 십자가형에 처했다고 한다. 또한, BC480년 스파르타의 레오니다스 왕은 페르샤의 크세르크세스(에스더1:17의 아하수에로)에 의해 십자가형에 처해졌고 카르타고에서는 전쟁에 패배한 한 장수를 십자가에 매달았으며 BC336년 알렉산더 대왕은 티레(구약 두로)전투 후 포로 8,000명을 십자가형에 처했다고 한다. 3. BC88년 하스몬 왕조시대 알렉산더 야나이(BC103-76)라는 대제사장 겸 왕은 반대파인 바리새인 800명을 십자가형에 처했다고 한다 (유대전쟁사 1권). 4. 로마가 식민지 처형방법으로 십자가형을 택한 것은 BC1세기 말로 보이고 콘스탄티누스 대제는 AD337년에 십자가형을 폐지했다. 5. AD70년 예루살렘을 함락시킨 로마의 장군 티투스는 매일 500명씩을 십자가형에 처형하여 더 이상 십자가를 세울 공간과 나무가 없었다고 요세푸스는 전한다.	• excruciating은 십자가 cross에서 온 단어로 '십자가로부터'라고 하는데 그 뜻은 말 못 할 고통, 미칠 듯한 고통이라고 한다. 라틴어 욕인 아비 인 말람끄루 쳉은 직역하면 지랄 같은 십자가에 달려 죽어라로서 우리말에 천벌을 받아라라고 한다.
대상, 방법	1. 반란, 반역, 소요죄 등에 해당하는 정치범과 살인 등 중범죄자, 그리고 해적, 노예 등이 해당되었다. 이밖에도 적에게 투항한 자, 비밀 누설자, 통치자에게 불길한 예언을 한 자, 마술을 행하는 자 등등이었는데 로마시민에게는 해당되지 않았다(BC71 노예 스파르타쿠스의 반란 시 6,000명 십자가형). 2. 먼저 사형수를 나무에 묶어놓고 기절할 정도의 매질을 하는데 이때 죽는 죄수도 있다. 3. 죄수는 십자가의 가로대를 지고 형장으로 간다. 형장에는 세로대가 고정되어 있었다. 그러나 때로는 세로대를 쉽게 세우기 위해 돌에 구멍을 파두기도 하였다고 한다. 4. 죄수가 채찍질이나 고문 등으로 인하여 가로대를 지고 갈 수 없는 경우에는 로마 군인이 근처 사람을 차출하여 지고 가게 하는데 로마 군인의 창끝으로 어깨를 건드리면 대신 십자가를 져야 했다고 한다. 5. 죄패는 목에 걸거나 옆에서 들어주는데 형장에서 읽어주고 머리 위에 붙이기도 하였다. 6. 형장에 도착하면 사형수는 가로대에 팔이 묶이고 양손 또는 손목에 못이 박힌다. 로마 군인들에 의해 가로대는 세로대의 틀에 맞추어져 얹혀 진다. 그리고 발목을 세로 기둥에 고정시키고 못을 박는다. 　십자가에 못 박히기 전 죄수에게 십자가의 고통을 경감시켜 주기 위해 독주	• 마카비 반란으로 시작된 하스몬 왕조에서 제사장은 왕을 겸직하였다. 알렉산더 야나이는 사두개파를 등용하고 자신을 대제사장 적임자가 아니라고 하는 바리새파를 박해한다. 그러나 BC76년에 등극한 살로메 알렉산드라는 반대로 바리새파 사람들을 좋아하였는데 그때 바리새파 사람들은 사두개파를 처형 또는 추방시켰다.

	나 약을 탄 술을 먹인다. 이것은 예루살렘의 경건한 여자들이 사형수를 위해 준비한 일종의 자선행위이다. 그러고 나서 옷을 벗기고 그것을 군인들이 나누어 가졌다.	• 1967년 동예루살렘에서 8개의 유골함 속에서 17구의 유골이 발굴되었다. 그런데 이 중 한 유골의 발뒤꿈치 뼈에서 철제 못이 박혀 있는 것이 발견되었다. 그리고 유골의 손목에는 날카로운 홈집이 있었다. 그래서 십자가형은 손과 발이라기보다는 손목과 발뒤꿈치에 못을 박았을 것으로 추정된다. 또한, 이 유골 아래 안쪽 정강이뼈가 부서져 있는 것을 성서고고학자들이 확인하였는데 유골의 주인은 요한난 벤 하그콜 즉 하그콜의 아들 요한난이다.
	7. 사형수에게 더 큰 고통을 주기 위해 그리고 빨리 숨을 거두게 하기 위해 무릎 아래 정강이뼈를 철봉으로 때려 부러뜨리기도 하였다. 요한복음에 나오는 다리꺾기인 것이다.	
	죄수의 몸이 처지는 것을 막기 위해 세로대 중간에 선반 같은 가로대를 끼워 몸을 어느 정도 떠받쳤다고 한다. 발밑에도 가로대가 있었다고 하는데 후시대의 일로서 더 오래 십자가에 매달려 있어야 했다고 한다.	
	8. 사망의 원인은 최종적으로 고통과 근육경련과 횡경막 압박에 의한 질식이다. 십자가형은 고문이나 채찍질을 당한 죄수의 상태에 따라 최소 하루 이상 매달려 있었다고 한다. 현대의 연구에 따르면 수형자들은 1,000번 이상 기절했다 깨어났다를 반복했다고 하는데 죽고 싶어도 죽을 수 없는 상태라고 한다. 십자가에 달린 죄수는 '죽음의 모든 차원을 경험한 후에야' 죽게 된다고 한다.	
	9. 유대인의 경우 안식일에 시체를 십자가에 두지 않으려고 했다. 그래서 빌라도에게 그들의 다리를 꺾어 시체를 치워 달라고 하는데 예수께서는 이미 죽으셔서 다리를 꺾지 아니하였다고 하고 다른 두 사람의 다리는 꺾었다고 한다. 그런데 한 군인이 와서 예수의 옆구리를 찌르니 피와 물이 나왔다고 한다. 다리 꺾기와 창으로 옆구리 찌르기는 사망 확인의 방법이었던 동시에 사망 촉진 방법이었던 것 같다. 십자가형은 가장 잔인하고 가장 가공할 처형이었다.	
십자가 종류	1. 고대로부터 십자가의 모양이 전해져 오고 있다. 페르시아에서, 헬라에서, 인도에서 심지어는 콜럼버스 이전의 아메리카에도 십자가의 형태는 있었는데 그 의미는 모두 다르다. 2. 서방교회의 전유물인 등변십자가인 헬라십자가, 동방교회의 전유물이 된 세로대가 가로대보다 긴 라틴십자가, T자형인 타우십자가, 타우십자가의 위에 원이 있는 손잡이 십자가, 십자가 가운데 원이 있는 로렌십자가, 층단 위에 있는 층단십자가 등이 있다. 3. 기독교의 초기에는 십자가보다 익투스(하나님의 아들이자 구세주 예수 그리스도의 앞머리 다섯 자)라는 글자가 들어있는 물고기를 기독교의 상징으로 사용하였다.	• 십자고상(십자가에 못 박힌 예수의 수난을 그린 그림이나 새긴 형상)은 5세기 초에 교회 사가인 소조에누스가 언급하기는 하지만 우상숭배에 관한 동서교회의 대립 등으로 오늘과 같은 십자고상은 11-12세기 이후에 나타난다.
십자가의 사용	1. 초창기에는 십자가에 대한 거부감이 팽배해 있었고 십자가란 누구에게나 몸서리쳐지는 것으로 악담할 때나 사용하였다. 더구나 당시는 기독교에 대한 탄압으로 기독교의 상징으로는 은밀한 것들을 수용할 수밖에 없었다. 예를 들어 십자가 모양이 들어있는 닻, 돛배, 삼지창 등이다. 2. 3세기 말엽에는 예수 그리스도의 첫 글자인 P와 X를 합한 모양으로 십자가에 달린 예수를 상상하게 하였다. 그러다가 이 키와 로를 단순화시켜 십자가가 된다. 최초의 십자가는 4세기 이후 카타콤에서 발견되었다고 한다. 십자가가 예배의 대상이 된 것은 7세기 이후이다. 3. 십자가가 긍정적인 이미지로 바뀌게 된 것은 콘스탄티우스 황제 때부터라고 하겠다. AD312년 콘스탄티누스가 그의 매부 악센티우스와 전쟁을 하고 있을 때의 일이다. 전쟁 중 어느 날 해가 지기 시작하였을 때 하늘에 빛의 십자가가 떠 있었는데 이 표로 군기를 삼으면 승리하리라는 글자가 보이고 음성이 들렸다고 한다. 그후 전쟁에 이긴 그는 황제에 오르게 되고 AD313년에는 기독교를 포함한 여러 종교를 포용하는 밀라노칙령을 발표하게 된다. 콘스탄티누스대제에서부터 황제들이 주조한 동전에 십자가가 들어가게 되고 후대에는 그 옆에 승리라는 글자도 넣는다. 나중에 황제의 왕관에서부터 건물의 구조에 이르기까지 십자가가 사용된다.	• 십자가는 교회 안에서 위계의 상징이기도 하다. 교황은 가로대가 세 개 있는 십자가를 앞세우고 갈 수 있는 특권이 있고 추기경과 대주교는 두 개의 가로대가 있는 십자가를, 주교는 가로대가 하나 있는 보통의 십자가로 만족해야 한다.

4. 이스라엘의 유대인들은 십자가를 극도로 꺼린다. 수학의 더하기를 +라고 하지 않고 ㅗ라 하며 길에 십자로는 없고 원형교차로만 있으며 이스라엘의 병원은 + 대신 다윗의 별을 사용한다. 숫자 44를 쓸 때 십자가 모양이 되지 않도록 가로긋기를 세로긋기에 맞추어 쓴다. 이스라엘에서 기독교는 메시아닉 교회이고 상징으로는 물고기와 십자가를 쓴다.

제49절 ✠ 십자가상에서의 오후

1. 본문비교

	구분	마태(27:45-56)	마가(15:33-41)	누가(23:44-49)	요한(19:28-30)
돌아가시기 직전	어둠이 임하여	27:45 제육시부터 온 땅에 어둠이 임하여 제구시까지 계속되더니	15:33 제육시가 되매 온 땅에 어둠이 임하여 제구시까지 계속되더니	23:44-45 때가 제육시쯤 되어 해가 빛을 잃고 온 땅에 어둠이 임하여 제구시까지 계속되며 성소의 휘장이 한가운데가 찢어지더라	
	엘리 엘리 라마 사박다니	:46 제구시쯤에 예수께서 크게 소리 질러 이르시되 엘리 엘리 라마 사박다니 하시니 이는 곧 나의 하나님 나의 하나님 어찌하여 나를 버리셨나이까 하는 뜻이다	:34 제구시에 예수께서 크게 소리 지르시되 엘리 엘리 라마 사박다니 하시니 이를 번역하면 나의 하나님 나의 하나님 어찌하여 나를 버리셨나이까 하는 뜻이라		
	내가 목마르다				19:28 그 후에 예수께서 모든 일이 이미 이루어진 것을 아시고 성경을 응하게 하려하사 이르시되 내가 목마르다 하시니
숨지시다	엘리야를 부른다	:47 거기 섰던 자 중 어떤 자들이 듣고 이르되 이 사람이 엘리야를 부른다 하고	:35 곁에 섰던 자 중 어떤 이들이 듣고 이르되 보라 엘리야를 부른다 하고		
	신 포도주를 드리다	:48 그 중 한 사람이 곧 달려가서 해면을 가져다가 신 포도주에 적시어 갈대에 꿰어 마시게 하거늘 :49 그 남은 사람들이 이르되 가만 두라 엘리야가 와서 그를 구원하나 보자 하더라	:36상 한 사람이 달려가서 해면에 신 포도주를 적시어 갈대에 꿰어 마시게 하고 :36하 이르되 가만 두라 엘리야가 와서 그를 내려주나 보자 하더라		:29 거기 신 포도주가 가득히 담긴 그릇이 있는지라 사람들이 신 포도주를 적신 해면을 우슬초에 매어 예수의 입에 대니 :30상 예수께서 신 포도주를 받으신 후에
	마지막 말씀을 하다	:50 예수께서 다시 크게 소리 지르시고 영혼이 떠나시니라	:37 예수께서 큰 소리를 지르시고 숨지시니라	:46 예수께서 큰 소리로 불러 이르시되 아버지 내 영혼을 아버지 손에 부탁하나이다 하고 이 말씀을 하신 후 숨지시니라	:30하 다 이루었다 하고 머리를 숙이니 영혼이 떠나가시니라

숨 지 신 후	일어난 일들	:51-53 이에 성소 휘장이 위에서 아래까지 찢어져 둘이 되고 땅이 진동하며 바위가 터지고 무덤들이 열리며 자던 성도들이 많이 일어나되 예수의 부활 후에 그들이 무덤에서 나와서 거룩한 성에 들어가 많은 사람에게 보이니라	:38 이에 성소 휘장이 위에서 아래까지 찢어져 둘이 되니라		
	백부장의 고백	:54 백부장과 및 함께 예수를 지키던 자들이 지진과 그 일어난 일들을 보고 심히 두려워하여 이르되 이는 진실로 하나님의 아들이었도다 하더라	:39 예수를 향하여 섰던 백부장이 그렇게 숨지심을 보고 이르되 이 사람은 진실로 하나님의 아들이었도다 하더라	:47 백부장이 그 된 일을 보고 하나님께 영광을 돌려 이르되 이 사람은 정녕 의인이었도다 하고	
	구경꾼			:48 이를 구경하러 모인 무리도 그 된 일을 보고 다 가슴을 치며 돌아가고	
	멀리서 바라보는 자들	:55-56 예수를 섬기며 갈릴리에서부터 따라온 많은 여자가 거기 있어 멀리서 바라보고 있으니 그 중에는 막달라 마리아와 또 야고보와 요셉의 어머니 마리아와 또 세베대의 아들들의 어머니도 있더라	:40-41 멀리서 바라보는 여자들도 있었는데 그 중에 막달라 마리아와 또 작은 야고보와 요셉의 어머니 마리아와 또 살로메가 있었으니 이들은 예수께서 갈릴리에 계실 때에 따르며 섬기던 자들이요 또 이 외에 예수와 함께 예루살렘에 올라온 여자들도 많이 있더라	:49 예수를 아는 자들과 갈릴리로부터 따라온 여자들도 다 멀리 서서 이 일을 보니라	

2. 본문의 차이

	구분	마태	마가	누가	요한
돌 아 가 시 기 직 전	제육시에	• 온땅에 어둠이 임하여 • 제구시까지 계속되더니	• 온 땅에 어둠이 임하여 • 제구시까지 계속되더니	• 해가 빛을 잃고 온 땅에 어둠이 임하여 • 제구시까지 계속되더니 • 성소의 휘장이 한 가운데가 찢어지더라	
	제구시쯤	• 크게 소리 질러 이르시되 엘리 엘리 라마 사박다니	• 크게 소리 지르시되 엘리 엘리 라마 사박다니		

	내가 목마르다				• 모든 일이 이루어진 줄 아시다 성경을 응하게 하려하다 • 내가 목마르다
숨 지 시 다	신포도주를 드리다	• 그중 한 사람이 달려가서 • 해면을 가져다가 신포도주에 적시어 갈대에 꿰어 마시게 하다 • 남은 사람들이 가만 두라 엘리야가 와서 그를 내려주나 보자	• 한 사람이 달려가서 • 해면에 신포도주를 적시어 갈대에 꿰어 마시게 하다 • 이르되 가만 두라 엘리야가 와서 그를 내려주나 보자	• 누가에서는 오전에 군인들이 희롱하면서 예수에게 신포도주를 준다(23:36)	거기 신포도주가 가득 담긴 그릇이 있는지라 • 사람들이 • 신포도주를 적신 해면을 우슬초에 매어 예수의 입에 대니 받으시다
	마지막 말씀을 하다	• 다시 크게 소리 지르시고 • 영혼이 떠나시니라	• 큰 소리를 지르시고 • 숨지시니라	• 큰 소리로 불러 • 내 영혼을 아버지 손에 부탁하나이다 • 숨지시니라	• 다 이루었다 • 머리를 숙이니 • 영혼이 떠나가시니라
숨 지 신 후	일어난 일들	• 성소 휘장이 찢어져 둘이 되다 • 땅이 진동하며 바위가 터지다 • 무덤이 열리며 자던 성도들이 일어나다 • 예수 부활 후 무덤에서 나와서 거룩한 성에 들어가서 사람들에게 보이다	• 성소 휘장이 찢어져 둘이 되다	• 누가에는 숨지기 전 제구시에 찢어진다(23:45)	
	백부장의 고백	• 지진과 그 일어난 일을 보고 심히 두려워하여 이르다 • 백부장과 및 함께 예수를 지키던 자들이 • 이는 진실로 하나님의 아들이었도다	• 그렇게 숨지시는 것을 보고 • 예수를 향하여 섰던 백부장이 • 이 사람은 진실로 하나님의 아들이었도다	• 백부장이 그 된 일을 보고 • 하나님께 영광 돌려 이르되 • 이 사람은 정녕 의인이었도다	
	구경꾼			• 구경하러 모인 무리 • 그 된 일을 보고 가슴을 치며 돌아가다	
	멀리서 바라보는 자들	• 예수를 섬기며 갈릴리에서부터 따라온 많은 여자들(막달라 마리아, 야고보와 요셉의 어머니, 세베대의 아들들의 어머니)	• 갈릴리에서 따르며 섬기던 여자들(막달라 마리아, 야고보와 요셉의 어머니 마리아, 살로메) • 예수와 함께 예루살렘에 올라 온 여자들	• 예수를 아는 자들 • 갈릴리에서부터 따라온 여자들	

비고	가상 칠언	엘리 엘리 라마 사박다니(27:46)	엘리 엘리 라마 사박다니(15:34)	아버지 저들을 사하여 주옵소서 오늘 네가 나와 함께 낙원에 있으리라 아버지 내 영혼을 부탁하나이다(23:46)	여자여 보소서 아들이니이다 보라 네 어머니라(19:26) 내가 목마르다(19:28) 다 이루었다(19:30)
	십자가 주위의 사람들	• 지나가는 자들 • 종교지도자들 • 백부장과 예수를 지키는 자들 • 갈릴리 여자들 • 신포도주를 주는 자	• 지나가는 자들 • 종교지도자들 • 백부장 • 갈릴리 여자들 • 예루살렘에서 올라온 여자들 • 신포도주를 주는 자	• 백성들 • 관리들 • 백부장, 군인들 • 구경꾼 • 예수를 아는 자들 • 갈릴리 여자들 • 신포도주를 준 군인	• 어머니 마리아, 이모, 글로바의 아내 마리아, 막달라 마리아 • 신포도주를 주는 자

3. 본문이해

구분	내용	비고
돌아가시기 전 ① 온 땅에 어둠이 임하다 (공관복음)	1. 마태, 마가, 누가 모두 제육시 즉 12시부터 제구시 즉 오후 3시까지 온 땅에 어둠이 임하여 계속되었다고 한다. 마가는 이미 제삼시 즉 오전 9시에 예수께서 십자가에 못 박혔다고 했다(막15:25). 그러므로 예수께서는 오전 9시에 십자가에 달리고 세 시간 정도 희롱과 모욕을 당하다가 낮12시부터 오후 세시까지 아마도 예수께서 돌아가실 때까지 온 땅에 어둠이 임하였다고 한다. 예수께서 십자가에 달려있던 시간은 여섯 시간이 되는 셈이다. 2. 온 세상이 어두워진 현상에 대해 누가는 보다 자세하게 '해가 빛을 잃었다'(눅23:44)고 한다. 신앙적으로 빛이신 예수가 이 세상을 떠나는 모습으로 받아들일 수 있다. 그렇다고 하더라도 이것은 하나님이 하신 전능적인 이적으로 보아야 할 것이다. 　고대의 영웅호걸이나 신화적 인물들은 탄생한 때와 마찬가지로 죽을 때에도 이상한 징조가 있었다고 하는 이야기들이 있다. 그러나 예수께서 돌아가실 때의 일은 이미 예언되어 있었던 일들이다. 3. 아모스 선지자는 주님의 날과 심판을 선언하여서 하나님께 회개하여야 한다고 말한다(8:9). 아모스는 심판의 날, 임박한 운명에 대해 말한다. 4. 이사야 역시 땅을 덮는 어둠에 대해서 이야기한다(60:2). 이사야가 빛이신 메시아의 등장을 말하고 있으나 여기서는 빛이신 예수 그리스도의 사망으로 어둠이 임하였다고 말하고 있는 것이다. 　예수께서 돌아가실 때에 해가 빛을 잃은 현상은 우연히 자연적으로 일어난 일이 아니다. 하나님의 아들이 죽는 그 날은 심판의 날인 것이다. 하나님께서 해가 빛을 잃게 하고 온 세상이 어둠 가운데에 있게 한 것이다. 이 현상을 일식으로 보기도 하나 유월절 즉 만월의 시기에는 천문학적으로 불가능하다고 한다. 5. 세 시간에 걸친 '어둠'은 출애굽사건의 마지막 재앙 때의 삼 일간의 어둠(출10:22)과 같이 하나님의 승리를 위한 징조일 뿐이다.	암8:9 주 여호와의 말씀이니라 그날에 내가 해를 대낮에 지게 하여 백주에 땅을 캄캄하게 하며 사60:2 보라 어둠이 땅을 덮을 것이며 캄캄함이 만민을 가리려니와 오직 여호와께서 네 위에 임하실 것이며 그의 영광이 네 위에 나타나 행3:1 제구시 기도시간에 베드로와 요한이 성전에 올라갈 새
② 엘리 엘리 라마 사박다니 (마태, 마가)	1. 마태, 마가는 돌아가시기 전에 예수께서 크게 소리 질러 말하기를 엘리 엘리 라마 사박다니라고 한다. 그런데 마태에서의 예수께서는 돌아가시면서 다시 크게 소리 질렀다(마27:50)고 하고 마가는 '큰 소리'를 지르셨다(15:37)고 한다. 마태, 마가에서의 예수께서는 두 번 크게 소리 질렀다. 또한, 마태, 마가	

	는 엘리 엘리 라마 사박다니에 대해 나의 하나님 나의 하나님 어찌하여 나를 버리셨나이까라고 그 뜻을 말하고 있다.	시22:1-2 내 하나님이 여 내 하나님이여 어찌
	2. 예수께서 돌아가실 때인 제구시는 기도시간(행3:1)이다. 그러므로 엘리 엘리 라마 사박다니는 예수의 마지막 기도가 되는 셈이다. 이 기도는 아람어화 된 히브리어로 시편 22편 1절 말씀이다. 이 시는 다윗이 하나님께 드린 기도로 의인의 고통을 묘사한 것이다.	나를 버리셨나이까 어 찌 나를 멀리하여 돕지 아니하시며 내 신음소 리를 듣지 아니하시나
	예수께서는 죽기 전 하나님께 자신의 심정을 시편을 빌어 토로하고 있는 것이다. 스토커는 낙망의 심정에서 나오는 부르짖음이라고 한다. 겟세마네에서 내 아버지(마태), 아빠 아버지(마가)라고 기도한 예수께서 십자가 위에서 '나의 하나님'을 부르짖는 것이야말로 하나님으로부터 버림받은 것 같은 상황 속에서의 절대 고통의 외침이라 하겠다.	이까 내 하나님이여 내 가 낮에도 부르짖고 밤 에도 잠잠하지 아니 하 오나 응답하지 아니하 시나이다
	3. 이 시는 하나님께 버림받고 고독과 고통 비참함을 토로하다가 결국에는 하나님의 도움을 요청하면서 구원을 확신하며 찬양하는 시(시22:22-23)이다. 여기서 마태는 십자가상에서의 예수는 세상 사람들이 바라는 승리 즉 십자가에서 내려와 자기를 구원하는 것이 아니라 이와 같은 인간적인 기도, 고통을 호소하는 기도를 드리므로 곧 죽게 되었지만 예수께서 궁극의 승리를 거두게 된다는 것을 말하고 있는 것이다.	시69:3 내가 부르짖음으로 피곤하여 나의 목이 마르며 나의 하나님을 바라서 나의 눈이 쇠하였나이다
	4. 예수께서 '엘리 엘리'라고 하는 것을 유대인들은 엘리야를 부르는 것으로 들었다. 로마 군인들은 '헬리오스' 즉 그리스 신화의 태양신을 부르는 소리로 들었을 수도 있다. 헬리오스는 매일 새벽 네 마리의 날개 달린 천마를 타고 하루종일 하늘을 달려 서쪽으로 여행한다.	
③ 내가 목마르다 (요한복음)	1. 요한복음에는 예수께서 십자가에 달려있는 시간에 대한 언급은 없다. 단지 '그 후에'라고만 하고 있다. 요한복음의 예수께서는 '일이 이리 이루어질 줄' 아시고 성경을 응하게 하려고 '내가 목마르다'고 한다. '이미 이루어진 줄 아시는' 예수이기에 마지막 말씀은 '다 이루었다'이다.	시22:15 내 힘이 말라 질그릇 조각 같고 내 혀가 입천장에 붙었나 이다 주께서 또 나를 죽음의 진토 속에 두셨 나이다
	2. '내가 목마르다'는 요한복음의 말씀은 마태, 마가의 '나의 하나님, 나의 하나님 어찌하여 나를 버리시나이까'와 마찬가지로 예수의 인간적 수난을 강조하고 있다. 이것은 모두 시편을 배경으로 표현하고 있는데 시편69:3과 22:15이 연상된다.	
	3. 목마름에 대한 가장 처절한 표현은 부자와 거지 나사로의 비유 가운데 부자가 아브라함에게 나사로를 보내어 그 손가락 끝에 물을 찍어 내 혀를 서늘하게 하여 달라는 것이라 하겠다(눅16:24).	
돌아가실 때 ① 엘리야를 부른다	1. 마태에는 거기 섰던 자 중 어떤 이들이 들었다라고 하고 마가에는 곁에 섰던 자 중 어떤 이들이 들었다고 하면서 이 사람이 엘리야를 부른다는 것이다. 유대인들은 예수께서 '엘리'라고 한 것을 '엘리야'로 들었던 것이다. 이처럼 예수께서 엘리야를 부른다는 오해를 설명하기 위해 또는 이해시키기 위해 마태, 마가는 예수께서 아람어로 하신 말씀 즉 엘리 엘리 라마 사박다니를 그대로 소개하고 이 뜻을 모를 수도 있는 사람들을 위해 번역까지 한 것이리라.	• 엘리야는 BC9세기 북이스라엘에서 활동하던 예언자로서 디셉 사람(왕상17:1)이고 그 이름은 '나의 하나님은 야웨이시다'라는 의미이다.
	2. 마태에서의 남은 사람들은 말하기를 '가만 두라 엘리야가 와서 그를 구원하나 보자'고 하고 마가에서는 한 사람이 달려와서 신포도주를 드린 다음에 '가만 두라 엘리야가 내려와서 그를 내려주나 보자'고 한다.	
	3. 예수의 이름이 드러나자 죽은 세례 요한이 살아났다(마14:2, 막6:14, 눅9:7)고도 하고 엘리야나 옛 선지자 중의 하나라고도 한다. 당시 유대인들 중에는 예수를 엘리야로 보기도 하였다.	
	4. 그러나 예수께서 산상에서 변형될 때에 엘리야는 모세와 함께 영광중에 나타나시어 장차 예루살렘에서 별세할 것을 말하였다(눅9:31)고 한다. 유대인	

	들은 알지 못하였다. 만약 예수께서 엘리야를 부르셨다면 엘리야는 예수를 십자가에서 내려오게 하는 것이 아니라 오히려 별세 이후의 일들을 준비하였을 것이다.	
② 신포도주를 드리다 • 마태, 마가 두 번 • 누가 오전에 한 번 • 요한복음 오후에 한 번	1. 신포도주를 드리는 이야기가 사복음서 모두에 나온다. 그런데 마태, 마가에는 예수께서 십자가에 못 박히기 전에 '쓸개(마태) 또는 몰약(마가)'을 탄 포도주를 드리지만 마시지는 아니하며 누가는 신포도주를 드렸다고 하는데 십자가상의 오전의 일이다. 마태, 마가의 경우에는 이번이 두 번째 포도주가 되는 셈이다. 2. 신포도주에 대해서 누가는 십자가상의 오전에 군인들이 십자가에 못 박혀 달려있는 예수에게 신포도주를 주며 희롱하였다(23:36)고 한다. 그리고 그들이 희롱하며 한 말이 네가 유대인의 왕이면 네가 너를 구원하라고 하였다고 한다. 마태, 마가는 십자가상의 오후에 '한 사람이 달려가서 해면에 신포도주를 적시어 갈대에 꿰어 마시게 하였다'고 한다. 그런데 해면은 로마 군인의 휴대품이었다. 예수에게 신포도주를 준 사람이나 주위 사람들 모두 군인들일 수 있다는 것이다. 3. 누가가 지적한 것처럼 군인들이 신포도주를 예수에게 드린 것은 요한복음에서 '내가 목마르다'(요19:28)고 해서 갈증을 해소시켜 드리기 위해서라기보다는 희롱(눅23:36)하기 위해서라고 하겠다. 시편에도 같은 내용의 시가 있다. 　요한복음에는 같은 기사가 있으나 어떤 사람이 아닌 사람들이 '거기 신포도주가 가득히 담긴 그릇이 있어서 신포도주를 적신 해면을 우슬초에 매어 예수의 입에 대어 준다. 요한복음에는 예수를 희롱하는 내용이 없다. 단지 '목이 마르다'고 하여 신포도주를 드린 것으로 묘사하고 있다. 4. 요한복음은 마태, 마가와 달리 갈대가 아닌 우슬초에 해면을 매어 예수께 신포도주를 드렸다고 한다. 우슬초는 가지와 잎이 두껍고 바위틈과 담벼락에서 자라며(왕상4:33) 조건이 좋으면 0.5~0.9m 자란다고 한다. 그러나 우슬초는 보통의 풀인데 거기에 해면을 달수가 있었을지 의문이 든다. 5. 그래서 우슬초라는 말의 힛소포가 아니라 장창 또는 창이라는 힛소스의 오기라고도 보고 있다. 즉 창에 해면을 달았다는 것이다. 그러나 힛소포가 히솝 즉 1.8m까지 자라는 팥수수로도 볼 수 있다고도 한다. 더욱이 유월절과 연결해서 생각해 보면 우슬초가 틀린 것이 아닐 수 있다. 유월절 제물에 피를 뿌릴 때 우슬초 묶음을 사용(출12:22)하였기 때문이다.	• 로마시대의 해면은 휴지와 마찬가지이어서 당시에는 화장지 대신 닦는 용도로 사용하였다고 한다. 군인들은 두 개를 소지하였는데 또 하나는 주둔지 밖에서 물을 마시기 위한 용도이었다고 한다. **출12:22** 우슬초 묶음을 가져다가 그릇에 담은 피에 적셔서 그 피를 문 인방과 좌우 설주에 뿌리고 아침까지 한 사람도 집밖에 나가지 말라
③ 큰 소리를 지르다 내 영혼을 부탁하나이다 (누가)	1. 마태, 마가, 누가는 예수께서 돌아가실 때에 큰 소리를 질렀다고 하고 마태, 마가는 다시 한번 크게 소리 지르셨다고 한다. 누가에서의 예수께서는 아버지를 다시 찾는다. 처음에 십자가에 달렸을 때에는 '아버지 저들을 사하여 주옵소서'(23:34)라고 하지만 마지막에는 '아버지 내 영혼을 아버지 손에 부탁하나이다'(23:46)라고 한다. 스데반이 돌에 맞으면서도 하는 기도 즉 '이 죄를 그들에게 돌리지 마옵소서'(행7:60)와 '내 영혼을 받으시옵소서'(7:59)와 같은 기도이다. 2. 누가에서의 예수께서는 '아버지 내 영혼을 아버지 손에 부탁하나이다'라고 하는데 이것은 시편31:5에 '아버지'를 더한 것으로 아버지가 두 번 반복되고 있다. 예수의 절박한 호소라고 하겠다. 베드로전서(4:19)의 말씀처럼 '하나님의 뜻대로 고난을 받은 자들'은 '그 영혼을 미쁘신 창조주께 의탁'할 수 있는 것이다. 믿는 이들이 운명할 때에 해야 하는 말의 하나가 내 영혼을 부탁하나이다라고 하겠다. 3. 요한복음의 예수께서는 '이미 모든 일이 이루어진 줄 알고 내가 목마르다'(19:28)고 한다. 그리고 신포도주를 마신 후 '다 이루었다'(19:30)고 한다. 요한복음은 예수의 고별기도에서 '아버지께서 내게 하라고 주신 일을 내가 이	• 유대의 어머니들이 자녀들을 재울 때 하는 기도가 시31:5라고 한다. **사53:10** 여호와께서 그에게 상함을 받기를 원하사 질고를 당하게 하셨은즉 그의 영혼을 속건제물로 드리기에 이르면 그가 씨를 보게 되며 그의 날은 길 것이요 또 그의 손으로 여호와께서 기뻐하시는 뜻을 성취하리로다

	루어 아버지를 이 세상에서 영화롭게 하였다'(17:4)고 하였다. 　예수께서는 자신의 사명이 완수되었다고 끝으로 다시 한번 말씀한 것이다. 4. '다 이루었다'는 헬라어 테텔레스타이는 '잘 되었다'라는 의미보다는 '흠 없이 다 마쳤다', '다 마쳤다'로 이해해야 한다는 주장이 있다. 이사야서(53:10)의 말씀처럼 '그의 손으로 여호와께서 기뻐하시는 뜻을 성취'한 것이 '다 이루었다'의 핵심이라 하겠다.	
④ 숨지다	1. 예수의 죽음에 대해 마태와 요한복음은 '영혼이 떠나가시니라'고 하고 마가와 누가는 '숨지시다'라고 한다. 누가는 특별히 예수께서 영혼을 아버지 손에 부탁하신 후 숨지셨다고 한다. 2. 마태와 요한복음에서 '영혼이 떠나시니라'로 번역된 헬라어 원문을 보면 '영혼을 떠나 보내셨다'이다. 즉 영혼이 목적으로 사용된 문법구조는 예수의 자발적인 죽음을 드러낸다고 하겠다. 3. 누가는 산에서 변형되는 기사에서 예수께서 모세와 엘리야와 함께 예루살렘에서 별세하실 것을 말하였다고 한다. 누가는 예수의 죽으심을 엑소더스 즉 '떠나심'으로 본 것이라 하겠다. 그리고 승천(9:51)하실 기약이 차가매 예루살렘을 향하여 간다고 한다. 누가는 승천 즉 아나레무파이즈를 '위로 받아 들여지는' 것으로 보았다고 하겠다.	시31:5 내가 나의 영을 주의 손에 부탁하나이다 진리의 하나님 여호와여 나를 속량하셨나이다
돌아가신 후 ① 성소 휘장이 찢어지다 (공관복음)	1. 성전 휘장이 찢어진 기사가 마태, 마가에서는 운명한 후의 일이고 누가는 십자가에 달려있을 때 즉 살아있을 때의 일이다. 그리고 마태와 마가는 휘장이 위로부터 아래로 찢어졌다고 하고 누가는 한가운데가 찢어졌다고 한다. 성전에는 두 개의 휘장이 있다고 하는데 히브리서(9:1-9)를 보면 지성소의 휘장이 찢어진 것임을 알 수 있다. 여기서 중요한 것은 예수의 죽음과 성전 휘장의 찢어진 일이 직접적인 관계가 있다는 것이다. 2. 성전은 유대인의 종교 생활의 구심점이었다. 기도와 예배와 제사가 진행되는 곳이다. 이 성전에서 가장 중요한 곳이 성소와 지성소이다. 현관에서 성소로 가는 곳과 성소에서 지성소로 가는 곳에 각각 휘장이 처져 있는데 약 14m의 높이라고 한다. 　지성소는 하나님이 이 땅위에 거하는 매우 거룩한 곳이다. 이곳에는 오직 대제사장만이 일 년에 단 하루(출30:10, 히9:7) 모든 이스라엘의 죄를 속하기 위하여 휘장을 열고 하나님에게 나가는 것이 허락되었다(레16:2). 즉 인간이 하나님께 나아가는 방법은 휘장을 열고 들어가는 것이었다. 그런데 그 성소의 휘장이 찢어진 일이 벌어진 것이다. 3. 예수의 죽음으로 인한 성전 휘장이 찢어진 사건은 무엇을 의미하는 것일까? (1) 그것은 성전 권력에 대한 하나님의 심판이라 하겠다. 유대교지도자들은 예수를 죽이려고 온갖 시도를 다 하였던 것이다. 그들은 하나님의 뜻을 왜곡시키고 변절시킨 사이비 종교지도자들이었다. (2) 성전 휘장이 위로부터 아래로 한가운데가 찢어졌다는 것은 비밀스럽고 신비한 성소가 완전히 공개되었다는 것을 말한다. 이제 더 이상 휘장으로 가린 거룩함과 은밀함을 찾아볼 수 없게 되었다. (3) 성소와 세상 사이에 있었던 휘장이라는 장벽이 사라짐으로 사람들이 직접 하나님께 나아갈 수 있게 되었다. 유대교지도자들이 서있던 위치가 사라져 버린 것이다. 그들은 지존자의 은밀한 곳에 거주하며 전능자의 그늘 아래에서 사는 자들이다. 그리고 하나님과 사람들 사이에 있던 자들이다. 성소의 휘장이 찢어짐으로 그들은 할 일이 없어지고 말았다. (4) 초기 기독교인들은 '휘장을 예수의 육체'라고 보고 예수께서는 '우리를 위하여 휘장 가운데로 새로운 살 길을 열어 놓으셨다'고 하며 '예수의 피를 힘입어	• 여호와삼마 (겔 48:35): 여호와께서 거기 계시다의 뜻으로 에스겔의 이상 중에 언급된 하늘 예루살렘의 이름이다. 겔48:35 그 사방의 합계는 만 팔천 척이라 그 날 후로는 그 성읍의 이름을 여호와삼마라 하리라 히10:19-20 그러므로 형제들아 우리가 예수의 피를 힘입어 성소에 들어갈 담력을 얻었나니 그 길은 우리를 위하여 휘장 가운데로 열어 놓으신 새로운 살길이요 휘장은 곧 그의 육체니라

성소에 들어 갈 담력을 얻었다'고 고백하고 있다(히10:19-20). 예수의 육체는 지성소로 들어가는 휘장이었고 휘장이 찢어지는 사건 즉 예수의 육체가 찢어지는 사건을 통해서 우리가 장애 없이 막힘없이 하나님께 나아갈 수 있게 되었다는 것이다.

(5) 요한복음에서의 성전정화 기사(2:19-22)에는 예수께서 '이 성전을 헐라 내가 사흘 동안에 일으키리라'고 하였는데 이것은 예수께서 성전된 자기 육체를 가리켜 말씀한 것을 예수의 부활 후에야 제자들이 기억하고 믿었다고 한다. 여기서 성전이 헐린다는 것은 성전에서 가장 중요한 곳인 성소의 휘장이 되는 예수의 육체의 찢김이라 하겠다.

(6) 바벨론 포로 시절의 선지자 에스겔은 성전이 복구되는 꿈을 꾼다. 그것은 지상에 존재하는 실체로서의 성전이 아니라 천상에 있는 환상의 성전으로 여호와께서 저기 계시다라는 뜻의 여호와삼마(겔48:35)라는 도시에 있다. 에스겔은 그 도시와 성전에 대해 자세히 설명하고 있다. 사도 바울은 아레오바고에서 한 연설에서 '하나님은 손으로 지은 전에 계시지 아니한다'(행17:24)고 하고 또 다시 '손으로 짓지 아니한 것 곧 이 창조에 속하지 아니한 더 크고 온전한 장막'(히9:11)을 말하고 있다. 스데반도 순교 전에 '지극히 높으신 이는 손으로 지은 곳에 계시지 아니한다'(행7:48)고 했다.

② 땅이 진동하다 (마태)	1. 마태에만 있는 기사이다. 예수께서 운명한 후 땅이 진동하여 바위가 터졌다고 한다. 예수가 탄생할 때에는 하늘의 징표가 있었고 예수가 돌아가실 때에는 땅의 징표가 나타난다. 온 땅에 어둠이 덮여 있을 때 일어난 이 일은 지진을 말하고 있다. 그런데 이 일 역시 하나님의 진노(삼하22:8, 시68:8) 또는 하나님의 개입(왕상19:11)을 암시한다. 이제 하나님 나라의 도래, 곧 구원의 시대가 열림에 따라 온 우주가 흔들렸다는 것을 상징하는 것이라 하겠다. 2. 마태는 예수의 죽음을 에스겔37:12의 말씀과 연관하여 세상이 갈라지는 사건으로 제시하고 있다. 에스겔은 '내 백성들아 내가 너희 무덤을 열고 너희로 거기서 나오게 하고'라고 한다. 마태는 무덤들이 열리며 '자던 성도들이 많이 일어났다'고 한다. 여기서 '자던 성도'는 '유대교의 죽은 옛 성인들'을 가리키며 '일어나다'는 다시 살아나는 것을 가리킨다. 3. 예수의 죽음이 다른 죽은 자를 살린다는 이야기를 하려는 것이다. 엘리사가 죽어서 장사지냈는데 장사하는 자들이 시체를 엘리사의 묘실에 던지니 시체가 엘리사의 뼈에 닿자 곧 회생하여 일어났다(왕하13:20-21)고 한다. 이사야도 '주의 죽은 자들은 살아나고 그들의 시체는 일어나리라'(26:19)고 한다. 또한, 성도들의 부활 역시 에스겔의 마른 뼈 환상을 연상하게 한다. 성도들의 부활은 예수의 죽음과 부활이 가져다주는 결과라고 말하고 있는 것이다. 4. 땅이 진동하고 자던 성도들이 일어나는데 일어난 자들은 예수 부활 후에야 비로소 무덤에서 나와 거룩한 성으로 들어갔다고 한다. 예수의 죽음으로 무덤이 열리며 자던 성도들이 일어나기는 하지만 그들이 무덤에서 나온 것은 예수의 부활 후라는 것이다. 왜 무덤이 열리고 일어난 자던 성도들이 예수의 부활 때까지 무덤에 있었을까? 예수는 '죽은 자 가운데에서 먼저 나신'(골1:18, 계1:5) 부활의 첫 열매(고전15:20)라는 당시 기독교인들의 생각과 맞지 아니하였기 때문이다. 부활한 사람들이 들어간 성은 예루살렘을 가리킨다. 5. 이 본문은 많은 질문을 하게 하지만 분명한 것은 예수의 죽음으로 새 시대가 열리고 종말에 있을 부활이 시작되었다는 것이다.	**새번역 왕하13:21** 한 번은 장사지내는 사람들이 어떤 사람의 주검을 묻고 있다가 이 도적떼를 보게 되었다. 그러자 그들은 놀라고 주검을 엘리사의 무덤에 내던지고 달아났는데 그 때에 그 사람의 뼈가 엘리사의 뼈에 닿자 그 사람이 살아나서 제 발로 일어섰다 • 마27:53의 '예수의 부활 후에' 라는 구절이 타티안의 디아테사론에 나오지 않는 것으로 보아 후대의 삽입으로 보인다. 예수가 죽음에서 살아난 처음 존재라는 것을 말하기 위해서라고 하겠다.
예수의 죽음을 보고	1. 마태, 마가, 누가에 있는 기사이다. 마태에서는 백부장과 함께 예수를 지키던 자들의 고백이다. 그러나 마가, 누가에는 백부장 한 사람의 고백이다. 고백을 하는 이들에 대해서 마태는 '자던 자들이 지진과 그 일어난 일들을 보고 심히 두려워하며' 하는 고백이고, 마가는 예수를 향하여 섰던 즉 예수가 십자가에서	**<신약의 백부장들>** • 종이 죽어가는 가버나움의 백부장(마8:5-13, 눅7:2-10)

성소에 들어 갈 담력을 얻었다'고 고백하고 있다(히10:19-20). 예수의 육체는 지성소로 들어가는 휘장이었고 휘장이 찢어지는 사건 즉 예수의 육체가 찢어지는 사건을 통해서 우리가 장애 없이 막힘없이 하나님께 나아갈 수 있게 되었다는 것이다.

골1:18 그는 몸인 교회의 머리시라 그가 근본이시요 죽은 자들 가운데서 먼저 나신 이시니 이는 친히 만물의 으뜸이 되려 하심이요

①마태, 마가: 하나님의 아들이다	죽는 전 과정을 주목하고 있던 백부장이 '예수가 그렇게 숨지심을 보고' 하는 고백이다. 누가에서의 백부장은 그 된 일을 보고 고백을 하는데 십자가 위에 서조차 그들의 죄를 사하여 달라고 기도하고 행악자 중 하나를 구원한 후 하나님께 자신의 영혼을 의탁하고 세상을 떠나는 모습을 모두 지켜보았기 때문에 하나님께 영광을 돌리며 고백하였을 것이다.	• 하나님을 경외하는 고넬료(행10:1,25,31) • 바울을 로마로 호송하는 아구스도대의 율리오(행27:1-4) • 십자가 옆에 섰던 백부장(마27:54, 막15:39, 눅23:47) • 예루살렘의 치안유지에 힘쓰는 백부장(행22:25)
	2. 마태는 '이는 진실로 하나님의 아들이었도다'고 하고 마가는 '이 사람은 진실로 하나님의 아들이었도다'라고 하며 누가는 '이 사람은 정녕 의인이었다'고 한다. 마태, 마가는 백부장이 예수를 희롱하기 위해서 그런 말을 한 것이 아니라 '진실로' 한 말이라고 한다. 예수에 대한 가야바의 심문의 핵심은 예수가 '하나님의 아들이냐'(마26:63, 막14:61)는 것이었다. 그리고 십자가 위에 달린 예수에게 하나님의 아들이라는 호칭은 희롱(마27:40,43)이고 죄목이었다.	
	3. 마태에서 제자들이 예수를 하나님의 아들이라고 고백한 것은 제자들이 탄배가 풍랑을 만나게 되었을 때의 일이다. 예수께서 물 위를 걸어 배에 오르니 바람이 잠잠하여진다. 그런데 이 때 배 안에 있던 제자들이 '예수께 절하며 진실로 하나님의 아들이로소이다'(14:33)라고 한다. 그 후 예수께서 '너희는 나를 누구라 하더냐고 물었을 때 베드로가 '주는 그리스도시요 살아 계신 하나님의 아들'이라고 대답(16:15-16)한다.	창6:9 이것이 노아의 족보니라 노아는 의인이요 당대의 완전한 자라 그는 하나님과 동행하였으며
	4. 마태, 마가에서의 백부장은 예수가 누구인지 알지 못하였을 것이다. 그러나 그가 예수의 처형 현장에서 심히 두려운 가운데 느끼고 깨달은 것은 예수의 신성이었고 또한 그가 구원자라는 것이었다. 그래서 그는 예수를 하나님의 아들이라고 고백하였던 것이다.	
②누가: 정녕 의인이다	1. 누가는 '이 사람은 정녕 의인이었다'고 한다. 공동번역은 '이 사람이야말로 죄 없는 사람이었구나' 라고 한다. 마태는 '요셉을 의로운 사람'(1:19)이라고 하였을 때에 이 단어가 나온다. 누가에서의 백부장은 하나님께 영광을 돌린 후 예수를 의인이라고 하였다. 이 말은 하나님의 기준에서 볼 때 자기가 한 일이 반의인적이었다는 고백이라고도 볼 수 있겠다.	• 예수께서는 아벨을 의인(마23:35, 의인 아벨)이라고 하다.
	2. 디카이오스는 '올바른, 의로운' 이외에도 법적인 면에서 '법대로 사는, 무죄한, 죄 없는'의 뜻이라고 한다. 누가에서의 예수 수난기사에서 빌라도가 '이 사람은 죄가 없다'(23:4), '그가 행한 일에 죽일 일이 없다'(23:15), '죽일 죄를 찾지 못했다'(23:22)에서 이 단어가 나온다. 이사야에서는 '의로운 종'(53:11)에서 나온다. 백부장이나 빌라도는 법을 아는 사람이었기에 법적인 면에서 이 말을 사용하였을 수도 있다.	• 이사야는 의인의 길은 정직함(사26:7)이라고 하다.
	3. 누가에는 예수의 십자가 옆 좌우에 달려있던 행악자 중의 하나가 예수를 비방하는 행악자를 꾸짖으며 하는 말이 '이 사람이 행한 것이 옳지 아니한 것이 없느니라(23:41)고 한다. 예수를 의인으로 알고 있는 이 행악자는 예수께 '당신의 나라에 임할 때 나를 기억하소서'라는 말씀을 드리게 되고 그 결과 그는 구원을 받게 된다. 결과적으로 예수는 절대자이고 구원자라는 것이다.	• 의인과 악인에 대한 대비는 시편37편 후반부에 나온다. '의인의 구원은 여호와께로부터 온다'(37:39)고 하다.
	4. 누가는 행악자나 백부장이 예수를 '하나님의 아들'로 직접 고백하였다기보다는 '하나님의 아들'의 세속적인 표현으로 사람들이 쉽게 이해할 수 있는 '의인'으로 고백하였다고 볼 수 있다.	
③구경꾼 무리 (누가)	1. 누가에만 나오는 기사이다. 구경하러 모인 무리도 가슴을 치며 돌아갔다 (23:48)고 한다. 예수께서 십자가를 메고 골고다를 향하여 갈 때에도 무리가 예수를 따라간다. 이 무리는 '백성과 그를 위하여 가슴을 치며 슬피 우는 여자의 큰 무리'(23:27)였다.	
	2. 가슴을 치는 것은 회개와 애통을 상징한다(눅18:13). 그런데 이들은 집으로 돌아간다. 누가에서 무리는 때로는 순수하고 악인으로 생각되지 않는다 (19:37, 39, 22:47, 23:1, 2, 5 등).	

④ 멀리서 바라보는 자들	1. 마태, 마가는 예수의 처형을 멀리서 바라보는 갈릴리 여인들에 대해서 언급하고 있다. 누가는 예수를 아는 자들 즉 예수에 대해 아는 남자들과 갈릴리에서 온 여자들을 언급하고 있다. 요한복음은 예수께서 십자가에 달려있을 때 이미 어머니, 이모, 막달라 마리아 등이 십자가 곁에 있었다고 하고 예수께서 어머니와 사랑하는 제자에게 말씀도 한다(19:25-26).	눅8:1-3 그 후에 예수께서 각 성과 마을에 두루 다니시며 하나님의 나라를 선포하시며 그 복음을 전하실새 열두 제자가 함께 하였고
	2. 마태는 갈릴리에서부터 따라 온 많은 여자들이 거기 있었다고 한다. 마가는 갈릴리에서 따라온 여자들 '이외에 예수와 함께 예루살렘에 올라온 여자들도 많이 있었다'(15:41)고 한다. 마태는 그중 막달라 마리아와 야고보와 요셉의 어머니, 그리고 세베대의 아들들의 어머니 등 세 명을 지적하고 있다. 마가는 막달라 마리아와 또 작은 야고보와 요세의 어머니 마리아 그리고 살로메가 있었다고 한다. 여기서 마태의 야고보와 요셉의 어머니는 마가의 작은 야고보와 요세의 어머니로 보인다. 또한 마태는 세베대의 아들들의 어머니를 말하고 마가는 살로메를 말한다.	또한 악귀를 쫓아내심과 병 고침을 받은 어떤 여자들 곧 일곱 귀신이 나간 자 막달라인이라 하는 마리아와 헤롯의 청지기 구사의 아내 요안나와 수산나와 다른 여러 여자가 함께 하여 자기들의 소유로 그들을 섬기더라
	3. 마태, 마가는 이 여자들이 예수를 섬기고 따랐다고 한다. 누가에도 예수께서 전도하실 때에 열두 제자뿐 아니라 여러 여자들도 함께 하였고 또한 소유로 그들을 섬기었다고 한다. 여자들이 섬겼다는 '디아코네인'은 복음서에서 중요한 단어로서 여자들이 수행한 일이 가벼운 일이 아니었음을 의미한다. 따랐다는 '아골루세인'이라는 동사로 바디메오가 예수를 따랐다고 할 때에 나오는데 제자로서의 따른다는 의미가 있다. 여자들이 섬기고 따른 일이 평범한 일이 아니고 예수의 가르침의 실천과 제자도의 실행이라 하겠다.	
	4. 사복음서는 모두 예수 처형 당시 그곳에 있었던 사람들이 누구였는지 기록하고 있다. 바로 그들은 예수 죽음의 목격자이요 산 증인이기 때문이다. 요한복음은 예수의 십자가의 곁에 있었을 이들이 어머니 마리아, 이모(살로메로 추정), 글로바의 아내 마리아와 막달라 마리아 등 네 명의 여자와 예수께서 사랑하시는 제자 등 다섯 명이다.	• 막달라 마리아의 위치는 베드로의 위치와 상응하며 팔레스타인에서 일어난 예수운동에 있어서 중요한 인물이었다는 주장이 있다.
	5. 마태, 마가는 멀리서 바라보는 여자 중에 갈릴리에서부터 섬기며 따라 온 세 명의 여자 이름을 거명하고 있다. 누가에는 구경하던 이들은 돌아갔지만 예수를 아는 자와 갈릴리에서 온 여자들 모두 멀리서서 이 일을 보았다고 한다. 그러나 누가는 누구누구라고 거명하지는 않는다. 이들이야말로 예수께서 십자가에서 숨지는 것을 목격한 자들인 것이다. 그리고 이들 중에는 예수의 장례를 끝까지 지켜본 사람도 있고 부활을 목격한 사람도 있기 때문에 이름을 기록해 놓은 것은 아주 중요한 일이다.	

4. 심층연구: 자기 십자가와 우리 몸의 십자가

구분	내용	비고
형틀로서의 십자가	1. 요한복음은 처음부터 끝까지 예수께서 십자가를 지셨다고 한다(19:17), 그러나 마태, 마가, 누가는 예수께서 십자가를 지고 '나가다가'(마태), '마침'(마가), 구레네 사람 시몬을 만나 그에게 '억지로'(마태, 마가) 지고 가게 하였다고 한다. 2. 마태, 마가, 누가, 요한복음 모두 예수께서 십자가에 못 박혔다고 기록하고 있고 빌립보서는 예수께서 십자가에서 죽었다고 한다.	빌2:8 사람의 모양으로 나타나사 자기를 낮추시고 죽기까지 복종하셨으니 곧 십자가에 죽으심이라
사형으로서의 십자가형	1. 예수 자신이 십자가형을 받아 죽을 것이라고 예고하였다고 전하는 복음서는 마태뿐이다 마태는 세 번째 수난예고에서 '그를 조롱하며 채찍질하며 십자가에 못 박게 할 것이나'(20:19)라고 한다. 또한, 유대 종교지도자들이 예수를 죽이려고 흉계를 꾸미는 기사 다음에 '인자가 십자가에 못 박히기 위하여 팔리리라'(26:2)고 한다.	• 십자가를 형틀로 사용하기 시작한 것은 페르시아인들이라고 한다. 그들은 땅이란 신에게 바쳐진 신성한 것

	2. 예수를 잡아 죽이려고 하는 유대 지도자들이 그 방법을 연구하지만, 십자가형이라는 언급은 없다(마26:4, 막14:1, 눅22:2). 대제사장인 가야바도 공회를 열어 죽이려고 모의(요11:53)하지만 역시 십자가형에 대한 언급은 없다. 3. 예수께서 잡힌 후 가야바에게 심문을 받을 때 가야바는 예수에게 신성모독이라고 하면서 너희는 어떻게 생각하느냐고 물으니까 사형에 해당한다(마태)고 하거나 사형에 해당한 자로 정죄(마가)하였다고 한다. 4. 빌라도의 심문 때 빌라도가 바라바와 예수 중에 누구를 놓아주기를 원하느냐고 하였을 때 유대인들은 예수를 '십자가에 못 박혀야 하겠나이다'(마27:22,23), '십자가에 못 박게 하소서'(막15:13,14, 눅23:21,23), '없이 하소서 없이 하소서 십자가에 못 박게 하소서'(요19:15)라고 예수의 십자가형을 요구한다.	이라고 믿었다. 그들은 신에게 바쳐진 땅이 더럽혀지지 않게 하기 위해서 즉 시체가 땅에 닿지 않도록 하기 위해서 죄인을 십자가에 달아 처형하였다고 한다.
자기 십자가	1. 예수께서는 제자도로서 '자기 십자가를 지고 나를 따르라'고 한다(마16:24, 막8:34, 눅9:23). 특히 누가는 자기를 부인하고 날마다 제 십자가를 지라고 한다. 예수께서는 제자들을 파송할 때에도 자기 십자가를 지고 나를 따르지 않는 자는 내게 합당하지 아니한다(마10:38)거나 능히 내 제자가 되지 못한다(눅14:27)고 한다. 2. 사도 바울은 '그리스도로 말미암아 내 쪽에서 보면 세상이 죽었고 세상에서 보면 내가 죽었다'(새번역 갈6:14)고 한다.	• '십자가' 윤동주, 1941, 5.31 • 십자가의 신비, 이창헌 2011, 대장간
부끄러운 십자가	1. 예수에게 있어서 십자가는 부끄러운 것일 수 있다. 히브리서 기자는 '예수를 바라보자'고 하며 '그는 십자가를 참으사 부끄러움을 개의치 아니하시더니 하나님 우편에 앉았다'(히12:2)라고 한다. 예수께서 가야바에게서 심문을 받을 때나 빌라도에게서 재판을 받을 때 야유, 비방, 모욕, 희롱뿐 아니라 육체적으로도 고통을 받을 때 그리고 무엇보다도 벌거벗겨져 십자가에 못 박힐 때 심히 참담하고 부끄러웠을 것이다. 우리가 세상에서 부끄러운 일을 겪기도 하지만 하나님의 아들인 예수만큼은 아닌 것이다. 2. 사도 바울은 '유대인은 표적을 구하고 헬라인은 지혜를 찾으나 우리는 십자가에 못 박힌 그리스도를 전한다'고 한다. 그런데 그 십자가가 '유대인에게는 거리끼는 것이요 이방인에게는 미련한 것'(고전1:23)이라고 한다. 유대인들에게 거리낀다는 것은 예수의 존재가 십자가에 처형된 사형수이기 때문이다. 지혜를 구하는 헬라인에게는 십자가형을 자초한 예수를 결코 이해할 수 없었을 것이다.	• 내 안에 예수님이 사시게 하라 김승욱 2009, 두란노 • 내 안에 예수의 흔적을 가졌노라 유동근 2020, 두란노 • 나는 죽고 예수로 사는 사람 유기성 2009, 규장각
우리 몸의 십자가	1. 사도 바울은 '우리가 항상 예수의 죽음을 몸에 짊어짐은 예수의 생명이 우리 몸에 나타나게 하려 함이라'(고후4:10)고 하고 '내 몸에 예수의 흔적(낙인)을 지니고 있다'고도 한다(갈6:17). 2. 사도 바울은 '내가 그리스도와 함께 못 박혔나니 그런즉 이제는 내가 사는 것이 아니요 오직 내 안에 그리스도께서 사시는 것이라'(갈2:20)고 한다.	

5. 집중탐구: 가상칠언

구분	내용	비고
눅23:34 저들을 사하여 주옵소서 자기들이 하는 일을 알지 못함이니라	눅6:28 너희를 저주하는 자를 위하여 축복하며 너희를 모욕하는 자를 위하여 기도하라	평지설교
	마5:44 나는 너희에게 이르노니 너희 원수를 사랑하며 너희를 박해하는 자를 위하여 기도하라	산상수훈

	행7:60 무릎을 꿇고 크게 불러 이르되 주여 이 죄를 그들에게 돌리지 마옵소서 이 말을 하고 자니라	스데반의 순교
	사53:12하 그러나 그가 많은 사람의 죄를 담당하며 범죄자를 위하여 기도하였느니라	
눅23:43 진실로 네게 이르노니 오늘 네가 나와 함께 낙원에 있으리라 하시니라	마28:20 내가 너희에게 분부한 모든 것을 가르쳐 지키게 하라 볼지어다 내가 세상 끝 날까지 너희와 항상 함께 있으리라	부활 후 주의 분부
	행18:9-10 밤에 주께서 환상 가운데 바울에게 말씀하시되 두려워하지 말며 침묵하지 말고 말하라 내가 너와 함께 있으며 어떤 사람도 너를 대적하여 해롭게 할 자가 없을 것이니 이는 이 성 중에 내 백성이 많음이라 하시더라	고린도에서 고난 받은 바울이 환상 중에 들은 말씀
	골3:4 우리 생명이신 그리스도께서 나타나실 그 때에 너희도 그와 함께 영광 중에 나타나리라	그리스도와 함께
	롬6:8 만일 우리가 그리스도와 함께 죽었으면 또한 그와 함께 살 줄을 믿노니	그리스도와 함께
요19:26-27 여자여 보소서 아들이니이다	요2:4-5 예수께서 이르시되 여자여 나와 무슨 상관이 있나이까 내 때가 아직 이르지 아니 하였나이다 그의 어머니가 하인들에게 이르되 너희에게 무슨 말씀을 하시든지 하라 하니라	가나의 혼인 잔치
	막3:34-35 둘러앉은 자들을 보시며 이르시되 내 어머니와 내 동생들을 보라 누구든지 하나님의 뜻대로 행하는 자가 내 형제요 자매요 어머니이니라(마12:48-50 참조)	하나님 안에서의 새로운 가족관계
	눅11:27-28 이 말씀을 하실 때에 무리 중에서 한 여자가 음성을 높여 이르되 당신을 밴 태와 당신을 먹인 젖이 복이 있나이다 하니 예수께서 이르시되 오히려 하나님의 말씀을 듣고 지키는 자가 복이 있느니라 하시니라(눅8:20-21)	육친의 관계보다 하나님 말씀을 우선시 하다
마27:46, 막15:34 엘리 엘리 라마 사박다니 나의 하나님 나의 하나님 어찌하여 나를 버리셨나이까	시22:1 내 하나님이여 내 하나님이여 어찌하여 나를 버리셨나이까 어찌 나를 멀리하여 돕지 아니하시오며 내 신음 소리를 듣지 아니하시나이까	시22편에는 내 수족을 찔렀다는 것과 내 속옷을 제비 뽑았다는 내용이 있다(22:16,18)
	시22:11 나를 멀리 하지 마옵소서 환난이 가까우나 도울 자 없나이다	
	시70:1 하나님이여 나를 건지소서 여호와여 속히 나를 도우소서	
	히5:7-9 그는 육체에 계실 때에 자기를 죽음에서 능히 구하실 이에게 심한 통곡과 눈물로 간구와 소원을 올렸고 그의 경건하심으로 말미암아 들으심을 얻었느니라 그가 아들이시면서도 받으신 고난으로 순종함을 배워서 온전하게 되셨은즉 자기에게 순종하는 모든 자에게 영원한 구원의 근원이 되시고	
요19:28 내가 목마르다	시22:15 내 힘이 말라 질그릇 조각 같고 내 혀가 입천장에 붙었나이다 주께서 또 나를 진토 속에 두셨나이다	
	시69:3 내가 부르짖음으로 피곤하여 나의 목이 마르며 나의 하나님을 바라서 나의 눈이 쇠하였나이다	
	눅16:24 불러 이르되 아버지 아브라함이여 나를 긍휼히 여기사 나사로를 보내어 그 손가락 끝에 물을 찍어 내 혀를 서늘하게 하소서 내가 이 불꽃 가운데 괴로워하나이다	
요19:30 다 이루었다	눅24:44 또 이르시되 내가 너희와 함께 있을 때에 너희에게 말한 바 곧 모세의 율법과 선지자의 글과 시편에 나를 가리켜 기록된 모든 것이 이루어져야 하리라 한 말이 이것이라 하시고	예언의 성취
	사53:10 여호와께서 그에게 상함을 받게 하시기를 원하사 질고를 당하게 하셨은즉 그의 영혼을 속건 제물로 드리기에 이르면 그가 씨를 보게 되며 그의 날은 길 것이요 또 그의 손으로 여호와께서 기뻐하시는 뜻을 성취하리로다	예언의 성취
	요16:12-13 내가 아직도 너희에게 이를 것이 많으나 지금은 너희가 감당하지 못하리라 그러나 진리의 성령이 오시면 그가 너희를 모든 진리 가운데로 인	

	도하시리니 그가 스스로 말하지 않고 오직 들은 것을 말하며 장래 일을 너희에게 알리시리라	보혜사, 진리의 성령의 역사
	요17:4 아버지께서 내게 하라고 주신 일을 내가 이루어 아버지를 이 세상에서 영화롭게 하였사오니	고별기도
	살전 5:24 너희를 부르시는 이는 미쁘시니 그가 또한 이루시리라	
눅23:46 아버지 내 영혼을 아버지의 손에 부탁하나이다	시31:5 내가 나의 영을 주의 손에 부탁하나이다 진리의 하나님 여호와여 나를 속량하셨나이다	
	벧전4:19 그러므로 하나님의 뜻대로 고난을 받은 자들은 또한 선을 행하는 가운데에 그 영혼을 미쁘신 창조주께 의탁할지어다	
	행7:59 그들이 돌로 스데반을 치니 스데반이 부르짖어 이르되 주 예수여 내 영혼을 받으시옵소서 하고	스데반의 순교

제50절 ✵ 장사지내다

1. 본문비교

구분		마태(27:57-66)	마가(15:42-47)	누가(23:50-56)	요한(19:3128-42)
예수 죽음의 확인	때	27:57상 저물었을 때에	15:42 이 날은 준비일 곧 안식일 전날이므로 저물었을 때에		19:31상 이 날은 준비일이라 유대인들은 안식일이 큰 날이므로 그 안식일에 시체들을 십자가에 두지 아니하려 하여
	방법				19:31하-33 빌라도에게 그들의 다리를 꺾어 시체를 치워 달라 하니 군인들이 가서 예수와 함께 못 박힌 첫째 사람과 또 그 다른 사람의 다리를 꺾고 예수께 이르러서는 이미 죽으신 것을 보고 다리를 꺾지 아니하고 :34 그 중 한 군인이 옆구리를 창으로 찌르니 곧 피와 물이 나오더라
	사망 현장 증인				:35 이를 본 자가 증언하였으니 그 증언이 참이라 그가 자기의 말하는 것이 참인 줄 알고 너희로 믿게 하려 함이라
	예언의 성취				:36-37 이 일이 일어난 것은 그 뼈가 하나도 꺾이지 아니하리라 한 성경을 응하게 하려 함이라 또 다른 성경에 그들이 그 찌른 자를 보리라 하였느니라
장사 지내다	아리마대 요셉	:57하 아리마대의 부자 요셉이라 하는 사람이 왔으니 그도 예수의 제자라	:43 아리마대 사람 요셉이 와서 당돌히 빌라도에게 들어가 예수의 시체를 달라 하니 이 사람은 존경받는 공회원이요 하나님의 나라를 기다리는 자라	:50-51 공회의원으로 선하고 의로운 요셉이라 하는 사람이 있으니 (그들의 결의와 행사에 찬성하지 아니한 자라) 그는 유대인의 동네 아리마대 사람이요 하나님의 나라를 기다리는 자라	:38상 아리마대 사람 요셉은 예수의 제자이나 유대인이 두려워 그것을 숨기더니

시체를 내주다	:58 빌라도에게 가서 예수의 시체를 달라 하니 이에 빌라도가 내주라 명령하거늘	:44-45 빌라도는 예수께서 벌써 죽었을까하고 이상히 여겨 백부장을 불러 죽은 지가 오래냐 묻고 백부장에게 알아본 후에 요셉에게 시체를 내주는지라	:52 그가 빌라도에게 가서 예수의 시체를 달라하여	:38하 이 일 후에 빌라도에게 예수의 시체를 가져가기를 구하매 빌라도가 허락하는지라
니고데모				:39 일찍이 예수께 밤에 찾아왔던 니고데모도 몰약과 침향 섞은 것을 백 리트라 쯤 가지고 온지라
염하다	:59 요셉이 시체를 가져다가 깨끗한 세마포로 싸서	:46상 요셉이 세마포를 사서 예수를 내려다가 그것으로 싸서	:53상 이를 내려 세마포로 싸고	:40 이에 예수의 시체를 가져다가 유대인의 장례법대로 그 향품과 함께 세마포로 쌌더라
새 무덤에 장사하다	:60 바위 속에 판 자기 새 무덤에 넣어두고 큰 돌을 굴려 무덤 문에 놓고 가니	:46하 바위 속에 판 무덤에 넣어두고 돌을 굴려 무덤 문에 놓으매	:53하 아직 사람을 장사한 일이 없는 바위에 판 무덤에 넣어두니	:41 예수께서 십자가에 못 박히신 곳에 동산이 있고 동산 안에 아직 사람을 장사한 일이 없는 새 무덤이 있는지라
장례의 증인	:61 거기 막달라 마리아와 다른 마리아가 무덤을 향하여 앉았더라	:47 막달라 마리아와 요세의 어머니 마리아가 예수 둔 곳을 보더라	:54-56 이 날은 준비일이요 안식일이 거의 되었더라 갈릴리에서 예수와 함께 온 여자들이 뒤를 따라 그의 무덤과 그의 시체를 어떻게 두었는지를 보고 돌아가 향품과 향유를 준비하더라 계명을 따라 안식일에 쉬더라	:42 이 날은 유대인의 준비일이요 또 무덤이 가까운 고로 거기 두니라
다시 살아나리라	:62-63 그 이튿날은 준비일 다음 날이라 대제사장들과 바리새인들이 함께 빌라도에게 모여 이르되 주여 저 속이던 자가 살아 있을 때에 말하되 내가 사흘 후에 다시 살아나리라 한 것을 우리가 기억하노니			
무덤을 지키소서	:64 그러므로 명령하여 그 무덤을 사흘까지 굳게 지키게 하소서 그의 제자들이 와서 시체를 도둑질하여 가고 백성에게 말하되 그가 죽은			

	자 가운데서 살아났다 하면 후의 속임이 전보다 더 클까 하나이다 하니			
굳게 지키니라	:65-66 빌라도가 이르되 너희에게 경비병이 있으니 가서 힘대로 굳게 지키라 하거늘 그들이 경비병과 함께 가서 돌을 인봉하고 무덤을 굳게 지키니라			

2. 본문의 차이

구분		마태	마가	누가	요한
각 복음서의 특징		• 예수의 죽음을 확인하는 기사가 없다 • 경비병이 무덤을 지키게 된 이유와 굳게 지킨 내용이 있다 경비병의 보고기사가 계속된다(28:11-15)	• 예수의 죽음을 확인하기 위해 빌라도가 백부장을 부른다15:44-45)	• 예수의 죽음을 확인하는 기사가 없다	• 예수의 죽음을 확인하는 방법 이야기, 예수의 죽음을 확인해 주는 증인과 예언의 성취에 대한 언급이 있다(19:31-37)
예수 죽음의 확인	때	• 저물었을 때(27:57)	• 안식일 전날 준비일 저물었을 때(15:42)	• 이 날은 준비일이라 안식일이 거의 되었더라(23:54)	• 이 날은 유대인의 준비일(19:31,42)이요를 반복하다
	이유				• 유대인들이 안식일에 시체를 십자가에 두지 아니하려 하다
	방법		• 빌라도는 벌써 예수께서 죽었을까 하고 백부장을 불러 알아본다		• 다리를 꺾어서 • 창으로 옆구리를 찔러
	사망				• 본 자가 증언하다
	예언의 성취				• 뼈가 하나도 꺾이지 아니하리라 • 그들이 그 찌른 자를 보리라
장사 지내다	누가	• 아리마대 요셉(부자, 예수의 제자)	• 아리마대 요셉(존경받는 공회원, 하나님 나라를 기다리는 자)	• 아리마대 요셉(선하고 의로운 공회의원, 하나님 나라를 기다리는 자)	• 아리마대 요셉(예수의 제자임을 숨기는 유대인)
	빌라도에게 요구	• 빌라도에게 달라 하니 내주라 명령하다	• 당돌히 빌라도에게 들어가 예수의 시체를 달라 하니 알아보고 시체를 내주다	• 빌라도에게 가서 시체를 달라 하여	• 빌라도에게 예수의 시체를 가져가기를 구하매 빌라도가 허락하다

니고데모				• 밤에 예수를 찾아왔던 니고데모가 몰약과 침향 섞은 것 백 리트라쯤 가지고 오다
염하다	• 아리마대 요셉이 세마포로 싸서	• 아리마대 요셉이 세마포를 사서 예수를 내려다가 그것으로 싸서	• 아리마대 요셉이 시체를 내려 세마포로 싸고	• 예수의 시체를 가져다가 유대인의 장례법대로 그 향품과 함께 세마포로 쌌더라
장사하다	• 바위 속에 판 자기 새 무덤에 넣어두고 • 큰 돌을 굴려 무덤 문 앞에 놓고 가다	• 바위에 판 무덤에 넣어두고 • 돌을 굴려 무덤 문에 놓다	• 아직 장사를 한 일이 없는 바위에 판 무덤에 넣어두니	• 동산 안에 아직 장사한 일이 없는 새 무덤에 두니라 • 이 날은 유대인의 준비일이요
장례의 증인	• 막달라 마리아와 다른 마리아 • 무덤을 향하여 앉았더라	• 막달라 마리아와 요세의 어머니 마리아 • 예수 둔 곳을 보더라	• 갈릴리에서 예수와 함께 온 여자들 • 그 무덤과 그의 시체를 어디에 두었는지 보다 • 돌아가 향품과 향유를 준비하더라 • 계명에 따라 안식일에 쉬더라	
다시 살아나리라	• 준비일 다음 날 • 대제사장들과 바리새인들이 빌라도에게 가다 • 다시 살아나리라 한 것을 기억한다			
무덤을 굳게 지키소서	• 무덤을 사흘까지 굳게 지키소서 • 제자들이 시체를 도둑질하면 속임이 전보다 더 클까 하나이다			
굳게 지키니라	• 경비병으로 굳게 지키라 • 그들이 함께 가서 돌을 인봉하고 무덤을 굳게 지키느니라			

3. 본문이해

구분	내용	비고
아리마대 요셉	1. 마태, 마가, 누가는 아리마대 요셉이 빌라도에게 가서 예수의 시신을 달라 하였다고 한다. 그런데 아리마대 요셉에 대한 표현이 마태, 마가, 누가가 조금씩 다르다. 2. 마태만이 아리마대 요셉이 부자라고 한다. 마태는 헬라어 유스케몬을 그	• 아리마대 요셉: 어떤 이들은 아리마대 요셉이 허구의 인물이고 예수의 매장이 역사적 사실이 아니라고 주장한다.

렇게 번역하였기 때문이다. 이 헬라어는 라틴어의 호네스투스를 가끔 의미하는데 '영예스러운', '존경받을 만한', '부유한'이라는 뜻을 가지고 있다. 마태는 '그가 죽은 후에 부자와 함께 있었다'(사53:9)라는 예언이 성취되었다라는 점을 강조하고 있는 것이다.

마태는 마태공동체에 속한 부자들에게 다른 가난한 구성원들을 위해 어떻게 행동해야 하는지에 대해 모범적인 모습을 보여주는 요셉을 소개하고 있다.

3. 마태에는 아리마대 요셉이 예수의 제자라고 한다. 요한복음은 예수의 제자이나 유대인이 두려워 제자라는 것을 숨기었다고 한다. 마태에서의 '예수의 제자'라는 표현은 문자적으로는 '그 역시 예수의 제자가 되었다'이다. 그가 훗날 예수의 추종자가 되었음을 반영하고 있다.

4. 마가, 누가는 아리마대 요셉이 '공회원'이라고 하며 '하나님의 나라를 기다리는 자'라고 한다. 마가는 '존경받는 공회원'으로 누가는 '선하고 의로운' 공회 의원이라고 한다. 마가, 누가에는 예수의 제자라는 말이 없다. 누가가 선하고 의로운 공회원이라고 한 이유는 ( )안에 있는 기사인 바로 예수를 죽이려 하는 '그들의 결의와 행사에 찬성하지 않은 자'(23:51)이었기 때문이라고 한다.

5. 마가, 누가에서는 하나님의 나라를 기다리는 아리마대 요셉이라고 한다. 예수의 정결 예식에 등장하는 시므온과 선지자 안나(눅2:28,38)를 연상시킨다.

6. 아리마대 요셉은 아리마대 동네의 사람 요셉(요19:38)이라는 말이다.

아리마대가 어디인지 확인할 수는 없으나 욥바 동쪽 약 24km 지점에 있는 라마다임 소빌(삼상1:1)로 보기도 하고 또는 뤼따로 보기도 한다. 누가는 '유대인의 동네'(23:51)라고 한다. 그래서 그를 지역 공회의 의원이라고 생각하는 사람도 있다.

또 다른 사람들은 요셉은 예수를 정죄한 공회의 일원이었고 개인적인 경건을 이유로 또는 연고자 없이 죽은 사람을 묻어주어야 하는 공동체의 책임감으로 예수를 매장하였다는 것이다.

즉 그는 예수의 제자가 아니며 하나님 나라를 기다리는 경건한 유대인으로서의 할 일을 한 것뿐이라는 주장도 있다.

| 시체를 달라 (마태, 마가, 누가) | 1. 마태, 마가, 누가는 아리마대 요셉이 빌라도에게 가서 예수의 시체를 달라고 하였다고 하는데 마가는 아리마대 요셉이 빌라도에게 당돌하게 예수의 시체를 달라고 하였다고 한다. 보통 사형수 가족들로는 하기 어려운 요구를 했다는 것이다. 마태는 '빌라도가 내주라'(27:58) 명령하였다고 하고 누가는 다른 설명 없이 시체를 내렸다고 한다.

2. 요한복음은 빌라도에게 시체를 달라고 한 사람들이 유대인들(요19:31)이었다고 한다. 그러나 빌라도는 유대인들에게 시체를 내어주지 않고 군인들을 시켜서 예수의 죽음을 확인한다. 그리고 아리마대 사람 요셉이 빌라도에게 예수의 시체를 가져가기를 구하니 빌라도가 허락(요19:38)하였다고 한다. 요세푸스에 의하면 십자가에 처형된 범죄자라고 해도 장사를 허락하는 경우가 있었다고는 하나 실제로는 매장하지 않고 방치해 두었다고 한다.

3. 유대인들이 시체를 달라고 한 이유에 대해 요한복음은 '안식일에 시체들을 십자가에 두지 아니하려' 하였다(19:31)고 한다. 시체를 밤새워 나무 위에 남겨두는 것을 신명기(21:23)는 금하고 있기 때문이다. 나무에 달린 시체가 땅에 저주를 가져오게 한다는 미신적 사고가 깔려있다고 하겠다. 유대인의 토비트서(1:17-18, 2:3-8)는 객사하는 경우에라도 장사지내 주는 것을 좋은 풍습으로 권장하였다. | |
| 예수 죽음의 확인 (요한복음)

① 그 증언이 참이라 | 1. 마가에서의 예수께서는 금요일 제삼시(막15:25) 즉 오전 9시에 십자가에 달리시어 여섯 시간 동안 고난을 받으시다가 제구시(15:34) 즉 오후3시에 운명하였다고 한다. 그래서 안식일의 시작인 오후 6시까지는 세 시간밖에 남지 아니하였다. 그동안에 예수를 장사지내야 했다. 그런데 십자가에 달린 사람이 사망하는 데에는 대개 열두 시간이 걸린다고 한다.

2. 예수의 죽음을 확인한 것은 '이를 본 자의 증언'(19:35)이라고 한다. 그런데 '그 증언이 참이라' 그의 말하는 것이 '참인 줄 알고' 너희에게 믿게 하려 함이라고 요한복음 저자는 기록하고 있다. 참이 두 번이나 강조되어 있다. | 시34:19-20 의인은 고난이 많으나 여호와께서 그의 모든 고난에서 건지시는도다 그의 모든 뼈를 보호하심이여 그 중에서 하나도 꺾이지 아니하도다 |

	3. 요한복음은 참을 강조하고 있다. 예수를 '참 빛'(1:9)이고 '참으로 세상의 구주'이며 '참으로 세상에 오실 그 선지자'(6:14) 등으로 고백하고 있다. 세례 요한은 예수에 대하여 '그의 증언을 받는 자는 하나님이 참되시다는 것을 인쳤느니라'(3:33)고 한다. 예수 스스로도 자신을 '참 떡'(6:32), '참된 양식, 참된 음료'(6:55), '참 포도나무'(15:1)라고 한다.	고전5:7 너희는 누룩 없는 자인데 새 덩어리가 되기 위하여 묵은 누룩을 내버리라 우리의 유월절 양 곧 그리스도께서 희생되셨느니라
	4. 요한복음에서는 예수 자신 뿐 아니라 예수의 상대에 대해서도 '참되다고 한다. 나다나엘을 '참 이스라엘'(1:47)이라고 하고 수가성 여자와의 대화 중 남편이 없다 하는 '네 말이 참되다'(4:18)고 하며 '영광을 구하는 자는 참되나'(7:18)라고 하고 '너희가 내 말에 거하면 참으로 내 제자가 된다'(8:31)고 한다.	
② 다리를 꺾지 않다	1. 아리마대 요셉의 말을 듣고 마가에서의 '빌라도는 예수께서 벌써 죽었을까 하고 이상히 여겨 백부장을 불러 죽은 지가 오래냐 묻고 백부장에게 알아본 후 요셉에게 시체를 내주었다'(막15:44-45)고 한다.	
	2. 요한복음에 의하면 유대인들이 빌라도에게 그들의 다리를 꺾어 시체를 치워 달라고 한다(19:31). 군인들은 가서 예수와 함께 못 박힌 첫째 사람과 또 그 다른 사람의 다리를 꺾고 예수께 이르러서는 이미 죽은 것을 보고 다리를 꺾지 아니하였다고 한다.	
	3. 요한복음은 '그 뼈가 하나도 꺾이지 아니 하리라 한 성경을 응하게' 하였다고 한다. 시편(34:20)에는 의인이 고난을 받게 되더라도 그 뼈는 보호받아 하나도 꺾이지 아니한다고 하였다. 시편의 관점에서도 예수는 의인이다.	
	4. 모세 오경에는 규례로서 유월절 어린 양에 대해 '뼈도 꺾지 말라'(출12:46), '그 뼈를 하나도 꺾지 말라'(민9:12)고 하고 있다. 모세 오경의 관점에서 예수는 '유월절 어린 양'(요1:29)이다. 사도 바울 역시 예수를 '유월절 양'(고전5:7)이라고 고백하고 있다.	슥12:10상 내가 다윗의 집과 예루살렘의 주민에게 은총과 간구하는 심령을 부어 주리니 그들이 그 찌른 바 그를 바라보고
	5. 요한복음은 '또 다른 성경에 그들이 그 찌른 자를 보리라 하였느니라'고 말하고 있다. 이것은 스가랴(12:10)의 예언 중에 나오는 '그들이 그 찌른 바 그를 바라보고'의 인용이다. 스가랴의 예언이 이루어졌다는 것이다.	
③ 피와 물이 나오다	1. '그 중 한 군인이 창으로 옆구리를 찌르니 곧 피와 물이 나오더라'(요19:34)고 한다. 일반적으로 시체에서는 출혈이 안 된다고 하나 심장파열 등의 경우는 예외라고 한다. 요한복음의 기자는 예수께서 우리의 골육을 입은 사람이었다는 것을 강조하고 있는 것이다. 또한, 예수의 몸에서 나온 물과 피는 그 자체가 상징이라 하겠다. 예수의 피에 대해서는 최후의 만찬에서 포도주 즉 '죄 사함을 얻게 하려고 많은 사람을 위하여 흘리는 바 나의 피 곧 언약의 피'(마26:28)라고 말씀하신 적이 있다.	• 성배전설의 기원: 아리마대 요셉이 예수께서 로마 병사에게 옆구리를 찔려 피와 물을 흘렸을 때 그가 최후의 만찬에서 사용하였던 은잔 즉 성배로 그 흘러내리는 피와 물을 받아냈다고 한다.
성배는 예수를 찌른 성창과 함께 기독교 최고의 전승유물이 된다.
성배의 전설은 아서왕과 원탁의 기사이야기가 된다.
인디애나 존스의 시리즈 중에는 최후의 성배편이 있다.
	2. 초막절에 상경한 예수께서는 '나를 믿는 자는 그 배에서 생수의 강이 흘러나오리라'(요7:38)고 한다. 게리 윌스는 생명의 물이라는 이미지를 강화하기 위해 피가 덧 붙여졌다고 본다. 그에 의하면 물과 피는 예수가 인류에게 가져온 죽음으로부터 소생한 생명을 상징한다는 것이다.	
	3. 싱 어거스틴은 창세기에서 자신의 배우자인 이브를 위해 옆구리를 열은 이담과 믿는 자를 위해 자신의 옆구리를 열은 두 번째 아담인 예수와의 관계에 유사성이 있다고 보았다.	
	4. 마가에서의 빌라도는 '죽은 지가 오래냐 묻고 백부장에게 알아본 후'에 요셉에게 시체를 내주었다(15:47)고 하는데 요한복음에 기술된 사망확인 과정을 거쳐 예수의 죽음을 확인한 것을 마가에서의 백부장이 빌라도에게 보고하였을 것이다.	
④ 시체를 내주는지라	1. 로마 당국의 입장에서 시신을 내주는 일이 쉬운 일이 아니다. 요한복음에 기술되어 있는 것처럼 유대인들의 입장에서는 안식일에 시체를 십자가에 두고 싶지 않아서 빌라도에게 다리를 꺾어 죽음을 확인하고 시체를 치워달라고	

한 것이다. 그러나 빌라도는 예수의 죽음을 확인하지만 유대인들에게 시신을 인도하지는 않았다.

2. 시신을 잘못 인도하면 그 죽은 자를 영웅시 하거나 순교자로 내세울 수 있기 때문에 아무에게나 내어줄 수는 없는 일이다. 로마인들은 십자가에 달린 시신을 계속 매달아 둠으로써 사람들에게 공포심과 두려움 등을 느끼게 하였던 것이다.

3. 아리마대 요셉이 예수의 시신을 달라고 한 것은 '당돌한'(막15:43) 행동이었다. 빌라도는 아리마대 요셉을 예수의 추종자라기보다는 '존경받는 공회원'으로 보았을 것이다. 그래서 백부장을 시켜서 예수의 죽음을 확인하고 '내주라 명령'(마27:58)한 것이다. 요한복음은 '가져가기를 구하니 허락하였다'(요19:38)고 한다. 시신의 인도는 '명령'의 사항이고 '허락'의 사항이다.

4. 빌라도는 다른 지역과 달리 유대에서는 '시체를 나무위에 밤새도록 두지 않고 그 날에 장사해야 한다는 법(신21:23)이 있다는 것을 알고 있었을 것이다. 그런데 아리마대 요셉은 신원이 확실한 존경받는 공회원이고 예수와 아무런 관계도 없는 것으로 보여서 그에게 시체를 내어주었을 것이다. 마가와 누가는 아리마대 요셉과 예수에 대해 아무런 관계도 설명하지 않고 마태는 후에 예수의 제자가 되었다고 하고 요한복음은 예수의 제자인데 이를 숨겼다고 한다. 겉으로는 아무 관계도 아닌 것이다.

5. 아리마대 요셉이 예수의 시신을 요구한 이유는 무엇인가. 마가, 누가는 '하나님의 나라를 기다리는 자'(막15:43, 눅23:51)이어서 라고 하고 요한복음은 그가 '숨겨진 제자'이어서 라고 한다.

- 성배의 grail은 프랑스어 상례알 즉 왕의 피라는 뜻인데 sang real(상례알)이 sang greal(영어로 Holy Grail)로 바뀌었다는 설도 있다. 스페인 발렌시아 대성당에 성배가 안치되어 있다고 한다.

- 유대백과사전에 의하면 니고데모는 니고데모 벤구리온으로 제2성전시대 예루살렘에서 존경받는 3대 부자 중의 하나이었고 자선 사업을 하는 부자로도 유명했다고 한다.

장사지내다

① 세마포

1. 마태는 아리마대 요셉이 시체를 가져다가 깨끗한 세마포로 쌌다고 하고 마가는 요셉이 세마포를 사서 예수를 내려다가 그것으로 쌌다고 하며 누가는 예수를 십자가에서 내려 세마포로 쌌다고 한다.

2. 십자가상의 예수는 옷이 없었다. 그래서 십자가에서 내리자마자 몸을 감싸야 했을 것이다. 여기서 세마포로 나오는 헬라어 신돈은 세마포를 의미하지만 종종 수의를 의미하기도 한다.

3. 세마포로 싼 시체는 정결하게 하는 절차 없이도 무덤에 넣는데 유대인들의 통상적인 장례 절차로 볼 수 있다. 공관복음에서는 향유나 향품 이야기가 없다. 아마도 이미 베다니의 한 여인이 예수에게 향유를 부었기 때문일 수도 있다(마26:12).

- 그리스 정교회에서는 니고데모를 성인으로 받들고 있으며 전승에 의하면 순교하였다고 한다.

② 새 무덤

1. 요한복음은 무덤의 위치에 대해 말한다. '예수께서 못 박힌 곳에 동산이 있고 동산 안에 새 무덤이 있다'(19:41)고 한다. 예수께서 못 박히신 곳 바로 근처라는 것이다.

2. 마태, 마가, 누가는 '바위 속에 판 무덤'이라고 한다. 이러한 무덤은 소유자의 사회적 위치가 높다는 것을 말한다. 그런데 마태는 요셉의 새 무덤이라고 하고 마가는 새 무덤이라는 말이 없고 누가는 '아직 사람을 장사한 일이 없는 무덤' 즉 새 무덤이라 하였고 요한복음은 보다 구체적으로 '아직 사람을 장사한 일이 없는 새 무덤'이라고 하였다.

　마태는 요셉의 새 무덤이라고 하였는데 자기 가족 묘지로 삼으려고 준비해 두었을지도 모른다. 아무튼, 예수께서는 아무도 사용하지 않은 새 무덤에 들어간 것이다.

3. 이 무덤에는 예수께서 묻힌 후 아무도 묻히지 않았을 것이다. 사형수의 시신이 묻힌 곳에 묻히는 것은 수치이기 때문이다. 죄인은 조상의 무덤에도 묻힐 수 없었다.

4. 누가는 '바위에 판 무덤에 넣었다'고만 하는데 마태, 마가는 큰 돌을 굴려

- 디스커버리 뉴스는 2012년 5월 예수가 사망한 날짜를 AD33년 4월3일이라고 결론내렸다고 발표한바 있다.

	무덤 문에 놓고 갔다고 한다. 예수의 부활 기사에서는 마태, 마가, 누가, 요한복음 모두 돌이 굴려 옮겨져 있다고 한다.	
③ 니고데모	1. 요한복음만이 '일찍이 예수께 밤에 찾아왔던 니고데모도 몰약과 침향 섞은 것을 백 리트라 쯤 가지고 왔다'(19:39)고 한다. 요한복음은 공관복음과 달리 '유대인의 장례법대로 그 향품과 함께 세마포에 쌌다'(19:40)고 한다. 2. 요한복음에서 니고데모는 세 번 등장한다. 니고데모는 유대인의 지도자(3:1)라고 한다. 그런데 지도자 '아르콘'은 공회원을 이를 때 쓰는 말이라고 한다. 처음에는 예수께 밤에 찾아와서 예수께로부터 거듭나지 않으면 하나님 나라를 볼 수 없다(3:3)는 말씀을 듣는다. 　두 번째는 대제사장들과 바리새인들이 아랫사람을 시켜 예수를 잡으려 할 때 '우리 율법은 사람의 말을 듣고 그 행한 것을 알기 전에 심판하느냐'(요 7:50-51)고 말함으로써 '다 각각 집으로'(7:53)돌아가게 한다. 담대하게 예수를 변호한 것이다. 　그런 그가 예수 사후에 시신의 향품으로 몰약과 침향 섞은 것 백 리트라 쯤 가져온 것이다. 백 리트라는 약 21.8kg이고 몰약은 시체 방부처리용으로 침향은 향수로서 시체 썩는 냄새를 제거하는데 쓰는 것이라고 한다.	• 베드로복음서(8:29-11:49)에도 같은 이야기가 있다. 예수의 부활 모습과 천사의 모습을 처음 보는 이들은 병사와 장로들이다.
예수 장사의 증인	1. 예수 장례의 목격자로 마태는 막달라 마리아와 다른 마리아, 마가는 막달라 마리아와 요세의 어머니 마리아를 언급하고 있다. 마태의 다른 마리아는 마가의 야고보와 요세의 어머니 마리아를 말하는 것 같다. 　이들은 예수가 처형당할 때 멀리서 바라보던 갈릴리 여자들 중에 있던 이들(마27:55-56, 막15:40-41)인데 마태는 이들이 '무덤을 향하여 앉았더라'(27:61)고 하고 마가는 '예수 둔 곳을 보더라'고 하였다. 2. 누가에는 여자들의 이름은 언급되어 있지 않지만 '그 무덤과 그의 시체를 어떻게 두었는지를 보고 돌아갔다'고 한다. 누가는 갈릴리에서 예수와 함께 온 여자들이야말로 예수의 죽음과 장사의 진정한 목격자라고 말하고 있다. 3. 누가에서 이 여자들은 향유와 향품을 준비하러 돌아갔다고 한다. 향유나 향품이나 모두 향기가 나는 물품이고 시체를 썩지 않게 하는 것들로서 죽은 예수 즉 예수의 시체를 위해 필요한 장례 물품인 것이다. 누가는 계속해서 준비한 향품을 가지고 안식일에는 쉬고 안식 후 첫날 여자들이 무덤에 갔다(24:1)고 한다.	• 베드로복음서는 정경복음서보다 더 강하게 예수의 죽음이 유대인의 책임이라고 한다. 베드로복음서는 무덤을 지키라고 명령한 사람이 백부장 페트로니어스라고 한다. 로마 군인을 보냈다는 것이라 하겠다.
준비일	1. 예수가 죽은 날이 준비일이라고 마가, 누가, 요한복음은 말한다. 　마가는 '안식일 전날 준비일'이라고 하여 금요일임을 말하고 있다. 요한복음은 '이 날은 준비일이라'(19:31)고 하고 '다시 이 날은 유대인의 준비일이요'(19:42)라고 말한다. 2. 공관복음에서의 예수께서는 제자들과 유월절 만찬(눅22:15)을 하는데 그 날은 유월절 준비일이요 양 잡는 날(마26:18, 막14:12,16, 눅22:13)이다. 예수께서는 유월절 당일 밤에 체포되어 재판받고 그날 유월절 날 즉 안식일 전날, 안식일 준비일에 처형되고 장사되었다는 것이다. 3. 요한복음에서의 예수께서는 유월절 전(13:1)에 제자들과 마지막 만찬을 하고 가룟 유다에게 속히 가라 하는데 제자들은 '명절에 쓸 물건을 사라 하시는지 혹은 가난한 자에게 무엇을 주라 하시는 줄로 생각'(13:29)하였다. 그리고 예수를 빌라도에게로 끌고 갔을 때 그들은 '유월절 잔치를 먹고자 하여 관정에 들어가지 아니하더라'(18:28)고 한다. 공관복음에서의 예수께서는 유월절 음식을 드시고 잡혀 오지만 요한복음에서의 예수를 잡은 무리는 아직 유월절 음식을 들지 아니하였다. 4. 마가는 예수께서 십자가에 못 박힌 시간이 제삼시(막15:25)라고 한다. 그	

러나 요한복음에서 예수께서 재판을 받은 시간이 유월절 준비일 제육시(19:14)라고 하는데 새번역과 공동번역은 '낮 열두 시쯤'이라고 한다. 요한복음은 유월절 준비일 즉 유월절 전날에 돌아가셨다는 입장이다. 다시 말해 유월절 준비일인 양 잡는 날에 예수가 죽었다는 것이다. 요한복음은 돌아가신 날이 안식일 준비일이라고 두 번씩이나 강조하고 있다(19:31,42).

무덤을 지키다 ① 굳게 지키소서	1. 예수께서 무덤에서 계실 때의 일이다. 마태만이 경비병이 예수의 무덤을 지키게 된 이유와 유대 지도자들이 행한 조치 등을 말하고 있다(마27:62-66). 또한, 마태는 예수께서 살아난 후 경비병의 보고(마28:11-15)를 소개한다. 이 이야기는 예수의 제자들이 예수의 시체를 훔쳐가서 그가 부활했다고 하는 유대인들의 주장을 반박하기 위한 것이다. 2. 마태는 그 이튿날이 준비일 다음 날 즉 안식일이라는 것이다. 대제사장들과 바리새인들이 빌라도에게 가서 의논한다. 예수의 고난에는 대제사장들, 서기관들, 장로들이 주역이다. 바리새인이 언급된 것은 예수를 잡을 때 유다가 바리새인의 아랫사람을 데리고 왔다(요18:3)는 것뿐이다. 그런데 대제사장들과 바리새인들이 예수께서 살아있을 때에 내가 '사흘 후에 다시 살아나리라'한 것을 기억해냈던 것이다. 3. 사흘 만에(마가) 또는 제삼일(마태, 누가)에 살아나겠다고 한 말씀은 첫 번째 수난예고 때(마태, 마가, 누가)와 두 번째 수난예고(마태, 마가) 그리고 세 번째 수난예고(마태, 마가, 누가)에서 거듭하여 한 말씀이다. 4. 예수께서는 바리새인들에게 자신의 부활을 알아들을 수 있도록 요나의 표적(마12:39-40, 16:4)을 말씀한 적이 있다. 부활도 천사도 있다고 믿었던(행23:8) 바리새인들은 이 말씀을 기억하고 안식일이지만 대제사장들과 함께 빌라도를 찾아간다. 그들은 빌라도에게 '주'(마27:63)라고 부르면서 자기들의 의견을 개진한다. 그들의 요구는 빌라도가 명령하여 '그 무덤을 사흘간 굳게 지키게' 하라는 것이다.
② 죽은 자 가운데서 살아났다하면	1. 예수의 무덤을 지켜야 하는 이유는 시체를 도둑맞는 것을 방지하기 위해서라고 한다. 예수의 제자들이 시체를 도둑질해 가서는 백성들에게 예수가 죽은 자 가운데서 살아났다고 하면 안된다는 것이다. 실제로 이와 같은 상황이 벌어질 개연성을 미리 막자는 것이다. 　예수 부활 이후에 실제로 이런 소문이 있었던 것 같다. 마태는 유대 지도자들이 돈으로 군인(28:12)들을 매수하여 제자들이 밤에 가서 도둑질해 갔다는 소문을 퍼트렸다고 경비병의 보고에서 이야기하고 있다. 2. 대제사장들과 바리새인들은 '후의 속임이 전보다 더 클까'(27:64) 걱정한다. 후의 속임은 전의 속임을 전제로 한다. 전의 속임은 가야바의 심문의 결론인 예수가 하나님의 아들이라는 것이고 후의 속임은 예수가 죽은 지 사흘 후 다시 살아나리라는 것이라 하겠다. 그들은 예수를 '속이던 자'라고 비난하지만 그러나 마태의 입장에서는 그들이 사실을 은폐하려 하는 '속이는 자'들인 것이다.
③ 힘대로 굳게 지키라	1. 빌라도는 '너희에게 경비병이 있으니 힘대로 굳게 지키라'고 한다. 여기서 경비병은 유대인으로 구성된 성전 경비병이라 하겠다. 그러나 개혁개정에서 '너희에게 경비병이 있으니'를 새번역은 '너희에게 경비병을 내줄 터이니'라고 한다. 새번역의 경비병은 빌라도의 로마 군인들인 것이다. 뒤에 나오는 경비병의 보고기사에서 이 경비병들을 '군인'(마28:12)이라고 하였기 때문에 새번역이 더 적절하다 하겠다. 다시 말해 이들의 이야기를 들은 빌라도는 자기 군대를 경비병으로 내준다. 2. 대제사장들과 바리새인들은 안식일에 해서는 안 되는 일을 한다. 율법을 어기면서까지 예수의 부활에 대한 대비를 해야 했던 것이다. 그들은 '경비병과

함께 가서 돌을 인봉하였다'고 한다. 여기서 인봉하다는 무덤 입구의 돌을 단단히 고정하였다는 의미이다.

3. 대제사장은 사두개인들이다. 부활을 믿지 않는 사두개인과 부활을 믿는 바리새인들이 함께 예수의 부활을 염려하여 시체 도난방지 대책을 세운다. 유대교 율법이 엄격한 그들이지만 안식일과 관계없이 이방인인 빌라도에게 찾아가고 빌라도를 주라 하며 대책을 세운다. 그리고 경비병들과 함께 가서 돌을 인봉하고 무덤을 굳게 지키었다.

4. 사도행전(1:3)은 예수께서 '고난받으신 후에 또한 그들에게 확실한 많은 증거로 친히 살아계심을 나타'내셨다고 한다. 사도 바울 역시 다시 살아난 예수께서 '게바에게 보이시고 후에 열두 제자와 그 후에 오백의 형제에게 일시에 보이셨다'(고전15:5-6)고 한다.

4. 심층연구

4.1 유월절 양으로서 예수의 죽음

구분	내용	비고
하나님의 어린 양	1. 요한복음에서 세례 요한은 예수를 '내가 보고 그가 하나님의 아들이심을 증언하노라'(1:34)고 하고 예수께서 거니심을 보고 '보라 세상 죄를 지고 가는 하나님의 어린 양이로다'라고 한다. 요한복음은 유월절이 아닌 준비일(19:31)인 양 잡는 날에 돌아가신다. 그러나 세례 요한은 이사야의 고통받는 메시아를 의미하는 '마치 도수장에 끌려가는 어린 양'(53:7)을 인용하여 예수를 장차 유월절에 바쳐지는 즉 많은 사람의 죄 사함을 위해 피를 흘리게 되는 어린 양으로 본 것이다. 2. 공관복음서들은 예수가 유월절에 죽었다고 한다. 마지막 만찬에서 예수는 유월절에 바쳐진 양이라는 이미지를 구체화시킨다. 3. 요한복음은 예수의 죽음을 확인하는 이야기가 있다. 군인들이 예수가 죽은 것을 보고 다리를 꺾지 않았는데 유월절 양은 뼈를 꺾지 말라고 하였다고 한다. 그래서 예수가 유월절 양이라는 것이다. 4. 요한계시록 5장에는 어린 양 이야기가 집중되어 있다. 일찍이 죽임을 당한 어린 양(:6), 보좌에 앉은 이에게서 두루마리를 취하는 어린 양(:7), 어린 양 앞에 엎드린 장로들(:8), 찬송과 존귀와 영광과 권능을 세세토록 돌려야 할 어린 양(:13) 등이다. 계시록에서 어린 양은 예수를 지칭하는 것으로 29회 사용되었다. 4. 사도 바울은 '우리들의 유월절 양이신 그리스도께서 희생되셨습니다'(새번역 고전5:7)라고 한다.	• 희생의 한자에는 두 자 모두 소'우'가 들어간다. 희는 소 털에 다른 색이 섞이지 않은 소를 말하고 생은 살아 있는 소를 말하는데 신에게 바치는 순결한 살아 있는 소라는 뜻이다.
속죄양	1. 에스겔은 주 여호와의 말씀이라고 하며 '백성을 속죄하기 위하여 어린 양 한 마리를 드려야' 한다(45:15)고 한다. 레위기에는 소위 희생 양(scapegoat)에 대한 기사가 있는데 염소의 머리 위에 상징적으로 백성의 죄를 얹어서 살 수 없는 광야로 보내진 염소를 말한다(레16:8-10). 2. 유대교는 유월절의 제사가 속죄제가 아닌 화목제라고 하고 또한 유대교는 인신제사가 아닌 동물의 제사만 허용하였기 때문에 예수가 인류를 위해 자신을 희생 제물로 드렸다는 것을 부정한다.	• 다른 사람들의 비난이나 잘못을 무고하게 짊어지는 사람을 속죄양이라고 말한다.
예수 죽음의 의미	1. 예수께서는 자신의 죽음에 대해 '너희는 곡하고 애통하겠으나 세상은 기뻐하리라'(요16:20)고 한다. 그리고 자신의 죽음을 해산의 고통으로 인식하고 있다. 그래서 아기를 낳으면 그 고통을 다시 기억하지 않는다(:21)고 한다.	

| | 2. 예수께서 언급한 해산하는 여자의 고통은 메시아 탄생의 고통으로 이해할 수 있다. 구약에서 해산(미5:3) 중에 있는 여자의 고통을 이스라엘의 구원이나 메시아의 오심으로 인한 고통으로 묘사하고 있다.
3. 요한계시록은 예수가 죽은 자들 가운데서 먼저 나셨다(1:5)고 한다 | |

4.2 예수를 부인하는 사상

구분	내용	비고
가현설	1. 가현설을 도케티즘이라고 하는데 헬라어 도케오 즉 '보인다' 또는 '인 듯하다' '…처럼 보인다'는 동사에서 파생된 말이다. 가현설은 고대사회 영지주의 이단의 특징을 가지고 있다. 2. AD120년경 바실리데스는 '그리스도는 고난받지 않고 구레네 시몬이 그리스도를 위해 십자가를 짊어지고 갔고 다른 사람이 그를 그리스도로 알고 십자가에 못 박았다'고 말한다. 벨렌테누스(AD120-160년?)는 예수는 부패할 수 없는 정신적 몸을 가졌으며 물이 수도관을 통과하듯이 예수는 그의 몸을 통과하였다고 말한다. 3. 가현설 주창자들은 구원자는 빛으로 나타나는 분이라서 참 인간의 육체를 가질 수 없다는 것이다. 하나님의 아들인 예수는 보이기는 하였으나 환상이었다고 한다. 따라서 이들은 생육신을 부인한다. 4. 가현설은 일부 기독교인들이 예수 그리스도의 신성을 너무 강조한 나머지 '말씀이 육신이 되었다'(요1:14)는 사실을 무시한다. 초대교회와 교부들은 가현설을 강하게 단죄하였다. 5. 2세기 안디옥의 주교 이그나티우스(AD35-107년?)는 예수의 탄생기사를 통해 예수의 인성을 강조하였다. 이그나티우스의 일곱 편지 중에는 이런 기록이 있다. '그분은 참으로 다윗 가문에서 동정녀 마리아로부터 태어나서 먹고 마셨으며 본디오 빌라도 아래서 참으로 십자가에 처형되어 죽으셨고 성부에 의해서 죽은 자들 가운데서 참으로 부활하셨습니다.'	• 니케아 신조(AD325년) 중 '우리 인간을 위하여 우리의 구원을 위하여 내려오사 육신을 입고 인간이 되셨으며 고난당하신지 사흘만에 다시 살아나사 하늘에 오르셨고 산 자와 죽은 자를 심판하러 오시리라 우리는 또한 성령을 믿노라
마르키온 주의	1. 마르키온(AD85-160년?)의 주장 또는 마르키온을 따르는 자(마르키온 파)를 말한다. 흑해 연안 시노페 출신인 마르키온은 이원론과 예수 그리스도의 가현을 주장하였는데 AD144년 파문을 당한다. 2. 그는 구약의 하나님과 신약의 하나님을 구분하고 또한 신약과 구약을 분리해야 한다고 주장하기도 한다. 마르키온을 따르는 교회가 확산됨에 따라 많은 교부들로부터 비판을 받았다. 3. 마르키온이 처음으로 정경 목록을 만들었는데 마르키온 정경 목록이라고 한다. 그는 바울 서신과 유대적 요소를 제거한 누가복음을 정경으로 받아들였다. 4. 마르키온파는 마니교에 흡수되었고 콘스탄틴 대제에 의해 금지되었으며 7세기경에는 동방교회에서도 사라졌다.	• 마르키온은 기독교 내 유대교적 요소를 배척하려 했다.
아폴리나리우스주의	1. 아폴리나리우스(AD310-390년)는 라오디게아에서 태어나 AD360년 라오디게아 교회의 주교가 되다. 그는 예수 그리스도의 인격의 통일을 중시하여 그리스도는 육체와 혼을 가진 인간과 다르며 예수의 육체는 고유의 의지를 지니지 않는다고 한다. 예수 그리스도의 인성에 의문을 갖게 하는 주장이라 하겠다. 2. 아폴리나리우스는 아리우스의 인성 중시에 대한 반동의 소산으로 그리스도의 참된 인성을 부정하는 것으로서 362년 알렉산드리아 주교회의와 381년 콘스탄티노플 공의회에서 탄핵되며 테오도시우스 황제는 칙령으로 이 가르침을 금지했다.	• 에비온파는 예수 그리스도의 신성을 부인하였고 동정녀 탄생을 부인하였다.

아리우스파	1. 알렉산드리아의 교부 아리우스(AD250-336년?)는 스승 안디옥의 루키아 소스의 가르침에 따라 그리스도의 피조성을 강조하다가 325년 니케아 공의회에서 추방당하여 유배된다. 2. 예수의 인성을 강조하는 아리우스는 예수 역시 하나님의 피조물이기 때문에 예수는 신과 인간 사이에 중재 역할을 한다는 것이다. 그에 의하면 성부와 성자가 동일하다는 삼위일체론이 성립되지 않는다. 성부와 성자에 대한 논쟁은 381년 콘스탄티노플 공의회에서 니케아 신조를 확인함으로 결론이 난다. 3. 아타나시우스는 아버지 하나님과 아들인 예수 그리스도는 호모시우스 즉 동질이라고 주장하여 삼위일체설을 확립한다.	• 아리우스 사후에도 성부와 성자에 대해 ① 다르다, ② 유사하다, ③동질이다라는 세 가지 주장이 대립하였다. 근대의 이단 중에 아리우스파와 가까운 것은 여호와의 증인이라 하겠다.
영지주의	1. 영지주의의 정확한 기원과 역사는 아직까지도 밝혀지지 않고 있다. 　초기기독교의 형성시기에 영지주의는 기독교 사상에 크게 영향을 미치기도 하였으나 교부들에 의해 논박되었다. 2. 그노시스Gnosis는 지식을 뜻하는 헬라어로 물질적이지 않으며 따라서 보이지 않는 영적인 것을 뜻한다. 그노시즘, 영지주의의 핵심사상은 구원의 방법으로 믿음이 아닌 지식을 중요시하고 그것도 직관과 영감에 의해 개별적이고 고도 신비한 체험에 의해서 아는 것을 뜻한다. 3. 영지주의는 초대교회가 겪어야 하였던 이단 사상의 하나이다. 영지주의는 헬라 사상으로 기독교를 이해하려고 한다. 이들은 영과 정신은 선하고 육과 물질은 악하다는 이원론에 근거하여 선한 그리스도의 영이 악한 인간의 육을 입었다는 사실을 인정하지 않는다. 그리스도가 입은 육신은 그렇게 보였을 뿐이지 실제로 인간의 육신을 입은 것이 아니라고 한다. 인간의 육체를 부정적으로 보기 때문에 성육신이나 예수의 수난을 통한 죄 사함에 대해 인정하지 아니한다. 4. 영지주의는 예수를 믿음으로써 구원받는 것이 아니라 영적 인간이 영지를 통해 구원받을 수 있다고 한다. 5. 영지주의는 지역과 지도자들에 따라 다양한 양상을 띠는 종교적 혼합주의의 특징을 지니고 있다. 기독교 신학과 삶의 양태 안에는 영지주의적인 요소들이 배제되지 않았으며 영과 육을 구별하는 금욕주의적 특성은 기독교인의 삶에 광범위하게 영향을 미쳤다.	• 영지주의자들은 창세기의 야웨를 세상을 창조한 yaldabaoth로 취급한다(게리윌스). • 4세기경 만들어진 영지주의 고문서가 1945년 이집트의 남부 나그함마디 지역에서 발견되어 52편의 문서가 공개되었다.

5 예수 무덤의 역사

구분	내용	비고
건축 시기 135년 326년 330년 543년	하드리아누 황제가 예수 무덤 위치에 아프로디테 신전을 건립 　콘스탄티누스 황제의 모후 헬레나 예루살렘 방문, 신전을 헐게 하다. 예수가 처형된 진짜 십자가를 찾아내 콘스탄티노플로 옮기고 그 조각을 많은 교회에 보내다. 모후 헬레나는 세 채의 교회 즉 바실리카인 마르티리움(순교자 기념교회), 골고다의 바위를 둘러 싼 트리포티코, 예수가 묻혔던 장소에 아나스타시스(부활이라는 뜻)라는 원형건물(후에 돔 지붕으로 덮혔다)을 지었다. 336년 성묘교회를 완공하는 부활절 예배에서 이곳을 지구의 중심이라고 선언하다. 　헬레나는 성지순례 차 시나이산에 들러 예배당을 짓게 하는데 후에 순교자 카타리나를 기념하는 수도원이 유스티아누스 황제(527년)시대에 건립되었다. 이것이 현재의 카타리나 수도원이다. 　헬레나는 예루살렘 올리브산 근처에 주기도문교회도 짓는다.	• 예수의 무덤을 가톨릭은 주님무덤성당, 정교회는 부활기념성당, 개신교는 성묘교회라고 부른다. • 예수의 무덤은 가톨릭, 정교회, 아르메니아 사도교회, 시리아 정교회, 콥트 정교회, 에디오피아 테와히도 정교회 등 6개 종파의 성지이다

537년	유스티아누스 황제(로마법 완성, 성소피아성당 건축 등)는 예루살렘에 성 마리아교회, 성 안나교회, 승천교회 등 30교회를 건축하다.	
이슬람시대 614년	샤흐르바라즈가 이끄는 사산조 페르시아군이 예루살렘을 점령하고 방화하다. 유대인의 내통으로 기독교도들이 학살당하다. 이들은 시리아, 팔레스타인, 이집트까지 침공하는데 이때 성 십자가를 빼앗긴다. 다행히 비잔틴제국의 헤라클리우스 황제가 AD630년 십자가를 탈환하여 성묘교회에 다시 안치시킨다.	• 압바스 왕조가 시작(754년)되면서 칼리프의 예루살렘 성지순례는 없어졌다.
638년	이슬람의 제2대 칼리프인 우마르 1세는 예루살렘과 성묘교회를 방문한다. 그는 약탈이나 기독교 박해가 없을 것을 천명한 후 모스크 건립을 지시한다. 이것이 최초의 모스크 알아크사이다.	• 1260년 맘루크왕조는 아윤 잘루트 전투에서 몽고군을 시리아에서 물리친다.
810년	서로마황제인 샤를(카를) 마뉴 대제의 지원으로 예루살렘 총대주교 토마스는 아나스타시스 교회의 돔 수리 허가를 받는다.	
935년	예루살렘은 고립되고 알 오마리에Al-Omariye모스크가 성묘교회 안마당에 세워진다. 967년에는 무슬림과 유대인이 아나스타시스 교회를 불 지르고 총대주교 요한을 화형시킨다.	• 1301년 맘루크왕국은 유대인에게 노란 터번, 기독교인에게 파란 터번, 사마리아인에게는 붉은 터번을 하게 하였다.
1009년 10월18일	에집트의 파티마왕조의 하킴이 칼리프가 되면서 종려주일의 종려행진을 금지시키고 1009년 성묘교회의 파괴를 명령하였는데 무슬림들은 똥더미교회라고 불렀으며 아무것도 남지 아니하였다고 한다.	
1032년	비잔틴 모노마쿠스 황제는 파티마왕조와 합의하여 건물을 복구하였으나 1034년 지진으로 다시 무너졌다. 1048년까지 바실리카는 복구되지 못하였다.	
1077년	셀주크 투르크가 예루살렘을 함락하고 성지순례를 금한다. 비잔틴 황제의 지원호소를 받은 교황 그레고리 7세가 십자군을 조직한다.	
십자군시대 1099년	십자군이 무슬림과 유대인들을 무자비하게 학살하고 모스크와 회당을 불태웠다. 예루살렘왕국이 시작(1100년)되다. 1149년에는 아나스타시스 교회를 재건하고 1160년에는 종탑도 세운다.	• 1453년 비잔틴제국이 멸망하다.
1187년	살라딘왕국의 살라딘이 예루살렘을 함락하고 주민들에게 자비로운 대우를 하였다. 예루살렘왕국이 예루살렘을 장악한 기간은 1099-1187, 그리고 1229-1244까지이다. 예루살렘왕국은 1291년 에집트 맘루크왕조에 의해서 아크레에서 함락당한다. 맘루크왕조는 1260년 다마스쿠스 점령 이후 기독교인과 유대인을 대량 학살하기 시작하였으며 1354년 강제로 개종명령을 내렸다.	• 1492, 1497년 스페인의 유대인 추방으로 인해 유대인들이 팔레스타인으로 이주하기 시작하다.
1488년	예루살렘을 순례한 랍비 오바디야는 예루살렘은 거의 황폐하였고 성벽도 없으며 주민은 4000명도 안 되는데 유대인은 70명 정도로 비참하게 살고 있다고 기록하였다.	
오스만시대 1517년	오스만 투르크의 셀림 1세(1512-1522)는 1517년 팔레스타인의 새 주인이 되고 그의 아들 슐레이만 1세는 1542년에 예루살렘 성벽공사를 완성한다. 성의 길이는 약 4km이고 7개의 문이 있었다.	• 1526, 1554년 팔레스타인 이주 유대인들은 농업과 각종 산업을 발전시켰다.
1569년	1535년에 시작된 오스만제국의 술탄과 프랑스 왕 사이의 특별자유무역협상이 1569년에 체결되어 경제교류가 시작되었다. 1555년에는 프란치스코 수도사들이 예루살렘의 성지를 보수 수리하기 시작하다.	
1768년	맘루크의 베이(군벌)인 알리 베이 알 카바르가 반란을 일으켜 오스만제국이 임명하던 라킴 메호메트 파샤((총독)를 몰아낸다. 그동안 팔레스타인의 갈릴리와 아크레의 자치권을 유지하던 자히드 알 무마르와 동맹을 맺는다. 그로 인해 오스만제국은 예루살렘에서의 조세권과 면책권을 상실한다. 1798년 나폴레옹이 이집트와 시리아를 원정하였으나 예루살렘은 정복하지 않았다.	• 1621년 예루살렘에 최초의 프랑스영사관이 설치되었다

1808년	지진과 화재로 큰 손실을 보다. 1808년부터 1910년까지 외관을 재건축하다. 예루살렘은 오스만 투르크 영내에 있었으나 관리권은 프랑스 국왕에게 있었다. 프랑스 혁명의 와중인 1808년 러시아 니콜라이1세는 성지관리권과 그리스도교도 보호권을 독점하려다가 실패한다. 그 후 1852년 나폴레옹 3세가 오스만제국과 교섭하여 성지관리권을 요구한다. 이로 인해 발발한 전쟁이 크림전쟁이다.	• 1773년 러시아 에카트리나 여제 시대에 러시아의 발트함대는 두 번이나 베이루트를 점령하여 이집트와 팔레스타인의 반란을 지원한다.
1852년	당시 오스만제국은 술탄의 공포로 1853년 6개 종파에게 예루살렘을 나누어 맡게 하다. 이것을 statusquo 현재 상태의 유지, 영원불변한 제도라 하겠다.	
1883년	영국인 찰스 고든장군은 오스만제국 세력의 축출을 위해 예루살렘에 주재하였는데 그는 우연히 해골 모양의 지형을 발견하고 발굴을 하여 예수 당시의 고분 돌무덤을 발견하다. 성에서 가깝고(요19:20) 성문 밖(히13:12)서 고난을 받았다고 하며 해골(눅23:33) 모양을 한 곳이라는 근거로 골고다라고 주장하다. 그러나 AD41 헤롯 아그립바가 예루살렘 성벽을 확장하고 1528년 오스만의 예루살렘 성벽 확장 때 골고다가 성내가 되었다는 반론이 강하다. 이곳은 영국성공회 관할이다.	
1947년	유엔은 예루살렘을 국제사회관할지역으로 규정하는 결의안을 통과시키다.	
2017년	성묘교회 보수공사를 하다. 이때 300년경의 석판이 발견되다. 그리고 동굴을 깎아 만든 선반 형태의 1세기 예루살렘 부유층 무덤도 확인되다. 동굴 서쪽 벽면은 성묘교회 공사 때에 바른 것으로 밝혀지다.	
2018년	트럼프 미국대통령은 2018년 5월14일 이스라엘 독립 70주년 기념일에 예루살렘을 이스라엘의 수도로 인정하다.	

제51절 ✠ 예수고난의 이해

1. 예언의 성취

구분	내용	비고
가야바 심문	사53:7 그가 곤욕을 당하여 괴로울 때에도 그의 입을 열지 아니하였음이여 마치 도수장으로 끌려가는 어린 양과 털 깎는 자 앞에서 잠잠한 양같이 그의 입을 열지 아니하였도다	마26:63, 막14:6
• 아무 대답도 없느냐	행8:32 읽는 성경 구절은 이것이니 일렀으되 그가 도살자에게로 가는 양과 같이 끌려갔고 털 깎는 자 앞에 있는 어린 양의 조용함과 같이 그의 입을 열지 아니하였도다.	
• 증언이 일치하지 못함이라	시27:12 내 생명을 내 대적에게 맡기지 마소서 위증자와 악을 토하는 자가 일어나 나를 치려 함이니이다	막14:56
• 자기 옷을 찢으며	레21:10 자기의 형제 중 관유로 부음을 받고 위임되어 그 예복을 입은 대제사장은 그의 머리를 풀지 말며 그의 옷을 찢지 말며	마26:65, 막14:63
• 그의 얼굴을 가리고	사53:3 그는 멸시를 받아 사람들에게 버림받았으며 간고를 많이 겪었으며 질고를 아는 자라 마치 사람들이 그에게서 얼굴을 가리는 것 같이 멸시를 당하였고 우리도 그를 귀히 여기지 아니하였도다	막14:65
빌라도 심문 • 그 법대로 하면(요19:7)	레24:16 여호와의 이름을 모독하면 그를 반드시 죽일지니 온 회중이 돌로 그를 칠 것이니라 거류민이든지 본토인이든지 여호와의 이름을 모독하면 그를 죽일지니라	참람죄, 신성모독죄
• 헤롯에게 보내니(눅23:7)	시2:2 세상의 군왕들이 나서며 관원들이 서로 꾀하여 여호와와 그의 기름 부음을 받은 자를 대적하며	눅23:12에는 헤롯과 빌라도가 친구가 되었다고 한다
• 가이사 외에는 왕이 없나이다(요19:15)	삼상12:12 너희가 암몬 자손의 왕 나하스가 너희를 치러 옴을 보고 너희의 하나님 여호와께서는 너희의 왕이 되심에도 불구하고 너희가 내게 이르기를 아니라 우리를 다스릴 왕이 있어야 하겠다 하였도다	사무엘이 하나님이 너희의 왕이라고 한다
• 손을 씻으며(마27:24)	신21:6-9 그 피살된 곳에서 제일 가까운 성읍의 모든 장로들은 그 골짜기에서 목을 꺾은 암송아지 위에 손을 씻으며 말하기를 우리의 손이 이 피를 흘리지 아니하였고 우리의 눈이 이것을 보지도 못하였나이다 여호와여 주께서 속량하신 주의 백성 이스라엘을 사하시고 무죄한 피를 주의 백성 이스라엘 중에 머물러 두지 마옵소서 하면 그 피 흘린 죄가 사함을 받으리니 너는 이와 같이 여호와께서 보시기에 정직한 일을 행하여 무죄한 자의 피 흘린 죄를 너희 중에서 제할지니라	자신의 무죄함을 증명하다
• 그 피를 돌릴지어다(마27:25)	요엘3:21 내가 전에는 그들의 피흘림 당한 것을 갚아주지 아니하였거니와 이제는 갚아 주리니 이는 여호와께서 시온에 거하심이라 요나1:14 무리가 여호와께 부르짖어 이르되 여호와여 구하고 구하오니 이 사람의 생명 때문에 우리를 멸망시키지 마옵소서 무죄한 피를 우리에게 돌리지 마옵소서 주 여호와께서는 주의 뜻대로 행하심이니이다 하고 계6:10하 우리 피를 갚아 주지 아니하시기를 어느 때까지이니이까	폭풍의 희생제물로 요나가 제비뽑기로 뽑히자 무리들은 요나의 처형이 무죄한 자의 처형이 아님을 하나님께 호소한다
• 예수를 넘겨주니라	행8:33 그가 굴욕을 당하였을 때 공정한 재판을 받지 못하였으니 누가 그의 세대를 말하리요 그의 생명이 땅에서 빼앗김이로다 하였거늘	마27:26, 막15:15, 눅23:25, 요19:16
십자가 처형	창22:6 아브라함이 이에 번제 나무를 가져다가 그의 아들 이삭에게 지우고 자기는 불과 칼을 손에 들고 두 사람이 동행하더니	번제 드릴 나무를 지고 가는 이삭의 모습

• 자기 십자가를 지시고 (요19:17)	창22:9 하나님이 그에게 일러주신 곳에 이른지라 이에 아브라함이 그곳에 제단을 쌓고 나무를 벌여놓고 그의 아들 이삭을 결박하여 제단 나무 위에 놓고	
• 예루살렘의 딸들아(눅23:28)	사54:1 잉태하지 못하여 출산하지 못한 너는 노래할지어다 산고를 겪지 못한 너는 외쳐 노래할지어다 이는 홀로된 여인의 자식이 남편 있는 자의 자식보다 많음이라 여호와께서 말씀하셨느니라	예수께서는 지금의 불행이 오히려 다행이라고 한다
• 슬피 우는 여자의 무리 (눅23:27)	슥12:10 내가 다윗의 집과 예루살렘 주민에게 은총과 간구하는 심령을 부어 주리니 그들이 그 찌른 바 그를 바라보고 그를 위하여 애통하기를 독자를 위하여 애통하듯 하며 그를 위하여 통곡하기를 장자를 위하여 통곡하듯 하리로다	슬피 우는 여자들과 비웃는 관리들(23:35)이 대비된다
• 쓸개, 몰약을 탄 포도주	시69:21 그들이 쓸개를 나의 음식물로 주며 목마를 때에는 초를 마시게 하였사오니 잠31:6 독주는 죽게 된 자에게 포도주는 마음에 근심하는 자에게 줄지어다	마27:34, 막15:23
• 그 옷을 제비 뽑아 • 아하 성전을 헐고 짓는 자여 (막15:29)	시22:18 내 겉옷을 나누며 속옷을 제비 뽑나이다 시70:2-3 나의 영혼을 찾는 자들이 수치와 무안을 당하게 하시며 나의 상함을 기뻐하는 자들이 뒤로 물러가 수모를 당하게 하소서 아하, 아하 하는 자들이 자기 수치로 말미암아 뒤로 물러가게 하소서	마27:35, 막15:24, 눅23:34 누가는 그 옷을 제비 뽑았다고 하고 요한복음은 속옷(19:23-24)을 제비 뽑았다고 한다
• 머리를 흔들며 모욕하여 (마27:39, 막15:29)	시22:6-7 나는 벌레요 사람이 아니라 사람의 비방거리요 백성의 조롱거리니이다 나를 보는 자는 다 나를 비웃으며 입술을 비쭉거리고 머리를 흔들며 말하되 렘18:16 그들의 땅으로 두려움과 영원한 웃음거리가 되게 하리니 그리로 지나는 자마다 놀라서 그의 머리를 흔들리라	마가에만 나오는 창피를 줄 때 하는 말이다
• 아버지 저들을 사하여 주옵소서 (눅23:34)	사53:12 그러므로 내가 그에게 존귀한 자와 함께 몫을 받게 하며 강한 자와 함께 탈취한 것을 나누게 하리니 이는 그가 자기 영혼을 버려 사망에 이르게 하며 범죄자 중 하나로 헤아림을 받았음이라 그러나 그가 많은 사람의 죄를 담당하며 범죄자를 위하여 기도하였느니라	마27:43
• 그가 하나님을 신뢰하니	시22:8 그가 여호와께 의탁하니 구원하실 걸 그를 기뻐하실 걸 하나이다	마27:45, 막15:3, 눅23:44
• 온 땅에 어둠이 임하여	암8:9 주 여호와의 말씀이라 그 날에 내가 해를 대낮에 지게 하여 백주에 땅을 캄캄하게 하며 사60:2 보라 어둠이 땅을 덮을 것이며 캄캄함이 만민을 가리려니와 오직 여호와께서 네 위에 임하실 것이며 그의 영광이 네 위에 나타나리니	아모스의 심판예언으로 메시아의 빛에 대한 예언을 반대로 인용하다
• 엘리 엘리 라마 사박다니	시22:1 내 하나님이여 내 하나님이여 어찌 나를 버리시나이까 어찌 나를 멀리하여 돕지 아니하시오며 내 신음 소리를 듣지 아니하시나이까	마27:46, 막15:34
• 내가 목마르다 (요19:28)	시69:3 내가 부르짖음으로 피곤하여 나의 목이 마르며 나의 하나님을 바라서 나의 눈이 쇠하였나이다 시22:15 내 힘이 말라 질그릇 조각 같고 내 혀가 입천장에 붙었나이다 주께서 또 나를 죽음의 진토 속에 두셨나이다	버림받은 자의 고통스런 탄식 마27:51, 막15:38, 눅23:45
• 우슬초에 매어(요19:29)	출12:22 우슬초 묶음을 가져다가 그릇에 담은 피에 적셔서 그 피를 문 인방과 좌우 설주에 뿌리고 아침까지 한 사람도 자기 집 문 밖에 나가지 말라	
• 다 이루었다 (요19:29)	사53:10 여호와께서 그에게 상함을 받게 하시기를 원하사 질고를 당하게 하셨은즉 그의 영혼을 속건제물로 드리기에 이르면 그가 씨를 보게 되며 그의 날은 길 것이요 또 그의 손으로 여호와께서 기뻐하시는 뜻을 성취하리로다	

• 성전휘장이 찢어지다	대하3:14 청색 자색 홍색 실과 고운 베로 휘장문을 짓고 그 위에 그룹의 형상을 수놓았더라 히9:7 오직 둘째 장막은 대제사장이 홀로 일 년에 한 번 들어가되 자기와 백성의 허물을 위하여 드리는 피 없이는 아니하나니 히10:20 그 길은 우리를 위하여 휘장 가운데로 열어 놓으신 새로운 살길이요 휘장은 곧 그의 육체니라	눅23:36 속건제물로 드려진 예수. 하나님의 뜻을 성취하다
• 내 영혼을 부탁하나이다	시31:5 내가 나의 영을 주의 손에 부탁하나이다 진리의 하나님 여호와여 나를 속량하셨나이다	
• 예수를 아는 자들 (눅23:49)	시38:11 내가 사랑하는 자와 내 친구들이 내 상처를 멀리하고 내 친척들도 멀리 섰나이다 시88:8 주께서 내가 아는 자를 내게서 멀리 떠나게 하시고 나를 그들에게 가증한 것이 되게 하셨사오니 나는 갇혀서 나갈 수 없게 되었나이다	예수의 고난을 지켜본 자들
장사지내다 • 시체를 십자가에 두지 아니한다	신21:22-23 사람이 만일 죽을 죄를 범하므로 네가 그를 죽여 나무 위에 달거든 그 시체를 나무 위에 밤새도록 두지 말고 그 날에 장사하여 네 하나님 여호와께서 네게 기업으로 주시는 땅을 더럽히지 말라 나무에 달린 자는 하나님께 저주를 받았음이니라	요19:31
• 옆구리를 찌르다 (요19:34)	사53:5 그가 찔림은 우리의 허물 때문이요 그가 상함은 우리의 죄악 때문이라 그가 징계를 받으므로 우리는 평화를 누리고 그가 채찍에 맞음으로 우리는 나음을 받았도다	
• 뼈가 하나도 꺾이지 아니하리라 (요19:36)	시34:19-20 의인은 고난이 많으나 여호와께서 그의 모든 고난에서 건지시는도다 그의 모든 뼈를 보호하심이여 그 중에서 하나도 꺾이지 아니하도다 출12:46-47 한 집에서 먹되 그 고기를 조금도 집 밖으로 내지 말고 뼈도 꺾지 말지며 이스라엘 회중이 다 이것을 지킬지니라 민9:12 아침까지 그것을 조금도 남겨두지 말며 그 뼈를 하나도 꺾지 말아서 유월절 모든 율례대로 지킬 것이니라	의인이 고난 받아도 뼈는 보호받는다고 생각하다 유월절 율례대로 희생된 예수 요한복음은 예언의 성취라고 하다
• 그들이 그 찌른 자를 보리라(요19:37)	슥12:10 내가 다윗의 집과 예루살렘 주민에게 은총과 간구하는 심령을 부어 주리니 그들이 그 찌른 바 그를 바라보고 그를 위하여 애통하기를 독자를 위하여 애통하듯 하며 그를 위하여 통곡하기를 장자를 위하여 통곡하듯 하리로다	예수의 고난을 지켜 본 자들
• 아리마대 부자 요셉 (마27:57)	사53:9 그는 강포를 행하지 아니하였고 그의 입이 거짓이 없었으나 그의 무덤이 악인들과 함께 있었으며 그가 죽은 후에 부자와 함께 있었도다	

2. 예수와 십자가

구분	내용	비고
나무에 달린 자들	수8:29 그가 또 아이 왕을 저녁때까지 나무에 달았다가 해 질 때에 명령하여 그의 시체를 나무에서 내려 그 성문 어귀에 던지고 그 위에 돌로 큰 무더기를 쌓았더니 오늘까지 그대로 있더라 수10:26-27 그 후에 여호수아가 그 왕들을 쳐 죽여 다섯 나무에 매달고 저녁까지 나무에 달린 채로 두었다가 해 질 때에 여호수아가 명령하매 그들의 시체를 나무에서 내려 그들이 숨었던 굴 안에 던지고 굴 어귀를 큰 돌로 막았더니 오늘까지 그대로 있더라 에스더2:23 조사하여 실증을 얻었으므로 두 사람을 나무에 달고 그 일을 왕 앞에서 궁중일기에 기록하니라	에스더서는 페르시아의 크세르 크세스 1세 때 유대인의 살육을 막아 낸 이야기이다. 나무 위에 달다는 십자가에 달다의 의미다

나무 위에 달린 자의 처리	신21:22-23 사람이 만일 죽을 죄를 범하므로 네가 그를 죽여 나무 위에 달거든 그 시체를 나무 위에 밤새도록 두지 말고 그 날에 장사하여 네 하나님 여호와께서 네게 기업으로 주시는 땅을 더럽히지 말라 나무에 달린 자는 하나님께 저주를 받았음이니라	
나무에 달린 예수	행5:29-30 베드로와 사도들이 대답하여 이르되 사람보다 하나님께 순종하는 것이 마땅하니라 너희가 나무에 달아 죽인 예수를 우리 조상의 하나님이 살리시고 행13:28-30 죽일 죄를 하나도 찾지 못하였으나 빌라도에게 죽여 달라 하였으니 성경에 그를 가리켜 기록한 말씀을 다 응하게 한 것이라 후에 나무에서 내려다가 무덤에 두었으나 하나님이 죽은 자 가운데서 살리신지라 벧전2:24 친히 나무에 달려 그 몸으로 우리 죄를 담당하셨으니 이는 우리로 죄에 대하여 죽고 의에 대하여 살게 하려 하심이라 그가 채찍에 맞음으로 너희는 나음을 얻었나니	대제사장이 사도들을 체포한 이유를 말하자 사도들이 항변하는 내용이다 바울과 바나바가 안디옥의 유대인의 회당에서 설교한 내용이다
저주받은 예수	갈3:13 그리스도께서 우리를 위하여 저주를 받은 바 되사 율법의 저주에서 우리를 속량하셨으니 기록된 바 나무에 달린 자마다 저주 아래에 있는 자라 하였음이라	신명기21:23의 말씀이다
십자가에 못 박힌 예수	행2:23 그가 하나님께서 정하신 뜻과 미리 아신 대로 내준 바 되었거늘 너희가 법 없는 자들의 손을 빌려 못 박아 죽였으나 행2:36 그런즉 이스라엘 온 집은 확실히 알지니 너희가 십자가에 못 박은 이 예수를 하나님이 주와 그리스도가 되게 하셨느니라 하니라 행4:10 너희와 모든 이스라엘 백성은 알라 너희가 십자가에 못 박고 하나님이 죽은 자 가운데서 살리신 나사렛 예수 그리스도의 이름으로 이 사람이 건강하게 되어 너희 앞에 섰느니라 빌2:7-8 오히려 자기를 비워 종의 형체를 가지사 사람들과 같이 되었고 사람의 모양으로 나타나사 자기를 낮추시고 죽기까지 복종하셨으니 곧 십자가에 죽으심이라 롬5:8 우리가 아직 죄인 되었을 때에 그리스도께서 우리를 위하여 죽으심으로 하나님께서 우리에 대한 자기의 사랑을 확증하셨느니라	오순절 성령강림 후 예루살렘에서 베드로가 한 설교 베드로와 요한이 유대 법정에서 심문받을 때 앉은뱅이를 예수 이름으로 고쳤다고 한다 종의 형체로 십자가에서 죽으시다
약하신 예수	고후13:4 그리스도께서 약하심으로 십자가에 못 박히셨으나 하나님의 능력으로 살아계시니 우리도 그 안에서 약하나 너희에게 대하여 하나님의 능력으로 그와 함께 살리라	가장 나약한 상태에서 못 박힌 예수
예수와 함께 죽은 우리	롬6:4 그러므로 우리가 그의 죽으심과 합하여 세례를 받음으로 그와 함께 장사되었나니 이는 아버지의 영광으로 말미암아 그리스도를 죽은 자 가운데서 살리심과 같이 우리로 또한 새 생명 가운데서 행하게 하려 함이라 롬6:6 우리가 알거니와 우리의 옛 사람이 예수와 함께 십자가에 못 박힌 것은 죄의 몸이 죽어 다시는 우리가 죄에서 종 노릇 하지 아니하려 함이니 갈5:24 그리스도 예수의 사람들은 육체와 함께 그 정욕과 탐심을 십자가에 못 박았느니라 빌3:10 내가 그리스도와 그 부활의 권능과 그 고난에 함께 참여함을 알고자 하여 그의 죽으심을 본받아	새 생명 가운데 행하려 하심이니라 옛 사람이 예수와 함께 못 박히다
십자가의 예수만 말하노라	고전1:23 우리는 십자가에 못 박힌 그리스도를 전하니 유대인에게는 거리끼는 것이요 이방인에게는 미련한 것이로되 고전2:1-2 형제들아 내가 너희에게 나아가 하나님의 증거를 전할 때에 말과 지혜의 아름다운 것으로 아니하였나니 내가 너희 중에서 예수 그리스도와 그가 십자가에 못 박히신 것 외에는 아무것도 알지 아니하기로 작정하였음이라	복음의 본질이요 총체이신 예수 그리스도를 전하는 내용의 핵심은 십자가이다

구분	내용	비고
십자가 외에 자랑할 것이 없다	갈6:14 그러나 내게는 우리 주 예수 그리스도의 십자가 외에 결코 자랑할 것이 없으니 그리스도로 말미암아 세상이 나를 대하여 십자가에 못 박히고 내가 또한 세상을 대하여 그리하니라	
내 안에 사시는 예수	갈2:20 내가 그리스도와 함께 십자가에 못 박혔나니 그런즉 이제는 내가 사는 것이 아니요 오직 내 안에 그리스도께서 사시는 것이라 이제 내가 육체 가운데 사는 것은 나를 사랑하사 나를 위하여 자기 자신을 버리신 하나님의 아들을 믿는 믿음 안에서 사는 것이라	예수를 믿는 믿음 안에서 사는 삶
	갈6:17 이 후로는 누구든지 나를 괴롭게 하지 말라 내가 내 몸에 예수의 흔적을 지니고 있노라	흔적, 스티그마, 낙인. 예수의 낙인을 지닌 나
복음의 십자가	고전1:17 그리스도께서 나를 보내심은 세례를 베풀게 하려 하심이 아니요 오직 복음을 전하게 하려 하심이로되 말의 지혜로 하지 아니함은 그리스도의 십자가가 헛되지 않게 하려 함이라	
능력의 십자가	고전1:18 십자가의 도가 멸망하는 자들에게는 미련한 것이요 구원을 받는 우리에게는 하나님의 능력이라	
	고전1:24 오직 부르심을 받은 자들에게는 유대인이나 헬라인이나 그리스도는 하나님의 능력이요 하나님의 지혜니라	
십자가의 원수들	갈3:1 어리석도다 갈라디아 사람들아 예수 그리스도께서 십자가에 못 박히신 것이 너희 눈 앞에 밝히 보이거늘 누가 너희를 꾀더냐	십자가를 믿지 못하는 자들, 땅의 일을 생각하는 자들, 타락한 자들이 십자가의 원수들이다
	빌3:18-19 내가 여러 번 너희에게 말하였거니와 이제도 눈물을 흘리며 말하노니 여러 사람들이 그리스도의 십자가의 원수로 행하느니라 그들의 마침은 멸망이요 그들의 신은 배요 그 영광은 그들의 부끄러움에 있고 땅의 일을 생각하는 자라	
	히6:6 타락한 자들은 다시 새롭게 하여 회개하게 할 수 없나니 이는 그들이 하나님의 아들을 다시 십자가에 못 박아 드러내놓고 욕되게 함이라	
화목의 십자가	엡2:16 또 십자가로 이 둘을 한 몸으로 하나님과 화목하게 하려 하심이라 원수된 것을 십자가로 소멸하시고	
	골1:20 그의 십자가의 피로 화평을 이루사 만물 곧 땅에 있는 것들이나 하늘에 있는 것들이 그로 말미암아 자기와 화목하게 되기를 기뻐하심이라	
승리의 십자가	골2:13-15 또 범죄와 육체의 무할례로 죽었던 너희를 하나님이 그와 함께 살리시고 우리의 모든 죄를 사하시고 우리를 거스르고 불리하게 하는 법조문으로 쓴 증서를 지우시고 제하여 버리사 십자가에 못 박으시고 통치자들과 권세들을 무력화하여 드러내어 구경거리로 삼으시고 십자가로 그들을 이기셨느니라	예수의 십자가로 새 사람이 되었기 때문에 규례와 절기 등에 구속받을 필요가 없다
십자가를 지고 따르라	막8:34 무리와 제자들을 불러 이르시되 누구든지 나를 따라오려거든 자기를 부인하고 자기 십자가를 지고 나를 따를 것이니라	병행구 마16:24, 눅9:23
	눅14:26-27 무릇 내게 오는 자가 자기 부모와 처자와 형제와 자매와 더욱이 자기 목숨까지 미워하지 아니하면 능히 내 제자가 되지 못하고 누구든지 자기 십자가를 지고 나를 따르지 않는 자도 능히 내 제자가 되지 못하리라	

3. 예수의 피

구분	내용	비고
내 피를 마셔라	요6:53 예수께서 이르시되 내가 진실로 진실로 너희에게 이르노니 인자의 살을 먹지 아니하고 인자의 피를 마시지 아니하면 너희 속에 생명이 없느니라	

	요6:54-55 내 살을 먹고 내 피를 마시는 자는 영생을 가졌고 마지막 날에 내가 그를 다시 살리리니 내 살은 참된 양식이요 내 피는 참된 음료로다 요6:56 내 살을 먹고 내 피를 마시는 자는 내 안에 거하고 나도 그의 안에 거하나니 고전11:29 주의 몸을 분별하지 못하고 먹고 마시는 자는 자기의 죄를 먹고 마시는 것이니라	예수 자신이 생명이시기에 그의 살과 피는 생명 양식이라 하겠다
언약의 피	출24:8 모세가 그 피를 가지고 백성에게 뿌리며 이르되 이는 여호와께서 이 모든 말씀에 대하여 너희와 세우신 언약의 피니라 슥9:11 또 너희로 말할진대 네 언약의 피로 말미암아 내가 네 갇힌 자들을 물 없는 구덩이에서 놓았나니 마26:28 이것은 죄 사함을 얻게 하려고 많은 사람을 위하여 흘리는 바 나의 피 곧 언약의 피니라 막14:24 이르시되 이것은 많은 사람을 위하여 흘리는 나의 피 곧 언약의 피니라 눅22:20 저녁 먹은 후 잔도 그와 같이 하여 이르시되 이 잔은 내 피로 세우는 새 언약이니 곧 너희를 위하여 붓는 것이라 고전11:25 식후에 또한 그와 같이 잔을 가지시고 이르시되 이 잔은 내 피로 세운 새 언약이니 이것을 행하며 마실 때마다 나를 기념하라 하셨으니 히9:20 이르되 이는 하나님이 너희에게 명하신 언약의 피라하고 히12:24 새 언약의 중보자이신 예수와 및 아벨의 피보다 더 나은 것을 말하는 뿌린 피니라 히13:20 양들의 큰 목자이신 우리 주 예수를 영원한 언약의 피로 죽은 자 가운데서 이끌어 내신 평강의 하나님이	하나님과 이스라엘의 언약 체결 스가랴의 메시아에 대한 예언 마지막 만찬 이를 행하여 기념하라와 새 언약은 누가(22:19-20)에 나온다 언약의 피를 부정하는 자의 형벌에 대한 언급은 히10:29
어린 양의 피	벧전1:19 오직 흠 없고 점 없는 어린 양 같은 그리스도의 보배로운 피로 된 것이니라 계7:14 내가 말하기를 내 주여 당신이 아시나이다 하니 그가 나에게 이르되 이는 큰 환난에서 나오는 자들인데 어린 양의 피에 그 옷을 씻어 희게 하였느니라 계12:11 또 우리 형제들이 어린 양의 피와 자기들이 증언하는 말씀으로써 그를 이겼으니 그들은 죽기까지 자기들의 생명을 아끼지 아니하였도다	어린 양의 피로 인해 성도들이 깨끗해진다 어린 양의 피로 핍박하는 세력과 대결하여 이긴다
죄 사함의 피	엡1:7 우리는 그리스도 안에서 그의 은혜의 풍성함을 따라 그의 피로 말미암아 속량 곧 죄 사함을 받았느니라 요일1:7 그가 빛 가운데 계신 것 같이 우리도 빛 가운데 행하면 우리가 서로 사귐이 있고 그 아들 예수의 피가 우리를 모든 죄에서 깨끗하게 하실 것이요 히9:14 하물며 영원하신 성령으로 말미암아 흠 없는 자기를 하나님께 드린 그리스도의 피가 어찌 너희 양심을 죽은 행실에서 깨끗하게 하고 살아 계신 하나님을 섬기게 하지 못하겠느냐 히9:12 염소와 송아지의 피로 하지 아니하고 오직 자기의 피로 영원한 속죄를 이루사 단번에 성소에 들어가셨느니라 계1:5 또 충성된 증인으로 죽은 자들 가운데에서 먼저 나시고 땅의 임금들의 머리가 되신 예수 그리스도로 말미암아 은혜와 평강이 너희에게 있기를 원하노라 우리를 사랑하사 그의 피로 우리 죄에서 우리를 해방하시고	사1:18 여호와께서 말씀하시되 오라 우리가 서로 변론하자 너희의 죄가 주홍 같을지라도 눈과 같이 희어질 것이요 진홍 같이 붉을지라도 양털 같이 희게 되리라
가까워지게 하는 피	엡2:13 이제는 전에 멀리 있던 너희가 그리스도 예수 안에서 그리스도의 피로 가까워졌느니라	
한 몸 되게 하는 피	고전10:16-17 우리가 축복하는 바 축복의 잔을 그리스도의 피에 참여함이 아니며 우리가 떼는 떡은 그리스도의 몸에 참여함이 아니냐 떡이 하나요 많은 우리가 한 몸이니 이는 우리가 다 한 떡에 참여함이라	성만찬의 의미

성소에 들어가게 하는 피	히10:19-20 그러므로 형제들아 우리가 예수의 피를 힘입어 성소에 들어갈 담력을 얻었나니 그 길은 우리를 위하여 휘장 가운데로 열어 놓으신 새로운 살 길이요 휘장은 곧 그의 육체니라	휘장이 찢어진 기사는 공관복음 공통 기사이다
세상을 이기는 예수의 물과 피	요일5:5-6 예수께서 하나님의 아들이심을 믿는 자가 아니면 세상을 이기는 자가 누구냐 이는 물과 피로 임하신 이시니 곧 예수 그리스도시라 물과 피로 임하셨고 증언하는 이는 성령이시니 성령은 진리니라	이기는 십자가에 대해서는 골로새서2:15
피로 사신 교회	행20:28하 여러분을 감독자로 삼고 하나님이 자기 피로 사신 교회를 보살피게 하셨느니라	
예수의 피를 돌리라	마27:25 백성이 다 대답하여 이르되 그 피를 우리와 우리 자손에게 돌릴지어다 하거늘 행5:27-28 그들을 끌어다가 공회 앞에 세우니 대제사장이 물어 이르되 우리가 이 이름으로 사람을 가르치지 말라고 엄금하였으되 너희가 너희 가르침을 예루살렘에 가득하게 하니 이 사람의 피를 우리에게로 돌리고자 함이로다 행18:6 그들이 대적하여 비방하거늘 바울이 옷을 털면서 이르되 너희 피가 너희 머리로 돌아갈 것이요 나는 깨끗하리라 이 후에는 이방인에게로 가리라 하고	백성들은 그 피를 우리에게 돌리라고 하였으나 대제사장은 그 피에 대한 책임이 없다고 한다. 바울은 이들을 저주한다.

4. 대속의 죽음

구분	내용	비고
많은 사람의 대속물 • 우리를 위해 대신 죽다	막10:45 인자가 온 것은 섬김을 받으려 함이 아니라 도리어 섬기려 하고 자기 목숨을 많은 사람의 대속물로 주려함이니라 딤전2:6 그가 모든 사람을 위하여 자기를 대속물로 주셨으니 기약이 이르러 주신 증거니라 고후5:21 하나님이 죄를 알지도 못하신 이를 우리를 대신하여 죄로 삼으신 것은 우리로 하여금 그 안에서 하나님의 의가 되게 하려 하심이라	병행구 마20:28 죄를 알지도 못하는 이는 예수다
• 모든 사람을 대신하여 죽다	고후5:14-15 그리스도의 사랑이 우리를 강권하시는도다 우리가 생각하건데 한 사람이 모든 사람을 대신하여 죽었은즉 모든 사람이 죽은 것이라 그가 모든 사람을 대신하여 죽으심은 살아 있는 자들로 하여금 다시는 그들 자신을 위하여 살지 않고 오직 그들을 대신하여 죽었다가 다시 살아나신 이를 위하여 살게 하려 함이니라	대제사장 가야바는 예수를 죽여야 하는 이유의 하나로 한 사람이 죽어서 온 민족이 망하지 않아야 한다(요 11:47,51)고 한다
• 불의한 자를 위해 대신 죽다	벧전3:18 그리스도께서도 단번에 죄를 위하여 죽으사 의인으로서 불의한 자를 대신하였으니 이는 우리를 하나님 앞으로 인도하려 하심이라 육체로는 죽임을 당하시고 영으로는 살리심을 받으셨으니	
우리의 죄 때문에 죽다	롬4:25 예수는 우리가 범죄한 것 때문에 내줌이 되고 또한 우리를 의롭게 하시기 위하여 살아나셨느니라 고전15:3 내가 받은 것을 먼저 너희에게 전하였노니 이는 성경대로 그리스도께서 우리 죄를 위하여 죽으시고 갈1:4 그리스도께서 하나님 곧 우리 아버지의 뜻을 따라 이 악한 세대에서 우리를 건지시려고 우리 죄를 대속하기 위하여 자기 몸을 주셨으니	내어줌은 예수의 몸을 내어주셨다는 의미이다
경건하지 않은 자	롬5:6 우리가 아직 연약할 때에 기약대로 그리스도께서 경건하지 않은 자를 위해 죽으셨도다	
우리를 위해 죽다	롬5:8 우리가 아직 죄인 되었을 때에 그리스도께서 우리를 위하여 죽으심으로 하나님께서 우리에 대한 자기의 사랑을 확증하셨느니라	하나님 사랑의 확증이 예수의 죽음

형제를 위해 죽다	롬14:15 만일 음식으로 말미암아 네 형제가 근심하게 되면 이는 네가 사랑으로 행하지 아니함이라 그리스도께서 대신하여 죽으신 네 형제를 네 음식으로 망하게 하지 말라	먹는 문제로 다른 사람을 실족하게 해서는 안 된다
죄악을 담당하사	사53:11 하 나의 의로운 종이 자기 지식으로 많은 사람을 의롭게 하며 또 그들의 죄악을 친히 담당하리로다	

5. 죄의 종을 위한 죽음

구분	내용	비고
죄의 종 주인의 친구	요8:34 예수께서 대답하시되 진실로 진실로 너희에게 이르노니 죄를 범하는 자마다 죄의 종이라 요15:15 이제부터는 너희를 종이라 하지 아니하리니 종은 주인이 하는 것을 알지 못함이라 너희를 친구라 하였노니 내가 내 아버지께 들은 것을 다 너희에게 알게 하였음이라	종은 자유를 속박당하고 주인의 재산으로 간주되며 매매의 대상이 되는 자이다
종의 형체로 오신 예수	빌2:6-8 그는 근본 하나님의 본체시나 하나님과 동등됨을 취할 것으로 여기지 아니하시고 오히려 자기를 비워 종의 형체를 가지사 사람들과 같이 되셨고 사람의 모양으로 나타나사 자기를 낮추시고 죽기까지 복종하셨으니 곧 십자가에 죽으심이라	예수께서 제자들의 발을 씻기시는 모습(요 13:14-15)에서 볼 수 있다
죄의 종노릇하지 않게 하다	롬6:6 우리가 알거니와 우리의 옛사람이 예수와 함께 십자가에 못 박힌 것은 죄의 몸이 죽어 다시는 우리가 죄에게 종노릇하지 아니하려 함이니 롬6:16 너희 자신을 종으로 내주어 누구에게 순종하든지 그 순종함을 받는 자의 종이 되는 줄을 너희가 알지 못하느냐 혹은 죄의 종으로 사망에 이르고 혹은 순종의 종으로 의에 이르느니라 롬6:17-18 하나님께 감사하리로다 너희가 본래 죄의 종이더니 너희에게 전하여 준 바 교훈의 본을 마음으로 순종하여 죄로부터 해방되어 의에게 종이 되었느니라 히2:15 또 죽기를 무서워하므로 한평생 매여 종 노릇 하는 모든 자들을 놓아 주려 하심이니	사도 바울은 종이나 자유자나 남자나 여자나 모두 하나님 앞에 평등함을 가르쳤다(고전 7:21-23, 갈3:28, 골 3:11)
종노릇하였던 우리	딛3:3 우리도 전에는 어리석은 자요 순종하지 아니한 자요 속은 자요 여러 가지 정욕과 행락에 종 노릇한 자요 악독과 투기를 일삼은 자요 가증스러운 자요 피차 미워한 자였으나 갈4:3 이와 같이 우리도 어렸을 때에 이 세상의 초등학문 아래에 있어서 종노릇하였더니 갈4:8 그러나 너희가 그 때에는 하나님을 알지 못하여 본질상 하나님이 아닌 자들에게 종노릇하였더니	갈4:9에는 천박한 초등학문의 종노릇하겠느냐고 한다
종의 멍에를 메지 말라	갈4:7 그러므로 네가 이 후로는 종이 아니요 아들이니 아들이면 하나님으로 말미암아 유업을 받을 자니라 갈5:1 그리스도께서 우리를 자유롭게 하려고 자유를 주셨으니 그러므로 굳건하게 서서 다시는 종의 멍에를 메지 말라	요한복음(15:15)에서는 우리를 친구라고 한다
우리를 속량하신 예수	갈3:13 그리스도께서 우리를 위하여 저주를 받은 바 되사 율법의 저주에서 우리를 속량하셨으니 기록된 바 나무에 달린 자마다 저주 아래에 있는 자라 하였음이라 갈4:5 율법 아래에 있는 자들을 속량하시고 우리로 아들의 명분을 얻게 하려 하심이라	속량은 몸값을 받고 죄인을 풀어 자유인이 되게 하는 것이다

구분	내용	비고
	고전6:19-20 너희 몸은 너희가 하나님께로부터 받은 바 너희 가운데 계신 성령의 전인 줄을 알지 못하느냐 너희는 너희 자신의 것이 아니라 값으로 산 것이 되었으니 그런즉 너희 몸으로 하나님께 영광을 돌리라 고전7:23 너희는 값으로 사신 것이니 사람들의 종이 되지 말라	인류의 죄를 용서하기 위해 십자가를 지신 예수 그리스도의 구원행위가 속량이다
너희는 그리스도의 종이니라	고전7:22 주 안에서 부르심을 받은 자는 종이라도 주께 속한 자유인이요 또 그와 같이 자유인으로 있을 때에 부르심을 받은 자는 그리스도의 종이니라 벧전2:16 너희는 자유가 있으나 그 자유로 악을 가리는데 쓰지 말고 오직 하나님의 종과 같이 하라 엡6:6 눈가림만 하여 사람을 기쁘게 하는 자처럼 하지 말고 그리스도의 종들처럼 마음으로 하나님의 뜻을 행하고 딤후2:24 주의 종은 마땅히 다투지 아니하고 모든 사람에 대하여 온유하며 가르치기를 잘하며 참으며	

6. 화목제물, 희생제물

구분	내용	비고
향기로운 제물	말1:8상 만군의 여호와가 이르노라 너희가 눈 먼 희생제물을 바치는 것이 어찌 악하지 아니하며 저는 것, 병든 것을 드리는 것이 어찌 악하지 아니하냐 엡5:2 그리스도께서 너희를 사랑하신 것 같이 너희는 사랑 가운데서 행하라 그는 우리를 위하여 자신을 버리사 향기로운 제물과 희생제물로 하나님께 드리셨느니라	화목제의 제물에 대해서는 레3:1,4:10 참조
화목제물	롬3:25 이 예수를 하나님이 그의 피로써 믿음으로 말미암는 화목제물로 세우셨으니 이는 하나님께서 길이 참으시는 중에 전에 지은 죄를 간과하심으로 자기의 의로우심을 나타내려 하심이니 요일2:2 그는 우리 죄를 위한 화목제물이니 우리만 위할 뿐 아니요 온 세상의 죄를 위하심이라 요일4:10 사랑은 여기 있으니 우리가 하나님을 사랑한 것이 아니요 하나님이 우리를 사랑하사 우리 죄를 속하기 위하여 화목제물로 그 아들을 보내셨음이라 롬5:10-11 곧 우리가 원수 되었을 때에 그의 아들의 죽으심으로 말미암아 하나님과 화목하게 되었은즉 화목하게 된 자로서는 더욱 그의 살아나심으로 말미암아 구원을 받을 것이니라 그뿐 아니라 이제 우리로 화목하게 하신 우리 주 예수 그리스도로 말미암아 하나님 안에서 또한 즐거워하느니라 고후5:18-19 모든 것이 하나님께로서 났으며 그가 그리스도로 말미암아 우리를 자기와 화목하게 하시고 또 우리에게 화목하게 하는 직분을 주셨으니 곧 하나님께서 그리스도 안에 계시사 세상을 자기와 화목하게 하시며 그들의 죄를 그들에게 돌리지 아니하시고 화목하게 하는 말씀을 우리에게 부탁하셨느니라 골1:20-22 그의 십자가의 피로 화평을 이루사 만물 곧 땅에 있는 것들이나 하늘에 있는 것들이 그로 말미암아 자기가 화목하게 되기를 기뻐하심이라 전에 악한 행실로 멀리 떠나 마음으로 원수가 되었던 너희를 이제는 그의 육체의 죽음으로 말미암아 화목하게 하사 너희를 거룩하고 흠 없고 책망할 것이 없는 자로 그 앞에 세우고자 하셨으니	세상의 화목에 대해서는 롬11:15 참조 너희끼리 화목에 대해서는 살전5:13 참조 예수께서는 하나님과 우리의 화목을 위해 보내심을 받았고 또한 우리로 화목하게 하기 위해 화목제물이 되다 기브온 사람들은 속죄제물로 사울의 후손 일곱 명을 다윗에게 요구하다(삼하21:3-6) 기브온 사람들은 그들을 목 매달아 죽이다

	엡2:14-16 그는 우리의 화평이신지라 둘로 하나를 만드사 원수된 것 곧 중간에 막힌 담을 자기 육체로 허시고 법조문으로 된 계명의 율법을 폐하셨으니 이는 이 둘로 자기 안에서 한 새 사람을 지어 화평하게 하시고 또 십자가로 이 둘을 한 몸으로 하나님과 화목하게 하려 하심이라 원수된 것을 십자가로 소멸하시고	
영원한 제사	히10:12 오직 그리스도는 죄를 위하여 한 영원한 제사를 드리시고 하나님 우편에 앉으사 히10:14 그가 거룩하게 된 자들을 한 번의 제사로 영원히 온전하게 하셨느니라 히10:17-18 또 그들의 죄와 그들의 불법을 내가 다시 기억하지 아니하리라 하셨으니 이것들을 사하셨은즉 다시 죄를 위하여 제사 드릴 것이 없느니라	죄를 위한 영원한 제사 단 한 번의 제사
단번에 자기를 드리심	히9:12 염소와 송아지의 피로 하지 아니하고 오직 자기의 피로 영원한 속죄를 이루사 단번에 성소에 들어가셨느니라 히9:26 그리하면 그가 세상을 창조한 때부터 자주 고난을 받았어야 할 것이로되 이제 자기를 단번에 제물로 드려 죄를 없이 하시려고 세상 끝에 나타나셨느니라 히9:28상 이와 같이 그리스도도 많은 사람의 죄를 담당하시려고 단번에 드리신 바 되셨고 히10:10 이 뜻을 따라 예수 그리스도의 몸을 단번에 드리심으로 말미암아 우리가 거룩함을 얻었노라	스스로 제물이 되다 단번에: 단 한 번에
찬송의 제사	히13:15-16 그러므로 우리는 예수로 말미암아 항상 찬송의 제사를 하나님께 드리자 이는 그 이름을 증언하는 입술의 열매니라 오직 선을 행함과 서로 나누어 주기를 잊지 말라 하나님은 이 같은 제사를 기뻐하시느니라	히13:16 선행의 제사라고도 함

7. 예수에 대한 고백

구분	내용	고백
생명의 주	행3:14-15 너희가 거룩하고 의로운 이를 거부하고 도리어 살인한 사람을 놓아주기를 구하여 생명의 주를 죽였도다 그러나 하나님이 죽은 자 가운데서 그를 살리셨으니 우리가 이 일에 증인이라	솔로몬 행각에서 행한 베드로의 설교
임금과 구주	행5:30-31 너희가 나무에 달아 죽인 예수를 우리 조상의 하나님이 살리시고 이스라엘에게 회개함과 죄 사함을 주시려고 그를 오른손으로 높이사 임금과 구주로 삼으셨느니라	법정에서의 사도들의 항변
의인	행7:52 너희 조상들이 선지자들 중의 누구를 박해하지 아니하였느냐 의인이 오시리라 예고한 자들을 그들이 죽였고 이제 너희는 그 의인을 잡아준 자요 살인한 자가 되나니 행22:14 그가 또 이르되 우리 조상들의 한 사람이 너를 택하여 너로 하여금 자기 뜻을 알게 하시며 그 의인을 보게 하시고 그 입에서 나오는 음성을 듣게 하셨으니	스데반의 설교 그리스도의 지시를 받고 사울을 치료한 아나니아가 예수를 증거한다
구주 예수	행13:23 하나님이 약속하신 대로 이 사람의 후손에서 이스라엘을 위하여 구주를 세우셨으니 곧 예수라	안디옥에서 바울의 설교
구원의 창시자	히2:10 그러므로 만물이 그를 위하고 또한 그로 말미암은 이가 많은 아들들을 이끌어 영광에 들어가게 하시는 일에 그들의 구원의 창시자를 고난을 통하여 온전하게 하심이 합당하도다	이사야(44:6): 여호와가 이스라엘의 구원자라고 한다.

죽음의 세력인 마귀를 멸하시다	히2:14 자녀들은 혈과 육에 속하였으매 그도 또한 같은 모양으로 혈과 육을 함께 지니심은 죽음을 통하여 죽음의 세력을 잡은 자 곧 마귀를 멸하시며	성육신한 예수의 죽음의 의미
신실한 대제사장	히2:17 그러므로 그가 범사에 형제들과 같이 되심이 마땅하도다 이는 하나님의 일에 자비하고 신실한 대제사장이 되어 백성의 죄를 속량하려 하심이라	멜기세덱의 반차를 따른 대제사장(히5:10)
영원한 구원의 근원	히5:8-9 그가 아들이시면서도 받으신 고난으로 순종함을 배워서 온전하게 되셨은즉 자기에게 순종하는 모든 자에게 영원한 구원의 근원이 되시고	
새로운 살 길	히10:19-20 그러므로 형제들아 우리가 예수의 피를 힘입어 성소에 들어갈 담력을 얻었나니 그 길은 우리를 위하여 휘장 가운데로 열어 놓으신 새로운 살 길이요 휘장은 곧 그의 육체니라	잠시 잠깐 후에 오실 이가 온다(히10:33)
믿음의 주 온전케 하시는 이	히12:2 믿음의 주요 또 온전하게 하시는 이인 예수를 바라보자 그는 그 앞에 있는 기쁨을 위하여 십자가를 참으사 부끄러움을 개의치 아니하시더니 하나님 보좌 우편에 앉으셨느니라	
영혼의 목자	벧전2:25 너희는 전에는 양과 같이 길을 잃었더니 이제는 너희 영혼의 목자와 감독 되신 이에게 돌아왔느니라 시편23:3 내 영혼을 소생시키시고 자기 이름을 위하여 의의 길로 인도하시는도다	

제52절 ❀ 사두개인의 부활에 관한 질문

1. 본문비교

구분	마태(22:23-33)	마가(12:18-27)	누가(20:27-40)
사두개인들	22:23 부활이 없다 하는 사두개인들이 그 날 예수께 와서 물어 이르되	:18 부활이 없다 하는 사두개인들이 예수께 와서 물어 이르되	:27 부활이 없다고 주장하는 사두개인 중 어떤 이들이 와서
모세의 율법에 의하면	:24 선생님이여 모세가 일렀으되 사람이 만일 자식이 없이 죽으면 그 동생이 그 아내에게 장가들어 형을 위하여 상속자를 세울지니라 하였나이다	:19 선생님이여 모세가 우리에게 써 주기를 어떤 사람의 형이 자식이 없이 아내를 두고 죽으면 그 동생이 그 아내를 취하여 형을 위하여 상속자를 세울지니라 하였나이다	:28 물어 이르되 선생님이여 모세가 우리에게 써 주기를 만일 어떤 사람의 형이 아내를 두고 자식이 없이 죽으면 그 동생이 그 아내를 취하여 형을 위하여 상속자를 세울지니라 하였나이다
부활할 때에 생기는 문제	25-28 우리 중에 칠 형제가 있었는데 맏이가 장가들었다가 죽어 상속자가 없으므로 그 아내를 그 동생에게 물려주고 그 둘째와 셋째로 일곱째까지 그렇게 하다가 최후에 그 여자도 죽었나이다 그런즉 그들이 다 그를 취하였으니 부활 때에 일곱 중의 누구의 아내가 되리이까	:20-23 칠 형제가 있었는데 맏이가 아내를 취하였다가 상속자가 없이 죽고 둘째도 그 여자를 취하였다가 상속자가 없이 죽고 셋째도 그렇게 하여 일곱이 다 상속자가 없었고 최후에 여자도 죽었나이다 일곱 사람이 다 그를 아내로 취하였으니 부활 때 곧 그들이 살아날 때에 그 중의 누구의 아내가 되리이까	:29-33 그런데 칠 형제가 있었는데 맏이가 아내를 취하였다가 자식이 없이 죽고 그 둘째와 셋째가 그를 취하고 일곱이 다 그와 같이 자식이 없이 죽고 그 후에 여자도 죽었나이다 일곱이 다 그를 아내로 취하였으니 부활 때에 그 중에 누구의 아내가 되리이까
하나님의 능력을 알지 못하느냐	:29-30 예수께서 대답하여 이르시되 너희가 성경도, 하나님의 능력도 알지 못하는 고로 오해하였도다 부활 때에는 장가도 아니 가고 시집도 아니 가고 하늘에 있는 천사들과 같으니라	:24-25 예수께서 이르시되 너희가 성경도 하나님의 능력도 알지 못하므로 오해함이 아니냐 사람이 죽은 자 가운데서 살아날 때에는 장가도 아니 가고 시집도 아니 가고 하늘에 있는 천사들과 같으니라	:34-36 예수께서 이르시되 이 세상의 자녀들은 장가도 가고 시집도 가되 저 세상과 및 죽은 자 가운데서 부활함을 얻기에 합당히 여김을 받은 자들은 장가가고 시집가는 일이 없으며 그들은 다시 죽을 수도 없나니 이는 천사와 동등이요 부활의 자녀로서 하나님의 자녀임이라
산 자의 하나님	:31 죽은 자의 부활을 논할진대 하나님이 너희에게 말씀하신 바	:26상 죽은 자가 살아난다는 것을 말할진대 너희가 모세의 책 중 가시나무 떨기에 관한 글에 하나님께서 모세에게 이르시되	:37상 죽은 자가 살아난다는 것은 모세도 가시나무 떨기에 관한 글에서
	32 나는 아브라함의 하나님이요 이삭의 하나님이요 야곱의 하나님이로라 하신 것을 읽어 보지 못하였느냐 하나님은 죽은 자의 하나님이 아니요 살아 있는 자의 하나님이시니라 하시니	:26하-27 나는 아브라함의 하나님이요 이삭의 하나님이요 야곱의 하나님이로라 하신 말씀을 읽어보지 못하였느냐 하나님은 죽은 자의 하나님이 아니요 산 자의 하나님이시라 너희가 크게 오해하였도다 하시니라	:37하-38 주를 아브라함의 하나님이요 이삭의 하나님이요 야곱의 하나님이시라 칭하였나니 하나님은 죽은 자의 하나님이 아니요 살아 있는 자의 하나님이시라 하나님에게는 모든 사람이 살았느니라 하시니

반응	:33 무리가 듣고 그의 가르치심에 놀라더라		:39-40 서기관 중 어떤 이들이 말하되 선생님 잘 말씀하셨나이다 하니 그들은 아무것도 감히 더 물을 수 없음이더라

2. 본문의 차이

<table>
<tr><td colspan="2">구분</td><td>마태</td><td>마가</td><td>누가</td></tr>
<tr><td colspan="2">누가</td><td>부활이 없다 하는 사두개인들이</td><td>부활이 없다 하는 사두개인들이</td><td>부활이 없다 하는 사두개인들이</td></tr>
<tr><td colspan="2">언제</td><td>예루살렘 입성 후 바리새인들에게서 세금에 대해 질문을 받은 그 날이라고 한다</td><td>예루살렘 입성 후이기는 하나 어느 날이라는 언급은 없다</td><td>예루살렘 입성 후이기는 하나 어느 날이라는 언급은 없다</td></tr>
<tr><td rowspan="4">사두개인의 질문</td><td>질문</td><td>선생님이여</td><td>선생님이여</td><td>선생님이여</td></tr>
<tr><td>모세의 법</td><td>만일 자식이 없이 죽으면 그 동생이 그 아내에게 장가들어 형을 위하여 상속자를 세울지니라</td><td>형이 자식이 없이 아내를 두고 죽으면 그 동생이 그 아내를 취하여 상속자를 세울지니</td><td>만일 형이 아내를 두고 자식이 없이 죽으면 그 동생은 형수를 취하여 상속자를 세울지니</td></tr>
<tr><td>부활의 때</td><td>칠 형제 중 장가든 맏이가 자식이 없이 죽어 둘째가 형수를 물려받았으나 역시 죽었는데 일곱째까지 그렇게 되었다가 그 여자도 죽었다</td><td>칠 형제 중 장가든 맏이가 자식이 없이 죽어 둘째가 형수를 취하였으나 역시 죽었는데 일곱이다 상속자가 없었고 최후에 여자도 죽었다</td><td>칠 형제 중 장가든 맏이가 자식이 없이 죽고 둘째부터 형수를 취하였으나 일곱 모두 자식 없이 죽고 그 후에 여자도 죽었다</td></tr>
<tr><td>누구의 아내인가</td><td>부활 후에 일곱 중의 누구의 아내가 되리이까</td><td>부활 때 곧 그들이 살아날 때에 그 중의 누구의 아내가 되리이까</td><td>부활 때에 그 중에 누구의 아내가 되리이까</td></tr>
<tr><td rowspan="4">예수의 대답</td><td>너희가 알지 못한다</td><td>너희가 성경도, 하나님의 능력도 알지 못한다
오해하였도다</td><td>너희가 성경도 하나님의 능력도 알지 못한다
오해함이 아니냐</td><td></td></tr>
<tr><td>부활 때에는</td><td>부활 때에는</td><td>사람이 죽은 자 가운데서 살아날 때에는</td><td>저 세상과 및 죽은 자 가운데서 부활함을 얻기에 합당히 여김을 받은 자들은</td></tr>
<tr><td>세상 자녀와 다르다</td><td>장가도 시집도 아니 간다</td><td>장가도 시집도 아니 간다</td><td>장가가고 시집가는 일이 없으며 그들은 다시 죽을 수도 없으며</td></tr>
<tr><td>천사와 같다</td><td>하늘에 있는 천사들과 같으니라</td><td>하늘에 있는 천사들과 같으니라</td><td>천사와 동등이요 부활의 자녀로서 하나님의 자녀임이라</td></tr>
<tr><td rowspan="2">예수의 지적</td><td>부활</td><td>죽은 자의 부활을 논할진대</td><td>죽은 자가 살아난다는 것을 말할진대</td><td>죽은 자가 살아난다는 것은</td></tr>
<tr><td>하나님</td><td>살아 있는 자의 하나님이시니라</td><td>산 자의 하나님이시라
너희가 크게 오해하였도다</td><td>살아 있는 자의 하나님이시라 하나님에게는 모든 사람이 살았느니라</td></tr>
<tr><td colspan="2">반응</td><td>무리가 듣고 가르침에 놀라</td><td></td><td>서기관 중 어떤 이들이 말하되 선생님 잘 말씀하셨나이다 그들은 아무것도 감히 더 물을 수 없음이라</td></tr>
</table>

3. 본문이해

구분	내용	비고
배경	1. 예수께서 예루살렘에 입성한 후 성전정화를 한다. 그 후 대제사장과 서기관들과 장로들로부터 무슨 권위로 예수께서 이런 일을 하느냐고 질문을 받는다. 예수의 권위에 대한 논쟁은 예수의 정통성에 관한 문제였다. 예수께서는 포도원 주인을 죽인 악한 농부를 비유로 말하면서 그들을 책망한다. 그러자 다음번에는 바리새인들이 가이사에게 세금 바치는 것이 옳은지 옳지 않은지 질문을 한다. 납세문제는 예수를 정치적으로 곤경에 처하게 하려는 문제였다. 그리고 나서 이번에는 부활을 믿지 아니하는 사두개인들이 모세의 글을 인용하여 예수를 궁지에 빠뜨리게 하기 위해 형사취수제와 부활을 연결시켜 질문을 한다. 그런데 부활에 관한 문제는 신학적 문제인 것이다. 2. 마태만이 바리새인들이 세금 문제를 거론한 그날(22:23)이라 한다.	• 배경이 되는 구약의 형사취수제는 시형제결혼법, 계속 대를 잇게 한다는 계대법, Levirate Marrage라고 하는 수혼법 또는 수혼제도 그리고 고멜제도 등으로도 불리워진다.
사두개인들	1. 사두개인은 BC2세기경 하스모니안 왕조시대에 사독(삼하8:17, 왕상1:39)의 후예임을 자처한 다수의 제사장들에 의해 형성된 유대교 종파의 하나이다. 　사두개파는 이스라엘의 유력한 제사장 가문과 귀족 집단이 속해 있으며 유대교의 주도권을 두고 바리새파와 대립하였다. 2. 마가와 누가에서는 이것이 사두개인들이 등장하는 첫 번째이며 유일한 이야기이다. 이 이야기 앞에 나오는 세금 바치는 문제를 거론하기 위해 바리새인과 헤롯당은 사람을 보냈는데(마22:16, 막12:13) 평상시에 두 세력은 상호 적대적이었다. 그러나 사두개인과 헤롯당은 서로 비슷한 배경의 집단이라 하겠다. 두 집단 모두 예루살렘의 멸망과 함께 사라졌다. 3. 사두개인은 이스라엘에서 종교적으로 정치적으로 막강한 영향력을 행사하는 집단으로 부활이나 영 그리고 천사의 존재를 믿지 아니하며 모세 오경만을 정경으로 받아들였다. 이들은 사제직을 독점하고 유대 최고정치기구인 산헤드린을 장악하고 있었으나 백성들로부터의 신뢰는 받지 못하였다. 4. 로마제국에 적극 협력하였던 당시 성전중심의 지배계급이었던 사두개인들은 성전정화를 한 예수를 좋게 보지 아니하였다.	• 사두개인들은 헬레니즘의 영향으로 영혼 불멸설을 주장하지만 몸의 부활에 대해서는 분명하게 연계하지 않는다. 그러나 바리새인들은 하나님이 죽은 자를 부활시키고 의인에게 보상하며 악인을 심판하며 마지막 때에 부활을 믿었다.
형사취수제	1. 형이 자식 없이 죽으면 남동생이 형수를 취하는 혼인풍습 제도를 말한다. 구약에서의 형사취수제의 경우는 형이 죽고 후손이 없는 경우에 형수를 취하여 상속자를 갖게 하는 제도이다. 신명기 25장에는 인간관계의 공의를 위한 규례의 하나로 이 제도를 언급하였는데 그 목적은 '죽은 형제의 이름을 잇게' 하기 위해서라고 하였다. 2. 실제로 이 제도가 시행되었다는 근거가 창세기에 나온다. 유다의 장자 엘이 자손이 없이 죽자 부인 다말은 남동생 오난에게 시집을 갔다(38:6-10). 다말은 종국에는 시아버지인 유다의 아이를 갖고 쌍둥이를 낳았다(창28:28-30, 마1:13). 또한, 과부 룻이 보아스에게 다시 시집갈 때 보아스는 '룻을 나의 아내로 맞이하고 그 죽은 자의 가업을 그의 이름으로 세워 그의 이름이 그의 형제 중과 그곳 성문에서 끊어지지 아니하겠다'(룻4:10)라고 선언한다. 룻의 경우를 보면 죽은 자의 형제뿐 아니라 친족에게까지 확대 시행되고 있음을 알 수 있다. 3. 예수 당시 이 제도가 시행되고 있었다고 보기는 어렵다. 그러나 사두개인들은 '모세가 일렀으되'(마태), '모세가 우리에게 써 주기를'(마가, 누가)이라고 하며 모세 오경에 근거한 형사취수제를 근거로 들어 부활을 부정하려 하고 있다.	• 나오미의 친척은 나오미의 땅을 사고 싶어 했으나 그 과부와 결혼해야 한다고 하자 물러난다(룻4:5-7). • 신명기(25:7-10)와 룻(4:6)을 보면 이 제도가 잘 지켜지지 않았고 또한 수정되었음을 알 수 있다.
사두개인의 질문의 전제	1. 부활을 믿지 아니하는 사두개인이 부활에 대해 예수께 질문하는 이유는 무엇일까. 그들은 예수에게 모세 오경과 부활 소망 중에 하나를 택하라는 것이다.	

	2. 사두개인이 예로 든 칠 형제의 경우는 가장 극단적인 예라 하겠다. 칠 형제 중 장가든 맏이가 자식이 없이 죽고 그 뒤를 이어 형수와 결혼한 여섯 형제도 모두 상속자가 없이 죽고 마침내 그 여자도 죽었다. 이런 상황에서 부활이 일어난다면 그 여자는 누구의 아내이냐는 것이다. 3. 사두개인의 질문은 순수한 신학적 질문이 아니라 예수가 답변하기 어렵게 만든 꾸며낸 이야기일 수 있다. 그들은 부활이 있다면 모세의 명령을 따른 사람들이 사후에 혼란을 겪게 된다는 것이다. (1) 첫째, 그들의 질문은 생전과 사후의 세계가 같다는 것을 전제로 한 질문이라 하겠다. (2) 둘째, 죽은 자가 살아난 다음에도 모세가 명령한 법이 실행되리라는 전제 역시 가지고 있다. (3) 셋째, 사람이 죽었을 때 심판받지 않고 그대로 부활하여 과거의 신분과 역할 즉 왕이면 왕으로 여자는 여자로 생전처럼 역할을 할 것이라는 전제도 있다.	**단12:2-3** 많은 사람이 깨어나 영생을 받는 자도 있겠고 수치를 당하여서 영원히 부끄러움을 당할 자도 있을 것이며 지혜 있는 자는 궁창의 빛과 같이 빛날 것이요 많은 사람을 옳은 대로 돌아오게 한 자는 빛과 같이 영원히 빛나리라
예수의 대답	1. 마태, 마가는 예수께서 '너희가 오해하였다'고 말씀한다(마22:29, 막12:24). 마가는 부활에 대한 말씀 끝에서 다시 한 번 '너희가 크게 오해하였다'(막12:27)고 한다. 오해로 번역된 플라나오의 일차적 의미는 '헤매다', '속다', '진리로부터 멀어지다' 등이라고 한다. 다시 사두개인들은 부활에 대해 헤매고 있고 진리로부터 멀어지고 있으며 스스로 속고 있다는 것이다. 2. 예수께서는 '너희가 성경도 하나님의 능력도 알지 못한다'고 비판한다. 모세 오경만을 받아들이는 사두개인으로서는 모세 오경 안에서 부활 신앙을 찾아보기는 어려웠을 것이다. 그렇다 하더라도 그들은 하나님에 대해 잘 알고 있어야 했다는 것이다. 3. 부활은 자연현상이 아니다. 부활은 하나님의 은사요, 하나님은 능력 그 자체인 것이다. 사두개인들은 성경도 하나님도 알지 못하고 있다는 것을 예수께서 먼저 지적한다. 그리고 예수께서는 떨기나무 가운데서 모세를 불러 하나님께서 한 말씀을 읽어 보지 않았느냐고 한다(마22:32, 막12:26) 　하나님은 자신을 '아브라함의 하나님이요, 이삭의 하나님이요, 야곱의 하나님'이라고 한다. 예수께서는 계속해서 '하나님은 죽은 자의 하나님이 아니요, 산 자의 하나님이시라'고 한다. 과거형이 아니라 현재형이다. 예수께서는 그들이 잘 알고 있는 모세 오경을 가지고 그들을 비판하고 있는 것이다. 이미 죽은 인물인 아브라함, 이삭, 야곱은 죽기는 하였지만 부활과 관련하여서는 살아 계신 하나님의 관할 아래 있다는 것이다. 　히브리서(11:19)는 아브라함은 '하나님이 능히 이삭을 죽은 자 가운데서 다시 살리실 줄로 생각한지라 비유컨대 그를 죽은 자 가운데서 도로 받은 것이리라'고 주장한다. 즉 하나님의 능력으로 다시 살 수 있다는 것이다. 모세 오경이 부활과 관련해서는 유효하지 않다는 것이다. 부활은 하잘 것 없는 땅의 복제도 아니고 이 세상의 계속도 아니기 때문이다. 4. 누가만이 하나님에게는 '모든 사람이 살았느니라'는 구절이 더 있다(20:38). 마카비서에는 모든 족장들이 하나님에게 살아있다고 한다. 죽은 자들이라 하여도 부활 앞에서는 모두 살아 있는 자들이라 하겠다. 5. 모세 오경과 성전 중심에서 벗어나지 못하고 있는 사두개인들에게 예수께서는 하나님 중심이 되라고 요구하고 있는 것이다. 모세 오경에 근거한 형사취수제가 실제 시행되고 있다고 가정하더라도 그것이 사후세계에까지 지속되리라고 생각할 수는 없을 것이다. 사두개인들은 모세 오경 안에 하나님을 가두고 있는 것이다. 하나님은 모세를 넘어, 죽음을 넘어 존재하는 분이다.	• 사두개인들은 부활에 대하여 명시적으로 언급하고 있는 이사야서, 에스겔서, 다니엘서와 같은 선지서들과 시편과 같은 성문서를 받아들이지 않고 있다. • 구약전승과 유대전승이 하나님을 강조하는 이유는 하나님이 이스라엘의 구원자이고 보호자이심을 강조하기 위해서이다. • 바리새인들은 육신의 부활을 믿었다. 그래서 그들은 부활 때 옷을 입고 나오냐 벌거벗고 나오느냐 그리고 옷을 입고 나온다면 수의냐 아니면 평상복이냐를 가지고 쟁론하였다고 한다.

부활에 대한 말씀	1. 마태, 마가는 예수께서 부활 때에는 '장가도 아니 가고 시집도 아니 간다'(마22:30, 막12:25)고 한다. 누가는 보다 구체적으로 이 세상에서는 장가도 가고 시집도 가지만 '저 세상과 및 죽은 자 가운데서 부활함을 얻기에 합당히 여김을 받는 자들은 장가가고 시집가는 일이 없다'고 한다. 남성이나 여성이나 신분으로 구별되지 않는 세상이라는 것이다. 오직 하나 하나의 인격체로 존재한다는 것이다. 2. 현재의 세상과 부활 후의 세상이 근본적으로 다르다고 한다. 하나님은 율법이나 규율 등에 의해 움직이는 세상이 아니라 자신이 제시한 새로운 질서 속에 우리를 살게 하실 것이라는 것이다. 그래서 장가가고 시집가는 일이 없을 것이라고 한다. 결혼은 이 세상의 관습으로 부활 후에도 지속되는 제도가 아니다. 부활 후에는 사람과의 관계가 아니라 하나님과의 관계가 우선이 된다. 3. 마태, 마가, 누가는 부활 후 우리는 천사와 같다(마22:30, 막12:25, 눅27:34)고 한다. 사두개인들은 천사가 없다(행23:8)고 주장하는 사람에게 예수께서는 굳이 천사를 언급한다. 사두개인들은 모세 오경을 믿으면서 천사의 존재를 인정하지 않는데 모세 오경에는 천사에 관한 이야기가 나온다. 예수께서는 모세 오경만을 믿으면서도 천사를 믿지 않는 사두개인의 믿음이 근본적으로 잘못되어 있다는 것을 지적하고 있는 것이다. 천사란 지상의 존재가 아닌 천상의 존재다. 그들은 세상의 법에 구애받지 않는다. 부활 후 우리가 천사와 같다는 것은 부활을 믿었던 일반유대인들의 생각이었을 수도 있다.	• 창세기(19:1)에는 롯이 소돔에 온 두 천사를 맞이 한다. • 오늘날의 결혼 행태를 보면 동거, 이혼, 비혼주의, 졸혼 등 전통적인 결혼 관념과는 차이가 많다. 이런 결혼 형태에서 죽은 다음의 문제를 사두개인처럼 생각할 수 있을까.
부활의 대상 (누가)	1. 누가는 계속하여 시집 장가가는 일도 없으며 죽는 일도 없고 천사와 동등하고 부활의 자녀로서 하나님의 자녀가 된다고 한다. 부활한 이들은 새로운 존재가 되는 것이다. 2. 그런데 누가는 아무나 부활한다고 보지 않았다. 부활의 대상은 '저 세상을 얻기에 합당히 여김을 받은 자들과 죽은 자 가운데서 부활함을 얻기에 합당히 여김을 받은 자'라고 한다(눅20:35). 이 말은 종말론적인 내세관을 언급하고 있다. 합당히 여김을 받은 자는 수동태로 하나님의 능력에 관한 설명이라 하겠다. 3. 사두개인들이 부활을 믿거나 말거나 관계없이 하나님께서 주관하는 일이다. 그들이 부활을 원한다고 해서 되는 것은 아니다. 부활은 하나님이 합당하다고 생각하는 사람들에게 수여되는 특권으로 그들에게 새로운 정체성이 부여되는 것이다. 부활의 은혜를 입은 자들은 전혀 다른 신분으로 전혀 다른 세상에서 살게 된다. 4. 이 세상에서 순종하여 지혜로운 삶을 산 사람들은 부활하여 마치 천사와 같아진다고 제2바룩 묵시서(51:5, 10)에는 기록되어 있다. 부활한 사람들은 이 세상의 질서가 아닌 전적으로 다른 환경에서 살게 되는데 이 세상 질서를 근거로 부활을 부정하려는 사두개인들은 참으로 잘못된 신앙을 가지고 있는 것이라 하겠다.	에녹서 15:6-7 그러나 너희는 태초부터 영적인 존재로서 한 세대가 지나가고 또 지나가도 죽는 일이 없이 영생하도록 되어 있는 존재였다. 그래서 너희에게는 여자를 마련하여 주지 않았던 것이다. 그것은 영적인 자의 처소는 하늘에 있기 때문이다
반응	1. 마태에서 부활에 대한 예수의 말씀을 들은 무리들은 '듣고 그의 가르침에 놀라더라'고 한다. 사두개인들이 아니라 무리들이 예수의 가르침에 놀란 것이다. 세금 납부 문제에 대하여 예수께서 말씀하였을 때에 바리새인의 제자와 헤롯 당원들은 말씀을 듣고 놀랍게 여겼다(마22:22)고 한다. 2. 마가에서의 예수께서는 사두개인들에게 다시 한번 부활에 대해 '너희가 크게 오해하였다'(12:27)고 한다. 사두개인의 반응은 나와 있지 않다. 3. 누가에서는 서기관 중 어떤 이들이 '선생님 잘 말씀하셨습니다'라고 한다. 그들은 아무것도 감히 더 물을 수가 없었다고 한다. 그런데 예수께 계속해서 계명 중 어느 계명이 크냐고 질문하는 이들이 있는데 그들은 율법사(마22:30),	• 서기관은 율법을 복사하거나 연구하고 가르치는 율법학자들이다. 신약시대에는 율법사, 율법교사로 불렸는데 대부분 바리새파에 속했다.

율법교사(눅10:25), 또는 서기관(막12:28)이라고 한다. 누가의 서기관(20:39)과 율법교사(10:25)는 다른 이름의 같은 직종의 사람들이라 하겠다. 단 마태에 나와 있듯이 바리새인 중에 율법사(율법교사 마22:35)가 많이 있었다고 한다. 4. 부활을 믿는 바리새인과 서기관이어서 예수의 말씀에 긍정하였으리라. 사두개인들로서는 더 이상 할 말이 없었을 것이다.	• 마태와 누가에서 예수께서는 서기관을 외식하는 서기관이라고 부르면서 바리새인들과 함께 화 있을진저라고 그들을 저주한다.

4. 심층연구

4.1 구약에서의 부활

1. 구약시대에는 현세적 삶에 대한 하나님의 관여를 강조하였다. 그래서 구약시대 말기까지 내세의 문제에 별로 유의하지 않았다.

2. 구약은 사람이 죽으면 흙으로 돌아간다(창3:19, 시90:3)고 보았다. 또한, 죽은 사람은 영(욥26:5)이나 유령(시88:10)으로 스올(사망, 무덤, 저승, 음부의 의미)로 내려간다(창37:5, 42:38, 시86:13, 사14:11 등)고 한다.

3. 그러나 에녹(창5:24)과 엘리야(왕하2:9)는 들림을 받아 하나님과 있으며 죽음을 맛보지 않았다고 하는데 후기 유대교는 이 구절을 영생에 대한 근거로 보았다.

4. 사울이 엔돌에 신성한 여인 즉 영매에게 죽은 사무엘을 불러오게 해서 함께 의논(삼상28:1-25)하는데 이것은 당시 사람들이 죽음이 끝이 아니라고 생각했다는 것이라 하겠다.

5. 구약에서의 부활은 개인적인 내세라기보다 공동체의 보존의 의미가 강하다. 호세아(6:2)는 '여호와께서 이틀 후에 우리를 살리시며 셋째 날에 우리를 일으키시리니 우리가 그 앞에 살리라'고 하고 또한 '내가 그들을 스올의 권세에서 속량하며 사망에서 구속하리니'(16:14)라고 약속한다. 호세아서에서의 이 경우들은 이스라엘이 포로 생활에서 생명(국가의 회복)으로 구출되는 것을 말한다. 마찬가지로 에스겔에서 죽은 뼈들이 살아나는 환상(37:1-14) 역시 이스라엘 민족의 재구성을 묘사한다고 하겠다.

6. 신명기(32:39)에는 '나 외에는 다른 신이 없도다 나는 죽이기도 하며 살리기도' 한다고 하고 또한 사무엘상(2:6)에도 '여호와는 죽이기도 하시고 살리기도 하시며' 하는데 이것은 생사여탈권을 가진 하나님의 모습이라 하겠다.

7. 욥기에는 '장정이라도 죽으면 어찌 다시 살리이까'(14:14)라는 의문에 대해 '나의 구원자가 살아 계시니, 내 살갗이 다 썩은 다음에라도 나는 하나님을 뵈올 것이다'(새번역19:25-27)라고 한다. 죽음 후의 생명에 대한 신앙고백처럼 보인다.

8. 시편 49:15, 16:10, 73:24에는 부활에 대한 믿음이 드러나는데 이것은 죽음을 지배하는 하나님의 권능에 대한 확신에 기초하고 있다고 래드(G E Ladd)는 말한다.

9. 이사야는 여호와께서 '사망을 영원히 멸하실 것이라'(25:8)고 하는데 바울이 이 말씀에 근거하여 '이 썩을 것이 썩지 아니함을 입고 이 죽을 것이 죽지 아니함을 입을 때에는 사망을 삼키고 이기리라'(고전15:54)고 한다. 이사야는 부활을 확신하며 '그의 무덤이 악인들과 함께 있었으며 그가 죽은 후에 부자와 함께 있었도다'(53:9)라고 한다. 이어서 '여호와께서 그에게 상함을 받게 하시기를 원하사 질고를 당하게 하였은즉 그의 영혼을 속건제물로 드리기에 이르면'(:10)이라고 한다.

10. 다니엘에게서 구약의 부활 사상이 고조에 이른다. 다니엘은 '땅의 티끌 가운데에서 자는 자 중에서 많은 사람이 깨어나 영생을 받는 자도 있겠고 수치를 당하여서 부끄러움을 당할 자도 있을 것이며'(12:2)라고 한다. 여기에서 의인들과 불의한 자들의 부활에 대해 말하고 있는 것이다.

11. 이처럼 구약이 부활에 대해 침묵하고 있는 것은 아니다. 이스라엘 역사 중후기에 부활 사상이 더욱 분명해진다.

4.2 중간사에서의 부활

1. 사두개인들처럼 어떤 유대인들도 부활을 믿지 아니하였다.

2. 헬레니즘의 영향으로 내생을 부활의 관점에서가 아니라 불멸의 관점에서 보았다. 마카비서의 일곱 순교자들에 대해 마카비 2서는 육체적 부활을, 마카비 4서는 영혼불멸을 말하고 있다.

3. 에녹서는 이스라엘 즉 '성도들'에게만 부활이 있다고 한다. 그러나 1세기에는 의인과 악인의 부활을 믿는 신앙이 등장한다. 시빌의 신탁은 부활한 몸은 지상에서의 몸의 모양대로라고 한다.

4. 사두개인들은 어떤 내세관도 받아들이지 않았다. 그러나 바리새인들은 이스라엘에게는 예비된 부활과 영원한 상급이

있으나 배교자들은 받을 수 없다고 한다.

4.3 신약에서의 부활

1. 예수께서는 의인에게는 보상의 부활이, 악인에게는 심판의 부활이 있다고 가르쳤다.

2. 누가는 장가도 가고 시집도 가는 '이 세상의 자녀들'과 '저 세상과 및 죽은 자 가운데서 부활함을 얻기에 합당히 여김을 받은 자'(20:34-35)를 대비한다. 누가는 종말론적 내세관을 언급하고 있다.

3. 예수께서 예루살렘에 입성하여 사두개인들과 벌인 토론에서 부활에 대한 명확한 말씀을 하는데 '부활 때에는 하늘에 있는 천사들과 같으리라'(마22:30, 막12:25, 눅20:36)고 한다. 이 말씀은 예수께서 육체적인 부활보다 영적인 부활을 언급하는 것처럼 보인다. 그런데 이 말씀은 부활한 육체가 어떤 상태를 가질 것인지를 가르친 것이 아니라 지상에서의 혼인과 천국에서의 혼인을 비교하는 것이기 때문이다.

4. 마태, 마가, 누가에는 부자 청년과 영생에 관한 이야기가 있다. 청년은 내가 무엇을 하여야 영생을 얻으리이까고 예수께 질문한다. 예수께서는 계명을 다 지켰느냐고 물은 후 네 소유를 팔아 가난한 자들에게 나누어 주라고 하며 부자가 하늘나라에 들어가는 것이 얼마나 어려운지 말씀한다. 영생과 하늘나라에 들어가는 것이 같다는 것이다. 누가에서의 예수께서는 하나님의 나라를 위해 희생한 자녀는 현세에서 여러 배로 보상을 받고 '내세의 영생'(18:30)을 받게 된다고 강조한다. 예수께서 분명히 내세가 있다고 한다. 여기에서의 내세는 현재와 미래를 포함한다고 하겠다.

5. 마태, 마가에서의 예수께서는 영원한 불(마태), 지옥 곧 꺼지지 않는 불(막9:43)에 들어가지 않도록 주의하라고 하며 손, 발, 눈이 실족하면 이를 없애고라도 영생에 들어가야 한다고 심판의 부활에 대해 말씀한다.

6. 공관복음에는 예수께서 세 차례의 수난예고를 한다. 이 기사들의 공통점은 예수께서 일관되게 죽임을 당하고 사흘 만에 살아나리라는 것이다. 사흘이라는 말씀은 호세아서의 '여호와께서 제삼일에 일으키리라'(6:2)를 반영한 것일 수 있다. 사도 바울은 '성경대로 사흘 만에 다시 살아'났다고 한다(고전15:4). '제삼일'은 아브라함이 아들을 번제로 드리기 위해 모리아 땅까지 간 기간 삼일(창22:4)이고 요셉이 자기 형제들을 정탐꾼이 아니냐고 하며 옥에 가둔 기간 삼일(창42:17-18)이며 요나가 물고기 뱃속에서 있었던 기간 밤낮 삼일(요1:17)이다. 이처럼 삼일은 구원을 위해 필요한 기간일 수도 있다.

7. 산상에서의 변형 기사에서 마태, 마가는 '예수께서 경고하시되 인자가 죽은 자 가운데서 살아나기 전에는 본 것을 아무에게도 말하지 말라'(마17:9, 막9:9)고 한다. 누가는 예수께서 모세, 엘리야와 함께 예루살렘에서 별세하실 것을 말했다고 하고 또한 승천예고를 한다(9:31,51).

8. 요한복음에는 예수께서 예루살렘에서 성전정화를 한 후 유대인들에게 '너희가 이 성전을 헐라 내가 사흘 동안에 일으키리라'(2:19)고 자신의 육체적 부활을 언급하나 제자들은 '죽은 자 가운데서 살아나신 후'에야 이 말씀을 기억(2:22)했다고 한다.

9. 마태와 누가에서의 예수께서는 요나의 표적(마12:39-40, 눅11:29)에 대해 말씀하고 있는데 마태만이 '인자도 밤낮 사흘 동안 땅 속에 있느니라'고 한다. 요나의 사건을 부활의 상징으로 말하고 있다.

10. 마태와 누가에서의 예수께서는 심판의 부활(마10:28, 눅12:5)을 언급하고 있다. '몸은 능히 죽여도 영혼은 능히 죽이지 못하는 자들을 두려워하지 말고 오직 몸과 영혼을 능히 지옥에 멸하실 수 있는 이를 두려워하라'(마10:28)고 한다. 이는 다니엘서(12:2)와 같은 의인과 악인에 대한 심판이라 하겠다.

11. 마태에는 선한 사람과 악한 사람이 한 말에 대해 심판 날에 의롭다함을 받거나 정죄함을 받는다(12:36-37)고 한다. 또한 곡식과 가라지의 비유(13:24-30) 해석에서 '세상 끝'(13:40)에 가라지 즉 '그 나라에서 모든 넘어지게 하는 것'과 또 '불법을 행하는 자들'(:41)을 가려내서 '풀무 불'(:42)에 던져 넣겠다고 하며 그 때에 의인들은 '아버지의 나라에서 해와 같이 빛나리라'(:43)고 한다.

12. 마태에서 예수께서는 계속해서 양과 염소(25:33), 오른편과 왼편에 있는 자들(:34), 지극히 작은 자에게 베푼 자와 베풀지 않은 자(:40)를 언급하며 베풀지 않은 자는 '영벌에 의인은 영생에 들어가니라'(:46)고 한다.

13. 누가에는 '잔치를 베풀 때 가난한 자들과 몸 불편한 자들과 저는 자들과 맹인들을 청'하면 '의인들의 부활 시에 네가 갚음을 받겠다'(14:13-14)고 한다. 또한, 누가에만 나오는 부자와 나사로의 이야기에서 예수께서는 사후에 있을 반전에 대해 말한다. 그런데 부자는 세상에 있는 부자의 다섯 형제에게 '죽은 자 가운데서 살아나는 자가 있다'고 해도 회개하지 않을 것이라(16:28-31)고 한다.

14. 요한복음에는 죽은 자들이 예수의 음성을 듣고 '선한 일을 행하는 자는 생명의 부활로 악한 일을 행하는 자는 심판의 부활로 나오리라'(5:29)고 한다. 여기서 종말론적 심판자는 예수이다. 생명의 떡에 관한 말씀 중에 자기를 따르는 자, 자기 명령을 따르는 자들에게 '마지막 날에 다시 살리리라'고 세 번이나 반복(6:40, 44, 54)하고 있다. 반면에 '나를 저버리고 내 말을 받지 아니하는 자는 마지막 날에 심판'(12:48)하겠다고 한다. 또한 '이 세상에 대한 심판이 이르렀나니 이 세상의 임금

이 쫓겨 나리라'고 한다.

15. 마태에는 예수께서 십자가에서 돌아가신 후 성도들이 무덤에서 일어났다(27:51-53)고 한다. 이 초자연적인 역사는 과거와 미래에 존재하는 진정한 '성도들'을 살리고 하나 되게 한다는 것을 말하고 있다. 예수께서 부활의 전조로서 죽은 자들을 살리셨다는 것이다. 복음서에는 예수께서 죽은 자를 살린 기적들이 나와 있다.

5. 집중탐구

5.1 구약에서의 부활 언급

구분		성구	비고
이사야	사망을 영원히 멸하다	25:8 사망을 영원히 멸하실 것이라 주 여호와께서 모든 얼굴에서 눈물을 씻기시며 자기 백성의 수치를 온 천하에서 제하시리라 여호와께서 이같이 말씀하셨느니라	계21:4에는 애통하는 것이나 아픈 것이 없다고 한다
	의인의 신체적 부활	26:19 주의 죽은 자들은 살아나고 그들의 시체들은 일어나리이다 티끌에 누운 자들아 너희는 깨어 노래하라 주의 이슬은 빛난 이슬이니 땅이 죽은 자들을 내놓으리로다	고전15:54에는 이 썩을 것이 썩지 아니한다고 하다
	메시아의 수난	53:9-10 그는 강포를 행하지 아니하였고 그의 입에 거짓이 없었으나 그의 무덤이 악인들과 함께 있었으며 그가 죽은 후에 부자와 함께 있었도다 여호와께서 그에게 상함을 받게 하시기를 원하사 질고를 당하게 하셨은즉 그의 영혼을 속건제물로 드리기에 이르면 그가 씨를 보게 되며 그의 날은 길 것이요 또 그의 손으로 여호와께서 기뻐하시는 뜻을 성취하리로다	
에스겔	마른 뼈 소생의 환상	37:3 그가 내게 이르시되 인자야 이 뼈들이 능히 살 수 있겠느냐 하시기로 내가 대답하되 주 여호와여 주께서 아시나이다 37:5 주 여호와께서 이 뼈들에게 이같이 말씀하시기를 내가 생기를 너희에게 들어가게 하리니 너희가 살아나리라 37:10 이에 내가 그 명령대로 대언하였더니 생기가 그들에게 들어가매 그들이 곧 살아나서 일어나 서는데 극히 큰 군대더라	이스라엘 공동체의 회복 37:11의 이 뼈들은 이스라엘 온 족속이라고 한다
다니엘	부활과 심판	12:2 땅의 티끌 가운데에서 자는 자 중에서 많은 사람이 깨어나 영생을 받는 자도 있겠고 수치를 당하여서 영원히 부끄러움을 당할 자도 있을 것이며	두 가지의 부활
호세아	이틀 후에 살린다	6:1-2 오라 우리가 여호와께로 돌아가자 여호와께서 우리를 찢으셨으나 도로 낫게 하실 것이요 우리를 치셨으나 싸매어 주실 것임이라 여호와께서 이틀 후에 우리를 살리시며 셋째 날에 우리를 일으키시리니 우리가 그의 앞에서 살리라	이스라엘 공동체의 부활: 죽음은 포로생활, 생명은 민족의 회복
	사망에서의 구속	13:14 내가 그들을 스올의 권세에서 속량하며 사망에서 구속하리니 사망아 네 재앙이 어디 있느냐 스올아 네 멸망이 어디 있느냐 뉘우침이 내 눈 앞에서 숨으리라	고전15:55에는 사망아 너의 승리가 어디 있느냐고 한다
욥	죽음 예상	14:14 장정이라도 죽으면 어찌 다시 살리이까 나는 나의 모든 고난의 날 동안을 참으면서 풀려나기를 기다리겠나이다	
시편		49:15(공동번역) 그러나 하나님은 나의 목숨을 구하여 내 영혼을 죽음의 구렁에서 건져주시리라	

5.2 공관복음에서의 부활 언급

구분	마태	마가	누가
죽은 자가 살아나며 (세례 요한에게 한 말씀)	11:5 맹인이 보며 못 걷는 사람이 걸으며 나병환자가 깨끗함을 받으며 못 듣는 자가 들으며 죽은 자가 살아나며 가난한 자에게 복음이 전파된다하라		7:22 예수께서 대답하여 이르시되 너희가 가서 보고 들은 것을 요한에게 알리되 맹인이 보며 못 걷는 사람이 걸으며 나병환자가 깨끗함을 받으며 귀먹은 사람이 들으며 죽은 자가 살아나며 가난한 자에게 복음이 전파된다하라
사흘 동안 땅속에 (요나의 표적)	12:39-40 예수께서 대답하여 이르시되 악하고 음란한 세대가 표적을 구하나 선지자 요나의 표적 밖에는 보일 표적이 없느니라 요나가 밤낮 사흘 동안 큰 물고기 뱃속에 있었던 것 같이 인자도 밤낮 사흘 동안 땅 속에 있으리라		11:29-30 무리가 모였을 때에 예수께서 말씀하시되 이 세대는 악한 세대라 표적을 구하되 요나의 표적 밖에는 보일 표적이 없나니 요나가 니느웨 사람들에게 표적이 됨과 같이 인자도 이 세대에 그러하리라
1차 수난예고	16:21 이 때로부터 예수 그리스도께서 자기가 예루살렘에 올라가 장로들과 대제사장들과 서기관들에게 많은 고난을 받고 죽임을 당하고 제삼일에 살아나야 할 것을 제자들에게 비로소 나타내시니	8:31 인자가 많은 고난을 받고 장로들과 대제사장들과 서기관들에게 버린 바 되어 죽임을 당하고 사흘 만에 살아나야 할 것을 비로소 그들에게 가르치시되 드러내 놓고 이 말씀을 하시니	9:22 이르시되 인자가 많은 고난을 받고 장로들과 대제사장들과 서기관들에게 버린 바 되어 죽임을 당하고 제삼일에 살아나야 하리라 하시고
산상에서 변형 후	17:9 그들이 산에서 내려 올 때에 예수께서 명하여 이르시되 인자가 죽은 자 가운데서 살아나기 전에는 본 것을 아무에게도 이르지 말라 하시니	9:9-10 그들이 산에서 내려올 때에 예수께서 경고하시되 인자가 죽은 자 가운데서 살아날 때까지는 본 것을 아무에게도 이르지 말라 하시니	9:36 소리가 그치매 오직 예수만 보이더라 제자들이 잠잠하여 그 본 것을 무엇이든지 그 때에는 아무에게도 이르지 아니하리라
2차 수난예고	17:22-23 갈릴리에 모일 때에 예수께서 제자들에게 이르시되 인자가 장차 사람들의 손에 넘겨져 죽임을 당하고 제삼일에 살아나리라 하시니 제자들이 매우 근심하더라	9:31 이는 제자들을 가르치시며 또 인자가 사람들의 손에 넘겨져 죽임을 당하고 죽은 지 삼일 만에 살아나리라는 것을 말씀하셨기 때문이더라	
실족한 자의 부활	18:8 만일 네 손이나 네 발이 너를 범죄하게 하거든 찍어 내버리라 장애인이나 다리 저는 자로 영생에 들어가는 것이 두 손과 두 발을 가지고 영원한 불에 던져지는 것보다 나으니라	9:43 만일 네 손이 너를 범죄하게 하거든 찍어버리라 장애인으로 영생에 들어가는 것이 두 손을 가지고 지옥 곧 꺼지지 않는 불에 들어가는 것보다 나으니라	
3차 수난예고	20:18-19 보라 우리가 예루살렘으로 올라가노니 인자가 대제사장들과 서기관들에게 넘겨지매	10:33-34 보라 우리가 예루살렘에 올라가노니 인자가 대제사장 들과 서기관들에게 넘겨지매	18:31-33 예수께서 열두 제자를 데리시고 이르시되 보라 우리가 예루살렘으로 올라가노니

	그들이 죽이기로 결의하고 이방인들에게 넘겨 주어 그를 조롱하며 채찍질하며 십자가에 못 박게 할 것이나 제삼일에 살아나리라	그들이 죽이기로 결의하고 이방인들에게 넘겨 주겠고 그들은 능욕하며 침 뱉으며 채찍질하고 죽일 것이나 그는 삼 일 만에 살아나리라 하시니라	선지자들을 통하여 기록된 모든 것이 인자에게 응하리라 인자가 이방인들에게 넘겨져 희롱을 당하고 능욕을 당하고 침 뱉음을 당하겠으며 그들은 채찍질하고 그를 죽일 것이나 그는 삼 일 만에 살아나리라 하시되
부활 후	26:32 그러나 내가 살아난 후에 너희보다 먼저 갈릴리로 가리라	14:28 그러나 내가 살아난 후에 너희보다 먼저 갈릴리로 가리라	
기억하라	27:62-64 그 이튿날은 준비일 다음 날이라 대제사장들과 바리새인들이 함께 빌라도에게 모여 이르되 주여 저 속이던 자가 살아 있을 때에 말하되 내가 사흘 후에 다시 살아나리라 한 것을 우리가 기억하노니 그러므로 명령하여 그 무덤을 사흘까지 굳게 지키게 하소서		

5.3 요한복음에서의 부활 언급

구분	성구
성전을 헐라	2:19 예수께서 대답하여 이르시되 너희가 이 성전을 헐라 내가 사흘 동안에 일으키리라 2:21-22 그러나 예수는 성전된 자기 육체를 가리켜 말씀하신 것이라 죽은 자 가운데서 살아나신 후에야 제자들이 이 말씀하신 것을 기억하고 성경과 예수께서 하신 말씀을 믿었더라
예수의 부활 권능	5:21 아버지께서 죽은 자들을 일으켜 살리심 같이 아들도 자기가 원하는 자들을 살리느니라 5:25-27 진실로 진실로 너희에게 이르노니 죽은 자들이 하나님의 아들의 음성을 들을 때가 오나니 곧 이 때라 듣는 자는 살아나리라 아버지께서 자기 속에 생명이 있음 같이 아들에게도 생명을 주어 그 속에 있게 하셨고 또 인자됨으로 말미암아 심판하는 권한을 주셨느니라
심판의 두 가지	5:28-29 이를 놀랍게 여기지 말라 무덤 속에 있는 자가 다 그의 음성을 들을 때가 오나니 선한 일을 행한 자는 생명의 부활로, 악한 일을 행한 자는 심판의 부활로 나오리라
마지막에 살리다	6:39-40 나를 보내신 이의 뜻은 내게 주신 자 중에 내가 하나도 잃어버리지 아니하고 마지막 날에 다시 살리는 이것이니라 내 아버지의 뜻은 아들을 보고 믿는 자마다 영생을 얻는 이것이니 마지막 날에 내가 이를 다시 살리리라 하시니라
부활이요 생명이니	11:24-25 마르다가 이르되 마지막 날 부활 때에는 다시 살아날 줄을 내가 아나이다 예수께서 이르시되 나는 부활이요 생명이니 나를 믿는 자는 죽어도 살겠고
예수를 사랑하는 자	14:22-23 가룟인 아닌 유다가 이르되 주여 어찌하여 자기를 우리에게는 나타내시고 세상에는 아니하려 하시나이까 예수께서 대답하여 이르시되 사람이 나를 사랑하면 내 말을 지키리니 내 아버지께서 그를 사랑하실 것이요 우리가 그에게 가서 거처를 그와 함께 하리라

제53절 ❀ 공관복음에서 죽은 자를 살리신 예수

1. 본문비교

	구분	마태(9:18-26)	마가(5:21-43)	누가(7:11-17, 8:40-56)
나인성 과부의 아들	나인성			11:11 그 후에 예수께서 나인이란 성으로 가실새 제자와 많은 무리가 동행하더니
	죽은 이			:12 성문에 가까이 이르실 때에 사람들이 한 죽은 자를 메고 나오니 이는 한 어머니의 독자요 그의 어머니는 과부라 그 성의 많은 사람도 그와 함께 나오거늘
	불쌍히 여기다			:13 -14 주께서 과부를 보시고 불쌍히 여기사 울지 말라 하시고 가까이 가서 그 관에 손을 대시니 멘 자들이 서는지라 예수께서 이르시되 청년아 내가 네게 말하노니 일어나라 하시매
	일어나라			:15 죽었던 자가 일어나 앉고 말도 하거늘 예수께서 그를 어머니에게 주시니
	큰 선지자			:16-17 모든 사람이 두려워하며 하나님께 영광을 돌려 이르되 큰 선지자가 우리 가운데 일어나셨다 하고 또 하나님께서 자기 백성을 돌보셨다 하더라 예수께 대한 이 소문이 온 유대와 사방에 두루 퍼지니라
야이로의 딸	예수와 무리		5:21 예수께서 배를 타시고 다시 맞은편으로 건너가시니 큰 무리가 그에게로 모이거늘 이에 바닷가에 계시더니	8:40 예수께서 돌아오시매 무리가 환영하니 이는 다 기다렸음이러라
	회당장의 호소	9:18상 예수께서 이 말씀을 하실 때에 한 관리가 와서 절하며	:22 회당장 중의 하나인 야이로라 하는 이가 와서 예수를 보고 발아래 엎드리어	:41 이에 회당장인 야이로라 하는 사람이 와서 예수의 발아래에 엎드려 자기 집에 오시기를 간구하니
		:18하 이르되 내 딸이 방금 죽었사오나 오셔서 그 몸에 손을 얹어 주소서 그러면 살아나겠나이다 하니	:23 간곡히 구하여 이르되 내 어린 딸이 죽게 되었사오니 오셔서 그 위에 손을 얹으사 그로 구원을 받아 살게 하소서 하거늘	:42상 이는 자기에게 열두 살 된 외딸이 있어 죽어감이러라
		:19 예수께서 일어나 따라가시매 제자들도 가더니	:24 이에 그와 함께 가실새 큰 무리가 따라가며 에워싸 밀더라	:42하 예수께서 가실 때에 무리가 밀려들더라

혈루증	혈루증 여자	:20상 열두 해 동안이나 혈루증으로 앓는 여자가	:25-26 열두 해를 혈루증으로 앓아 온 한 여자가 있어 많은 의사에게 많은 괴로움을 받았고 가진 것도 다 허비하였으되 아무 효험이 없고 도리어 더 중하여졌던 차에	:43 이에 열두 해를 혈루증으로 앓는 중에 아무에게도 고침을 받지 못하던 여자가
앓는 여자	구원을 받으려	:20하 예수의 뒤로 와서 그 겉옷 가를 만지니 :21 이는 제 마음에 그 겉옷만 만져도 구원을 받겠다 함이라	:27 예수의 소문을 듣고 무리 가운데 끼어 뒤로 와서 그의 옷에 손을 대니 :28 이는 내가 그의 옷에만 손을 대어도 구원을 받으리라 생각함일러라 :29 이에 그의 혈루 근원이 곧 마르매 병이 나은 줄을 몸에 깨달으니라	:44상 예수의 뒤로 와서 그의 옷 가에 손을 대니 :44하 혈루증이 즉시 그쳤더라
	누구냐		:30 예수께서 그 능력이 자기에게서 나간 줄을 곧 스스로 아시고 무리 가운데서 돌이켜 말씀하시되 누가 내 옷에 손을 대었느냐 하시니 :31 제자들이 여짜오되 무리가 에워싸 미는 것을 보시며 누가 내게 손을 대었느냐 물으시나이까 하되	:45 예수께서 이르시되 내게 손을 댄 자가 누구냐 하시니 다 아니라 할 때에 베드로가 이르되 주여 무리가 밀려들어 미나이다 :46 예수께서 이르시되 내게 손을 댄 자가 있도다 이는 내게서 능력이 나간 줄 앎이로다 하신대
	여자가 사실을 여쭙다		:32-33 예수께서 이 일 행한 여자를 보려고 둘러보시니 여자가 자기에게 이루어진 일을 알고 두려워하여 떨며 와서 그 앞에 엎드려 모든 사실을 여쭈니	:47 여자가 스스로 숨기지 못할 줄 알고 떨며 나아와 엎드리어 그 손 댄 이유와 곧 나은 것을 모든 사람 앞에서 말하니
	네 믿음이 너를 구원하였다	:22 예수께서 돌이켜 그를 보시며 이르시되 딸아 안심하라 네 믿음이 너를 구원하였다 하시니 여자가 그 즉시 구원을 받으니라	:34 예수께서 이르시되 딸아 네 믿음이 너를 구원하였으니 평안히 가라 네 병에서 놓여 건강할지어다	:48 예수께서 이르시되 딸아 네 믿음이 너를 구원하였으니 평안히 가라 하시더라
야이로의 집에서	딸이 죽었나이다		:35 아직 예수께서 말씀하실 때에 회당장의 집에서 사람들이 와서 회당장에게 이르되 당신의 딸이 죽었나이다 어찌하여 선생을 더 괴롭게 하나이까	:49 아직 말씀하실 때에 회당장의 집에서 사람이 와서 말하되 당신의 딸이 죽었나이다 선생님을 더 괴롭게 하지 마소서 하거늘
	두려워 말고 믿기만 하여라		:36-37 예수께서 그 하는 말을 곁에서 들으시고 회당장에게 이르시되 두려워하지 말고 믿기만 하라 하시고 베드로와 야고보와 야고보의 형제 요한 외에 아무도 따라옴을 허락하지 아니하시고	:50-51 예수께서 들으시고 이르시되 두려워하지 말고 믿기만 하라 그리하면 딸이 구원을 얻으리라 하시고 그 집에 이르러 베드로와 요한과 야고보와 아이의 부모 외에는 함께 들어가기를 허락하지 아니하시니라

		마태	마가	누가
	통곡하다	:23 예수께서 그 관리의 집에 가사 피리 부는 자들과 떠드는 무리를 보시고	:38 회당장의 집에 함께 가사 떠드는 것과 사람들이 울며 심히 통곡함을 보시고	:52상 모든 사람이 아이를 위하여 울며 통곡하매
	죽은 것이 아니라 잔다	:24 이르시되 물러가라 이 소녀가 죽은 것이 아니라 잔다 하시니 그들이 비웃더라	:39-40상 들어가서 그들에게 이르시되 너희가 어찌하여 떠들며 우느냐 이 아이가 죽은 것이 아니라 잔다 하시니 그들이 비웃더라	:52하 예수께서 이르시되 울지 말라 죽은 것이 아니라 잔다 하시니 :53 그들이 그 죽은 것을 아는 고로 비웃더라
달리다굼	예수께서	:25상 무리를 내보낸 후에 예수께서 들어가사	:40하 예수께서 그들을 다 내보내신 후에 아이의 부모와 또 자기와 함께 한 자들을 데리시고 아이 있는 곳에 들어가사	
	손을 잡으며	:25중 소녀의 손을 잡으시매	:41 그 아이의 손을 잡고 이르시되 달리다굼 하시니 번역하면 곧 내가 네게 말하노니 소녀야 일어나라 하심이라	:54 예수께서 아이의 손을 잡고 불러 이르시되 아이야 일어나라 하시니
	일어나다	:25하 일어나는지라	:42 소녀가 곧 일어나서 걸으니 나이가 열두 살이라 사람들이 곧 크게 놀라고 놀라거늘	:55-56상 그 영이 돌아와 아이가 곧 일어나거늘 예수께서 먹을 것을 주라 명하시니 그 부모가 놀라는지라
	경고 하시다	:26 그 소문이 그 온 땅에 퍼지더라	:43 예수께서 이 일을 아무도 알지 못하게 하라고 그들을 많이 경계하시고 이에 소녀에게 먹을 것을 주라 하시니라	:56하 예수께서 경고하사 이 일을 아무에게도 말하지 말라 하시니라

2. 본문의 차이

구분		마태	마가	누가
나인 성 과부의 아들을 살리심				누가복음에만 있는 이야기이다. 하나님께서 자기 백성을 돌본 사건으로 이해되고 있다. 여기에서는 예수를 하나님의 자비를 실행하는 큰 선지자로 보고 있다.
혈루증 앓는 여자	환자의 상태	열두 해 동안	열두 해 동안	열두 해 동안
			많은 의사에게 괴로움을 받고 가진 것도 다 허비하고 아무 효험도 없고 오히려 더 중하던 차에	아무에게도 고침을 받지 못하다
	환자의 행위		예수의 소문을 듣고 무리에 끼다	
		예수의 뒤로 와서 그 겉옷 가를 만지다	뒤로 와서 그의 옷에 손을 대다	예수의 뒤로 와서 그 옷 가에 손을 대서
		이는 제 마음에 그 겉옷만 만져도 구원을 받겠다 함이라.	이는 제 마음에 그 옷에만 만져도 구원을 받으리라 생각함 일러라	
			혈루 근원이 마르다 병이 나은 줄을 몸에 깨달으니	혈루병이 즉시 그쳤더라

	예수께서 아시다		능력이 자기에게서 나간 줄을 스스로 아시다	내게서 능력이 나간 줄 앎이로다
			무리에게 누가 내 옷에 손을 대었느냐	내게 손을 댄 자가 누구냐
				다 아니라
			제자들이 무리에게 에워싸이는 것을 보시며 물으시니이까라고 하다	베드로가 무리가 밀려들어 미나이다라고 하다
	여자가 사실을 말하다		예수께서 여자를 보려고 둘러보시니 여자가 ①이루어진 일을 알고 ②두려워하여 ③떨며 ④와서 ⑤그 앞에 엎드려 ⑥모든 사실을 여쭈어	여자가 ① 숨기지 못할 것을 알고 ② 떨며 ③ 나아와 ④ 엎드려 ⑤ 그 손댄 이유와 ⑥ 곧 나은 것을 모든 사람에게 말하다
	딸아	딸아 안심하라 네 믿음이 너를 구원하였노라	딸아 네 믿음이 너를 구원하였으니 평안히 가라	딸아 네 믿음이 너를 구원하였으니 평안히 가라
		여자가 즉시 구원을 받으리라	네 병에서 놓여 건강할지어다.	
야이로의 딸을 살리다	배경	이 말씀을 하실 때(제자들이 금식하지 않는 것을 변호하심 9:14-17)	거라사에서 군대 귀신을 축출하고 배로 돌아오다(5:18) 배로 맞은 편으로 건너가다	거라사에서 군대 귀신을 축출하고 배로 돌아오다(8:37)
		요한의 제자들과 바리새인들에게	큰 무리가 보이다	무리가 환영하니 다 기다렸음이라
	야이로	한 관리가 와서 절하며	회당장 중에 하나인 야이로가 예수를 보고 발 아래 엎드리어 간곡히 구하여 이르되	회당장인 야이로가 예수의 발 아래 엎드려 자기 집에 오시기를 간구하다
	그의 간구	내 딸이 죽었나이다	내 어린 딸이 죽게 되었사오니	열두 살 된 외딸이 죽어감이러라
		그 몸에 손을 얹어 주소서 그러면 살아나겠나이다	오셔서 그 위에 손을 얹으사 그로 구원을 받아 살게 하소서	
		예수께서 가실 때 제자들도 가다	야이로와 갈 때 큰 무리가 따라가며 에워싸 밀더라	예수께서 가실 때 무리가 밀려들더라
	딸이 죽었나이다		예수께서 말씀하실 때 (혈루증 걸린 여자에게)	예수께서 아직 말씀하실 때 (혈루증 걸린 여자에게)
			야이로의 집에서 사람들이 와서 야이로에게 딸이 죽었나이다.	야이로의 집사람들이 와서 딸이 죽었나이다
			어찌하여 선생을 더 괴롭게 하나이까	선생을 더 괴롭게 하지 마소서
	예수께서는		곁에서 들으시고 두려워하지 말고 믿기만 하여라	들으시고 두려워하지 말고 믿기만 하여라
			베드로, 야고보, 요한만을 데리고 가다	그 집에 베드로, 요한, 야고보와 아이의 부모만 데리고 들어가다

야이로의 집에서의 예수	피리 부는 자들과 떠드는 무리를 보시고 물러가라	떠드는 사람들이 울며 심히 통곡하심을 보시고 어찌하여 떠들고 우느냐	모든 사람이 아이를 위하여 울며 통곡하며 울지 말라
	죽은 것이 아니라 잔다 그들이 비웃더라	죽은 것이 아니라 잔다 그들이 비웃더라	죽은 것이 아니라 잔다 그들이 죽은 것을 아는 고로 비웃더라
일어나라	무리를 내보낸 후에 들어가사	그들을 다 내보낸 후에 아이 있는 곳에 들어가사	
	소녀의 손을 잡으시니	아이의 손을 잡고 달리다굼, 소녀야 일어나라	아이의 손을 잡고 아이야 일어나라
	일어나는지라	소녀가 일어나서 걸으니 열두 살이더라 사람들이 크게 놀라고 놀라거늘 소녀에게 먹을 것을 주라 하시다	그 영이 돌아와 아이가 곧 일어나거늘 부모가 놀라는지라 예수께서 먹을 것을 주라 하시다
	소문이 온 땅에 퍼지니라	예수께서 이 일을 아무도 알지 못하게 하라고 그들을 많이 경계하시다	예수께서 경고하사 이 일을 아무에게도 말하지 말라 하시니라

3. 본문이해

3.1 나인성 과부의 아들을 살리다(누가7:11-17)

구분	내용	비고
본문의 특징	1. 누가에만 나오는 기사이다. 예수의 능력을 나타내는 내용으로 백부장의 종을 고친 이야기(7:1-10)에 이어서 나온다. 2. 백부장의 종을 고친 이야기와 나인성 과부의 아들을 살린 이야기의 차이란 백부장은 죽게 된 자기의 '종을 구해 주시기를'(7:3) 간절히 원해서 한 일이고 나인성 과부의 아들을 살린 이야기는 부탁을 받고 한 일이 아니라 성문 가까이에서 마주친 장사행렬을 보고 한 일이다. 또한, 나인성 과부의 아들을 살린 기사에는 백부장의 믿음과 같은 내용이 없다. 3. 나인성 과부의 아들을 살린 일은 예수께서 평지설교를 마친 후에 한 일로 치유의 기적에 이어 사람을 살린 기적 설화이다. 4. 연상되는 구약의 기사가 두 개 있다. 하나는 숨이 끊어진 사르밧 과부의 아들을 엘리야가 다시 살린 일(왕상17:6-24)이고 다른 하나는 수넴 여인의 죽은 아들을 엘리사가 다시 살린 일(왕하4:32-37)인데 수넴 여인은 과부가 아니라 남편이 살아 있다(왕하4:9). 예수께서는 엘리야와 엘리사와 같은 능력을 가진 분으로 죽은 나인성 과부의 아들을 살린 것이다. 5. 누가에서의 예수께서는 두 번 사람을 살리는데 나인성 과부의 아들과 회당장 야이로의 딸이다. 나인성 과부의 아들은 외아들이고 야이로의 딸도 마태, 마가와 달리 외딸이라고 한다. 귀신 들린 아이를 고친 이야기에서도 마태, 마가와 달리 누가는 외아들(9:38)이라고 한다. 자식이 하나밖에 없는 상황에서의 기적을 강조하고 있는 것이다.	• 유대인의 전통에 따르면 사람이 할 수 있는 가장 귀한 선행은 죽은 사람을 운구하는 일이나 시신을 땅에 묻는 일이라고 한다. 장례식은 헤브라 카디사 즉 거룩한 친구들이 진행하는데 동네 사람들은 빠짐없이 참석한다.
배경	1. 나인성은 성서 다른 곳에 나오지 않는다. 오늘의 지도로 보면 나사렛에서 동남쪽으로 9.6km 지점 즉 가버나움에서 남서쪽으로 40km 지점에 위치한 갈릴리의 한 성읍(성경지명사전)이라고 한다. 또한, 나인이 엔돌과 수넴의 사이에 있다는 주장이 있는데 수넴은 엘리사가 한 여인의 아들을 살린 곳이다.	

	2. '그 후에'는 이튿날 또는 다음날과 같은 뜻으로 누가의 표현 중에 하나다. 여기서는 백부장의 종을 고친 오후라 하겠다. 3. 나인성 성문 가까이에서 예수를 동행하던 제자와 많은 무리(7:11)가 과부의 독자의 장례행렬과 마주친다. 여기서 한 죽은 자를 '메고 나오니'는 에코미쏘의 3인칭 단수 부정 과거 수동태로서 '한 죽은 자가 운반되고 있는 것을 보았는데'이다. 장사 지내기 위해 시체를 메고 가는 데의 뜻이라 하겠다. 그런데 그 성의 많은 사람들이 과부와 함께 나왔다고 한다(7:12). 4. 예수의 무리와 장례를 따르는 사람들 즉 두 무리가 마주친 것이다. 이때에 예수께서는 죽은 자들로 자기의 죽은 자들을 장사하게 하고 너는 가서 하나님 나라를 전파하라는 말씀을 하지 않는다.	• 헬라의 철학자이고 귀신 축출가이고 치유가이었던 티아나의 아폴로니우스(apollonius)가 결혼식 날 죽은 신부의 장례행렬을 멈추게 하고 그 여자를 다시 살렸다는 이야기가 있다.
주께서 하신 일	1. 여기서 주는 초대교회의 신앙고백으로 예수에 대한 호칭이다. 주는 누가에 주로 나오고 마가16:19에도 나온다. 주께서는 과부를 보시고 불쌍히 여기고 울지 말라고 한다(눅7:13). '불쌍히 여기다'라는 동사는 사마리아인의 비유에서 사마리아인이 강도를 만난 자를 보고 품었던 마음(눅10:33)이며 집을 나갔던 방탕한 아들이 집에 돌아오며 의지하고 싶어 했던 아버지의 마음(눅15:20)이라 하겠다(김호경). 예수의 불쌍히 여기시는 마음 때문에 나인성 과부의 아들은 살아나게 되었다. 2. 예수께서는 가까이 가사 '그 관'에 손을 대었다고 한다. 여기서 관이란 표현을 가지고 혹자는 유대풍습에 관을 사용하지 않는다는 주장을 하기도 한다. 그러나 소포스는 원래 관이라는 말이기도 하지만 관을 매장지로 옮기기 위해 사용하는 관대도 의미한다. 3. 관에 손을 대시니 메고 가는 이들이 멈추어 섰다고 한다. 관대에 손을 대는 것은 멈추라는 신호이다. 독자를 잃은 과부를 불쌍히 여기고 울지 말라고 위로한 예수께서는 장례행렬을 정지시킨 것이다. 4. 예수께서는 '일어나라'고 청년에게 명한다. 구약에는 엘리사의 무덤에 장사하던 자들이 시체를 던지자 '시체가 엘리사의 뼈에 닿자 곧 회생하여 일어섰다'(왕하13:21)는 이야기가 있다. 에스겔의 마른 뼈의 환상에서는 '뼈들이 살아나서 일어나 섰다'(겔37:10)고 한다. 이사야는 '주의 죽은 자들은 살아나고 그들의 시체는 일어난다'(사26:19)고 의인의 부활에 대해 말하고 있다. 　선지자들의 이런 말씀으로 비추어 볼 때 예수께서 일어나라고 한 것은 다시 살아나라는 명령이라 하겠다. 5. 예수께서는 회당장 야이로의 딸을 살릴 때에도 일어나라고 하였다. 다시 살리셨다는 증거로 죽었던 청년이 일어나 앉고 말을 하였다고 한다. 일상으로 돌아갔다는 것이다. 예수께서는 회당장 야이로의 딸을 살릴 때에도 소녀야 일어나라고 하였다. 그리고 그 소녀가 다시 살아났다는 증거로 예수께서 먹을 것을 주라고 하였다. 6. 예수께서 살아난 아들을 그의 어머니에게 주었다고 한다. 구약의 엘리야는 사르밧 과부의 아들을 살린 후 그의 어머니에게 주고(왕상17:8-24) 엘리사 역시 수넴 여인의 아들을 살린 후 데리고 가라(왕하8:1-6)고 한다.	• 베드로복음에 '주께서'라는 표현이 많이 나온다고 한다. • 사도행전에는 베드로가 다비다라고 하는 여제자를 살리는 이야기가 있다(행9:36-42). 베드로가 다비다야 일어나라고 하니 베드로를 보고 일어나 앉았다고 한다. • 사도행전에는 사도 바울이 삼층에서 떨어져 죽은 유두고를 살린 이야기(행20:7-12)도 있다.
나인성 과부의 아들을 살린 후의 일들	1. 죽었던 자가 일어나 앉고 말을 하는 것을 보고 사람들이 한 행동은 무엇인가 (1) 모든 사람이 두려워하였다고 한다. 당연한 일일 것이다. 예수께서 청년아 일어나라고 하시니 죽었던 자가 살아났기 때문이리라 (2) 그리고 하나님께 영광을 돌렸다고 한다. 예수께서 중풍병자를 고쳤을 때에도 병자뿐 아니라 모든 사람이 놀라 하나님께 영광을 돌렸다(눅5:25-26)고 한다. 이런 일은 인간이 할 수 있는 일이 아니다. 하나님이 계획하고 능력을 주시지 아니하면 일어날 수 없는 일이기 때문이다. 기적을 체험하는 사람들은 이런 일을 행하시는 하나님에게 영광을 돌리지 않을 수 없었을 것이다.	• 신약에서의 '두려워하며'는 부정적으로 사용되는 경우가 많으나 누가는 2:9과 여기서 긍정적인 표현으로 사용하고 있다. 여기서는 영광으로 인도하는 두려움, 창조적 두려움을

(3) 주위에 있던 사람들은 예수께서 사람을 살리는 것을 보고 엘리야를 생각하였을 것이다. 그래서 그들은 큰 선지자가 우리 가운데 일어나셨다고 한 것이다. 그리고 하나님께서 자기 백성을 돌보셨다(7:16)고 한다. 무리들은 이 기적을 이스라엘에 대한 하나님의 돌보심의 증표로 보았던 것이다. 2. 나인성 과부의 아들을 살린 예수에 대한 소문이 온 유대와 사방에 두루 퍼졌다고 한다. 누가에서 예수에 대한 소문이 사방에 퍼진 것은 이번이 두 번째이다. 첫 번째는 가버나움 회당에서 귀신 들린 사람에게서 더러운 귀신을 쫓아내었을 때이다. 그때 무리들은 '더러운 귀신을 명하여 나가는도다'(눅4:36-37)라고 한다. 3. 예수에 대한 소문은 하나님의 일을 하는 큰 선지자라는 것이었을 것이다.	말하고 있다. 신의 놀라운 능력으로 인한 두려움은 자연스럽게 신에게 영광을 돌리게 하였을 것이다.

| 예수의
정체성 | 1. 나인성 과부의 아들을 살린 이야기에서 누구도 과부의 아들의 장례에 대해 설명하지도 않고 살려달라고 애원하지도 않는다. 예수께서는 나인성 문 가까이에서 장례행렬을 보고 과부를 불쌍히 여기어 울지 말라고 하고 관에 손을 대어 그 행렬을 정지시킨다. 예수께서는 이처럼 우리의 상황을 보시고 즉각적이고 일방적으로 도와주는 분이다. 우리가 간구하기를 기다리고 있지 않고 우리의 믿음과 관계없이 문제를 해결하여 주는 분이다.
2. 과부의 독자가 죽었다고 하는 것은 참으로 안타까운 일이라 하겠다. 이와 같은 처지에 놓인 과부를 위해 예수께서는 아들을 살려 그의 어머니에게 돌려준다. 누가에서의 하나님은 그 백성을 돌보시는 분이라고 세례 요한의 탄생 이야기에서부터 강조(1:68)하고 있다. 하나님의 은혜를 받기에 부족한 우리가 상상조차 할 수 없는 기적을 경험하게 되는 것은 우리를 자신의 백성으로 삼아주셨기 때문이라 하겠다. 예수는 하나님의 능력을 우리에게 보이시는 분이다.
3. 십자가에서 돌아가기까지 죄인인 우리를 불쌍히 여기는 예수와 함께 자기 백성을 돌보는 하나님을 생각해 볼 때 나인성 과부의 아들을 살린 일은 하나님이 주재한 예수의 구원 사역의 하나라 하겠다.
4. 이 사건은 사망을 다스리는 예수의 능력을 생생하게 묘사하고 있다. | • 까리에 엘레이손: 그리스어 표현의 축약된 형태로 주여, 우리를 불쌍히 여기소서라는 의미다. 가톨릭 미사 앞부분의 기도문으로 하나님의 자비를 구하는 노래로서 자비송이라고도 한다. |

3.2 혈루병 앓는 여자를 고치다

구분	내용	비고
본문의 특징	1. 혈루증이란 피의 유출이라는 뜻으로 만성 자궁출혈을 말한다. 혈루증은 월경하는 여인의 부정함과 동일하게 부정한 것으로 간주되어 사람들과의 접촉이 금지되었다(레15:25-30). 2. 혈루증 여자가 고침을 받은 이야기는 공관복음의 공통기사이다. 또한, 예수께서 회당장 야이로의 딸을 살린 이야기에 들어있는 기사로서 소위 샌드위치 구조 이야기라고 한다. 3. 혈루병 여자의 치유는 회당장 야이로의 딸을 살리러 가는 도중에 일어난 일이나. 예수께서 야이로를 따라갈 때 제자들(마태)과 무리들(마가, 누가)도 따라가는데 마가는 '큰 무리가 따라가며 에워싸 밀더라'(5:24)고 하고 누가는 '무리가 밀려들더라'(8:45)고 한다. 예수께서 사람들 속에 싸여 밀려가고 있는 중에 일어난 일이다.	• 탈무드에 혈루증 치료방법이 있다. 타조 알을 태운 재를 헝겊에 싸서 몸에 지니기, 당나귀 똥에서 꺼낸 보리 알을 몸에 지니기 등이라고 한다.
병으로 고생한 여자	1. 혈루병에 걸린 여자는 부정한 여자로서 접촉이 금지된 여자이다. 마태, 마가, 누가는 이 여자가 열두 해를 혈루증으로 앓아왔다고 한다, 열두 해란 병의 심각성과 함께 오랫동안 고생하고 있다는 것을 말하고 있다. 동시에 진행되고 있는 야이로의 딸 이야기에서 마가(5:42)와 누가(7:42)는 딸의 아이가 열두 살이라고 한다. 여기서는 충분히 고생한 여자, 충분히 성장한 야이로의 딸이라는 의미의 열둘일 수 있다.	

	2. 누가는 이 여자가 아무에게도 고침을 받지 못하였다고 하고 마가는 이 여자가 '많은 의사에게서 많은 괴로움을 받았고 가진 것도 다 허비하였으되 아무 효험이 없고 오히려 더 중하던 차'(5:25-26)라고 한다. 병을 치료하느라고 재산까지 탕진하였으나 의사들에게 괴롭힘만 당하고 효과도 보지 못하고 오히려 병이 더 중해지고 있었다고 한다. 이 여자는 경제적 고통, 신체적 고통, 부정하다는 정신적 고통, 사람들과의 접촉 금지로 인한 사회적 고립의 고통 즉 사중의 고통 속에 있었다. 3. 레위기에는 '만일 여인의 피의 유출이 그의 불결기가 아닌데도 여러 날이 간다든가 그 유출이 그의 불결기를 지나도 계속되면 그 부정을 유출하는 모든 날 동안은 그 불결한 때와 같이 부정(15:25)하다고 한다. 즉 유출이 계속되는 한 그 여자는 정화될 수가 없는 것이다. 4. 그런데 이 여자가 예수에 대한 소문을 들었던 것이다(막5:27).	• 열둘의 의미: 이스라엘 열두 지파, 예수의 열두 제자 등 열둘이라고 하는 숫자가 자주 나오는데 완전, 조화, 구원, 충분 등의 상징의 의미가 있다고 하겠다.
여자가 한 일	1. 혈루병으로 고생하던 이 여자는 무리 가운데 낀다(막5:28). 그리고 예수의 뒤로 가서 예수의 옷에 손을 댄다(마9:20, 막6:27, 눅8:44). 마태는 그 겉옷 가를 만졌다고 하고 마가는 옷에 손을 대었다고 하고 누가는 옷 가에 손을 대었다고 한다. 마태와 누가는 예수의 겉옷의 술에 손을 대었다는 것이다. 여자가 옷에 손을 대자 즉각적이고 강력한 예수의 능력이 나타나게 된다. 2. 여기서 겉옷 가는 겉옷의 술을 말하는데 옷술(마23:57)로도 번역되어 있다. 옷술은 문자적으로 옷의 가장자리(눅8:44)라고 한다. 유대인들은 겉옷 옷자락 끝에 장식으로 여러 가닥의 실로 청색의 술(민15:38-39)을 매단다. 경건한 유대인은 이렇게 겉옷 네 귀에 술을 달아(신22:12) 스스로 하나님의 선민임을 드러내고 남에게도 보였다. 옷의 술은 경건한 유대인의 표이었는데 혈루증 여자는 옷술을 만지고 나음을 받았다고 마태와 누가는 말하고 있다. 3. 사람들과의 접촉이 금지된 여자가 군중들 틈 속에서 아무도 모르게 조심스럽게 예수의 옷을 만진 것이다. 이 여자는 예수에게 부정을 옮기려 한 것이 아니라 예수의 소문을 듣고 병을 고칠 수 있을 것이라는 믿음에서 그랬던 것이다. 마태는 앞의 이야기에서 예수께서 중풍병자를 고쳤다(9:1-8)고 하고 마가와 누가는 바로 앞에서 거라사 군대 귀신 들린 사람을 고쳤다(막5:15, 눅8:26-39)고 한다. 이 여자로서는 자신도 고침을 받을 수 있을 것이라는 생각을 할 수 있었을 것이다. 4. 마태는 '이는 제 마음에 그 겉옷만 만져도 구원을 받겠다 함이라'(9:21)고 하였다. 마가 역시 이 여자가 예수께 손을 댄 이유에 대해 말하고 있다. '이는 내가 그의 옷에 손만 대어도 구원을 받으리라 생각함일러라'(5:28) 이 여자는 예수를 능력자, 기적을 행하는 분, 자신 같이 오랫동안 불치의 병을 가진 사람을 낫게 해주는 분, 구원자로 생각하였을 것이다. 5. 여자가 예수의 옷에 손을 대니 마가는 그 즉시 이 여자의 혈루의 근원이 마르며 병이 나은 줄을 몸에 깨달았다고 한다. 마가에 의하면 일시적인 현상이 아니라 근원이 말랐다고 함으로써 근본적으로 치유되었음을 말한다.	민15:38-39 이스라엘 자손에게 명령하여 대대로 그들의 옷단 귀에 술을 만들고 청색 끈을 그 귀의 술에 더하라 이 술은 너희가 보고 여호와의 모든 계명을 기억하여 준행하고 너희를 방종하게 하는 자신의 마음과 눈의 욕심을 따라 음행하지 않게 하기 위함이라 신22:12 너희는 너희가 입는 겉옷의 네 귀에 술을 만들지니라
예수의 질문과 여자의 고백	1. 마가와 누가에서의 예수는 그 능력, 치유의 능력이 자기에게서 나간 줄을 스스로 알았다고 한다. 마가에서의 예수는 무리에게 누가 내 옷에 손을 대었느냐고 하고 누가에서는 내게 손을 댄 자가 누구냐고 묻는다. 마가와 누가에서의 예수는 옷을 만진 것까지도 아는 그런 분이다. 예수께서는 내게 손댄 자를 찾는데 '내게 손을 댄 자'란 예수에게 손을 댐으로써 '예수의 능력을 경험한 자'라는 의미이고 또한 '예수의 능력을 가장 간절히 바라는 자'라는 의미이기도 하다.	

	2. 마가는 제자들이 예수께서 이런 말씀을 하는 것을 이해하지 못하였다고 한다. 제자들은 예수께 무리가 에워싸 미는 것을 보고 아시면서 어떻게 누가 내게 손을 대었냐고 물으시냐는 것이다. 즉 여러 사람이 예수의 옷에 손을 대었을 것이고 그리고 그 와중에 그가 누구인지 어떻게 알겠느냐는 것이다. 3. 누가에서의 베드로는 예수께 무리가 밀려들어 민다(8:45)고 한다. 다시 말해 누가 예수께 손을 대었는지 알 수가 없다고 대답한 것이다. 이 장면을 상상해 보면 예수의 옷에 손을 댄 자가 많았을 것이다. 그중에는 혈루증을 앓고 있던 여자처럼 장기 불치병으로 고생하는 이들도 있었을 것이다. 그러면 왜 이 여자만 치유함을 받았을까? 4. 하나님의 아들인 예수께서는 아무리 많은 사람이 손을 대어도 누가 자신에게 손을 대었는지 알면서 한 질문이었다. 예수의 질문은 지금 누가 예수의 능력을 믿고 있는지 그리고 어떤 행동을 하였는지를 공개하기 위한 질문인 것이다. 혈루증 여자는 무리 속에 섞여서 남들 모르게 예수의 옷을 만짐으로 부정한 만성 질병이 낫기를 바랐을 것이고 실제로 그렇게 되었다. 그러나 예수께서는 여자의 믿음과 비밀스럽게 한 행동을 공개하려 하고 있다. 5. 예수의 이런 모습을 마가는 '예수께서 이 일 행한 여자를 보려고 둘러 보셨다'(5:32)고 한다. 누가는 여자가 스스로 숨기지 못할 줄을 알았다고 한다. 마가에서의 여자는 두려워하며 떨며 예수 앞에 엎드려서 자기에게 일어난 일을 사실대로 여쭙는다. 누가에서의 여자는 떨며 나아와 엎드리며 그 손댄 이유와 곧 나은 것을 모든 사람들 앞에서 말한다.	• 예수의 옷 가에 손을 대는 자: 게네사렛에서 예수께서 병자를 고치신 이야기가 마태, 마가에 있다. 그때 병자들은 예수의 옷자락만이라도 만지게 해달라고 간청한다. 그 손을 댄 사람은 모두 나았다(마14:36. 막6:56)고 한다. • 바울의 몸에 닿았던 것들: 사도행전에는 바울의 몸에 닿았던 수건이나 앞치마를 병자에게 대기만 하여도 병이 낫고 악령들이 쫓겨나갔다(공동번역 행19:1)고 한다.
예수의 선언	1. 공관복음에서의 예수께서는 혈루병으로 고생하는 여자를 보며 '딸아 네 믿음이 너를 구원하였다'고 한다. 여러 사람이 자연스럽게 예수의 옷에 손을 대었을 수는 있다. 만약 그중에 고질병이 있는 자로서 예수가 이 병을 치유해 주실 수 있다고 믿음을 가졌던 자가 있었다면 그 역시 이 여자처럼 고침을 받았을 것이다. 여기에서의 믿음은 예수의 능력에 대한 믿음이라 하겠다. 2. 이어지는 회당장 야이로의 딸을 살리는 이야기에서도 딸이 죽었다는 소식을 들은 야이로에게 '두려워하지 말고 믿기만 하라 그리하면 딸이 구원을 얻으리라'(눅8:50)고 한다. 이처럼 예수께서는 혈루증 여인 이야기와 회당장 야이로의 딸을 살린 이야기를 계속하면서 믿음과 구원이라는 주제를 반복해서 강조하고 있는 것이다. 3. 마태, 마가, 누가는 예수께서 구원을 선포하는 구원자이심을 보여주고 있다. 마태는 예수께서 네 믿음이 너를 구원하였다고 하시니 여자가 그 즉시 구원을 받았다'(9:22)고 한다. 구원자로서의 예수의 모습을 강조한 것이리라. 혈루병 여자는 예수의 능력을 확신함으로 병고침을 받게 되지만 그 여자를 구원한 것은 예수 자신이다. 4. 예수께서 혈루증 여자를 딸이라고 부른다. 누가에만 있는 기사의 하나가 안식일에 열여덟 해 동안 귀신 들려 앓으며 꼬부라져 조금도 펴지 못하는 한 여자를 고쳐준 일(13:10-17)이다. 이때 예수께서는 이 여자를 '아브라함의 딸'이라고 부르며 안식일에 이 매임에서 푸는 것이 합당하지 아니하냐(13:16)고 한다. 혈루병 여자 역시 경제적 고통에, 신체적 고통에, 정신적 고통에 사회적 고립의 고통 속에서 벗어나는 일이 합당하였기 때문에 예수께서 여자를 '병에서 놓여 건강하게'(막5:34)한 것이라 하겠다. 예수께서 딸이라 부르심은 질병으로 인해 성소에 들어갈 수 없었던 혈루증 여자 즉 부정한 여자가 하나님께 나아갈 수 있는 정결한 여자가 되었다는 확인의 호칭일 수 있다.	• 로마 황제 하드리안(AD117-138재위): Vita hadriani 25장에는 하드리안 황제가 나이 많은 장님과 마주쳤을 때 열병이 치료되고 눈을 떠서 보게 되었다는 이야기가 있다. • 신32:39 이제는 나곧 내가 그인 줄 알라 나 외에는 신이 없도다 나는 죽이기도 하며 살리기도 하며 상하게도 하며 낫게도 하나니 내 손에서 능히 빼앗을 자가 없도다

구분	내용	비고
	5. 마태에서의 예수께서는 '딸아 안심하라'고 한다. 마가, 누가는 '평안히 가라'고 한다. 마태, 누가는 이어서 '네 믿음이 너를 구원하였다'고 한다. 공관복음 공통기사의 하나로 중풍병자를 고친 이야기가 있다. 그런데 여기서 마태만이 '작은 자여 안심하라 네 죄 사함을 받았느니라'(9:2)라고 한다. 마태의 특징인 안심하라(민경식)고 한 것이다.	

3.3 회당장 야이로의 딸을 살리다

구분	내용	비고
본문의 특징	1. 마태, 마가, 누가 모두 회당장 야이로의 딸을 살린 이야기에 혈루증 여자 치유의 기적 이야기가 들어있다. 공관복음서들은 예수께서 만성질병은 물론 죽음까지도 지배하는 분임을 말하고 있다. 그런데 두 이야기에는 열둘이라는 숫자가 나오는데 혈루증 여자는 혈루증으로 열두 해를 앓았고 야이로의 딸은 열두 살이었다고 한다. 열둘은 두 이야기의 연결고리의 하나이다. 또한, 누가는 하나밖에 없는 자식이라고 한다. 나인성 과부의 아들이 독자(7:12)이고 회당장 야이로의 딸은 외딸(8:42)이다. 2. 두 이야기의 주제는 믿음이다. 예수께서는 혈루증 여자에게 네 믿음이 너를 구원하였다고 하고 회당장 야이로에게는 두려워 말고 믿기만 하라고 한다(막5:36, 눅8:48). 믿음으로 죽음이나 병도 극복할 수 있다는 것이다. 3. 마태, 마가에서 예수께서 사람을 살린 유일한 이야기가 회당장 야이로의 딸을 살린 것이다. 그러나 누가에서는 나인성 과부의 아들을 살린 것과 야이로의 딸을 살린 것 두 가지가 있다. 4. 믿음으로 죽은 사람이 살아날 수 있다는 것은 기적 중에서 기적이라 하겠다. 혈루증 여자의 믿음은 예수의 옷 가에 손을 대어도 구원을 얻으리라고 생각한 믿음(막5:28)이었고 회당장의 믿음은 예수께서 죽어가는 자기 딸(마가, 누가 그러나 마태는 이미 죽었다고 한다) 위에 손을 얹으사 구원을 받아 살게 되리라(마9:18, 막5:23)고 믿은 믿음이었다. 5. 두 이야기에서 혈루증 여자와 회당장 야이로는 부족하고 불완전한 믿음을 가졌지만, 예수께서는 믿음 자체만을 보고 완벽하게 치료해 주고 또한 살린다. 혈루증 여자의 경우는 스스로 혈루의 근원이 말랐다(막5:29)고 하고 일어나 걸은 야이로의 딸에게는 예수께서 먹을 것을 주라(막5:43, 눅8:55)고 한다. 6. 누가에만 있는 기사인 나인성 과부의 아들을 살리니 사람들은 큰 선지자 하나가 우리 가운데 일어났다고 하고 하나님께서 자기 백성을 돌보셨다고 하는데 예수에 대한 소문이 유대와 사방에 퍼졌다(눅7:16-17)고 한다. 그러나 회당장 야이로의 딸을 살린 예수께서는 이 일을 아무에게도 말하지 말라고 경고하였다(막5:47, 눅8:56). 그럼에도 불구하고 그 소문은 온 땅에 퍼졌다고 한다(마9:26)	• 회당: 회당은 바빌론 포로 이후 유대인들이 시작한 것으로 알려져 있다. 그러나 BC 2세기 바리새인들이 등장하면서 생겨난 기관이라는 주장도 있다. 회당, 시나고규는 syn함께 ago인도하다, 데려가다의 합성어로서 가장 10명이 모일 수 있는 곳이면 설립할 수 있다. • 회당은 베트 암 백성의 집으로 불렸고 그에 합당하게 공동체 모임이나 법정을 위한 장소로 사용되었다. 회당은 디아스포라의 경우 성전을 대신하는 기능도 하였다.
배경	1. 마태는 예수께서 이 말씀을 할 때에 한 관리가 있었다고 한다. 여기에서 이 말씀이란 앞 절에 요한의 제자들이 예수께 어찌하여 당신의 제자들은 금식을 하지 않느냐는 질문을 받고 제자들을 변호하기 위해 말씀을 하였다. 즉 예수께서는 새 포도주는 새 부대에 넣어야 한다고 새 시대의 새로운 삶의 형태를 말씀하실 때이었다. 2. 마가와 누가는 예수께서 갈릴리 건너편 거라사에서 군대 귀신 들린 자를 치유한 다음 다시 배를 타고 맞은편 유대인들 사는 지역으로 돌아왔다고 한다(막5:21, 눅8:37). 마가는 이때 큰 무리가 예수에게로 모여들었고 예수께서는 아직 바닷가에 있을 때에 한 사람이 찾아왔다(5:22)고 한다. 누가는 돌아오는 예수를 무리가 환영하고 예수를 기다렸다고 한다(8:40).	• 누가에는 예수께서 안식일에 나사렛회당에서 이사야서를 읽고 나서 책을 덮어 그 맡은 자 즉 핫잔에게 주고 앉았다(4:16-20)는 기사가 있다.

회당장	1. 야이로는 히브리어 야이로의 헬라어 음사로써 그는 깨우치신다, 빛나게 하신다의 뜻이라고 한다. 2. 예수께서 딸을 살린 야이로에 대해 마가는 회당장(5:21)이라 하고 누가는 회당 지도자들 중 한 사람(8:41)이라고 한다. 회당은 보통 3명의 회당장이 관할하는데 그중에 하나라는 것 같다. 마태는 이름을 말하지 않는 관리 즉 아르콘이라고 하는데 이 말은 여러 종류의 직무를 가리킨다. 여기서는 한 지방의 행정책임자 또는 장로 가운데 한 사람을 의미할 수도 있다. 이 직책에 대해 공동번역은 '한 회당장'이라 하고 새번역은 '지도자 중 하나인 사람'이라고 한다. 마태의 아르콘은 회당장과 같은 유대 사회의 유지이고 지도자임에 틀림없을 것이다.	• 회당 내의 핫잔(hazzan)은 두루마리 관리를 맡은 사람을 말하는데 나팔소리로 안식일의 시작과 끝을 알리며 청소도 하였다.
예수의 발아래 엎드린 회당장	1. 회당장은 지역사회의 유지이고 지도자이다. 그런 야이로가 예수께 왔다. 마태는 절하며 말하였다고 하고 마가와 누가는 예수의 발아래 엎드렸다고 한다. 초대교회 신자들에게는 회당장이 예수께 엎드렸다는 것은 당연하면서도 놀라운 일이었다. 2. 남의 발 가에 엎드린다는 것은 첫째로 무엇보다 자기를 낮추고 상대를 높이는 자세이다. 둘째로 상대에게 복종하겠다는 뜻을, 복종하겠다는 결심을 보여주는 태도이기도 하다. 엎드리다의 핍토는 자기를 완전히 부인하는 것, 마치 노예가 주인에게 경배하는 모습이라고 한다. 이 단어는 이외에도 건물이 무너지다, 자신을 내던지다라는 의미를 갖고 있다고 한다. 3. 마가와 누가는 회당장의 딸 이야기의 시작 전 예수께서는 큰 무리(마가) 또는 무리(누가)와 함께 있다고 하였는데 무리들이 보는 데서 체면이 있고 지위가 있는 회당장이 예수의 발 아래 엎드린 것은 첫째로 예수를 대단히 능력 있는 분으로 알고 있다는 것이고 둘째는 자신의 자존심이나 의례와 의식을 갖추기에는 너무나 급박한 상황이었기 때문이라 하겠다. 4. 마태, 마가, 누가는 예수께서 거라사에서 군대 귀신을 들린 사람을 치유한 것에 대해 온 시내(마8:34), 읍내와 여러 마을 사람들(막5:14), 그리고 영내와 마을 사람들(눅8:34)이 어떻게 되었는지를 보러 와서 두려워한다(막5:15, 눅8:35). 누가는 거라사 땅 근방 백성이 크게 두려워하여 예수께 떠나가기를 구했다(눅8:37)고 한다. 이처럼 예수는 두려운 존재이었으나 회당장에게는 그의 능력이 절대적으로 필요하였기에 예수의 발아래 엎드린 것이다.	**마13:15** 이 백성들의 마음이 완악하여져서 그 귀는 듣기에 둔하고 눈은 감았으니 이는 눈으로 보고 귀로 듣고 마음으로 깨달아 돌이켜 내게 고침을 받을까 두려워함이라 하였느니라
야이로의 요구	1. 마가에서의 회당장 야이로는 예수께 '간곡히' 말씀드린다. 누가에서는 예수께서 '자기 집에 오기를 간구'하였는데 그 이유는 열두 살 된 외딸이 죽어가기 때문이었다. 마태는 내 딸이 방금 죽었는데 오셔서 그 몸에 손을 얹어 주시면 살아날 것이라고 한다. 마가는 내 어린 딸이 죽게 되었사오니 오셔서 그 위에 손을 얹으사 그로 구원을 받아 살게 하소서라고 한다. 2. 마태에서의 야이로는 딸이 실제로 방금 죽었다고 말하는 것이라기 보다는 마가, 누가의 경우처럼 죽어가고 있다는 것을 강조하고 있는 것으로 보인다. 만약 실제로 죽었다면 죽은 자에게 손을 얹어 달라고 하는 것은 유대인의 정결 예법상 있을 수 없는 일이라 하겠다. 3. 야이로의 요구는 '딸이 죽을 지경에 이르렀습니다. 그러니 예수께서 그의 몸에 손을 얹으시면 구원을 받아 살게 될 것입니다. 우리 집에 가 주십시오'라는 것이다. 야이로는 예수를 구원자요, 살게 하는 능력을 가진 분으로 확신하고 예수께서 딸에게 손을 얹어 주기를 간구하였던 것이다. 그렇게 해 주신다면 마태에서는 '방금 죽은 딸이 살아나겠나이다'(9:18)라 하고 마가에서는 죽게 된 딸이지만 구원을 받아 살게 될 것이라(5:23)고 한다.	**막16:18** 뱀을 집어 올리며 무슨 독을 마실지라도 해를 받지 아니하며 병든 사람에 손을 얹은즉 나으리라

	4. 야이로는 몸에 손을 얹는 것이 치유의 방법이라고 알고 있다. 누군가에게 손을 대는 행위는 복을 전달하고 치유를 하는 상징적 행위이다. 예수께서 나병환자(마8:2, 막1:41, 눅5:13)를 고칠 때에 손을 내밀어 그에게 대신다. 마가에만 있는 기사인데 벳세다 사람들은 맹인 한 사람을 데리고 예수께 나아와 손대시기를 간구한다(막8:22). 그래서 예수께서는 그의 눈에 침을 뱉고 안수한다. 여기서 안수하다에 대해 공동번역과 새번역 모두 손을 얹으셨다 즉 손을 대었다는 것이다. 5. 마가의 추가기사로 알려진 16장 후반부에는 식사하는 열두 제자에게 나타난 예수께서 복음전파의 사명과 함께 믿는 자들이 일으킬 기적의 하나로서 '병든 사람에게 손을 얹으면 나으리라'(16:18)고 한다.	
야이로의 딸이 죽다	1. 야이로의 호소를 듣고 예수께서 일어나 따라가는데 마태는 제자들도 갔다고 한다(9:19). 마가는 예수께서 배를 타고 왔는데 모였던 큰 무리(5:21)가 역시 따라가며 에워싸 밀었다(5:24)고 한다. 누가는 예수를 환영하고 기다리던 무리(8:40)가 예수께서 갈 때에 밀려들었다(18:42)고 한다. 2. 마태에서의 한 관리는 내 딸이 방금 죽었다고 하여 예수께서는 그 관리의 집으로 향하였다고 한다. 마가, 누가는 계속해서 무리들이 예수를 에워싸고 밀고(마가) 밀려들었다고 한다. 마가, 누가는 거라사의 군대 귀신을 축출한 기사에서 귀신 들렸다가 고침 받은 사람이 예수께서 탄 배에 함께 하려 했으나 예수께서는 집으로 돌아가라고 한다. 그때 예수께서는 하나님이 네게 어떤 일을 하였는지를 가족에게 알리라(막5:1, 눅8:39)고 한다. 그러자 그는 예수께서 자기에게 어떻게 큰 일을 행하셨는지를 온 성(눅8:39)에, 데가볼리(막5:20)에 전파하였다고 한다. 이 무리들은 예수의 소문을 들었기 때문에 회당장 야이로가 예수께 자기 딸을 살려달라고 호소하는 것을 보았고 또한 예수께서 야이로를 따라가는 것을 보고 무슨 일이 일어날지 궁금해서 무리들이 예수를 에워싸고 밀며 함께 따라간 것이다. 혈루증 여자 역시 예수의 소문(막5:27)을 듣고 온 것이다. 3. 그런데 그 와중에 혈루증 걸려 오랫동안 고생하던 여자가 무리 속에서 아무도 몰래 예수의 옷에 손을 대는 일이 벌어진다. 이 일로 인해 예수께서 야이로의 집에 가는 걸음이 지체되었다고 볼 수 있다. 마가, 누가는 예수께서 아직 말씀할 때 회당장의 집에서 사람이 와서 당신의 딸이 죽었다고 한다. 혈루증 여자의 일로 인해 회당장의 딸은 치유의 타이밍을 놓치고 죽고 말았던 것이다. 요한복음에는 예수께서 죽은 나사로를 살리는 표적 이야기가 나오는데 예수께서는 베다니로 가기 전 계시던 곳에서 이틀을 더 유한다. 그런데 이렇게 지체된 것 자체도 예수의 의도라고 볼 수 있다. 4. 이 이야기가 여기에 들어온 이유는 무엇일까. 무엇보다도 예수가 어떤 분인가를 드러내기 위함이다. 예수께서는 세상에서 쉽게 고치지 못하는 만성질병을 가졌거나 죽었다고 하는 사람까지도 살리는 능력을 갖고 있다는 것이다. 또한, 이 이야기는 믿기만 하는 것이 중요하다는 것을 말하고 있다. 예수의 능력의 범위와 그 대상이 되는 사람의 자세, 태도 등을 비교, 대조하기 위하여 이 두 이야기를 연결시켰다고 하겠다.	• 사복음서에서 샌드위치 구조의 이야기로는 혈루증 여인의 치료와 회당장 야이로의 딸을 살리신 이야기 외에도 마가복음에서 무화과를 저주하는 이야기 다음에 성전정화 그리고 다시 무화과가 마른 이야기(막11:12-25)가 있다.
믿기만 하라	1. 마가, 누가는 회당장의 집에서 사람이 와서 딸이 죽었다고 하며 예수께서 오실 필요가 없다는 의미에서 선생을 더 괴롭게 하지 말라고 한다(막5:35, 눅8:49). 이때 마가는 예수께서 '곁에서 들으시고'라고 하고 누가는 '들으시고'라고 한다. 예수께서는 회당장의 집에서 온 사람들이 야이로에게 보고를 하며 권고를 하는데 마가의 표현을 보면 못 들은 척 하고 야이로에게 말씀한다. 2. '두려워하지 말고 믿기만 하여라'(막5:36, 눅8:50)는 것이 예수께서 야이로에게 한 말씀인데 지금은 좌고우면할 때가 아니라는 것이다. 두려워하다는	

	마가에서의 혈루증 여자가 예수께 나올 때의 모습(막5:33)이다. 혈루증 여자는 하나님의 일을 행하는 예수 즉 신적 능력을 가진 예수께 나오며 두려워 떨었다고 한다. 그러나 여기서는 딸의 죽음에 대한 두려움이라 하겠다. 아무튼 두 이야기는 십이 년이라는 숫자 이외에도 이렇게 서로 연결되어 있다. 3. 누가는 두려워하지 말고 믿기만 하라에 이어 '그리하면 딸이 구원을 받으리라'고 한다(눅8:50). 믿음과 구원의 관계는 예수께서 혈루증 여자에게 딸이라고 부르며 '네 믿음이 너를 구원하였다'(막5:34, 눅8:48)고 한 바 있다. 혈루증의 여자도 또한 네 딸도 모두 아브라함의 딸(눅13:16)이고 이들 모두 병이나 죽음의 매임에서 풀리는 것이 합당한 일인 것(눅13:16)이다.	
회당장의 집에 들어가다	1. 예수께서는 곧바로 회당장의 집에 들어가는데 마가는 제자 중 세 명 즉 베드로, 야고보, 요한 외에는 따라오지 못하게 하였다고 하고 누가는 세 제자와 부모 이외에는 집에 들어가는 것을 허락하지 아니하였다고 한다. 예수를 에워싸며 미는(막5:24, 눅8:42) 상황에서 무슨 일을 할 수 있겠는가. 2. 회당장의 집에 들어간 예수께서 본 것에 대해 마태는 피리 부는 자들과 떠드는 무리를, 마가는 떠드는 것과 사람들이 울며 통곡하는 것을, 누가는 아이를 위하여 울고 통곡하는 것이라고 한다. 예수께서는 회당장의 집이 이미 장례식 분위기인 것을 본 것이다. 3. 비록 이스라엘의 가장 가난한 사람들이라도 당시 장례를 위해서는 두 명의 피리 부는 사람과 통곡하는 여자 한 사람을 쓰지 않으면 안 되었다고 한다. 마태에서는 언급된 피리 부는 자들은 장례식장의 분위기에 맞추어 슬픈 곡을 연주하였을 것이다. 그런데 이들은 잔칫집에서도 연주하였다(마11:17). 마가에서의 예수께서는 떠드는 것, 트뤼보스 즉 소동 혹은 요란함과 심히 통곡하는 것을 본다. 이런 행위들은 당시 유대인들이 죽은 자를 위하여 하던 관습이라 하겠다. 예수께서도 나사로가 죽었다는 소식을 듣고 베다니에 가서 처음으로 눈물을 흘린다(요11:33-35). 마가, 누가에는 사람들이 통곡하였다고 하는데 아마도 직업적으로 곡을 하는 곡쟁이도 있었을 것으로 보인다. 4. 이들을 향해 예수께서는 물러가라(마태)고 하고 어찌하여 떠들고 우느냐(마가)고 하며 울지 말라(누가)고 한다. 예수께서는 독자를 잃은 나인성 과부에게도 울지 말라고 하였다. 예수께서 회당장 집에 있던 무리들을 물러가라(마태)고 하는데 믿음이나 구원에 관심이 없는 이들이 있을 곳이 아니라는 것이다. 5. '어찌하여 떠들고 우느냐, 울지 말라'는 말씀은 죽음에 대한 인식의 전환을 요구하는 것이다. 죽음은 떠들고 운다고 해결할 수 있는 문제가 아니고 그렇게 운다고 해서 진정으로 위로를 받을 수 있는 것도 아니기 때문이다.	• 곡쟁이, 곡녀: 상갓집에서 가장 큰 부조는 곡 부조라고 하였다. 죽은 사람이 편히 세상을 떠나기 위해 곡을 하였다. 곡쟁이는 동서고금을 통해 나타난다. 고대 중동은 곡쟁이의 수고로 고인의 위상이나 애달픔의 정도를 가늠하였다고 한다. 일본에서는 나키온나라고 부르는데 우는 정도에 따라 다섯 홉 나키온나, 한 되 나키온나 등의 차별이 있었다고 한다.
아이가 잔다	1. 예수께서는 소녀가 죽은 것이 아니라 잔다(마태), 이 아이가 죽은 것이 아니라 잔다(마가), 죽은 것이 아니라 잔다(누가)라고 말씀한다. 마태, 마가, 누가는 그들이 예수를 비웃었다고 한다. 2. 회당장의 딸은 마태에 의하면 벌써 죽었고 마가, 누가에 의하면 회당장이 집으로 오는 도중에 회당장의 집에서 사람들이 와서 딸이 죽었다고 알렸다고 한다. 공관복음서 모두 그 딸이 죽었다고 한 것이다. 그러나 예수께서는 회당장에게 두려워하지 말고 믿기만 하라(막5:36), 딸이 구원을 얻으리라(눅8:50) 하고 야이로의 집으로 온 것이다. 3. 회당장의 집에 도착한 예수께서는 초상집 분위기를 걷어낸다. 그래서 물러가라, 어찌하여 떠들며 우느냐, 울지 말라고 한 것이다. 그리고 한 말씀이 아이가 잔다는 것이었다. 피리 부는 자나 곡을 하는 자, 떠드는 자들이 보기에 아이가 분명히 죽었는데 예수께서 잔다고 말씀하니 그들이 죽은 것을 아는 고로 비웃(마9:24, 막5:40, 눅8:53)었다는 것이다.	• 혼수병 또는 강직증 혼수병: 의식을 잃고 인사불성이 되는 병으로 외상이나 병으로 움직이지 못하는 혼수상태를 말한다. 중동지역에서 자주 일어나는 병으로 과거에는 죽은 것으로 보고 매장을 하기도 하였다고 한다. 이 지역에서는 대체로 당일에 장례를 치렀다(신21:23, 행5:6).

4. 헬라어에서는 죽은 자를 잔다고도 한다. 그래서 묘지를 자는 곳(코이메 테리온)이라고 한다. 예수께서는 헬라어의 자는 잠 즉 카태우도라고 한다. 예수께서 소녀 아이가 잠을 잔다고 하였을 때 사람들은 죽음을 부정하는 예수를 비웃었던 것이다.

5. 예수께서는 참으로 아이가 잔다고 생각하였던 것은 아닌가? 만약 그렇다면 예수께서 아이를 흔들어 깨우기만 하면 되는 것이다. 마태의 경우 무리들에게 물러가라(19:24)고 한 예수께서 무리를 다 보낸 후에야(19:25) 소녀의 방에 들어갔다.

　마가의 경우 제자 중 세 명 이외에 아무도 따라오심을 허락하지 아니(5:37)하고 누가는 세 제자와 아이 부모 외에는 함께 들어가기를 허락하지 아니하였다. 믿음과 관계없는 자들, 믿음이 없는 자들을 내보낸 것이다. 베드로가 다비드를 살릴 때도 예수께서 한 것을 따라 사람들을 다 내보낸다. 예수께서는 당연히 아이가 죽은 것을 알았기 때문에 그를 살리기 위한 예비행위, 기적을 위한 준비 작업을 하였던 것이리라.

6. 예수에게는 죽음이나 잠이나 마찬가지이기에 죽은 아이를 보고 잔다고 한 것이다. 예수에게 죽음은 마지막이 아니다. 잠자는 사람을 깨울 수 있듯이 죽음을 맞이한 사람을 일으킬 수 있는 것이다, 예수께서 죽은 사람을 보고 잔다고 한 것은 예수 자신이 죽음보다 더 큰 능력을 가지고 있다는 것을 감안하여 한 말씀이다.

7. 요한복음에는 나사로의 누이들이 예수께 사람을 보내 나사로가 병들었다고 알려온다. 그 후에 예수께서는 나사로가 죽은 것(11:14)을 '우리 친구 나사로가 잠들었도다'라고 하자 제자들은 잠들어 쉬는 것을 가리켜 말씀하신 줄로 생각하고(11:13) 주여 잠들었으면 낫겠나이다(11:12)라고 한다. 이처럼 예수께서는 제자들과의 어눌한 대화를 통해서도 말씀의 핵심을 정리해 주었다. 예수의 능력은 죽음을 초월하는 능력, 죽음 그 이상의 능력인 '생명을 얻게 하고 더 풍성히 얻게 하는'(요10:10) 능력을 갖고 있기 때문이라 하겠다.

달리다굼	1. 마태에서의 예수께서는 소녀 아이의 손을 잡는다. 손을 잡으니까 일어났다고 한다. 마태에서의 예수께서는 손을 잡지 않고 베드로의 장모를 열병에서 낫게 한다(8:15). 베드로 장모의 치유에 대해 마가는 손을 잡아 일으켰다(1:31)고 하고 누가는 열병을 꾸짖어서 병이 떠나게 하였다(눅4:39)고 한다.

2. 회당장의 딸에 대해서 마태, 마가, 누가 모두 예수께서 손을 잡고 말씀하였다고 한다. 원칙적으로 죽은 사람과 접촉하는 것은 안 된다. 예수께서 소녀 아이의 손을 잡았다는 것은 혈루증 여자가 옷에 손을 댄 것과 같은 효과가 있었을 것이다. 예수의 능력이 빠져나가 야이로의 딸에게로 갔을 것이라고 상상할 수 있다. 치유와 회복의 근원인 예수와 접촉함으로써 사망의 권세는 물러나게 된다. 그러나 치유와 회복을 위해 꼭 접촉할 필요는 없으나 여기서는 혈루증 여자와 연결시키기 위한 것으로 보인다.

　요한복음에 있는 죽은 나사로를 살리는 예수는 돌이 옮겨진 무덤 앞에서 큰 목소리로 나사로야 나오라고 부른다(11:43). 이처럼 예수의 권능은 그 방법과 전혀 관계없이 죽음을 이기게 하고 생명을 갖게 하는 것이다.

　3. 마가, 누가는 예수께서 아이야 일어나라(막5:41, 눅8:54)고 하니 곧 일어났다고 한다. 마가는 특별히 예수께서 아람어로 '달리다굼'talithakoum 즉 '소녀야 일어나라'는 말을 하였다고 한다. 아람어의 사용은 예수가 어떤 마법적인 주문을 하고 그것을 마가가 옮겨 놓았다고 보기보다는 헬라어를 사용하는 마가공동체에게 역사적인 현장감을 느끼게 하려는 의도에서 비롯된 것으로 추측할 수 있다(서중석).

• 부활의 신앙을 가진 현대 기독교인들은 '어찌하여 떠들고 우느냐, 울지 말라'고 하신 예수의 말씀에 따라 장례를 치른다. 기독교인에게 죽음은 잠인 것이다. 사도 바울 역시 '소망 없는 다른 이와 같이 슬퍼하지' 말라고 한다(데전4:13).

• 사도행전에는 베드로가 여제자를 살리는 이야기가 있다. 욥바의 다비다라고 하는 여제자가 선행과 구제하는 일이 심히 많더니 병들어 죽는다. 룻다에서 급히 달려온 베드로는 무릎을 꿇고 기도하고 돌이켜 시체를 향하여 일어나라고 한다. 다비다는 눈을 떠 베드로를 보고 일어나 앉았다고 한다(행9:36-40).

	4. 누가 역시 특별히 영이 돌아와 아이가 곧 일어났다(8:55)고 한다. 영은 프뉴마로서 히브리어 '네테쉬'가 함의하고 있는 뜻에 따라 생명력을 의미한다. 즉 영이 돌아왔다는 것은 생명이 돌아왔다는 것이다(김호경).	• 민수기5:1-3에는 나병환자, 유출증자, 주검으로 부정하게 된 자를 다 진영 밖으로 내보내라고 한다. 민수기 19:11에 의하면 예수는 주검으로 부정하게 된 자로서 칠일 동안 부정한 것이다.
	5. 마가만이 소녀가 곧 일어나 걸으니 '사람들이 크게 놀라고 놀랐다'고 한다. 예수께서 일어나라고 한 명령에 죽었던 소녀가 살아나서 일어나 걸었다는 것이다. 사람들이 놀라고 놀란 것은 예수의 신적 권능이 구현되는 것을 직접 목도하였기 때문이다. 소녀가 걸었다는 것은 완전히 다시 살았다는 실체적 증거인 셈이다.	
	6. 누가는 그 부모가 놀랐다(8:56)고 한다. 그런데 이 모습은 혈루증의 여자가 떨며 나아가 엎드린(8:47) 것과는 비교되는 행위이다. 여기에서의 놀라다, 엑시스테미는 깜짝 놀라다, 마음이 혼란스럽다 등의 의미를 가진다. 그것은 신적인 능력에 대한 놀라움이 아니라 생각하지 않은 일이 일어난데 대한 반응이다. 이와 같은 부모의 태도 때문에 예수께서는 회당장의 집에 오기 전에 '두려워하지 말고 믿기만 하라'고 말씀한 것은 아닐까 짐작해 본다.	• 예수에게는 야이로의 딸이 죽은 자가 아니라 잠을 자는 자이다.
	7. 마가, 누가는 예수께서 소녀에게 먹을 것을 주라고 하였다고 한다. 이것 역시 사람이 살아났다는 증거이다. 마태에는 회당장의 딸을 살린 소문이 온 땅에 퍼졌다(9:26)고 한다. 그러나 마가, 누가에서의 예수께서는 이 일을 아무도 알지 못하게 하라고 그들에게 경고하였다고 한다.	
	8. 예수께서 병자를 고치시는 일뿐 아니라 죽은 사람까지 살린다고 하면 어떤 일이 벌어지겠는가? 예수께서 거라사의 군대 귀신 들린 사람을 치유하였을 때 사람들은 그 사실을 보고 거라사 근방 백성들이 크게 두려워하고(막5:15, 눅8:35) 또한 두려워하며(눅8:37) 예수께 그 지방을 떠나라(막5:17, 눅8:37)고 간구하지 않았던가.	

4. 심층연구: 다시 살리심

1. 죽은 사람이 살아났다는 이야기는 옛날에도 있었고 지금도 있다. 일반적인 부활은 생명활동이 완전 정지된 생명체가 소생하여 다시 살아나는 것을 말한다.

2. 어떤 이유로 사망 처리된 사람의 후에 생존이 확인되면 서류상으로 이 때 부활이라고 기재된다.

3 예수께서 복음서에서 나인성 과부의 아들이나 야이로의 딸, 그리고 나사로를 살린 것을 부활이라고 하지 않는다. 예수께서는 죽을 수밖에 없는 존재를 회복시켜 준 것으로 다시 살아난 것에 해당된다.

4. 부활은 종말론적 개념으로서 죽음이 없는 영생으로 들어간다는 의미이다.

5. 예수께서 죽은 자 가운데서 살아나셨다(고전15:12). 그런데 '육의 몸으로 심고 신령한 몸으로 다시 살아나나니 육의 몸이 있은즉 또 영의 몸도 있다(고전15:44)고 한다. 즉 이전과 다른 몸으로, 변화된 몸으로 지상에 머무르다가 승천하여 하나님 오른편에 앉았다고 우리는 믿는다.

6. 기독교 교인에게 부활은 가장 중심이 되는 믿음이다. 우리는 장차 예수 그리스도와 같은 부활에 참여할 것(고전15:52)을 믿는다.

7. 예수의 죽음은 새 언약과 구원을 여는 사건이었고 예수의 부활은 마지막 때에 있을 하나님 백성의 부활의 시작인 동시에 또한 하나님의 새 창조의 시작이라 하겠다.

5. 집중탐구: 곡하다

구분	내용	비고
이삭이 죽을 때	1. 이삭이 야곱에게 축복한 그 축복으로 말미암아 에서가 야곱을 미워한다. 그리고 에서가 임종에 이르기를 아버지를 곡할 때가 가까운즉 그때가 되면 내 아우 즉 야곱을 죽이겠다고 한다. 이삭의 부인 리브가는 이 말을 듣고 야곱을 자기 친정 오빠인 라반에게 보낸다.	창세기 41-42장

	2. 여기서 아버지를 곡할 때란 말은 아버지 이삭이 죽을 때를 말한다.	
야곱이 죽을 때	1. 야곱이 자신의 매장지에 대해 유언을 하고 죽자 요셉은 아버지의 몸을 향으로 처리하게 한다. 이때 애굽 사람들은 칠십일 동안 야곱을 위하여 곡하였다고 한다. 곡하는 사람의 수와 기간은 돌아간 사람의 신분에 따라 다르다고 한다. 야곱은 애굽의 총리대신의 아버지로서 애굽 사람들로부터 최상의 예우를 받았던 것이다. 2. 요셉이 자기 아버지를 장사하러 올라가는데 바로의 모든 신하들과 바로궁의 원로들과 애굽 땅의 모든 원로와 요셉의 온 집단과 그의 형제들과 그의 아버지의 집이 그와 함께 올라가고 병거와 기병이 요셉을 따라 올라가니 그 떼가 심히 컸더라고 한다. 3. 그들이 요단 강 건너편까지 와서 크게 울고 애통하며 요셉의 아버지를 위하여 애곡하였다고 한다.	창50:1-3 창50:7-9 창50:10-11
유대 백성을 위하여 (예레미야)	1. 예레미야는 예루살렘의 파멸에 대해 백성들의 죄로 말미암아 스스로 자초한 것이라는 것과 하나님의 가혹한 처벌이었을 것이라고 한다. 2. 예레미야는 유대 백성에게 임하고 있는 이 슬픈 재난을 애곡하도록 곡하는 부녀들을 부르라고 한다. 진정으로 애곡하는 사람들의 부족을 메꾸기 위해서라 하겠다. 장례식에 고용되었던 지혜로운 부녀들도 불러서 우리를 애곡하게 하라고 한다. 그들로 하여금 우리의 눈에서 눈물이 떨어지게 하고 우리 눈꺼풀에서 물이 쏟아지게 하라는 것이다. 3. 그제서야 하나님의 처벌을 눈앞에 둔 백성들이 깨닫는다는 것이다. '시온에서 통곡하는 소리가 들리기를 우리가 아주 망하였구나 우리가 크게 부끄러움을 당하였구나' 한다.	렘9:17-18 렘9:19
양떼를 위하여 (스가랴)	1. 스가랴 역시 예루살렘의 멸망 예언을 은유적으로 말하고 있다. '레바논아 네 문을 열어라'라는 말은 레바논의 백향목으로 지어진 성전에 이방인이 침입한다는 것으로 보아야 한다. 또한, 스가랴는 너 잣나무여 곡할지어다. 바산의 상수리나무들아 곡할지어다라고 하는데 유대인들의 멸망과 고통을 말하는 것으로 보아야 할 것이다. 2. 결과적으로 목자들의 곡하는 소리가 난다고 한다. 예언자들은 하나님의 양 떼를 보호해야 하는데 그들이 곡소리를 낸다는 것이다.	슥11:1-2 슥11:7-9
야이로의 딸이 죽었을 때	야이로의 딸이 죽었을 때 마가, 누가는 사람들이 통곡하였다고 한다. 마가는 심히 통곡하였다고 하고 누가는 아이를 위하여 울며 통곡하였다고 한다.	막5:35-39 눅8:49-52
나사로가 죽었을 때	죽은 나사로의 자매 중 마르다는 예수께서 오신다는 말을 듣고 예수를 맞이하러 먼저 갔다. 그리고 예수께서 마리아를 부르신다는 말씀을 듣고 예수께 쫓아간다. 이때 마리아가 급히 일어나 나가는 것을 보고 유대인들은 곡하러 무덤에 가는 줄로 생각하고 따라갔다는 것이다.	요11:31

제54절 ✤ 요한복음에서 나사로를 살리신 예수

1. 본문

구분	내용(11:11-45)	비고
잠들었도다	11:11-13 이 말씀을 하신 후에 또 이르시되 우리 친구 나사로가 잠 들었도다 그러나 내가 깨우러 가노라 제자들이 이르되 주여 잠들었으면 낫겠나이다 하더라 예수는 그의 죽음을 가리켜 말씀하신 것이나 그들은 잠들어 쉬는 것을 가리켜 말씀하심인 줄 생각하는지라	죽음에 대한 예수의 입장
죽었느니라	:14-16 이에 예수께서 밝히 이르시되 나사로가 죽었느니라 내가 거기 있지 아니한 것을 너희를 위하여 기뻐하노니 이는 너희로 믿게 하려 함이라 그러나 그에게로 가자 하시니 디두모라고도 하는 도마가 다른 제자들에게 말하되 우리도 주와 함께 죽으러 가자 하니라	믿음(1) 너희로 믿게 하려 함이라
무덤에 있은 지 나흘이라	:17-19 예수께서 와서 보시니 나사로가 무덤에 있은 지 이미 나흘이라 베다니는 예루살렘에서 가깝기가 한 오 리쯤 되매 많은 유대인이 마르다와 마리아에게 그 오라비의 일로 위문하러 왔더니	많은 유대인들이 위문 하러 오다
예수를 맞이하러 간 마르다	:20-22 마르다는 예수께서 오신다는 말을 듣고 곧 나가 맞이하되 마리아는 집에 앉았더라 마르다가 예수께 여짜오되 주께서 여기 계셨더라면 내 오라버니가 죽지 아니하였겠나이다 그러나 나는 이제라도 주께서 무엇이든지 하나님께 구하시는 것을 하나님이 주실 줄을 아나이다	믿음(2) 이제라도 하나님이 주실 줄을 아나이다
다시 살아나리라	:23-24 예수께서 이르시되 네 오라비가 다시 살아나리라 마르다가 이르되 마지막 날 부활 때에는 다시 살아날 줄을 내가 아나이다	
나는 부활이요 생명이다	:25-26 예수께서 이르시되 나는 부활이요 생명이니 나를 믿는 자는 죽어도 살겠고 무릇 살아서 나를 믿는 자는 영원히 죽지 아니하리니 이것을 네가 믿느냐	믿음(3) 나를 믿는 자는 영원히 죽지 아니한다
마르다의 신앙 고백	:27 이르되 주여 그러하외다 주는 그리스도시요 세상에 오시는 하나님의 아들이신 줄 내가 믿나이다	믿음(4) 주는 그리스도시요
예수를 맞이하러 간 마리아	:28-31 이 말을 하고 돌아가서 가만히 그 자매 마리아를 불러 말하되 선생님이 오셔서 너를 부르신다 하니 마리아가 이 말을 듣고 급히 일어나 예수께 나아가매 예수는 아직 마을로 들어오지 아니하시고 마르다가 맞이했던 곳에 그대로 계시더라 마리아와 함께 집에 있어 위로하던 유대인들은 그가 급히 일어나 나가는 것을 보고 곡하러 무덤에 가는 줄로 생각하고 따라가더니	유대인들은 마리아가 무덤에 곡하러 가는 줄로 생각하다
그를 어디에 두었느냐	:32-34 마리아가 예수 계신 곳에 가서 뵈옵고 그 발 앞에 엎드리어 이르되 주께서 여기 계셨더라면 내 오라버니가 죽지 아니하였겠나이다 하더라 예수께서 그가 우는 것과 또 함께 온 유대인들이 우는 것을 보시고 심령에 비통히 여기시고 불쌍히 여기사 이르시되 그를 어디 두었느냐 이르되 주여 와서 보옵소서 하니	마리아: 마르다가 한 말과 같이 '주께서 여기 계셨더라면'이라고 한다
눈물을 흘리시더라	:35-37 예수께서 눈물을 흘리시더라 이에 유대인들이 말하되 보라 그를 얼마나 사랑하셨는가 하며 그 중 어떤 이는 말하되 맹인의 눈을 뜨게 한 이 사람이 그 사람은 죽지 않게 할 수 없었더냐 하더라	유대인들은 그를 죽지 않게 할 수 없었더냐고 한다
무덤에 가시다	:38-40 이에 예수께서 다시 속으로 비통히 여기시며 무덤에 가시니 무덤이 굴이라 돌로 막았거늘 예수께서 이르시되 돌을 옮겨 놓으라 하시니 그 죽은 자의 누이 마르다가 이르되 주여 죽은 지가 나흘이 되었으매 벌써 냄새가 나나이다 예수께서 이르시되 내 말이 네가 믿으면 하나님의 영광을 보리라 하지 아니하였느냐 하시니	마르다의 부족한 믿음을 지적하다 믿음(5) 하나님의 영광을 볼 수 있는 믿음

아버지께 감사하나이다	:41-42 돌을 옮겨 놓으니 예수께서 눈을 들어 우러러 보시고 이르시되 아버지여 내 말을 들으신 것을 감사하나이다 항상 내 말을 들으시는 줄을 내가 알았나이다 그러나 이 말씀 하옵는 것은 둘러선 무리를 위함이니 곧 아버지께서 나를 보내신 것을 그들로 믿게 하려 함이니이다	믿음(6) 하나님께서 보내신 예수를 믿는 믿음
나사로야 나오라	:43-44 이 말씀을 하시고 큰 소리로 나사로야 나오라 부르시니 죽은 자가 수족을 베로 동인 채로 나오는데 그 얼굴은 수건에 싸였더라 예수께서 이르시되 풀어 놓아 다니게 하라 하시니라	
예수를 믿다	:45 마리아에게 와서 예수께서 하신 일을 본 많은 유대인이 그를 믿었으나	많은 유대인이 예수를 믿었다

2. 본문의 특징

구분	내용	비고
구조적 특징	1. 요한복음에서의 예수께서는 죽은 나사로를 살린다. 이 이야기는 죽음에 대한 표현에서 오는 오해와 제자들의 어리석은 질문과 대답으로 시작된다. 마치 수가성 여인과의 대화나 니고데모와의 대화에서처럼 중의적 단어를 사용하는 특유의 방법을 사용하고 있다. 여기에서도 듣는 자에게 오해를 일으키게 하고 더 상세히 설명함으로써 새로운 의미를 강조하고 있다. 2. 생명의 빵에서처럼 이 이야기에서도 주제가 반복되고 있다. 여기서는 믿음이 주제라고 할 수 있는데 요한복음 전체의 특징이라고 하겠다. 믿는다는 동사는 요한복음 전체에서 200회 정도 사용되고 있다. 3. 복음서 중에서 예수의 참 인간성이 가장 잘 나타나 있다. 요한복음은 예수께서 마리아와 함께 온 유대인들이 우는 것을 심령에 비통히 여기시고 불쌍히 여겼다고 한다(11:33). 그러다가 예수께서 눈물을 흘린다(11:34).	• 르낭은 예수께서 나사로를 살리신 일이란 병자 나사로를 죽은 것처럼 가장하고 무덤에 넣었다가 살리게 한 일이라고 한다. 그러나 우찌무라 간조는 나사로는 실존 인물이 아니라고 하는 독일 신학자들과 르낭 등을 강력히 비판하였다.
문학적 특징	1. 누가에 나오는 부자와 거지 나사로의 이야기와는 관계가 없다고 하겠다. 죽은 나사로를 살린 이야기는 부활과 생명에 관한 것이고 부자와 거지 나사로의 이야기는 앞부분에서는 가난한 자를 소홀히 한 것에 대한 경고이고 후반부에서는 하나님 말씀에 무지한 사람들에게 장차 올 진노에 대해 무리를 깨우치게 하기 위한 것이라 하겠다. 2. 이 이야기에서 예수께서는 마르다와 마리아와는 대화를 하지만 정작 나사로와 대화한 것은 없다. 누가에도 마르다와 마리아 이야기(10:38-41)가 나오는데 거기에는 베다니와 나사로에 대한 언급이 없다. 누가에서의 마르다는 예수께 마리아가 자기를 돕지 않는다고 불평하나 오히려 책망을 받는다. 3. 나사로의 자매 마리아가 예수에게 향유를 붓는 이야기는 요한복음 12장에 나오는데 11장 앞에 마리아를 소개하면서 '마리아는 향유를 주께 붓고 머리털로 주의 발을 닦던 자(11:2)'라고 한다. 뒤에 나오는 이야기의 주인공을 앞에서 미리 소개하고 있는 것이다.	• 나사로를 살린 기적 이야기를 누가의 부자와 거지 나사로의 비유에서 발전되었다고 주장하는 이들이 있다. 그러나 비유에서의 거지 나사로와 죽은 자 가운데에서 살아난 나사로 이야기에는 세부 묘사가 너무나 다르다(둔컬리)고 한다.
신학적 특징	1. 요한복음 10장에서 양의 목자(10:2)라고 한 예수께서는 내가 온 것은 양으로 생명을 얻게 하고 더 풍성히 얻게 하려는 것(10:10)이라고 한다. 11장에 나온 죽은 나사로를 살리는 예수는 생명을 주는 분으로서의 실행이라 하겠다. 2. 요한복음에 나오는 일곱 가지 에고 에이미 중 나사로를 살린 이야기에서 다섯 번째가 나온다. 10장에서는 나는 선한 목자(10:14)라고 하고 11장에서는 나는 부활이요 생명(11:25)이라고 하며 예수께서는 수가성 여인과의 대화에서 '내가 그로다'라고 한다(요4:26).	• 죽은 나사로를 살리신 이야기의 주제는 믿음이라 하겠다. 본문 비고난에는 6개의 믿음에 대한 언급이 있다.

구분	내용	비고
	3. 예수께서 나사로를 살린 표적은 예수의 죽음과 부활을 미리 보여주는 예언적 표적으로서 공생애의 마지막 활동에 속한다. 우찌무라 간조는 그리스도께서 행하신 최대의 기적이라고 한다. 예수께서 이 표적을 행한 후 수난의 시기로 들어서게 된다. 나사로를 살린 일로 인해 공회가 열리고(11:47) 예수를 죽이려고 모의(11:38)하게 된다.	• 누가공동체와 요한공동체가 마르다와 마리아, 그리고 나사로에 대해 각기 다른 전승을 가지고 있었던 것으로 보인다.
	4. 나사로는 '예수께서 사랑하는 자'(11:3,5,36)라고 한다. 그러면 마지막 만찬 때 예수의 품에 의지하고 누워 있던 그 제자(요12:23), 그리고 십자가상에서 자기의 어머니를 돌보아 달라고 한 그 제자(요19:26-27) 즉 예수께서 사랑하시는 그 제자인지에 대해서는 알 수 없다. 그러나 나사로를 사랑하신다는 말이 11장에서 3, 5, 36에 세 번 나온다는 점에도 유의할 필요가 있다.	
	5. 제자 요한과 나사로는 밀접한 관계를 가진 인물들로서 요한공동체의 설립에 크게 역할을 하였을 것으로 보인다. 예수께서 사랑하는 제자는 요한복음에서만 등장하는데 나사로라는 주장과 제자 요한이라는 주장이 있다.	

3. 본문이해

구분	내용	비고
배경 ① 영광을 위하여	1. 베다니에 사는 나사로가 병에 걸렸다. 그의 누이들이 예수께 사람을 보내어 나사로가 병들었다고 한다. 이때 예수께서는 '이 병은 죽을 병이 아니라 하나님의 영광을 위함이요 하나님의 아들이 이로 말미암아 영광을 함께 하려 함이라'(11:4)고 한다.	• 요한복음에서 이중적 의미의 말들의 예 3:3-4, 4:10-15, 6:5-7 11:23-26, 14:7-9과 21-22, 16:16-22 등이다.
	2. 무덤 앞에서 마르다는 예수께 '주여 죽은 지가 사흘이 되었으며 벌써 냄새가 나나이다'(11:39)라고 하자 예수께서는 '네가 믿으면 하나님의 영광을 보리라 하지 아니하였느냐'(11:40)고 한다. 죽은 나사로를 살리는 일을 통해 둘러선 무리(11:42)들이 하나님의 영광을 보게 되고 예수 자신도 영광을 받게 되며 종국에는 이 일이 하나님의 영광을 위한 일이 된다는 것이다.	
	3. 제자들은 날 때부터 맹인인 사람이 '누구의 죄로 인함이니까'라고 묻자 '이 사람이나 그 부모의 죄로 인한 것이 아니라 그에게서 하나님이 하시는 일을 나타내고자 하심이라'(요9:1-3)고 예수께서 대답한다. 죽은 나사로를 살리신 일 역시 하나님의 일을 나타내려 한 것이라고 하겠다.	
② 이틀을 더 유하시고	1. 예수께서는 '그 계시던 곳에 이틀을 더 유하시고 제자들에게 다시 유대로 가자 하시니'(11:7) 제자들이 방금도 돌로 치려 하였는데 또 그리로 가려 하느냐고 한다. 예수께서는 '아브라함이 나기 전부터 내가 있느니라 하시어' 유대인들이 돌로 치려 하였던 것이다(요8:58-59). 또한, '나와 아버지는 하나이니라' 하니 다시 돌을 들어 치려 하였다(요10:30-31)고 한다. 이런 일을 겪은 예수께서 또다시 유대로 가자고 하여 제자들이 만류한 것이다.	새번역 렘13:16상 너희는 주께서 날을 어두워지게 하시기 전에 너희가 어두운 산속에서 실족하기 전에 주 너희 하나님께 영광을 돌리라
	2. 예수께서는 낮이 열두 시간이라고 하며 낮에 다니면 실족하지 않는다고 한다. 이 말씀은 예레미야13:16을 반영한 것이라 하겠다. 　낮에 빛 가운데에서 나사로를 위한 표적을 행하겠다는 것이다. 예수께서는 '나는 세상의 빛이니 나를 따르는 자는 어둠에 다니지 아니하고 생명의 빛을 얻으리라'(요8:12)고 말씀한 바 있다. 예수께서 베다니에 갈 때 따라간 제자들은 세상의 빛을 따라가서 생명의 빛을 얻었을 것이다.	
	3. 이틀을 더 유하고 베다니로 출발하기 전 예수께서는 '내가 거기 베다니에 있지 아니한 것을 너희를 위하여 기뻐하노니 이는 너희로 믿게 하려 함이라'(11:15)고 한다. 그런데 이 말씀 직전에 나사로가 죽었다고 한다(11:14). 예수께서 유대인의 위협을 무릅쓰고 일찍 베다니에 갔다면 나사로의 병을 고쳤을 것이다. 이런저런 이유로 베다니에 가지 못하는 동안에 나사로는 죽었고	

	그 죽음이 너희의 믿음을 위해서라고 한다. 이것은 아마도 '내 뜻을 행하려 함이 아니요 나를 보내신 이의 뜻을 행하려 함'(요6:38)이었을 것이다.	
베다니로 가다 ① 나사로가 잠들었도다	1. 예수께서는 나사로의 누이들로부터 또 다른 전갈을 받지 아니하였다. 예수께서는 베다니로 출발 전에 '우리 친구 나사로가 잠들었도다 그러나 다시 깨우러 가노라'(11:11)고 한다. 제자들은 '주여 잠들었으면 낫겠나이다(11:12)라고 대답한다. 예수께서는 나사로의 죽음을 가리켜 말씀한 것이다. 제자들은 예수의 말씀대로 나사로가 잠들어 자는 것으로 생각하였다고 한다(11:13). 2. 그래서 예수께서 밝히 말씀하기를 나사로가 죽었다(11:14)고 한다. 요한복음에서 예수께서는 이중적인 의미를 지닌 단어를 사용하여 상대가 오해하였을 때 다시 설명함으로써 분명하게 이해하도록 하고 있다. 여기서는 예수께서 나사로가 잔다. 그러나 내가 깨우러 간다고 하였을 때 제자들은 충분히 나사로의 죽음을 예상할 수 있었다. 예수께서 유대인들의 위협을 무릅쓰고 잠을 깨우러 간다고 하였을 리가 없지 않은가. 3. 요한복음 10장에서 예수께서는 '나는 선한 목자라'(10:11)고 하며 내가 온 것은 양으로 생명을 얻게 하고 더 풍성히 얻게 하려는 것이라(10:10)고 한다. 죽은 나사로에게 생명을 얻게 하기 위하여 베다니로 출발하는 예수의 모습을 상상할 수 있다.	• 예수께서 회당장 야이로의 딸을 살릴 때에도 아이가 죽은 것이 아니라 잔다고 하여 그들이 죽은 것을 아는 고로 비웃었다고 한다. • 사도 바울은 죽은 자들을 자는 자(데전 4:13) 또는 잠자는 자들(고전15:20)이라고 한다.
② 주와 함께 죽으러 가자	1. 예수께서 나사로에게 가자고 하니 도마가 다른 제자들에게 주와 함께 죽으러 가자고 한다(11:16). 예수께서 유대로 다시 가자(11:7)고 한 것과 그에게로 가자(11:15)고 한 것은 같은 말씀을 반복한 것이다. 도마는 예수께서 한 말씀처럼 믿음을 얻게 될 것(11:15)을 기대하였을 수도 있다. 그러나 도마와 제자들은 사지에 들어가는 처지이었기에 죽으러 가는 각오 없이는 예수를 따를 수 없었을 것이다. 또한, 결과적으로 나사로를 살린 일로 인해 공식적으로 공회가 열리고 예수를 죽이려는 모의(11:53)를 하게 된다. 예수께서 베다니에 감으로써 자신의 죽음을 재촉한 것이 되고 말았다. 2. 도마와 베드로는 비교된다. 감람산에서 예수께서는 너희가 다 나를 버리리라고 말씀한다(마26:30, 막14:27). 그때 베드로는 모두 주를 버릴지라도 나는 결코 버리지 않겠나이다(마26:33), 나는 그리하지 않겠나이다(막14:29), 내가 주와 함께 옥에도 죽는 데에도 가기를 각오하였나이다(눅 22:38)라고 대답한다. 　예수께서 베드로에게 오늘 밤 닭 울기 전에 네가 나를 세 번 부인하리라고 하자 내가 주와 함께 죽을지언정 주를 부인하지 않겠나이다(마26:35, 막14:81)라고 대답한다. 그러나 베드로는 자기 말을 지키지도 못하였고 닭 울기 전 예수를 세 번 부인하고 만다. 3. 예수께서는 제자도로서 '누구든지 제 목숨을 구원하고자 하면 잃을 것이요 누구든지 나를 위하여 제 목숨을 잃으면 구원하리라'(눅9:24)고 한다. 도마는 다른 제자들을 독려하여 돌에 맞을 수도 있는 예수를 따랐던 것이다.	• 도마는 아람어 쌍둥이의 음역으로 헬라어로는 디디머스이다. • 도마는 베다니로 가는 길에 어떤 일을 당하게 될지 두려웠으나 예수께서 가자고 하였을 때 따라 나선다. 주와 함께 죽으러 가자는 각오로 따라 나선다. • 요한복음에는 도마에 관한 이야기가 여러 곳에 있다(14:5, 20:24-26, 21:2).
③ 무덤에 있은 지 나흘이라	1. 예수께서 베다니에 도착하였을 때는 나사로가 무덤에 있은 지 이미 나흘이라(11:17)고 한다. 시체는 향유를 뿌려서 바위를 깎아 만든 무덤에 죽은 바로 그날 넣는다. 전승에 의하면 영혼이 사흘 동안은 무덤에 있으면서 육체와의 재결합을 기다리지만, 시체가 썩기 시작하면 영혼은 떠나간다고 한다. 2. 나흘이란 예수의 말씀대로 죽은 나사로(11:14)를 깨우기에는 타이밍이 지나갔다는 느낌을 준다. 예수께서는 서둘러 그를 일어나게 해야 할 것이다. 나흘이 되었다는 것은 예수 표적의 필요성과 시급성을 말하는 것이다. 3. 나사로의 집은 예루살렘 가까이에 위치한 베다니이어서 나사로의 자매 마르다와 마리아를 위문하려는 조문객이 많았다고 한다. 마르다는 예수 일행이 온다는 소식을 듣고 영접하러 간다. 그때 마리아는 집에 있었다고 한다.	• 도마와 관련해서 예수의 어록인 도마복음서, 도마행전, 도마의 유년기 복음서 등이 있다.

| 마르다와
예수

① 다시
살아
나리라 | 1. 마르다는 예수께서 '여기 계셨더라면 내 오라비가 죽지 아니하였을 것'이라고 한다. 예수께서는 나사로가 아프다는 전갈을 받고 이 병은 죽을 병이 아니라고 하였다(11:4). 예수께서는 베데스다에서 38년 된 병자를 고치고 또한 나면서부터 맹인이었던 사람도 고쳐주었다. 이 기사에는 나사로의 병명이 기록되어 있지는 않지만, 당연히 예수께서 계셨다면 병을 고쳐주었을 것이기 때문에 죽지 아니하였을 것이다. 마르다는 예수의 치유 능력을 확신하고 있다.

2. 이어서 마르다는 예수의 또 다른 능력을 기대하며 말한다. '그러나 나는 이제라도 예수께서 하나님께 구하는 것은 무엇이든지 하나님께서 주실 줄을 아나이다'(11:22)라고 한다. 즉 예수께서 하나님께 나사로를 살려달라고 해 주시면 그가 살아날 것을 믿는다는 것이다. 마르다는 예수께서 죽은 사람까지도 살릴 수 있다고 분명히 믿고 있었다.

3. 마르다는 예수께 그렇게 해달라고 하는 것이 아니라 예수를 그럴 수 있는 분으로 믿는다는 것이다. 예수께 드리는 부탁이 아니라 예수에 대한 신앙고백이라 하겠다. 이런 생각은 당시 누구도 하지 못하였다. 당시 유대인들은 아브라함과 선지자들도 죽었다(요8:53)고 생각하였던 것이다.

4. 예수께서는 마리아에게 네 오라비가 다시 살아나리라(11:23)고 한다. 이 말씀은 아람어투의 관습화된 인사로도 보이지만 실제로 너의 소원이 이루어지리라는 약속의 말씀으로 이해할 수 있다. | • 나사로의 죽음에 대해 마르다와 마리아는 각자 주께서 여기 계셨더라면 내 오라비가 죽지 아니하였겠나이다(11:21,32)라고 하고 어떤 이는 죽지 않게 할 수 없었더냐(11:37)고 한다.

새로운 비극이 생길 때마다 하나님께서 왜 이를 내버려두셨을까, 왜 개입해서 멈추지 않으신 걸까라는 질문을 하게 된다. |
| ② 나는
부활이요
생명이다 | 1. 마르다는 '마지막 날 부활 때에는 다시 살아날 줄을 내가 아나이다'(11:24)라고 예수께 대답한다. 당시 사두개인을 제외한 많은 유대인들과 바리새인들은 부활을 믿고 있었다. 마르다는 경건한 유대인으로서 대답을 한 것이다. 마르다는 예수께서 죽은 자를 살리는 능력이 있다는 것을 확신하지는 못했다.

2. 예수께서 나사로를 살리는 계기로 영생이라는 주제를 부활과 관련시킨다. 베데스다에서 병자를 고친 예수께서 '안식일을 범하였을 뿐 아니라 하나님을 자기의 친 아버지라 하여' 예수를 죽이고자 한다(요5:18). 이때 예수께서 응답하시기를
(1) 하나님을 믿는 자는 영생을 얻었다(요5:18),
(2) 믿는 자는 심판에 이르지 아니하나니 사망에서 생명으로 옮겼다(5:24),
(3) 아버지께서 자기 속에 생명이 있음같이 아들에게 생명을 주어 그 속에 있게 하셨다(5:26),
(4) 선한 일을 행하는 자는 생명의 부활로 나오리라(5:29),
(5) 무덤 속에 있는 자가 다 그의 음성을 들을 때가 온다(5:29)고 한다.

3. 하나님과 자신을 동등으로 삼으시고 한 이 말씀이기에 하나님 대신 예수를 대입해 보면
(1) 나를 믿는 자는 영생한다
(2) 나를 믿는 자는 죽어도 살겠다
(3) 나는 생명이다
(4) 생명의 부활이 있을 것이다
(5) 죽은 자도 부활의 대상이다로 이해할 수 있다.

4. 예수께서는 마르다의 이와 같은 부활에 대한 인식에 대해 중대한 선언을 한다. '나는 부활이요 생명이니 나를 믿는 자는 죽어도 살겠고 무릇 살아서 나를 믿는 자는 영원히 죽지 아니하리라'(11:26).

5. 예수를 믿는 자의 삶은 다르다. 세상 사람들처럼 육체적으로 죽기는 하지만 예수를 믿으면 영원한 생명을 가질 수 있다는 것이다. 예수를 믿는 자의 삶 | 고전15:54-56 이 썩을 것이 썩지 아니함을 입고 이 죽을 것이 죽지 아니함을 입을 때에는 사망을 삼키고 이기리라고 기록된 말씀이 이루어지리라 사망아 너의 승리가 어디 있느냐 사망아 네가 쏘는 것이 어디 있느냐 사망이 쏘는 것은 죄요 죄의 권능은 율법이라

<요한복음에서의 신앙고백>
• 세례 요한: 하나님의 어린 양(1:29), 하나님의 아들(1:34)
• 나다나엘: 하나님의 아들, 이스라엘의 임금(1:49)
• 수가성 여인: 세상의 참 구주(4:42)
• 베드로: 하나님의 거룩한 자(6:69)
• 나면서부터 눈 먼 자: 하나님께로부터 온 사람(9:33), 주여(9:38) |

	은 그 자체가 생명이 있는 자로서의 삶이다. 예수를 믿는 자의 죽음은 종말론적인 부활이라는 것이다. 예수께서 나를 믿는 자는 죽어도 산다고 한다. 믿는 자들도 죽는다. 모든 사람들이 죽듯이 죽는다. 그러나 예수를 믿는 사람의 죽음은 다르다. 그들은 궁극적인 의미의 죽음을 죽지 않기 때문이다. 살아서 나를 믿는 자는 영원히 죽지 아니한다. 즉 영생을 얻는다고 하는데 이는 그에게는 궁극적인 의미의 죽음이 없기 때문이다. 6. 예수께서는 전통적인 마지막 시대의 기대들을 현재 속으로 가져온다. 예수께서 제공한 그 생명은 단지 미래를 위한 것이 아니다. 곧 그것은 지금 시작한다. 그러나 마르다는 여전히 죽은 자를 살리는 예수의 능력을 감지하지 못한다(서중석).	• 마르다: 주는 그리스도요 세상에 오시는 하나님의 아들(11:27) • 도마: 나의 주님, 나의 하나님(20:27)
③ 이것을 네가 믿느냐	1. 예수께서 마르다에게 이것을 네가 믿느냐고 묻는다. 불투만은 이 질문을 네가 알고 있는 삶과 죽음이 본질적인 것이 아니라고 할 용의가 있느냐라고 해석한다. 2. 마르다는 '주는 그리스도시요 세상에 오시는 하나님의 아들이신 줄 내가 믿나이다'(11:27)라고 대답한다. 마르다가 언급한 '세상에 오시는' 표현은 이미 메시아가 지상에 도래하였고 역사하고 있다는 사실을 의미하고 있다고 볼 수 있다. 3. 마르다의 신앙은 그리스도에 대한 고백이다. 마르다는 예수가 그리스도이고 세상에 오시는 하나님의 아들이심을 믿기에 이 말씀도 믿습니다라고 한 것이다.	• 죽은 나사로를 살리신 이야기의 목적은 '너희로 믿게 하려 함'(11:5)이라고 하신 예수는 눈을 들어 우러러 보시고 한 기도에서도 무리들로 믿게 함이니이다(11:42)라고 한다. 그 결과 예수께서 하신 일을 본 많은 유대인이 그를 믿었다(11:45)고 한다.
④ 마리아와의 대화	1. 공동번역은 개역개정보다 자세하게 '마르다는 돌아가 자기 동생 마리아를 불러 귓속말로 선생님이 너를 부르신다고 일러 주었다'(공동번역11:28)고 한다. '마리아는 이 말을 듣고 벌떡 일어나 예수께 달려간다. 예수께서는 아직 동네에 들어가지 않으시고 마르다가 마중 나왔던 곳에 그냥 계셨던 것이다'(공동번역11:29-30). 2. '마리아는 예수께서 계신 곳에 찾아가 뵙고 그 앞에 엎드려 주님, 주님께서 여기 계셨더라면 제 오빠가 죽지 않았을 것입니다라고 말한다(공동번역11:32). 3. 이 정확한 반복은 콜로에가 지적한 것처럼 마리아 역시 신앙에 있어서 의미 있는 발전이나 변화가 없음을 지적해 준다.	
무덤 앞에서 ① 비통히 여기시다 (11:34,38)	1. 예수께서는 마리아가 우는 것과 온 유대인이 우는 것을 보고 심령에 비통히 여기었다. 원어 엠브리마스다이는 헬라고전에는 말의 콧소리 즉 너무 비통하여 비명을 울린다는 뜻이라고 한다. 예수께서는 인간적 비통에 함께 비통해하고 우리의 고난을 자신의 고난으로 삼으며 인간을 불쌍히 여기었다. 2. 비통히 여기시다(11:33)의 첫 번째 이유에 대해 바우어, 불트만, 호스킨 등은 유대인의 불신앙에 대해 예수께서 분개하였다고 본다. 엠브리마스다이는 마9:30과 막1:43에서는 '엄히' 그리고 막14:5에서는 '책망'으로 번역되어 있다. 일종의 노기를 띠었다는 의미이다. 예수께서 분노한 이유는 마리아나 마르다 그리고 유대인들의 불신 혹은 신앙의 결여 때문으로 보고 있다. 3. 예수께서 마리아에게 그를 어디 두었냐고 물으니 와서 보시옵소서라고 대답한다. 이에 예수께서 눈물을 흘렸다고 한다. 이 기사는 사복음서 전체를 통하여 예수의 인간성을 잘 드러낸 부분이라 하겠다. 　이에 유대인들이 말한다. 보라 나사로를 얼마나 사랑하셨는가. 그런데 그중 어떤 이는 맹인의 눈을 뜨게 한 이 사람이 그 사람을 죽지 않게 할 수 없었더냐(11:37)고 한다.	• 게리 윌스는 예수께서 '심령에 비통히 여기시고'(11:31), 또한 무덤 옆에서 '비통히 여기신'(11:38) 것은 겟세마네에서 '심히 놀라시며 슬퍼하사'(막14:33)와 '내 마음이 심히 고민하여 죽게 되었으니'(막14:34)라는 수난 전 예수의 고뇌를 이야기하는 것으로 본다. 　특히 나사로를 살리는 이야기에서 자기 자신의 죽음을 직면한 심정이라고 본다.

	4. 여기서 맹인의 눈을 뜨게 한 이 사람이란 무슨 뜻인가 유대인들은 날 때부터 소경이었다가 눈을 뜨게 한 자를 두 번째 다시 불러 어떻게 된 일인지 물어본다. 그때 이 눈을 뜨게 된 자가 말하기를 '이 사람이 하나님께로부터 오지 아니하였으면 아무 일도 할 수 없으리이다'(9:33)라고 대답한다. 여기서 '맹인의 눈을 뜨게 한 이 사람'이란 '하나님께로부터 온 사람이라면'이라는 의미의 말이지만 여기의 어떤 이는 내심 빈정거린 것이다. 5. 예수께서 다시 비통히 여기는데(11:38) 두 번째로 분개한 이유는 바로 그 앞부분에 나오는 그중 어떤 이가 맹인의 눈을 뜨게 한 이 사람이 그 사람을 죽지 않게 할 수 없었더냐는 말로 예수를 빈정댄 것이기 때문이라고 한다. 불트만이나 슈나켄부르크는 예수의 분노는 구체적으로 부활 그 자체인 예수의 신적 정체성에 대한 그들의 무지 때문이라고 주장한다. 6. 예수께서 무덤에 가시니 무덤이 굴이라 돌로 막아 놓았다. 예수께서는 돌을 옮겨 놓으라고 하며 유대인들 앞에서, 무리들 앞에서 공개적으로 표적을 행할 준비를 한다. 회당장 야이로의 딸을 살릴 때에는 제자 셋과 부모(눅8:51) 외에는 함께 들어가기를 허락하지 아니하였으나 나인성 과부의 아들을 살릴 때에는 많은 사람들(눅7:12) 앞에서 장례행렬을 정지시켰다. 여기서도 예수께서 공개적으로 나사로를 살리는 표적을 행한다. 이유는 예수의 기도에 나오는 것처럼 무리들이 '아버지께서 나를 보내신 것을 믿게 하려 함'이었던 것이다.	
② 아버지여 감사하나이다	1. 죽은 자의 누이 마르다는 예수께 주여 죽은 지 나흘이 되었으며 벌써 냄새가 나나이다(11:39)라고 한다. 마르다는 부활을 믿지만 마지막 때의 부활을 믿은 것이다. 그리고 나사로를 무덤에서 살리시리라고 믿지는 못하였다. 그래서 냄새가 나나이다라고 한 것이다. 2. 예수께서는 네가 믿으면 하나님의 영광을 보리라 하지 않았으냐(11:40)고 한다. 이미 예수께서는 나사로가 병들었다는 소식을 듣고 '이 병은 죽을 병이 아니다'라고 하며 '하나님의 영광을 위함이요 하나님의 아들이 이로 말미암아 영광을 받게 하려 함이라'(11:4)고 한 바 있다. 여기서 예수께서는 네가 믿으면 지금 이 자리에서 하나님의 영광을 볼 수 있다고 한다. 3. 냄새가 난다고 대답하는 마르다에게 부활과 생명의 주를 믿으면 죽은 자가 살아나는 하나님의 영광을 볼 수 있다고 강조하는 것이고 다시 한번 마르다에게 부족한 부활 신앙을 지적하고 있는 것이다. 4. 무덤의 돌을 옮겨 놓으니 '예수께서 눈을 들어 우러러보시고 아버지여 내 말을 들으신 것을 감사하나이다 항상 내 말을 들으시는 줄 내가 알았나이다'(11:41-42)라고 기도한다. 이것은 간구의 기도가 아니라 감사의 기도이다. 예수께서는 이미 아버지께서 자기 속에 생명이 있음 같이 아들에게도 생명을 주어 그 속에 있게 하셨다(5:26)고 하였다. 예수께서 한 감사의 기도는 자신에게 생명을 주어 하나님의 영광을 보이게 한 것에 대한 것이다. 5. 기도의 목적에 대해서는 '둘러선 무리를 위함이니 곧 아버지께서 나를 보내신 것을 그들로 믿게 하려 함이니이다'(11:42)라고 한다. 요한복음에 있어서 예수는 '하나님의 아들일 뿐 아니라 세상을 향해 돌리신 하나님의 얼굴'(서중석)이기 때문이다.	• 마틴 스콜세이지가 만든 마지막 유혹이라는 영화에서는 나사로를 살리기 위해 무덤 속으로 들어가는 예수의 모습을 보여준다. 예수는 상징적으로 자신의 무덤에 들어가는 것이고 자신의 생명을 던짐으로서 남에게 생명을 준 것이다.
③ 나사로야 일어나라	1. 예수께서 큰 소리로 나사로야 나오라 부르니 죽은 자가 수족을 베로 동인 채로 나오는데 그 얼굴은 수건에 싸였더라(11:44)고 한다. 베데스다에서 병자를 고친 후 예수께서는 '아버지께서 아들을 사랑하사 자기가 하시는 것을 다 아들에게 보이시고 또 보다 더 큰일을 보이사 너희로 놀랍게 여기게 하시리라'(5:20)고 한다. 이 말씀대로 날 때부터 맹인이었던 자의 눈을 뜨게 한 예	

| | 수께서는 '또 보다 더 큰일을 보이시기 위해' 죽은 지 나흘 된 나사로를 무덤 앞에서 나오라고 큰 소리로 부른 것이다.

2. 예수께서는 하나님과의 동등됨을 말씀하면서 '아버지께서 죽은 자들을 일으켜 살리심 같이 아들도 자기가 원하는 자들을 살리느니라'(5:21)고 하였는데 지금 무덤 앞에서 자기가 원하는 자, 사랑하는 자(11:5), 친구(11:11)인 나사로를 무덤에서 불러낸 것이다.

3. 이 이야기는 예수의 본질이 생명이라는 것과 이 생명은 마지막 날에 소유할 수 있을 뿐 아니라 지금 현재에도 소유할 수 있다는 것을 말하고 있다.

4. 예수께서는 부활이 현재에서뿐 아니라 미래에서도 실재하다는 것을 죽은 나사로를 살리심으로 드러내고 있다. 즉 영적으로 죽은 자들을 생명으로 살리는 실현된 종말론과 마지막 날의 부활인 최후의 종말론의 통합이라 하겠다. | • 예수께서 죽은 나사로를 살린 것은 '아버지께서 행하시는 그것을 아들도 그와 같이 행하느니라'(요5:19)를 행한 것이다. 또한 '아버지께서 죽은 자를 살리심 같이 아들도 자기가 원하는자들을 살리느니라'(요5:25)의 예증이라 하겠다. |
| 많은 유대인이 예수를 믿었다 | 1. 예수께서는 수족을 베로 동인 채 나오는 나사로를 보고 풀어 다니게 하라 즉 나사로가 살아났으니 다니게 하라는 것이다. 죽어서 장사 지내러 가던 길에 예수를 만나 다시 살아난 나인성 과부의 아들은 살아나서 일어나 앉아 말도 하였다고 한다. 죽었던 회당장 야이로의 딸을 예수께서 살리니 일어나서 걸었다고 하는데 그때 예수께서는 아이에게 먹을 것을 주라고 한다.

2. 죽은 자 가운데서 살아난 나사로는 예수를 위하여 잔치하고 예수와 함께 앉아 있었다(요12:1-2)고 한다. 예수께서 살린 사람에 대한 후기는 나사로밖에 없다.

3. 많은 유대인들이 예수께서 한 일 즉 죽은 나사로를 살린 일을 보고 예수를 믿었다고 한다. 그런데 대제사장들과 바리새인들은 만일 예수를 그대로 두면 모든 사람이 예수를 믿을 것을 걱정한다(11:47-48). 그래서 그들은 공회를 열고 예수를 죽이기로 모의(11:53)하고 예수 있는 곳을 알거든 신고하여 잡게 하라고 명령한다(11:57). | |

4. 심층연구: 요한복음의 유대인들(5개의 그룹)

구분	내용	비고
돌로 치려 하는 유대인들 (그룹1)	1. 나사로의 누이들이 나사로가 병들었다고 사람을 보내 예수께 전하자 예수께서는 유대로 다시 가자고 제자들에게 말한다. 제자들은 방금도 유대인들이 돌로 치려 하는데 또 그리로 가시려 하십니까(11:7-8)라고 말한다. 2. 요한복음에서 유대인들이 예수를 죽이려 하는 첫 번째 사건은 베데스다에서 38년 된 환자를 치유한 후의 일이다. 유대인들은 안식일에 이러한 일을 하였다고 해서 예수를 박해하게 된다(5:16). 그리고 또한 유대인들은 예수께서 내 아버지께서 일하시니 나도 일한다고 하나님과 자기를 동등으로 삼은 것을 이유로 죽이려고 한다(5:17-18). 3. 예수께서 유대에 다니지 아니한 것은 유대인들이 죽이려 하기 때문이었다(7:1). 예수께서는 성전에서 가르칠 때 '너희가 왜 나를 죽이려 하느냐'(7:19)고 항변하기도 한다. 4. 유대인들이 돌을 들어 예수를 치려 한 것은 예수께서 유대인들에게 아브라함이 나기 전부터 내가 있었다(8:58)라고 해서였다. 그래서 예수께서는 숨어서 성전에서 나온다. 5. 또한, 수전절 때 예루살렘 솔로몬 행각에서 유대인들이 '당신이 그리스도이면 밝히 말씀하소서'(요10:24)라고 하니 예수께서는 결론적으로 '나와 하나님은 하나이다'(요10:30)라고 한다. 그래서 유대인들이 다시 돌을 들어 치려 한다(10:31), 그러면서 돌로 치려는 이유에 대해 신성모독 즉 네가 사람이 되어 자칭 하나님이라 함이라(10:33)고 한다.	• 유대인, 유다이오스는 정치적 종교적 문화 집단으로서의 유대인들과, 유대 땅이나 예루살렘에 거주하는 유대인들 모두를 말한다.

	6. 제자들의 말대로 유대로 다시 가는 것은 목숨을 걸어야 하는 일이 되었다. 그러나 예수께서 베다니로 감으로 인해 유대인들이 예수를 믿게 된다.	
많은 유대인들 (그룹2)	1. 많은 유대인들은 나사로가 죽자 마르다와 마리아를 위문하러 나사로의 집에 왔다(11:19). 그리고 예수께서는 마리아와 많은 유대인들이 우는 것(11:33)을 본다. 2. 유대인들은 율법이나 관습을 잘 지키고 슬픔을 당한 사람을 위로하여 주고 슬픈 자와 함께 울어준다. 그러나 유대인들은 안식일에 베데스다에서 38년 된 병자를 고친 것을 이해하지 못하고(5:16) 생명의 빵에 대해 말씀할 때 예수의 출생에 대해 수군거리고(6:41) 예수의 말씀을 이해하지 못해 다투며 (6:52) 예수께서 글을 아는 것을 보고 놀라기도 한다(7:15). 3. 유대인들은 예수의 말씀을 너무나 이해하지 못한다. 유대인들에게 진리가 너희를 자유롭게 하리라(8:32)는 말씀을 할 때도 거의 동문서답 수준의 대답을 한다. 유대인들은 예수를 사마리아 사람이라(8:48)거나 귀신들렸다거나 (8:48,52, 10:20) 죄인(9:24)으로 오해 한다. 4. 예수께서 '조금 더 있다가 나를 보내신 이에게 돌아가리라 나를 찾아도 만나지 못할 것이요 나 있는 곳에 오지도 못하리라'(7:33-34)고 한다. 그러자 유대인들은 헬라인들에게 흩어져 사는 자 즉 디아스포라 유대인들에게 가서 헬라인을 가르칠 것인가(7:35)라고 생각하기도 하고 자결하려는가(8:22)라고 생각하기도 한다. 이렇게 유대인들은 아버지와 예수에 대하여 그리고 메시아에 대하여(6:42 7:41, 42) 전혀 이해하지 못하고 있다.	• 올리버 크롬웰이 한 전투에서 왼쪽 가슴에 탄환을 맞았는데 탄환은 갑옷을 뚫고 그가 지니고 다니던 성경책을 다 뚫지 못했다고 한다. 탄환이 멈춘 곳은 전도서12:1이었다고 한다. **전12:1** 너는 청년의 때에 너의 창조주를 기억하라 곧 곤고한 날이 이르기 전에 나는 아무 낙이 없다고 한 해들이 가깝기 전에
그중 어떤 이 (그룹3)	1. 유대인들 중에 어떤 이가 말하기를 '눈이 먼 사람의 눈을 뜨게 하신 분이, 이 사람을 죽지 않게 하실 수 없었단 말이오?(새번역 요11:37)라고 은근히 비웃었다. 그러나 이와 같은 말은 몇몇 유대인의 말이라기보다는 모든 유대인의 심정이었을 것이다. 그중 어떤 이가 한 맹인의 눈을 뜨게 한 이 사람이란 '하나님께로부터 온 사람'이라는 의미이기는 하지만 빈정대는 말투이다. 2. 예수께서는 나사로가 죽었다고 하면서 '내가 거기 있지 아니한 것을 너희를 위하여 기뻐하노니 이는 너희로 믿게 하려 함이라'(11:15)고 이미 말씀한 바 있다. 그 기뻐하는 이유가 예수의 기도에 들어있다. 예수께서 돌문이 열린 나사로의 무덤 앞에서 기도하는데 '아버지께서 나를 보내신 것을 그들로 믿게 하려 함'이라고 한다(11:42). 3. 날 때부터 소경인 자의 고백인 '하나님께로부터 온 자'인 예수, 즉 여기서는 '아버지께서 보낸 나'를 모든 사람들로 믿게 하려는 것이 나사로를 다시 살린 이유라고 한다	
예수를 믿는 많은 사람들 (그룹4)	1. 성전정화 후 유월절에 예수께서 예루살렘에 있을 때 유대인이라고 지적되지 않은 '많은 사람들이 그의 행하시는 표적을 보고 그의 이름을 믿었다'(2:23)고 한다. 수가성 여자와의 대화 후에도 '많은 사마리아인들이 예수를 믿고 세상의 구주인 줄 알았으며'(4:39, 42) 아들의 치유함을 받은 왕의 신하는 '자기와 온 집안이 믿었고'(4:53) 요한이 세례 베풀던 곳에 가서 거할 때 '많은 사람이 믿었다'(10:42)고 한다. 2. 무리들은 유대인들이 두려워서(7:13) 드러내 놓고 예수에 대하여 좋은 사람이라 아니라 말하지를 않는다. 그 이유는 유대인들이 예수를 죽이려 하기(7:1) 때문이기도 하지만 예수를 그리스도라 시인하면 출교당하기 때문(9:22)이었을 것이다. 명절 중간에 예수께서 예루살렘에 올라가서 가르치실 때(7:14) '무리 중의 많은 사람이 예수를 믿고 말한다. 그리스도께서 오실지라도 그 행하실 표적이	**요9:32-33** 창세 이후로 맹인으로 난 자의 눈을 뜨게 하였다 함을 듣지 못하였으니 이 사람이 하나님께로부터 오지 아니하였으면 아무 일도 할 수 없으리이다

672 복음서 가로읽기

	이 사람이 행한 것보다 더 많으랴'(7:31)고 한다. 이 말을 들은 바리새인들과 대제사장들은 예수를 잡으려고 사람들을 보낸다(7:32). 3. 예수께서 성전 헌금함 앞에서 가르칠 때(8:20) '많은 사람이 믿었다'(8:30)고 한다.	
예수를 믿는 많은 유대인들 (그룹5)	1. 예수를 믿는 유대인들이 있기는 있었다. 예수께서는 자기를 믿는 유대인들에게 너희가 내 말에 거하면 참으로 내 제자가 된다(8:31)고 한다. 그러나 많은 사람들이 아닌 많은 유대인이 예수를 믿은 것은 공식적으로는 이번이 처음이다(11:45). 물론 '그중 어떤 자는 바리새인에게 가서 예수께서 한 일을 알리기도 한다'(11:46). 많은 유대인이 예수를 믿었기에 그 대책을 세우기 위하여 공회가 열린 것이다(11:47). 그들은 '많은 유대인'(11:45)이 아니라 '모든 사람이 그를 믿을 것'(11:48)을 걱정한다. 2. 유월절 엿새 전에 예수께서 베다니에 가서 예수를 위한 잔치에 참석하는데 나사로는 예수와 함께 앉았다(12:1-2). 그때 마리아가 비싼 향유를 가져와서 예수의 발에 붓는다. 이날 '유대인의 큰 무리'(12:9)가 예수께서 여기 계신 줄을 알고 오는데 예수만 보기 위함이 아니라 죽은 자 가운데 살아난 나사로도 보러 (12:9-10) 온 것이다. 그래서 대제사장들은 나사로까지 죽이려 모의한다. 그 이유는 '나사로 때문에 많은 유대인이 가서 예수를 믿었기'(12:10-11) 때문이다. 3. 예수께서 예루살렘에 입성할 때 '무리가 예수를 맞으러' 나가는데 그 이유는 나사로를 죽음에서 불러내어 죽은 자 가운데서 살린 표적을 행하였다고 들었기 때문이라고 한다(12:17-18). 4. 예수께서 그들을 떠나가서 숨는다(12:36). 그 이유는 '이렇게 많은 표적을 그들 앞에서 행하였으나 그를 믿지 아니하였기'(12:37) 때문이다. 또한 '관리 중에도 그를 믿는 자가 많되 바리새인들 때문에 드러나게 말하지 못하니 이는 출교를 당할까 두려워'(12:42)하기 때문이라고 한다. 그런데 바리새인들은 사람의 영광을 하나님의 영광보다 더 사랑(12:43)하였다고 한다.	• 예수를 믿는 유대인들을 메시아닉 쥬라고 하는데 이스라엘에 만 사천 명 정도라고 한다. 그들은 동족 유대인들에게서 핍박을 받고 있다.
요한복음에서의 유대인	1. 요한복음에서의 유대인은 예수를 향하여 지속적이고 변함없는 적개심을 갖고 있다. 유대인은 예수를 믿지 않는 사람들이다. 2. 예수 자신도 유대인(4:9)이지만 예수는 모세 오경을 너희 율법(8:17, 10:34)이라고 한다. 그리고 제자들도 유대인이었는데 '내가 유대인에게 말한 것과 같이'(13:33)라고 말씀하기도 한다. 3. 예수께서는 유대인들을 너희들이라고 하며 (1) 너희들은 영생을 얻기 위하여 내게 오기를 원치 아니하였고(5:40) (2) 하나님을 사랑하는 것이 너희 속에 없으며(5:42) (3) 너희는 아버지의 이름으로 나를 영접하지 아니하였고(5:43) (4) 너희는 서로 영광을 취하고 하나님의 영광을 구하지 아니한다(5:44) 등으로 유대인들을 지목하고 있다. (5) 또한 '너희는 아래에서 났고 나는 위에서 났으며 너희는 이 세상에 속하였고 나는 이 세상에 속하지 아니한다(8:23)고도 말씀한다. 4. 그러나 예수께서는 수가성 여인과 대화할 때 유대인과 사마리아인을 구별하고 있으며 구원이 유대인들로부터 나온다(4:22)고 한다. 또한, 니고데모와의 대화에서 니고데모는 예수에 대해 적대적이지 않으며 예수를 하나님께로부터 오신 선생인 줄 안다(3:2)고 하고 예수께서도 상대를 이스라엘의 선생(3:10)이라고 한다.	

5. 요한복음에서는 전체적으로 유대에 대해 동정적인 의미로 표현할 때는 이스라엘이라고 한다. 세례 요한은 자신이 세례를 베푸는 이유에 대해 예수를 이스라엘에 나타내려 함(1:31)이라 하고 예수께서는 나다나엘에게 참으로 이스라엘 사람(1:47)이라고 하는데 나다나엘은 예수께 당신은 하나님의 아들이시오 당신은 이스라엘의 임금(1:49)이라고 고백한다. 그리고 예루살렘에 입성할 때 주의 이름으로 오시는 이여, 이스라엘의 왕이시여(12:13)라고 무리들이 외친다.	

5. 집중탐구: 사도행전에서 죽은 자들을 살린 사도들

5.1 다비다를 살린 베드로(행9:36-42)

구분	내용	비고
다비다가 죽다	행9:36-37 욥바에 다비다라 하는 여제자가 있으니 그 이름을 번역하면 도르가라 선행과 구제하는 일이 심히 많더니 그때에 병들어 죽으매 시체를 씻어 다락에 누이니라	• 성도는 헬라어로 하기오스인데 '거룩'으로 번역되기도 하나 본래는 '다르다'의 뜻이다. 성도는 '별다른, 거룩한' 백성이라는 뜻이다.
베드로에게 간청하다	:38 룻다가 욥바에서 가까운지라 제자들이 베드로가 거기 있음을 듣고 두 사람을 보내어 지체 말고 와 달라고 간청하여 :39 베드로가 일어나 그들과 함께 가서 이르매 그들이 데리고 다락방에 올라가니 모든 과부가 베드로 곁에 서서 울며 도르가가 그들과 함께 있을 때에 지은 속옷과 겉옷을 다 내보이거늘	
다비다야 일어나라	:40 베드로가 사람을 다 내보내고 무릎을 꿇고 기도하고 돌이켜 시체를 향하여 이르되 다비다야 일어나라 하니 그가 눈을 떠 베드로를 보고 일어나 앉는지라	
손을 내밀어	:41 베드로가 손을 내밀어 일으키고 성도들과 과부들을 불러들여 그가 살아난 것을 보이니	
믿더라	:42 온 욥바 사람이 알고 많은 사람이 주를 믿더라	

1. 룻다(9:38)라는 지명은 헬라어로 디오스 폴리스라고 불렸다. 룻다는 예루살렘과 욥바 사이에 보라색 염직물로 유명한 곳이고 예루살렘 멸망 후 랍비의 학문중심지가 된다.

2. 다비다는 노루, 영양에 해당하는 아람어(신12:15, 마2:7)로 헬라어로는 도르카이다.

3. 욥바는 선지자 요나가 하나님 명령을 거역하고 다시스행 배를 탄 곳이다. 현재는 야포(히브리어), 야파(아람어), 요파로 불린다.

4. 베드로가 죽은 다비다를 살린 이야기는 예수께서 죽은 사람을 살린 이야기들과 비슷하다. 예수께서는 회당장 야이로의 딸에게 일어나라, 달리다굼이라고 하였고 나인성 과부의 아들을 살릴 때에도 청년아 일어나라고 했는데 베드로는 다비다를 살릴 때에 다비다야 일어나라고 한다. 예수께서 나인성 과부의 아들을 살리니 죽었던 자가 일어나 앉았다고 한다. 예수께서 죽은 나사로를 살리기 전 하나님께 기도(요11:41) 드리는데 베드로도 다비다를 살리기 전에 무릎을 꿇고 기도한다. 베드로가 예수처럼 다비다를 살린 것이다. 예수의 제자는 예수의 분신, 화신처럼 행동한다..

5. 예수께서 사람을 살린 것과 같이 베드로도 사람을 살린다. 죽은 나사로가 살아나자 많은 유대인이 예수를 믿은 것같이 베드로가 다비다를 살리니 많은 사람이 주를 믿었다고 한다.

6. 베드로가 다비다를 살리기 전 베드로는 누운 지 여덟 해 되는 중풍병자인 애니아를 고치는 이야기(행9:33-36)가 나오는데 예수께서 중풍병자를 고치는 기적(마8:1-8, 막2:1-12, 눅5:17-26)이 연상된다.

7. 초대교회는 사도들도 예수처럼 기적을 행할 수 있다고 믿었고 실제로 여러 가지 기적을 행하였다.

5.2 유두고를 살린 바울 (행20:6-12)

구분	내용	비고
바울의 강론	20:6-8 우리는 무교절 후에 빌립보에서 배로 떠나 닷새 만에 드로아에 있는 그들에게 가서 이레를 머무르니 그 주간의 첫날에 우리가 떡을 떼려 하여 모였더니 바울이 이튿날 떠나고자 하여 그들에게 강론할 새 말을 밤중까지 계속하매 우리가 모인 윗다락에 등불을 많이 켰는데	• 전에 올 때는 이틀(16:11) 걸렸으나 바람 때문에 닷새가 걸렸다.
유두고가 죽다	:9 유두고라 하는 청년이 창에 걸터앉아 있다가 깊이 졸더니 바울이 강론하기를 더 오래 하매 졸음을 이기지 못하여 삼 층에서 떨어지거늘 일으켜보니 죽었는지라	
바울이 살리다	:10 바울이 내려가서 그 위에 엎드려 그 몸을 안고 말하되 떠들지 말라 생명이 그에게 있다 하고 올라가 떡을 떼어 먹고 오랫동안 곧 날이 새기까지 이야기하고 떠나니라	• 등불을 많이 켜다: 비밀집회가 아니고 참석자가 많다는 것을 의미한다.
위로 받다	:12 사람들이 살아난 청년을 데리고 가서 적지 않게 위로를 받았더라	

1. 그 주간의 첫날은 주일이다. 집회는 일요일 저녁으로 보인다. 떡을 떼다는 성만찬을 의미한다.

2. 유두고는 드로아의 청년으로 '행운, 운이 좋은'의 뜻이다.

3. 유두고가 죽은 이유는 바울의 강론이 밤중까지 계속되어서다. 그러나 등불의 가스 때문이거나 식사로 인한 졸음일 수도 있다. 유두고는 졸음을 이기지 못하고 삼층에서 떨어졌는데 일으켜보니 죽었다고 한다.

4. 바울이 유두고 위에 엎드려 그 몸을 안고 떠들지 말라 아직 그에게 생명이 있다고 한다. 유두고가 실제로 죽지 않아서 바울이 그에게 생명이 있다고 말했을 수 있다.

5. 바울이 유두고 위에 엎드려 그 몸을 안았다는 것은 엘리야가 사로밧 과부의 아들을 살릴 때 죽은 아이 위에 몸을 세 번 대서 엎드리는(왕상17:21) 모습이나 수넴 여인의 아들을 엘리사가 살릴 때 아이 위에 올라가 엎드리는 모습(왕하4:35)과 같다고 하겠다.

6. 바울의 기적의 능력은 예수 그리스도의 이름이라 하겠다. 귀신 들린 여종에게서 귀신을 쫓아 낼 때에 예수 그리스도의 이름으로 명령한다(행16:18). 베드로 역시 성전 미문 앞에서 구걸하는 나면서부터 못 걷는 이를 나사렛 예수 그리스도의 이름(행3:6)으로 걷게 한다.

제55절 ✿ 빈 무덤, 무덤에 찾아 간 여자들

1. 본문비교

구분	마태(28:1-15)	마가(16:1-13)	누가(24:1-12)	요한(20:1-18)
무덤에 가다	28:1 안식일이 다 지나고 안식 후 첫날이 되려는 새벽에 막달라 마리아와 다른 마리아가 무덤을 보려고 갔더니	16:1 안식일이 지나매 막달라 마리아와 야고보의 어머니 마리아와 또 살로메가 가서 예수께 바르기 위하여 향품을 사다 두었다가 :2 안식 후 첫날 매우 일찍이 해 돋을 때에 그 무덤으로 가며	24:1 안식 후 첫날 새벽에 이 여자들이 그 준비한 향품을 가지고 무덤에 가서	20:1상 안식 후 첫날 일찍이 아직 어두울 때에 막달라 마리아가 무덤에 와서
돌이 굴려지다	:2 큰 지진이 나며 주의 천사가 하늘로부터 내려와 돌을 굴려 내고 그 위에 앉았는데	:3 서로 말하되 누가 우리를 위하여 무덤 문에서 돌을 굴려 주리요 하더니 :4 눈을 들어본즉 벌써 돌이 굴려져 있는데 그 돌이 심히 크더라	:2 돌이 무덤에서 굴려 옮겨진 것을 보고	:1하 돌이 무덤에서 옮겨진 것을 보고
시체가 보이지 아니하더라			:3 들어가니 주 예수의 시체가 보이지 아니하더라	:2 시몬 베드로와 예수께서 사랑하시던 그 다른 제자에게 달려가서 말하되 사람들이 주님을 무덤에서 가져다가 어디 두었는지 우리가 알지 못하겠다하니
천사를 만나다 • 천사의 모습	:3-4 그 형상이 번개 같고 그 옷은 눈 같이 희거늘 지키던 자들이 그를 무서워하여 떨며 죽은 사람과 같이 되었더라	:5 무덤에 들어가서 흰 옷을 입은 한 청년이 우편에 앉은 것을 보고 놀라매	:4 이로 인하여 근심할 때에 문득 찬란한 옷을 입은 두 사람이 곁에 섰는지라	
• 예수를 찾는구나	:5상 천사가 여자들에게 말하여 이르되 너희는 무서워하지 말라 :5하 십자가에 못 박히신 예수를 너희가 찾는 줄을 내가 아노라	:6상 청년이 이르되 놀라지 말라 :6중 너희가 십자가에 못 박히신 나사렛 예수를 찾는구나	:5상 여자들이 두려워 얼굴을 땅에 대니 :5하 두 사람이 이르되 어찌하여 살아 있는 자를 죽은 자 가운데서 찾느냐	
• 살아나셨느니라	:6상 그가 여기 계시지 않고 그가 말씀하시던 대로 살아나셨느니라	:6하 그가 살아나셨고 여기 계시지 아니하니라 보라 그를 두었던 곳이니라	:6상 여기 계시지 않고 살아나셨느니라	
• 누우셨던 곳을 보라	:6하 와서 그가 누우셨던 곳을 보라			

• 말씀하시던 대로	:7상 또 빨리 가서 그의 제자들에게 이르되 :7중 그가 죽은 자 가운데서 살아나셨고	:7상 가서 그의 제자들과 베드로에게 이르기를		
• 먼저 갈릴리로 가시리니	:7하 너희보다 먼저 갈릴리로 가시나니 거기서 너희가 뵈오리라 하라 보라 내가 너희에게 일렀느니라 하거늘	:7하 예수께서 너희보다 먼저 갈릴리로 가시나니 전에 너희에게 말씀하신 대로 너희가 거기서 뵈오리라 하라 하는지라		
• 다시 살아나셔야 하리라 하셨느니라			:6하 갈릴리에 계실 때에 너희에게 어떻게 말씀하셨는지를 기억하라 :7 이르시기를 인자가 죄인의 손에 넘겨져 십자가에 못 박히고 제삼일에 다시 살아나야 하리라 하셨느니라 한대	
여자들	:8 그 여자들이 무서움과 큰 기쁨으로 빨리 무덤을 떠나 제자들에게 알리려고 달음질할새	:8 여자들이 몹시 놀라 떨며 나와 무덤에서 도망하고 무서워하여 아무에게 아무 말도 하지 못하더라	:8-10 그들이 예수의 말씀을 기억하고 무덤에서 돌아가 이 모든 것을 열한 사도와 다른 모든 이에게 알리니 (이 여자들은 막달라 마리아와 요안나와 야고보의 모친 마리아라 또 그들과 함께 한 다른 여자들도 이것을 사도들에게 알리니라)	
제자들 • 세마포를 보다			:11 사도들은 그들의 말이 허탄한 듯이 들려 믿지 아니하나 :12상 베드로는 일어나 무덤에 달려가서	:3-4 베드로와 그 다른 제자가 나가서 무덤으로 갈새 둘이 같이 달음질하더니 그 다른 제자가 베드로보다 더 빨리 달려가서 먼저 무덤에 이르러
• 집으로 돌아가다			:12중 구부려 들여다보니 세마포만 보이는지라	:5-8 구부려 세마포 놓인 것을 보았으나 들어가지는 아니하였더니 시몬 베드로는 따라와서 무덤에 들어가 보니 세마포가 놓였고 또 머리를 쌌던 수건은 세마포와 함께 놓이지 않고 딴 곳에 쌌던 대로 놓여 있더라 그 때에야 무덤에 먼저 갔던 그 다른 제자도 들어가 보고 믿더라

			:12하 그 된 일을 놀랍게 여기며 집으로 돌아가니라	:9 (그들은 성경에 그가 죽은 자 가운데서 다시 살아나야 하리라 하신 말씀을 아직 알지 못하더라)
				:10 이에 두 제자가 자기들의 집으로 돌아가니라
부활하신 예수를 만난 여자들	:9 예수께서 그들을 만나 이르시되 평안하냐 하시거늘 여자들이 나아가 그 발을 붙잡고 경배하니	:9 예수께서 안식 후 첫날 이른 아침에 살아나신 후 전에 일곱 귀신을 쫓아내어 주신 막달라 마리아에게 먼저 보이시니		
	:10 이에 예수께서 이르시되 무서워하지 말라 가서 내 형제들에게 갈릴리로 가라 하라 거기서 나를 보리라 하시니라	:10-11 마리아가 가서 예수와 함께 하던 사람들이 슬퍼하며 울고 있는 중에 이 일을 알리매 그들은 예수께서 살아나셨다는 것과 마리아에게 보이셨다는 것을 듣고도 믿지 아니하니라		
네 가지 이야기	:11-15 여자들이 갈 때 경비병 중 몇이 성에 들어가 모든 된 일을 대제사장들에게 알리니 그들이 장로들과 함께 모여 의논하고 군인들에게 돈을 많이 주며 이르되 너희는 말하기를 그의 제자들이 밤에 와서 우리가 잘 때에 그를 도둑질하여 갔다 하라 만일 이 말이 총독에게 들리면 우리가 권하여 너희로 근심하지 않게 하리라 하니 군인들이 돈을 받고 가르친 대로 하였으니 이 말이 오늘날까지 유대인 가운데 두루 퍼지니라	:12-13 그 후에 그들 중 두 사람이 걸어서 시골로 갈 때에 예수께서 다른 모양으로 그들에게 나타나시니 두 사람이 가서 남은 제자들에게 알리었으되 역시 믿지 아니하니라	:13-33 엠마오로 가는 두 제자에게 나타나심	:11-14 마리아는 무덤 밖에 서서 울고 있더니 울면서 구부려 무덤 안을 들여다보니 흰 옷 입은 두 천사가 예수의 시체 뉘었던 곳에 하나는 머리 편에, 하나는 발편에 앉았더라 천사들이 이르되 여자여 어찌하여 우느냐 이르되 사람들이 내 주님을 옮겨다가 어디 두었는지 내가 알지 못함이니이다 이 말을 하고 뒤로 돌이켜 예수께서 서 계신 것을 보았으나 예수이신 줄은 알지 못하더라
				:15-17 예수께서 이르시되 여자여 어찌하여 울며 누구를 찾느냐 하시니 마리아는 그가 동산지기인 줄 알고 이르되 주여 당신이 옮겼거든 어디 두었는지 내게 이르소서 그리하면 내가 가져가리이다 예수께서 마리아야 하시거늘 마리아가 돌이켜 히브리 말로 랍오니 하니

| | | | | (이는 선생님이라는 말이라) 예수께서 이르시되 나를 붙들지 말라 내가 아직 아버지께로 올라가지 아니하였노라 너는 내 형제들에게 가서 이르되 내가 내 아버지 곧 너희 아버지, 내 하나님 곧 너희 하나님께로 올라간다 하라 하시니
:18 막달라 마리아가 가서 제자들에게 내가 주를 보았다 하고 또 주께서 자기에게 이렇게 말씀하셨다 이르니라 |

2. 본문의 차이

구분	마태	마가	누가	요한
무덤에 가다 • 향품 • 언제	안식일이 다 지나고 안식 후 첫날이 되려는 새벽에(28:1)	사다 두었다가 안식 후 첫날 매우 일찍이(16:2)	준비한 향품을 가지고 안식 후 첫날 새벽에(24:1)	안식 후 첫날 일찍이 아직 어두울 때(20:1)
• 누가	막달라 마리아와 다른 마리아(28:1)		여자들(24:1) 막달라 마리아, 야고보의 모친 마리아, 요안나, 그들과 함께한 다른 여자들(24:10)	막달라 마리아(20:1)
• 돌이 옮겨지다	큰 지진이 나며 하늘로부터 내려온 천사가 돌을 굴려 내고 그 위에 앉아 있다	누가 무덤 문에서 돌을 굴려 주리요 하더니 벌써 심히 큰 돌이 굴려져 있었다	돌이 무덤에서 굴려 옮겨져 있다	돌이 무덤에서 옮겨져 있다(20:1)
• 시체가 보이지 아니하다			예수의 시체가 보이지 아니하다 이로 인해 근심하다(24:3-4)	막달라 마리아가 사람들이 주님을 무덤에서 가져다가 어디 두었는지 모르겠다고 베드로와 사랑하시던 그 다른 제자에게 달려가서 말하다(20:2)
• 무덤에 들어가다		여자들이 들어가다(16:5) 여자들이 떨며 나와 무덤에서 도망하고	여자들이 들어가다(24:3)	베드로가 먼저 그리고 또 다른 제자가 들어가다(두 사람은 그가 죽은 자 가운데서 살아나야 하리라 하신 말씀을 아직 알지 못하더라)

천사를 만나다 • 위치	무덤 돌 위에 앉아 있다	무덤 안 우편에 앉아 있다	곁에 서 있다	예수의 시체 뉘었던 곳에 앉았더라
• 모습	형상이 번개 같고 눈같이 흰 옷을 입은 주의 천사	흰 옷을 입은 한 청년	찬란한 옷을 입은 두 사람	흰 옷을 입은 두 천사 (하나는 머리 편에 하나는 발편에)
• 반응	지키던 자들이 그를 무서워하며 떨며 죽은 사람과 같이 되다	보고 놀라다	여자들이 두려워 얼굴을 땅에 대니	막달라 마리아가 무덤 밖에서 울고 있다가 구부려 무덤 안을 들여다보다(20:11)
• 천사가 하는 말	두려워 말라 십자가에 못 박힌 예수를 찾는 줄 내가 아노라 (28:5)	십자가에 못 박힌 나사렛 예수를 찾는구나 (16:6)	어찌하여 살아 있는 자를 죽은 자 가운데서 찾느냐(24:5)	여자여 어찌하여 우느냐 사람들이 내 주님을 옮겨다가 어디 두었는지 내가 알지 못함이니이다(20:13)
• 살아나셨느니라	여기 계시지 않고 살아나셨느니라(28:6)	살아나셨고 여기 계시지 아니하니라(16:6)	여기 계시지 않고 살아나셨느니라 (24:6)	
• 제자들에게	빨리 가서 그의 제자들에게 이르라	가서 그의 제자들과 베드로에게 이르라		
• 전하라	그가 죽음 가운데서 살아나셨고(28:7) 너희보다 먼저 갈릴리로 가시나니 거기서 너희가 뵈오리라	너희보다 먼저 갈릴리로 가시나니 거기서 너희가 뵈오리라		
• 계셨던 곳을 보라	그가 누우셨던 곳을 보라	보라 그를 두었던 곳이니라		
무덤에 온 사람들 • 여자들	무서움과 큰 기쁨으로 빨리 무덤을 떠나 제자들에게 알리려고 달음질하다(28:8)	몹시 놀라 떨며 나와 무덤에서 도망하고 무서워하여 아무에게 아무 말도 하지 못하더라 (16:8)	무덤에서 돌아가 이 모든 것을 열한 사도와 다른 모든 이에게 알리니 (24:9)	막달라 마리아가 베드로와 그 다른 제자에게 달려가서 무덤이 비었다고 말하다(20:2) 막달라 마리아가 제자들에게 내가 주를 보았다 하고 또 주께서 자기에게 이렇게 말씀하셨다 이르니라(20:18)
• 제자들		예수와 함께 하던 사람들은 예수께서 살아나셨다는 것과 마리아에게 보이셨다는 것을 듣고도 믿지 아니하니라 (16:10-11)	사도들은 그들의 말이 허탄한 듯이 들려 믿지 아니하나 (24:11)	(그들은 성경에 그가 죽은 자 가운데서 다시 살아나야 하리라 하신 말씀을 아직 알지 못하더라)(20:9)
• 베드로			베드로는 일어나 무덤에 달려가다 구부려 들여다 보니 세마포만 보이더라	베드로와 그 다른 제자가 달음질하여 무덤으로 갔는데(20:2)

• 귀가				그 된 일을 놀랍게 여기 며 집으로 돌아가다	그 다른 제자가 먼저 무덤에 이르러 구부려 세마포 놓인 것을 보았 으나 들어가지는 아니 하다 시몬 베드로가 무덤에 들어가 보니 세마포가 놓였고 함께 머리를 쌌던 수건이 딴 곳에 있던 대로 놓여 있더라(20:6-7) 성경 말씀을 아직 알지 못하고 두 제자가 자기들의 집으로 돌아가다
유대 지도자들		경비병들에게 돈을 많이 주고 제자들이 밤에 와서 예수를 도둑질하여 갔다고 소문을 내게 하라고 하다			
부활하신 예수를 만난 여자들		부활하신 예수께서 여자들을 만나 평안하냐고 하다. 여자들이 나아가 그 발을 붙잡고 경배하다(28:9) 예수께서 무서워 말라, 내 형제들에게 갈릴리로 가라 하라 거기서 나를 보리라(28:10)고 하다	안식 후 첫날 이른 아침 살아나신 후 막달라 마리아에게 먼저 보이시다(16:9) 마리아가 가서 예수와 함께 있던 자들에게 알리다(16:10)		뒤에 예수께서 서 계신 것을 보고도 알지 못하더라(20:14) 예수께서 여자여 어찌하여 울며 누구를 찾느냐 예수께서 마리아야 하니 마리아가 랍오니라고 하다(20:16) 내 형제들에게 내가 내 아버지 곧 너희 하나님께로 올라간다 하라 (20:17) 제자들에게 주를 보았다고 하고 말씀을 전하다(20:17)
비고	갈릴리로 가라	마태에는 부활하신 예수께서 먼저 갈릴리로 가시니 거기서 너희가 뵈오리라는 언급이 두 번 있다. 처음에는 천사가 여자들에게 제자들에게 전하라고 한다(28:7) 두 번째는 예수께서 여자들을 직접 만나서 내 형제들에게 갈릴리로 가라 하라고 전하라고 한다(28:10)	마가에는 흰 옷 입은 청년이 여자들에게 예수께서 먼저 갈릴리로 가시니 거기서 너희가 뵈오리라고 제자들과 베드로에게 이르라고 한다(16:7)		너는 내 형제들에게 가서 내가 내 아버지 곧 너희 아버지, 내 하나님 곧 너희 하나님께로 올라간다 하라(20:17)

살아나셨다	마태에는 두 번 언급되어 있다. 첫 번째는 천사가 그가 살아나셨다고 하고 두 번째는 천사가 여자들에게 제자들에게 가서 그가 죽은 자 가운데서 살아나셨다고 전하라고 한다	마가에는 흰 옷 입은 청년이 그가 살아나셨고 여기 계시지 아니하다고 한다	누가에는 두 천사가 여기 계시지 아니하고 살아나셨다(24:5)고 한다	
말씀하셨던 대로	그가 여기 계시지 아니하고 그가 말씀하시던 대로 살아나셨느니라(28:6)	전에 너희에게 말씀하신 대로 너희가 거기서 뵈오리라(16:7)	갈릴리에 계실 때에 너희에게 어떻게 말씀하셨는지를 기억하라 이르시되 인자가 죄인의 손에 넘겨져 십자가에 못 박히고 제삼일에 다시 살아나야 하리라 하셨느니라(24:6-7) 그들이 예수의 말씀을 기억하고(24:8)	베드로와 그 다른 제자는 성경에 그가 죽은 자 가운데서 다시 살아나야 하리라 하신 말씀을 아직 알지 못하더라(20:9)
빈 무덤	와서 누우셨던 곳을 보라(28:6)	보라 그를 두었던 곳이라(16:6)		
			세마포만 보이는지라(24:12)	세마포가 놓여 있고(20:6) 머리를 쌌던 수건은 세마포와 함께 놓이지 않고 딴 곳에 쌌던 대로 놓여 있더라(20:7)
		무덤에 들어가다(16:5) 무덤에서 도망치다(16:8)	무덤에 들어가다(24:3)	베드로가 먼저 들어가다(20:6) 그리고 그 다른 제자가 들어가다(20:8)
	경비병 중 몇이 모든 된 일을 대제사장에게 알리니 돈을 많이 주어 제자들이 함께 와서 그를 도둑질하여 갔다 하라고 하다		시체가 보이지 아니하다 이로 인하여 근심하다(24:3-4)	막달라 마리아: 베드로와 그 다른 제자에게 사람들이 주님을 무덤에서 가져다가 어디 두었는지 우리가 알지 못하겠나이다 막달라 마리아: 흰 옷 입은 두 천사에게 사람들이 내 주님을 옮겨다가 어디 두었는지 내가 알지 못함이니이다(20:13) 막달라 마리아: 예수에게 동산지기인 줄 알고 주여 당신이 옮겼거든 어디 두었는지 내게 이르소서 그리하면 내가 가져가리이다(20:15)

안식 후 첫날 부활한 예수와 만난 이들	예수께서 그들을 만나 이르시되 평안하냐 하시거늘 여자들이 나아가 그 발을 붙잡고 경배하니(28:9)	안식 후 첫날 이른 아침에 막달라 마리아에게 먼저 보이다 그 후에 그들 중 두 사람이 걸어서 시골로 갈 때에 예수께서 다른 모양으로 그들에게 나타나다(16:9, 12)	엠마오로 가는 두 제자에게 나타나다(24:13-33)	여자여 어찌하여 울며 누구를 찾느냐(20:15) 예수께서 마리아야 하시거늘 마리아가 랍오니라고 하다(20:16)
믿지 아니하다	예수를 뵈옵고 경배하나 아직도 의심하는 사람들이 있더라 (28:17)	두 사람이 가서 남은 제자들에게 알리었더니 역시 믿지 아니하더라 그들은 예수께서 살아나셨다는 것과 마리아에게 보이셨다는 것을 듣고도 믿지 아니하니라	베드로가 무덤에 달려가서 구부려 들여다보니 세마포만 보이는지라 그 된 일을 놀랍게 여기며 집으로 돌아가니라(24:12)	그들은 성경에 그가 죽은 자 가운데서 다시 살아나야 하리라 하신 말씀을 아직 알지 못하더라(20:9)

3. 본문이해

구분	내용	비고
안식 후 첫날	1. 여자들이 무덤에 간 때가 안식 후 첫날이라고 사복음서는 기록하고 있다. 마태는 '안식 후 첫날이 되려는 새벽에'라고 하고 마가와 누가는 '일찍이'라고 하면서 마가는 '매우 일찍이 해 돋을 때', 요한복음은 '일찍이 아직 어두운 때'라 하며 누가는 '안식 후 첫날 새벽'이라고 한다. 2. 마태의 표현이 이해하기 어려울 수 있다. 안식일은 금요일 해질 때부터 토요일 해질 때까지이다. 그러므로 안식 후 첫날은 토요일 해질 때에 시작된다. '안식 후 첫날이 되려는'이라는 기사는 안식일 늦게 또는 아직 안식일인 것 같은 느낌을 준다. 그러나 두 여자가 무덤에 간 때가 새벽인 것만은 틀림없는 것 같다. 마태의 기사는 부지불식간에 로마의 관습을 따라 습관적으로 기록하였는지도 모른다(민경식). 　누가와 요한복음은 '안식 후 첫날'이라고 분명히 말하고 있고 마가는 세 번 즉 '안식일이 지나매'(16:1), '안식 후 첫날'(16:2), '안식 후 첫날 이른 아침'(16:19)이라고 거듭하여 강조하고 있다. 3. 무덤에 간 때에 대하여 마태와 누가는 '새벽에', 마가는 '해 돋을 때' 요한복음은 '아직 어두울 때'라고 한다. 모두 어둠이 끝나가는 시간을 말하고 있다. 이로 인해 예수의 부활이 '빛의 회복, 어두움이 사라짐, 예수와 믿는 이들의 승리, 죄와 악, 그리고 죽음의 패배, 생명, 새로운 존재 등을 의미하게 된 것이다. 4. 예수께서 삼일 만에 살아나셨다. 예수께서는 세 번에 걸쳐 수난예고를 하였는데 그때마다 삼일 후 살아나겠다고 하였다. 호세아서에는 '여호와께서 이틀 후에 우리를 살리시며 셋째 날에 우리를 일으키시리니 우리가 그의 앞에서 살리라'(6:2)고 한다. 　성 어거스틴은 '마쉬아흐'가 삼일 만에 일어날 것을 기록하였다고 한다. 성 어거스틴은 구약의 마쉬아흐가 신약의 그리스도라는 것을 강조하고 있다 하겠다. 5. 사도행전은 그리스도께서 고난 받은 후 확실한 많은 증거로 부활하시어 40일 동안 사도들에게 보이고 하나님 나라의 일을 말씀하였다는 것으로 시작하고 있다(행1:13). 또한, 오순절 성령이 강림하였을 때 베드로가 한 설교는 그리스도의 부활(행2:31)에 관한 것이고 우리는 부활의 증인(:32)이라고 한다.	• 제칠 일 안식일 예수 재림교회 즉 안식교는 안식일을 지킴으로 구원받는다고 주장한다. 　안식교는 윌리엄 밀러가 1844년 10월 22일에 예수께서 재림한다는 주장을 하였고 지금도 시한부 종말을 말하고 있는데 개신교에서는 이단이라고 한다. • 한국교회의 새벽기도회의 시작을 1907년 1월 6일 평양 장대현교회의 길선주(당시는 목사 안수 직전이었음)가 인도한 사경회를 위한 새벽기도회로 보고 있다. 이때에 평양 대부흥운동, 즉 성령 대부흥운동이 일어나게 된다.

	6. 안식 후 첫날은 십자가에서 돌아가신 예수가 부활한 날이다. 새 언약의 신도인 우리는 옛 언약의 유대인들과 다르게 이날을 주일, 주님의 날로 정해 예배드리고 있다. 사도 바울은 드로아에 있을 때 '그 주간의 첫날에 우리가 떡을 떼려'고 모였다(행20:7)고 한다.	
무덤에 간 여자들 ① 향품을 준비하고 (마가, 누가)	1. 마가와 누가는 무덤에 간 여자들이 향품을 준비하여 가지고 갔다고 한다. 마가는 '예수께 바르기 위하여' 즉 예수의 사체에 바르려고 향품을 사다 두었다가 가져갔다고 하고 누가는 설명 없이 준비한 향품(24:1)이라고 한다. 그런데 누가는 이미 예수의 장례를 지켜본 여자들이 그 무덤과 그의 시체를 어떻게 두었는지 보고 '돌아가 향유와 향품을 준비하더라'(23:56)고 한 바 있다. 여기의 향품은 바로 그 향품인 것이다. 　기본적으로 사체는 냄새가 나기 때문에 향품을 사용하였는데 마가는 바르기 위한 향품이라고 한다. 2. 마가에는 아리마데 요셉이라는 사람이 빌라도에게 허락을 받고 세마포를 사서 시체를 내려다가 그것으로 싸서 바위 속에 판 무덤에 넣고 돌을 굴려 무덤 문에 놓았다(15:45-46)고 한다. 그리고 요한복음에는 밤에 예수께 찾아왔던 니고데모도 몰약과 침향 섞은 것을 백 리트라쯤 가지고 왔다고 한다. 그리고 유대인의 장례법대로 그 향품과 함께 세마포로 쌌다(요19:38-40)고 한다. 3. 마태, 마가는 여자들이 준비한 향품을 가지고 무덤에 갔다고 한다. 마가의 경우 죽은 자에게 바르는 향품이라고 하는데 죽은 자를 만지는 것은 금기 사항이었다. 여자들은 죽은 예수를 위해 무엇이라도 하려고 했다는 것으로 이해해야 하겠다.	• 누가 처음인가? 　달리기에서나 말경주에서 누가 처음인가가 중요하다. 북극과 남극에 그리고 에베레스트에 누가 처음 갔는가도 중요하다. 누가 처음 만들었는가와 함께 누가 처음 시작하였는가 역시 중요하다. 누가 처음 무덤에 갔는가. 누가 처음 부활하신 예수를 만났는가가 중요하다.
② 걱정하다 (마가)	1. 무덤으로 간 여자들이 '서로 말하기를 누가 우리를 위해 돌을 굴려주리오'라고 걱정하였다고 마가만이 기록하고 있다. 2. 마태, 마가, 누가는 여자들이 예수의 장례를 지켜보았다고 하는데 마가의 기록을 통해 그들이 장례 후 돌로 무덤을 막는 것까지 보았다는 것을 증명하고 있는 것이다. 3. 예수의 무덤에 큰 돌을 굴려 무덤 문에 놓고 갔다는 보고는 마태, 마가에만 기록이 있으나 돌이 무덤에서 굴려 옮겨졌다는 기사는 사복음서에 모두 나온다. 4. 사복음서 모두 무덤의 돌이 굴려졌다고 한다. 마태는 하늘로부터 내려온 천사가 돌을 굴렸다고 한다. 마가, 누가, 요한복음은 돌이 굴려졌다고만 한다. 결국, 하나님의 개입으로 돌이 굴려졌다고 하겠다.	
③ 누가 처음 갔는가	1. 무덤에 처음 간 사람이 중요하다. 처음의 중요성은 아무리 강조해도 지나치다고 할 수 없을 것이다. 무덤에 가 보아야겠다고 생각하고 준비한 여자들은 무섭고 떨리지만 열려 있는 무덤에 들어가서 살핀다. 마태에는 무덤에 간 여자들이 막달라 마리아와 다른 마리아라고 하는데 이 두 사람은 예수의 장례를 지켜본 여자들과 동일하나 예수의 처형을 지켜 본 세베대의 아들들의 어머니는 빠져 있다(27:56). 마가에는 장례를 지켜본 두 여자 즉 막달라 마리아와 요세의 어머니 마리아를 포함하여 살로메까지 세 명이 무덤에 갔다고 하는데 이들 세 사람은 예수의 처형을 지켜보았던 여자들(15:40-41)이다. 2. 장례를 지켜본 여자들이 마태에서는 막달라 마리아와 다른 마리아라고 하고 마가에서는 막달라 마리아와 요세의 어머니 마리아(막15:47)라고 한다. 마태의 다른 마리아가 마가에서의 요세의 어머니 즉 예수의 죽음을 지켜본 야고보와 요셉의 어머니 마리아(마27:56)인 것이다.	• 십자가에서 돌아가시는 것을 지켜 본 여자 중에서 그리고 장사지내는 것을 지켜본 여자 중에서 또한 무덤에 간 여자 중에서 막달라 마리아는 첫 번째로 이름이 나오는데(마27:55, 61 28:1 막15:40, 47 눅24:1 8:2 등) 이 여자를 부활하신 예수께서 처음으로 만나게 된다(마28:9, 막16:19, 요20:17).

	3. 사복음서에 모두 나오는 여자는 막달라 마리아이고, 마가와 누가에 나오는 여자는 작은 야고보와 요세의 어머니 마리아이다. 그리고 살로메는 마가에만 나오고 요안나는 누가에만 언급되어 있다. 이름이 밝혀진 무덤에 간 여자는 막달라 마리아, 요세의 어머니 마리아, 살로메, 요안나 등 네 명의 여자들이다.	
	4. 요한복음에서 예수의 처형을 바라보던 여자들은 예수의 모친 마리아, 이모 살로메, 글로바의 아내 마리아, 막달라 마리아가 등장하지만 무덤에 간 여자는 막달라 마리아뿐이다. 누가에서 예수의 사역을 돕는 여자들의 이름이 나오는데 그들은 막달라 마리아, 요안나, 수잔나라고 한다. 이들 중 예수의 장례를 지켜보고 또한 무덤에 간 여자는 막달라 마리아와 요안나이다.	
무덤에 들어 간 사람들	1. 마태에서는 여자들이 무덤을 보러 갔다고는 하나 무덤에 들어갔다는 이야기는 없다. 주의 천사가 돌을 굴려 내고 그 위에 앉아 있었기 때문이다. 그래서 천사는 여자들에게 '와서 그가 누우셨던 곳을 보라'고 한다. 무덤 안에 들어와 보라는 것이다.	• 마쉬아흐는 구약에 38번 나오는데 왕, 제사장, 예언자 등 직책을 위해 기름 부은 자를 말한다. 베드로는 예수를 마쉬아흐요 살아 계신 하나님의 아들이라고 고백한다. 세례
	2. 마가(16:5)와 누가(24:3)는 여자들이 돌이 굴려진 무덤에 들어갔다고 한다. 마가, 누가는 여자들이 향품을 준비해 갔다고 했는데 그러므로 무덤 안에 들어가 예수를 찾는 것은 당연하다. 더구나 마가는 여자들이 시체에 바르는 향품을 사 왔다고 하지 않는가. 무덤 안에 들어가 시체의 상태를 살펴야 했을 것이다.	요한은 제자를 예수께 보내 마쉬아흐냐고 묻는다. 누가에서는 '너희를 위하여 구주가 나셨으니 그는 주 마쉬아흐시니라(2:11)고 한다.
	3. 무덤에서 나왔다는 기사도 있다. 마가는 흰 옷을 입은 청년을 만난 여자들이 몹시 놀라 떨며 무덤에서 나와 도망하였다(막16:9)고 한다.	
	4. 그러나 누가에서의 베드로는 무덤에 다녀온 여자들의 말을 듣고 무덤에 달려가지만 구부려 들여다보고 세마포만 보았다고 한다(눅24:12). 그런데 베드로는 놀랍게 여기며 집으로 돌아간다. 베드로가 놀랍게 여기었다는 것은 부활을 확신하지 못하였다는 것이다. 부활을 확신하였다면 그의 태도는 달랐을 것이다. 누가에는 여러 사람들이 놀란다. 베드로의 놀라움은 엠마오 도상의 제자들에게서도 볼 수 있다. 그들은 '무덤에 다녀온 여자들이 우리를 놀라게 하였다'(24:22)고 한다. 모여 있다가 부활하신 예수를 만난 제자들 역시 '놀라고 무서워'한다(24:37).	
	5. 요한복음에서 막달라 마리아는 돌이 무덤에서 옮겨진 것을 보고 시몬 베드로와 예수께서 사랑하시던 그 다른 제자에게 달려가서 말한다. 두 사람이 무덤으로 달려가는데 더 빨리 달려온 그 제자는 무덤에 먼저 도착하지만 들어가지 않고 구부려 들여다보기만 한다. 뒤따라온 시몬 베드로가 무덤에 들어가 세마포와 머리를 쌌던 수건이 놓여있는 것을 본다(20:5-8). 그 다른 제자는 그 때에야 들어가 보고 믿더라(20:8)고 한다.	
	이들 두 제자가 자기 집으로 돌아간 후 막달라 마리아는 무덤 밖에서 울고 있었다(요20:10-11). 요한복음에서 막달라 마리아는 빈 무덤을 제자들에게 알리고 무덤에서 두 천사와 예수까지 직접 만났다는 것을 강조하고 있다.	
	6. 무덤에 직접 들어간 사람으로는 마가, 누가에 나오는 네 여자들(막달라 마리아, 야고보의 어머니 마리아, 살로메, 요안나)과 요한복음의 베드로와 다른 제자(요20:6)라 하겠다.	
빈 무덤 ① 시체가 보이지 아니하다 (누가, 요한)	1. 예수의 무덤 앞에 돌이 굴려져 옮겨졌다고 사복음서는 모두 말한다. 그런데 누가만이 보다 더 정확하게 보고하고 있다. 누가에서의 여자들은 예수의 무덤과 그의 시체를 어떻게 두었는지를 보았던 것이다(23:55).	
	돌이 무덤에서 옮겨진 것을 보고 무덤에 간 여자들이 무덤에 들어갔다(눅24:2-3). 그런데 '주 예수의 시체가 보이지 아니하여 이로 인해 근심하였다'(24:4-5)는 것이다. 빈 무덤이었던 것이다. 누가에서의 여자들은 예수의 죽음과 부활의 증인이다.	

	2. 요한복음에서 막달라 마리아는 예수의 시체가 보이지 아니하였다는 직접적인 표현은 하지 않았다. 그러나 막달라 마리아가 시몬 베드로와 그 다른 제자에게 '사람들이 주님을 무덤에서 가져다가 어디 두었는지 모르겠다'고 한다(20:2). 주님이 무덤에 없다는 것이다. 그래서 두 제자가 무덤으로 달려갔다. 즉 시체가 없어졌다는 말을 듣고 쫓아간 것이다.	• 무덤을 돌로 막는 것을 본 사람들은 누구인가 마태에서는 무덤을 향하여 앉아 있던 여자들(27:61)이고 마가에서는 예수 둔 곳을 본 여자들(15:47)이다. 누가에서는 그의 무덤과 그의 시체를 어떻게 두었는지를 보고 돌아간 갈릴리에서 온 여자들(23:55)이라 하겠다.
	3. 요한복음에서의 막달라 마리아는 흰 옷 입은 두 천사에게도 '사람들이 내 주님을 옮겨다가 어디 두었는지 알지 못한다'(20:13)고 하고 예수께서 '여자여 어찌하여 우느냐'고 하자 동산지기인 줄 알고 '주여 당신이 옮겼거든 어디 두었는지 내게 이르소서 내가 가져가겠나이다'(20:15)라고 한다	
	4. 요한복음에서의 막달라 마리아는 예수의 시체 도난을 걱정하고 있다. 막달라 마리아는 예수를 직접 만난 것도 모르고 계속해서 없어진 예수의 시체가 어디로 갔는지 찾고 있는 것이다. 요한복음이 예수의 빈 무덤을 가장 많이 언급하고 있지만 그러나 막달라 마리아는 빈 무덤을 통해 예수의 부활을 짐작하지 못한다.	
② 세마포만 보이더라 (누가, 요한)	1. 누가에서의 여자들은 찬란한 옷을 입은 두 사람이 '그가 살아나셨고 여기 계시지 아니한다고 한 말과 예수께서 한 말씀을 기억하고 무덤에서 돌아가 사도와 다른 모든 이들에게 알린다. 그런데 사도들은 그들의 말이 허황한 듯이 들려 믿지 아니한다(24:9-11). 그러나 베드로는 무덤에 달려가 구부려 들여다보는데 세마포만 보였다고 한다(24:12).	
	2. 요한복음에는 막달라 마리아의 말을 들은 시몬 베드로와 그 다른 제자가 달음질하여 무덤에 가는데 더 빨리 먼저 도착한 그 다른 제자는 구부려 세마포를 보았으나 들어가지는 아니한다. 따라온 시몬 베드로는 무덤 안에 들어가 세마포와 머리에 쌌던 수건이 놓여 있는 것을 본다.	
	3. 세마포는 아리마대 요셉이 예수를 장례할 때 향품과 함께 쌌던 그 세마포(요19:40)이다. 세마포란 예수께서 고난을 받고 돌아가서 장례까지 치렀다는 것과 또한 예수께서 부활하였다는 증거이다. 사람이 시체를 옮길 때 세마포를 벗기고 가져갔을 리는 없지 않겠는가?	
③ 제자들이 도둑질하여 갔다 하여라 (마태)	1. 마태에만 있는 이야기이다. 그러나 마태의 기록처럼 가장 '널리 퍼져 있는 이야기'(28:15)일 수 있다. 예수를 장사한 후 대제사장과 바리새인들이 빌라도에게 '예수가 살아 있을 때에 사흘 후에 다시 살아나리라 한 것을 기억하니 무덤을 굳게 지켜 달라'(27:62-63)고 한다.	• 예수의 세마포 소위 토리노의 수의는 죽은 예수의 몸을 감쌌던 것으로 알려져 있는데 길이는 약 4m이고 폭은 약 1m로 수직기로 짜여진 한 장의 아마천이다. 1532년 화재로 탈뻔 하였는데 당시 은제 보관함이 녹아 천 위에 떨어졌다고 한다.
	그때 유대 지도자들은 살아나는 것을 염려한 것이 아니라 예수의 제자들이 '시체를 도둑질하여 가고 죽은 자 가운데 살아났다고 하면' 더 큰 일이라고 생각했다. 마태에서는 유대 지도자들은 요한복음에서의 막달라 마리아처럼 예수의 시체 도난을 걱정하고 있다.	수의의 진위 여부 확인은 몇 차례 진행되었으나 결론은 나지 않았다. 진짜라고 하는 사람들은 손목에 못이 박힌 흔적이 있다고 하고 가짜라고 하는 사람들은 14세기 제품이라는 것이다.
	2. 경비병들이 '모든 된 일을 성에 들어가 대제사장에게 알렸다고 한다. 경비병들은 자기들이 목격한 '큰 지진이 나며 주의 천사가 하늘로부터 내려와 돌을 굴려 낸 일과 돌 위에 앉아 있는 천사의 형상이 번개 같고 그 옷은 눈같이 흰 것'(마28:2-3) 등을 대제사장에게 보고하였을 것이다. 마태는 '지키던 자들이 그를 무서워하여 떨며 죽은 사람과 같이 되었다'(28:4)고 하지 않았던가?	
	3. 로마의 경비병들이 대제사장에게 알린 것은 이례적이기는 하지만 있을 수 없는 일도 아니다. 대제사장들과 장로들은 군인들에게 돈을 많이 주며 제자들이 밤에 예수를 도둑질하여 갔다 하라고 한다. 군인들이 퍼트린 소문이 유대에 두루 퍼졌다고 한다. 유대 지도자들은 가룟 유다에게 돈을 주어 예수를 배반하게 하고 또한 군인들에게 돈을 주어 부활이 없었다는 거짓 증언을 사주한 것이다	

④ 보라 그를 두었던 곳이다 (마태, 마가)	1. 빈 무덤이라는 것을 확인시켜주는 기사가 마태, 마가에 있다. 마태에는 천사가 여자들에게 '예수께서 여기 계시지 아니하고 살아나셨다'고 한다. 천사들은 제자들에게 전하라는 말을 하고 이어서 '그가 누웠던 곳을 보라'(28:6)고 한다. 마가에는 흰 옷 입은 한 청년이 제자들에게 '그가 살아나셨고 여기 계시지 아니 하니라 보라 그를 두었던 곳이니라'(16:6)고 한다. 　마태의 천사나 마가의 흰 옷 입은 청년은 여자들에게 무덤이 비었다는 것을 확인하라 하며 여기 계시지 않는다는 것과 살아나셨다는 것을 말한다. 2. 누가에서의 여자들은 찬란한 옷을 입은 두 사람이 여자들에게 '여기 계시지 아니하고 살아나셨다'(24:6)고 말하지만 '보라'는 말은 없다. 그러나 누가에서의 여자들은 무덤 안에 들어가서 두 천사를 만나기 전 예수의 시체가 보이지 않는 것을 보고 이로 인하여 근심하였다(24:2-4)고 한다. 여자들 스스로 빈 무덤을 확인한 것이다. 3. 성지순례가 관광상품일 수는 있으나 관광이 될 수 없는 이유는 예수께서 생전에 머무셨던 장소를 찾아다니는 참배이기 때문이다. 성지순례 중 '보라 그가 계셨던 곳이라'는 말에서 역사적 예수를 확인할 수 있다면 '보라 그가 누우셨던 곳이라'는 말에서는 부활하신 예수를 믿을 수 있어야 할 것이다	• 오비에도의 수다리움은 스페인의 오비에도에 예수의 얼굴을 감쌌던 수다리움(수건 혹은 헝겊)을 말하는데 크기는 83×52센티이다. 재질 역시 성 수의와 같은 아마포이다. 그런데 토리노의 수의와 오비에도의 수다리움에 들어 있는 피는 AB형이고 이 두 천을 서로 겹쳐 보면 피와 핏자국의 형태가 일치한다고 한다.
천사를 만나다 ① 천사의 모습	1. 마태, 마가, 누가, 요한복음은 천사 또는 천사로 보이는 사람에 대한 언급이 각각 다르다. 무엇보다도 천사 또는 그 수이다. 마태, 마가는 한 명이지만 누가, 요한복음은 두 명이다. 그리고 마태와 요한복음은 천사라 하고 마가와 누가는 청년 또는 두 사람이라고 하였으나 보통 사람이 아닌 모습과 느낌을 갖게 한다. 　무덤에 간 여자들은 놀랍고(마태, 마가), 두렵고(누가), 무서운(마태, 마가) 경험, 즉 거룩한 경험을 하였는데 시간이 흐르면서 복음서가 기록될 때에는 각각 조금씩 다르게 표현이 된 것이리라. 2. 마태의 천사는 지진이 나며 하늘로부터 내려왔는데 형상은 번개 같고 그 옷은 눈같이 희었다고 한다. 그러나 마가, 누가, 요한복음은 누가 무덤의 돌을 굴려 옮겨놓았는지를 말하고 있지 않다. 마태만이 무덤을 지키던 자들 즉 경비병들은 이 천사를 보고 무서워하며 떨며 죽은 사람과 같이 되었다(28:4)고 한다. 3. 마태에서의 천사의 모습은 무덤의 돌로 상징하는 죽음의 권세나 죄, 불의, 마귀와 사탄을 옮겨내고 굴려 내 버린 승리의 천사라 하겠다. 무덤의 돌을 굴리고 그 위에 앉아 있는 마태의 천사는 부활이 승리라는 것을 상징하기도 한다. 4. 요한복음에는 막달라 마리아가 무덤에 시체가 없다는 것을 시몬 베드로와 그 다른 제자에게 알리니 달려와서 무덤 안에 있던 예수를 쌌던 세마포와 수건을 보고 난 후 자기들 집으로 돌아간다. 5. 마태에서는 눈같이 흰 옷을 입은 천사가, 마가에서는 흰 옷을 입은 한 청년이 등장하고, 누가에서는 찬란한 옷을 입은 두 사람이, 그리고 요한복음에는 흰 옷을 입은 두 천사가 나온다. 그런데 마태의 천사는 굴려놓은 돌 위에 있었고 마가의 청년은 무덤 안 우측에 앉아 있었으며 누가의 두 청년은 여자들 곁에 있었고 요한복음의 두 천사는 예수의 시체 뉘었던 곳 하나는 머리 편에 하나는 발편에 있었다고 한다. 6. 마태, 마가, 요한복음에서는 이들이 흰 옷을 입었다고 하며 누가는 찬란한 옷을 입었다고 한다. 변화산상에서의 예수처럼 천상의 존재라는 것을 알 수 있다. 마가의 한 청년이나 누가의 두 사람이 실제로는 사람이 아니라고 하는 이유는 마태와 요한복음의 천사처럼 여자들을 기다리고 있었으며 무덤에 온 이유를 알고 예수의 부활을 말하고 있으며(마태, 마가, 누가) 나아가 예수께서 부탁한 말씀을 전하고 있기(마태, 마가) 때문이라 하겠다.	<가브리엘과 미가엘> 　가브리엘 천사는 신구약에 모두 나오는데 구약의 다니엘서에서는 다니엘이 체험한 환상을 설명한다. (단8:15-26, 9:21-27) 　신약의 누가에서는 스가랴와 동정녀에게 나타나 각각 세례 요한과 예수의 출생을 고지한다. 　누가는 이 천사를 주님의 사자(1:20)라고 한다. 마태에서 요셉에게 현몽한 천사 역시 주의 사자(1:20)라고 하며 사도행전에도 주의 사자가 나온다(행12:23). 　미가엘 천사는 구약의 다니엘서(10:13)에 나오는데 천사장이라고 한다.

② 천사와의 조우	1. 마태는 여자들의 반응은 없고 지키는 자들이 그를 무서워하며 떨며 죽은 사람같이 되었다(28:4)고 한다. 마가에서 무덤에 간 여자들은 '보고 놀라며'(16:5) 누가에서의 여자들은 '두려워 얼굴을 땅에 대었다'(24:5)고 한다. 2. 무덤에 온 여자들과 마주친 마태의 천사는 무서워하지 말라고 하고 마가의 한 청년은 놀라지 말라고 한다. 마태의 천사는 십자가에 못 박힌 예수를 너희가 찾는 줄 내가 아노라(28:5)고 하고 마가의 청년은 너희가 십자가에 못 박힌 나사렛 예수를 찾는구나(16:6)라고 하며 누가의 두 사람은 살아 있는 자를 죽은 자 가운데서 찾느냐(24:5)라고 질책을 한다. 3. 마가는 나사렛 예수를 강조하고 있는데 너희보다 먼저 갈릴리로 가리라는 말씀과 연결된다. 나사렛 예수라고 굳이 호칭한 이유는 부활하신 예수의 사역 즉 유대인뿐 아니라 이방의 흑암에 있는 백성에게 큰 빛을 보게 하겠다(마 4:13-16)는 하나님의 복음 전파(막1:4)가 중단되는 것이 아니라 계속될 것임을 시사하는 것이라 하겠다. 4. 누가에서의 엠마오 도상의 두 사람은 예수께 '나사렛 예수의 일이'라고 한다.	• 마가의 '한 청년'에 대해서 겟세마네에서 잡혀가던 예수의 뒤를 '벗은 몸에 홑이불을 두르고 따라가다가 잡히니까 벗은 몸으로 도망한 청년(막14:51-52)과 동일시하는 주장이 있다. 마가에 유일하게 나오는 청년 즉 네아니스코스가 양쪽에 나와 서라고 하지만 두 사람을 동일시할 수 있는 근거는 되지 못한다.
③ 천사의 선포	1. 마태, 마가, 누가에서의 천사 또는 청년들이 예수께서 살아나셨다고 선포하고 있다. 마태, 누가는 그가 여기 계시지 아니 한 것은 그가 살아나셨기 때문이라고 하며 마가는 그가 살아나셔서 여기 계시지 아니하다고 한다. 마태, 마가, 누가 모두 천사들은 예수 부활의 사실을 선포하고 있다. 2. 마태는 예수께서 자신의 부활을 예언하셨음을 상기시키고 있다. 마태는 천사가 여자들에게 그가 말씀하신대로 살아나셨다(28:6)고 하고 또한 제자에게 전할 소식의 첫 번째는 예수께서 죽은 자 가운데 살아나셨다(28:7)는 것이라고 예수의 부활을 거듭 강조한다. 3. 요한복음에서는 천사들이 예수께서 살아나셨다고 선포하는 모습이 없다. 요한복음에서의 천사들은 예수와 함께 있었던 것으로 생각된다. 막달라 마리아가 천사들과 대화하고 있을 때 예수께서는 옆에 있었던 것으로 보인다. 예수와 함께 있는 천사들이 구태여 예수께서 살아나셨다고 말할 필요는 없었을 것이다.	
④ 천사의 부탁	1. 마태에서의 천사와 마가에서의 청년은 여자들에게 제자들에게 가서 말하라는 것이다. 마태의 천사는 빨리 가서 제자들에게 예수께서 죽은 자 가운데서 살아나셨다는 것과 너희보다 먼저 갈릴리로 가시리니 거기서 너희가 예수를 뵙게 될 것이라고 하며 내가 너희에게 말하였다고 여자들에게 다짐을 한다. 2. 마가에서의 청년은 가서 제자들과 베드로에게 예수께서 너희보다 먼저 갈릴리로 가리니 너희가 거기서 예수를 뵙게 된다고 한다. 예수께서는 배반자인 베드로를 지적하며 갈릴리로 오라고 한 것이다. 제자들과 베드로를 용서한다는 의미가 포함되어 있다 하겠다. 3. 누가에서의 두 사람은 여자들에게 갈릴리에 계실 때 예수께서 어떻게 말씀하셨는지를 기억하라고 하고 여자들이 예수의 이 말씀을 기억하였다고 한다. 4. 마태에서의 부활하신 예수께서는 여자들에게 제자들을 '내 형제'(마28:10)라고 하고 요한복음에서는 예수께서 막달라 마리아에게 제자들을 역시 '내 형제'(20:17)라고 한다.	<갈릴리로 가라> 갈릴리는 예수께서 공생애를 시작한 곳으로 '회개하라 천국이 가까웠다'(마4:17)고 하고 '하나님 나라가 가까이 왔다'(막1:15)고 하며 하나님의 복음을 전파하기 시작(막1:14)하였던 곳이다.
말씀하신 대로	1. 마태, 마가, 누가, 요한복음 모두 예수께서 전에 하셨던 말씀을 강조하고 있다. 마태는 예수께서 말씀하시던 대로 살아나셨다(28:6)고 하고 거듭해서 죽은 자 가운데서 살아나셨다(28:7)고 살아나셨음을 강조하고 있다.	

	2. 마태에는 천사가 여자들에게 예수께서 갈릴리로 간다고 제자들에게 전하라고 하고 또한 무덤에 온 여자들에게 부활하신 예수께서 직접 나타나서 '내 형제들에게 갈릴리로 가라 하라'고 거듭 당부한다(28:10). 여기서 예수께서는 제자들을 내 형제들이라고 부른다. 예수를 버려두고 도망간 제자들을 용서한다는 의미라 하겠다. 3. 마가는 제자들에게 갈릴리로 가라고 하며 '전에 너희에게 말씀하시던 대로 거기서 뵈오리라'(16:7)고 한다. 이것은 갈릴리로 간다는 것과 함께 예수가 부활하였다는 것을 강조하고 있다. 이 말씀은 예수께서 제자들의 배반을 예고하며 한 말씀(마26:32, 막14:28)임을 상기시키고 있다. 부활하신 예수는 제자들을 복귀시키고 복음의 선포를 계속해서 갈릴리에서 하겠다는 것이다. 마가에는 예수의 전도 활동과 관련해서 갈릴리가 18회 나온다.	딤후2:8 내가 전한 복음대로 다윗의 씨로 죽은 자 가운데서 다시 살아나신 예수 그리스도를 기억하라 벧후3:2 곧 거룩한 선지자들이 예언한 말씀과 주되신 구주께서 너희의 사도들로 말미암아 명하신 것을 기억하게 하려 하노라
기억하라	1. 누가에서의 찬란한 옷을 입은 두 사람은 무덤에 온 여자들에게 어찌하여 살아 있는 자를 죽은 자 가운데서 찾느냐고 하며 갈릴리에 계실 때에 너희에게 한 말씀을 기억하라(24:5-6)고 한다. 말씀하시기를 '인자가 죄인의 손에 넘겨져 십자가에 못 박히고 제삼일에 다시 살아'(24:7)난다고 하였다는 것이다. 예수께서 수난예고 때 한 말씀(눅9:22,18:32)을 다시 반복(24:7)하는데 여자들은 예수의 말씀을 기억하고 사도와 다른 모든 이에게 알린다. 2. 요한복음에는 시몬 베드로와 그 다른 제자가 예수의 무덤을 들여다보고 세마포와 머리를 쌌던 수건을 보지만 두 제자가 자기 집으로 돌아간다. 그런데 ( )안에 있는 기사이기는 하지만 '그들은 성경에 그가 죽은 자 가운데 다시 살아나야 하리라고 하신 말씀을 알지 못하였다'고 한다. 두 제자는 성경말씀을 기억하지 못한 채 자기들의 집으로 갔다는 것이다. 3. 대제사장들과 바리새인들은 예수가 사흘 후에 다시 살아나리라 한 것을 우리가 기억한다(마27:62-63)고 한다. 예수를 죽게 한 자들은 기억하지만, 제자들은 기억하지 못한다.	• 기억하라: 무덤에까지 가서 들어갔던 베드로와 그 다른 제자는 기억하지 못한다. 왜 기억하지 못하였는가? 뇌는 기억하고 싶은 것만 기억한다는 이론이 있다.
천사를 만난 후에 여자들	1. 마태에서 여자들은 무서움과 큰 기쁨으로 빨리 무덤을 떠나 제자들에게 알리려고 달음질(20:8)했다고 한다. 천사는 여자들에게 무서워 말라고 하였으나 무섭지 않을 수가 없었을 것이다. 또한, 천사들로부터 거듭해서 예수께서 살아나셨다고 하는데 기쁘지 않을 수가 없었을 것이다. 2. 마가에서 여자들은 몹시 떨려 무덤에서 나와서 도망한다. 그리고 '아무에게 아무 말도 하지 못하였다'고 한다. 청년의 부탁을 이행하지 못하였다는 것이다. 3. 누가에서 여자들은 천사가 한 '살아나셨다'는 말과 천사들의 말대로 예수의 말씀을 기억해 내고는 무덤에서 돌아와 이 모든 것을 열한 사도와 다른 모든 이에게 알렸다고 한다(24:28). 누가에서 무덤에 간 여자들은 심부름꾼이 아니다. 자기들이 겪은 일과 기억해 낸 말씀을 열한 명의 제자와 다른 모든 사람에게 알린 것이다(24:28). 4. 천사를 만난 여자들이 첫 번째 부활 선포자가 된다. 무덤에 간 여자들은 예수의 죽음과 장례를 지켜본 자들이고 빈 무덤을 확인하고 그들이 만난 부활하신 예수를 증거하게 된다.	
부활하신 예수를 직접 만난 여자들	1. 부활하신 예수께서 여자들을 직접 만난 이야기가 있다. 　　마태는 무덤에 간 여자들이 천사의 말을 제자들에게 알리려고 달려갈 때 부활하신 예수를 만나게 된다. 예수께서는 무덤에 온 여자들에게 '평안하냐고 하는데 여자들은 부활하신 예수를 알아보고 예수의 발을 붙잡고 경배하였다고 한다. 이에 예수께서는 무서워 말라고 한다. 마태에는 천사들도 여자들에게 무서워 말라(28:5)고 하고 예수께서도 '무서워 말라'(28:10)고 한다. 천사가 나타났을 때 무덤을 지키던 경비병들이 무서워했고(28:4) 무덤을 떠날 때 여자들이 무서워하였다(28:8).	• 막달라 마리아와 일곱 귀신: 일곱 귀신 들렸던 마리아를 예수께서 치유하셨는데 막달라인 마리아는 다른 여자들과 함께 예수의 사역을 도왔다고 한다(눅8:2-4). 예수께서 막달라

부활하신 예수께서는 여자들에게 '가서 내 형제들에게 갈릴리로 가라 하라 거기서 나를 보리라'(28:10)고 한다. 천사가 여자들에게 부탁한 것과 같은 내용이다. 여자들에게 부탁한 말씀은 잘 전달되었기 때문에 '열한 제자가 갈릴리에 가서 예수께서 지시하신 산'(28:16)에서 예수를 뵈옵고 경배하게 된다(28:17).

2. 마가의 추가기사에는 예수께서 안식 후 첫날 이른 아침에 살아나셨다고 하며 먼저 막달라 마리아에게 보이셨다(16:9)고 한다.

마가에서 무덤에 갔던 여자들이 부활하신 예수를 직접 만났다는 기사는 없다. 그렇지만 마가로서는 예수께서 막달라 마리아를 만난 것을, 그것도 먼저 보이신 것을 기록하지 않을 수 없어서 추가기사(16:9)로 남겨 둔 것이리라.

3. 누가에는 마태에서처럼 무덤에 다녀온 여자들이 직접 예수를 만났다는 기사가 없다. 그러나 엠마오로 가던 두 사람이 눈이 밝아져 동행하던 사람이 예수인 줄 알고 예루살렘으로 돌아간다. 그런데 이들이 길에서 있던 일을 말하기 전에 주께서 과연 살아나시고 시몬에게 보이셨다고 한다. 누가는 앞에서 무덤에 갔었던 여자들의 말을 듣고 베드로가 무덤에 달려갔으나 세마포만 보고는 돌아갔다(24:12)고 했다. 베드로는 세마포만 보았다는 것이다. 그런데 '또한 제자 및 그들과 함께 한 자들이 모여 말하기를 주께서 살아나시어 시몬에게 보이셨다'(24:33)는 것이다.

왜 이런 기사가 나왔을까? 누가의 예수의 세례 기사에서 예수께서 세례 받기 바로 전 기사에 헤롯이 세례 요한을 옥에 가두니라(3:20)고 한다. 우리는 이런 기록들을 어떻게 이해해야 할까.

4. 요한복음은 막달라 마리아가 무덤 앞에서 울고 있다가 무덤 안을 들여다보니 흰 옷 입은 두 천사가 있었는데 여자여 어찌하여 우느냐(20:13)고 묻는다. 그리고 예수께서 다시 여자여 어찌하여 우느냐(20:15)고 하며 마리아야 하시니 마리아가 랍오니라고 대답한다. 랍오니를 새번역은 라부니, 공동번역은 라뽀니라고 한다. '랍오니'는 랍비를 더 높여 부르는 호칭이라고 한다. 선생님이라는 말이다. 이 장면은 요한복음 10장에 나는 선한 목자라 나는 내 양을 알고 양도 나를 안다(10:14), 양들은 그의 음성을 안다(10:4)는 기사를 그대로 반영하고 있는 이야기라 하겠다.

마리아가 가진 일곱 귀신을 쫓아주심으로 막달라 마리아는 새로운 존재로 거듭났다.

• 예수께서는 표적을 구하는 서기관과 바리새인들을 악하고 음란한 세대(마12:39, 눅11:29)라고 하며 이 세대를 '더 악한 귀신 일곱'(마12:45, 눅11:26)이라고 한다. 일곱 귀신은 인간의 실존적 한계에서 갖게 된 죄와 악이라 할 수 있다.

• 우리 성경에는 히브리말로 '랍오니'라고 하는데 NIV와 헬라어 원전에는 아람어라고 한다.

믿지 아니하다	1. 마태는 무덤에 간 여자들이 예수께서 평안하냐고 하자 예수를 바로 알아보고 예수의 발을 붙들고 경배한다. 요한복음에서의 막달라 마리아는 예수께서 마리아야라고 부르자 예수께 선생님이라고 부른다. 무덤에 간 여자들은 예수의 부활을 믿었다. 2. 마가의 추가기사이긴 하지만 막달라 마리아가 예수께서 살아나셨다는 것과 막달라 마리아에게 보이셨다는 것을 '예수와 함께 하던 사람들'(16:10)에게 말하여도 그들은 듣고도 믿지 아니하였다(막16:10)고 한다. 그뿐 아니라 도상에서 예수를 만난 두 사람이 남은 제자들에게 알리어도 역시 믿지 아니하였다(막16:13)고 한다. 마가에는 부활하신 예수를 만난 막달라 마리아 이외에 예수께서 살아나셨다는 것을 믿는 사람은 아무도 없다. 3. 누가에는 무덤에 있던 여자들이 예수께서 살아나셨다는 것을 듣고 갈릴리에서 하신 부활 예언을 기억하고 '사도와 그 다른 이에게 알린다'(24:8). 그러나 '사도들은 허탄한 듯이 들려' 믿지 아니하였다고 한다(24:11). 그러나 베드로는 무덤에 달려와서 세마포를 보지만 '그 된 일을 놀랍게 여기며 집으로 돌아갔다'(24:12)고 한다. 누가 역시 무덤에 간 여자들 이외에 예수의 부활을 믿는 사람들이 없다. 누가는 엠마오로 가는 제자들에게 나타나신 얘기를 계속해서 말하고 있다.	• 막달라 마리아 복음서 9:4에는 막달라 마리아에게 '주님께서 우리에게는 말하지 않던 비밀을 여자에게 우선적으로 은밀하게 말씀하셨다는 것이 말이 됩니까'라고 한다. 이어서 레위는 내가 보니 당신은 지금 적들이 하는 것처럼 예수를 거부하자고 말하고 있군요(9:7)라고 한다.

4. 요한복음에서는 막달라 마리아에게서 얘기를 듣고 무덤에 달려간 시몬 베드로와 또 다른 제자는 무덤 안에 놓여있는 세마포와 얼굴을 감싼 수건을 보았으나 성경을 알지 못한 채 집으로 갔다. 그러나 8절에는 다른 제자도 들어가 보고 믿더라고 한다. 무덤 안에 들어간 베드로와 그 다른 제자가 믿었다는 것이다. (   ) 안의 기사를 무시한다면 두 사람은 예수의 무덤을 들여다 보고 믿었다고 하면서도 그대로 집으로 갔다는 것이다. 이해가 필요한 구절이라 하겠다.

4. 심층연구

4.1 마가16:8과 추가기사(16:9-20)에 대하여

1. 막16:8에는 무덤에 간 여자들이 몹시 놀라 떨며 무덤에서 도망하고 무서워하며 아무에게 아무 말도 하지 못하였다고 한다. 그렇다면 무덤에 간 여자들은 흰 옷을 입은 청년의 메시지를 제자들에게 전하지 못하였다는 것이 되고 만다. 여자들은 아무에게 아무 말도 하지 못하였기 때문이다.

2. 무덤에 간 여자들이 임무를 다하지 못한 이유가 '몹시 놀라 떨며', '무서워서'라고 한다면 두려움으로 인한 실패라고 할 수 있을 것이다. 그러면 마가는 왜 인간의 실패로 자기 기록을 마감하려 하였을까. 하나님은 인간들이 자신의 임무를 다하지 못하여도 복음전파를 계속한다는 의미로 그렇게 하였을까.

3. 마가에서의 무덤에 간 여자들은 부활하신 예수를 만나지 못하고 흰 옷 입은 청년에게서 '그가 살아나셨다'고 하며 예수를 두었던 곳을 가리킨다. 여자들은 예수가 부활하였다는 선언을 듣고 빈 무덤을 본 것이다.

4. 여자들이 보인 두려움과 침묵은 모두 '거룩한 것과의 만남'(누미노스numinous, 루돌프 오토의 용어-서중석)에 대한 표현으로 볼 수 있다는 것이다. 여기서 마가는 그러한 긍정적인 두려움이 한층 더 강화되도록 그것을 한 단계 더 확대시켜 표현하였다는 것이다.

5. 여자들이 아무에게 아무 말도 하지 못하였다는 것은 여자들의 누미노스한 경외심으로 이해할 수 있을 것이다. 거룩한 것과의 만남(누미노스)의 순간에 그랬다는 것이다. 그 후에도 계속 그랬다는 것으로 볼 필요는 없다.

6. 마가의 추가기사를 무시하면 마가에는 부활하신 예수께서 나타난 이야기가 없다. 그러면 마가는 예수의 출현에 대해 모르고 있었던 것일까. 예수께서는 마지막 만찬에서 '내가 살아난 후 너희보다 먼저 갈릴리로 가리라'고 하였고 천사도 '먼저 갈릴리로 가시나니'(16:7)라고 하였기 때문에 예수의 부활 후 출현을 당연히 알고 있었을 것이다.

7. 16장 8절의 마지막 단어는 '에포분토 가르'인데 여기서 '가르'는 '왜냐하면', '곧', '그래서' 등을 뜻하는 접속사이다. 접속사로 문장이 끝나는 것에 대해 많은 논란이 있다. 통상적으로 보면 이것은 말끔하지 않은 끝맺음이기 때문이다. 접속사, 곧 무엇인가 더 말할 것이 있는듯한 단어로 끝나는 것이 원래 마가가 의도한 복음서의 끝인지 아니면 분실된 본문이 있는지에 대해서 지금까지도 격렬한 논쟁이 이어지고 있다.

8. 마가복음의 마지막 부분이 분실되거나 손실될 수도 있으나 '가르'로 끝나는 다른 고대 그리스 로마 문헌이 존재한다는 점과 마가가 열린 끝을 의도적으로 장치하여 놓고 마가복음의 청중들에게 갈릴리에서 나사렛 예수를 따를 것을 요청하는 문학적 기법이라고 생각할 수 있다.

9. 마가는 분명히 예수의 죽음으로 끝나는 것이 아니라 부활한 예수와 함께 청중들의 동참으로 갈릴리에서 시작되어야 한다고 주장하려는 것이다.

10. 마가의 추가기사인 16장 9절에서 20절은 (   )안에 들어 있다. 이 후기가 마가의 것이 아닌 이유는 마가의 문체 즉 '곧, 다시' 등의 관용구가 없기 때문이다.

11. 막16:9-20은 이른바 '긴 종결부'라고 부르는데 이것은 원래 없는 부분으로 간주된다. 가장 유력한 사본인 바티칸 사본이나 시내 산 사본 등에는 없는 부분이다.

12. 마가의 추가기사는 막달라 마리아와 예수의 만남은 요한복음(20:11-18)과 시골로 가는 예수와 두 제자의 만남은 누가에서의 엠마오 도상의 두 제자(24:13-35)의 축약이고, 복음전파의 사명은 마태복음(28:18-20)과 사도행전(1:8) 등과 유사하다. 다른 복음서들과 사도행전에서 선별하여 엮은 것으로 보인다고 하겠다.

13. 추가기사의 그리스 원문을 보면 '일어나다, 살아나다'(아나스타스)는 단어 '그 주 첫날 일찍 살아나셨다'(16:9)로 시작된다. 이 말은 예수가 분명히 다시 살아났다는 점을 강조한다.

14. 이 추가기사에는 부활하신 예수께서 맨 처음 만난 사람이 막달라 마리아라고 한다. 그런데 이 기사에는 예수께서 막달

라 마리아의 일곱 귀신을 쫓아주었다고 한다. 예수의 고난과 관련해서 이미 막달라 마리아가 거명(15:46, 47, 16:1)되었는데 새삼스럽다고 하겠다. 추가기사에서 막달라 마리아는 부활한 예수와 만난 후 예수와 함께 하였던 사람들에게 가서 예수의 부활 소식을 전한다. '여자들이 아무에게도 아무 말도 하지 못하였다'(16:8)고 하였으나 그것은 '거룩한 것과의 만남'으로 일시적 침묵이었다고 하겠다.

15. 마가의 추가기사에는 마가가 구사하지 않는 단어가 많다. 헬라어 문체 역시 다르다. 막달라 마리아를 이미 두 차례 언급(15:40, 47)하였는데 새삼스럽게 '예수께서 전에 일곱 귀신을 쫓아내 준 막달라 마리아'(16:9)라고 소개하고 있다.

16. 이 추가기사의 기록자에 대해 버킬과 코닌비어는 2세기경 아리스티온 또는 아리스톤이라고 주장하는데 989년에 기록된 아르메니아의 사본은 이 부분이 아리스티온이 쓴 것이라고 밝히고 있다.

4.2 요한복음 21장 후기에 대하여

1. 요한복음 21장은 요한복음이 쓰인 후 추가적으로 삽입된 것으로 보인다. 요한복음20:30-31에서 이미 요한복음을 기록한 목적을 말하였는데 21:24-25에서 다시 반복해서 말하고 있다.

2. 이 후기는 요한복음의 저자가 아닌 사람이 쓴 것으로 보인다. 21:24-25를 보면 교회가 공식적으로 예수의 사랑하는 그 제자의 증언을 인정하여 다른 사람이 기록하는 것을 허락한 것처럼 보이기 때문이다.

3. 21장에서 제자들은 그 날 밤에 아무것도 잡지 못하고 날이 새어갈 때 예수께서 그물을 오른쪽으로 던지라고 하여 던졌더니 물고기가 많아 그물을 들 수 없었다(21:3-6)고 한다. 누가에서 제자들을 부르는 이야기에도 물고기 잡는 이야기가 있다. 밤이 새도록 수고하였으나 잡은 것이 없는 시몬에게 예수께서 깊은 데로 그물을 내려 잡으라고 한다. 고기가 많아 그물이 찢어져서 다른 배의 도움을 받아 두 배에 채웠다(5:4-7)고 한다. 요한복음에서의 예수께서는 바닷가에 서셨으나 제자들은 예수인 줄을 알아보지 못한다(21:4). 고기가 많이 잡힌 후에야 사랑하시는 제자가 주님(21:7)이라고 한다.

4. 후기기사에서의 문제는 9절에 '육지에 올라보니 숯불이 있는데 그 위에 생선이 놓였고 떡도 있더라'고 한다. 그리고 10절에서 예수께서는 '지금 잡은 생선을 가져오라'고 하는 것이다. 이야기의 일관성이 없어 보인다.

5. 후기기사를 쓴 이유는 예수를 목격한 증인들이 세상에서 사라지기 시작하자 부활하신 예수에 대해 하나라도 더 기록을 남기려는 의도에서라고 하겠다. 또한, 예수를 세 번 부인하였던 베드로와 사랑하는 그 다른 제자에 대해 언급할 필요가 있었던 것으로 보인다. 21장에서 예수께서는 베드로를 회복시키고 목자의 사역을 위임하며 나를 따르라고 반복(21:19, 22)해서 명령한다.

6. 예수께서 조반을 먹으라고 하며 떡과 생선을 준다. 그런데 이것을 떡과 포도주로 상징하는 성찬식으로 보려는 경향이 있으나 당시에는 성찬식에 생선을 사용하지 않은 것으로 보아 아닌 것으로 보인다.

7. 21장에는 예수의 제자들이 나오는데 베드로, 도마, 나다나엘, 세베대의 아들들 다른 제자 둘이다. 또 다른 제자가 제자 중에 속해 있다면 모두 8명인 셈이다. 여기에서 세베대의 아들들인 야고보와 요한은 요한복음에 처음 나오고 사도들의 명단에 나오지 않는 나다나엘은 바돌로매로 볼 수 있다. 다시 정리하면 베드로, 도마, 세베대의 아들들인 야고보와 요한, 바돌로매, 예수께서 사랑하시는 제자, 또 다른 두 제자 등 8명이 나온다. 여기에는 베드로의 형제인 안드레, 빌립, 세리 마태, 알페오의 아들 야고보, 젤롯인 시몬, 다대오라고 부르는 야고보의 아들 유다 등 6명의 이름이 거명되지 않고 있다.

4.3 부활하신 예수를 만나는 요한복음의 막달라 마리아에 대하여

1. 부활하신 예수를 만나는 이야기에는 두 가지 자료가 서로 대조 또는 결합되어 있다고 볼 수 있다. 하나는 무덤을 찾아간 막달라 마리아 이야기이고 다른 하나는 시몬 베드로와 예수께서 사랑하시는 제자 이야기라고 하겠다.

2. 막달라 마리아는 무덤에 와서 돌이 무덤에서 옮겨진 것을 보고 시몬 베드로와 예수께서 사랑하시는 그 다른 제자에게 달려가서 무덤이 열려 있다고 보고한다(20:1-2). 그 후 막달라 마리아는 무덤에서 울고 있었다고 한다(20:11). 막달라 마리아가 무덤에 다시 돌아왔다는 이야기가 없이 어느 틈에 무덤에 다시 와 있었던 것이다.

3. 요한복음에는 막달라 마리아에게로부터 무덤이 비어 있다는 보고를 받은 시몬 베드로와 또 다른 제자가 무덤에 들어가서 무덤이 비어 있다는 것과 세마포와 머리를 쌌던 수건만 남아 있는 것을 확인한다. 그런데 그때에 무덤에 먼저 갔던 그 다른 제자는 구부려 세마포만 보았는데 베드로를 따라 무덤에 들어가서 보고 믿더라(20:8)고 하였다. ( )안에 있는 말씀이지만 20:9를 보면 이 두 제자는 빈 무덤을 보았으나 그가 죽은 자 가운데서 다시 살아나야 하리라는 성경 말씀을 아직 알지 못하였다고 한다. 20:8과 ( )안에 있는 20:9가 상치된다고 하겠다.

4. 막달라 마리아에게 있어서 빈 무덤은 예수의 부활을 확인하는 증거가 되지 못하고 있다. 막달라 마리아는 단지 사람들이 예수의 시체를 '무덤에서 가져다가 어디에 두었는지'(20:2) 알지 못하는 것이 문제였다. 두 천사가 막달라 마리아에게 '여자여 어찌하여 우느냐'(20:13)고 하였을 때 '사람들이 내 주님을 옮겨다가 어디 두었는지' 모른다는 것이었다. 그리고 뒤

에서 계신 예수에게도 동산지기인 줄 알고 '당신이 옮겼거든 어디 두었는지' 가르쳐 달라고 한다(20:15). 시몬 베드로와 또 다른 제자도 빈 무덤에서 세마포와 수건만을 보았고 막달라 마리아는 빈 무덤만 본 것이다.

5. 공관복음에서와 마찬가지로 요한복음에서도 천사가 등장한다. 무덤 안에 있는 두 천사는 예수의 시체 뉘었던 곳에 하나는 머리 편에 하나는 발편에 앉아 있었다고 한다. 그러나 이 두 천사는 공관복음에서처럼 빈 무덤을 확인시키거나 예수께서 살아나셨음을 선포하지도 아니한다. 이어서 예수께서 등장하기 때문이다. 두 천사가 등장한 이유가 분명치 않은 것이다. 누가에는 '주 예수의 시체가 보이지 아니한다'(24:3)고 하며 예수를 주 예수라고 하는데 마가의 추가기사 중 예수의 승천기사(16:19)에도 주 예수라고 한다.

6. 막달라 마리아는 부활하신 주님을 만났을 때 습관대로 랍오니라고 한다. 그러나 제자들에게 말할 때에는 '내가 주를 보았다'고 하고 또 '주께서 자기에게 이렇게 말씀하셨다'고 한다. 부활한 예수가 과거의 랍비가 아니라는 것이다.

7. 요한복음에서의 부활하신 주님은 막달라 마리아에게 '나를 붙들지 말라'(20:1)고 한다. 마태에서 무덤에 간 여자들은 천사의 지시대로 제자들에게 알리려고 달음질하다가 부활하신 예수를 만나게 되는데 그때 그들은 나아가 예수의 발을 붙잡고 경배하였다(28:8-9)고 한다. 누가에서 제자들에게 나타난 예수께서는 '내 손과 발을 보고 나인 줄 알라 또 나를 만져 보라'(눅24:39-40)고 한다. 요한복음에서 제자들에게 나타난 예수께서는 손과 옆구리를 보인다(20:20). 그리고 도마에게는 '손가락을 이리 내밀어 내 손을 보고 네 손을 내밀어 내 옆구리에 넣어 보라'고 한다(요20:27). 예수께서 막달라 마리아에게만 나를 붙들지 말라고 한 것은 왜일까? 부활한 예수의 승천과 사역의 과정에 혹여 방해가 되어서는 안된다고 한 말씀으로 이해할 수 있다.

8. 예수께서 막달라 마리아에게 '너는 내 형제들에게 가서 내가 내 아버지 내 하나님께 돌아간다'라고 말씀한다. '내 형제'는 초대교회의 용어이다

5. 집중탐구: 예수의 고난과 부활의 증인들

구분	마태	마가	누가	요한
십자가를 따라가는 여자들			23:27 또 백성과 및 그를 위하여 가슴을 치며 슬피 우는 여자의 큰 무리가 따라오는지라	
십자가에서 돌아가시는 것을 지켜본 여자들	27:55 예수를 섬기며 갈릴리에서부터 따라온 많은 여자가 거기 있어 멀리서 바라보고 있으니 :56 그 중에는 막달라 마리아와 또 야고보와 요셉의 어머니 마리아와 또 세베대의 아들들의 어머니도 있더라	15:40-41 멀리서 바라보는 여자들도 있었는데 그 중에 막달라 마리아와 또 작은 야고보와 요세의 어머니 마리아와 또 살로메가 있었으니 이들은 예수께서 갈릴리에 계실 때에 따르며 섬기던 자들이요 또 이 외에 예수와 함께 예루살렘에 올라온 여자들도 많이 있었더라	23:48-49 이를 구경하러 모인 무리도 그 된 일을 보고 다 가슴을 치며 돌아가고 예수를 아는 자들과 갈릴리로부터 따라온 여자들도 다 멀리 서서 이 일을 보니라	19:25-26 예수의 십자가 곁에는 그 어머니와 이모와 글로바의 아내 마리아와 막달라 마리아가 섰는지라 예수께서 자기의 어머니와 사랑하시는 제자가 곁에 서 있는 것을 보시고 자기 어머니께 말씀하시되 여자여 보소서 아들이니이다
장사 지내는 것을 지켜본 여자들	27:61 거기 막달라 마리아와 다른 마리아가 무덤을 향하여 앉았더라	15:47 막달라 마리아와 요세의 어머니 마리아가 예수 둔 곳을 보더라	23:55-56 갈릴리에서 예수와 함께 온 여자들이 뒤를 따라 그 무덤과 그의 시체를 어떻게 두었는지를 보고 돌아가 향품과 향유를 준비하더라 계명을 따라 안식일에 쉬더라	

무덤에 간 여자들	28:1 안식일이 다 지나고 안식 후 첫날이 되려는 새벽에 막달라 마리아와 다른 마리아가 무덤을 보려고 갔더니	16:1-2 안식일이 지나매 막달라 마리아와 야고보의 어머니 마리아와 또 살로메가 가서 예수께 바르기 위하여 향품을 사다 두었다가 안식 후 첫날 매우 일찍이 해 돋을 때에 그 무덤으로 가며	24:1 안식 후 첫날 새벽에 이 여자들이 그 준비한 향품을 가지고 무덤에 가서 24:10 이 여자들은 막달라 마리아와 요안나와 야고보의 모친 마리아 또 그들과 함께 한 다른 여자들도 이것을 사도들에게 알리니라	20:1 안식 후 첫날 일찍이 아직 어두울 때에 막달라 마리아가 무덤에 와서 돌이 무덤에서 옮겨진 것을 보고
	28:9 예수께서 그들을 만나 이르시되 평안하냐 하시거늘 여자들이 나아가 그 발을 붙잡고 경배하니	16:9 예수께서 안식 후 첫날 이른 아침에 살아나신 후 전에 일곱 귀신을 쫓아내어 주신 막달라 마리아에게 먼저 보이시니		20:16 예수께서 마리아야 하시거늘 마리아가 돌이켜 히브리 말로 랍오니 하니 (이는 선생님이라는 말이라)
참고	세베대의 아들의 어머니가 예수의 좌우에 아들들을 각각 앉도록 예수께 부탁을 하는데 함께 전도 여행을 한 것으로 보인다(20:20).		8:3 헤롯의 청지기 구사의 아내 요안나와 수산나와 다른 여러 여자가 함께 하여 자기들의 소유로 그들을 섬기더라	
비고	• 야고보와 요셉의 어머니 마리아는 마가의 야고보와 요세의 어머니와 동일 인물로 보인다(후대 사본에서는 요셉을 요세로 고쳤다). ·세베대의 아들의 어머니는 마가의 살로메와 같은 인물로 보인다. • 장사 지내는 것을 지켜본 여자들과 무덤에 간 여자들이 막달라 마리아와 다른 마리아라고 한다. 다른 마리아가 야고보와 요세의 어머니 마리아인지 세베대의 아들들의 어머니 살로메인지 알 수 없다. 그러나 막달라 마리아와 다른 마리아는 예수를 직접 만난다.	• 마가는 갈릴리에서부터 따르던 여자들과 예수와 함께 예루살렘에 올라온 여자들도 언급하고 있다. • 실명으로 언급된 세 여자는 마태와 같은 여자들로 보인다. • 큰 야고보는 세베대의 아들의 하나로서 형제는 요한이고 어머니는 살로메다. • 장사 지내는 것을 지켜본 여자들은 막달라 마리아와 요세의 어머니 마리아라고 한다. • 무덤에 간 여자들은 예수의 죽음을 지켜본 여자들과 동일하다. 막달라 마리아와 야고보의 어머니 마리아 그리고 살로메다. 이들 중에 장사 지내는 것을 본 여자가 아닌 것은 살로메이다.	• 예수의 사역을 지원하고 있는 여자 중에서 예수의 무덤에 간 여자는 막달라 마리아와 헤롯의 청지기 구사의 아내 요안나가 있다. • 예수의 십자가를 따라가며 가슴을 치며 슬퍼 우는 여자의 큰 무리가 있다. • 예수의 십자가상에서의 예수의 죽음을 지켜본 여자들과 예수의 장사를 지켜본 여자들은 이름이 언급되어 있지 않고 단지 갈릴리에서 따라온 여자들이라고 한다. • 무덤에 간 여자들에 대해서도 처음에는 이 여자들(24:1)이라고 하였다가 뒤에 이름이 나온다(24:10). 그러므로 막달라 마리아와 요안나와 야고보의 모친 마	• 예수의 십자가 밑에는 예수의 어머니 마리아, 예수의 이모 되고 세베대의 아들들의 어머니가 되는 살로메, 그리고 글로바의 아내 마리아, 막달라 마리아 등 네 명의 여자가 있었다. • 무덤에 간 여자는 막달라 마리아이고 무덤 밖에서 예수와 만나는 여자도 막달라 마리아이다. • 막달라 마리아는 천사 두 명도 만나고 예수도 직접 만난 것이다.

비고	• 무덤에 간 여자들은 천사도 만나고 예수도 만난다.	• 무덤에 간 여자들은 천사는 만나지만 예수는 만나지 못한다.	리아는 장사 지내는 것도 지켜보고 무덤에도 갔다고 해야 할 것이다. • 무덤에 간 여자들은 두 천사를 만나지만 예수를 뵙지는 못한다.	

제56절 ❀ 엠마오 도상의 두 사람

1. 본문

구분	내용(눅24:13-35)	비고
두 제자	:13-14 그 날에 그들 중 둘이 예루살렘에서 이십오 리 되는 엠마오라 하는 마을로 가면서 이 모든 된 일을 서로 이야기 하더라	예루살렘을 떠나는 것이 강조되다
말을 거는 예수	:15-17 그들이 서로 이야기하며 문의할 때에 예수께서 가까이 이르러 그들과 동행하시나 그들의 눈이 가리어져서 그인 줄 알아보지 못하거늘 예수께서 이르시되 너희가 길 가면서 서로 주고받고 하는 이야기가 무엇이냐 하시니 두 사람이 슬픈 빛을 띠고 머물러 서더라	• 부활한 예수를 처음 만나는 사람은 여자들과 막달라 마리아이다
나사렛 예수의 일	:18-19 그 한 사람인 글로바라 하는 자가 대답하여 이르되 당신이 예루살렘에 체류하면서도 요즘 거기서 된 일을 혼자만 알지 못하느냐 이르시되 무슨 일이냐 이르되 나사렛 예수의 일이니 그는 하나님과 모든 백성 앞에서 말과 일에 능한 선지자이거늘	마가에서는 너희가 십자가에 못 박힌 나사렛 예수를 찾는구나라고 한다
죽은 지 사흘째라	:20-21 우리 대제사장들과 관리들이 사형 판결에 넘겨주어 십자가에 못 박았느니라 우리는 이 사람이 이스라엘을 속량할 자라고 바랐노라 이뿐 아니라 이 일이 일어난 지가 사흘째요	• 앞에 그 날이 예수께서 죽은 지 사흘째라는 것이다
천사를 만난 여자들	:22-23 또한 우리 중에 어떤 여자들이 우리로 놀라게 하였으니 이는 그들이 새벽에 무덤에 갔다가 그의 시체는 보지 못하고 와서 그가 살아나셨다 하는 천사의 나타남을 보았다 함이라	• 시체가 보이지 않았다는 것과 두 천사 이야기다
무덤에 간 제자들	:24 또 우리와 함께 한 자 중에 두어 사람이 무덤에 가 과연 여자들이 말한 바와 같음을 보았으나 예수는 보지 못하였느니라 하거늘	• 베드로 혼자 무덤에 달려가다
그리스도의 영광에 대한 말씀	:25 이르시되 미련하고 선지자들이 말한 모든 것을 마음에 더디 믿는 자들이여 :26-27 그리스도가 이런 고난을 받고 자기의 영광에 들어가야 할 것 아니냐 하시고 이에 모세와 모든 선지자의 글로 시작하여 모든 성경에 쓴 바 자기에 관한 것을 자세히 설명하시니라	• 그리스도의 고난에 관한 예언의 성취
예수와 함께 유하다	:28-29 그들이 가는 마을에 가까이 가매 예수는 더 가려하는 것같이 하시니 그들이 강권하여 이르되 우리와 함께 유하사이다 때가 저물어가고 날이 이미 기울었나이다 하니 이에 그들과 함께 유하러 들어가시니라	• 열한 제자에 속하지 않는 '다른 모든 이'(24:9)다
그들의 눈이 밝아지다	:30-32 그들과 함께 음식을 잡수실 때에 떡을 가지사 축사하시고 떼어 그들에게 주시니 그들의 눈이 밝아져 그인 줄 알아보더니 예수는 그들에게 보이지 아니하시는지라 그들이 서로 말하되 길에서 우리에게 말씀하시고 우리에게 성경을 풀어주실 때에 우리 속에서 마음이 뜨겁지 아니하더냐 하고	'눈이 가리어져 그인 줄 알아보지 못(24:16)하다가' '눈이 밝아져 그인 줄 알아보다'
부활하신 예수를 증거하다	:33-35 곧 그때로 일어나 예루살렘에 돌아가 보니 열한 제자 및 그들과 함께 한 자들이 모여 있어 말하기를 주께서 과연 살아나시고 시몬에게 보이셨다 하느니라 두 사람도 길에서 된 일과 예수께서 떡을 떼심으로 자기들에게 알려지신 것을 말하더라	• 누가는 부활하신 예수께서 시몬에게 보이셨다(24:34)고 한다

2. 본문의 특징

구분	내용	비고
마가와의 차이	1. 마가의 추가기사에서의 막달라 마리아는 예수께서 살아나셨다는 것과 자기에게 보이셨다는 것을 '예수와 함께 하던 사람들에게 알렸는데 그들은 믿지 아니하였다'(막16:11)고 한다. 그런데 '그 후에 그들 중 두 사람'에게 예수께서 '나타나셨다'고 한다. 추가기사에 나오는 도상에서 예수를 만난 두 사람은 막달라 마리아의 부활 증언을 믿지 아니하였던 사람들이다. 그 두 사람은 예수께서 남은 제자들에게 자신들에게 나타났다는 것을 알렸는데 제자들은 거듭 믿지 아니하였다는 것이다(막16:12-13). 2. 마가의 추가기사에 두 사람이 걸어서 시골로 갈 때에 예수께서 다른 모양으로 그들에게 나타나는 이야기가 16:12-13에 있다. 마가의 기사는 누가와 달리 지명이나 제자의 이름 등이 나오지 않는다. 그런데 두 사람은 남은 제자들에게 알리지만 믿지 아니하였다고 한다. 누가에서의 엠마오 도상의 두 사람은 자기들에게 나타나신 예수에 대해 말했다고 한다. 3. 추가기사에서의 길을 가던 두 사람은 부활하신 예수께서 다른 모양 즉 다른 형체(엔 데테라 모르페)로 그들에게 나타났다고 하는데 두 사람은 예수께서 다른 형체를 가졌음에도 불구하고 예수를 알아 본 것이다. 그리고 그 다른 모양에 대한 서술은 없으며 또한 제자들에게 알린 내용에 대한 설명도 없다. 4. 엠마오 도상의 두 사람이 예수를 알아보게 되는 이야기는 예수의 빈 무덤이 그냥 빈 무덤이 아니라 예수께서 부활하심으로 빈 무덤이 되었다는 것을 뒷받침하고 있다. 5. 사도 바울은 예수께서 하나님과 동등하나 사람들과 같이 되셨고 또한 종의 형체를 가졌다고 한다(빌2:6-7). 아마도 또 다른 형체로 오셨다고 하겠다.	• 이 이야기는 사도행전(8:26-39)에 나오는 에디오피아 내시의 이야기와 비슷하다. 주의 사자의 말을 들은 빌립이 수레를 타고 지나가는 내시에게 이사야의 구절을 해석해준다. 빌2:6-7 그는 근본 하나님의 본체시나 하나님과 동등됨을 취할 것으로 여기지 아니하시고 오히려 자기를 비워 종의 형체를 가지사 사람들과 같이 되셨고
누가에서의 예수의 현현	1. 누가에서의 부활하신 예수께서는 세 번 나타나는데 첫째가 엠마오 도상에서, 두 번째가 모여 있는 제자들에게, 세 번째가 베다니에서 승천하실 때이다. 2. 누가에서 예수께서는 세 번 다 예루살렘에 나타난다. 누가에서의 예루살렘은 예수의 생애와 사역의 종결지이면서 또한 복음 전도의 시작점이 되는 곳이라 하겠다. 그래서 누가는 미래의 사역을 위해 부활하신 예수의 현현을 강조하는 것이다. 3. 누가는 사도행전에서 초대교회의 사역이 예루살렘에서 시작되었다고 한다.	신의 현현인 데오파니 Theophany가 인류 문학에서 처음 나타나는 것은 길가메시이다.
구약과의 관련	1. 궁켈은 엠마오 이야기가 부활 전설의 특색을 잘 보여주는 것이라고 하며 창세기에 나오는 하나님 출현설화와 비슷하다고 한다. 아브람이 사래의 여종 하갈과 동침하므로 사래와 하갈이 불화하게 된다. 사래가 하갈을 학대하자 하갈은 광야로 도망가게 되고 거기서 여호와의 사자를 만나게 되는데 여호와의 사자의 질문은 '네가 어디서 왔으며 어디로 가느냐'(창16:8)는 것이다. 그런데 예수께서 돌아가신 후 예루살렘을 떠나서 길을 가는 두 사람이 예수를 만난 후 다시 예루살렘으로 돌아갔다는 것이 비슷하다는 것이다. 2. 구약의 호세아에서 부활은 개인의 내세라기보다는 공동체의 보존이라는 의미가 강하고 이사야에서의 부활은 하나님의 백성에게 해당되는 것이다. 다니엘에서의 부활은 예수께서도 언급한 의인들과 불의한 자들에 대한 부활이라 하겠다.	• 주현절: 가톨릭에서는 예수 그리스도께서 이 땅에 오셔서 처음으로 사람들에게 나타난 것을 기념하는 절기를 말하는데 성공회는 공현절이라고 한다.

3. 본문이해

구분	내용(눅24:13-35)	비고
그 날에 둘이	1. '그 날'이란 24:1의 안식 후 첫날이다. 그러나 새벽은 아니다. 2. '그들 중 둘'이란 무덤에 간 여자들로부터 일어난 모든 일을 전해들은 '다른 모든 이'(24:9)들 중의 둘이라 하겠다 3. '그들 중 둘'의 한 사람은 글로바(24:18)이고 하나는 그 친구이다. 여기서 글로바는 요한복음에 십자가 곁에 있던 '글로바(요19:25)의 아내 마리아'의 남편으로 보이기는 하지만 원문에 나오는 두 글로바의 철자는 다르다. 누가(24:18)의 글로바는 cleopas이고 요한복음(19:25)의 글로바는 clopas(NASB) 또는 cleophas(KJV)로 되어 있다. 두 사람에게는 예수와 가까웠다는 공통점이 있기는 하다. 요한복음의 여자 마리아는 글로바의 아내로서 예수의 죽음을 지켜본 사람이고 누가의 글로바는 엠마오 도상에서 '예수와 동행하였던 사람'(눅24:18)중 하나이었기 때문이다. 4. 두 사람은 '여자들이 새벽에 무덤에 그의 시체는 보지 못하고 와서 그가 살아나셨다 하는 천사의 나타남을 보았다'(24:23)고 하고 '두어 사람이 무덤에 가 과연 여자들 말한 바와 같았으나 예수는 보지 못했다'(24:24)고 예수께 말한다. 5. '그들 중 둘'은 무덤에 간 여자들의 증언을 듣고 예수의 부활을 믿지 못한 이들이었다. 17절에 '두 사람이 슬픈 빛을' 띠었다고 한다. 부활을 믿지 못하였기 때문일 것이다.	• 후대의 교회 전승에 의하면 '그들'은 예수께서 파견한 칠십인(눅 10:1)이라고 한다. • 누가의 글로바를 요한의 글로바와 같은 사람으로 보는 이들은 글로바 외에 다른 한 사람을 그의 아내 마리아로 보기도 한다.
엠마오	1. 엠마오는 히브리어 hamat를 잘못 발음한 헬라어의 오기라고 하는데 엠마오란 온천, 따뜻한 샘이라는 말이라고 한다. 2. 예루살렘에서 이십오 리(24:13) 떨어져 있다고 하는데 새번역과 공동번역은 삼십 리라고 한다. 60 스타디온의 거리(10.4-12km)에 위치해 있다는 것이다. 마카비상3,4장에는 유다 마카비가 BC165년 시리아군대와 싸워 이기는데(마카비상4:1-22) 그곳 지명이 엠마오이다. 3. 성서에 나타난 거리와 시골에 부합되는 곳으로는 엘크베베가 있다. 비잔틴 시대에 성전터를 발굴한 이후 순례자들이 찾기 시작하였으며 프란치스코회는 1901년 공인된 엠마오 기념성전을 건립하였는데 팔레스타인 지역이라고 한다. 4. 예루살렘을 떠나는 것은 실패, 패배의 노정이 되고 예루살렘으로 돌아가는 것은 승리와 새 출발을 의미한다. 예루살렘을 떠나는 것은 내려가는 길이 되고 돌아가는 것은 올라가는 길이 되는 것이다.	• 핸켈은 사도행전 주석에서 누가가 마카비의 영향을 강하게 받고 있다고 한다. 예를 들어 '엠마오'(마카비상4:1), '서로 주고 받고'(마카비하11:13), '보이지 아니하다'(마카비하3:34) 등이라고 한다
예수를 알아보지 못하는 두 사람	1. 두 사람이 서로 이야기하며 '문의'하였다고 한다. '문의'는 공동번역과 새번역에서 '토의'라고 되어 있다. 그런데 그들이 한 얘기는 '이 모든 된 일'(24:13) 즉 예수의 수난과 십자가처형 그리고 빈 무덤 등 일련의 사건들일 것이다. 2. 이 때 예수께서 가까이 이르러 그들과 동행하지만, 그들은 눈이 가리어져 그인 줄 알아보지 못하였다. 마가의 추가기사에서는 시골로 가는 두 사람이 예수께서 다른 모양으로 나타났다고 남은 제자들에게 알린다(막16:12-13). 마가의 추가기사에서의 두 제자는 변모된 예수를 알아보지만 그러나 누가에서의 두 사람은 예수를 예수로 보지 못한 채 예수와 대화를 하게 된다. 3. 여기에서 인식하지 못함과 인식함이라는 모티브가 나오는데 두 사람은 길을 가면서 내내 예수를 알아보지 못하는데 제자들 스스로 깨달을 수 없는 상황인 것이다. 3. 예수께서 두 사람의 대화 내용에 대해 묻는다. 그러나 그들은 예수의 음성을 알지 못한다. 예수께서는 양은 자기 목자의 음성을 안다(요10:4)고 하였으나 그들은 예수를 보고도 그의 음성을 듣고도 예수인 줄 모른다.	• 무주의 맹시(inattentional blindness): 크리스토퍼 차브리스와 대니얼 사이언스의 책에 나오는 현상으로 사람은 보아도 보지 못한다는 것이다. 1999년 '보이지 않는 고릴라'의 실험으로 사람은 자신이 보고 싶은 것만 본다는 것을 증명하였다고 한다.

나사렛 예수	1. 두 사람은 길을 가다가 슬픈 빛을 띠고 머물러 섰다고 한다. 공동번역과 새 번역은 '슬픈 빛'을 '침통한 얼굴'이라고 하고 있다.	<나사렛 예수>
① 거기서 된 일을 알지 못하느냐	2. 두 사람 중에 글로바라고 하는 사람은 예수를 힐책한다. 예루살렘에 체류하면서 요즘 거기서 된 일을 혼자만 알지 못하느냐고 한다. 이것은 예수의 처형이 공개적이었다는 것을 말하고 있는 것이고 당연히 누구나 그 일에 대해 얘기했을 것 아니냐는 반문이다. 　사도행전에는 바울이 베스도 총독에게 예수의 일은 '한쪽 구석에서 행한 것이 아니라'고 한다(행26:26). 글로바는 예수에게 어떻게 이렇게 큰 사건에 대해 알지 못하느냐, 어떻게 그럴 수가 있느냐고 한 것이다. 3. 예수께서 '무슨 일이냐'고 물으니 '나사렛 예수의 일'(24:19)이라고 한다. 나사렛 예수라는 호칭은 예수 스스로 사용한 것이기도 하다. 다메섹으로 가는 사울에게 나타난 예수께서는 '나는 네가 박해하는 나사렛 예수라'(행22:9)고 한다. 사도 바울 역시 '나사렛 예수를 대적하여 많은 일을 행하여야 될 줄 스스로 생각'하였다고 한다(행26:9). 스데반을 고발한 거짓 증인들 역시 나사렛 예수라고 부르고 있다(행6:14). 나사렛 예수란 예수 당시에는 예수에 대한 일반적인 호칭이라 하겠다. 4. 베드로는 나사렛 예수의 일에 대해 하나님께서는 그를 너희 앞에서 증언하기 위하여 '나사렛 예수로 큰 권능과 기사와 표적을 너희 가운데 베풀었다'고 한다(행2:22). 그러나 여기에서의 나사렛 예수의 일은 예수의 죽음과 부활과 관련된 일이라 하겠다.	• 나사렛 사람(마2:23) • 길을 지나가는 예수에게 맹인이 한 말(막10:47, 눅18:37) • 여종이 베드로에게 하는 말(마26:71) • 예수가 잡히실 때 무리가 찾는 사람의 이름(요18:5,7) • 예수의 죄패(요19:19) • 예루살렘 입성 시 무리들이 예수를 지칭한 말(마21:10-11) • 무리들이 예수를 지칭한 말(마21:10-11)
② 나사렛 예수에게 일어난 일들 (누가의 축약)	1. 엠마오 도상의 두 사람이 전하는 나사렛 예수의 일(24:20-24)이란 예수의 죽음과 부활에 관한 객관적 사건의 열거에 그친다. 이러한 일들을 통해서 갖게 된 믿음에 대한 고백은 없다. 　(1) 우리 대제사장들과 관리들이 사형판결에 넘겨주어: 눅23:1-25의 축약 　(2) 십자가에 못 박았느니라: 눅23:26-49의 축약 　(3) 이 일이 일어난 지 사흘이라: 눅23:50-56의 축약 　(4) 여자들이 무덤에 갔다가 그의 시체는 보지 못하고 와서 그가 살아나셨다 하는 천사들의 나타남을 보았다 함이라: 눅24:1-10의 축약 　(5) 우리와 함께 한 자 두어 사람이 무덤에 가 과연 여자들이 말한 바와 같음을 보았으나 예수는 보지 못하였다고 한다: 눅24:11-12 2. 누가에서 무덤에 간 여자들은 열한 제자와 모든 이에게 알린다. 그리고 그 이야기를 듣고 무덤에 간 사람은 베드로뿐이었다(눅24:12). 두어 사람이 무덤에 간 경우는 요한복음의 기사이다(요20:3-10). 누가 자체에서 무덤에 간 사람의 수가 차이가 난 것이다. 그러나 두어 사람이라는 표현 자체가 정확한 수를 말하는 것이 아니고 그런 것 같은데 라는 표현으로 요해가 가능하다 하겠다. 3. 나사렛 예수에게 일어난 일을 반복한 이유는 예루살렘 사정에 대해 무지해 보이는 동행자에게 설명하기 위해서라 하겠다. 그리고 죽은 지 사흘이 지나 살아나셨다는 소식은 들었으나 부활하신 예수를 만난 이는 없다는 것을 강조하기 위해서이다.	<나사렛 예수의 이름> • 예수 그리스도의 이름으로 세례를 받으라(행2:38) • 베드로가 날 때부터 걷지 못하는 이를 걷게 할 때(행3:6) • 베드로가 예수를 변호할 때(행4:10)
③ 말과 일에 능한 선지자 예수	1. 두 사람은 예수에 대해 '그는 하나님과 모든 백성 앞에서 말과 일에 능한 선지자'(24:19)라고 하며 그가 죽었다고 한다. 초대교회 시대에는 예수를 선지자라고도 고백하였다. 예수께서 제자들에게 사람들이 나를 누구라 하더냐고 물었을 때 마태, 마가, 누가에는 모두 세례 요한이라 더러는 엘리야, 더러는 옛 선지자 중에 한 사람이라고 대답한다'(마16:14, 막8:29, 눅9:19). 예수에 대한 세간의 인식을 반영한 것이다.	• 베드로 혼자 무덤에 달려가다

	2. 아들을 살려준 예수에 대해 나인성의 과부는 큰 선지자(눅7:16)라고 하고 수가성 여인은 선지자(요4:19)라고 하며 태어날 때부터 보지 못하다 고침을 받은 사람 역시 예수를 선지자(요9:17)라고 한다. 오천 명을 먹인 예수에게 사람들은 '참으로 세상에 오실 그 선지자'(요6:14)라고 하고 성전에서 가르침을 받은 무리 중에 어떤 사람은 '참으로 그 선지자'(요7:40)라고 한다. 예루살렘에 입성하는 예수에 대해 이는 누구냐고 하였을 때 무리들은 '갈릴리 나사렛에서 나온 선지자 예수'(마21:10-11)라고 한다. 3. 예수께서 스스로 선지자라고 한 경우도 있다. 선지자가 고향에서는 환영받지 못한다(마13:37, 막6:4, 눅4:24)고 하거나 선지자는 예루살렘 밖에서 죽지 않는다(눅13:33)고 하였다. 4. 두 사람은 선지자로서의 예수의 죽음을 애석해하고 있는 것이다.	• 구약시대의 선지자는 이사야, 예레미야, 에스겔, 다니엘의 대선지자와 열두 명의 소선지자로 구분한다. 신약에서의 선지자로는 안나, 세례 요한, 안디옥교회의 선지자들(행13:1), 요한계시록의 저자 요한 등이 해당된다. 사도시대 이후에는 선지자가 없다.
④ 이스라엘을 속량할 자	1. 두 사람은 예수가 이스라엘을 속량할 자이기를 바랐는데 죽임을 당했다고 한다. 예수의 부모가 예수의 정결 예식을 위해 예루살렘에 올라갔을 때 선지자 안나가 '예루살렘의 속량을 바라는 모든 사람에게 예수에 대해 말한다(눅2:36-38). 안나는 '예루살렘의 속량'을 예수의 할 일이라고 보는데 속량이란 뤼트로시스로서 구원, 해방을 의미한다. 　두 사람은 예수께서 이스라엘을 속량(24:21)하기를 바랐으나 그렇게 되지 못하였다는 것이다. 2. 두 사람은 속량이 예수께서 십자가에서 죽으심으로 이루어진 것을 아직 깨닫지 못하고 있다. 갈라디아서는 예수께서 십자가에 달림으로 '우리를 속량'하였다(갈3:13)고 한다. 3. 이 두 사람은 예수와 함께 하였던 사람들이기는 하지만 예수에 대해서 아직까지도 잘 모르고 있는 것이다. 두 사람은 십자가를 비극으로만 알고 희망을 잃었다고 말하고 있다.	• 속량: 포로나 노예를 대가를 주고 사서 자유롭게 하는 것을 말한다(레19:20). 비슷한 말로는 대속, 구속, 속신이 있다. 신약에서의 속량은 예수 그리스도의 구속사역을 이르는 표현으로서 예수 그리스도 강생의 목적이고 인류구원의 내용이다.
예수의 질책 두 가지 ① 더디 믿는 자	1. 이들의 말을 듣고 있던 예수께서 이들을 질책한다. 미련하고 선지자들이 말한 것을 더디 믿는 자라고 한다(24:25). 공동번역은 이 구절을 '너희는 어리석기도 하다. 예언자들이 말한 모든 것을 그렇게도 믿기가 어려우냐'라고 하고 새번역은 '그대들은 참 어리석습니다. 예언자들이 말한 모든 것을 믿는 마음이 참 무딥니다'라고 한다. 2. 이들은 예수를 선지자라고 하였다. 그런데 예수께서는 이들이 자신을 비롯한 구약의 선지자들이 한 말을 믿지 않고 있다는 것이다. 구약의 메시아의 고난에 관한 예언은 차치하고서라도 예수 자신이 수차례에 걸쳐 수난예고(1차9:18-22, 2차9:44, 3차18:31-34)를 하였고 변화산에서(눅9:31)와 예루살렘 멸망 예언 때(눅13:33) 예수 자신이 예루살렘에서 죽게 될 것을 말씀하였다는 것을 상기시킨다.	• 예수의 질책: 대표적인 것은 '화 있을지어다'로서 마태와 누가에 나오는데 내용은 조금 다르다. 이때 예수께서는 외식하는 서기관들과 바리새인들에게 '뱀들아 독사의 새끼들아 너희가 어떻게 지옥의 판결을 피하겠느냐'(마23:33)고 한다. '독사의 자식들아'(마12:34)는 세례 요한도 말한 바 있다(눅3:7).
② 고난을 통한 그리스도의 영광을 모른다	1. 예수의 두 번째 질책은 그리스도가 이런 고난을 받고 자기의 영광에 들어가야 할 것 아니냐(24:26)는 것이다. 　예수께서는 자신이 다시 살아난 예수라는 것을 모르는 제자들에게 '그리스도'에 대해 설명한다. 예수께서 열두 제자에게 예루살렘으로 올라가는 이유를 설명할 때는 자신을 '인자'라고 하였으나 여기서는 제자들과 마찬가지로 나사렛 예수의 일을 객관화시켜 '그리스도'에 관해 말한다(눅18:31). 그리스도는 이런 고난 즉 십자가의 고난을 받고 자기의 영광에 들어가야 하는 것은 필연적이고 당연한 일로서 하나님의 섭리라는 것이다. 여기에서의 영광은 다시 살아나심과 함께 하늘에 오르는 승천까지를 말한다고 보아야 할 것이다. 2. 누가에서는 영광은 하늘의 영광(2:14)이요 가장 높은 곳에 있는 영광(19:38)이다. 예수께서 시험받을 때 마귀는 내게 절하기만 하면 '모든 권위와	잘 알려진 질책으로는 베드로의 신앙고백에 이어 예수께서 수난예고를 하자 이를 받아들일 수 없다는 베드로에게 '사탄아 물러가라'(마16:23, 막8:33)고 한 것이다. 예수께 고침을 받은 날 때부터

	그 영광을 주겠다'(4:6)고 하였다. 그렇지만 예수께서는 사탄을 거부한다. 그리고 고난을 받고 자기 영광에 들어간 것이다. 3. 누가에서의 예수의 목표는 승천이다. 예루살렘을 향하여 올라가는 이유가 '예수께서 승천하실 기약이 차서'(9:51)라고 했다. 예수께서는 승천하기 위해 예루살렘으로 가는데 예루살렘에는 예수의 고난과 죽음이 기다리고 있는 것이다.	눈 먼 자가 출교당하였다(요9:33-34)는 애기를 듣고 크게 질책한다.
③ 가르침	1. 예수께서는 이 두 사람에게 질책만 한 것이 아니다. 모세와 모든 선지자의 글에 메시아 즉 그리스도에 관한 것을 자세히 설명해 주기도 하였다(24:27). 또한, 예수께서는 열두 제자에게도 이미 '선지자들에게 기록된 모든 것을 인자에게 응하리라'(눅18:31)고 말씀한 바가 있다. 여기에서 '설명하다'의 동사는 '그가 해석하였다'이다. 2. 누가에서의 예수께서는 공생애의 사역을 가르치는 일로 시작하였다. 여러 회당에서 가르치고(4:15) 자라난 곳인 나사렛의 회당에서 첫 메시지를 전하며(4:16-19) 가버나움에서 안식일에 가르친 것(4:31)을 돌이켜 볼 때 '미련한' 그들이지만 잘 알아들었을 것이다.	• 사복음서는 예수께서 하였던 질책들도 모두 기록하여 놓았다.
그들과 함께 유하시고 떡을 떼시다	1. 그들이 가는 마을에 가까이 갔는데 예수는 더 가려 하는 것 같아서 그들이 강권하여 우리와 함께 유하사이다라고 한다. 하기는 때가 저물어 가고 날이 이미 기울었다고 한다. 오병이어 이야기에 '때가 저물어 가고'(마14:15, 막6:35, 눅9:12) '이미 저물었다'(마14:15)라고 한 표현과 같다 하겠다. 2. 예수께서는 그들과 함께 유하러 들어가시었다. 함께 동행하시던 예수께서는 자신을 알아보지도 못하는 두 사람과 유하러 들어갔다는 것이다. 동행으로는 부족하였던 것일까? 3. 예수께서 '그들과 함께 음식을 잡수실 때 떡을 가지고 축사하시고 떼어 그들에게 주었다'(24:30)고 한다. 오병이어 이야기에서도 '하늘을 우러러 축사하시고 떡을 떼어 나누어' 주었다(마14:18, 막6:41, 눅9:16, 요6:11)고 한다. 그런데 이 장면은 초대교회의 성찬 예식을 연상하게 한다. 비록 이 두 사람은 '마지막 만찬'에는 없었겠으나 그 날 '그리스도'께서 주재한 성찬에 초대받은 것이다. 평범한 식사이었겠으나 그 분위기가 엄숙하였을 것으로 보인다. 4. '그들과 함께 음식을 잡수실 때'에 대해 공동번역과 KJV, NIV은 '잡수신' 것보다 축사하시기 위해 식탁에 앉은 것이 강조되어 있다. 5. 요한복음에는 요한의 제자 두 명이 예수와 함께 유숙한 이야기가 있다. 요한의 제자 두 명이 예수를 따라가는데 너희가 무엇을 구하느냐고 하자 묵고 계신 곳이 어딘지 알고 싶습니다라고 한다. 예수께서 와서 보라 하시자 그들은 따라가서 계시는 곳을 보고 그날 거기에서 예수와 함께 지냈다고 한다(공동번역 요1:38-39).	• 요한복음에는 요한의 제자 두 명이 예수를 따라가는데 너희가 무엇을 구하느냐(공동번역 너희가 바라는 것이 무엇이냐)고 하자 묵고 계시는 곳이 어딘지 알고 싶습니다라고 한다. 예수께서 와서 보라 하시자 그들은 따라가서 계시는 곳을 보고 그날 거기에서 예수와 함께 지냈다고 한다(공동번역 요1:38-39).
그들의 눈이 밝아지다	1. 예수께서 주관한 식사자리에서 두 사람은 눈이 밝아져 그인 줄 알아보았는데 그때 예수는 그들에게 보이지 아니하였다고 한다. '눈이 가리어졌다'(24:16)와 '눈이 밝아졌다'(24:30)는 수동태로서 그렇게 한 것은 예수라는 것이다. 예수께서는 눈이 가리어진 그들에게 '그리스도'에 대해 '자세히 설명'하고 그들의 눈이 밝아지게 하고는 자신은 보이지 않게 하였다. 2. 기적 같은 일이 벌어진 것이다. '보이지 않게'는 '안판토스'로서 숨겨진, 은폐된의 의미이다. 예수께서는 더 이상 보이지 않게 되었으나 그들의 눈은 밝아졌다. 그들은 눈이 밝아짐으로 믿음의 눈이 열린 것이다. 그들은 자기와 함께 동행한 사람이 누구인 줄 알게 되었다. 3. 무덤에 간 여자들이나 자기들과 함께 한 자 중에 무덤에 갔던 두어 사람도 '예수를 보지 못하였다'(24:22-23)고 한다. 그런데 이 두 사람은 예수와 함께	• 엘리사의 사환이 아람왕의 군대가 성읍을 에워싼 것을 보고 하니 그는 '그의 눈을 열어 보게 하옵소서'(왕하6:17)라고 기도한다. 여호와께서 그의 눈을 여시니 그가 불말과 불병거가 산에 가득한 것을 보게 된다.

길을 걸었고 예수와 함께 음식을 먹었던 것이다. 이들은 다른 누구도 하지 못한 부활하신 예수를 체험한 것이다.

4. 그들은 서로 말한다. 길에서 말씀하고 성경을 풀어 주실 때에 우리 속에서 마음이 뜨겁지 아니하더냐는 것이다. 뜨겁다의 카이오는 불탄다, 불사르다는 동사의 현재 수동태 분사어로서 불붙은 심정의 표현이다. 이런 심정이 시 39:3과 렘20:9에 나온다. 예레미야의 표현을 빌리면 '부활하신 예수를 선포하지 아니하면, 그와 동행한 것을 말하지 말라하면, 나의 마음이 불붙는 것 같아 견딜 수 없다'는 것이다.

5. 예수께서 동행했어도 예수의 현현을 알지 못하는 두 사람이다. 그러나 그들의 눈이 밝아지게 되면 예수께서 보이지 않게 되어도 예수의 존재를 알게 되는 것이다. 예수의 현현과 부재는 눈에 달려있는 것이다. 눈이 밝아지면 예수의 임재를 깨달을 수 있다. 엘리사가 자기 사환의 눈이 열리도록 기도를 하니 사환은 불말과 불병거를 볼 수 있었던 것이다.

6. 예수를 자기 눈으로 보지 못하는 시대에 살고 있어도 우리는 예수의 임재하심을 알 수 있다. 우리의 마음이 뜨거워지며 눈이 밝아지면 지금도 예수께서 우리와 동행하심을 알게 될 것이다.

시39:3 내 마음이 내 속에서 뜨거워서 작은 소리로 읊조릴 때에 불이 붙으니 나의 혀로 말하기를

렘20:9 내가 다시는 여호와를 선포하지 아니하며 그의 이름으로 말하지 아니하리라 하면 나의 마음이 불붙는 것 같아서 골수에 사무치니 답답하여 견딜 수 없나이다

| 부활하신 예수를 증거하다 | 1. 두 사람은 곧 그때에 일어나 예루살렘으로 간다. 밤길이라 시간이 꽤 걸렸으리라. 그런데 열한 제자와 그들과 함께 한 자들은 예수께서 살아나셨다고 하며 시몬에게 보이셨다고 한다(24:33).

2. 누가에서의 베드로가 어떻게 주의 현현을 경험하였는지는 확실치 않다. 베드로는 무덤에 달려가서 세마포만 보았다고 하며 '그 된 일을 놀랍게 여기며 집으로 돌아갔다'(24:12)고 하기 때문이다.

3. 예수께서 친히 제자들에게 나타났을 때 '그들이 놀라고 무서워하여 그 보는 것을 영으로 생각하였다'(24:37)고 한다. 만일 제자들이 예수께서 살아나셨다는 것을 미리 알고 있었다면 그 보는 것을 영으로 생각지는 않았을 것이다.

4. 베자사본은 주어가 '두 사람'이라고 한다. 두 사람이 예수께서 살아나신 것을 분명하게 전하였다는 것이 된다. 그렇게 되면 '시몬에게 보이셨다'는 것이 문제인데 바울의 영향(고전15:5)으로 보인다. 마가의 추가기사에도 '막달라 마리아에게 먼저 보이셨다'(막16:9)고 하고 막달라 마리아가 예수께서 살아나셨고 자기에게 보이셨다는 것을 예수와 함께 하던 자들에게 말해도 듣고도 믿지 아니하였다고 한다(막16:10-11).

5. 중요한 것은 제자들이나 예수와 함께 하였던 자들이 예수의 부활에 대한 확신을 가지고 있었느냐는 것이다. 마태에는 '열한 제자가 갈릴리에 가서 예수께서 지시하신 산에 이르러 예수를 뵈옵고 경배하나 아직도 의심하는 사람이 있더라'(마28:16-17)고 하지 않는가.

6. 두 사람은 '길에서 된 일과 예수께서 떡을 떼심으로 자기들에게 알려진 것'(24:35)을 그들에게 말한다. 아마도 예수와 동행하면서도 그리고 예수와 대화를 하면서도 예수를 알아보지 못하였다는 것과 예수께서 떡을 가지고 축사하고 떼어줄 때에 예수를 비로소 알아보았다는 것이리라. 믿음의 눈이 떠지지 않았다면 역시 반신반의하며 들었을 것이다.

7. 두 사람의 보고는 예수께서 시몬에게 보이심으로 생긴 믿음을 확증해 주고 있는 것이다. 부활의 사실이 이 중의 증거 즉 베드로에게 나타나심과 엠마오 도상의 두 제자에게 있었던 일로 인해 더욱 확고하여진 것이라 하겠다. | <부활의 증거>

런던대 교수인 노먼 앤더슨의 저서이다. 기록문서의 증언, 부활을 반대하는 이들, 빈 무덤에 대한 가설들, 그리스도의 부활하신 모습, 다른 증거들 등의 내용으로 되어 있다. |

4. 심층연구: 우리를 부활의 증인으로 삼으시다

구분	내용(눅24:13-35)	비고
두 사람의 네 가지 문제 ①그 날	그 날에 예루살렘을 떠났다(24:13) 1. 첫째, 그 날이 문제다. 누가에서의 예수께서는 '죽임을 당하고 제삼일에 살아나리라'(눅9:22, 18:33)고 말씀하셨지만 두 사람은 제삼일인 그 날에 예루살렘을 떠난 것이다. 무덤에 간 여자들이 찬란한 옷을 입은 두 사람이 예수께서 갈릴리에 계실 때에 너희에게 어떻게 말씀하셨는지를 기억하라고 한 것을 들은 것처럼 두 사람 역시 예수께서 하신 말씀을 전혀 기억하지 못하였을 수도 있으나 기본적으로 예수의 말씀을 믿지 않았던 것이다. 2. 둘째, 아마도 유대인들이 두려워서 떠났다고 하겠다. 요한복음은 '제자들이 유대인들을 두려워하여 모인 곳에 문을 닫았다'(요20:19)고 한다. 유대인들은 제자들이 예수의 시체를 도둑질하여 갔다(마28:13)고 생각하고 그 제자들을 붙잡으려 하였을 것이다. 두 사람은 예루살렘에 있는 것보다 시골로 가는 것이 안전하다고 생각하고 떠났을 것이다. 셋째, 예수의 부활을 믿었다면 그 날에는 지방에 있다가도 예루살렘으로 와야 했던 두 사람이다. 그러나 그들은 반대로 행동한 것이다. 그러므로 엠마오로 가는 길은 거역의 길이요 반구원의 길이라 하겠다.	<절망에 빠진 사람들에게> • 희망은 절대로 당신을 버리지 않는다. 다만 당신이 희망을 버릴 뿐이다. • 인생을 살면서 허무감을 느껴본 적이 없다면 그 사람은 인생을 헛되이 보낸 것이다(세르반테스). • 절망의 반대말은 희망이 아니라 믿음이다. 믿음은 절망에 대한 안전한 해독제다(키르케골:절망에 이르는 병). • 삶에 대한 절망 없이는 삶에 대한 희망도 없다(까뮈). • 인간이 절망하는 곳에는 어떠한 신도 없다(괴테). • 절망으로부터의 유일한 피난처는 세상에 자아를 포기하는 것이다(톨스토이).
②믿지 않은 자들	듣고도 믿지 않은 자 중의 둘이다(24:9) 1. 그들이란 무덤에 간 여자들이 주 예수의 시체가 보이지 않았다는 것과 찬란한 옷을 입은 두 사람으로부터 어찌하여 살아있는 자를 죽은 자 가운데서 찾느냐 여기 계시지 않고 살아나셨다고 한 것을 열한 사도와 다른 모든 이에게 알렸을 때 들은 자들이다. 2. 두 사람은 사도들이 그들의 말이 허탄한 듯이 들려 믿지 아니하였으나 두어 사람이, 베드로라고 말하지는 않았으나, 일어나서 무덤에 달려갔다는 사실까지도 알고 있는 자들이다. 이와 같이 제삼일에 일어난 일에 대해 모든 일을 알고 있는 두 사람이다. 이 두 사람 역시 부활을 허탄한 듯이 듣고 믿지 아니한 자들이다. 3. 예수께서는 이들을 질책하면서 미련하여 더디 믿는 자(24:25)라고 한다.	
③삼자적 입장	예루살렘에서 일어난 일에 제삼자적인 입장을 가지고 있다. 1. 두 사람은 예수의 이야기를 전하면서 예수와 자기들과는 관계가 없는 듯이 '그는'(24:19), '이 사람이'(24:21)라고 한다. '우리 주'라고는 아니해도 '그 선생'이나 '그 선지자'라고는 부를 수 있을 것이다. 2. 동행하는 예수께서 두 사람이 하는 이야기가 무엇이냐고 하였을 때 둘 중의 하나인 글로바는 예루살렘에 있었으면서 어떻게 혼자만 알지 못하느냐고 힐책을 하면서 나사렛 예수의 일이라고 한다. 나사렛 예수라는 말이 신앙고백적인 표현 같지만, 당시 유대인들이 사용하던 예수의 호칭이다. 3. 두 사람은 예수에 대해 이스라엘을 속량할 수 있었을 것으로 보았으나 죽고 말았다는 것이다. 그들은 예수의 십자가의 고난과 죽음 자체가 속량의 사건이고 구속의 역사인 것을 알지 못하였다. 그들은 슬픈 빛을 띠고 이렇게 말한 것이다.	
④절망적이다	1. 슬픈 빛이란 침통한 표정을 말하는데 두 사람의 마음속에 예수에 대한 희망이 없어졌기 때문이라 하겠다. 예수의 죽음으로 절망하고 패배감에 젖어있는 이들이 슬픈 빛을 띠는 것은 너무나 당연하다 하겠다. 그들은 예수를 단지 능력 있는 선지자로 알고 있을 뿐이다. 베드로는 나사렛 예수가 베푸신 큰 권능과 기사와 표적을 상기시키면서 하나님이 그리스도인 예수를 증언하였다(행2:22)고 한다.	

	2. 예수를 메시아 그리스도로 입증할 수 있는 제일 확실한 근거는 부활인데 두 사람은 부활을 믿지 못하였기 때문에 좌절하고 패잔병과 같은 모습을 보인 것이다. 마음에 그리스도를 주로 삼고 있으면 우리 속에 소망을 갖게 되는데(벧전3:15) 두 사람은 그렇지 못하였다.
예수의 가르침	1. 동행하던 예수께서는 두 사람이 '예수는 보지 못했다고 하더라'는 말을 하자 미련하고 더디 믿는 자들이라고 힐책한다. 두 사람이 하는 이야기를 더 이상 들을 수가 없었던 것이리라. 　마가의 추가기사에 나오는 시골로 가는 두 사람은 '다른 모양으로 그들에게 나타난' 예수를 알아보지만, 누가에서 엠마오로 가는 두 사람은 예수를 알아보지도 못하고 무덤에 간 여자들이 한 말도 믿지 아니하였다. 　누가에서의 예수께서는 미련하고 더디 믿는 자라고 하지만 마가의 추가기사에서 예수께서는 자신이 살아난 것을 본 자들의 말도 믿지 아니하는 제자들에게 그들의 믿음 없는 것과 마음이 완악한 것을 꾸짖는다(막16:14). 2. 두 사람 역시 믿음 없는 것과 마음이 완악한 것을 꾸짖음 받아야 마땅한 사람들이지만 예수께서는 모든 성경에 쓴 자기에 관한 것을 설명하였다고 한다. 여기서 자기에 관한 모든 것이란 나사렛 예수가 구약에 약속된 메시아 곧 그리스도라는 것이다. 그런데 우리는 사도행전에 나오는 베드로의 설교를 통해서 예수의 가르침에 대해 짐작해 볼 수 있겠다. 베드로는 '그가 하나님께서 정하신 뜻과 미리 아신 대로 내준 바 되었고'(행2:23) 또한 '하나님이 예수를 살리셨다'(행2:32)고 한다. 그리고 확실히 알 것은 '너희가 십자가에 못 박은 이 예수를 하나님이 주와 그리스도가 되게 하였다'는 것이라고 한다(행2:36). 3. 예수께서 그들에게 이렇게 설명한 이유는 그리스도가 이런 고난을 받고 자기의 영광에 들어가야 할 것 아니냐(눅24:26)는 것이다. 베드로는 '선지자들이 그리스도의 영이 받으실 고난과 후에 받으실 영광을 미리 증언(벧전1:11)하였다'고 한다. 고난 후에 받으실 영광은 부활이요 승천인 것이다.	
엠마오 도상의 두 사람과 같은 우리	1. 동행하시는 예수를 알아보지 못하는 우리 　우리 역시 우리의 삶에 동행하고 있는 예수를 보지 못한다. 2. 그 날에 엠마오로 가는 우리 　우리는 꼭 그 날에 하필 그 날에 자리를 지키지 못하고 가야할 길과 반대되는 길, 거부의 길, 구원과 반대되는 길을 간다. 3. 슬픈 빛을 띠고 있는 우리 　세상을 살면서 적극적 긍정적으로 살지를 못하고 있다. 어렵고 힘들 때 슬퍼하기만 한다. 온갖 걱정과 근심 속에서 희망을 갖지 못하고 전전긍긍하며 살고 있다. 4. '예수의 일'을 남 얘기하듯이 제삼자적인 입장을 취하는 우리 　사건을 객관적으로 엄정하게 사실적으로 말하려 한다. 사건을 사건으로만 보고 하나님이 하신 일로 보지 못함으로써 사건을 통한 하나님의 계시를 깨닫지 못한다. 5. 예수가 누구인지 모르는 우리 　두 사람은 예수를 선지자요 이스라엘을 속량할 수 있었던 사람으로 보았다. 지금도 성경 말씀 속에서 좋은 구절만을 뽑아서 읽는 이들이 있다. 예수를 단지 위대한 도덕 교사나 거룩한 생활의 실천가, 위인으로 알고 있는 것이다. 6. 예수에 대한 고백이 없는 우리 　예수의 고백을 지켜본 사람들이지만 예수와 자신들의 관계가 정립되어 있지 아니하다. 예수를 '나의 주 그리스도'라는 고백이 없다. 초대교회에서는 '주 예수 그리스도', '그리스도 주', '주 예수' 등으로 고백하였다.	

7. 미련하고 더디 믿는 우리

엠마오로 가는 두 제자만 그런 것이 아니다. 현대를 살아가는 우리들은 우리의 경험과 지식을 가지고 믿으려 한다. 미련하게 믿으려 하기 때문에 더디 믿게 되는 것이리라.

8. 우리 삶에 개입하여 축복하는 예수를 통해 비로소 예수를 보게 되는 우리

예수께서 말씀할 때 마음이 뜨거워졌으나 동행하는 예수를 보지 못하는 우리이다. 그나마 다행인 것은 식사할 때에 축복해 주는 예수를 통해 우리의 눈이 밝아져 예수를 보게 되는 것이다. 우리 삶에 깊이 개입하시는 예수의 임재를 깨닫는 순간 우리는 예수를 볼 수 있다고 하겠다.

9. 예수께서 부재하여도 예수의 임재를 믿을 수 있게 된 우리

예수께서 동행하여 주어도 알지 못하는 우리이다. 그러나 우리의 마음이 뜨거워지고 눈이 열리면 지금도 우리와 동행하고 있음을 알 수 있고 예수의 임재를 깨달을 수 있다. 예수의 임재를 알게 되었을 때 예수는 보이지가 않게 되었다. 그런데 이제는 예수께서 보이지 않아도 무관하다. 예수께서 우리와 동행하고 우리의 일에 개입하고 있으며 임재해 계시다는 것을 알고 있기 때문이다. 부활하신 예수의 현재성은 보이지는 않으나 나와 함께 하는 예수의 임재를 더욱 확실하게 한다고 하겠다.

10. 부활의 증인이 된 두 사람과 같은 우리

엠마오 도상의 두 사람은 대단한 믿음을 가진 사람들이 아니다. 예수와 함께 하였던 사람들이었으나 무덤에 다녀 온 여자들의 말도 믿지 아니하였고 성경에 대한 지식도 없었다. 단지 위험한 상황을 벗어나려 하였던 사람들일 수 있다. 우리와 같은 사람들이다.

그런데 두 사람이 눈이 밝아지면서 예수를 보게 되고 그 된 일을 제자들에게 보고하게 된다. 부활의 증인이 된 것이다. 우리 역시 마음이 뜨거워지고 눈이 열리면 부활의 증인이 될 수 있음을 널리 알려주는 기사라 하겠다.

제57절 ✿ 제자들에게 나타나심

1. 본문비교

구분	마태(28:16-17)	마가(16:14)	누가(24:36-45)	요한(20:19-21)
언제	28:16 열한 제자가 갈릴리에 가서 예수께서 지시하신 산에 이르러	16:14상 그 후에 열한 제자가 음식 먹을 때에	24:36상 이 말을 할 때에	20:19상 이 날 곧 안식 후 첫날 저녁 때에 제자들이 유대인들을 두려워하여 모인 곳의 문들을 닫았더니
나타나사	:17상 예수를 뵈옵고	:14중 예수께서 그들에게 나타나사	:36하 예수께서 친히 그들 가운데 서서 이르시되 너희에게 평강이 있을지어다 하시니	:19하 예수께서 오사 가운데 서서 이르시되 너희에게 평강이 있을지어다
제자들의 반응	:17하 경배하나 아직도 의심하는 사람들이 있더라		:37 그들이 놀라고 무서워하여 그 보는 것을 영으로 생각하는지라	
예수의 꾸짖음		:14하 그들의 믿음 없는 것과 마음이 완악한 것을 꾸짖으시니 이는 자기가 살아난 것을 본 자들의 말을 믿지 아니함일러라	:38 예수께서 이르시되 어찌하여 두려워하며 어찌하여 마음에 의심이 일어나느냐	
예수의 자기 증거			:39 내 손과 발을 보고 나인 줄 알라 또 나를 만져 보라 영은 살과 뼈가 없으되 너희 보는 바와 같이 나는 있느니라 :40 이 말씀을 하시고 손과 발을 보이시나	:20상 이 말씀을 하시고 손과 옆구리를 보이시니
다양한 반응			:41상 그들이 너무 기쁘므로 아직도 믿지 못하고 놀랍게 여길 때에	:20하 제자들이 주를 보고 기뻐하더라
생선을 잡수시다			:41하-43 이르시되 여기 무슨 먹을 것이 있느냐 하시니 이에 구운 생선 한 토막을 드리니 받으사 그 앞에서 잡수시더라	
그들의 마음을 열다			:44-45 또 이르시되 내가 너희와 함께 있을 때에 너희에게 말한바 곧 모세의 율법과 선지자의 글과 시편에 나를 가리켜 기록된 모든 것이 이	

			루어져야 하리라 한 말이 이것이라 하시고 이에 그들의 마음을 열어 성경을 깨닫게 하시고	

2. 본문의 차이

구분	내용	비고
부활하신 예수께서 나타난 횟수	1. 마태에서는 예수께서 무덤에 간 여자들을 만나서 여자들이 예수의 발을 붙잡고 경배한다. 그리고 열한 제자에게 예수께서 지시한 갈릴리산에 나타난다. 부활 후 두 번이다. 2. 마가의 추가기사에서 예수께서는 '막달라 마리아에게 먼저 보이시고' 예수와 함께하던 사람들 중 두 명이 걸어서 시골로 갈 때 '다른 모양으로 그들에게 나타나시고' 그 후에 열한 제자에게 나타난다. 부활 후 세 번이다. 3. 누가에서 예수께서는 엠마오로 가는 두 사람에게 그리고 열한 제자와 함께 한 자들이 모여 있는 곳과 승천할 때 나타난다. 부활 후 세 번이다. 4. 요한복음에서 예수께서는 막달라 마리아에게 나타나고 그리고 제자들이 유대인을 두려워하여 문을 닫고 '모인 곳에 오셨고' 또한 여드레 후 예수께서 오셨을 때 없었던 도마와 제자들에게 다시 오고 디베랴 호수에서 다시 제자들에게 나타난다. 그런데 부활하신 예수께서 제자들에게만 나타난 것은 세 번(요 21:14)이고 전체적으로 네 번이다.	• 부활하신 날부터 승천하실 때까지에 관한 기사는 마태28:1-20, 마가16:1-18, 누가24:1-50, 요한20장과 21장이다. 기사의 길이에 큰 차이가 있다.
제자들에게 나타난 때와 장소	1. 마태에는 시간에 대한 언급이 없다. 여자들에게는 무덤가에서 보이셨고 제자들에게는 갈릴리에 있는 지시한 산이라고 한다. 2. 마가의 추가기사에는 안식 후 첫날 이른 새벽에 막달라 마리아에게 먼저 보이시다(16:9). 그리고 시간과 장소에 대한 언급이 없이 시골로 가는 두 사람에게 나타나고 '그 후 열한 제자가 음식을 먹을 때'에 보이시다. 3. 누가에는 엠마오로 가던 두 제자에게 보이시고 또한 그들이 예루살렘으로 돌아와 '자기들에게 알려지신 것을' 열한 제자들과 함께 한 자들이 모여 말할 때에 나타난다. 누가에서의 때는 부활하신 날이고 장소는 예루살렘이다. 예루살렘에 나타난 예수께서는 제자들을 데리고 베다니에 가서 승천한다. 4. 요한복음에는 유대인을 두려워하여 문을 닫고 모여 있는 제자들에게 온다. 때는 안식 후 첫날 저녁이고 장소는 상황으로 볼 때 예루살렘으로 추정된다. 두 번째는 여드레를 지나서 제자들이 다시 모여 있을 때에 제자들과 도마에게 온다. 같은 장소다. 세 번째는 때에 대한 언급 없이 디베랴 호수라고 한다. 무덤가에서 막달라 마리아에게 나타나신 것까지 네 번이다.	• 부활하신 예수를 만나는 광경에 대해 마태는 만나다(28:9), 마가는 보이시고(16:9), 나타나시다(16:12), 누가는 '눈이 밝아져 그인 줄 알아보다'(24:31), 자기들에게 알려지시다(24:35), 요한복음은 마리아야 하시다(20:16), 오시다(20:19, 24), 나타내시다(21:1) 등으로 표현되어 있다.
부활하신 예수의 인사	1. 마태에서 예수께서는 무덤에 다녀오는 여자들에게 '평안하냐' 하니 여자들이 나아가 그의 발을 붙잡고 경배하였다고 한다. 2. 마가의 추가기사에서는 부활하신 예수께서 세 번 나타나지만 인사를 하였다는 언급이 없다. 누가에서는 부활하신 예수께서 열한 제자와 함께 한 자들이 모인 자리 가운데서 '너희에게 평강이 있을지어다'(24:36)라고 한다. 3. 요한복음에서는 무덤 곁에 서 있는 막달라 마리아에게 '마리아야'라고 인사 대신 이름을 직접 부른 것이다. 제자들이 모여 있을 때에 오신 부활하신 예수께서는 '너희에게 평강이 있을지어다'(20:19)라고 하고 도마에게 나타나실 때에도 같은 인사를 한다. 디베랴 호수에서 제자들을 만난 예수께서는 '얘들아 너희에게 물고기가 있느냐'(21:5) 하시니 예수이신 줄 알지 못하고 제자들이 없나이다라고 대답한다.	• 부활하신 예수께서 나타나신 장소로서 마태는 무덤가와 갈릴리 산이라 하고 마가에는 구체적인 언급이 없으며 누가에는 엠마오 도상과 예루살렘이라고 한다. 요한복음에는 무덤가에서 한 번, 예루살렘에서 두 번, 디베랴 호수(갈릴리)에서 한 번 나타난다.

부활하신 예수와의 식사	1. 마태에는 부활하신 예수와 식사에 관한 이야기가 없다. 2. 마가의 추가기사에는 열한 제자가 음식 먹을 때에 나타난다. 3. 누가에는 엠마오 도상의 두 사람이 예수와 함께 묵으면서 음식 잡수실 때에 예수께서 '떡을 가지고 축사하시고 떼어 그들에게 주시니 그들의 눈이 밝아져 그인 줄 알아' 보았다고 한다. 떡을 뗄 때에 예수를 알아보게 되었다는 것은 식사의 의미와 중요성을 말한 것이리라. 생전에 예수께서는 자주 떡을 떼어 축사하였다(눅9:16, 22:19). 초대교인들도 성만찬식 때뿐 아니라 기회가 있을 때마다 떡을 떼었다고 한다. 4. 누가에는 부활하신 예수께서 제자들에게 나타나 여기 무슨 먹을 것이 있느냐고 한다. 그래서 제자들은 생선 한 토막을 드리니 그 앞에서 잡수셨다고 한다. 5. 요한복음에서는 디베랴 호수에서 제자들을 만난 부활하신 예수께서 아무것도 잡지 못한 제자들에게 그물을 배 오른편에 던지라고 한 후 지금 잡은 생선을 가져오라고 한다. 그리고 숯불 위에 생선과 떡을 준비해 놓은 예수께서는 '와서 조반을 먹으라'고 하니 제자들이 주님이신 줄 알았다(21:1-12)고 한다.	• 과거 성경에서 사용하던 사단은 1998년 개역개정 성경에서는 사탄으로 번역했다. 사탄은 satan으로 대적, 대적자, 고소자라는 뜻이다. 마귀와 사탄은 신학적으로 차이가 없다. 요한계시록(12:9)에는 '마귀라고도 하며 사탄이라고도 하며 온 천하를 꾀하는 자'라는 구절이 있다.
부활하신 예수께서 제자들에게 나타나는 모습	1. 부활하신 예수께서 무덤에 간 여자들을 만나는 이야기가 있다. 마태에는 주의 천사의 말을 들은 여자들이 제자들에게 전하려고 달음질하다가 예수와 만났다(마28:8)고 한다. 마가의 추가기사에는 안식 후 첫날 이른 아침에 막달라 마리아에게 보이셨다(막16:9)고 하고 요한복음은 무덤 밖에서 울고 있는 막달라 마리아에게 마리아야라고 부르심(요20:6)으로 조우하게 된다. 2. 부활하신 예수께서 제자들을 만나는 이야기는 놀랍고 신비스럽다. 마가의 추가기사인데 시골로 가던 두 사람은 '다른 모양으로 그들에게 나타나신' 예수에 대해 남은 제자들에게 알린다(막16:12-13). 누가에 엠마오로 가던 두 사람은 눈이 밝아져 예수인 줄 알게 된다(눅24:30-31). 그러나 그들이 예수인 줄 알아보자 예수께서는 그들에게 보이지 않았다. 사라져 버린 것이다. 3. 마가의 추가기사에는 부활하신 예수께서 열한 제자가 음식 먹을 때에 그들에게 나타나지만 어떻게 그들에게 나타났는지 알 수가 없다. 누가에서도 부활하신 예수께서 열한 제자와 그들과 함께 한 자들이 모여 엠마오 도상의 두 사람의 이야기를 하고 있을 때에 '친히 그들 가운데에 서서 너희에게 평강이 있을지어다'(눅24:36)라고 한다. 그냥 서서 나타난 것이다. 마가의 추가기사에서처럼 어떻게 제자들 가운데 나타났는지 설명이 없다. 땅에서 솟구치듯이 그리고 하늘에서 내려오듯이 예수께서 나타났기 때문에 누가에서의 제자들은 '그 보는 것을 영'(공동번역과 새번역은 유령)으로 생각한 것이다. 4. 요한복음에는 부활하신 예수께서 제자들에게 나타난 당시의 모습이 보다 상세하게 기술되어 있다. 안식 후 첫날 저녁에 제자들이 유대인들을 두려워하여 모인 곳의 문을 닫고 있는데 '오사 가운데 서서' 계셨다고 한다. 누가에서처럼 예수께서 문을 두드리거나 열고 왔다는 표현이 없다. 또한 디베랴 호수에서 예수께서는 제자들에게 자기를 나타내신다. 5. 부활하신 예수께서는 여자들과 제자들에게 '나타나'셨고(막16:14, 요21:1) 그들에게 '서서'(눅24:36, 요20:19,26)계시며 그들에게 '이르'셨다(마28:9,18, 막16:14,15, 눅24:36,48,49,51, 요20:16,19,22,26,21:5,6,7,10,12,15-18,22 등). 부활하신 예수께서 직접 말씀하신 것만 해도 20여 회 정도가 된다.	• 마귀, 사탄과 귀신은 다르다. 귀신은 헬라어로 다이몬, 영어로 데몬 demon이다.

3. 본문이해

구분	내용(눅24:13-35)	비고
부활하신 예수를 만난 제자들의 반응	1. 마태는 '열한 제자가 갈릴리에 가서 예수께서 지시하신 산에 이르러 예수를 뵈옵고 경배하였다'(28:16)고 한다. 무덤에 간 여자들도 예수를 만났을 때 바로 예수를 알아보고 경배한다(28:9). 　갈릴리의 지시하신 산에서 예수를 만난 제자들이 예수를 뵙고 두려워하거나 무서워하였다는 기사가 없다. 마태에서 무서워하고 떤 사람들은 주의 사자를 본 무덤을 지키는 자들이었다. 무덤에 간 여자들도 예수를 만났을 때 두려워하였다. 무덤 돌 위에 앉아있는 천사도 무서워 말라고 하고 예수께서도 평안하냐 하시고 두려워하지 말라고 한다. 　마태에서 무덤에 간 여자들은 마가에서의 무덤에 간 여자들에 비해 그렇게 놀라고 떨지는 않았다. 또한 마태에서 부활하신 예수를 만난 제자는 누가에서 예수를 만난 제자들처럼 놀라고 무서워하지 않는다. 그런데 그들 중에는 의심(마28:17)하는 사람들도 있었다. 2. 마가에는 무덤에 간 여자들은 달랐다. 그들이 흰 옷 입은 청년을 보고 놀란다(16:5). 그러나 청년이 놀라지 말라고 하였지만, 오히려 그의 말을 듣고는 더욱 '몹시 놀라 떨며', '도망치고 무서워하며 아무에게 아무 말도 하지 못하였다'(16:8)고 한다. 　그러나 추가기사에는 시골로 가는 두 제자에게 예수께서 다른 모양으로 나타나고 또한 음식 먹는 열한 제자에게 나타나지만, 그들이 놀라거나 무서워하였다는 기사는 없다. 무덤에 간 여자들과 제자들이 극히 대조적이다. 3. 누가에서의 예수께서는 제자들이 한 자리에 모여 있는 가운데에 서서 친히 그들에게 너희에게 평강이 있으라고 하시니(24:36) 그들은 놀라고 무서워하였다고 한다. 예수께서는 손과 발을 보이시며 나인줄 알라고 한다. 4. 요한복음에는 안식 후 첫날 아침 일찍이 무덤에서 막달라 마리아를 만난 예수는 저녁 즉 부활하신 날 저녁에는 제자들이 문을 닫고 모여 있는 곳에 오시어 너희에게 평강이 있으라 하고 손과 옆구리를 보이니 제자들이 주를 보고 기뻐하였다고 한다(20:20). 무서워하였다는 이야기가 없다. 　요한복음에는 무덤에 간 막달라 마리아가 흰 옷 입은 두 천사를 보고 놀라지 않고 부활하신 예수를 만나서도 두려워하거나 떨지 않았다. 요한복음은 예수를 만난 '제자들이 주를 보고 기뻐하였다'(20:20)고 한다.	• 복음서에서 예수께서는 자주 책망과 꾸지람을 하였다. 바람과 바다를 잔잔하게 하고나서 제자들에게 믿음이 없는 것을 꾸짖는다(마8:26, 막4:40, 눅8:25) 　바리새인과 사두개인에게 누룩을 조심하라고 하고 여자들의 믿음 없음과 깨닫지 못함을 꾸지람한다(마16:7, 막8:21) 　평강이 있으라는 인사는 칠십 인의 제자들이 전도하면서 평안을 빈 것(눅10:5-6)과 같다 하겠다.
부활하신 예수의 꾸짖음	1. 마태에는 갈릴리산에서 부활하신 예수를 직접 뵙고도 의심하는 사람들이 있었다고 한다. 그러나 예수께서 이들을 꾸짖으셨다는 기사는 없다. 2. 마가의 추가기사에서 예수께서는 꾸짖기 위해 제자들에게 나타나신 것 같다. 예수께서는 음식 먹는 열한 제자에게 나타나시어 '그들의 믿음 없는 것과 완악한 것을 꾸짖는다'(16:14). 그 이유에 대해 자기가 살아난 것을 본 자들의 말을 믿지 아니하였기 때문이라고 한다. 그도 그럴 것이 예수께서는 살아나신 후 처음으로 막달라 마리아에게 보였고 막달라 마리아는 예수와 함께 하던 사람들에게 알리지만 그들은 예수께서 살아나셨다는 것과 마리아에게 보이셨다는 것을 듣고도 믿지 아니하였다(16:11). 그뿐 아니라 그중의 두 사람이 걸어서 시골로 갈 때에 예수께서 다른 모습으로 그들에게 나타나시니 두 사람이 가서 제자들에게 알리지만 역시 믿지 아니하였기'(16:12-13) 때문이라 하겠다. 3. 마가의 추가기사에서 예수께서는 제자들에게 직접 나타나서 믿음이 없는 것과 마음이 완악한 것을 꾸짖기도 하였으나 부활하신 자신의 모습을 제자들에게 직접 보임으로 확실한 믿음을 갖게 한 것이다.	• 완악함은 죄악에 물들어 양심의 감각을 상실한 상태(마13:15, 행28:27)를 말하고, 냉담한 심령 상태(마19:8, 막10:5)나 굳어버린 심령(행28:27)을 말한다.

4. 누가에서는 무덤에 간 여자들이 예수께서 갈릴리에서 한 말씀을 기억하라고 알렸는데 그들은 그들의 말이 허탄한 듯이 들려 믿지 않았다(눅24:1-11). 이번에는 부활하신 예수께서 직접 나타나시니 놀랍고 무서워하였다. 그러자 예수께서는 '어찌하여 두려워하며 어찌하여 마음에 의심이 일어나느냐'고 한다. 그리고 '내 손과 발을 보고 나인 줄 알라'고 하지만 아직도 믿지 못하고 놀랍게 여긴다. 죽었던 선생이 살아오면 당연히 반갑고 기뻐해야 하는 것이 아니냐는 예수의 말씀이다. 부활에 대한 믿음이 없는 그들이기에 놀랍고, 무섭고, 더 두려웠을 것이다.

5. 요한복음에서는 제자들이 부활하신 예수를 보고 기뻐하였기 때문인지 꾸짖으셨다는 기사는 없다. 단지 예수께서 자신의 부활을 확신시키기 위하여 같은 장소에 같은 제자들에게 두 번 온다. 물론 두 번째 온 것은 의심 많은 도마를 위한 것이었다.

자신의 부활을 스스로 증거하는 예수 ① 마태: 갈릴리에서 제자들을 만나다	1. 마태, 마가에는 성흔을 보여주며 예수께서 스스로 자신이 부활하였다고 증거하는 기사가 없다. 그러나 마태, 마가에는 예수께서 겟세마네에서 기도하시기 전에 베드로가 자기를 세 번 부인할 것을 예언하면서 내가 살아난 후에 너희보다 먼저 갈릴리로 가리라(마26:32, 막14:28)고 한다. 2. 마태에는 주의 천사가 무덤에 간 여자들에게 예수께서 살아나셨고 너희보다 먼저 갈릴리로 가시나니 너희가 거기서 뵈오리라(28:7)고 하고 또한 예수께서 무덤에 간 여자들을 만나 직접 말씀하기를 '내 형제들에게 갈릴리로 가라 거기서 나를 보리라'고 거듭 말씀한다(28:10). 그리고 말씀한대로 갈릴리에서 제자들을 직접 만남으로 자신의 부활을 스스로 증거 한다.	• 성흔은 라틴어로 스티그마라고 부르며 예수 그리스도가 십자가형을 당할 때 생겼다고 하는 상처를 말한다. 사도 바울은 성흔을 예수의 낙인이라 하였다(갈6:17). 이와 같은 상처가 몸에 저절로 난다고 하는데 가톨릭에서는 기적의 하나로 본다.
② 마가: 제자들에게 나타나 꾸짖는다	1. 마가에는 무덤에 간 여자들에게 흰 옷 입은 청년이 예수께서 살아나셨고 '너희보다 먼저 갈릴리로 가시나니 전에 너희에게 말씀하신 대로 너희가 거기서 뵈오리라'(16:7)고 했지만, 갈릴리에서 예수께서 제자들을 만났다는 기사는 없다. 2. 추가기사에서 예수께서는 막달라 마리아와 시골로 가던 두 제자를 통해 예수께서 살아나셨다는 것을 예수와 함께 하던 사람들에게 전하였으나 두 번 다 듣고도 믿지 아니하였다고 한다. 3. 추가기사에서 예수께서는 음식 먹는 열한 제자에게 나타나서 자신의 부활을 직접 확인시킨다. 예수께서는 그들을 꾸짖을 뿐 아니라 또한 그들에게 행할 일을 지시함으로 자신의 부활을 스스로 증거 한다.	
③ 누가: 제자들에게 나타나 나를 만져 보라고 하다	1. 누가에는 모여 있는 제자들에게 나타난 예수께서 어찌하여 두려워하며 어찌하여 의심하느냐고 질책한다. 사실 제자들은 자기들 가운데 서서 친히 자기들에게 너희에게 평강이 있을지어다라고 하는 예수를 놀라고 무서워하며 영으로 생각하였던 것이다(24:36-37). 예수께서는 '내 손과 발을 보고 나인 줄을 알라 또 나를 만져 보라'고 한다. 계속해서 예수께서는 '영은 살과 뼈가 없으되 너희 보는 바와 같이 나는 있느니라' 하며 손과 발을 보인다(24:39-40). 그러나 제자들은 너무 기쁘므로 아직도 믿지 못하고 놀랍게 여긴다. 안타까운 일이다. 그 때에 예수께서는 여기 무슨 먹을 것이 있느냐 하시어 구운 생선 한 토막을 드리니 받아서 그 앞에서 잡수셨다(24:41-43)고 한다. 2. 제자들이 부활하신 예수를 영으로 생각하였다고 하는데 그도 그럴 것이 누가에는 예수께서 어떻게 그들 가운데 나타나서 서 계신 지에 대한 언급이 없다. 여기서 제자들이 생각한 영은 죽은 자들이 잠시 나타난다고 하는 영매의 세계를 배경으로 한 것으로 이런 영은 인격적인 영으로 볼 수 없다. 베자사본은 영을 판타스마 즉 유령이라고 한다.	• 아시시의 프란체스코는 1224년 이탈리아의 라 베르나 산에서 기도를 하던 중 성흔을 받았다고 한다. 이외에 시에나의 카테리아와 같이 성인으로 시성된 수사나 수녀 등에게 성흔이 나타났다는 보고가 전해져 오고 있다.

여기에서 영이나 공동번역의 유령은 죽은 사람을 전제로 죽은 사람의 혼령이나 형상이기 때문에 예수께서는 '영은 살과 뼈가 없다'고 함으로써 그들의 생각을 미리 알고 본인은 그런 영으로 부활하지 아니하였음을 강조하고 있다.

3. 예수께서는 '너희들이 보는 바와 같이 나는 있느니라'하고 손과 발을 보인다. 예수께서는 스스로 부활한 몸을 증거로 보이며 십자가에서 죽은 자신의 육체와 부활한 자신의 육체가 같다는 것을 말하고 있는 것이다. 그러나 제자들은 너무 기뻐하면서도 아직도 믿지 못하고 놀랍게 여긴다. 그때 예수께서 먹을 것을 부탁하여 구운 생선 한 토막을 받아 그 앞에서 잡수신다. 예수께서 생선을 먹는 것이 부활하신 예수의 육체성을 확증해 주는 것이 될 수 있다. 그러나 마가의 추가 기사는 부활하신 예수는 '다른 모양'(막16:12)이라고 한다. 창세기에는 하나님의 사자들도 식사를 했다(창19:3)고 한다.

4. 누가에서는 부활하신 예수께서 엠마오 도상의 두 사람과 떡을 떼어 그들에게 줄 때에 그들의 눈이 밝아져 예수인 줄을 알아본다. 또한, 부활하신 예수께서 제자들이 모여 있는 자리에서 구운 생선 한 토막을 잡수시고 구약의 모든 예언들이 이루어져야 한다는 말씀을 하였을 때 그들이 마음을 열어 성경을 깨닫게 하였다고 한다. 제자들의 마음이 열려 예언대로 부활하신 예수를 믿게 된 것이다.

5. 엠마오로 가는 두 제자에게 '선지자의 글과 모든 성경에 쓴 바 자기에 관한 것을 자세히 설명'(24:17)하였던 예수께서는 제자들이 모인 곳에 나타나서 '내가 너희에게 말한 바 즉 모세의 율법과 선지자의 글과 시편에 나를 가리켜 기록된 모든 것이 이루어져야 한다'고 다시 한번 설명한다. 예수께서는 구약과 자신을 연결시킴으로 하나님의 역사가 예수의 부활로 완성되었음을 강조한다. 엠마오 도상의 두 사람의 눈이 밝아지듯이 모여 있던 제자들의 마음을 열어 믿게 한 것이다.

6. 누가에서의 예수께서는 제자들에게 직접 나타나셨을 뿐 아니라 부활하신 자신의 육체를 스스로 증거한다. 또한, 생선을 드시면서 구약에 자신에 관한 기록이 앞에서 이루어져야 한다고 말씀함으로 제자들에게 자신의 부활을 믿게 한다.

7. 누가는 그리스도 부활의 구체적 실제성을 실증적으로 입증하기 위해 이 이야기를 하고 있는 것이다.

④ 요한복음: 부활하신 육체를 보이다

1. 요한복음에는 부활하신 예수께서 막달라 마리아를 직접 만나서 '내가 아버지 하나님께로 올라간다'고 말씀한 후 제자들을 세 번 만난다.

2. 부활하신 예수께서 제자들에게 나타나서 부활하신 육체로 자신을 증거 하는 내용이 누가와 비슷하다. 그러나 요한복음에는 제자들이 예수를 영으로 생각하였다거나 예수께서 제자들의 의심을 지적하고 생선을 드심으로 자신의 육체성을 드러냈다는 이야기는 없다.

3. 요한복음에는 부활하신 예수께서 제자들에게 나타나서 누가에서처럼 '너희에게 평강이 있을지어다'라고 인사한다. 그리고 이 말씀을 하고 손과 옆구리를 보인다. 예수께서는 스스로 무덤에 장사되었던 몸을 보여주심으로 자신의 부활을 증거하고 있는 것이다.
누가에서처럼 '내 손과 발을 보고 나인 줄을 알라 또 나를 만져 보라'(24:39)는 말씀이나 손과 발을 보였다(24:40)는 언급이 없다. 요한복음역시 누가와 마찬가지로 반영지주의적 입장인 것은 분명하다.

4. 제자들은 손과 옆구리를 보인 '주를 보고 기뻐하였다'(요20:20)고 한다. 여기서 누가공동체는 부활하신 예수의 육체에서 손과 발을 강조하고 있고 요한공동체에서는 손과 옆구리를 중요시하고 있음을 알 수 있다.

• 성흔은 주로 양손과 양발에 나타난다고 하는데 특별히 옆구리나 이마에서 피가 흐르거나 십자가 형상이 나타나기도 하는등 다양한 형태라고 한다.

• 이탈리아 오상의 성 바오로 신부(1887-1968)는 성흔으로 유명한데 2002년 교황 요한 바오로 2세에 의해 성인으로 시성되었고 그가 일으킨 기적들도 교황청의 인증을 거쳤다고 한다.

• 개신교에서는 성유물이나 기적을 인정하지 않고 성흔도 인정하고 있지 않다.

• 제롬이 인용한 히브리인의 복음서(3:2)에는 예수께서 베드로와 함께 있는 그들에게 와서 말씀하시기를 나를 붙잡아 보아라, 손으로 만져 보라고 하니 그들은 곧 만져보고 믿었다고 한다.

4. 심층연구: 내게 있어서의 부활의 의미

1. 부활은 하나님의 절대성과 영원성을 말하고 있다.

2. 부활은 전적으로 하나님의 행위이며 은혜이다.

　　행2:32상 이 예수를 하나님이 살리신지라

3. 부활은 세상을 창조하시고 만유의 주재(우주 만물의 운행을 주관하며 다스리는 통치자)이신 하나님의 주권적인 역사이다.

　　행17:24 우주와 그 가운데 있는 만물을 지으신 하나님께서는 천지의 주재이시니 손으로 지은 전에 계시지 아니하고

4. 부활은 하나님이 사랑하는 아들의 죽음과 다시 살아나심을 주관하신 사건이다.

　　행2:24 하나님께서 그를 사망의 고통에서 풀어 살리셨으니 이는 그가 사망에 매여 있을 수 없었음이라

5. 부활은 인간 존재의 소멸을 의미하는 죽음을 극복하게 하는 하나님의 능력이다.

　　사25:8상 사망을 영원히 멸하실 것이라

6. 부활은 육신의 생명을 되살리는 것에 그치지 않고 영광을 입어 새로운 존재양식을 갖게 하는 것이다.

　　고전15:52 나팔소리가 나매 죽은 자들이 썩지 아니할 것으로 다시 살아나고 우리도 변화되리라

7. 부활은 인간의 죽음으로 끝나는 세상의 역사에 대해 인간의 죽음으로 끝나지 않고 하나님의 역사가 계속된다는 것을 믿는 믿음이다.

　　사26:19상 주의 죽은 자들은 살아나고 그들의 시체들은 일어나리이다

8. 부활은 실패로 끝나고 완성되지 못하고 악과 불의가 승리한 세상의 종말을 역전시키며 승리하게 하는 사건이다.

9. 예수께서는 부활하심으로 하나님의 아들로 선포되었다.

　　롬1:4 성결의 영으로는 죽은 자들 가운데서 부활하사 능력으로 하나님의 아들로 선포되셨으니 곧 우리 주 예수 그리스도시니라

10. 예수는 '죽은 자들 가운데 먼저 나신 이'이다.

　　골1:18하 죽은 자들 가운데 먼저 나신이시니 이는 친히 만물의 으뜸이 되려 하심이요

　　계1:5상 또 충성된 증인으로 죽은 자들 가운데서 먼저 나시고

11. 예수의 부활은 생명의 길을 보이신 사건이다.

　　행2:28상 주께서 생명의 길을 내게 보이셨으니

12. 예수의 부활은 예수의 무고뿐 아니라 예수를 죽인 자들의 불의가 밝혀지게 하는 하나님의 사건이며 또한 불의와 잘못을 바로잡는 하나님의 방법이고 세상의 불의에 동의하지 않겠다는 하나님의 선언이다.

13. 예수는 다양한 제자들을 부활의 목격자로 부름으로 그들에게 새로운 삶을 부여한다. 그들은 부활한 예수의 증인이 되어 예수의 사역을 지속해 나갈 것이다.

　　행2:32 우리가 다 이 일에 증인이로다

14. 부활은 예수의 승리를 말하는 사람들로 하여금 하나님에게 전적으로 의존하고 하나님의 질서에 따르도록 하며 하나님이 주관하는 역사에 참여하도록 결단하게 한다.

5. 집중탐구: 예수의 죽음과 부활을 거부하는 주장들

1. 기절 이론: 예수께서 십자가에서 죽지 아니하였다는 주장이다. 십자가상에서 기절했거나 정신을 잃었던 예수를 무덤에 안치했는데 시간이 흘러 소생하여 무덤을 빠져나와 제자들에게 나타났다는 것이다. 그러나 혼수상태에서 깨어났다 하더라도 채찍질과 출혈 등으로 목숨만 붙어 있는 예수가 무덤 입구를 막고 있는 큰 돌을 굴려내고 경비병을 제압할 수 있었느냐는 의문이 드는 주장이다.

2. 무덤 오인 이론: 무덤에 찾아간 여자들이 무덤을 혼동하여 빈 무덤에 갔다는 것이다. 아리마대 요셉의 무덤은 공동묘지가 아니라 개인 무덤이다. 그런데 마태에서의 여자들은 무덤을 향하여 앉았고(27:61) 마가에서의 여자들은 예수 둔 곳을 보았으며(15:47) 누가에서의 여자들은 뒤를 따라가서 그 무덤과 그의 시체를 어떻게 두었는지 보았다(23:55). 그렇다면 예수의 대적자들은 왜 예수의 진짜 무덤을 밝히지 않았는가.

3. 시신 절도 이론: 마태에 나오듯이 제자들이 예수의 시신을 훔쳤다는 주장이다. 마태의 기사처럼 당시 이런 이야기가 널리 회자되었던 것 같다. 마태는 '이 말이 오늘날까지 유대인들 가운데 두루 퍼지니라'(28:15)고 한다.

4. 환상과 전설 발전 이론: 현대 성서비평학자 가운데에는 복음서 내러티브가 일찍이 사람들이 체험했던 환상이 전설로 발전하였다고 하는 이들이 있다. 예수 사후 제자들이 예수를 만나는 꿈과 환상을 체험하였다는 것이다. 1913년 네덜란드

의 정신과 의사이자 작가였던 E. V. 에덴이 자각몽이라는 말을 사용하였는데 자각몽이란 잠자는 중에서 경험한 기억이 너무나 생생해 현실감각이 모호해지는 것을 말한다고 한다.

그러나 바울은 '게바에게 보이시고 후에 열두 제자에게와 그 후에 오백여 형제에게 일시에 보이셨나니 그 중에 지금까지 대다수는 살아 있고 어떤 사람은 잠들었으며 그 후에 야고보에게 보이셨으며 그 후에 모든 사도에게와 맨 나중에는 만삭되지 못하여 난 자 같은 내게도 보이셨느니라'(고전15:5-8)고 한다. 자각몽으로는 설명이 어렵다고 하겠다. 게르트 뤼데만과 같은 학자는 바울이나 스데반이 하늘로부터 나타난 예수를 보았다(고전9:1, 행7:56)고 하면서 환상가설을 강력히 주장하고 있다.

제58절 ❀ 도마에게 나타나심

1. 본문

구분	내용(요20:24-28)	비고
부활에 대한 도마의 태도	20:24 열두 제자 중의 하나로서 디두모라 불리는 도마는 예수께서 오셨을 때에 함께 있지 아니한지라 :25 다른 제자들이 그에게 이르되 우리가 주를 보았노라 하니 도마가 이르되 내가 그의 손의 못 자국을 보며 내 손가락을 그 못 자국에 넣으며 내 손을 그 옆구리에 넣어 보지 않고는 믿지 아니하겠노라 하니라	요한복음에만 있는 기사이다. 도마는 마가와 누가에서 무덤에 다녀온 여자들의 말을 믿지 아니하였던 제자들(막16:11, 눅24:11)과 같은 사람이라 하겠다.
예수의 두 번째 나타나심	:26 여드레를 지나서 제자들이 다시 집 안에 있을 때에 도마도 함께 있고 문들이 닫혔는데 예수께서 오사 가운데 서서 이르시되 너희에게 평강이 있을지어다 하시고	
믿는 자가 되라	:27 도마에게 이르시되 네 손가락을 이리 내밀어 내 손을 보고 네 손을 내밀어 내 옆구리에 넣어 보라 그리하여 믿음 없는 자가 되지 말고 믿는 자가 되라	
나의 주요 나의 하나님	:28 도마가 대답하여 이르되 나의 주님이시요 나의 하나님이시니이다 :29 예수께서 이르시되 너는 나를 본 고로 믿느냐 보지 못하고 믿는 자들은 복되도다 하시니라	

2. 본문의 특징

구분	내용	비고
요한복음에서의 도마	1. 제자 도마는 열두 제자 중의 하나이다. 공관복음에는 도마와 세리 마태를 함께 기술하고 있고 사도행전에는 오순절 다락방에 있던 제자들 중 하나로 기록되어 있다. 2. 요한복음에서의 도마는 공관복음에서의 베드로와 같이 제자 중에서 지도자적인 역할을 한다. 나사로가 병들었다는 소식을 듣고 예수께서 제자들에게 유대로 다시 가자고 하였을 때 우리도 주와 함께 죽으러 가자고 한다. 이때 도마는 예수와 함께 운명을 같이 하자는 결의를 한 것이다(요11:6-8, 14-16). 3. 요한복음에서 예수께서는 '내가 다시 와서 너희를 내게로 영접하여 나 있는 곳에 너희도 있게 하리라 내가 어디를 가는지 너희가 아느니라'고 한다. 그런데 도마는 '주여 주께서 어디로 가시는지 알지 못하거늘 그 길을 어찌 알겠사옵나이까'라고 대답한다(요14:4-5). 그러나 예수께서는 '내가 곧 길이요 진리요 생명이다'라고 말씀하심으로 대답한다. 4. 요한복음에서 도마는 디베랴 호숫가에서 고기잡이하는 제자들의 명단 중에 베드로와 함께 맨 앞에 나와 있다(요21:1-3).	• 마10:8, 막3:18, 눅6:15, 행1:15 • 요한복음에서 예수께서는 제자들의 발을 씻기고 새 계명을 준다. 그때 베드로가 주여 어디로 가시나이까라고 하니 예수께서는 네가 지금은 따라올 수 없고 후에는 따라오리라고 한다. 베드로가 다시 내가 지금은 어찌하여 따라갈 수 없나이까 주를 위하여 내 목숨을 버리겠나이다라고 한다(요13:36-37). • 도마를 이성적으로 의심하는 합리주의자 또는 이성주의자로 보기도 하며 현대인의 모습을 가진 사도로 보기도 한다.
도마의 신앙고백	1. 요한복음은 공관복음과 달리 여러 사람이 예수에 대하여 신앙고백을 하지만 그중에도 도마는 복음서 전체를 통해 가장 위대한 고백을 한다. 공관복음에는 베드로가 주는 그리스도시요 살아 계신 하나님의 아들(마16:16)이라고 고백한다. 생명의 떡 이야기 끝에 베드로는 예수께 '주는 하나님의 거룩한 자이신 줄 믿고 알았습니다'(6:69)라고 한다. 2. 죽은 나사로의 집을 찾아온 예수께서 '나는 부활이요, 생명이니 나를 믿는 자는 죽어도 살겠고 무릇 살아서 나를 믿는 자는 영원히 죽지 아니한다'고 한다(11:25-26). 이때 마르다는 '주는 그리스도시요 세상에 오시는 하나님의 아들이신 줄 내가 믿나이다'(11:27)라고 고백을 한다. 요한복음의 기록 목적인	

	예수께서 하나님의 아들 그리스도이심을 믿게 하려 함이라(20:31)는 것과 일치하는 신앙고백을 한 것이다.	
도마의 믿음	1. 요한복음의 주제 중의 하나는 믿음이다. 요한복음에는 도마의 이야기에는 믿음이 배경이 되어 있다. 예수께서 나사로가 죽었다고 분명히 말씀하면서 '내가 거기 있지 아니한 것을 너희를 위하여 기뻐한다'고 한다. 예수께서 곧바로 나사로에게 갔다면 그의 병을 고친 것으로 끝났겠으나 가지 못해 나사로가 죽게 됨으로써 오히려 너희가 더 큰 일을 경험하게 되어 다행이라는 말씀이다.	
	2. 예수께서는 이어서 '이는 너희로 믿게 하려 함이라'(11:15)고 하며 '그에게로 가자'고 한다. 예수께서는 죽은 나사로를 살리는 일을 너희는 기뻐하여야 하며 이로 인해 즉 죽은 나사로를 살림으로 너희에게 부활에 대한 믿음을 갖게 하겠다는 것이다(11:13-16). 예수께서 '그에게로 가자'고 하였을 때 도마는 '주와 함께 죽으러 가자'고 화답을 한다.	• reasonable doubt 합리적 의심: 일반 사회에서 사용되는 것과 달리 무죄추정 원칙의 핵심원리라고 한다. 우리나라 형사소송법에는 범죄 사실의 인정을 합리적인 의심이 없는 정도의 증명이 이르러야 한다고 되어 있다.
	3. 예수께서는 고별 강화에서 '내가 가는 길을 너희가 아느니라'고 하자 도마가 '어디로 가시는지 알지 못하거늘 그 길을 어찌 알겠느냐'고 반문한다. 예수께서 이 말씀을 한 이유가 앞에 나오는데 '너희는 마음에 근심하지 말라 하나님을 믿으니 또 나를 믿으라'(14:1)는 것이었다. 도마는 깨달음이 부족한 자이다. 예수께서 믿고 따라오라는 말씀에 의심 많은 도마는 그 길이 어떤 길이냐고 한다.	
	3. 요한복음에서 예수께서 제자들에게 두 번째 나타나서 도마를 만난 것은 보지 않고 믿는 믿음에 관한 말씀을 강조하기 위해서라고 하겠다. 의심 많은 도마는 다른 어떤 제자들 못지않은 믿음의 소유자가 된다.	

3. 본문이해

구분	내용	비고
도마를 위해 다시 온 예수	1. 요한복음은 예수께서 제자들에게 왔을 때 도마가 없었다고 한다. 2. 어드레를 지나서 제자들이 다시 집 안에 있을 때 이번에는 도마도 함께 있었는데 예수께서는 너희에게 '평강이 있을지어다'라고 인사한다. 처음 예수께서 오실 때 제자들은 유대인을 두려워하여 문을 닫았고 두 번째 오실 때에도 '문들을 닫고 있었다'(20:26)고 한다. 제자들에게 오실 때 두 번 다 문이 닫혀 있었지만 예수께서는 신비스럽게 온 것이다. 3. 예수께서 제자들에게 처음 오실 때처럼 두 번째에도 '너희에게 평강이 있을지어다'(20:19, 21)라고 한다. 4. 요한복음에서의 부활하신 예수께서는 제자들에게 처음 와서 '아버지께서 나를 보낸 것 같이 나도 너희를 보내노라'(20:21)는 파송의 말씀과 함께 '그들을 향하여 숨을 내쉬며 성령을 받으라'고 한다. 선교적 사명도 주고 성령도 주었다. 예수께서 두 번째 제자들에게 온 것은 오로지 도마를 위해서라고 하겠고 다시 한 번 제자들을 위해서라고 하겠다. 예수께서 제자들에게 처음 왔을 때 제자들은 기뻐하였다(20:20)고 하고 도마에게 우리가 주를 보았다(20:25)고 한다.	• 도마는 쌍둥이라는 뜻이고 디두모(요 11:16, 20:24, 21:2)는 헬라 이름이며 영어 관용어로 의심 많은 도마 (doubting Thomas)라는 말이 있다.
도마의 의심은 과도한 것인가	1. 처음으로 제자들에게 온 예수께서는 '너희에게 평강이 있으라 한 다음 손과 옆구리를 보이시니 제자들이 주를 보고 기뻐하더라'고 한다. 그런데 그때 함께 있지 아니하였던 도마는 다른 제자들이 그에게 우리가 주를 보았노라고 하니 도마는 '내가 그의 손에 못 자국을 보며 내 손가락을 그 못 자국에 넣으며 내 손을 그 옆구리에 넣어 보지 않고는 믿지 아니하겠다'고 한다. 2. 도마의 말은 부활하신 예수를 직접 만져보지 않고는 믿지 않겠다는 말로 들을 수 있다. 누가에서 제자들에게 나타난 예수께서는 제자들이 놀라고 무	• 한경직 목사 설교: 정직한 의심은 언제나 주님께서 해결해 주시고 큰 믿음으로 바꾸어 주십니다(1988.4.10).

	서워하며 예수를 영으로 생각하는 것을 보고 오히려 예수께서 내 손과 발을 보고 나인 줄 알라 또 나를 만져보라고 하며 손과 발을 보인다(눅24:37-40). 그런데도 그들은 기뻐하면서도 아직도 믿지 못하였다(눅24:41)고 한다. 3. 누가에서의 제자들은 예수께서 손과 발을 만져보라고 하며 내보였는데도 믿지 못하자 예수께서 먹을 것을 찾으시고 구운 생선 한 토막을 받아 잡수셨다고 한다. 부활하신 예수를 믿는 것이 쉬운 일이 아니기 때문에 제자들에게 나타난 예수께서는 최선을 다해 제자들이 믿게 하려 했던 것이다. 이와 같은 예수이기에 도마를 위하여 도마를 믿게 하기 위하여 다시 한번 제자들에게 온 것이라 하겠다. 4. 공관복음에서 주로 하나님에 대한 믿음을 말하고 있는 것과 달리 요한복음에 있어서의 믿음은 대체로 예수에 대한 믿음을 말한다. 요한복음에 있어서의 믿음은 예수 자신이다(복음서사전 322페이지).	
믿는 자가 되라 ①손과 옆구리	1. 요한복음에서 두 번째로 제자들에게 오신 예수께서는 첫 번째처럼 그리고 누가에서 제자들에게 나타나셨을 때처럼 그들 가운데에 서서(눅24:36, 요20:19) 평강의 인사를 한다. 예수께서는 도마에게 '네 손가락을 이리 내밀어 내 손을 보고 네 손을 내밀어 내 옆구리에 넣어 보라'(20:27)고 한다. 여기에서의 손은 포괄적인 용어로서 손바닥은 물론 손목을 표현할 때에도 적용된다. 2. 누가에서의 예수께서는 제자들에게 나타나서 '내 손과 발을 보고 나인 줄 알라'고 하시며 손과 발을 보인다(24:39-40). 그런데 요한복음에는 예수의 죽음 확인 기사가 있다. '그 중 한 군인이 창으로 옆구리를 찌르니 곧 피와 물이 나오더라'는 것이다. 이어지는 말씀은 '이를 본 자가 증언하였으니 그 증언이 참이라'고 한다. 그래서 요한복음은 손과 옆구리를 말하고 있는 것이다. 손과 옆구리는 예수께서 십자가에서 분명히 죽었다는 죽음을 확인하는 증거이기 때문이다. 3. 믿어지지 않는 것을 믿지 못하는 것은 당연하다. 부활을 이성적으로 받아들이기 힘들다. 그러나 도마는 일방적으로 믿지 않겠다는 것이 아니라 자신의 손가락과 손으로 확인한 후에 믿겠다고 한다. 신앙에 대한 의문을 가장 원초적인 방법으로 풀겠다는 것이다. 보고 듣고 만져보아야 믿겠다는 것이다. 4. 예수께서는 자신의 손과 옆구리를 보고 넣어 보라고 한다. 그런데 도마가 예수를 만졌다는 이야기는 없다. 만일 그렇게 하였다면 그것은 아마도 도마의 불신이 그대로 남아 있음을 의미한다. 부활의 예수를 직접 만난 것으로 충분하였을 것이다. 만져보고야 믿게 되는 믿음이라면 또 다른 신체적 증거 또는 부활의 증거를 갖기 원하였을 것이다.	• 백문이 불여일견: 백 번 듣는 것이 한 번 보는 것보다 못하다는 것으로 직접 경험해야 확실히 알 수 있다는 것이다. 눈은 인간의 감각 중에 가장 많은 정보를 수집하여 전해주는 기관이다. 그래서 인간은 눈으로 본 것을 사실로 믿는 경향이 있다. 　그런데 인간은 보고도 다 믿지 못하고 보고도 다 알지 못한다. 보았다고 하는 경험이 믿음이 되는 것은 아니다.
②믿음 없는 자가 되지 말고	1. 예수께서는 '믿음 없는 자가 되지 말고 믿는 자가 되라'(20:27)고 한다. 여기서 믿음 없는 자의 헬라어 아피스토스는 기독교인이 아닌 사람(고전6:6 등)을 가리킨다, 또한, 믿는 자가 되라의 헬라어 기누는 자신을 보이라(고전15:58 등)의 뜻이다. 그래서 믿는 자가 되라는 것은 믿음을 보이라는 말이 되겠다. 예수께서는 꾸지람하지 않고 확인시킨다. 자신의 의심이나 궁금함을 표현한 도마이었기에 진정으로 예수를 만날 수 있었던 것이다. 믿음을 가장할 필요는 없다. 믿지 못하는 것을 믿지 못하겠다고 할 때 예수께서는 응답하실 것이다. 2. 예수께서는 도마의 의심을 치유하기 위해 다시 온 것이다. 예수께서 믿음 없는 자와 믿는 자를 언급한다. 부활하신 예수께서는 자신을 도마에게 보이며 믿는 자가 되라 즉 네 믿음을 보이라고 한다. 예수를 믿는다고 하며 부활을 믿지 못하면 믿음 없는 자 즉 비기독교인이라는 것이다. 도마를 포기하지 않고 두 번째로 제자들에게 온 예수께서는 우리가 정직한 의심을 갖고 있을 때에는 같은 방법으로 믿음 있는 자가 되게 하여 주실 것이다.	

	3. 요한복음에는 믿음의 동사형 피스튜오가 로마서보다 더 많은 89회나 나온다. 요한복음은 처음에 '영접하는 자 곧 그 이름을 믿는 자들에게는 하나님의 자녀가 되는 권세를 주셨다'(1:12)고 한다. 또한, 끝에서도 '나를 보지 못하고 믿는 자들은 복되도다'(20:29)고 한다. 처음부터 끝까지 믿는 자에게는 영생을 얻고 심판에서 구원받는다고 축복하고 있다.	
너는 나를 본 고로 믿느냐	1. 도마의 신앙고백에 이어 예수께서 너는 나를 본 고로 믿느냐 보지 못하고 믿는 자들은 복되도다고 한다. 여기서 복되다라는 헬라어 마카리오이는 단순히 행복한 상태가 아니라 하나님께 받아들여진 상태를 말한다. 이 말씀은 믿음에 대한 예수의 결론으로 믿음과 경험은 직접적인 관계가 없다는 것이다. 믿음은 경험적 증거를 요구하지 않는다는 것이다. 또한, 이 말씀은 예수를 직접 못 보고 믿게 될 미래의 신자들에 대한 축복이라 하겠다. 2. 마태는 '열한 제자가 갈릴리에 가서 예수께서 지시하신 산에 이르러 예수를 뵈옵고 경배하나 아직도 의심하는 사람들이 있더라'(28:16-17)고 한다. 부활하신 예수를 직접 만나도 의심하는 제자가 있었던 것이다. 　마가의 추가기사에서 예수께서는 제자들에게 나타난 이유를 '자기가 살아난 것을 본 자들의 말을 믿지 아니하여서'라고 하며 그들의 믿음 없음을 꾸짖는다. 누가 역시 제자들은 자기들 가운데 나타난 예수를 보고도 '아직도 믿지 못하고 놀랍게 여길'(24:41) 뿐이었다. 　다른 사람들도 아닌 예수의 제자들이 부활하신 예수를 본 자들의 말을 믿지 못하였고(마가) 직접 찾아오셨는데도 영으로 생각하며 믿지 못하겠다고 한다(누가). 3. 공관복음에 이런 제자들과 요한복음의 도마는 다르다고 하겠다. 일단 본 것을 믿겠다는 것으로 자신이 본 사실이나 사건, 존재 또는 들은 말에 대해 의심하지 않겠다는 것이다. 4. 도마는 부활하신 예수를 봄으로 믿었다. 그러면 왜 마태에서의 제자들 중에는 갈릴리 산에서 만나고도 믿지 못하였는가? 누가에서의 예수께서는 제자들이 모인 곳에 나타나 '내 손과 발을 만져보고 나인 줄 알라'(24:39)고 하지만 예수를 만졌다는 기사도 없고 오히려 '아직도 믿지 못하고 놀랍게'(24:41) 여긴다. 5.마음에 확신이 없었기 때문에 자신이 보고도 의심하였던 것이다. 부활하신 예수께서 도마에게 네 손가락을 내밀어 내 손을 보고 네 손을 내밀어 내 옆구리에 넣어 보라고 하였는데 도마는 그렇게 하지 않고도 믿을 수 있었을 것이다. 6. 요한복음에서의 예수께서는 나를 보내신 이에게 돌아가겠노라고 자주 말씀(요7:33, 14:12, 16:5, 17 등)하였고 너희가 나를 찾아도 만나지 못할 것이요 나 있는 곳에 오지도 못한다(요7:36, 8:21, 22)고도 하였다. 예수께서는 고별기도에서 세상에 남겨지는 제자들뿐 아니라 미래에 믿게 될 신자들을 위해서도 기도한다(17:20). 예수께서 제자들을 위한 기도에서 미래의 신자들 즉 '그들로 말미암아 나를 믿는 자들도 하나 되게 하여 달'고 하였는데 여기서 보지 못하고 믿는 자들을 축복하는 것은 당연하다고 하겠다. 7. 예수께서는 '나를 보지 못하고 믿는 자들은 복되다'(20:29)라고 한다.	**히11:1-3** 믿음은 바라는 것들의 실상이요 보이지 않는 것들의 증거니 선진들이 이로써 증거를 얻었느니라 믿음으로 모든 세계가 하나님의 말씀으로 지어진 줄을 우리가 아나니 보이는 것은 나타난 것으로 말미암아 된 것이 아니니라 • 사도 바울은 눈에 보이는 증거가 없고 귀에 들리는 소리가 없어도 믿음에 서서 행하므로 곤경을 극복할 수 있었다.
나의 주요 나의 하나님 ①요한복음에 서의 도마	1. 예수께서 도마에게 믿는 자가 되라고 하자 도마는 나의 주님이시오 나의 하나님이시니이다라고 신앙고백을 한다. 공관복음에서 베드로의 신앙고백이나 요한복음에서 다른 제자들이 한 신앙고백과는 다른 차원의 고백을 예수께 한다. 도마는 예수가 나의 주이고 나의 하나님이라고 한다. 2. 요한복음은 하나님과 예수의 관계에 대한 말씀으로 시작하지만 마지막에는 도마의 신앙고백을 통해서 예수를 보다 명확하게 확인함으로 끝이 난다. 3. 도마는 예수께 주라고 일관되게 부르고 있다. 주와 함께 죽으러 가자거나	**왕상18:37,39** 여호와여 내게 응답하옵소서 내게 응답하옵소서 이 백성에게 주 여호와는 하나님이신 것과 주는 그들의 마음을 되돌이키심을 알게 하옵소서

②요한복음에 서의 하나님과 예수	주여 주께서 어디로 가시는지 알지 못한다고 한다. 마태에서 베드로는 예수께 주는 그리스도이시오 살아 계신 하나님의 아들(마16:16)이라고 고백하고 있다. 그러나 도마는 베드로나 마르다와 달리 예수 그리스도를 자기와의 관계에서 내 주요 내 하나님이라고 고백하고 있는 것이다. 1. 예수께서 안식일에 베데스다에서 서른여덟 해된 병자를 고친 것 때문에 유대인들이 예수를 박해한다. 이때 예수께서는 '내 아버지께서 이제까지 일하시니 나도 일한다'고 하자 '안식일을 범했을 뿐만 아니라 하나님을 자기의 친 아버지라 하여 자기를 하나님과 동등으로 삼았다'고 유대인들이 죽이려 한다(요5:17-18). 2. 예수께서는 수전절에 예루살렘 성전 안 솔로몬 행각을 걷다가 '나와 아버지는 하나이다'(10:30)라고 하니 사람들이 돌을 들어 치려 한다. 예수께서 항의하자 유대인들은 신성모독 때문인데 네가 사람이 되어 자칭 하나님이라고 한다(10:33)고 대답한다. 3. 명절에 예배하러 온 사람들 중에 헬라인 몇이 예수를 만나려 한다. 그때 예수께서 한 알의 밀에 대해 말씀하시고(12:20-30) 예수께서 외쳐 이르기를 '나를 믿는 자는 나를 믿는 것이 아니요 나를 보내신 이를 믿는 것이며 나를 보는 자는 나를 보내신 이를 보는 것'(12:44)이라고 한다. 이미 예수께서는 자신을 본 것이 하나님을 본 것이라고 한다. 이처럼 예수께서 하나님과 자신을 동일시하는 말씀을 여러 번 하였지만 귀담아 듣는 제자는 없었던 것이다. 4. 빌립이 '주여 아버지를 우리에게 보여 주옵소서'(14:8)라고 하자 예수께서는 '네가 나를 알지 못하느냐 나를 본 자는 아버지를 보았거늘 어찌하여 아버지를 보이라 하느냐'(14:9)고 한다. 5. 이번에도 예수께서는 빌립이 질문하기 전 도마에게 '내가 곧 길이요 진리요 생명이라'(14:6)고 하고 이어서 '너희가 나를 알았더라면 내 아버지도 알았으리로다 이제부터는 너희가 그를 알았고 또 보았느니라'(14:7)고 하였다. 너희가 본 것은 하나님이라는 것이다. 같은 내용의 대답을 빌립의 질문 전에 도마에게 이미 하였다.	하매 모든 백성이 보고 엎드려 말하되 여호와 그는 하나님이시로다 여호와 그는 하나님이시로다 하니 • 로마 황제 도미티아누스(AD81-96)는 자신이 '우리의 주요 하나님'으로 불리기를 원했다고 수에로니우스는 기록하고 있다. • 케스턴 버그(2004)는 나의 주요 나의 하나님이라는 말이 로마 황제 숭배에 대항하기 위해 나의 주요 나의 하나님이라고 하였을 것이라고 한다.
③예수의 자기 인식과 도마의 고백	1. 예수께서는 자신을 하나님과 동등하다는 뜻의 말을 여러 번 하였으나 예수를 하나님으로 고백한 것은 도마가 처음이다. 요한복음 1장에는 '본래 하나님을 본 사람이 없으되 아버지 품 속에 있는 독생하신 하나님이 나타내셨느니라'고 한다(1:18). 여기서 사람이 하나님을 볼 수 없는 이유는 나를 보고 살 자가 없으리라(출33:20)고 여호와께서 모세에게 말씀하였기 때문일 것이다. 이처럼 요한복음은 처음부터 예수를 독생하신 하나님이라고 하는데 새번역은 독생자이신 하나님이라 하고 공동번역은 하나님과 똑같으신 그분이라고 하고 있다. 2. 도마의 신앙고백이 새로운 신앙고백이고 요한복음의 결론이고 요한복음의 완성이며 요한복음의 목적이라고 할 수 있는 것은 예수를 로고스 즉 말씀이고 하나님이라고 요1:1에서 말하고 있기 때문이다.	빌2:11 모든 입으로 예수 그리스도를 주라 시인하여 하나님 아버지께 영광을 돌리게 하셨느니라
나를 보지 못하고 믿는 자는 복되도다	1. 예수께서 유월절 전 제자들과 저녁 먹는 중에 자리에서 일어나 제자들의 발을 씻긴다. 그때 베드로가 예수께 내 발을 절대로 씻지 못한다고 하자 예수께서는 '내가 너를 씻어주지 아니하면 네가 나와 상관이 없다'고 한다(요13:6-8). 2. 마틴 부버는 '나와 너'(1923)에서 우리가 세계를 대하는 태도에는 두 가지 방법이 있는데 나와 너의 관계와 나와 그것의 관계가 있다는 것이다. 나와 너의 관계는 전인격을 기울여 마주 대하지만 나와 그것과의 관계는 나는 너 또는 그것을 대상으로 경험할 뿐이라는 것이라고 한다. 다시 말해서 나와 너의 관계는 순수하고 진실하게 만나는 상호적인 관계로서 관념에 의해 조작되지	• 예수가 누구인지 잘 모르고 예수를 믿을 수는 있으나 예수와 내가 어떤 관계인지 분명히 하고 예수를 믿어야 할 것이다.

않으며 상대방이 객체화되지 않고 너와의 대면으로 참된 나가 될 수 있다는 것이다. 도마는 예수와 자기와의 관계를 마틴 부버의 '나와 너'의 관계로 보고 나의 주요 나의 하나님이라고 고백하고 있는 것이다.

3. 오늘 우리는 예수를 직접 보지 않고 믿는다. 예수를 믿는 일이 예수의 손과 옆구리에 손을 넣어 봄으로 되는 일이 아니다. 믿음은 예수가 누구인지를 고백하므로 시작되는 일이라 하겠다. 히브리서는 '믿음은 바라는 것들의 실상이요 보이지 않는 것들의 증거'(히11:1)라고 한다. 또한, '믿음은 들음에서 나며 들음은 그리스도의 말씀으로 말미암았느니라'(롬10:17)고 한다.

4. 예수께서는 도마에게 너는 나를 본 고로 믿느냐고 한다. 예수와 도마 사이의 믿음에 대한, 근본적인 신앙에 대한 질문이라 하겠다. 도마는 믿음의 본질인 예수에 대한 신앙고백으로 대답한 것이다. 믿음에 있어서 보고 안보는 것이 중요한 것이 아니다. 보지 않고 믿는 우리들은 그리스도의 말씀을 들음으로 예수와의 관계를 설정하고 신앙고백을 할 수 있는 것이다.

도마는 예수께 나와 그것이 아닌 나와 너의 관계에서 나와 상관이 있는 예수로 나의 주요 나의 하나님이라고 고백을 한다. 예수를 믿는다는 것이란 예수의 말씀을 들음으로 나와 예수의 관계를 정립하는 것이다.

5. 아들을 위해, 딸을 위해 내가 대신 예수를 믿는 것이 아니다. 우리 아들의 하나님, 우리 딸의 하나님이라고 고백하며 예수를 믿을 수는 없다. 사도 바울은 '네가 만일 네 입으로 예수를 주로 시인하며 또 하나님께서 그를 죽은 자 가운데서 살리신 것을 네 마음에 믿으면 구원을 받으리라'(롬10:9)고 한다. 예수께서는 보지 않고 믿는 우리들이 복되다고 한다.

4. 심층연구: 도마 관련 문서들

구분	내용(요20:24-28)	비고
열두 제자 도마	1. 공관복음에는 열두 제자 중에 도마와 세리 마태(마10:3), 마태와 도마(막3:18, 눅6:15)로 나온다. 2. 요한복음에는 11:16, 14:5, 20:24, 26, 27, 28, 21:2에 나온다. 3. 사도행전에는 다락방에 있는 제자들의 이름이 나오는데 도마와 바돌로매(행1:13)가 있다.	도마복음97 아버지의 나라는 곡식이 가득 찬 항아리를 나르는 어떤 여인과 같으니라 그녀가 길을 걷고 있는 동안, 아직 집에서 좀 떨어져 있을 때 항아리의 손잡이가 부서져 곡식이 길 위에 쏟아졌으니라 그녀는 그것을 알지 못했으니 무슨 일이 있었는지 알아채지 못했느니라 그녀가 집에 이르렀을 때 그녀는 항아리를 내려놓고서야 그것이 비었음을 알았느니라
도마복음	1. 정경 이외의 복음서 중에 가장 큰 관심을 끌고 있는 외경이다. 그 이유는 독자적으로 초기 복음 전승들을 보존하고 있다는 주장 때문이다. 2. 도마복음은 콥트어 역본 외에 세 개의 헬라어 단편들이 있는데 콥트어 역본은 1945년 나그함마디 사본 중에서 발견되었다. 학자들은 도마복음을 114개 절로 나누었는데 예수의 말씀 모음집 즉 어록이라고 한다. 3. 도마복음의 영지주의적 개념들과 용어와 유사한 개념들이 2세기부터 나타나기 시작하였기 때문에 그 연대는 1세기 말부터 2세기 후반으로 보여진다. 4. 도마복음은 에뎃사 중심의 동시리아 기독교 전승에 기원을 두고 있는데 이 전승들이 도마의 이름으로 전해졌다는 주장이 있다. 5. 도마복음에는 이야기가 없고 부활 후의 상황이 나오지 아니한다. 도마복음의 말씀들이 공관복음에 그 병행구가 있기도 하지만 공관복음에 나오는 말씀의 순서와는 거의 일치하지 아니한다. 정경이 된 사복음서와 다른 전승에 의하여 기록되었을 것이라고 짐작한다.	
도마의 유년기 복음	1. 이 복음서는 12세까지 어린 예수가 행한 기적들에 대한 내용들로 이루어진 유일한 저술이다.	• 알려진 복음서로는 도마복음, 베드로복음,

	2. 예수께서 진흙으로 참새를 만들어 날아가게 하였다는 기적 이야기는 후에 이슬람 경전 코란에도 나온다.	히브리인들의 복음, 나사렛인들의 복음, 에비온복음, 애굽인복음, 마가의 비밀복음, 니고데모복음 등이 있다.
	3. 예수는 다친 사람을 고치고 죽은 자들을 살리고 자신의 적들을 저주하여 죽게 만드는데 만나는 모든 이에게 초인간적인 모습을 나타낸다.	
도마행전	1. AD3세기 에뎃사에서 시리아어로 작성된 것으로 보인다. 유일하게 본문 전체가 내려오는 것은 도마행전뿐이다. 이 문서는 이레니우스와 아타나시우스에 의해 금서로 결정되었다고 한다.	• 인도 도마교회: 인도 남서부 해안의 게랄라와 타밀나두에 27개 교회에 약 200만 명의 신자가 있다. 시리아 정교회를 주축으로 네스토리안의 영향을 받았는데 사도신경과 니케아 신조를 예배 중에 고백한다고 한다.
	2. 이 행전에서 사도들은 도마를 인도로 파견하여 군다포루스 왕과 왕비를 개종시킨다. 솜씨가 뛰어나서 궁전을 지으라는 명령을 받은 도마이지만 돈을 받아 가난한 사람들에게 나누어 준다. 도마를 처형하려는 왕에게 도마는 지상 궁전 대신에 천국 궁전을 지었다고 한다.	마드라스시(첸나이시)에는 도마의 무덤이 있다는 성도마교회와 도마가 기도하였다는 동굴 등이 있다고 한다.
	3. 도마는 시리아 기독교의 특징인 순결을 가장 높은 덕행이라고 한다.	
	4. 보른 캄은 헬레니즘적이고 동방적인 로맨스를 그리스도교와 그노시스파식으로 혼합된 것으로 문헌의 요소가 대중적이고 조잡하지만 일관성이 있다고 보았다. 주님이 도마를 상인 압반에게 목수로 팔아넘기는 이야기로 시작된다.	
	5. 도마는 AD52년 인도로 가던 중 아라비아의 소끄뜨라성에 기독교를 전파하였다고 한다. 일본에 천주교를 전한 예수회의 사비에르 신부는 소끄뜨라와 남부 인도에서 도마파 기독교인을 만났다고 하는데 인도의 도마교는 16세기 가톨릭에 흡수되었다고 한다.	
도마묵시록	도마의 작품이라고 알려진 묵시록은 요한계시록처럼 세상 종말에 관한 것으로 15개의 징조에 대해 신비롭게 쓰여 있다. 헬라어로 되어 있는 본문은 2-4세기 것으로 추정된다.	
기타	1. 사도 도마 한국 방문설 주장: 경북 영주 강동의 왕유동 도마 바위이야기로서 속칭 왕유동 부처상이라고 한다. 　경북 영풍군 평은면 강동2리 왕유동(왕이 유했던 마을)에 두부가 없는 마애불이 1987년 8월에 발견되다. 여기에 한자로 야소회왕 명전행이라는 글자가 새겨져 있고 히브리어 타우와 엠자가 있다고 한다. 　그러나 예수의 이름이 한자로 야소로 표현된 것은 중국의 명대 중기 이후이고 781년 건립된 대진 경교 유행 중국비에는 예수를 미시가 즉 메시아로 표기되어 있다. 우리나라 원효문집에는 예수를 불교식으로 법왕자라고 칭했다. 명전행은 같은 지역인 영주 순흥면 읍내리 고분의 서벽에 고구려인 전행이라는 동명의 석장이 등장하는데 같은 인물이 마애불을 표현한 것으로 보인다. 도마라고 보는 히브리어 타우와 엠 역시 후기 히브리어라고 한다. 2. 기독교의 한국 전래: 1956년 경주 불국사에서 출토된 돌십자가와 경주 다른 지역에서 발굴한 그리스식 2점의 철제 십자가, 성모 마리아 소상 등을 통해 알 수 있다.	

제59절 ❀ 부활하신 예수의 마지막 명령

1. 본문비교

구분	마태(28:16-20)	마가(16:14-16)	누가(24:45-49)	요한(20:20-23)
배경	28:16-17 열한 제자가 갈릴리에 가서 예수께서 지시하신 산에 이르러 예수를 뵈옵고 경배하나 아직도 의심하는 사람들이 있더라	16:14 그 후에 열한 제자가 음식 먹을 때에 예수께서 그들에게 나타나사 그들의 믿음 없는 것과 마음이 완악한 것을 꾸짖으시니 이는 자기가 살아난 것을 본 자들의 말을 믿지 아니함일러라	24:45-46 이에 그들의 마음을 열어 성경을 깨닫게 하시고 또 이르시되 이같이 그리스도가 고난을 받고 제삼일에 죽은 자 가운데서 살아날 것과	20:20-21상 이 말씀을 하시고 손과 옆구리를 보이시니 제자들이 주를 보고 기뻐하더라 예수께서 또 이르시되 너희에게 평강이 있을지어다
모든 권세를 가진 예수	:18 예수께서 나아와 말씀하여 이르시되 하늘과 땅의 모든 권세를 내게 주셨으니			
마지막 명령	:19상 그러므로 너희는 가서 모든 민족을 제자로 삼아	:15 또 이르시되 너희는 온 천하에 다니며 만민에게 복음을 전파하라		:21하 아버지께서 나를 보내신 것 같이 나도 너희를 보내노라
성령을 받아라				:22 이 말씀을 하시고 그들을 향하사 숨을 내쉬며 이르시되 성령을 받으라
죄 사함의 능력			:47 또 그의 이름으로 죄 사함을 받게 하는 회개가 예루살렘에서 시작하여 모든 족속에게 전파될 것이 기록되었으니	:23 너희가 누구의 죄든지 사하면 사하여질 것이요 누구의 죄든지 그대로 두면 그대로 있으리라 하시니라
세례를 베풀라	:19하-20상 아버지와 아들과 성령의 이름으로 세례를 베풀고 내가 너희에게 분부한 모든 것을 가르쳐 지키게 하라	:16 믿고 세례를 받는 사람은 구원을 얻을 것이요 믿지 않는 사람은 정죄를 받으리라		
너희와 항상 함께 있으리라	:20하 볼지어다 내가 세상 끝날까지 너희와 항상 함께 있으리라 하시니라			
너희도 증인이 되라			:48-49 너희는 이 모든 일의 증인이라 볼지어다 내가 내 아버지께서 약속하신 것을 너희에게 보내리니 너희는 위로부터 능력으로 입혀질 때까지 이 성에 머물라 하시니라	

참고	제자 파송	10:7-8 가면서 전파하여 말하되 천국이 가까이 왔다 하고 병든 자를 고치며 죽은 자를 살리며 나병환자를 깨끗하게 하며 귀신을 쫓아내되 너희가 거저 받았으니 거저 주라	6:7 열두 제자를 부르사 둘씩 둘씩 보내시며 더러운 귀신을 제어하는 권능을 주시고	9:1-2 예수께서 열두 제자를 불러 모으사 모든 귀신을 제어하며 병을 고치는 능력과 권위를 주시고 하나님 나라를 전파하며 앓는 자를 고치게 하려고 내보내시며	17:18 아버지께서 나를 세상에 보내신 것 같이 나도 그들을 세상에 보내었고
	파송(칠십 인: 누가)	10:16상 보라 내가 너희를 보냄이 양을 이리 가운데로 보냄과 같도다		10:3 갈지어다 내가 너희를 보냄이 어린 양을 이리 가운데로 보냄과 같도다 10:9 거기 있는 병자들을 고치고 또 말하기를 하나님의 나라가 너희에게 가까이 왔다 하라	21:19하 이 말씀을 하시고 베드로에게 이르시되 나를 따르라 하시니
	종말 강화	24:14 이 천국 복음이 모든 민족에게 증언되기 위하여 온 세상에 전파되리니 그제야 끝이 오리라	13:10 또 복음이 먼저 만국에 전파되어야 할 것이니라		16:32상 보라 너희가 다 각각 제 곳으로 흩어지고 나를 혼자 둘 때가 오나니 벌써 왔도다

1. 본문의 차이

구분	마태	마가	누가	요한
장소	갈릴리, 예수께서 지시한 산(28:16)	예루살렘, 제자들이 모여 있는 곳(16:14)	예루살렘, 제자들이 모여 있는 곳(24:36)	예루살렘, 제자들이 모여 있는 곳(22:19)
대상	열한 제자(28:17)	음식을 먹는 열한 제자	열한 제자	도마를 제외한 제자들
배경	아직도 부활하신 예수를 의심하는 사람이 있다	제자들의 믿음 없는 것과 마음이 완악한 것을 꾸짖다(16:14)	생선 한 토막을 드신 예수(24:42-43) 나를 가리켜 이루어져야 하리라 한 말이 이것이라(24:44)	손과 옆구리를 보이는 예수 주를 보고 기뻐하는 제자들(22:20)
파송의 능력	하늘과 땅의 권세를 받으신 예수께서 파송한다		아버지께서 약속하신 것을 너희에게 보내리니 너희는 위로부터 능력으로 입혀질 때까지 이 성에 머물라	그들을 향하사 숨을 내쉬며 이르시되 성령을 받아라
파송 명령	너희는 가서 모든 민족을 제자로 삼으라	너희는 온 천하에 다니며 만민에게 복음을 전파하라	이 모든 일에 증인이라	아버지께서 나를 보내신 것 같이 너희를 보내노라
수반 명령	아버지와 아들과 성령의 이름으로 세례를 베풀라 너희에게 분부한 모든 것을 가르쳐 지키게 하라	믿고 세례를 받으면 구원을 얻을 것이요 믿지 않으면 정죄를 받으리라	그리스도가 고난을 받고 제삼일 안에 죽은 자 가운데서 살아난 것(부활의 증인)과 죄 사함	너희가 누구의 죄든지 사하면 사하여질 것이요 누구의 죄든지 그대로 두면 그대로 있으리라

				을 받게 하는 회개가 모든 족속에게 전파(구원의 증인)된다고 하였는데 이 일에 증인이 되라	
예수의 약속		내가 세상 끝날까지 너희와 함께 있으리라			
참고	본문		막16:9-18은 원래 없던 구절로 추가기사로 받아들여지고 있다		요한복음 21장은 원래 없었던 것으로 후기로 받아들여지고 있다.
	강조점	세계선교 명령	복음선포 명령	증인으로서의 선포	보내노라 명령
	방법	세례	세례	예수의 부활과 구원의 전파	
	능력	하늘과 땅의 권세를 가진 예수의 능력으로		위로부터 입혀지는 능력으로(기다려야 한다)	성령의 역사를 받아서(그들을 향하여 예수께서 숨을 내쉬며)
	기타	예수 탄생 때에 예수를 임마누엘(1:23)이라고 한 임마누엘이라는 주제가 예수의 약속으로 끝에 나온다			제자들에게 세 번째 나타난 예수께서 베드로에게 나를 따르라(21:15-23)고 한다

3. 본문이해: 예수의 마지막 명령

구분	내용	비고
마지막 명령	1. 대위명령 즉 commendment 또는 The Great Cmmission은 계명이나 명령 또는 위대한 위임이라고 한다. 2. 예수께서는 공생애 기간 중 수훈이나 제자도, 파송 명령, 권면 등으로 우리가 해야 할 일들에 대해 말씀한다. 공관복음에는 한 율법사가 예수께 와서 율법 중에 어느 계명이 크냐고 여쭙는다. 예수께서는 네 마음을 다하고 목숨을 다하고 뜻을 다하여 주 너의 하나님을 사랑하라고 하고 이어서 네 이웃을 네 자신과 같이 사랑하라(마22:34-39, 막12:28-31, 눅10:25-27)고 한다. 이것을 우리는 대계명이라고 한다. 3. 예수께서의 마지막 명령은 선교의 명령이다. 마태는 모든 족속으로 제자를 삼으라고 하고 마가는 추가기사에서 만민에게 복음을 전파하라고 하며 누가는 모든 일에 증인이라고 하고 요한복음은 나도 너희를 보낸다고 한다. 마태는 구체적으로 가라, 제자 삼으라, 세례를 주라, 가르치라고 하고 마가는 가라, 전파하라고 한다. 4. 예수의 마지막 명령은 유언과 같다고 하겠다. 그래서 예수의 명령 중에서 우선적으로 행해야 하는 것이라 하겠다.	• 예수님의 지상 명령(존 파이퍼 저, 생명의 말씀사, 2007): 이 책은 거듭나라, 회개하라 등 마음의 명령 19가지와 또한 의롭다 함을 받으라, 내 아버지의 뜻을 행하라 등 행동의 명령 31가지 등 마음과 행동에 대해 모두 50가지의 예수의 명령을 기술하고 있다.
장소, 시기	1. 마태에서의 제자들은 예수께서 지시한 산에 이르러 예수를 뵙고 경배를 한다. 마태에서의 산은 계시의 장소이다. 이사야는 말일에 만방이 산꼭대기로 모여든다(사2:2)고 하였다. 그러나 아직도 의심하는 사람들이 있었다고 한다. 여기에서 의심하는 사람은 마태의 주제인 '믿음이 작은 자들'을 연상하게 한다. 또한, 여기서의 의심은	사2:2 말일에 여호와의 전의 산이 모든 산 꼭대기에 굳게 설 것이요 모든 작은 산 위에 뛰어나리니 만방이 그

		리로 모여들 것이리라
	물 위를 걷던 베드로가 물에 빠져 갈 때 예수께서 손을 내밀어 잡아주면서 하였던 '믿음이 작은 자여 왜 의심하느냐'의 의심이다.	
	그럼에도 불구하고 예수께서는 그들에게 마지막 명령을 한다.	
	2. 마가, 누가, 요한복음에서의 예수의 제자들은 아직까지도 예루살렘에 남아 유대인들을 두려워하여 모여(요20:19)있던 것으로 보인다. 마가의 추가기사에서는 제자들이 음식을 먹을 때라 하고 누가에는 제자들이 식사하고 있었다는 이야기는 없으나 음식은 있었다고 한다.	
	3. 마가의 추가기사에서 예수께서는 평소처럼 제자들의 믿음 없는 것과 마음이 완악한 것을 꾸짖는다(16:14). 그러나 예수께서는 그들을 내치지 않고 그들에게 복음선포를 위임한다.	빌2:9-11 이러므로 하나님이 그를 지극히 높여 모든 이름 위에 뛰어난 이름을 주사 하늘에 있는 자들과 땅에 있는 자들과 땅 아래에 있는 자들로 모든 무릎을 예수의 이름에 꿇게 하시고 모든 입으로 예수 그리스도를 주라 시인하여 하나님 아버지께 영광을 돌리게 하셨느니라
	4. 누가에서 제자들에게 나타난 예수께서는 자기를 영으로 보는 제자들에게 '내 손과 발을 보고 나인 줄 알라 또 나를 만져 보라 영은 살과 뼈가 없으되 너희 보는 바와 같이 나는 있느니라'(24:39)고 하지만 아직도 믿지 못하고 놀랍게 여겼다고 한다.	
	누가에서 제자들에게 나타난 예수께서는 엠마오 도상의 제자들에게 한 가르침(24:13-27)과 같은 내용의 말씀 즉 '모세의 율법과 선지자의 글과 시편에 나를 가리켜 기록된 모든 것이 이루어져야 하리라' 한 말을 다시 한번 설명한다(24:44). 그리고 그들의 마음을 열어 성령을 깨닫게 한다. 부활하신 예수께서 이렇게까지 한 것은 제자들이 그만큼 제대로 믿지 못하였기 때문이라 하겠다. 이런 이유에서 엠마오 도상의 두 제자에게 그리고 제자들에게 나타나시어 반복하여 강조한 것이라 하겠다.	
	5. 이처럼 누가에서 부활하신 예수께서는 자신이 고난을 받고 제삼일에 죽은 자 가운데서 살아날 것(24:46)을 강조하고 있다. 부활하신 예수께서는 자신을 구약과 연결시킴으로써 하나님의 역사가 예수의 부활로 완성되었음을 거듭해서 분명히 하고 있다.	
	6. 누가에서의 예수께서는 제자들에게 손과 발을 보인다. 그러나 요한복음에서는 제자들에게 손과 옆구리를 보인다.	
파송의 능력 ① 마태: 하늘과 땅의 권세	1. 마태는 예수께서 마지막 명령을 하기 전에 자신이 하늘과 땅의 모든 권세를 받았다(28:18)고 한다. 이 말씀은 단7:14를 반영한 것이다. 예수께서 광야에서 시험받을 때에 마귀는 천하만국을 보이며 네가 만일 내게 절하면 이 모든 권위와 영광을 네게 주겠다(눅4:5-8)고 한다. 그러나 예수께서는 사탄아 물러가라 주 너의 하나님께 경배하고 다만 그를 섬기라(마4:10)고 한다.	단7:14 그에게 권세와 영광과 나라를 주고 모든 백성과 나라들과 다른 언어를 말하는 자들이 그를 섬기게 하였으니 그의 권세는 소멸되지 아니하는 영원한 권세요 그의 나라는 멸망하지 아니할 것이니라
	2. 하늘과 땅의 권세는 사도 바울의 표현처럼 예수 그리스도의 권세로서 땅에 있는 자들과 땅 아래 있는 자들에게 뿐 아니라 하늘에 있는 자들도 무릎을 꿇게 하는 권세이다(빌2:9-11). 단7:14에는 '그에게 권세와 영광과 나라를 주겠다'고 한다.	
	3. 마태에서의 예수께서는 하늘과 땅의 권세로 우리에게 파송을 명령하고 있는 것이다. 신적 수동태인 이 권세는 하나님께서 부여하였음을 드러낸다. 예수께서 받은 권세는 한계와 제한이 없는 우주적 권세이며 주기도문에 '하늘에서 이루어진 것 같이 땅에서도'(마6:10)처럼 하늘과 땅의 연합에 대한 공동체의 소망을 반영하기도 한다(민경식).	
	4. 마가의 추가기사에는 부활하신 예수께서 제자들을 파송(막6:7)하는 때와 같이 권능을 주는 말씀이 없다.	
② 마가: 표적의 권능	1. 마가의 추가기사에는 예수께서 믿는 자에게 따를 표적에 대해 말씀한다. 그들이 내 이름으로 귀신을 쫓아내며 새 방언을 한다고 한다. 이어서 '뱀을 집어올리며 무슨 독을 마실지라도 해를 받지 아니하며 병든 사람에게 손을 얹은즉 나으리라'(16:18)고 한다. 여기서 복음을 전파하는 자들뿐 아니라 복음을	

	믿는 자들에게는 네 가지의 표적이 그 믿음의 증거로 드러난다. 2. 여기서 축귀와 치유 이외에 새 방언과 뱀의 독 등으로부터 해 받지 않는 이 야기는 사도행전의 오순절 성령강림 시 방언 소통 소동(행2:1-12)과 바울이 멜리데섬에서 독사에게 손을 물린 일(행28:1-6)을 연상하게 한다. 3. 이와 같은 내용이 누가에도 나온다. 예수께서 돌아온 칠십 인의 보고를 받은 후 '내가 너희에게 뱀과 전갈을 밟으며 원수의 모든 능력을 제어할 권능을 주었으니 너희를 해칠 자가 결코 없으리라'(10:19)라고 한다. 시편에도 '네가 사자와 독사를 밟으며 발로 누르리라'(91:13)고 한다. 4. 마가의 추가기사에서 예수께서는 이와 같은 표적들이 제자들뿐 아니라 복음을 믿는 모든 사람들에게 일어난다는 것을 강조하고 있다. 또한, 마가에서의 이 말씀은 하나님께서 보호해 주시기 때문에 세상에 무서운 것과 악한 것들이 너희 즉 사도들을 해하지 못할 뿐 아니라 너희에게 치유와 대적의 능력까지도 주겠다고 강조하고 있다.	시91:12-13 그들이 그들의 손으로 너를 붙들어 발이 돌에 부딪히지 아니하게 하리라 네가 사자와 독사를 밟으며 젊은 사자와 뱀을 발로 누르리로다
③ 누가: 위로부터의 능력	1. 누가는 부활하신 예수께서 내가 내 아버지께서 약속하신 것을 너희에게 보내겠다고 한다. 그런데 그것은 '위로부터의 능력'으로서 너희는 위로부터의 능력이 입혀질 때까지 이 성, 즉 예루살렘에 머물라고 한다. 부활하신 예수께는 위로부터의 능력을 보내겠다고 하며 여기에서 기다리라고 한다. 예수의 제자들은 예수의 말씀대로 이 약속을 믿고 예루살렘에서 대기한다(행1:4). 2. 이 능력은 제자들이 사명을 감당하게 할 수 있는 능력으로서 하나님께서 예수에게, 예수가 제자들에게 전해지는 것으로 하나님, 예수, 제자를 하나로 소통시키는 것이다. 여기에서 이 능력이 무엇인지에 대해서는 구체적인 언급이 없으나 예수 탄생 예고에 나오는 '지극히 높으신 이의 능력'(1:35) 즉 하나님의 능력으로 볼 수 있다. 3. 또한, 이 능력은 마귀의 시험을 받고 난 후 갈릴리에서 행한 성령의 능력(4:14)이고 또한 중풍병자를 고치는 이야기 앞에 있는 예수와 함께 하였던 병 고치는 주의 능력(5:17)으로 볼 수 있을 것이다. 4. 예수께서는 오순절 성령강림으로 제자들이 성령을 받을 때까지 기다리라고 한 것일 수도 있다.	창2:7 여호와 하나님이 땅의 흙으로 사람을 지으시고 생기를 그 코에 불어넣으시니 사람이 생령이 되니라
④ 요한복음: 성령을 받아라	1. 마태의 마지막 명령에서 성령이 강조되고 있다. 구체적으로 해야 할 일로 세례를 베풀라고 하면서 아버지와 아들과 성령의 이름으로 행하라고 한다. 2. 요한복음에서의 예수께서는 마지막 명령을 하고 나서 '그들을 향하사 숨을 내쉬며 이르시되 성령을 받으라'고 한다(20:22). 즉 성령을 받아 사명을 수행하라는 것이다. 숨을 내쉬는 예수의 모습은 창세기(2:7)에서 하나님이 인간에게 '생명의 기운을 불어넣어 사람의 생명체'(새번역)가 되게 한 일을 연상하게 된다.	
마지막 명령 ① 마태: 가서 제자 삼아라	1. 마태에서 예수의 마지막 명령은 '가라'는 것이고 또한 모든 민족을 '제자 삼으라'는 것이다. '가라'는 처음 이스라엘과 관계를 맺으면서 하나님이 아브라함에게 한 명령(창12:1)이다. 2. '모든 민족'은 온 인류 즉 세상 모든 사람을 가리킨다(마24:14, 25:32). 민족에 상관없이 차별과 배척 없이 모든 사람을 제자로 삼으라는 개방 명령인 것이다. 마태에서의 마지막 명령은 제자 파송 명령과 차이가 있다. 당시에 예수께서는 열두 제자에게 이방인의 길로도 가지 말고 사마리아인의 고을에도 들어가지 말고 오히려 이스라엘의 집의 잃어버린 양에게로 가라(마10:5-6)고 했다 3. 예수께서 마지막에 모든 민족을 제자 삼으라고 한 이유는 회개하지 않는 이스라엘에 대한 실망에서라기보다는 복음에 대한 새로운 비전 제시라고 보아야 할 것이다..	• 복음: 코이네 헬라어로 에우앙겔리온 즉 좋은 소식이라고 하며 라틴어로 에반 겔리움, 고대 영어로 Godspel, 요즘 영어로 Good news, 우리말로 복된 말씀이라는 의미의 복음이라고 한다.

	4. 여기에서의 모든 민족은 복음을 알지 못하는 세상을 의미한다. 그런데 거기에 가서 모른 사람들에게 복음을 전파하여 제자로 삼으라는 것이다. 민족적 차별과 편견이 팽배하던 시기에 복음으로 하나 된 세계를 지향하고 있다고 하겠다.	• 에우앙겔리온은 예수 당시 로마의 전쟁 승리, 황제 위임 등의 기쁜 소식을 말하였지만 기독교에서는 예수 그리스도가 전파한 기쁜 소식을 말한다.
② 마가: 가서 복음을 전파하라	1. 마가의 추가기사에서 예수의 마지막 명령 역시 너희는 '가라'는 것이고 온 천하 만민에게 '복음을 전파하라'는 것이다. 마태에서 모든 민족을 제자 삼으라는 말씀과 마가에서 복음을 전파하라는 것은 같은 말씀이라 하겠다. 여기서 너희는 예수께서 살아난 것을 본 자들의 말을 믿지 아니하는 제자들을 말한다. 바로 예수의 부활을 믿지 못하고 있는 제자들에게 예수께서 한 말씀은 이제 나를 보았으니 부활의 증인이 되어 '가서 온 세상에 복음을 전파하라'는 것이다. 2. 마가에서 예수께서는 종말 강화로서 제자들이 박해를 받을 것이라고 하며 복음이 만국에 전파되어야 할 것이라(13:10)고 말씀한 바 있다. 그런데 추가기사에서 예수의 마지막 명령은 만국 즉 온 천하 만민에게 복음을 전파하라(16:15)는 것이다. 3. 추가기사에서 예수께서는 제자들의 믿음 없음을 지적하였고 바로 직전(16:14)에도 그들의 믿음 없음과 완악함을 꾸짖었으나 그럼에도 불구하고 제자들을 믿고 마지막 명령을 한 것이다. 4. 하나님의 아들 예수그리스도의 복음(1:1)이라고 시작한 마가는 예수께서 하나님의 복음을 전파(1:14)함으로 처음 사역을 하였다고 하고 그의 지상의 명령 역시 제자들에게 온 천하 만민에게 복음을 전파하라(16:15)는 것이다. 5. 사도 바울 역시 말씀 전파(딤후4:2), 복음 전파(빌1:12), 그리스도 전파(빌1:15)를 당부하며 전파하는 자 없이 어찌 듣겠느냐(롬10:14)고 복음전파를 강조하고 있다.	
③ 누가: 증인이 되라	1. 누가는 '너희는 이 모든 일에 증인'이라고 한다. 누가에는 부활하신 예수께서 엠마오 도상의 두 제자에게 그리고 제자들이 모여 있는 곳에 나타나서 자신이 구약이 예언한 메시아라는 것과 자신이 영으로가 아니라 육으로 부활하였음을 스스로 증거하고 있다. 그러므로 여기에서의 증인은 그리스도로서의 예수에 대한 증인이고 부활하신 예수에 대한 증인이라 하겠다. 2. 사도행전에서의 예수께서는 승천하기 전 제자들에게 말씀하기를 오직 성령이 너희에게 임하시면 너희가 권능을 받고 예루살렘과 온 유대와 사마리아와 땅 끝까지 이르러 내 증인이 되리라(행1:8)고 한다. 누가와 사도행전에서의 제자들의 사명은 이 세상 끝까지 이르러 증인이 되는 것이라 하겠다. 사도행전에서의 베드로는 하나님께서 죽은 자 가운데서 예수를 살리셨는데 우리가 이 일에 증인이라고 거듭(행2:32, 3:15) 강조하고 있다. 3. 또한, 사도행전에서의 베드로와 사도들은 하나님께서 십자가에서 죽은 예수를 살리고 예수를 임금과 구주로 삼았는데 자신들이 이 일에 증인이라고 한다(행5:29-32). 4. 요한복음의 저자는 세례 요한이 빛에 대해 증언하러 왔다고 세 번 반복(1:7에서 한 번, 1:8에서 두 번)한다. 또한, 세례 요한이 예수에 대해 나보다 먼저 계신 자(1:15), 세상 짐을 지고 가는 하나님의 어린 양(1:29), 성령이 비둘기같이 그의 뒤에 머물렀던 분(1:32), 하나님의 아들이심(1:34)을 증언한다.	• 여호와의 증인: 19세기 미국의 재야 성서학자 찰즈 테이즈 러셀을 중심으로 결성한 교파이다. 삼위일체론, 영혼불멸 등을 인정하지 않아 이단으로 취급된다. 이들은 자기들만의 성서를 가지고 있다. 최근에는 이들의 수혈거부와 병역거부가 사회적 관심사가 되고 있다.
④ 요한복음: 너희를 보낸다	1. 요한복음의 최후 명령은 너희를 보낸다는 것이다. 하나님께서 모세를 바로에게 보내면서 한 명령이다(출3:10). 아버지께서 나를 보낸 것 같이 너희를 보낸다는 것이다 2. 여기서 '보낸 것 같이'란 무슨 뜻일까? 하나님께서 예수를 세상에 보내면서 예수에게 준 권위와 능력(눅4:36)일 수도 있고 또한 '보낸 것 같이'는 예수께서 세상에서 겪은 고난과 죽음일 수도 있다.	

	3. 요한복음에는 공관복음에서와 같은 제자 파견기사는 없다.	
수행방법 ① 마태: 세례를 베풀라 모든 것을 가르쳐라	1. 마태에서의 예수께서는 마지막 명령으로 가서 모든 민족을 제자 삼으라고 하며 그 방법으로 세례를 베풀라고 한다. 그런데 그 세례는 아버지와 아들과 성령의 이름으로 베푸는 세례라고 한다. 2. 사도행전에는 초대교회가 예수 그리스도의 이름으로 세례를 주었다(행 2:38, 8:16, 10:48, 19:5)고 한다. 사도 바울은 고린도교회의 분쟁에 대해 언급하면서 너희가 바울의 이름으로 세례를 받았느냐(고전1:13)고 하면서 내가 세례를 베풀지 아니한 것을 감사하는 이유는 아무도 나의 이름으로 세례를 받았다 말하지 못하게 하려 함이라(1:14-15)고 한다. 갈라디아서 역시 그리스도의 세례(갈3:26-27)를 강조하고 있다. 3. 마태는 복음서 중에서 최초로 명백하게 삼위일체의 세례(28:19)를 말하고 있다. 아마도 마태의 공동체는 세례를 베풀 때 이렇게 하였을 것으로 보인다. 삼위일체의 세례는 상당히 후대에 발전된 교리라 하겠다. 이 기사는 이미 1세기에 삼위의 이름으로 베푸는 세례가 시작되었음을 반영하고 있는 것으로 보인다. 4. 예수께서는 부가 명령으로 내가 너희에게 분부한 모든 것을 가르쳐 지키게 하라고 한다. 여기에서 분부한 모든 것은 예수의 말씀 중에 어느 특정한 부분 예를 들어, 산상수훈이나 제자도 등이 아니라 가르침 전체를 의미하며 동시에 말씀뿐만 아니라 행함으로 보인 가르침까지도 포함된다고 하겠다. 5. 마태공동체는 예수의 가르침을 가르침으로써 예수의 선교를 연장한다(민경욱).	엡1:7 우리는 그리스도 안에서 그의 은혜의 풍성함을 따라 그의 피로 말미암아 속량 곧 죄 사함을 받았느니라 골1:14 그 아들 안에서 우리가 속량 곧 죄 사함을 얻었도다 • 초대교회의 세례는 신앙 고백적 행위로서 예수 그리스도의 이름으로 행하여졌다. 사도 바울은 세례를 통해 옛사람을 장례 지낸다는 의미로 보았으며(롬 6:3, 골2:12) 또한 세례를 통해 그리스도의 몸의 한 지체가 된다는 사실을 가르쳤다(고전 12:12).
② 마가: 세례로 구원을 얻으라	1. 마가의 추가기사에서 예수께서는 마지막 명령으로 너희는 온 천하에 다니며 만민에게 복음을 전파하라(16:15)고 하며 이어서 그 방법으로 세례를 베풀라고 한다. 그런데 '믿고 세례를 받으면 구원을 받을 것이요 믿지 않고 세례를 받으면 정죄 받는다'(16:16)고 한다. 2. 또한, 믿고 세례를 받는 자는 구원을 얻는 것뿐 아니라 여러 가지 표적을 행할 수 있다(16:17)고 한다. 믿는 자는 '그들이 내 이름으로 귀신을 쫓아내며 새 방언을 말하며 뱀을 집어 올리며 무슨 독을 마실지라도 해를 받지 아니하며 병든 사람에게 손을 얹은 즉 나으리라'(16:17-18)고 한다.	
③ 누가: 죄 사함의 회개가 전파되리라	1. 누가는 예수의 이름으로 죄 사함을 받게 하는 회개가 예루살렘에 시작하여 온 족속에게 전파될 것이라고 한다. 누가는 세례 요한이 요단 강 부근 각처에서 죄 사함을 받게 하는 회개의 세례를 전파하였다(눅3:3)고 하고 마가도 같은 내용(막1:4)을 말하고 있다.. 2. 누가는 지상에서의 마지막 명령으로 너희가 증인이 되라고 하며 그 수행방법으로 예수의 이름으로의 죄 사함의 회개가 전파될 것이라고 한다. 3. 누가는 이처럼 예수의 이름과 회개의 운동, 그리고 모든 족속을 강조하고 있는데 사도행전에는 실제로 이런 일들이 있었다고 한다. 베드로는 너희가 회개하여 각각 그리스도의 이름으로 세례를 받고 죄 사함을 받으라(행2:38)고 하고 베드로와 사도들은 하나님께서 이스라엘에게 회개함과 죄 사함을 주시려고 예수를 임금과 구주로 삼았다(행5:31)고 한다. 또한, 베드로는 설교를 통하여 예수를 믿는 사람들이 다 예수의 이름을 힘입어 죄 사함을 받는다(행 10:43)고 하고 바울은 설교를 통하여 '형제들아 너희가 알 것은 예수를 힘입어 죄 사함을 너희에게 전한다'(행13:38)고 한다.	• 고해성사: 고해소에서 고해지는 지은 죄를 낱낱이 고백하고 알아내지 못한 죄도 용서하여 달라고 한다. 사제는 성부, 성자, 성령의 이름으로 죄를 용서한다. 가톨릭에는 고해 내용 누설 금지의 원칙이 있다. 개신교에서는 만인사제주의에 어긋나고 비성경적이라 하여 고해성사 자체가 없다.
④ 요한복음: 죄 사함의 권세를 준다	1. 요한복음은 부활하신 예수께서 제자들에게 저희를 보낸다고 하며 성령을 받으라고 한다. 성령을 받고 파송된 제자들은 죄를 사할 수도 있고 그대로 두게 할 수도 있다고 한다. 예수께서는 '너희가 누구의 죄든지 사하면 사하여질 것이요 누구의 죄든지 그대로 두면 그대로 있으리라'(요20:23)고 한다.	

2. 예수께서 한 중풍병자를 고친 이야기가 공관복음에 있다. 마가와 누가는 지붕을 뜯고(마가) 기와를 벗기고(누가) 구멍을 내어(마가) 병자를 침상째 달아 내린다(누가). 예수께서는 그들의 믿음을 보고 네 죄 사함을 받았다고 한다. 그러나 서기관들과 바리새인들이 신성모독이라고 하는 것을 알고 예수께서 인자가 세상에서(마태) 땅에서(마가, 누가) 죄를 사하는 권세가 있는 줄을 너희가 알게 하리라(마9:6, 막2:10, 눅5:24)고 한다. 죄를 사하는 권세는 예수에게만 있는 것이다. 그런데 요한복음은 죄를 사하는 권세를 제자들에게 위임(20:23)하였다고 한다.

3. 마태는 마지막 만찬 기사에서 예수께서 잔을 가지고 말씀하시기를 이것은 죄 사함을 얻게 하려고 많은 사람을 위하여 흘리는 바 나의 피 곧 언약의 피(26:28)라고 한다. 우리는 예수의 피, 죄 사함을 얻게 하려고 예수께서 흘린 피의 공로로 죄 사함을 받는다. 그러나 죄 사함을 받기 위해서는 회개와 세례와 예수의 가르침에 대한 배움이 있어야 할 것이다.

4. 본문에서 '너희가 사하면 사하여질 것이요'라는 구절은 마태에서 베드로(16:19)와 제자들(18:18)에게 각각 네가 땅에서 무엇이든지 매면 하늘에서도 매일 것이요 네가 땅에서 무엇이든지 풀면 하늘에서도 풀리리라고 한 말씀과 같은 것이다. 예수께서는 매임과 풀림 즉 허용과 금지와 같이 죄가 사하여 짐과 죄가 그대로 있게 하는 권세를 제자들에게 주겠다고 한다. 그런데 여기에서의 동사는 모두 완료형으로 '죄가 사하여졌다'와 '죄가 그대로 있다'이다. 죄에 관한 사면과 유지는 이미 하나님께서 판단하여 결정했다는 것을 말한다.

5. 누가에는 예수의 발에 향유를 부은 죄 많은 여자의 이야기가 있다. 예수께서는 여자에게 네 죄 사함을 받았노라고 하자 앉아 있던 사람들이 이가 누구이기에 죄도 사하는가(눅7:48-49)하였다고 한다.

| 너희와 항상 함께 있으리라 | 1. 마태의 끝 구절은 부활하신 예수께서 제자들에게 '볼지어다 내가 세상 끝 날까지 너희와 항상 함께 있으리라'고 약속하는데 '세상 끝날까지'는 종말을 의미(마13:39-40,49, 24:3)하고 '항상'은 언제나 를 말한다.

2. 항상 함께 있으리라는 약속은 새로운 것이 아니다. 예수의 탄생 시 예수의 이름이 임마누엘이라고 하면서 이를 번역하면 하나님이 우리와 함께 계시다라고 설명하였다(1:23-24). 마태는 처음부터 하나님과 예수가 우리와 함께 계신 것을 강조하고 있다.

3. 예수께서는 제자들에게 '두세 사람이 내 이름으로 모인 곳에는 나도 그들 중에 있느니라'(마18:20)고 말씀한 바 있다. 교회를 단적으로 정의하는 말씀이기도 하지만 본문과 함께 비밀리에 예수를 믿어야 하는 이들에게는 특별히 위로와 힘을 주는 말씀이라 하겠다.

4. 함께 하시는 하나님은 구약의 전통적인 사상으로 초기기독교에 반영되어 있다 하겠다. 하나님께서는 아브라함(창26:24)에게 너희와 함께 있겠다고 하고 야곱에게도 두 번(창28:15, 31:3), 그리고 요셉(창48:21)에게도 말씀한다. 누가에는 가브리엘 천사가 마리아에게 수태고지를 하며 주께서 너와 함께 한다(1:28)고 한다.

5. 사도행전에도 바울이 고린도에서 활동할 때에 밤에 환상 가운데 주께서 말씀하시기를 두려워하지 말고 침묵하지 말라고 하며 내가 너와 함께 있겠다(18:10)고 한다. |

• 쉐키나: 거주라는 뜻으로 하나님에 관해서만 사용되며 하나님의 현존 또는 하나님의 나타나심을 나타내는데 하나님이 자기 백성과 함께 함을 의미한다. 그러나 신구약에 그 사상이 많이 나오지만 직접 언급되지는 않고 있다.

구약에서는 이스라엘 백성을 인도한 구름기둥과 불기둥 또는 성전이나 산 위의 구름이 하나님의 현현으로서의 쉐키나이다.

4. 심층연구: 마지막 명령과 제자 파송의 말씀 비교

구분	내용	비고
마태: 모든 민족	1. 마태에서 예수께서는 열두 제자를 불러서 파송할 때 '더러운 귀신을 쫓아내며 모든 병과 모든 약한 것을 고치는 권능'(10:1)을 주었다고 한다. 또한, 열두 제자를 내보내면서 '천국이 가까웠다 하고 병든 자를 고치며 죽은 자를 살리며 나병환자를 깨끗하게 하며 귀신을 쫓아내라'(10:7-8)고 한다. 2. 마태에서 예수의 마지막 명령은 열두 제자에게 한 원대한 이상적 명령으로 파송의 말씀과 달리 너희는 가서 모든 민족을 제자 삼으라고 한다. 그런데 제자 파송 시에는 이방인의 길로 가지 말고 사마리아의 고을에도 들어가지 말며 이스라엘 집의 잃어버린 양에게로 가라(10:5-6)고 한 것과 크게 대비가 된다. 3. 예수께서는 가나안 여자(마가의 수로보니게 여자)가 자기 딸이 귀신들렸다고 하자 한 말씀도 대답하지 아니하다가 '나는 이스라엘 집의 잃어버린 양 외에는 다른 데로 보내심을 받지 아니하였다'(15:24)고 한다. 예수께서는 분명 복음의 메시지가 하나님의 백성인 유대인에게 먼저 주어져야 한다는 것이다. 4. 요한복음의 예수께서는 수가성 여자를 우물가에서 만나 구원이 유대인에게서 난다(4:22)고 하고 사도 바울 역시 복음은 먼저 유대인(롬1:16)에게라고 한다. 5. 마지막 명령의 수반 명령으로는 '너희는 가서 모든 민족을 제자로 삼아 세례를 베풀고 너희에게 분부한 모든 것을 가르쳐 지키게 하라'(28:19-20)고 하며 제자들에게 한 약속은 '내가 세상 끝 날까지 너와 함께 있으리라'는 것인데 마태복음의 결론이라 하겠다.	사51:4-5 내 백성이여 내게 주의하라 내 나라여 내게 귀를 기울이라 이는 율법이 내게서부터 나갈 것임이라 내가 내 공의를 만민의 빛으로 세우리라 내 공의가 가깝고 내 구원이 나갔은즉 내 팔이 만민을 심판하리니 섬들이 나를 앙망하여 내 팔에 의지하리라 사62:10 성문으로 나아가라 나아가라 백성이 올 길을 닦으라 큰 길을 수축하고 수축하라 돌을 제하라 만민을 위하여 기치를 들라
마가: 만민	1. 마가에서 예수께서는 열둘을 세운 이유를 세 가지로 말씀하고 있는데 이는 자기와 함께 있게 하고 또 보내어 전도도 하며 귀신을 쫓는 권능도 가지게 하시려 하심이라(3:14-15)고 한다. 2. 예수께서는 열두 제자를 불러 둘씩 둘씩 보내어 더러운 귀신을 제어하는 권능을 주었는데(6:7) 제자들은 나가서 회개하라 전파하고 많은 귀신을 쫓아내며 많은 병자에게 기름을 발라 고쳤다(6:12-13)고 한다. 3. 마가의 추가기사에서의 예수의 마지막 명령은 만민에게 복음을 전파하라는 것으로서 파송의 말씀과는 다르다. 예수께서는 감람산에서 성전을 마주 대하고 앉아서 성전 멸망 징조에 대해 말씀하면서 복음이 만국에 전파되어야 한다(13:10)라고 언급하였는데 같은 말씀이라 하겠다. 　마가에서 예수께서는 성전정화 시 '내 집은 만민이 기도하는 집'(11:17)이라고 하는데 여기에서의 만민은 마태에서의 모든 민족(이방인)들과 같은 말이다. 이사야는 이방인을 포함한 만민을 염두에 두고 내 백성과 내 나라를 말하고 있다(사51:4,5, 62:10, 63:6).	
누가: 증인	1. 누가에서 예수께서 제자를 부른 이유에 대한 말씀이 없다. 오직 밤이 새도록 하나님께 기도하고 밝으매 그 제자 중에 열둘을 택해 사도라 칭하였다(6:12-13)고 한다. 누가에서의 제자는 사도인 것이다. 2. 그러나 제자를 파송할 때 예수께서 준 권능은 마태, 마가와 크게 다르지 않다. 귀신을 제어하는 권능은 마태, 마가와 같고, 병을 고치는 능력과 하나님 나라의 전파는 마태와 같으며, 마가에서는 제자들이 파송되어 나가서 실제로 한 일이었다(막6:12). 누가는 제자들이 파송될 때 예수께서 능력과 권위를 주었을 뿐 아니라 또한 앓는 자들을 고치게 하려고 제자들을 내보냈다고 병 고침을 강조하고 있다. 실제로 제자들은 각 마을에 두루 다니며 곳곳에 복음을 전하며 병을 고쳤다고 한다(9:6).	살전2:10 우리가 너희 믿는 자들을 향하여 어떻게 거룩하고 옳고 흠 없이 행하였는지에 대하여 너희가 증인이요 하나님도 그러하시도다

3. 누가만이 70인 제자와 관련된 또 다른 설교(10:1-20)를 말하고 있다. 70이라는 숫자는 아마도 세계의 민족들을 가리킨 것으로 보인다. 창세기 10장(1-32)에 나오는 민족 목록(대상1:5-23참조)에 70개의 이름이 열거되어 있어서라고 한다. 4. 누가에서 예수의 마지막 명령은 마태, 마가처럼 파송의 말씀이 아니다. 누가에서는 너희는 이 모든 일에 증인이라(24:48)고 한다. 그런데 이 명령은 사도행전에서 예수께서 승천하기 전에 제자들에게 한 당부의 말씀이기도 하다. 예수께서는 땅 끝까지 이르러 내 증인이 되라(행1:8)고 한다.	딤후2:2 또 네가 많은 증인 앞에서 내게 들은 바를 충성된 사람들에게 부탁하라 그들이 또 다른 사람들을 가르칠 수 있으리라	

5. 집중탐구: 요한복음과 사도행전에서의 추가명령

구분	내용	비고
내 증인이 되라: 사도행전	1. 사도행전의 예수께서는 승천하시기 전에 '오직 성령이 너희에게 임하시면 너희가 권능을 받고 예루살렘과 온 유대와 사마리아와 땅 끝까지 이르러 내 증인이 되리라'(행1:8)고 한다. 2. 예수의 제자들은 성령의 임함으로 권능을 받고 예수의 증인이 될 수 있다고 한다. 여기에서의 권능은 마태에서의 마지막 명령을 언급하기 전에 예수께서 받은 '하늘과 땅의 모든 권세'(28:18)일 수 있고 마가의 추가기사에서 믿는 자가 가질 수 있는 표적(16:17)의 능력일 수 있다. 　사도행전에서의 성령의 임함이란 요한복음에서 예수께서 아버지께서 나를 보내신 것 같이 나도 너희를 보내노라고 하며 그들을 향해 숨을 내쉬며 준 성령일 수 있다(요20:21-22). 또한, 오순절에 각 사람에게 임한 성령(행2:3)일 수도 있다. 3. 증인이라는 말은 사도행전에 13번(행2:32, 5:32, 10:39, 22:15, 26:16 등) 나오는데 목격자라는 뜻에서부터 사실대로 말하다, 증거하다의 의미로 옮겨지고 더 나아가 진실을 말하고 신앙을 고백함으로 죽임을 당하는 것까지 가리키게 되었다. 증인이 순교자라는 뜻으로 사용된 것은 스데반의 경우(22:20)이다. 영어의 순교자 martyr는 헬라어의 증인 martus에서 유래되었다. 4. 예수께서는 예루살렘, 유대, 사마리아를 언급하였는데 장차 제자들이 복음을 전파할 곳들이다. 예루살렘은 예수께서 최후를 마친 곳으로 예수의 피로 새 언약을 세운 곳이고 또한 기독교 공동체의 발상지이다. 유대 역시 메시아를 대망하는 이스라엘 민족이 거주하는 곳이고 사마리아는 회복되어야 하고 구원받아야 하는 곳이다. 공생애 초기에 예수께서는 이스라엘 집에 잃어버린 양에게로 가라고 하던 것과 비교된다. 5. 여기에서 중요한 것은 각 지역이 아니라 '땅 끝까지'이다. 이사야는 일찍이 '내가 너를 이방의 빛으로 삼아 나의 구원을 베풀어서 땅 끝까지 이르게 하리라'(사49:6)고 하고 '여호와께서 땅 끝까지 선포하시되 너희는 딸 시온에게 이르라 보라 네 구원이 이르렀느니라'(사62:11)고 한다. 　'땅 끝'은 전 세계 또는 온 지구를 일컫는 말이라 하겠는데 사도행전의 예수께서는 땅 끝까지 내 증인이 되라고 한다. 이 증인이 해야 할 일은 이사야의 언급처럼 구원을 얻게 하는 것이다. 마가에서 예수께서는 마지막 명령의 수반 명령으로 세례를 베풀어 구원을 얻게 하라고 한다(16:16). 6. 사도행전의 '땅 끝까지'는 마태에서의 '모든 민족'이 있는 곳이고 마가에서의 '온 천하이고' 요한복음에서의 예수께서 말씀하신 '세상'이라 하겠다.	• 법률 용어로서의 증인은 법원 또는 법관에 대하여 자기가 과거에 견문한 사실을 진술하는 제3자를 말하고 이 진술을 증언이라고 한다. 증인은 참고인이나 감정인이 하는 것이 아니다. 증인의 진술이 거짓으로 밝혀지면 위증죄로 처벌받는다. • 구약에서의 거짓 증인은 용납되지 아니하였으며 그런 자에게 무거운 형벌이 가해졌다(출20:16, 신5:20 등). 증거의 진실을 가리기 위해서는 반드시 두 세 명의 증인이 요구되었다(신19:15, 고후13:1 등). • 신약에서의 증인은 예수 그리스도의 십자가 죽음과 부활을 증거하는 사람(행1:8, 22)으로 사도들은 자신을 증인으로 인식하였다.
내 양을 먹이라: 요한복음	1. 부활하신 예수께서 디베랴 호수에서 밤새 물고기를 잡지 못한 제자들에게 백 쉰 세 마리(21:11)의 물고기를 잡게 하는데 물고기가 많아 그물을 들 수 없었다(21:6)고 하나 찢어졌다는 이야기는 없다. 그러나 누가에서의 예수께서	

제자를 부를 때는 고기가 심히 많아 그물이 찢어졌다(5:6-7)고 한다. 왜 사람 낚는 어부가 될 베드로의 그물은 찢어지고 153마리의 고기를 잡은 그물은 찢어지지 아니하였을까.

2. 그 후 예수께서는 시몬, 베드로에게 '네가 이 사람들보다 나를 더 사랑하느냐'고 하는데 공동번역은 '네가 이 사람들이 나를 사랑하는 것보다 더 나를 사랑하느냐'고 한다. 마태, 마가에는 예수께서 베드로의 부인을 예언하자 베드로는 '다 버릴지라도 나는 그리하지 않겠나이다'(마26:33, 막14:29)라고 '남들은 그럴 수 있겠으나 나는 아니라'고 한다.

예수의 질문 즉 다른 사람과 비교해서 한 질문은 베드로가 자기는 예수를 부인하지 않겠다고 하면서 다른 사람과 비교하여 대답하였던 일을 연상하게 한다.

2. 디베랴 호숫가에서의 베드로의 대답은 남과 비교하지 않고 단순하게 내가 주님을 사랑하는 줄 주님께서 아시나이다라고 한다.

부활하신 예수께서는 베드로에게 두 번, 세 번 거듭 네가 나를 사랑하느냐고 묻고 베드로는 두 번째에는 첫 번째와 같은 대답을 하지만 세 번째는 '마음이 슬퍼졌다. 그러나 주님, 주님께서는 모든 일을 다 알고 계십니다. 그러니 제가 주님을 사랑한다는 것을 모르실 리가 없습니다'(공동번역 요21:17)라고 대답한다. 이 대답을 들은 예수께서는 비로소 베드로에게 마지막 명령을 하게 된다.

3. 원문에는 사랑한다는 동사의 원형이 첫 번째와 세 번째는 필레오이고 두 번째는 아가파오인데 단어 자체의 의미가 약간의 차이는 있겠으나 본문에서 두 단어는 뜻의 차이 없이 사용되었다. 저자는 동일한 단어의 반복을 피하려고 유사한 의미의 단어들을 바꾸어 사용한 것으로 보인다.

4. 예수께서 같은 질문을 베드로에게 세 번 한 이유는 자신을 세 번 부인하였던 베드로를 회복시키기 위해서라고 하겠다. 또한, 예수께서는 세 번이나 반복하여 내 양을 먹이라고 한 것은 베드로에게 주는 새 임무의 중요성을 말하는 동시에 목자로서의 사역을 위임한다는 것을 분명하게 하기 위해서이다.

5. 예수께서는 처음에는 내 어린 양을 먹이라 하고 두 번째는 내 양을 치라고 하며 세 번째는 내 양을 먹이라고 한다. 여기에서 어린 양, 양, 그리고 먹이다와 치다는 사랑이라는 단어에서의 경우처럼 같은 단어의 반복을 피하려는 것으로 보이며 의미상의 차이는 없다고 하겠다.

6. 목자의 중요성에 대해서는 예수께서 이미 요한복음 10장에서 자세히 언급한 바 있다. 목자로서의 위임은 양을 먹이라는 것으로서 기독교 공동체의 지도적 책임자로서의 위임이라 하겠다. 베드로는 양을 먹이는 일과 함께 다른 한편으로는 예수를 따르는 일을 해야 한다. 마지막으로 예수께서는 베드로에게 두 번이나 나를 따르라(21:19, 22)고 한다.

벧전5:2-4 너희 중에 있는 하나님의 양 무리를 치되 억지로 하지 말고 하나님의 뜻을 따라 자원함으로 하며 더러운 이득을 위하여 하지 말고 기꺼이 하며 맡은 자들에게 주장하는 자세를 하지 말고 양 무리의 본이 되라

그리하면 목자장이 나타나실 때에 시들지 아니하는 영광의 관을 얻으리라

제60절 승천

1. 본문비교

구분	마가	누가	사도행전
승천하시기 전의 예수		24:49 볼지어다 내가 내 아버지께서 약속하신 것을 너희에게 보내리니 너희는 위로부터 능력으로 입혀질 때까지 이 성에 머물라 하시니라	1:3-4 그가 고난 받으신 후에 또한 그들에게 확실한 많은 증거로 친히 살아 계심을 나타내사 사십 일 동안 그들에게 보이시며 하나님 나라의 일을 말씀하시니라 사도와 함께 모이사 그들에게 분부하여 이르시되 예루살렘을 떠나지 말고 내게서 들은 바 아버지께서 약속하신 것을 기다리라
내 증인이 되라			1:8 성령이 너희에게 임하시면 너희가 권능을 받고 예루살렘과 온 유대와 사마리아와 땅 끝까지 이르러 내 증인이 되리라 하시니라
측복하시더라		:50 예수께서 그들을 데리고 베다니 앞까지 나가사 손을 들어 그들에게 축복하시더니	
하늘로 올려지다	16:19 주 예수께서 말씀을 마치신 후에 하늘로 올려지사 하나님 우편에 앉으시니라	:51 축복하실 때에 그들을 떠나 [하늘로 올려지시니]	:9 이 말씀을 마치시고 그들이 보는데 올려져 가시니 구름이 그를 가리어 보이지 않게 하더라 :10-11 올라가실 때에 제자들이 자세히 하늘을 쳐다보고 있는데 흰 옷 입은 두 사람이 그들 곁에 서서 이르되 갈릴리 사람들아 어찌하여 서서 하늘을 쳐다보느냐 너희 가운데서 하늘로 올려지신 이 예수는 하늘로 가심을 본 그대로 오시리라 하였느니라
제자들	:20 제자들이 나가 두루 전파할 새 주께서 함께 역사하사 그 따르는 표적으로 말씀을 확실히 증언하시니라	:52-53 그들이 [그에게 경배하고] 큰 기쁨으로 예루살렘에 돌아가 늘 성전에서 하나님을 찬송하니라	:12 제자들이 감람원이라 하는 산으로부터 예루살렘에 돌아오니 이 산은 예루살렘에서 가까워 안식일에 가기 알맞은 길이라

2. 본문의 차이

1. 예수의 승천 기사는 마태와 요한복음에는 없다.
2. 마가에 있는 예수 승천 기사는 추가기사로서 본문 비평 상 본래에는 없었던 것으로 여겨진다.
3. 누가복음과 사도행전을 기록한 누가는 누가복음과 사도행전에서 예수의 승천 기사를 다루고 있다. 누가는 누가복음보다 사도행전에서 좀 더 상세하게 예수의 승천을 기록하고 있다. 누가의 기록은 상호모순 되지 않고 보완적이라 하겠다.
4. 사복음서 중에 예수의 승천을 언급한 것은 누가뿐이다(24:51).
5. 요한복음에서 예수께서는 무덤에 찾아온 막달라 마리아에게 '나를 붙들지 말라 내가 아직 아버지께로 올라가지 아니하

였노라 너는 내 형제들에게 가서 이르되 내가 내 아버지 곧 너희 아버지, 내 하나님 곧 너희 하나님께로 올라간다 하라'(요 20:17)고 한다. 부활하신 예수께서 마리아에게 직접 승천을 얘기한 것이다.

6. 요한복음에서 예수께서는 하늘로 돌아가야 하는 자신에 대해 여러 번 언급하고 있다. 특별히 요한복음은 높이 올림 받는 예수 즉 승귀를 강조하고 있다. 내가 조금 더 있다가 나를 보내신 이에게 돌아간다(7:33)거나 유월절 전에 예수께서 자기가 세상을 떠나 아버지께로 돌아갈 때가 이른 줄 알았다(13:1)고 하고, 제자들의 발을 씻기기 전 자기가 하나님께로부터 왔다가 하나님께로 돌아갈 줄을 알았다(13:3)고 한다. 그리고 내가 아버지 집에 가서 너희를 위하여 거처를 예비하겠다(14:2-3)고 하고 아버지께 가서 거처를 아버지와 함께 하리라(14:23)고 하며 나를 보내신 이에게 즉 내 아버지에게로 간다(16:5, 7, 28)고 한다. 제자들을 위한 기도 중에도 내가 아버지께 간다(17:13)고 하였다.

3. 본문이해

구분	내용	비고
승천하시기 전의 예수 ① 친히 살아계심을 나타내다	1. 마태와 요한복음은 승천하기 전 예수의 행적이 없다. 2. 마가의 추가기사에서 부활하신 예수께서는 말씀을 마친 후 하늘로 올려 지사 하나님 우편에 앉으셨다고 한다. 3. 누가에서의 부활하신 예수께서는 대위명령을 한 후 제자들을 데리고 베다니 앞까지 간다. 그리고 손을 내밀어 그들을 축복한다. 그런데 축복하실 때 그들을 떠났다고 하는데 ( ) 안의 기사에는 하늘로 올려지셨다고 한다. 4. 사도행전에서의 부활하신 예수께서는 살아계심을 나타내사 사십 일 동안 그들에게 보이고 하나님 나라의 일을 말씀한다. 예루살렘에서 대기하라고 하며 대위명령을 한 다음 하늘로 올려지셨다고 한다.	민14:14 이 땅 거주민에게 전하리이다 주 여호와께서 이 백성 중에 계심을 그들도 들었으니 곧 주 여호와께서 대면하여 보이시며 주의 구름이 그들 위에 섰으며 주께서 낮에는 구름기둥 가운데에서, 밤에는 불기둥 가운데에서 그들 앞에 행하시는 것이니이다
② 사십 일 동안	1. 누가는 부활과 승천 사이에 어떤 기간을 말하고 있지는 않으나 사도행전은 예수께서 부활한 후 40일 동안 지상사역을 하였다고 한다. 그런데 행13:31에는 갈릴리로부터 예루살렘에 올라간 사람들에게 여러 날 보이셨다고 하며 이제 그들이 백성 앞에서 그의 증인이라고 한다. 예수 부활 후 승천까지의 기간을 짐작으로 40일이라 하였을 가능성도 있다. 왜냐하면, 40이란 신성한 어림수이기 때문이다. 2. 사십이란 수는 하나님이 주관하는 역사의 성공적 수이며 계시의 기간이다. 모세는 사십 일 사십 야를 금식(출34:28)했고 이스라엘이 광야에서 40년을 보냈으며 이세벨이 엘리야를 죽이겠다고 하자 광야로 간 엘리야는 사십 주 사십 야를 가서 하나님의 산 호렙에 이르게 된다(왕상19:8). 예수께서도 마귀에게 시험받을 때에 광야에서 사십 일을 밤낮으로 금식하였다(마4:2, 눅4:1-2). 3. 사도행전은 사십 일 동안 예수께서 제자들에게 보이고 또 하나님 나라의 일을 말하였다고 한다. 승천 전 40일 동안 예수께서는 제자들이 사역을 다 할 수 있도록 준비시켰다고 하겠다. 부활하신 예수께서 제자들에게 직접 가르친 하나님의 나라는 공생애의 주제로서 복음서의 요약이라고 하겠다. 크리소스톰은 '사십 일 동안 때때로'라고 번역하는데 복음의 초기 증언에 따랐을 것이라고 한다.	출34:28 모세가 여호와와 함께 사십 일 사십 야를 거기 있으면서 떡도 먹지 아니하였고 물도 마시지 아니하였으며 여호와께서는 언약의 말씀 곧 십계명을 그 판들에 기록하셨더라
③ 하나님 나라의 일	1. 사도행전은 예수께서 '사십 일 동안 그들에게 보이시며 하나님 나라의 일을 말씀하였다'고 한다. 그런데 더 자세한 내용은 기록되어 있지 않다. 2. 예수께서 지상 사역을 마치셨으나 하나님의 나라는 '이미'와 '아직' 사이에 놓여 있다고 하겠다. 그래서 예수께서는 승천하기 전 사도들에게 하나님 나라에 대해 말씀하셨을 것이 짐작이 된다. 3. 그러면 하나님 나라의 일은 무엇일까. 하나님의 일에 대해서는 요한복음에서 예수께서 말씀한 바 있다. 무리들이 '우리가 어떻게 하여야 하나님의 일을 하오리까'(6:30)라고 하자 예수께서 '하나님께서 보내신 이를 믿는 것이라'(6:31)고 한다.	• 가톨릭교회는 초대교회의 전통을 이어받아 부활 후 40일째 되는 목요일을 예수 승천 대축일로 지키고 있다. 또한, 승천 전 3일간을 승천 전 기도일 Rogation days라고 한다. 독일은 예수 승천일이 법정 공휴일이다.

	4. 우리는 하나님 나라의 일을 위해 무엇을 해야 하나. 아마도 이 세상에 하나님의 통치가 이루어지도록, 하나님의 나라를 확장하는 일을 위해, 하나님의 뜻이 이 땅에 이루어지도록 하는 일을 해야 할 것이다.	욜2:8 그 후에 내가 내 영을 만민에게 부어 주리니 너희 자녀들이 장래 일을 말할 것이며 너희 늙은이는 꿈을 꾸며 너희 젊은이는 이상을 볼 것이며
	5. 사도 바울은 무슨 일을 하든지 주께 하듯 해야 하고(골3:23), 하나님의 흠 없는 자녀로 세상에서 그들 가운데 빛들로 나타내며(빌2:15), 선을 행하되 낙심하지 말라(갈6:9)고 한다.	
④ 아버지께서 말씀하신 것	1. 누가와 사도행전은 '내 아버지께서 약속하신 것'(눅24:49. 행1:4)에 대해 누가는 '너희에게 보이겠다'고 하고 사도행전은 '기다리라'고 한다.	<승천이라는 표현에 대해>
• 눅9:51에서의 '승천'은 헬라어 아날렘프세오스로서 taking up의 뜻이고 눅24:51에서의 하늘로 '올려지시니'는 헬라어 아네페레토로서 carried up의 뜻이다.
	2. 누가와 사도행전에서 예수께서는 스스로 성령을 약속하지 않는다. 요한복음에서의 부활하신 예수께서는 제자들에게 나타나 나도 너희를 보낸다는 말씀과 함께 그들을 향하여 숨을 내쉬며 성령을 받으라(요20:21-22)고 한 것과는 대조된다. 누가는 '위로부터 능력 입혀질 때까지'라고 하고 사도행전은 '아버지께서 약속한 것을 기다리라'고 한다. 누가와 사도행전의 예수께서는 직접 성령을 주지 아니한다.	
	3. 베드로는 이 약속에 대해 '너희와 너희 자녀와 모든 먼 데 사람 곧 주 우리 하나님이 얼마든지 부르시는 자들에게 하신 것이라'(행2:39)고 하고 예수께서 높임을 받았을 때 '그가 약속하신 성령을 아버지께 받아서 너희가 보고 듣는 이것을 부어 주었다'(행2:33) 즉 아버지의 약속이 완성되었다고 한다.	• 요3:14에서의 인자도 '들려야' 한다에서 들리다는 헬라어 힙소데나이로서 to be lifted up의 뜻이다. 요6:62에서 이전에 있던 곳으로 '올라가는'과 요20:17의 하늘로 '올라가는'은 모두 헬라어 아나바이오로서 to go up, ascend의 뜻이다.
	또한, 베드로는 이 약속에 대해 선지자 요엘을 통하여 '하나님이 말씀하시기를 말세에 내가 내 영을 모든 육체에 부어 주겠다'(행2:17)고 한다.	
	4. 사도행전에서 예수께서는 승천할 때에 비로소 하나님께로부터 받은 성령을 제자들에게 부어 준다고 한다.	
	5. 요한복음에서 예수께서는 '보혜사 곧 아버지께서 내 이름으로 보내실 성령 그가 너희에게 모든 것을 가르친다'(14:26)고 하고 '진리의 성령이 오시면 그가 너희를 모든 진리 가운데로 인도한다'(16:13)고 한다. 예수께서는 자신이 떠나고 난 다음에 성령이 온다는 것을 강조하였으며 부활하신 후 제자들을 만나 성령을 받으라고 한다(20:22).	• 행1:9,10에서의 '올라가다'는 헬라어 에페르데로서 taken up의 뜻이다.
⑤ 예루살렘에 머물라	1. 누가에서 예수께서는 제자들에게 '이 성에 머물라'고 하고 사도행전에서 예수께서는 '예루살렘을 떠나지 말라'고 한다. 예루살렘을 떠나지 말라는 버리지 말라는 뜻이라 하겠다.	
	2. 누가에서의 예수는 예루살렘을 향하여 간다. 예수께서는 두 번째 수난예고 이후에 예루살렘을 향하여 가지만 사마리아를 통과하지 못한다(9:51-53). 그리고 각 성 마을로 다니고 가르치며 예루살렘으로 여행하고(13:22) 예루살렘에 가려고 다시 사마리아와 갈릴리 사이를 지나가며(17:11) 예루살렘으로 올라가면서 세 번째 수난예고를 한다(18:31-33). 예루살렘에 가까이 가서 성을 보고 우신다(19:41). 이처럼 누가에서 예수는 예루살렘을 향하여 가는 분이다.	
	3. 누가에서는 복음이 예루살렘에서 시작되어 모든 민족에게 전파된다. 예루살렘은 예수에게 죽는 장소이고 부활이 완성되는 곳이며 구원이 전파되는 시발점인 동시에 하나님의 구원 역사가 일어나는 곳이기도 하다.	
	4. 누가공동체에게 있어서 예루살렘은 어떤 곳인가. 오순절에 천하 각국으로부터 온 경건한 유대인들이 머물러 있던 곳으로 제자들과 유대인들이 함께 성령의 충만함으로 각각 자기의 방언으로 소통을 경험한 곳이며 땅 끝까지 전도하기로 다짐을 한 믿음의 발상지로 공동체의 중심지라 하겠다. 기독교의 처음 교회인 예루살렘 교회는 성령이 충만한 교회이었고 예수의 지상 명령에 충실한 교회였으며 그들은 '오로지 기도하기에 힘썼다'(행2:42)고 한다.	

승천하는 예수 ① 베다니 감람원	1. 누가는 예수께서 제자들을 데리고 베다니 앞까지 가서 손을 들어 축복하였다고 하고 그리고 축복하실 때에 그들을 떠나 하늘로 올려졌다고 한다. 2. 누가에서의 예수께서는 베다니에서 승천하였다고 하고 사도행전(1:12)에서는 감람원이라 하는 산이라고 하는데 누가에서의 예루살렘 입성 기사를 보면 '감람원이라 불리는 산 쪽에 있는 벳바게와 베다니'(19:29)라고 되어있는 것을 볼 때 같은 지역에 대한 언급으로 볼 수 있다. 마가도 누가와 같이 말하고 있다(막11:1).	• 에녹의 승천에 대해 창세기(5:24)는 그가 하늘로 올라갔다는 표현은 없고 에녹이 하나님과 동행하더니 하나님이 그를 데려가심으로 세상에 있지 아니하였다고 한다.
② 축복하다 (누가)	1. 예수께서 열한 제자를 축복(24:50,51)하는 모습은 야곱이 열두 아들에게 하는 축복(창49:28)을 연상하게 한다. 예수께서는 자신의 증인이 될 제자들을 축복한 것이다(행1:8). 구약에 모세가 이스라엘 자손을 위하여 한 축복(신33:1)이나 하나님께서 레위 지파에게 한 축복(신10:8) 또는 유월절과 무교절을 지킨 백성에게 한 제사장의 축복(대하30:27) 등이 연상된다고 하겠다. 2. 누가는 예수께서 탄생한 후 예루살렘 성전에서 시므온의 축복을 받았다고 한다(눅2:34). 그리고 예수께서는 사천 명을 먹일 때 축복(막8:7)하였으며 또한 평지설교에서는 너희를 저주하는 자를 위하여 축복(눅6:28)하라고도 한다.	히11:5 믿음으로 에녹은 죽음을 보지 않고 옮겨졌으니 하나님이 그를 옮기심으로 다시 보이지 아니하였느니라 그는 옮겨지기 전에 하나님을 기쁘시게 하는 자라 하는 증거를 받았느니라
③ 그들을 떠나다 (누가)	1. 누가에서 예수께서는 그들을 축복하실 때에 그들을 떠난다. 사도행전에서 예수께서는 말씀을 마치고 그들이 보는데 올려져 가서 구름이 예수를 가려서 보이지 않게 되었다고 한다. 2. 예수께서는 '그들을 떠났다'의 '떠났다'는 디에스터로서 초자연적인 인물의 떠남을 나타내는데 사용된다. 그리고 이어서 '하늘로 올려지시니'라고 한다.	
④ 하늘로 올라가다	1. 마가의 추가기사인 16:19에는 예수께서 하늘로 올라갔다고 한다. 또한, 누가의 일부 사본에서도 '하늘로 올려 가시니'(24:51)라고 되어있다. 사도행전에서는 그들이 보는데 올려져 갔다고 하고(1:9) 또한 '올려져 갈 때에 제자들이 하늘을 처다보았다'(행1:10)고도 하는데 예수께서 분명히 승천하였다는 것을 강조하는 기사라고 하겠다. 2. 사도행전의 1:1-11 사이에 하늘로 into heaven이라는 어구가 네 번(새번역)반복되는데 누가 24:51과 연결된다고 하겠다. 성서에서의 하늘은 천지창조 때 하나님께서 말씀으로 첫날 맨 처음으로 만든 공간을 말하는데 하나님은 '궁창을 하늘이라 부르고'(창1:1-8) 거기에 해, 달, 별을 만들어 있게 한다(창1:14-17). 　하늘은 하나님이 계신 곳(창28:1, 시80:14)으로 아버지 집(요14:2-3), 본향(히11:16), 낙원(눅23:43), 영원한 집(고후5:1) 등으로 묘사되며 비유적으로는 하나님(마3:17, 막1:10), 하나님의 통치(마16:19, 23:22) 등을 상징하기도 한다. 3. 요한복음에서 예수께서는 아버지께 돌아간다고 수차례 말씀하는데 그 방법이 승천이라고 생각할 수 있다. 예수께서 니고데모와 대화할 때 '하늘에서 내려온 자 곧 인자 외에는 하늘에 올라간 자가 없다'(3:13)라고 하고 이어서 인자도 '들려야 한다'고 중의적으로 표현하였는데 예수의 죽음뿐 아니라 승천을 함께 말씀한 것으로 이해할 수 있다. 4. 요한복음에 있는 생명의 떡 기사에서 예수께서는 '제자들이 이 말씀에 대하여 수군거리는 줄 아시고 이르시되 이 말이 너희에게 걸림이 되느냐'고 물으며 '그러면 너희는 인자가 이전에 있던 곳으로 올라가는 것을 본다면 어떻게 하겠느냐(요6:61-62)라고 한다. 여기에서 들림은 요12:32에서와 같은 예수의 십자가상의 죽음의 의미로 이해하려 하기보다는 승천의 예언으로 보아야 할 것이다. 　예수의 말씀은 내가 하늘로 올라가는 것을 보면 자신이 생명의 떡임을 믿을 것이라는 것이다. 다시 말해 예수께서 고난을 받고 죽기는 하겠지만 부활하여 승천함으로써 진정한 승리를 보여주겠다는 것이다.	• 예 수 승 천 교 회 (The church of Ascension)에는 승천 바위가 있는데 거기에는 예수께서 승천하실 때 남긴 발자국이 찍혀 있다고 한다. 예수의 승천이 사실이라는 것을 분명히 하기 위한 것이라 하겠다.

	5. 부활하신 예수께서는 무덤에 찾아온 막달라 마리아에게 '나를 붙들지 말라 내가 아직 아버지께로 올라가지 아니하였다'(요20:17)고 한다. 여기서 막달라 마리아는 아버지께 돌아가는 중에 있는 '주'(요20:18)를 막아서는 안 된다는 것이다. 예수께서는 계속해서 '너는 내 형제들에게 가서 이르되 내가 내 아버지 곧 너희 아버지, 내 하나님 곧 너희 하나님께로 올라간다'고 전하라고 한다.	
구름과 예수 그리고 천사	1. 사도행전은 구름이 하늘로 올라가는 예수를 가렸다고 한다. 예수께서 산상에서 변형될 때 홀연히 빛난 구름이 예수와 모세와 엘리야를 덮었던(마17:5) 일을 생각하게 한다. 구름에 가려진 예수의 모습은 그가 천상적 존재임을 보여 주고 있다. 2. 제자들이 하늘을 쳐다보고 있는데 흰 옷 입은 두 사람이 그들 곁에 서서 '갈릴리 사람들아 어찌하여 서서 하늘을 보고 있느냐 너희 가운데서 하늘로 올라가신 이 예수는 하늘로 가심을 본 그대로 오리라'고 한다(행1:10-11). 여기서 흰 옷 입은 두 사람은 누가에 나오는 예수의 무덤에 있던 찬란한 옷을 입은 두 사람(눅24:4) 또는 요한복음에서 막달라 마리아가 무덤 안에 예수의 시체 뉘었던 곳의 머리 편과 발편에 앉아 있던 흰 옷 입은 두 천사(요20:12)를 연상하게 한다. 3. 예수께서는 지상 사역 기간 중 몇 번이나 자신이 구름을 타고 오는 것을 보리라고 하였다. 예수께서는 첫 번째 수난예고를 하면서 '인자가 아버지의 영광으로 그 천사들과 함께 오겠다'(마16:27, 막8:38, 눅9:26)고 하고 마지막 심판에 관한 말씀(마25:31)에서도 한다. 또한, 예수께서 종말 강화로서 인자의 오심에 대해 '인자가 구름을 타고 능력과 큰 영광으로 오는 것을 보리라'(마24:30, 막13:26, 눅21:27)고 한다. 뿐만 아니라 예수께서 대제사장에게서 심문받을 때 네가 누구냐 네가 그리스도냐(눅22:67), 하나님의 아들 그리스도냐(마26:63), 네가 찬송 받을 이의 아들 그리스도냐(막14:61)는 질문을 받는다. 예수께서 이 질문에 긍정적으로 대답을 하면서 '내가 이후에 인자가 권능의 우편에 앉아 있는 것과 하늘 구름을 타고 오는 것을 너희가 보리라'(마26:64, 막14:62, 눅22:69)고 한다. 4. 계시록에도 '볼지어다 그가 구름을 타고 오시리라'(계1:7)고 한다.	• 창세기에는 하늘에 오르내리는 이야기와 하늘에 닿으려는 이야기가 있다. 야곱의 사다리: 야곱이 꿈에 본 사다리는 땅 위에 서 있는데 그 꼭대기가 하늘에 닿았고 하나님은 그 위에 서서 말씀하고 천사들, 사자들은 사다리에서 오르락내리락하였다고 한다(창28:12). 바벨탑: 사람들은 돌과 진흙 대신 벽돌과 역청으로 탑을 건설하여 그 탑 꼭대기를 하늘에 닿게 하려 하였다(창11:3-4).
하나님 우편 (마가의 추가기사)	1. 마가의 추가기사에는 예수께서 '하늘로 올려져서 하나님 우편에 앉으셨다'(막16:19)고 한다. 그런데 이것은 지상에서 고난과 배척의 삶을 살다가 십자가에서 처형된 예수와는 전적으로 다른 신적 존재로서의 예수의 모습을 말하고 있다. '예수께서 하나님 우편에 서신 것을'(행7:55) 스데반은 순교하기 직전에 '보라 하늘이 열리고 인자가 하나님 우편에 서신 것을 보노라'(행7:56)고 큰 소리를 지른다. 추가기사에 예수께서 하나님 우편에 앉았다고 하지만 스데반은 하나님 우편에 선 것을 보았다고 하는데 그는 자기를 맞이하려고 서 있는 예수를 본 것이라 하겠다. 2. 예수께서 대제사장에게서 심문을 받을 때 마태, 마가는 인자가 권능(마26:64) 또는 권능자의 우편(막14:62)에 앉는 것을 보리라 하고 누가는 하나님의 권능의 우편에 앉아 있으리라(눅22:69)고 하는데 이 말씀은 예수께서 장차 부활 승천 후 자신의 모습을 말하고 있는 것이다. 하나님의 우편은 하나님의 관계에서 비롯한 권위, 정점에 이른 예수의 권위 그 자체를 말하는 것이라 하겠다. 3. 베드로전서는 '저는 하늘에 오르사 하나님 우편에 계시니'(벧전 3:22)라고 하고 바울은 '다시 살아나신 이는 그리스도 예수시니 그는 하나님 우편에 계신 자요'(롬8:34)라고 하며 거듭해서 '그리스도께서 하나님 우편에 앉아 계시다'(골3:1, 히12:2)고 한다. 신약에는 이외에도 부활하신 예수께서 하늘에 계시다는 언급이 여러 곳에 있다. 그런데 하나님 우편에 계신다는 것은 예수께서 세상을 통치한다는 의미라 하겠다.	**롬8:34** 누가 정죄하리요 죽으실 뿐 아니라 다시 살아나신 이는 그리스도 예수시니 그는 하나님 우편에 계신 자요 우리를 위하여 간구하시는 자시니라 **시110:1** 여호와께서 내 주에게 말씀하시기를 내가 네 원수로 네 발판이 되게 하기까지 너는 내 오른쪽에 앉아 있으라 하셨도다

	4. 마태, 마가는 세 번째 수난예고를 한 예수께 세베대의 아들 야고보와 요한 이 구하기를 '주의 영광중에서 우리를 하나는 주의 우편에, 하나는 주의 좌편 에 앉게 하여 달라'(막10:35-37)고 한다. 오른쪽이나 왼쪽은 공간적 개념이 아니다. 이것은 예수의 옆에서 큰 권세를 누리고 싶다는 의미이다. 예수께서 하나님의 우편에, 권능자의 우편에, 권능의 우편에 있겠다고 한 말씀은 하나님과 가장 가까운 위치에서 하나님의 권능으로 하나님의 위엄(히 1:3)으로 계속해서 구속사역을 주재 주관한다는 말씀이라 하겠다. 마태에서 부활하신 예수께서는 '하늘과 땅의 모든 권세를 내게 주셨다'(마28:18)고 하 는데 우주적 통치권을 받은 예수, 하나님 우편에 앉아서 우리를 통치하는 모 습이라 하겠다. 5. 사도신경에는 하나님의 우편에 앉아 계신 예수에 대한 신앙고백이 있다. '죽은 자 가운데서 다시 살아나시며, 하늘에 오르사 전능하신 하나님 우편에 앉아 계시다가 저리로서 산 자와 죽은 자를 심판하러 오시리라' 마태에서 부활하신 예수께서는 '세상 끝 날까지 너희와 항상 함께 있으리 라'(마28:20)고 한다. 하나님의 우편에 앉아 계신 예수는 사악한 세상에서 의롭게 살기 위해 애쓰는 이 시대의 기독교인들에게 항상 함께 있겠다고 하 고 심판하러 다시 오겠다고 함으로써 참된 희망이요 의지요 구원이 되는 것 이다.	벧전3:22 그는 하늘에 오르사 하나님 우편에 계시니 천사들과 권세 들과 능력들이 그에게 복종하느니라
승천 후 제자들 • 누가: 경배와 기쁨	1. 누가는 제자들이 승천하는 예수께 경배를 드리고 큰 기쁨으로 예루살렘에 돌아가 늘 성전에서 하나님을 찬송하였다(눅24:52-53)고 한다. 2. 여기서 예수께 경배했다고 하는 경배하다 즉 프로스퀴네오는 프로스-누구 에게, 퀴네오-입 맞추다의 합성어로 엎드려 절하다, 굽히다라는 말이다. 3. 그런데 이 말은 종이 주인에게 신하가 임금에게 존경과 절대복종의 뜻으 로 발에 입 맞추는, 무릎 꿇고 땅에 엎드리는 고대 풍습에서 유래하였는데 예배하는 자의 참된 마음 자세를 강조하는 표현(라이프 성경사전)이라 하 겠다. 4. 예수께서 탄생하였을 때 동방박사들은 헤롯에게 유대인으로 나신 이를 경 배하러 왔다고 하는데 같은 단어이다. 예수는 태어날 때부터 경배의 대상이 었고 이방인들에게도 헤롯에게도 경배의 대상이었던 것이다(마2:2,8,11). 여 기서는 예수께서 경배하기에 합당한 분 즉 종교적 경배의 대상이 되었음을 드러내고 있다(삿7:15). 사도 바울은 모든 자들로 모든 무릎을 예수의 이름에 꿇게 하였다(빌2:10)라고 한다. 5. 누가는 제자들이 큰 기쁨으로 돌아갔다고 한다. 부활하신 예수께서 제자 들을 찾아가서 손과 발을 보일 때 제자들은 '너무 기쁘므로 아직도 알지 못하 고 놀랍게 여겼다'(24:40-41)고 한다. 이때의 기쁨은 반신반의한 기쁨 아직 믿지 못하는 기쁨이었다. 그러나 승천하는 예수를 배웅한 제자들은 의심 없 이 완전한 큰 기쁨을 가졌을 것이다. 6. 그리고 제자들은 이 성에 머물며(눅24:49) 기다리라(행1:4)고 한 예수의 말씀대로 예루살렘에 돌아가 하나님을 찬송한다.	삿7:15 기드온이 그 꿈 과 해몽하는 말을 듣고 경배하며 이스라엘 진 영으로 돌아와 이르되 일어나라 여호와께서 미디안과 그 모든 진영 을 너희 손에 넘겨주셨 느니라 하고
• 마가 추가기사: 주께서 함께 역사하다	1. 추가기사에는 예수로부터 선교의 사명을 받은 제자들이 예수께서 승천한 후 두루 나가 전파할 때 주께서 함께 역사하였다고 한다(16:20). 2. 그들의 선교사역은 또한 여러 표적으로 말미암아 말씀을 확실히 증언하였 다고 한다. 예수의 제자들이 확실히 증언함으로 증인으로서의 역할을 다했다 는 것이다. 마가에서 항상 예수의 밀씀을 잘 알아듣지 못하였던 제자들이 예 수의 부활을 직접 보고 말씀을 듣고 난 다음 변화되었다는 것이다. 3. 그들의 선교사역은 또한 여러 표적으로 말미암아 말씀을 확실히 증언하였 다고 한다. 예수의 제자들이 확실히 증언함으로 증인으로서의 역할을 다했	

	다는 것이다. 마가에서 항상 예수의 말씀을 잘 알아듣지 못하였던 제자들이 예수의 부활의 승천을 직접 보고 말씀을 듣고 난 다음 변화되었다는 것이다. 3. 예수의 부활과 승천을 믿는 이들은 지금도 주께서 함께 역사한다는 것과 부활을 확실히 증언하는 증인으로 살아가게 되는 소망을 갖게 한다는 것으로 이해할 수 있다.	
• 사도행전: 예루살렘 으로 가다	1. 사도행전은 제자들이 감람원이라는 산으로부터 예루살렘에 돌아왔다고 한다. 그리고 감람원은 예루살렘으로부터 가까워 안식일에 가기 알맞은 거리였다고 한다. 2. 유대 지도자들은 안식일 규례를 정할 때 출16:29와 민35:5을 근거로 여행을 하지 말고 2000 규빗 이상은 걷지 말라고 하였다. 이 거리는 로마 척수로 6스타디온인데 약 1km 정도라고 한다. 사도행전은 감람원과 예루살렘의 거리가 1km 정도라고 하면서 안식일에 가기 알맞은 길이라고 한다. 3. 예루살렘에 돌아간 이유는 예수께서 분명하게 이 땅에 머물라, 예루살렘을 떠나지 말고 기다리라고 하였기 때문이다.	• 안식일 규례는 탈무드 샤바트나 미쉬나의 샤바트에 상세히 설명되어 있다. 엣세네파들은 바리새인들보다 더 엄격하게 안식일을 지켰는데 5백 미터 이상 움직여서는 안된다고 한다.

4. 심층연구: 신약에서의 승천

구분	내용	비고
승천	1. 승천은 예수의 승귀된 상태를 보여주는 가시적이며 구체적인 표현이다. 예수께서 하늘로 떠나간 후의 시대를 교회의 시대라고 하는데 사도행전을 볼 때 성령 역사의 시대로 보아야 한다는 주장이 있다. 2. 누가에서 예수께서는 '승천하실 기약이 차가매 예루살렘을 향하여 올라가기로 굳게 결심하였다'(9:51)고 한다. 승천을 의미하는 아날렘프시스가 신약 전체에서 명사로 사용한 곳은 여기뿐이다. 그러나 들리어 올라간다는 동사로는 막16:19, 행1:9,11 그리고 딤전3:16에 나온다. 3. 구약에는 에녹의 승천(창5:24)과 엘리야의 승천(왕하2:11) 이야기가 있다. 유대인들은 메시아의 원형을 모세가 말한 '나와 같은 선지자'(신18:15)와 '다시 오는' 엘리야(말4:5)로 보았다. 모세는 나이 백 이십 세에 죽었으나 그가 묻힌 곳을 아는 자가 없다(신34:6-7)고 하며 예수 당시까지 모세 승천 전승이 내려오고 있었다. 엘리야는 회오리바람으로 하늘로 올라갔다(왕하2:11). 그런데 누가는 이 두 사람 모세와 엘리야는 예수께서 산에서 변형을 할 때 장차 예루살렘에서 있을 예수의 별세에 대하여 말하였다고 한다(눅9:31). 여기서 별세는 엑소도스로서 출애굽의 구원의 상징을 예수에게 적용시키며 예수의 죽음을 하나님의 승리로 연결시키는 의미를 가진다. 4. 누가는 예수께서 승천하실 기약이 차가서 예루살렘을 향하여 가기로 하였다(9:51)고 한다. 여기에서의 승천은 별세와 연결된다. 별세와 승천은 예수의 지상 사역을 끝내는 완성의 의미를 가진다(김호경). 누가에서의 승천은 예수의 지상 사역의 목표이다. 이 세상을 떠나는 예수는 제자들을 축복한다. 　사도행전에서의 승천은 예수 이후에 일어나는 일들의 시작이라 하겠다. 5. 초대기독교인들에게 십자가 사건 후의 두 중심이 되는 사건은 부활과 오순절의 성령강림이다. 그런데 승천은 특수한 중간 지위를 차지하고 있다. 초대 그리스도 전통 가운데 승천을 언급하지 않는 것이 많은데 그것은 예수와의 사귐이 완결되는 것을 꺼려했기 때문일 수도 있으며 또한, 부활과 승천을 동일시하는 경향이 있었기 때문이기도 하다. 혹자는 부활과 승천을 한 움직임의 두 단계로 말하기도 한다.	딤전3:16 크도다 경건의 비밀이여, 그렇지 않다 하는 이 없도다 그는 육신으로 나타난 바 되시고 영으로 의롭다 하심을 받으시고 천사들에게 보이시고 만국에서 전파되시고 세상에서 믿은 바 되시고 영광 가운데서 올려지셨느니라

바울의 승천관	1. 바울은 부활하신 예수께서 나타난 일을 열거(고전15:4-8)하지만 승천에 대해서는 언급하지 않고 있다. 바울은 예수께서 베드로, 야고보, 열두 제자, 모든 사도, 오백여 형제에게 보이고 맨 나중에 자기에게도 보이셨다고 한다. 2. 디모데서는 예수의 승천에 대해 '영광 가운데 올려지셨다'(딤전3:16)고 한다. 그러므로 승천은 영광을 받는다와 들려 올라간다는 것으로 특정한 시기에 하늘로 올라간다는 것보다는 승리와 높임을 받는다는 의미라 하겠다. 누가 이외의 다른 복음서들과 마찬가지로 부활과 승천을 별개의 사건으로 보지 않았기 때문이라 하겠다.	• 성모 승천 이야기는 3-4세기부터 외경을 비롯한 구전으로 내려오고 있었다. 동정녀 마리아의 죽음과 승천에 관해 가장 오래된 필사본은 3-4세기 에티오피아 필사본인 마리아의 안식서이다.
승천과 승귀	1. 그리스도의 일생은 비하와 승귀로 구분할 수 있다. 승귀는 그리스도의 높아지심으로 부활, 승천, 하나님 우편에 앉아 계심, 재림 등을 말한다. 비하는 승귀의 반대 개념으로 그리스도의 낮아지심 즉 성육신, 수난, 사망, 장사 등을 말한다. 승귀는 昇貴, Exaltation이고 비하는 卑下, Humiliation이다. 　칼빈은 기독교 강요 제2권 제13강 그리스도의 구속자 신분에서 비하와 승귀를 말하고 있다. 2. 그리스도의 승귀는 부활, 승천, 통치, 재림의 단계들이 서로 다른 강조점을 가지고 있을 뿐 예수께서 부활을 통해 하나님의 영광 속으로 들어갔고 하나님과 함께 세상을 통치한다는 점에서 같은 것이다. 마태와 요한복음 등이 예수의 승천을 언급하지 않더라도 부활만으로도 모든 것을 이기고 승리한 새로운 예수를 설명할 수 있기 때문에 승천을 말하지 않았을 수 있다. 부활과 승천은 예수를 죽인 자들의 패배와 죽임당한 예수의 승리를 확증시켜 주고 있다고 하겠다. 3. 예수의 승천을 예수께서 하나님의 우편에서 하나님과 함께 이 세상을 통치한다는 것을 의미하고 있고 예수의 시대가 시작되었음을 말하고 있다고 하겠다. 　예수의 승귀에서 중요한 부분은 예수께서 제자들에게 다시 한 번 그들의 임무와 사명을 다짐한 것이라 하겠다. 예수의 제자들은 예수의 증인으로서 예수의 승리에 동참하게 된다.	• 6세기 다마스커스의 요한은 교회의 권위로서 성모 승천 교리를 지지하였다. 7세기 후반부터는 마리아 승천 이야기가 기독교계 전체적으로 받아들여지고 있었다. • 동방교회는 성모 승천 대신 성모 안식이라 하고 13세기에 지은 모스크바 성모 승천 성당은 오역으로 승천이 아닌 소천이라고 한다.
성모 승천	1. 천주교회가 '19세기에 성모 승천을 교리화 하였는데 동방정교회나 개신교회는 이를 인정하지 아니한다. 천주교회는 성모 마리아가 선종한 후 하나님에 의해 육체와 영혼이 하늘나라에 들려 올려졌다고 믿는다. 바티칸은 성모 승천에 대해 마리아가 지상 생애를 마친 후 천상의 영광으로 들어 올림을 받았다고 표현한다. 2. 이 교리는 1950년 11월 1일 교황 비오 12세가 사도헌장 '지극히 광대하신 하나님'을 통해 교황 무류성(Papal infallibility)으로 선언함으로 믿어야 하는 교리로 지정되었다. 3. 예수의 승천과 마리아의 승천이 다른 것은 마리아는 보통 사람이기 때문에 스스로 승천하였다고 보지 않는다. 그래서 성모 승천을 몽소 승천 또는 피 승천이라고도 한다. 4. 교황 바오로 2세는 2004년 8월 15일 성모 승천 대축일 강론에서 성모 승천 교리의 배경으로 요한복음 14장 3절을 언급하였다. 예수께서는 고별 강화로써 '가서 너희를 위하여 거처를 예비하면 내가 다시 와서 너희를 내게로 영접하여 나 있는 곳에 너희도 있게 하리라'고 한다. 5. 가톨릭은 예수 그리스도의 이와 같은 약속의 보증이 마리아의 승천이라는 것이고 마리아와 똑같이 우리도 하나님의 은총으로 마리아가 승천한 것처럼 우리도 하늘나라에 들어갈 수 있다고 말한다. 6. 마리아 승천설은 성경에 근거를 두었다기보다는 마리아의 역할, 예수와 마리아의 관계, 초대교회에서의 마리아의 위치 등을 감안하여 형성된 믿음이라 하겠다.	• 교황 무류성: 가톨릭 교회의 교황이 교황 좌에서 내린 결정은 성령의 특은으로 보증되기 때문에 오류가 있을 수 없다는 교리다.

5. 집중탐구: 승천의 이해

구분	내용	비고
승천이란	1. 승천이란 하늘에 오르는 것을 말한다. 승천은 종교적으로 매우 신성한 상징이다. 2. 승천은 신화적인 주제이다. 구약에는 에녹과 엘리야의 승천뿐 아니라 모세의 승천 전승도 있다. 이사야에는 천하를 제패한 바벨론 왕이 스스로 '가장 높은 구름에 올라가 지극히 높은 이와 같아지리라'(사14:14)고 한다. 3. 누가는 예수께서 승천하실 기약이 차가매 예루살렘을 향하여 올라가기를 굳게 결심(눅9:51)하였다고 한다. 4. 누가는 승천을 부활 후 사건으로 보지만 요한복음은 예수께서 부활 후 그리고 승천 후에도 예수의 현현이 있었던 것으로 보고 있다. 바울의 회심 역시 바울은 예수 부활 후의 예수의 출현(고전15:8)이라고 하고 누가는 사도행전에서 예수 승천 후의 일로 보고 있다. .	• '하나님이 예수를 지극히 높여 모든 이름 위에 위대한 이름을 주어'라는 말씀은 승천 후 하나님 우편에 앉아 계신 모습으로 엡1:20-21 그리고 빌2:9에 나온다. 비슷한 내용으로는 골1:15-19, 딤전3:16, 벧전3:22 등이 있다.
예수의 승천	1. 승천함으로써 예수의 사역은 끝이 났는가? 예수의 승천은 우주를 지배하고 또한 자신을 계시하게 되었다는 것을 강조하는 신앙고백이라 하겠다. 2. 히브리서는 승천하다의 제의적인 함축 의미를 근거로 '승천하신 큰 대제사장'(히4:14)이라는 신앙고백 양식을 수립하고 있다. 3. 베드로는 오순절 성령강림의 설교에서 하나님이 예수를 높이시어 그가 약속한 성령을 아버지께 받아서 이것을 부어 주셨다(행2:33)고 한다. 이제 승천은 교회의 모든 영적 은사들 즉 영적 경험의 중요한 열쇠가 된 것이다. 4. 승천은 또한 성령을 보내시는 데에 대한 필수적인 선행조건이다. 승천은 인자의 임무와 성령의 임무 간에 분수령이기는 하지만 성령은 종말론적 현상이다. 성령이 부어졌다는 것은 종말의 한 표징이다. 5. 승천은 십자가에 못 박히심과 부활과 함께 구속사건에 속하는 것이다. 최근에는 부활과 승천을 구별할 수 있느냐는 것이 학자들의 관심사이다. 부활과 승천이 같다고 보는 입장에서는 부활이 곧 승귀이기 때문이라고 한다. 그러나 부활과 승천이 다르다는 입장에서는 살아나셨다는 것과 살아나셨을 뿐 아니라 구원자가 되셨다는 것이 어떻게 같으냐는 것이다.	
승천의 의미	1. 승천은 구원 사건의 일부분이다. 지금 그리스도의 삶을 산다는 것 즉 자유와 성숙한 삶을 산다는 것은 곧 그리스도의 순화된 생명에 참여하는 것으로 그리스도의 구원 아래 우리의 이웃들과 하나님을 섬기는 것을 말한다. 2. 엡3:10에 '그리스도는 만물을 충만하게 하려고 하늘에 오르'셨다고 한다. 3. 예수의 승천은 시각적으로만 받아들이려 해서는 안 될 것이다. 초대기독교는 승천을 신앙적으로 받아들였고 극단적인 방식으로 표현한 것이라고 영국 기독신문의 마크우드는 주장하고 있다(2016.05.25. 기독신보). 4. 승천설화에 있어서 두 가지 관점의 질문이 있는데 하나는 그것의 사실여부이며 다른 하나는 그것의 가치여부이다. 이 기사는 고대인들의 우주관에 충실하였다는 사실을 전제로 해야 한다. 그 당시의 세계관에 의존한 기록이라고 보아야 할 것이다. 5. 비록 유치한 우주관을 담고 있다고 해도 결정적인 하자가 있는 것은 아니다. 우리는 초기기독교인들에게 인식된 즉 그들에게 임한 하나님의 계시를 구분해서 이해한 것이라 하겠다. 승천설화의 핵심은 예수가 하나님이 계시는 하늘로 올라갔다는 것이고 하나님 우편에서 통치하신다는 것이다(정용섭, 대구성서아카데미).	승천 사상: 로마가 세운 국립신전인 카피톨리움에는 유피테르, 유노, 미네르바 같은 신들뿐 아니라 사후에 신으로 추앙된 황제들이 있는데 이들은 모두 승천하였다고 한다. • 교부들은 승천축일을 모든 기독교 축일 중 최고의 날로 간주하였다. 아우구스티누스는 승천축일을 모든 절기의 은혜의 유효성을 확증해주는 절기라 하였다.